D1925657

Windows 98

Das bhv Taschenbuch

Bernd Zoller

Windows 98
Das bhv Taschenbuch

Die Informationen im vorliegenden Buch werden ohne Rücksicht auf einen eventuellen Patentschutz veröffentlicht.

Warennamen werden ohne Gewährleistung der freien Verwendbarkeit benutzt.

Bei der Zusammenstellung von Texten und Abbildungen sowie Material auf dem beiliegenden Datenträger wurde mit größter Sorgfalt vorgegangen. Trotzdem können Fehler nicht vollständig ausgeschlossen werden. Verlag, Herausgeber und Autoren können für fehlerhafte Angaben und deren Folgen weder eine juristische Verantwortung noch irgendeine Haftung übernehmen.

Für Verbesserungsvorschläge und Hinweise auf Fehler sind Verleger und Herausgeber dankbar.

Dieses Buch wurde der Umwelt zuliebe auf chlorfrei gebleichtem Papier gedruckt.

bhv Verlag, ein Unternehmen der
verlag moderne industrie Buch AG & Co. KG,
Landsberg
Novesiastr. 60
D-41564 Kaarst
www.bhv.net

3. Auflage
02 01 00
10 9 8 7 6 5 4 3
ISBN 3-8287-5006-0
Printed in Germany

Inhaltsverzeichnis

Vorwort

Liebe Leserin, lieber Leser,

kaum ein Bereich in unserer heutigen Zeit ist so schnelllebig wie der Computermarkt. Dies trifft nicht nur auf die Entwicklung der Hardware, also der Komponenten, aus denen ein Computer besteht, zu, sondern auch auf die Softwareentwicklung. Es vergeht kein Monat, in dem nicht einer der renommierten Softwarehersteller ein neues Produkt fertig gestellt hat und Ihnen, dem Benutzer, anpreist. Sie werden sich schon daran gewöhnt haben, so dass Sie nicht jedes neue Produkt beachten, sondern nur dasjenige, das Sie interessiert.

Nun hebt sich allerdings eine Software von dem riesigen Angebot ab. War es in den vergangenen Jahren das Betriebssystem Windows 95, so wird es in den nächsten Jahren die Nachfolgeversion Windows 98 sein. Überarbeitet hinsichtlich einer noch einfacheren Bedienung, optimiert für die neuesten Hardware-Entwicklungen, erweitert, angepasst und vorbereitet für das zukunftsorientierte Internet werden Sie an dieser Windows-Version nicht vorbeikommen.

Doch der Fortschritt bringt auch notwendige Arbeiten mit sich. So muss sich der Anwender wieder auf neue Gegebenheiten einstellen. Eigenheiten, an die sich der Windows-95-Anwender gewöhnt hat, müssen eventuell abgelegt werden, neue, in vielen Fällen vorteilhaftere Vorgehensweisen müssen erlernt werden. Doch nicht nur die Umsteiger von Windows 95 auf Windows 98 müssen dazulernen bzw. umdenken, sondern auch die Anwender, die sich zum ersten Mal mit Windows auseinandersetzen. Sie müssen die Bedienungs- und Arbeitsweise des neuen Betriebssystems kennen lernen.

Unabhängig davon, ob Sie Vorkenntnisse besitzen oder nicht, soll Ihnen dieses Buch beim Einsatz und bei der Handhabung von Windows 98 hilfreich zur Seite stehen. Als begleitende Lektüre oder als Nachschlagewerk für etwaige Notfälle werden Sie die Informationen der einzelnen Kapitel für sich nutzen können.

Dabei wünsche ich Ihnen viel Erfolg und viel Spaß!

Bernd Zoller

Einleitung

In den letzten Jahren hat sich die Computerwelt, speziell im Homecomputer-Bereich, sehr stark weiterentwickelt. Programme gibt es wie Sand am Meer, und dennoch scheint ein Produkt hier herauszuragen. Ein Produkt, das immer und jederzeit im Gespräch ist und das sich nun in einer neuen Version auf dem Markt befindet: Windows 98.

Sie werden in diesem Buch sehr viel von Windows 98 kennen lernen und über diese Software erfahren. Doch bevor Sie spezielle Informationen über das Programm erhalten, noch einige allgemeine Dinge zu Windows 98 und zu diesem Buch.

Was ist und was kann Windows 98?

Windows 98 ist aus der heutigen Computerwelt nicht mehr wegzudenken. Heutzutage gehört Windows 98 bei vielen verkauften Computern bereits zum Lieferumfang, und auch zahlreiche Anwendungsprogramme, die Windows-98-Applikationen, benötigen Windows 98 als Voraussetzung, um überhaupt benutzt werden zu können.

Was aber verbirgt sich hinter dem Begriff Windows 98? Ganz einfach ausgedrückt ist Windows 98 ein Betriebssystem mit grafischer Benutzeroberfläche, die das Arbeiten mit dem Computer erleichtern soll. Die komplizierten Eingabeformen der kryptischen DOS-Befehle aus den Anfangszeiten der Personalcomputer sollen durch die einfache Handhabung der grafischen Bedienungselemente ersetzt werden.

Hinzu kommt, dass Windows 98 die Grenzen der Leistungsfähigkeit des mittlerweile veralteten Betriebssystems MS-DOS überschreitet und somit die Leistungsmöglichkeiten der heutigen Computer besser ausnutzen kann.

Hier einige Vorteile von Windows 98 als Stichpunkte zusammengefasst:

- ✓ Windows 98 stellt eine einheitliche Arbeitsumgebung dar, in der Sie sich leicht orientieren können, auch wenn Sie eine neue Software einsetzen.
- ✓ Sie arbeiten grafikorientiert, d. h., Sie brauchen kaum Befehle, Zeichenfolgen und Tastenkombinationen über die Tastatur einzugeben, sondern sehen das, was Sie tun können und sollen, optisch auf Ihrem Bildschirm.

- Windows 98 ermöglicht das parallele Starten und Benutzen mehrerer Applikationen und DOS-Programme. Sie können ohne Probleme zwischen laufenden Anwendungen hin und her wechseln.
- Windows 98 unterstützt auch solche Programme, die nicht speziell für diese Oberfläche konzipiert wurden, also die bekannten „alten" DOS-Anwendungen.
- Sie können Daten leicht über eine Zwischenablage austauschen, was sogar zwischen DOS-Programmen und Windows-98-Applikationen möglich ist.

Wie sich diese Vorteile in der Praxis darstellen, werden Sie im Verlauf dieses Buches erfahren.

Anwendungsprogramme unter Windows 98

Die grafisch orientierte Oberfläche von Windows 98 stellt für viele Software-Produkte die Basis dar. Diese Produkte sind von ihrer Oberfläche her wiederum einheitlich gestaltet, d.h. grafikorientiert und für Mausbedienung, Datenaustausch und Parallelbetrieb ausgelegt. Zu den bekanntesten Windows-Applikationen zählen zahlreiche Grafik- und Bildbearbeitungsprogramme, aber auch die „Renner" innerhalb der verschiedenen Programmgenres wie Microsoft Word im Bereich der Textverarbeitung, Microsoft Excel als Tabellenkalkulationsprogramm oder Microsoft Access als Datenbanksoftware. Die Standardisierung hat einen besonderen Vorteil: Wenn Sie mit einer Windows-98-Applikation vertraut sind, fällt es Ihnen nicht sonderlich schwer, sich bei einer beliebig anderen zurechtzufinden.

Aus diesem Grund stehen am Anfang dieses Buchs speziell die Beschreibung der Windows-98-Elemente und die Bedienung von Windows 98 im Vordergrund.

Zu diesem Buch

Dieses Buch verlangt keine Vorkenntnisse im Umgang mit Windows 98. Allerdings wurde darauf verzichtet, die Hardware (Arbeitsspeicher, Laufwerke etc.) eines Computers näher zu erklären. Es dreht sich also alles um das Betriebssystem Windows 98 mit all seinen Zusatzprogrammen.

Der Aufbau des Buches

Das Buch ist in fünf Teile untergliedert. Jeder Teil behandelt einen speziellen Bereich. Welche dies sind, erfahren Sie in der nachfolgenden Aufstellung:

Teil I: Installation und erste Schritte

Der erste Teil des Buches wird Sie auf das Thema Windows 98 vorbereiten. Sie werden erfahren, wie Sie Windows 98 auf Ihren Computer installieren und welche grundlegenden Möglichkeiten Sie haben. Sie werden mit den Gegebenheiten von Windows 98 bekannt gemacht. Hier erfahren Sie die Grundlagen für die Arbeit mit Windows 98.

Teil II: Techniken und Praxis

Der zweite Teil des Buches vermittelt Ihnen die Grundlagen zu Windows 98. Sie erfahren, wie Sie mit Windows 98 arbeiten und welches Grundprinzip innerhalb von Windows 98 vorhanden ist. Sie lernen Windows 98 so gut kennen, dass Sie anschließend mit der grafischen Benutzeroberfläche problemlos arbeiten können und sich im Wesentlichen innerhalb von Windows 98 orientieren können.

Teil III: Know-how für Fortgeschrittene

Nachdem Sie im zweiten Teil die Grundlagen zu Windows 98 kennen gelernt haben, bietet der dritte Teil für den versierten Anwender reichhaltige Informationen. Es wird besonders auf die Online-Funktionen von Windows 98 eingegangen, die gegenüber der älteren Windows-95-Version stark erweitert wurden. Erfahren Sie hier, wie leistungsfähig das neue Windows ist und wie Sie es optimal für Ihre Zwecke einsetzen.

Teil IV: Tips, Tricks und Tuning

Wie Sie das System von Windows 98 optimal einstellen und welche Möglichkeiten der Wartung und Pflege Sie haben, erfahren Sie in diesem Teil. Dabei wird auch auf Hardware-Komponenten hinsichtlich Windows 98 eingegangen. Erweitern Sie Ihren Computer unter Windows 98 und stellen Sie die einzelnen Elemente richtig auf Windows 98 ein.

Teil V: Anhang

Im Anhang finden Sie zusätzliche Informationen zu Windows 98. Neben einem ausführlichen Glossar erhalten Sie unter anderem detaillierte Informationen zu der CD-ROM, die diesem Buch beigelegt ist.

Die Schreibweisen und Bezeichnungen

Damit Sie sich schnell im Text dieses Buchs orientieren können, wurden folgende Schreibweisen und Bezeichnungen benutzt:

- *Kursiv* werden alle Menütexte und Fensterbezeichnungen bzw. deren Inhalte und Elemente wie z. B. *Startmenü / Programme / Zubehör* geschrieben. Als Befehle werden alle Punkte und Optionen bezeichnet, die in der Menüleiste oder in Untermenüs, den sogenannten Pulldown- bzw. Popup-Menüs, zu finden sind. Auch alle feststehenden Bezeichnungen aus Dialogen erkennen Sie an dieser Schreibweise.
- *Kursiv* werden ebenfalls neue *Fachbegriffe* geschrieben, die zum ersten Mal genannt und erläutert werden. Sollte der jeweilige Begriff nicht im Text erläutert sein, so finden Sie ihn im Anhang innerhalb des Glossars wieder.
- In VERSALIEN werden Datei- und Verzeichnisnamen wie z. B. C:\WIN98\SYSTEM geschrieben, d. h. Sie erkennen sie daran, dass sie in Großbuchstaben gesetzt sind.
- Alle Eingaben, die Sie über die Tastatur vornehmen müssen, sind in einer Zierschrift gesetzt. Diese Schrift stellt die Tasten dar, die Sie drücken müssen. Das Zeichen [↵] steht z. B. für die Eingabetaste; eine *Tastenkombination* wird durch zwei Tastaturzeichen dargestellt, die durch ein »+« verbunden sind, z. B. [Strg]+[F4]. In diesem Fall halten Sie [Strg] gedrückt und drücken dann [F4]. Fehlt zwischen zwei Tastaturzeichen das Pluszeichen, bedeutet dies, dass die Tasten nacheinander gedrückt werden, z. B. [Alt]+[K] [K].

Die Symbole im Buch

Das Buch besitzt eine Marginalspalte, d. h. es befindet sich neben dem eigentlichen Text einer jeden Seite eine Spalte, die besondere Textpassagen, Schlagwörter oder Symbole aufnehmen kann. Dadurch können Sie als Leser schneller Textstellen mit bestimmten Inhalten lokalisieren bzw. durch die Symbole wird Ihnen direkt verdeutlicht, was für eine Art von Information Ihnen an der entsprechenden Stelle geboten wird.

Im Einzelnen finden Sie folgende Symbole in der Marginalspalte wieder:

Wichtige *Hinweise* erfahren Sie an den Stellen im Text, die mit diesem Symbol versehen sind. Hier finden Sie Informationen, denen Sie besondere Aufmerksamkeit schenken sollten.

Know-how finden Sie in diesem Buch überall. Sollte es darüber hinaus noch etwas Besonderes zu beachten geben, dann wird es Ihnen in den so gekennzeichneten Abschnitten vermittelt.

Nachdem Sie nun erfahren haben, welche Konventionen in diesem Buch verwendet werden, kann es richtig losgehen. Lernen Sie Windows 98 kennen und holen Sie aus dem Betriebssystem das Optimum heraus.

TEIL I

Installation und erste Schritte

Der erste Teil des Buchs soll Sie auf das Thema Windows 98 vorbereiten. Sie werden hier erfahren, wie Sie Windows 98 auf Ihrem Computer installieren und welche grundlegenden Möglichkeiten Sie mit diesem Betriebssystem besitzen. Ausführlich wird die Umgebung von Windows 98 erläutert, damit eine schnelle Einarbeitung und Arbeitsaufnahme erfolgen kann.

KAPITEL

1

Die Installation

Bevor Sie mit Windows 98 arbeiten können, müssen Sie es zuerst auf Ihrem Computer installieren. Wie Sie die notwendigen Arbeiten durchführen müssen, erfahren Sie in diesem Kapitel. Dabei wird hier auf die Standardinstallation eingegangen. Auf diese Weise lernen Sie das neue Windows mit den gebräuchlichsten Einstellungen und Einrichtungen kennen.

Die Installation

Durch den Kauf von Windows 98 haben Sie neben Handbüchern und einigen anderen Informationsmaterialien eine CD-ROM erworben. Auf diesem Datenträger befindet sich die Software *Windows 98*. Bevor Sie die grafische Benutzeroberfläche des Betriebssystems nutzen können, muss sie erst installiert werden.

Sie können also nicht die CD-ROM in Ihr Laufwerk legen und sofort mit Windows 98 arbeiten oder die Software ohne weiteres vom CD-ROM-Laufwerk aus starten. Auf der CD-ROM liegt das Programm nicht in ausführbarer Form vor. Es ist aus Platzgründen komprimiert. Außerdem muss es an Ihren PC und seine Peripheriegeräte angepasst werden.

Auch wenn auf Ihrem Computersystem Windows 98 bereits installiert ist, sollten Sie dieses Kapitel nicht überspringen. Erfahrungsgemäß ist das Programm bei vorinstallierten Versionen nicht immer so eingerichtet, wie es Ihren Ansprüchen am besten gerecht werden kann.

Darüber hinaus entsprechen bei Windows 98 fast alle Maßnahmen der Erstinstallation auch denen, die bei späteren Systemänderungen durchzuführen sind – etwa beim Wechsel des Druckers, der Grafikkarte oder eines anderen Geräts, das in Ihren PC eingebaut oder an ihn angeschlossen ist. Wenn Windows 98 also nicht so arbeitet, wie Sie es sich wünschen, dann finden Sie in diesem Kapitel vielleicht Möglichkeiten zur Abhilfe.

Etwas Besonderes – ein Computer-Netzwerk

PCs sind nicht nur dazu in der Lage, einzeln zu arbeiten und Daten via Disketten auszutauschen. Es ist auch möglich, sie durch ein Netzwerk direkt miteinander zu verbinden. Windows 98 ist darauf vorbereitet, in einem solchen Computerverbund zu arbeiten und die dabei nötigen Verbindungs- und Steuerungsaufgaben zu übernehmen.

Es gibt verschiedene Arten von Netzwerken, die von ihrem Aufbau und der Art zu arbeiten sehr unterschiedlich sind. Windows 98 ist vor allem dafür konzipiert, in einem *Peer-to-Peer*-Netzwerk eingesetzt zu werden, das im folgenden Unterkapitel erläutert werden soll. Darüber hinaus können weitere Anbindungen an andere Netzwerk-Arten eingerichtet werden – etwa von Ihrem Computer aus an bestehende Netzwerke oder ins weltweite Internet.

Die Vorteile eines Netzwerks

Ein Netzwerk hat mehrere Aufgaben, die dem Benutzer die unterschiedlichsten Vorteile bringen:

- Dateien können leicht zwischen zwei Computern ausgetauscht werden. Der Umweg über Disketten und andere Datenträger entfällt.
- Daten können gesammelt auf einem Rechner verwaltet werden. Das Vorhandensein von gleichen Daten kann auf ein Minimum beschränkt werden.
- Peripherie-Geräte wie Drucker, CD-ROM-Laufwerke usw. können von mehreren Computern gemeinsam genutzt werden.
- Der Informationsaustausch wird von der Software unterstützt und verwaltet.
- Gruppenarbeit wird vereinfacht und kann effektiver gestaltet werden.

Damit die oben genannten Vorteile genutzt werden können, ist es erforderlich, dass die Computer physikalisch miteinander verbunden werden. Erst dann ist das Zusammenarbeiten von Computern und der erforderliche Datenaustausch möglich.

Ein Peer-to-Peer-Netzwerk

Wie sieht ein Windows-98-Netzwerk aus und welche Hardware-Voraussetzungen müssen für dessen Funktionieren vorhanden sein?

Die Bezeichnung *Peer to Peer* kann sinngemäß mit »von Arbeitsstation zu Arbeitsstation« übersetzt werden. Im Gegensatz zu einem *Server*-Netzwerk, bei dem alle Daten zentral auf einem Computer verwaltet werden, ist es bei einem Peer-to-Peer-Netzwerk anders.

Diese Art Netzwerk ermöglicht es, von jedem Computer aus auf jeden anderen im Netzwerk befindlichen Computer zuzugreifen. Genauso verhält es sich mit den Peripherie-Geräten. Jeder kann alles benutzen – vorausgesetzt, die Computer und die angeschlossenen Geräte sind dementsprechend konfiguriert.

Die folgende Grafik zeigt, wie ein Peer-to-Peer-Netzwerk aufgebaut ist.

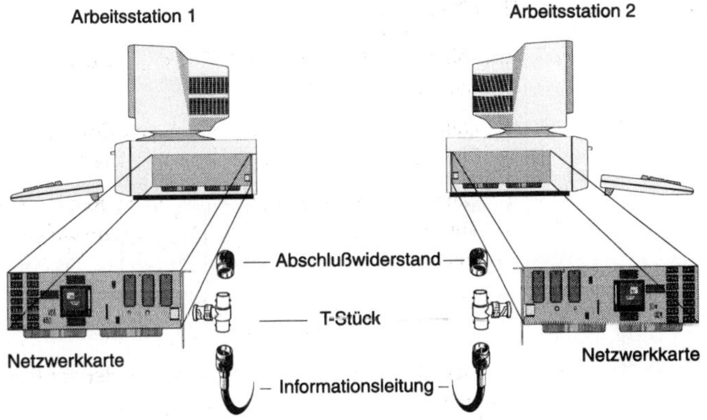

Abbildung 1.1: Der Aufbau eines Peer-to-Peer-Netzwerks

Vereinfacht ausgedrückt ist bei dieser Art von Netzwerk eine *Informationsleitung* vorhanden. An den beiden Enden dieser Informationsleitung befinden sich aus technischen Gründen die *Abschlusswiderstände*.

Die Informationsleitung wird an mehreren Stellen mit *T-Stücken* versehen. Durch ein T-Stück wird eine Abzweigung von der Informationsleitung geschaffen, an der dann ein Computer angeschlossen wird. Auf diese Weise sind alle an der Informationsleitung angeschlossenen Computer physikalisch miteinander verbunden.

HINWEIS

Es müssen bei der Einrichtung der Informationsleitung und der Abzweigungen einige Restriktionen eingehalten werden. Die gesamte Kabellänge darf eine Maximallänge nicht überschreiten, es dürfen keine Stichleitungen von den T-Stücken zum Computer eingesetzt werden usw.

Damit ein Computer mit einem eingebrachten T-Stück in der Informationsleitung verbunden werden kann, ist der Einbau einer Netzwerk-Karte in den Computer erforderlich.

Die Netzwerkkarte

Der *Netzwerkkarte* kommt in einem Netzwerk eine besondere Aufgabe zu. Sie ermöglicht den elektronischen Informationsaustausch zwischen den verbundenen Computern. Die Informationsleitung dient nur der Signalübermittlung. Das Aufbereiten der Signale und das Zusammenarbeiten mit der Software übernimmt die Netzwerkkarte.

Damit die Netzwerkkarte ordnungsgemäß in einem Computer funktionieren kann, ist es erforderlich, einen *Interrupt* und eine *I/O-Adresse* für diese Karte festzulegen.

Der Interrupt

Der Interrupt dient sozusagen als Erkennungszeichen für das Computersystem. Muss das Computersystem eine Information an die Netzwerkkarte oder die Karte Informationen an das Computersystem übermitteln, dann erfolgt dies über den festgelegten Interrupt. Da ein Interrupt im gesamten Computersystem nur einmal vergeben werden kann, stellt dies ein eindeutiges Erkennungszeichen dar, eine Verwechslung ist nicht möglich.

Die I/O-Adresse

Die Bezeichnung I/O wird von den englischen Begriffen *Input* (Eingabe) und *Output* (Ausgabe) abgeleitet. Oftmals wird auch die deutsche Ableitung E/A-Adresse verwendet. Durch die I/O-Adresse wird der Beginn eines bestimmten Speicherbereichs definiert, in dem der Datenaustausch zwischen Computersystem und Netzwerkkarte erfolgt. Der Sender legt die Daten dort ab und der Empfänger liest sie aus diesem Speicherbereich wieder heraus.

Welchen Interrupt und welche I/O-Adresse Sie für Ihre Netzwerkkarte verwenden können, hängt von Ihrem Computersystem und der darin bereits installierten Zusatzhardware ab. Eine allgemeine Vorgabe dieser Werte kann nicht erfolgen.

KNOW-HOW

Bei der Auswahl und dem Einbau einer Netzwerkkarte ist eine Reihe von Dingen zu beachten. Bevor Sie sich entschließen, eine Netzwerkkarte in Ihrem Computer zu installieren, lassen Sie sich im Fachhandel beraten.

Im Hinblick auf die Garantie Ihres Computers und die vermeidbaren Probleme beim Einbau einer Netzwerkkarte ist es oft sinnvoll, diese direkt vom Fachhändler installieren zu lassen. Denken Sie allerdings daran, sich die eingestellten Werte für den Interrupt und die I/O-Adresse geben zu lassen, da Sie diese bei der Installation von Windows 98 benötigen.

Netzwerk-Resümee

Sollten Sie die Absicht haben, Ihren Computer mit anderen zu vernetzen, dann empfiehlt es sich, die notwendige Netzwerkkarte vor der Installation von Windows 98 einzubauen bzw. einbauen zu lassen. Bei der Installation wird dann die Netzwerkkarte automatisch berücksichtigt. Die erforderlichen Treiber werden kopiert und die notwendigen Einstellungen werden vorgenommen.

Die Software-Installation

Nachdem Sie vorab Allgemeines über Windows und die Netzwerk-Problematik erfahren haben, folgen nun Einzelheiten über die Installation von Windows 98.

Vielleicht haben Sie auf Ihrem PC schon eine ganze Reihe von Anwendungen installiert. Die Einrichtung von Windows 98 ist ein grundsätzlich anderer Vorgang, weil es sich dabei um die Neuinstallation eines ganzen Betriebssystems auf Ihrem Rechner handelt.

Betriebssysteme steuern den gesamten Computer und machen die eigentlichen Anwendungen erst lauffähig. Bisher hat dies für Ihren Computer wahrscheinlich eine Version des Betriebssystems MS-DOS oder eine frühere Version von Windows erledigt. Selbst die älteren WINDOWS-Versionen waren im Grunde nur Zusätze zum jeweiligen MS-DOS, die dessen Bedienung vereinfachten.

Windows 98 entfernt Ihr altes PC-Betriebssystem und übernimmt dessen Aufgaben, ohne die bereits vorhandenen Anwendungen funktionsunfähig zu machen. Dieser Vorgang ähnelt dem Versuch, den Motor Ihres Autos während der Fahrt zu wechseln – und funktioniert dennoch mit erstaunlicher Sicherheit. Beachten Sie aber alle Sicherheitshinweise des Installationsprogramms und die hier geschilderten Tips, die sich auf diesen Bereich beziehen, äußerst genau. Sie können dann unnötige Zeit- und Datenverluste vermeiden.

Fertigen Sie in jedem Fall vor der Installation von Windows 98 eine komplette Kopie Ihrer Festplatteninhalte an! Auf diese Weise besteht die Gefahr, Daten zu verlieren, nicht.

Bevor Sie Windows installieren, sollten Sie sicherstellen, dass genügend freier Speicherplatz auf Ihrer Festplatte vorhanden ist. Sie benötigen je nach gewünschter Ausstattung mindestens ca. 170 Mbyte.

Der Beginn der Installation

Sie haben alles entschieden, kontrolliert und erledigt? Es ist – wenn irgend möglich – eine Maus an den PC angeschlossen? Der Computer ist frisch gebootet und wartet auf die Befehlseingabe? Gut, dann kann es jetzt losgehen.

Als Anwender benötigen Sie lediglich noch eine Leerdiskette für das Laufwerk A:, damit Windows 98 gegen Ende der Installation eine *Sicherheits-Startdiskette* für Ihren PC anlegen kann.

Man kann die Windows-98-Installation von der MS-DOS-Befehlszeile aus starten oder mit Hilfe einer bereits installierten Windows-Version. Unterschiede in der Bedienung der Installation gibt es in diesen beiden Fällen nur für die ersten Sekunden des Vorgangs.

Die Installation von MS-DOS aus

Installieren Sie Windows 98 nur dann von MS-DOS aus, wenn auf Ihrem PC kein lauffähiges älteres Windows existiert. Der Start von Windows aus funktioniert problemloser. Wenn Sie von Windows aus starten können, lesen Sie bitte im anschließenden Abschnitt weiter.

Wenn Sie von MS-DOS aus installieren, legen Sie die CD-ROM in das CD-ROM-Laufwerk. Wechseln Sie mit

```
D: [Eingabe]
```

oder einem anderen Buchstaben auf das Laufwerk, in dem sich die Windows-98-CD-ROM befindet. Geben Sie anschließend mit dem Befehl

```
SETUP ↵
```

den Startschuss zur Installation. Nach einigen Sekunden sehen Sie die Mitteilung, dass Windows 98 Ihren PC zunächst einer Routineüberprüfung unterziehen wird. Anschließend startet automatisch das Programm *Scandisk* und überprüft die Festplatten Ihres Computers.

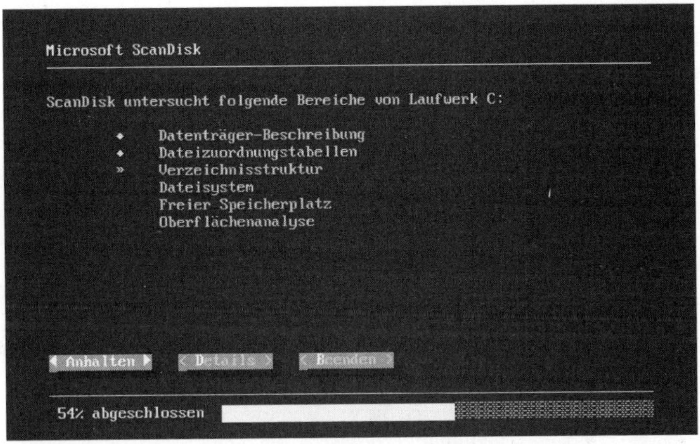

Abbildung 1.2: Scandisk prüft die Festplatten Ihres Computers

Sofern die Überprüfung der Festplatte Probleme ergibt, sollten Sie den Vorschlägen von Scandisk zur Behebung der Störungen folgen und die Installation anschließend neu starten.

Wenn Sie zuvor keine Sicherheitskopie Ihrer Festplatten angelegt haben, brechen Sie Scandisk zunächst ab und holen Sie die Sicherung nach.

Wurden keine Fehler entdeckt, schließen Sie Scandisk über die Schaltfläche *Beenden*. Das Installationsprogramm kopiert und startet anschließend bereits die Benutzeroberfläche von Windows 98. Informationen über das weitere Vorgehen finden Sie im Abschnitt »Der Installationsablauf« im Unterkapitel »Die Installation von Windows aus«.

An dieser Stelle kann eine von DOS aus gestartete Installation gestoppt werden, wenn Ihr PC über wenig Hauptspeicher verfügt.

Die Installation von Windows aus

Wenn irgend möglich, sollten Sie die Windows-98-Installation von einer älteren lauffähigen Windows-Version aus starten. Aktivieren Sie diese Windows-Version und legen Sie die Installations-CD-ROM von Windows 98 in das Laufwerk ein.

Windows 3.x

Benutzen Sie bei Windows 3.x den *Programm-Manager*. Aktivieren Sie hier im *Datei*-Menü die Funktion *Ausführen*, und schreiben Sie in die Befehlszeile:

`D:\SETUP` ↵

Der Buchstabe kann auch ein anderer sein – je nachdem, in welchem Laufwerk sich der Installationsdatenträger befindet.

Windows 95

Installieren Sie von Windows 95 aus, dann aktivieren Sie im *Startmenü* den Menüpunkt *Ausführen*. Auch hier geben Sie in die Eingabezeile den Befehl

`D:\SETUP` ↵

ein.

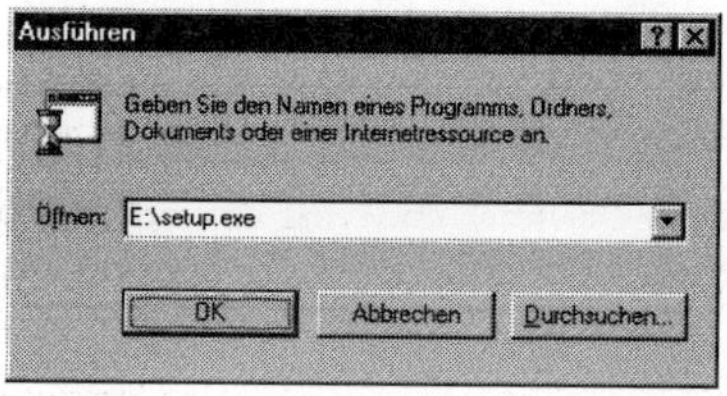

Abbildung 1.3: Start der Windows-98-Installation von Windows aus

Klicken Sie anschließend *OK* an oder drücken Sie ↵. Es folgt der Begrüßungsbildschirm von Windows 98.

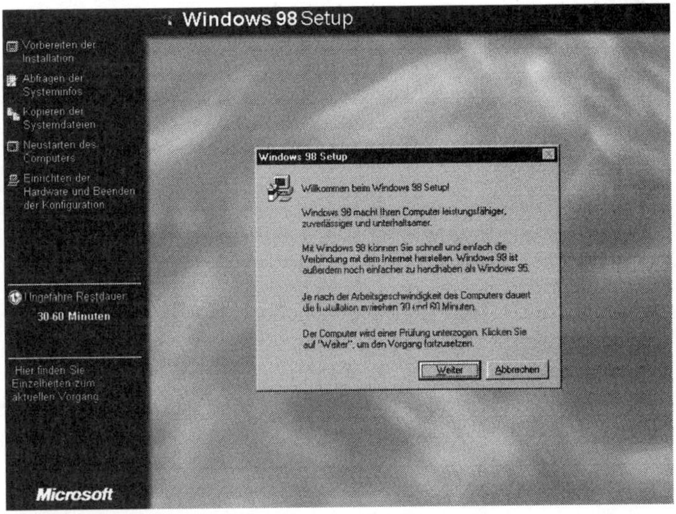

Abbildung 1.4: Die Begrüßung

Klicken Sie auf die Schaltfläche *Weiter*, nachdem Sie sich die Informationen ausreichend durchgelesen und angesehen haben.

Es folgt eine kurze *Routineüberprüfung* Ihres PCs, wobei vor allem die Betriebssicherheit der Festplatten Ihres Computers unter die Lupe genommen wird.

Sollten Probleme der Laufsicherheit Ihres Computersystems festgestellt werden, so folgen Sie den Vorschlägen des Installationsprogramms und erlauben Sie gegebenenfalls Reparaturmaßnahmen.

HINWEIS

Wenn Sie vor der Installation keine Sicherheitskopie Ihrer Festplatten angelegt haben, brechen Sie spätestens beim Erkennen von Festplattenproblemen während der Routineüberprüfung die Installation zunächst ab und holen Sie die Sicherung nach.

Der Installationsablauf

Windows 98 meldet sich kurz nach dem Start des eigentlichen Installationsprogramms mit dem schon bekannten Begrüßungsfenster.

HINWEIS

Die Software veranschlagt für die komplette Installation 30-60 Minuten je nach Leistungsfähigkeit des verwendeten Computers. Sollten Sie das System auf einem 486er PC mit der Minimalausstattung von 16 MByte RAM einrichten und darüber hinaus noch über ein langsames CD-ROM-Laufwerk verfügen, kann der Vorgang auch länger dauern.

An dieser Stelle können Sie die Installation noch ohne Folgen abbrechen. Dies gilt auch bei den weiteren Installationsschritten – solange noch die Schaltfläche *Abbrechen* in den Installationsfenstern auftaucht. Wenn Sie die Installation fortsetzen möchten, klicken Sie mit der linken Maustaste *Weiter* an. Hatten Sie die Installation über ein älteres Windows gestartet, folgt zunächst noch die Routineüberprüfung.

Kurz darauf kann die Installation noch einmal anhalten, sofern nicht genug Festplattenspeicher zur Verfügung steht. Windows 98 zeigt dann an, wieviel Platz es bei welcher Installationsform benötigt.

Eine Variante der Meldung zeigt an, dass Windows 98 lediglich als *Minimalversion* installiert werden kann. Versuchen Sie in jedem Fall, durch Löschen und Auslagern von Daten genug Platz für eine uneingeschränkte Installation freizumachen. Sie können das neue Windows dann zunächst erproben und später entscheiden, welche Komponenten Sie nicht benötigen.

HINWEIS

Sofern Sie auf Ihrer Festplatte durch Löschen von Dateien Raum schaffen müssen, sollten Sie bei Windows 3.x eine eventuell bestehende permanente Auslagerungsdatei berücksichtigen. Windows 98 wird diese Datei ohnehin durch eine effizientere Art der Auslagerungsdatei ersetzen. Zur Entfernung einer permanenten Auslagerungsdatei rufen Sie in der Systemsteuerung das Programm *Erweiterter Modus für 386-PC* auf, wählen Sie darin *Virtueller Speicher* und dann *Ändern*. Wandeln Sie die permanente Datei in eine temporäre um. Entfernen Sie die Auslagerungsdatei nicht ganz, da es sonst während der Installation zu Fehlern kommen kann.

Sofern genug Festplattenspeicher zur Verfügung steht, aktiviert Windows 98 als Nächstes den *Windows-98-Setup-Assistenten*. Dieses Programm gehört bereits zu Windows 98. Seine »Vorbereitung« kann einige Zeit dauern.

Der Start des »Assistenten«

Die erste Äußerung des Installations-Assistenten kann ein Hinweis sein. Ist auf Ihrem Rechner eine Viren-Software installiert, dann erkennt dies Windows 98 und weist Sie auf diese Problematik hin.

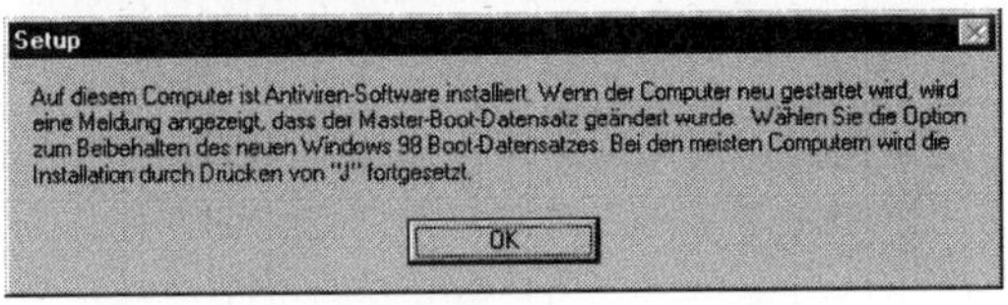

Abbildung 1.5: Ein Virenschutz ist installiert

Nachdem Sie gegebenenfalls *OK* angeklickt haben, besteht die nächste Aktion des Assistenten in der Anzeige des *Lizenzvertrags* für Windows 98.

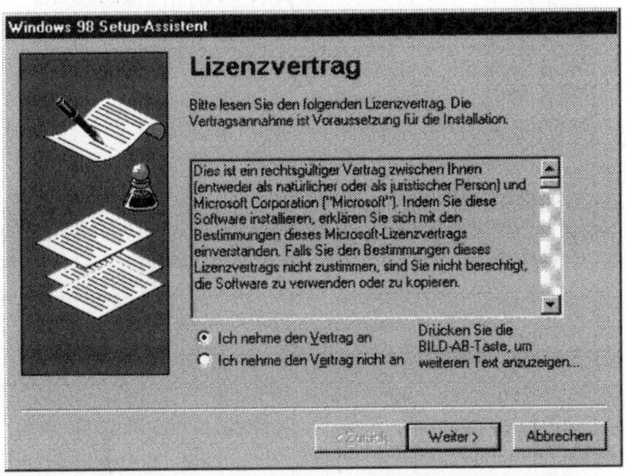

Abbildung 1.6: Die Anzeige des Lizenzvertrags

Windows 98 wird nur dann installiert, wenn Sie die Option *Ich nehme den Vertrag an* aktivieren und anschließend auf *Weiter* klicken.

Als Nächstes werden die erforderlichen Verzeichnisse eingerichtet und die Festplatte auf genügend freien Speicherplatz hin untersucht.

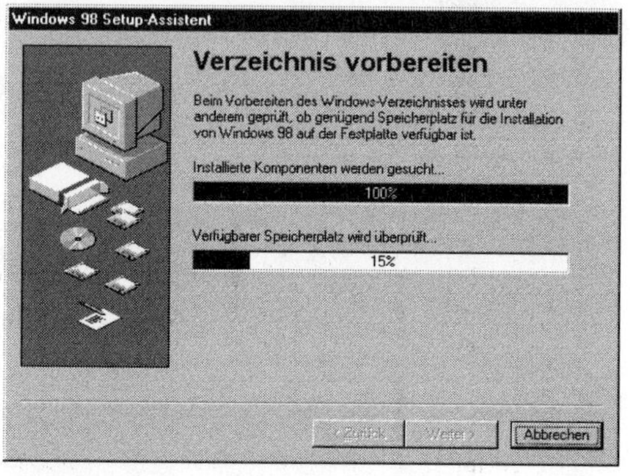

Abbildung 1.7: Die weitere Vorbereitung

Sobald die Aktionen abgeschlossen sind, können Sie mit *Weiter* das Setup fortsetzen.

Sichern des alten Systems

Das nächste Assistentenfenster konfrontiert Sie mit der Frage, ob die *Systemdateien* Ihrer alten MS-DOS- und Windows-Version gesichert werden sollen. Sie können dann über ein in Windows 98 integriertes Deinstallationsprogramm den früheren Zustand wiederherstellen. Die gesicherten Systemdateien belegen zwar erst einmal ca. 50 MByte Ihrer Festplatte, können aber zu einem späteren Zeitpunkt gelöscht werden.

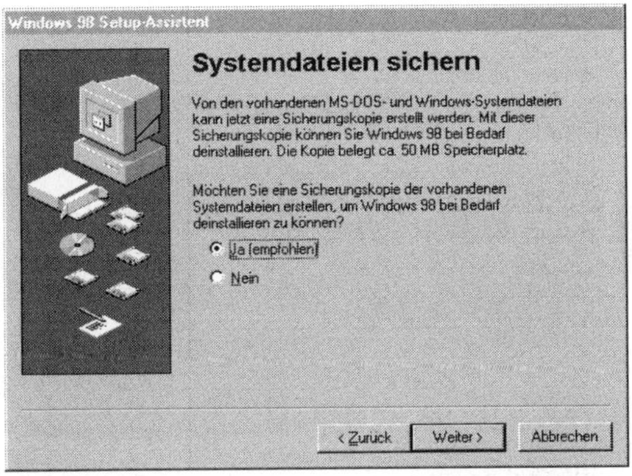

Abbildung 1.8: Das alte MS-DOS- und Windows-System kann zunächst gesichert werden

Klicken Sie *Ja* oder *Nein* an und wählen Sie anschließend *Weiter*.

Bevor es nun richtig losgeht, müssen Sie die *Produktidentifikation* ausfüllen. Sie finden die Legitimation im Lieferumfang von Windows 98 vor. Geben Sie die entsprechenden Werte in die dafür vorgesehenen Kästen ein und klicken Sie auf *Weiter*.

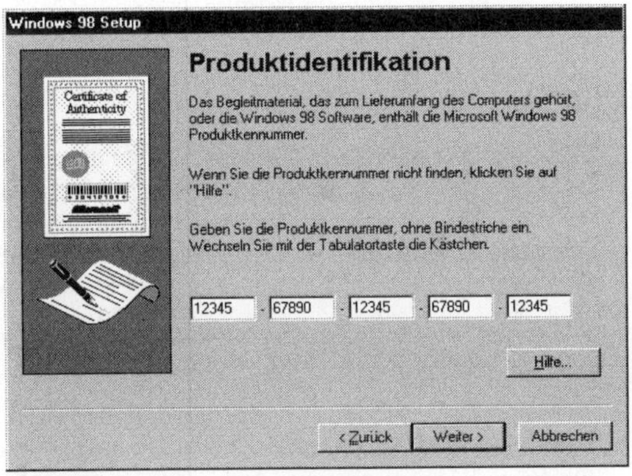

Abbildung 1.9: Die Produktidentifikation

Die Internet Channels

Neu an Windows 98 sind die *Internet Channels*. Diese werden innerhalb des nächsten Dialogs angesprochen und eingerichtet.

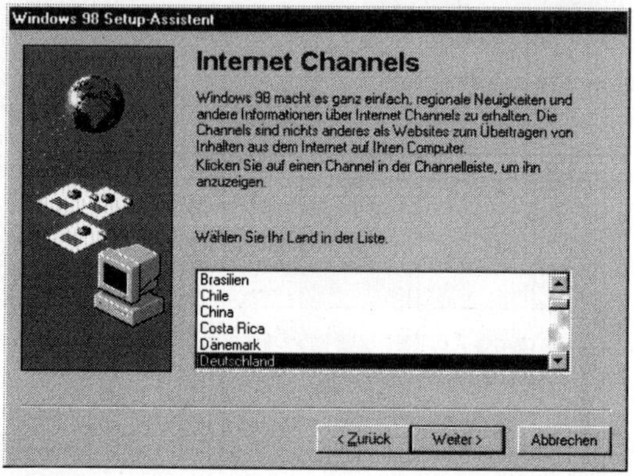

Abbildung 1.10: Die Internet Channels

Wählen Sie das gewünschte Land aus, in den meisten Fällen wird hier *Deutschland* vorgegeben, so dass Sie dies unverändert übernehmen können. Klicken Sie dann auf *Weiter*.

Die Startdiskette

Falls es bei der Arbeit mit Windows 98 einmal zu Problemen kommt, dann ist es oftmals hilfreich, wenn der Computer mittels einer Diskette gebootet werden kann. Um dies im Bedarfsfall in die Tat umzusetzen, bietet der Assistent im nächsten Dialog die Möglichkeit an, eine *Startdiskette* anzufertigen.

Die Investition lohnt sich

Sie sollten auf jeden Fall eine Startdiskette anfertigen lassen. Der Vorteil, den Sie später dadurch haben, rechtfertigt allemal die Zeit, die Sie dafür investieren.

Benutzen Sie die zu Beginn der Installation angesprochene leere Diskette für diesen Vorgang. Legen Sie sie in das Laufwerk A: und klicken Sie auf *Weiter*. Der Assistent kopiert daraufhin alle erforderlichen Daten auf die Diskette.

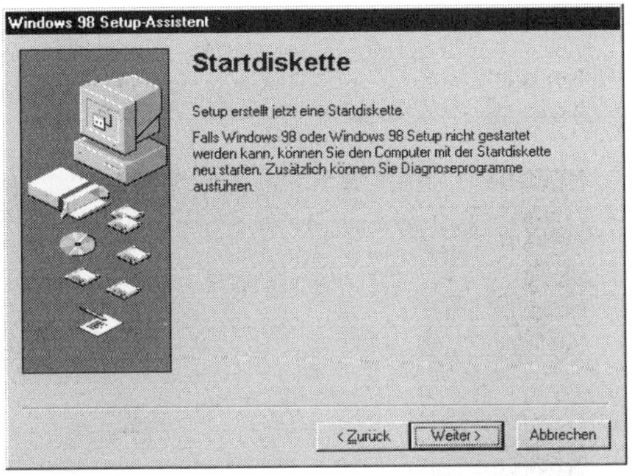

Abbildung 1.11: Eine Startdiskette kann angefertigt werden

Ist der Vorgang zur Erstellung der Startdiskette abgeschlossen, kann der Assistent den weiteren Ablauf der Installation in Angriff nehmen.

Als Nächstes müssen die Dateien kopiert werden.

Der Kopiervorgang

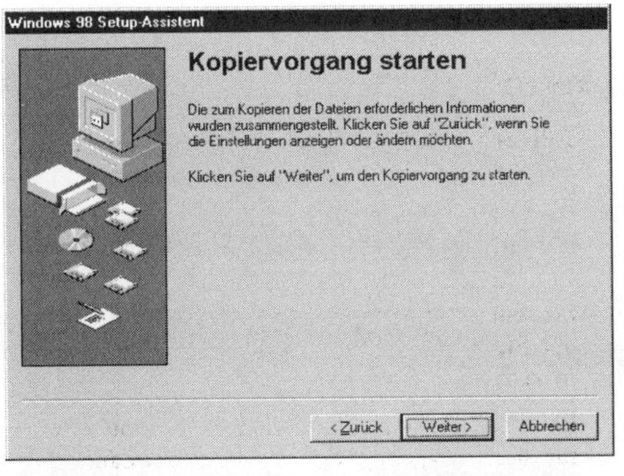

Abbildung 1.12: Die Dateien müssen kopiert werden

Nachdem Sie auch hier auf *Weiter* geklickt haben, werden die Dateien kopiert. Allerdings sollten Sie sich auf einen etwas längeren Ablauf vorbereiten. Das Kopieren ist sehr umfangreich und somit auch sehr langwierig. Bewahren Sie also Geduld.

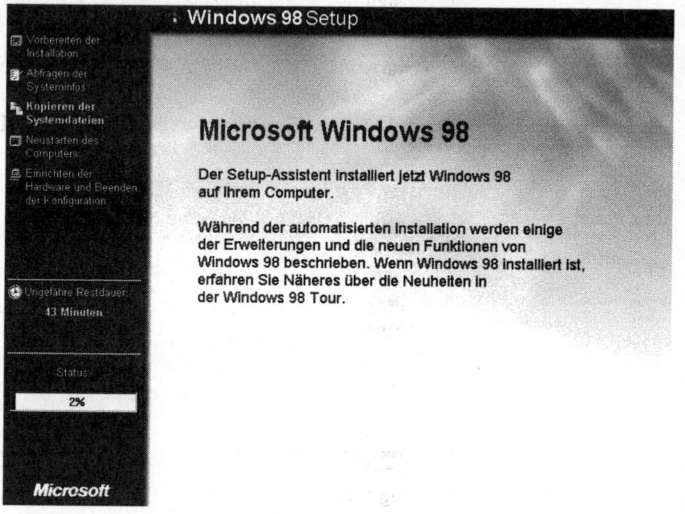

Abbildung 1.13: Die Dateien werden kopiert

Wie weit der Assistent mit seiner Kopierarbeit vorangeschritten ist, erkennen Sie an dem *Status*-Balken in der linken unteren Ecke des Bildschirms.

HINWEIS

Während des Kopiervorgangs werden Ihnen immer wieder Informationen zur neuen Windows-Version angezeigt. Lesen Sie sich diese in Ruhe durch, dann wird Ihnen die Zeit nicht so lang vorkommen.

Die Fertigstellung

Ist der Kopiervorgang endlich abgeschlossen, startet Windows 98 den Computer automatisch neu. Die Konfiguration wird dann fortgesetzt, ohne dass Sie Einfluss darauf nehmen können. Sie müssen also abwarten.

Im weiteren Verlauf der Installation werden die vorhandenen Hardwarekomponenten Ihres Computers analysiert, damit sich Windows 98 optimal darauf einstellen und die erforderlichen Treiber installieren kann.

Windows 98 wird dann automatisch bis zur Fertigstellung eingerichtet. Alle Einstellungen und Vorgaben werden nach und nach vom Assistenten vorgenommen, bis Sie Windows 98 einsatzbereit vorfinden.

Hier erwartet Sie dann die Einladung zu einer Informationstour.

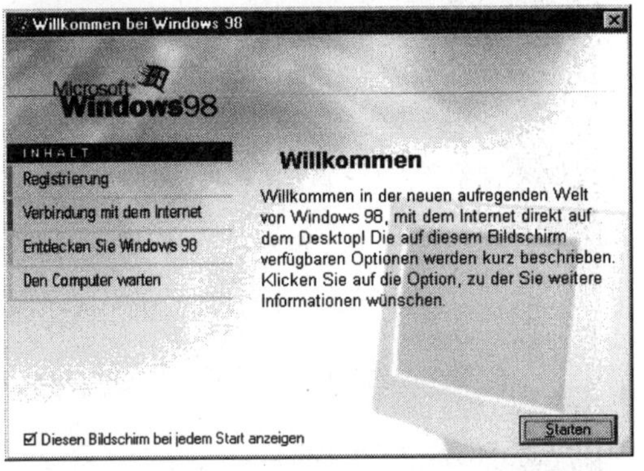

Abbildung 1.14: Hier finden Sie Informationen zu Windows 98

Möchten Sie diesen Bildschirm nicht bei jedem Start von Windows 98 vorfinden, dann deaktivieren Sie das kleine Kästchen in der linken unteren Ecke des Fensters.

Möchten Sie das Fenster schließen, dann klicken Sie auf das Quadrat mit dem »x« in der rechten oberen Ecke des Fensters.

Anschließend ist die Installation abgeschlossen und Windows 98 ist einsatzbereit.

Softwarekomponenten nachträglich installieren

Möchten Sie nachträglich Komponenten zu Windows 98 von der CD auf Ihrem Computer installieren, dann können Sie dies mittels der *Systemsteuerung* und dem darin enthaltenen Symbol *Software* durchführen. Sobald Sie das Symbol doppelt anklicken, erscheint der Dialog *Eigenschaften von Software*. Wechseln Sie zum Register *Windows Setup*, um die nachträgliche Installation vorzunehmen.

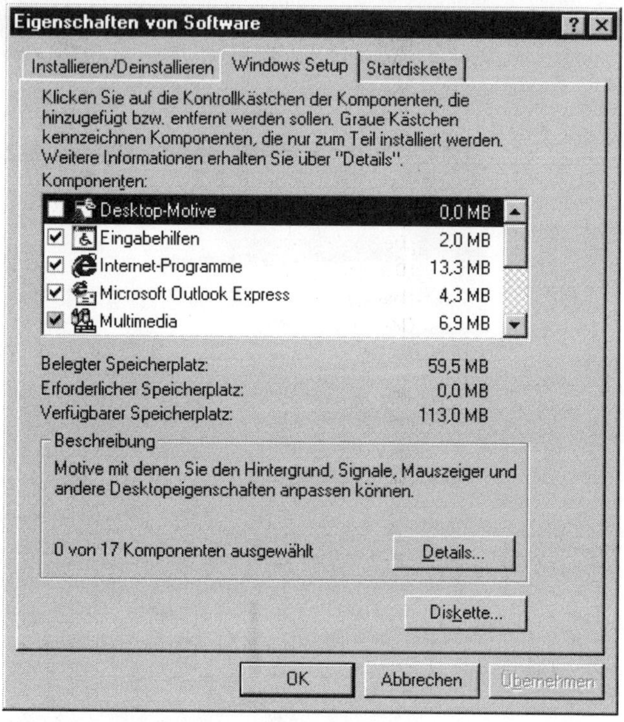

Abbildung 1.15: Hier finden Sie die Komponenten zur nachträglichen Installation

Das Register *Windows Setup* der Software-Eigenschaften stellt Ihnen die Möglichkeit zur Verfügung, Software-Komponenten aus dem Windows-98-Lieferumfang zu ergänzen, die bislang bei der Installation nicht berücksichtigt wurden.

In der Liste *Komponenten* werden die verfügbaren Software-Komponenten aufgelistet. Anhand der Kästchen vor den Einträgen können Sie erkennen, ob eine Komponente schon installiert wurde oder nicht. Wird ein Kästchen grau hinterlegt dargestellt, bedeutet dies, dass nicht alle Elemente dieser Komponente berücksichtigt wurden.

Um sich die *Details* der in der Liste markierten Komponente anzeigen zu lassen, klicken Sie auf die gleichnamige Schaltfläche. Dort können Sie die Auswahl verändern. Für die Komponente *Zubehör* sieht die Detail-Ansicht folgendermaßen aus:

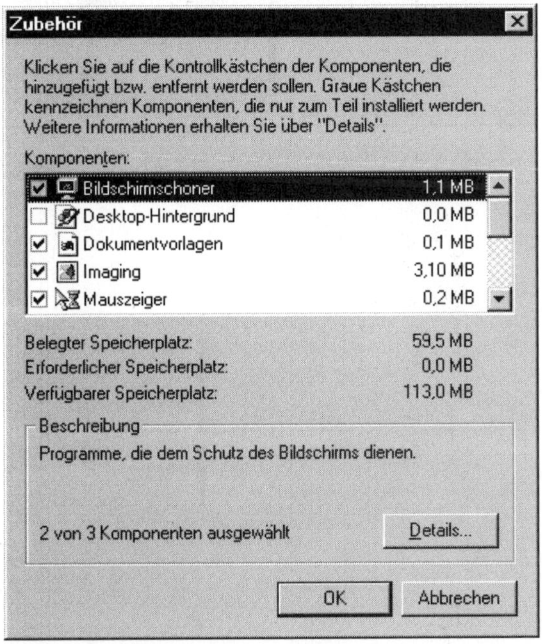

Abbildung 1.16: Die Details des Zubehörs

Auch hier können Sie anhand des Kästchens vor den Einträgen erkennen, ob eine Komponente ausgewählt ist oder nicht, und auch hier können Sie sich innerhalb der Komponenten weitere Komponenten anzeigen lassen. Allerdings ist es nicht bei jeder Komponente der Fall, dass wiederum Details aufgelistet werden können.

Ob bei einer Komponente weitere Details-Komponenten vorhanden, bzw. wie viele der vorhandenen Komponenten bereits ausgewählt sind, erfahren Sie durch den Eintrag innerhalb des Bereichs *Beschreibung*. Dort finden Sie die Information *x von y Komponenten ausgewählt*.

Haben Sie die gewünschten Komponenten so aktiviert, dass vor den jeweiligen Einträgen ein Haken in dem Kästchen erscheint, können Sie den jeweiligen Dialog mit OK verlassen.

In der obersten Ebene des Dialogs können Sie zusätzlich noch über die Schaltfläche *Diskette* weitere Komponenten von einem Diskettenlaufwerk ins System einbinden.

Mit *Übernehmen* werden die vorgenommenen Einstellungsänderungen berücksichtigt und in das System eingebunden, ohne dass das Dialogfeld verlassen wird.

Auf diese Weise können Sie gewünschten Komponenten innerhalb Ihres Windows-98-Systems ergänzen.

KAPITEL

2

Erste Schritte

In diesem Kapitel erfahren Sie, auf welche Weise Sie Windows starten und beenden können. Sie lernen die Möglichkeiten kennen, wie Sie Fenster, Symbole und deren Elemente bedienen und welche Aufgaben sie haben. Sie arbeiten auf der Desktop-Oberfläche, starten Applikationen und schließen diese auch wieder.

Erste Schritte

Die Grundlagen

Die Grundlagen der Bedienung und Funktionsweise von Windows 98 sind das Wichtigste, um mit der grafisch orientierten Benutzeroberfläche einfach und bequem zu arbeiten. Sobald Sie die elementaren Vorgehensweisen kennen, können Sie bis auf wenige Ausnahmen alle Arbeiten intuitiv durchführen. Erst im Anschluss daran sollten Sie sich spezielle Kenntnisse aneignen, die die Arbeit mit Windows 98 optimal gestalten helfen.

Windows starten

HINWEIS

> Auf die Installation von Windows 98 wird hier nicht noch einmal eingegangen. Sie haben zu diesem Thema bereits im vorherigen Kapitel Informationen vorfinden können. Sollte sich auf Ihrem Rechner noch kein Windows 98 befinden, dann lesen Sie zuerst dort nach, was zu tun ist, um Windows 98 auf Ihrem Rechner zu installieren.

Nachdem das Betriebssystem Windows 98 installiert ist bzw. wenn es schon auf Ihrem Rechner eingerichtet ist, bleibt zum Starten der grafischen Benutzeroberfläche nicht viel zu tun. Sie schalten Ihren Rechner ein und warten, bis er das Betriebssystem geladen hat. Sie sehen beim Starten das Titelbild von Windows 98 und dann erscheint die Arbeitsoberfläche mit den verschiedenen Symbolen und der *Taskleiste* am unteren Bildschirmrand.

Der Maustest

Haben Sie an Ihrem Computer eine Maus angeschlossen, dann bewegen Sie diese ein klein wenig hin und her. Sehen Sie daraufhin, dass sich auch der kleine Mauspfeil auf dem Bildschirm entsprechend Ihrer Mausbewegung hin und her bewegt, dann können Sie davon ausgehen, dass der Startvorgang einwandfrei vonstatten gegangen ist und das System problemlos funktioniert.

Windows ohne grafische Benutzeroberfläche starten

Der MS-DOS-Modus

Sie können Windows 98 auch im *MS-DOS-Modus* starten ohne die grafische Benutzeroberfläche zu laden. Direkt zu Beginn des Startvorgangs von Windows 98 drücken Sie die Taste [F8]. Windows bietet Ihnen daraufhin ein Menü mit verschiedenen Optionen an, die sich besonders zu Problemlösungen bei Startschwierigkeiten von Windows 98 eignen. Eine Option ist das Starten im MS-DOS-Modus. Es wird dann ein Windows-98-DOS gestartet. Diese Information sollten Sie sich merken, da auf diesem Weg die graphische Oberfläche unterdrückt werden kann und eventuelle Probleme mittels der kryptischen Befehle, die auf der Befehlsebene eingegeben werden müssen, gelöst werden können.

Der abgesicherte Start von Windows 98

Wie beim Starten im MS-DOS-Modus, können Sie auch andere Optionen aus dem kennengelernten Menü von Windows 98 anwählen. Auf diese Weise ist es z. B. möglich, Windows 98 ohne Netzwerkfunktionen zu starten oder mit einer Basiskonfiguration. Diese Optionen können Ihnen nützlich sein, wenn zuvor durchgeführte Systemveränderungen Windows 98 nicht mehr richtig starten lassen. Starten Sie Windows 98 dann im *abgesicherten Modus*, können Sie anschließend die Veränderung wieder rückgängig machen.

Die ersten Windows-Begriffe

Wenn Sie Windows 98 gestartet haben, müssen Sie sich zunächst ein wenig orientieren, denn das Aussehen der Oberfläche kann sich bei jedem Start verändern, vor allem dann, wenn Sie Ihren Computer gemeinsam mit anderen benutzen. Windows 98 ist recht flexibel und veränderbar, was das Gestalten der Oberfläche betrifft.

Aus diesem Grund kann auch nicht vorausgesetzt werden, dass Sie nach dem Start eine bestimmte Darstellung und Anordnung von Programmen und Symbolen vor sich sehen. Sie werden deshalb in diesem Kapitel nicht nur erste Schritte mit der neuen Oberfläche kennenlernen und unternehmen, sondern dabei auch erfahren, wie Sie Fenster und Symbole verändern können.

Die Maus

Die Maus-bedienung

Eine wichtiger Grund, warum Windows so erfolgreich in der Computerwelt ist, beruht auf der leichten Bedienung der einzelnen Bildschirmelemente. Dies allerdings in Verbindung mit einer Computer-Maus und nicht unbedingt mittels der Tastatur.

Zwar kann Windows 98 auch mit der Tastatur bedient werden, in bestimmten Situationen auch schneller als mit einer Maus, allerdings ist Windows dafür ausgelegt, mit einer Maus bedient zu werden. Daher wird im Folgenden hauptsächlich die Bedienung mit einer Maus im Vordergrund stehen.

HINWEIS

Es werden im weiteren Verlauf des Buches immer wieder einige Ausdrücke vorkommen, die im normalen Sprachgebrauch nicht verwendet werden. Die wichtigsten Begriffe finden Sie hier genannt und erläutert. Einige andere werden Sie an geeigneter Stelle im Buch erklärt bekommen.

Die ersten Begriffe im Überblick mit der entsprechenden Erläuterung:

- Den Begriff *Mausklick*, auch einfach als *Klick* bezeichnet, werden Sie im Zusammenhang mit Windows 98 voraussichtlich am häufigsten antreffen. Oft als Aktion formuliert, wie z. B. etwas *anklicken* oder *auf* etwas *klicken*. Gemeint ist damit das Positionieren des Mauszeigers auf ein bestimmtes Objekt oder Element von Windows 98 oder eine Applikation und das anschließende kurze Drücken der linken bzw. rechten Maustaste.
- Neben dem einfachen Klick gibt es noch den *Doppelklick*. Einige Objekte bzw. Elemente reagieren auf einen Doppelklick mit bestimmten Aktionen, wobei dadurch oftmals eine Zeitersparnis erwirkt werden kann. Unter einem Doppelklick versteht man das Positionieren des Mauszeigers in Verbindung mit dem zweimaligen Drücken der Maustaste kurz hintereinander. Die Maus darf dabei zwischen den beiden Klicks nicht verschoben werden. Auch hierbei wird oft die Formulierung »klicken Sie etwas doppelt an« verwendet.

HINWEIS

Das Doppelklicken erfordert ein wenig Übung, da die beiden Klicks zeitlich sehr schnell hintereinander ausgeführt werden müssen. Nicht zuletzt deswegen wurde Windows im Laufe der Entwicklung, z. B. im Gegensatz zur früheren Windows-Version 3.1, so abgeändert, dass ein Doppelklick nicht mehr unbedingt benötigt wird. Geben Sie trotzdem nicht gleich auf, wenn Sie bei Ihren ersten Doppelklicks nicht sofort den gewünschten Erfolg haben.

- Wenn Sie den Mauszeiger auf ein Objekt oder Element von Windows positionieren, die linke Maustaste drücken, diese gedrückt halten und anschließend die Mausposition verändern, dann wird für diese Aktion der Begriff *Ziehen* verwendet.

- Wenn Sie die Maustaste wieder loslassen, wird das Objekt an dieser Stelle fallen gelassen. Man spricht in diesem Zusammenhang auch von *Drag & Drop*, also ziehen und fallen lassen.
- In Windows 98 wird in vielen Fällen auch der rechten Maustaste eine Funktion zugeordnet. Sie können über einen Klick der rechten Maustaste ein *objektbezogenes Kontext-Menü* (auch als *Popup-Menü* bezeichnet) aufrufen. Je nachdem, welches Element von Windows 98 Sie mit der rechten Maustaste anklicken, enthält das Menü andere Befehle, die speziell zu diesem Objekt passen.

Der erste Umgang mit Symbolen und Programmen

Die Taskleiste

Nach so viel Theorie kommen nun die ersten praktischen Schritte. Das vermeintlich wichtigste Objekt von Windows 98 ist die *Taskleiste*. Diese wird beim Start von Windows automatisch am unteren Bildschirmrand eingeblendet und ist mit *Start* beschriftet. Sie ist immer aktiv, solange Sie mit Windows 98 arbeiten. Falls Sie sie nicht sehen, bewegen Sie die Maus an den unteren Bildschirmrand und sie wird eingeblendet.

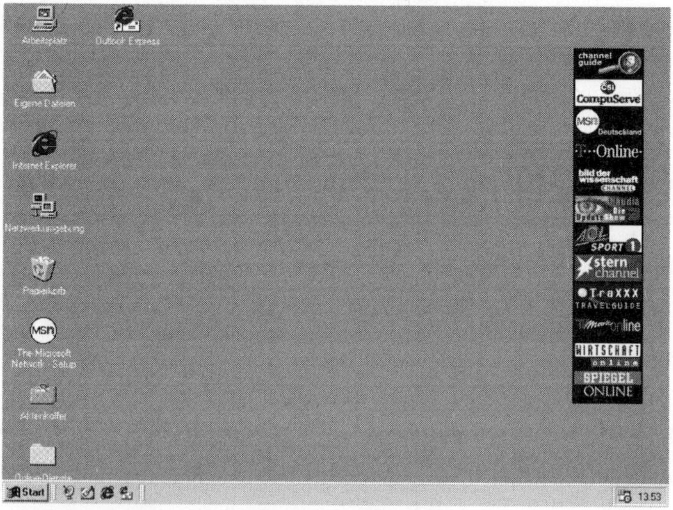

Abbildung 2.1: Die grafische Benutzeroberfläche

Klicken Sie auf díe Schaltfläche *Start* und ein nach oben aufklappendes Menü wird eingeblendet. Das Menü verschwindet erst wieder, wenn Sie ein Programm aus diesem Menü aufrufen oder mit der Maus den Bildschirm an einer Stelle außerhalb des Menüs anklicken.

Die aktiven Programme

Alle aktiven *Tasks*, also alle aktuell im Speicher des Computers befindlichen Programme, werden als Schaltfläche mit einem Symbol und dem Namen der Applikation in der Taskleiste angezeigt. Sie können mit einem einfachen Klick auf eine der Schaltflächen in der Taskleiste leicht zu dem gewünschten Programm wechseln.

Abbildung 2.2: Die Taskleiste von Windows 98

Andere Symbole auf der Oberfläche

Verknüpfungen

Auf der Oberfläche sind normalerweise verschiedene Symbole abgelegt, die eine Verknüpfung zu diversen Objekten von Windows 98 darstellen. Diese Symbole können eine Verknüpfung zu einem Programm bilden, das mit einem Doppelklick gestartet werden kann. Es können aber auch Objekte, wie der *Papierkorb*, *Aktenkoffer* oder *Dokumente* und *Bilder*, als Symbole abgelegt worden sein. Durch einen Doppelklick auf solche Symbole wird die mit dem Objekt verbundene Anwendung gestartet.

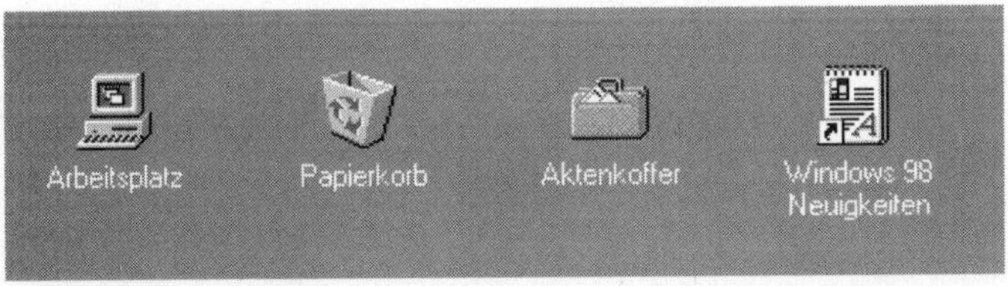

Abbildung 2.3: Verschiedene Symbole für Programme und Objekte

Die aktuelle *Uhrzeit* wird in der Taskleiste in der rechten unteren Ecke eingeblendet. Klicken Sie doppelt darauf, um die Zeit zu verstellen.

Ein Fenster öffnen

Durch diese Aktion haben Sie soeben Ihr erstes Fenster geöffnet. Dieses Fenster enthält verschiedene Elemente, die im Folgenden erklärt werden.

Abbildung 2.4: Einige Elemente eines Fensters am Beispiel der Systemzeit-einstellung

Titelleiste, Register und Größenfelder

Die Titelleiste

Die obere Kante eines Fensters besteht aus der *Titelleiste*. Wie bei fast allen Applikationen enthalten die Titelleisten der Fenster den Namen der entsprechenden Applikation. In diesem Fall *Eigenschaften von Datum/Uhrzeit*.

Abbildung 2.5: Die Titelleiste eines Applikationsfensters

Die Schaltflächen

Rechts neben der Bezeichnung der Titelleiste befinden sich zwei quadratische Flächen mit jeweils einem Symbol darin. Die beiden Quadrate werden als *Schaltflächen* bezeichnet. Mittels dieser beiden Flächen haben Sie die Möglichkeit, das Fenster zu schließen oder Hilfefunktionen zu einzelnen Elementen des Fensters aufzurufen.

Abbildung 2.6: Die Schaltfläche *Schließen*

Die Schaltfläche mit dem symbolisierten »X« wird mit *Schließen* bezeichnet. Das »X« verkörpert das Durchstreichen einer Applikation und damit das Beenden derselben. Das Programm wird aus dem Speicher des Rechners entfernt.

Abbildung 2.7: Die Schaltfläche *Hilfe*

Die Schaltfläche mit dem Fragezeichen wird mit *Hilfe* bezeichnet. Sie können durch Anklicken dieser Schaltfläche den Mauszeiger mit einem Fragezeichen versehen. Klicken Sie anschließend auf ein Element des Fensters, so wird der passende Hilfetext eingeblendet.

HINWEIS

Diese Funktion wird nicht von allen Software-Produkten angeboten und ist hauptsächlich bei Programmen vorzufinden, die speziell für Windows 95/98 erstellt wurden.

Abbildung 2.8: Die Schaltfläche *Minimieren*

Eine weitere Schaltfläche, die Sie in diesem Fenster nicht vorfinden, verändert die Größe des Fensters. Die Schaltfläche, die mit einem Strich versehen ist, wird mit *Minimieren* bezeichnet. Der Strich deutet es schon an, dass Sie das Programm anschließend nur noch in der Taskleiste finden. Sie können durch Anklicken dieser Schaltfläche das Fenster praktisch schließen ohne jedoch die Anwendung zu beenden.

Abbildung 2.9: Die Schaltfläche *Vergrößern*

Die oben abgebildete Schaltfläche wird mit *Vergrößern* bezeichnet. Durch einen Klick auf diese Schaltfläche wird das Fenster auf die maximale Größe des Bildschirms gebracht. In diesem *Vollbild-Modus* hat die Anwendung keinen Fensterrand, der in seiner Größe verändert werden kann. Das Fenster kann nicht verschoben werden und verdeckt alle anderen Symbole der Benutzeroberfläche.

Abbildung 2.10: Die Schaltfläche *Wiederherstellen*

Im Vollbild-Modus verwandelt sich die soeben kennengelernte Schaltfläche in ein anderes Symbol, das *Wiederherstellen* genannt wird. Ein Klick auf diese Schaltfläche bewirkt, dass das Fenster wieder in seiner ursprünglichen Größe und Position dargestellt wird.

HINWEIS

Einige Anwendungen arbeiten z. B. nicht im Vollbild-Modus oder können nicht minimiert werden. In diesem Fall werden die dazu notwendigen Symbole nicht in der Titelleiste dargestellt oder sie sind nicht anwählbar.

KNOW-HOW

Ein Doppelklick auf den Bereich der Titelleiste, in dem der Fenstername gezeigt wird, hat die gleiche Auswirkung wie ein Klick auf die *Vergrößern*-Schaltfläche, falls das Fenster nicht auf die Maximalgröße erweitert ist. Oder er wirkt sich so aus wie das Anklicken der *Wiederherstellen*-Schaltfläche, wenn das Fenster in Maximalgröße dargestellt wird.

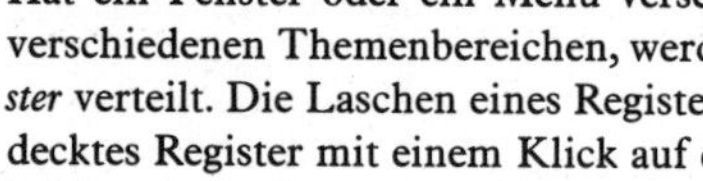

Abbildung 2.11: Die Register

Hat ein Fenster oder ein Menü verschiedene Eingabemöglichkeiten zu verschiedenen Themenbereichen, werden diese oft auf verschiedene *Register* verteilt. Die Laschen eines Registers überlappen sich, so dass ein verdecktes Register mit einem Klick auf die Lasche in den Vordergrund gebracht werden kann.

Das Systemmenü

Am Anfang dieses Kapitels haben Sie einige Symbole kennengelernt, dort im Zusammenhang mit dem Wiederherstellen des Fensters auf die ursprüngliche Position und Größe. Diese Symbole sehen in allen Anwendungen gleich aus.

In der linken oberen Ecke des Fensters besitzen die meisten Anwendungen jedoch noch ein Symbol, das allerdings bei jedem Programm anders aussieht. Die Bedeutung ist auch hier in jedem Fenster gleich. Klicken Sie mit der linken Maustaste einmal darauf. Die dadurch ausgelösste Aktion verändert diesmal nicht die Größe des Fensters, sondern öffnet ein Menü.

HINWEIS

In dem Fenster der von Ihnen geöffneten Uhrzeit befindet sich kein Systemmenü. Öffnen Sie gegebenenfalls ein anderes Programm wie z. B. das *Zubehör*-Programm *WordPad*. Sollten Sie noch nicht wissen, wie Sie das Programm starten können, dann überspringen Sie diesen Teil und lesen Sie zunächst das folgende Unterkapitel durch. Sie können im Anschluss daran die Informationen zum Systemmenü nachlesen.

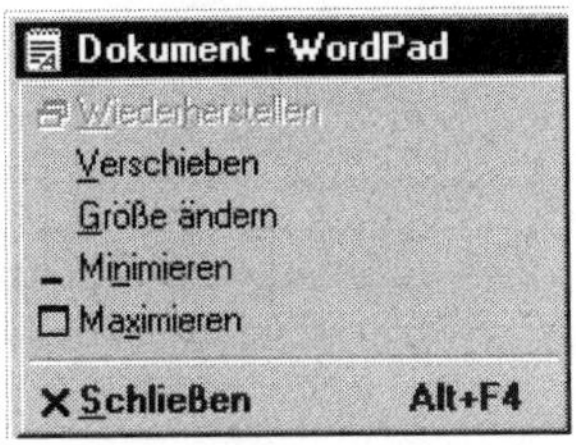

Abbildung 2.12: Das Systemmenü eines Programms

Ein Menü

Bei einem *Menü* handelt es sich um eine Liste von Befehlen, die meistens untereinander angeordnet wie in einer Tabelle stehen. Aus dieser Befehlsliste kann dann ein gewünschter Befehl, oder auch Menüpunkt genannt, mit einem Mausklick ausgewählt werden. Befindet sich innerhalb des Menüs nicht der gewünschte Befehl, dann können Sie das Menü in der Regel durch einen Klick neben das Menü oder durch einen Druck auf [Esc] wieder schließen.

Bei dem *Systemmenü* handelt es sich um ein besonderes Menü. Die Befehle dieses Menüs haben die unterschiedlichsten Auswirkungen auf das Windows-System. Sie können das Systemmenü einer minimierten Anwendung auch über einen Klick mit der rechten Maustaste auf die Schaltfläche in der Taskleiste öffnen.

Die ersten fünf Befehle bewirken Veränderungen im Zusammenhang mit der Fensterdarstellung des angeklickten Symbols. Sie werden hauptsächlich dann aktiviert, wenn sich an dem Computersystem, auf dem Windows gestartet wurde, keine Maus befindet. Nach der Aktivierung eines Befehls kann dann entsprechend mit den Pfeil-Tasten die benötigte Aktion ausgeführt werden.

Die Menübefehle haben folgende Bedeutungen:

- *Wiederherstellen* – Das Fenster der Applikation wird in seiner ursprünglichen Größe und Position wiederhergestellt. Dieser Befehl kann im Systemmenü des Programms nicht aktiviert werden, weil sich die Anwendung gerade in diesem Anzeige-Modus befindet. Der Befehl ist aus diesem Grund in einem helleren Farbton dargestellt.
- *Verschieben* – Das Symbol kann in beliebige Richtungen verschoben werden.
- *Größe ändern* – Dieser Menübefehl dient der Größenänderung des Fensters.
- *Minimieren* – Dieser Menübefehl entspricht der Funktion der Schaltfläche *Minimieren*.
- *Maximieren* – Das Fenster der Applikation wird in maximaler Größe dargestellt.

Der Separator

Der nächste Befehl im Systemmenü ist durch einen waagerechten Strich, den *Separator*, abgetrennt. Dies bedeutet, dass dieser Befehl aufgrund seiner Funktion nicht zu den anderen fünf passt. Diese Art der Trennung von Befehlen finden Sie auch in anderen Menüs von Windows 98.

- *Schließen* – Mit diesem Befehl beenden Sie die Applikation, deren Systemmenü Sie gerade angeklickt haben.

Ein Fenster ziehen

Von den weiter oben aufgelisteten wichtigen Mausaktionen haben Sie schon den einfachen sowie den Doppelklick angewendet. Es fehlt noch das Ziehen eines Objekts, das Sie nun kennen lernen werden.

Klicken Sie dazu einmal auf die Titelleiste des geöffneten Fensters, das sich derzeit nicht im Vollbild-Modus befindet. Nach dem Anklicken halten Sie die Maustaste weiter gedrückt.

Nun bewegen Sie, bei weiterhin gedrückt gehaltener linker Maustaste, Ihre Maus hin und her. Auf dem Bildschirm erkennen Sie daraufhin, dass das gesamte Fenster, dessen Titelleiste Sie praktisch mit der Maus »gepackt« haben, die entsprechend gleichen Bewegungen ausführt.

Auf diese Weise können Sie ein Fenster sowie auch ein Symbol an beliebige Positionen ziehen, übrigens auch teilweise über den Bildschirmrand hinaus. Haben Sie das angeklickte Objekt an die gewünschte Position verschoben, dann können Sie es wieder »ablegen«, indem Sie einfach die linke Maustaste loslassen.

Anwendungen starten und schließen

Die *Start*-Schaltfläche in der Taskleiste ist die zentrale Schalt- und Verwaltungsstelle von Windows 98. Sie hat vor allem die Aufgabe, mittels eines Menüs alle installierten Anwendungen anzubieten und zu verwalten. Jede Windows-Applikation, die Sie auf Ihrem System installieren oder schon installiert haben, wird sich in dieses Startmenü einordnen. Weiterhin soll durch die verschiedenen Symbole für die unterschiedlichen Anwendungen ein Wiederfinden des gesuchten Programms erleichtert werden.

Das Finden des richtigen Programms

Damit Sie gezielt eine gewünschte Applikation starten können, müssen Sie sich gegebenenfalls gut mit der Ordnung in Ihrem Windows-System auskennen. Die einzelnen Symbole sind bei der Installation nicht wahllos in das Startmenü gestellt worden, sondern befinden sich schön nach Funktionen sortiert in *Gruppen*, auch *Ordner* genannt. Eine Gruppe oder einen Ordner erkennen Sie im Startmenü immer an dem am rechten Rand des Menübefehls dargestellten kleinen Pfeil.

Abbildung 2.13: Das Startmenü mit Ordner-Einträgen

Den Editor und den Rechner starten

An dieser Stelle soll nicht weiter auf die Gruppen bzw. Ordner eingegangen werden. Einen Ordner werden wir uns im Laufe dieses Kapitels dennoch genauer ansehen. Der *Zubehör*-Ordner enthält kleine Applikationen, die im Lieferumfang von Windows 98 enthalten sind. Als Nächstes werden Sie zwei dieser Zubehör-Applikationen starten.

Klicken Sie dazu auf die Schaltfläche *Start* in der Taskleiste und führen Sie den Mauszeiger auf den Ordner *Programme*. Sofort wird ein neues Menü aufgeklappt mit weiteren Ordnern und Programmen. Ordner erkennen Sie wieder am Pfeil neben dem Namen. Führen Sie die Maus auf den Ordner *Zubehör* und starten Sie mit einem Klick auf den Programmnamen *Rechner* den Windows-98-Taschenrechner.

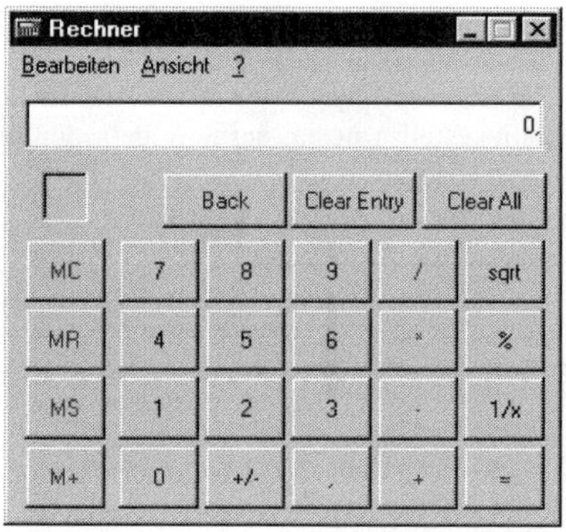

Abbildung 2.14: Der Taschenrechner in der Standardansicht

Der Rechner wurde gestartet

Sofort nachdem Sie den Menübefehl für den Rechner angeklickt haben, erscheint ein einfacher Taschenrechner in einem Fenster auf Ihrem Bildschirm. Damit haben Sie die Applikation *Rechner* gestartet.

An dieser Aktion können Sie eine wichtige Eigenschaft von Windows 98 und Windows-Applikationen erkennen. Das Starten einer Applikation ist in der Regel gleichbedeutend mit dem Öffnen eines Fensters. Windows 98 und die meisten Windows-Applikationen laufen innerhalb von Fenstern ab.

Das Fenster des Rechners lässt sich wie die meisten anderen Programm-Fenster ausblenden, so dass nur noch die Schaltfläche in der Taskleiste stehen bleibt oder Sie das Programm schließen.

Klicken Sie auf die Titelleiste des Rechners und ziehen Sie das Fenster beiseite, um wieder mehr Überblick auf dem Bildschirm zu bekommen.

Führen Sie den gleichen Vorgang erneut aus, um den *Editor* in der Gruppe *Zubehör* zu starten. Mit ihm können Sie kleinere Texte bearbeiten.

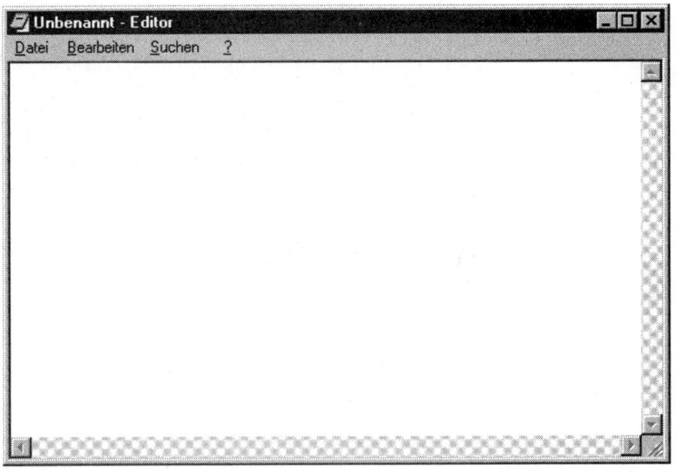

Abbildung 2.15: Der Text-Editor ohne geöffnetes Dokument

Der Editor enthält auch die anderen beschriebenen Symbole der Titelleiste, mit deren Hilfe Sie das Fenster minimieren, maximieren oder wiederherstellen können. In der linken oberen Ecke finden Sie das Systemmenü der Applikation. Schieben Sie auch das Fenster des Editors über den Bildschirm.

Fenster können sich überdecken

Zugleich haben Sie vielleicht eine weitere Erfahrung gemacht. Der Rechner ist bei dieser Aktion, je nach Position der Fenster, ganz oder teilweise hinter dem Fenster des Editors verschwunden. Die einzelnen Fenster liegen also in Ebenen übereinander, ähnlich mehrerer Akten, die auf Ihrem Schreibtisch übereinander gestapelt wurden.

Das aktive Fenster

Der Grund für dieses Überdecken ist der, dass im Falle mehrere geöffneter Fenster auf dem Bildschirm immer das Fenster, das Sie öffnen oder auf das Sie klicken, aktiv und automatisch in den Vordergrund gestellt wird. Ist ein Fenster von mehreren anderen Fenstern verdeckt und Sie sehen nur noch einen winzig kleinen Teil des Fensters, dann können Sie durch Anklicken dieses kleinen Fensterteils das gesamte Fenster aktivieren und damit in den Vordergrund holen.

Die Titelleiste eines aktiven Fensters ist gegenüber den anderen Titelleisten je nach Einstellung farbig hervorgehoben. Bei allen anderen nicht aktiven Fenstern werden die Titelleisten nicht farbig hervorgehoben. Dadurch können Sie schnell das aktive Fenster und damit meistens auch die aktive Applikation lokalisieren.

Um das oben Erklärte zu verdeutlichen, klicken Sie einige Male abwechselnd auf das Fenster des Rechners und des Editors. Sie können dabei sehr gut sehen, wie sich die Farben in den Titelleisten ändern.

HINWEIS

Sollten Sie versehentlich einmal ein Fenster auf Vollbildgröße einstellen, dann wird dieses Fenster die anderen Fenster eventuell vollständig verdecken, so dass Sie diese nicht mehr anklicken können. Minimieren Sie in diesem Fall das Fenster oder klicken Sie auf die Schaltfläche für *Wiederherstellen*.

Wichtig ist, dass Eingaben über die Tastatur immer nur an das aktive Fenster übergeben werden. D. h., wenn der Editor aktiv ist, können Sie nicht erwarten, dass Sie über die Tastatur Zahlen in den Rechner eingeben können. Sie müssen dazu dessen Fenster erst aktivieren. Diese Regel gilt für das gesamte Windows-System.

Anwendungen schließen

Wenn Sie eine gestartete Applikation minimieren und in der Taskleiste abstellen, bleibt das Programm an sich im Speicher Ihres Computers erhalten. Je nachdem wie es eingerichtet ist, läuft die Applikation eventuell im Hintergrund weiter. Es wird somit wertvoller Arbeitsspeicher belegt und vielleicht sogar Prozessorleistung verbraucht.

Aus diesem Grund sollten Sie dieses Ablegen nur anwenden, wenn Sie die Applikation später noch benötigen. Sonst aber empfiehlt es sich, die Anwendung zu schließen, also ihren Ablauf zu beenden. In diesem Fall wird der Speicher komplett wieder freigegeben.

Um die Applikation danach wieder benutzen zu können, müssen Sie sie neu starten, also neu von der Festplatte laden.

Die einfachste Methode, eine Anwendung, die in einem Fenster abläuft, zu schließen, besteht darin, dass Sie die Schaltfläche *Schließen* ganz rechts in der Titelleiste anklicken. Oder Sie führen einen Doppelklick auf die linke obere Ecke des Fensters, auf die Systemschaltfläche aus.

Probieren Sie beide Arten aus

Zum Beweis können Sie die Arbeit mit dem Rechner durch Doppelklicken der Systemschaltfläche des *Rechner*-Fensters beenden. Um den Editor zu beenden, nutzen Sie die Schaltfläche *Schließen*.

Sie können auch mit einem einfachen Klick auf die Systemschaltfläche eines Fensters das Systemmenü öffnen und über den Befehl *Schließen* die Anwendung beenden. Sie sehen dort hinter dem Befehl *Schließen* auch den Hinweis auf die *Tastenkombination* Alt+F4.

Diese Tastenkombination stellt einen *Shortcut* dar und führt ebenfalls dazu, dass die aktive Applikation beendet wird. Hinweise auf solche Shortcuts finden Sie in vielen Menüs von Windows 98.

Die Auswirkung ist die gleiche wie beim Doppelklicken auf die Systemschaltfläche. Allerdings ist es oft schneller und einfacher, wenn Sie gerade innerhalb einer Applikation eine Aufgabe mit Hilfe der Tastatur erledigen, auch das Beenden der Applikation mittels der Tastatur herbeizuführen.

Windows 98 beenden

Die Arbeit mit der gesamten Benutzeroberfläche beenden Sie immer über die Taskleiste, es sei denn, eine von Ihnen eingesetzte Applikation stellt Ihnen diese Möglichkeit aus dem Programmablauf heraus zur Verfügung.

HINWEIS

Bevor Sie den Befehl zum Schließen von Windows geben, sollten Sie zunächst die Arbeit mit allen noch gestarteten MS-DOS-Anwendungen beenden. Ansonsten fordert Windows 98 Sie anschließend von sich aus auf, dies zu erledigen.

Sie müssen Windows 98 immer ordnungsgemäß beenden, bevor Sie den Computer ausschalten, was auch als *Herunterfahren des Systems* bezeichnet wird. Wenn MSie das nicht einhalten, bemerkt Windows diesen nicht ordnungsgemäßen Systemstop und vermutet einen Systemabsturz. Windows 98 wird sofort verschiedene Möglichkeiten zur Fehlerbehebung vorschlagen.

Sie können Windows 98 auf zwei verschiedene Arten den Befehl zum Beenden geben:

- Sie klicken auf die Schaltfläche *Start* in der Taskleiste und wählen aus dem Menü den Befehl *Beenden*.
- Wenn Sie alle Anwendungen geschlossen haben, können Sie Windows 98 auch mit der Tastenkombination Alt+F4 beenden.

Die Oberfläche wird anschließend abgedunkelt und ein neues Fenster mit verschiedenen Auswahlmöglichkeiten wird geöffnet. Dort brauchen Sie nur noch die Schaltfläche *OK* anzuklicken und Windows 98 wird beendet. Diese Sicherheitsabfrage gibt Ihnen die Möglichkeit, den Befehl abzubrechen, falls Sie Windows 98 doch nicht beenden wollen.

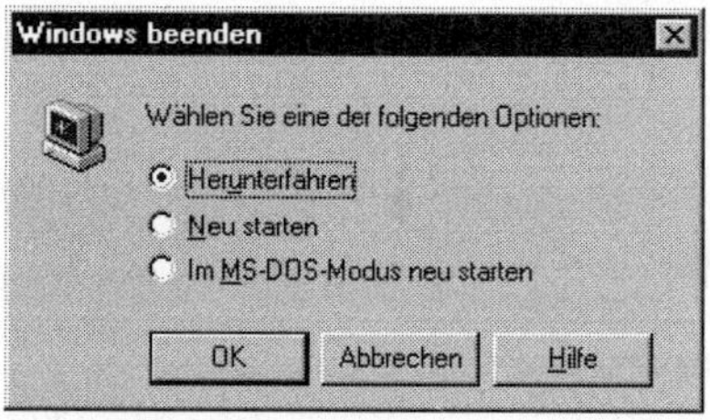

Abbildung 2.16: Die Sicherheitsabfrage beim Beenden von Windows 98

Mit dem Beenden von Windows 98 werden auch automatisch alle noch laufenden Windows-Applikationen geschlossen. Sicherheitsabfragen gewährleisten dabei, dass das Speichern von Dokumenten nachgeholt werden kann.

KAPITEL

3

Das Fenstersystem von Windows 98

Dieses Kapitel enthält eine übersichtliche Darstellung des gesamten Fenster- und Symbolsystems von Windows 98. Neben den schon bekannten Elementen aus dem vorherigen Kapitel werden hier die noch fehlenden Elemente vorgestellt und erläutert.

Das Fenstersystem von Windows 98

Die grafische Benutzung von Windows 98 basiert auf einem ausgefeilten Fenstersystem. Vor einem Hintergrund, dem *Desktop*, erscheinen Fenster und Symbole. Mit deren Hilfe erledigen Sie die unterschiedlichsten Funktionen und Aufgaben.

Sie starten Anwendungen, schalten zwischen ihnen hin und her und tauschen Daten aus. Sie verwalten und verändern Dokumente (Daten) und gestalten Windows 98 in einem kleinen Rahmen entsprechend Ihren Bedürfnissen.

Die Fenster

Die Bestandteile eines Fensters

Fast alles, was unter Windows geschieht, spielt sich in *Fenstern* (engl.: Windows) ab. Jedes Fenster besteht in der Regel aus einer *Titelleiste* und einer *Arbeits-* oder *Anzeigefläche* mit den entsprechenden *Fensterrahmen*.

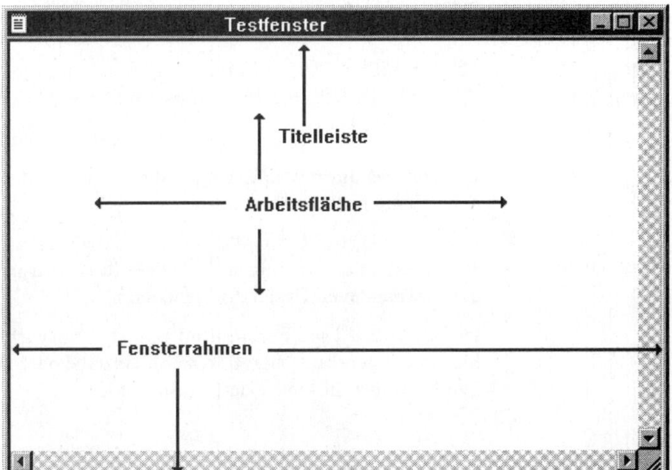

Abbildung 3.1: Der Aufbau eines Fensters

Ein Fenster ist eigentlich nichts anderes als ein eingerahmter Bereich, der unterschiedlich groß sein und sich an verschiedenen Positionen befinden kann. In ihm wird entweder etwas dargestellt oder eine Aktion ausgeführt.

Drei Darstellungsformen

Fenster können, wie Sie bereits erfahren haben, entweder als *Vollbild* den ganzen Bildschirm einnehmen, als *Normalbild* nur einen Teil davon beanspruchen oder zu einem *Symbol* in der Taskleiste verkleinert werden. Aber welchen Sinn haben diese drei verschiedenen Darstellungsformen?

Der Grundgedanke von Windows 98, der zu diesem Konzept geführt hat, ist höchst einfach. Die Fenster bieten die Möglichkeit, mehrere Anwendungen gleichzeitig auf übersichtliche und einfache Weise zu handhaben. Sie stellen eine optische Trennung zwischen den einzelnen Applikationen her.

Beim Vollbild ist die Situation ähnlich wie bei einer herkömmlichen Einzel-Anwendung: Ein Programm beansprucht den ganzen Bildschirm. Wenn eine Applikation aber zum Normalbild oder gar zum Symbol verkleinert wird, entsteht Platz für andere Fenster, die Sie wiederum bei Bedarf verkleinern oder auch vergrößern können. Die Anwendung läuft dabei im Hintergrund weiter, und auch alle erarbeiteten Daten bleiben unbeeinflusst.

Wie groß die Windows-Fenster dargestellt werden sollten, hängt hauptsächlich davon ab, welche Aufgabe innerhalb des Fensters erledigt werden muss.

HINWEIS

Es gibt auch Fenster, die in ihrer Größe nicht verändert werden können. Dies ist allerdings eine Ausnahme und hängt von der Programmierung der Applikation ab.

Arbeiten Sie nur mit einer Applikation, dann können Sie ohne Bedenken den gesamten Bildschirm ausnutzen.

Benutzen Sie zwei Anwendungen gleichzeitig, kann es sinnvoll sein, beide als Normalbilder zu zeigen und diese dann entsprechend praktisch auf dem vorhandenen Desktop zu platzieren.

Ist eine Vielzahl von Fenstern auf dem Desktop vorhanden, dann erhalten Sie am ehesten den Überblick, wenn einzelne oder alle Applikationen als Symbol in der Taskleiste dargestellt werden.

Die drei Arten von Fenstern

Bei Windows gibt es drei Arten von Fenstern:

- *Anwendungsfenster:* In diesen laufen Applikationen ab oder in ihnen wird der Inhalt von Ordnern dargestellt.
- *Unterfenster* der Anwendungsfenster: Sie zeigen Dokumente oder Symbole und werden Gruppen- oder auch Dokumentfenster genannt.
- *Dialogfenster:* In ihnen erfolgen Abfragen und Meldungen.

Die ersten beiden Arten von Fenstern können Sie beliebig vergrößern, verkleinern, verschieben und symbolisieren. Bei der dritten Art der Fenster steht Ihnen meistens nur das Verschieben zur Verfügung und auch das ist oftmals nicht möglich.

Die Anwendungsfenster

Anwendungsfenster sind sehr einfach an zwei Merkmalen zu erkennen:

- In der Titelleiste steht meistens der Name der Anwendung.
- Des Weiteren befindet sich fast immer unter der Titelleiste eine zusätzliche Leiste, die *Menüleiste,* in der mehrere Begriffe aufgelistet werden. Als Standard hat sich durchgesetzt, dass der erste Begriff links das Menü *Datei* ist. Der Menüpunkt ganz rechts sollte ein *?* bzw. als *Hilfe* gekennzeichnet sein.

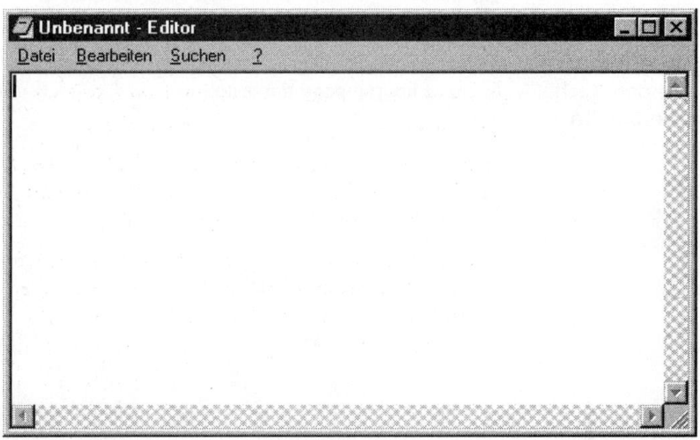

Abbildung 3.2: Ein Anwendungsfenster

Einige Beispiele von Anwendungsfenstern haben Sie im vorherigen Kapitel, »Erste Schritte«, schon kennen gelernt, die der Zeiteinstellung, des Rechners und des Editors.

Die Unterfenster (Gruppenfenster)

Die zweite Art der Fenster, das Unter- oder Gruppenfenster, ist Ihnen bisher noch nicht begegnet.

Wenn eine Anwendung wie z. B. Word für Windows mehrere Dokumente gleichzeitig öffnen kann, wird jedes Dokument in einem eigenen Fenster innerhalb des Anwendungsfensters dargestellt. Die Anwendung hat dann in den meisten Fällen einen Menüpunkt *Fenster* innerhalb der Menüleiste am oberen Rand.

Unter- oder Gruppenfenster haben einige typische Merkmale:

- ✔ In ihrer Titelleiste steht meist nicht der Name der Anwendung, sondern eine Information über deren Inhalt.
- ✔ Sie haben keine Menüleiste, aber ein Systemmenü in der Titelleiste.
- ✔ Sie lassen sich nur innerhalb des übergeordneten Fensters bewegen, vergrößern und verkleinern. Geschlossen werden sie u.a. durch eine besondere Tastenkombination, [Strg]+[F4].
- ✔ Wenn Sie ein Unterfenster auf Vollbild-Modus vergrößern, wird dieses Fenster maximal so groß wie das umgebende Anwendungsfenster. Die Titelleiste verschwindet und die Information zum Unterfenster wandert in die Titelleiste des Anwendungsfensters.

Unterfenster können auch überlappen

In der folgenden Abbildung sehen Sie ein Programm mit zwei Unterfenstern überlappend dargestellt.

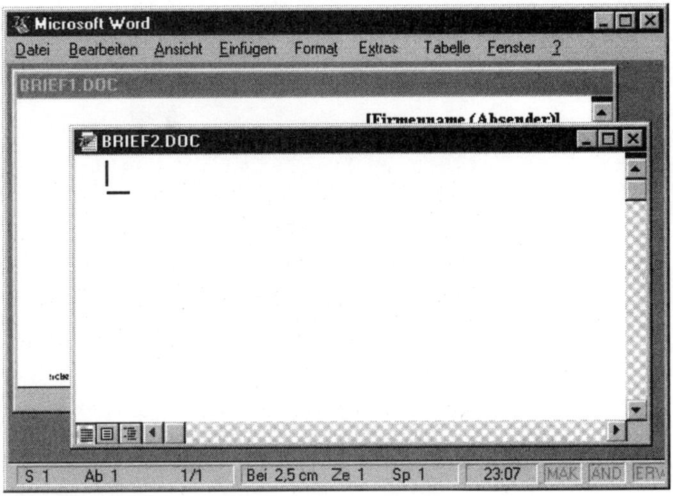

Abbildung 3.3: Zwei Unterfenster eines Anwendungsprogramms

Sie können die einzelnen Unterfenster auch minimieren. Sie werden dann nicht als Symbole in der Taskleiste abgelegt, weil sie keine eigenständigen Programme darstellen. Statt dessen werden sie am unteren Fensterrand des Anwendungsfensters angeordnet.

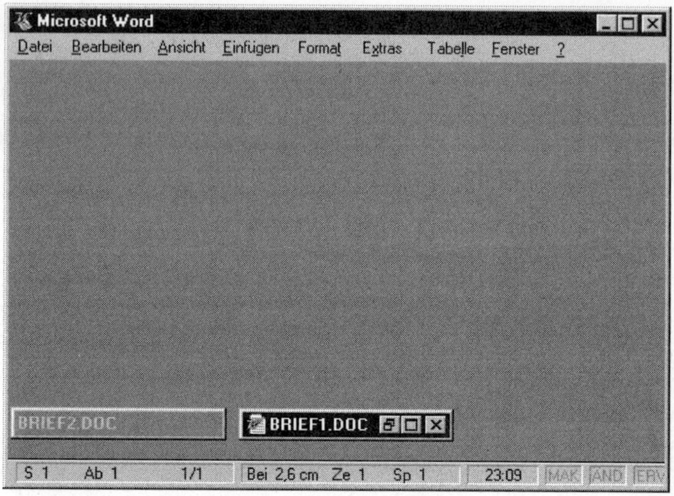

Abbildung 3.4: Die gleichen Unterfenster als Symbole

Sie können sich vermutlich denken, dass bei den Unterfenstern einzelner Anwendungen das gleiche Problem auftreten kann wie generell bei Fenstern: Sie können Symbole und Fenster ganz oder teilweise verdecken. Sollten Sie also nicht alle Unterfenster sehen, wird vermutlich etwas verdeckt. Minimieren Sie entweder alle Fenster oder versuchen Sie das gesuchte Fenster über den Menüpunkt *Fenster* wieder zu aktivieren.

Die Dialogfenster

Bei den Dialogfenstern handelt es sich um eine spezielle Art von Fenstern. Sie enthalten in der Regel keine Schaltflächen zum Minimieren, Vergrößern oder Wiederherstellen. Auch die Systemschaltfläche muss nicht immer vorhanden sein und eine Menüleiste ist ebenfalls nicht stets zu finden. In aller Regel lassen sich die Dialogfenster allerdings verschieben.

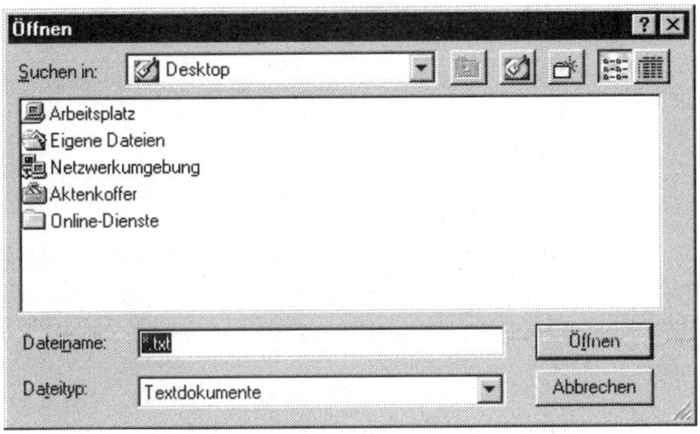

Abbildung 3.5: Ein Dialogfenster

Des Weiteren können die Dialogfenster andere Rahmen besitzen als in der Abbildung zu sehen ist.

Es existieren auch Meldefenster

Die Meldungsfenster beinhalten noch weniger Elemente als ein Dialogfenster.

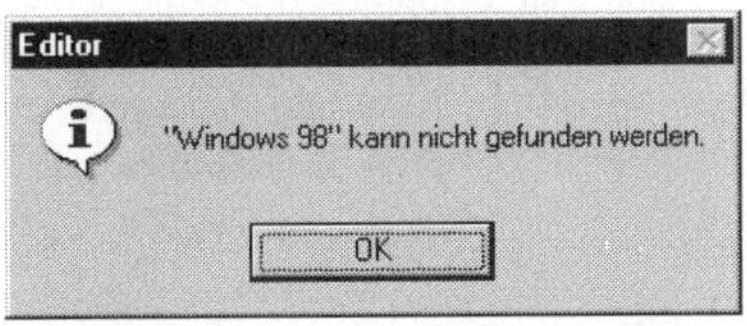

Abbildung 3.6: Ein Meldungsfenster

Oft liegt der Sinn dieser Meldungsfenster nur darin, den Benutzer auf etwas aufmerksam zu machen. Neben der Meldung an sich ist auf der linken Seite häufig ein kleines Symbol eingefügt. Daran lassen sich Meldungsfenster am einfachsten erkennen.

Die Symbole

Auch die verschiedenen Befehle des Startmenüs enthalten Symbole. Da dort zwischen Programmaufrufen und Ordnern unterschieden wird, existieren auch verschiedenartige Symbole.

Gruppensymbole

Wenn Sie das Startmenü öffnen, sehen Sie vor jeder Programmgruppe ein Symbol. Es handelt sich hierbei um die Gruppensymbole. Wenn Sie den Mauszeiger über diese Gruppe positionieren, wird das hinter der Gruppe verborgene Menü geöffnet. In jeder Gruppe können weitere Gruppen angeordnet sein.

Gruppensymbole sind nicht immer gleich

Es gibt mehrere Arten von Gruppensymbolen, die innerhalb des Menüsystems von Windows 98 auftreten können. Öffnen Sie z. B. den *Programme*-Ordner des Startmenüs, dann sehen Sie eine Reihe von Gruppensymbolen der gleichen Art. Öffnen Sie dagegen den *Favoriten*-Ordner des Startmenüs, dann sehen Sie ebenfalls eine Anzahl von gleichen Gruppensymbolen, allerdings diesmal andere.

Die Programmsymbole

Die Gruppenmenüs an sich enthalten wiederum Symbole. Sie sehen schon anhand der Vielfalt von vorhandenen Zeichen, dass es sich um eine andere Art von Symbol handelt. Es sind die *Programmsymbole*.

Sie stellen die installierten Applikationen und benötigten Dateien dar, die zur Ausführung unter Windows 98 zur Verfügung stehen. Wie Sie schon erfahren haben, startet ein Klick auf das Symbol oder den Programmnamen im Menü die ausgewählte Applikation.

Die Anwendungssymbole

Als Letztes sind hier noch die *Anwendungssymbole* aktiver Anwendungen zu nennen. Um sich ein solches Symbol ansehen zu können, starten Sie nun erneut den Editor aus der Gruppe *Zubehör*. Verkleinern Sie ihn anschließend zum Symbol. Das Symbol erscheint in der Taskleiste von Windows 98 zusammen mit einer Beschriftung. Das ist bei allen gestarteten Anwendungen der Fall.

Abbildung 3.7: Anwendungssymbole in der Taskleiste

Ein derart abgelegtes Symbol heißt *Anwendungssymbol*. Es sieht meist genauso aus wie das entsprechende Programmsymbol, trägt aber in der Regel zusätzlich die Bezeichnung des Dokuments, das gerade bearbeitet wird. In der obigen Abbildung bearbeitet der Benutzer im Editor gerade das Dokument mit dem noch vorläufigen Namen *Unbenannt*.

Gruppensymbole öffnen weitere Menüs bereits dann, wenn der Mauszeiger darauf positioniert wird. Die Programm- und Anwendungs-Symbole öffnen dagegen durch einen einfachen Klick auf das Symbol oder die Bezeichnung ein Fenster. Zusammenfassend lässt sich sagen:

- ✔ Das Gruppensymbol öffnet weitere Menüs.
- ✔ Das Programmsymbol lädt und startet ein neues Programm.
- ✔ Beim Anwendungssymbol wird eine bereits laufende Anwendung wieder auf den Bildschirm gebracht.

Die Bestandteile von Fenstern

Im Allgemeinen sind immer Programmfenster, in denen die Applikationen ablaufen, gemeint, wenn bei Windows von Fenstern die Rede ist. Soll sich etwas auf ein Unterfenster oder Dialogfenster beziehen, dann werden dafür eher die Begriffe Dokumentenfenster oder Dialogbox verwendet.

Die Fenster bestehen im Wesentlichen immer aus den gleichen Elementen. Betrachten Sie noch einmal das Fenster des Editors in der Normalbild-Darstellung.

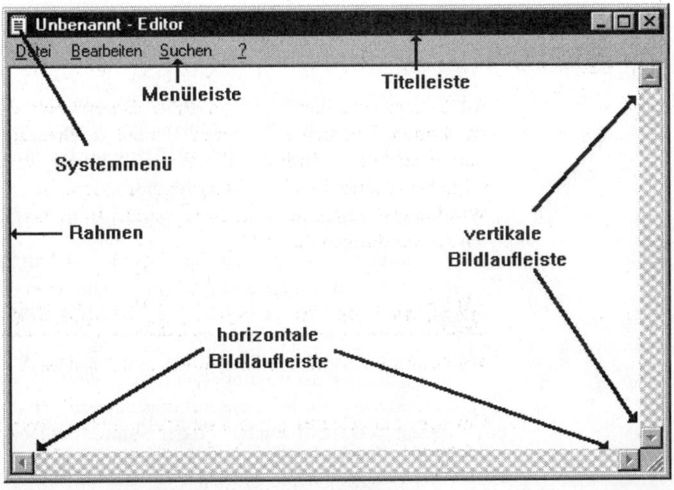

Abbildung 3.8: Die Bestandteile von Fenstern

Das Fenster ist an drei Seiten mit unterschiedlichen Leisten versehen. Oben befindet sich die *Titelleiste* mit der darunter angeordneten *Menüleiste*. Unten und an der rechten Seite gibt es je eine weitere Leiste, die allerdings ein anderes Aussehen hat. Auf der linken Seite befindet sich nur der Rahmen ohne Leiste. Die vier Seiten zusammen begrenzen den *Arbeitsbereich*.

HINWEIS

Aus gutem Grund sollten Sie den Editor in der Normalbild-Darstellung betrachten, denn wenn Sie das Fenster zum Vollbild vergrößert haben, verschwindet der gesamte Rahmen, der sich um das Fenster befunden hat. Die linke Seite hat dann auch keine optische Begrenzung mehr, außer Ihren Monitor.

Mit Hilfe der verschiedenen Leisten können Sie die Applikation, das Fenster und den Fensterinhalt (Arbeitsbereich) beeinflussen.

- Die *Titelleiste* inklusive der Schaltflächen wirkt sich auf die Position und die Größe des Fensters aus.
- Die *Menüleiste* wirkt sich auf den Programmablauf und die - einstellungen aus.
- Die *vertikale Bildlaufleiste* hat Auswirkungen auf den sichtbaren Ausschnitt des Arbeitsbereichs.
- Die *horizontale Bildlaufleiste* hat ebenfalls Auswirkungen auf den sichtbaren Ausschnitt des Arbeitsbereichs.

Die Titelleiste

Die oberste Leiste des Editor- und jedes Applikations-Fensters ist, wie Sie wissen, die *Titelleiste*. Die nachfolgenden Absätze fassen die einzelnen Elemente und Möglichkeiten der Titelleiste noch einmal zusammen.

- Es gibt aktive und inaktive Titelleisten. Diese werden dann entsprechend farblich hervorgehoben oder eben nicht.
- Am linken Rand befindet sich die Systemschaltfläche. Wenn sie es anklicken, öffnet sich ein Menü mit verschiedenen Begriffen, das *Systemmenü*.
- Im inneren Bereich der Titelleiste finden Sie den Namen der Anwendung, die in dem Fenster abläuft, bzw. der Gruppe, die in dem Fenster dargestellt wird. Bei Anwendungsfenstern (wie beim Editor) wird vor diesem Namen oft auch noch der Name eines Dokuments angegeben, z. B. *Memo – WordPad* oder *Windows-Logo – Paint*.

- Am rechten Rand der Titelleiste befinden sich die zwei Schaltflächen für die Veränderung der Darstellung, *Minimieren* für die Symbol-Darstellung und *Vergrößern* für die Vollbild-Darstellung bzw. *Minimieren* und *Wiederherstellen* für die Normal-Darstellung, sollte sich das Fenster in der Vollbild-Darstellung befinden. Die dritte Schaltfläche *Schließen* dient zum Beenden der Anwendung.
- Mittels der Titelleiste können Sie auch die Position eines Fensters verändern. Anklicken und Ziehen verschiebt das Fenster entsprechend den Mausbewegungen. Zusätzlich schaltet ein Doppelklick auf die Titelleiste zwischen der Vollbild- und Normalbild-Darstellung hin und her.

Die Menüleiste

Unter der Titelleiste eines Fensters befindet sich eine besondere Zeile, die *Menüleiste*.

Abbildung 3.9: Die Menüleiste des Editors

Die Menüleisten enthalten einige Begriffe, sehr oft beginnend mit *Datei*. Beinhaltet ein Fenster eine solche Menüleiste, dann handelt es sich immer um ein Applikationsfenster. Die Menüleiste bietet dem Anwender die Möglichkeit, eine Applikation zu beeinflussen und somit zu steuern und zu bedienen. Nähre Angaben zu Menüs erhalten Sie weiter unten.

Die Bildlaufleisten

Bildlaufleisten verschieben den Bildausschnitt

Am rechten und am unteren Rand des Editor-Fensters sehen Sie die vertikale und horizontale Bildlaufleiste. Sie dienen dazu, den sichtbaren Bildausschnitt der gesamten Arbeitsfläche zu verschieben. Sie erscheinen automatisch, wenn ein Dokument größer als die Arbeitsfläche eines Fensters ist. Es kann dabei natürlich vorkommen, dass nur eine der beiden Bildlaufleisten, entweder am rechten oder am unteren Rand, eingeblendet wird.

Sie verschieben den sichtbaren Ausschnitt mit Hilfe der Bildlaufleisten, indem Sie auf die Pfeile an deren Enden klicken oder indem Sie das rechteckige Feld auf der Leiste aktivieren und in die gewünschte Richtung ziehen.

Die weitere Bedienung von Fenstern und Menüs

Sie haben bereits gesehen, wie Sie die Größe eines Fensters entscheidend beeinflussen können. Mittels der Schaltflächen *Minimieren*, *Vergrößern* und *Wiederherstellen* sind Sie in der Lage, die Größe auf ein Maximum bzw. auf ein Minimum zu verändern.

Dies ist nicht immer zufriedenstellend. Vielleicht möchten Sie ein Fenster etwas größer darstellen, ohne dass es gleich den ganzen Bildschirm füllt oder Sie möchten ein Fenster etwas verkleinern, ohne dass es gleich zum Symbol wird.

Fenstergröße beliebig ändern

Fenster können in der Normalbild-Darstellung nicht nur verschoben werden, sondern auch fast beliebige Größen annehmen.

Um dies zu untersuchen, starten Sie den Editor aus dem *Zubehör*. Stellen Sie anschließend das Fenster so ein, dass es als Normalbild dargestellt wird. Welche Größe das Fenster dabei einnimmt, spielt keine Rolle.

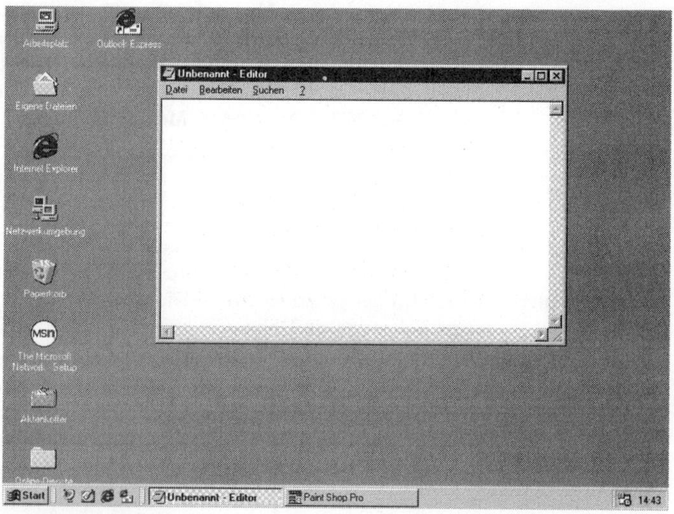

Abbildung 3.10: Das Fenster des Editors in der Normal-Darstellung

Wenn Sie die Größe eines Fensters ändern wollen, dann muss es aktiv sein. Dies geschieht allerdings automatisch durch die Aktion, die Sie ausführen müssen, um die Größe des gewünschten Fensters zu ändern.

Änderungen mit der Maus

Mit der Maus ändern Sie die Größe eines Fensters am einfachsten. Positionieren Sie zu diesem Zweck den Mauspfeil genau auf die Kante, die Sie verschieben möchten, um das Fenster zu vergrößern bzw. zu verkleinern. Der Mauspfeil ändert daraufhin sein Aussehen in einen Doppelpfeil, der anzeigt, in welche Richtungen Sie die Kante verschieben können.

Klicken Sie anschließend die Kante an und ziehen Sie sie dann in die gewünschte Richtung. Hat das Fenster die gewünschte Größe eingenommen, dann lassen Sie die Kante wieder los. Dies funktioniert sowohl mit den waagerechten als auch mit den senkrechten Kanten.

Beabsichtigen Sie, die Größe des Fensters sowohl in waagerechter als auch in senkrechter Richtung zu verändern, dann ist es sehr umständlich, die Änderungen zuerst in die eine und anschließend in die andere Richtung durchzuführen.

Zu diesem Zweck bekommen die Ecken des Fensterrahmens eine andere Funktion.

Abbildung 3.11: Eine Fensterecke mit Doppelpfeil

Positionieren Sie den Mauspfeil in einer Ecke des Rahmens, dann ändert er sich in einen Doppelpfeil, der diagonal ausgerichtet ist.

Ziehen Sie jetzt den Rahmen mit der Maus größer oder kleiner, dann verschieben sich die beiden an die angeklickte Ecke angrenzenden Kanten gleichzeitig. Sie können sich dadurch einen Arbeitsschritt sparen.

Bei der Vergrößerung können Sie ein Fenster fast bis zum Vollbild darstellen, beim Verkleinern ist je nach Applikation eine Mindestgröße festgelegt, die nicht unterschritten werden kann.

HINWEIS

Es existieren auch Applikationen, bei denen es für die Ausführung des Programms nicht sinnvoll oder sogar unmöglich ist, eine kleinere oder größere Darstellung zu wählen. Dies ist oft bei Spielen der Fall, wo eine bestimmte Spielfläche zur Verfügung stehen muss.

Die Menüleiste und deren Bedienung

Windows 98 bzw. die Applikationen werden auch über *Menüs* bedient. Durch deren Benutzung kann ein Programmablauf beeinflusst, d. h. gesteuert werden. Oft werden über Menüs auch Einstellungen vorgenommen.

Ein Menü ist ein rechteckiger Bereich mit einer Liste von Befehlen, von denen Sie den gewünschten auswählen können. Menüs sind in der Regel geschlossen. Sie öffnen sich erst, wenn ein Aktivierungselement angeklickt oder eine Aktivierungsaktion ausgelöst wird. Sie haben z. B. schon erfahren, dass ein Systemmenü aufklappt, wenn Sie das entsprechende Symbol anklicken.

Zur Aktivierung eines Menübefehls genügt ein einfacher Klick auf seine Bezeichnung im Menü.

Unter Windows 98 gibt es zwei Arten von Menüs:

Pulldown-Menü

- Die *Pulldown-Menüs*. Sie erscheinen, wenn ein Begriff in einer Menüleiste angeklickt wird. Der angeklickte Begriff bleibt dabei weiterhin sichtbar und steht praktisch für die darunter befindlichen Menübefehle als Überschrift oder Oberbegriff. Dabei können diese Menüs auch nach oben aufklappen, wie z. B. das *Startmenü* der Taskleiste.

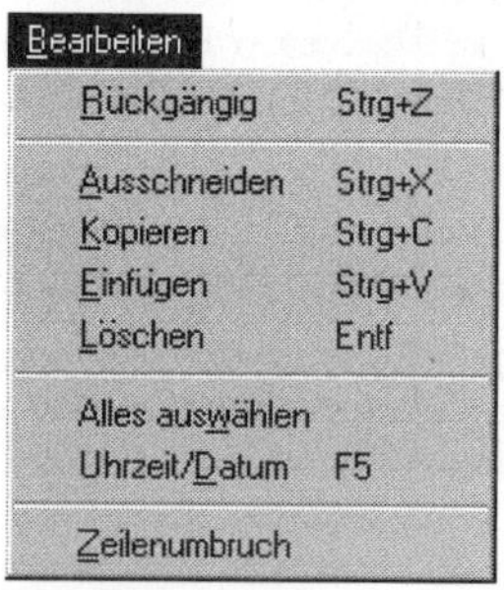

Abbildung 3.12: Ein Pulldown-Menü

Popup-Menü

✓ Die *Popup-Menüs.* Sie können an beliebigen Stellen auf dem Bildschirm erscheinen, meistens allerdings an der Stelle, an der sich der Mauszeiger befindet. Bei einem Popup-Menü ist meist keine Überschrift oder Oberbezeichnung vorhanden, sondern man sieht nur die eigentlichen Menübefehle. Ein Beispiel für ein Popup-Menü kennen Sie schon, das Kontextmenü, das mit einem Klick der rechten Maustaste aufgerufen wird.

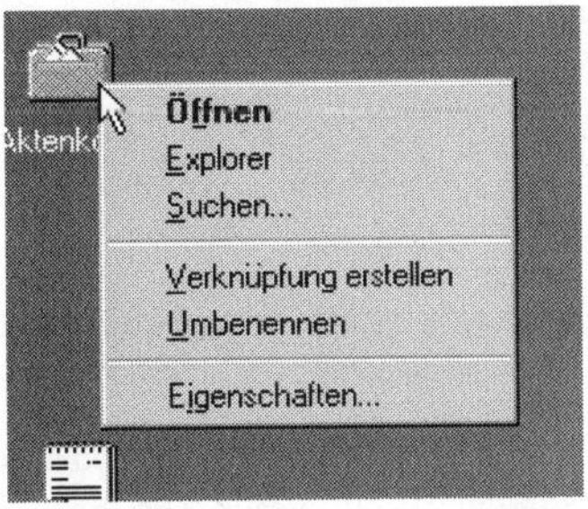

Abbildung 3.13: Ein Popup-Menü

Die Bedienung von Menüs der Menüleiste

Die meisten Applikationen besitzen eine Menüleiste. Sie befindet sich bekanntermaßen direkt unter der Titelleiste des Applikationsfensters.

HINWEIS

Für die weitere Erläuterung starten Sie zur besseren Verständlichkeit noch einmal den Editor, falls er nicht schon aktiviert ist.

Die Menüleiste enthält vier Begriffe von *Datei* über *Bearbeiten* bis zum *?*, dem Symbol für die Hilfe. Dies sind die Namen von Menüs, die Sie durch Klicken auf den jeweiligen Begriff öffnen können.

HINWEIS

Alternativ lässt sich ein Menü auch öffnen, indem Sie [Alt] gedrückt halten und zusätzlich den unterstrichenen Buchstaben des Menübegriffs drücken, z. B. den Buchstaben [D] bei *Datei*.

Ein Menü wechseln

Hin und wieder kommt es vor, dass Sie ein Menü geöffnet haben und anschließend feststellen, dass sich der gewünschte Menübefehl unter einem anderen Menübegriff befindet. In dieser Situation wechseln Sie am einfachsten von einem Menü der Menüleiste zu einem anderen, indem Sie die Maus über die Menüleiste bewegen. Das fälschlicherweise geöffnete Menü müssen Sie dafür nicht extra schließen. Sobald der Mauszeiger in der Menüleiste über einem neuen Menübegriff steht, wird das darunter liegende Menü aufgeklappt.

Alternativ können Sie mit Hilfe der Tasten und je ein Menü weiter nach rechts oder nach links wechseln. Voraussetzung ist allerdings, dass bereits ein Menü geöffnet ist.

Ein Menü schließen

Haben Sie ein Menü unbeabsichtigt geöffnet oder wollten Sie nur etwas nachsehen, dann können Sie ein Menü auch ohne Ausführung eines Befehls schließen. Um dies zu erreichen genügt es, irgendwo außerhalb des Menüs zu klicken. Das Menü wird daraufhin geschlossen.

KNOW-HOW

In einem solchen Fall ist es oft einfacher die Tastatur zu benutzen. Sie können anstelle des Mausklicks auch Esc drücken, um ein Menü zu schließen.

Die Kennbuchstaben und die Shortcuts

Wenn Sie sich die Menüleiste oder ein Menü genauer anschauen, dann stellen Sie fest, dass bestimmte Buchstaben unterstrichen sind.

Beim Menü *Suchen* des Editors ist es das »S« für den Menünamen. Zudem finden Sie beim geöffneten Menü wiederum das »S« für *Suchen* und das »W« für *Weitersuchen* unterstrichen.

Abbildung 3.14: Unterstrichene Buchstaben in Menüs

Bei den unterstrichenen Buchstaben handelt es sich um die *Kennbuchstaben*. Diese sollen es ermöglichen, das Bedienen der Menüs einfacher und schneller durchzuführen.

Die Funktion der Kennbuchstaben

Der Mechanismus, der hinter den Kennbuchstaben steckt, ist recht simpel. Enthält ein Menüname oder ein Menübefehl einen unterstrichenen Buchstaben, dann können Sie beim Menünamen das Menü durch Drücken des unterstrichenen Buchstabens in Verbindung mit [Alt] aktivieren. In dem obigen Beispiel also mit [Alt]+[S] das Menü *Suchen*.

HINWEIS

> Die Tastenkombination mit dem unterstrichenen Buchstaben eines Menünamens kann nur erfolgen, wenn das entsprechende Fenster aktiv ist. Ansonsten bezieht sich die Tastenkombination eventuell auf das falsche Fenster und damit auf die falsche Applikation.

Bei den Menübefehlen reicht ein einfaches Drücken des unterstrichenen Buchstabens aus, um den Befehl auszuführen. Dazu muss allerdings das Menü geöffnet sein. Es ist also mit den Kennbuchstaben nicht möglich, direkt den Menübefehl auszuführen ohne das Menü vorher zu öffnen.

Die Shortcuts

Für das direkte Ausführen eines Menübefehls steht Ihnen eine andere Möglichkeit zur Verfügung. Nicht die Kennbuchstaben werden dazu benötigt, sondern die *Shortcuts*.

Bei den Shortcuts handelt es sich wieder um die Möglichkeit, über das Betätigen einer Taste oder Tastenkombination etwas zu bewirken, in diesem Fall das direkte Ausführen eines Menübefehls.

In der obigen Beispielabbildung befindet sich rechts neben dem Menübefehl *Weitersuchen* die Zeichenfolge »F3«. Die Zeichenfolge steht stellvertretend für die Funktionstaste [F3]. Das bedeutet, dass der Menübefehl *Weitersuchen* direkt durch das Drücken von [F3] ausgeführt werden kann.

Probieren Sie den Shortcut einfach einmal aus. Geben Sie dazu einige Zeichen in den Editor ein. Bevor Sie allerdings nun den Shortcut für *Weitersuchen* einsetzen, sollten Sie beachten, dass Sie nur *Weitersuchen* können, wenn Sie zuvor eine Suche begonnen haben.

Geben Sie daher zuerst nach der Aktivierung des Menübefehls *Suchen* z. B. das Zeichen »A« ein. Der Editor sucht anschließend nach dem Zeichen »A« und stoppt beim ersten gefundenen. Erst jetzt können Sie weitersuchen und somit den Shortcut [F3] einsetzen.

Sie stellen fest, dass der Editor bei jedem Druck auf [F3] sofort seine Suche aufnimmt und, falls noch ein »A« im weiteren Verlauf des Textes vorhanden ist, sofort dorthin wechselt. Das Öffnen des Menüs *Suchen* entfällt dabei.

HINWEIS

Für Shortcuts werden oft die Funktionstasten [F1] bis [F12] verwendet. Die meisten Shortcuts bestehen allerdings aus einer Kombination von Tasten, wobei die Tasten [Strg] und [⇧] sehr häufig in Verbindung mit den Funktionstasten oder normalen Buchstaben eingesetzt werden.

Besondere Zeichen in Menüs

In Verbindung mit Menübefehlen werden sehr häufig bestimmte Schreibweisen bzw. Darstellungsformen verwendet, hinter denen sich immer die gleichen Dinge verbergen.

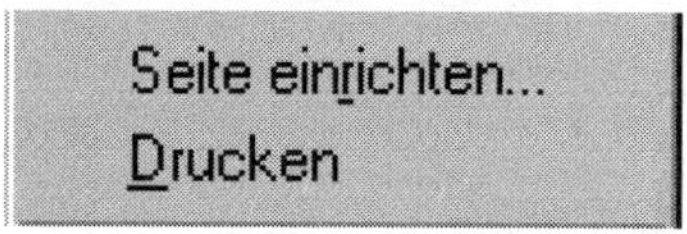

Abbildung 3.15: Ein Menübefehl mit drei Punkten

Drei Punkte

Neben manchen Befehlen sehen Sie drei Punkte. Das soll dem Anwender signalisieren, dass im Anschluss an das Aktivieren des Menübefehls ein Dialogfenster erscheinen wird. Der Anwender kann sich folglich darauf einstellen.

Abbildung 3.16: Ein Menübefehl mit einem Häkchen

Ein Häkchen

Ein Häkchen links neben einem Menübefehl bedeutet, dass dieser eingeschaltet ist. Er kann durch Aktivierung ausgeschaltet werden und umgekehrt. Bei dieser Art von Menübefehl handelt es sich folglich um Schalter, die die Zustände Ein und Aus annehmen können.

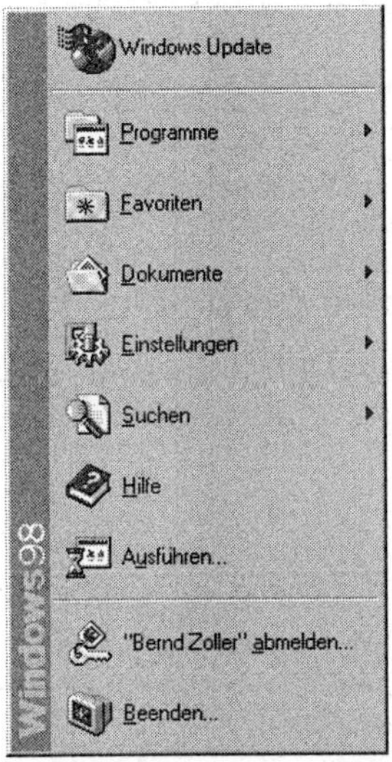

Abbildung 3.17: Einige Menübefehle mit einem Dreieck

Ein kleines Dreieck

In einigen Fällen kann auch ein kleines Dreieck hinter einem Menübefehl erscheinen. Es verbirgt sich dann hinter dem Menübefehl ein weiteres (Unter-)Menü, das aufgeklappt wird, wenn der Menübefehl aktiviert wird.

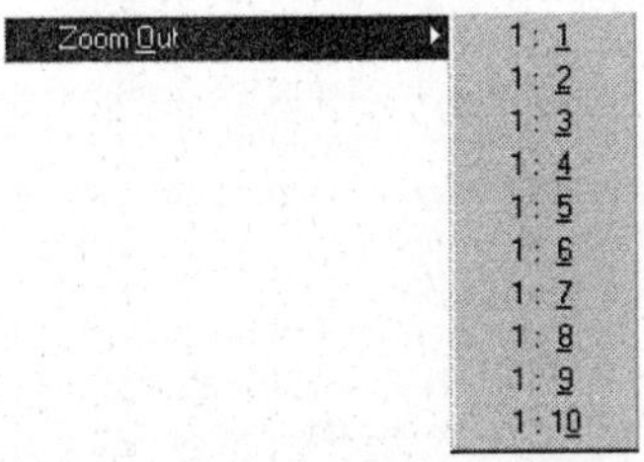

Abbildung 3.18: Ein aufgeklapptes Untermenü

Inaktive Menüs oder Menübefehle

In manchen Situationen ist es nicht sinnvoll oder durch bestimmte Einstellungen kann es auch unmöglich sein, einige Menübefehle auszuführen.

Um dem Anwender die Möglichkeit zu geben festzustellen, welcher Menübefehl eingesetzt und welcher nicht eingesetzt werden kann, werden die nicht einsetzbaren Menübefehle nur schemenhaft dargestellt. Sie sind so leicht von den verfügbaren Menübefehlen zu unterscheiden.

Abbildung 3.19: Ein Menü mit nicht anwählbaren Menübefehlen

Die Dialog- und Meldungsfenster

Dialogfenster

Dialogfenster erscheinen immer dann, wenn eine Applikation zur Ausführung eines Befehls zusätzliche Angaben oder Einstellungen benötigt. Innerhalb dieser Fenster werden die benötigten Angaben durch Einstellen vorgegebener Optionen, Auswählen bestimmter Parameter oder Eingaben mittels der Tastatur ermöglicht.

Meldungsfenster

Bei Meldungsfenstern ist dies ein klein wenig anders. Dort teilt die Applikation dem Anwender einen bestimmten Status mit. Dabei kann es sich z. B. um eine Warnung handeln, deren Inhalt der Anwender entgegennehmnen kann, wobei er allerdings nicht in der Lage ist, innerhalb des Meldungsfensters etwas an dem Sachverhalt zu ändern.

Einige Meldungsfenster ermöglichen dem Anwender zwischen zwei oder drei vorgegebenen Aktionen auf die Meldung zu reagieren. Dabei handelt es sich allerdings in den meisten Fällen entweder um die Möglichkeit, die Aktion ohne Änderungen weiter auszuführen, den vorangegangenen Schritt zu korrigieren oder den gesamten Vorgang abzubrechen.

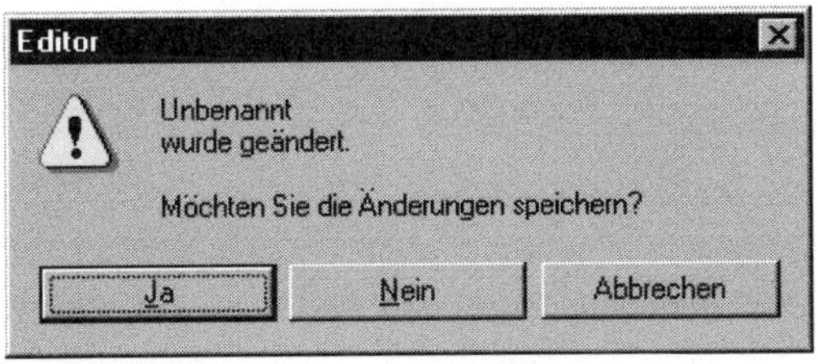

Abbildung 3.20: Ein Beispiel für ein Meldungsfenster mit drei Reaktionsmöglichkeiten

Die Bestandteile und die Bedienung von Dialog- und Meldungsfenstern

Als Beispiel für ein Dialogfenster sehen Sie in der folgenden Abbildung das *Datei / Öffnen*-Dialogfenster des Editors.

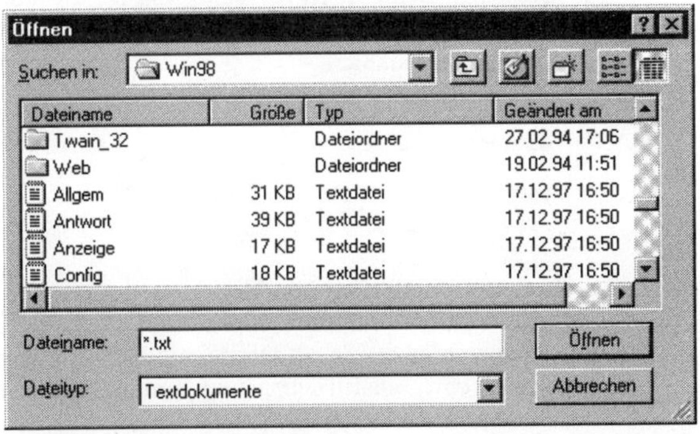

Abbildung 3.21: Ein Dialogfenster

Beide Fenster, die Dialog- und die Meldefenster, haben häufig eine Titelleiste mit einer Art von Systemmenü. Diese Bestandteile entsprechen denen von Anwendungsfenstern und werden genauso benutzt, allerdings sind die Möglichkeiten der Größenänderungen, auch innerhalb des Systemmenüs, meistens nicht gegeben.

Außerdem sehen Sie innerhalb der Fenster einige umrandete graue Flächen. Es handelt sich bei diesen Flächen ebenfalls um *Schaltflächen*, die etwas anders aussehen als die Schaltflächen in der Titelleiste.

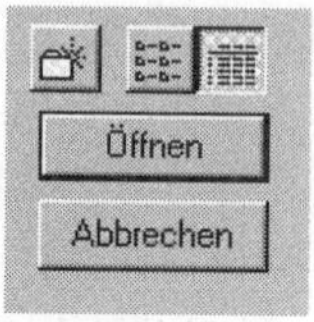

Abbildung 3.22: Einige Schaltflächen aus Dialogfenstern

Die Schaltflächen

In der obigen Abbildung sehen Sie einige Schaltflächen als Beispiele. Wie Sie erkennen können, ist sowohl der Inhalt als auch die Größe verschieden. Dennoch handelt es sich in allen Fällen um Schaltflächen. Da der Inhalt von Schaltflächen beliebige Einträge (auch Grafiken) und Größen annehmen kann, ist es möglich, dass Sie bei der Arbeit mit Windows auf die unterschiedlichsten Schaltflächen stoßen können.

Sie brauchen sich allerdings nicht zu sorgen, dass Sie Schaltflächen nicht erkennen können, da diese in der Regel immer einige Erkennungszeichen besitzen.

- Sie heben sich optisch ein wenig von der Grundfläche ab. Es sieht so aus, als ob sie, wie eine Taste, ein wenig mit der Oberfläche über der Grundfläche stehen.
- Die eigentliche Schaltfläche ist in einigen Fällen mit einem schwarzen Rahmen versehen.
- Die Grundfläche einer Schaltfläche wird meistens in einem hellen Grau dargestellt.
- Wird eine Schaltfläche angeklickt, dann sieht es optisch so aus, als wenn sie in die Grundfläche hineingedrückt wird.

Aktiviert werden die Schaltflächen mit der Maus. Ein einfacher Klick auf die gewünschte Schaltfläche genügt, um die damit verbundene Funktion auszulösen.

Die Aufgabe dieser Schaltflächen besteht darin, dem Anwender Möglichkeiten zu geben, in einer bestimmten Weise auf eine Gegebenheit zu reagieren. Zu diesem Zweck werden die Schaltflächen, entsprechend der Situation, mit sinnvollen Inhalten versehen. Allerdings existieren zwei Schaltflächen, die immer wieder verwendet werden.

- Durch einen Klick auf *OK* geben Sie dem Programm zu verstehen, dass Sie alle Angaben gemacht oder Einstellungen vorgenommen haben, die Sie für notwendig erachten, und dass die Funktion des Dialogfensters ausgeführt werden soll. Das Dialogfenster verschwindet daraufhin vom Bildschirm.

- Wenn Sie auf *Abbrechen* klicken, unterbinden Sie die Ausführung der Funktion, die durch das Dialogfenster ausgelöst werden sollte. Das Dialogfenster verschwindet vom Bildschirm, Ihre Eingaben bleiben unberücksichtigt.

HINWEIS

In der Regel hat ein Druck auf [Esc] die gleiche Auswirkung wie ein Klick auf *Abbrechen*.

Eingabefelder

In dem weiter oben abgebildeten *Datei / Öffnen*-Dialogfenster finden Sie auch die sogenannten *Eingabefelder* oder *Eingabezeilen* vor. Dabei handelt es sich um umrahmte Bereiche, in denen Sie etwas mit der Tastatur eintragen können, in der Regel sind es Namen oder Begriffe.

Ein Eingabefeld benutzen Sie ähnlich wie die Schreibfläche einer Textverarbeitung. Sie sehen in ihm die Einfügemarke, die sich entsprechend Ihren Eingaben verschiebt. Einzelne Zeichen löschen Sie mit [⇐] (Zeichen vor der Einfügemarke) bzw. [Entf] (Zeichen, auf dem sich die Einfügemarke befindet).

Durch Ziehen mit der Maus können Sie beliebige Zeichenfolgen markieren und danach z. B. durch Drücken von [Entf] löschen. Eingaben beenden Sie durch Betätigen von [↵] oder auch durch Wechseln zu einem anderen Bereich des Dialogfensters, z. B. durch Anklicken einer Liste oder einer Schaltfläche.

Im angesprochenen Dialogfenster *Öffnen* finden Sie ein Eingabefeld rechts neben dem Begriff *Dateiname*.

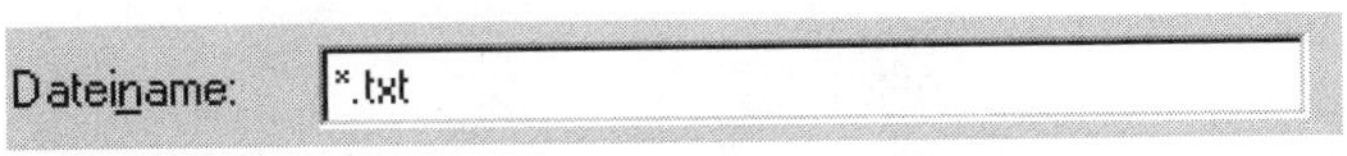

Abbildung 3.23: Ein Eingabefeld

Einige Eingabefelder enthalten bereits Voreinstellungen für die Auswahl, wie z. B. **.TXT*. Diese Vorgabe können Sie auf die oben beschriebene Art und Weise nach Ihren Wünschen korrigieren.

Die Listenfelder

Das Dialogfenster *Öffnen* enthält neben der Eingabezeile auch *Listenfelder*. Sie dienen der Anzeige und dem Auswählen von vorhandenen Daten in Form einer Liste. Der Anwender hat die Möglichkeit, durch einfaches Anklicken den gewünschten Eintrag auszuwählen. Das Eingeben des erforderlichen Begriffs über die Tastatur entfällt dabei.

Ein Listenfeld ist in dem oben angesprochenen Dialogfenster vorhanden.

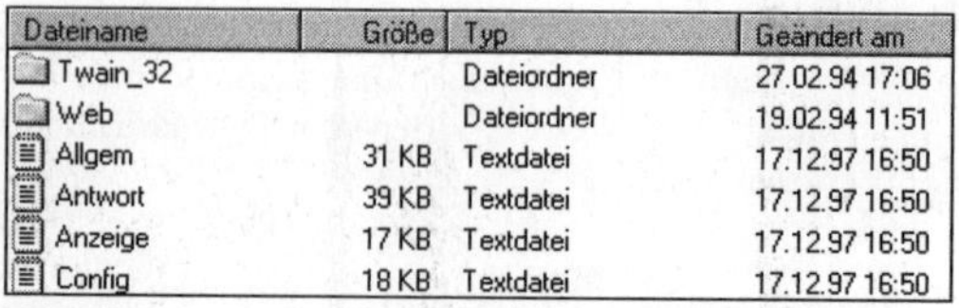

Abbildung 3.24: Ein Listenfeld ohne Bildlaufleisten

Ein Listenfeld besitzt bei Bedarf Laufleisten, mit denen Sie den sichtbaren Ausschnitt der Anzeige verschieben können. Klicken Sie zu diesem Zweck auf die Schaltfläche mit dem nach unten oder nach oben bzw. nach links oder nach rechts zeigenden Pfeil.

Aufklappbare Listenfelder

In dem Dialogfenster sind allerdings noch zwei andere Listenfelder enthalten. Dabei handelt es sich um *aufklappbare Listenfelder*. Es sind dies die Listenfelder *Dateityp* und *Suchen in*.

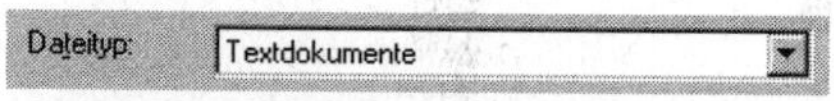

Abbildung 3.25: Ein aufklappbares Listenfeld

In dem dargestellten Zustand ist das Listenfeld geschlossen. Diese Art von Listen wird durch Klicken auf die Schaltfläche mit dem kleinen abwärts weisenden Pfeil geöffnet. Je nach Umfang sind sie eventuell wiederum mit Laufleisten versehen.

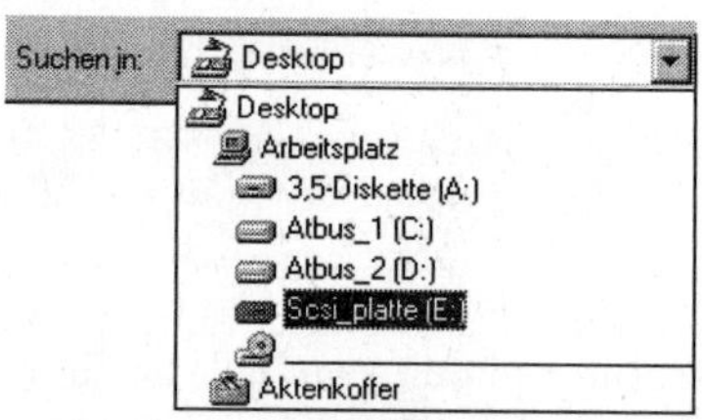

Abbildung 3.26: Ein aufgeklapptes Listenfeld

Auch in diesen Listenfeldern wählen Sie durch Anklicken des Listeneintrages den gewünschten Begriff aus.

HINWEIS

Die Auswahl wird erst nach dem Klicken auf *OK* wirksam. Zeigt eine Liste Dateinamen an, dann können Sie häufig ein abgekürztes Verfahren wählen. Beim Öffnen z. B. genügt ein Doppelklick auf den Namen, um die Datei sofort zu öffnen.

Es existieren noch andere Elemente eines Dialogfensters. Öffnen Sie für die folgenden Erläuterungen noch einmal den Editor aus dem Zubehör. Sollten Sie den Editor noch gestartet haben, dann schließen Sie ihn wieder und starten ihn erneut.

Drücken Sie anschließend [F3], damit sich ein bestimmtes Dialogfenster öffnet.

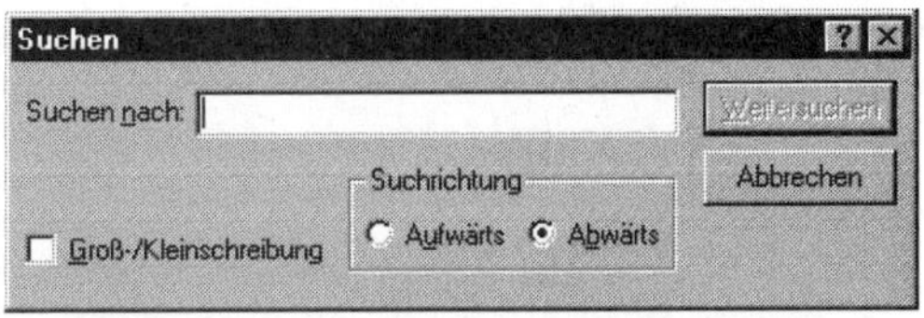

Abbildung 3.27: Ein Dialogfenster des Editors

Es handelt sich um das Dialogfenster *Suchen*. Es enthält neben einer Eingabezeile und zwei Schaltflächen weitere drei kleine Schaltflächen, mit denen Sie Optionen für die Ausführung des Befehls einstellen können.

In dem eingerahmten Bereich *Suchrichtung* finden Sie zwei runde kleine Flächen mit den Bezeichnungen *Aufwärts* und *Abwärts*. Sie bestimmen durch Klicken auf eine der beiden runden *Optionsschaltflächen*, in welche Richtung in diesem Fall die Suche erfolgen soll. Die Option, bei der sich innerhalb der runden Fläche der schwarze Punkt befindet, ist die derzeit aktive Option.

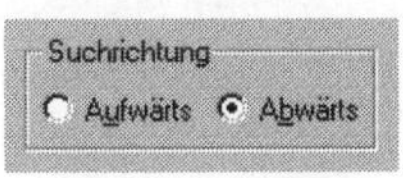

Abbildung 3.28: Optionsschaltflächen in einer Gruppe

Die Funktionsweise von Optionsschaltflächen

Diese runden Optionsschaltflächen sind meistens zu Gruppen zusammengefaßt, wobei alle Optionen, die zu einer Gruppe gehören, durch einen Rahmen umschlossen werden. Es können auch mehrere Gruppen in einem Dialogfenster vorhanden sein. Wichtig ist, dass Sie innerhalb einer Optionsgruppe immer nur eine der Optionen aktivieren können. Klicken

Sie eine Option an, dann werden alle anderen Optionen dieser Gruppe deaktiviert.

Das Kontrollkästchen

Eine weitere Optionsschaltfläche finden Sie neben dem Begriff *Groß-/Kleinschreibung*. Sie wird durch ein kleines Quadrat dargestellt. Diese Art von Optionen wird bei Windows auch als *Kontrollkästchen* bezeichnet.

Abbildung 3.29: Ein Kontrollkästchen

Optionen, die mit einem dieser Kästchen versehen sind, lassen sich beliebig kombinieren. Daraus können Sie schließen, dass mehrere Kontrollkästchen in einem Dialogfenster vorhanden sein können. Sie sind nicht unbedingt mit einem Gruppenrahmen versehen, weil sie beliebig aktiviert und deaktiviert werden können, ohne dass ein Kontrollkästchen ein anderes beeinflusst.

Zum Aktivieren klicken Sie auf das Kästchen der gewünschten Option. Ein weiteres Anklicken deaktiviert diese Option wieder. Sie können an einem kleinen Kreuzchen innerhalb des Quadrats erkennen, dass eine Option aktiviert ist. Eine nicht aktivierte Option enthält dementsprechend kein Kreuzchen.

Ein Dialogfenster verlassen

Sie verlassen ein Dialogfenster, nachdem Sie alle Eingaben und Einstellungen erledigt haben, in der Regel, indem Sie auf die Schaltfläche *OK* klicken. Oft ist diese Schaltfläche voraktiviert, d. h., Sie müssen nur noch ↵ drücken, um die Schaltfläche zu aktivieren.

Wollen Sie die Eingaben unberücksichtigt lassen, klicken Sie stattdessen auf *Abbrechen*. Den gleichen Effekt erhalten Sie, wenn Sie innerhalb eines Dialogfensters auf Esc drücken. Der Befehl wird dann nicht ausgeführt.

Die Tastenbedienung in Dialogfenster

Wie bei Windows üblich, können Sie die Dialogfenster auch über die Tastatur bedienen. Hier kurz die wichtigsten Möglichkeiten:

Taste	Auswirkung
Esc	Drücken der Schaltfläche *Abbrechen*
Tab	Nächstes Eingabefeld, nächste Option/Schaltfläche
↑, ↓	Bewegen in Listenfeldern
↵	Bestätigen der Eingabe/Drücken der Schaltfläche OK
Alt + Leer	Systemmenü öffnen

KAPITEL

4

Das Hilfesystem von Windows 98

Bei der täglichen Arbeit mit Windows 98 treten für den Anwender immer wieder Fragen und Probleme auf, insbesondere dann, wenn der Anwender dieses erstmalig einsetzt und es erst kennen lernt. Windows 98 bietet für solche Fälle ein Hilfesystem an, das oftmals ausreicht, dem Anwender für sein Problem schnell eine Lösung bereitzustellen.

Das Hilfesystem von Windows 98

Windows 98 beinhaltet eine Reihe von Hilfetexten. Sie informieren über Funktionsweisen und Befehle fast aller Bestandteile des Windows-Paketes. Im Prinzip können Sie in jeder beliebigen Arbeitssituation die *Hilfefunktion* aufrufen und erhalten bezogen auf das, was Sie gerade anwenden, eine Hilfestellung innerhalb eines erscheinenden Fensters. Sie können die Hilfefunktionen aber auch wie ein Nachschlagewerk betrachten, in dem Sie jederzeit nach Begriffen und Vorgängen suchen können.

Hier finden Sie die Hilfe

Die Windows-Hilfetexte bilden ein System, das Sie immer wieder auf die gleiche Weise benutzen. Die Bedienung lernen Sie kennen, wenn Sie im Startmenü der Taskleiste den Befehl *Hilfe* anwählen. Das *Hilfe*-Hauptfenster wird daraufhin geöffnet. Alle Hilfethemen sind innerhalb des Registers *Inhalt* mit einem geschlossenen Buch gekennzeichnet.

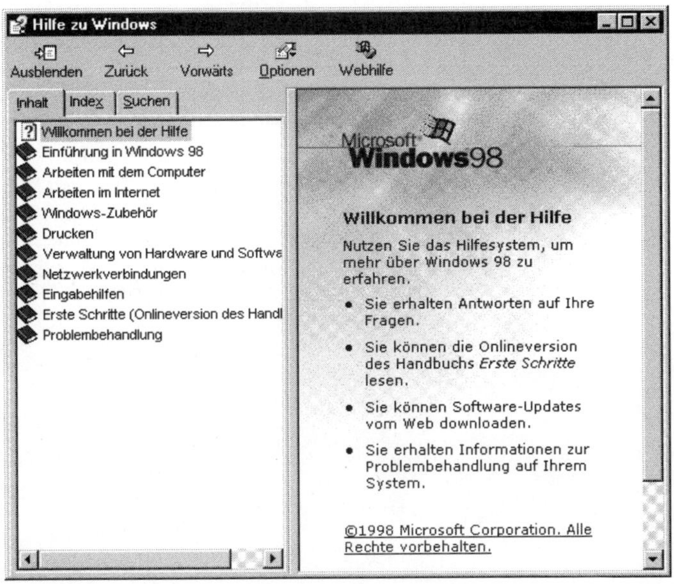

Abbildung 4.1: So präsentiert sich die Windows-Hilfe

Mit einem einfachen Klick öffnen Sie das gewünschte Buch, wobei das aktuell ausgewählte Buch beim Überfahren mit der Maus deutlich erkennbar wird. In jedem der Bücher können Sie dann weitere Bücher oder Hilfetexte finden.

Der eigentliche Hilfetext

Den eigentlichen *Hilfetext* erkennen Sie an dem symbolisierten Blatt mit einem Fragezeichen in der Mitte. Suchen Sie sich das gewünschte Thema aus und öffnen Sie den Text mit einem Klick, so wie Sie auch das Buch zuvor geöffnet haben. Der helfende Text wird Ihnen dann im rechten Teil des Fensters dargelegt, wobei Sie auch hier noch verschiedene Unterbereiche vorfinden können, die wiederum explizit geöffnet werden müssen. Dies geschieht dann ebenfalls mit einem Klick, wie Sie es bereits gewohnt sind.

Die situationsbezogene Hilfe

Die situationsbezogene Hilfe von Windows 98 oder einer Windows-Applikation rufen Sie per Tastendruck auf. Dazu benutzen Sie in der Regel die Funktionstaste [F1]. In einigen Fällen zeigt das Drücken von [⇧]+[F1] weitere Informationen über besondere Details. Außerdem enthalten einige Dialogfenster die Schaltfläche *Hilfe*, die ebenfalls situationsbezogene Hilfetexte aufruft.

Drücken Sie beispielsweise nach dem Start von Windows 98 einmal [F1], ohne dass ein anderes Programm aktiv ist. Daraufhin öffnet sich das oben beschriebene Hauptfenster mit der Bezeichnung *Windows Hilfe*. Befinden Sie sich in einem Dialogfenster und drücken [F1] oder klicken auf die Schaltfläche *Hilfe*, so wird die Windows-Hilfe einen passenden Hilfetext zu diesem Dialogfenster anbieten.

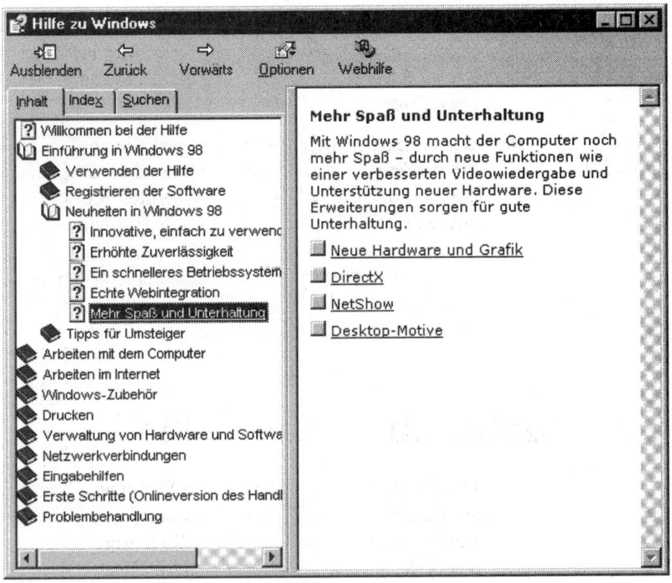

Abbildung 4.2: Hilfetext zu Windows 98

Blau dargestellte und unterstrichene Texte können wiederum mit der Maus angeklickt werden. Das Hilfesystem blendet daraufhin ausführlichere Informationen zu dem Thema ein.

Spezielle Informationen im Text

Innerhalb des dargestellten Fließtextes der Hilfe werden immer wieder spezielle Begriffe unterstrichen dargestellt, wobei es sich nicht um die blauen, schon zuvor angesprochenen Textstellen handelt. Diese Texte sind lediglich unterstrichen und nicht farblich hervorgehoben.

Auch diese Begriffe können angeklickt werden, was Sie anhand des sich ändernden Mauszeigers erkennen können, sobald Sie die Maus über einen solchen Begriff platzieren.

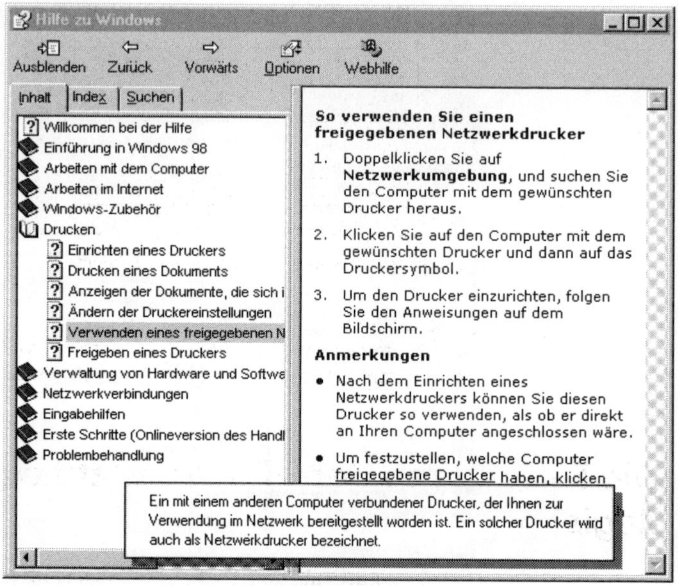

Abbildung 4.3: Erklärende Ergänzungstexte

Weitere Informationen

Klicken Sie auf einen solchen Begriff, dann wird Ihnen innerhalb eines Rahmens eine Erläuterung des angeklickten Begriffs angezeigt. Auf diese Weise erhalten Sie ergänzende Informationen zu dem gekennzeichneten Begriff.

Die dialogbezogene *Hilfe*

Eine weitere Möglichkeit spezielle Hilfe zu einem Element eines Fensters zu erhalten, ist die Schaltfläche der Hilfe in der Titelleiste der Anwendungen. Es handelt sich dabei um eine kleine Schaltfläche mit einem Fragezeichen in der Mitte, wobei diese Schaltfläche nicht von allen Applikationen bzw. Dialogfenstern angeboten wird.

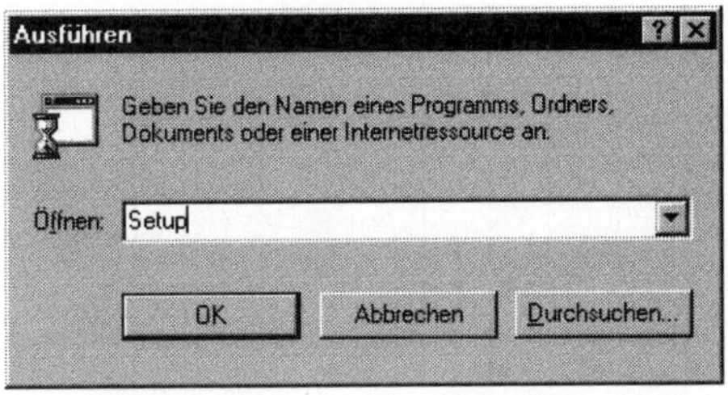

Abbildung 4.4: Das Fragezeichen in der Titelleiste

Wenn Sie dieses Symbol anklicken, verwandelt sich der Mauszeiger in einen Pfeil mit einem Fragezeichen. Das nächste Objekt von Windows, das Sie damit anklicken, wird mit einem eingeblendeten Hilfetext erklärt.

Die Funktionen der Hilfe-Schaltflächen und Register

Sie sehen innerhalb des linken Bereichs des Hilfefensters mehrere Register. Je nach Register können Sie anders nach Hilfethemen suchen.

Das Register *Inhalt*

Im Register *Inhalt* erhalten Sie, wie Sie schon erfahren haben, einen Überblick über die Themen, die die gestartete Hilfe Ihnen bieten kann. Der Überblick ist baumartig aufgebaut, jeder Ast wird mit einem Buch symbolisiert. Jedes Thema kann weiter untergliedert sein. In den einzelnen Büchern finden sich die Hilfetexte.

Das Register *Index*

Das Register *Index* ermöglicht Ihnen die alphabetische Suche nach bestimmten Begriffen innerhalb der Hilfe. Dazu wird bei jedem Buchstaben des gesuchten Begriffs, den Sie oberhalb der Liste in dem dafür vorgesehenen Eingabefeld eingeben, ein Eintrag vorgeschlagen, der auf Ihren Begriff passen könnte.

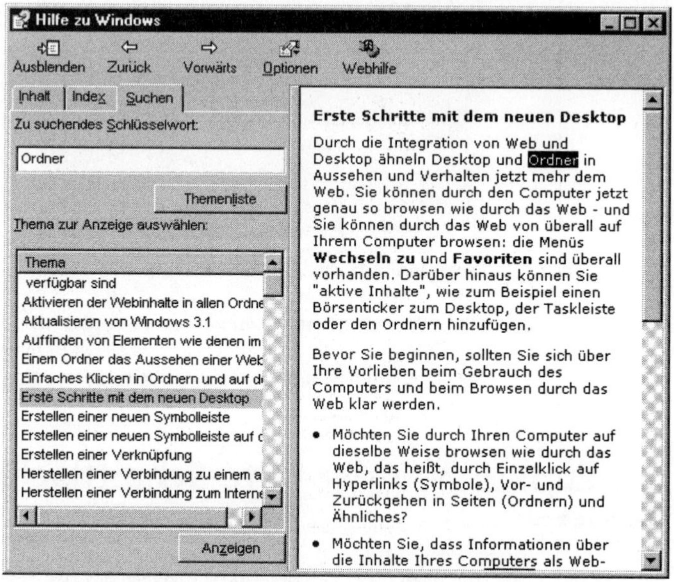

Abbildung 4.5: Die alphabetische Suche nach bestimmten Begriffen

Ist der eingegebene Begriff als Thema vorhanden, springt der Auswahlbalken in der darunter befindlichen Liste direkt dorthin. Ansonsten haben Sie noch die Möglichkeit, innerhalb der Liste zu blättern und so das erforderliche Thema auszuwählen.

Den Text darstellen lassen

Haben Sie einen Eintrag aus der Liste ausgewählt, dann klicken Sie auf die Schaltfläche *Anzeigen*. Die so gesuchte Hilfe wird anschließend im rechten Bereich des Fensters eingeblendet.

Das Register *Suchen*

Das Register *Suchen* ermöglicht Ihnen das Suchen nach bestimmten Wörtern oder Zeichenketten und auch ganzen Sätzen innerhalb der Hilfetexte.

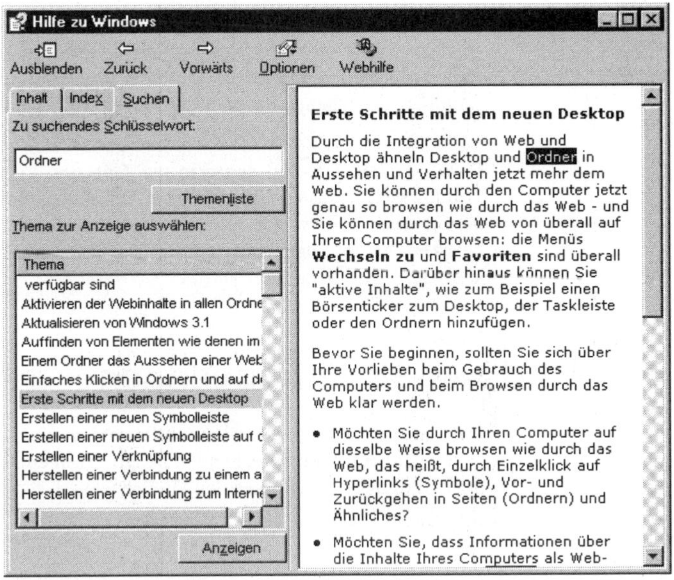

Abbildung 4.6: Das Register *Suchen*

Geben Sie zur Suche einen Begriff in der Eingabezeile *Schlüsselwort* ein. Klicken Sie anschließend auf die Schaltfläche *Themenliste*. Das Hilfesystem durchsucht daraufhin die Datenbank nach Informationen zu diesem Begriff.

Die gefundenen Einträge werden dann innerhalb der darunter befindlichen Liste aufgeführt. Wählen Sie den gewünschten Eintrag mit der Maus aus. Über die Schaltfläche *Anzeigen* können Sie dann den markierten Hilfetext abrufen. Das entspricht übrigens einem Doppelklick auf das ausgewählte Thema.

HINWEIS

Ist die Anzahl der gefundenen Texte sehr groß, so sollten Sie die Auswahlkriterien weiter einschränken. Spezifizieren Sie dazu die Suche durch die Eingabe weiterer Begriffe in der Eingabezeile.

Informationen ausdrucken

Haben Sie die Lösung für Ihr Problem innerhalb der Windows-98-Hilfe gefunden, dann haben Sie die Möglichkeit, sich den Hilfetext ausdrucken zu lassen.

Dazu klicken Sie auf den Eintrag *Optionen* in der Menüleiste des Windows-Hilfefensters. In dem sich öffnenden Menü finden Sie einen Menübefehl *Drucken* vor. Sobald Sie diesen aktivieren, wird Ihnen ein *Drucken*-Dialog eingeblendet, über den Sie den Druckvorgang starten können.

Die Windows-98-Hilfe beenden

Wie jedes Anwendungsfenster schließen Sie auch das Hilfefenster mit [Alt]+[F4], über den entsprechenden Befehl in seinem Systemmenü oder das Symbol in der rechten Ecke der Titelleiste.

TEIL II

Techniken und Praxis

Dieser Teil des Buchs vermittelt Ihnen die Grundlagen zu Windows 98. Sie erfahren, wie Sie mit Windows 98 arbeiten und welches Grundprinzip innerhalb von Windows 98 vorhanden ist. Sie lernen Windows 98 so gut kennen, dass Sie anschließend mit der grafischen Benutzeroberfläche problemlos arbeiten und sich im Wesentlichen innerhalb von Windows 98 orientieren können.

KAPITEL

5

Die Taskleiste und das Startmenü

Das Windows-98-Startmenü ist das Regiezentrum für die Programme Ihres PCs und deshalb ein schneller und bequemer Ausgangs- und Endpunkt für alle Arbeiten, bei denen Sie den Computer mit seinen installierten Anwendungen als Werkzeug einsetzen. Solange Windows 98 läuft, ist das Startmenü immer aktiv.

Die Taskleiste und das Startmenü

Sie benutzen das *Startmenü*, um ohne Umwege zum Beispiel Ihre Textverarbeitung, Ihre Datenbank oder Ihr Malprogramm aufzurufen, nach Anwendungen oder Daten zu suchen und bei Bedarf die Hilfe zu aktivieren. Darüber hinaus liefert das Startmenü auch den Zugang zu jenen Programmen, mit deren Hilfe Sie Einstellungen des PCs ändern oder Laufwerke, Dateien und Ordner verwalten.

Von der Arbeitsweise her ist das Startmenü eine Applikation wie alle anderen Windows-Programme auch. Sie können das Menü deshalb bei laufenden Anwendungen zum Beispiel dazu benutzen, weitere Programme zu starten oder zwischen bereits aktiven Anwendungen hin- und herzuschalten. Auch das sichere Beenden der Arbeit mit Windows 98 wird über das Startmenü eingeleitet.

KNOW-HOW

Sie sollten den Computer nie abschalten, ohne Windows 98 zuvor über das Startmenü ausdrücklich beendet zu haben. Es könnten sonst Daten verloren gehen.

Mit dem Startmenü gekoppelt ist die *Taskleiste*, welche am unteren Windows-Bildschirmrand platziert ist. Diese Leiste erlaubt das schnelle Umschalten zwischen laufenden Anwendungen, regelt die Fensterdarstellung am Bildschirm und enthält einige kleine Symbole als Schaltfläche sowie eine kleine Zeit- und Datumsanzeige. Außerdem können weitere kleine Symbole am rechten Rand angeordnet sein, wie z. B. ein Lautstärkeregler für die Tonausgabe. Das hängt von den installierten Programmen ab.

Auch wenn Sie den Umgang mit dem Startmenü bequem finden und mit seiner Hilfe problemlos Strategien entwickeln, um Ihre Aufgaben am PC zu erledigen, sollten Sie sich eingehend auch mit den Kapiteln über den *Windows-Explorer* und das Programm *Arbeitsplatz* befassen. Diese Applikationen bieten einzeln und in Zusammenarbeit mit dem Startmenü Möglichkeiten noch effizienteren Arbeitens an, wobei dann einmal nicht die Programme im Mittelpunkt stehen sollen, sondern die von diesen Programmen bearbeiteten Dokumente.

Die Menüleiste und die Klappmenüs

Das Startmenü aktivieren Sie, indem Sie die Schaltfläche *Start* in der Taskleiste unten am Windows-98-Bildschirm anklicken. Das Menü öffnet sich dann nach oben, und zwar mit einer Reihe von Einträgen:

- ✓ Windows-Update (Aktualisierungsmöglichkeit für Windows 98)
- ✓ Programme (Zugang zu Ihren Anwendungsprogrammen)
- ✓ Favoriten (Schnellzugang zu den häufig benötigten Bereichen)
- ✓ Dokumente (Zuletzt bearbeitete Dokumentendateien)
- ✓ Einstellungen (System- und Druckersteuerung, Startmenü- und Oberflächeneinstellungen)
- ✓ Suchen (Suche nach Dateien, Ordnern und Personen)
- ✓ Hilfe (Aufruf der Windows-Hilfe)
- ✓ Ausführen (Aufruf noch nicht installierter Programme)
- ✓ Benutzer abmelden (Sitzung eines Benutzers beenden ohne den Computer herunterzufahren)
- ✓ Beenden (Abschluss der Arbeit mit Windows 98)

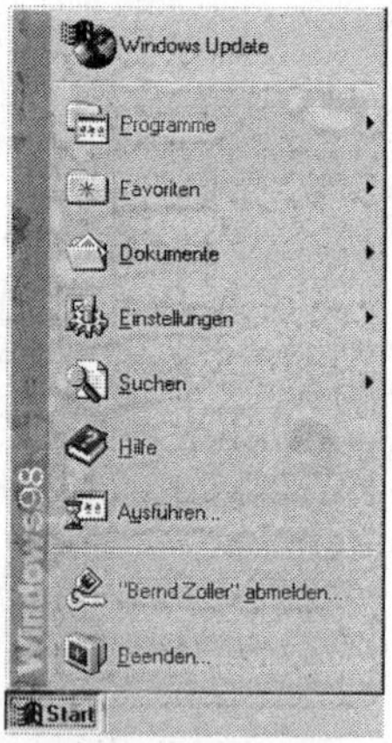

Abbildung 5.1: Das Startmenü

Neben den ersten vier Einträgen unterhalb des Trennstriches weisen kleine Pfeile darauf hin, dass Untermenüs zur Verfügung stehen. Geschlossen wird das Menü wieder, indem Sie den Windows-Hintergrund neben dem Menü anklicken.

Sie können weitere Programme oder Programmgruppen direkt in die erste Ebene des Startmenüs aufnehmen. Lesen Sie dazu die folgenden Abschnitte.

Die Bedienung mit der Maus und der Tastatur

Sie wählen eine Funktion aus dem Startmenü aus, indem Sie mit dem Mauszeiger auf den entsprechenden Eintrag zeigen, ohne eine Maustaste gedrückt zu halten. Der jeweils angesteuerte Eintrag wird automatisch markiert. Im Falle der Funktionen mit Untermenüs öffnen sich die entsprechenden Auswahllisten von selbst.

Per Tastatur öffnen Sie das Startmenü mit der Tastenkombination [Strg]+[Esc]. Die Menüpunkte aktivieren Sie durch Druck auf die Taste jenes Buchstaben, der im Menütitel jeweils unterstrichen ist. Innerhalb der Untermenüs benutzen Sie [↑], [↓], [→], [←] und [↵] zur weiteren Auswahl. [Esc] führt um jeweils eine Menüebene zurück bzw. schließt das Startmenü vollständig.

Die Taskleiste verschieben

Die Taskleiste mit der Schaltfläche für das Startmenü kann an jeder der vier Bildschirmkanten angeordnet werden.

In der Standardeinstellung befindet sie sich am unteren Bildschirmrand. Wenn Sie dies ändern wollen, zeigen Sie mit dem Mauspfeil auf einen freien Teil der Taskleiste, drücken Sie die linke Maustaste und führen Sie den Mauszeiger dann an den gewünschten Bildschirmrand, wobei Sie die Maustaste gedrückt halten.

Die Breite oder Höhe ändern

Außerdem kann die Breite (oder Höhe) der Leiste verändert werden. Dazu zeigen Sie mit dem Mauspfeil auf den Rand der Leiste, bis ein kleiner Doppelpfeil sichtbar wird. Drücken Sie dann die linke Maustaste, und schieben Sie den Mauspfeil in die gewünschte Richtung.

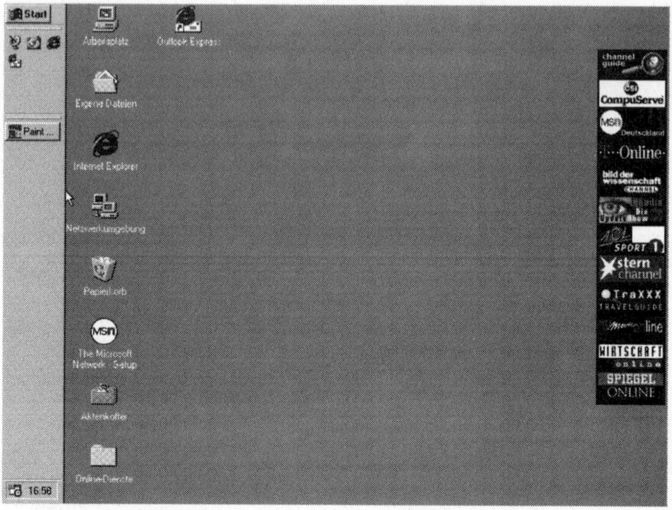

Abbildung 5.2: Breite und Position der Taskleiste an einem der Bildschirmränder sind frei wählbar

Stellen Sie die Leiste extrem schmal ein, so ist sie normalerweise nicht auf dem Bildschirm zu sehen. Sie erscheint aber, sobald Sie den Mauszeiger an den Bildschirmrand bewegen. Diese Möglichkeit lässt sich in den Optionen der Taskleiste auch als *Automatisch im Hintergrund* direkt einstellen. Lesen Sie dazu unten den Abschnitt zum Menüpunkt *Einstellungen*.

Der Menüpunkt *Programme*

Programme, die auf Ihrem Rechner schon installiert sind oder die zum Lieferumfang von Windows 98 gehören, finden Sie im Startmenü unter dem Eintrag *Programme*.

Sobald Sie mit dem Mauszeiger diesen Menüpunkt angesteuert haben, wird eine weitere Auswahlliste geöffnet. Diese Liste enthält im Normalfall nur zwei direkt aufrufbare Anwendungen, nämlich den *Windows-Explorer* und die *MS-DOS-Eingabeaufforderung*, die ein Bedienen des PCs nach Art des MS-DOS-Betriebssystems ermöglicht.

Die übrigen Programme sind in Gruppen zusammengefasst, die Sie im oberen Teil der Liste sehen und anhand eines speziellen Gruppensymbols identifizieren können. Beim Ansteuern jeder dieser Programmgruppen öffnen sich weitere Untermenüs, die ihrerseits nicht nur direkt startbare Programme enthalten können, sondern auch weitere Untergruppen. Innerhalb von Windows 98 werden diese *Gruppen* und *Untergruppen* auch als *Ordner* bezeichnet.

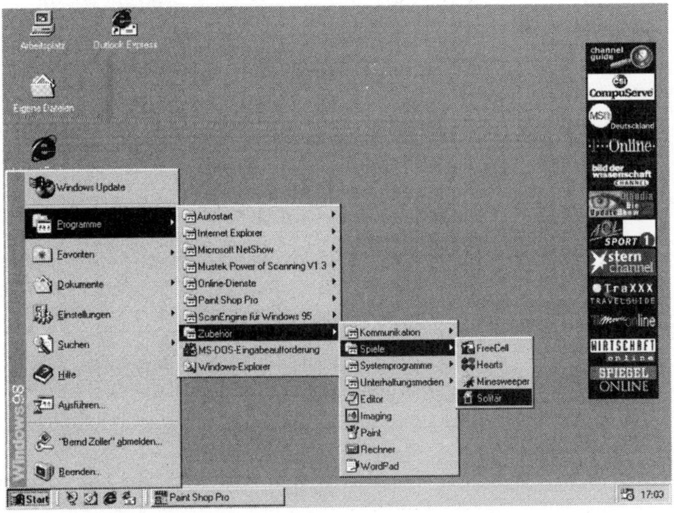

Abbildung 5.3: Ein komplett ausgeklapptes Programm-Menü

KNOW-HOW

Bei der Installation hat Windows 98 automatisch alles an Programmen ins Startmenü integriert, was auf dem Rechner einsatzbereit vorhanden war. Nicht jedes dieser Programme dürfte auch bei Ihnen verfügbar und in der Menüstruktur sichtbar sein.

Der Inhalt der Gruppen oder Ordner weicht von PC zu PC ab, und Sie können die Gruppen über den Menüpunkt *Einstellungen* auch selbst verändern. Eine normale Windows-98-Installation weist gewöhnlich zumindest die Gruppen *Autostart, Internet-Explorer, Online-Dienste* und *Zubehör* auf.

Eine einzelne geöffnete Gruppenliste des Startmenüs schließen Sie durch einen Druck auf [Esc]. Sie starten ein Programm aus dem Startmenü durch einfachen Mausklick mit der linken Maustaste. Erproben können Sie dies zum Beispiel am Programm *WordPad*, das zum Lieferumfang von Windows 98 gehört und deshalb in der Untergruppe *Zubehör* zur Verfügung stehen müsste.

Der Menüpunkt *Favoriten*

Der Ordner *Favoriten* im Startmenü bietet Ihnen die Möglichkeit, die interessantesten und die von Ihnen am häufigsten benötigten Internet-Seiten im schnellen Zugriff zu haben. Da die Funktionen dieses Ordners sehr viel mit den Online-Optionen und den Browser-Funktionen zu tun haben, erfahren Sie in einem späteren Kapitel Genaueres über die hier vorhandenen Einsatzmöglichkeiten.

Der Menüpunkt *Dokumente*

Über den Eintrag *Dokumente* im Startmenü können Sie diejenigen Dateien aufrufen, die Sie zuletzt in einer Ihrer Anwendungen bearbeitet haben.

Die Bedienung unterscheidet sich nicht vom Vorgehen beim Programmstart. Windows 98 startet über *Dokumente* zur aufgerufenen Datei jeweils eine Anwendung, die das fragliche Dokument anzeigen kann. Dabei handelt es sich nicht unbedingt um das Programm, mit dem Sie das Dokument zuletzt bearbeitet haben, sondern um dasjenige, welches als Anwendung mit dem entsprechenden Dokumententyp verknüpft wurde.

Eine Möglichkeit, die Liste der zuletzt bearbeiteten Dokumente zu löschen, finden Sie unter *Einstellungen*, die Sie nachfolgend kennen lernen.

Der Menüpunkt *Einstellungen*

Über den Menüpunkt *Einstellungen* erreichen Sie die Windows-98-*Systemsteuerung*, die *Druckereinrichtung* und Funktionen zur Konfiguration der Taskleiste und des Startmenüs sowie Einstellungsmöglichkeiten für die *Ordner* und den *Desktop*. An dieser Stelle soll nur der Funktionsbereich *Taskleiste & Startmenü* erläutert werden.

Die Optionen der Taskleiste ändern

Der Menübefehl *Taskleiste & Startmenü* öffnet ein eigenes Fenster. Innerhalb der Registerkarte *Optionen der Taskleiste* legen Sie fest, wie die Taskleiste am Bildschirm dargestellt wird:

- ✓ Ist *Immer im Vordergrund* aktiviert, kann kein anderes Fenster die Taskleiste überlagern.

- Haben Sie *Automatisch im Hintergrund* aktiviert, ist die Taskleiste mit der Schaltfläche für das Startmenü normalerweise nicht am Bildschirm zu sehen. Sie erscheint aber, sobald Sie den Mauszeiger an den unteren Bildschirmrand bewegen.
- *Kleine Symbole im Menü »Start« anzeigen* reduziert die Darstellungsgröße des Startmenüs. Die Startsymbole werden denen der Untermenüs angepasst und der Schriftzug »*Windows 98*« erscheint nicht mehr.
- *Uhr anzeigen* entscheidet darüber, ob die Zeitanzeige rechts unten in der Taskleiste sichtbar sein soll oder nicht.

Wenn Sie Änderungen vorgenommen haben und nun die Schaltfläche *Übernehmen* anklicken, werden Ihre Änderungen für die Windows-Oberfläche gültig. *OK* bewirkt das Gleiche, schließt aber auch den Dialog.

Die Dialogfenster zum Einstellen der Eigenschaften der Taskleiste lassen sich auch auf anderem Weg aufrufen: Klicken Sie einen freien Bereich der Leiste mit der rechten Maustaste an, und wählen Sie im dann sichtbaren Menü die Funktion *Eigenschaften*.

HINWEIS

Die übrigen Funktionen dieses Menüs werden im Abschnitt »Die Fensteranordnung am Bildschirm« im Kapitel »Die Funktionen der Taskleiste« beschrieben.

Die Programme im Startmenü festlegen

Über die Registerkarte *Programme im Menü »Start«* bestimmen Sie, welche Anwendungen über das Startmenü erreichbar sein sollen.

Die meisten Applikationen legen während der Installation automatisch entweder eine neue Programmgruppe innerhalb des Startmenüs an oder tragen sich in einer bestehenden Gruppe ein. Es kann allerdings vorkommen, dass eine Applikation nur die eigentlichen Programmdateien auf die Festplatte kopiert, dem Anwender aber kein Symbol für das Programm innerhalb des Startmenüs bereitstellt, obwohl sie dazu durchaus in der Lage wäre.

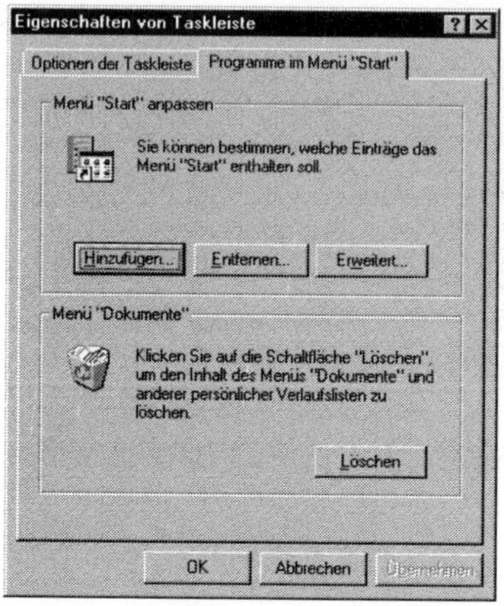

Abbildung 5.4: Die Registerkarte *Programme im Menü »Start«*

Die Schaltfläche *Hinzufügen* innerhalb der Registerkarte *Programme im Menü »Start«* ermöglicht es, ein neues Programm im Startmenü anzumelden. Für Windows 98 handelt es sich bei diesem Vorgang um die Verknüpfung eines Programms mit dem Auswahlsystem des Startmenüs.

Sie sollten diese Funktion anhand eines Beispiels erproben. Führen Sie dazu einfach die nachfolgend beschriebenen Arbeitsschritte durch. Sie brauchen sich dabei keine Sorgen zu machen, ob Sie eine Applikation installiert haben, die Sie für diese Aktion verwenden können. Windows 98 selbst stellt eine Applikation bereit, die Sie unbemerkt schon installiert haben.

Es handelt sich bei dieser Applikation um den *Systemeditor* – eine Applikation, die ähnlich wie ein Editor funktioniert und bei der Installation von Windows 98 automatisch eingerichtet wird, aber nicht als Symbol in einem der vorhandenen Fenster erscheint. Da es sich um eine Art *Zubehör* von Windows handelt, sollten Sie das neue Symbol auch in den *Zubehör*-Ordner einfügen.

Klicken Sie zunächst die Schaltfläche *Hinzufügen* an. Damit haben Sie bereits die Weichen gestellt, um eine bestehende Applikation in das Windows-98-System einzubinden. Zur Eingabe der erforderlichen Daten der neuen Applikation erscheint ein weiteres Dialogfenster.

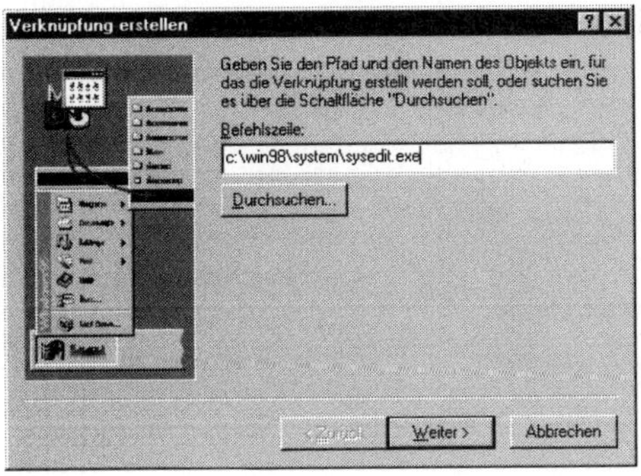

Abbildung 5.5: So fügen Sie ein Programm dem bestehenden Startmenü hinzu

Wenn Sie den genauen Dateinamen des Programms und sein Festplattenverzeichnis kennen, tragen Sie unter *Befehlszeile* die entsprechende Bezeichnung mit dem zugehörigen Zugriffspfad ein. Für den Systemeditor ist dies folgender Eintrag:

```
C:\WINDOWS\SYSTEM\SYSEDIT.EXE
```

> HINWEIS: Der Eintrag weicht von dem Eintrag innerhalb der Abbildung ab und kann bei Ihnen entsprechend Ihrer Installation anders lauten. Für C: geben Sie den Laufwerksbuchstaben an, auf dem Sie Windows 98 installiert haben.

Für den Eintrag WINDOWS geben Sie den Namen des Windows-Verzeichnisses an, wobei der Name des Unterverzeichnisses SYSTEM erhalten bleiben muss.

Der Name der ausführbaren Datei für den Systemeditor lautet auch bei Ihnen SYSEDIT.EXE.

Wenn Sie zu einem späteren Zeitpunkt eine andere Applikation einrichten möchten und den Namen der ausführbaren Datei oder den Zugriffspfad nicht exakt kennen, können Sie dazu die Schaltfläche *Durchsuchen* anklicken. Sie öffnet ein Dialogfenster zur Dateiauswahl, das bereits zum Auffinden ausführbarer Programmdateien in den Verzeichnissen Ihrer Laufwerke eingerichtet ist.

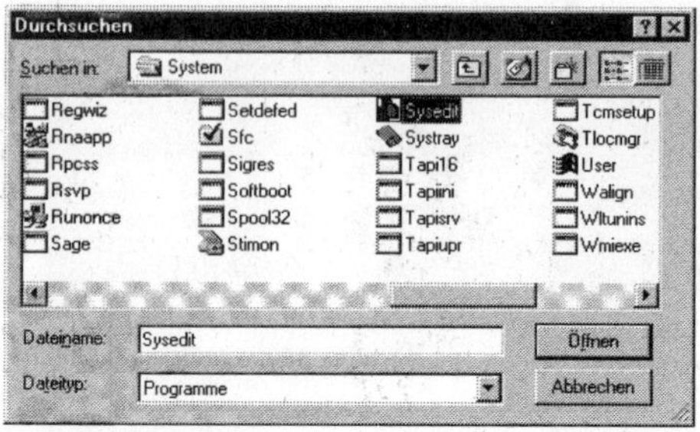

Abbildung 5.6: Auf der Suche nach einem Programm

Durch einen Klick auf *Öffnen* wird das gefundene Programm in den vorherigen Dialog übernommen.

Haben Sie die gewünschte Eingabe in der Eingabezeile zu stehen, klicken Sie anschließend *Weiter* an. Im folgenden Dialogfenster sehen Sie eine Darstellung der Ordner und Unterordner für die Programmgruppen im Startmenü.

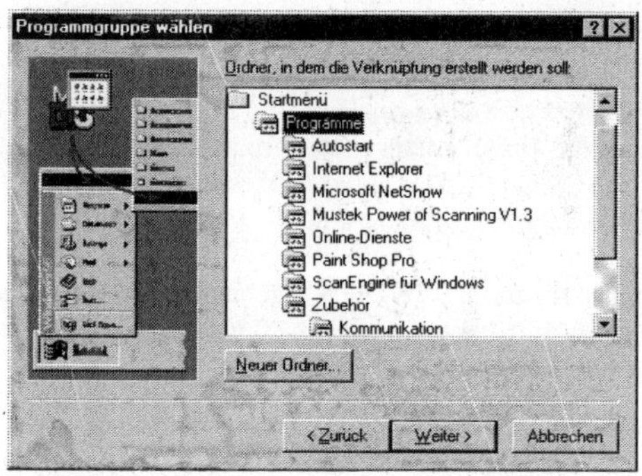

Abbildung 5.7: Zuordnung zu einem Programmordner

Wenn Sie das neu anzumeldende Programm mit einem bestehenden Menü-Ordner verknüpfen wollen, dann markieren Sie diesen Ordner einfach und wählen Sie anschließend *Weiter*. Wählen Sie für den Systemeditor die Gruppe *Zubehör*.

Sollten Sie für ein Programm einen neuen Unterordner anlegen wollen, so klicken Sie zunächst denjenigen Ordner an, in dem der neue Ordner als Untergruppe erscheinen soll. Wählen Sie dann die Schaltfläche *Neuer Ordner*. Die erstellte Gruppe erscheint sofort im Verzweigungsbaum der bestehenden Ordner und Sie können zunächst ihren Namen individuell bestimmen. Klicken Sie dann *Weiter* an.

Im nächsten Fenster geben Sie den Namen an, unter dem Ihre Anwendung im Startmenü erscheinen soll. Im Beispielfall schlägt Windows *»Sysedit«* vor, weil die Programmdatei des Systemeditors diesen Namen trägt. Ändern Sie den Eintrag nach Wunsch und wählen Sie *Fertig stellen*.

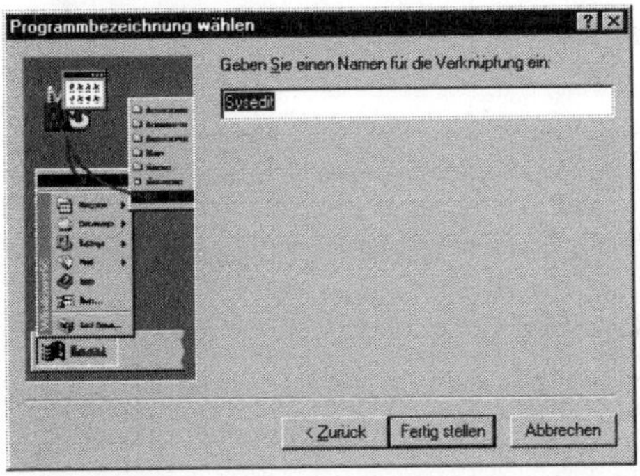

Abbildung 5.8: Der Name des neuen Eintrags wird bestimmt

Nachdem Sie die erforderlichen Daten eingegeben haben, klicken Sie auf *OK*, um das Dialogfenster der Taskleiste zu verlassen. Aktivieren Sie anschließend das Startmenü. Das Symbol des Systemeditors erscheint nun im *Zubehör*-Ordner.

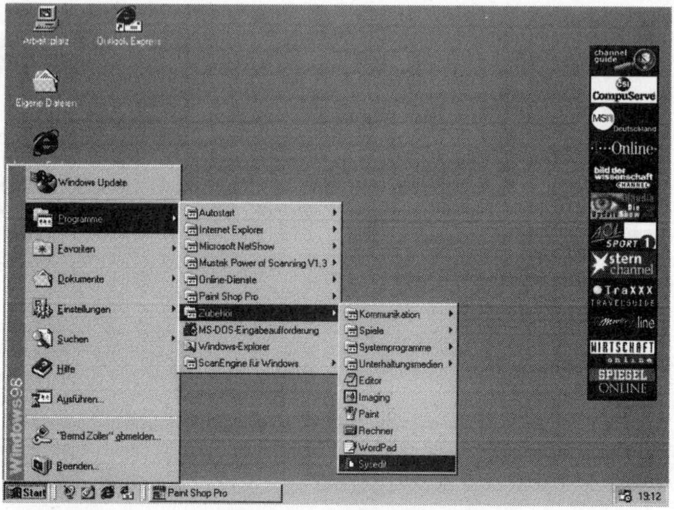

Abbildung 5.9: Der neue Eintrag im Zubehör

Starten Sie nun den Systemeditor, indem Sie den neuen Eintrag anwählen.

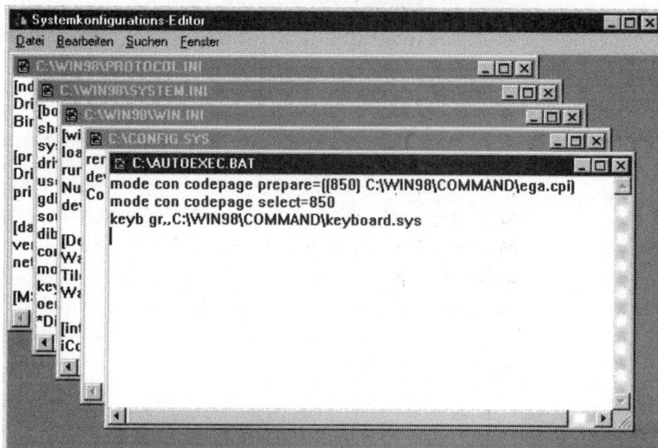

Abbildung 5.10: Ihr neues Zubehör – der Systemeditor

Erscheint das Fenster in der Form, wie es in der obigen Abbildung zu sehen ist, dann haben Sie alles richtig gemacht und die neue Applikation wurde korrekt ins Windows-98-System eingebunden.

Der *Systemeditor* öffnet automatisch die wichtigsten System- bzw. Initialisierungs-Dateien von Windows. Diese können nach Belieben abgeändert und gespeichert werden. Sie sollten dies allerdings nur versuchen, wenn Sie die Wirkung Ihrer Maßnahmen genau kennen.

Sie können den Systemeditor beruhigt im *Zubehör*-Ordner belassen, da er zu Windows 98 gehört und dort nicht hinderlich ist.

Oft ist es sinnvoll, neue Applikationen in bestimmten Gruppen zusammenzufassen, z. B. alle Textverarbeitungen oder alle Grafikprogramme in einer eigenen Gruppenliste. Auch dies wäre nach dem beschriebenen Verfahren möglich, zumal Windows 98 die Verknüpfung von Programmen mit mehreren Systemordnern erlaubt. Zum Neuordnen schon angemeldeter Programme wird allerdings eine einfachere Technik im Abschnitt »Das Startmenü in Fensterform« angesprochen.

Programme im Ordner *Autostart* werden bei jedem Windows-98-Start automatisch aufgerufen. Anwendungen, die Sie für jede Arbeit mit dem PC benötigen, sollten Sie also dort installieren – oder Sie kopieren, wie im Kapitel »Das Startmenü in Fensterform« beschrieben ist, das Symbol der Anwendung in diesen Ordner.

Ein Programm aus dem Startmenü entfernen

Menüeinträge löschen

Die Schaltfläche *Entfernen* erlaubt es, Programmverknüpfungen aus dem Startmenü zu löschen. Windows 98 öffnet dazu ein Dialogfenster, das die Menüstruktur wiederum als Baumdiagramm mit den Ordnern und Unterordnern zeigt.

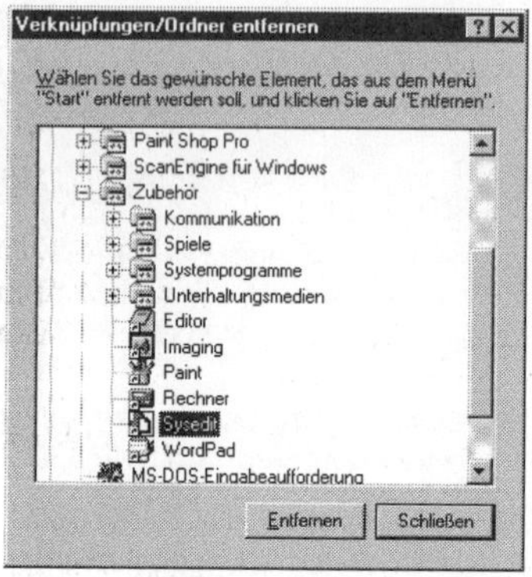

Abbildung 5.11: Hier entfernen Sie einen Eintrag

Klicken Sie das Symbol des Ordners an, aus dem Sie ein Programm entfernen möchten, und anschließend auf den Namen des Programms. Wählen Sie dann *Entfernen* – aber nur, wenn Sie sich sicher sind.

HINWEIS

Das Entfernen einer Verknüpfung aus dem Startmenü löscht nicht das betreffende Programm selbst vom Datenträger. Über den Windows-Explorer können Sie es endgültig entfernen – oder nach wie vor starten.

HINWEIS

Die Schaltfläche *Erweitert* öffnet den Zugang zum Windows-Explorer, der ebenfalls auf die Struktur des Startmenüs Zugriff hat und das Erstellen und Löschen von Verknüpfungen erlaubt. Unter bestimmten Umständen ist seine Darstellung übersichtlicher.

Den Inhalt des *Dokumente*-Untermenüs löschen

Um einen Sonderfall handelt es sich bei der Schaltfläche *Löschen* im Bereich *Menü »Dokumente«*. Durch einen Klick auf diese Schaltfläche wird der Inhalt des Menüs *Dokumente* gelöscht. Die bestehende Liste der zuletzt bearbeiteten Dokumente wird dann geleert.

Der Menüpunkt *Suchen*

Suchen im Startmenü erleichtert das Auffinden von Programmen und Datendateien, die sich auf den Datenträgern Ihres PCs befinden. Wenn Ihr PC mit einem Netzwerk verbunden ist, können auch Datenträger anderer PCs durchsucht werden.

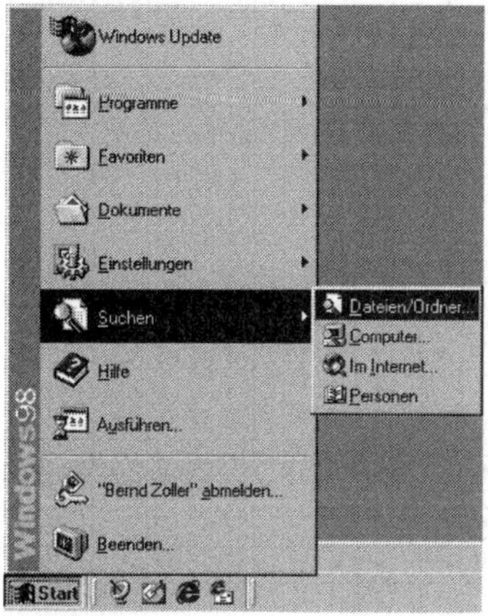

Abbildung 5.12: Der Menüpunkt *Suchen*

Die Funktion ist identisch mit der Suchfunktion des Windows-Explorers.

Der Menüpunkt *Hilfe*

Der Menüpunkt *Hilfe* startet die Online-Hilfe zu Windows 98. Zu den Funktionen der Hilfe finden Sie detaillierte Informationen im Kapitel »Das Hilfesystem von Windows« innerhalb dieses Buches.

Der Menüpunkt *Ausführen*

Mit der Funktion *Ausführen* können Sie jede ausführbare Programmdatei auf den Datenträgern Ihres PCs starten, auch wenn das Programm nicht im Startmenü angemeldet ist. Außerdem können Sie Dokumente aufrufen, sofern diese einer Windows-98-Anwendung zugeordnet sind.

Interessant sind auch die Möglichkeiten, einen bestehenden Ordner, der auf der Festplatte eingerichtet ist, oder eine Internetadresse zuzuordnen.

Ordner und Internet-Seiten öffnen

Es wird dann ein Fenster geöffnet, das den Inhalt des angegebenen Ordners enthält, bzw. Windows 98 versucht über den Internet-Explorer die angegebene Web-Seite aufzurufen.

Haupteinsatzzweck der Funktion ist allerdings das Starten von Programmen, die nur selten benötigt werden oder sich auf entfernbaren Datenträgern wie Disketten und CD-ROMs befinden. Vor allem für Installations- und Setup-Programme neuer Software-Pakete ist *Ausführen* somit geeignet.

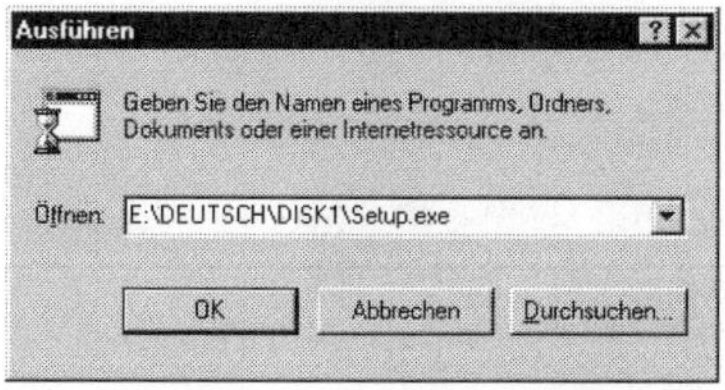

Abbildung 5.13: Die Funktion *Ausführen*

Die Funktion öffnet ein eigenes Dialogfenster. In die Eingabezeile *Öffnen* tragen Sie den Namen und den kompletten Suchpfad der Datei ein, die Sie aufrufen möchten.

Handelt es sich um eine Programmdatei, so startet *Ausführen* nach einem Klick auf *OK* direkt diese Anwendung. Die häufig benötigten Installationsprogramme neuer Software heißen gewöhnlich INSTALL.EXE oder SETUP.EXE und befinden sich zumeist im Hauptverzeichnis der jeweiligen Diskette oder CD-ROM, so dass Einträge wie A:\SETUP.EXE und E:\INSTALL.EXE oder einfach A:\SETUP zum Erfolg führen müssten.

Ein Dokument eintragen

Ein Dokument tragen Sie auf dieselbe Weise ein. Versuchen Sie einmal C:\WINDOWS\ÄGYPTEN.BMP, wenn Ihr Windows-98-Verzeichnis tatsächlich »WINDOWS« heißt. *Ausführen* müsste dann das Malprogramm *Paint* starten und automatisch die Bilddatei *Autos* öffnen.

Wenn Sie ein Verzeichnis eintragen, öffnet *Ausführen* ein eigenes Fenster mit Symbolen für die Dateien in diesem Verzeichnis. Nähere Informationen über die dann möglichen Aktionen finden Sie im Abschnitt »Das Startmenü in Fensterform«.

Sofern Sie den Ort der von Ihnen gewünschten Datei nicht genau kennen, klicken Sie *Durchsuchen* an. Über die Liste *Suchen in* wählen Sie dann den Datenträger aus, auf dem sich die gewünschte Datei befinden müsste, und im großen Anzeigefenster gegebenenfalls per Maus-Doppelklick ein Verzeichnis.

Möchten Sie eine Internet-Seite aufrufen, dann geben Sie in die Eingabezeile die URL-Adresse ein. Anschließend wird *Ausführen* den Internet-Explorer starten und dieser versucht die Verbindung zu der entsprechenden Seite herzustellen.

Der Menüpunkt *Beenden*

Wie schon erwähnt, sollten Sie einen PC mit laufendem Windows 98 nie einfach abschalten. Das Startmenü erlaubt Ihnen die sichere Beendigung der Arbeit und den Zugang zu einigen besonderen Funktionsmodi des Systems.

Im Dialogfenster des Menüpunktes *Beenden* sehen Sie drei Optionen, von denen Sie eine vor dem Klick auf *OK* auswählen müssen.

- *Herunterfahren* ist die Standard-Vorgabe. Alle laufenden Prozesse des Systems werden nacheinander beendet und Informationen zum Neustart gespeichert. Wenn dieser Vorgang abgeschlossen ist, zeigt Ihnen eine Meldung, dass Sie den PC abschalten können.

HINWEIS

> Die Verpflichtung zum geregelten »Herunterfahren« des Systems sollten Sie ernst nehmen, aber übertriebene Angst – etwa vor einem Stromausfall – ist auch nicht angebracht. Beim Neustart stellt Windows den ungeregelten Abbruch fest und kann gewöhnlich den Betrieb ganz normal wieder aufnehmen, sofern die Unterbrechung nicht gerade im äußerst seltenen Moment der Änderung für das System unbedingt notwendiger Daten geschah.

Leichter verloren gehen können allerdings Einstellungen, die Sie kurz vor dem Abbruch vorgenommen hatten, und Informationen zu diesem Zeitpunkt noch nicht gespeicherter Dokumente.

- *Neu starten* ist hin und wieder nach wichtigen Systemänderungen oder Neuinstallationen von Hardwarekomponenten nötig. Das System wird »heruntergefahren«, also komplett beendet, danach aber sofort wieder gestartet.
- *Im MS-DOS-Modus neu starten* hat Bedeutung für einige wenige Programme, die unbedingt in einer Umgebung nach dem Muster des befehlsorientierten MS-DOS-Betriebssystems ablaufen müssen und unter Windows 98 direkt nicht zu starten sind. Sie verlassen diesen Betriebsmodus durch Eingabe des Befehls

  ```
  EXIT
  ```

  mit Bestätigung durch [↵].

Die Funktionen der Taskleiste

Die speziellen Aufgaben und Besonderheiten der *Taskleiste* werden in diesem Unterkapitel beschrieben.

Wechseln zwischen laufenden Anwendungen

In die Taskleiste am unteren Bildschirmrand wird für jedes gestartete und somit laufende Programm eine Schaltfläche aufgenommen. Wechseln Sie zwischen den Programmen durch einfaches Anklicken der Schaltfläche jener Anwendung, mit der Sie weiterarbeiten möchten. Sie können das Fenster der Anwendung aber auch direkt am Bildschirm anklicken, sofern es sichtbar ist. Die Schaltfläche der jeweils aktiven Anwendung erscheint in der optischen Darstellung als »gedrückt«.

Die Bedienung per Tastatur

Per Tastatur wählen Sie zwischen den laufenden Programmen, indem Sie [Alt] gedrückt halten und dann [⇆] drücken. Daraufhin erscheint ein kleines Auswahlfenster, in dem Sie bei weiterhin gedrückter [Alt]-Taste das Symbol der gewünschten Anwendung durch mehrfache [⇆]-Drücke anwählen können. Sobald Sie dann [Alt] wieder loslassen, aktiviert Windows 98 das Fenster der so ausgewählten Anwendung.

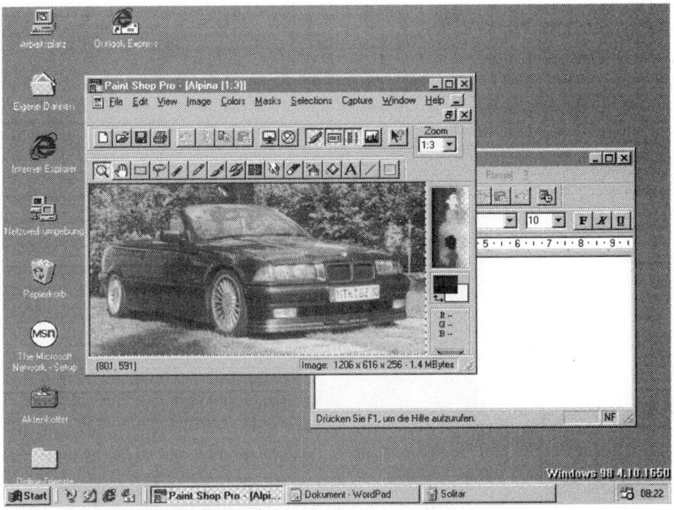

Abbildung 5.14: Die Taskleiste erlaubt den Wechsel zwischen laufenden Programmen

Die Abbildung zeigt Windows 98 mit den laufenden Programmen *WordPad*, *Paint Shop Pro* und *Solitär*. Paint Shop Pro und WordPad sind sichtbar, Solitär wurde minimiert. Paint Shop Pro ist in der Taskleiste als das aktive Programm gekennzeichnet.

Die Fensteranordnung am Bildschirm

Fenster können verschoben werden

Wie Sie wissen, können Sie die Fenster Ihrer Anwendungen frei auf dem Bildschirm verschieben und in der Größe ändern. Sind mehrere Programme aktiv, muss das Ergebnis nicht unbedingt übersichtlich ausfallen. Fenster können sich gegenseitig verdecken und so auf dem Desktop positioniert sein, dass ihre Benutzung äußerst schwierig wird. Die Taskleiste bietet einige Befehle zur schnellen Neuanordnung der Fenster, die Sie nun kennen lernen werden.

Damit Sie dies direkt ausprobieren können, öffnen Sie zunächst etwa vier verschiedene Anwendungen am Bildschirm und verteilen Sie sie bewusst ein wenig »unordentlich«.

Zeigen Sie anschließend zum Aufruf der Ordnungsfunktionen auf einen freien Platz innerhalb der Taskleiste und klicken Sie diesen Bereich mit der rechten Maustaste an. Es erscheint ein Popup-Menü.

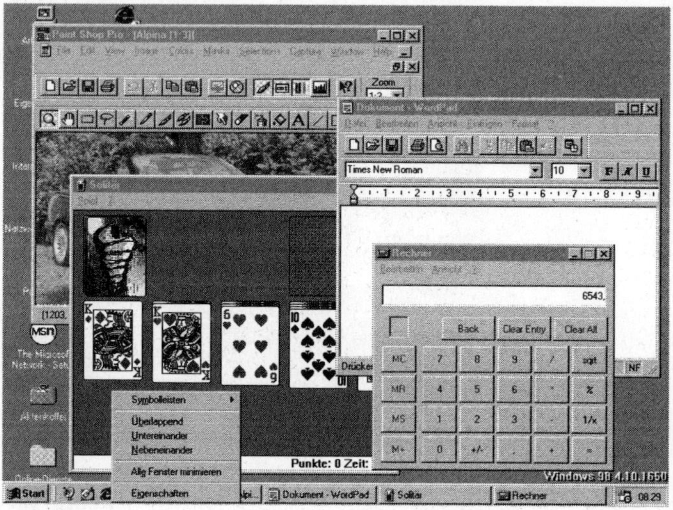

Abbildung 5.15: Hier ist eine Neuordnung dringend notwendig

Die überlappende Darstellung

Die Funktion *Überlappend* des Menüs ordnet alle Fenster von der linken oberen Ecke des Bildschirms ausgehend so an, dass sie sich gering überschneiden. Diese Option gibt der jeweils aktiven Anwendung viel Platz und erlaubt doch eine gute Übersicht und ein einfaches Mausklick-Wechseln zu den anderen Fenstern.

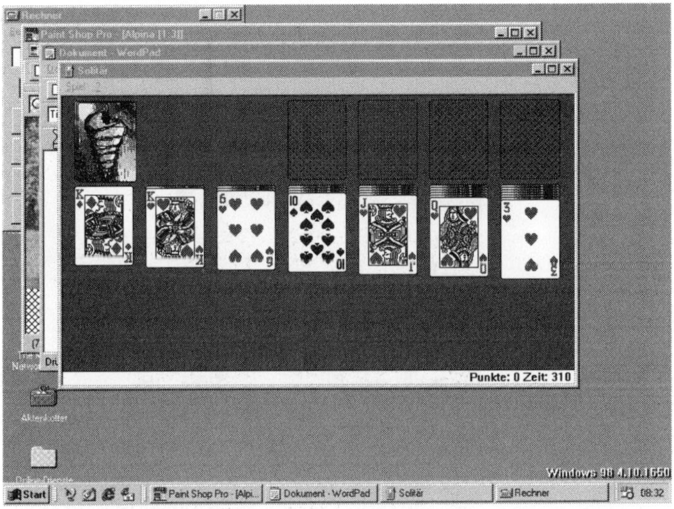

Abbildung 5.16: Überlappende Fensteranordnung

Die Darstellungen *Nebeneinander* und *Untereinander*

Die Funktionen *Nebeneinander* und *Untereinander* zeigen von jedem Fenster gleich viel am Bildschirm – im einen Fall von links nach rechts, im anderen von oben nach unten angeordnet. Sind mehr als drei Fenster aktiv, beginnt Windows 98 dann allerdings damit, den Bildschirm gegebenenfalls auch senkrecht und waagerecht zugleich zu teilen, um wenigstens ein Minimum sinnvoll nutzbarer Fläche für jede Anwendung zu erhalten.

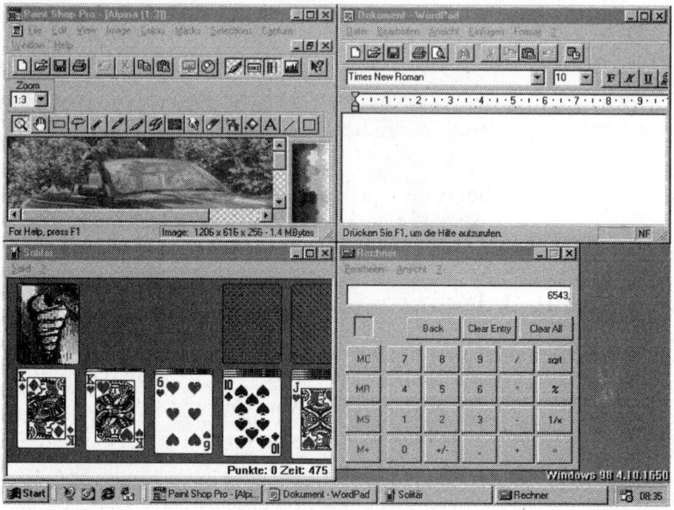

Abbildung 5.17: Vier Fenster »nebeneinander« – gleicher Raum für alle

> Die Möglichkeit der Anordnung neben- und untereinander empfiehlt sich insbesondere dann, wenn Daten zwischen Fenstern übertragen werden sollen.

Alle Fenster minimieren

Der Menübefehl *Alle Fenster minimieren* sorgt dafür, dass von sämtlichen Programmen erst einmal nur die Schaltflächen in der Taskleiste übrig bleiben. Sie können dann neu aufrufen, was Sie wirklich benötigen.

Der Menüpunkt *... rückgängig machen* erscheint nur, wenn Sie zuvor die Fenster per Befehl überlappend, nebeneinander oder untereinander angeordnet haben. Er stellt die Situation wieder her, die Sie vor diesem Befehl durch Ihr manuelles Verschieben erreicht hatten.

Eigenschaften ruft den gleichen Funktionsbereich auf, der im Abschnitt über den Menüpunkt *Einstellungen* im Kapitel »Die Menüleiste und die Klappmenüs« schon als *Eigenschaften der Taskleiste* besprochen wurde.

Die Uhr

Rechts am Bildschirm sehen Sie, sofern Sie die Eigenschaften der Taskleiste in dieser Hinsicht nicht geändert haben, eine kleine Zeitanzeige und je nach Installationsart bzw. den ansonsten installierten Programmen weitere kleine Symbole.

Auch das Datum wird angezeigt

Wenn Sie den Mauszeiger auf den Bereich der Zeitanzeige führen, wird automatisch kurz das Datum eingeblendet. Ein Doppelklick auf die Zeitanzeige ruft die Zeit- und Datumseinstellung aus der Windows-98-Systemsteuerung auf.

Hier können Sie dann die korrekten Einstellungen vornehmen, damit Sie jederzeit über die aktuelle Uhrzeit informiert sind.

Der Parallelbetrieb im Überblick

Windows 98 findet nicht zuletzt deshalb Verbreitung, weil es die Möglichkeit bietet, mehrere Applikationen parallel zu starten und zu benutzen.

In diesem *Parallelbetrieb* können Sie Ihre Dokumente schnell und bequem aus Beiträgen verschiedener Applikationen zusammensetzen. Außerdem ist es möglich verschiedene Arbeiten gleichzeitig zu erledigen, z. B. schreiben Sie mit *WordPad* einen Text, während die Applikation *HyperTerminal* gleichzeitig im Hintergrund Daten überträgt.

Sie schalten bei dieser Arbeit lediglich zwischen parallel laufenden Applikationen um und tauschen Daten über die *Zwischenablage* aus oder erledigen die erforderlichen Dinge innerhalb der unterschiedlichen Applikationen.

Multitasking

Ein solcher Parallelbetrieb wird auch als *Multitasking* bezeichnet, also das Arbeiten mit vielen *Tasks* gleichzeitig. Ein Task (wörtlich: Aufgabe) ist in der Regel das Starten und Abarbeiten einer Applikation. Von den Tasks hat auch die Taskleiste ihren Namen.

Mit wie vielen Programmen Sie parallel arbeiten können und wie schnell diese dann Ihre Daten verarbeiten, hängt vor allem von zwei Dingen ab:

- ✔ der optimalen Einrichtung Ihres Windows-98-Systems (z. B. 32-Bit-Zugriff auf Datenträger, CD-ROM-Geschwindigkeitseinstellung usw.).
- ✔ der Art und Leistungsfähigkeit Ihres PCs (Prozessor, Taktfrequenz, Speichergröße).

Beachten Sie bitte, dass Windows 98 im Prinzip immer im Parallelbetrieb läuft, denn die Taskleiste ist selbst eine Applikation, also ein laufender Task, und die Oberfläche ebenfalls.

Der Datenaustausch über die Zwischenablage

Beim Parallelbetrieb von Applikationen ist es oft sinnvoll und teilweise auch erforderlich, Daten zwischen den einzelnen Applikationen auszutauschen. Windows 98 stellt für diesen Zweck eine besondere Einrichtung zur Verfügung, die *Zwischenablage*.

Bei der Zwischenablage handelt es sich um eine Art Ablagespeicher im System. In diesen Speicher können Sie Daten aus den Dokumenten der Applikationen hineinkopieren und bei Bedarf aus dem Speicher herauskopieren und an einer anderen Stelle wieder einfügen. Dabei ist es unerheblich, ob Sie die Daten der Zwischenablage im selben Dokument oder in einer anderen Applikation einfügen.

Die Benutzung der Zwischenablage ist in der Regel immer gleichen Arbeitsabläufen unterworfen.

- Zuerst markieren Sie die zu kopierenden Daten im Quelldokument.
- Anschließend aktivieren Sie den Menüpunkt *Bearbeiten / Ausschneiden* oder *Bearbeiten / Kopieren*. Beim Ausschneiden werden die markierten Daten aus dem Dokument entfernt und in die Zwischenablage eingefügt, im Gegensatz zum Kopieren, wo die Daten im Dokument erhalten bleiben und in die Zwischenablage kopiert werden.
- Daraufhin bestimmen Sie das Ziel (Cursor setzen, eventuell zu einer anderen Applikation umschalten), also wo die nun in der Zwischenablage vorhandenen Daten wieder eingefügt werden sollen.
- Am Ziel wird dann der Menübefehl *Bearbeiten / Einfügen* angewählt, um das Einfügen der Daten aus der Zwischenablage in die Applikation zu veranlassen.

HINWEIS

Beachten Sie bitte, dass der Inhalt der Zwischenablage so lange erhalten bleibt, bis Sie neue Daten an sie übergeben.

Parallelbetrieb starten

Um den *Parallelbetrieb* genauer kennen zu lernen, benutzen Sie jetzt einige Applikationen aus dem Windows-Zubehör. Dies hat nicht nur den Vorteil, dass Ihnen die Applikationen mit Sicherheit zur Verfügung stehen, sondern auch den, dass Sie relativ viele davon parallel starten können, weil die einzelnen Applikationen aus dem Zubehör nicht viel Speicherplatz beanspruchen. Was Sie nun ausprobieren werden, gilt aber gleichermaßen für die großen Windows-Applikationen wie Word, Excel usw.

Starten Sie zunächst WordPad und minimieren Sie dieses Anwendungsfenster zum Symbol. Starten Sie anschließend die Applikationen Editor, Paint und Rechner aus dem Zubehör. Verkleinern Sie jedesmal das geöffnete Fenster zum Symbol, um eine übersichtliche Situation herzustellen.

In der Taskleiste sehen Sie nun vier Tasks von vier laufenden Programmen vor sich.

Wenn, wie in diesem Fall, mehrere Programme parallel gestartet sind, können Sie sehr schnell von einem zum anderen wechseln und dort die unterschiedlichsten Aufgaben durchführen. Das ist z. B. sehr vorteilhaft beim Austausch von Daten.

Ein Beispiel

Nehmen wir einmal an, Sie wollen mit Hilfe der gerade gestarteten Applikationen folgende Informationen zusammenführen:

Als Erstes berechnen Sie mit dem Rechner einen neuen Preis für ein Produkt. Das Ergebnis aus dem Rechner fügen Sie anschließend der Reihe nach in ein Schreiben von WordPad und in einen Angebotsentwurf des Editors ein.

Anschließend erstellen Sie noch eine Werbegrafik mit Paint und übergeben Sie an das WordPad-Schreiben.

Ohne Multitasking müssten Sie zuerst den Rechner starten und die Rechnung durchführen, anschließend das Ergebnis auf ein Blatt Papier notieren, den Rechner schließen und dann der Reihe nach die anderen Applikationen starten, mit dem Ergebnis ergänzen, abspeichern und wieder beenden, bevor Sie die nächste Applikation starten.

Einfacher erledigen Sie diesen Ablauf mit Windows 98 und den parallel gestarteten Programmen. Dazu nehmen Sie noch die Zwischenablage zu Hilfe, um die Daten schneller austauschen zu können.

Daten zwischen Applikationen austauschen

Aktivieren Sie jetzt den Rechner durch Klicken auf dessen Anwendungssymbol. Führen Sie anschließend eine beliebige Addition aus, so als ob Sie einen Preis für ein Produkt berechnen würden. Als Ergebnis soll am Ende der Berechnung ein Preis mit zwei Nachkommastellen im Rechner erscheinen.

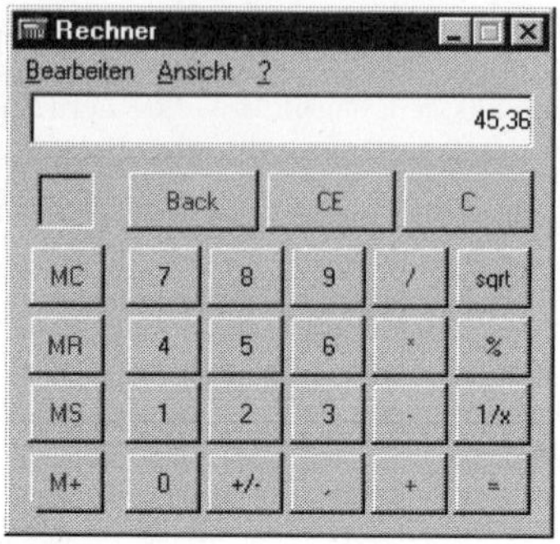

Abbildung 5.18: Der Rechner nach der Berechnung des Preises

Durch die Aktivierung des Menübefehls *Bearbeiten / Kopieren* des Rechners fügen Sie dann das Ergebnis in die Zwischenablage ein.

Die Zwischenablage einsehen

Damit Sie den Inhalt der Zwischenablage jederzeit einsehen können, ist in Windows 98 ein Programm enthalten, das genau diese Funktion erfüllt. Es handelt sich um das Programm Zwischenablage, das Sie innerhalb des *Zubehör*-Ordners im Unterordner *Systemprogramme* finden.

Starten Sie das Programm, um den letzten Schritt zu kontrollieren, d. h. um zu prüfen, ob sich die kopierte Zahl auch wirklich in der Zwischenablage befindet.

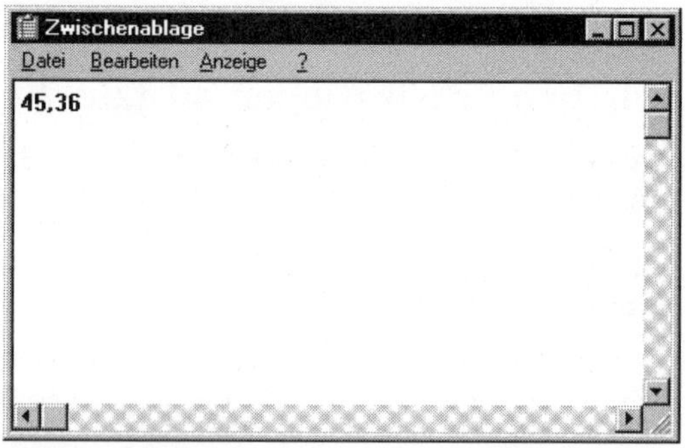

Abbildung 2.19: Das Ergebnis in der Zwischenablage

HINWEIS

Sollte sich das Programm Zwischenablage nicht in dem angesprochenen Ordner befinden, haben Sie es bei der Installation von Windows 98 nicht berücksichtigt. Sie können es nachträglich über das *Software*-Symbol der *Systemsteuerung* installieren.

Dieses Ergebnis des Rechners soll, wie beabsichtigt, in ein WordPad-Dokument eingefügt werden. Dazu muss WordPad aktiviert werden. Sie könnten nun mit einem Klick auf das Anwendungssymbol von WordPad die Applikation starten. Dies sollen Sie jedoch nicht tun.

Eine andere Möglichkeit, zu einer gestarteten Applikation zu wechseln – unabhängig davon, ob sie als Fenster oder Symbol dargestellt wird –, besteht im Gebrauch einer bestimmten Tastenkombination.

Umschalten zwischen laufenden Applikationen

Alle gestarteten Applikationen werden als einzelne Tasks in Windows 98 verwaltet. Dies ist Ihnen schon bekannt. Mit einer Tastenkombination können Sie leicht zwischen den gestarteten Applikationen hin- und herschalten.

Um sich das besser vorstellen zu können, drücken Sie [Alt] und halten diese Taste gedrückt. Nun drücken Sie auf [⇆] und halten [Alt] dabei weiterhin gedrückt.

Sie sehen daraufhin ein kleines Informationsfeld in der Mitte Ihres Bildschirms.

Bei jedem weiteren Drücken auf [⇆] wird ein anderes Symbol im Informationsfeld markiert. Jedes Symbol steht für einen aktiven Task.

Sie können so die Liste mit Einträgen nach und nach durchgehen und am Ende der Liste angekommen wieder mit dem ersten Eintrag von vorn beginnen.

Mit diesem Vorgehen haben Sie die Möglichkeit, zu den verschiedenen gestarteten Applikationen zu wechseln, ohne dass Sie deren Symbole anklicken müssen. Um den Wechsel zu einer bestimmten Applikation zu vollziehen, müssen Sie die Taste [Alt] wieder loslassen, wenn im Informationsfeld die gewünschte Applikation markiert ist.

Auf diese Weise können Sie alle gestarteten Applikationen durch die Tastenkombination [Alt]+[⇆] leicht erreichen.

HINWEIS

Mit der Tastenkombination [⇧]+[Alt] +[⇆] können Sie die Liste in umgekehrter Reihenfolge durchgehen.

Die Tastenkombination [Alt]+[⇆] hat den Vorteil, dass sie sofortiges Arbeiten ermöglicht. Alle so angewählten Applikationen erscheinen automatisch als geöffnetes Fenster, auch dann, wenn sie als Anwendungssymbole abgelegt wurden.

Wenden Sie sich nun wieder der eigentlichen Aufgabe zu. Markieren Sie mit [Alt]+[⇆] das WordPad-Symbol und lassen Sie dort die [Alt]-Taste los. Obwohl WordPad nur als Anwendungssymbol dargestellt wurde, erscheint nun das geöffnete Anwendungsfenster.

Falls es noch nicht als Vollbild dargestellt ist, vergrößern Sie es bitte entsprechend, um weitere Eigenschaften des Umschaltens kennen zu lernen.

Übernehmen Sie nun mit *Bearbeiten / Einfügen* das Rechenergebnis aus der Zwischenablage in Ihr noch leeres WordPad-Dokument.

Die gleiche Einfügung wollen Sie nun auch noch im Editor vornehmen. Um zu dieser Applikation umzuschalten, genügt auch jetzt wieder die Kombination [Alt]+[⇆].

Schalten Sie zum Editor um und fügen Sie auch dort die Information aus der Zwischenablage ein.

Wechseln Sie als Letztes zu Paint, um dort die Grafik fertig zu stellen. Danach können Sie wie geplant die Grafik an andere Applikationen übergeben.

Malen Sie also als Nächstes einige Kreise, Rechtecke oder Linien. Fügen Sie der Grafik Text hinzu. Markieren Sie das gesamte Bild und übergeben Sie die markierte Grafik mit *Bearbeiten / Kopieren* an die Zwischenablage.

Schalten Sie nun zu WordPad um und fügen Sie die Grafik dort ein.

Sie stellen fest, dass der Wechsel sehr schnell und effektiv vonstatten geht. Aus diesem Grund empfiehlt sich in der täglichen Praxis fast immer das Umschalten mit [Alt]+[⇆].

Ein Nebenergebnis des ausgiebigen Umschaltens besteht darin, dass die Applikationen, zu denen Sie gewechselt haben, alle wieder in Fenstern erscheinen.

HINWEIS

Was Sie gerade erprobt haben, funktioniert von allen Windows-Applikationen aus auf die gleiche Weise. Auch von MS-DOS-Anwendungen aus, die Sie aus Windows 98 heraus gestartet haben, können Sie [Alt]+[⇆] problemlos benutzen. Ebenso ist es mit Windows 98 möglich Texte in einem MS-DOS-Fenster zu markieren und in die Zwischenablage zu kopieren.

Eine andere Möglichkeit des Umschaltens

Neben der obigen Möglichkeit, zwischen laufenden Applikationen umzuschalten, gibt es einen weiteren, ähnlichen Weg.

Stellen Sie sicher, dass keine Anwendung minimiert ist. Probieren Sie jetzt die Tastenkombination [Alt]+[Esc] aus.

Sie funktioniert ähnlich wie [Alt]+[Tab], allerdings wird kein Informationsfeld eingeblendet, sondern direkt zur nächsten Applikation gewechselt.

Wenn Sie die Taste [Alt] bei einem geöffneten Fenster loslassen, wird dieses wiederum sofort aktiv. Wenn Sie dies aber bei einer minimierten Anwendung tun, wird nicht mehr automatisch das Fenster geöffnet, sondern nur das Symbol in der Taskleiste aktiviert.

Probieren Sie dies beim WordPad-Symbol und bei einem Fenster, z. B. dem Editor-Fenster, aus.

Diese Art des Umschaltens ist also besonders für den Wechsel zwischen geöffneten Fenstern geeignet.

Die Taskleiste

Sie haben erfahren, dass Windows die gestarteten Applikationen innerhalb einer Liste verwaltet, die Sie mit [Alt]+[Tab] bzw. [Alt]+[Esc] durchschalten können. Alle gestarteten Programme werden Ihnen aber auch in der Taskleiste am unteren Bildschirmrand angezeigt.

Nicht reagierende Tasks entfernen

Die *Taskliste* zeigt alle gestarteten Tasks in einer Liste an. Sollte mal eine Anwendung nicht mehr reagieren, so können Sie mit der Tastenkombination [Alt]+[Strg]+[Esc] die Taskliste aufrufen.

Aufgaben und Bestandteile der Taskliste

Die Taskliste zeigt alle gestarteten Tasks in einer Liste an. Bei der Anzeige spielt es keine Rolle, wie die Applikation gerade dargestellt wird (Fenster, Symbol) und ob sie gerade aktiv ist. Hat Windows 98 erkannt, dass eine Anwendung nicht ordnungsgemäß arbeitet, wird dies hinter dem Namen der Anwendung angezeigt. Ebenso werden die bearbeiteten Dokumente der einzelnen Anwendungen angezeigt.

Den markierten Task können Sie mit der Schaltfläche *Task beenden* beenden. Um das System im Notfall herunterfahren zu können, finden Sie in der Taskleiste auch die Schaltfläche *Herunterfahren*.

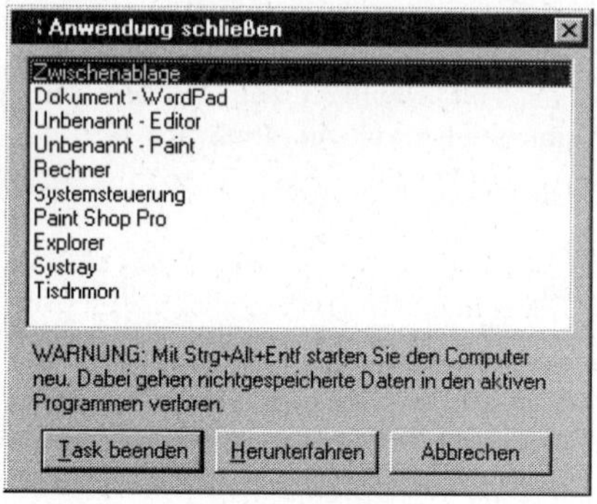

Abbildung 5.20: Die Taskliste zum Beenden nicht reagierender Anwendungen

MS-DOS-Anwendungen und der Parallelbetrieb

Auch MS-DOS-Anwendungen wie z. B. Word für DOS können Sie in den Parallelbetrieb unter Windows einbeziehen. Sie starten diese wie üblich, am einfachsten über das Menü *Start* oder den Windows-Explorer.

Auch von MS-DOS-Anwendungen aus ist das Umschalten zu anderen Tasks mit [Alt]+[⇄] oder [Alt]+[Esc] jederzeit möglich – ebenso das Aufrufen des Startmenüs mit [Strg]+[Esc]. Die Programme erscheinen auch als normale Tasks in der Taskleiste.

Beim Klicken auf *Überlappend* oder *Nebeneinander* zum Anordnen der Fenster erscheinen MS-DOS-Anwendungen, die sich im Vollbildmodus befinden, nicht als Fenster.

Wird eine MS-DOS-Anwendung jedoch im Fenster ausgeführt, wird sie beim Anordnen genauso behandelt wie alle anderen Tasks.

Das Startmenü in Fensterform

Das Startmenü kann von Ihnen auch in einer anderen Form dargestellt werden. Dies können Sie leicht einmal ausprobieren und entscheiden, ob es für Sie einfacher zu handhaben ist.

Das Menü der *Start*-Schaltfläche

Wenn Sie die Schaltfläche *Start* nicht mit der linken, sondern mit der rechten Maustaste anklicken, erscheint ein kleines Menü. Es enthält drei Einträge: *Öffnen*, *Explorer* und *Suchen*.

Der *Explorer*, den Sie hier aufrufen können, entspricht dem normalen Explorer von Windows 98. *Suchen* gehört ebenfalls zum Explorer, es entspricht dem Menüpunkt *Suchen* aus dem Startmenü.

Unbedingt erproben sollten Sie allerdings *Öffnen*. Wenn Sie diese Funktion aktivieren, wird das Startmenü in einer anderen Darstellungsform, nämlich als Fenster, geöffnet. Die einzelnen Menüebenen des Startmenüs werden hier in einem Fenster dargestellt. Innerhalb des Fensters wird jede der im Menü sichtbaren Programmgruppen in Form von Symbolen anzeigt.

HINWEIS

> Es handelt sich tatsächlich nur um eine andere Darstellung der vorhandenen Menügruppen, die Sie aus dem Startmenü kennen. Manipulationen in einer der beiden Darstellungsformen wirken sich deshalb immer auch auf die jeweils andere aus.

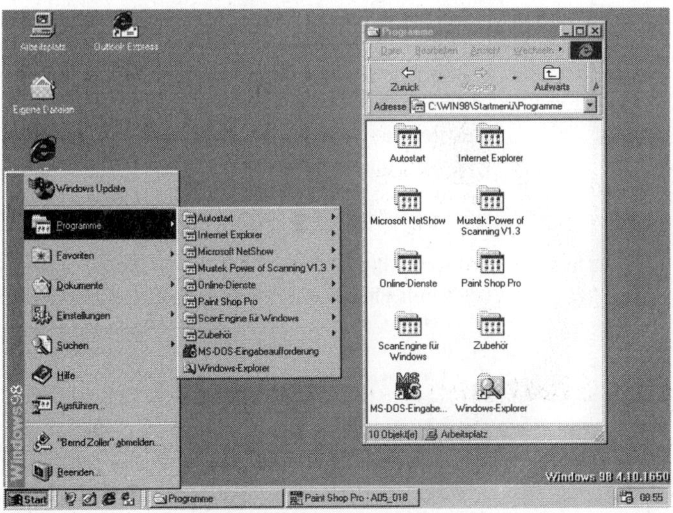

Abbildung 5.21: Das Startmenü in Fensterform

In dem Fenster sehen Sie zu Beginn lediglich ein Gruppensymbol für den Ordner mit dem Namen *Programme* sowie ein Symbol für den Menüeintrag *Windows Update*. Wenn Sie das *Programme*-Symbol doppelt anklicken, öffnet sich der Ordner und stellt den entsprechenden Inhalt dar. Das Fenster beinhaltet dann die Symbole für die Programme und Untergruppen, die im Ordner enthalten sind – und so weiter.

Die Programme lassen sich auch von hier aus starten

Jedes angezeigte Programm lässt sich mit einem Doppelklick auf sein Symbol starten. Mit einem einfachen Mausklick kann es zur Bearbeitung markiert werden. Benutzer früherer Versionen von Windows werden sich an den dort noch vorhandenen Programmmanager erinnert fühlen.

Die Möglichkeiten in der Fenster-Darstellung

In der Fenster-Darstellungsform des Startmenüs steht eine ganze Reihe von Funktionen zur Verfügung, die Sie von der Menüform her schon kennen.

Hier wird als Nächstes nur ein Funktionsbereich genauer beschrieben: Die Fenster-Darstellung eignet sich vorzüglich dazu, im bestehenden Menüsystem Ordnung zu schaffen. Sie können Symbole in neuen Programmgruppen zusammenfassen, Gruppen in andere Ebenen verlagern und so weiter.

HINWEIS

Die übrigen Funktionen können Sie sich mit Ihren bisher gewonnenen Kenntnissen inzwischen selbst erarbeiten, wenn Sie zusätzlich die Beschreibung zum teilweise recht ähnlich arbeitenden Windows-Explorer lesen.

- Das *Datei*-Menü des Fensters enthält Funktionen zur Manipulation der Programme, die in den Gruppen vorhanden sind. Klicken Sie auf ein ausführbares Programm-Symbol, wie z. B. den Windows-Explorer, damit Sie das Menü mit den entsprechenden Befehlen erhalten. Der Befehl *Öffnen* des *Datei*-Menüs startet ein markiertes Programm oder öffnet für ein markiertes Gruppensymbol ein weiteres Fenster. Die weiteren Befehle des Menüs dienen dazu, Programme neu ins Menüsystem einzubinden oder zu löschen, umzubenennen, neue Ordner zu erzeugen oder unerwünschte zu entfernen – wie Sie es vom Menü her schon kennen.
- Das *Bearbeiten*-Menü erlaubt das Markieren, Ausschneiden, Kopieren und Einfügen von Symbolen über die Zwischenablage. Sie können Symbole – zusätzlich zu den in den folgenden Abschnitten dargestell-

ten Methoden – auf die gleiche Weise bearbeiten, wie Sie es zum Beispiel von markierten Textabschnitten in Ihrer Textverarbeitung gewohnt sind.

- Das *Ansicht*-Menü erlaubt Ihnen eine Reihe recht verschiedener Darstellungsformen für die Programme in den Fenstern, außerdem finden Sie dort Befehle zur Anordnung und Sortierung der Symbole.

Symbole verschieben

Alle Programm- und Gruppensymbole können Sie von einem Ordner zum anderen und damit auch von einer Ebene zur anderen verschieben. So kann die Menühierarchie verändert bzw. eine eigene Ordnung hergestellt werden.

Ein kleines Experiment soll dieses Prinzip erläutern.

Die Voraussetzungen schaffen

Öffnen Sie die Gruppe *Programme* und darin dann die Gruppe *Zubehör*. Innerhalb von *Zubehör* öffnen Sie wiederum die Gruppe *Spiele*, wobei Sie beim Doppelklick auf das Symbol gleichzeitig die Taste [Strg] gedrückt halten. Es öffnet sich durch diese Aktion ein neues Fenster für den Inhalt des *Spiele*-Ordners. Ordnen Sie anschließend die Fenster *Zubehör* und *Spiele* mit etwas Abstand in etwa gleicher Größe nebeneinander an.

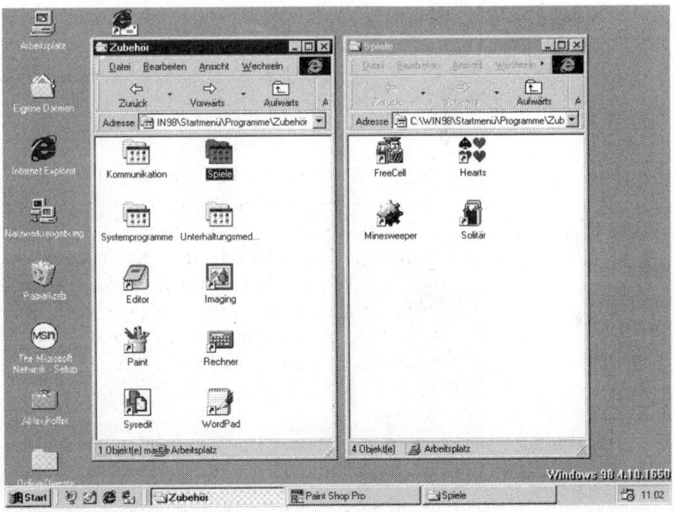

Abbildung 5.22: Die beiden Fenster nebeneinander

Probieren Sie das Verschieben eines Symbols nun direkt aus. Zeigen Sie mit dem Mauspfeil auf das Symbol, drücken Sie die linke Maustaste und halten Sie sie gedrückt. Ziehen Sie das *Solitär*-Symbol des *Spiele*-Ordners durch Bewegen des Mauspfeils über den Rand des Fensters hinaus ins *Zubehör*-Fenster. Der Mauszeiger verwandelt sich beim Ziehen in ein Abbild des *Solitär*-Symbols.

Lassen Sie das Symbol über dem *Zubehör*-Fenster los. Anschließend wird das normale *Solitär*-Symbol im *Zubehör*-Fenster platziert. Sie können also durch bloßes Ziehen des Symbols eine Applikation von einem Gruppenfenster in ein anderes verlegen.

HINWEIS

Dieses Verlegen funktioniert auch mit Gruppensymbolen oder mit mehreren Symbolen zugleich. Sie markieren mehrere Symbole im Fenster entweder, indem Sie ein Symbol nach dem anderen bei gedrückter [Strg]-Taste anklicken oder indem Sie bei gedrückter linker Maustaste einen Rahmen um die Symbole ziehen. Hintereinander liegende Symbole lassen sich schnell gemeinsam markieren, indem Sie zunächst das erste Symbol markieren und dann bei gedrückter [⇧]-Taste das gewünschte letzte. Die genannten Verfahren lassen sich kombinieren.

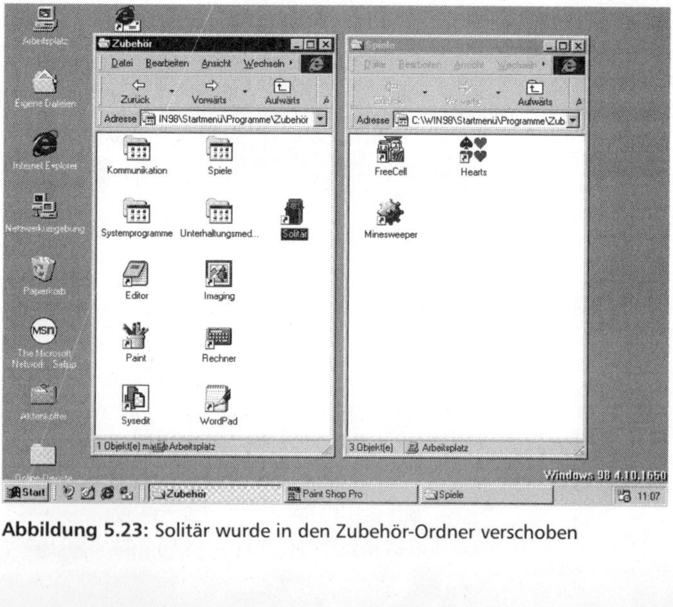

Abbildung 5.23: Solitär wurde in den Zubehör-Ordner verschoben

Das Resultat des gerade beschriebenen Versuchs ist, dass das verschobene Symbol aus dem einen Fenster verschwindet und in dem anderen erscheint. Windows 98 speichert diese Aktion sofort ab, so dass Sie auch nach einem Neustart des Betriebssystems die Veränderung vorfinden.

Es gibt mehrere Ziele

Es ist auch möglich, das Symbol eines häufig benötigten Objekts entweder auf den Bildschirmhintergrund zu verlegen oder auf die Schaltfläche *Start* des Startmenüs zu ziehen – im zuletzt genannten Fall wird das Programm oder der Ordner in die erste Ebene des Startmenüs aufgenommen, was Sie auch durch ein Verschieben ins Ausgangsfenster mit dem Titel *Startmenü* erreichen können.

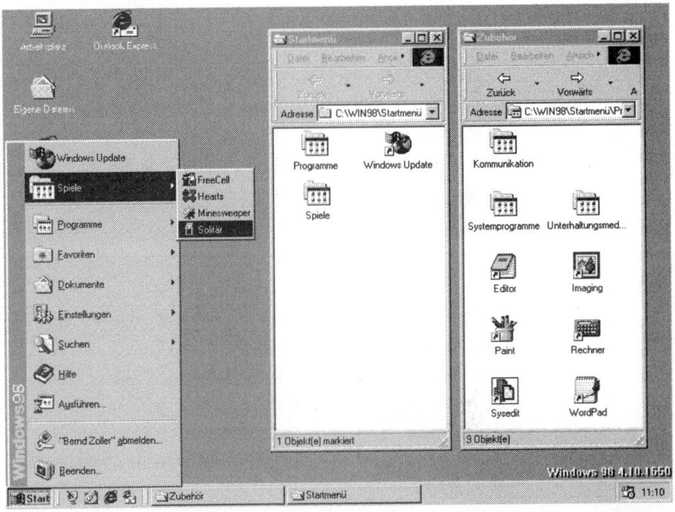

Abbildung 5.24: Hier wurde der Spiele-Ordner direkt ins Startmenü verlegt

Symbole kopieren

Manchmal ist es notwendig, dass ein Symbol zweimal vorhanden ist, z. B. in der Gruppe, der es normalerweise zugehört, und zudem noch z. B. in der *Autostart*-Gruppe, damit die Applikation direkt bei jedem Windows-Start aktiviert wird.

Drücken Sie zu diesem Zweck die [Strg]-Taste und halten diese gedrückt, bevor Sie ein Symbol bewegen.

Ein zweites Symbol entsteht

Sie sehen direkt beim Ziehen den Unterschied zum Verschieben. Der Mauszeiger nimmt zwar die Gestalt des Symbols an, jedoch bleibt das Original im Fenster erhalten. Es entsteht praktisch ein zweites Symbol. Ein Symbol bleibt an seinem ursprünglichen Ort erhalten und ein neues entsteht beim Ablegen im Ziel-Fenster.

Symbole verknüpfen

Neben dem Kopieren und dem Verschieben gibt es unter Windows 98 noch die Möglichkeit, Symbole zu verknüpfen. Dabei wird weder die Originaldatei kopiert, noch das ursprüngliche Symbol verändert. Es wird lediglich ein weiteres Symbol eingerichtet, das mit dem ursprünglichen Symbol verknüpft ist. Sobald Sie das neue Symbol doppelt anklicken, geschieht das Gleiche, als wenn Sie das Originalsymbol doppelt angeklickt hätten. Sie müssen dieses nur nicht im Zugriff zum Doppelklicken haben.

Ein solch verknüpftes Symbol erstellen Sie, indem Sie wie beim Kopieren eine zusätzliche Taste beim Ziehen gedrückt halten. In diesem Fall ist es Alt.

So erkennen Sie ein verknüpftes Symbol

Das neue verknüpfte Symbol erkennen Sie daran, dass innerhalb des Symbols ein kleines weißes Kästchen mit einem Pfeil darin enthalten ist.

HINWEIS

> Wenn Sie ein verknüpftes Symbol löschen, hat das keine Auswirkung auf die Original-Anwendung. Die Datei bleibt erhalten. Nur das Symbol inklusive der Verknüpfung wird entfernt.

Mit den drei oben beschriebenen Methoden ist es Ihnen möglich, die Gruppen- und Programmsymbole so zu platzieren und die Menüstruktur so einzurichten, wie Sie es für nötig erachten.

Symbole löschen

Sie haben durch die Kopier-Aktion ein zweites *Solitär*-Symbol erhalten. Das jetzt im *Autostart*-Fenster befindliche Symbol ist eigentlich überflüssig. Darüber hinaus möchten Sie vielleicht auch gar nicht, dass bei jedem Windows-98-Start ein Spielprogramm geladen wird. Löschen Sie das Symbol also einfach.

Klicken Sie dazu das *Solitär*-Symbol im geöffneten *Autostart*-Fenster einmal an. Es ist daraufhin aktiviert, was Sie an der invertierten Darstellung der Symbolbezeichnung erkennen können.

Sie sollten erst dann mit den folgenden Aktionen fortfahren, wenn Sie sicher sind, dass nur das Solitär-Symbol markiert ist. Ist es nicht markiert, können Sie durch die folgenden Aktionen etwas Falsches löschen.

Um das aktive Symbol zu löschen, wählen Sie den entsprechenden Befehl aus dem *Datei*-Menü des Fensters oder verschieben Sie das Symbol auf das *Papierkorb*-Symbol, welches am linken Bildschirmrand zu sehen ist.

In beiden Fällen wird das Solitär-Symbol gelöscht – allerdings erst dann, wenn Sie eine Sicherheitsabfrage bestätigt haben.

Bis hierhin haben Sie nun einiges zum Startmenü, zur Taskleiste und einige grundlegende Vorgänge kennen gelernt. Es ist sehr wichtig, dass Sie die praktischen Arbeiten durchführen, um Windows 98 verstehen zu lernen. Sie werden sehen, sobald Sie einige Arbeitsschritte vollzogen haben, wird Ihnen die Funktionsweise von Windows 98 sehr schnell vertraut werden.

KAPITEL

Der Explorer und der Arbeitsplatz

Das Arbeiten mit Verzeichnissen und Dateien ist das A und O beim Computer. Für die erforderlichen Arbeiten stellt Windows 98 den Explorer und den Arbeitsplatz zur Verfügung. Welche Möglichkeiten sich Ihnen hier bieten, erfahren Sie in diesem Kapitel.

6

Der Explorer und der Arbeitsplatz

Ein Computer arbeitet mit Programmen. Diese enthalten die Anweisungen, die der Computer befolgen soll. Für die Ausführung dieser Anweisungen werden häufig zusätzliche Daten benötigt. Das Ziel der ausgeführten Befehle wiederum ist oft die Verarbeitung von Dokumenten, die dazu ebenfalls in Datenform vorliegen müssen. Um dem Computersystem die Programme und die Daten zugänglich zu machen, sind diese in elektronisch lesbaren Informationseinheiten gespeichert.

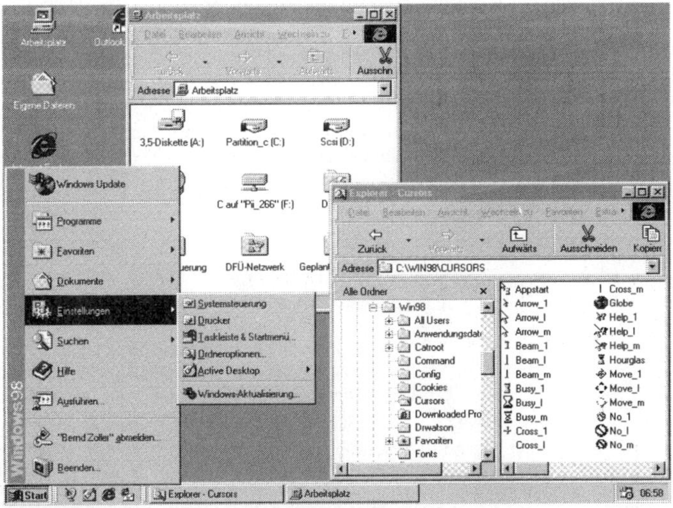

Abbildung 6.1: Explorer, Arbeitsplatz und Startmenü – drei Programme steuern den ganzen PC

Speicherhierarchien

Bei den gerade erwähnten Informationseinheiten handelt es sich um die Ihnen sicherlich schon bekannten Dateien. Der Ordnung halber werden diese in den Datenspeichern Ihres PCs in hierarchisch gegliederten Verzeichnissen abgelegt.

Hiermit können Sie Einsicht nehmen

Explorer und *Arbeitsplatz* sind Applikationen, die Ihnen einen übersichtlichen Einblick in den Dateibestand Ihres PCs geben. Außerdem erlauben diese beiden Programme die Verwaltung der Dateien und der Verzeichnishierarchie.

Während beim *Startmenü* also der Zugang zu den Programmen im Vordergrund stand, die Ihre Dateien bearbeiten, halten Explorer und Arbeitsplatz eher das Datenlager in Form – wobei zu beachten ist, dass natürlich auch die Programme auf den Datenträgern als zu verwaltende Dateien vorliegen.

Die Verwaltungsaufgaben

Typische Verwaltungsaufgaben im Datenbestand sind zum Beispiel das Kopieren, das Umbenennen sowie das Löschen von Dateien und die Pflege des Verzeichnissystems sowie der gesamten Datenträger Ihres PCs. Zudem besteht die Aufgabe von Explorer und Arbeitsplatz darin, Informationen zu den Dateien und Verzeichnissen auf dem Bildschirm anzuzeigen.

Beide Anwendungen sind aber auch in der Lage, Programme zu starten. Nützlich ist dies zum Beispiel dann, wenn Sie eine der Dateien im »Lager« betrachten oder verändern möchten. Explorer und Arbeitsplatz sind in vielen Fällen fähig, zur Datei gleich die richtige Anwendung zu finden und diese zur Bearbeitung der Datei auch zu aktivieren.

Der Explorer

Die Arbeitsweise des Explorers stellt die hierarchische Gliederung der im PC gespeicherten Daten in den Mittelpunkt seiner Funktionen. Was immer Sie mit dem Explorer tun – Sie wissen jederzeit ganz genau, auf welchen Verzeichniswegen Sie sich bewegen.

Stellen Sie sich die Laufwerks- und Verzeichnisstruktur Ihrer Platte als verzweigtes Gängesystem aus dem Innern einer Bergwerkshöhle mit Verbindungstunneln und Kammern vor, dann liefert der Explorer die Karte oder besser das Schnittbild dazu. Deshalb eignet sich dieses Programm besonders dazu, die Struktur der Informationsspeicherung auf Ihrem PC zu beobachten und zu optimieren – er kann das »Höhlen«-Lager übersichtlicher strukturieren. Sie können auch an ein Hochhaus denken, für das der Explorer das System der eingebauten Aufzüge und Rolltreppen anzeigt.

Der Arbeitsplatz

Der Arbeitsplatz wiederum orientiert sich vorrangig an jeweils einer Laufwerks- oder Verzeichnisebene, oder er stellt zwei oder mehrere Ebenen einander gegenüber. Bleiben wir beim Höhlenbeispiel, so bringt er das Kunststück zustande, detailliert den Inhalt auch von entfernten Räumen nebeneinander zu zeigen. Dafür zeigt der Arbeitsplatz nicht immer den gesamten Hierarchiebaum an. Beim Hochhaus würde der Arbeitsplatz Pläne der verschiedenen Etagen einzeln oder nebeneinander anzeigen können – mit der Zusatzfähigkeit, schnell ein Objekt von der einen Etage zur anderen zu versetzen.

Beide Applikationen ergänzen sich also vorzüglich, und sie arbeiten überdies mit dem Startmenü zusammen.

Der Unterschied zum Startmenü

Wenn Sie sich mit dem Startmenü schon befasst haben und sich an die dort ebenfalls gestaffelten Hierarchieebenen zum Programmaufruf erinnern, fragen Sie sich vielleicht, in welchem Verhältnis die beiden Systeme zueinander stehen, da ja sowohl Programme auch als Dateien auf Ihren Datenträgern gespeichert sind.

Tatsächlich haben die gestaffelten Ordner des Startmenüs überhaupt nichts mit der wirklichen Anordnung der Anwendungen auf den Datenträgern zu tun, wie sie vom Arbeitsplatz und Explorer verwaltet wird. Erinnern Sie sich noch einmal ans Hochhausbeispiel oben und denken Sie sich das Haus als Bürohochhaus. Auf jeder Etage sind Menschen beschäftigt, die die Anweisungen für ihre Tätigkeiten per Telefon erhalten. Jedes Büro muss dazu eine Telefonnummer haben, und über das Leitungsnetz können Büros aus verschiedenen Etagen völlig unabhängig voneinander zu Arbeitsgruppen zusammengeschaltet werden.

Die Rolle solch eines Kommunikationsnetzes zum Weiterleiten von Anweisungen übernimmt im Falle Ihres PCs das Startmenü – von jedem Programm kennt es den Speicherungsort genau, aber die Gruppen in seinen Anzeigefenstern sind nach völlig anderen Kriterien zusammengestellt als nach dem Speicherungsort.

Dies hat Folgen: Wenn sich im Hochhaus ein Mitarbeiter einfach still und heimlich in eine andere Etage setzt, können ihn keine Anweisungen mehr erreichen. Aus diesem Grund kann das Startmenü ein Programm, das Sie mit dem Explorer in ein anderes Festplattenverzeichnis kopiert haben, unter Umständen schon nicht mehr starten.

Andererseits kann im Hochhaus ein Mitarbeiter kurzerhand einer neuen Arbeitsgruppe zugeteilt werden und deshalb eine neue Telefonnummer bekommen, ohne dass er deshalb auch das Büro wechseln müsste. Solch eine Neuzuordnung geschieht, wenn Sie im Startmenü ein Programmsymbol in einen anderen Ordner verschieben.

HINWEIS

Zum Verständnis der folgenden Abschnitte wird vorausgesetzt, dass Sie die Grundbegriffe wie Datei, Verzeichnis, Laufwerk usw. kennen und dass Sie wissen, was sich hinter diesen Begriffen verbirgt.

Der Windows-Explorer

Sie starten den *Windows-Explorer* über das Startmenü. Sein Eintrag ist der letzte im *Programm*-Ordner.

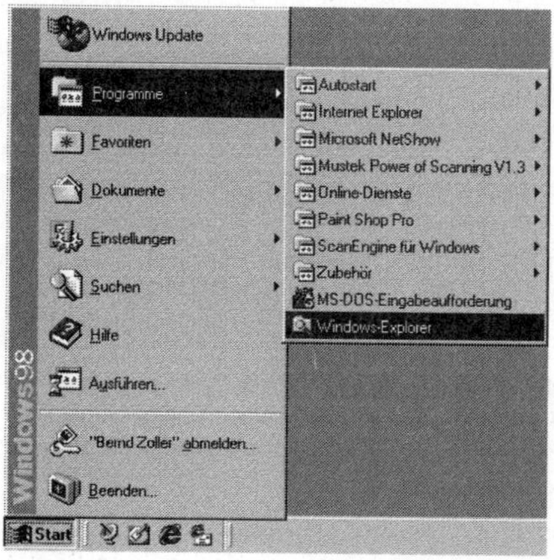

Abbildung 6.2: So starten Sie den Explorer über das Startmenü

Alternativ können Sie mit der rechten Maustaste die Schaltfläche *Start* in der Taskleiste anklicken und im dann eingeblendeten Menü den Eintrag *Explorer* wählen.

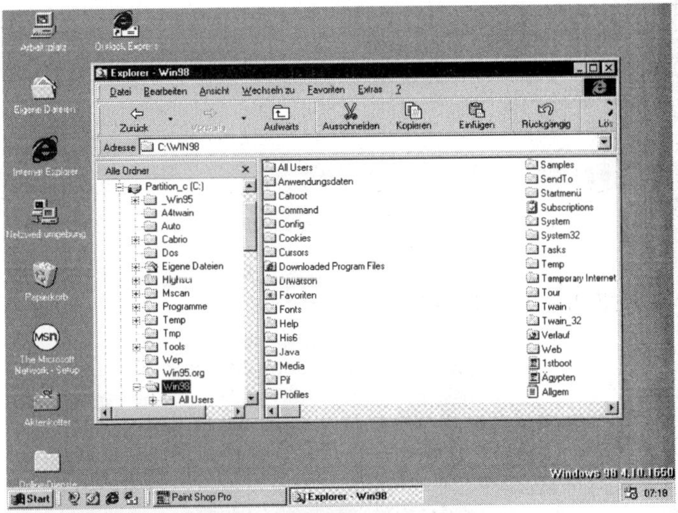

Abbildung 6.3: Der Windows-Explorer nach dem Start

Das Fenster des Explorers besitzt die üblichen Bestandteile eines Windows-98-Fensters, wie etwa die Titel- und die Menüleiste. Die Arbeitsfläche selbst ist zweigeteilt.

Die beiden Teilfenster haben unterschiedliche Inhalte:

- Im linken Teilfenster sehen Sie – ausgehend vom Desktop, also der Arbeitsoberfläche – die gesamte Hierarchie der Datenspeicherung auf dem PC. Dabei orientiert sich der Explorer an der Perspektive des Anwenders. Von Ihrer Warte aus ist die Arbeitsoberfläche ja zunächst der Bildschirm, von dem aus Sie die Laufwerke und Programme Ihres PCs – dafür steht der Arbeitsplatz – und die Netzwerkumgebung sowie den Papierkorb für beide Bereiche erreichen können.

  Über das Symbol des Arbeitsplatzes zum Beispiel führt dann der Weg per Mausklick in die technischen Funktionsebenen des eigenen Rechners, zu den dort gespeicherten Dokumenten und Daten und zu den Verzeichnisbäumen der Laufwerke. Der Explorer (engl. für Forscher) »kartographiert« also am Bildschirm den Weg zu Ihren Daten und Programmen.

- Das rechte Teilfenster stellt jeweils die Dateien desjenigen Verzeichnisses oder den Inhalt derjenigen Speichereinheit dar, deren Symbol im linken Teil gerade markiert (umrandet und invertiert dargestellt) ist.

HINWEIS

Damit der Explorer bei den praktischen Arbeiten an Ihrem Bildschirm so aussieht wie in den Abbildungen des Buches, sollte im *Ansicht*-Menü die Option *Liste* eingeschaltet sein.

Die Fensterteilung verändern

In welchem Größenverhältnis die beiden Teile des Arbeitsfensters zueinander stehen, können Sie selbst bestimmen. Sie führen den Mauszeiger genau auf die Teilungslinie rechts neben der senkrechten Bildlaufleiste des linken Teilfensters.

Daraufhin erscheint der Mauszeiger als waagerechter Doppelpfeil. Sie verschieben die Teilungslinie durch Ziehen nach links oder nach rechts. Im Fenster erscheint dabei sofort die neue Anordnung, so dass Sie die Größenverhältnisse optimal einstellen können, was z. B. erforderlich ist, wenn Sie lange Datei- bzw. Verzeichnisnamen vollständig sehen möchten.

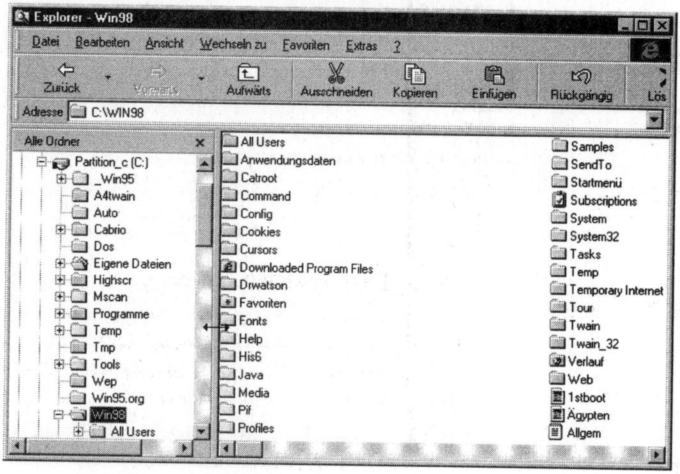

Abbildung 6.4: Die Fensterteilung wird geändert

Sobald Sie die Teilungslinie wieder loslassen, werden die so festgelegten neuen Proportionen der Fensterteilung fixiert. Die Teilfenster stellen ihren Inhalt neu geordnet dar.

Die Ebenen der Baumstruktur

Wie Sie sicherlich wissen, gibt es im Dateisystem von Windows 98 Verzeichnisse und Dateien. Die Verzeichnisse und Dateien können sich auf verschiedenen Laufwerken oder in Laufwerkspartitionen befinden.

Verzeichnisse können verschachtelt werden

Anders als Dateien können Verzeichnisse verschachtelt werden – ein oder mehrere Verzeichnisse und Unterverzeichnisse können sich in einem weiteren Verzeichnis befinden. Durch diese Art der Verschachtelung ist es möglich, den Aufbau von Verzeichnissen als sogenannten *Verzeichnisbaum* darzustellen.

Im linken Teilfenster des Explorer-Arbeitsfensters wird dies ausgenutzt. Dort sehen Sie kleine Ordner-Symbole, die baumartig durch Linien verbunden sind. Die Linien gehen vom Stamm(verzeichnis) aus und verzweigen sich dann entweder nach rechts oder weiter nach unten.

Jede Verzweigung nach rechts stellt eine neue Ebene der Datenspeicherung dar. Innerhalb eines Laufwerks gibt jede neue Ebene ein neues Verzeichnis oder Unterverzeichnis an. Der »Stamm«, von dem alles ausgeht, befindet sich oben beim Desktop. Für jedes Laufwerk wiederum bildet dessen Hauptverzeichnis einen Extra-Stamm, von dem sich die Unterverzeichnisse als Zweige abspalten.

Machen Sie sich nun am besten damit vertraut, was Sie mit der Baumdarstellung praktisch anfangen können. Die Symbole innerhalb der Struktur sind nämlich nicht nur Anzeige-, sondern auch Schaltelemente. Sobald Sie zum Beispiel ein Verzeichnissymbol anklicken, wird im rechten Fensterteil der Inhalt des Verzeichnisses angezeigt.

HINWEIS

> Dies gilt sogar für den im Baum sichtbaren Papierkorb, der als von Windows 98 direkt und eigenständig verwalteter »Behälter« immer die zuletzt von Ihnen gelöschten Dateien, Symbole oder Dateiverknüpfungen enthält, damit Sie sie notfalls noch einmal hervorholen können.

Der Papierkorb ist keinem echten Laufwerk des Arbeitsplatzes oder Netzwerkes direkt zugeordnet – sein Symbol steht für alle Dateien, die irgendwo innerhalb des Verzeichnisbaums als »gelöscht« markiert sind, aber noch nicht endgültig vom Datenträger verbannt wurden. Logisch und aus der Perspektive des Anwenders gehören all diese Dateien zusammen, weshalb der Explorer sie auch entsprechend anzeigt.

Befinden sich unter den im rechten Fensterteil angezeigten Elementen Symbole von Unterordnern oder Laufwerken, lassen sich diese auch dort – per Doppelklick – öffnen.

Einige Symbole haben besondere Bedeutung für die »Navigation« in der Baumstruktur. Die wichtigsten Typen sind in der folgenden Grafik markiert:

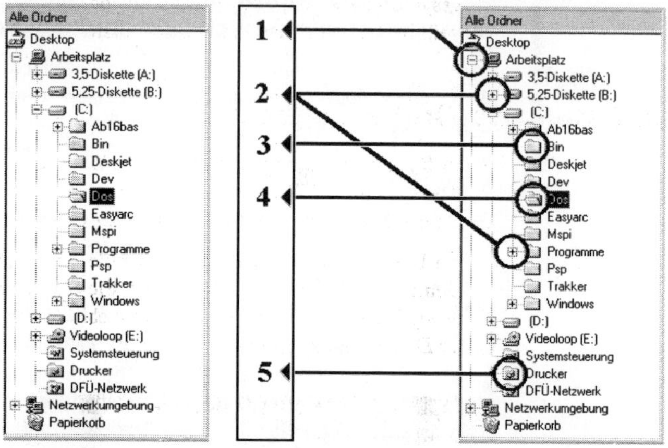

Abbildung 6.5: Baum-Symbole mit besonderen Funktionen

- Verknüpfungen oder »Abzweigungen« innerhalb der Baumstruktur werden anhand kleiner Kästchen mit einem »-«- oder »+«-Zeichen dargestellt (Punkt 1 und 2 in der Grafik).
- »+« (Punkt 2 in der Grafik) bedeutet, dass sich im zugehörigen Zweig Unterverzweigungen befinden, die im Moment noch nicht angezeigt werden. Sobald Sie solch ein »+«-Kästchen anklicken – versuchen Sie es zum Beispiel mit dem Verzeichnis *Windows* im *C:*-Baum – erscheinen die Untergliederungen sofort. Das Symbol im Kästchen wechselt dann auf »-«.
- »-« (Punkt 1 in der Grafik) erlaubt das Ausblenden eines aktuell angezeigten Unterverzeichnis-Zweiges.
- Ein geschlossenes Ordnersymbol (Punkt 3) steht für ein Laufwerksverzeichnis, dessen Inhalt aktuell nicht im rechten Fensterteil angezeigt wird.
- Für den Ordner, dessen Inhalt rechts sichtbar ist, hat Windows 98 ein geöffnetes Ordnersymbol (Punkt 4).
- Ordner, die nicht nur Verzeichnisse, sondern Funktionseinheiten darstellen – wie etwa das Verzeichnis für die Drucker-Steuerungsprogramme (Punkt 5) – haben eindeutig identifizierbare Spezialsymbole.

Mit der Tastatur bewegen Sie sich innerhalb des Verzeichnisbaums mittels der vier Pfeiltasten. Mit [↓] und [↑] wandern Sie die Struktur von oben nach unten oder zurück, und mit [→] und [←] blenden Sie bei Verknüpfungssymbolen Zweige des Baums ein oder aus. Die [⇆]-Taste lässt die Schreibmarke von einem Teil des Arbeitsfensters ins andere springen.

Die Datei- und Ordnersymbole

Auch für die Dateien im rechten Teil des Arbeitsfensters verwendet der Explorer Symbole. Er versucht dabei, die unterschiedlichen Dateitypen durch passende Symbolbilder unmittelbar erkennbar zu machen.

Einen Überblick darüber, welche Symbole für welche Arten von Dateien verwendet werden, erhalten Sie, wenn Sie im *Ansicht*-Menü den Eintrag *Ordneroptionen* wählen und im dann eingeblendeten Dialogfenster das Register *Dateitypen* aktivieren.

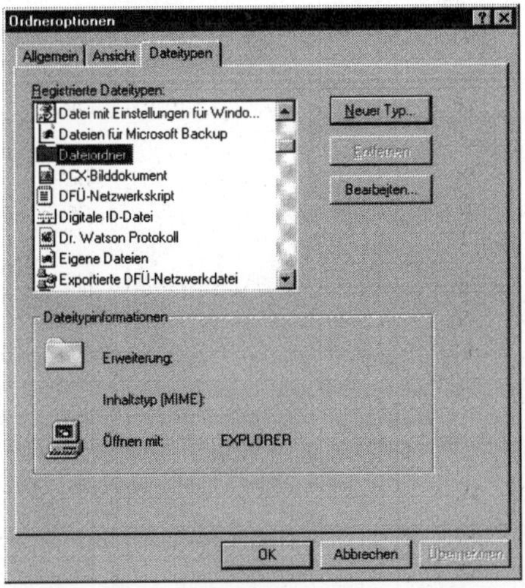

Abbildung 6.6: Die Liste der Dateisymbole

Oben im Fenster sehen Sie eine Liste der verwendeten Symbole. Sobald Sie einen Listenpunkt markieren, werden im unteren Bereich des Fensters nähere Informationen zum zugehörigen Dateityp angezeigt.

Symboldarstellung ändern

Je nach Vorhaben und Informationsbedarf können Sie die Form der Anzeige im rechten Teil des Explorer-Fensters ändern. Vier wichtige Befehle dazu finden Sie im Menü *Ansicht*: *Große Symbole*, *Kleine Symbole*, *Liste* und *Details*.

Das Menü *Ansicht* enthält interessante Befehle

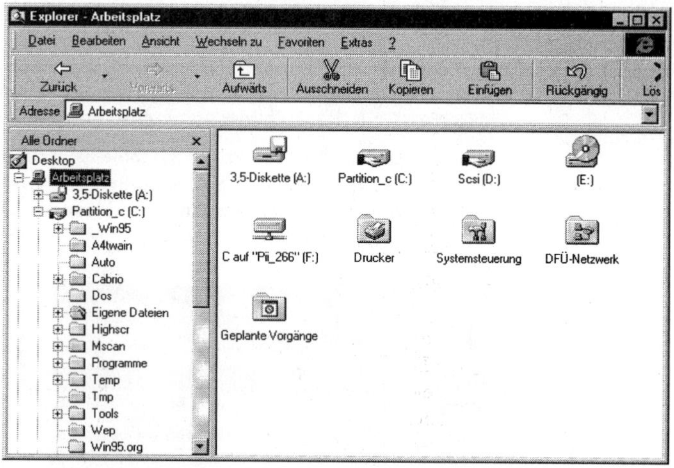

Abbildung 6.7: Explorer mit großen Symbolen

Die Standardeinstellung ist *Liste*. Beachten sollten Sie auf jeden Fall noch die Einstellungsmöglichkeit *Details*, da diese mit äußerst genauen Informationen über jede Datei aufwartet – bis hin zur Antwort auf die Frage, wann beispielsweise welche Version eines Dokumentes wohl zum letzten Mal bearbeitet wurde.

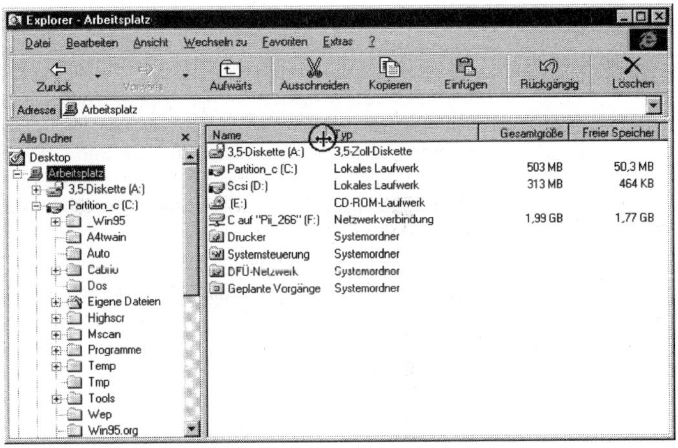

Abbildung 6.8: Der Explorer mit der Details-Darstellung

Wie Sie der Abbildung entnehmen können, lässt sich die Spalten-Einteilung der Details-Tabelle verändern. Sie führen den Mauszeiger dazu in den Kopfbereich der Tabelle und zeigen auf den Rand eines Spaltentitels. Diesen können Sie dann so bewegen, wie Sie es von der Fensterteilung des Explorer-Fensters schon kennen.

Die automatische Sortierung

Jeder Spaltentitel ist eine Schaltfläche – wenn Sie eine dieser Schaltflächen anklicken, wird die darunter befindliche Spalte zur alphabetischen oder numerischen Sortierung der gesamten Tabelle herangezogen. Standard ist die Ordnung nach dem Namen – aber wenn Sie jetzt einmal *Gesamtgröße* anklicken, haben Sie sofort eine Größenordung der vorhandenen Festplattenkapazität.

HINWEIS

Je nach Inhalt des Detail-Fensters sind verschiedene Arten von Spalten vorhanden. So ist z. B. eine Spalte *Geändert am* vorhanden, sollten Dateien im Fenster dargestellt werden.

Die sortierenden Funktionen erreichen Sie – auch für die anderen Darstellungsformen – unter *Symbole anordnen* im *Ansicht*-Menü. Wenn keine Liste oder Tabelle, sondern Symbole im Fenster sichtbar sind, gibt es darüber hinaus noch die Möglichkeit, die Symbole *Automatisch anordnen* zu lassen. Sie können dann nicht »unordentlich« am Bildschirm verteilt auftreten, sondern werden immer wieder »in Reih und Glied« gebracht. Wenn Sie keine ständige Ausrichtung der Symbole wünschen, wohl aber zwischendurch einmal kurzerhand wieder Ordnung herstellen wollen, wählen Sie *Am Raster ausrichten*.

HINWEIS

Weitere Möglichkeiten verbergen sich hinter dem Menüpunkt *Ordneroptionen* im *Ansicht*-Menü.

Sie können dort unter anderem festlegen, ob Systemdateien, die zum Betrieb von Windows 98 unbedingt notwendig sind und deshalb weder verschoben noch gelöscht werden dürfen, vom Explorer angezeigt werden sollen oder nicht, und ob Windows 98 in jedem Fall auch die technischen Endungen von Dateinamen – .BAT, .EXE, .DOC und so weiter – darstellen soll.

Darüber hinaus findet sich im *Ansicht*-Menü die *Registrierungs*-Funktion für Dateien, die nicht nur die Anzeige beeinflusst.

Die Symbolleiste

Am oberen Rand des Explorers unterhalb der Menüzeile sehen Sie die *Symbolleiste*. Diese können Sie über das *Ansicht*-Menü ausblenden lassen. Deaktivieren Sie dazu den Menüeintrag *Ansicht / Symbolleiste / Standard-Schaltflächen*.

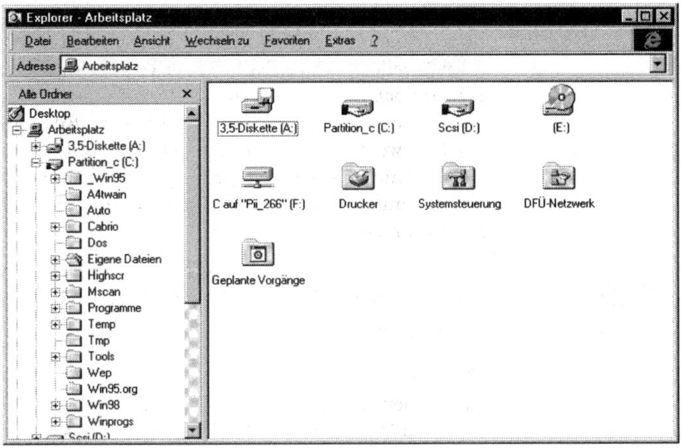

Abbildung 6.9: Der Explorer ohne eingeblendete Symbolleiste

Die Schaltflächen der Symbolleiste erlauben das schnelle Aufrufen einer Reihe von Funktionen, die auch in den Menüs des Explorers zur Verfügung stehen:

- *Ausschneiden*, *Kopieren* und *Einfügen* sowie *Rückgängig* aus dem *Bearbeiten*-Menü.
- *Löschen* aus dem *Datei*-Menü.

Die schnelle Verzeichnisanwahl

Unterhalb der Symbolleiste finden Sie ein aufklappbares Listenfeld, das zur schnellen Auswahl einer Verzeichnisebene dient. In Verbindung mit der Verzeichnisanwahl steht auch die Schaltfläche *Aufwärts* innerhalb der Symbolleiste. Sie dient dazu, aus der aktuell angezeigten Verzeichnisebene schnell in die übergeordnete zu springen.

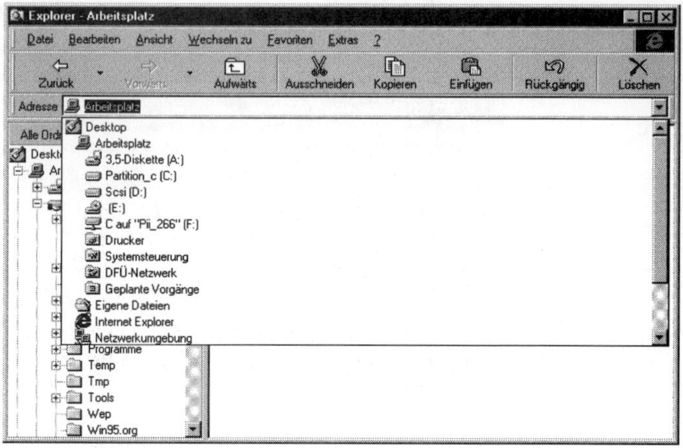

Abbildung 6.10: Das aufgeklappte Listenfeld zur schnellen Verzeichniswahl

Die Statusleiste

Die Statusleiste des Arbeitsfensters hat die Aufgabe, über besondere Ereignisse oder andere statistische Gegebenheiten zu informieren. Gewöhnlich wird die Anzahl der Objekte im aktuell geöffneten Verzeichnis angezeigt und der noch freie Speicherplatz auf dem zugehörigen Laufwerk.

Abbildung 6.11: Die Statuszeile des Explorers

Die Statuszeile lässt sich über das *Ansicht*-Menü (Menübefehl *Statusleiste)* an- und ausschalten.

Der Arbeitsplatz

Das Symbol des Programms *Arbeitsplatz* befindet sich im Normalfall links oben auf dem Windows-98-Desktop.

Abbildung 6.12: Das Symbol des Programms *Arbeitsplatz*

Sie starten das Programm mit einem Doppelklick auf sein Symbol. Daraufhin öffnet sich am Bildschirm ein neues Fenster, welches im Normalfall eine Reihe größerer Symbole enthält.

HINWEIS

Damit der Arbeitsplatz an Ihrem Bildschirm so aussieht wie in den Abbildungen des Buches, sollte im *Ansicht*-Menü die Option *Große Symbole* eingeschaltet sein.

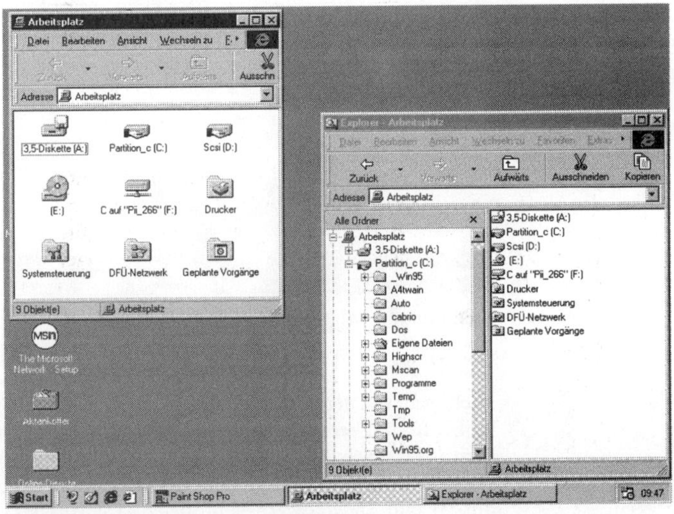

Abbildung 6.13: Das Ausgangsfenster des Arbeitsplatzes – zum Vergleich neben dem Explorer

Im Bild ist das *Arbeitsplatz*-Fenster bewusst neben dem Explorer abgebildet, bei dem sämtliche Laufwerks-Zweige eingeklappt sind. Wenn Sie beide Fenster vergleichen, werden Sie feststellen, dass das Fenster mit dem Titel *Arbeitsplatz* exakt den Inhalt des Hierarchiezweiges Arbeitsplatz im Explorer darstellt – also die Grundebene aller Verzeichnisse, Laufwerke und Funktionseinheiten Ihres PCs.

Für das nächste Bild ist im *Arbeitsplatz*-Fenster das Symbol für das Laufwerk *C:* doppelt angeklickt worden. Daraufhin hat sich der Fensterinhalt aktualisiert. Noch einmal wurde auch der Explorer gestartet: Das Arbeitsplatz-Fenster enthält auch hier die Objekte aus dem Verzeichniszweig »C:«.

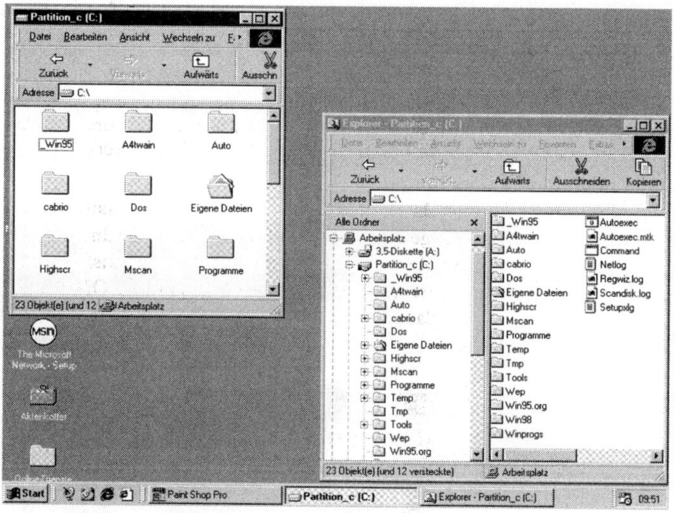

Abbildung 6.14: Der Arbeitsplatz kann Fenster für verschiedene Verzeichnisebenen öffnen

Sieht man von der im Explorer nicht vorhandenen Möglichkeit ab, mehrere Fenster für verschiedene Verzeichnisebenen zu öffnen, verhält sich der Arbeitsplatz wie der rechte Fensterteil des Explorers. Auch die Mechanismen für Programmstarts und für das Öffnen und Schließen von Verzeichnissen und Datenträgern sind gleich (Doppelklick). Über das *Ansicht*-Menü stehen fast die gleichen Optionen zur Dateisymbol-Darstellung und zum Ein- und Ausblenden von Status- und Symbolleiste zur Verfügung.

In den folgenden Unterkapiteln geht es um die praktische Arbeit mit dem Explorer und dem Arbeitsplatz.

Die Arbeit mit Datenträgern

Der *Explorer* und der *Arbeitsplatz* binden Symbole für alle vorhandenen Laufwerke in ihre Baum- oder Fensterdarstellungen der Speichereinheiten ein. Für Disketten-, Festplatten-, CD-ROM- und Netzwerklaufwerke sind jeweils gesonderte Symbole zu sehen.

Abbildung 6.15: Von links nach rechts die Symbole für ein Diskettenlaufwerk, eine Festplatte, ein angeschlossenes und nicht angeschlossenes Netzwerklaufwerk und ein CD-DOM-Laufwerk

Grundsätzlich aktivieren Sie die Inhaltsanzeige zu einem Laufwerk jeweils genauso wie diejenige zu einem Ordner im Verzeichnisbaum (einfacher Mausklick) oder in einem Verzeichnisfenster (Doppelklick). Denken Sie aber daran, dass Disketten- und CD-ROM-Laufwerke leer sein können und dass Netzwerklaufwerke unter Umständen nicht immer erreichbar sind.

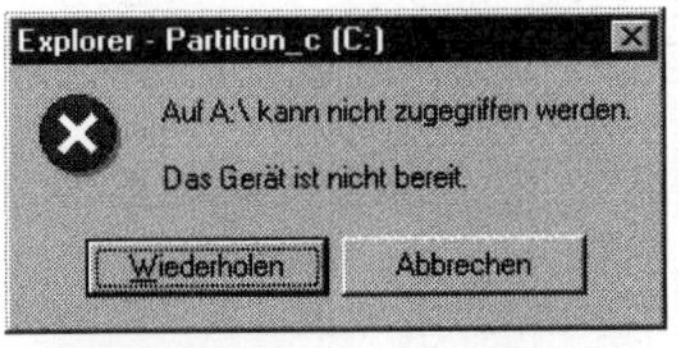

Abbildung 6.16: Auf ein Diskettenlaufwerk lässt sich nicht zugreifen, wenn die Diskette fehlt

Auf den Versuch, solch ein Laufwerk zu aktivieren, reagiert Windows 98 mit einer Fehlermeldung. Sie können die Aktion dann entweder abbrechen oder zum Beispiel den fehlenden Datenträger ins Laufwerk einlegen.

Wenn Sie ein Laufwerkssymbol mit der rechten Maustaste anklicken, erscheint ein Menü mit den wichtigsten Funktionen zur Bearbeitung von Datenträgern.

Abbildung 6.17: Das Menü zum Laufwerk

Das Formatieren von Disketten

Eine Diskette muss formatiert sein, bevor Sie darauf Daten abspeichern können. Explorer und Arbeitsplatz bieten für das Formatieren einen Menübefehl, den Sie nun einmal ausprobieren sollten.

Legen Sie eine leere Diskette in Ihr Diskettenlaufwerk A: ein.

Klicken Sie das Symbol des Laufwerks mit der rechten Maustaste an. Wählen Sie den Menübefehl *Formatieren* an.

Stellen Sie über das aufklappbare Listenfeld im Dialogfeld die richtigen Werte für die Speicherkapazität und im Optionenfeld darunter die Art der Formatierung ein.

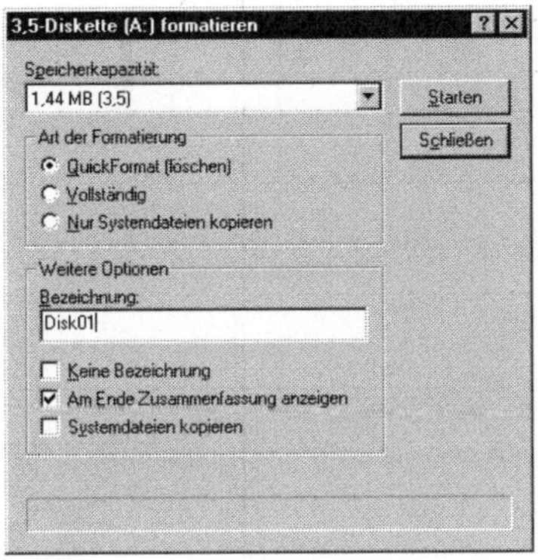

Abbildung 6.18: Das Dialogfenster für den Formatiervorgang

Geben Sie im *Weitere Optionen*-Bereich in die Eingabezeile *Bezeichnung* den Namen *Disk01* ein. Dieser Eintrag ist zwar nicht zwingend notwendig, es ist aber häufig sinnvoll, einer Diskette einen Namen zu geben.

Eine bootfähige Diskette herstellen

Mit der Option *Systemdateien kopieren* geben Sie der Formatierroutine vor, dass nach dem Formatieren die Systemdateien auf den Datenträger überspielt werden sollen. Damit wird dieser Datenträger bootfähig.

Wenn Sie eine schon formatierte Diskette noch einmal formatieren möchten und Sie sicher sind, dass die Diskette fehlerfrei ist, dann können Sie die Option *Quickformat* aktivieren. Das Formatieren erfolgt dann wesentlich schneller, allerdings wird dabei nicht geprüft, ob sich fehlerhafte Sektoren auf dem Datenträger befinden.

Nachdem Sie alles richtig eingestellt haben, verlassen Sie das Dialogfenster mit *Starten*. Der Formatiervorgang wird daraufhin gestartet.

HINWEIS

Beachten Sie, dass in der Regel keine Sicherheitsabfrage erfolgt. Es können also leicht ungewollt Daten gelöscht werden.

Sobald das Formatieren beendet ist, teilt Ihnen das Programm das Ergebnis der Formatieraktion mit. Wählen Sie *Schließen*, um die Formatierroutine zu verlassen.

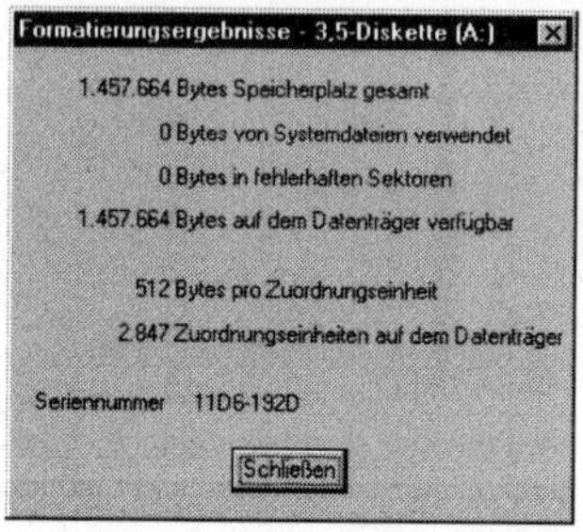

Abbildung 6.19: Das Ergebnis der Formatierung

Das Formatieren eines Datenträgers ist damit abgeschlossen.

Eine Diskettenkopie erstellen

In einigen Situationen ist es notwendig, dass Sie von einer bestimmten Diskette ein zweites identisches Exemplar erstellen. Wenn Sie ein Diskettenlaufwerks-Symbol mit der rechten Maustaste anklicken, finden Sie im dann geöffneten Menü auch zu diesem Zweck eine Funktion.

Wählen Sie den Menübefehl *Diskette kopieren* einfach einmal an, auch wenn Sie derzeit keine Diskette kopieren möchten. Es muss sich auch keine Diskette in Ihrem Diskettenlaufwerk befinden.

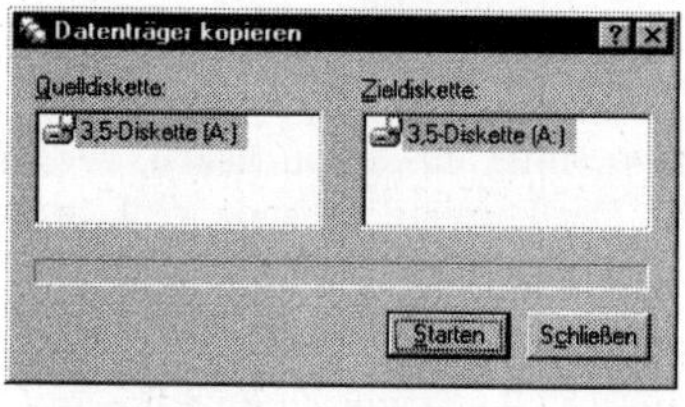

Abbildung 6.20: Das Dialogfenster für das Kopieren von Disketten

Nachdem Sie den Menübefehl aktiviert haben, erscheint das oben abgebildete Dialogfenster. Es dient dazu, die Quell- und Ziellaufwerke zu bestimmen und den Kopiervorgang zu starten.

Wenn Sie das Dialogfeld mit *Starten* verlassen, wird der Kopiervorgang gestartet.

Der Zugriff auf die Laufwerkseigenschaften

Wenn Sie bestimmte Merkmale eines Datenträgers ändern möchten, genaue Informationen über seinen Zustand abrufen oder eine Prüfung einleiten wollen, dann markieren Sie das Symbol des Datenträgers im Explorer oder Arbeitsplatz und wählen Sie anschließend aus dem *Datei*-Menü die Funktion *Eigenschaften*. Sie können aber auch in diesem Fall mit der rechten Maustaste das Menü zum Datenträgersymbol aufrufen.

Das Dialogfenster der Funktion zeigt Ihnen anhand eines Diagramms, wieviel Platz auf dem Datenträger belegt ist – dies ist gerade für die Festplatten Ihres Systems eine interessante Information. Außerdem haben Sie die Möglichkeit, über *Bezeichnung* den Namen des Datenträgers zu ändern.

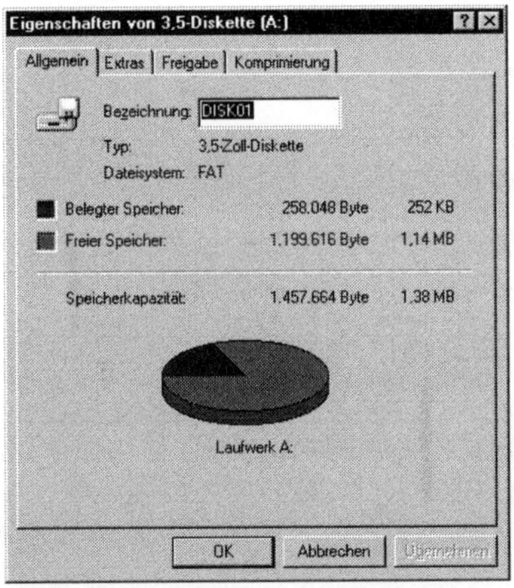

Abbildung 6.21: Die Eigenschaften eines Datenträgers

Die Registerkarte *Extras* erlaubt den direkten Start verschiedener Prüfungs- und Sicherungsprogramme, die zu Windows 98 gehören. Sie erfahren zudem, wann der gewählte Datenträger zuletzt geprüft oder sein Inhalt gesichert wurde.

KNOW-HOW

Die Registerkarte *Freigabe* hat mit dem Netzwerkzugang zu tun. Lesen Sie dazu den speziellen Abschnitt »Dateien im Netzwerk« am Ende dieses Kapitels.

Die Verwaltung des Dateisystems

Über das Dateisystem werden die Daten (Dateien) des Computers verwaltet.

Programme starten

Jede ausführbare Datei können Sie vom Explorer und vom Arbeitsplatz aus direkt starten. Dazu genügt ein Doppelklick auf das Symbol oder den Namen der Anwendung.

Die meisten Anwendungen haben eindeutig identifizierbare Symbole, die auch im Startmenü auftauchen. Programme, die dem Windows-98-System noch nicht bekannt sind, erkennen Sie an einem der zwei im folgenden Bild dargestellten Symbole.

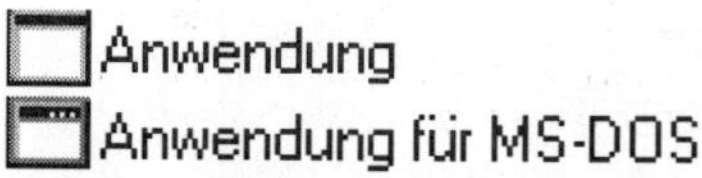

Abbildung 6.22: Standard-Symbole für Windows- und MS-DOS-Anwendungen

HINWEIS

Wie schon zu Beginn dieses Kapitels erwähnt, können Sie mit dem Explorer auch Verknüpfungen zwischen Dokumententypen und Programmen herstellen. Dies ermöglicht ein dokumentenorientiertes Arbeiten: Sie starten nicht erst die Programme und laden dann von ihnen aus die Dokumente, sondern Sie rufen im Explorer oder Arbeitsplatz nur die Dokumente auf, wobei die nötigen Anwendungen dazu automatisch aktiviert werden.

Die Arbeit mit solchen Verknüpfungen wird im Anschluss an die übrigen Unterkapitel über Explorer und Arbeitsplatz gesondert erläutert.

Eine Datei suchen

Wenn Sie nicht genau wissen, wo sich eine Datei befindet, können Sie die Funktion *Suchen / Dateien / Ordner* einsetzen.

Die Funktion gehört zum Windows-Explorer und findet sich dort im *Extras*-Menü. Sie lässt sich aber auch über die erste Ebene des Startmenüs aufrufen.

Das Dialogfeld *Suchen* enthält drei Funktionsebenen für unterschiedliche Suchkriterien. Sie können in eine dieser Funktionsebenen Werte eingeben – oder auch in mehrere zugleich, wenn Sie die Suche eingrenzen möchten.

Abbildung 6.23: Das Dialogfenster *Suchen*

Das Fenster öffnet sich mit der aktivierten Registerkarte *Name / Ort*. In die Zeile *Name* im Dialogfenster geben Sie den Namen und / oder die Namenserweiterung einer Datei, z. B. AUTOS.* oder *.BMP oder einfach einen Namensbestandteil wie AUTO ein.

Ob die Schreibweise Ihrer Eingaben – Groß- und Kleinbuchstaben – berücksichtigt werden soll, wählen Sie über das *Optionen*-Menü des Fensters.

Das Einbeziehen der Unterverzeichnisse ist in den meisten Fällen sinnvoll, so dass die Option *Untergeordneten Ordner einbeziehen* eingeschaltet bleiben sollte.

Zudem haben Sie innerhalb des Dialogfensters die Möglichkeit, das Startverzeichnis oder -laufwerk vorzugeben. Tragen Sie die gewünschten Angaben in die Eingabezeile *Suchen in* ein oder wählen Sie das Startverzeichnis über *Durchsuchen*.

Vom so angegebenen Verzeichnis aus wird Windows 98 im Verzeichnisbaum nach unten hin alle Dateien und Verzeichnisse untersuchen. Sie können auch den *Papierkorb* als Suchverzeichnis wählen und auf diese Weise nach gelöschten Dateien suchen.

Im Papierkorb suchen

Klicken Sie dann – wenn Sie keine weiteren Kriterien vorgeben wollen – auf *Starten*. Sofort beginnt die Suche nach den passenden Dateien. Das Ergebnis der Suche wird innerhalb eines eigenen Verzeichnisfensters dargestellt, das von der Gestaltung und den Funktionen her einem Fenster des Explorers oder des Arbeitsplatzes entspricht.

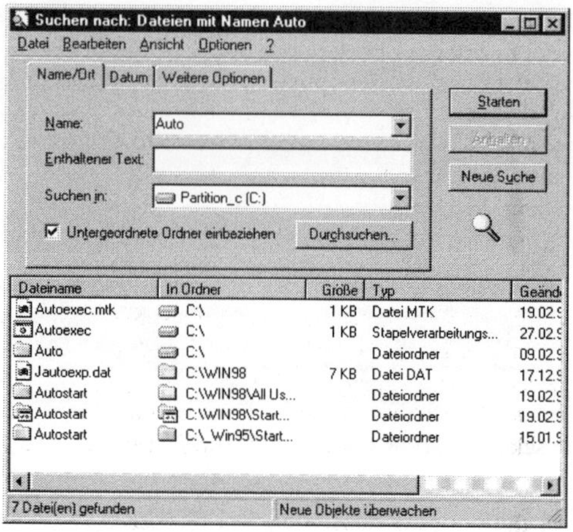

Abbildung 6.24: Das Fenster mit dem Suchergebnis

Zur weiteren Verarbeitung der gefundenen Dateien oder zur Änderung der Anzeigeform können Sie die vom Explorer und Arbeitsplatz bekannten Funktionen und die Menüs des *Suchen*-Fensters benutzen. So lässt sich zum Beispiel aus dem Suchergebnis-Fenster heraus eine gefundene Programmdatei direkt starten.

Die zeitliche Einschränkung

Innerhalb der Registerkarte *Datum* des *Suchen*-Fensters können Sie zusätzlich oder allein Suchkriterien eingeben, die einen Ordner oder eine Datei nach dem Zeitraum ihrer Änderung erfassen.

Weitere Optionen enthält neben einer Eingabemöglichkeit für die Art der zu suchenden Dateien die besonders nützliche Möglichkeit, Dateien anhand ihrer *Größe* zu identifizieren. Um dies auszuprobieren, sollten Sie einmal alle anderen Kriterien (wie den Dateinamen) aus den zwei übrigen Registerkarten entfernen und dann einmal nach Dateien, die größer sind als 1 MByte, suchen.

HINWEIS

Um beim Suchen Dateien genau identifizieren zu können, sollten Sie zuvor im *Ansicht*-Menü des Explorers unter *Ordneroptionen* und dort innerhalb der Registerkarte *Ansicht* die Option *Dateinamenserweiterung bei bekannten Dateitypen* ausschalten.

Eine Datei kopieren

Mit der Datei ÄGYPTEN.BMP aus dem Verzeichnis WINDOWS können Sie das Kopieren einer Datei erproben – sofern Sie nicht ausgerechnet dieses Motiv als Hintergrundbild Ihres Bildschirms gewählt haben. Zur Vorbereitung öffnen Sie über den Explorer den Verzeichniszweig WINDOWS und im Arbeitsplatz einen beliebigen Zielordner – vielleicht PROGRAMME oder ein Diskettenlaufwerk, wenn dort eine Diskette mit genügend freiem Platz eingelegt ist.

Sie führen den Mauszeiger nun auf das Symbol der zu kopierenden Datei, also auf ÄGYPTEN (oder ÄGYPTEN.BMP, je nach Einstellung der Explorer-Anzeige). Danach drücken Sie Strg und halten diese Taste gedrückt. Dann klicken Sie die Datei an und ziehen den Mauszeiger mit gedrückter linker Maustaste zum Zielverzeichnis oder Ziellaufwerk.

HINWEIS

> Während des Ziehens wird der Mauszeiger durch ein kleines Dokumenten-Symbol ergänzt. Wenn sich dieses in einem Bereich befindet, in den hinein nicht kopiert werden kann, wird es durch ein »Halteverbot«-Symbol ergänzt.

Sobald Sie das Symbol zum Ziel gezogen und losgelassen haben, beginnt der Kopiervorgang.

Sie sehen den Namen und das Symbol von ÄGYPTEN.BMP nun auch im Zielverzeichnis. Damit haben Sie eine Kopie dieser Datei angelegt.

Bei der eben durchgeführten Aktion haben Sie eine Datei von einem Laufwerk auf ein anderes kopiert. In diesem Fall müssen Sie die Strg-Taste nicht unbedingt benutzen. Es ist nur erforderlich, sie zu betätigen, wenn Sie zwischen Verzeichnissen desselben Laufwerks kopieren. Am besten halten Sie beim Kopieren Strg immer gedrückt, dann brauchen Sie sich das nicht zu merken.

Weitere Kopiermöglichkeiten

Neben dem gerade verdeutlichten Verfahren, aus dem Explorer eine Datei in ein Fenster des Arbeitsplatz-Programms zu ziehen, gibt es noch eine ganze Reihe weiterer Möglichkeiten:

- ✓ Im Explorer können Sie Dateisymbole aus dem rechten Fenster auf ein Verzeichniszweig-Symbol im linken Fenster ziehen – die Datei wird dann ins betreffende Verzeichnis kopiert.
- ✓ Im Arbeitsplatz-Programm können Sie von einem Ordner-Fenster ins andere kopieren.

- ✔ Selbstverständlich funktioniert auch das Kopieren aus dem Arbeitsplatz in den rechten oder linken Bereich des Explorer-Fensters.
- ✔ Markieren Sie eine Datei durch einfachen Mausklick und wählen Sie *Kopieren* aus dem *Bearbeiten*-Menü des betreffenden Fensters. Klicken Sie dann den Zielordner an und wählen Sie *Einfügen* aus dem *Bearbeiten*-Menü dieses Fensters. Auch so können Sie eine Datei kopieren. Wenn Sie nicht immer über die Menüs der Fenster gehen wollen, dann können Sie die Befehle zum Kopieren und Einfügen auch über das Kontextmenü der rechten Maustaste aktivieren.

Mehrere Dateien kopieren

Wenn Sie mehrere Dateien kopieren wollen, müssen Sie nicht alle Dateien einzeln nacheinander kopieren. Sie haben die Möglichkeit, unter Windows erst die benötigten Dateien zu markieren und sie dann zusammen in einem Rutsch zu kopieren.

Probieren Sie diese Aktion am besten wieder mit einigen Bild-Dateien aus dem Windows-Verzeichnis aus.

Die Mehrfachauswahl

Sie halten wieder [Strg] gedrückt und klicken der Reihe nach auf die Symbole der Dateien, die Sie kopieren möchten. Bei einer falschen Auswahl klicken Sie einfach noch einmal auf die irrtümlich ausgewählte Datei und die Markierung wird wieder aufgehoben.

HINWEIS

Wollen Sie anstatt einzelner Dateien einen zusammenhängenden Bereich von Dateien zum Kopieren auswählen, beispielsweise von ÄGYPTEN.BMP bis CALC.EXE, dann klicken Sie zunächst auf die erste Datei, drücken dann [⇧], halten diese Taste gedrückt und klicken dann auf die letzte Datei. Sofort nachdem Sie die letzte Datei angeklickt haben, sind außer der ersten und letzten alle sich dazwischen befindlichen Dateien ausgewählt. Um den gewählten Bereich zu verkleinern oder zu vergrößern, drücken Sie wiederum [⇧] und klicken dann entsprechend auf die neue letzte Datei.

Mit der Maus können Sie eine Gruppe von Dateien auch dadurch auswählen, dass Sie bei gedrückter linker Maustaste einen Rahmen um die Symbole ziehen.

Nach dem Markieren der Dateien gehen Sie genauso wie beim Kopieren einer Datei vor. Sie drücken also zunächst [Strg] und ziehen dann eine der markierten Dateien zum Ziel.

Der Mauszeiger wird jetzt mit einem kleinen Paket von Dokumenten-Symbolen erweitert. Nach dem Loslassen am Ziel und der Ihnen bereits bekannten Abfrage werden die Dateien kopiert. Selbstverständlich funktioniert auch der Weg über das *Bearbeiten*-Menü.

Das Umbenennen von Dateien

Erstellen Sie nach den bisherigen Anleitungen in einem beliebigen Verzeichnis oder auf einer Diskette eine Kopie der Datei ÄGYPTEN.BMP (oder ÄGYPTEN, wenn die Dateiendungen nicht angezeigt werden). Benennen Sie diese Kopie in CARS oder CARS.BMP um.

Den neuen Namen eingeben

Klicken Sie einmal mit der linken Maustaste auf den Namen neben dem Dateisymbol. Warten Sie einen Augenblick, bis der Name markiert wird. Wiederholen Sie dann den Mausklick. Sie können den Namen nun unmittelbar ändern. Sobald Sie ein anderes Symbol anklicken, wird der neue Name für die umbenannte Datei von Windows 98 übernommen.

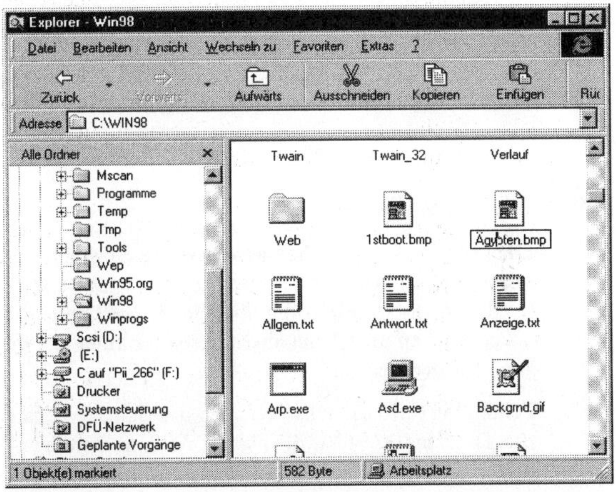

Abbildung 6.25: Ein Name ist zum Ändern markiert

Das Verschieben von Dateien

Das Verschieben einer Datei sollten Sie zunächst nur an Kopien anderer Dateien erproben, die Sie zudem umbenannt haben. Benutzen Sie zum Beispiel die umbenannte Kopie der Datei ÄGYPTEN und verschieben Sie diese nun in das Windows-Verzeichnis.

Markieren Sie die Datei durch einfaches Anklicken. Dann drücken und halten Sie im Gegensatz zum Kopieren die Taste [Alt].

Wiederum ziehen Sie die ausgewählte Datei mit gedrückter Maustaste zum Zielverzeichnis.

Nach dem Bestätigen der Sicherheitsabfrage ist die Datei verschoben. Im Unterschied zum Kopieren wird hier das Original bewegt. Es befindet sich anschließend nicht mehr im Ausgangsverzeichnis, sondern stattdessen im Zielverzeichnis.

Die Aktion ist zu vergleichen mit dem Kopieren einer Datei und dem anschließenden automatischen Löschen der Originaldatei.

HINWEIS

Das Verschieben mehrerer Dateien ist auf die gleiche Weise wie beim Kopieren möglich, allerdings auch hierbei in Verbindung mit [Alt]. Im *Bearbeiten*-Menü benutzen Sie *Ausschneiden* und *Einfügen*.

Das Löschen von Dateien

Die Datei ÄGYPTEN hat, wenn Sie den Beispielen gefolgt sind, nun zwar schon einige Aktionen über sich ergehen lassen müssen, aber ihre Kopie CARS ist im Grunde völlig überflüssig. Sie können diese Kopie also ohne Sorge löschen und dabei auch diesen – immer ein wenig riskanten – Vorgang kennen lernen.

Prüfen Sie bitte zunächst, ob auch das richtige Fenster aktiv und die richtige Datei markiert ist: die Datei CARS im Windows-Verzeichnis der Festplatte.

Ist das der Fall, dann verschieben Sie das Symbol der Datei auf das Papierkorb-Symbol oder wählen Sie den Menübefehl *Datei / Löschen* an.

Der Papierkorb fängt alles auf

Die Datei ist damit nicht sofort völlig verloren, sondern befindet sich zunächst einmal noch im Papierkorb und kann daraus wieder hervorgeholt werden. Geöffnet wird der Papierkorb zum Beispiel über den Explorer wie ein gewöhnliches Verzeichnis.

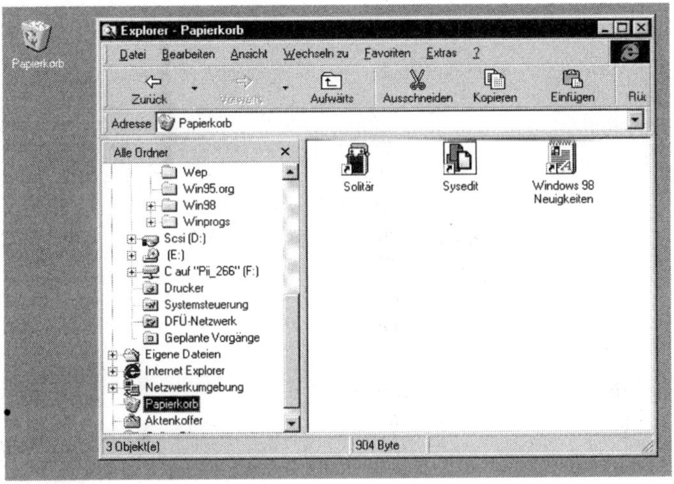

Abbildung 6.26: Zweimal der Papierkorb – als Symbol am Bildschirm und als geöffnetes Verzeichnis im Explorer

Die gelöschte Datei bleibt aber nicht unendlich lange im Papierkorb. Wie lange sie hervorgeholt werden kann, hängt von der Kapazität des Korbs ab. Diese lässt sich über *Eigenschaften* des Menüs des Papierkorbs einstellen, das Sie durch einen Klick mit der rechten Maustaste auf sein Symbol aufrufen können.

Wenn Sie in diesem Menü übrigens *Papierkorb leeren* anklicken, haben Sie die gelöschten Dateien tatsächlich endgültig von Ihren Datenträgern entfernt.

HINWEIS

Auch beim Löschen können Sie mehrere Dateien auf einmal berücksichtigen. Die Auswahl der Dateien geschieht wie beim Kopieren.

Verzeichnisse bearbeiten

Das Kopieren, Verschieben, Umbenennen und Löschen von Verzeichnissen läuft in der Regel genauso ab wie bei Dateien. Zusätzlich haben Sie die Möglichkeit, Verzeichnisse direkt im Hierarchiebaum des Explorers von einer Position zur anderen zu bewegen, also zum Beispiel als Unterverzeichnis in ein bestehendes Verzeichnis zu verlegen.

Ein neues Verzeichnis erstellen

Außerdem können Sie neue Verzeichnisse erstellen. Öffnen Sie dazu denjenigen Ordner, in dem das neue Verzeichnis als Unterordner erscheinen soll, und wählen Sie im *Datei*-Menü *Neu* und anschließend *Ordner*. Der Leerordner wird sofort angelegt, Sie können ihn anschließend umbenennen.

HINWEIS

> Sämtliche Aktionen der Dateiverwaltung gleichen von der Bedienung her denen der Verwaltung von Programmsymbolen im Startmenü.

Denken Sie aber daran, dass im Startmenü nur Symbole verschoben und geordnet werden, die vor allem den Anwendungen zugeordnet sind. Wenn Sie sich über die Unterschiede der beiden Verwaltungsbereiche nicht sicher sind, finden Sie im ersten Abschnitt dieses Kapitels «Speicherhierarchien« Informationen hierzu.

Dokumente mit Anwendungen verknüpfen

Durch die Verknüpfung eines Dokumententyps mit einer Applikation (einem Programm) teilen Sie Windows 98 mit, welche Applikation Sie normalerweise zum Bearbeiten dieser Datei oder dieses Dateityps verwenden. Windows ist dann in der Lage, beim Aufrufen solch eines Dokuments im Explorer oder im Arbeitsplatz sofort die zugehörige Anwendung zu starten und das Dokument darin zur Bearbeitung anzeigen zu lassen.

Außerdem können Sie verknüpfte Dokumente – Windows 98 nennt sie auch »registriert« – direkt ins Startmenü aufnehmen.

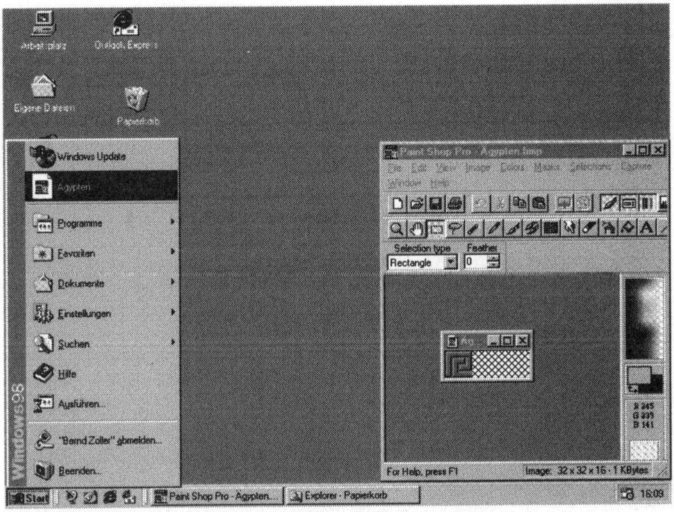

Abbildung 6.27: Das Bild ÄGYPTEN ist mit der Anwendung Paint Shop Pro verknüpft und konnte deshalb ins Startmenü aufgenommen werden

Verknüpfungen zu Dokumenten legen die Applikationen in der Regel während ihrer Installation automatisch an. Aber auch Dokumente, bei denen dies nicht geschah, lassen sich mit einer Applikation verknüpfen. Die Verknüpfung kann nur einmalig sein, sie kann aber auch dauerhaft eingerichtet werden.

Das einmalige Verknüpfen

Beim einmaligen Zuweisen setzen Sie das *Drag & Drop* mit der Maus ein. Auf diese Weise können Sie recht schnell eine nicht verknüpfte Datei bearbeiten, ohne dass Sie eine Applikation zuvor laden müssen.

Sie öffnen dazu ein Fenster im Explorer oder Arbeitsplatz, welches das Symbol der zu bearbeitenden Datei zeigt. Sie klicken das Symbol an und schieben es auf das Symbol des Programms, mit dem es bearbeitet werden soll. Dann lassen Sie die Maustaste los. Das Programmsymbol kann sich im gleichen Fenster befinden oder in einem anderen Fenster des Arbeitsplatzes, des Desktops oder des Startmenüs, sofern Sie letzteres in Fensterform geöffnet haben.

Im Anschluss an diese Aktion müsste die Anwendung starten und das Dokument öffnen – sofern Sie eine Datei gewählt haben, die mit der Anwendung auch wirklich bearbeitet werden kann. Testen Sie das Verfahren noch einmal mit der Bilddatei ÄGYPTEN aus dem Windows-Verzeichnis, die durch die Applikation Paint aus dem Windows-98-Zubehör bearbeitet werden kann.

Diese Applikation ist allerdings ohnehin dauerhaft mit den Bilddateien verknüpft, so dass auch ein Doppelklick auf ÄGYPTEN reicht, um Paint zu starten.

Möglich ist es auch, ein Dokumentensymbol direkt in das geöffnete Fenster einer Anwendung zu ziehen.

HINWEIS

Wenn Sie ein Dokumentensymbol auf die Schaltfläche *Start* des Startmenüs schieben, erscheint ein Dialogfenster, welches die Auswahl der aufzurufenden Anwendung ermöglicht und das Dokument zugleich direkt in die erste Ebene des Startmenüs aufnimmt.

KNOW-HOW

Haben Sie ein Dokument in das Startmenü aufgenommen, dann können Sie es recht einfach wieder daraus entfernen. Ziehen Sie den Eintrag mit gedrückt gehaltener linker Maustaste aus dem Menü und legen Sie ihn auf dem Papierkorb-Symbol ab. Daraufhin wird der Eintrag aus dem Menü entfernt.

Dauerhafte Verknüpfungen

Sobald Sie häufiger mit Dokumenten einer Anwendung arbeiten, bei denen keine Verknüpfung besteht, ist es sinnvoll, nicht jedesmal von Hand das Symbol zu ziehen, sondern eine dauerhafte Verknüpfung herzustellen.

Nehmen wir zum Beispiel die TXT-Dokumente im Windows-Verzeichnis. Diese Dateien enthalten Zusatzinformationen zu Windows 98, die in den normalen Dokumentationen in dieser Form nicht zu finden sind. Sie sind bereits verknüpft, und zwar mit dem Zubehörprogramm *Editor*. Das Zubehörprogramm *WordPad* aber bietet erheblich bessere Möglichkeiten zur Anzeige und zum Druck. Aus diesem Grund sollen die TXT-Dateien nun mit WordPad verknüpft werden.

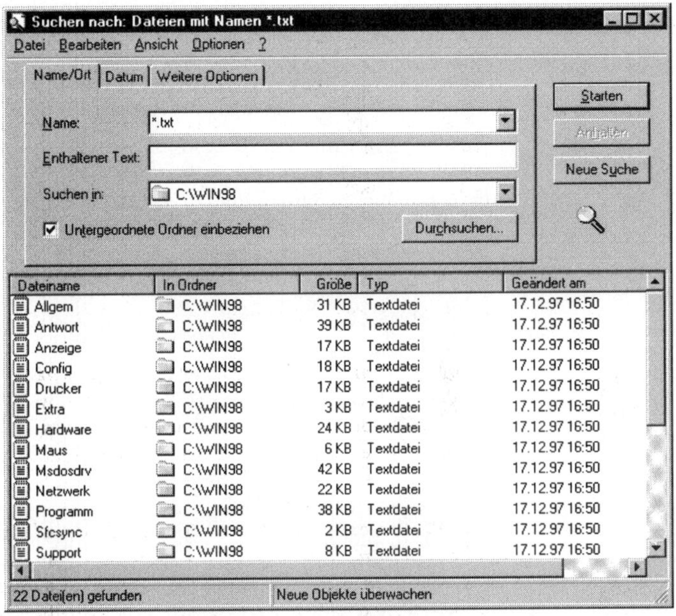

Abbildung 6.28: Textdateien im Windows-Verzeichnis

HINWEIS

Die technisch anmutenden, unhandlichen MS-DOS-Dateiendungen wie .EXE und .TXT sind bei der normalen Arbeit mit Windows 98 kaum noch sichtbar. Windows 98 kennt für jede Datei noch einen Namen nach dem alten MS-DOS-Standard, zeigt am Bildschirm aber lange, aussagekräftige Namen an und eindeutig zugeordnete Symbole.

Für das Verknüpfen allerdings kann es zuweilen nützlich sein, dass die Endungen wieder sichtbar gemacht werden, weil sie die Dateitypen manchmal exakter erkennen lassen als die Symbole. Schalten Sie zu diesem Zweck im *Ansicht*-Menü des Explorers oder Arbeitsplatzes unter *Ordneroptionen* im Register *Ansicht* die Option *Dateinamenserweiterungen bei bekannten Dateitypen ausblenden* aus. Suchen Sie die Dateien dann in einem der Verzeichnisfenster und merken Sie sich gegebenenfalls das Aussehen der Symbole, da die Dateien in der Verknüpfungsfunktion an diesen Symbolen kenntlich gemacht werden.

Wählen Sie im *Ansicht*-Menü des Explorers oder Arbeitsplatzes die Funktion *Ordneroptionen*. Öffnen Sie das Register *Dateitypen*.

Sie sehen eine Liste der bereits »registrierten« Dateitypen – dabei handelt es sich um jene Typen, zu denen Windows 98 bereits Informationen gespeichert hat. Suchen Sie den Eintrag *Textdatei* in der Liste.

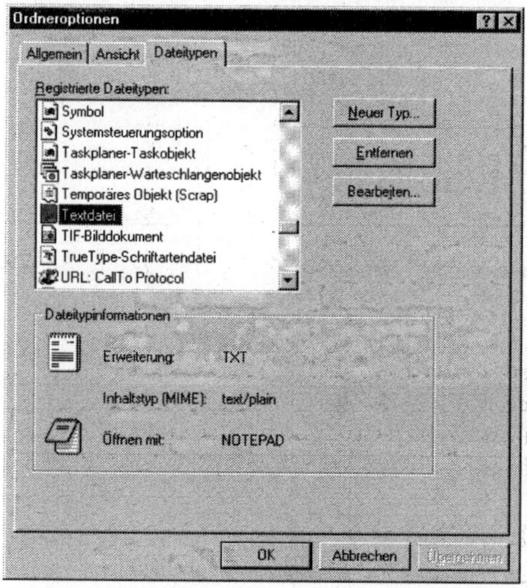

Abbildung 6.29: Verknüpft werden sollen die Textdateien

Unten im Dialog wird unter *Dateitypinformation* nun angezeigt, welche Endung die entsprechenden Dateien haben und welcher Applikation sie zugeordnet sind. Klicken Sie daraufhin die Schaltfläche *Bearbeiten* an.

In der nun eingeblendeten Dialogbox können Sie zunächst ein neues Symbol für den Dateityp wählen und eine neue Beschreibung des Typs eingeben – beides ist in unserem Beispiel nicht notwendig.

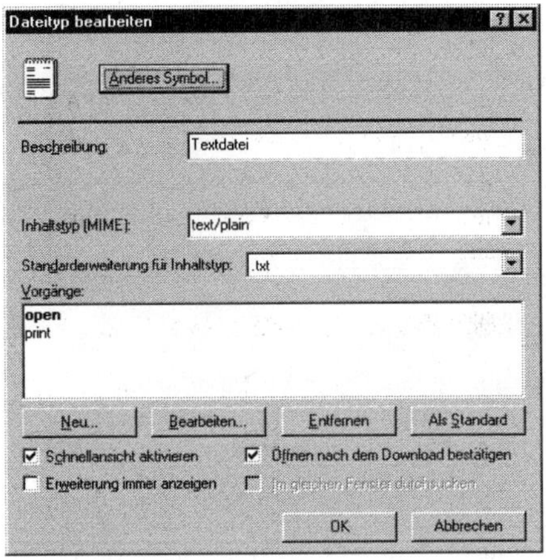

Abbildung 6.30: In diesem Dialog lässt sich der Dateityp bearbeiten

Es gibt zwei Vorgänge

In der Liste darunter sehen Sie, dass es für den Dateityp .TXT sogar zwei über Verknüpfungen geregelte Vorgänge gibt: *open* (Öffnen) und *print* (Drucken) – für den Zweck des Beispiels ist nur *Öffnen* interessant, denn diese Funktion regelt das Öffnen der Datei durch ein Programm. Klicken Sie auch hier die Schaltfläche *Bearbeiten* an.

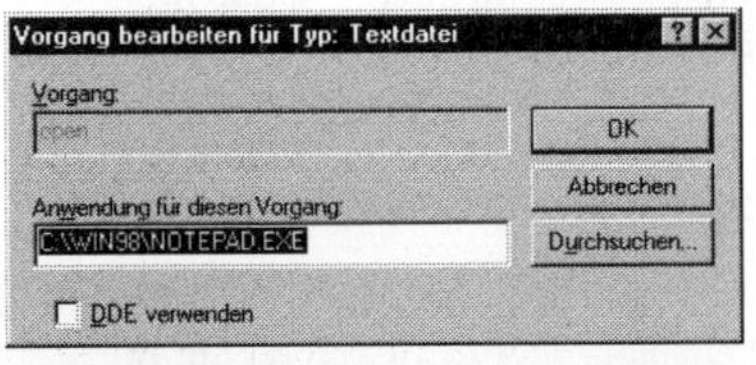

Abbildung 6.31: Hier tragen Sie die Anwendungsdatei zum Öffnen ein

WordPad muss nun in die Zeile *Anwendung für diesen Vorgang* eingetragen werden, aber Sie kennen ja noch nicht den genauen Speicherort und Programmdatei-Namen dieser Anwendung. Wählen Sie deshalb *Durchsuchen*. Die Suche beginnt im Rootverzeichnis der Festplatte C:. Sie finden *WordPad* im Ordner *Programme* und dort im Unterordner *Zubehör*.

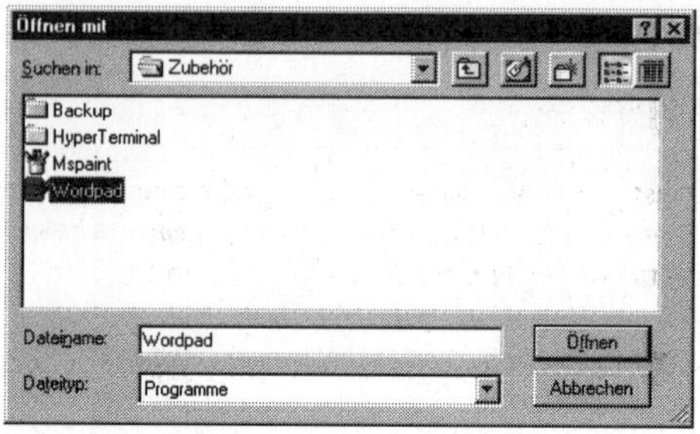

Abbildung 6.32: Hier finden Sie WordPad

Klicken Sie das Programmsymbol an und wählen Sie anschließend *Öffnen*, dann *OK* und noch einmal *Schließen*.

Den Standard wiederherstellen

Über die Schaltfläche *Als Standard* in dem zuletzt geschlossenen Fenster können Sie immer wieder zu derjenigen Verknüpfungs-Registrierung zurückschalten, die für einen Dateityp bei der Installation von Windows bzw. des ihm zugehörigen Programms galt.

Schnellansicht aktivieren macht bei einigen Standard-Dateitypen eine Darstellung am Bildschirm unabhängig vom Programm möglich, das diesen Dateityp normalerweise verarbeitet und erzeugt.

Mit *Neu* richten Sie einen neuen Dateityp ein, und zwar, indem Sie ihn an seiner Dateiendung kenntlich machen und ihm die übrigen Eigenschaften zuweisen, die Sie nun schon kennen.

Dokumente auf Drucker verschieben

Sie können ein Dokument ausdrucken, indem Sie den Ordner *Drucker* über den Arbeitsplatz oder den Explorer am Bildschirm öffnen und dann ein Dateisymbol auf eines der Druckersymbole ziehen. Windows 98 startet dann automatisch die mit dem Dateityp verknüpfte Applikation und leitet sofort den Druck des Dokuments ein.

HINWEIS

Diese Vorgehensweise ist bequem, muss aber nicht das beste Druckergebnis liefern und funktioniert auch nur bei korrekter Verknüpfung zwischen Datei und Anwendung. Besser ist es, ein Dokument gezielt in eine Anwendung Ihrer Wahl zu laden, dort alle nötigen Einstellungen vorzunehmen und die Datei dann zu Papier zu bringen.

Kontextmenüs für Datei- und Laufwerksobjekte

Wie fast jedes Funktionselement der Windows-98-Oberfläche haben auch die Datei- und Ordnersymbole *Kontextmenüs*, die Sie durch Anklicken des Objekts mit der rechten Maustaste öffnen können.

Abbildung 6.33: Das Kontextmenü zu einer Textdatei

Welche Einträge im Menü zur Verfügung stehen, hängt vom Typ der Datei ab. Bei der Textdatei in der Abbildung sehen Sie zunächst Befehle, die zu den mit der Datei verknüpften Anwendungen führen. Die Textdatei im Bild lässt zum Beispiel erkennen, was es mit den verschiedenen Aktionen – hier *Öffnen* und *Drucken* – auf sich hat, die sich während der Verknüpfung konfigurieren lassen. Der erste Befehl ruft die Datei nur ins Fenster der zugeordneten Anwendung, der zweite startet gleich automatisch den Ausdruck.

Senden an erlaubt das Kopieren der Datei auf Disketten bzw. verschiedene Bereiche von Windows 98. Die nächsten fünf Befehle kennen Sie schon aus der Anleitung zur Verwaltung von Dateien mit dem Explorer und dem Arbeitsplatz-Programm.

Eigenschaften zeigt Ihnen in jedem Fall genaue Informationen über das gewählte Objekt an – bei Dateien zum Beispiel die Größe und die Änderungsdaten, bei Laufwerken den Grad der Belegung und den Stand der Wartung.

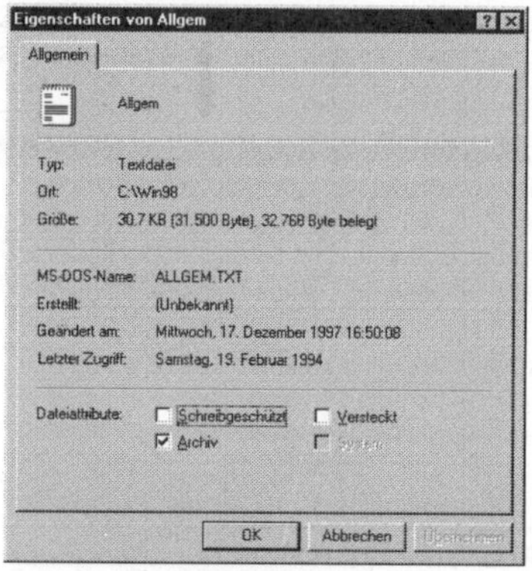

Abbildung 6.34: Die Eigenschaften einer Datei

Außerdem lassen sich Einstellungen vornehmen – bei einer Datei ist die Markierung als schreibgeschützte oder versteckte Datei vorzunehmen, bei Verzeichnissen und Laufwerken die Freigabe ans Netzwerk zu regeln, und bei Laufwerken erscheint unter anderem noch eine Zugriffsmöglichkeit auf die wichtigsten Wartungsfunktionen.

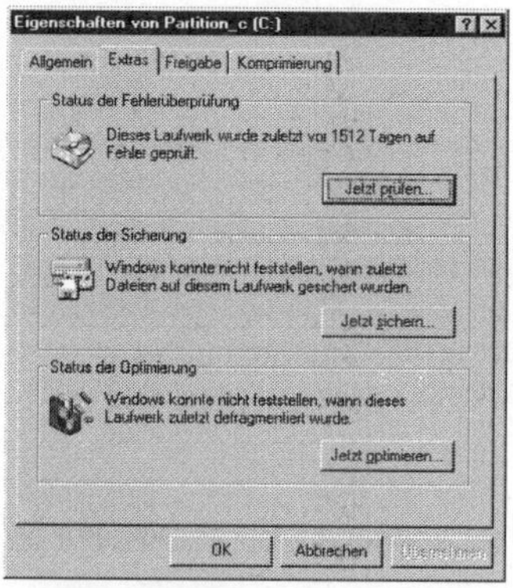

Abbildung 6.35: Eine der Eigenschaften-Funktionen für Laufwerke ist der Aufruf der Wartungsprogramme

Dateien im Netzwerk

Explorer und Arbeitsplatz haben einige besondere Aufgaben, was die Anbindung Ihres PCs an ein Netzwerk betrifft.

Ein Verzeichnis freigeben

Windows 98 bietet die Möglichkeit, frei wählbare Verzeichnisse Ihres PCs zur Benutzung in einem bestehenden Netzwerk freizugeben. Die Verzeichnisse sind dann von den im Netzwerk befindlichen Arbeitsstationen aus aktivierbar.

Wie eine solche Freigabe durchgeführt wird, erfahren Sie nun anhand eines Beispiels. Nehmen Sie an, Sie möchten dem Netzwerk das auf Ihrem Computer befindliche Windows-Verzeichnis zur Verfügung stellen, dieses Verzeichnis also für den allgemeinen Zugriff freigeben.

Markieren Sie als Erstes in einem Fenster des Arbeitsplatzes oder im Explorer das Verzeichnis, das Sie freigeben möchten, für unser Beispiel also C:\WIN98.

HINWEIS

Bedenken Sie, dass alles, was sich in diesem Verzeichnis befindet, freigegeben wird. Dies betrifft sowohl die Dateien als auch die darin befindlichen Unterverzeichnisse. Eine Einschränkung auf bestimmte Dateien oder Unterverzeichnisse ist nicht möglich.

Zum Freigeben des Verzeichnisses wählen Sie die Funktion *Freigabe* im *Datei*-Menü oder im Kontextmenü des Verzeichnisses an. Daraufhin erscheint ein Dialogfeld für die notwendigen Einstellungen.

Der *Freigabename* wird automatisch in das Dialogfeld eingetragen. Der Eintrag wird abgeleitet vom Namen des Verzeichnisses, das Sie freigeben wollen.

Geben Sie einen Hinweis auf das Freigegebene ein

Die Eingabezeile *Kommentar* ist im Dialogfenster noch frei. Dort können Sie einen kurzen Text eingeben. Dieser wird angezeigt, wenn die freigegebenen Verzeichnisse zum Verbinden im Netzwerk aufgelistet werden.

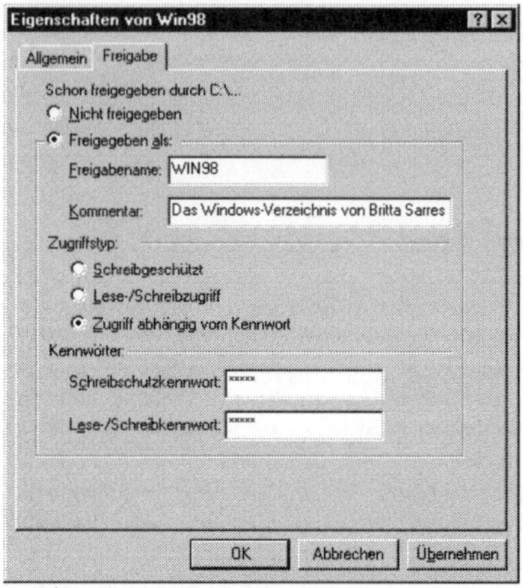

Abbildung 6.36: Das Dialogfeld zur Verzeichnisfreigabe

Lassen Sie die Einträge in den beiden oberen Zeilen unverändert, wenn sie die richtigen Daten enthalten. In der *Kommentar*-Zeile können Sie bei Bedarf etwas eintragen.

Die Art der Freigabe

Wenn Sie ein Verzeichnis freigeben, dann stellen Sie eventuell einer Vielzahl von Benutzern Ihre Daten zur Verfügung. Die Gefahr besteht, dass die anderen Benutzer unverantwortlich mit Ihren Daten umgehen. Außerdem wissen Sie ja nicht, wer an den anderen Arbeitsstationen sitzt. Es kann sich dort auch jemand aufhalten, der gar nicht befugt ist, Ihre Daten einzusehen.

Die Freigabe einschränken

Um diese Gefahr vermindern zu können, haben Sie die Möglichkeit, die Art des Zugriffs auf Ihr freigegebenes Verzeichnis einzuschränken. Außerdem können Sie Kennwörter vergeben, um den Zugriff zu sichern.

Im *Freigabe*-Dialogfenster sind die beiden Bereiche *Zugriffstyp* und *Kennwörter* für den eingeschränkten Zugriff auf Ihr freigegebenes Verzeichnis verantwortlich.

- Die Option *Schreibgeschützt* bewirkt, dass der Benutzer, der auf das freigegebene Verzeichnis zugreift, die darin enthaltenen Daten nur lesen kann.

Das Löschen oder das Verändern der Daten in Ihrem Verzeichnis ist dann nicht möglich. Die Daten sind durch diese Option nur gegen das Verändern auf Ihrer Festplatte geschützt. Ein Benutzer kann sie jedoch kopieren, ausdrucken und so weiter. Die Daten an sich sind somit frei verfügbar.

Wenn Sie die Option aktiviert haben, dann können Sie feststellen, dass die Option *Schreibschutzkennwort* im Bereich *Kennwörter* eingabebereit ist, so dass Sie dort also bei Bedarf ein Kennwort eintragen können.

Wenn Sie diese Möglichkeit nutzen und ein Kennwort eintragen, dann muss jeder Benutzer an einer anderen Arbeitsstation beim Einbinden des Verzeichnisses in sein System erst das von Ihnen vergebene Kennwort eingeben, wozu ihm dann ein Dialogfeld angezeigt wird.

Ist dem Nutzer das Kennwort nicht bekannt, hat er keine Möglichkeit, die Verbindung mit dem Verzeichnis herzustellen. Auf diese Weise haben Sie die Wahl, nur bestimmten Benutzern den Zugriff auf Ihr Verzeichnis zu ermöglichen. Nennen Sie nur den Benutzern das Kennwort, denen Sie den Zugriff auf das Verzeichnis erlauben möchten.

Die Freigabe des Verzeichnisses erfolgt direkt, nachdem Sie das Dialogfeld mit *OK* verlassen haben.

HINWEIS

Haben Sie ein Kennwort vergeben, dann werden Sie sicherheitshalber innerhalb eines Dialogfeldes aufgefordert, dieses Kennwort noch einmal einzugeben. Erst dann wird die Aktion abgeschlossen und das Verzeichnis freigegeben.

Bei der Eingabe des Kennworts werden Ihnen dessen Buchstaben und Zeichen nicht angezeigt – damit soll es anderen erschwert werden, Kennwörter bei der Eingabe heimlich mitzulesen.

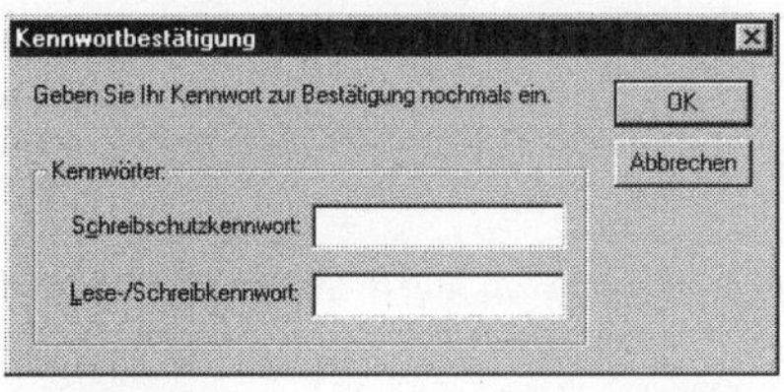

Abbildung 6.37: Das Dialogfeld zur Bestätigung der Kennwortvergabe

- Ist es Ihre Absicht, dass Ihr Verzeichnis durch die anderen Teilnehmer im Netzwerk ohne Einschränkungen genutzt werden kann, dann wählen Sie für die Freigabe die Option *Lese- / Schreibzugriff.*

  Fremde Nutzer können Daten dann einsehen, ändern, löschen, neue hinzufügen und so weiter. Auch in diesem Fall kann ein Kennwort vergeben werden, diesmal über die zweite *Kennwörter*-Zeile.

HINWEIS

> Auch bei der Vergabe dieses Kennworts muss innerhalb eines weiteren Dialogfelds das Kennwort bestätigt werden.

- Bei der dritten Art des Zugrifftyps werden die beiden schon genannten Möglichkeiten kombiniert. Die Option *Zugriff abhängig vom Kennwort* macht den Zugriff auf das Verzeichnis für jeden Nutzer davon abhängig, welches Kennwort er eingibt. Demzufolge werden bei dieser Option im Bereich *Kennwörter* beide Eingabezeilen aktiviert. Sie können nun bestimmen, mit welchem Kennwort der Benutzer welche Zugriffsrechte erhält.

HINWEIS

> Bei der Kennwortbestätigung müssen Sie dann beide Kennwörter noch einmal eingeben.

Probieren Sie die Möglichkeiten nun einmal aus:

Nachdem Sie die ersten Zeilen des Verzeichnis-*Freigeben*-Dialogfensters schon ausgefüllt haben, aktivieren Sie jetzt die Option *Zugriff abhängig vom Kennwort*.

Vergeben Sie anschließend das Schreibschutzkennwort LESEN und das Lese- / Schreibkennwort SCHREIBE. Drücken Sie nach der Eingabe des ersten Kennworts nicht [↵], sondern klicken Sie das zweite Eingabefeld an oder wechseln Sie mit [⇆] dorthin. Klicken Sie auf *OK*, um das Dialogfenster zu verlassen.

Bestätigen Sie in dem daraufhin erscheinenden Dialog die beiden Kennwörter, indem Sie die beiden Eingabezeilen entsprechend ausfüllen. Drücken Sie nach dem ersten Kennwort nicht [↵]. Mit *OK* verlassen Sie anschließend das Fenster, und das Verzeichnis ist freigegeben. Am Bildschirm wird das Symbol des Verzeichnisses nun um eine offensichtlich »freigebige« Hand ergänzt.

Abbildung 6.38: Das Symbol eines freigegebenen Verzeichnisses

Die Freigabe eines Verzeichnisses beenden

Manchmal ist es erforderlich, die Freigabe von einem oder mehreren Verzeichnissen wieder rückgängig zu machen. Dies stellt allerdings keine besondere Schwierigkeit dar. Das Verzeichnis, dessen Freigabe Sie beenden wollen, muss zunächst wieder markiert sein.

Wählen Sie wieder den Menübefehl *Freigabe*. Daraufhin erscheint das schon bekannte Dialogfeld auf Ihrem Bildschirm.

Klicken Sie *Nicht freigegeben* an und anschließend *OK*.

KNOW-HOW

Sollte eine andere Arbeitsstation auf ein Verzeichnis zugreifen, dessen Freigabe Sie gerade beenden wollen, dann macht Sie Windows darauf aufmerksam, bevor die Verbindung zu Ihrem Verzeichnis getrennt wird.

Beachten Sie, dass es im schlimmsten Fall zu Programmabstürzen und damit zu Datenverlusten auf der verbundenen Arbeitsstation kommen kann, wenn Sie die Freigabe trotzdem beenden.

Sinnvoller ist es, die Freigabe zu beenden, wenn keine Arbeitsstation aus dem Netzwerk eine Verbindung zu Ihrem Verzeichnis hergestellt hat.

Das Einbinden eines Netzwerk-Verzeichnisses

Das Freigeben eines Verzeichnisses hat natürlich keinen Sinn, wenn es nicht die Möglichkeit geben würde, die freigegebenen Verzeichnisse in die Windows-Umgebung einer anderen Arbeitsstation einzubinden.

Der Ordner *Netzwerkumgebung* hält für diese Aufgabe den richtigen Befehl bereit.

HINWEIS

Um das eben von Ihnen freigegebene WIN98-Verzeichnis verbinden zu können, müssen Sie die Arbeitsstation wechseln. Sie können nicht von ein und derselben Arbeitsstation ein Verzeichnis freigeben und gleichzeitig die Verbindung zu diesem Verzeichnis herstellen.

Wechseln Sie die Arbeitsstation und aktivieren Sie den oben angesprochenen Ordner.

Der Ordner enthält alle für das Netzwerk vorhandenen Gruppen, Verzeichnisse, Drucker usw. Unter anderem auch das freigegebene Windows-Verzeichnis. Lokalisieren Sie die entsprechende Arbeitsstation und den freigegebenen Windows-Ordner. Öffnen Sie diesen allerdings nicht.

Klicken Sie anschließend den Windows-Ordner mit der rechten Maustaste an. Es erscheint ein Popup-Menü, das den Menübefehl *Netzlaufwerk verbinden* enthält. Aktivieren Sie diesen, woraufhin ein Dialogfenster erscheint.

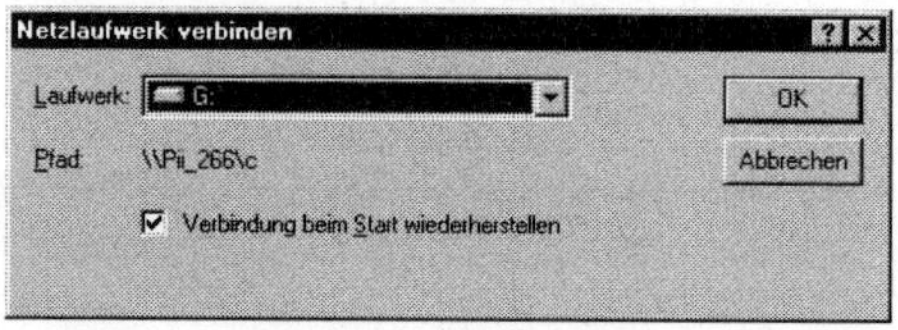

Abbildung 6.39: Hier wird das Netzwerk verbunden

Vergeben Sie einen Laufwerksbuchstaben

Als Erstes wählen Sie im Listenfeld *Laufwerk* einen Laufwerksbuchstaben aus. Das zu verbindende Verzeichnis wird diesem Laufwerksbuchstaben zugeordnet. Ist die Verbindung hergestellt, dann sprechen Sie das Verzeichnis mit dem Laufwerksbuchstaben an. Standardmäßig wird innerhalb des Dialogfeldes der erste freie Laufwerksbuchstabe in diesem Listenfeld eingeblendet. Diesen sollten Sie jetzt so belassen.

Die Anzeige *Pfad* können Sie nicht ändern. Dort wird automatisch der Zugriffspfad für das freigegebene Verzeichnis eingetragen.

Deaktivieren Sie die Option *Beim Starten wieder verbinden*. Sie würden Windows 98 durch diese Option veranlassen, die Verbindung bei einem Neustart automatisch wiederherzustellen. Für unser Testbeispiel ist das nicht notwendig.

Klicken Sie zum Abschluss auf *OK*.

Die Verbindung zu dem freigegebenen Verzeichnis WIN98 ist damit hergestellt. Dies wird auch sofort erkennbar, denn innerhalb des Explorers ist sofort nach Beendigung dieser Aktion ein neues Verzeichnis vorhanden, das bei Aktivierung den Inhalt des verbundenen Verzeichnisses darstellt.

Das Trennen eines Netzwerk-Laufwerks

In den meisten Fällen ist eine Verbindung zu einem freigegebenen Verzeichnis aus dem Netzwerk nicht für immer und ewig erforderlich. Oft wird nur ganz kurz eine Verbindung zu einem Verzeichnis benötigt, zum Beispiel, um sich beim Datenaustausch viel Kopierarbeit mittels Disketten zu ersparen.

Damit ein verbundenes Verzeichnis nicht überflüssigerweise in ein System eingebunden bleibt, besteht für den Anwender die Möglichkeit, die Verbindung zu einem solchen Verzeichnis wieder zu trennen.

HINWEIS

In der obigen Aktion sollte das Verzeichnis WIN98 auch nur vorübergehend verbunden werden, damit Sie leichter erkennen können, was es mit dem Freigeben und Verbinden eines Verzeichnisses auf sich hat.

Die Trennung eines verbundenen Verzeichnisses ist eine relativ leichte und schnell zu erledigende Arbeit. Im Menü *Extras* des Explorers ist der Menübefehl *Netzlaufwerk trennen* für die gewünschte Aktion vorhanden.

Wählen Sie den oben angesprochenen Menübefehl an, ohne zuvor ein bestimmtes Verzeichnis anzuwählen.

Durch die Aktivierung des Menübefehls erkennt der Explorer, dass Sie die Trennung eines Verzeichnisses durchführen möchten. Deshalb werden die bestehenden Verbindungen zu freigegebenen Verzeichnissen innerhalb eines Dialogfeldes dargestellt.

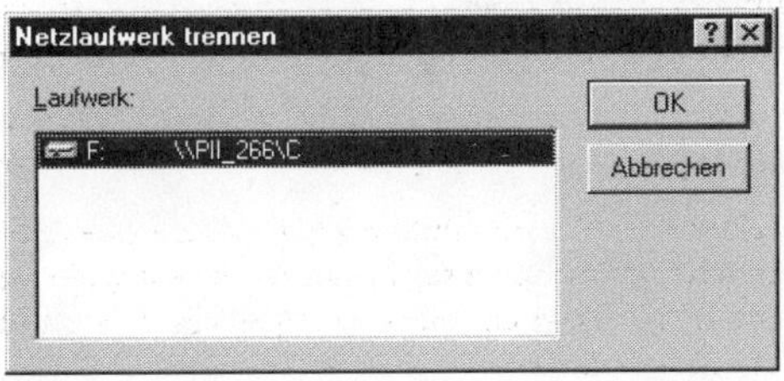

Abbildung 6.40: Die Liste der verbundenen Verzeichnisse

Aus dieser Liste müssen Sie jetzt nur noch den gewünschten Eintrag anwählen und zum Abschluss *OK* anklicken. Die Trennung wird dann sofort ohne Sicherheitsfragen vollzogen.

Wählen Sie das bei Ihnen verbundene Verzeichnis WIN98 an und klicken Sie auf *OK*.

Dass diese Verbindung wirklich getrennt wurde, können Sie kontrollieren, indem Sie den gleichen Menübefehl noch einmal aufrufen. In der dann erscheinenden Liste wird der zuvor ausgewählte Eintrag nicht mehr vorhanden sein.

Damit haben Sie die grundlegenden Arbeiten mit dem Explorer und dem Arbeitsplatz hinsichtlich der Verzeichnisse und Dateien kennen gelernt. Es gibt noch einige Aktionen mehr, die mit den Programmen durchgeführt werden können. Da es sich hierbei allerdings um weiterführende Schritte handelt, werden sie an geeigneter Stelle im Buch besprochen.

Die MS-DOS-Ebene von Windows 98

Die MS-DOS-Ebene von Windows 98 erinnert an die Zeiten vor Windows 95/98. Bis dahin war es notwendig, als grundlegendes Betriebssystem MS-DOS zu installieren, um darauf aufsetzend Windows z. B. in der Version 3 einzusetzen. Windows war bis dahin kein eigenständiges Betriebssystem, sondern lediglich eine grafische Benutzeroberfläche. Der Vorteil dieser Oberfläche war, dass viele Dinge erledigt werden konnten, ohne die kryptischen Befehle von MS-DOS kennen und eingeben zu müssen.

Damit Sie diese Art der Befehlseingabe auch unter Windows 98 vornehmen können, gibt es die *MS-DOS-Eingabeaufforderung* im Ordner *Programme* des Startmenüs.

Die MS-DOS-Eingabeaufforderung

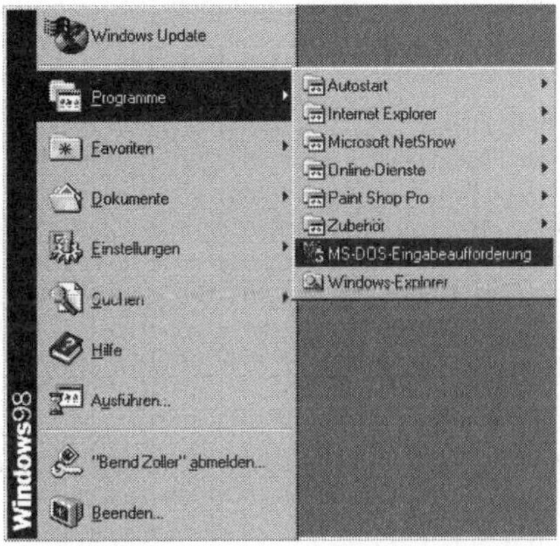

Abbildung 6.41: Hier finden Sie die MS-DOS-Eingabeaufforderung

Sobald Sie diesen Menüeintrag aktivieren, wird der MS-DOS-Modus bereitgestellt. In der Regel geschieht dies innerhalb eines Fensters.

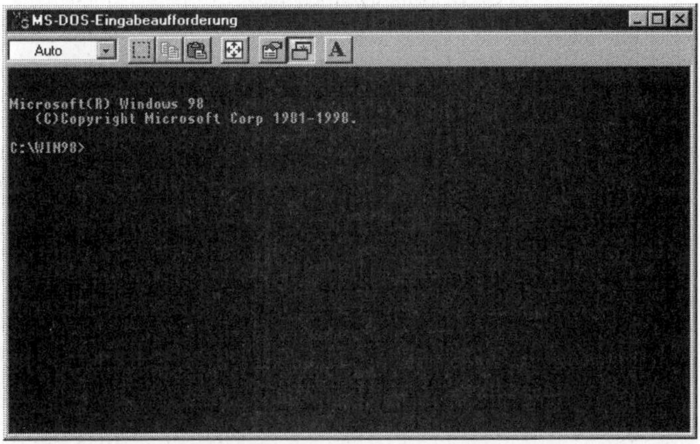

Abbildung 6.42: Der MS-DOS-Modus

In dieses Fenster können Sie die MS-DOS-Befehle eingeben. Allerdings müssen Sie diese genau kennen. Nicht nur die genaue Bezeichnung des einzusetzenden Befehls sondern auch die entsprechenden Parameter sind für einen sinnvollen Einsatz erforderlich.

Wenn Sie z. B. den Befehl dir eingeben und anschließend die [↵]-Taste drücken, bekommen Sie den Inhalt des aktuellen Verzeichnisses angezeigt.

Die Schrift ändern

Je nachdem welche Auflösung Sie benutzen, kann es sein, dass der Inhalt des Fensters sehr schlecht zu erkennen ist. Mittels des aufklappbaren Listenfelds am oberen Rand des Fensters können Sie verschiedene Größeneinstellungen für die Anzeige innerhalb des Fensters wählen. Probieren Sie ruhig einige aus und benutzen Sie dann diejenige, mit der Sie am besten arbeiten können.

Sollte Ihnen die Arbeit innerhalb eines Fensters nicht gefallen, dann können Sie den MS-DOS-Modus auch vollständig, ohne Windows “drumherum”, betreiben. Drücken Sie dazu die Tastenkombination [Alt] +[↵]. Es ändert sich daraufhin die Darstellung, so dass Sie keine Fenster mehr vorfinden.

HINWEIS

Dass sich Windows allerdings immer noch aktiv im Hintergrund befindet, können Sie leicht überprüfen, indem Sie mit [Alt] +[⇆] den aktiven Task wechseln.

Vom Vollbild-Modus wechseln Sie übrigens wiederum mit [Alt]+ [↵] wieder in den Fenster-Modus zurück.

Um den MS-DOS-Modus zu verlassen, geben Sie innerhalb des Fensters den Befehl *exit* ein.

Die Eigenschaften der MS-DOS-Eingabeaufforderung

Die MS-DOS-Eingabeaufforderung hat heute immer noch ihre Daseinsberechtigung, da einige Programme weiter darauf aufbauen. In den meisten Fällen sind dies Spiele, die in diesem Modus eingesetzt werden.

Da diese oftmals ein bestimmtes Umfeld, z. B. an die Speicheranforderung, benötigen, können Sie die Eigenschaften der MS-DOS-Eingabeaufforderung bzw. die Eigenschaften jedes MS-DOS-Programms, das unter Windows 98 abläuft, festlegen. Klicken Sie dazu auf das Symbol in der linken oberen Ecke des Fensters und aktivieren Sie den Menübefehl *Eigenschaften*.

Abbildung 6.43: Die Eigenschaften

HINWEIS

Um die Einstellungen für jedes MS-DOS-Programm separat festlegen zu können, müssen Sie auf die jeweilige auszuführende Datei (.EXE-Datei) mit der rechten Maustaste das entsprechende Kontextmenü und darin den Befehl *Eigenschaften* aktivieren. Die Dateien können Sie sich z. B. innerhalb des Explorers anzeigen lassen.

Innerhalb des Eigenschaften-Dialogs finden Sie die Möglichkeiten vor, die Parameter für das jeweilige Programm so festzulegen, dass die gewünschte bzw. erforderliche Umgebung vorhanden ist.

Innerhalb des Registers *Schriftart* können Sie z. B. entsprechend festlegen, welche Schrift innerhalb des Fensters benutzt werden soll, wie Sie es zuvor über das Listenfeld vorgenommen haben.

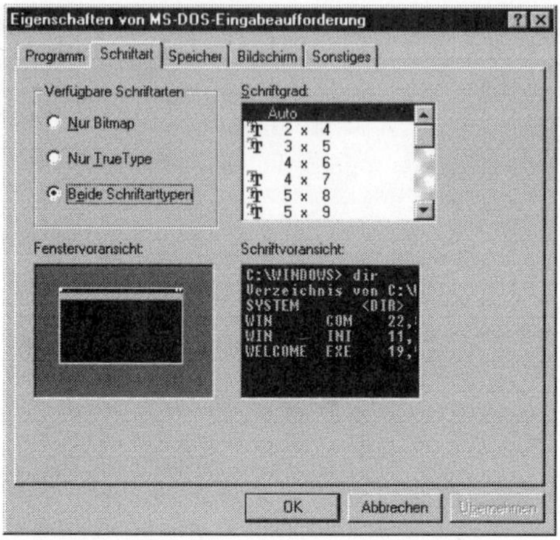

Abbildung 6.44: Die Schriften-Einstellung

Der Speicher

Das Register *Speicher* stellt Ihnen die Möglichkeit zur Verfügung, bestimmte Speichervoraussetzungen, z. B. für ein Spiel, zu schaffen, da diese oftmals bestimmte Anforderungen dahingehend voraussetzen.

Stellen Sie hier die erforderlichen Werte ein:

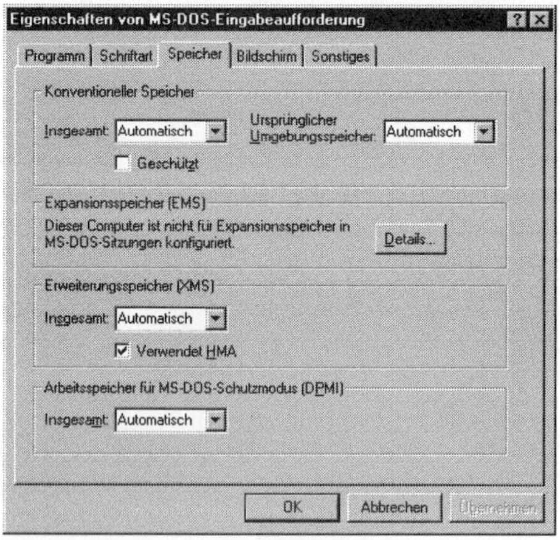

Abbildung 6.46: Der Speicher

Auf diese Weise haben Sie die Möglichkeit, eine Umgebung zu schaffen, in der auch alte bzw. exotische Programme eingesetzt werden können. In der Zukunft wird dieser Modus allerdings von immer weniger Programmen eingesetzt werden, so dass seine Bedeutung immer mehr abnehmen wird.

Der Start von Windows 98 im MS-DOS-Modus

Möchten Sie den MS-DOS-Modus betreiben, ohne dass sich die grafische Benutzeroberfläche von Windows 98 im Hintergrund befindet, dann können Sie dies erreichen, indem Sie im Startmenü auf den Menübefehl *Beenden* klicken. Es erscheint daraufhin ein Dialog:

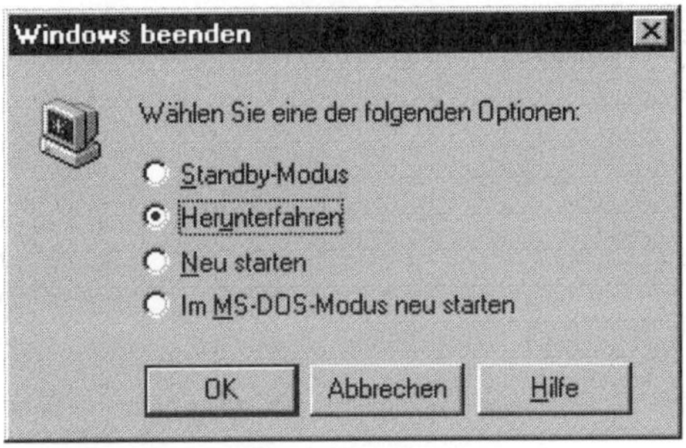

Abbildung 6.46: Windows beenden

Wählen Sie hier den Eintrag *Im MS-DOS-Modus neu starten* an. Klicken Sie anschließend auf *OK*, wird Windows 98 beendet, und es erscheint lediglich die MS-DOS-Eingabeaufforderung. Die Fenster von Windows 98 sind dann nicht mehr im Hintergrund aktiv.

Sie können dann arbeiten, als ob Sie sich in den Anfängen der Computerei befänden, als es noch keine hilfreichen grafischen Eingabemöglichkeiten wie die Maus gab.

KAPITEL

Das Windows-98-Zubehör

In diesem Kapitel lernen Sie die Zubehör-Programme von Windows 98 kennen. Dabei handelt es sich um Applikationen, die sich für die tägliche Arbeit einsetzen lassen. Sie erfahren, welche Programme Ihnen zur Verfügung stehen und lernen auch hier weitere grundlegende Arbeitsweisen von Windows 98 kennen. Darüber hinaus sind wieder viele praktische Anleitungen und Arbeitsschritte vorhanden.

7

Das Windows-98-Zubehör

Das *Zubehör* von Windows 98 umfasst recht unterschiedliche Applikationen. Alle werden aber auf ähnliche Weise bedient. Diese Bedienung wird auch generell bei Windows-Applikationen benutzt, so dass Sie die hier dargestellten Abläufe auch auf andere Anwendungen übertragen können. Es ist also davon auszugehen, dass es Ihnen, wenn Sie mit den hier erläuterten Applikationen arbeiten können, nicht schwer fallen wird, andere Programme zu benutzen.

Es kann sein, dass nicht jede Anwendung des Zubehörs auf Ihrem Rechner installiert worden ist. Je nach Installationsart kann das eine oder andere Programm auf Ihrem Computer fehlen. Wenn dies der Fall ist, dann können Sie die fehlenden Programme über das Installationsprogramm von Windows 98 nachträglich installieren.

Sie finden das Zubehör im Startmenü innerhalb des Ordners *Programme*. Sie sehen dort einen weiteren Ordner namens *Zubehör*. Sobald Sie diesen öffnen, finden Sie neben weiteren Unterordnern, auf die in diesem Kapitel nicht eingegangen wird, die vorhandenen *Zubehör*-Programme vor.

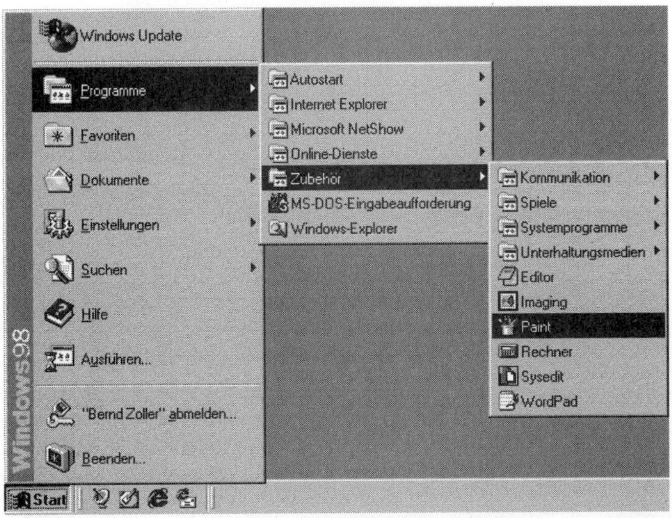

Abbildung 7.1: Hier befindet sich das Windows-98-Zubehör

Paint

Paint ist die erste Applikation, die aus dem Inhalt des Zubehörs genauer beschrieben werden soll. Das *Paint*-Symbol ist leicht zu erkennen.

Abbildung 7.2: Das Paint-Symbol

Paint im Überblick

Ein Grafikprogramm

Paint ist ein *Farbgrafikprogramm*, also ein Programm, mit dessen Hilfe Sie farbige Grafiken bearbeiten bzw. erstellen können.

Die Grafiken bestehen aus einem Raster kleiner, immer gleich großer quadratischer Punkte, sogenannter *Pixel*. In der folgenden Abbildung sehen Sie eine kleine Grafik in normaler Darstellung und daneben in vergrößerter Form.

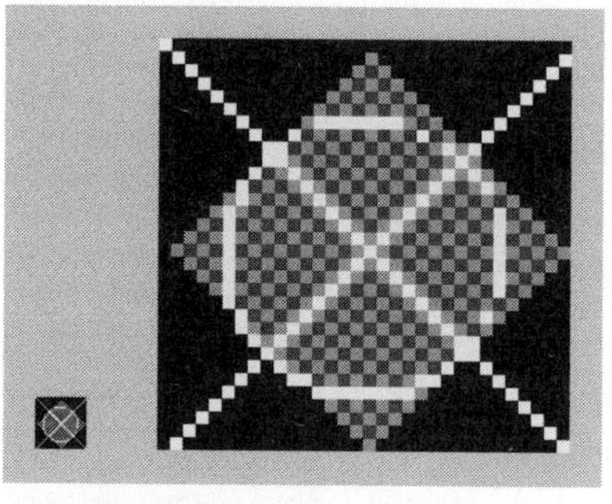

Abbildung 7.3: Bilder aus Pixeln

Sie können in der Vergrößerung deutlich erkennen, dass die kleine Grafik aus vielen Quadraten (Pixeln) zusammengesetzt ist.

Jedes Pixel einer Grafik lässt sich unabhängig von seinen Nachbarpixeln in unterschiedlichen Farben darstellen. Die Anzahl der darstellbaren Farben hängt von der in Ihrem Computer installierten Grafikkarte und dem installierten Bildschirmtreiber ab. Die Anzahl reicht von 2 über 16, 256 bis 16,7 Millionen Farben.

Es handelt sich um Bitmap-Grafiken

Grafiken, die aus Pixeln bestehen, heißen auch *Bitmap-Grafiken*. Die Paint-Dokumente haben eine Dateinamenerweiterung, die darauf anspielt, und zwar .BMP.

Das Paint-Fenster

Sie starten das Programm wie üblich durch einen Klick auf das Symbol, also auf die kleine Farbpalette, oder den Namen im Ordner *Zubehör*.

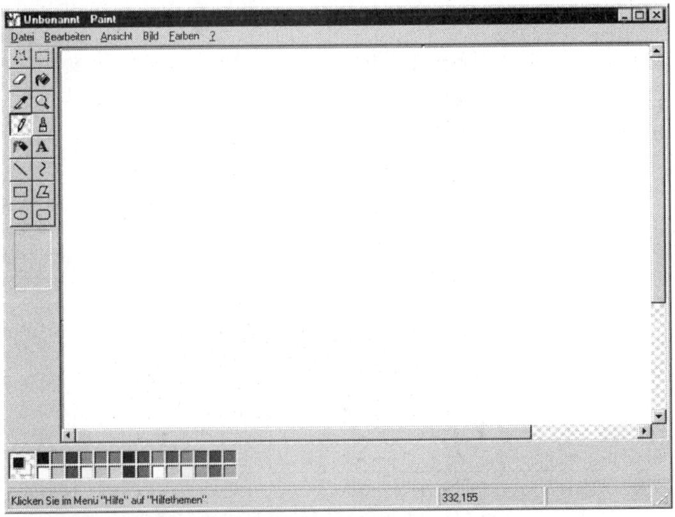

Abbildung 7.4: Das Paint-Fenster

Das Paint-Fenster erscheint mit den üblichen Titel- und Menüleisten. Aber es besteht aus noch mehr Elementen:

- Am linken Rand befindet sich eine Doppelreihe aus Symbolen, die *Utensilienleiste*. Dort können bestimmte Funktionen aktiviert werden.
- Im unteren Teil der Utensilienleiste gibt es ein *Optionsfeld*, in dem Sie z. B. die Strichbreite, Sprühdichte, Füll- und Rahmenoptionen auswählen können. Welche Option angezeigt wird, hängt von der Auswahl der darüber liegenden Funktionen ab.
- Der untere Rand des Fensters enthält eine *Statusleiste*, die Ihnen die Position des Mauszeigers und die Größe einer Markierung anzeigt.

Links befindet sich ein *Info-Feld*, in dem nützliche Informationen angezeigt werden. Die Informationen beziehen sich immer auf die aktuell eingestellten Funktionen von Paint.

- Darüber finden Sie eine Doppelreihe von verschieden gefärbten Feldern, die sogenannte *Farbpalette*. Dort wählen Sie die Farben aus, mit denen Sie malen möchten.
- Den weitaus größten Teil des Fensters nimmt die *Zeichenfläche* ein. Mit den Bildlaufleisten unten und rechts verschieben Sie den gezeigten Ausschnitt dieser Fläche, sollte die Grafik größer sein als die darstellbare Zeichenfläche.

Nach dem Start der Applikation können Sie sofort anfangen zu zeichnen. Je nach Aufgabe wählen Sie dabei durch Anklicken

- die Utensilien (Arbeitsmittel),
- die Optionen zum Arbeitsmittel und
- die Farben aus.

Erste Schritte

Damit Sie mit der Funktionsweise von Paint vertraut werden, beginnen Sie die Arbeit mit einer einfachen Übung. Erstellen Sie zwei kleine Flaggensymbole, das deutsche und das japanische. Dabei lernen Sie einen großen Teil der grundlegenden Arbeitstechniken kennen.

Das Werkzeug wählen

Zuerst wählen Sie aus der Utensilienleiste das Werkzeug aus, mit dem Sie etwas zeichnen oder verändern wollen. Über die 16 Sinnbilder der Leiste schalten Sie Form- und Farbwerkzeuge oder ähnliche Hilfsmittel ein und wieder aus. Dazu klicken Sie immer auf das entsprechende Symbol, wobei immer nur das angeklickte Symbol aktiv ist. Das zuvor aktive Symbol wird automatisch deaktiviert. Achten Sie bitte darauf, dass Sie nur einmal klicken.

Das *Rechteck*-Werkzeug

Um ein Rechteck zu zeichnen, klicken Sie auf das *Rechteck*-Werkzeug.

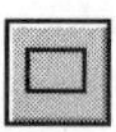

Abbildung 7.5: Das *Rechteck*-Werkzeug

Das Rechteck-Symbol erscheint daraufhin wie eine eingedrückte Schaltfläche. So zeigt Paint an, dass ein Werkzeug eingeschaltet ist. Bis auf weiteres können Sie jetzt Rechtecke zeichnen.

Der Hotspot

Auf der Zeichenfläche verwandelt sich der Mauszeiger nun in ein großes Fadenkreuz mit einem Kreis und einem Punkt in der Mitte. Die Stelle, an der sich der Punkt befindet, ist der sogenannte *Hotspot*. Dieser Punkt ist dafür ausschlaggebend, wo ein Rechteck beginnt und endet. Die Koordinaten dieses Punktes werden Ihnen in der Statusleiste angezeigt.

Die Größe und die Position eines Rechtecks legen Sie durch Klicken und Ziehen fest. An der Position des ersten Klicks legen Sie eine Ecke des Rechtecks fest. Von dort aus ziehen Sie in beliebige Richtungen mit gedrückter Maustaste einen Rahmen auf, den Sie verändern können, solange die Taste gedrückt bleibt. Sobald Sie die Maustaste loslassen, sind Größe und Form des Rechtecks bestimmt. Die Größe des Rechtecks wird Ihnen ebenfalls in der Statusleiste angezeigt.

HINWEIS

Drücken Sie beim Ziehen, ohne die linke Maustaste loszulassen, gleichzeitig auch noch die rechte Maustaste, dann wird das Rechteck, das Sie bis dahin aufgezogen haben, wieder gelöscht. Genauso können Sie auch bei vielen anderen Paint-Utensilien Ihre aktuelle Aktion korrigieren.

Die Rechteckoption und die Farbe wählen

Bestimmen Sie zunächst, mit welcher Option das Rechteck gezeichnet und in welcher Farbe es dargestellt werden soll.

Wählen Sie innerhalb des Optionsfelds, das sich bekanntlich unterhalb der Utensilienleiste befindet, die oberste Option aus, indem Sie mit der Maus direkt darauf klicken.

- ✔ Die ausgewählte Option zeichnet Rechtecke, wobei das Innere des Rechtecks durchsichtig bleibt. Es wird also nur ein Rahmen gezeichnet.
- ✔ Die zweite Option zeichnet Rechtecke, die mit der Hintergrundfarbe ausgefüllt werden.
- ✔ Die dritte Option zeichnet Rechtecke in der Hintergrundfarbe ohne Rahmen.

Die Farbe wählen

Wählen Sie dann eine blaue Linienfarbe aus. Sie klicken dazu in der Farbpalette auf das Feld mit der gewünschten Farbe. Benutzen Sie zur

Auswahl der Zeichenfarbe unbedingt die linke Maustaste. Mit einem Klick der rechten Maustaste auf eine Farbe legen Sie die Hintergrundfarbe fest.

Widerrufen von Aktionen

Ziehen Sie nun nacheinander einige Rechtecke auf. Wählen Sie sofort im Anschluss daran mehrmals den Menübefehl *Bearbeiten / Rückgängig*.

Paint merkt sich bis zu drei aufeinander folgende Aktionen, die Sie mit diesem Befehl widerrufen können. Dadurch werden die letzten drei angelegten Rechtecke nacheinander gelöscht.

Invertieren

Wenn Sie beim Aufziehen der Rechtecke die rechte anstelle der linken Maustaste benutzen, so werden die gezeichneten Rechtecke invers dargestellt. Der Rahmen wird in der Hintergrundfarbe abgebildet und der Inhalt des Rechtecks in der Malfarbe.

- ✔ Wählen Sie nun als Übung die dritte Option aus, um ein Rechteck mit der Hintergrundfarbe zu zeichnen.
- ✔ Wählen Sie dann mit der linken Maustaste eine blaue Linienfarbe aus, und mit der rechten Maustaste klicken Sie auf eine rote Farbe.
- ✔ Ziehen Sie nun mehrere Rechtecke auf. Halten Sie dabei abwechselnd die rechte oder die linke Maustaste fest, um den Unterschied zu erkennen.

Eine Flagge zeichnen

Vorbereitungen treffen

Um weitere Funktionen von Paint kennen lernen zu können, zeichnen Sie jetzt die erste Flagge. Wählen Sie dazu in der Farbpalette die Farbe Schwarz als Malfarbe (linke Maustaste) aus.

Sie sollen nachfolgend ein Rechteck ohne Inhalt zeichnen, also wählen Sie die oberste Rechteck-Option aus.

Ziehen Sie nun ein waagerechtes längliches Rechteck auf. Es soll für einen der drei farbigen Streifen, die die Flagge bilden, benutzt werden.

Legen Sie die Dimensionen in etwa so fest, wie Sie es in der folgenden Abbildung erkennen können.

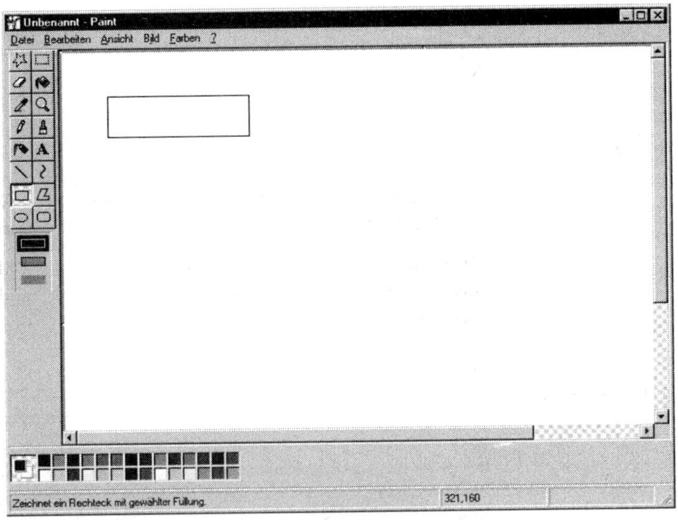

Abbildung 7.6: Das erste Flaggen-Rechteck

Ein Ausschnitt

Für die erste Flagge benötigen Sie drei derartige Rechtecke. Am einfachsten benutzen Sie zwei Kopien des schon gezeichneten Rechtecks, damit diese Figuren die gleiche Größe bekommen.

Dazu müssen Sie das bestehende Rechteck in einen *Ausschnitt* legen und diesen in die Ablagemappe kopieren. Von dort aus können Sie dann Kopien des Ausschnitts einfügen und an die passende Position ziehen.

Ausschnitte kopieren

Ausschnitte legen Sie mit den beiden obersten Symbolen der Utensilienleiste, den gestrichelten Rahmen, an.

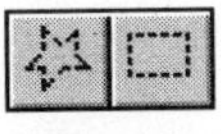

Abbildung 7.7: Die Symbole zum Anlegen von Ausschnitten

Mit ihnen bestimmen Sie Bereiche Ihrer Zeichnung, die ausgeschnitten, kopiert oder bearbeitet werden sollen.

HINWEIS

Das linke Symbol ist der *Freihandrahmen* für unregelmäßige Formen, mit dem rechten Symbol können Sie nur rechteckige Bereiche markieren.

Das Rechteck wird ausgewählt

In diesem Fall, um das Rechteck zu kopieren, bietet sich natürlich ein rechteckiger Ausschnitt an. Klicken Sie dementsprechend auf das rechte Symbol, woraufhin der Mauszeiger auf der Zeichenfläche wieder als Fadenkreuz erscheint.

Sie werden nun wieder ein Rechteck aufziehen, genauso, wie Sie es zuvor beim Zeichnen des Rechtecks getan haben. Allerdings handelt es sich hier um einen Markierungsrahmen, der das Ausgewählte einschließen soll. Legen Sie nun einen Rahmen um Ihren ersten Flaggenstreifen, wobei dieser nicht genau die Größe des schon gezeichneten Rechtecks besitzen muss. Er kann ruhig ein wenig größer sein.

Falls der Ausschnitt nicht stimmt, können Sie während des Aufziehens des Rahmens wiederum durch Drücken der rechten Maustaste die aktuelle Auswahl löschen. Nachträglich korrigieren Sie hier allerdings nicht durch *Bearbeiten / Rückgängig*, sondern indem Sie irgendwo auf die Zeichenfläche klicken. Daraufhin verschwindet der Markierungsrahmen wieder.

Die Ablagemappe

Um den markierten Ausschnitt in die *Ablagemappe* von Windows zu kopieren, benutzen Sie den Befehl *Bearbeiten / Kopieren*. Direkt nachdem Sie den Menübefehl aktiviert haben, wählen Sie *Bearbeiten / Einfügen*, woraufhin der Inhalt der Ablagemappe in die aktuelle Zeichnung eingefügt wird. Die Kopie erscheint in der linken oberen Ecke der Arbeitsfläche, automatisch umgeben von einem Markierungsrahmen.

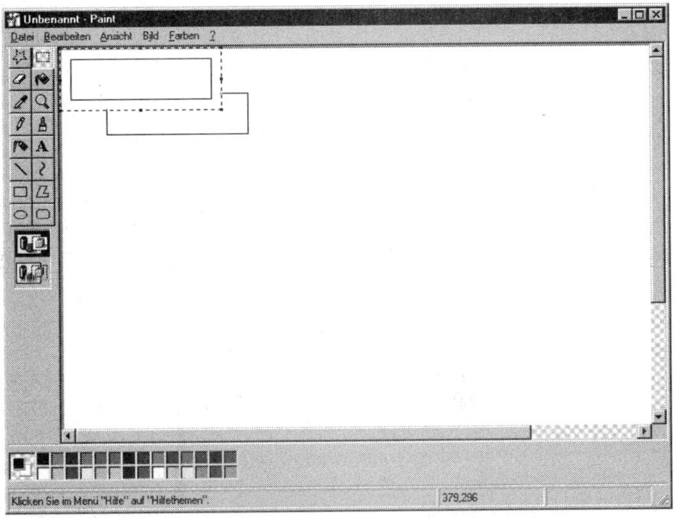

Abbildung 7.8: Die eingefügte Kopie des ersten Flaggenstreifens

HINWEIS

Falls das Eingefügte, wie in der obigen Abbildung zu sehen, Ihr bisheriges Rechteck überdeckt, dann deaktivieren Sie den Menübefehl *Bild / Deckend zeichnen*. Dadurch wird der Hintergrund transparent dargestellt. Auf diese Weise können Sie die Markierung verschieben, ohne dass Sie etwas überdecken, was in der Hintergrundfarbe eingefügt wird.

Führen Sie den Mauszeiger auf die eingefügte Kopie. Achten Sie dabei darauf, dass Sie nicht vorher klicken, sonst verschwindet die Markierung und Sie müssen noch einmal ausschneiden. Sobald Sie sich mit dem Mauszeiger über der Kopie befinden, verwandelt sich dieser in ein Kreuz mit einem Pfeil an jedem Ende. Das ist das Zeichen zum Verschieben.

Ziehen Sie die Kopie mit gedrückter Taste so unter das erste Rechteck, dass sich die waagerechten unteren bzw. oberen Kanten genau decken und damit die beiden Rechtecke auch an den Seiten bündig abschließen.

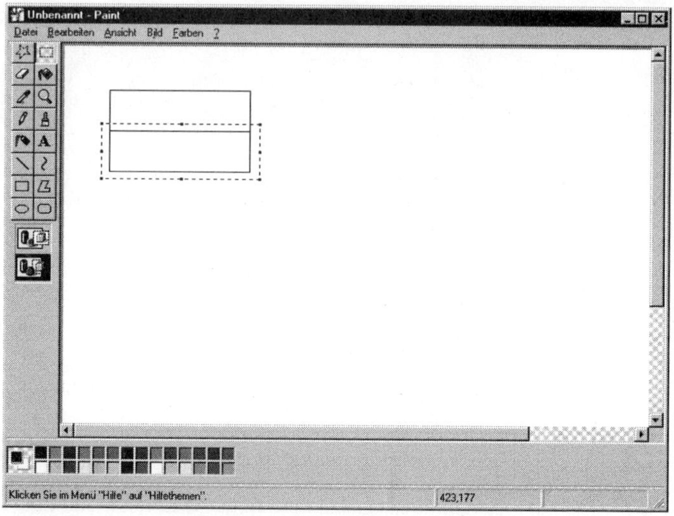

Abbildung 7.9: Das Ziehen der Kopie an die richtige Position

Wiederholen Sie anschließend noch einmal den Menübefehl *Bearbeiten / Einfügen* und ziehen Sie die zweite Kopie auf die Position des dritten Streifens der Flagge, direkt unter die beiden vorhandenen.

Die Rahmen für die drei Farbstreifen sind damit festgelegt. Jetzt fehlen noch die Farben.

Mit Farben füllen

Die drei Rechtecke sollen mit den Farben Schwarz, Rot und Gelb (als Ersatz für Gold) gefüllt werden. Dazu benutzen Sie den *Farbfüller*. Das Symbol stellt ein überlaufendes Tintenfass in der Utensilienleiste dar.

Abbildung 7.10: Das Symbol des Farbfüllers

Mit dem Farbfüller füllen Sie beliebige Formen aus. Diese müssen vollständig von Linien oder farblich anderen Flächen eingeschlossen sein. Andernfalls kommt es zum unbeabsichtigten »Auslaufen« der Füllfarbe.

Da Sie mit rundum abgeschlossenen Rechtecken hantiert haben, besteht dieses Problem bei Ihrer Arbeit jedoch noch nicht.

- Klicken Sie zunächst in der Palette auf die Farbe, die Sie als Erstes verwenden wollen, z. B. auf Gelb. Benutzen Sie dazu die linke Maustaste.
- Anschließend wollen Sie die Farbe Rot in das mittlere Rechteck fließen lassen. Mit der rechten Maustaste können Sie diese Farbe als Hintergrundfarbe auswählen.
- Wählen Sie dann den Farbfüller durch Anklicken des entsprechenden Symbols an. Auf der Zeichenfläche sieht der Mauszeiger nun ähnlich wie dieses Symbol aus, wobei der Hotspot diesmal in der linken unteren Spitze der überlaufenden Farbe liegt.

Sie zeigen mit dieser Spitze auf den Bereich, in den die Farbe »einfließen« soll, bei Gelb also in das unterste Rechteck. Direkt nachdem Sie dort hineingeklickt haben, wird der innere Bereich des Rechtecks mit der gelben Farbe gefüllt. Der Rahmen bleibt dabei erhalten.

Versuchen Sie anschließend mit einem Klick der rechten Maustaste die ausgewählte rote Malfarbe in das mittlere Rechteck fließen zu lassen.

- Tauschen Sie nach dieser Aktion die gelbe Farbe gegen die schwarze aus und füllen Sie das oberste Rechteck auf die gleiche Weise aus. Die erste Flagge ist dann fertig gezeichnet.

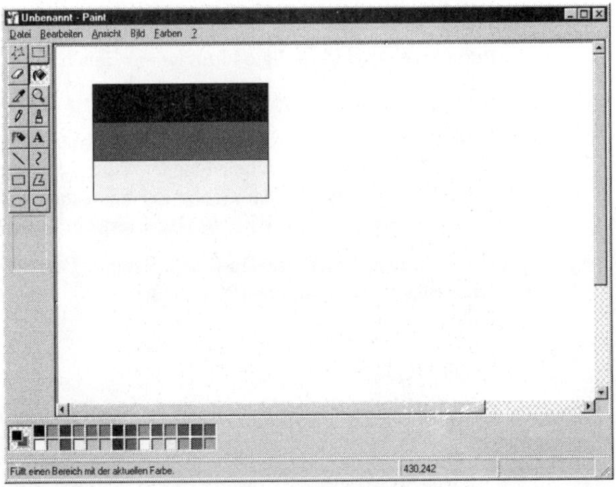

Abbildung 7.11: Die Streifen mit den Farbfüllungen

Einen Kreis zeichnen

Zeichnen Sie nun noch die zweite, die japanische Flagge. Beginnen Sie mit dem Kreis in der Mitte. Zu diesem Zweck setzen Sie das *Kreis-* bzw. *Ellipsen*-Werkzeug aus der Utensilienleiste ein.

Abbildung 7.12: Das *Kreis-* oder *Ellipsen*-Werkzeug

Äquivalent zum Rechteck-Werkzeug können Sie aus den angebotenen Optionen für einen Kreis einen Kreisrahmen, einen ausgefüllten Kreis oder einen Kreis ohne Rahmen zeichnen.

✔ Klicken Sie nun auf das Symbol des Kreis-Werkzeugs. Ziehen Sie dann einen Kreis auf ähnliche Weise wie ein Rechteck auf, von einem Rand zum anderen.

Das Werkzeug ist so voreingestellt, dass es keinen runden Kreis aufzeichnet, sondern entsprechend Ihrer Mausbewegung die x- und y-Auslenkung separat berücksichtigt. In den meisten Fällen entsteht so eine Ellipse.

So entsteht ein runder Kreis

Um einen gleichmäßigen Kreis zu zeichnen, halten Sie beim Aufziehen der Form zusätzlich [⇧] gedrückt. Nun entsteht ein richtiger Kreis mit gleicher x- und y-Auslenkung.

HINWEIS

Mit Hilfe von [⇧] können Sie auch Rechtecke zu Quadraten machen und Linien rechtwinklig oder diagonal ziehen.

✔ Zeichnen Sie anschließend mit dem Rechteck-Werkzeug noch die äußere Form der japanischen Flagge. Achten Sie darauf, dass die Größe der Flagge ungefähr der Größe der deutschen Flagge entspricht und sich der Kreis in der Mitte des Rechtecks befindet.

Füllen Sie zum Abschluss den Kreis mit roter Farbe (Farbfüller). Die japanische Flagge ist damit ebenfalls fertig.

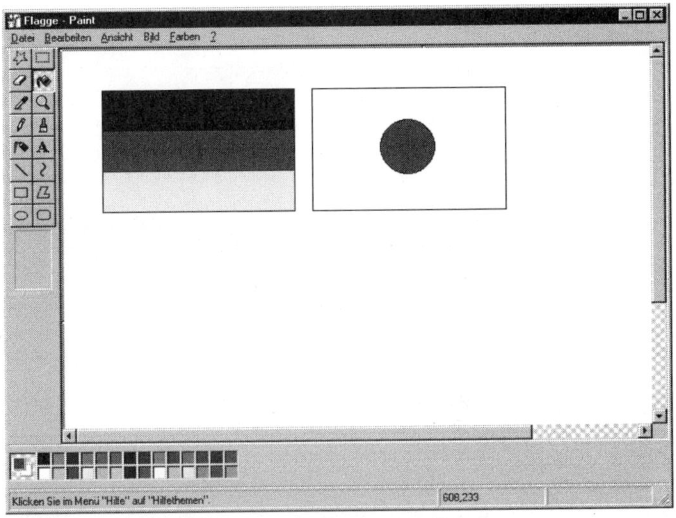

Abbildung 7.13: Der Kreis und das Rechteck der japanischen Flagge

Grafiken speichern und laden

Um Ihre eben hergestellte Paint-Grafik nicht zu verlieren, sobald Sie Paint beenden, steht Ihnen die Möglichkeit des Speicherns zur Verfügung. Dabei werden die Daten Ihrer Grafik in einer Datei zusammengefasst und auf einem Datenträger gespeichert.

Anschließend ist es dann möglich, die gespeicherte Datei anzuwählen, um die Daten und damit die Grafik in ihrem letzten Zustand wieder in den Arbeitsbereich zu laden.

Das Speichern unter einem bestimmten Namen

Benutzen Sie den Menübefehl *Datei / Speichern unter*, um den Speichervorgang einzuleiten. Es erscheint daraufhin ein Dialogfeld, um die erforderlichen Parameter einstellen zu können.

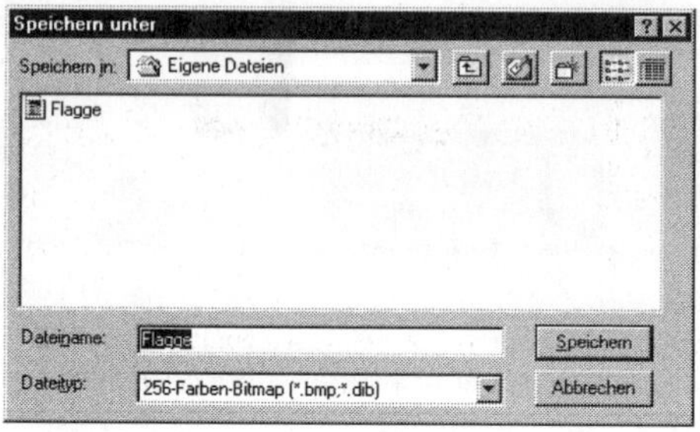

Abbildung 7.14: Das *Speichern unter*-Dialogfeld

Den Dateinamen vergeben

Das Eingabefeld *Dateiname* erscheint markiert. Dort tragen Sie den Namen für das Dokument, in diesem Fall Ihre Grafik, ein.

Keine MS-DOS-Richtlinien mehr

Tragen Sie z. B. *Flagge* in dieses Feld ein. Beachten Sie, dass Sie bei der Namensvergabe nicht mehr an die »alten« MS-DOS-Richtlinien gebunden sind. Der Dateiname kann also bis zu 255 Zeichen lang sein.

Ein Klick auf *Speichern* würde das Dokument unter der Bezeichnung FLAGGE.BMP speichern. Die Endung .BMP vergibt der Speichervorgang automatisch.

Das Dateiformat ändern

Von Windows-Applikationen aus können Sie Ihre Dokumente meist auch in verschiedenen Formaten speichern. Bei Paint und vielen anderen Anwendungen ändern Sie im Listenfeld *Dateityp* die Art, wie das Dokument gespeichert werden soll.

Wenn Sie das Listenfeld aufklappen, finden Sie in der Regel mehrere Einträge, von denen Sie den gewünschten auswählen können. Es hängt dann davon ab, welche Spezifikationen Ihre Grafik aufweist. Besteht sie aus 16 oder mehr Farben? Möchten Sie die Grafik in einem anderen Programm weiterverwenden, das nur eine geringere Farbtiefe verarbeiten kann? Solche und einige weitere Dinge sollten Sie bei der Wahl des Formats berücksichtigen und entsprechend die Einstellung vornehmen.

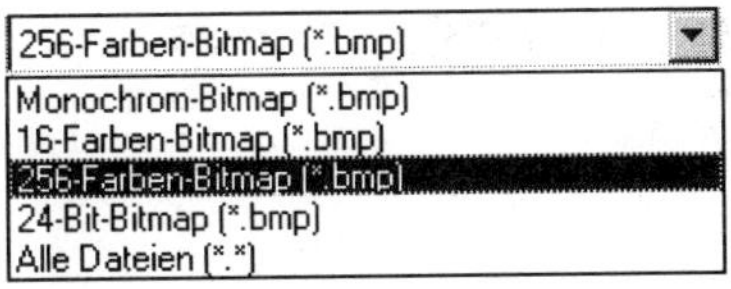

Abbildung 7.15: Der Dateityp mit unterschiedlichsten Formaten

Belassen Sie das voreingestellte Format und schließen Sie das Listenfeld mit [Esc], falls Sie es zur Einsicht geöffnet haben.

Den Speicherort bestimmen

Wenn Sie ein Dokument auf einem bestimmten Datenträger oder Laufwerk speichern wollen, dann öffnen Sie innerhalb des Dialogfelds das Listenfeld *Speichern in*.

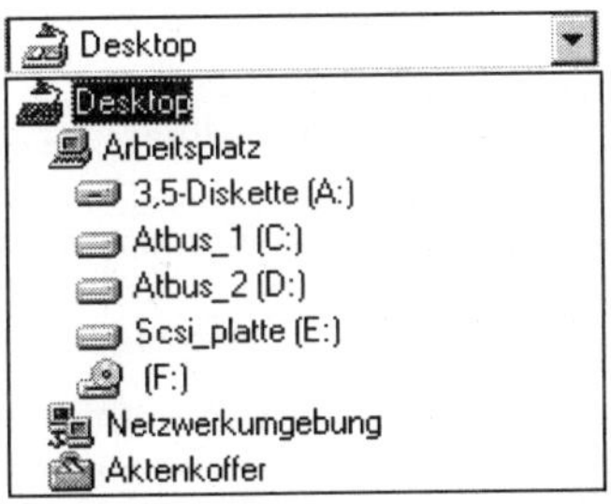

Abbildung 7.16: Das Listenfeld *Speichern in*

Dort klicken Sie auf den Eintrag entsprechend Ihren Wünschen. Der Wechsel auf dieses Laufwerk ist damit vollzogen.

HINWEIS

Der Speicherort muss nicht unbedingt ein Datenträger sein. Wenn Sie als Zielort z. B. *Desktop* anwählen, dann wird die Datei auf Ihrer Arbeitsoberfläche als Dokument abgelegt.

Das Verzeichnis wechseln

Die Festplatten und Disketten speichern Dateien in Verzeichnissen, die wiederum in Unterverzeichnisse verzweigen können. Dementsprechend können Sie beim Speichern in beliebige Verzeichnisse wechseln, um die zu speichernde Datei dort abzulegen.

Sie können die einzelnen Laufwerke und Verzeichnisse auch über einen Doppelklick auf das Symbol *Arbeitsplatz* in der Liste der Verzeichnisse anwählen.

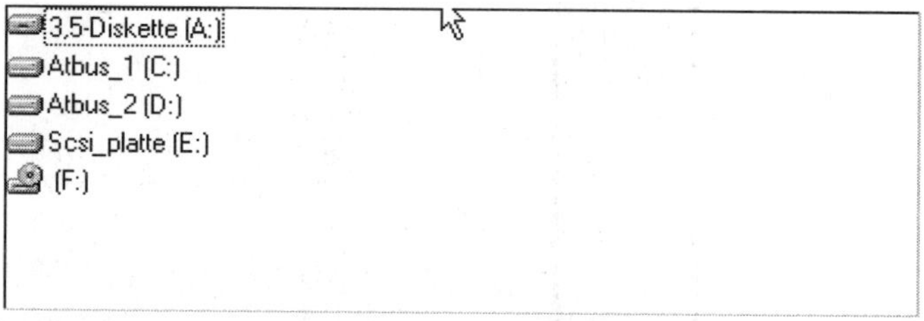

Abbildung 7.17: Das Listenfeld mit dem Laufwerksüberblick

Der Aufbau der Verzeichnisse mit den entsprechenden Verzeichnisebenen ist vergleichbar mit dem Verzeichnisbaum des Explorers, allerdings wird in dieser Liste immer nur ein Verzeichniszweig dargestellt.

Die schnellste Orientierung ermöglichen die Symbole, die kleinen Ordner oder Aktenmappen. Das gerade aktive, also angesprochene Verzeichnis wird im Listenfeld *Speichern in* als geöffneter Ordner angezeigt.

Abbildung 7.18: Das Listenfeld *Speichern in* mit einem geöffneten Ordner

Um in der Verzeichnisstruktur wieder eine Stufe nach oben zu gelangen, klicken Sie am einfachsten auf diese Schaltfläche:

Abbildung 7.19: Die Schaltfläche zum Wechseln des Verzeichnisses

Haben Sie alle erforderlichen Änderungen und gewünschten Einträge vollzogen, dann aktivieren Sie *Speichern* und die Grafik wird unter dem eingegebenen Namen, in dem ausgewählten Format und im festgelegten Verzeichnis eines bestimmten Laufwerks abgespeichert.

Eine Grafik speichern

Neben dem Menübefehl *Datei / Speichern unter* gibt es noch den Menübefehl *Datei / Speichern*. Der Unterschied der beiden Menübefehle liegt darin, dass beim *Speichern unter* die Grafik der Arbeitsfläche noch nicht gespeichert sein muss, denn es erscheint das oben erläuterte Dialogfeld.

Demgegenüber wird bei *Speichern* die Grafikdatei aktualisiert, d. h. der aktuelle Zustand der Grafik wird erneut unter dem schon vergebenen Dateinamen gespeichert. Bei diesem Vorgang wird kein Dialogfeld eingeblendet.

HINWEIS

Versuchen Sie eine noch nicht gespeicherte Grafik, also eine Grafik ohne Namen, mit *Speichern* zu sichern, dann merkt Paint dies und ruft automatisch das *Speichern-unter*-Dialogfeld auf. Erst im Anschluss daran können Sie die Datei mit *Speichern* sichern.

Ausschnitte speichern

Sie können in Paint auch Ausschnitte Ihrer Grafik in einer separaten Datei speichern und anschließend verwenden wie eine normale, eigenständige Datei.

Der Menübefehl *Kopieren nach*

Schneiden Sie zu diesem Zweck einen Ausschnitt, z. B. die japanische Flagge, aus. Den Ausschnitt speichern Sie dann mit dem Menübefehl *Bearbeiten / Kopieren nach* ab.

Dieser Befehl steht Ihnen nur zur Verfügung, wenn Sie einen Ausschnitt definiert haben. Vergeben Sie in dem erscheinenden Dialogfeld in bekannter Form auch für dieses kleine Dokument einen Namen, etwa *Japanische Flagge*.

Eine Grafik öffnen

Haben Sie eine Grafik einmal abgespeichert, dann können Sie sie jederzeit wieder in den Arbeitsbereich von Paint einladen. Zu diesem Zweck aktiviern Sie den Menübefehl *Datei / Laden*. Es erscheint daraufhin ein Dialogfeld, das dem *Speichern unter*-Dialogfeld sehr ähnelt.

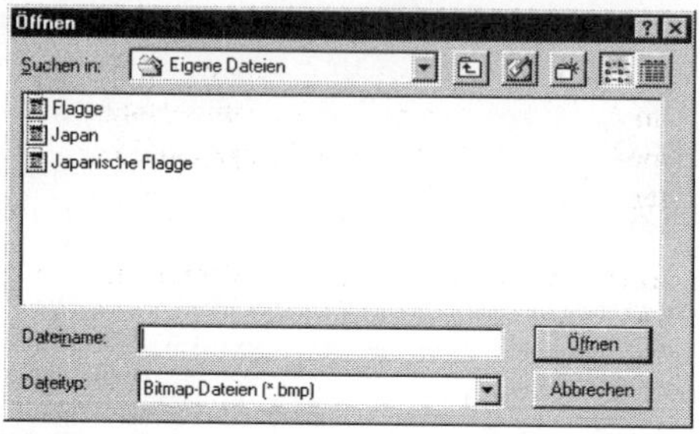

Abbildung 7.20: Das *Öffnen*-Dialogfeld

Das Dialogfeld enthält die schon bekannten vier Listenfelder, die auch die gleiche Aufgabe haben wie beim Speichern. Der Sinn dieses Dialogfelds liegt wie beim Speichern darin, eine Datei zu bestimmen, nur diesmal nicht zum Speichern, sondern zum Laden.

Das Auswählen der Datei

Da die Funktionen der Elemente meist identisch zum Speichern sind, ist keine erneute Erläuterung nötig. Der wesentlichste Unterschied liegt im Dateien-Listenfeld in der Mitte der Dialogs. Dort werden die vorhandenen Dateinamen dargestellt. Um eine bestimmte Datei zu laden, müssen Sie den entsprechenden Namen nicht per Tastatur in die Eingabezeile *Dateiname* eintragen, sondern Sie können den Namen aus der Liste durch Anklicken in diese Eingabezeile übertragen.

Ein abschließender Klick auf *Öffnen* bewirkt dann das Laden der ausgewählten Datei.

Ein neues Dokument beginnen

Es kann vorkommen, dass Sie eine Grafik anfertigen wollen und nach den ersten Aktionen feststellen, dass Sie besser noch einmal von vorn beginnen sollten. Um die Arbeitsfläche zu leeren, müssen Sie nicht jedes einzelne Element löschen. Sie wählen für diesen Zweck den Menübefehl *Datei / Neu* an.

Die Aktivierung dieses Menübefehls veranlasst Paint und auch die meisten anderen Applikationen, den Arbeitsbereich und die Arbeitsumgebung so einzustellen, als wenn Sie die Applikation gerade erst gestartet hätten.

Sie benutzen diesen Befehl bei allen Windows-Applikationen häufig, wenn Sie die Arbeit mit einem Dokument abgeschlossen haben und ein neues beginnen wollen.

HINWEIS

Wählen Sie den Menübefehl an, wenn sich noch nicht gespeicherte Daten im Arbeitsbereich befinden, dann erfolgt vor der Leerung des Arbeitsbereichs eine Sicherheitsabfrage, ob diese Daten noch gespeichert werden sollen oder nicht.

Der Arbeitsbereich wird bei diesem Vorgang mit der Farbe des aktuell eingestellten Hintergrunds ausgefüllt.

Eine Datei einfügen

Eine besondere Form des Öffnens einer Datei ist das Einfügen. Sie können mit Paint Ihre Grafiken mit verschiedenen, bereits gespeicherten Dokumenten ergänzen. Dies stellt das Gegenstück zum Speichern von Ausschnitten dar.

Wählen Sie den Menüpunkt *Bearbeiten / Einfügen aus* an. Sie können anschließend Dokumente öffnen wie sonst auch, mit dem Unterschied, dass sie in Ihre derzeitige Grafik eingefügt werden.

Einen Ausschnitt verschieben

Beim nächsten Arbeitsschritt erstellen Sie neue Grafiken. Dazu brauchen Sie eine leere Arbeitsfläche. Mit dem Befehl *Datei / Neu* stellen Sie diesen Zustand her.

Zeichnen Sie einen einfachen Kreis. Fügen Sie anschließend mit *Bearbeiten / Einfügen aus* die Datei KUGELN in die Zeichnung ein. Führen Sie den Mauszeiger auf die eingefügte Grafik und ziehen diese in den Kreis.

Wenn Sie den Kreis mit der eingefügten Grafik überdecken, dann sehen Sie, dass die Einfügung an einigen Stellen durchsichtig bleibt. Der Kreis scheint durch. Das erleichtert das Verschieben und Anpassen von Objekten in Paint.

HINWEIS

Achten Sie darauf, dass der Menübefehl *Bild / Deckend zeichnen* deaktiviert ist.

Lassen Sie die Maustaste los, bleibt der Markierungsrahmen erhalten. Ziehen Sie die eingefügte Grafik jetzt an eine andere Position. Halten Sie dabei [Strg] gedrückt.

Ausschnitt kopieren

Der Ausschnitt lässt sich verschieben wie zuvor. Jetzt aber verschieben Sie eine Kopie des markierten Objekts. Setzen Sie so mehrere Kugeln aneinander.

Lassen Sie die Maustaste erneut los. Ziehen Sie die eingefügte Grafik wieder an eine andere Position. Halten Sie dabei diesmal [⇧] gedrückt.

Das Objekt wird jetzt mehrere Male hintereinander in das Bild eingefügt. Es entsteht ein verschwommener Eindruck der Grafik. Die vielen Einzelbilder werden eng aneinander gesetzt. Bewegen Sie die Maus schneller über den Bildschirm und die Abstände der einzelnen Ausschnitte werden größer.

Das Freihandzeichnen und die Linien

Wenn Sie freihändig zeichnen wollen, benutzen Sie den *Pinsel*, das vierte Werkzeug von oben in der rechten Symbolreihe der Utensilienleiste, oder den *Stift*, das Symbol links neben dem Pinsel.

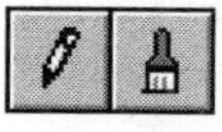

Abbildung 7.21: Das Pinsel-Symbol

Der Pinsel hat gegenüber dem Stift mehrere Optionen zur Strichbreite, Form und Ausrichtung. Dafür können Sie keine senkrechten, waagerechten oder diagonalen Linien durch Drücken von [⇧] ziehen.

Beim Pinsel sowie beim Stift müssen Sie wieder während der Mausbewegung die linke Maustaste gedrückt halten. Diesmal wird die Mausbewegung verfolgt und entsprechend einzelne Punkte entlang dem so vorgegebenen Weg gesetzt. Die Punkte sind so dicht aneinander gereiht, dass sie als durchgängige Linie erscheinen. Diese Art, eine Zeichnung zu erstellen, erfordert sehr viel Geschick und Übung. Probieren Sie es einfach einmal aus, indem Sie versuchen Ihren Namen zu schreiben.

Auch hier können Sie korrigieren

Durch gleichzeitiges Drücken der rechten Maustaste können Sie wie gewohnt korrigieren. Sobald Sie die linke Taste loslassen, ist die Linienführung beendet.

Die Pinsel und Pinselformen

Die Farbe wählen Sie für den Pinsel genauso wie bei den anderen Utensilien über die Palette. Zusätzlich zur *Strichstärke* stehen Ihnen bei diesem Werkzeug verschiedene *Pinselformen* zur Verfügung.

Aus der Kombination von drei Strichstärken und vier Pinselformen ergeben sich 12 verschiedene Optionen im Optionsfeld der Utensilienleiste.

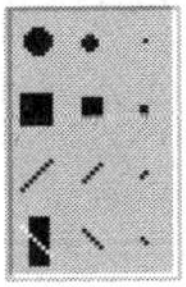

Abbildung 7.22: Die verfügbaren Pinselformen

Wählen Sie die gewünschte Pinselform mit der Maus aus. Die ausgewählte Form ist dann sofort einsatzbereit.

Das Linien-Werkzeug

Einfach zu handhaben ist die Benutzung des *Linien*-Werkzeugs. Sie finden das entsprechende Symbol als sechstes Werkzeug in der linken Reihe, direkt unter der Sprühdose in der Utensilienleiste.

Abbildung 7.23: Das Symbol des Linien-Werkzeugs

Dieses Werkzeug ist zum Beispiel besonders geeignet für Skizzen mit rechten und 45-Grad-Winkeln.

Wenn Sie [⇧] beim Ziehen mit der Maus gedrückt halten, ziehen Sie waagerechte, senkrechte und um 45 Grad dazu versetzte Linien. So können Sie z. B. ohne großen Aufwand einfache Bauskizzen anlegen.

Nehmen wir etwa an, Sie wollen ein großes Giebelfenster für ein Haus skizzieren, grob, ohne genaue Maße. Die fertige Paint-Bauskizze könnte so aussehen:

Abbildung 7.24: Die erste Bauskizze

Für das äußere Dreieck benutzen Sie am besten die dritte Strichbreite von oben, als Farbe empfiehlt sich Schwarz. Beginnen Sie dann in einer der unteren Ecken und ziehen Sie die Schrägen sowie die Waagerechte mit gedrückter [⇧]-Taste.

Für die innen liegenden Linien wählen Sie dünnere Striche, die Farbe kann gleich bleiben.

Wenn Sie die obige Skizze nachgezeichnet haben, dann konnten Sie erkennen, wie einfach es ist, mit geraden und schrägen Linien zu arbeiten. Ein wenig Übung erfordert nur das genaue Ansetzen und Beenden der Linien.

Die Vorder- und Hintergrundfarben

Jede Grafik erscheint auf einer *Hintergrundfarbe*. Dies ist der Farbton des Untergrundes, auf dem Sie arbeiten, im Normalfall ist es Weiß. Auf ihm bringen Sie Linien, Formen usw. auf, die ihrerseits in einer bestimmten Farbe gehalten sind, nämlich der *Vordergrundfarbe*.

Die Auswahl der Farben

Vordergrundfarben wählen Sie in der Palette mit der linken, Hintergrundfarben mit der rechten Maustaste aus. Das Farbfeld links neben den einzelnen Palettenfarben zeigt immer die aktuelle Einstellung. Die Vordergrundfarbe wird im vorderen, die Hintergrundfarbe im hinteren Quadrat dargestellt.

Eine neue Hintergrundfarbe für das gesamte Bild erscheint immer erst dann, wenn Sie ein neues Dokument beginnen.

Wählen Sie beispielsweise einmal einen violetten Ton als Hintergrundfarbe (rechts klicken). Nichts geschieht daraufhin. Erst nachdem Sie *Datei / Neu* angewählt haben, erscheint die Arbeitsfläche in der violetten Farbe.

Das Verändern der Hintergrundfarbe während der laufenden Arbeit an einer Grafik hat aber dennoch seinen Sinn, da einige Werkzeuge bei ihrer Funktion diese Hintergrundfarbe berücksichtigen, z. B. die Rechtecke und Kreise oder der Radierer.

Korrekturen mit dem Radierer

Sie können beim Zeichnen mit der rechten Maustaste oder dem Befehl *Bearbeiten / Rückgängig* in Grenzen korrigieren. Beides funktioniert aber nur in begrenztem Umfang. Bei Aktionen, die schon länger her sind, oder wenn die Datei mit diesen Änderungen schon einmal gespeichert wurde, können Sie Details mit dem sogenannten *Radierer* korrigieren. Dieser funktioniert immer, da er ein eigenständiges Werkzeug der Utensilienleiste ist.

Abbildung 7.25: Das Symbol des Radierers

Um dieses Werkzeug zu erproben, speichern Sie zunächst Ihre Bauskizze unter den Namen *Bauskizze* ab. Dann schalten Sie den Radierer durch Klicken auf sein Symbol ein.

Auch hier sind Optionen vorhanden

Auch beim Radierer können Sie eine von vier Strichstärken wählen. Ist dieses Werkzeug aktiv, wird der Mauszeiger zum Quadrat, dessen Seitenlänge der gewählten Strichbreite entspricht. Im Bereich des Quadrats wird radiert, sobald Sie klicken oder ziehen.

Radieren bedeutet bei diesem Werkzeug, dass Sie die Hintergrundfarbe über das, was Sie im Vordergrund sehen, legen. Ihre Skizze z. B. hat einen weißen Hintergrund. Überall dort, wo Sie radieren, wird Weiß anstelle der dort befindlichen Farbe gelegt. Es sieht dann so aus, als wenn Sie die Vordergrundfarbe wegradieren, da anschließend die Hintergrundfarbe wieder »durchscheint«.

Wechseln Sie dann die Hintergrundfarbe, etwa in Blau, indem Sie den gewünschten Ton in der Palette mit der rechten Maustaste anklicken. Radieren Sie noch einmal, werden nun die radierten Stellen mit blauen statt mit weißen Quadraten überdeckt.

Der Farbradierer

Wenn Sie gezielt bestimmte Farbtöne entfernen bzw. ersetzen wollen, benutzen Sie den *Farbradierer*.

Der Farbradierer ersetzt immer nur eine einzige Farbe, und zwar die gerade gewählte Vordergrundfarbe durch die gerade gewählte Hintergrundfarbe. Halten Sie dazu die rechte Maustaste gedrückt, während Sie radieren.

Legen Sie zur Übung ein neues Dokument an und zeichnen Sie etwa acht bis zehn gefüllte Kreise in verschiedenen Farben, darunter mindestens drei grüne.

Stellen Sie Grün als Vordergrundfarbe ein und eine beliebige Hintergrundfarbe. Wählen Sie die breiteste Strichstärke und radieren Sie an allen Kreisen mit der rechten Maustaste. Wirkung erzielen Sie nur bei den grünen. Dort wird die grüne Farbe durch die eingestellte Hintergrundfarbe ersetzt. Auf diese Weise können Sie gezielt Farben ändern.

Besondere Formen und Gestaltungsmittel

Nachdem Sie die gebräuchlichsten Werkzeuge und Techniken beherrschen, lernen Sie nun einige speziellere Utensilien kennen.

Bögen

Wenn Sie gekrümmte Linien benötigen, beispielsweise um den Bug und das Heck eines kleinen Segelboots zu zeichnen, dann können Sie zwar freihändig zeichnen, allerdings wird das Ergebnis recht unbefriedigend sein. Dies wird nicht an Ihrer Zeichenfähigkeit, sondern an dem Werkzeug, das eingesetzt wird, liegen. Sie benutzen besser das *Bögen*-Werkzeug aus der Utensilienleiste.

Abbildung 7.26: Das Symbol des Bögen-Werkzeugs

Um den Einsatz des Bögen-Werkzeugs kennen zu lernen, bleiben wir beim Beispiel Boot.

- ✓ Legen Sie eine neue Datei an und zeichnen Sie zunächst die Deck- und die Kiellinie als zwei waagerechte Parallelen unterschiedlicher Länge, wobei die obere Linie an beiden Enden über die untere Linie herausragen sollte.
- ✓ Klicken Sie auf das Bögen-Symbol. Achten Sie darauf, dass die Strichstärke nicht zu groß eingestellt ist.
- ✓ Um den Bug zu zeichnen, ziehen Sie zunächst genau wie mit dem Linien-Werkzeug eine Linie, und zwar vom rechten Ende der Deck- bis zum gleichen Ende der Kiellinie.

Die Linie wird anschließend als Gerade zwischen den beiden Enden dargestellt. Sie können diese Gerade nun biegen, und zwar zweimal. Danach wird die geschwungene Linie automatisch in der dann vorhandenen Position bleiben.

Um die Gerade zu verbiegen, ziehen Sie einfach mit der Maus. Das erfordert einige Übung.

So biegen Sie die Linie

Setzen Sie den Mauszeiger zunächst links neben die gerade gezogene »Hecklinie«. Klicken und ziehen Sie in verschiedene Richtungen, die Linie krümmt sich entsprechend Ihren Bewegungen mit der Maus. Biegen Sie so zunächst den oberen Teil des Hecks nach innen hinein.

Sobald Sie loslassen, können Sie ein zweites Mal ansetzen und auch noch in eine andere Richtung biegen, falls dies erforderlich ist.

Führen Sie den Mauszeiger nun unten rechts neben die Hecklinie und ziehen Sie ein wenig nach rechts, bis Ihnen die Form zusagt. Wenn Sie jetzt die Maustaste loslassen, ist der Bogen fertig.

Solange Sie nicht zum zweiten Mal gebogen haben, genügt ein Druck auf die rechte Maustaste, um den bis dahin angelegten Bogen zu löschen.

Die Buglinie legen Sie mit einer einzigen Biegung an. Sie ziehen wiederum zunächst eine Linie von der Deck- zur Kiellinie. Dann biegen Sie diese durch Ziehen nach rechts. Da dies bereits genügt, klicken Sie nur noch auf einen der Endpunkte des gerade fertig gestellten Bogens und die Arbeit ist abgeschlossen.

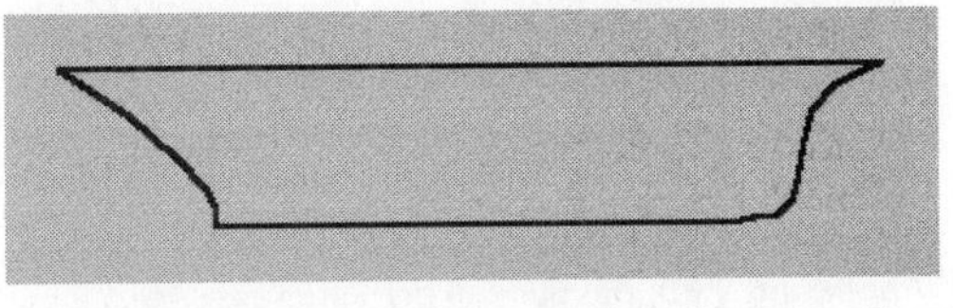

Abbildung 7.27: Ein mögliches Ergebnis des Bogen-Einsatzes

Das Vieleck-Werkzeug

Sobald Sie Objekte mit beliebig vielen Kanten zeichnen, bietet sich das *Vieleck*-Werkzeug an. Dieses Werkzeug ist wie das Kreis- oder das Rechteck-Werkzeug mit drei Optionen vorhanden: einmal als Rahmen-Option oder mit einer Füllung des Innern des gezeichneten Vielecks mit der Hintergrundfarbe sowohl mit als auch ohne Rahmen.

Abbildung 7.28: Das Symbol des Vieleck-Werkzeugs

Bereits ein einfaches Beispiel zeigt die Möglichkeiten dieses Werkzeugs. Zeichnen Sie mit Hilfe des Vielecks den Rahmen eines Stopschilds, also ein Achteck.

Wählen Sie das Vieleck-Werkzeug aus. Genau wie beim Linien-Werkzeug können Sie nun durch Gedrückthalten von ⇧ senkrechte, waagerechte und 45 Grad schräge Linien erzeugen. Die letztgenannte Eigenschaft ist besonders nützlich, denn der Winkel beträgt in den acht Ecken jeweils 45 Grad. Sie brauchen also nur gleichmäßig lange Linien zu zeichnen.

Drücken und halten Sie ⇧. Ziehen Sie dann eine Linie in der gewünschten Kantenlänge. Klicken Sie am ersten Eckpunkt. Bewegen Sie nun den Mauszeiger, ohne dass eine Maustaste gedrückt ist, zur nächsten Ecke (Richtung um 45 Grad geändert). Klicken Sie wieder, ändern Sie die Richtung erneut, bewegen Sie den Mauszeiger usw. Am letzten Eckpunkt klicken Sie doppelt. Daraufhin wird automatisch eine Verbindung vom letzten zum ersten Eckpunkt hergestellt. Das Achteck ist damit geschlossen.

Auf diese Weise können Sie schnell recht gute Ergebnisse erzielen.

Die Sprühdose

Mit der *Sprühdose*, einem weiteren Werkzeug aus der Utensilienleiste, erzielen Sie ähnliche Effekte wie mit einer wirklichen Sprühdose. Sie bringen kleinere oder größere Kreise aus farbigen »Tröpfchen« auf den Hintergrund auf.

Abbildung 7.29: Das Symbol der Sprühdose

Bewegen Sie die Sprühdose bei gedrückt gehaltener Maustaste, werden die Kreise zu einer Art Schleifspur gezogen. So lassen sich z. B. Graffiti erstellen, die Sie zur Auflockerung von Texten einsetzen können. Auch Andeutungen von Farbverläufen sind möglich.

Je nach Tempo der Mausbewegung sprühen Sie dichter oder weniger dicht. Größere Dichte erreichen Sie auch, wenn Sie mehrfach auf dieselbe Stelle sprühen.

Die Größe des »Sprühstrahls« wählen Sie im Optionsfeld aus. Die Farbe legen Sie über die Farbpalette fest.

Text einfügen und gestalten

Paint kann Text in beliebig großen und beliebig gestalteten Buchstaben in die Grafiken integrieren. Dabei stehen alle für Windows installierten Schriften zur Verfügung.

Um sich mit dem *Text*-Werkzeug aus der Utensilienleiste vertraut zu machen, öffnen Sie eine neue Datei. Klicken Sie dann auf das Text-Symbol.

Abbildung 7.30: Das Text-Symbol

Wie bei fast allen Werkzeugen tragen Sie eine Vorder- auf eine Hintergrundfarbe auf. Welche Farben das sind, bestimmt Ihre Auswahl in der Farbpalette. Dies ist auch bei Text nicht anders.

Zwei Textoptionen stehen zur Auswahl

Es stehen Ihnen zwei Optionen zur Auswahl. Die obere Option stellt Text in der gewählten Vordergrundfarbe in einem Rechteck mit der gewählten Hintergrundfarbe dar. Die andere Option gibt den Text ebenfalls in der gewählten Vordergrundfarbe wieder. Der Hintergrund ist jedoch durchscheinend.

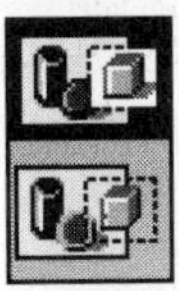

Abbildung 7.31: Die Optionen für die Texteingabe

Führen Sie den Mauszeiger auf die Zeichenfläche. Dort, wo der erste Buchstabe stehen soll, klicken Sie. Ein Cursor blinkt in einem Rahmen und Sie können schreiben. Gleichzeitig erscheint eine weitere Formatsymbolleiste speziell zum Bearbeiten von Texten.

Der Text wird von Paint automatisch umbrochen. Damit der folgende Text in das Rechteck passt, müssen Sie die Größe des Rahmens verändern. Bewegen Sie dazu den Mauszeiger auf den Rand des Rahmens und ziehen Sie ihn größer.

Die Zeilen

Geben Sie nun probeweise ein paar Wörter ein. Schreiben Sie z. B. »Erste Zeile«, und betätigen Sie dann [↵].

Der Cursor wandert daraufhin genau unter den ersten eingegebenen Buchstaben. Die Rahmengröße verändert sich. Sie können also auch mehrere Zeilen anlegen.

Schreiben Sie nun »Zweite Zeile«.

Da Paint die Zeilen automatisch umbricht, müssen Sie dies nicht von Hand mit [↵] erledigen. Beachten Sie bitte zweierlei:

- ✔ Der linke Rand aller fortlaufend eingegebenen Zeilen befindet sich dort, wo Sie nach dem Einschalten des Text-Werkzeugs zum ersten Mal auf die Zeichenfläche geklickt haben.
- ✔ Einen rechten Rand stellt zunächst einmal der rechte Rand des umgebenden Rahmens dar. Vergrößern Sie den Rahmen durch Ziehen des Randes. Automatisch umbrochener Text wird dadurch wieder in einer Zeile zusammengefügt. Wenn Sie den Rahmen außerhalb des druckbaren Bereichs einer Seite setzen, wird der darüber hinausragende Text abgeschnitten.

Den geschriebenen Text können Sie so lange mit [⇐] korrigieren, bis Sie das Schreiben abgeschlossen haben. Solange Sie noch keinen neuen Textrahmen aufgezogen oder das Werkzeug gewechselt haben, können Sie wie in einer Textverarbeitung mit der Maus an die Stelle klicken, an der Sie etwas korrigieren möchten.

Nachdem Sie die zwei Zeilen geschrieben haben, klicken Sie auf eine andere Stelle der Arbeitsfläche. Schreiben Sie dort »Dritte Zeile« und »Vierte Zeile«, wiederum getrennt durch [↵].

Sie sehen, dass Sie mit dem erneuten Klicken auch einen neuen linken Rand bestimmt haben.

Die Schrift gestalten

Mit Paint können Sie über die folgenden Merkmale alle benutzten Schriften gestalten:

- ✓ die Farbe
- ✓ die Auszeichnung/den Stil (fett, kursiv, unterstrichen)
- ✓ die Schriftart und -größe

Die Farbe ändern

Die Farbe von Zeichen bestimmen Sie wie gewohnt mit Hilfe der Farbpalette. Schriften werden von Paint nur in reinen Farbtönen dargestellt. Verwenden Sie Mischtöne, erscheint automatisch der ähnlichste reine Ton.

Die Auszeichnung

Da das Text-Werkzeug immer noch aktiviert ist, klicken Sie nun wiederum auf eine andere Stelle der Arbeitsfläche. Wählen Sie diesmal aber die Merkmale aus, bevor Sie schreiben. Nehmen Sie z. B. einen grünen Farbton. Bestimmen Sie dann noch besondere Auszeichnungen aus der *Formatsymbolleiste*.

Abbildung 7.32: Die Formatsymbolleiste

Die einzelnen Auszeichnungen lassen sich in der Formatsymbolleiste beliebig aus- und einschalten sowie kombinieren. Alle Attribute gelten jedoch für den gesamten Textrahmen.

Schreiben Sie nun zur Übung die erste und zweite Zeile kursiv und unterstrichen, damit Sie die Funktionsweise testen können. Weitere Auszeichnungen können Sie beliebig über die Formatsymbolleiste vornehmen.

Die Schriftart und -größe

Klicken Sie noch einmal auf eine andere Stelle der Arbeitsfläche, wo noch Platz für etwas größere Zeichen ist.

Wählen Sie die Art, die Größe und auch die Auszeichnungen der Schrift aus der Formatsymbolleiste aus.

Wählen Sie zunächst eine andere Schriftart, etwa *Arial* statt *Courier* oder umgekehrt. Bestimmen Sie dann in der Liste *Schriftgröße* noch eine neue Zeichengröße (Schriftgrad), z. B. *24 Punkt*.

Wie Sie erkennen können, bietet Paint, obwohl es ein Malprogramm ist, erstaunlich viele Möglichkeiten, Text einzufügen.

Das *Bild*-Menü

Neben den Funktionen, die die Utensilienleiste bietet, können Sie zusätzlich noch weitere Funktionen über die Menüs von Paint einsetzen. Nachfolgend werden Sie einige davon kennen lernen.

Mit dem *Bild*-Menü aus der Menüleiste von Paint stellen Sie Ausschnitte gespiegelt, invertiert, verkleinert/vergrößert, verzerrt oder gekippt dar.

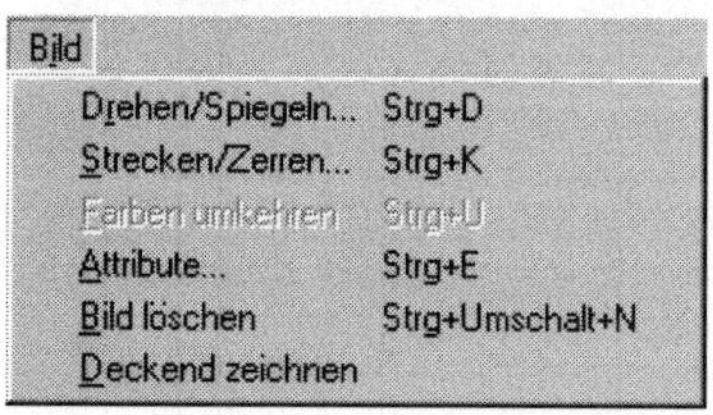

Abbildung 7.33: Das Menü *Bild*

Die Funktionen des Menüs *Bild* beziehen sich teilweise nur auf Ausschnitte, die Sie zuvor mit den *Rahmen*-Symbolen festgelegt haben. Wenn kein Ausschnitt markiert ist, wird das Bild-Menü automatisch das ganze Bild bearbeiten. Zwei der fünf Menüpunkte werden nachfolgend erwähnt.

Das Drehen und Spiegeln

Der erste Menübefehl ermöglicht das *Spiegeln* oder *Drehen* des markierten Ausschnitts.

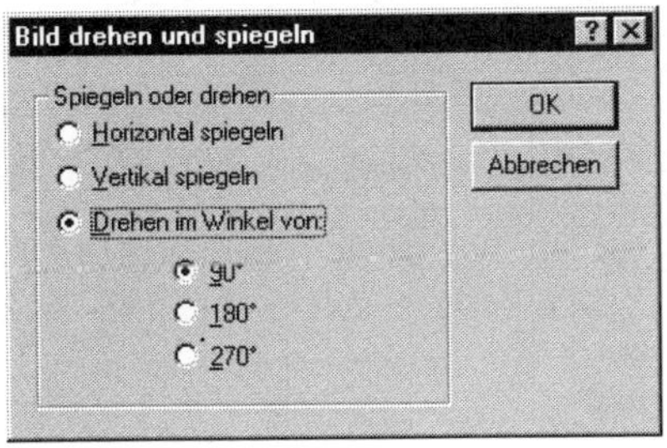

Abbildung 7.34: Das Dialogfeld *Bild drehen und spiegeln*

Horizontal spiegeln

Durch die Option *Horizontal spiegeln* wird der markierte Ausschnitt an einer gedachten senkrechten, in der Mitte des Ausschnitts befindlichen Achse gespiegelt. Das heißt er wird anschließend seitenverkehrt dargestellt. Was zuvor auf der linken Seite war, befindet sich nun rechts und umgekehrt, nicht verschoben, sondern gespiegelt.

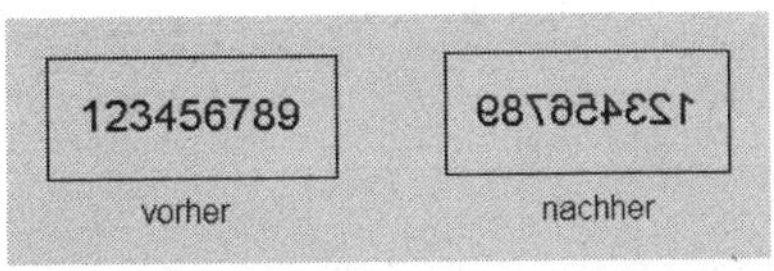

Abbildung 7.35: Das Ergebnis einer horizontalen Spiegelung

Vertikal spiegeln

Die zweite Option, *Vertikal spiegeln*, wird auf die gleiche Weise benutzt wie die erste Spiegelung, allerdings ist das Ergebnis ein wenig anders.

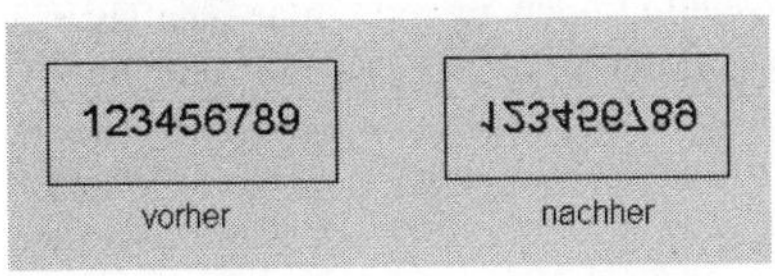

Abbildung 7.36: Das vertikale Spiegeln

Diesmal wird an einer gedachten waagerechten Achse gespiegelt, so dass sich anschließend alles, was oben war, unten befindet und umgekehrt.

Das Umkehren der Farben

Der Menübefehl *Farben umkehren* erklärt sich fast von selbst. Der markierte Ausschnitt wird bei dieser Aktion farblich invertiert.

Das ist bei Schwarzweiß-Grafiken eindeutig. Dort wird alles, was schwarz war, weiß und umgekehrt. Bei abweichenden Farben ist dies etwas anders. Dort wird als Invertierung die jeweilige *Komplementärfarbe* der unterschiedlichen Farben benutzt. Aus Gelb wird bei dieser Funktion z. B. ein dunkles Blau.

Paint einstellen

Die Utensilienleiste, die Statusleiste und die Farbpalette lassen sich bei Bedarf ausblenden, indem Sie im Menü *Ansicht* die entsprechenden Menübefehle anklicken. Dadurch vergrößern Sie zwar den Arbeitsbereich, allerdings können Sie dann die Utensilien, die Optionen und die Farben nicht mehr wechseln. Sie blenden sie durch nochmaliges Anklicken im Menü *Ansicht* wieder ein.

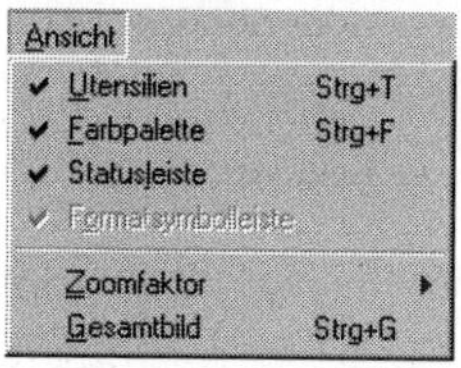

Abbildung 7.37: Das Menü *Ansicht*

Im Menü *Optionen* finden Sie weitere Einstellmöglichkeiten für Paint. Sie können dort die aktuelle Farbpalette speichern oder eine andere Farbpalette laden.

Hotshots mit Paint und der Zwischenablage erstellen

Nachdem Sie bislang die Funktionen von Paint kennen gelernt haben, sollen Sie nachfolgend Paint im praktischen Einsatz erleben. Es wird Ihnen dabei dargelegt, wie Sie mit Paint und unter Zuhilfenahme der Zwischenablage Hotshots erstellen können.

Als *Hotshots* werden Grafikdateien bezeichnet, die einen kompletten Bildschirm oder Teile davon zum Inhalt haben. Sie können sie für die verschiedensten Aufgaben benutzen, so können Sie beispielsweise die Bildschirmdarstellung aus einem interessanten Spiel abspeichern und dann als Hintergrundbild für Windows benutzen.

Für das sogenannte *Schießen* dieser Hotshots gibt es teure und weniger teure Programme zu kaufen, die dann resident in den Speicher geladen und beim Drücken einer festgelegten Tastenkombination aktiviert werden. Daraufhin wird der Bildschirminhalt als Datei in einem der gängigen *Grafikformate*, z. B. PCX, abgespeichert.

Sie können solche Programme auch für Windows erwerben. Dort sind sie meist relativ komfortabel in der Benutzung und man kann den ganzen Bildschirm, nur einzelne Fenster oder auch selbstgewählte Ausschnitte abspeichern. Das ist auf den grafischen Aufbau der Windows-Oberfläche zurückzuführen. Ein Hotshot-Programm, das in der »normalen« MS-DOS-Umgebung abläuft, hat diese Möglichkeiten zumeist nicht.

Auch mit den zu Windows mitgelieferten Programmen können Sie Hotshots erstellen. Dieser Vorgang wird im eigentlichen Sinn allerdings nicht von einem eigenen Programm ausgeführt, da es sich vielmehr um eine Kombination von Schritten handelt, die die Windows-Möglichkeiten geschickt ausnutzen.

Die wichtigste Voraussetzung beim Erstellen von Hotshots ist die Möglichkeit, mit der Taste [Druck] den ganzen Inhalt eines Bildschirms in die *Zwischenablage* kopieren zu können. Genauso wichtig ist die Tastenkombination [Druck]+[Druck], mit der das aktuelle Fenster mit dessen Inhalt in die Zwischenablage kopiert wird.

Probieren Sie die beiden Möglichkeiten aus, so dass Sie mit den vielfältigen Einsatzgebieten vertraut werden. Sie können z. B. die Darstellung des Windows-Explorers in die Zwischenablage übernehmen, was allerdings vom Grafikinhalt her sehr langweilig ist. Sie können aber auch ein Windows-Spiel laden (möglicherweise eines der mitgelieferten) und dessen Grafikdarstellung übernehmen.

HINWEIS

Nachdem Sie die Inhalte von Bildschirmen in die Zwischenablage übernommen haben, können Sie deren Inhalt auf einfache Art und Weise einsehen. Starten Sie das Programm *Zwischenablage* aus dem *Systemprogramme*-Ordner innerhalb des *Zubehörs*.

Das Schießen von Hotshots über die Zwischenablage

Das Schießen von Hotshots ist allerdings nicht mit dem Übernehmen des Bildschirminhalts in die Zwischenablage abgeschlossen. Zwar können Sie deren Inhalt als Datei abspeichern, doch können Sie das Format der Zwischenablage in keinem anderen Anwenderprogramm verwenden. Die gespeicherte Grafikdatei ist somit für einen weiteren Einsatz nutzlos.

Wie Sie die Bildschirminhalte oder Teile davon als Datei in einem gängigen Grafikformat abspeichern, möchte ich Ihnen anhand eines Beispiels zeigen.

Ein Beispiel

Laden Sie aus dem *Spiele*-Ordner das Programm *Solitär* und stellen Sie die Größe des Fensters auf Vollbild, so dass die Spielfläche den gesamten Bildschirm ausfüllt. Spielen Sie ein wenig mit dem Programm, damit Sie nicht die ursprüngliche Ausgangsposition vorliegen haben.

Drücken Sie anschließend zur Übernahme des Fensters die Tastenkombination [Alt]+[Druck]. Sie können sich von der korrekten Übernahme der Bildschirmdaten in die Zwischenablage überzeugen, indem Sie diese starten.

Schließen Sie nun wieder das Solitär-Fenster, und laden Sie aus dem Zubehör das Zeichenprogramm *Paint*. Klicken Sie das Symbol für die volle Bildschirmgröße an, um Paint möglichst groß darzustellen.

Wählen Sie dann aus dem Menü *Bild* den Menüpunkt *Attribute* an. Daraufhin erscheint ein Dialog, in dem Sie neben anderen wichtigen Dingen auch die Größe der Grafik einstellen können.

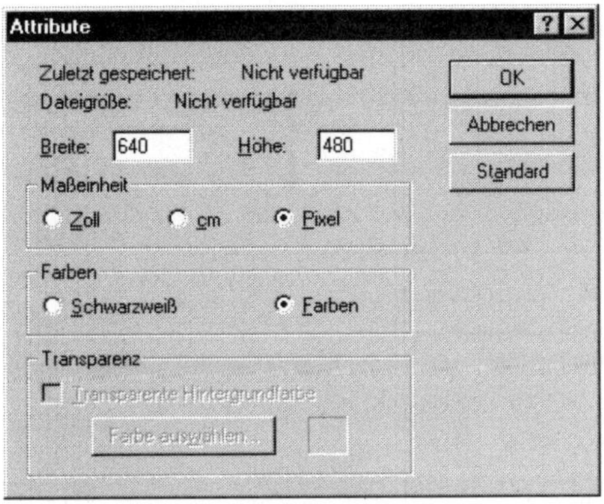

Abbildung 7.37: Die Bildattribute von Paint

Um den geschossenen Bildschirminhalt voll in Paint einfügen zu können, müssen Sie die *Zeichnungsgröße* auf die richtigen Werte einstellen. Geben Sie, nachdem Sie die *Maßeinheit Pixel* aktiviert haben, die Werte für *Breite* und *Höhe* entsprechend Ihrer Grafikkarte oder genauer gesagt für die von Ihnen verwendete *Bildschirmauflösung*, mit der Sie Windows betreiben, ein, also z. B. für die Breite 640 und für die Höhe 480 bei einer Standard-VGA-Auflösung.

Anschließend verlassen Sie den Dialog mit *OK*, um die geänderten Bildattribute in Paint zu übernehmen.

Die Übernahme der Daten aus der Zwischenablage

Zur Übernahme der Daten aus der Zwischenablage können Sie nun entweder die Tastenkombination Strg+V betätigen oder aus dem Menü *Bearbeiten* den Befehl *Einfügen* anwählen.

Ist der von Ihnen "geschossene" Bildschirm größer als die von Ihnen eingestellte Arbeitsfläche in Paint, wird dies von Paint bemerkt, und eine entsprechende Meldung erscheint auf dem Bildschirm.

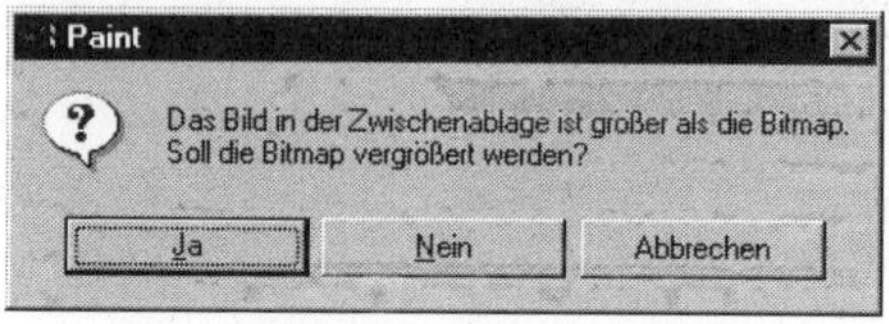

Abbildung 7.39: Die Meldung von Paint

Klicken Sie auf *Ja*, damit die Arbeitsfläche angepasst wird und der gesamte Inhalt der Zwischenablage eingefügt werden kann.

Das Ergebnis könnte dann folgendermaßen aussehen:

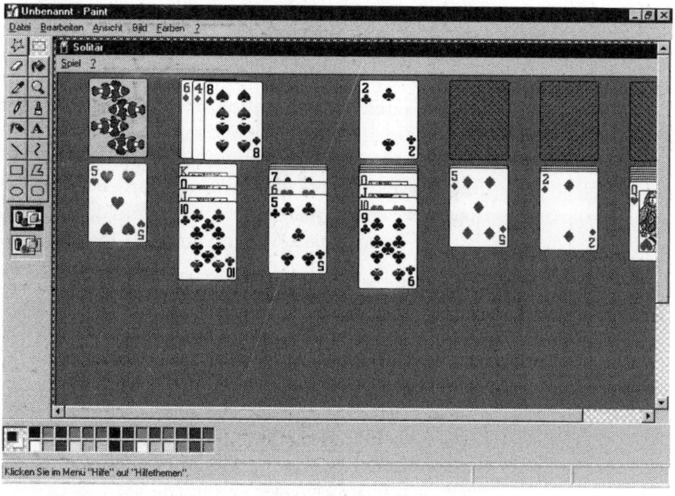

Abbildung 7.40: Solitär in Paint

Speichern Sie den Inhalt der Bearbeitungsfläche von Paint anschließend ab. Wählen Sie also aus dem Menü *Datei* die Option *Speichern* oder *Speichern unter*, was zum selben Dialog führt, und geben Sie Ihrer Datei einen Namen.

Wählen Sie das gewünschte Dateiformat, z. B. *256-Farben-Bitmap*, im Dialog aus. Anschließend können Sie den Dialog mit *OK* verlassen, und die Datei wird gespeichert.

Damit ist das Übernehmen von Bildschirminhalten in eine Datei im Wesentlichen abgeschlossen. Sie haben allerdings noch weitere Möglichkeiten.

Das Editieren der Hotshots mit Paint

Oft müssen Hotshots editiert, das heißt verändert werden, um das gewünschte Aussehen der Grafikdatei zu erhalten. Mit Paint ist dies ohne Umstände möglich. Sie können z. B. Flächen mit anderen Farben füllen, Linien ziehen und andere Veränderungen durchführen.

Das hat gegenüber anderen Hotshot-Programmen den Vorteil, dass Sie nur Windows und kein zusätzliches Editierprogramm benötigen. Zudem brauchen Sie Windows nicht erst zu verlassen, denn das kostet bekanntlich Zeit.

Wenn Sie ein anderes Zeichenprogramm benutzen möchten, können Sie das tun. Das BMP-Format erkennen die meisten Grafikprogramme und können es somit problemlos weiterverarbeiten.

Die Anpassung der Hotshots an die weitere Verwendung

Vielleicht benötigen Sie aus der Zwischenablage nur einen Teil des Gesamtinhalts. Sie möchten dann Ihre gewünschte Grafik, also einen Teil der Gesamtfläche, in der eigentlichen Größe des Bildteils abspeichern.

Nachdem Sie die gesamten Bilddaten aus der Zwischenablage in Paintbrush eingefügt haben, müssen Sie den gewünschten Bildschirmausschnitt aus Paint in die Zwischenablage kopieren. Klicken Sie dazu das rechte Scherensymbol in dem Rechteck am linken Rand von Paint an, so dass statt des Mauspfeils in dem Zeichenbereich ein Kreuz erscheint.

Legen Sie jetzt die linke obere Ecke des Bildschirmausschnitts mit dem Kreuz und einem Klick fest und halten Sie die Maustaste gedrückt. Bewegen Sie den Mauszeiger (also das Kreuz) anschließend genau auf die rechte untere Ecke des gewünschten Ausschnitts, und lassen Sie die Maustaste los. Das gewählte Rechteck wird mit einer gestrichelten Linie gekennzeichnet.

Wählen Sie nun aus dem Menü *Bearbeiten* den Befehl *Kopieren nach* aus. Es öffnet sich ein Dialog, der mit dem von *Datei/Speichern unter* identisch ist. Stellen Sie das gewünschte Dateiformat ein, geben Sie der Datei einen Namen und speichern Sie sie durch Anklicken von *OK* ab.

Die Kontrolle in Paint

Damit ist der Vorgang abgeschlossen und Sie haben die Grafik auf die gewünschte Größe angepasst. Zur Kontrolle können Sie die Datei neu in Paint einladen.

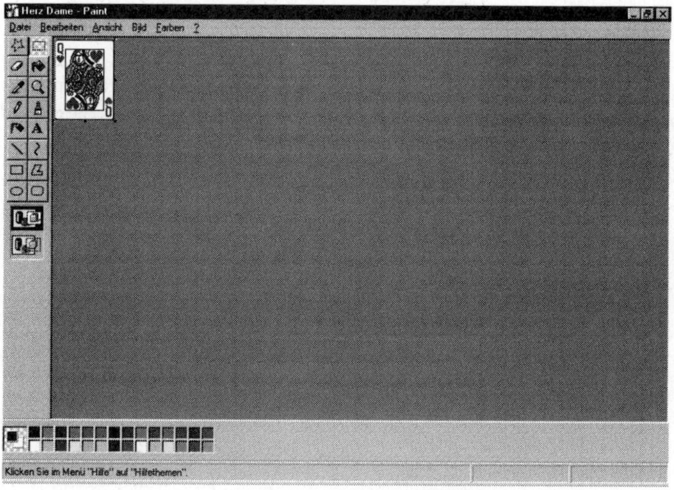

Abbildung 7.41: Der Ausschnitt

Sie haben hoffentlich im Laufe dieses Arbeitens bemerkt, dass es eine Vielzahl von Möglichkeiten gibt, um Hotshots zu editieren und vor allem zu nutzen. Machen Sie sich mit den verschiedenen Vorgängen vertraut, und erstellen Sie so die gewünschten Hotshots, ohne auf ein teures Hotshot-Programm zurückgreifen zu müssen.

WordPad

Neben dem Zeichnen ist das Schreiben ein weiterer interessanter Einsatzbereich eines Computers. Windows unterstützt auch in dieser Richtung den Anwender. Durch die Textverarbeitung *WordPad* können Sie auf einfache Weise Briefe, Dokumente und andere Dinge schreiben und gestalten.

Da es sich bei dieser Textverarbeitung ebenfalls um eine Zubehör-Applikation handelt, finden Sie das *WordPad*-Symbol entsprechend im *Zubehör*-Ordner.

Abbildung 7.42: Das *WordPad*-Symbol

WordPad im Überblick

WordPad lässt sich immer dann recht gut benutzen, wenn Gestaltung und Umfang eines Dokuments mittlere Anforderungen stellen. D. h. WordPad ist nicht für das Gestalten einer Zeitschrift oder das Erfassen eines Lexikons geeignet. Die Leistungsfähigkeit von WordPad ragt allerdings über das einfache Texterfassen, wie es z. B. ein simpler Editor erlaubt, hinaus.

Jedes WordPad-Dokument sehen Sie auf dem Bildschirm fast schon so, wie Sie es beim Druck auf Papier o.Ä. erhalten würden. Es wird von der *WYSIWYG*-Darstellung (What You See Is What You Get) gesprochen.

Sie können für die Arbeit mit WordPad alle in Windows installierten Schriften benutzen. Auch Objekte aus anderen Applikationen lassen sich einfügen und verknüpfen.

Starten und Schreiben

WordPad starten Sie per Klick auf sein Symbol, den Notizblock mit dem Füllfederhalter im Ordner *Zubehör*.

Die Elemente des WordPad-Fensters

Das WordPad-Fenster besteht im Wesentlichen aus einer Schreibfläche, die von zwei Bildlaufleisten sowie Menü- und Titelleiste eingerahmt wird. Daneben können noch mehrere Symbolleisten und ein Lineal eingeblendet werden. Am unteren Bildrand erscheint auf Wunsch außerdem eine Statusleiste mit nützlichen Hinweisen und Anzeigen.

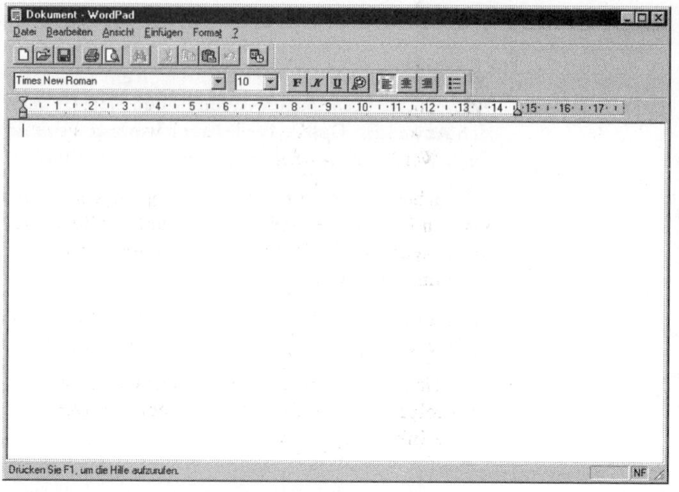

Abbildung 7.43: Das *WordPad*-Fenster

Sie können nach dem Start sofort mit dem Schreiben beginnen. Geben Sie für die folgenden Übungen den nachstehenden Text ein.

```
WordPad verfügt, wie jede moderne Textverarbeitung, über einen
automatischen Zeilenumbruch. Das bedeutet, sobald ein Wort den
rechten Rand überschreitet, wird es automatisch an den Beginn der
nächsten Zeile gesetzt.
```

Beim Schreiben verschiebt sich die senkrechte Einfügemarke, der *Cursor*. Er markiert die Stelle, an der Zeichen eingegeben, bearbeitet bzw. gelöscht werden. Sie können ihn im Text mit den Cursor- oder Richtungstasten bewegen. Probieren Sie es aus.

Beim Schreiben ist genau das geschehen, was Ihr kleiner Text beschreibt, die Zeilen wurden automatisch umbrochen. Im Unterschied zur Schreibmaschine müssen Sie bei WordPad nicht auf den rechten Rand achten und, mit dem Text dort angekommen, auch keinen Wagenrücklauf betätigen.

Die Absatzmarke

Betätigen Sie nun, nachdem Sie den Text eingegeben haben, [↵].

Der Cursor springt an den Beginn der nächsten Zeile, während der Mauszeiger an seiner Stelle bleibt, auch wenn er sich über dem Arbeitsbereich von WordPad befindet.

Sie haben jetzt eine Absatzeinteilung vorgenommen bzw. einen neuen Absatz in Ihren Text eingefügt. Das heißt, der Text bis zu der Stelle, an der Sie [↵] gedrückt haben, ist ein Absatz, und dort, wo jetzt der Cursor blinkt, beginnt ein weiterer.

Am Ende eines jeden Absatzes befindet sich ein Abschluss, die *Absatzmarke*. Sie wird auf der Arbeitsfläche unsichtbar dargestellt.

Drücken Sie [↵] noch zweimal. Der Cursor springt jedesmal zum Beginn der folgenden Zeile. Sie haben erneut Absätze eingefügt, allerdings solche ohne Inhalt, also Leerzeilen.

Einfügen und Löschen

Bewegen Sie den Cursor mit den Richtungs-Tasten vor das »T« von »Textverarbeitung« innerhalb des geschriebenen Textes. Geben Sie nun ein »x« ein.

Dieser Buchstabe wird dort eingefügt, wo der Cursor steht. Der Text dahinter rückt weiter nach rechts bzw. nach unten. Wiederholen Sie dieses Einfügen einige Male.

Sie stellen fest, dass eingefügte Zeichen den nachfolgenden Text bei WordPad nicht überschreiben, sondern ihn verschieben. WordPad arbeitet im *Einfügemodus*.

Die überflüssigen Zeichen entfernen Sie wieder, zunächst eines mit [⇐]. Mit dieser Taste entfernen Sie das Zeichen, das sich links vom Cursor befindet.

Positionieren Sie den Cursor nun vor das erste »x« und betätigen Sie [Entf]. So löschen Sie Zeichen rechts vom Cursor bzw. das aktuelle Zeichen.

Absatzmarken löschen

Absatzmarken können Sie wie Zeichen löschen. Fügen Sie an einer beliebigen Stelle im Text eine Absatzmarke ein. Betätigen Sie dazu z. B. irgendwo im Wort »Zeilenumbruch« [↵]. Damit haben Sie einen neuen Absatz begonnen. Dies ist überall möglich, auch mitten im Wort.

Machen Sie diese Absatztrennung wieder rückgängig, indem Sie [⇐] betätigen. Achten Sie jedoch darauf, dass Sie die Cursorposition zwischenzeitlich nicht verändert haben.

Auf diese Weise haben Sie die Absatzmarke gelöscht, genauso wie Sie auf diesem Weg ein normales Zeichen löschen können. Dies funktioniert entsprechend bei einer anderen Cursorposition auch mit [Entf].

Die Cursorposition durch einen Mausklick verlegen

Schreiben Sie nun direkt unter dem ersten Absatz in einem neuen Absatz den folgenden Text:

```
Solange ein Text nur wenige Zeilen umfasst, lässt sich der Cursor
darin ohne große Schwierigkeiten mit den Richtungs- oder Cursor-
Tasten bewegen. Dieses Verfahren wird aber immer umständlicher, je
mehr Zeilen und Seiten hinzukommen. Schneller und einfacher lässt
sich der Cursor durch einen Mausklick verlegen, außerdem gibt es bei
WordPad bestimmte Tastenschlüssel für das Bewegen zum Textanfang,
Textende, Zeilenende und zu anderen Positionen.
```

Bewegen Sie nun den Mauszeiger hinter das erste Wort des ersten Absatzes »WordPad«. Klicken Sie dort mit der Maustaste.

An dieser Stelle blinkt nun der Cursor. Probieren Sie dieses Verlegen per Mausklick am besten an einigen Stellen im Text aus. Bei fast allen Windows-Applikationen können Sie auf die gewünschte Stelle klicken und dann dort schreiben oder den Text bearbeiten.

Markieren und Korrigieren

Bewegen Sie den Mauszeiger auf das Wort »verfügt« und klicken Sie es doppelt an. Das Wort erscheint dunkel hinterlegt, es ist markiert. Diese Darstellung kennen Sie schon von Listen- oder Menüeinträgen. Dort wird der Auswahlbalken invertiert dargestellt, ähnlich wie in diesem Text das markierte Wort, wobei die Markierung durchaus mehr als ein Wort, auch über mehrere Absätze hinweg, umfassen kann.

Sobald Sie mit der Maus auf eine andere Stelle im Text klicken, wird die aktuelle Markierung wieder aufgehoben und der Cursor an die Stelle des Klicks positioniert.

Ersetzen Sie das markierte Wort »verfügt« durch ein anderes, etwa durch »besitzt«. Sie können für diesen Zweck sofort mit dem Schreiben des neuen Worts beginnen, ohne dass Sie zuvor das markierte Wort entfernen.

Schon beim ersten Zeichen, das Sie eingeben, verschwindet das markierte Wort automatisch, es wird gelöscht. Danach erscheinen die neu geschriebenen Zeichen als Einfügung.

KNOW-HOW

Beachten Sie bitte, dass Sie auf diese Weise schnell etwas versehentlich löschen können.

Markieren und Löschen

Markieren Sie nun noch das überflüssig gewordene Wort »über« hinter dem zweiten Komma. Drücken Sie dann [Entf], woraufhin dieses gelöscht wird. Auf diese Weise entfernen Sie beliebige markierte Bereiche aus dem Text.

Markieren, ausschneiden und einfügen

Führen Sie den Mauszeiger mitten in den zweiten Absatz. Betätigen Sie die linke Maustaste und halten Sie diese gedrückt. Ziehen Sie die Maus dann nach rechts unten.

Entsprechend der Mausbewegung wird der Text markiert. Sobald Sie die Taste loslassen, ist die Markierung bestimmt. Klicken Sie auf eine Stelle außerhalb des ausgewählten Bereichs, dann wird die Markierung wieder aufgehoben.

Markieren Sie einen etwa drei Zeilen umfassenden Bereich.

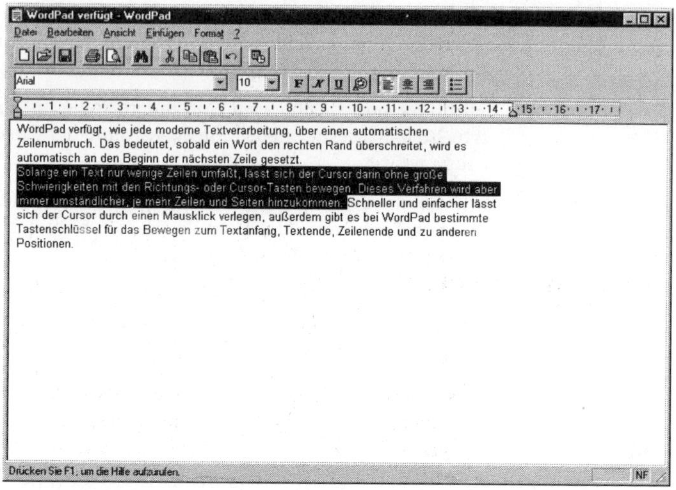

Abbildung 7.44: Ein markierter Textbereich

Diese Passage verlegen Sie mit den folgenden Schritten an das Ende des Dokuments:

✔ Sie wählen zunächst den Menübefehl *Bearbeiten / Ausschneiden* an.

Dadurch wird der markierte Bereich aus dem Text entfernt und in die Ablagemappe eingefügt.

✔ Positionieren Sie den Cursor an das Textende und wählen Sie den Menübefehl *Bearbeiten / Einfügen* an.

Die eben ausgeschnittene Textpassage erscheint wieder, jetzt jedoch beginnend an der aktuellen Cursorposition. Wenn Sie den Befehl wiederholen, dann wird die Textpassage ein weiteres Mal eingefügt. Dies liegt darin begründet, dass sich der Text nach wie vor in der Ablagemappe befindet. Durch das Einfügen in den Text ändert sich nichts am Zustand der Ablagemappe. Erst wenn dort etwas Neues eingefügt wird, steht die Textpassage nicht mehr zur Verfügung.

Das Markieren funktioniert auch andersherum

Markieren Sie die beiden eingefügten Textpassagen durch Ziehen, diesmal vom Ende nach oben, was genauso funktioniert. Löschen Sie das Markierte diesmal mit [Entf].

Die Ablagemappe bleibt in diesem Fall vom Löschvorgang unberührt, d.h. der vorhin gelöschte Text ist weiterhin in der Ablagemappe unverändert enthalten.

- ✔ Verlegen Sie den Cursor an die Position, ab der Sie vorhin ausgeschnitten haben, und fügen Sie noch einmal aus der Ablagemappe ein.

Der Text müsste seinen ursprünglichen Zustand wieder eingenommen haben.

Markieren, kopieren und einfügen

Markieren Sie nun eine andere Passage Ihres Dokuments. Wählen Sie jetzt den Menübefehl *Bearbeiten / Kopieren* an.

Im ersten Moment könnte man meinen, es wäre nichts geschehen, denn der markierte Bereich bleibt unverändert an seiner Position. Allerdings ist etwas geschehen, was nach außen hin nicht sichtbar ist: In der Ablagemappe befindet sich jetzt eine Kopie des markierten Bereichs.

Dort steht er wiederum zum Ergänzen des Textes an der aktuellen Cursorposition zur Verfügung.

Markierten Text mit der Maus verschieben

Markieren Sie erneut eines oder mehrere Wörter oder einen ganzen Absatz Ihres Dokuments.

Bewegen Sie die Maus über den markierten Bereich. Die Einfügemarke verwandelt sich daraufhin in den normalen Mauszeiger. Ziehen Sie den markierten Bereich nun mit der Maus an eine andere Stelle des Dokuments. Mit dem Mauspfeil zusammen wandert auch ein senkrechter Strich über die Seite, die Einfügemarke.

Wenn der Strich an der Position ist, an der Sie den Text wieder einfügen möchten, lassen Sie die linke Maustaste los, der Text wird dann dorthin verschoben.

Text bearbeiten und gestalten

Ihre WordPad-Dokumente erhalten in der Regel durch Bearbeiten einzelner Bereiche ein schönes Aussehen. Das Gestalten des Texts wird auch *Formatierung* genannt. Das heißt vor allem:

- ✔ Gestaltung der Schrift
- ✔ Anordnung und Ausrichtung der Zeilen bzw. Absätze
- ✔ Aufteilung der Seiten (Seitenformatierung)

Die Schrift gestalten

In Ihrem recht kleinen Text stellen Sie nun das Wort »WordPad« durch schräg gestellte Zeichen dar, also durch eine kursive Zeichenformatierung.

Sie markieren zuerst das, was bearbeitet (formatiert) werden soll. Klicken Sie also doppelt auf das Wort »WordPad«.

HINWEIS

> Beim Markieren des Worts »WordPad« durch den Doppelklick stellen Sie fest, dass nicht nur das Wort an sich, sondern auch das nachfolgende Leerzeichen mit markiert wurde.

Die Absicht ist aber, nur das eigentliche Wort, nicht aber das nachfolgende Leerzeichen zu formatieren. Wenn Sie also genau arbeiten möchten, dann können Sie mit folgender Aktion die Markierung des Leerzeichens entfernen, ohne dass Sie die gesamte Markierung verlieren.

Drücken Sie [⇧] und halten Sie diese Taste gedrückt. Dann drücken Sie auf [←]. Die Markierung wird daraufhin um ein Zeichen verkürzt.

Auf diese Weise können Sie auch die anderen Positionierungstasten, wie z. B. [Ende], [Pos1], [Bild↑] usw. einsetzen und eine Markierung bestimmen bzw. verändern.

Dann wählen Sie im Menü *Format* den Befehl *Schriftart* an. Im folgenden Dialogfeld können Sie verschiedene Formatierungen des markierten Bereichs vornehmen. Im Listenfeld *Schriftschnitt* z. B. die Auswahl *Kursiv*.

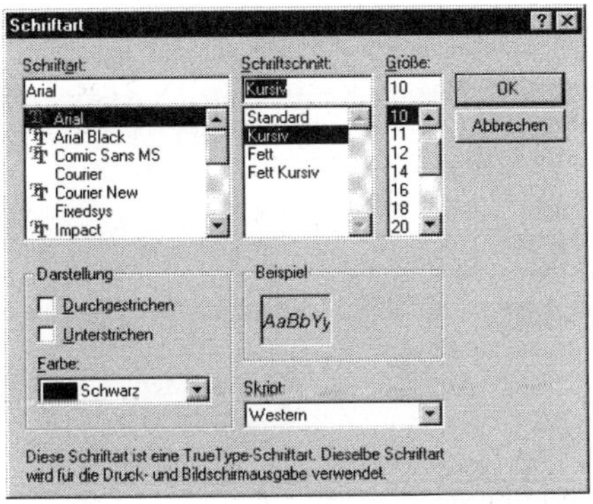

Abbildung 7.45: Das Dialogfeld *Schriftart*

Bei dem Begriff *Kursiv* handelt es sich um eine *Auszeichnung*. Bei ihr wird nicht die Art, sondern die Darstellung der Schrift geändert. Solche Auszeichnungen heißen auch *Schriftstile*.

Das Wort »WordPad« erscheint nach dieser Aktion und dem Verlassen des Dialogs über *OK* schräg gestellt. Außerdem bleibt es weiter markiert.

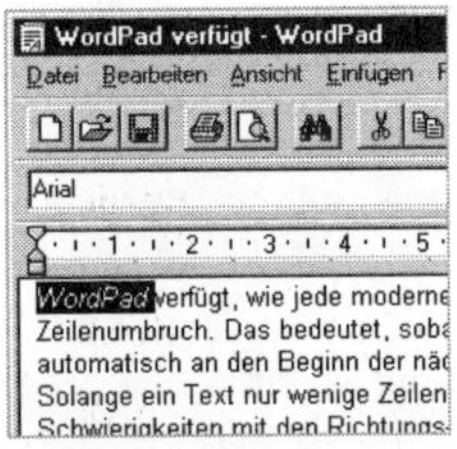

Abbildung 7.46: Ein kursiv formatierter Text

Solange ein Textbereich, z. B. ein Wort, markiert ist, können Sie auf die gleiche Weise die Gestaltung auch wieder rückgängig machen oder ändern. Wählen Sie im gleichen Dialogfeld den Schriftschnitt *Standard* aus und die Schrift erscheint wieder normal.

Ändern Sie nun die Auszeichnung verschiedener Textbereiche. Im Dialogfeld *Schriftart* finden Sie als weitere Möglichkeiten dazu die Auswahl *Fett* und *Fett Kursiv*. Über die Kontrollkästchen im Bereich *Darstellung* können Sie den Text außerdem *Unterstrichen* und *Durchgestrichen* erscheinen lassen.

Die Bearbeitungsleiste

Die *Bearbeitungsleiste* enthält verschiedene Schaltflächen, mit deren Hilfe Sie solche Formatierungen leichter und schneller aktivieren und deaktivieren. Die Leiste können Sie über das Menü *Ansicht* ein- und ausblenden.

Abbildung 7.47: Die Formatierungssymbole der Bearbeitungsleiste

Es stehen Ihnen folgende Schaltflächen, angefangen vom linken bis zum rechten Symbol der obigen Abbildung, zur Verfügung:

- *Fett* – Die markierten Zeichen werden fett dargestellt.
- *Kursiv* – Der Text wird schräg gestellt. Die Zeichen kippen nach rechts.
- *Unterstrichen* – Alle markierten Zeichen werden unterstrichen. Das bezieht sich auch auf Leerstellen. Tabulatoren werden jedoch nicht unterstrichen.
- *Farbe* – Sie können Text auch in verschiedenen Farben formatieren. Wählen Sie dazu über diese Schaltfläche eine andere Farbe für den markierten Text aus.

Mit einem Klick können Sie die Schaltflächen der Symbolleiste aktivieren. Die Schaltfläche wirkt dann, als wäre sie eingedrückt worden. Mit einem weiteren Klick können Sie sie wieder herausdrücken.

Weitere Markierungsmöglichkeiten

Per Mausklick können Sie auch einzelne Zeilen, Absätze sowie den gesamten Text markieren. Sie benutzen dazu den *Markierungsbereich*. Dies ist die Zone zwischen dem Text und dem linken Rand. Führen Sie den Mauszeiger einmal in diesen Bereich. Er erscheint jetzt als Pfeil, der nach rechts oben weist.

Setzen Sie den Mauszeiger links neben die zweite Zeile Ihres Texts und klicken Sie. Daraufhin ist die gesamte Zeile markiert. Geben Sie als Formatierung *Schriftart / Unterstrichen* ein.

Bewegen Sie dann den Zeiger links neben den zweiten Absatz und klicken Sie doppelt. Nun ist der gesamte Absatz markiert. Formatieren Sie *Fett.*

Um nun die gerade eingegebenen Formatierungen rückgängig zu machen, markieren Sie den gesamten Text. Bewegen Sie dazu den Zeiger erneut links neben den zweiten Absatz und klicken Sie diesmal dreimal. Nun ist das gesamte Dokument markiert.

Wählen Sie im Dialogfeld *Schriftart* die Option *Standard* aus. Die dabei beseitigte kursive Auszeichnung des Worts »WordPad« sollten Sie nachträglich wieder einfügen.

Wenn Sie den Markierungsbereich benutzen, markieren Sie so:

- ✔ Zeilen: Zeile anklicken
- ✔ Absatz: Neben dem Absatz doppelklicken
- ✔ Ganzen Text: Neben dem Absatz dreimal klicken.

Die Art und die Größe der Schrift wählen

Um die Schriftart zu ändern, markieren Sie zuerst den Text, den es betreffen soll, z. B. den ersten Absatz Ihres Texts. Öffnen Sie wieder das Menü *Format* und wählen Sie Schriftart.

Das Dialogfeld zeigt Ihnen im Feld *Schriftart* eine Liste der Schriftarten, die Sie benutzen können. Jede in Windows 98 installierte Schrift wird angeboten. Zu vielen Schriftarten gibt es noch verschiedene Variationen, die Sie in einem weiteren Listenfeld *Schrift* auswählen können.

Schriften, die mit einem doppelten T markiert sind, sogenannte *TrueType*-Schriftarten, sind in der Schriftgröße frei veränderbar. Bei anderen Schrifttypen müssen Sie auf die angebotenen Werte im Listenfeld *Größe* eingehen.

Wählen Sie den Eintrag *Arial* an und verlassen Sie das Dialogfeld mit *OK*.

Der markierte Text wird aufgrund dieser Aktion in der Schriftart *Arial* dargestellt. Die Schriftgröße und der Schriftschnitt sind dabei unverändert geblieben.

Der Übungstext hat bisher noch keine Überschrift. Um dies zu ändern, fügen Sie vor der ersten Zeile einen neuen Absatz ein. Dorthin schreiben Sie den Überschriftstext »Arbeiten mit WordPad«.

Anschließend setzen Sie diesen Abschnitt ein wenig vom übrigen Text ab, indem Sie direkt unter der Überschrift eine Leerzeile einfügen.

Damit haben Sie die Überschrift an sich in den Text eingebracht. Damit sie auch als solche zu erkennen ist, wird sie im zweiten Schritt die richtige Formatierung erhalten.

Markieren Sie den Absatz der Überschrift und formatieren Sie ihn zur Hervorhebung *Fett*.

Wählen Sie gleichzeitig einen größeren Schriftgrad im Listenfeld *Größe* aus.

Die Buchstaben der Überschrift werden daraufhin vergrößert. Die Zahl im Auswahlfeld *Größe* bezieht sich auf die Maßeinheit *Punkt*. 30 Punkt entsprechen dabei etwa einem Zentimeter.

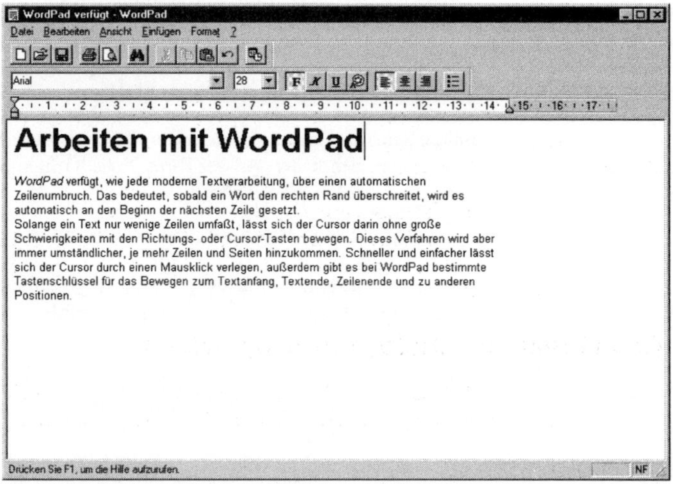

Abbildung 7.48: Die vergrößerte Überschrift

Einfacher geht es auch hier wieder über die Bearbeitungsleiste. Es werden zwei aufklappbare Listenfelder in der Symbolleiste angezeigt, über die Sie direkt eine andere Schriftart oder einen anderen Schriftgrad auswählen können.

Abbildung 7.49: Die Schriftartensymbole der Bearbeitungsleiste

Wiederholen Sie diesen Befehl mehrfach und versuchen Sie auch einmal die Schrift so weit wie möglich zu verkleinern. Benutzen Sie dazu die Symbolleiste. Versuchen Sie den Unterschied zwischen TrueType-Schriftarten und anderen zu erkennen.

Speichern, laden und drucken

Alle Dokumente, auch Ihren gerade gestalteten Text, sollten Sie speichern. Wenn Sie länger an einem Text arbeiten, dann können Sie auch schon während der Fertigstellung eine Speicherung vornehmen.

Sie wählen dazu den Menübefehl *Datei / Speichern*. Bereits gesicherte Dokumente laden Sie mit *Datei / Öffnen* wieder zum weiteren Verarbeiten. Mit *Datei / Neu* stellen Sie WordPad wieder in die Ausgangsstellung zurück und bereiten die Schreibfläche für ein neues Dokument vor. Auch drucken können Sie aus dem Menü *Datei*. Dazu steht der Befehl *Drucken* bereit.

Da die Funktionsweisen der oben angesprochenen Aktionen fast identisch sind zu den entsprechenden Befehlen in Paint, sollen sie an dieser Stelle nicht noch einmal dargestellt werden.

Das Lineal einschalten und benutzen

Im Folgenden geht es um die Formatierung von Zeilen bzw. des gesamten Textkörpers. Dazu benutzen Sie am besten das *Lineal*.

KNOW-HOW

Sollte es nicht angezeigt werden, müssen Sie es zunächst mit *Ansicht / Lineal* aktivieren. Das Lineal erscheint daraufhin unter der Menüleiste.

Das Lineal besteht aus zwei übereinander angeordneten Leisten, an denen sich mehrere Schieber befinden, und den dazwischen lokalisierten Zahlen. Die Maßeinheit des Lineals stellen Sie im Menü *Ansicht* über den Befehl *Optionen* ein.

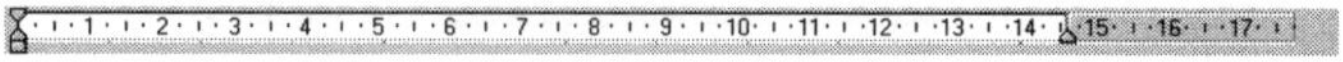

Abbildung 7.50: Das aktivierte Lineal

Die Skala ist in der obigen Abbildung auf *cm* eingestellt. Sie beginnt auf der linken Seite, dort, wo Ihr Text anfängt, mit »0« und geht auf der rechten Seite über den Textrand hinaus bis zum Fensterende. Sie dient Ihnen zur Orientierung, damit Sie Abstände genau einrichten können.

Die untere und obere Leiste ähneln einer Schiene. Die untere hat links und rechts jeweils eine dreieckige Marke, die obere nur eine Marke am linken Rand. Innerhalb dieser Zeile nehmen Sie *Einzüge* vor.

Die Skala des Lineals dient der Anzeige und dem Setzen, Verändern und Löschen von *Tabulatoren*. Alle Bestandteile können mit der Maus bedient werden. Durch Klicken bzw. Ziehen können Sie bestimmte Formatierungsbefehle besonders schnell und einfach ausführen. Außerdem zeigen die Symbole und die untere Leiste an, welche Formatierungen für den Textbereich gelten, in dem sich gerade der Cursor befindet. Die im Lineal angezeigten Einstellungen sind absatzbezogen.

Die Einzüge

Eine Möglichkeit, Ihren Text zu formatieren, besteht im Einziehen verschiedener Absätze. Ein *Einzug* versetzt den standardmäßig eingestellten linken oder rechten Rand und damit auch den Text.

Eingezogen wird bei WordPad immer der gesamte Absatz. Außerdem können Sie die erste Zeile eines Absatzes anders einziehen als die übrigen Zeilen, sollte der Absatz aus mehreren Zeilen bestehen.

Nehmen Sie in der ersten Zeile des zweiten Absatzes einen solchen Erstzeileneinzug vor.

✔ Markieren Sie dazu den Absatz oder setzen Sie irgendwo den Cursor hinein. Klicken Sie dann im Lineal auf die obere linke, dreieckige Marke und ziehen Sie diese mit gedrückter linker Taste von »0« auf »2«.

Sobald Sie die Maus verschieben, bewegt sich das Dreieck. Sie bestimmen damit, dass die erste Zeile um 2 cm eingezogen werden soll. Das Ergebnis sieht etwa so aus:

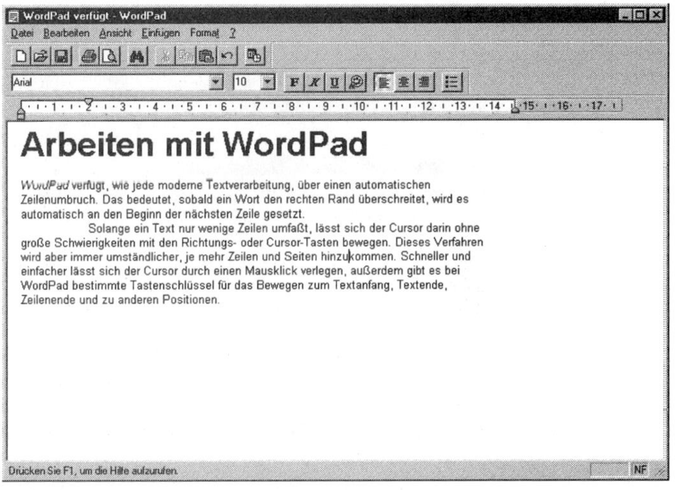

Abbildung 7.51: Der Erstzeileneinzug

Dort, wo sich die Marke ursprünglich befand, sehen Sie jetzt nur noch eine Marke. Diese stellt den Einzug für die restlichen Zeilen des Absatzes dar.

Im Lineal von WordPad liegen also links zwei Marken übereinander. Die obere dient dem *Erstzeileneinzug*.

✓ Benutzen Sie nun die zweite Marke. Ziehen Sie sie von »0« auf »1«.

Daraufhin werden alle Zeilen des zweiten Absatzes um einen Zentimeter nach rechts eingerückt, ohne dass der rechte Rand davon beeinflusst wird. Mit dieser Marke ziehen Sie also den gesamten Absatz ein. Es handelt sich dabei um den linken Einzug.

Der Erstzeileneinzug bleibt unverändert bei 2 cm. Er gilt absolut, ohne Rücksicht auf die Festlegungen und Veränderungen für den übrigen Absatz.

Wenn Sie für die erste Zeile bzw. den gesamten linken Einzug negative Werte eingeben, spricht man von negativem (Erstzeilen-)Einzug. Damit können Sie leicht Aufzählungen formatieren.

Auch rechte Einzüge, also das gleiche Verfahren auf den rechten Rand bezogen, sind mit WordPad möglich. Sie ziehen im Lineal die rechte dreiekkige Einzugsmarke um den gewünschten Wert nach links. Auf der rechten Seite liegen allerdings keine zwei Marken übereinander, so dass Sie dort keine speziellen Einzüge vornehmen können.

Einen Absatzeinzug können Sie auch über das Menü *Format* mit dem Befehl *Absatz* festlegen. Dabei müssen die gewünschten Werte für die Einzüge in diesem Dialogfeld eingegeben werden.

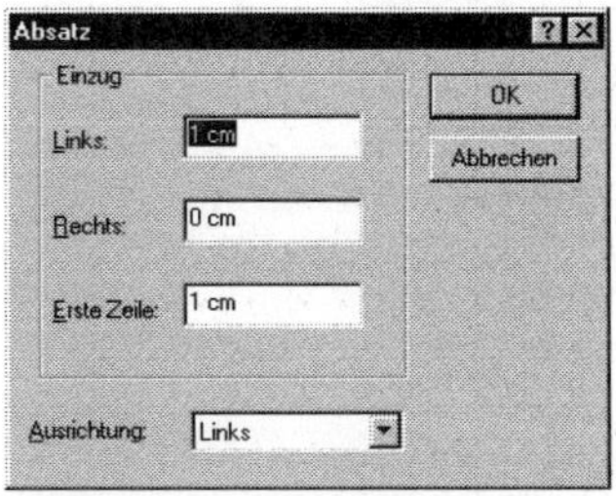

Abbildung 7.52: Das Dialogfeld *Absatz*

Beachten Sie, dass die Angabe für die *Erste Zeile* relativ zum ganzen Absatz eingegeben wird. Ziehen Sie den Absatz links z. B. *3 cm* ein und geben bei *Erste Zeile 2 cm* ein, dann wird die erste Zeile insgesamt 5 cm vom linken Rand eingezogen.

Die Tabulatoren

Damit Sie innerhalb eines Texts bestimmte Abstände oder Anfangs- bzw. Endpositionen von Textteilen genau einhalten können, sind in WordPad alle 1,25 cm unsichtbare *Standard-Tabulatoren* enthalten. Diese können Sie nutzen, indem Sie mit ⇆ ein Tabulatorzeichen in Ihren Text einfügen.

Dieses Zeichen, das optisch in Ihrem Text nicht dargestellt wird, sorgt dafür, dass ein Sprung vollzogen wird von der Position, an der der Cursor gestanden hat, als ⇆ eingegeben wurde, bis zur nächsten standardmäßigen Tabulatorposition. Dort wird der Text dann automatisch fortgesetzt, wobei die Buchstaben ganz normal weiter nach rechts angeordnet werden.

Außerdem können Sie in WordPad Ihre eigenen Tabulatoren benutzen. Einen neuen Tabulator setzen Sie, indem Sie auf die gewünschte Stelle in der Leiste des Lineals klicken.

HINWEIS

Das Setzen oder Entfernen von Tabulatoren gilt nur für den Absatz, in dem sich Ihre Einfügemarke befindet.

Gesetzte Tabulatoren erscheinen im Lineal als rechter Winkel. Sie können jeden davon verschieben, indem Sie auf sein Zeichen in der Leiste klicken und es nach links oder rechts ziehen und damit einen neuen Wert zuweisen.

Sie löschen einen Tabulator, indem Sie sein Zeichen über den rechten oder den linken Rand der Leiste hinausziehen.

Die Ausrichtungen

Ihr vorhin geschriebener Text hat eine *linksbündige Ausrichtung*, er schließt bündig oder glatt am linken Rand ab, während rechts mehr oder weniger große Lücken bleiben.

Um dies zu ändern, benutzen Sie die rechten drei Symbole in der Bearbeitungsleiste.

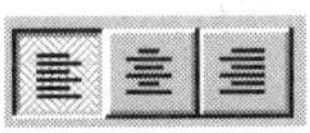

Abbildung 7.53: Die Ausrichtungs-Symbole

Es stehen Ihnen folgende Ausrichtungen, angefangen vom linken bis zum rechten Symbol der obigen Abbildung, zur Verfügung:

- *Linksbündig* – Der Text wird gerade am linken Rand angeordnet. Der rechte Rand schließt nicht bündig ab, er flattert.
- *Zentriert* – Der Text wird an einer gedachten senkrechten Linie in der Mitte der Seite ausgerichtet. Die Abstände einer jeweiligen Zeile zum linken und zum rechten Rand sind identisch, beide Ränder flattern.
- *Rechtsbündig* – Der Text wird gerade am rechten Rand angeordnet. Der linke Rand schließt nicht mehr bündig ab, er flattert.

Ausrichtungsbefehle gelten für Absätze, auch wenn nur eine Zeile darin markiert ist. Auch hier gilt, wenn sich eine Markierung über mehrere Absätze erstreckt, dann wird die Ausrichtung auf die Absätze der Markierung angewendet.

Weisen Sie zur Veranschaulichung dem aktuellen Dokument eine rechtsbündige Darstellung zu. Markieren Sie es noch einmal komplett. Mit einem Klick auf das rechte Ausrichtungs-Symbol erzeugen Sie nun einen rechts am Rand angeordneten Text.

Die Seitenformatierung

Zur Formatierung eines Dokuments gehört auch die Festlegung des Seitenaufbaus. Dazu gehören sowohl die Ränder, die Ausrichtung und die DIN-Maße der Seite.

Fast alle der oben aufgezählten Dinge erledigen Sie im Dialogfeld *Seite einrichten* von WordPad. Dieses Dialogfeld erreichen Sie über den Befehl *Seite einrichten* im Menü *Datei*.

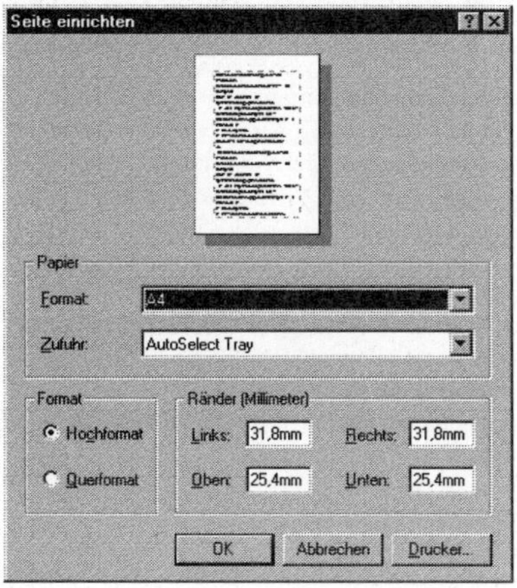

Abbildung 7.54: Das Dialogfeld *Seite einrichten*

Die Seite einrichten

Mit dem Einrichten der Seite legen Sie das *Seitenlayout* fest. Es bezieht sich auf das gesamte Dokument, so dass es nur einmal vorgenommen werden muss. Alle Seiten eines Dokuments berücksichtigen dann diese Einstellungen.

Die wichtigsten Einstellungen innerhalb dieses Dialogfelds sind die *Ränder*. Sie können unabhängig voneinander eingestellt werden. Die vorgegebenen Werte ändern Sie, indem Sie in die entsprechende Eingabezeile wechseln und dort den Wert korrigieren, wobei Sie die Maßeinheit nicht unbedingt mit angeben müssen.

KNOW-HOW

Die Maßeinheit können Sie auf *Zoll*, *cm*, *Punkt* oder *Pica* festlegen. Die gewünschte Option wählen Sie über das Menü *Ansicht* im Dialogfeld *Optionen* entsprechend an. Die Maßeinheit, die Sie hier festlegen, wird auch auf andere Einstellungen und Anzeigen im Dokument angewendet, z. B. die Skala im Lineal.

Voreingestellt sind die in der vorherigen Abbildung angezeigten Werte. Die merkwürdigen Eintragungen erklären sich, wenn Sie die Zahlen in Zoll umrechnen. 25,40 mm entsprechen 1 Zoll und 31,8 mm sind 1,25 Zoll. Diese Vorgaben sind amerikanisches DIN-Maß und erweisen sich im Allgemeinen als praktikabel.

Je nachdem welchen Druckertyp Sie ausgewählt haben, können Sie auch dafür noch verschiedene Auswahlen treffen. Sollten Sie einen anderen Drucker für WordPad verwenden wollen, so klicken Sie auf die Schaltfläche *Drucker*.

Sobald Sie das Dialogfeld mit *OK* verlassen, werden die von Ihnen vorgegebenen Werte berücksichtigt.

Die Seitenansicht

Um einen Eindruck von der Gesamtdarstellung des Dokuments zu bekommen und um weitere Änderungen am Layout vorzunehmen, können Sie auch in eine ganzseitige Anzeige wechseln. In dieser *Seitenansicht* können Sie den Text nicht verändern. Fehlerhafte Formatierungen lassen sich aber leichter erkennen, da der Text genauso angezeigt wird, wie er auf einem Drucker ausgedruckt würde.

Abbildung 7.55: Das Symbol der Seitenvorschau in der Symbolleiste

Die Seitenvorschau erreichen Sie über das abgebildete Symbol oder über den Befehl *Seitenansicht* im Menü *Datei*.

WordPad und die anderen Applikationen

WordPad kann über die Windows-Ablagemappe Informationen aus anderen Applikationen übernehmen bzw. an diese übergeben, in erster Linie natürlich Text. Dies ist Ihnen schon bekannt.

Sie können aber auch andere Elemente, z. B. Paint-Grafiken, in WordPad-Dokumente einfügen. Das Verfahren funktioniert genauso wie das Kopieren und Einfügen innerhalb von WordPad, das oben dargestellt wurde. Sie müssen lediglich noch zur anderen Applikation umschalten, das Gewünschte markieren und in die Ablagemappe kopieren sowie wieder zu WordPad umschalten und dort einfügen.

Was aus der Ablagemappe in WordPad eingefügt wird, ist ein Objekt. Dieses Objekt kann mit dem Dokument, aus dem es stammt, verknüpft sein oder mit der Applikation, durch die es erarbeitet wurde. Im letztgenannten Fall startet ein Doppelklick auf das Objekt die Ursprungsapplikation.

Imaging

Mit *Imaging* präsentiert sich Ihnen ein Programm von hervorragender Güte. Es stammt auch nicht von Microsoft selbst, sondern wurde von Kodak entwickelt. Trotzdem ist es Bestandteil von Windows 98.

Imaging kann es zwar nicht mit professionellen Bildbearbeitungsprogrammen wie Photoshop oder Corel Photopaint aufnehmen. Gegenüber einer alten Paintbrush-Version von Windows 3.x hat es allerdings klar die Nase vorn.

Imaging versteht sich jedoch nicht als ein Bildbearbeitungsprogramm, sondern dient eher als Scan-Zentrale. Eingescannte Bilder lassen sich mit interessanten Funktionen bearbeiten, um anschließend gedruckt, gefaxt, gesendet oder gespeichert zu werden.

Imaging finden Sie im Ordner *Zubehör* und es lässt sich über *Start / Programme / Zubehör / Imaging* aufrufen.

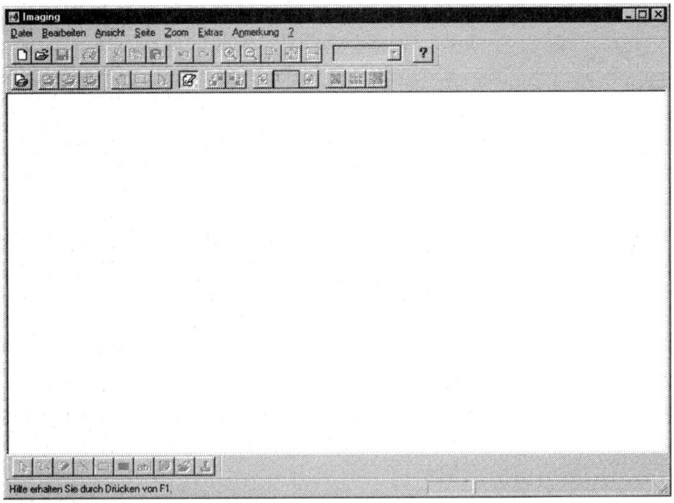

Abbildung 7.56: Imaging – das Bildbearbeitungsprogramm von Windows 98

Nach dem Aufruf des Programms fällt zunächst auf, dass es nicht ganz in das neue Seiten-Outfit von Windows 98 hineinpasst, sondern eher einem typischen »alten« Windows-Programm ähnelt. Was nicht weiter verwundert, der Copyrightvermerk stammt erstmals aus dem Jahre 1995. Damals hat Windows gerade das Licht der Welt als Betriebssystem erblickt.

Abbildung 7.57: *Imaging für Windows* stammt nicht von Microsoft, sondern wurde von Eastman Software programmiert

Imaging eignet sich hervorragend zum Scannen von Bildern oder auch nur zum Anschauen von Bitmap-Grafiken.

Letzteres wird durch die Unterstützung der gängigsten Bitmap-Bildformaten wie JPG, TIF, BMP, PCX, GIF und einiger weiterer ermöglicht. Als Speicherformat steht allerdings nur BMP, TIF und AWD (Faxdokument) zur Verfügung.

Die Symbolleisten

Um das Arbeiten mit Imaging so bequem und effizient wie möglich zu halten, existieren vier Symbolleisten:

- ✔ Standard
- ✔ Imaging
- ✔ Anmerkung
- ✔ Scanvorgang

Alle Symbolleisten lassen sich als eigenständige Fenster frei auf dem Bildschirm oder als feste Leisten am oberen und unteren Fensterrand platzieren. Vielleicht kennen Sie diese Möglichkeit von Microsoft Office oder anderen Anwendungen.

Schaltflächen, die momentan nicht anwählbar sind, werden schemenhaft dargestellt. Sie sind erst dann nutzbar, wenn zuvor eine bestimmte Funktion ausgeführt wurde.

Die *Standard*-Symbolleiste

Abbildung 7.58: Die *Standard*-Symbolleiste von Imaging lässt sich als eigenständiges Fenster frei auf dem Bildschirm oder als Leiste am oberen oder unteren Fensterrand platzieren

Die *Standard*-Symbolleiste bietet Funktionen an, von denen die meisten keiner Erklärung bedürfen, wie beispielsweise *Laden*, *Speichern*, *Drucken*, *Ausschneiden*, *Kopieren* oder *Einfügen*. Einige beinhalten jedoch auch Besonderheiten, beispielsweise die Schaltfläche *Neues Dokument*. Die Funktion ist auch über das Menü *Datei / Neu* erreichbar.

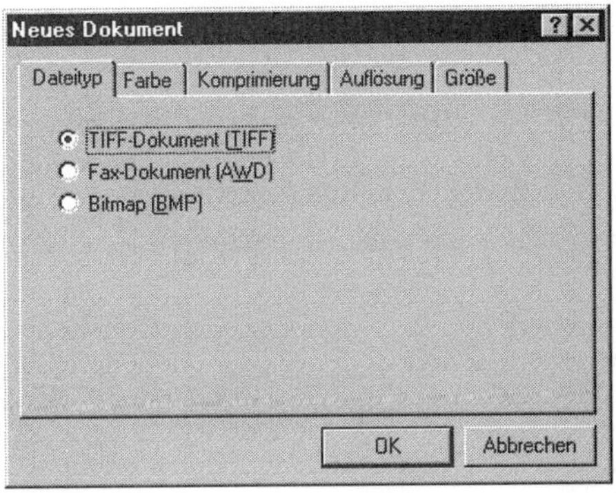

Abbildung 7.59: Bevor Sie ein neues Dokument öffnen, stehen Ihnen verschiedene Einstellungsmöglichkeiten offen

Die Funktion öffnet zunächst ein Registerkartenfenster, das die Einstellungen eines neuen Dokuments definiert. In der Registerkarte *Dateityp* können Sie beispielsweise zwischen TIFF-, Fax- und Bitmap-Dokument wählen. Der Typ des neuen Dokuments ist jedoch zweitrangig, da er sich jederzeit ändern lässt.

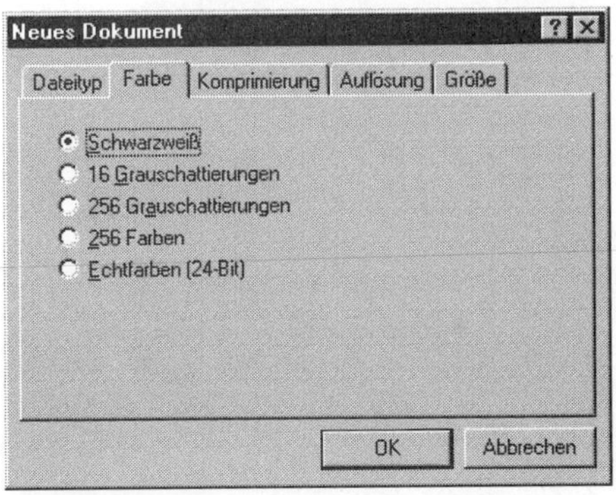

Abbildung 7.60: In der Registerkarte *Farbe* lässt sich die maximale Anzahl der Farben einstellen

In der Registerfarbe *Farbe* stellen Sie die Farbanzahl ein. Auch sie lässt sich später ändern.

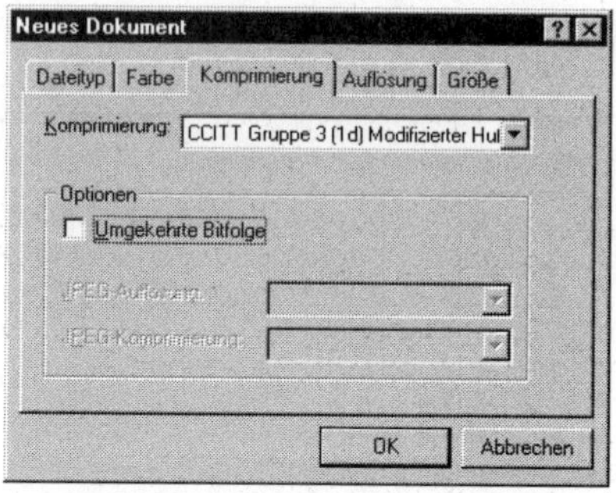

Abbildung 7.61: Die Registerkarte *Komprimierung*

In der Registerkarte *Komprimierung* besteht die Möglichkeit, die Komprimierung des Dokuments zu wählen.

Eine Komprimierung reduziert den Speicherbedarf des Dokuments. Allerdings unterstützt nicht jedes Dateiformat jede Komprimierung. Wenn Sie sich nicht sicher sind, sollten Sie von der voreingestellten Komprimierungsmethode nicht abweichen.

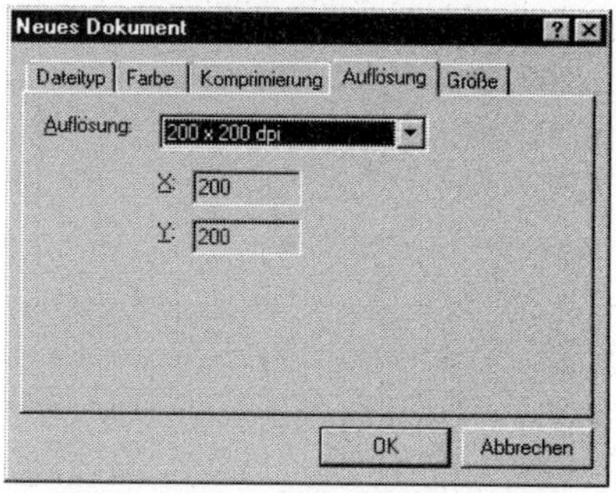

Abbildung 7.62: Die Auflösung eines Dokuments ist neben den Abmessungen entscheidend für die Speicherplatzgröße

Die *Auflösung* eines Bilds ist entscheidend für den Platzbedarf des Dokuments im Arbeitsspeicher des Rechners und natürlich auch auf der Festplatte. Für die meisten Aufgaben genügt eine Auflösung von 100 x 100 dpi (dots per inch). Die Bildschirmauflösung beträgt beispielsweise lediglich 72 dpi.

Bilddateien, die später in einer Druckerei gedruckt werden sollen, besitzen sehr selten eine höhere Auflösung als 300 x 300 dpi. Mit der Zeit werden Sie ein Gespür dafür entwickeln, welche Auflösung für das jeweilige Dokument ausreicht.

HINWEIS

Bedenken sollten Sie noch: Die Auflösung des Dokuments lässt sich auch nachträglich noch ändern, allerdings ist nur eine geringere sinnvoll, wobei das Ergebnis in jedem Fall nicht unbedingt gut ausfallen muss.

Abbildung 7.63: Die Größe des Dokuments lässt sich in unterschiedlichen Maßeinheiten einstellen

In der letzten Registerkarte können Sie die *Größe* des Dokuments einstellen. Neben der Auflösung ist die Größe maßgeblich am Speicherbedarf beteiligt. Ein DIN A4 großes Dokument mit einer Auflösung von 300 dpi macht fast jedem Rechner zu schaffen.

Viele Anwender sind der Meinung, lieber mehr als zu wenig. Prinzipiell ist das richtig, allerdings belastet ein zu großes Bilddokument den Rechner derart, dass ein vernünftiges Arbeiten anschließend kaum noch möglich ist. Vielleicht haben Sie schon einmal minutenlang vor dem Rechner gewartet, bis er endlich mit einem Vorgang fertig war.

Der Grund für die lange Wartezeit ist einfach: Bei sehr großen Dateien muss Windows 98 Daten auf die Festplatte auslagern. Das nimmt natürlich Zeit in Anspruch. Je größer eine Datei ist, desto mehr Daten müssen ausgelagert werden und die Wartezeit steigt entsprechend.

Diese Aussage ist natürlich abhängig vom vorhandenen Arbeitsspeicher und von der Geschwindigkeit des Computers. Ein Pentium 90 mit 16 MByte RAM wird Mühe haben, ein 20 MByte großes Dokument zu handeln. Hingegen wird ein Pentium II 233 mit beispielsweise 64 MByte RAM mit dem Dokument noch keine Schwierigkeiten haben.

Ich denke, die weiteren Schaltflächen der Standardsymbolleiste bedürfen keiner näheren Erklärung. Probieren Sie die Funktionen einfach einmal aus.

Die *Imaging*-Symbolleiste

Die *Imaging*-Symbolleiste bietet Funktionen an, die sich mit der Handhabung und dem Erscheinungsbild des Dokuments befassen.

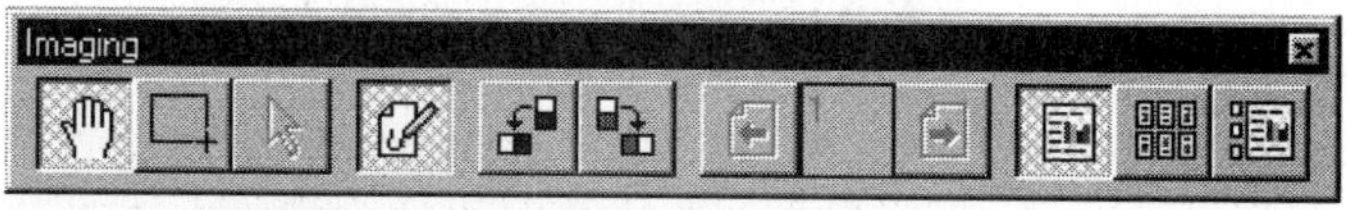

Abbildung 7.64: Die *Imaging*-Symbolleiste

Die *Hand*-Schaltfläche

Die *Hand*-Schaltfläche erlaubt beispielsweise den Bildausschnitt bei einer starken Vergrößerung des Bildes zu verschieben. Dabei müssen Sie die linke Maustaste gedrückt halten. Dadurch können Sie schnell und bequem einen bestimmten Bildausschnitt erreichen.

In dieser Leiste finden Sie weitere Funktionen, um ein Bild zu drehen, zu spiegeln oder zum nächsten Dokument zu gelangen (sofern mehrere Dokumente geöffnet sind). Im Gegensatz zu vielen Programmen werden verschiedene Bilddaten nicht in eigenen Fenstern verwaltet, sondern auf Seiten, die durchgeblättert werden können. Diese Handhabung ist zwar etwas gewöhnungsbedürftig, aber interessant.

Besitzt ein Dokument mehrere Seiten, besteht die Möglichkeit zwischen drei Ansichten zu wählen:

- ✔ Seitenansicht
- ✔ Miniaturansicht
- ✔ Seiten- und Miniaturansicht

Die *Seitenansicht*

Die *Seitenansicht* zeigt die komplette Seite, ohne andere Seiten zu berücksichtigen.

Die *Miniaturansicht*

Die *Miniaturansicht* zeigt alle Seiten eines Dokuments verkleinert an.

Die *Seiten- und Miniaturansicht* zeigt am linken Bildrand alle Seiten verkleinert an, während die rechte Seite komplett für die momentan aktive Seite vorbehalten bleibt.

Abbildung 7.65: Die Seiten- und Miniaturansicht von Imaging

Die *Anmerkung*-Symbolleiste

In der *Anmerkung*-Symbolleiste finden Sie Funktionen, mit deren Hilfe Sie Zeichnungsobjekte in das Dokument einsetzen können. Diese sind allerdings auch nur nutzbar bei einem eingescannten Bild, das beispielsweise über die TWAIN-Schnittstelle eingelesen wurde.

Neben Scanbildern können natürlich auch digitale Kameras als Bildquelle genutzt werden. Imaging macht hier keinen Unterschied. Laden Sie ein Bild über *Datei / Öffnen*, sind die *Anmerkung*-Funktionen nicht verwendbar.

Abbildung 7.66: Die *Anmerkung*-Symbolleiste

Die angebotenen Funktionen sind interessant und besitzen ihre Besonderheiten. Jede Anmerkung ist beispielsweise unabhängig vom eigentlichen Bild. Sie wird lediglich über das Bild gelegt, kann aber zu jedem Zeitpunkt wieder verändert oder gelöscht werden, ähnlich modernen DTP-Programmen, die mehrere Ebenen verwalten können.

Die Markierungsfunktion

Mit Hilfe der *Markierungsfunktion* lassen sich mehrere Objekte auf einmal auswählen und beispielsweise durch Drücken von [Entf] löschen.

Die zweite Funktion erlaubt das Zeichnen einer *Freihandlinie*. Durch Drücken der rechten Maustaste wird je nach momentan selektiertem Objekt ein Popup-Menü aufgeklappt. Unter anderem findet man dort den Punkt *Einstellungen*. Er ermöglicht beispielsweise die Eigenschaften der Freihandlinie zu definieren.

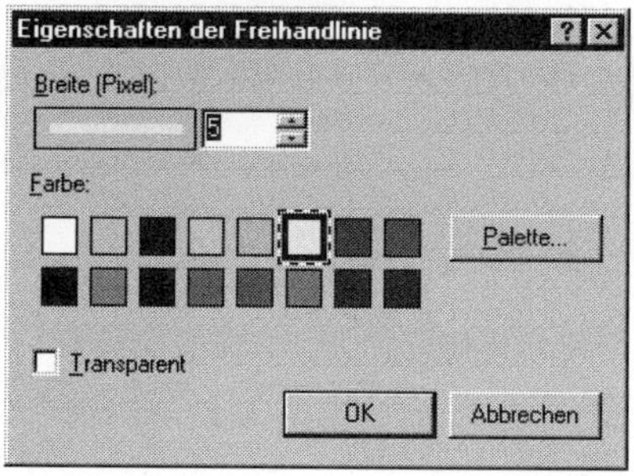

Abbildung 7.67: Die Eigenschaften der Freihandlinie

Neben der *Farbe* und *Pinselbreite* lässt sich auch die *Transparenz* einstellen. Probieren Sie die Freihandlinie ruhig einmal aus. Sie brauchen übrigens keine Angst zu haben, Ihr gescanntes Bild zu zerstören, die Linie wird als eigenständiges Objekt behandelt.

Der Textmarker

Interessant ist die Funktion *Textmarker*. Sie erlaubt ein transparentes Rechteck zu erzeugen, um beispielsweise Text zu markieren. Dadurch, dass die Funktion kein flächenfüllendes Rechteck erzeugt, sondern ein transparentes, kann es wunderbar dazu genutzt werden, um Text hervorzuheben.

Die Funktionen *Gerade Linie*, *Leeres Rechteck* und *Gefülltes Rechteck* erklären sich von selbst. Die *Textfunktion* ermöglicht das Aufziehen eines Textfeldes, in dem Sie einen beliebigen Text eintragen können. Als Textformatierung steht jedoch nur die Schriftwahl bereit.

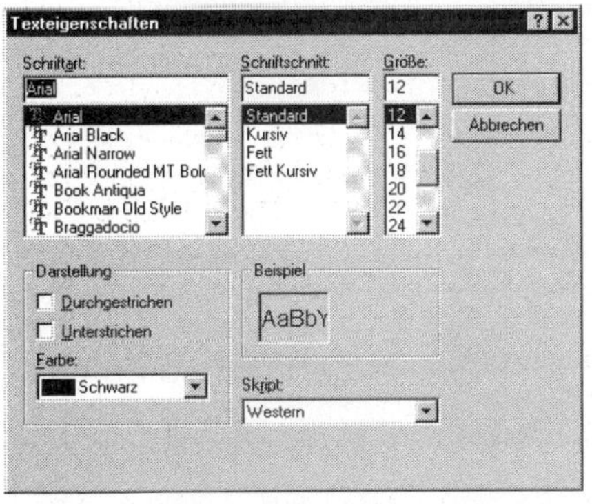

Abbildung 7.68: Für ein Textfeld lassen sich die Texteigenschaften definieren

Die Notizfunktion

Bemerkenswert ist die *Notizfunktion*. Sie ist ähnlich einem Textfeld, mit dem Unterschied, dass das Feld mit einer Hintergrundfarbe versehen ist.

Die Funktion *Dateiauszug* erlaubt es, Text zu importieren. Er muss jedoch im TXT-Format vorliegen. Selbstverständlich können Sie auch die Zwischenablage nutzen, um beispielsweise einen Text aus einer Textverarbeitung zu einem Imaging-Textfeld zu kopieren. Über die Zwischenablage können auch Bilder oder Grafiken eingefügt werden.

Die letzte Anmerkungsfunktion nennt sich *Stempel*. Sie erlaubt einen zuvor definierten Stempel einzusetzen. Imaging bietet zunächst nur die Stempel *Genehmigt*, *Entwurf*, *Eingegangen* und *Abgelehnt* an. Sie können sich jedoch jederzeit eigene erstellen bzw. bereits bestehende abändern.

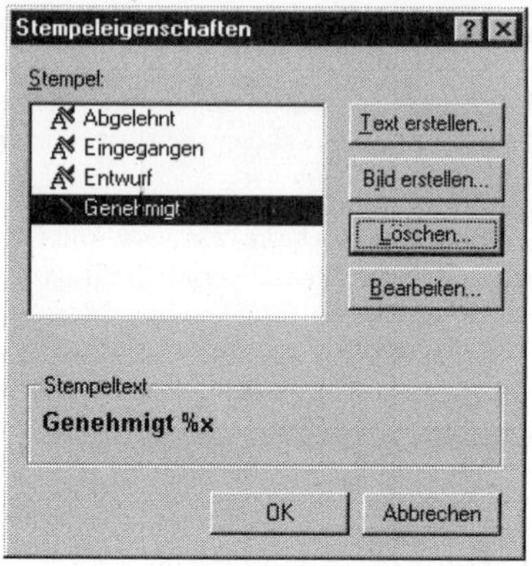

Abbildung 7.69: Die Stempeleigenschaften

Ein *Textstempel* ermöglicht neben der Wahl des Schrifttyps und der Größe das Hinzufügen des aktuellen Datums und der Uhrzeit.

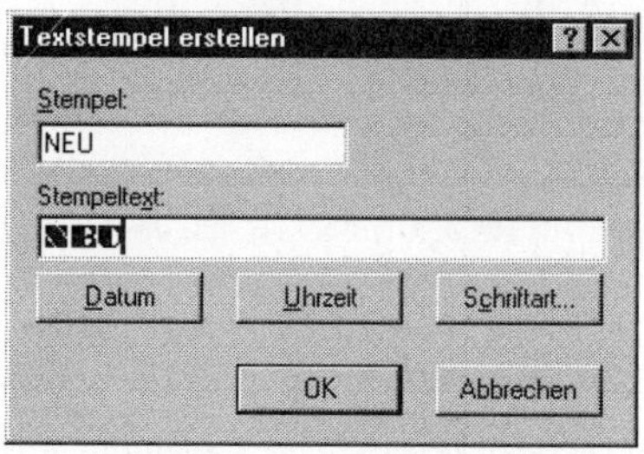

Abbildung 7.70: Ein neuer Textstempel

Neben einem Textstempel kann auch ein *Bildstempel* erstellt werden. Im Gegensatz zum Textstempel benutzt er ein beliebiges Bild.

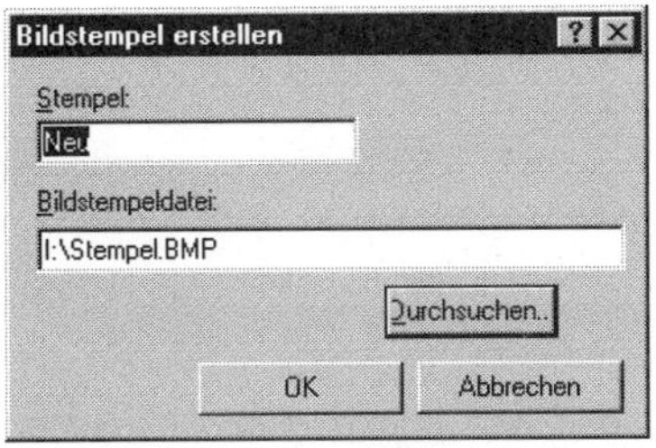

Abbildung 7.71: Ein neuer Bildstempel

Die Möglichkeiten der *Anmerkung*-Symbolleiste sind ausgesprochen vielseitig und bieten dem Anwender Optionen, die er bisher vielleicht noch nicht kannte. Sicher mag der eine oder andere eine Funktion vermissen, Tatsache ist jedoch, dass man viel erreichen kann.

Abbildung 7.72: Ein von einem Photo eingescanntes Bild, versehen mit einigen Anmerkungsobjekten

Die *Scanvorgang*-Symbolleiste

Die letzte Symbolleiste ist für das Scannen von Bildern verantwortlich. Dabei stehen vier Funktionen bereit: *Neu scannen*, *Gescannte Seite einfügen*, *Gescannte Seite anfügen* und *Seite erneut scannen*.

Abbildung 7.73: Die *Scanvorgang*-Symbolleiste

Durch Drücken der jeweiligen Schaltfläche wird zum Scannertreiber umgeschaltet, der das eigentliche Scannen ermöglicht. Die Treiber sind von Hersteller zu Hersteller verschieden, so dass auf eine genaue Erklärung nicht näher eingegangen werden kann.

Einige Hinweise zum Scannen sind jedoch allgemein gültig.

Imaging besitzt keinerlei Funktionen, um ein gescanntes Bild nachträglich zu ändern. Wünschenswert wäre z.B. die Möglichkeit, die Helligkeit, den Kontrast oder den Gammawert zu ändern. Spezielle Funktionen, um beispielsweise Bildstörungen zu entfernen oder Bilder weich zu zeichnen, sind ebenfalls nicht vorhanden. Allerdings werden sie von vielen Scannertreibern direkt beim Scannen unterstützt.

Die richtige Auflösung beim Scannen

Wenn man Vorlagen einscannen möchte, stellt sich immer die Frage, mit welcher Auflösung, sprich mit welcher dpi-Zahl der Scan vorgenommen werden soll. Die Aussage »Je mehr, desto besser« ist nur bedingt richtig. Oft liefert eine höhere dpi-Zahl kein besseres Ergebnis, sie erhöht nur den Speicherbedarf.

Zur besseren Verdeutlichung eine kleine Tabelle, die Ihnen den Speicherbedarf darstellt. Als Bildgröße ist 10 cm x 13 cm gewählt worden, was ein übliches Fotoformat ist. Das Bild soll im RGB-Modus und in Echtfarben (24 Bit = 16,7 Mio. Farben) gescannt werden.

Bildgröße	dpi	Speicherbedarf
10 cm x 13 cm	72	306 KByte
10 cm x 13 cm	100	590 KByte
10 cm x 13 cm	120	849 KByte
10 cm x 13 cm	150	1,29 MByte
10 cm x 13 cm	200	2,3 MByte
10 cm x 13 cm	300	5,18 MByte
10 cm x 13 cm	600	20,7 MByte
10 cm x 13 cm	1200	82,9 MByte
10 cm x 13 cm	2400	331,7 MByte
10 cm x 13 cm	4800	1329,6 MByte
10 cm x 13 cm	9600	5305,6 MByte

Ein Bild in 72 dpi, was der Bildschirmauflösung entspricht, benötigt bereits 306 KByte. Damit kann noch jeder Rechner gut arbeiten, auch bei einer dpi-Zahl von 100, 120, 150 oder 200 dpi.

Ein 300-dpi-Bild in den Abmessungen von 10 cm x 13 cm verschlingt schon 5,16 MByte. Mit dieser Auflösung arbeiten die meisten Grafiker in der Druckvorstufe. Höhere Auflösungen werden dort nur in Ausnahmefällen verwendet.

Ein 600-dpi-Bild benötigt 20,7 MByte. Damit kommt ein Pentium mit 200 MHz und 32 MByte RAM schon leicht ins Straucheln. Bei 1200 dpi ist eine Bildbearbeitung unter Verwendung des oben genannten Systems kaum noch möglich. Sehr lange Wartezeiten, die durch das Auslagern des Bildes auf die Festplatte entstehen, sind die Folge. Das kann sich bis zu mehreren Minuten hinziehen.

Bilder in einer Auflösung von 4800 oder 9600 dpi bringen heutige PCs immer ans Ende ihrer Leistungsfähigkeit. Über 5 GByte benötigt ein Bild in 9600 dpi. Ist Ihre Festplatte überhaupt groß genug, um ein solches Bild zu speichern? Wohl kaum.

Ein Bild in 9600 dpi einzuscannen ist für keinen Anwender empfehlenswert, obwohl heutige, auch preisgünstige Scanner zumindest mit einer Softwareinterpolation Scanauflösungen von 4800 dpi ermöglichen.

In der Regel sind Auflösungen von 300 dpi, in Ausnahmefällen auch in 600 dpi, mehr als ausreichend. Meistens genügt für Heimanwendungen auch eine Auflösung von 150 dpi, um gute Ergebnisse zu erzielen.

Wollen Sie ein Bild in sehr guter Qualität einscannen, können Sie es zunächst in einer höheren dpi-Zahl scannen und anschließend per Software auf 300, 200 oder 150 dpi herunterrechnen.

Moiré beim Scannen

Wenn Sie von gedruckten Vorlagen scannen, haben Sie vielleicht schon den *Moiré-Effekt* bemerkt, den das Gescannte aufweist. Der Effekt rührt von der Rasterung der Vorlage her.

Um farbig drucken zu können, werden die vier Farben Cyan, Magenta, Gelb und Schwarz genutzt. Aus diesen Farben werden alle anderen Farben durch eine Rasterung erzeugt. Wenn man ein gedrucktes Bild sehr stark vergrößert, kann man die Rasterung erkennen. Das Auge kann die Rasterung allerdings nicht mehr wahrnehmen, sondern es »verwischt« die einzelnen Rasterpunkte der vier Druckfarben. Je nachdem, wie eng oder weit sie voneinander liegen, werden sie in den unterschiedlichen Farben gesehen.

Für einen Scanner stellt die Rasterung kein Problem dar, er scannt sie ein. Dadurch entsteht dieser Moiré- bzw. Schliereneffekt. Fotos besitzen keine Rasterung, weil sie nicht gedruckt, sondern entwickelt werden. Dadurch ist bei eingescannten Fotos kein Moiré festzustellen.

Professionelle Programme, wie beispielsweise Photoshop oder Corel Photopaint, besitzen Filter, um ein Moiré zumindest zu mildern. Auch einige Scannertreiber bieten Funktionen an, um direkt beim Scannen den Effekt zu verringern.

Mit Scannern lassen sich normalerweise als Vorlagen nur Fotos oder gedruckte Vorlagen einlesen. Um *Dias* scannen zu können, benötigen Sie einen *Durchlichtaufsatz*. Er leuchtet das Dia von oben an, so dass der Scanner das Diabild erkennen und einscannen kann. Für viele Scanner gibt es einen Durchlichtaufsatz als Zubehör zu kaufen. Im Bedarfsfall fragen Sie Ihren Fachhändler nach einem Scanner mit diesem Aufsatz.

Die Menüs von Imaging

Imaging bietet insgesamt acht Menüs an: *Datei*, *Bearbeiten*, *Ansicht*, *Seite*, *Zoom*, *Extras*, *Anmerkung* und *?*. Viele Menüfunktionen finden Sie auch in den verschiedenen Symbolleisten. Einige sind jedoch ausschließlich über die Menüs zu erreichen.

Das *Datei*-Menü

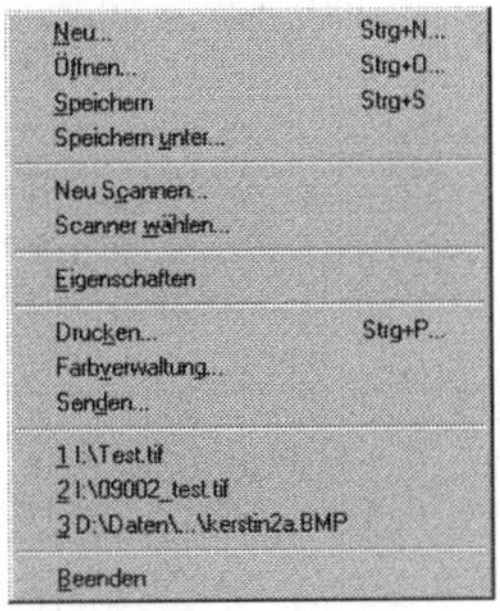

Abbildung 7.74: Das *Datei*-Menü

Im *Datei*-Menü stehen Funktionen bereit, um eine Datei zu erstellen, zu laden, zu speichern oder zu drucken. Mit *Neu Scannen* lässt sich ein Bild über einen angeschlossenen Scanner einlesen. Zuvor müssen Sie jedoch die TWAIN-Schnittstelle Ihres Scanners mit Hilfe von *Scanner wählen* einstellen.

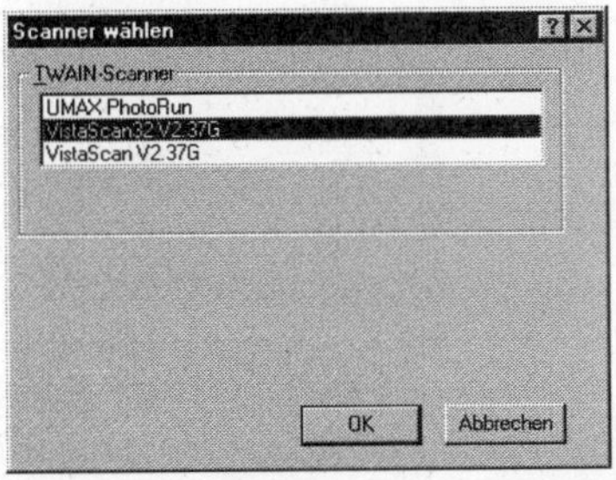

Abbildung 7.75: Wählen Sie die TWAIN-Schnittstelle Ihres Scanners aus

Natürlich besteht die Möglichkeit, auch andere Geräte als Scanner über die TWAIN-Schnittstelle auszuwählen, beispielsweise digitale Kameras.

Der Menüpunkt *Eigenschaften* zeigt Ihnen Informationen über das momentan aktive Dokument an.

Die Druckoptionen

Drucken ermöglicht es Ihnen, das Dokument auszudrucken. Dabei stehen dem Anwender unter der Schaltfläche *Optionen* die Wahlmöglichkeiten zwischen *Originalgröße*, *An Seite anpassen* und *Pixelweise* offen.

Die erste Option druckt das Dokument in Originalgröße, die zweite vergrößert das Dokument (wenn möglich) auf Seitengröße, normalerweise DIN A4. *Pixelweise* druckt eine Miniaturansicht aus.

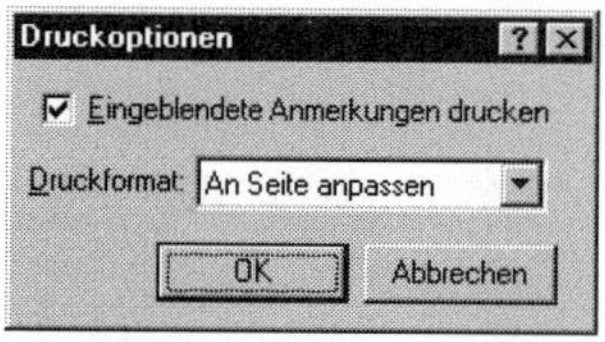

Abbildung 7.76: In dieser Einstellung wird das Dokument auf die Seitengröße angepasst ausgedruckt

Interessant ist der Menüpunkt *Farbverwaltung*. Er ist jedoch eher für Experten von Interesse. Laien werden mit der Vielzahl von unterschiedlichen Wiedergabeprioritäten nichts anfangen können.

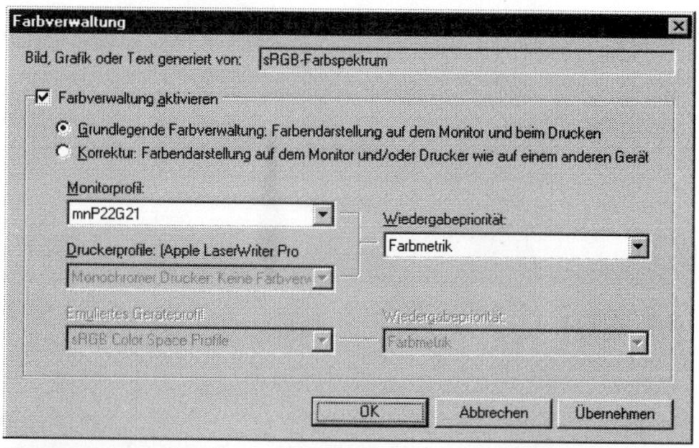

Abbildung 7.77: Imaging erlaubt es, eine spezielle Farbverwaltung einzustellen

Wenn Sie sich nicht sicher sind, was die einzelnen Möglichkeiten für Auswirkungen haben, sollten Sie die Farbverwaltung nicht aktivieren.

Mit dem Menüpunkt *Senden* bietet das Programm die Schnittstelle zur Außenwelt an. Zunächst können Sie ein Profil wählen, zu dem das Dokument gesendet wird. Im Beispielbild sehen Sie MS Exchange.

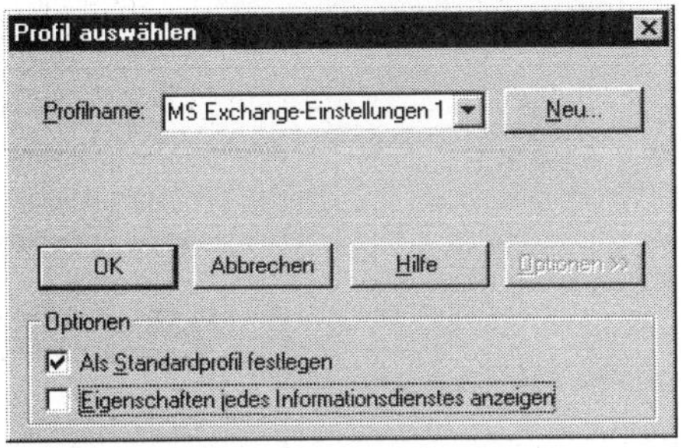

Abbildung 7.78: Als Standardprofil wird MS Exchange festgelegt

Mit Hilfe des letzten *Datei*-Menüpunktes können Sie Imaging beenden.

Das *Bearbeiten*-Menü

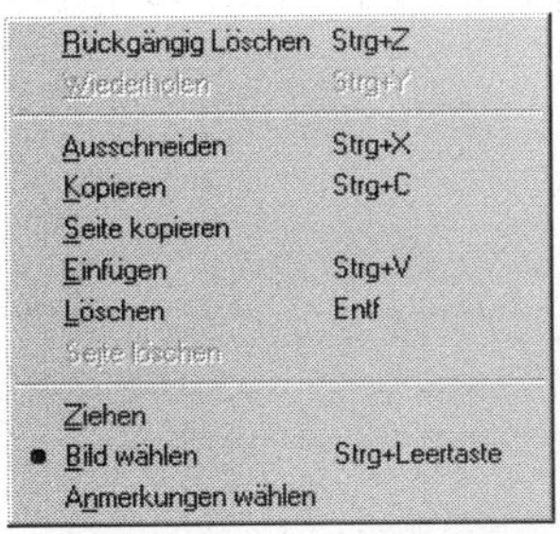

Abbildung 7.79: Das *Bearbeiten*-Menü

Das Menü bietet nichts Neues oder Unbekanntes. Der letzte Schritt kann rückgängig gemacht bzw. wiederholt werden. Des Weiteren stehen die Zwischenablage-Funktionen *Ausschneiden*, *Kopieren*, *Seite kopieren*, *Einfügen*, *Löschen* und *Seite löschen* bereit. Die drei letzten Menüpunkte sind bereits bekannt.

Das *Ansicht*-Menü

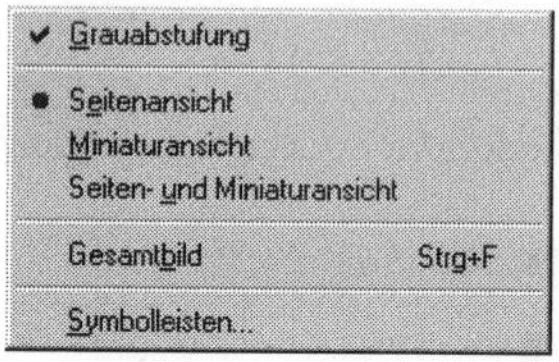

Abbildung 7.80: Das *Ansicht*-Menü

Auch das *Ansicht*-Menü bietet wenig Neues. *Seitenansicht*, *Miniaturansicht* und *Seiten- und Miniaturansicht* wurden bereits erläutert. *Gesamtbild* blendet das Fenster inklusive der Menüleiste aus und zeigt nur noch das Dokument. Die Funktion ist besonders bei kleinen Monitoren bzw. Monitorauflösungen sinnvoll, um möglichst viel Bild auf dem Monitor betrachten zu können.

Der Menüpunkt *Symbolleisten* erlaubt es, Leisten ein- bzw. auszublenden. Auch die Größe der Schaltflächen ist hierüber wählbar. Des Weiteren kann die *QuickInfo* aktiviert bzw. deaktiviert werden.

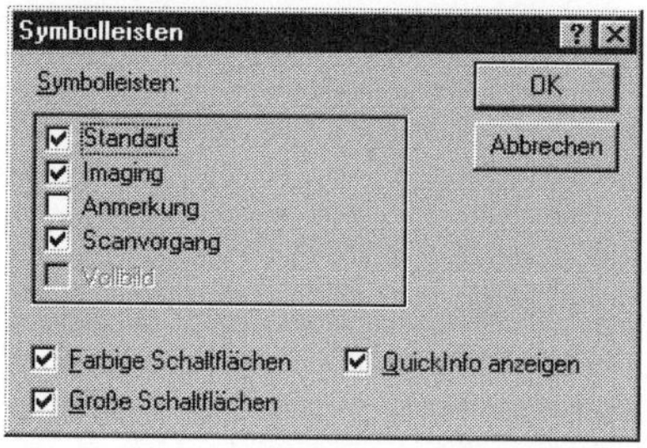

Abbildung 7.81: Neben dem Ein-/Ausblenden der Symbolleisten lässt sich auch die Größe der Schaltflächen beeinflussen

Das Menü *Seite*

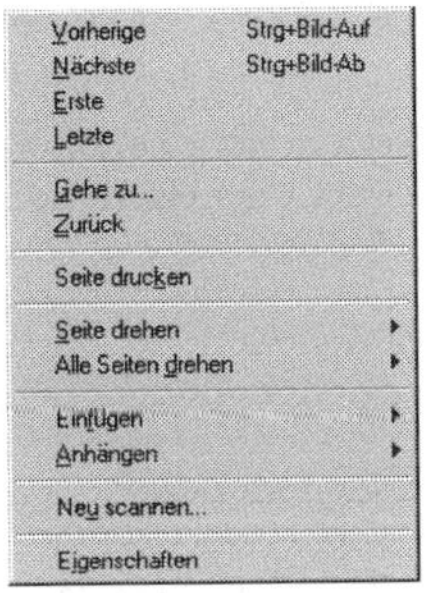

Abbildung 7.82: Das *Seite*-Menü enthält Funktionen, die die gesamte Seite betreffen

Die ersten sechs Menüpunkte des *Seite*-Menüs bedürfen keiner Erklärung. *Seite drucken* druckt die momentan aktive Seite aus, wobei keine Einstellungen mehr getroffen werden können. Es gelten die voreingestellten Werte.

Seite drehen und *Alle Seiten drehen* ermöglichen das Drehen oder Spiegeln von einzelnen Seiten bzw. von allen Seiten des Dokuments. Mit *Einfügen* und *Anhängen* lassen sich neue Scans oder Dokumente von der Festplatte einfügen oder anhängen.

Wichtig ist der Menüpunkt *Eigenschaften*. Nach Anwahl der Funktion öffnet sich ein Registerkartenfenster, das Sie von *Datei / Neu* her kennen. Es bietet die Karten *Farbe*, *Komprimierung*, *Auflösung* und *Größe* an.

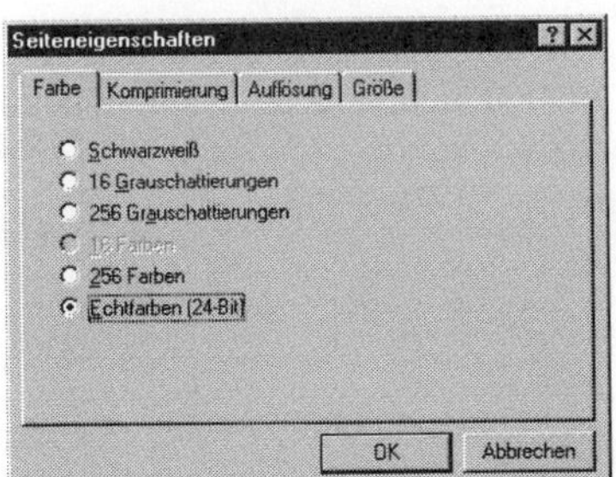

Abbildung 7.83: Die Seiteneigenschaften lassen sich ändern, beispielsweise die Anzahl der Farben oder die Auflösung

Unter *Farbe* können Sie beispielsweise ein Echtfarbenbild in Grauschattierungen oder in nur 256 Farben umwandeln. Ebenso lässt sich ein Bild, das mit sehr hoher dpi-Zahl gescannt wurde, auf eine niedrigere dpi-Zahl umwandeln.

Vorsichtig einzusetzen ist die Registerkarte *Größe*. Dort können Sie zwar eine neue Größe eingeben, das Bild wird jedoch nicht zur neuen Größe gezogen bzw. gestaucht, sondern einfach abgeschnitten bzw. mit einem weißen Bereich erweitert.

Die *Seiteneigenschaften* beziehen sich nur auf eine einzelne Seite, nicht auf das ganze Dokument. Dadurch kann ein Dokument Seiten in unterschiedlicher Größe, Auflösung und Farbanzahl haben.

Der Menüpunkt *Zoom*

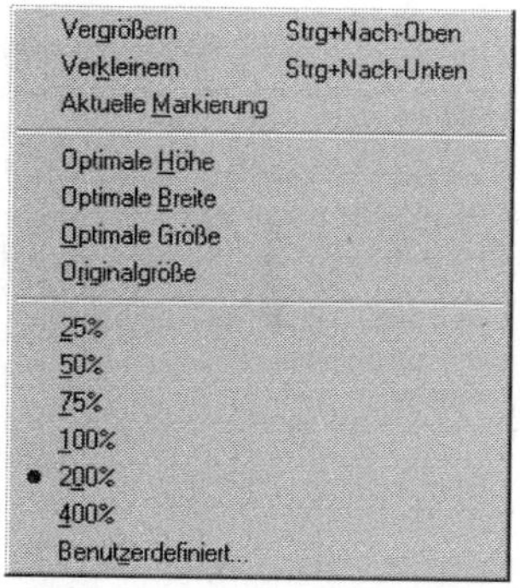

Abbildung 7.84: Das *Zoom*-Menü bietet Funktionen, um die Bildschirmansicht zu verkleinern bzw. zu vergrößern

Das Menü *Zoom* bietet nichts Aufregendes. Es stellt lediglich zahlreiche Funktionen bereit, um ein Dokument zu vergrößern bzw. zu verkleinern.

Das *Extras*-Menü

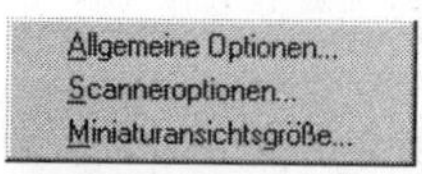

Abbildung 7.85: Das *Extras*-Menü bietet drei Funktionen an

Im *Extras*-Menü findet der Anwender drei Menüpunkte. Unter *Allgemeine Optionen* lässt sich beispielsweise einstellen, mit welchem Zoomfaktor ein Bild geöffnet werden soll.

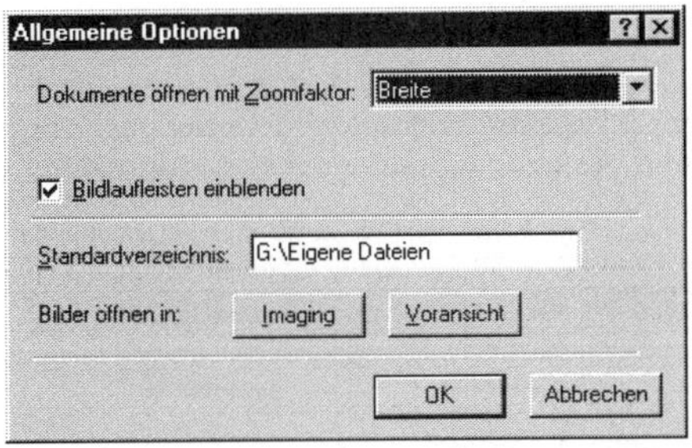

Abbildung 7.86: *Allgemeine Optionen*

Weitreichende Folgen haben im Dialog *Allgemeine Optionen* die Schaltflächen *Imaging* und *Voransicht*.

Drücken Sie die Schaltfläche *Imaging*, werden Bilder automatisch mit Imaging geöffnet, wenn Sie sie im Explorer auswählen. Haben Sie *Voransicht* gedrückt, dann werden diese nur in der Imaging-Preview-Ansicht dargestellt.

HINWEIS

Besonders wenn Sie die *Voransicht* gewählt haben, ist das schnelle Betrachten von Bildern durch einen einfachen Doppelklick möglich.

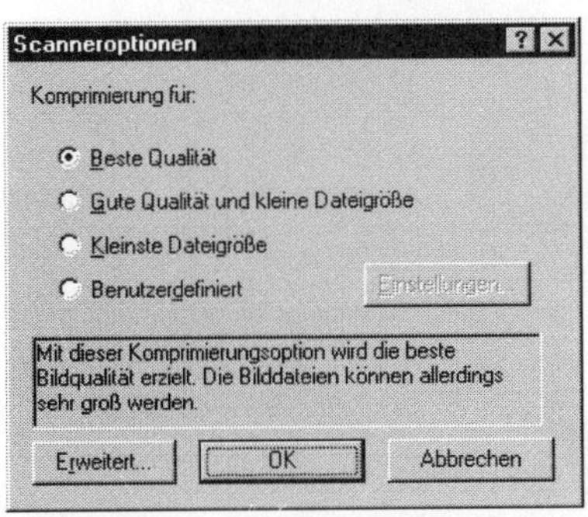

Abbildung 7.87: Die *Scanneroptionen*

Unter *Extras / Scanneroptionen* lassen sich unterschiedliche Scanneroptionen einstellen. Sie haben jedoch nur Auswirkung, wenn der Scanner bzw. der Scannertreiber über eine korrespondierende Schnittstelle verfügt. Bei einigen Scannern ist dies nicht der Fall, so dass die Optionen unberücksichtigt bleiben.

Speziell erwähnt werden soll die Optionsschaltfläche *Benutzerdefiniert*. Sie gibt Zugriff auf die Schaltfläche *Einstellungen*, die je nach Dateityp verschiedene Komprimierungsoptionen bietet. Echtfarbenbilder lassen eine LZW- und JPEG-Komprimierung zu.

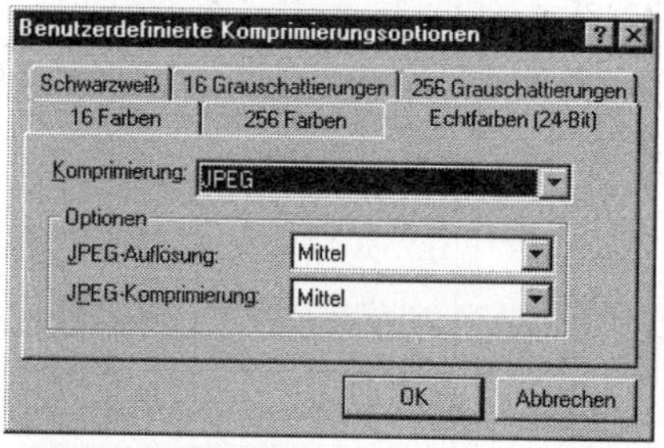

Abbildung 7.88: Das Registerkartenfenster *Benutzerdefinierte Komprimierungsmethoden*

Der letzte Menüpunkt erlaubt die Größe der einzelnen Seiten in der Miniaturansicht zu ändern.

Abbildung 7.89: Die Größe der Seiten in der Miniaturansicht lässt sich variabel einstellen

Zu diesem Zweck steht eine ganze Reihe von vordefinierten Seitenverhältnissen in Form eines Listenfeldes zur Auswahl.

Das *Anmerken*-Menü

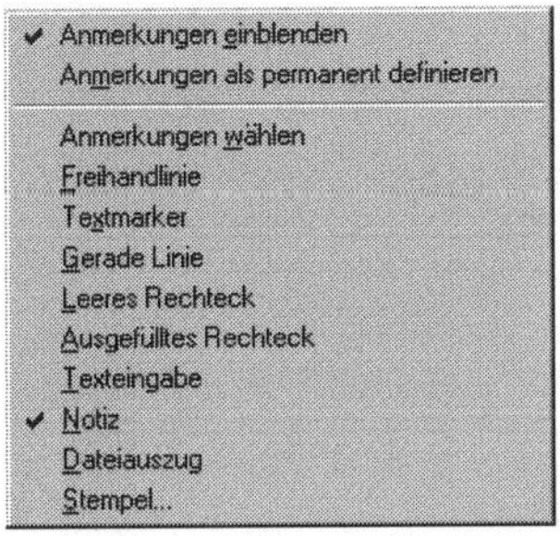

Abbildung 7.90: Das *Anmerken*-Menü

Im *Anmerken*-Menü finden Sie alle Funktionen der Anmerkung-Symbolleiste, die in diesem Abschnitt bereits näher erklärt worden sind.

Lediglich die ersten zwei Menüpunkte verdienen Beachtung. *Anmerkung einblenden* erlaubt es, alle gemachten Anmerkungen ein- bzw.- auszublenden. Wählen Sie den Menüpunkt *Anmerkungen als permanent definieren*, werden alle in das Dokument übernommen und können anschließend nicht mehr geändert, gelöscht oder ein-/ausgeblendet werden.

Das *?*-Menü

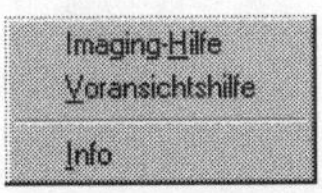

Abbildung 7.91: Das *Hilfe*-Menü von Imaging bietet das Aufrufen der Imaging-Hilfe an

Das *Hilfe*-Menü erlaubt es, auf die Imaging-Hilfe zuzugreifen. Sollten Sie zusätzliche Informationen über eine Imaging-Funktion benötigen, scheuen Sie sich nicht die Hilfe zu nutzen.

Imaging bietet eine ganze Reihe von interessanten Möglichkeiten an. Insbesondere die vielen Anmerkungsfunktionen sind herauszustellen. Trotzdem hätte man dem Programm ein paar zusätzliche Zeichenfunktionen mitgeben können. Wünschenswert wären auch einige grundlegende Filterfunktionen.

Imaging eignet sich besonders dazu, schnell Bilder einmal anzuschauen. Die zahlreichen Dateiladefilter tragen dazu bei. Auch die Handhabung und die einfache Bedienung sind lobenswert.

Imaging Preview

Neben Imaging, dem Hauptprogramm, existiert auch ein *Imaging-Preview*-Programm. Es ähnelt dem Hauptprogramm sehr, bietet jedoch gegenüber Imaging einen eingeschränkten Funktionsumfang. So fehlt beispielsweise eine Speichermöglichkeit.

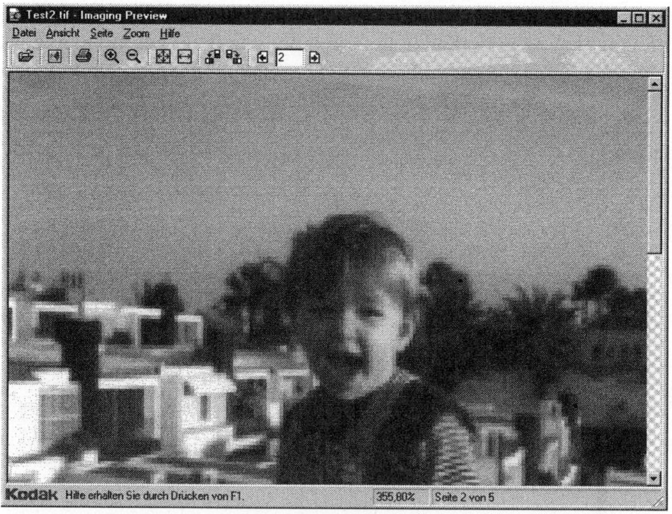

Abbildung 7.92: *Imaging Preview* – der kleine Bruder von Imaging

Auffallend ist das modernere Erscheinungsbild der Symbolleiste, die die wichtigsten Funktionen des Programms per Mausklick anbietet. Imaging Preview eignet sich besonders dafür, Bilder schnell und unkompliziert zu betrachten. Möchten Sie das Bild mit Imaging weiterbearbeiten, steht eine direkte Schnittstelle zu Imaging bereit.

Der *Rechner*

Der *Zubehör*-Ordner von Windows enthält neben den bereits vorgestellten Applikationen zwei weitere Anwendungen. Diese sollen hier nicht so ausführlich dargestellt werden, da Sie die Funktionsweise von Windows 98 bereits kennen gelernt haben.

Aus diesem Grund wird das weitere Zubehör in einer Übersicht dargestellt und kurz angesprochen. Es ist anzunehmen, dass Ihnen die Bedienung der Applikationen nicht schwer fällt, wenn Sie z. B. Paint und WordPad bedienen können.

Als nächste interessante und oftmals sehr hilfreiche Applikation finden Sie den *Rechner* im *Zubehör*.

Abbildung 7.93: Das *Rechner*-Symbol

Der Rechner besteht aus einem Fenster, das einen (Taschen)rechner mit wenigen Grundfunktionen zeigt. Dort können Sie mit der Maus oder auch mit Tastatureingaben Rechnungen durchführen, wobei Sie die vorhandenen Funktionen einsetzen.

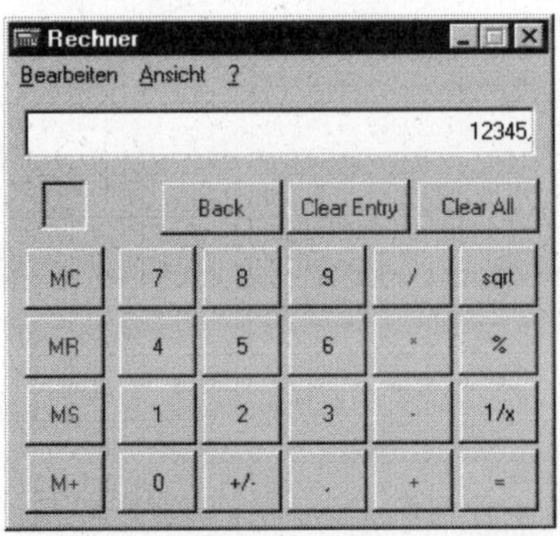

Abbildung 7.94: Die Grundfunktionen des Rechners

Der Rechner bietet eine zweite Ansicht an, die einem leistungsfähigeren, wissenschaftlichen Rechner entspricht. In dieser Darstellung können Sie wesentlich mehr Funktionen nutzen. Die Darstellung erreichen Sie durch Anwahl des Menübefehls *Ansicht / Wissenschaftlich*.

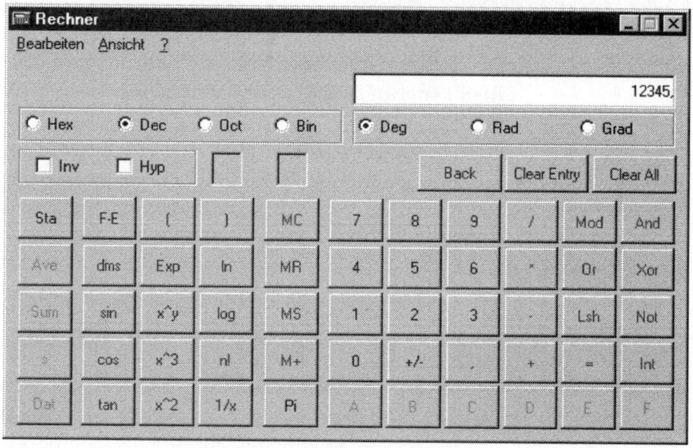

Abbildung 7.95: Die wissenschaftliche Darstellung des Rechners

Ergebnisse des Rechners können über die Ablagemappe leicht in andere Applikationen übernommen werden, ohne diese zu notieren und wieder eingeben zu müssen.

Erstellen einer Formelsammlung für den Taschenrechner

Die beiden Modi

Neben dem *Standard*-Modus für einfache Rechenoperationen können Sie mit dem Taschenrechner auch schwierigere Aufgaben bewältigen. Schalten Sie mit dem Menübefehl *Wissenschaftlich* im Menü *Ansicht* auf den wissenschaftlichen Rechner um, so zeigt sich Ihnen ein wesentlich erweitertes Tastenfeld, mit dem auch kompliziertere Rechnungen durchgeführt werden können.

Aber gerade dann, wenn Sie größere Aufgaben zu bewältigen haben und nach Änderung einiger Werte das Ergebnis betrachten wollen, fällt Ihnen sofort die fehlende Programmierbarkeit des Rechners auf. Über einen kleinen Umweg ist dies dennoch machbar.

Die Nutzung der Zwischenablage

Dazu machen Sie sich die Möglichkeiten der *Zwischenablage* zunutze. Da die Zwischenablage Daten zwischen Programmen hin- und hertransferieren kann, wird die zu lösende Rechenaufgabe nicht wie üblich im Rechner, sondern z. B. im Editor eingegeben.

HINWEIS

Sie können für diese Aufgabe auch eine Textverarbeitung benutzen, z. B WordPad.

Der Verfahrensablauf

Der Ablauf bei diesem Verfahren ist folgender: Die ansonsten zur Lösung einer Aufgabe in den Taschenrechner eingegebenen Werte und vorgenommenen Funktionsaktivierungen werden jetzt nicht in den Taschenrechner, sondern in den Editor eingegeben.

Dazu müssen Sie berücksichtigen, dass bei diesem Verfahren nur die Funktionen verwendet werden können, die beim Taschenrechner über die Tastatur (ohne Tastenkombinationen) aktiviert werden können.

Die Reihenfolge der zu aktivierenden Tasten, die bei der Eingabe in den Taschenrechner zur Lösung einer Aufgabe führen würde, muss auch bei der Eingabe in den Editor eingehalten werden. Das heißt, die gleichen Angaben zur Lösung einer Aufgabe werden nicht in den Taschenrechner, sondern in den Editor eingegeben.

Nachdem Sie die Eingaben in den Editor abgeschlossen haben, übernehmen Sie diese in die Zwischenablage durch Markieren der Eingaben mit der Maus und Drücken der Tastenkombination [Strg]+[C]. Anschließend wechseln Sie vom Editor zum Taschenrechner und fügen dort die Eingaben aus der Zwischenablage mit [Strg]+[V] ein.

Die gewünschte Berechnung wird im Taschenrechner durchgeführt und das Ergebnis steht im Anzeigenfeld.

Der Sinn des Verfahrens

Dieser Vorgang hat zwei Vorteile: Zum einen können die eingegebenen Arbeitsschritte durch die Funktionen des Editors abgespeichert werden, was speziell bei langen und komplizierten Aufgaben von großem Nutzen ist. Zum anderen können Sie die Eingaben editieren, das heißt Werte verändern. Dadurch können Sie den Ablauf einer Berechnung mit unterschiedlichen Werten durchführen, ohne die gesamten Eingaben erneut vornehmen zu müssen.

Für die Benutzung dieses Vorgangs müssen Sie die Tastenbelegungen des Taschenrechners kennen, da Sie, wie oben schon erwähnt, nur bestimmte Funktionen berücksichtigen dürfen.

Ein Beispiel

Bei diesem Verfahren bietet es sich an, die beiden Programme, den Editor und den Rechner, nebeneinander auf dem Desktop zu platzieren. Ein Wechseln zwischen den beiden Programmen fällt dadurch sehr leicht.

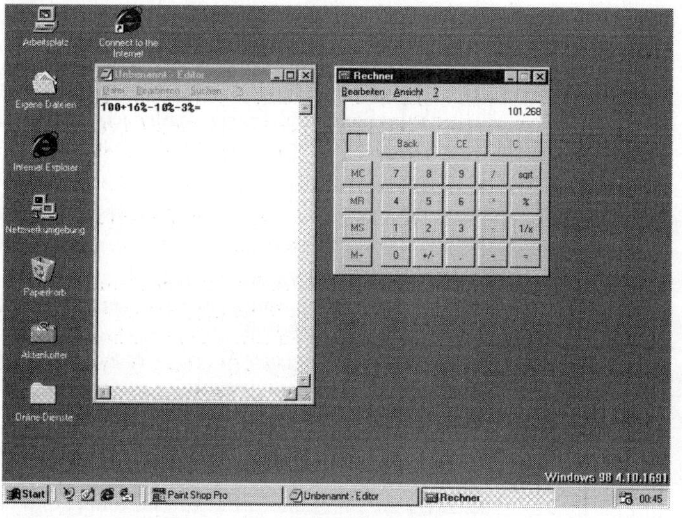

Abbildung 7.96: Der *Editor* und der *Rechner*

Im Standard-Modus beherrscht der Taschenrechner nur wenige Funktionen. Zudem berücksichtigt er nicht Punkt- vor Strichrechnung. Da er nicht über Klammern verfügt und darüber hinaus die Speicherfunktionen nur in Verbindung mit der Taste [Strg] eingesetzt werden können, ist die Möglichkeit der Automatisierung begrenzt.

Ein Beispiel für einen sinnvollen Einsatz könnte die Berechnung von Waren sein. Angenommen, Sie müssen auf die Artikel, die Sie kaufen, 16% Mehrwertsteuer bezahlen. Von diesem Betrag bekommen Sie 10% Rabatt und bei Barzahlung nochmals 3% Skonto.

Um nun den zu zahlenden Betrag zu errechnen, geben Sie im Editor die folgende Zeile ein:

```
100+16%-10%-3%=
```

Der Wert *100* stellt in der obigen Zeile den Preis der Artikel dar.

Diese Zeile markieren Sie und kopieren sie mit *Kopieren* im Menü *Bearbeiten* oder direkt mit [Strg]+[C] in die Zwischenablage. Dann aktivieren Sie den Taschenrechner im Standard-Modus, löschen die Anzeige und fügen die Rechenaufgabe mit *Einfügen* im Menü *Bearbeiten* oder direkt mit [Strg]+[V] ein.

Sie sehen, wie der Rechner die eingefügten Daten aufnimmt und die Berechnung durchführt. Das Ergebnis bleibt anschließend in der Anzeige sichtbar. Für jeden weiteren Artikel brauchen Sie nun im Editor nur die erste Zahl, nämlich den Preis, zu ändern und den ganzen Vorgang mit Kopieren und Einfügen zu wiederholen, ohne die Prozentangaben erneut eingeben zu müssen.

Nun können Sie die Eingaben des Editors abspeichern und gegebenenfalls wieder laden und erweitern.

Auf diese Weise können Sie sich eine kleine Sammlung von Rechenaufgaben und Formeln im Editor erstellen und dann in einer Datei speichern. Wenn Sie wieder auf eine dieser Formeln zugreifen wollen, laden Sie die Datei, ändern die notwendigen Werte, markieren die Zeile und übergeben diese wie oben beschrieben an den Taschenrechner.

Der Editor

Der Editor ist ein überschaubares Programm zur Bearbeitung von kleinen Texten. Er ist mit WordPad nicht zu vergleichen, da Editor-Texte weder gestaltet noch formatiert werden können.

Abbildung 7.97: Das Symbol des Editors

Sie schreiben außerdem immer mit ein und derselben Schrift. Der Umfang der Dokumente ist begrenzt, so dass sie nicht beliebig groß werden können. Das Programm eignet sich somit nur für bestimmte Aufgaben.

Beispielsweise können Sie mit ihm Notizen anlegen. Aus diesem Grund hieß der Editor bei früheren Windows-Versionen noch Notizblock. Außerdem können fortgeschrittene Anwender mit ihm spezielle Dateien, z. B. die INI-Dateien von Windows 98, bearbeiten.

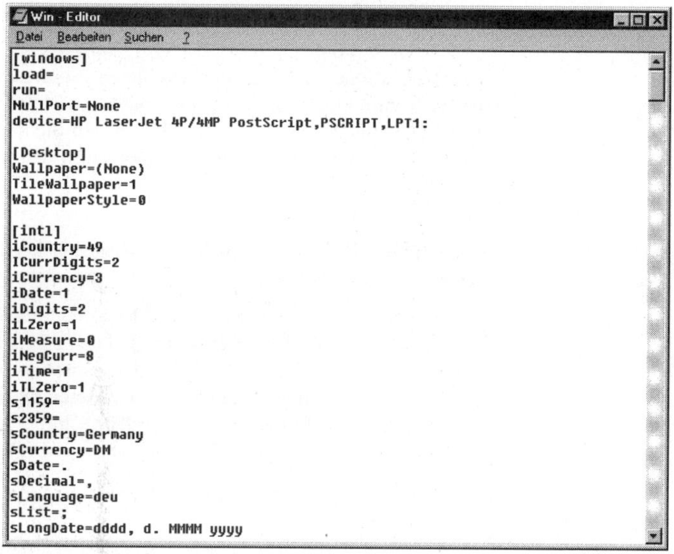

Abbildung 7.98: Die WIN.INI im Editor

Die Funktionen des Editors sind Ihnen fast alle von WordPad her bekannt. Deshalb werden diese hier nicht noch einmal erläutert.

Damit haben Sie das Windows-98-Zubehör kennen gelernt. Außerdem wissen Sie nun, wie Sie Windows 98 bedienen können und welche Bedienungsphilosophie die grafische Oberfläche verfolgt.

KAPITEL 8

Die Windows-98-Spiele

Neben den sinnvollen Zubehör-Applikationen für die tägliche praktische Arbeit bietet Windows 98 auch für die Freizeit einige Programme an. Es handelt sich um die Spiele. Welche dies sind und wie sie gespielt werden, erfahren Sie in diesem Kapitel.

Die Windows-98-Spiele

Wer stundenlang über einer Kalkulation gebrütet oder endlich den letzten Brief verfasst hat, dem sei zum Entspannen ein kleines Spielchen gegönnt. Windows 98 hat auch an diese gestressten Anwender gedacht und eine ganze Reihe von Spielen bereitgestellt. Neben den Kartenspielen *Solitär*, *Hearts* und *FreeCell* finden Sie auch noch *Minesweeper*, ein Spiel, bei dem logisches Denken und Kombinationsfähigkeit gefragt sind.

Die Spiele finden Sie innerhalb des bekannten *Zubehör*-Ordners in einem separaten *Spiele*-Ordner.

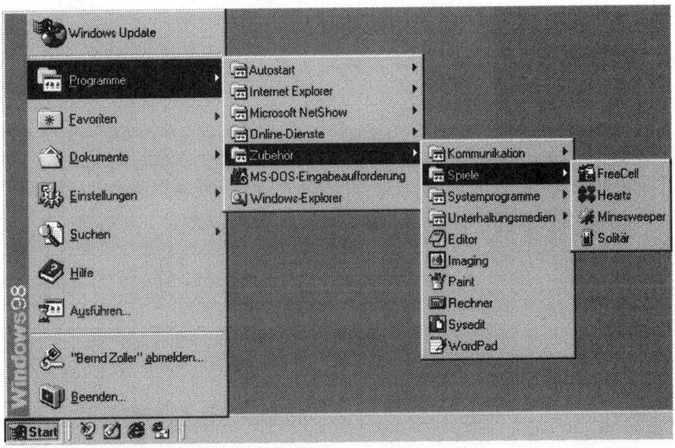

Abbildung 8.1: Hier finden Sie die Spiele

Hearts

Hearts ist ein Kartenspiel, das sich bereits unter Windows für Workgroups großer Beliebtheit erfreute.

Ein Netzwerkspiel

Bis zu vier Netzwerkteilnehmer können gleichzeitig gegeneinander spielen – wobei es immer vier Teilnehmer sein müssen; fehlende Mitspieler werden dabei automatisch durch einen Computerspieler ersetzt. Dadurch besteht die

Möglichkeit, Hearts auch alleine gegen drei Computerkontrahenten zu spielen.

Der Start des Spiels

Beim Start von Hearts wird als Erstes abgefragt, ob Sie selber der Kartengeber sein oder an einem Spiel teilnehmen möchten, bei dem bereits ein Kartengeber an einem anderen Rechner im Netzwerkverbund das Spiel vorbereitet hat. Zusätzlich können Sie hier Ihren Spielnamen eingeben.

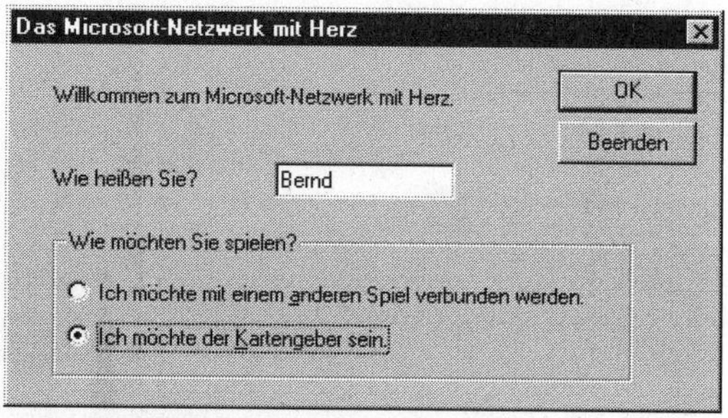

Abbildung 8.2: Die Vorbereitung des Spiels

Möchten Sie mit einem Spiel verbunden werden, dann werden Sie in einem weiteren Dialog nach dem Namen des Computers gefragt, an dem der Kartengeber sitzt.

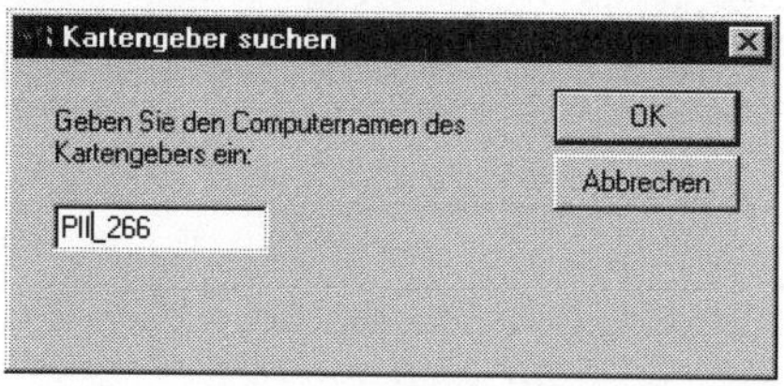

Abbildung 8.3: Hier müssen Sie den anderen Computer angeben

HINWEIS

Leider ist in diesem Dialog keine Möglichkeit vorhanden, nach einem Computer im Netzwerk zu suchen. Deshalb müssen Sie den Namen des Computers kennen und in das Listenfeld eintragen.

Möchten Sie der Kartengeber sein, dann wird anschließend die Spielfläche eingeblendet und auf weitere Mitspieler gewartet. Sie als Kartengeber können die Wartezeit bestimmen und, wenn Sie lange genug auf Mitspieler gewartet haben, mit F2 das Spiel starten.

HINWEIS

Sollten Sie das Spiel alleine spielen wollen, wenn z. B. kein Netzwerk vorhanden ist, dann sollten Sie natürlich der Kartengeber sein, da Sie zu keinem Spiel verbunden werden können.

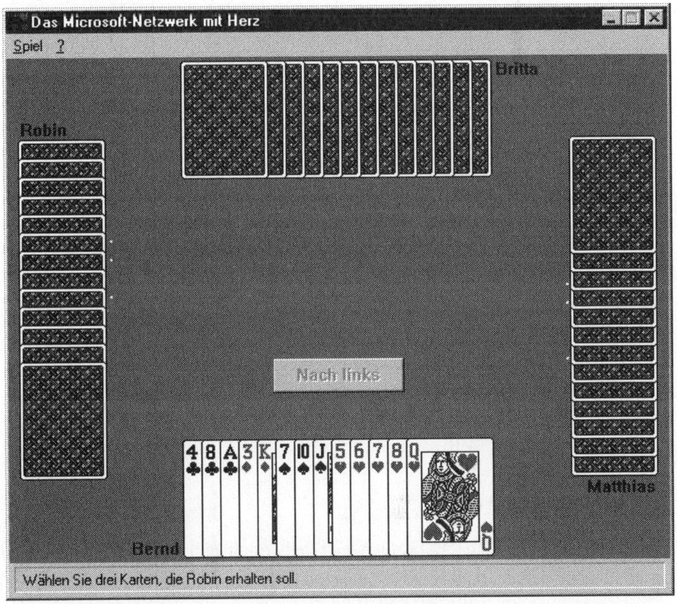

Abbildung 8.4: Vier Teilnehmer können bei Hearts gegeneinander antreten, fehlende werden dabei automatisch durch Computerspieler hinzugefügt

Die Punkteverteilung

Ziel des Spiels ist es, möglichst wenige Punkte zu bekommen, dabei müssen allerdings einige Regeln beachtet werden. Jeder Spieler erhält 13 von insgesamt 52 Karten. Die Farbe Herz und die Pik-Dame sind die

Schlüsselkarten des Spiels. Denn nur diese Karten haben eine Punktwertung. Jede Herzkarte zählt einen Punkt, unabhängig von der Höhe, die Pik-Dame zählt 13 Punkte. Alle anderen Karten besitzen keine Punktwertung.

Zu Beginn des Spiels muss der Spieler drei Karten seiner Wahl an einen Mitspieler weitergeben. Selbstverständlich erhält er von einem anderen Spieler wiederum drei Karten zugespielt. Das Weitergeben von Karten ist allerdings nicht in jeder Spielrunde möglich.

Die Kreuz-Zwei beginnt

Der Spieler mit der Kreuz-Zwei beginnt, alle anderen Spieler müssen die Farbe bedienen, andernfalls kann er eine andere Farbe seiner Wahl spielen. Allerdings darf in der ersten Runde keine Karte mit Punktwertung (Herz und Pik-Dame) ausgespielt werden.

Der Spieler, der den letzten Stich gemacht, sprich die höchste Karte gespielt hat, setzt das Spiel mit der nächsten Karte fort usw. Weiterhin darf man so lange keine Herz-Karten ausspielen, bis irgendein Spieler Herz abgeworfen hat.

Punkte werden notiert

Sind alle Karten ausgespielt, berechnet der Computer die Punktwertung und addiert die Punkte auf das Konto des jeweiligen Spielers.

KNOW-HOW

> Hat ein Spieler alle Stiche erhalten, hat er den »Mond abgeschossen« und alle anderen Spieler bekommen die Punkte.

Ende der Spielrunde

Überschreitet ein Spieler die 100-Punkte-Grenze, ist die Spielrunde beendet und der Spieler mit der niedrigsten Punktzahl hat gewonnen.

Die Optionen

Hearts bietet weiterhin noch einige Einstellungsmöglichkeiten, die über Menüs erreichbar sind. Sie können den Ton ein-/ausschalten, den Punktestand anzeigen oder Hilfe aufrufen.

Unter anderem können Sie über *Spiel / Optionen* vorgeben, mit wem Sie spielen möchten, wenn keine oder nicht genügend Netzwerkspieler vorhanden sind.

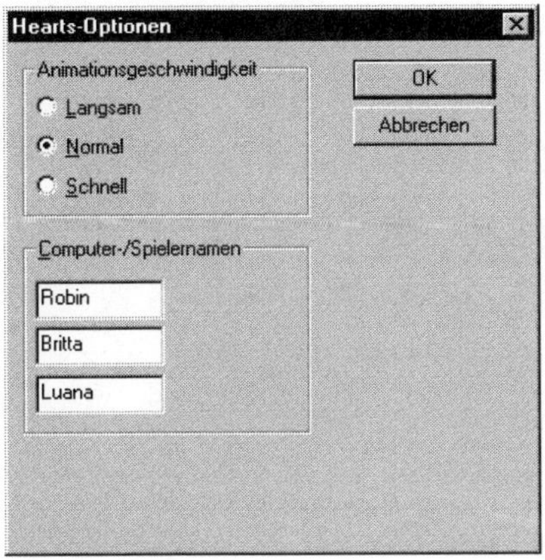

Abbildung 8.5: Geben Sie hier Ihre Mitspieler ein

Solitär

Neben Hearts ist *Solitär* ein weiteres Kartenspiel im Spieleumfang von Windows 98. Dies wird allerdings nicht im Netzwerk gespielt, sondern Sie spielen hier für sich allein.

Das Spiel wird auf folgender Spielfläche gespielt, die sich nach dem Start präsentiert:

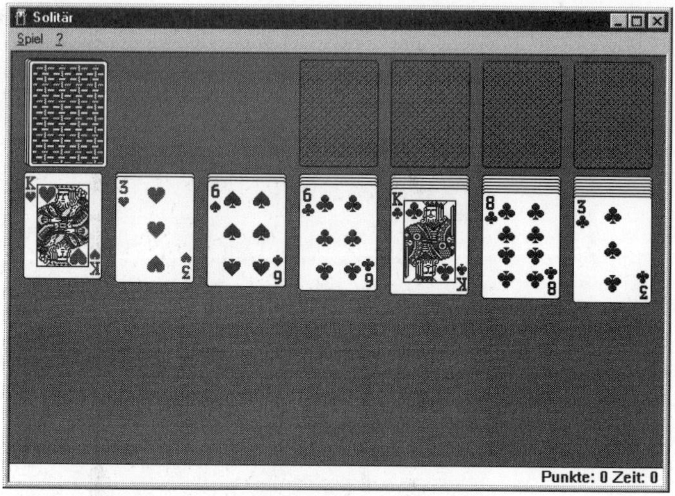

Abbildung 8.6: Die Spielfläche von Solitär

Die Spielregeln

Bei Solitär handelt es sich um ein Kartenlegespiel. Ziel des Spiels ist es, alle Karten auf den vier Ablegeflächen rechts oben abzulegen. Dabei ist es allerdings nur möglich, die Karten nach den Spielfarben Kreuz, Pik, Herz und Karo sortiert abzulegen. Zusätzlich können die Karten nur in aufsteigender Reihenfolge vom As beginnend über die Werte 2, 3, 4, 5, 6, 7, 8, 9, 10, Bube, Dame bis hin zum König geordnet werden.

Die Karten werden von den unteren, aufgedeckten Karten entnommen und per Drag & Drop auf die Ablageflächen gelegt. Da die Karten nicht immer gleich sortiert werden können, bietet sich Ihnen die Möglichkeit, Karten untereinander anzuordnen. Dies allerdings nur in absteigender Reihenfolge und auch nur abwechselnd eine rote Karte auf einer schwarzen oder umgekehrt. Eine rote Sechs kann z. B. auf eine schwarze Sieben folgen.

Haben Sie eine Karte aus dem unteren Bereich abgelegt oder auf eine andere Karte legen können, dann wird eine verdeckt liegende Karte frei werden. Diese können Sie durch Anklicken umdrehen und in Ihr Kombinationsspiel einbinden.

Bieten sich im unteren Bereich keine Möglichkeiten mehr an, Karten abzulegen oder zu kombinieren, dann können Sie den Stapel in der linken oberen Ecke des Fensters anklicken. Daraufhin bekommen Sie neue Spielkarten aufgedeckt, die Sie benutzen dürfen. Es können sich so neue Kombinationsmöglichkeiten ergeben.

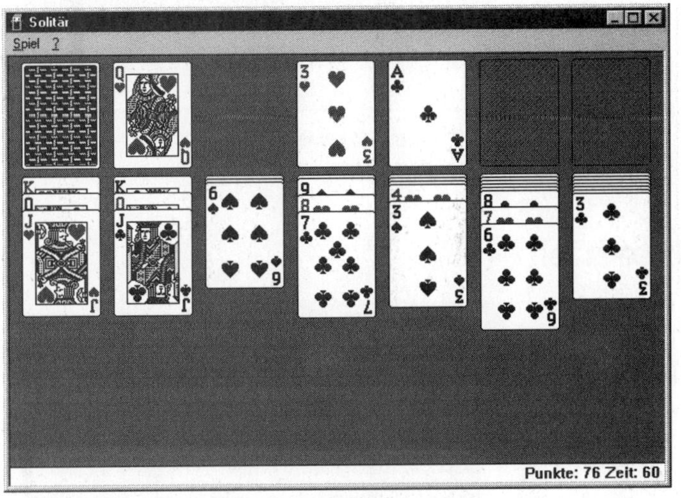

Abbildung 8.7: So könnte sich der Spielverlauf ergeben

Die Optionen

Es bieten sich für Sie verschiedene Einstellungsmöglichkeiten für dieses Kartenspiel. Aktivieren Sie den *Optionen*-Dialog über *Spiel / Optionen*.

In diesem Dialog können Sie festlegen, ob bei einem Klick auf den Stapel lediglich eine Karte oder direkt drei Karten umgedreht werden sollen. Alle anderen Einstellungen haben Auswirkungen auf die Darstellung des Spiels. Probieren Sie verschiedene Kombinationen aus und spielen Sie das Spiel auf die Weise, die Ihnen am besten gefällt.

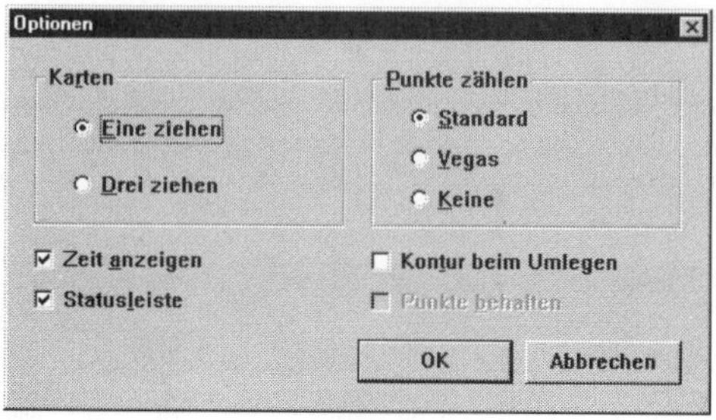

Abbildung 8.8: Die Optionen von Solitär

FreeCell

Ein weiteres Kartenlegespiel ist *FreeCell*. Es wird ähnlich wie Solitär gespielt, allerdings haben Sie hier andere Möglichkeiten.

Nach dem Laden des Spiels und dem Start über *Spiel / Neues Spiel* bietet sich Ihnen folgendes Spielfeld:

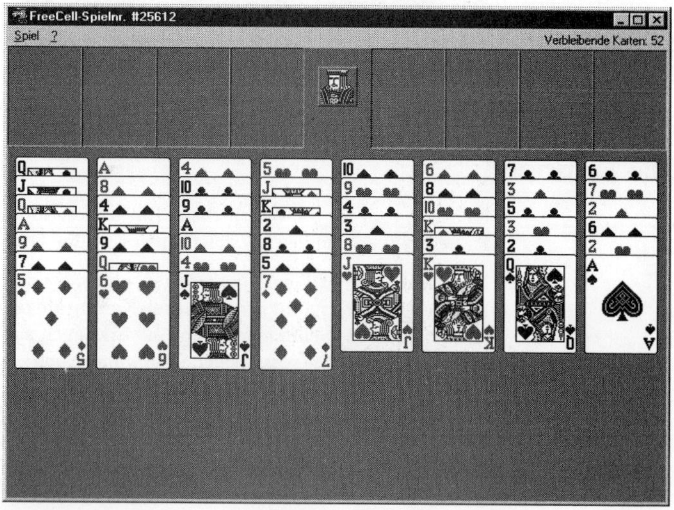

Abbildung 8.9: FreeCell wurde geladen und ein Spiel gestartet

Der Spielverlauf

Sie sehen einen etwas anderen Aufbau der Spielfläche gegenüber Solitär. Ziel des Spiels ist es allerdings ebenso, alle Karten nach Spielfarben sortiert und ebenfalls in aufsteigender Reihenfolge in den rechten oberen vier Ablagefächern abzulegen.

Sie finden bei FreeCell allerdings keinen Kartenstapel mit »neuen« Karten vor, sondern vier weitere Ablagefächer in der linken oberen Ecke. Hier können Sie Karten zwischenzeitlich deponieren und bei Bedarf wieder entnehmen. Es besteht die Möglichkeit, Karten aus dem unteren Bereich freizulegen, wenn diese von nicht passenden Karten verdeckt werden.

Ein weiterer Unterschied liegt in der Bedienung des Spiels. Bei Solitär kam das Drag & Drop zum Einsatz, hier dagegen klicken Sie die zu spielende Karte einmal an und wählen dann den Zielstapel durch einen weiteren Klick aus. Die zuvor ausgewählte Karte wird dann dort abgelegt, wobei auch hier mehrere kombinierte Karten gleichzeitig bewegt werden können. Es muss dazu allerdings der notwendige Platz in den Ablagefächern vorhanden sein.

Ein fortgeschrittener Spielverlauf könnte sich so darstellen:

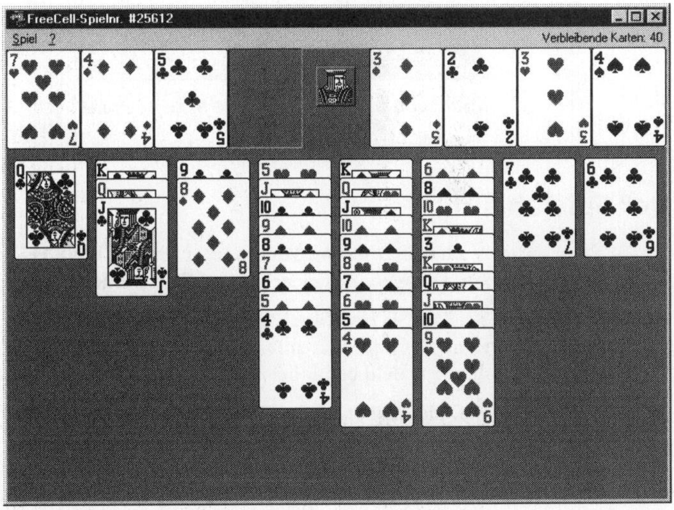

Abbildung 8.10: Der Spielverlauf

Minesweeper

Bei dem zuletzt vorgestellten Spiel handelt es sich nicht um ein Kartenspiel. *Minesweeper* stellt Sie als Spieler vor das Problem, auf einem Minenfeld versteckte Minen ausfindig zu machen.

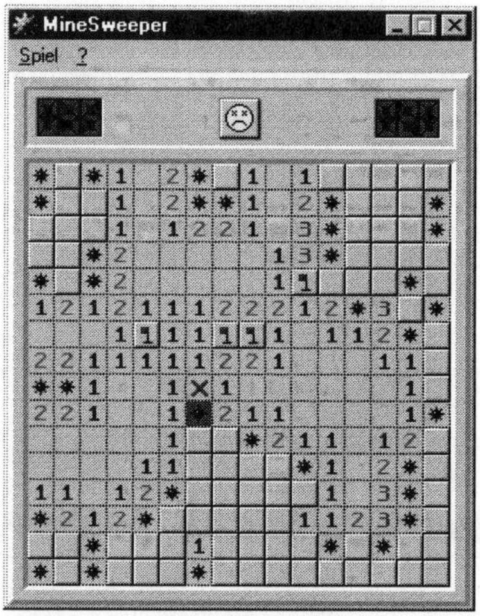

Abbildung 8.11: Es wurde eine Mine übersehen

Der Spielablauf

Nach dem Start von Minesweeper finden Sie ein Feld mit vielen Kästchen vor. Diese können einzeln angeklickt werden.

Klicken Sie ein Kästchen mit der linken Maustaste an, dann wird es entfernt. Befindet sich unter dem Kästchen eine Mine, dann werden alle auf dem Spielfeld befindlichen Minen aufgedeckt und das Spiel ist verloren.

Befindet sich unter dem Kästchen keine Mine, dann wird Ihnen eine Zahl präsentiert. Diese Zahl gibt Ihnen Auskunft darüber, wie viele Minen an das freigelegte Kästchen angrenzen. Es können maximal acht Minen an ein Kästchen angrenzen, da auch die Diagonalen berücksichtigt werden.

Aufgrund mehrerer umgedrehter Kästchen und der so frei werdenden Zahlenwerte können Sie durch logisches Denken und Kombinieren erkennen, unter welchem Kästchen sich eine Mine befinden muss.

So markieren Sie eine Mine

Ein auf diese Weise lokalisiertes Kästchen klicken Sie nicht mit der linken sondern mit der rechten Maustaste an. Dadurch kennzeichnen Sie ein Kästchen mit einer Flagge. Diese sagt aus: Hier befindet sich eine Mine.

Auf diese Weise müssen Sie alle im Spiel befindlichen Minen lokalisieren und kennzeichnen. Wie viele Minen noch zu markieren sind, erfahren Sie durch die Anzeige links oberhalb des Spielfelds. Sobald Sie eine Mine markiert haben, verringert sich der angezeigte Wert. Haben Sie alle Minen markiert, haben Sie das Spiel gewonnen.

Tips & Tricks zu den Spielen

Windows bietet neben den Applikationen für die tägliche Arbeit auch ein wenig Abwechslung für die Freizeit. Sie wissen, dass zum Lieferumfang von Windows 98 einige Spiele gehören.

Wenn Ihnen diese Spiele nicht gefallen, dann können Sie auf eine Reihe von anderen Spielen, die für Windows entwickelt wurden, zurückgreifen.

Doch bevor Sie das tun, schauen Sie sich zuerst die nachfolgenden Abschnitte an. Vielleicht gefallen Ihnen die Spiele dann besser.

Verändern von Bestenliste-Ergebnissen bei Windows-Spielen

Um den Reiz eines Spiels zu erhöhen, muss oft etwas in sehr schneller Zeit erledigt oder aber möglichst viele Punkte erspielt werden.

Damit die erbrachten Leistungen nicht nach dem Spiel verloren gehen und damit sie anschließend als Maßstab für andere Mitspieler dienen können, werden die besten Ergebnisse, die sogenannten *High-Scores*, oft in eine *Bestenliste* aufgenommen. Dort kann meistens auch der Name desjenigen eingetragen werden, der das gute Resultat erzielt hat.

Es gibt bei einigen Spielen die Möglichkeit, ein wenig zu schummeln. Durch einen kleinen Trick können Sie die Ergebnisse »korrigieren«. Wie ein Ergebnis verändert werden kann, möchte ich Ihnen anhand eines Beispiels erläutern.

Das Beispiel Minesweeper

Dazu soll das Spiel Minesweeper, das auch in dem bekannten Windows-Entertainment-Pack enthalten ist, dienen.

Bei diesem Spiel geht es darum, in möglichst kurzer Zeit eine bestimmte Anzahl von Minen in einem Spielfeld zu markieren. Dabei können Sie zwischen drei verschiedenen Spielstufen wählen. In der folgenden Abbildung sehen Sie das Spiel in der schwierigsten Spielstufe:

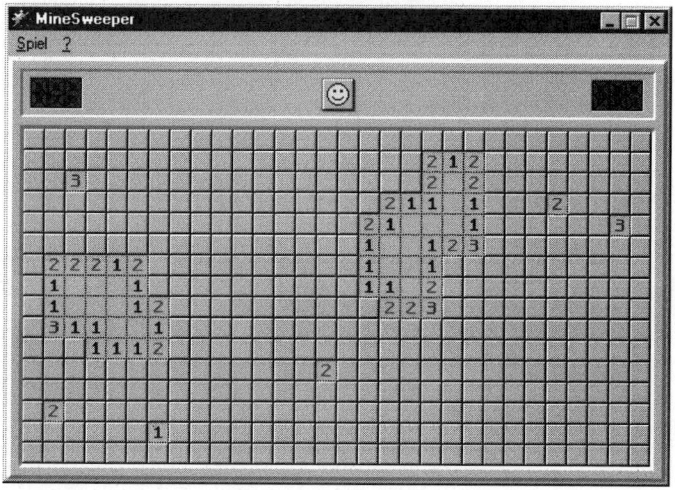

Abbildung 8.12: Minesweeper in der schwierigsten Spielstufe

In der linken oberen Ecke des Fensters ist die zu suchende Anzahl von Minen eingeblendet. In der rechten oberen Ecke wird die Zeit »heruntergezählt«, das heißt, Sie haben 999 Sekunden Zeit, die versteckten Minen zu finden. Haben Sie die Aufgabe gelöst, dann werden Sie aufgefordert, Ihren Namen in eine Tabelle einzutragen. Dort wird Ihre erreichte Zeit zugeordnet.

Die Bestzeiten bei diesem Spiel sehen wie folgt aus:

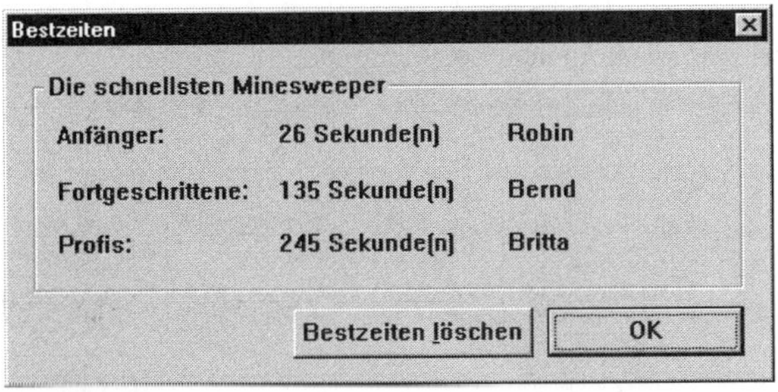

Abbildung 8.13: Die Bestzeiten-Tabelle

Die besten Ergebnisse für die jeweiligen Spielstufen sind dort enthalten.

HINWEIS

Stehen bei Ihnen noch keine Ergebnisse in der Liste, dann ändert sich das, wenn dieses Spiel einmal bis zum Schluss durchgespielt wurde. Danach sehen Sie in der Tabelle neben der erzielten Zeit auch den eingegebenen Namen.

Doch wie können Sie die erreichten und dort eingetragenen Ergebnisse verändern? Dazu müssen Sie wissen, dass viele Spiele die Bestenliste in einer Datei verwalten. Die Datei, die diese Ergebnisse aufnimmt und bei einem erneuten Start des Spiels wieder zugänglich macht, ist in vielen Fällen eine INI-Datei.

Der Name der Datei ist oft leicht dem entsprechenden Spiel zuzuordnen. In unserem Beispiel enthält die Datei WINMINE.INI neben diversen Einstellungen auch die Namen und Ergebnisse der Bestzeiten-Tabelle zum Spiel Minesweeper. Auf den Namen der Datei ist in diesem Fall leicht zu schließen, da der Name der EXE-Datei für dieses Spiel WINMINE.EXE ist.

Oft lassen sich die Namen dieser INI-Dateien aus dem Zusammenhang heraus erklären. So verwendet das Windows-Entertainment-Pack die Datei ENTPACK.INI zur Speicherung der Einstellungen und Ergebnisse.

Die INI-Dateien können mit einem normalen Editor bearbeitet werden. In der folgenden Abbildung sehen Sie die Datei WINMINE.INI im Editor von Windows:

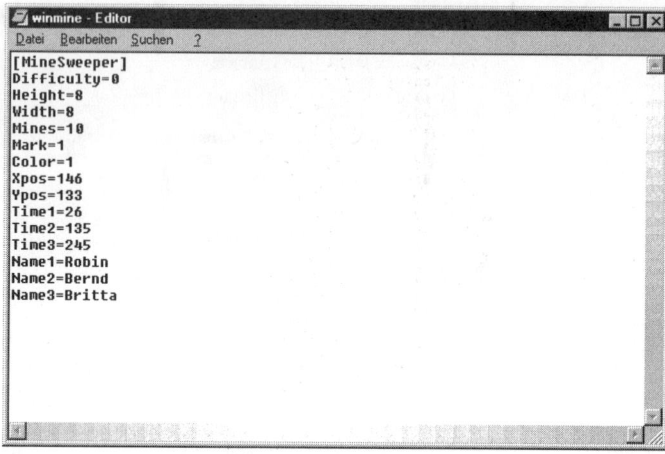

Abbildung 8.14: Die Bestzeiten-Tabelle im Editor

HINWEIS

In der obigen Datei ist schon ein Eintrag einer Bestzeit vorhanden. Bei vielen Spielen wird erst eine INI-Datei eingerichtet, wenn auch ein Ergebnis vorhanden ist. Spielen Sie daher ein Spiel bis zum Ende durch oder zumindest so lange, bis Sie einen Eintrag in die Bestenliste vornehmen können.

Wenn Sie Ihre Bekannten ein wenig irreführen möchten, dann verändern Sie in diesen INI-Dateien die Einträge nach Ihrem Ermessen. Die Änderungen speichern Sie dann ab, und das Spiel berücksichtigt die neuen Einstellungen bei der nächsten Anzeige der Bestenliste.

Im obigen Beispiel habe ich die Einträge wie folgt modifiziert:

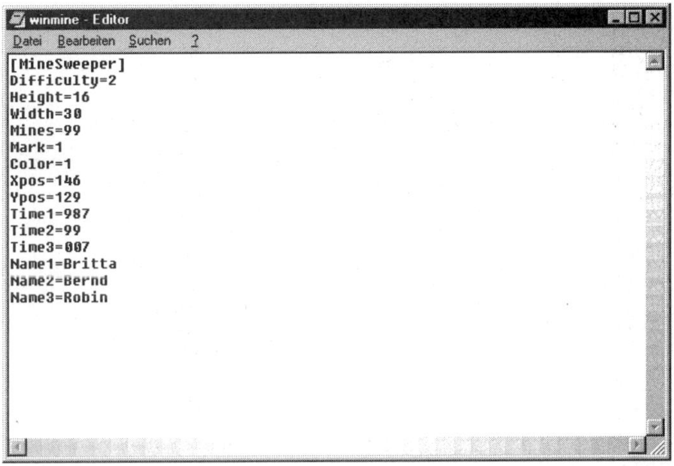

Abbildung 8.15: Die Veränderungen im Editor

Nachdem die neuen Werte und Namen abgespeichert sind und das Spiel gestartet wurde, ergibt sich bei der Anzeige der Bestzeiten-Tabelle ein völlig neues Bild.

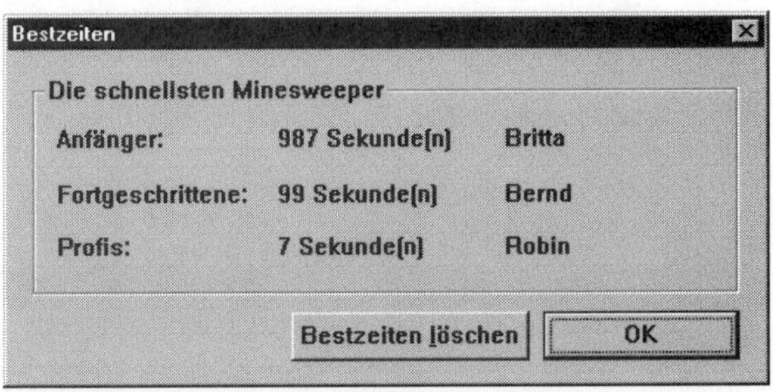

Abbildung 8.16: Die neuen Bestzeiten-Ergebnisse

Insbesondere anhand des dritten Eintrags für die Profi-Stufe können Sie erkennen, dass das Ergebnis nicht erspielt sein kann, denn diese Stufe innerhalb von 7 Sekunden zu bewältigen, ist nicht möglich.

Wenn Sie also bei Ihrem Bekannten bei einem Spiel ein Super-Ergebnis sehen, dann kann dort auch etwas »nachgeholfen« worden sein.

HINWEIS

Einige Spiele legen die Bestenliste-Ergebnisse auch in der Datei WIN.INI ab. Dort stehen die Einträge dann unter einer Abschnittsbezeichnung, die durch die eckigen Klammern gekennzeichnet ist.

Ein Trick für Solitär

Viele von Ihnen kennen das Kartenspiel *Solitär*, das im *Spiele*-Ordner von Windows enthalten ist. Das Ziel dieses Spiels ist es, alle Karten geordnet auf die vier dafür vorgesehenen Flächen abzulegen.

Die Optionen

Entscheidend ist dabei die Reihenfolge, in der die Karten abzulegen sind. Nicht nur die Spielkartenfarbe muss stimmen, sondern auch der Wert der Karten in aufsteigender Reihenfolge, vom Ass angefangen bis zu König.

Im Menü *Spiel* ist der Menüpunkt *Optionen* enthalten. Wird dieser aktiviert, dann sehen Sie im Bereich *Karten*, dass Sie zwei Möglichkeiten haben, die Karten des Stapels umzudrehen. Entweder einzeln oder immer gleich drei auf einmal, wobei dann nur die oberste Karte entnommen werden kann.

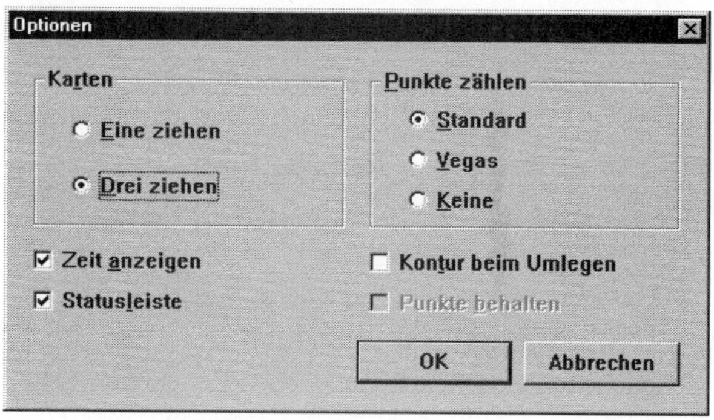

Abbildung 8.17: Die Option *Drei ziehen* bei Solitär

Aktivieren Sie die Option *Drei ziehen* und beginnen Sie ein neues Spiel.

Wenn Sie nun den Stapel mit der Maus anklicken, werden auf einen Schlag sofort drei Karten umgedreht. Sie können allerdings nur die oberste der drei Karten mit der Maus anwählen, auch wenn z. B. eine der beiden darunterliegenden Karten ein Ass ist.

Der Trick

Damit Sie es leichter schaffen, Solitär einmal bis zum Ende durchzuspielen, können Sie einen kleinen Trick anwenden, der im Windows-Handbuch nicht erwähnt wird.

Wenn Sie den Stapel anklicken, die drei Karten umgedreht werden und sich eine Karte unterhalb der obersten Karte befindet, die Sie benötigen, aber mit der Maus nicht anwählen können, dann klicken Sie im Menü *Spiel* den Menüpunkt *Rückgängig* an. Die drei Karten werden daraufhin wieder auf den Stapel zurückgelegt.

Bevor Sie nun abermals mit der Maus den Stapel anklicken, drücken Sie zuvor die Tastenkombination [Strg]+[Alt]+[⇧] und halten diese gedrückt. Während Sie diese Tastenkombination gedrückt halten, klicken Sie den Stapel erneut an. Jetzt werden nicht wie zuvor gleich drei Karten umgedreht, sondern nur noch eine, und zwar als Erstes die, die bei den drei Karten an unterster Stelle platziert war. Dann folgt die mittlere Karte und dann erst die oberste.

Durch Anwendung dieses Tricks sollte es Ihnen nun problemlos gelingen, Solitär bis zum Ende durchzuspielen.

TEIL III

Know-how für Fortgeschrittene

Nachdem Sie im zweiten Teil die Grundlagen zu Windows 98 kennen gelernt haben, bietet der dritte Teil für den versierten Anwender reichhaltige Informationen. Es wird besonders auf die Online-Funktionen von Windows 98 eingegangen, die gegenüber der älteren Windows-95-Version stark erweitert wurden.

KAPITEL

Drucken unter Windows 98

Neben der Ausgabe von Informationen auf dem Bildschirm einer Computeranlage ist das Drucken eine weitere wichtige und häufig eingesetzte Form, um Informationen aus- bzw. weiterzugeben. Wie Sie einen Drucker einrichten und was Sie beim Drucken beachten müssen, erfahren Sie in diesem Kapitel.

9

Drucken unter Windows 98

Eine Vielzahl von Computeranwendern besitzt einen Drucker und fast jeder Anwender kann ein Klagelied über das Zusammenspiel zwischen Computer und Drucker anstimmen. Da verschwinden Druckaufträge anscheinend im Datennirwana, Seitenränder stimmen plötzlich nicht mehr, deutsche Umlaute scheint der Drucker überhaupt nicht zu kennen, WYSIWYG (What You See Is What You Get) ist anscheinend nur ein gutgemeinter Werbeslogan übereifriger Marketing-Experten, die Druckqualität von Bildern oder Text ist alles andere als berauschend usw. Die Liste ließe sich ohne weiteres beliebig fortsetzen.

In diesem Kapitel wird deshalb das Drucken unter Windows 98 aufgegriffen und erklärt, wie Sie es in den Griff bekommen. Sie erfahren wie Sie einen neuen Drucker installieren bzw. anmelden, wie Sie bestehende Druckverbindungen und -einstellungen ändern, wie Sie den Druckmanager richtig nutzen, was Drag & Drop Ihnen für Möglichkeiten bietet und einiges mehr.

Drucker ist nicht gleich Drucker

Vorab ein wenig Theorie zum Thema Drucker. Der Markt bietet eine Vielzahl von unterschiedlichen Druckern an. Es gibt *Tintenstrahl-*, *Laser-* oder *Nadeldrucker*. Jeder Druckertyp hat seine Besonderheiten, besitzt Vorteile, aber auch Nachteile.

Die dpi-Zahl

Ein wichtiges Leistungskriterium für Drucker ist die *dpi-Zahl* (dots per inch). Sie gibt an, wie hochauflösend ein Drucker drucken kann. Je höher, desto besser.

Bei Laserdruckern sind 300 – 600 dpi mittlerweile üblich. Bei Tintenstrahldruckern sind es 360 oder 720 dpi. Drucker mit noch höheren dpi-Zahlen sind derzeit noch recht teuer, werden aber immer erschwinglicher.

Tintenstrahldrucker geraten bei der Weiterentwicklung irgendwann auch an technische Grenzen. Papier kann nur eine bestimmte Tintenmenge aufnehmen. Werden beispielsweise zu viele Punkte in einem kleinen Bereich gedruckt, kann das Papier sie nicht trennen. Das Ergebnis ist ein unsauberer Ausdruck.

Bei einem reinen Textausdruck macht sich die maximale Auflösung eines Druckers weniger bemerkbar, sie fällt erst bei einem *Grafikausdruck* stark ins Gewicht. Hier zeigen sich deutliche Unterschiede, ob eine Grafik in 300 oder 600 dpi ausgedruckt wird.

Ein Kriterium für viele Anwender ist die zu verarbeitende *Papiergröße*. Hier hat sich das DIN-A4-Format durchgesetzt. Für den normalen Haus- und Geschäftsbereich ist es auch ausreichend. DIN A4 ist hierbei das größtmögliche Format, kleinere Papiergrößen können ohne weiteres verarbeitet werden.

Postscript

Ein Begriff soll an dieser Stelle noch aufgegriffen werden: *Postscript*. Postscript ist eine *Seitenbeschreibungssprache*, die den Aufbau einer zu drukkenden Seite mittels Anweisungen genau beschreibt. Ein Postscript-Drukker ist in der Lage, diese Anweisungen zu interpretieren und die Seiten entsprechend zu drucken.

Viele Drucker sind auch in einer Postscript-Variante zu haben. Allerdings zahlt man für diese Option einige Mark mehr. Postscript hat sich als Standard in der Druckvorstufentechnik etabliert. Wenn Sie planen, Ihre Werke in einer Druckerei drucken oder Lithographien (Filme) erstellen zu lassen, sollten Sie sich einen Postscript-Drucker zulegen.

Der Tintenstrahldrucker

Von jedem namhaften Druckerhersteller existiert eine ganze Reihe von *Tintenstrahldruckern*. Diese verwenden zum Drucken Tinte, die auf das Blatt gespritzt wird.

Die Leistungsfähigkeit von Tintenstrahldruckern wird immer besser. 360 oder 720 dpi Auflösung sind keine Seltenheit mehr. Die Hauptvorteile der Tintenstrahldrucker liegt einerseits in dem recht günstigen Preis-Leistungs-Verhältnis und zum anderen darin, dass selbst Farbdrucker erschwinglich sind.

Wer in Farbe drucken und dabei seinen Geldbeutel nicht überstrapazieren will, benötigt einen Farbtintenstrahler. Fotorealistische Ausdrucke sind heutzutage bei diesen Geräten auch im unteren Preissegment möglich.

Allerdings ist auch hier nicht alles Gold, was glänzt. Für fotorealistische Farbausdrucke in beispielsweise 720 dpi Auflösung ist ein Spezialpapier nötig. Wird normales Papier verwendet, ist von fotorealistisch nichts mehr zu sehen. Das Spezialpapier ist jedoch recht teuer. Wenn Sie nur Text ausdrucken, genügt normales Papier. Allerdings sollte es für Tintenstrahler geeignet sein.

Der Laserdrucker

Mittlerweile sind auch *Laserdrucker* erhältlich, die weit unter der 1000-DM-Grenze liegen. Der Hauptunterschied zu Tintenstrahl- und Nadeldruckern besteht darin, dass eine Seite, die gedruckt werden soll, erst komplett zum Drucker übertragen, im Drucker »aufgebaut« und dann gedruckt wird. Tintenstrahldrucker hingegen drucken Zeile für Zeile, so wie sie vom Computer übertragen werden.

Wollen Sie beispielsweise mehrere Kopien einer Seite drucken, muss diese bei Ausdruck auf einem Laserdrucker nur einmal übertragen werden, bei Ausdruck auf einem Tintenstrahldrucker, entsprechend der Anzahl mehrmals.

Der Hauptvorteil von Laserdruckern liegt aber darin, dass sie das beste Schriftbild liefern und das auch bei nur 300 dpi. Wollen Sie allerdings in Farbe drucken, wird die Sache recht teuer. Farblaserdrucker sind für viele Anwender derzeit noch nicht erschwinglich.

Der Nadeldrucker

Mittlerweile fristen *Nadeldrucker*, die auch als *Matrixdrucker* bezeichnet werden, ein Schattendasein. Das Schriftbild kommt bei weitem nicht an das eines Laser- oder Tintenstrahldruckers heran. Ganz zu Schweigen von einem Grafikausdruck. Farbdruck ist nur im Textmodus einigermaßen ansehnlich, eine Farbgrafik hingegen ist inakzeptabel.

Durchschläge drucken

Doch auch Nadeldrucker besitzen eine Daseinsberechtigung. In der Geschäftswelt haben sie einen festen Platz und sind dort auch nicht wegzudenken. Sie sind als Einzige in der Lage, *Durchschläge* zu drucken.

Ein weiterer, nicht zu unterschätzender Vorteil besteht darin, dass sie *Endlospapier* verarbeiten können. Nadeldrucker haben zu diesem Zweck in der Regel einen *Traktor*, in den das Endlospapier eingespannt und transportiert wird.

Für den Heimanwender oder eine Sekretärin sind Nadeldrucker allerdings uninteressant. Das Schriftbild ist einfach zu schlecht für Korrespondenz. Außerdem sind sie im Gegensatz zu Laser- oder Tintenstrahldruckern sehr langsam und recht laut, was in einem Büro unter Umständen sehr störend ist.

Welchen Drucker für welche Anwendung?

Welcher Drucker für Sie am besten geeignet ist, müssen Sie selbst entscheiden. Wenn Sie großen Wert auf ein sehr sauberes Schriftbild legen, sollten Sie einen Laserdrucker verwenden. Ist der Geldbeutel klein, genügt auch ein preisgünstiger Tintenstrahldrucker. Legen Sie Wert auf Farbe, sind Sie am besten mit einem Farbtintenstrahldrucker beraten. Diese gibt es ebenfalls für weit unter 1000 DM.

Wenn Sie Endlospapier bedrucken müssen oder Durchschläge benötigen, brauchen Sie einen Matrixdrucker.

Die Druckertreiber

Das A und O eines jeden Druckers ist der dazugehörige *Druckertreiber*. Er stellt das Bindeglied zwischen der Software (Windows) und der Hardware (Drucker) dar. Ein Druckertreiber bereitet die Daten, die von der Software kommen, so auf, dass diese optimal vom entsprechenden Drucker umgesetzt werden können. Da jeder Drucker die Daten unterschiedlich aufbereitet bekommen muss, ist für jeden Drucker ein eigener Druckertreiber nötig. Ohne einen guten Treiber nutzt der beste Drucker nichts.

Ein Druckertreiber sollte in erster Linie einen einwandfreien Ausdruck gewährleisten. Mittlerweile lassen sich zusätzlich zahlreiche Druckoptionen einstellen.

Über die Eigenschaften eines Druckertreibers können Sie die unterschiedlichen Parameter definieren. Welche Parameter eingestellt werden können, hängt in erster Linie vom Drucker ab.

Sie sehen hier die Einstellungsmöglichkeiten des Epson-Stylus-COLOR-500-Tintenstrahldruckers. Das Druckereigenschaften-Fenster besteht meist aus mehreren Registerkarten, was jedoch vom jeweiligen Druckermodell abhängig ist.

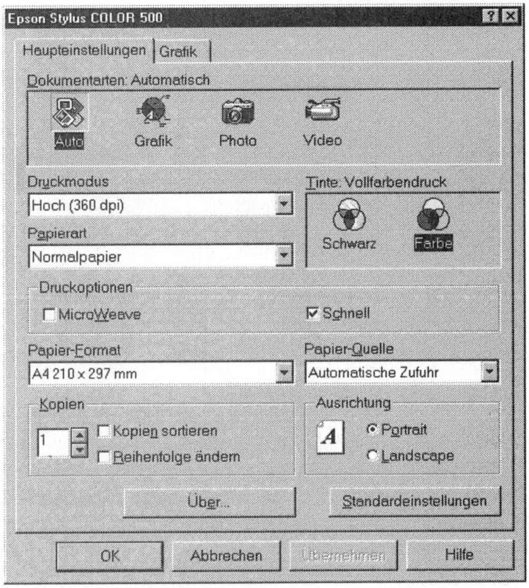

Abbildung 9.1: Unterschiedliche Einstellungen beim Epson-Stylus-COLOR-500-Tintenstrahldrucker

In der Regel erlaubt das Fenster *Druckereigenschaften* Einstellungen zum *Papierformat*, zum verwendeten *Papiereinzug*, zur *Druckqualität* oder zum *Druckformat*. Je nach Drucker sind noch weit mehr Einstellungen möglich.

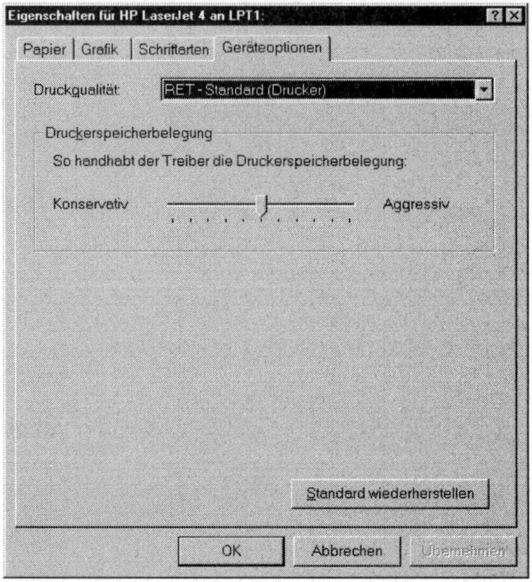

Abbildung 9.2: Die Einstellungsmöglichkeiten für den Laserdrucker HP LaserJet 4

Windows 98 enthält zahlreiche Druckertreiber. Für fast jeden Drucker liefert Microsoft einen passenden Treiber mit. Allerdings kommen immer neue Druckermodelle mit unterschiedlichen Eigenschaften auf den Markt. Falls Sie einen Drucker verwenden, für den Windows 98 keinen Treiber bereithält, müssen Sie auf den mitgelieferten Treiber des jeweiligen Herstellers zurückgreifen. Glücklicherweise gibt es kaum einen Hersteller, der in der Zukunft auf einen Windows-98-Treiber verzichten kann.

Oft sind die Treiber von den jeweiligen Herstellern besser oder aktueller als die von Microsoft.

Über die Schaltfläche *Info* können Sie die Version Ihres Druckertreibers erfahren.

Abbildung 9.3: Die Version des Druckertreibers

Der *Copyright*-Angabe entnehmen Sie, von wem der Druckertreiber stammt. In der nachfolgenden Abbildung kommt der Druckertreiber direkt vom Hersteller, der Firma Epson.

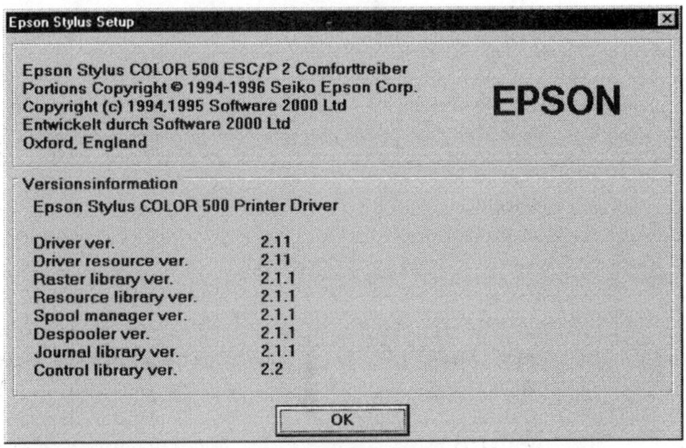

Abbildung 9.4: Das Info-Fenster eines Druckertreibers, der nicht von Microsoft stammt

Wenn Sie keine *Info*-Schaltfläche vorfinden, können Sie davon ausgehen, dass der Treiber nicht von Microsoft ist, sondern vom Druckerhersteller. Der nachfolgend abgebildete Druckertreiber für den Farbtintenstrahldrucker HP DeskJet 550C stammt von Hewlett Packard selbst.

Bei Druckertreibern, die auf den Universaltreiber von Microsoft zurückgreifen, ähnelt sich das Erscheinungsbild der Druckereinstellungen sehr. Herstellereigene Treiber verwenden dagegen unterschiedliche Masken.

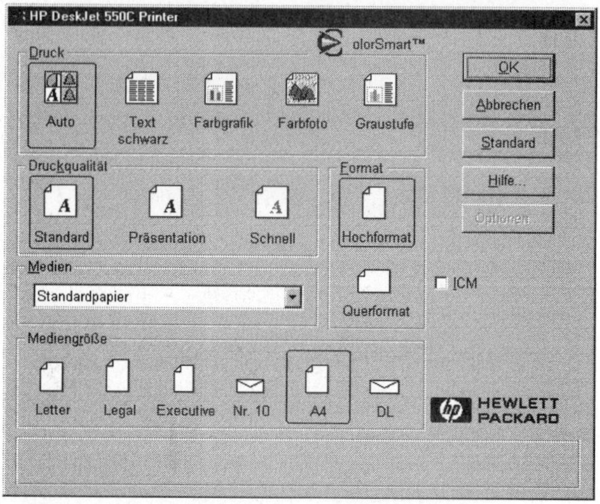

Abbildung 9.5: Leicht zu erkennen, dass der Treiber von HP stammt

Die Druckerinstallation

Wie Sie erfahren haben, ist es erforderlich, für einen Drucker einen entsprechenden Druckertreiber unter Windows 98 zu installieren. Dieser Vorgang wird auch *Druckerinstallation* genannt.

Die Druckerinstallation bzw. das Einrichten und Anmelden eines neuen Druckers ist unter Windows 98 recht einfach. In diesem Unterkapitel wird erläutert, wie der Installationsvorgang durchgeführt wird, wenn Sie Windows 98 bereits eingerichtet haben.

HINWEIS

Bei der Erklärung der Druckerinstallation wird hier davon ausgegangen, dass die Oberfläche von Windows 98 noch nicht oder kaum verändert, d. h. dass sie in ihrem ursprünglichen Aussehen nicht beeinflusst wurde.

Auf dem Desktop von Windows 98 finden Sie ein Symbol mit dem Namen *Arbeitsplatz*. Nach dem Anwählen bzw. einem doppelten Mausklick auf dieses Symbol öffnet sich ein Fenster, das weitere Symbole enthält, unter anderem auch das Ordnersymbol *Drucker*. Nach Anwählen dieses Ordners öffnet sich das *Druckerfenster*. Dort finden Sie in der Regel das Symbol *Neuer Drucker* und eventuell Symbole bereits installierter Drucker.

Neben dem eben beschriebenen Weg können Sie das Druckerfenster auch über die Taskleiste erreichen. Durch Anwählen des *Start*-Symbols klappt ein Menü mit dem Eintrag *Einstellungen* auf, das wiederum einen *Drucker*-Eintrag enthält. Nach dem Anwählen dieses Eintrags öffnet sich ebenfalls das erforderliche Druckerfenster.

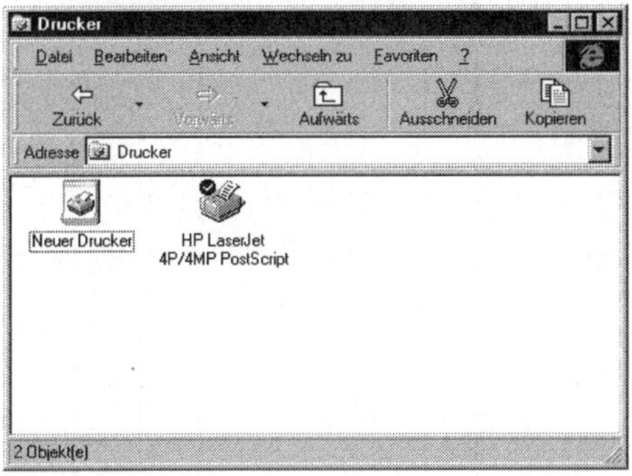

Abbildung 9.6: Das Druckerfenster enthält den Assistenten für die Druckerinstallation

Der Assistent für die Druckerinstallation

Durch das Anwählen des Symbols *Neuer Drucker* wird der *Assistent für die Druckerinstallation* gestartet. Er führt Schritt für Schritt durch die unterschiedlichen Dialogfelder und gibt zahlreiche Tips und Informationen aus. Mit Hilfe des Assistenten ist es auch für Laien kein Problem, einen neuen Drucker einzurichten.

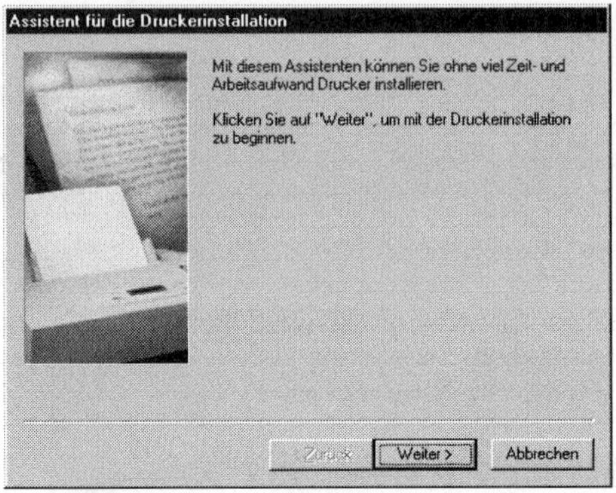

Abbildung 9.7: Die Eingangsmeldung des Druckerassistenten

Es öffnet sich ein neues Fenster, das Ihnen zunächst einige Textinformationen liefert. Am unteren Fensterrand finden Sie die Schaltflächen *Zurück*, *Weiter >* und *Abbrechen*.

- *Zurück*
  Zurück ermöglicht es Ihnen, zum vorherigen Eingabefeld zu wechseln.
- *Weiter >*
  Mit dieser Schaltfläche gelangen Sie zum nächsten Eingabefeld.
- *Abbrechen*
  Diese Schaltfläche beendet den Assistenten zur Druckerinstallation.

Ist eine Schaltfläche deaktiviert, ist sie nicht anwählbar. Das mit einem breiten Rahmen umrandete Feld kann auch über [↵] ausgelöst werden. Mit Hilfe der Cursortasten dürfen Selektionen vorgenommen werden. Mit [⇆] können Sie den »Aktiv-Status« eines Feldes zum nächsten wechseln lassen. Probieren Sie es ruhig einmal aus. Sie werden feststellen, dass Sie die Bedienung auch ohne Zuhilfenahme der Maus bewerkstelligen und dabei Zeit einsparen können.

Ferner sind des Öfteren Buchstaben eines Worts unterstrichen. Das bedeutet, dass ein Anwählen auch über die Tastatur vorgenommen werden kann. Durch Drücken von [Alt]+[unterstrichener Buchstabe] wird das korrespondierende Feld gekennzeichnet.

HINWEIS

Diese Möglichkeit der Programmsteuerung existiert nicht erst seit Windows 98, sondern findet sich mittlerweile in fast jedem Anwenderprogramm, nicht nur unter Windows.

Mit *Weiter* > gelangen Sie zum nächsten Dialogfeld. Betreiben Sie Windows 98 in einem Netzwerk, müssen Sie zunächst zwischen *Lokaler Drucker* und *Netzwerkdrucker* wählen.

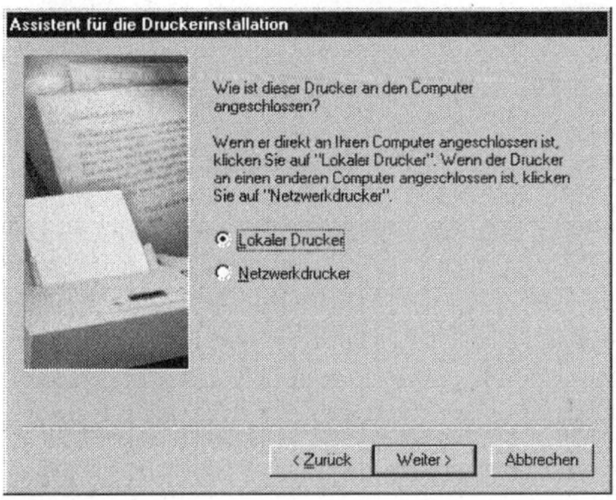

Abbildung 9.8: Wählen Sie zwischen einem normalen und einem Netzwerkdrucker

- Wählen Sie *Netzwerkdrucker*, dann können Sie einen bereits im Netzwerk existierenden Drucker für Ihre Ausdrucke zugänglich machen.
- Mit *Lokaler Drucker* installieren Sie einen neuen Drucker.

Durch Anwählen der *Weiter* >-Schaltfläche gelangen Sie anschließend zum nächsten Dialogfeld.

Druckerhersteller und Modell

Der Assistent bietet Ihnen in diesem Dialogfeld eine ganze Reihe von Druckerherstellern und Modellen an, angefangen von Agfa über Epson, HP und NEC bis hin zu Xerox.

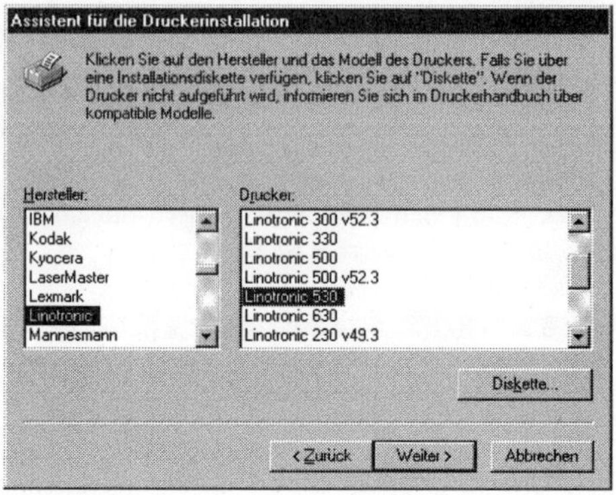

Abbildung 9.9: Die Druckermodelle

Wählen Sie einen der Druckerhersteller aus, werden in einem separaten Listenfeld alle Druckertypen des jeweiligen Herstellers ausgegeben, sofern sie Windows 98 bekannt sind, bzw. Informationen darüber, für welchen Drucker Druckertreiber zur Verfügung stehen.

Den Druckertreiber von Diskette laden

Finden Sie in der Liste Ihr Druckermodell nicht, dann können Sie durch Anwählen der *Disketten*-Schaltfläche Ihren Druckertreiber von Diskette installieren. Dazu müssen Sie die Diskette mit dem jeweiligen Treiber des Druckerherstellers in Ihr Diskettenlaufwerk einlegen.

Nach einem Klick auf die *Disketten*-Schaltfläche wird ein weiteres Dialogfeld geöffnet, wobei durch Auswahl von *OK* der Treiber von der Diskette geladen werden sollte.

KNOW-HOW

Befinden sich die vom Assistenten benötigten Dateien in einem Unterverzeichnis auf der Diskette, dann können Sie diese lokalisieren, indem Sie auf die Schaltfläche *Durchsuchen* klicken. In einem weiteren Dialogfeld können Sie dann den Inhalt der Diskette durchsuchen.

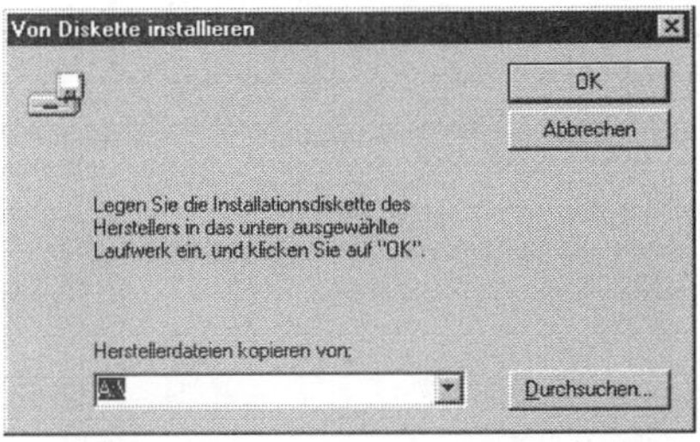

Abbildung 9.10: Das Dialogfeld für die Treiberinstallation

Wenn Ihr Drucker nicht aufgeführt ist und Sie keine Druckertreiberdiskette besitzen, schauen Sie in Ihrem Druckerhandbuch nach, mit welchem Drucker Ihr Modell kompatibel ist, und wählen anschließend diesen Drucker aus.

Über das Laden von Diskette verfahren Sie ebenso, wenn ein Druckerhersteller einen neuen Treiber in Umlauf gebracht hat. Mit Erscheinen von Windows 98 hat Microsoft versucht, nur aktuelle Druckertreiber der Auslieferung des Betriebssystems beizulegen. Mit hoher Wahrscheinlichkeit werden die Treiber mit der Zeit aber veraltet sein.

Haben Sie ein Druckermodell ausgewählt, das bereits installiert ist, fragt der Assistent Sie im nächsten Dialogfeld, ob Sie den vorhandenen Treiber ersetzen bzw. beibehalten möchten. Bei neuen Druckermodellen und Treibern entfällt diese Frage.

Durch einen erneuten Klick auf *Weiter* > gelangen Sie zum nächsten Dialogfeld.

Der Druckeranschluss

Im nächsten Dialogfeld können Sie die *Anschlussart* Ihres Druckers festlegen. Normalerweise stehen hier folgende Anschlussarten bereit:

- LPT1:
- FILE:
- COM1:
- COM2:

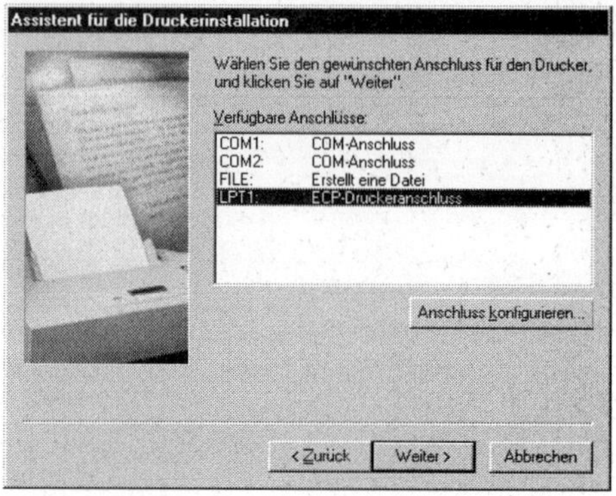

Abbildung 9.11: In der Regel stehen mehrere Druckeranschlussarten zur Auswahl

Neben den vier erwähnten Anschlussmöglichkeiten stehen unter Umständen noch weitere zur Verfügung, beispielsweise LPT2:, LPT3:, COM3: oder SCSI:. Welche Anschlüsse Ihr Computer zur Verfügung stellt, ist abhängig davon, welche Hardwarekomponenten bereitstehen bzw. welche Software-Produkte zusätzliche Anschlüsse installiert haben.

- LPT1: beschreibt die erste parallele Schnittstelle, LPT2: die zweite, LPT3: die dritte usw.
- Mit den seriellen Schnittstellen verhält es sich genauso, COM1: beschreibt die erste, COM2: die zweite usw.
- Einige Drucker können auch über eine SCSI-Schnittstelle angesprochen werden. Ist das der Fall, muss diese Schnittstelle eingestellt werden.

LPT1:

Die parallele Schnittstelle

Dieser Anschluss ist der gebräuchlichste für einen Drucker. Er steht für einen parallelen Anschluss, wobei der Drucker über die *LPT1*-Schnittstelle angesprochen wird. Die Druckdaten werden im parallelen Betrieb zum Drucker übertragen.

FILE:

Durch die Anwahl von *File:* werden die Druckinformationen vom Computer nicht über eine Schnittstelle an den Drucker gesandt, sondern in eine Datei umgeleitet. Diese Datei enthält anschließend alle Daten, die ansonsten zum Drucker übersandt worden wären.

COM1: und COM2:

Die serielle Schnittstelle

Verfügt Ihr Drucker nur über eine serielle Schnittstelle, dann müssen Sie *COM1:* oder *COM2:* wählen, wobei zu beachten ist, dass die serielle Schnittstelle auch von anderer Hardware genutzt wird. Die Maus beispielsweise greift oft auf den COM1-Anschluss zurück, Modems meistens auf COM2. Vergewissern Sie sich, welcher von Ihrem Drucker genutzt wird bzw. an welchen Ihr Drucker angeschlossen ist.

Den Anschluss konfigurieren

Werden COM1: oder COM2: für einen Drucker benutzt, besteht die Möglichkeit, die Übertragungsparameter festzulegen. Das geschieht durch Anwählen der *Anschluss-konfigurieren*-Schaltfläche. Ein Fenster öffnet sich daraufhin, in dem die Einstellungen vorgenommen werden können. Lesen Sie in Ihrem Druckerhandbuch nach, welche Einstellungen für Ihren Drucker notwendig sind.

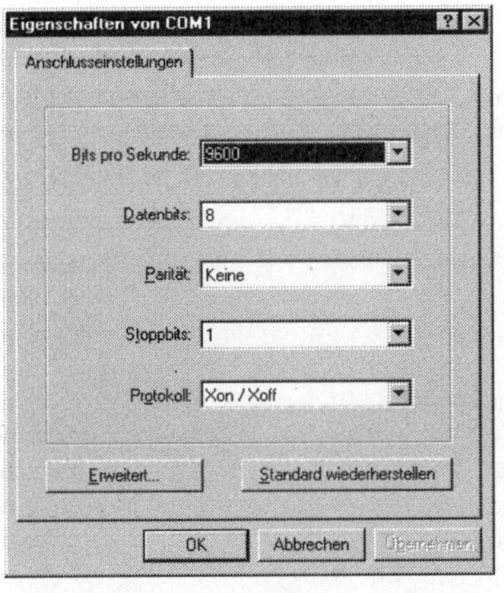

Abbildung 9.12: Die Einstellungen für die serielle Schnittstelle

Druckername und Standarddrucker

In das nächste Dialogfeld des Assistenten gelangen Sie wie gehabt durch Anklicken der *Weiter* >-Schaltfläche. Hier können Sie Ihrem Drucker einen neuen Namen geben oder den vom Assistenten empfohlenen beibehalten.

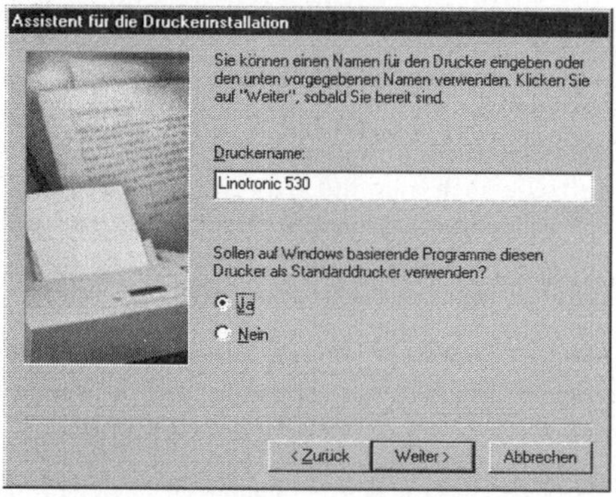

Abbildung 9.13: In diesem Dialogfeld können Sie Ihrem Drucker einen neuen Namen geben

Der Druckername

Sie können in die Eingabezeile *Druckername* einen beliebigen Namen schreiben, wobei Sie nicht an die Einschränkungen für Dateinamen gebunden sind. Außerdem hat die Namensgebung keinerlei Einfluss auf die Druckqualität.

KNOW-HOW

Geben Sie dem Drucker eine aussagekräftige Bezeichnung, so dass auch innerhalb eines Netzwerks mit mehreren gleichartigen Druckern eine eindeutige Identifizierung möglich ist.

Neben der Namensgebung können Sie noch wählen, ob der neue Drucker als *Standarddrucker* verwendet werden soll, d. h., ob alle Druckdaten automatisch zu diesem Drucker gesendet werden sollen oder nicht.

Die Testseite

Den Drucker testen

Im nächsten Dialogfeld dürfen Sie entscheiden, ob eine *Testseite* auf dem installierten Drucker ausgegeben werden soll.

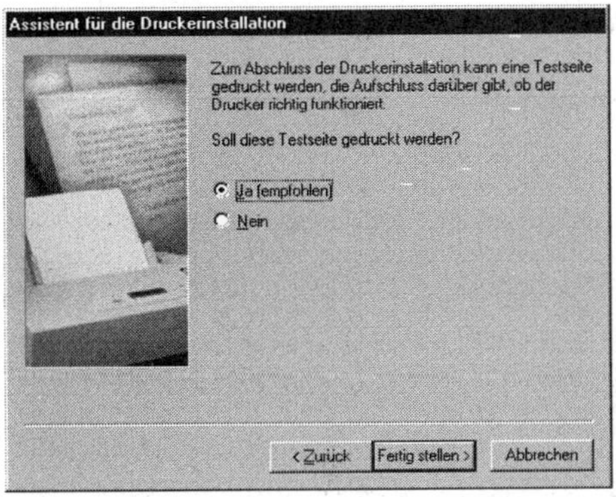

Abbildung 9.14: Soll eine Testseite ausgedruckt werden?

Es empfiehlt sich eine Testseite auszudrucken. Sie gibt Aufschluss über die Qualität des Grafik- und Textausdrucks und weitere technische Informationen über den verwendeten Druckertreiber.

Ist die Testseite in Ordnung, hat der Assistent für die Druckerinstallation seine Arbeit ordnungsgemäß verrichtet. Nachdem Sie auf *Fertig stellen >* geklickt haben, werden Sie in der Regel aufgefordert, die Windows-98-CD einzulegen, damit der Assistent die notwendigen Dateien kopieren und installieren kann. Ist auch das abgeschlossen, befindet sich im *Druckerfenster* ein neues Druckersymbol. War der Ausdruck fehlerhaft bzw. kam kein Ausdruck zustande, können Sie mit *Zurück* zu den vorherigen Dialogfeldern zurückkehren und neue Einstellungen vornehmen.

Der Druckmanager

Innerhalb von Windows 98 besitzt jeder installierte Drucker seinen eigenen Manager. In der Regel findet man alle installierten *Druckmanager* im *Drucker*-Fenster bzw. im *Drucker*-Ordner unter dem bei der Installation vergebenen Namen.

Drucken im Hintergrund

Die Aufgabe der Druckmanager

Die Manager der einzelnen Drucker sind für den einwandfreien Druckablauf verantwortlich. Sie bekommen die Druckdaten von dem jeweiligen Anwenderprogramm übermittelt und sind dann selbständig für den ordnungsgemäßen Ablauf des Drucks zuständig. Der Druck erfolgt meistens im Hintergrund und der Anwender kann während des Drucks weitere Arbeiten am Computer durchführen.

Denkbar ist beispielsweise die Möglichkeit, das während Druckdaten von einer Textverarbeitung zum Druckmanager übertragen werden, Änderungen an demselben Text vorgenommen werden. Dies setzt allerdings voraus, dass die Programme speziell für Windows 98 geschrieben bzw. angepasst werden.

Dem Anwender steht bei der Druckerverwaltung eine ganze Reihe von Steuerungsoptionen offen. Der Druck kann angehalten und fortgesetzt werden, der Drucker lässt sich als Standarddrucker definieren, Druckeigenschaften lassen sich ändern und vieles Weitere.

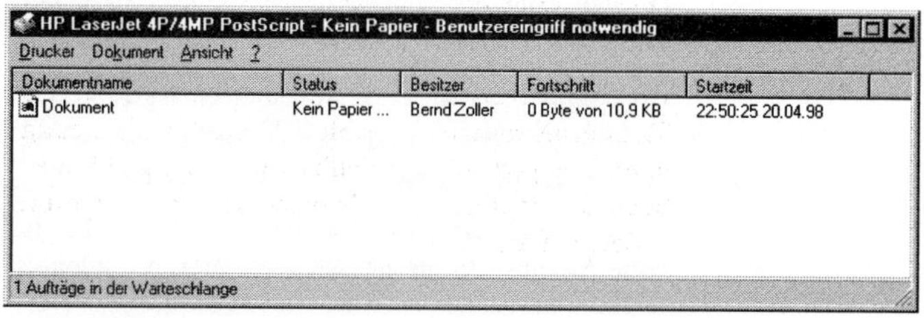

Abbildung 9.15: Der Druckmanager eines installierten Druckers

Ferner wird eine ganze Reihe von Informationen bereitgestellt: *Dokumentname*, *Status*, *Besitzer*, *Fortschritt* und *Startzeit*.

Die Informationen werden in Spalten gegliedert, die in ihrer Breite veränderbar sind. Das Verändern der Spaltenbreite geschieht ähnlich, wie Sie es vielleicht von der Tabellenkalkulation Excel her gewöhnt sind. Bewegen Sie die Maus über den Spaltenkopf und kommen Sie an eine Spaltenbegrenzung, ändert sich das Aussehen des Mauszeigers. Durch Drücken und Festhalten der rechten Maustaste lässt sich nun die Spaltenbreite ändern.

Der Dokumentname

In der Spalte *Dokumentname* wird der Name und das Anwendungsprogramm, das den Druckauftrag veranlasst hat, angezeigt.

Der Status

In der *Status*-Spalte wird ausgegeben, in welchem Zustand sich der Druckauftrag befindet; wird er gerade gedruckt, gelöscht, ist er angehalten oder sind etwaige Fehler aufgetreten.

Der Besitzer

In der *Besitzer*-Spalte wird der Name des Besitzers angezeigt, der den Druck in Auftrag gegeben hat. Bei Einzelplatzrechnern ist diese Information ohne Bedeutung, im Netzwerkbetrieb hingegen besitzt diese Spalte durchaus ihre Berechtigung.

Der Fortschritt In der *Fortschritt*-Spalte sehen Sie, wie weit der Ausdruck bisher fortgeschritten ist. Die Angabe erfolgt entweder in KByte oder in Seiten (5 KByte von 20 KByte; 3 Seiten von 20 Seiten).

Die Startzeit Die Spalte *Startzeit* gibt Ihnen die Information, wann der Druckauftrag ausgegeben wurde. Die Startzeit gliedert sich hierbei in die Uhrzeit und das Datum.

Die Menüs der Druckmanager

Jeder Druckmanager besitzt eine Menüleiste mit folgenden Kategorien: *Drucker*, *Dokument*, *Ansicht* und *?*. Über sie erreichen Sie eine Vielzahl von Funktionen, die den Druck steuern.

Die Menüs lassen sich mit der Maus und über korrespondierende Tastaturbelegungen anwählen. Weiterhin sind einige Menüeinträge auch über Popup-Menüs erreichbar. Welche Anwählmethode Sie bevorzugen, bleibt Ihnen überlassen. Manche Anwender schwören auf Tastaturkürzel, andere auf die Maus.

Das *Drucker*-Menü

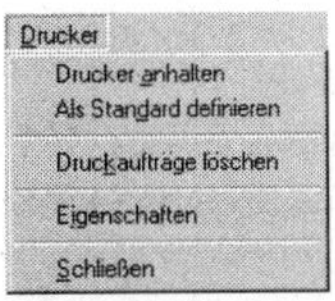

Abbildung 9.16: Das Menü *Drucker* mit seinen Einträgen

Das *Drucker*-Menü besitzt fünf Einträge: *Drucker anhalten*, *Als Standard definieren*, *Druckaufträge löschen*, *Eigenschaften* und *Schließen*.

Drucker anhalten

Wird dieser Menüeintrag gewählt, wird das Anhalten des Druckers veranlasst, und zwar für alle Druckaufträge, die anstehen.

Wenn Ihr Drucker nicht sofort nach Anwählen von *Drucker anhalten* stoppt, liegt das am RAM-Speicher des Druckers, der unter Umständen schon Druckdaten erhalten hat, die dann noch abgearbeitet werden. In einem solchen Fall hilft nur das Offline-Schalten am Bedienfeld des Druckers. Besonders bei Laserdruckern mit viel eigenem RAM macht sich dieser Umstand bemerkbar.

Das Anhalten des Druckers können Sie auch durch die Tastenkombination [Alt]+[D] [A] auslösen. Ist ein Drucker angehalten, wird das durch ein Häkchen vor dem Menüeintrag symbolisiert. Wird die Funktion erneut angewählt, dann wird der Drucker wieder freigegeben und das Häkchen verschwindet.

Druckaufträge löschen

Wird dieser Menüeintrag gewählt, werden alle anstehenden Druckjobs unweigerlich gelöscht. Hier ist Vorsicht geboten, da keine Sicherheitsabfrage mehr vorgenommen wird. Ist ein Druckjob oder sind mehrere Druckjobs versehentlich gelöscht worden, müssen die Druckaufträge von neuem in Auftrag gegeben werden. Dieser Menüpunkt kann ebenfalls durch Drücken einer Tastenkombination, in diesem Fall von [Alt]+[D] [K], aufgerufen werden.

Einzelne Druckaufträge können Sie entweder durch Aktivieren des Menüpunkts *Druckauftrag abbrechen* im *Dokument*-Menü, durch Drücken der Tastenkombination [Alt]+[K] [K] bzw. durch Drücken von [Entf] löschen.

Als Standard definieren

Dieser Menüpunkt gibt Ihnen Auskunft darüber, ob dieser Drucker als Standarddrucker deklariert ist oder nicht. Ist er Standarddrucker, wird dem Menüeintrag ein Häkchen vorangestellt.

Der Standarddrucker

Was ist ein Standarddrucker? Als Standarddrucker wird der Drucker bezeichnet, auf den alle Applikationen automatisch zugreifen, wenn von ihnen ein Ausdruck erfolgt und kein anderer Drucker vorgegeben wird. Von den meisten Anwendungen lässt sich ein Standarddrucker direkt anwählen, ansonsten ist der Umweg zu dem jeweiligen Druckmanager notwendig.

Eigenschaften

Hinter diesem Menüpunkt verbergen sich mächtige Einstellungsmöglichkeiten. Zusammengefasst kann man sagen, dass hier druckerspezifische Eigenschaften festgelegt werden können. Unter anderem sind das die verwendete Schnittstelle, die Druckqualität, das Papierformat, welcher Papiereinzug genutzt werden soll u.v.m.

Drucker-abhängig

Die Einstellungsmöglichkeiten sind allerdings stark abhängig vom verwendeten Drucker. Mit einem Schwarz/Weiß-Drucker ist es z. B. unnötig, Farbanpassungen vorzunehmen, weil der Drucker gar nicht in der Lage ist, Farbausdrucke zu erstellen. Besitzt Ihr Drucker nur einen Papiereinzug, ist die Einstellung eines anderen Papiereinzugs nichtig.

Nach dem Anwählen von *Eigenschaften*, entweder mit der Maus oder durch Drücken der Tastenkombination [Alt]+[D] [I], öffnet sich ein neues Fenster. Je nachdem welchen Drucker Sie installiert haben, stehen unterschiedliche Register innerhalb des Dialogfelds zur Verfügung. Lediglich die Register *Allgemein* und *Details* finden Sie bei jedem Druckertyp.

Das *Allgemein*-Register

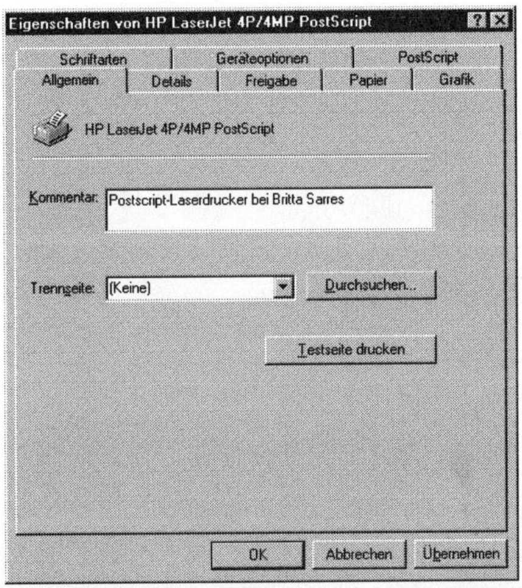

Abbildung 9.17: Durch Anwählen des Menüeintrags *Eigenschaften* öffnet sich ein neues Fenster

Das *Allgemein*-Register bietet Ihnen die Möglichkeit, einen *Kommentar* einzugeben. Dazu steht ein Feld bereit. Das Kommentarfeld hat hauptsächlich einen Nutzen im Netzwerkbetrieb, falls andere Anwender auf diesen Drucker zugreifen. Hier können Sie Besonderheiten oder dergleichen eintragen.

Die Trennseite-Option

Unterhalb des Kommentarfelds finden Sie die *Trennseite*-Option. Hier können Sie wählen, ob vor jedem Druckauftrag eine Trennseite ausgedruckt werden soll. Eine Trennseite ist im Netzwerkbetrieb sinnvoll, sie kann beispielsweise angeben, von welchem Anwender der Druckauftrag stammt. Eine weitere nützliche Funktion von Trennseiten ergibt sich, wenn mehrere Druckaufträge hintereinander ausgedruckt werden. Dem Anwender fällt es durch die Trennseiten leichter, die einzelnen Druckaufträge zu unterscheiden.

Trennseiten können leicht entworfen werden, sie müssen lediglich im WMF-Format (Windows Metafile) vorliegen. Die Datei kann auf der Festplatte beliebig gespeichert werden, mit Hilfe der *Durchsuchen*-Schaltfläche können Sie die jeweilige WMF-Datei auf den unterschiedlichen Datenträgern (Festplatten, Disketten) dann auswählen.

Das *Details*-Register

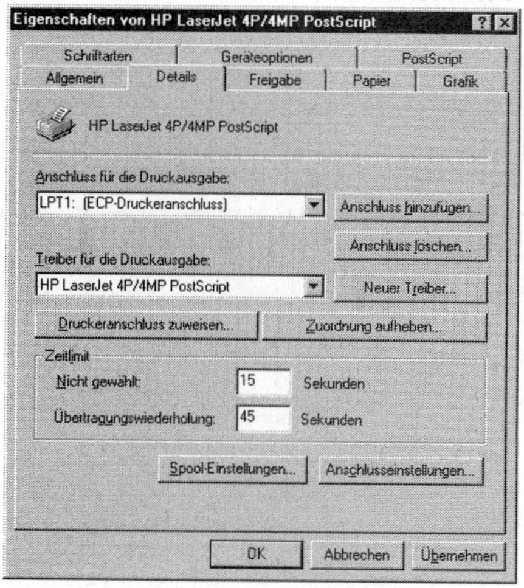

Abbildung 9.18: Das *Details*-Register eines Druckers

Das Register *Details* bietet eine ganze Reihe von Einstellungsmöglichkeiten. Neben den Einstellungen für die Schnittstelle und den Druckertreiber können hier auch neue Druckertreiber installiert, Netzwerkverbindungen zu neuen Druckern geknüpft bzw. gelöscht werden.

Ferner besteht die Möglichkeit, die Zeit einzugeben, die abgewartet werden soll, bis Windows eine Fehlermeldung ausgibt, dass der Drucker nicht erreichbar ist, bzw. festzulegen, wann mit einer erneuten Datenübertragung zum Drucker begonnen werden soll.

Druckeinstellungen

Die Schaltfläche *Spool-Einstellungen* bedarf noch besonderer Aufmerksamkeit. Wählen Sie diese Schaltfläche an, entweder mit der Maus oder durch Drücken von [S]. Es wird ein weiteres Fenster geöffnet, in dem die Einstellungen für den Druck im Hintergrund vorgenommen werden können.

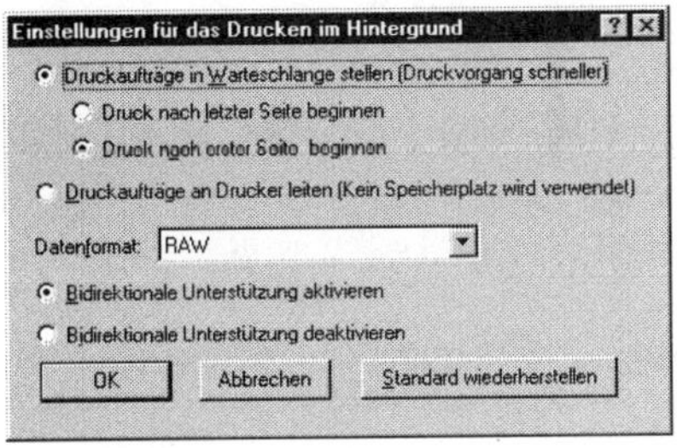

Abbildung 9.19: Die Einstellungen für den Druck im Hintergrund

Hier können Sie bestimmen, ob Druckaufträge in die Warteschlange gesetzt, ob beim Druck mit der ersten oder der letzten Seite begonnen oder ob die Druckdaten direkt zum Drucker gesendet werden sollen.

Je nachdem welcher Drucker angeschlossen ist, lassen sich noch das *Dateiformat* und die bidirektionale Datenübertragung (Senden und Empfangen von Daten) einstellen. Das Dateiformat beschreibt, auf welche Weise die Druckdaten zwischengespeichert werden, bevor sie zum Drucker gesendet werden. Beherrscht ein Drucker die bidirektionale Datenübertragung nicht, werden die Felder automatisch deaktiviert und sind nicht anwählbar.

RAW- und EMF-Format

Als *Dateiformat* stehen in der Regel RAW und EMF (Metafile) bereit. Wird das RAW-Format gewählt, dauert der Druck ein wenig länger, weil der Drucker für die Aufbereitung der Druckdaten selbst verantwortlich ist. Beim EMF-Format hingegen geht der Druck schneller, allerdings kann es hier zu Problemen kommen. Treten Schwierigkeiten auf, sollte man zum RAW-Format wechseln.

HINWEIS

Das RAW-Format wird beispielsweise bei Postscript-Druckern angewendet. Postscript ist eine Seitenbeschreibungssprache und aus der professionellen Druckvorstufentechnik mittlerweile nicht mehr wegzudenken. Das EMF-Format wird meistens bei Nadel- und Tintenstrahldruckern genutzt.

HINWEIS

Bei manchen Druckern finden Sie in diesem Register noch die Schaltfläche *Einrichten*. Sie ermöglicht weitere gezielte Druckereinstellungen, die natürlich vom jeweiligen Druckermodell abhängen.

Die nächsten Register sollen nur der Vollständigkeit halber erwähnen werden, weil sie von Druckermodell zu Druckermodell sehr stark voneinander abweichen.

- ✔ Im *Papier*-Register lassen sich meistens das Papierformat, die Papiergröße, der Papiereinzugsschacht oder die Papiersorte (besonders bei Tintenstrahldruckern ist diese Option von Bedeutung) einstellen.
- ✔ Das *Grafik*-Register definiert die Druckqualität (dpi, dots per inch), den Kontrast, eventuell einen negativen und spiegelverkehrten Druck oder eine mögliche Skalierung (Größenangabe).

Weitere Register können *Schriftart*, *Geräteoptionen* und *Postscript* sein. In ihnen lassen sich zusätzliche druckerspezifische Eigenschaften festlegen.

Schließen

Der Menüpunkt *Schließen* entfernt das Druckerfenster vom Bildschirm, allerdings bleiben die Druckaufträge erhalten und werden fortgesetzt. Das Schließen des Fensters kann durch mehrere Aktionen durchgeführt werden: entweder durch direktes Anwählen des *Schließen*-Menüpunkts mit der Maus bzw. des Fensterschließ-Symbols oder durch Drücken der Tastenkombination Alt+D S bzw. Alt+F4. Welche Möglichkeit Sie nutzen, bleibt Ihnen überlassen.

KNOW-HOW

Sie können Windows 98 durchaus beenden, obwohl noch Druckaufträge anstehen. Beim nächsten Starten werden Sie darauf hingewiesen, dass noch Druckaufträge vorhanden sind, die ausgedruckt werden müssen. Ferner lässt Windows 98 in der Taskleiste den jeweiligen Druckmanager aufblinken. Daran ist erkennbar, dass irgendetwas nicht stimmt, in diesem Fall, dass noch Ausdrucke anstehen.

Der Druckmanager zeigt weiterhin durch ein Blinken an, dass ein Fehler aufgetreten ist, beispielsweise, wenn der Drucker kein Papier mehr hat oder Offline geschaltet wurde.

Das *Dokument*-Menü

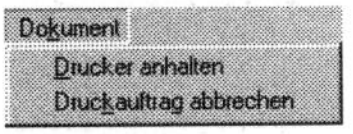

Abbildung 9.20: Das Menü *Dokument*

Das *Dokument*-Menü bietet die Einträge *Drucker anhalten* und *Druckauftrag abbrechen*. Im Gegensatz zum *Drucker*-Menü, in dem die Funktionen global wirksam werden, beziehen sich diese beiden Menüpunkte nur auf einen bzw., wenn mehrere Druckaufträge markiert sind, auf mehrere Druckaufträge. Wenn keine Druckaufträge markiert sind, sind die Menüpunkte nicht anwählbar.

Den *Drucker anhalten*

Drucker anhalten stoppt einen bestehenden Druckauftrag. Daraufhin werden von diesem Druckjob keine weiteren Daten mehr zum Drucker gesendet, bis der Menüpunkt erneut angewählt wird. Der Menüpunkt lässt sich mit der Maus direkt anwählen oder mit der Tastenkombination Alt+K D.

Sie merken als Anwender an zwei Gegebenheiten, dass ein Druckauftrag angehalten wurde: Zum einen wird in der Statusspalte der Vermerk *angehalten* angezeigt und zum anderen ist der Menüpunkt *Drucker anhalten* mit einem Häkchen versehen.

HINWEIS

Die *Drucker anhalten*-Funktion ist mitunter sehr hilfreich, wenn beispielsweise ein komplexer Druckauftrag gerade abgearbeitet wird und Sie nur einmal schnell einen kleinen Brief ausdrucken wollen. Halten Sie den komplexen Druckauftrag kurz an, drucken Sie Ihren Brief aus und setzen Sie den zuvor angehaltenen Druckauftrag dann wieder fort.

Den *Druckauftrag abbrechen*

Mit dem *Druckauftrag abbrechen*-Menüpunkt können einzelne oder mehrere Druckjobs gelöscht werden. Ein Druckauftrag kann auch durch die Tastenkombination Alt+K K und durch Drücken von Entf beendet werden.

HINWEIS

Denken Sie daran, gelöschte Druckaufträge sind unweigerlich und ohne Sicherheitsabfrage verloren und lassen sich nicht ohne erneutes »in Auftrag geben” zurückholen. Besonders bei sehr langen Druckaufträgen kann dieser Umstand unangenehm ins Gewicht fallen.

Das *Ansicht*-Menü

Abbildung 9.21: Das Menü Ansicht

Das *Ansicht*-Menü besitzt nur den Eintrag *Statusleiste*. Nach Anwählen dieses Befehls wird eine zusätzliche Statusleiste am unteren Fensterrand eingeblendet, die Informationen über den Stand des Druckauftrags ausgibt. Ist die Statusleiste aktiv, ist ein Häkchen vor dem Menüpunkt zu finden. Die Funktion kann auch über die Tastenkombination [Alt]+[A] [T] ausgelöst werden.

Das *Hilfe*-Menü

Der Vollständigkeit halber soll noch das *Hilfe*-Menü erwähnt werden. Es ermöglicht die Hilfefunktionen von Windows 98 zu nutzen.

Die Popup-Menüs

Popup-Menüs finden immer häufiger Verwendung. Nicht anders ist es bei Windows 98. Popup-Menüs werden wie bekannt durch Drücken der rechten Maustaste aufgeklappt. Bei den einzelnen Druckmanagern werden das *Drucker*- und das *Dokument*-Menü als Popup-Menüs herangezogen. Welches Menü gerade als Popup-Menü angezeigt wird, hängt davon ab, ob ein Druckauftrag angewählt ist oder nicht. Ist keiner angewählt, klappt das *Drucker*-Menü auf, ansonsten das *Dokument*-Menü.

Vorteile der Popup-Menüs

Popup-Menüs haben den Vorteil, dass die Maus sich nicht direkt über dem jeweiligen Menüeintrag befinden muss. Welche Menüeinträge allerdings bereitgestellt werden, hängt natürlich von der Programmierung der Software ab. Die Programmierer haben versucht nur hinsichtlich der Funktion sinnvolle Menüeinträge per Popup-Menü bereitzustellen.

Spezielle Eigenschaften der Druckmanager

Drag & Drop

Kennen Sie den Begriff *Drag & Drop*? Dahinter verbirgt sich das Ziehen und Ablegen von Objekten. Als Objekte bezeichnet man hierbei Programm-, Datei-, Daten- oder Laufwerksymbole, oder auch nur ein markierten Bereich in einer Textverarbeitung, einer Tabellenkalkulation oder einer anderen Software.

Microsoft hat die Drag & Drop-Funktion bereits in vielen Anwendungen realisiert. Mitunter war die Funktion nur innerhalb einer Anwendung möglich, mit der Entwicklung von Windows 98 wurde Drag & Drop aber konsequent weiterverfolgt.

Der oder die Druckmanager von Windows 98 beherrschen das Drag & Drop uneingeschränkt. Welche Möglichkeiten dem Anwender zur Verfügung gestellt werden, wird im nächsten Abschnitt erklärt.

Drag & Drop mit dem Druckmanager

Eine recht einfache Drag & Drop-Anwendung in einem Druckmanager ist das Verschieben von Druckaufträgen. Dadurch kann die Druckreihenfolge der Druckaufträge schnell und einfach verändert werden.

Verschieben von Druckaufträgen

Markieren Sie mit der Maus einen beliebigen Druckauftrag innerhalb der Warteschlange. Durch Drücken und Festhalten der linken Maustaste können Sie daraufhin den Druckauftrag bequem an die gewünschte neue Position der Druckerwarteschlange ziehen. Die Druckaufträge bleiben dabei am Mauszeiger hängen, so dass Sie genau wissen, welche Druckaufträge Sie momentan verschieben.

Löschen von Druckaufträgen

Ähnlich wie beim Verschieben können Sie Drag & Drop auch beim Löschen von Druckaufträgen einsetzen. Die Vorgehensweise ist die gleiche wie beim Verschieben, allerdings ziehen Sie die ausgewählten Druckaufträge außerhalb des Fensters und lassen diese dort los. Die Druckaufträge werden daraufhin nicht mehr in der Druckerwarteschlange aufgeführt.

Den Druckmanager auf dem Desktop ablegen

Eine sehr mächtige Drag & Drop-Möglichkeit besteht darin, den Druckmanager direkt mittels einer Verknüpfung auf den Desktop oder in ein anderes Fenster zu legen. Das Verknüpfen kann durch zwei Arten erfolgen:

1. Möglichkeit

Öffnen Sie zunächst den *Drucker*-Ordner. Wählen Sie mit der Maus den gewünschten Druckmanager aus, halten Sie dabei die linke Maustaste gedrückt und verschieben Sie das Symbol auf den Desktop. Windows 98 gibt daraufhin eine Meldung aus, dass das Objekt nicht an diese Stelle kopiert bzw. verschoben werden kann und fragt, ob Sie stattdessen eine Verknüpfung erstellen wollen.

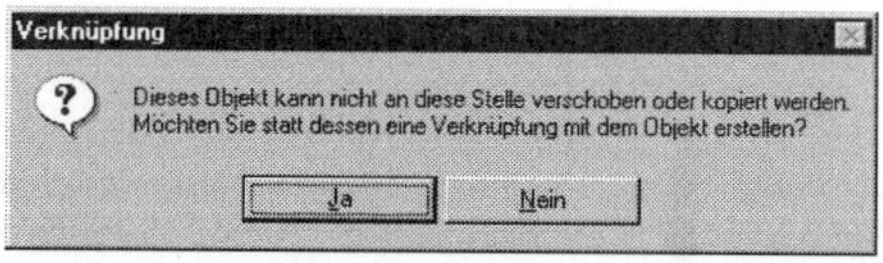

Abbildung 9.22: Das Dialogfeld mit der wichtigen Frage

Beantworten Sie die Frage mit *Ja*, um eine Verknüpfung zu schaffen; wünschen Sie dies nicht, dann klicken Sie auf *Nein*.

Sobald Sie auf *Ja* geklickt haben, verschwindet die Sicherheitsabfrage und der ausgewählte Druckmanager erscheint als Verknüpfung auf dem Desktop.

2. Möglichkeit

Wählen Sie einen Druckmanager aus und rufen daraufhin den Menüpunkt *Verknüpfung erstellen* im *Datei*-Menü des *Drucker*-Fensters auf. Sie werden darauf hingewiesen, dass im Druckerfenster keine Verknüpfung erfolgen kann und gefragt, ob die Verknüpfung auf dem Desktop erfolgen soll.

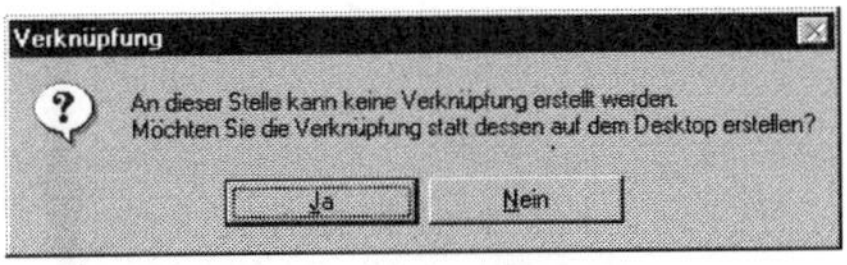

Abbildung 9.23: Die zweite wichtige Frage

Beantworten Sie die Frage mit *Ja*. Daraufhin finden Sie auf dem Desktop ein neues Druckmanagersymbol.

Bei beiden Möglichkeiten beginnt der Name des neuen Druckmanagersymbols mit *Verknüpfung mit*. Sie können dem verknüpften Symbol ruhig einen neuen Namen geben oder *Verknüpfung mit* löschen, Windows 98 merkt sich trotzdem die Verknüpfung. Ob es sich um ein verknüpftes Objekt handelt, erkennen Sie anschließend noch daran, dass das Symbol links unten mit einem kleinen schwarzen Pfeil, umrandet von einem weißen Feld, versehen ist.

Einen Druck starten

Befindet sich der Druckmanager auf dem Desktop, ist es ein Leichtes, einen Druckauftrag zu starten, beispielsweise vom Explorer aus. Ziehen Sie dazu die gewünschte Datei vom Explorer über das Druckmanagersymbol auf dem Desktop, legen Sie sie dort ab und der Druck wird gestartet.

Allerdings gelten hier ein paar Einschränkungen. Die auszudruckende Datei muss mit einer Anwendung verknüpft sein, ansonsten verweigert der Druckmanager den Druckauftrag. Machen Sie sich über die Dateiverknüpfungen aber nicht zu viele Gedanken, in der Regel definieren Anwenderprogramme beim Installieren ihre Verknüpfungen. Word erledigt dies beispielsweise durch die Endung .DOC, Excel durch .XLS, CorelDRAW! durch .CDR usw.

Haben Sie ein Objekt über das Druckmanagersymbol auf dem Desktop gezogen und abgelegt, wird automatisch die dazugehörige Anwendung und der Druck gestartet. Ist der Druckauftrag zum Druckmanager übertragen worden, schließt sich die zuvor geöffnete Anwendung wieder.

Ist die dazugehörige Anwendung bereits gestartet, geht das Ganze noch schneller vonstatten, da die Anwendung nicht erst geladen werden muss.

HINWEIS

Haben Sie die auszudruckende Datei über ein Druckmanagersymbol gezogen, dessen Drucker nicht als Standarddrucker definiert ist, gibt Windows 98 automatisch einen Hinweis aus, ob der Drucker als Standarddrucker definiert werden soll oder nicht.

Sie werden feststellen, dass die Drag & Drop-Ausdruckmöglichkeit ein mächtiges und leistungsfähiges Feature ist, das Sie mit der Zeit nicht mehr missen wollen, entfällt doch das umständliche Starten des Anwendungsprogrammes, das Laden der auszudruckenden Datei, das Starten des Druckauftrags und das anschließende Beenden der Anwendung.

Das Drucken vom Anwendungsprogramm aus

Dokumente, Grafiken, Tabellen, Datensätze oder Texte werden in der Regel vom jeweiligen Anwenderprogramm ausgedruckt. Dazu wählt man, sofern die Programmierer den Windows-Programmierrichtlinien gefolgt sind, im *Datei*-Menü die *Drucken*-Funktion an. Es öffnet sich ein Fenster, von dem aus der Druck gestartet werden kann. In den meisten Fällen lassen sich noch diverse Einstellungen vornehmen. Im Allgemeinen legen Sie hier folgendes fest:

- wie oft der Druckauftrag durchgeführt werden soll (Anzahl der Kopien oder Exemplare)
- die Wahl der Papierzufuhr (Einzelblatteinzug, Vielzweckkassette...)
- den zu druckenden Bereich (Seitenzahl, von - bis)
- in welcher Qualität der Druck erfolgen soll (dpi, dots per inch)

Mitunter lassen sich noch weit mehr Einstellungen vornehmen, das ist aber vom jeweiligen Anwenderprogramm abhängig. In den meisten Fällen lassen sich noch der Standarddrucker auswählen und natürlich die Eigenschaften des jeweiligen Druckers.

Druckerprobleme

Druckerprobleme sind für einen Computeranwender fast schon an der Tagesordnung. Urplötzlich druckt das Gerät nicht mehr in der richtigen Qualität, bringt nur noch wilde Hieroglyphen und irgendwelche Zeichen zu Papier oder versagt ganz den Dienst.

An dieser Stelle sollen deshalb ein paar Tips folgen, um eventuelle Druckerprobleme zu beseitigen.

In der Regel gelten die hier erwähnten Tips für Netzwerk- und lokale Drucker, die direkt an Ihren Computer angeschlossen sind.

Der Drucker druckt nicht

Wenn der Drucker überhaupt nichts mehr macht, gelten folgende Regeln, die es zu überprüfen gilt:

- ✓ Schauen Sie zuerst nach, ob der Drucker eingeschaltet ist.
- ✓ Überprüfen Sie sämtliche Kabel, die vom Computer zum Drucker führen, und ob das Netzkabel eingesteckt ist.
- ✓ Überprüfen Sie, ob die Schnittstelle, an der Sie den Drucker angeschlossen haben, die richtige ist bzw. ob die betreffende Schnittstelle auch im Manager des Druckers eingestellt ist.
- ✓ Ist Papier eingelegt bzw. besteht ein Papierstau?
- ✓ Befindet sich der Drucker im Online-Zustand?
- ✓ Ist der Toner oder die Tinte leer?
- ✓ Ist der richtige Druckertreiber installiert?
- ✓ Prüfen Sie, ob der Drucker als Standarddrucker definiert ist.
- ✓ Ist genügend freier Festplattenspeicher vorhanden? Die Druckdaten werden in der Regel erst auf der Festplatte zwischengespeichert und von dort zum Drucker weitergeleitet. Es besteht die Möglichkeit, die Druckdaten direkt zum Drucker zu senden, ohne dass sie zwischengespeichert werden. Diese Einstellung finden Sie bei dem jeweiligen Druckmanager im *Datei*-Menü unter *Einstellungen*. Daraufhin wählen Sie das *Details*-Register aus und klicken auf den Schalter *Spool-Einstellungen*. Anschließend finden Sie die Option *Druckaufträge an Drucker leiten*, die Sie anwählen müssen.
- ✓ Setzen Sie das Druckerdateiformat einmal auf RAW und versuchen einen Ausdruck von neuem. Das Umsetzen des Dateiformats finden Sie ebenfalls über die Schaltfläche *Spool-Einstellungen*, wie im vorherigen Absatz beschrieben.
- ✓ Manche Anwenderprogramme erlauben es, den Druckauftrag in eine Datei umzuleiten. Wenn das der Fall ist, leiten Sie den Druckauftrag wieder zur Druckerschnittstelle bzw. schalten Sie die entsprechende Option aus.

- Installieren Sie den Druckertreiber erneut. Unter Umständen hat die Treiberdatei einen Schaden genommen.

Haben Sie alle Punkte überprüft und er druckt immer noch nicht, ist es sehr wahrscheinlich, dass der Drucker einen größeren Defekt hat. Ihnen bleibt der Weg zum Händler wohl nicht erspart.

Die Druckqualität ist mangelhaft

Ist die Druckqualität mangelhaft, kann das von vielen Faktoren abhängen. Hier gelten folgende Regeln:

- Überprüfen Sie die Druckqualität des Druckauftrags. Die Druckqualität lässt sich bei den meisten Druckern einstellen. Beispielsweise dpi (dots per inch) für die Druckauflösung, Intensität des Drucks, Draft bzw. NLQ usw.
- Überprüfen Sie den Toner, die Tintenbehälter bzw. das Farbband.
- Welches Papier benutzen Sie? Besonders bei Tintenstrahldruckern spielt die richtige Papierwahl eine große Rolle. Für Tintenstrahldrucker gibt es Spezialpapier für unterschiedliche Auflösungen. Das fängt an bei Papier für einfachen Textdruck, geht weiter über Papier mit 300 dpi bis hin zu 600 und mehr dpi. Besonders bei Grafikausdrucken spielt die richtige Papierwahl eine große Rolle.
- Arbeiten alle Nadeln eines Matrixdruckers bzw. sind alle Düsen eines Tintenstrahldruckers in Ordnung? Bei Tintenstrahldruckern müssen die Düsen ständig gereinigt werden, in der Regel macht das der Drucker automatisch. Meistens können Sie eine Reinigung direkt vom Bedienerfeld des Druckers vornehmen. Schauen Sie dazu im Handbuch Ihres Druckers nach. Besonders wenn Tintenstrahldrucker längere Zeit nicht benutzt wurden, kann es vorkommen, dass Düsen verstopfen. Aus diesem Grund sollten Sie von Zeit zu Zeit etwas drucken, um die Düsen zu reinigen und ein Eintrocknen der Tinte in den Düsen zu vermeiden.

Bleibt die Druckqualität trotzdem mangelhaft, bleibt Ihnen auch hier der Weg zum Händler nicht erspart.

Der Drucker druckt nur nichtlesbare Zeichen

Wenn Ihr Drucker nur wirre Zeichen, ständig Seitenvorschübe und wilde Zahlen druckt, liegt das mit hoher Wahrscheinlichkeit am falschen

Druckertreiber. Versuchen Sie einen anderen Druckertreiber einzustellen. In Ihrem Druckerhandbuch können Sie unter Umständen nachlesen, mit welchem Drucker Ihr Modell kompatibel ist. Stellen Sie diesen Druckertreiber für Ihren Drucker ein. Windows 98 hat mit Sicherheit den richtigen Treiber des kompatiblen Modells, da solche Drucker sehr verbreitet sind.

Der Drucker-Ratgeber zur Fehlerbeseitigung

Windows 98 bietet eine ganze Reihe von Anwender-Ratgebern zur Fehlerbeseitigung an. Unter anderem auch einen für Drucker.

HINWEIS

Diese Ratgeber sind Hilfsprogramme, die den Anwender »an die Hand nehmen« und versuchen das Problem Schritt für Schritt zu analysieren und zu beheben. Dabei werden alle nötigen Schritte erklärt und genau darauf hingewiesen, was der Anwender machen soll. Schaltflächen werden hierbei direkt im Text ausgegeben, die sich mit der Maus anwählen lassen und die eine oder andere Aktion auslösen. Soll der Anwender beispielsweise das Druckerfenster öffnen bzw. den Druckmanager starten, wird nach dem Anwählen der entsprechenden Schaltfläche das diesbezügliche Fenster automatisch geöffnet.

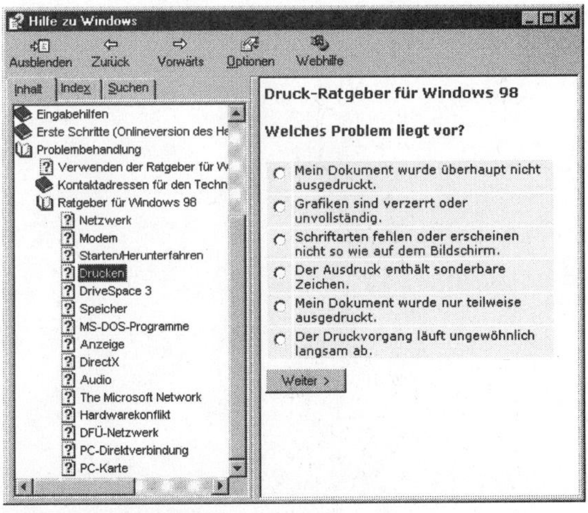

Abbildung 9.24: Der Drucker-Ratgeber

Sie finden den *Drucker-Ratgeber* zur Druckerfehlerbeseitigung im *Hilfe*-Menü. Dazu wählen Sie das *?*-Menü und den Menüpunkt *Hilfethemen* an. Daraufhin öffnet sich das Hilfefenster mit drei Registern. Wählen Sie hier das Register *Inhalt* und dann das Buchsymbol *Fehlerbehebung* an. Hier wählen Sie wiederum das Buch *Windows 98-Fehlerbehebung* an. Es erscheinen daraufhin alle verfügbaren Ratgeber.

Hier finden Sie auch den Ratgeber für *Drucker*. Nach dem Anwählen werden Sie Schritt für Schritt durch das Hilfsprogramm geführt. Einer näheren Erklärung bedarf es an dieser Stelle nicht, die Assistenten sind alle selbsterklärend.

KAPITEL

10

Windows 98 anpassen und einstellen

Nach der Installation steht Ihnen Windows 98 in der Standardkonfiguration zur Verfügung. Diese Konfiguration ist auf allen Computern funktionsfähig und bietet für alle Anwender eine akzeptable Arbeitsumgebung. Doch Sie können Windows 98 auch Ihren Bedürfnissen anpassen. Welche Möglichkeiten Ihnen dazu zur Verfügung stehen, erfahren Sie hier.

Windows 98 anpassen und einstellen

Windows 98 hat eine grafische Benutzeroberfläche, die Sie in vielfacher Hinsicht nach Ihren Bedürfnissen oder Ihrem Geschmack einstellen, verändern und gestalten können, seien es Hintergrundbilder des Desktops oder Farbkombinationen der Fenster, Vorgaben für die Anordnung der Symbole usw.

Doch nicht nur das Aussehen von Windows 98 können Sie verändern, auch das *Verhalten* kann von Ihnen eingestellt werden. Das hört sich zwar im Moment etwas komisch an, da Windows 98 kein Mensch ist, der sich unterschiedlich verhalten kann, doch Sie werden im Laufe dieses Kapitels erkennen, was damit gemeint ist.

Die *Systemsteuerung*

Für die beabsichtigten Veränderungen und Gestaltungen benutzen Sie vor allem die *Systemsteuerung* im Ordner *Arbeitsplatz*. Oder Sie aktivieren die Systemsteuerung mittels des Startmenüs über den Menübefehl *Einstellungen / Systemsteuerung*.

Abbildung 10.1: Das Symbol der *Systemsteuerung*

Bei der Systemsteuerung handelt es sich um die zentrale Stelle zum Einstellen der graphischen Benutzeroberfläche. Sie können hier Windows 98 nach Ihren Vorlieben und Wünschen konfigurieren.

Sie starten die Systemsteuerung wie gewohnt durch einen Doppelklick auf deren Symbol.

Abbildung 10.2: Die *Systemsteuerung*

Wie an den verschiedenen Symbolen in dem erscheinenden Fenster zu erkennen ist, hat die Systemsteuerung eine Vielzahl von Aufgaben.

Sie dient der Einrichtung, Einstellung und Gestaltung von Windows im weitesten Sinne. Sie können die Steuerung beispielsweise auch benutzen, um Drucker und Schriften zu installieren, Maßeinheiten festzulegen und die Mausgeschwindigkeit zu regeln.

Nachfolgend werden Sie Möglichkeiten kennen lernen, wie Sie Windows 98 nach Ihren Wünschen einstellen können.

Die Anzeige

Einen großen Teil der Einstellungen und Gestaltungen Ihrer Windows-Arbeitsumgebung nehmen Sie mit Hilfe der *Anzeige* aus der Systemsteuerung vor.

Wenn Sie doppelt auf dieses Symbol klicken, erscheint ein größeres Dialogfeld mit den Optionen von *Anzeige*.

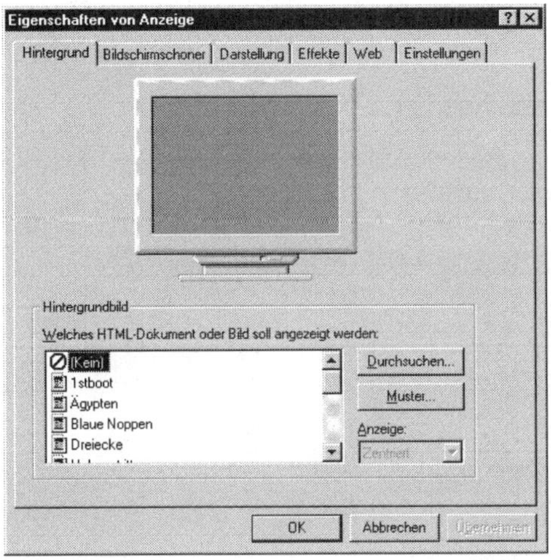

Abbildung 10.3: Das *Anzeige*-Dialogfeld mit dem *Hintergrund*-Register

Das Hintergrundbild

Der Hintergrund, auf dem die Fenster von Windows 98 erscheinen, muss keineswegs einfarbig sein. Sie können ihn auch mit Mustern oder Bildern füllen.

Der Bereich *Hintergrundbild* im Register *Hintergrund* dient zur Wahl von Bildern, die Sie als Grundlage für den Desktop verwenden können. Um ein Bild im Windows-98-Hintergrund zu zeigen, benutzen Sie das Listenfeld *Hintergrundbild* und wählen dort den Namen des entsprechenden Bilds aus. In dieser Liste werden die Namen der Paint-Bilder im BMP-Format aus dem Windows-Verzeichnis aufgezeigt. Befindet sich das gewünschte Bild nicht in diesem Verzeichnis, können Sie über die Schaltfläche *Durchsuchen* ein anderes Verzeichnis auswählen.

Die Darstellungsart

Bei allen Bildern können Sie noch entscheiden, ob das Bild *zentriert* in der Mitte, *gestreckt* über die ganze Bildfläche dargestellt oder bildschirmfüllend mehrfach *nebeneinander* angeordnet werden soll. Die Art der Darstellung können Sie über das aufklappbare Listenfeld *Anzeige* einstellen.

Welche Auswirkungen Ihre Einstellungen haben, können Sie in der Vorschau erkennen. Dort wird in dem dargestellten Monitor angezeigt, wie sich Windows 98 präsentiert, wenn Sie die eingestellten Vorgaben übernehmen.

Das Hintergrundmuster

Über die Schaltfläche *Muster* des Registers *Hintergrund* öffnen Sie einen weiteren Dialog.

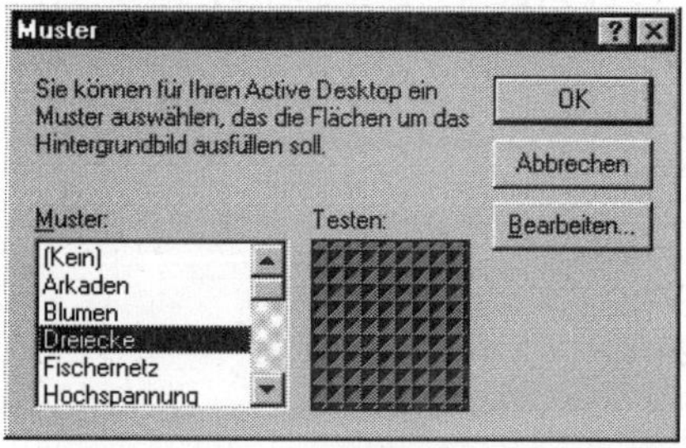

Abbildung 10.4: Der Dialog für das *Muster*

In diesem Dialog sehen Sie das Listenfeld *Muster*, das zur Auswahl von Hintergrundmustern dient. Ein Klick auf den Namen des gewünschten Musters und anschließend auf *OK*, und Sie haben das Hintergrundmuster bestimmt.

HINWEIS

Haben Sie sowohl ein Hintergrundmuster als auch ein Hintergrundbild aktiviert, dann besitzt das Bild die höhere Priorität, d. h. das Bild überdeckt das Muster. Wurde beim Hintergrundbild also die Option *Nebeneinander* oder *Strecken* aktiviert, dann können Sie kein Muster einstellen, da dieses Muster an allen Stellen des Hintergrunds vom Bild überdeckt wird.

Das Hintergrundmuster ändern

Jedes Muster können Sie bei Bedarf auch ändern. Dazu klicken Sie innerhalb des *Muster*-Dialogs auf die Schaltfläche *Bearbeiten*. Ein weiteres Dialogfeld erscheint.

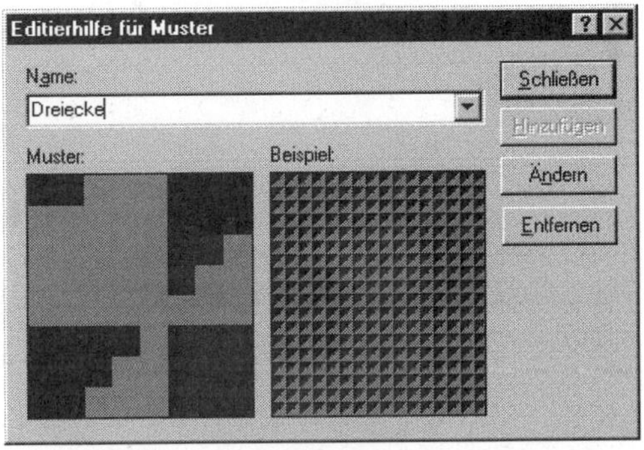

Abbildung 10.5: Die Arbeitsfläche zum Muster bearbeiten

Auf der rechten Seite sehen Sie einen *Beispiel*-Ausschnitt mit dem Muster in Originalgröße, wobei immer das Muster dargestellt wird, das Sie gerade ausgewählt haben.

Das Feld links zeigt ein einzelnes Element dieses Musters vergrößert. Es besteht aus einem Raster von 8 x 8 Punkten. Jeder dieser Punkte wird in einer von zwei Farben dargestellt.

Um das Muster zu ändern, klicken Sie einen der 64 Punkte an. Er wechselt daraufhin die Farbe. Sie können so Muster erweitern, Teile löschen oder auch etwas völlig Neues entwerfen. Auf dem Windows-Hintergrund werden die Änderungen erst wirksam, wenn Sie auf *Ändern* und dann im vorhergehenden Dialogfeld auf *OK* klicken.

Geänderten bzw. neuen Mustern können Sie einen Namen geben und sie durch einen Klick auf *Ändern* bzw. *Hinzufügen* speichern.

Die Bildschirmschoner

Das Dialogfeld *Anzeige* bietet auch *Bildschirmschoner* an, kleine Dienstprogramme, die verhindern sollen, dass sich stunden- oder tagelang gezeigte Bilder auf dem Monitor »einbrennen«.

Diese Bildschirmschoner registrieren, über welchen Zeitraum keine Eingaben mittels Tastatur oder Maus vorgenommen werden. Bei einem vorgegebenen Wert, etwa drei Minuten, schalten sie dann den Bildschirm dunkel oder sie zeigen ununterbrochen ein bewegtes Bild. Sie beanspruchen also den Monitor gleichmäßig, so dass ein Einbrennen einer bestimmten Bildschirmdarstellung nicht stattfinden kann.

Sobald eine Taste gedrückt oder die Maus bewegt/geklickt wird, schaltet der Schoner automatisch zurück zur normalen Bildschirmanzeige.

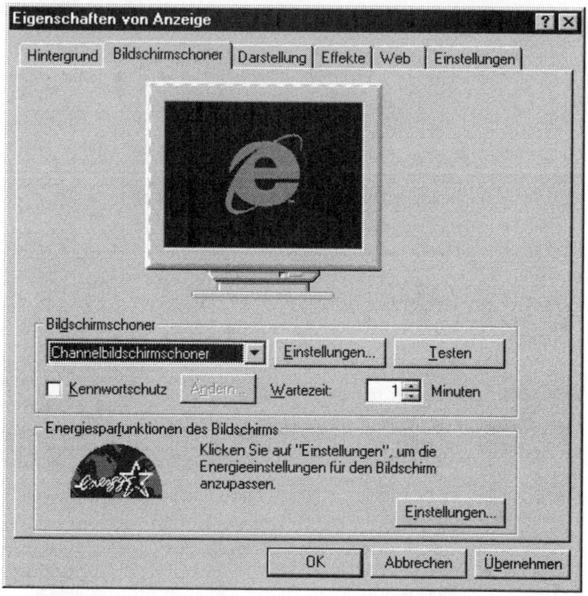

Abbildung 10.6: Das *Anzeige*-Dialogfeld mit dem *Bildschirmschoner*-Register

Einstellen und Starten

In diesem Register finden Sie ein Listenfeld vor, das die verschiedenen Bildschirmschoner von Windows 98 enthält.

Voreingestellt ist der Bildschirmschoner *Kein*, also keiner. Klicken Sie auf den Pfeil, dann öffnet sich eine Liste mit mehreren Auswahlmöglichkeiten.

Die Schoner zeigen unterschiedliche Effekte bei deren Aktivierung. Alle können Sie nach dem Klicken auf *Einstellungen* gestalten und auch mit einem *Kennwortschutz* versehen, so dass in Ihrer Abwesenheit niemand an Ihrem Rechner arbeiten kann.

Der Test

Haben Sie die Einrichtung vorgenommen, dann können Sie diese mit einem Klick auf die Schaltfläche *Testen* kontrollieren.

Haben Sie einen der Bildschirmschoner gewählt, sollten Sie noch bestimmen, nach welcher Zeit er automatisch aktiv werden soll. Der Wert wird im Feld *Wartezeit* angegeben.

Mit einem Klick auf *OK* starten Sie dann den Schoner. Er wartet in einer Art Bereitschaftszustand und wird aktiv, sobald während der vorgegebenen Zeitspanne keine Tastatur- oder Mauseingaben vorkommen.

Das Farbschema und die Farbe

Um die Bildelemente von Windows 98, insbesondere die Fenster, anders zu färben, wählen Sie das Register *Darstellung* im Dialogfeld *Anzeige*.

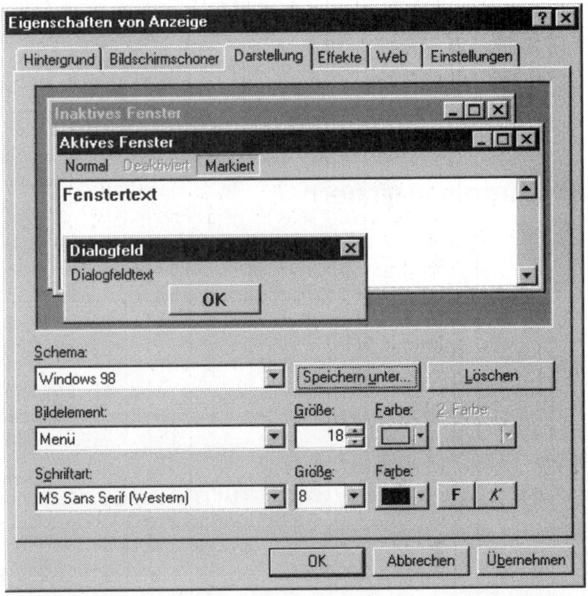

Abbildung 10.7: Das Register *Darstellung*

Das Register zeigt etwa in seiner Mitte ein vereinfachtes Fenstersystem an. Sie sehen hier unmittelbar, wie sich verschiedene Farbgebungen (Farbschemata) auswirken.

Im Bereich *Schema* steht im dort vorhandenen Listenfeld die Bezeichnung des aktuell ausgewählten Schemas. Bei dem Schema *Windows-Standard* handelt sich um die vorgegebene Farbeinstellung. Wenn Sie auf den kleinen Pfeil klicken, öffnet sich eine Liste weiterer Bezeichnungen für andere Farbschemata.

Sofort nachdem Sie auf einen Namen in der Liste klicken, sehen Sie auf dem kleinen »Monitor« des Dialogfelds die entsprechende Farbkombination. Wollen Sie sich endgültig für ein Farbschema entscheiden, drücken Sie auf [↵] oder klicken auf den Namen und dann auf *OK*.

Einzelne Änderungen

Bei Bedarf können Sie auch noch einzelne Farben eines Farbschemas ändern. Sie können dabei die Farbe der einzelnen Elemente bestimmen. Dazu klicken Sie auf den Pfeil im Listenfeld *Bildelement*. In diesem Listenfeld wählen Sie das Element aus, dessen Farbe Sie verändern möchten. Alternativ können Sie auch das gewünschte Element im Vorschaubereich mit der Maus anklicken. Es wird dann im Listenfeld automatisch aktiviert. Über die Felder *Schriftart*, *Farbe* und *Größe* bestimmen Sie dann die gewünschten Einstellungen.

Ein Farbschema speichern

Wenn Sie eines oder mehrere Elemente verändert haben, entspricht das aktuelle Farbschema natürlich nicht mehr einem der bereits gespeicherten. Sie können das aktuelle Farbschema unter einem eigenen Namen speichern oder eines der vordefinierten durch Ihr eigenes Farbschema ersetzen.

Klicken Sie dazu die Schaltfläche *Speichern unter* an. Hier öffnet sich ein Dialogfeld, in dem Sie Ihrem Farbschema einen Namen geben können.

Die Farbanzahl und die Bildschirmauflösung

Je nach verwendeter Grafikkarte können Sie die Grafikqualität von Windows 98 einstellen. Dazu dient das Register *Einstellungen*.

Da die Darstellung von Grafik sehr viel Speicherplatz benötigt, ist die Anzahl der Bildpunkte, aus denen das sichtbare Bild aufgebaut ist, begrenzt.

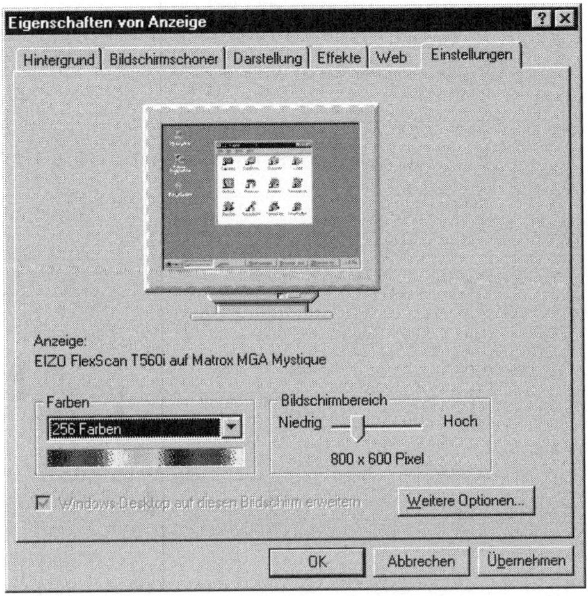

Abbildung 10.8: Das Register *Einstellungen*

Verwendbare *Auflösungen* sind (je nach Grafikkarte) 640x480, 800x600, 1024x768 und 1280x1024 Bildpunkte. Außerdem können Sie die Anzahl gleichzeitig darstellbarer Farben einstellen. Standard VGA arbeitet mit 16 Farben bei einer Auflösung von 640x480 Bildpunkten. Diese Darstellung sollte Ihre Grafikkarte in jedem Fall bieten.

Über die Listenfelder *Farben* und *Bildschirmbereich* können Sie beide Parameter einstellen. Angeboten werden nur Werte, die Ihre Grafikkarte gemäß der erkannten Speicherkapazität auf der Karte theoretisch darstellen könnte. Sollte Ihre Grafikkarte die ausgewählten Optionen nicht bieten können, wird Windows 98 dies registrieren und die Einstellungen korrigieren.

Sollte Ihre Grafikkarte z. B. über 1 MByte Speicher verfügen, müssten Sie folgende Farbtiefen-/Auflösungs-Kombinationen verwenden können:

Auflösung	Anzahl der Farben	Bemerkung
640 x 480	16	Standard VGA
640 x 480	256	Super VGA
640 x 480	> 256 (z.B. 65536 oder 16,7 Mio.)	Super VGA nicht bei allen Grafikkarten möglich)
800 x 600	16	Super VGA
800 x 600	256	Super VGA
800 x 600	> 256 (z.B. 65536)	Super VGA (nicht bei allen Grafikkarten möglich)
1024 x 768	16	Super VGA
1024 x 768	256	Super VGA

Andere Kombinationen sind entweder aufgrund der Speicherbegrenzung oder verwendeter Normen nicht möglich. Manche Grafikkarten bieten auch eine Farbanzahl von 32768 Farben an. Sollte diese Möglichkeit nicht im Listenfeld *Farbpalette* angeboten werden, können Sie diese Anzahl nicht einstellen.

Die Einstellungen nehmen Sie innerhalb des Dialogs zum einen über das Listenfeld *Farben* vor, indem Sie die gewünschte Farbanzahl auswählen.

Die *Bildschirmauflösung* stellen Sie dann mit dem Schieber im *Bildschirmbereich* ein.

Möchten Sie noch spezielle Einstellungen hinsichtlich der Grafikkarte bzw. des Monitors vornehmen, dann klicken Sie auf die Schaltfläche *Weitere Optionen*.

Weitere Optionen der Grafikeinstellung

Sobald Sie auf *Weitere Optionen* geklickt haben, bietet sich Ihnen ein neues Dialogfeld mit mehreren Registern. Bezüglich Ihrer Grafikkarte ist das gleichnamige Register am interessantesten.

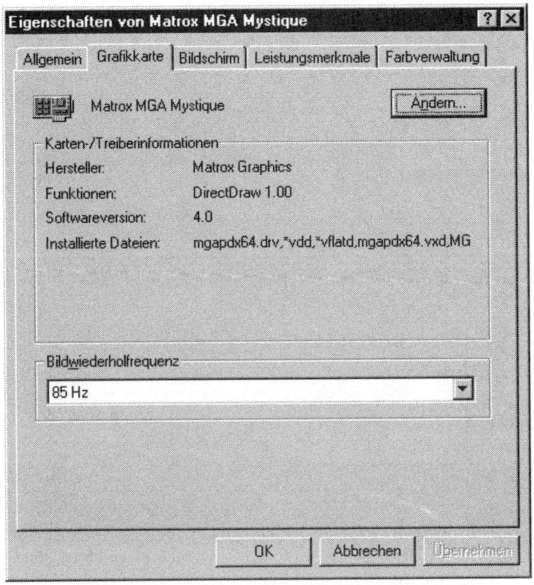

Abbildung 10.9: Das Register *Grafikkarte*

Hier haben Sie die Möglichkeit zu kontrollieren, ob der für Ihre Grafikkarte eingestellte Treiber der richtige ist. Ist dies nicht der Fall, dann können Sie einen neuen installieren, indem Sie auf die Schaltfläche *Ändern* klicken.

Die Bildwiederholfrequenz

Um eine flimmerfreie Bilddarstellung zu erhalten, können Sie im Listenfeld *Bildwiederholfrequenz* den für Sie besten Wert einstellen. Hier sollten Sie mindestens einen Wert von 72 Hz wählen, damit Sie auch längere Zeit, ohne Probleme mit den Augen zu bekommen, am Bildschirm arbeiten können.

Bei einigen Grafikkarten können Sie diesen Wert nicht ändern bzw. Sie können hier den Eintrag *Optimal* anwählen, damit Windows 98 die beste Auswahl für Sie trifft.

Wichtig ist auch, dass die vorgenommene Einstellung mit Ihrem Monitor harmoniert. Was nützt Ihnen eine Bildwiederholfrequenz von 100 Hz, wenn der verwendete Monitor diese nicht darstellen kann.

Den Monitor einstellen

Um Windows mitzuteilen, welchen Monitor Sie verwenden, wechseln Sie zur Registerkarte *Bildschirm*.

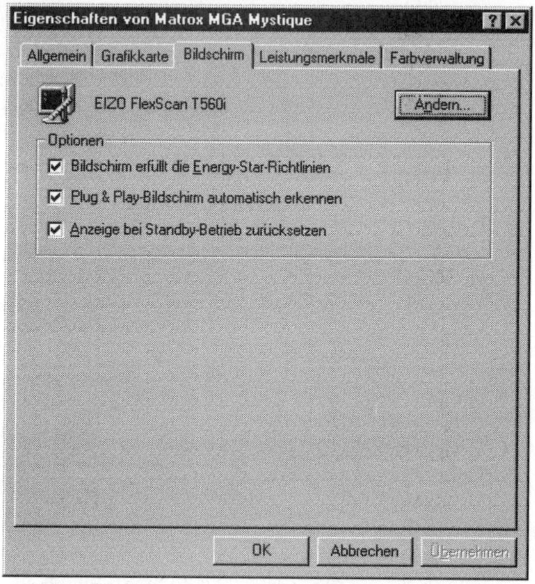

Abbildung 10.10: Die Bildschirmeinstellung

Stellen Sie hier über die Schaltfläche *Ändern* den von Ihnen verwendeten Monitor ein, so dass Windows 98 die optimale Einstellung Monitor/Grafikkarte verwenden kann.

Steht der von Ihnen verwendete Monitor im Auswahl-Dialog nicht zur Verfügung, dann verwenden Sie stattdessen ein Modell, das mit Ihrem Monitor kompatibel ist. Achten Sie allerdings darauf, dass dieses Gerät nicht viel leistungsfähiger ist als Ihr Monitor, da dieser bei extremen Einstellungen dann Schaden nehmen kann.

Haben Sie die gewünschten Einstellungen vorgenommen, dann verlassen Sie die Dialoge mit *OK*.

HINWEIS

Verändern Sie die Einstellungen für die Bildwiederholfrequenz oder für die Bildschirmauflösung/Farben, dann werden die neuen Werte testweise von Windows 98 übernommen. Stellt sich bei dem Test heraus, dass Sie diese Einstellungen nicht verwenden können, dann verlassen Sie den Test mit [Esc]. Ansonsten übernehmen Sie die Einstellungen für die weitere Verwendung.

Die *Ländereinstellungen*

Abbildung 10.11: Das Symbol *Ländereinstellungen*

Bei der Installation von Windows 98 haben Sie (bzw. die installierende Person) bereits festgelegt, welche länderspezifischen Einstellungen von Windows benutzt werden sollen.

Diese Einstellungen betreffen z. B. die Maß- und Währungseinheiten, das Format von Datum, Zeit und Zahlen oder auch die Belegung der Tastatur mit besonderen Zeichen einer Sprache. Wenn Sie in der Systemsteuerung auf das Symbol *Ländereinstellungen* doppelt klicken, sehen Sie alle Auswahlmöglichkeiten auf einen Blick.

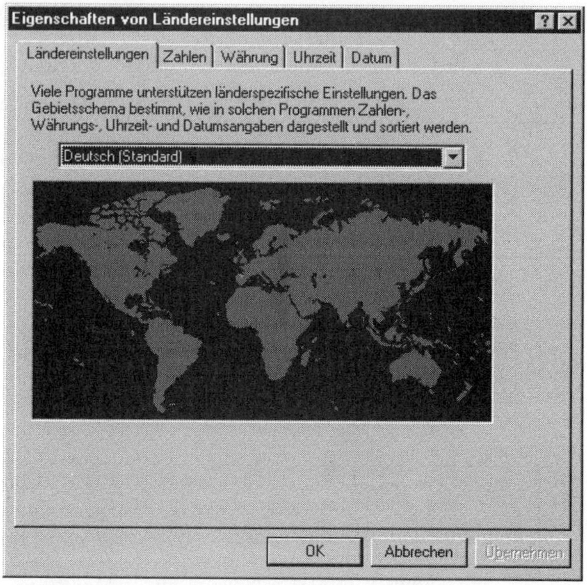

Abbildung 10.12: Das Register *Ländereinstellungen*

Wahrscheinlich werden Sie fast immer die deutsche Ländereinstellung benötigen. Sollte eine Anpassung an andere nationale Bedingungen notwendig sein, etwa auf Reisen, genügt es meist, in diesem Register das entsprechende Land innerhalb des Listenfelds zu wählen. Dadurch ändern sich auch alle spezifischen Einstellungen und Formate, die in den anderen Registern individuell modifiziert werden können, automatisch.

Sie können dort folgende Einstellungen vornehmen:

Die Darstellung der Zahlen

Für Einstellungen bei der Anzeige und Verwendung von Zahlen ist das gleichnamige Register zuständig.

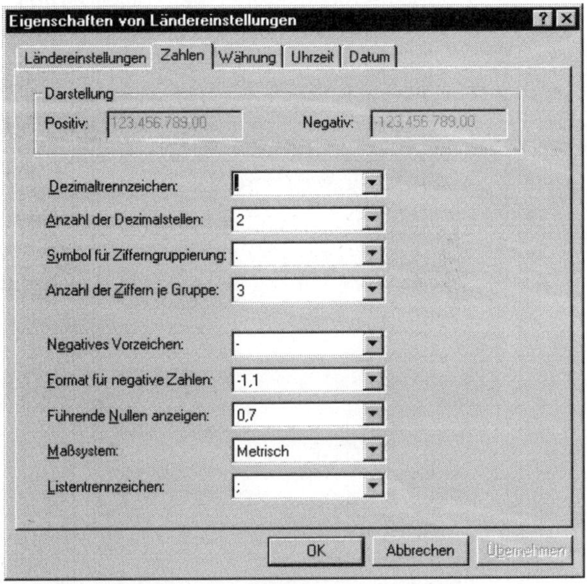

Abbildung 10.13: Das Register *Zahlen*

Neben den verschiedenen Möglichkeiten der Darstellung von Zahlen ist noch der Eintrag *Maßsystem* interessant. In Deutschland wird das *Metrische* System verwendet. Sollten Sie jedoch einmal das US-System verwenden wollen, dann können Sie dies hier einstellen.

Die Währung

Für die Verwendung und Darstellung der Währung benutzen Sie das Register *Währung*.

In diesem Register können Sie die gewünschten Einstellungen vornehmen und anhand der Vorschau im Bereich *Darstellung* kontrollieren.

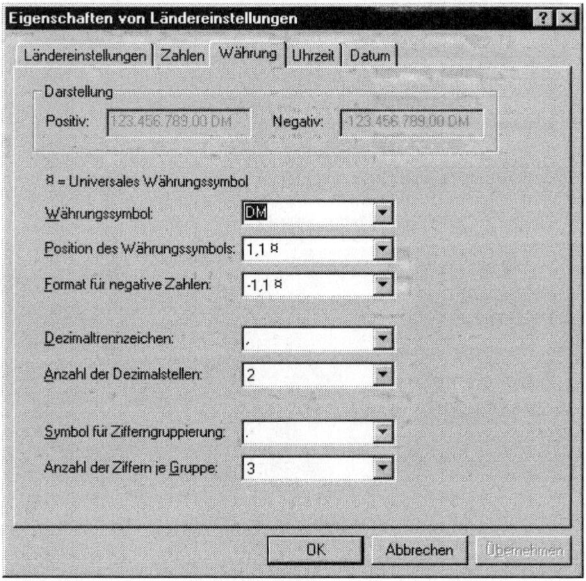

Abbildung 10.14: Das Register *Währung*

Die Darstellung der Uhrzeit

Wie die Uhrzeit bei Ihnen dargestellt werden soll, legen Sie im Register *Uhrzeit* fest.

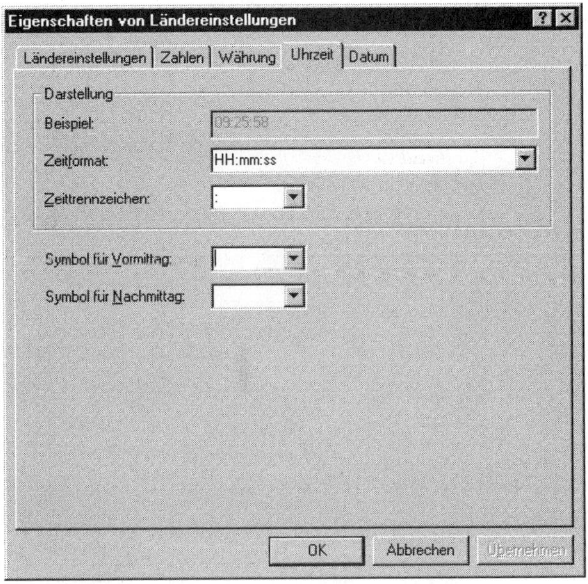

Abbildung 10.15: So wird die Uhrzeit dargestellt

Das Datum

Ähnlich wie Sie die Einstellungen für die Uhrzeit vornehmen können, ist Ihnen dies auch für das Datum möglich.

Neben den »normalen« Einstellungen dieses Dialogs ist der Bereich *Kalender* sehr interessant. Hier wird das Problem des Jahrtausendwechsels 1999/2000 gelöst. Durch die Angabe der beiden unteren Jahreszahlen legen Sie fest, dass bei einer zweistelligen Jahreszahlangabe von 00 nicht das Jahr 1900, sondern das Jahr 2000 gemeint ist. Damit haben viele Betriebssysteme ihre Probleme.

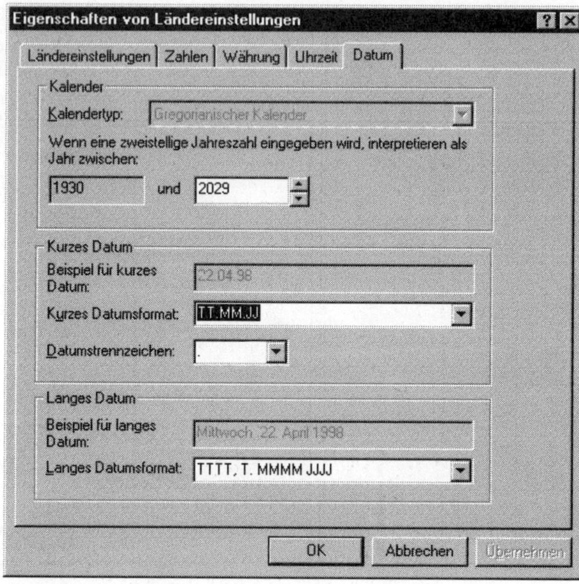

Abbildung 10.16: Das Datum

Das Datum und die Zeit

In der Systemsteuerung finden Sie noch ein separates Symbol für *Datum/Uhrzeit*. Verwechseln Sie dies nicht mit den Einstellmöglichkeiten des letzten Unterkapitels »Ländereinstellungen«. Die dort vorgenommenen Einstellungen haben (fast) nichts mit diesem Symbol und den hier vorhandenen Möglichkeiten zu tun.

Abbildung 10.17: Das Symbol *Datum/Uhrzeit*

Mit einem Doppelklick auf *Datum/Uhrzeit* in der Systemsteuerung aktivieren Sie eine Möglichkeit, sozusagen Kalender und Uhr einzustellen, und zwar nicht nur für Windows, sondern für das gesamte Computersystem, somit auch für MS-DOS, sollten Sie damit noch arbeiten.

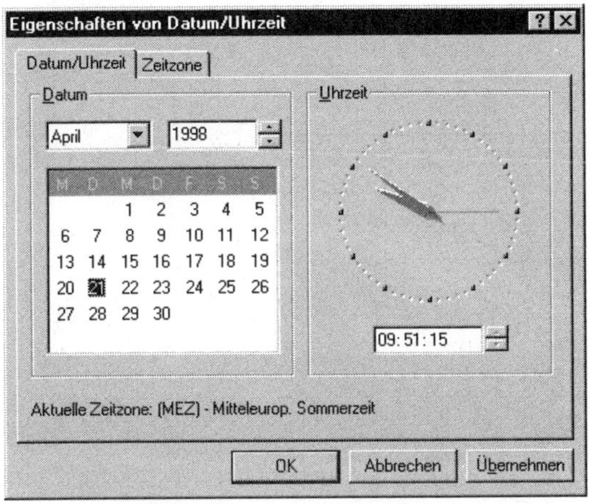

Abbildung 10.18: Datum und Zeit einstellen

Das *Datum* können Sie im linken Bereich des Registers einstellen. Für Monat und Jahr sind Listenfelder vorhanden, die Sie mit einem Mausklick auf den Pfeil öffnen bzw. ändern können. Den aktuellen Tag des Monats klicken Sie einfach auf dem Kalenderblatt an.

Die vorgegebenen Werte der *Uhrzeit* ändern Sie, indem Sie die Zahl anklicken, die Sie ändern möchten, und anschließend entweder die Pfeile an den Seiten benutzen oder den Wert direkt über die Tastatur eingeben.

Durch das Verlassen des Dialogfelds mit *OK* verändern Sie die *Systemzeit*, also die Datums- und Zeitangabe der internen Uhr Ihres Computers.

Die Maus

Abbildung 10.19: Das Symbol *Maus*

Die *Maus* ist ein sehr wichtiges Eingabegerät unter Windows 98. Daher sollten Sie die Maus an Ihre Bedürfnisse anpassen, damit Sie möglichst effektiv und bequem mit ihr arbeiten können.

Diese Einstellungen lassen sich im Dialogfeld *Maus* tätigen.

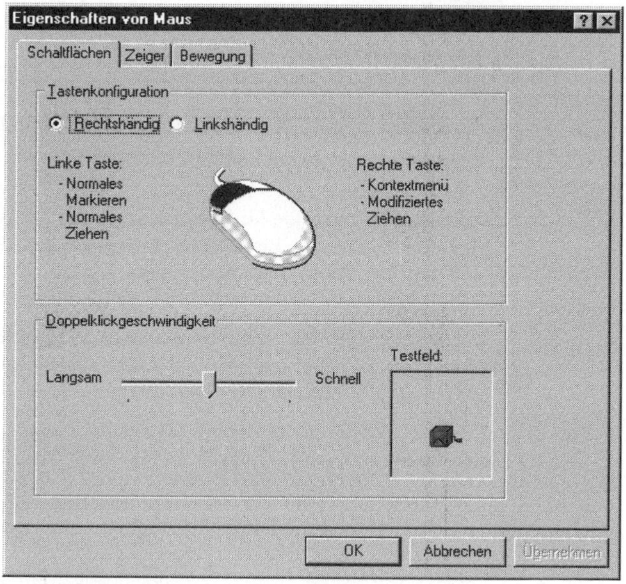

Abbildung 10.20: Das Dialogfeld *Maus* mit dem Register *Schaltflächen*

Sollten Sie zur Gruppe der *Linkshänder* gehören, können Sie in diesem Register die Funktionalität der beiden Maustasten vertauschen. Dann können Sie die linke Maustaste als rechte Taste verwenden und umgekehrt, so dass die häufiger benutzte Taste wieder bequem mit dem Zeigefinger bedient werden kann.

Der Doppelklick Im unteren Teil des Registers können Sie dann definieren, wieviel Zeit zwischen zwei Mausklicks vergehen darf, damit dieser *Doppelklick* als solcher erkannt wird.

HINWEIS

Wählen Sie diese Zeitspanne nicht zu klein, denn sonst werden Sie Schwierigkeiten haben, eine Maustaste schnell genug zweimal hintereinander zu drücken, um einen Doppelklick zu erzeugen.

Die Mauszeigerauswahl

Im Register *Zeiger* stehen Ihnen für verschiedene Aktionen unterschiedliche Mauszeiger zur Auswahl.

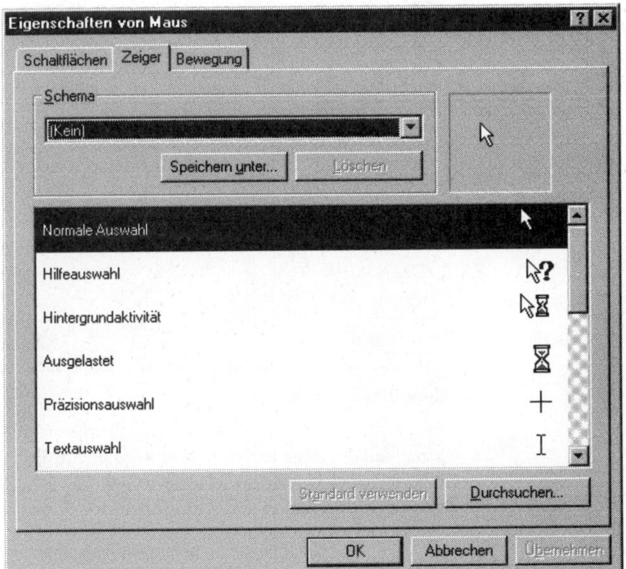

Abbildung 10.21: Die vorhandenen Mauszeiger

Suchen Sie sich die Aktion aus, für die Sie den entsprechenden Mauszeiger definieren möchten. Klicken Sie dann auf die Schaltfläche *Durchsuchen*, um den gewünschten Mauszeiger auszuwählen und zuzuordnen.

Haben Sie so eine neue Zuordnung festgelegt, dann können Sie dieses neue Schema mittels der Schaltfläche *Speichern unter* abspeichern.

Die Mausbewegung

Wie sich der Mauszeiger bei einer Bewegung der Maus auf dem Schreibtisch verhalten soll, legen Sie im Register *Bewegung* fest.

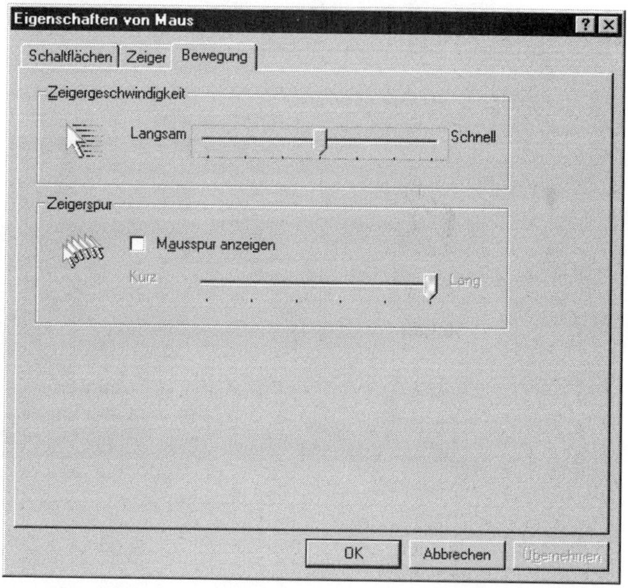

Abbildung 10.22: Das Register *Bewegung*

Im oberen Teil des Registers *Bewegung* können Sie das Distanzverhältnis zwischen der Strecke, die Sie Ihre Maus bewegen, zur Strecke, die der Mauszeiger auf dem Bildschirm zurücklegt, definieren.

Probieren Sie aus, ob Sie den Mauszeiger mit leichten Bewegungen der Finger (der Handballen sollte auf dem Tisch aufliegen, um einen stabilen Halt zu haben) in jede Ecke des Bildschirms bringen können. Achten Sie auch darauf, dass der Mauszeiger nicht zu »schnell« ist. Es wird dann schwieriger, exakte Positionierungen, wie sie zum Beispiel in einem Grafikprogramm nötig sind, durchzuführen.

Die Mausspur Eine wohl selten verwendete, aber ganz nette Spielerei ist die Einstellung einer *Mausspur*. Wenn Sie diese Option aktivieren, wird bei Bewegung der Maus eine Spur aus Mauszeigern hinter der aktuellen Mauszeigerposition hergezogen, die wieder verschwindet, wenn Sie die Maus anhalten.

Die Benutzereinstellungen

In Windows 98 ist es möglich, die Desktopumgebung für verschiedene Benutzer individuell anzupassen.

Abbildung 10.23: Das Symbol *Benutzer*

So ist es jedem Benutzer möglich, seinen persönlichen Desktop und die dazugehörigen Symbole nach Belieben zusammenzustellen und seine Arbeitsumgebung individuell zu gestalten.

Die Verwaltung der Benutzer geschieht innerhalb des nachfolgend abgebildeten Dialogs:

Möchten Sie einen neuen Benutzer einrichten, dann geschieht dies mittels der Schaltfläche *Neuer Benutzer*.

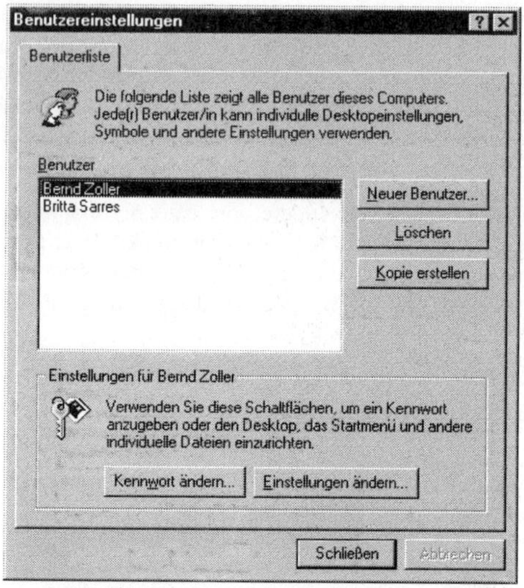

Abbildung 10.24: Die Benutzerverwaltung

Benutzer hinzufügen

Das Einrichten eines neuen Benutzers passiert mittels eines Assistenten, der sich wie folgt meldet:

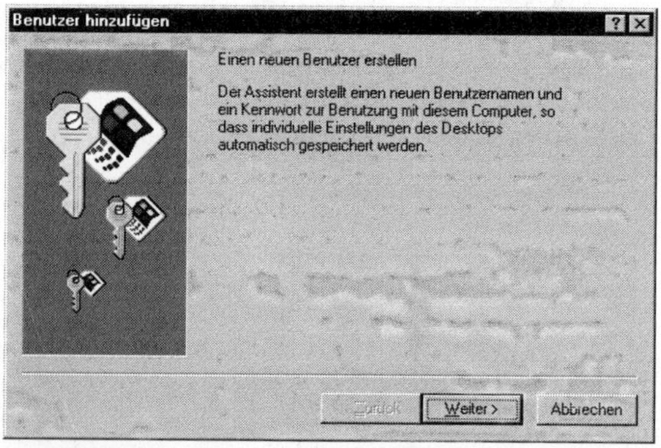

Abbildung 10.25: Der Assistent begrüßt Sie

Klicken Sie auf *Weiter*, um den Vorgang zu starten.

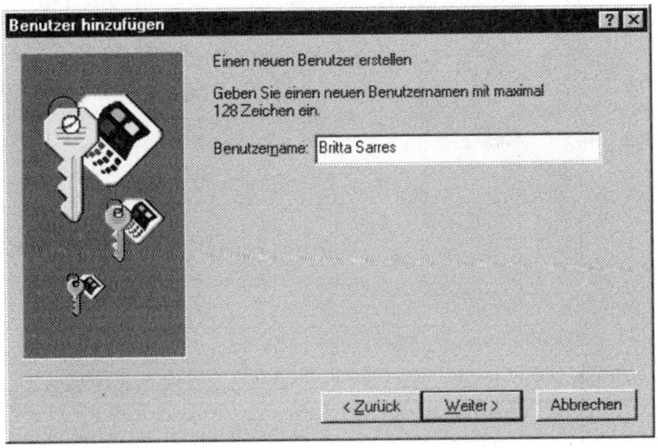

Abbildung 10.26: Der Name des neuen Benutzers

Hier können Sie nun den *Benutzernamen* eintragen, den Sie vorgesehen haben. Klicken Sie anschließend auf *Weiter*, öffnet sich ein zusätzliches Dialogfeld, mit dem Sie Ihr persönliches *Kennwort* festlegen können.

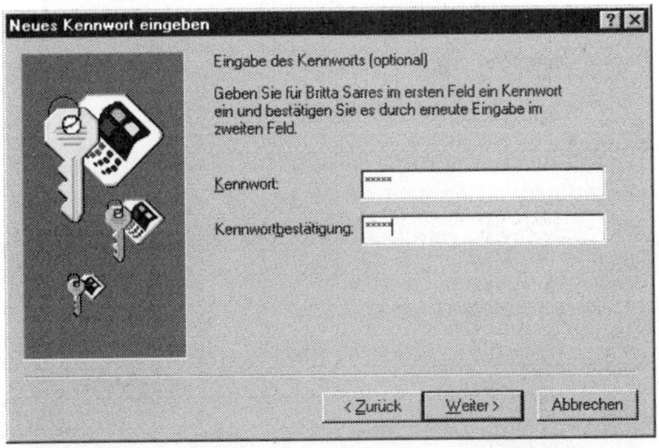

Abbildung 10.27: Das persönliche Kennwort wird festgelegt

Nach einem Klick auf *Weiter* kommen Sie zum eigentlichen Einstellungsmenü für Ihren persönlichen Desktop.

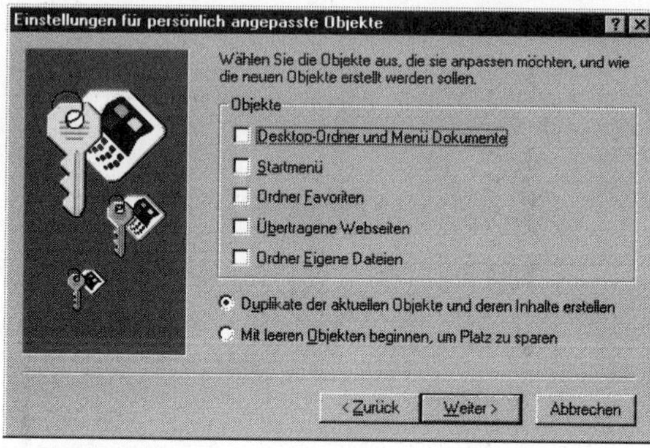

Abbildung 10.28: Die Einstellungen

Die speziellen Einstellungen für Ihren Desktop können hier in den Punkten:

- Desktop-Ordner und Menü Dokumente
- Startmenü
- Ordner Favoriten
- Übertragene Webseiten
- Ordner Eigene Dateien

konfiguriert werden. Aktivieren Sie die Optionen, deren Einstellungen für den neuen Benutzer gelten sollen.

Des Weiteren können Sie, falls Sie noch nicht genau wissen, wie Ihr Desktop aussehen soll, den Menüpunkt *Mit leeren Objekten beginnen, um Platz zu sparen* auswählen.

Beim ersten Aufruf Ihres Desktops befinden sich dann nur das Symbol für *Arbeitsplatz* und das Symbol für den *Papierkorb* auf Ihrem Desktop. Alles andere können Sie nun für sich organisieren und erstellen.

Nachdem Sie Ihre Auswahl getroffen haben, bestätigen Sie diese mit *Weiter* und der Assistent wechselt zum letzten Dialog.

Abbildung 10.29: Die Fertigstellung

Klicken Sie hier auf die Schaltfläche *Fertig stellen*, um Windows 98 zu veranlassen den neuen Benutzer anzulegen.

KAPITEL

11

Das neue Windows-Feeling

Windows 98 ist voll in das Internet integriert, oder sollte man besser sagen: Das Internet ist in Windows 98 integriert?! Wie dem auch sei, Sie können das Aussehen Ihres Windows-98-Desktops nach Ihren eigenen Vorstellungen gestalten, wobei alle Möglichkeiten des Internets verfügbar sind. Lassen Sie sich in diesem Kapitel einen Überblick darüber geben.

Das neue Windows-Feeling

Bei der Gestaltung des *Desktops* ist es im Prinzip vollständig egal, ob Dateien, Bilder oder was auch immer an Daten verfügbar ist, sich tatsächlich auf Ihrem Rechner oder auf irgendeinem Rechner im Internet, Intranet, in Netzwerken, etc. befindet. Sie können z. B. ein Fenster mit Börsennachrichten auf Ihrem Desktop anzeigen lassen und festlegen, in welchen Zeitabständen die angezeigten Daten aktualisiert werden sollen, dies kann vollständig automatisch durchgeführt werden.

Gehören Sie auch zu der Kategorie von Anwendern, die nicht über einen unbegrenzten finanziellen Etat für Kosten von Telefon- und Internetzugangsgebühren verfügen, dann müssen Sie sehr genau aufpassen, welche Verknüpfungen Sie auf Ihrem Rechner einrichten, und sollten die Automatik zum Erneuern der Desktop-Inhalte abschalten.

Das bislang Gesagte klingt genauso, wie die Werbung es verspricht: *Information at your fingertip*. Die Realität sieht allerdings etwas anders aus. Es ist nicht möglich, den Rechner anzuschalten, einen Befehl einzugeben und Sie befinden sich sofort im Internet.

Einstellungen und Konfigurationen

Bevor dies tatsächlich so einfach funktioniert, müssen etliche Einstellungen und Konfigurationen vorgenommen werden. Allerdings ist es wirklich so, dass das Aussehen Ihres Windows 98 genau dem Aussehen von Seiten im Internet entsprechen kann. Nur sind dazu, sofern Sie alle Möglichkeiten ausschöpfen wollen, Programmierkenntnisse in HTML, Jscript, VBScript, JavaScript etc. erforderlich. Vieles geht aber auch einfacher, lassen Sie sich im Verlauf des dritten Teils des Buches überraschen, was möglich ist.

Die DFÜ- und Netzwerkmöglichkeiten bieten in Windows 98 umfangreiche Optionen. Sie können mit den vorhandenen Programmen kleine Netzwerke aufbauen, auf andere Rechner über Telefonverbindungen zugreifen, zwei Rechner über ein serielles oder paralleles Kabel miteinander verbinden, Ihren eigenen Webserver bzw. ein Modem oder/und ISDN-Karten einrichten, um sich mit dem Internet zu verbinden, etc. Um dies alles durchführen zu können, benötigen Sie allerdings häufig noch zusätzliche Hardware.

Seien Sie gespannt, welche interessanten Möglichkeiten Ihnen Windows 98 bietet.

Die Integration des Internet Explorers 4 in Windows 98

Im Folgenden werden Sie Techniken kennen lernen, die das Aussehen von Windows 98 Ihren Vorstellungen entsprechend verändern. Aufgrund der vielfältigen Einstellungsmöglichkeiten des Erscheinungsbilds ist es nicht möglich, genau vorherzusagen, wie Ihr Bildschirm anschließend aussehen wird. Wenn Sie den Anweisungen dieses Kapitels folgen, dürften Sie allerdings nie den Faden verlieren.

Der Aufbau des Desktops

Den Aufbau des Desktops können Sie sich mit Hilfe eines Beispiels leicht vorstellen: Nehmen Sie drei Folien, malen oder schreiben Sie etwas auf jede Folie und legen Sie diese übereinander. Sofern nicht etwas auf den oben liegenden Folien die unteren Teile überdeckt, können Sie alles sehen, was auf den Folien geschrieben oder gemalt ist. Dies entspricht genau dem Aufbau des Desktops:

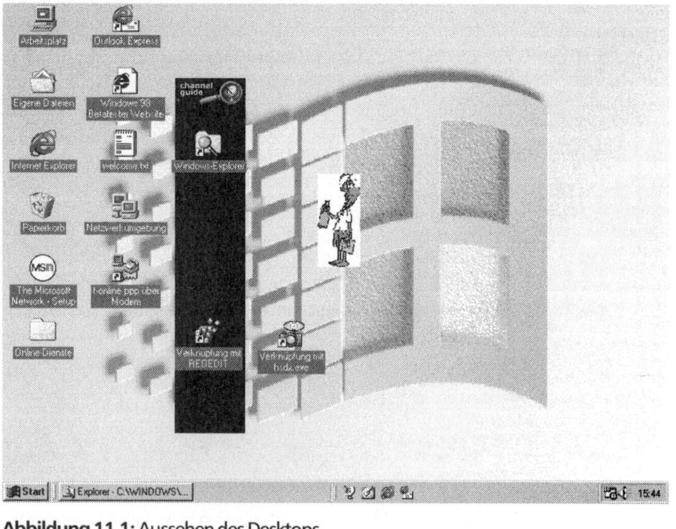

Abbildung 11.1: Aussehen des Desktops

Die oberste Ebene

Auf der *obersten Ebene* sehen Sie die *Taskleiste*, das *Startmenü* und die auf dem Desktop abgelegten Symbole. Dies entspricht dem Desktop von Windows 98. Allerdings haben Sie in Windows 98 die Möglichkeit, neben der bekannten Taskleiste weitere Symbolleisten anzuzeigen bzw. zu erstellen. Im rechten Bereich sehen Sie z. B. die automatisch angezeigte *Quick-Launch-Leiste*. Wir werden gleich noch näher auf die zusätzlichen Symbolleisten eingehen.

Die mittlere Ebene

In der *mittleren Ebene* befindet sich ein HTML-Dokument, sofern die *Webansicht* aktiviert ist. In der obigen Abbildung ist dies die Leiste für die *Channels* und eine kleine animierte GIF-Datei (das Männchen mit der Flasche, im Original bewegt sich dieses Bild auch). Sie können deutlich erkennen, dass die Channel-Leiste und das kleine Bild hinter den Desktop-Symbolen und vor dem Hintergrundbild liegen.

Die unterste Ebene

Auf der *untersten Ebene* liegt das *Hintergrundbild*. Die Funktion entspricht der von Windows 98, wobei Sie jedoch außer einfachen Bildern auch an dieser Stelle HTML-Dateien hinterlegen können.

Die oberste Ebene des Desktops

Die oberste Ebene des Desktops gab es auch schon in Windows 95. Es sind allerdings einige neue Funktionen hinzugekommen. Im Folgenden werden die neu hinzugefügten Funktionen erläutert.

Über das Kontextmenü der Taskleiste können vorgegebene Symbolleisten zur Ansicht gebracht und neue Symbolleisten erzeugt werden.

Alle Symbolleisten anzeigen

Klicken Sie mit der rechten Maustaste in einen freien Bereich der Taskleiste. Befinden sich viele Symbole in der Taskleiste, erscheint es häufig schwierig, eine freie Stelle zu finden. Es ist aber möglich, das Kontextmenü zu öffnen, indem Sie den Mauszeiger genau auf den Bereich zwischen zwei Leisten positionieren.

Abbildung 11.2: Diese Stellen sind immer frei

Sie können jetzt mit der rechten Maustaste das Kontextmenü öffnen.

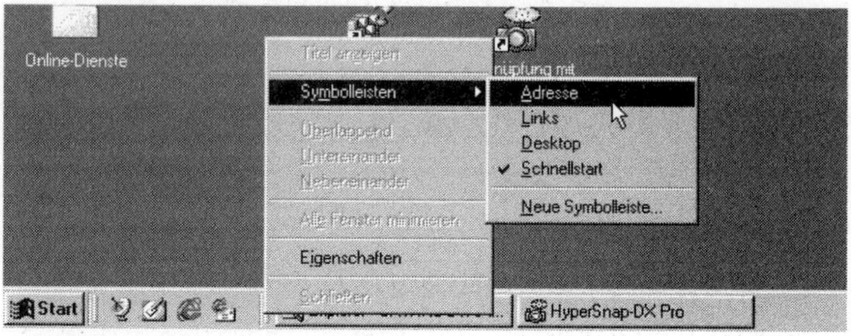

Abbildung 11.3: Verfügbare Symbolleisten

Aktivieren Sie jetzt nacheinander (Sie müssen jedesmal das Kontextmenü erneut aufrufen) folgende Symbolleisten:

- *Adresse*
- *Links*
- *Desktop*
- *Schnellstart* (ist normalerweise standardmäßig ausgewählt)

Ob eine Leiste aktiviert ist, sehen Sie an dem Häkchen vor dem Namen im Kontextmenü. Höchstwahrscheinlich wird Ihre Leiste folgendermaßen aussehen:

Abbildung 11.4: Die Taskleiste, wenn alle Symbolleisten aktiviert sind

Die Ansicht ist etwas verwirrend und so nicht unbedingt hilfreich. Beinhalten Symbolleisten mehr Einträge als angezeigt werden können, erscheint ein kleiner Pfeil, mit dem Sie durch Anklicken in der Leiste blättern können (in der Abbildung sehen Sie den Mauszeiger auf solch einem Pfeil).

Damit Sie etwas mehr auf den Symbolleisten sehen können, gehen Sie mit dem Mauszeiger auf den oberen Rand der Leisten (der Mauszeiger wird zu einem Doppelpfeil) und ziehen Sie dieselben mit gedrückt gehaltener Maustaste ein Stück nach oben.

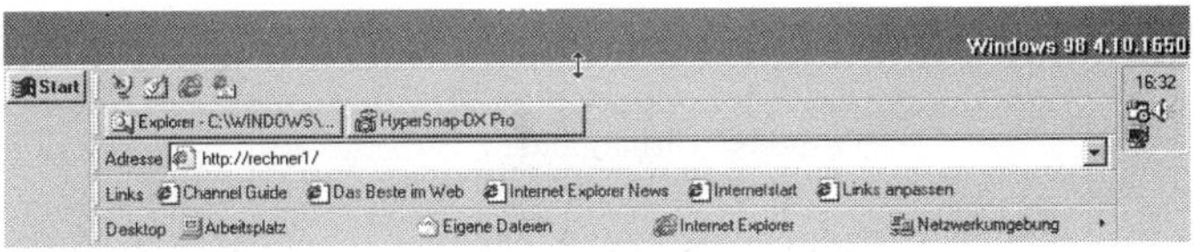

Abbildung 11.5: Symbolleisten am unteren Rand

So schön und interessant dies zunächst aussehen mag, hat es allerdings auch einige Nachteile. Wenn Sie viele Symbolleisten anzeigen lassen, wird der restliche Raum des Desktops, in dem die Programmfenster angezeigt werden, sehr klein. Sie können zwar über *Start / Einstellungen / Taskleiste&Startmenü / Automatisch im Hintergrund* die Leisten so konfigurieren, dass sie nur sichtbar sind, wenn der Mauszeiger den entsprechenden Rand der Taskleiste berührt, allerdings sind sie dann auch nicht immer zu sehen, und einige wichtige Informationen (wie z. B. Verbindungen über das DFÜ-Netzwerk) sind nicht ständig verfügbar.

Sie sehen in der obigen Abbildung folgende Leisten (von oben nach unten):

- ✔ Die *Schnellstart*-Leiste, die von Ihnen oft benötigte Programmsymbole enthalten sollte.
- ✔ Die *Adress*-Leiste, in dieser Leiste können Sie eine beliebige Adresse eingeben und entsprechend der Adresse wird eine Funktion ausgeführt. Die Eingabe C:\ startet z. B. den Explorer und zeigt den Inhalt des Stammverzeichnisses Ihres Laufwerks C: an. Eine Internetadresse wie z. B. http://www.microsoft.com startet den Internet Explorer und stellt eine Verbindung zum Internet und der Seite von Microsoft her (Voraussetzung hierfür ist allerdings eine korrekte Konfiguration Ihrer Internetverbindung).
- ✔ Die Leiste *Links*, in der alle von Ihnen im Internet Explorer eingetragenen Links angezeigt werden. Durch Klicken auf einen Eintrag wird die entsprechende Internetseite geöffnet.
- ✔ Die *Desktop*-Leiste, in der alle Symbole, die Sie auf Ihrem Desktop erstellt haben, angezeigt werden.

Über das Kontextmenü können Sie mit *Symbolleisten / Neue Symbolleisten* die Inhalte eines beliebigen Verzeichnisses auf Ihrem Rechner in einer neuen Symbolleiste anzeigen lassen.

Die Leisten, bis auf die eigentliche Taskleiste, können Sie wieder verschwinden lassen, indem Sie im Kontextmenü die entsprechende Leiste erneut anklicken, worauf das Häkchen neben dem Namen verschwindet.

Leisten ausblenden

In den meisten Fällen wird die Anzeige der *Schnellstart*-Leiste und der Taskleiste vollständig ausreichend sein; dies ist ein guter Kompromiss zwischen vorhandenem Platz auf dem Bildschirm für Anwendungsprogramme und dem Komfort von schnell zu öffnenden Programmsymbolen.

Das Anpassen einer Symbolleiste

Die Symbolleisten sind frei auf dem Desktop platzierbar und lassen sich in ihrem Aussehen individuell anpassen. Lassen Sie uns jetzt am Beispiel der Schnellstartleiste die Möglichkeiten aufzeigen.

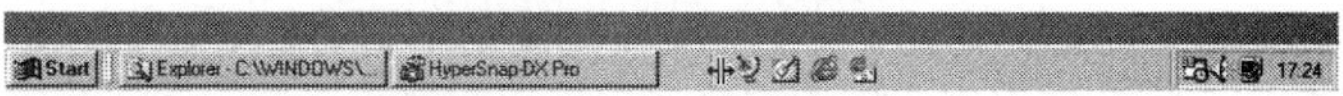

Abbildung 11.6: Zwei Leisten nebeneinander

Haben Sie zwei Leisten nebeneinander in einer »Reihe« (siehe Abbildung), können Sie den Anteil, den jede Leiste einnimmt, durch Verschieben an dem »Anfasser« der Leiste mit gedrückt gehaltener Maustaste verändern.

Wählen Sie im Kontextmenü einer Symbolleiste *Text anzeigen*, wird Ihnen die »nähere Erläuterung« zu den Symbolen ständig angezeigt.

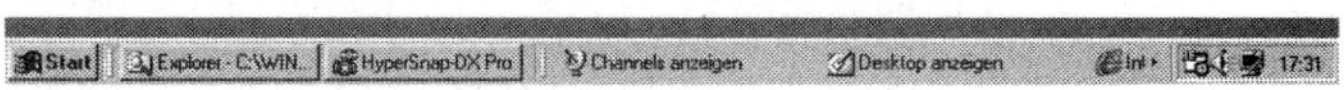

Abbildung 11.7: Symbolleiste mit Text anzeigen

Der Text ist identisch mit dem Text, der Ihnen angezeigt wird, wenn Sie die Maus auf ein Symbol bewegen. Dieser Text erscheint auch dann, wenn *Text anzeigen* nicht aktiviert ist.

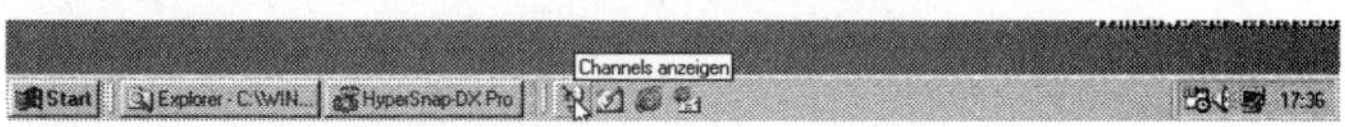

Abbildung 11.8: Anzeigen einer Erläuterung eines Symbols

Der Text entspricht dem Dateinamen der Verknüpfung, die zu dem Symbol gehört. Wollen Sie z. B. in der Schnellstartleiste den erscheinenden Text verändern, müssen Sie im Explorer im Verzeichnis C:\Windows\Anwendungsdaten\Microsoft\Internet Explorer\Quick Launch den entsprechenden Dateinamen verändern. Dies hat keine Auswirkung auf das dazugehörige Programm.

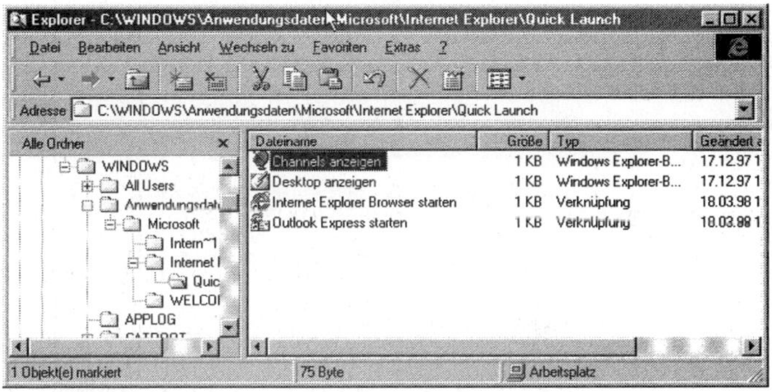

Abbildung 11.9: Das Verzeichnis für die Schnellstartleiste

Die Symbolleisten lassen sich frei auf dem Desktop platzieren. Klicken Sie hierzu wieder auf den »Anfasser« der Symbolleiste und ziehen Sie den Mauszeiger mit gedrückt gehaltener Taste auf einen beliebigen Platz auf dem Desktop. Dann lassen Sie die Maustaste los. Beim Verschieben verändert sich der Mauszeiger.

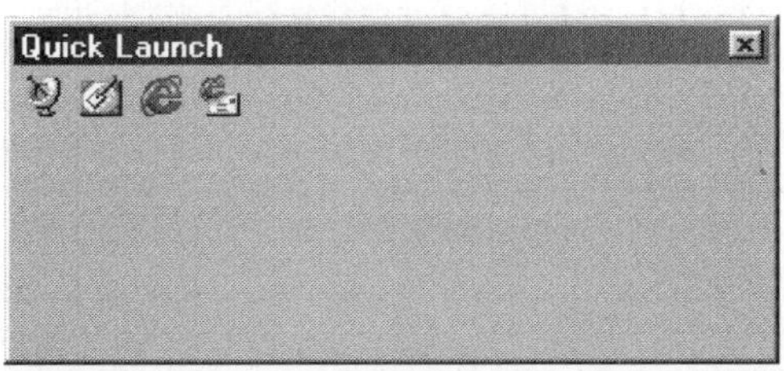

Abbildung 11.10: Die Schnellstartleiste auf dem Desktop platziert

Im Kontextmenü dieses Fensters haben Sie weitere Einstellungsmöglichkeiten für die Ansicht.

- ✔ *Ansicht / Groß*
  stellt die Symbole in großer Form dar.

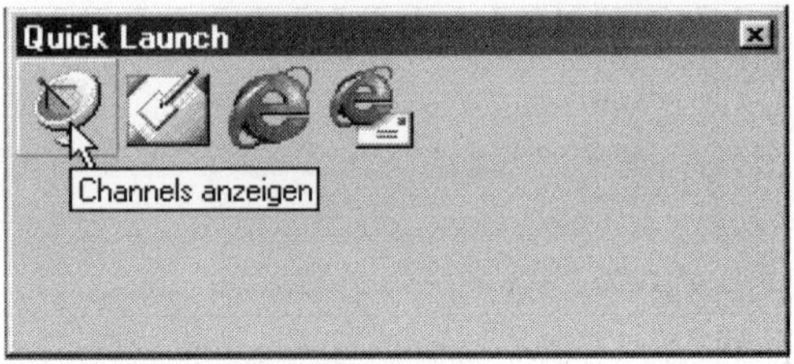

Abbildung 11.11: Darstellung großer Symbole

Diese Einstellungsmöglichkeiten sind auch in der Leiste gegeben.

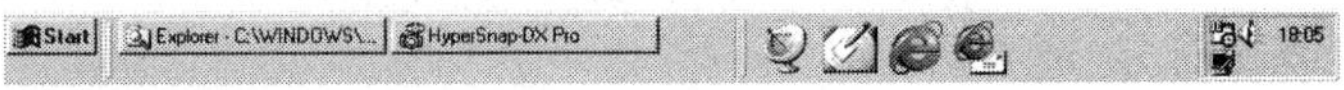

Abbildung 11.12: Ansicht großer Symbole in der Leiste

- *Text anzeigen*
  zeigt entsprechend in der Ansicht der Leiste den Erläuterungstext ständig an.

Neue Symbole in die Schnellstartleiste aufnehmen

Die Schnellstartleiste ist eine sehr komfortable Einrichtung und baut sich schneller auf als der Desktop. Es ist von Vorteil, z. B. alle Verknüpfungen vom Desktop in die Schnellstartleiste zu übernehmen und dadurch einen ständigen Zugriff auf die zugehörigen Anwendungen zu haben, selbst wenn andere Programme den Bildschirm einnehmen. Außerdem wird der Bildaufbau dadurch schneller.

Sie können neue Einträge einfach durch Drag & Drop aufnehmen. Klicken Sie z. B. auf ein Symbol auf dem Desktop und ziehen Sie dieses mit gedrückt gehaltener Maustaste auf die Schnellstartleiste.

Abbildung 11.13: Eine Verknüpfung in der Schnellstartleiste erstellen

Dies funktioniert ebenso mit jeder beliebigen Datei im Explorer. Wenn Ihnen der Erläuterungstext nicht gefällt, gehen Sie in das Verzeichnis `Quick`

`Launch` und ändern Sie dort den Dateinamen ab. Im Übrigen erscheint jeder neue Eintrag im Verzeichnis `Quick Launch` als Symbol in der Schnellstartleiste. Ein Symbol können Sie aus der Schnellstartleiste entfernen, indem Sie im Kontextmenü des Symbols *Löschen* wählen.

Die Position eines Symbols verändern

Haben Sie ein neues Symbol in die Schnellstartleiste aufgenommen und stellen hinterher fest, dass Sie dieses Symbol lieber an einer anderen Stelle haben möchten, ist dies kein Problem. Verschieben Sie das Symbol mit der Maus einfach an eine andere Position.

Abbildung 11.14: Verschieben eines Symbols

An die Stelle, an der Sie die Maustaste loslassen, wird das Symbol hin verschoben. Dies hat keine Auswirkung auf die Reihenfolge der Dateinamen im zugehörigen Verzeichnis `Quick Launch`.

Die mittlere Ebene – der Active Desktop

Die mittlere Ebene des Desktops ist neu in Windows 98. Der Name *Active Desktop* deutet schon darauf hin, dass diese Ebene »aktiv« ist. Sie können auf dieser Ebene alle Elemente, die im Internet zur Verfügung stehen, einfügen. Die Verknüpfungen können sich auf Dateien auf Ihrem Rechner, in Ihrem Netzwerk (sofern vorhanden) oder auf Adressen oder Dateien im Internet beziehen. Standardmäßig wird die *Channel*-Leiste eingefügt. Der *Active Desktop* wird angezeigt, wenn Sie im Kontextmenü des Desktops *Active Desktop / Als Webseite anzeigen* aktivieren.

Die Größe eines Elements verändern

Sie können abhängig von dem Element des *Active Desktops* dessen Größe verändern. Lassen Sie uns die *Channel*-Leiste in der Höhe variiren (in der Breite ist dieses Element z. B. nicht veränderbar).

Bewegen Sie den Mauszeiger auf das Element, erscheint ein grauer Rand um dasselbe. Verschieben Sie jetzt den Mauszeiger auf den unteren Rand, verändert sich dieser und Sie können das Element in der Höhe verkleinern oder vergrößern.

Abbildung 11.15: Die Größe eines Elements verändern

Andere Elemente dürfen eventuell auch in der Breite verändert werden (bei Ihnen können durchaus schon Channels eingetragen sein).

Dem Active Desktop weitere Elemente hinzufügen

Wählen Sie im Kontextmenü des Desktops *Active Desktop / Desktop anpassen*, wird das entsprechende Fenster geöffnet:

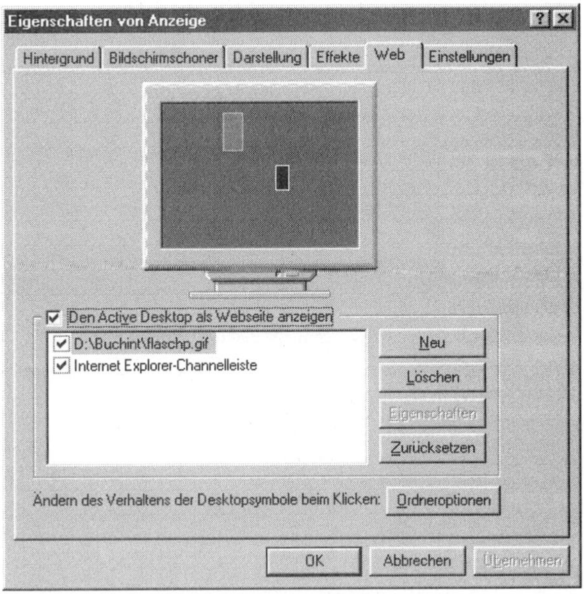

Abbildung 11.16: Einstellungen für den Active Desktop

Im Fenster sind alle bisher eingefügten Elemente aufgeführt. In der Miniaturansicht können Sie auch deren Position erkennen. Klicken Sie jetzt auf *Neu*, erhalten Sie folgendes Fenster:

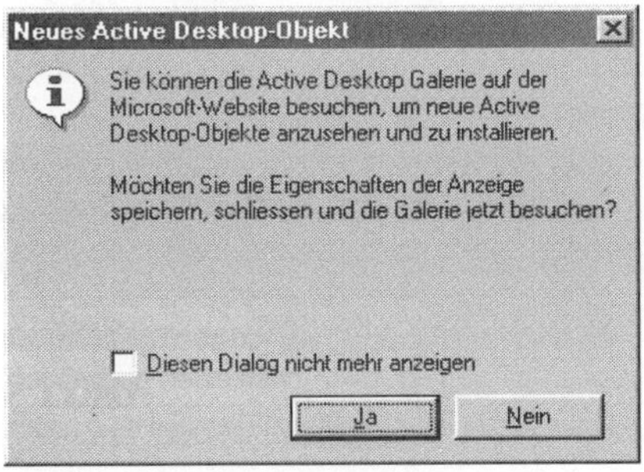

Abbildung 11.17: Eine Abfrage

Wenn Sie jetzt *Ja* wählen, wird vorausgesetzt, dass Sie ein Modem oder eine ISDN-Karte in Ihrem Computer eingebaut, alle notwendigen Konfigurationen für den Internetzugang durchgeführt und eine Verbindung zum Internet zu einer bestimmten Seite von Microsoft aufgebaut haben (diese Seite kann sich im Laufe der Zeit verändern, die Internetangebote unterliegen einem schnellen Wechsel).

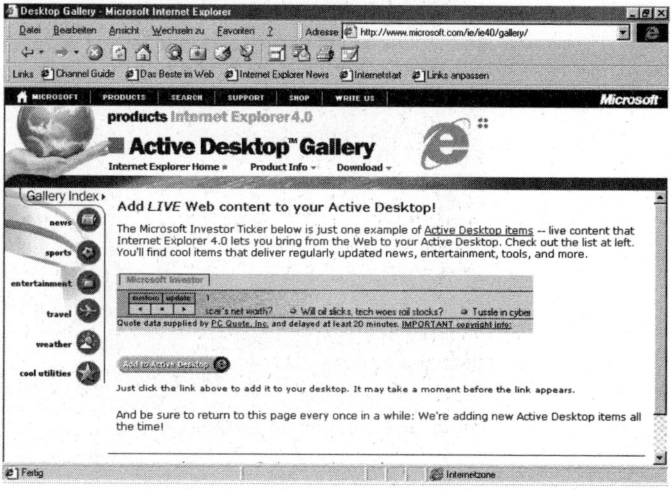

Abbildung 11.18: Active Desktop Gallery im Internet

Sie können sich jetzt Angebote aussuchen und Ihrem Desktop hinzufügen. Da Sie eventuell noch keinen eingerichteten Zugang zum Internet installiert haben, erhalten Sie hier einen kleinen Vorgeschmack darauf, wie so etwas aussehen könnte:

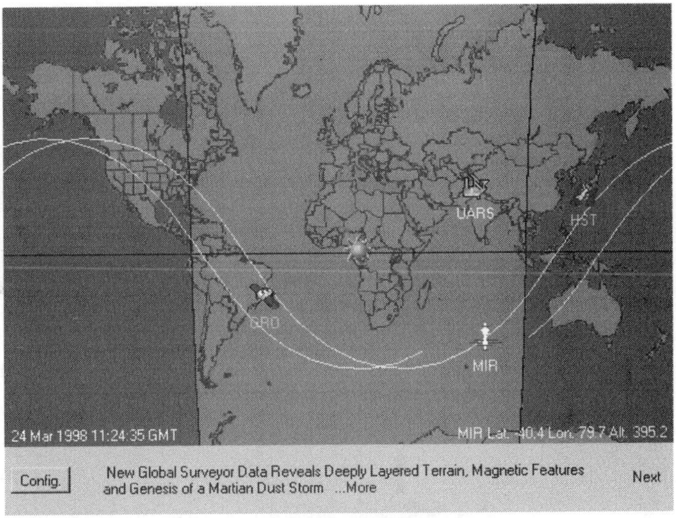

Abbildung 11.19: Channel zum Anzeigen von Satellitenpositionen

Auch wenn Sie nicht mehr online sind, verändert sich das Bild auf Ihrem Desktop. Sie können jederzeit die momentane Position eines Satelliten auf dem Bild ablesen.

Lassen Sie uns an dieser Stelle unseren theoretischen Ausflug ins Internet beenden und uns den lokalen Möglichkeiten zuwenden. Bei Ihnen müsste das Fenster *Neues Active Desktop-Objekt* noch geöffnet sein. Klicken Sie auf *Nein*.

Geben Sie jetzt eine Adresse ein oder wählen Sie *Durchsuchen* und suchen Sie eine Datei, deren Typ im Internet benutzt werden kann. Dies kann z. B. eine GIF-Datei oder animierte GIF-Datei, eine Videodatei, Sounddatei etc. sein. Sie können auch eine HTML-Seite einfügen, die die Startseite einer Homepage bzw. Domain ist.

Diese Datei kann sich auf Ihrem Rechner, in Ihrem Netzwerk oder im Internet befinden. Bei Letzterem muss allerdings ein eingerichteter

Internetzugang konfiguriert sein. Suchen Sie sich zunächst also nur eine Datei auf Ihrem Rechner oder Ihrem Netzwerk aus.

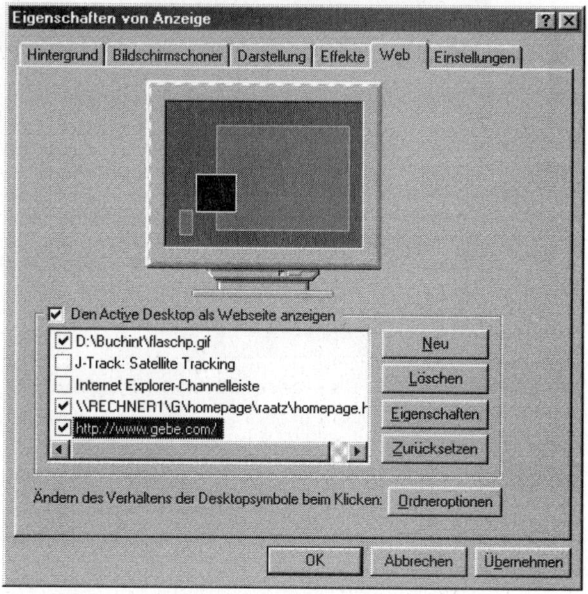

Abbildung 11.20: Die Einträge der eingefügten Elemente

Die von Ihnen eingefügten Elemente werden in diesem Fenster aufgelistet. In der Abbildung sind eine GIF-Datei (das ist das kleine Männchen mit der Flaschenpost; Sie kennen es schon von früheren Abbildungen), eine Startseite einer Homepage innerhalb eines Netzwerks und eine Domaine im Internet eingefügt und die Anzeige aktiviert.

Zwei der eingefügten Elemente werden nicht auf dem Desktop angezeigt, da die Anzeige deaktiviert ist. Sie sehen dies an dem fehlenden Häkchen neben dem Eintrag. Sie können also eingefügte Elemente nach Bedarf ein- oder ausblenden, ohne sie entfernen zu müssen. Das Resultat könnte z. B. so aussehen:

Abbildung 11.21: Eingefügte Elemente auf dem Desktop

Haben Sie die Startseite einer Homepage, die sich in ständigem Zugriff Ihres Rechners befindet, gewählt, ist diese Verbindung funktionsfähig. Sie können die dort enthaltenen Links benutzen.

HINWEIS

Eine interessante Anwendung hierfür besteht in einem Intranet, in dem viele Leute direkt Zugriff auf Firmeninformationen haben und ständig über Neuerungen unterrichtet werden können.

Allerdings kann man sich auch schnell den Desktop »zumüllen«. Sollten Sie keinen sehr schnellen Rechner Ihr Eigen nennen, ist es aus Performancegründen angeraten, auf zu viele Spielereien zu verzichten.

Die Informationen, welche Verknüpfungen auf dem Active Desktop sind, stehen in der Datei:

```
C:\Windows\Anwendungsdaten\Microsoft\Internet Explorer\Desktop.htt
```

HINWEIS

Die Datei lässt sich allerdings mit dem mitgelieferten Programm *Frontpage Express* nicht hundertprozentig bearbeiten. Sie sollten so etwas auch nur ändern, wenn Sie sich genau mit dem Aufbau von HTML-Seiten und den Programmiersprachen auskennen.

Die unterste Ebene des Desktops – das Hintergrundbild

Das *Hintergrundbild* dürfte Ihnen von Windows 95 vielleicht schon bekannt sein. In Windows 98 sind die Möglichkeiten erweitert worden. So können Sie neben unterschiedlichen Bildformaten auch HTML-Seiten als Hintergrund einfügen.

Ein Hintergrundbild einfügen

Wählen Sie im Kontextmenü des Desktops den Befehl *Eigenschaften* an.

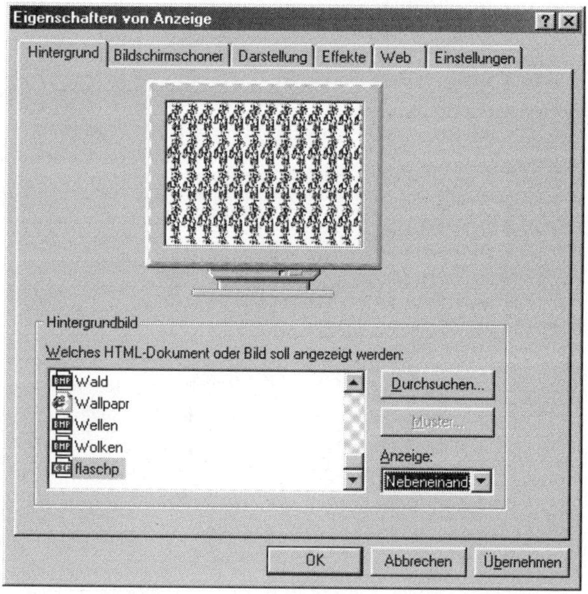

Abbildung 11.22: Einstellungsmöglichkeiten für das Hintergrundbild

Sie können aus den schon aufgeführten Bildern eines auswählen oder über *Durchsuchen* eine Datei finden, die im Internet einsetzbar wäre. Es ist möglich, eine HTML-Seite als Hintergrund einzubinden. Eventuell vorhandene Links auf dieser Seite wären allerdings nicht aktiv, d. h. Sie können darüber keine andere Seite aufrufen. Dies ist der große Unterschied zur Ebene vom *Active Desktop*, auf dem Links und Ähnliches funktionsfähig sind.

Im Listenfeld *Anzeige* können Sie die Darstellung des Hintergrundbilds beeinflussen. Eine Veränderung ist sofort in dem kleinen Vorschaumonitor sichtbar.

Die neuen Möglichkeiten des Explorers

Der *Explorer* ist das zentrale Programm zur Verwaltung Ihrer Dateien und Verzeichnisse auf Ihrem Rechner. Sie kennen ihn schon von Windows 95 oder aus den vorherigen Kapiteln dieses Buches. Allerdings hat der Explorer in Windows 98 so viele neue Funktionen erhalten, dass man versucht ist zu sagen, er hätte nur noch wenig mit dem früheren gemeinsam. Dies stimmt so natürlich nicht.

Tatsache ist, dass der Explorer so konfiguriert werden kann, dass er eher mit dem Internet Explorer zu verwechseln ist als mit dem früheren Explorer. Eigentlich ist er auch gleichzeitig der Internet Explorer, denn Sie können sich auch jede beliebige Adresse im Internet mit ihm ansehen. Öffnen Sie zunächst den Explorer über *Start / Programme / Windows-Explorer* und lassen Sie das veränderte Aussehen auf sich wirken.

Abbildung 11.23: Der *Explorer*

Höchstwahrscheinlich wird Ihr Fenster nicht so aussehen. Lassen Sie uns zunächst einmal versuchen, die Einstellung bei Ihnen entsprechend der Abbildung zu erzeugen. Hierzu sind sicherlich einige Dinge zu verändern.

Aktivieren Sie der Reihenfolge nach:

- *Ansicht / Symbolleisten / Standard Schaltflächen*
- *Ansicht / Symbolleisten / Adressleiste*
- *Ansicht / Statusleiste*
- *Ansicht / Explorerleiste / Alle Ordner*
- *Ansicht / Details*

Deaktivieren Sie:

- *Ansicht / Symbolleisten / Links*
- *Ansicht / Symbolleisten / Symbolunterschriften*

Weiterhin muss in *Ansicht / Ordneroptionen / Allgemein* die Option *Klassischer Stil* oder *Angepasst an individuelle Einstellungen* aktiviert sein. Ist bei Ihnen Letzteres ausgewählt, müssen in *Einstellungen* folgende Optionen wirksam sein:

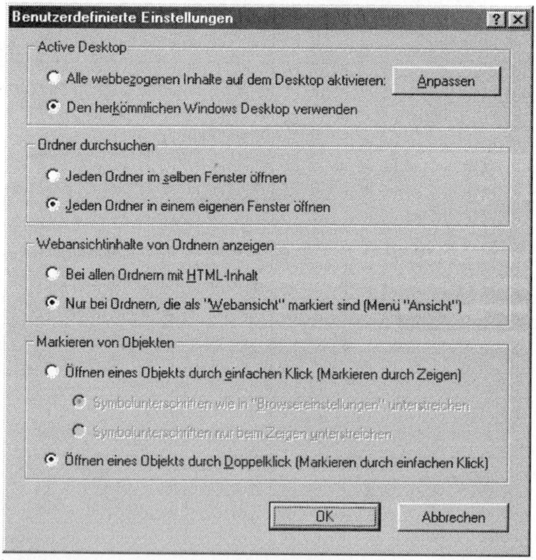

Abbildung 11.24: Zu aktivierende Optionen

Des Weiteren müssen Sie in *Ansicht / Ordneroptionen / Ansicht / Erweiterte Einstellungen* folgende Optionen aktivieren:

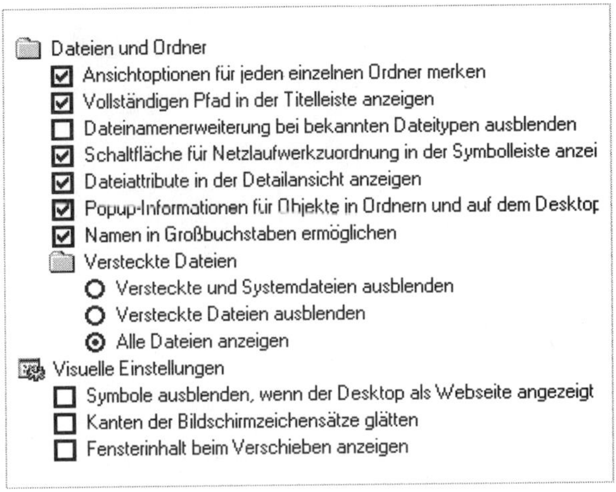

Abbildung 11.25: Zu aktivierende Optionen für die Ordneransicht

Ihr Explorer sollte jetzt eigentlich im Aussehen der zu Beginn dieses Kapitels aufgeführten Abbildung entsprechen. Sie können schon an diesem Beispiel erkennen, wie umfangreich die Einstellungsmöglichkeiten sind. Manchmal fragt man sich, wer dies alles noch beherrschen soll.

Die Einstellungen, die Sie jetzt vorgenommen haben, sind für die tägliche Arbeit ein guter Kompromiss zwischen benötigten Informationen und Symbolen und dem erforderlichen Platz für die Symbolleisten.

Die Symbolunterschriften, die wir ausgeblendet haben, nehmen viel Platz ein. Diese Informationen erhalten Sie auch, wenn Sie den Mauszeiger auf ein Symbol bewegen.

Die Adressleiste ist sehr komfortabel, da Sie hier eine Adresse direkt eingeben können. Geben Sie z. B. C: ein, wird Ihnen der Inhalt des Verzeichnisses C: angezeigt. Geben Sie den Pfad zu einem Programm (inkl. Programmnamen) ein, wird das Programm gestartet. Geben Sie hier eine Adresse, die sich im Internet befindet, ein, wird eine Verbindung zum Internet hergestellt (vorausgesetzt ein Internetzugang ist korrekt konfiguriert) und Sie bekommen den Inhalt der Internetseiten angezeigt. In diesem Fall ändern sich einige Symbole und Sie benutzen den Internet Explorer.

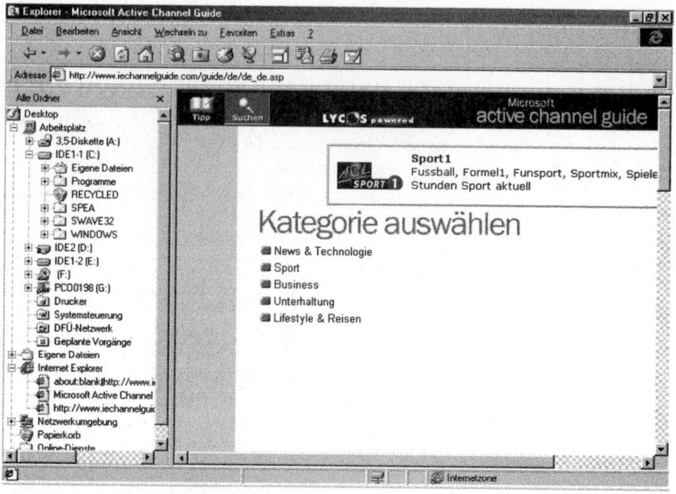

Abbildung 11.26: Der Explorer nach Eingabe einer Adresse im Internet

Dass Sie sich im Internet befinden, erkennen Sie eigentlich nur am Eintrag *Internetzone* in der Statusleiste des Explorers. Diese Anzeige wechselt entsprechend der angezeigten Adresse. Sie sollten sie im Auge behalten, um ständig darüber informiert zu sein, wo Sie sich gerade befinden. Sind Sie auf Ihrem Rechner, erscheint dort *Arbeitsplatz*. Befinden Sie sich in Ihrem Netzwerk, erscheint dort *Lokale Intranetzone*.

Die Markierungsfunktionen der Maus ändern

Sie haben bisher einen kurzen Überblick über den Explorer gewonnen. Da wir jetzt auch die gleichen Ausgangsbedingungen haben, lassen Sie uns gezielt die neuen Funktionen ausprobieren.

In Windows musste bislang häufig mit einem Maus-Doppelklick gearbeitet werden. Wenn Ihnen dies auf die Nerven gegangen ist, haben Sie jetzt die Chance Ihre Nerven zu schonen. Sie können sowohl eine klassische Ansicht des Explorers oder die neue Webansicht wählen und haben die Möglichkeit, die Mausfunktionen zu ändern.

Wählen Sie dazu *Ansicht / Ordneransicht / Allgemein* an und aktivieren Sie *Angepasst an individuelle Einstellungen.* Anschließend wählen Sie *Einstellungen*.

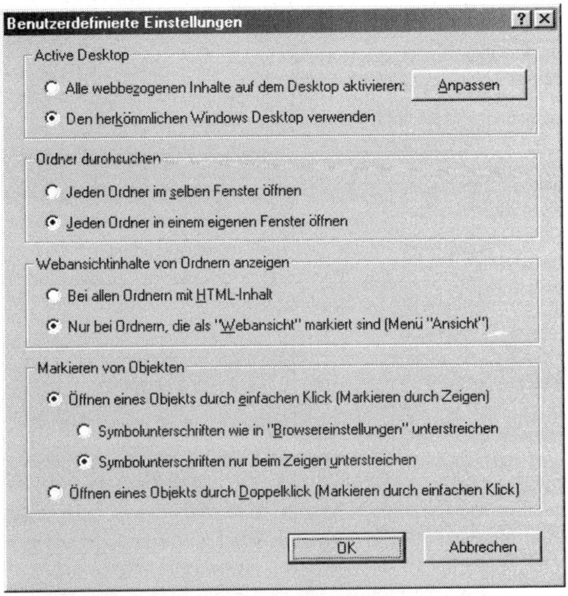

Abbildung 11.27: Einstellung der Funktion des Mauszeigers

Mit den obigen Einstellungen behalten Sie zunächst die klassische Ansicht des Explorers bei, können aber jeden einzelnen Ordner nachträglich als Webansicht darstellen (wir werden das nachher gleich erledigen). Bezogen auf die Mausfunktionen können Sie durch einen einfachen Klick ein Objekt öffnen und durch Zeigen markieren.

Die Option *Symbolunterschriften wie in »Browsereinstellungen« unterstreichen* unterstreicht alle Dateien im Browser. Wenn Sie viele Striche mögen, sollten Sie die Option wählen. Berühren Sie jetzt mit dem Mauszeiger einen Eintrag im rechten Fenster des Explorers, verändert sich der Mauszeiger und der Eintrag wird unterstrichen dargestellt.

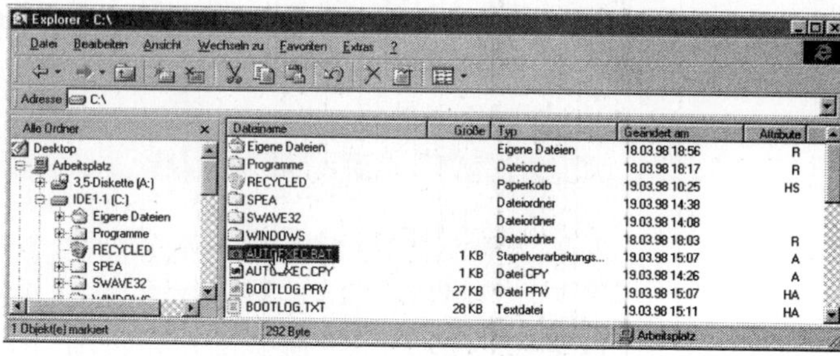

Abbildung 11.28: Der Explorer in der Funktion mit einem Mausklick

Im linken Fenster, wo die Ordner aufgelistet sind, ist die Funktion und das Aussehen des Mauszeigers wie zuvor, da Sie dort sowieso nur einzelne Mausklick benötigten.

Die Ordner in der Webansicht darstellen

Im Verzeichnis `Windows\Web` finden Sie eine Hypertext-Dokumentvorlage `Folder.htt`, die die systemweiten Vorgaben für die Webansicht von Ordnern enthält. Wenn Sie im Explorer *Ansicht / Als Webseite* aktivieren, werden alle Ordner in einer Webansicht entsprechend den allgemeinen Vorgaben angezeigt.

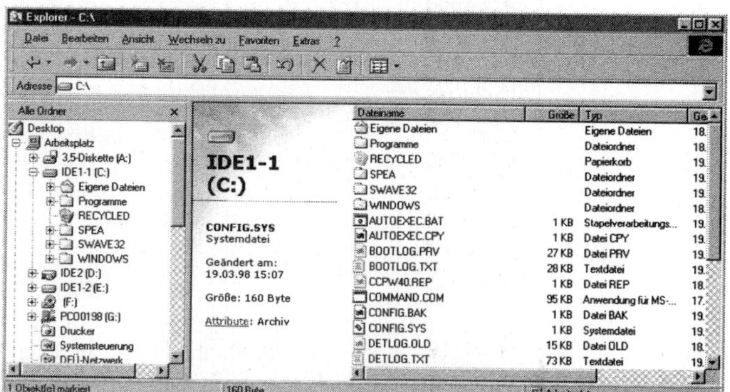

Abbildung 11.29: Ein Ordner in der Webansicht

Ein individuelles Hintergrundbild in der Webansicht für einen Ordner erstellen

Klicken Sie mit der rechten Maustaste auf einen freien Bereich im rechten Fenster des Explorers, und wählen Sie *Ordner anpassen*.

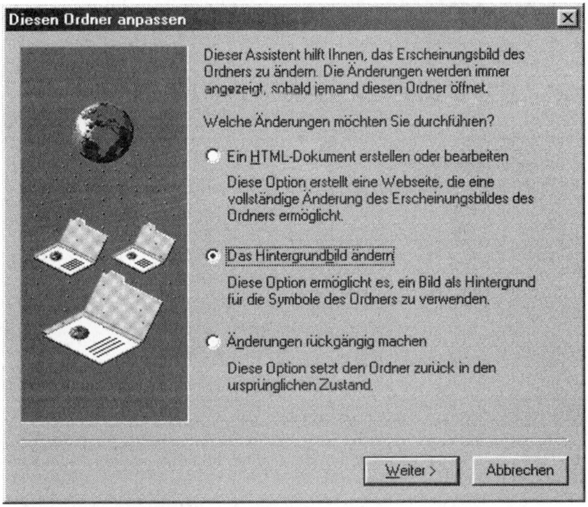

Abbildung 11.30: Einen Ordner anpassen

Lassen Sie uns mit dem Einfacheren beginnen. Aktivieren Sie *Das Hintergrundbild ändern*. Klicken Sie dann auf *Weiter*.

Sie können ein Bild aus der Liste auswählen oder ein beliebiges Bild, das Sie auf Ihrem Rechner haben. Wählen Sie die Textfarbe so, dass der Text später lesbar ist. Eine schwarze Schrift auf schwarzem Grund lässt sich z. B. sehr schlecht lesen. Klicken Sie anschließend auf *Weiter* und dann auf *Fertigstellen*. Ihr Ordner hat einen anderen Hintergrund erhalten.

KNOW-HOW

> Die Informationen sind in der Datei *Desktop.ini* gespeichert, die bei diesem Vorgang im Ordner angelegt wird.

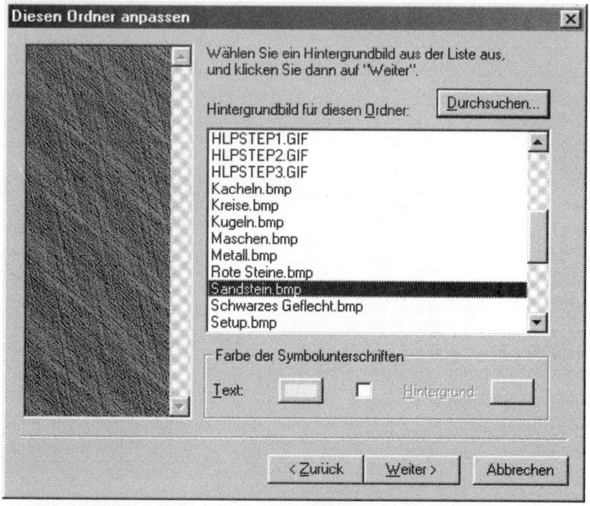

Abbildung 11.31: Auswahl eines Hintergrundbilds

Abbildung 11.32: Ein individueller Hintergrund für einen Ordner

Wenn Sie im Explorer *Ansicht / Als Webseite* deaktivieren, bleibt der individuelle Hintergrund für diesen Ordner trotzdem erhalten. Alle übrigen Ordner werden dann nicht mehr als Webansicht dargestellt. Solche Ordner, die eine individuelle Webansicht haben, behalten diese.

Eine HTML-Seite für einen Ordner erstellen

Wählen Sie im Kontextmenü des rechten Fensters des Explorers erneut *Ordner anpassen / Ein Html-Dokument erstellen oder bearbeiten* und anschließend zwei mal *Weiter*. Der Inhalt der systemweiten Vorlage `Folder.htt` wird daraufhin in Notepad geöffnet.

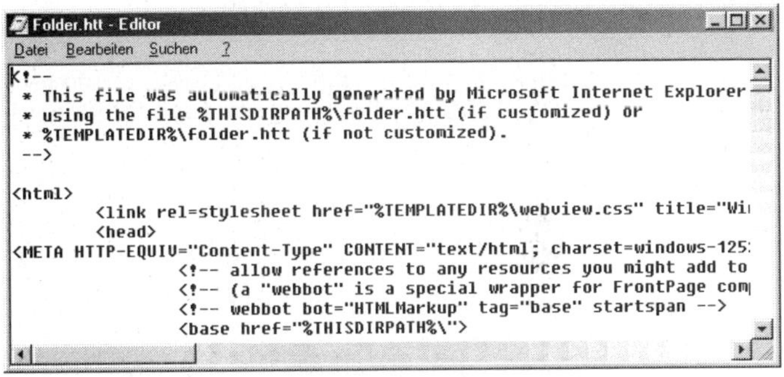

Abbildung 11.33: Die Vorlage einer individuellen HTML-Seite für einen Ordner

Wenn Sie sich in HTML, Javascript etc. gut auskennen und gerne HTML-Seiten mittels eines Texteditors erstellen, dann können Sie jetzt loslegen und den neuen Programmcode eingeben. Diese HTML-Datei ist sehr komplex. Sie lässt sich nicht in *Frontpage Express* bearbeiten, da beim Speichern bestimmte Einstellungen nicht korrekt übernommen werden. Geben Sie an falschen Stellen einen neuen Code ein oder löschen Sie irgendwelchen Code, kann es sein, dass keine Dateien mehr angezeigt werden. Wenn gar nichts mehr hilft, wählen Sie später *Ordner anpassen / Änderungen rückgängig machen* um den Ausgangszustand wiederherzustellen.

Schließen Sie dann Notepad und wählen Sie anschließend *Fertigstellen*. Es ist jetzt die Datei `Folder.htt` im Ordner erstellt worden.

Mit den Symbolen *Vorwärts* und *Zurück* Ordner betrachten

Eine weitere neue Funktion im Windows-98-Explorer sind die Symbole für *Vorwärts* und *Zurück*. Sie kennen diese von Internet-Browsern. Haben Sie im Explorer schon mehrere Ordner aufgesucht, sind die zuvor aktuellen Plätze aufgelistet. Bewegen Sie den Mauszeiger z. B. auf das Symbol *Zurück*, können Sie die zuvor besuchte Adresse direkt aufrufen.

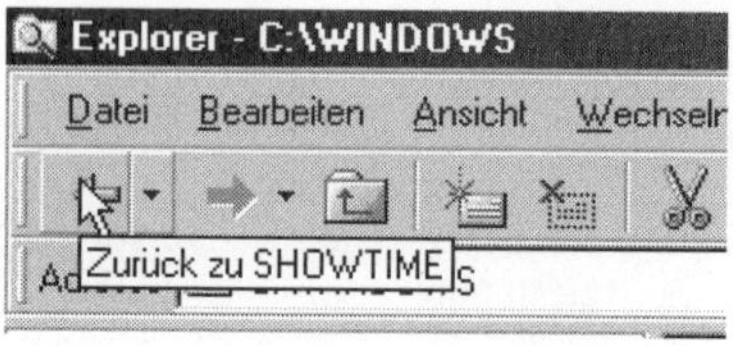

Abbildung 11.34: Das Symbol *Zurück*

Wollen Sie eine bestimmte, zuvor besuchte Adresse anwählen, klicken Sie auf den kleinen Pfeil, um aus der Liste dieser Adressen eine direkt auszuwählen.

Abbildung 11.35: Liste der zuvor besuchten Adressen

Wählen Sie jetzt z. B. eine Adresse, die in der Mitte der Liste liegt, wird die Liste geteilt. Die oberhalb liegenden Adressen sind dann unter *Vorwärts* zu finden, die unterhalb liegenden unter *Zurück*.

Der Internet Explorer

Sie haben bislang den Explorer für den Bereichszugriff auf Ihrem Rechner eingesetzt. Wie wir aber zuvor schon festgestellt haben, können Sie auch Adressen aus dem Internet eingeben, und der Inhalt wird Ihnen dargestellt. Eigentlich brauchen Sie nicht zwischen dem Explorer und dem Internet Explorer zu wechseln. Es gibt nur einen Unterschied: Öffnen Sie den Internet Explorer direkt, fehlt der Befehl *Ansicht / Explorerleiste / Alle Ordner*.

Selbst wenn Sie als Adresse z. B. C: eingeben, wird zwar der Inhalt Ihres Laufwerks im Fenster angezeigt, Sie können jedoch nicht die Verzeichnisstruktur in einem linken Fenster darstellen lassen. Arbeiten Sie jedoch direkt aus dem Explorer heraus, stehen Ihnen alle Möglichkeiten ständig zur Verfügung.

Rufen Sie aus dem Explorer heraus eine Internetadresse auf, verändern sich automatisch eventuell notwendige Symbole bzw. Befehle. Wenn Sie Zugriff auf alle Möglichkeiten haben wollen, können Sie ausschließlich mit dem Explorer arbeiten.

HINWEIS

Es soll hier allerdings schon angemerkt werden, dass Ihr Internet Provider möglicherweise eine eigene Software für den Zugang zum Internet geliefert hat und der Zugang nur über diese Software möglich ist. In diesem Fall können Sie eventuell auch nicht den Internet Explorer benutzen, um Zugang zum Internet zu erhalten. Hierzu später mehr.

Lassen Sie uns jetzt einmal praktisch betrachten, wie der Übergang vom Explorer zum Internet Explorer vonstatten geht. Wählen Sie im Explorer *Ansicht / Explorerleiste / Channels* an.

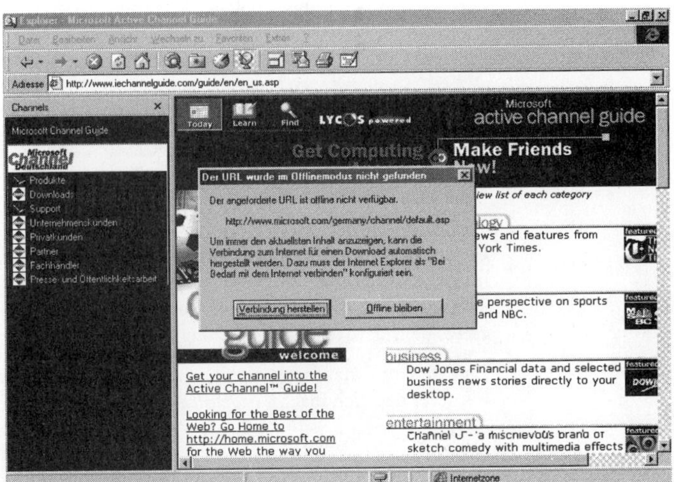

Abbildung 11.36: Ansicht Channel im Explorer

Klicken Sie auf einen beliebigen Eintrag im linken Fenster, damit tatsächlich in die Internet-Explorer-Ansicht umgeschaltet wird. Entsprechend der Verfügbarkeit von zuvor gespeicherten Inhalten erhalten Sie die Aufforderung eine Verbindung zum Internet herzustellen.

Bleiben Sie offline, können viele Seiten nicht angezeigt werden. Gehen Sie online, kostet es Geld. Sie müssen selbst entscheiden, was Sie tun wollen. In unserem Fall wählen Sie ruhig *Offline bleiben*, da wir uns zunächst nur die Veränderungen im Explorer betrachten wollen.

- ✔ In der Statusleiste erscheint als Ort *Internetzone*. Arbeiten Sie offline, erscheint in der Statusleiste das kleine Netzlaufwerksymbol mit einem roten »x«.
- ✔ Im linken Fenster sehen Sie statt der Verzeichnisstruktur die eingefügten Channels, sie müssen nicht unbedingt abonniert sein.
- ✔ In der oberen Symbolleiste sind einige Symbole verändert und das Symbol *Channel* ist in diesem Fall aktiviert dargestellt.
- ✔ Der Befehl *Ansicht / Ordneroptionen* ist nicht mehr vorhanden. Dafür gibt es jetzt den Befehl *Ansicht / Internetoptionen*, mit dem Sie in die Grundeinstellungen für das Internet gelangen. Hier müssen Sie ganz am Anfang Konfigurierungen vornehmen.

Schauen Sie sich gleich noch einmal die Vollansicht an, indem Sie auf das entsprechende Symbol klicken.

Abbildung 11.37: Symbol für die Vollbildansicht

In der Vollbildansicht steht der gesamte Raum des Bildschirms für die Darstellung zur Verfügung. Das zuvor ständig geöffnete linke Fenster verschwindet jetzt am linken Bildschirmrand. Bewegen Sie den Mauszeiger dorthin, wird dieses Fenster in den Bildschirmbereich hineingeschoben.

Eine weitere Variante, die die Verschmelzung zwischen Explorer und Internet Explorer deutlich macht, ist *Ansicht / Explorerleiste / Verlauf*.

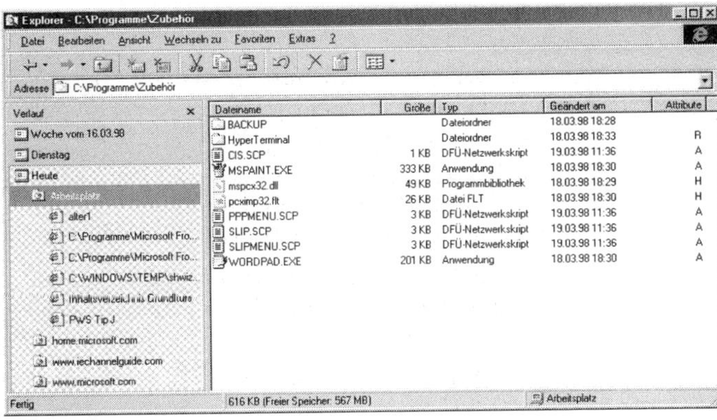

Abbildung 11.38: Ansicht *Verlauf*

Im linken Fenster können die zuvor besuchten Seiten angezeigt werden. Klicken Sie jetzt auf eine dieser Adressen, wird der Inhalt der Adresse im rechten Fenster dargestellt. Es werden hier auch Dateien geführt, die sich auf Ihrem Rechner befinden. Dies trifft allerdings nur auf HTM- bzw. HTML-Dateien zu.

Lassen Sie uns an dieser Stelle die erste Einführung in die Möglichkeiten beenden. Detaillierter werden wir uns damit später beschäftigen, wenn die Verbindung zum Internet erstellt ist.

KAPITEL

12

Kommunikation und DFÜ

Windows 98 ist mit vielen Online-Funktionen ausgestattet, um die Kommunikation mit der Außenwelt realisieren zu können. Wie diese Funktionen aussehen und welche Vorbereitungen notwendig sind, um sie einsetzen zu können, erfahren Sie in diesem Kapitel.

Kommunikation und DFÜ

Zu Beginn dieses Kapitels erhalten Sie einen kleinen Überblick über das Internet, Provider, Hard- und Software. Sie können diesen Abschnitt aber auch überblättern, wenn Sie Bescheid wissen oder wenn es Sie nicht interessiert.

Ein klein wenig Theorie vorweg, sozusagen der Aperitif.

Das Internet / Intranet

Das *Internet* ist im Prinzip ein ganz »normales« Netzwerk mit einer weltweiten Verbreitung. Es sind Millionen von Rechnern miteinander (einige ständig, andere nur temporär) verbunden und können Daten austauschen. Damit die unterschiedlichen Rechner kommunizieren können, müssen sie die gleiche »Sprache sprechen«, bei Rechnern sind dies die festgelegten *Protokolle*. Was das Internet von den meisten lokalen Netzwerken unterscheidet, sind eben diese speziell festgelegten Protokolle und eine fest vorgeschriebene Darstellung der angebotenen Daten.

Ist ein lokales Netzwerk entsprechend den Regeln (Protokolle etc.) des Internets aufgebaut, wird dieses als *Intranet* bezeichnet, es muss hierbei nicht unbedingt eine Verbindung zum Internet bestehen. So kann es sich z. B. um ein firmeneigenes, entsprechend den Internet-Konventionen aufgebautes, aber in sich abgeschlossenes Netzwerk handeln.

Das Client-Server-Prinzip im Internet

Client

Das Internet ist nach dem *Client-Server-Prinzip* aufgebaut, d. h. es sind solche Rechner in der Regel ständig mit dem Internet verbunden, die als Server anderen Rechnern ihre Ressourcen (Dienste, Speicherplatz, Dateien etc.) zur Verfügung stellen. Wählen Sie sich als *Client* in einen Server ein, können Sie dessen Ressourcen oder anders ausgedrückt dessen Angebote in Anspruch nehmen.

Server

Wenn Sie sich mit dem Internet verbinden, benutzen Sie die Ressourcen von Servern, nicht nur von einem Server, sondern sogar von vielen. Wollen Sie selbst anderen Rechnern Ressourcen Ihres Rechners zur Verfügung stellen, müssen Sie diesen mit spezieller Software zu einem Server einrichten.

Das Prinzip des Internets

Damit Sie sich eine Vorstellung vom Aufbau und den Regeln des Internets machen können, wird das Prinzip im Folgenden an vereinfachten Beispielen aufgezeigt.

Wollen Sie zwei Rechner (oder mehrere) miteinander verbinden, benötigen Sie zunächst eine Hardware, die eine Verbindung mittels eines Übertragungsmediums (z. B. Telefonleitung, Koaxialkabel etc.) zwischen Rechnern ermöglicht.

Dies kann z. B. ein Modem, eine ISDN-Karte oder eine Netzwerkkarte sein. Die Netzwerkkarte ist für permanent bestehende Verbindungen gedacht. Bei Modem- oder ISDN-Verbindungen wird hingegen in der Regel eine Verbindung zu einem anderen Rechner nur bei Bedarf aufgebaut.

Abbildung 12.1: Das Prinzip einer Verbindung zwischen zwei Rechnern

Damit diese Hardware funktionsfähig ist, müssen die zugehörigen Treiber installiert werden. Für das Internet ist außerdem das *TCP / IP*-Protokoll dieser Hardware zuzuordnen. In Windows 98 können Sie dies über *Start / Einstellungen / Systemsteuerung / Netzwerk / Konfiguration* vornehmen und überprüfen.

TCP / IP ist eigentlich nicht ein Protokoll, sondern steht für eine Gruppe von Protokollen, die hierarchisch aufgebaut sind (in der nachfolgenden Tabelle sind nur einige aufgeführt).

<table>
<tr><td>SMTP

(Simple-
Mail-
Transfer-
Protokoll)</td><td>NNTP

(Network-
News-
Transfer-
Protokoll)</td><td>FTP

(File-
Transfer-
Protokoll)</td><td>HTTP

(Hypertext-
Transfer-
Protokoll)</td><td></td></tr>
<tr><td colspan="4">TCP (Transport-Protokoll)</td><td>UDP

(User-
Datagram-
Protokoll)</td></tr>
<tr><td colspan="5">IP (Internet-Protokoll)</td></tr>
<tr><td colspan="5">Modem / ISDN / Netzwerkkarte</td></tr>
<tr><td colspan="5">Übertragungsmedium</td></tr>
</table>

Das *IP-Protokoll* verwaltet die Rechneradressen, den Aufbau und Abbau der Verbindung und die Fehlerkontrolle. Daher auch die Bezeichnung *IP-Adresse*, die jeder Rechner im Internet besitzen muss. In der obigen Abbildung stand beim *Rechner1* die IP-Adresse *223.254.254.80*; die Adresse besteht (noch) aus vier Zahlen zwischen 0 und 255.

Über dem *IP-Protokoll* befinden sich zwei weitere, das *TCP* und das *UDP*, welche die netzwerkunabhängige Übertragung von Daten zwischen zwei Prozessen garantieren. Die meisten Verbindungen werden mit *TCP* realisiert.

Die Internetdienste

Die eigentlichen Internetdienste werden von der obersten Protokollschicht realisiert. Sie definieren Routinen für die Kommunikation des jeweiligen vom *Server* (ein Rechner, der anderen Daten zur Verfügung stellt) bereitgestellten Dienstes. Das *HTTP*-Protokoll wird z. B. vom dem bekannten und wohl am häufigsten benutzten *WWW* (World Wide Web) verwendet.

Wollen Sie sich als *Client* (Rechner, der Dienste eines Servers in Anspruch nimmt) z. B. Informationen aus dem *WWW* ansehen, benötigen Sie ein Programm, das das *HTTP*-Protokoll beherrscht.

Bei Modemverbindungen – hierzu zählt in diesem Fall auch ISDN – benötigen Sie noch zusätzliche Übertragungsprotokolle wie z. B. *PPP* (Point-To-Point-Protokoll) oder *SLIP* (Serial-Line-Internet-Protokoll). Welches Protokoll Sie einsetzen müssen, ist abhängig vom Rechner, über den Sie sich in das Internet einwählen.

Das Internet setzt sich aus vielen Rechnern zusammen, die ständig über Standleitungen miteinander verbunden und von »außen« zu erreichen sind.

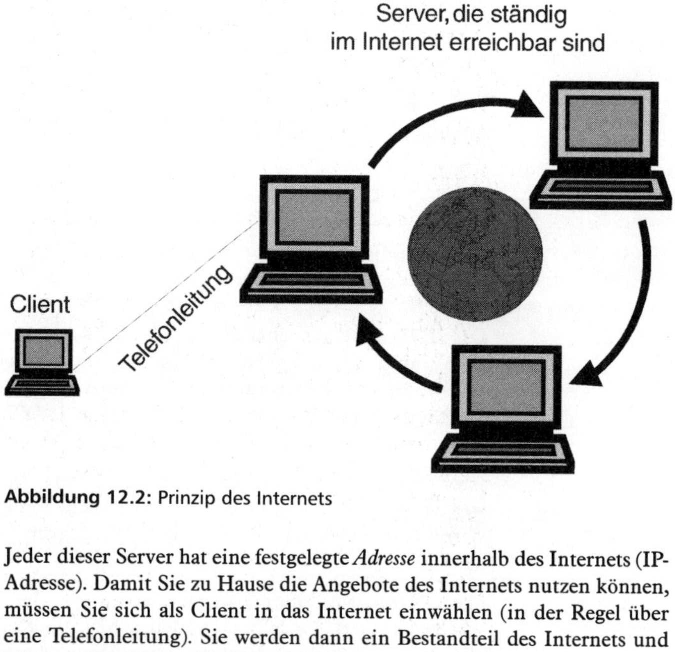

Abbildung 12.2: Prinzip des Internets

Jeder dieser Server hat eine festgelegte *Adresse* innerhalb des Internets (IP-Adresse). Damit Sie zu Hause die Angebote des Internets nutzen können, müssen Sie sich als Client in das Internet einwählen (in der Regel über eine Telefonleitung). Sie werden dann ein Bestandteil des Internets und können mit anderen Daten austauschen.

Die Adresskonventionen im Internet

Wie zuvor schon angeführt, muss jeder Rechner im Internet eine eindeutige Adresse (entsprechend Ihrer normalen Hausanschrift) erhalten. Um etwas genauer zu sein, die Adresse bezieht sich eigentlich auf eine *Domain* (oder deutsch *Domäne*), ein anderer Ausdruck für Speicherplatz. Ein Rechner kann also mehrere Adressen haben.

> Diese Adresse besteht (noch) aus vier Zahlen zwischen 0 und 255 und hat die Form 194.179.52.22, sie soll erweitert werden, da die verfügbaren Adressen bald nicht mehr ausreichen werden.

Da diese Zahlen schlecht zu merken sind, ist es möglich, jeder Zahl einen *Domainnamen* zuzuordnen. So ist z. B. der Domainname *gebe.com* der Adresse *207.201.145.212* zugeordnet. Um diese *Domain* zu erreichen, müssen Sie in einem entsprechenden Programm (Browser) die *URL* (**U**niform **R**esource **L**ocator)

```
http://www.gebe.com
```

oder

```
http://207.201.145.212
```

als Adresse eingeben. Die *URL* setzt sich folgendermaßen zusammen:

```
<Dienst / Protokoll>://<Domäne / Adresse> / <Pfad zur Ressource>
```

In diesem Beispiel ist das Protokoll *http*, die Domäne *www.gebe.com* bzw. die Adresse *207.201.145.212*. Diese Adresse zeigt auf das *Stammverzeichnis* der Domäne, es entspricht einem Laufwerksbuchstaben auf Ihrer Festplatte.

Da Sie in der Regel den Dateinamen der Startseite der Domäne nicht kennen, können Sie in den meisten Fällen den Pfad zur Ressource weglassen. Bestimmte Startseiten werden automatisch gewählt, häufig die Seite *index.htm*, *homepage.htm* etc. Welchen Namen die automatische Startseite haben muss, ist abhängig von der Festlegung auf dem Server. Wollen Sie jedoch eine ganz bestimmte Datei (eine Ressource ist in der Regel eine Datei) einsehen, herunterladen etc., müssen Sie den gesamten Pfad (inklusive Dateinamen) ausgehend vom Stammverzeichnis der Domäne angeben.

> Die Schreibweise einer *URL* kann auch auf die Verzeichnisstruktur Ihrer Festplatte angewandt werden. Im Explorer können Sie Dateien auf Ihrem Rechner auch nach diesem Prinzip in der Adressleiste aufrufen.

Die Domainnamen werden zentral für bestimmte Gebiete vom NIC (Network Information Center) vergeben, so z. B. unter anderem die com-Domains und die de-Domains.

Die Domains com, de, org, net etc. sind *Top-Level Domains*:

- ✔ com steht für commercial
- ✔ de für Rechner aus Deutschland
- ✔ org für gemeinnützige Unternehmen etc.

Den Domainnamen werden (vereinfacht ausgedrückt) bei Anwahl derselben automatisch die zugehörigen Adressen von einem DNS (Domain-Name-Server) zugeordnet.

Der Zugang zum Internet, eine Analogie

Neben der notwendigen Hard- und Software (wird in diesem Kapitel behandelt) benötigen Sie eine IP-Adresse und einen Zugangsrechner (Server) zum Internet. Drei unterschiedliche Möglichkeiten des Zugangs zum Internet werden im Folgenden an einer Analogie dargestellt:

Stellen Sie sich das Internet als eine Art Kaufhaus vor, wobei Sie einen Einkaufsausweis (IP-Adresse) benötigen, um es betreten zu dürfen. Der Vergleich mit einem Kaufhaus ist gar nicht so abwegig, wie es zunächst scheinen mag. Was können Sie in einem realen Kaufhaus tun (in Klammern das Pendant im Internet)?

- ✔ Sie können Waren kaufen (Informationen, Software).
- ✔ Sie können sich mit anderen unterhalten (*Chats* bzw. *Internetphone*).
- ✔ Sie können Nachrichten an Bretter hängen, z. B. Verkaufe / Suche Auto xyz (*Newsbretter*).
- ✔ Sie können auch jemandem persönlich einen Brief oder eine Notiz geben (*E-Mail*).
- ✔ Sie werden gesehen und können andere sehen (*Video-Konferenz*).
- ✔ Was Sie im Internet natürlich nicht können, ist z. B. jemanden berühren.

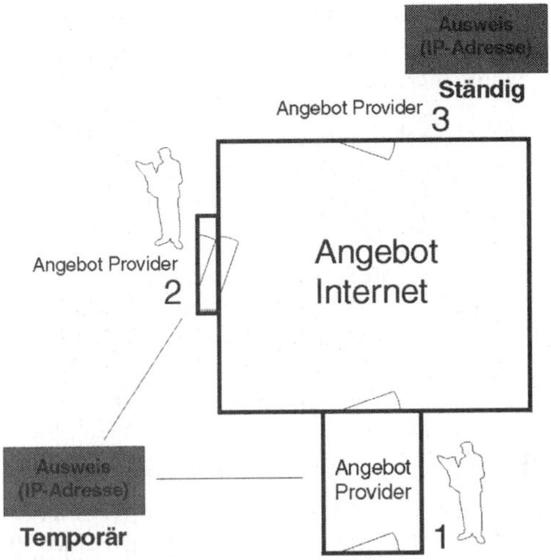

Abbildung 12.3: Drei Möglichkeiten, um in das Internet zu gelangen

Um in das Internet zu gelangen, haben Sie drei Möglichkeiten:

- Sie haben einen Zugang über einen Provider, der selbst noch ein Angebot an »Waren« seinen Mitgliedern feilbietet. Hierzu gehören die großen Online-Dienste wie *T-Online*, *MSN*, *AOL*, *Compuserve* etc. Beim Betreten des Geschäfts erhalten Sie einen Ausweis (IP-Adresse), der es Ihnen ermöglicht, in das »Kaufhaus« Internet vorzudringen. Verlassen Sie das »Geschäft« des Providers, wird Ihnen der Ausweis wieder abgenommen. Sie erhalten also nur für die Zeit Ihres Aufenthalts einen Ausweis. Dies ist eine temporäre IP-Adresse. Gehen Sie ein anderes Mal in das »Geschäft« Ihres Provider erhalten Sie einen Ausweis mit einer anderen (es kann aber auch die gleiche sein) IP-Adresse.
- Die zweite Möglichkeit ist im Prinzip mit der ersten gleichzusetzen, auch hier erhalten Sie eine temporäre IP-Adresse, mit dem Unterschied, dass der Provider in seinem »Geschäft« keine eigenen Waren feilbietet. Er ist in diesem Fall eher mit einem Pförtner zu vergleichen. Diese Provider bieten in der Regel lokal Ihre Dienste an, sind teilweise aber kostengünstiger.
- Die dritte Möglichkeit können Sie am ehesten mit einer automatischen Tür vergleichen, zu der Sie eine Ausweiskarte besitzen. In diesem Fall erhalten Sie eine ständige IP-Adresse, über die Sie sich mit dem

Internet verbinden können (hierbei ist es in der Regel für Sie auch möglich, einen Domainnamen zu erhalten). Diese Adresse hat keiner außer Ihnen. In diesem Fall ist es für jemand anderen, der Ihre Adresse kennt, einfach, Sie direkt »anzusprechen«, vorausgesetzt Ihr Rechner ist zu der Zeit mit dem Internet verbunden. Die Situation kommt der eines Anbieters im Internet schon nahe. Solche IP-Adressen können Sie z. B. bei *Eunet* und vielen anderen regionalen und überregionalen Internet-Providern erhalten.

Eigene Homepage

Neben diesen Möglichkeiten, das Internet als »Käufer« (Client) zu betreten, können Sie selbstverständlich auch als Anbieter (»Server«) auftreten. Viele Provider stellen ihren Kunden eine bestimmte Menge an Speicherplatz auf ihrem Rechner für eine *Homepage* kostenlos zur Verfügung (mit Homepage wird nicht eine Seite bezeichnet, sondern ein Bereich, auf dem jemand für das Internet aufbereitete Daten darstellt).

Bei T-Online können Sie z. B. 1 MByte Speicherplatz nutzen. In diesem Fall benötigen Sie keine eigene Domäne und haben auch keine eigene IP-Adresse. Es ist eigentlich nur ein Verzeichnis (wie auf Ihrer Festplatte), in dem Sie Daten ablegen können, damit andere sie sich ansehen. Die Adressen solcher Verzeichnisse sind in der Regel auch länger, z. B. *http://home / T-Online.de / home / d.raatz* (schauen Sie ruhig mal vorbei). Die Möglichkeiten, die Sie auf solch einem Platz haben, sind in Bezug auf Formularerstellung, Scripterstellung, E-Mail-Weiterleitung etc. eingeschränkt.

Speicherplatz mieten

Um mehr Darstellungsmöglichkeiten als Anbieter im Internet nutzen zu können, ist es am kostengünstigsten, sich Speicherplatz bei speziellen Providern auf Internet-Servern anzumieten. In diesem Fall erhalten Sie eine eigene Domäne mit IP-Adresse und Domainnamen. Die Kosten hierfür beginnen bei ca. 100,00 DM / Monat.

Der nächste Schritt wäre, einen eigenen Rechner als Internet-Server ins Internet zu integrieren. Da dies für die meisten Leser dieses Buchs, aufgrund der Kosten, nicht in Betracht kommt, wird hier nicht näher darauf eingegangen (Sie müssen mit ca. 10.000,00 DM / Monat rechnen für eine »kleine« 64 MBit-Standleitung).

Benötigte Hardware

Um eine Verbindung zum Internet bzw. Ihrem Provider herzustellen, benötigen Sie ein Modem oder eine ISDN-Karte. Welche dieser beiden Möglichkeiten (oder beide) zur Verfügung stehen, müssen Sie bei Ihrem Provider erfragen. Bei T-Online, dem in Deutschland marktführenden

Provider, ist das Internet (flächendeckend zum Ortstarif) auf beide Arten zu erreichen (seit Juli 1997 auch mit guter Geschwindigkeit).

Innerhalb eines Intranets benötigen Sie für jeden Rechner eine Netzwerkkarte, über die die einzelnen Computer miteinander verbunden sind.

Wollen Sie multimediale Angebote anhören bzw. nutzen, muss Ihr Rechner mit einer Soundkarte und möglichst einem Mikrofon ausgestattet sein.

Zur Teilnahme an Videokonferenzen benötigen Sie zusätzlich eine spezielle Videokamera, die das aufgenommene Bild in den Rechner überträgt, oder (dies ist eigentlich noch besser) eine Framegrabberkarte, die die Signale einer normalen Videokamera in digitale Signale umsetzt.

HINWEIS

> Mit letzterer Lösung sind Sie in der Regel auch in der Lage, Ihre privaten Videofilme im Rechner zu bearbeiten und erneut auf einem Videorecorder auszugeben.

Benötigte Software

Bei der Software ist es etwas komplizierter anzugeben, welche Software wirklich benötigt wird, da es von der Nutzung der vorhandenen Dienste abhängig ist. Es gibt ein fast unendliches Angebot von einzusetzender Software, sofern man auch Hilfsprogramme noch hinzuzählt. In diesem Buch werden nur die am häufigsten genutzten und vielleicht auch interessantesten Dienste behandelt.

Die hier aufgeführte und benutzte Software ist 32-Bit-Software, die demgemäß nur auf 32-Bit-Betriebssystemen wie Windows 98 lauffähig ist. Häufig gibt es auch entsprechende Software für 16-Bit-Betriebssysteme, die allerdings in der Regel Einschränkungen besitzt.

Für die Nutzung des World Wide Web, abgekürzt WWW oder W3, benötigen Sie einen *WWW-Client,* der auch als *Browser* bezeichnet wird. Die bekanntesten sind der *Internet Explorer* von Microsoft und der *Netscape Navigator*.

HTTP

Diese Programme beherrschen das Hypertext-Transfer-Protokoll (HTTP), welches im WWW eingesetzt wird. Diese beiden Browser beherrschen zusätzlich das File-Transfer-Protokoll (FTP), das auf vielen Rechnern, von denen Sie Software herunterladen können, genutzt wird. FTP dient zum Übertragen von Dateien innerhalb des Internets.

HINWEIS

In diesem Buch wird der Internet Explorer, da er innerhalb von Windows 98 vorhanden ist, eingesetzt. Andere Browser arbeiten aber prinzipiell ähnlich.

Mit dem Internet Explorer können Sie (ohne zusätzliche Programme) auch *Telnet* nutzen. Telnet ermöglicht es Ihnen, Ressourcen eines anderen Rechners zu nutzen, sofern Sie die Berechtigung dazu haben. Es ist im Prinzip ein Terminalprogramm, mit dem Sie Verbindungen im Internet herstellen können. Sie finden dies häufig bei Bibliotheken, um Bücher auszusuchen bzw. reservieren zu lassen.

Die E-Mail

Ein weiterer wichtiger Dienst im Internet ist *E-Mail*, mit dem Sie elektronische Post versenden und empfangen können. Hierzu benötigen Sie einen E-Mail-Client, der das Simple-Mail-Transfer-Protokoll (SMTP) beherrscht. In Windows 98 haben Sie Outlook Express, das gleichzeitig auch ein News-Offline-Reader ist. Mit diesem Programm sind Sie damit gleichzeitig in der Lage, das Usenet (steht für User's Network) zu nutzen. Das Usenet ist ein Informations- und Diskussionssystem, im Prinzip nichts anderes als ein schwarzes Brett an irgendeinem Ort (Firma, Uni, Schule etc.).

Internet Relay Chat

Ein weiterer interessanter Dienst ist das Echtzeit-Konferenz-System, das Sie über ein Internet Relay Chat (IRC) erreichen können. Sie können sich dort mit anderen in Echtzeit über Tastatur unterhalten. In Windows 98 ist Microsoft Chat enthalten.

Ein weiteres Echtzeit-Konferenz-System können Sie mit dem Programm NetMeeting durch direkte Anwahl einer IP-Adresse oder über einen ILS-Server (Internet Location Server) aufbauen. Hierbei ist nicht nur die Unterhaltung per Tastatur möglich, sondern zusätzlich Echtzeitübertragung von Sprache, Video, die Übertragung von Dateien bzw. die gleichzeitige Bearbeitung von Dateien.

Plugins

Die Fähigkeiten der Browser können durch Plugins erweitert werden, das sind im Prinzip Programmerweiterungen. Außerdem können durch Hilfsprogramme zusätzliche Möglichkeiten geschaffen werden. Die Programme, die in Windows 98 mitgeliefert sind, sind nicht die einzigen Programme, die die jeweils gewünschten Möglichkeiten bieten. Es gibt für alle Programmarten mehrere Anbieter, wobei sich die Leistungsfähigkeit teilweise nur minimal unterscheidet. Sie kennen dies schon von anderen Programmen her, wie z. B. Textverarbeitungen, Tabellenkalkulationen etc.

Software von Online-Providern

Wenn Sie sich bei einem *Online-Provider* anmelden, erhalten Sie in der Regel eine *Zugangssoftware*, für AOL, MSN und CompuServe ist diese bereits in Windows 98 enthalten. Betrachten wir beispielhaft T-Online:

T-Online

Sie erhalten eine CD-ROM mit einer Software. Diese Software gliedert sich im Prinzip in zwei Bereiche auf. Der *T-Online-Decoder* ist ein Programm, mit dem Sie auf die internen Angebote von T-Online zugreifen können. Sie haben damit z. B. auch die Möglichkeit, an Chats innerhalb von T-Online teilzunehmen.

Dazu benötigen Sie aber zusätzliche Software. Das gleiche gilt auch für Newsbretter. Innerhalb von T-Online gibt es sogenannte Foren, nur ein anderer Ausdruck für Newsbretter, die Sie mit der Software von T-Online einsehen oder an die Sie auch selbst Nachrichten senden können. Sie sind damit aber nicht in der Lage, Newsserver des Internets zu erreichen, nicht einmal den eigenen News-Server von T-Online.

Neben dieser Software bekommen Sie auch den Internet-Explorer und den Netscape-Navigator. Diese beiden Programme ermöglichen es Ihnen, auf Angebote aus dem Internet zuzugreifen. Sie benötigen dazu nicht den T-Online-Decoder. Später in diesem Kapitel wird der direkte Weg ins Internet über das DFÜ-Netzwerk von Windows 98 erklärt, ohne Einsatz des T-Online-Decoders. Außerdem können Sie beim direkten Zugang über das DFÜ-Netzwerk Programme einsetzen, die nicht mit dem T-Online-Decoder zusammen eingesetzt werden dürfen.

Einrichten und Konfigurieren eines Modems

Im Gegensatz zu einer ISDN-Karte ist ein *Modem* relativ problemlos und einfach zu installieren. Nach erfolgter Installation erscheint ein Eintrag für ein Modem, auf das Sie mit Programmen zugreifen können. Falls Sie noch nicht genau wissen, wie ein Modem funktioniert, hier zunächst ein paar Hintergrundinformationen.

Ein bisschen Hintergrundwissen

Wenn Sie sich mit Modems auskennen, überspringen Sie diesen Abschnitt. Vielleicht können die folgenden Ausführungen dem einen oder anderen Leser nützlich sein.

Die Funktionsweise eines Modems

Immer häufiger ist es heutzutage notwendig, Daten mit anderen Rechnern auszutauschen. Eine Möglichkeit, dies zu tun, ist der Aufbau einer Verbindung zwischen den Rechnern mittels der normalen Telefonleitungen. Die überall vorhandenen Telefonanschlüsse können allerdings nur analoge Daten übertragen, daher müssen die digitalen Daten des Rechners für den Transport über die Telefonleitung in analoge Daten umgewandelt werden. Beim Empfänger müssen die ankommenden analogen Daten wieder in digitale Daten umgewandelt werden, damit sie der empfangende Rechner lesen kann. Diese Umwandlung wird jeweils mit Hilfe eines Modems durchgeführt – der Name ist eine Abkürzung für **Mod**ulator / **Dem**odulator.

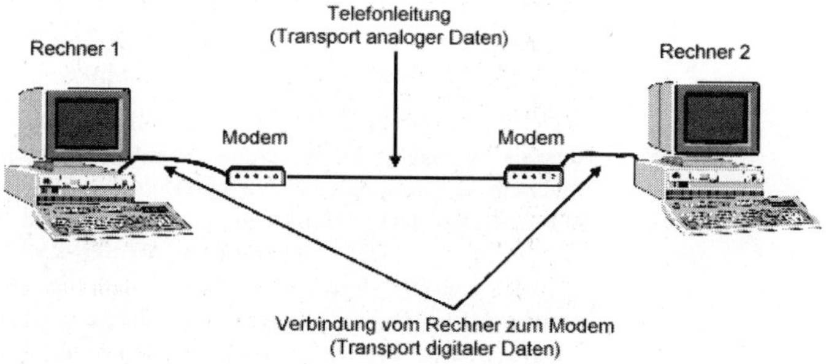

Abbildung 12.4: Funktionsweise eines Modems

Senden Sie z. B. Daten von Rechner 1 zu Rechner 2, so werden die digitalen Daten im Modem des Rechners 1 in analoge Daten umgewandelt und über die Telefonleitung zum Modem des Rechners 2 gesendet, das die analogen Daten wieder in digitale Daten umwandelt und zum Rechner 2 weiterleitet. Diese Umwandlungen finden selbstverständlich in beide Richtungen statt.

Die Anschlüsse eines Modems

Ein Modem muss sowohl mit dem Rechner als auch mit dem Telefonnetz verbunden werden. Ein externes Modem (Gerät außerhalb des Rechners) wird anhand des mitgelieferten Kabels mit der seriellen Schnittstelle des Rechners verbunden, in der Regel ist dies COM2.

Der Anschluss an das analoge Telefonnetz erfolgt über eine TAE6-Anschlussdose mit N-Codierung – das Anschlusskabel erhalten Sie ebenfalls beim Kauf eines Modems. Daneben hat das Modem in der Regel noch ein Netzteil, welches mit der Steckdose verbunden werden muss. Bei einem internen Modem – dies ist eine Einsteckkarte, die im Rechner eingebaut wird – haben Sie lediglich ein Verbindungskabel zur Telefonanschlussdose.

Die Telefonsteckdose

Ihr normales Telefon ist an eine TAE6-Anschlussdose mit F-Codierung angeschlossen, ausgenommen Ihr Telefonkabel hat keinen Stecker und Sie besitzen noch die alten Telefonanschlussdosen. Wenn Sie noch keine passende Anschlussdose installiert haben, sollten Sie sich eine Anschlussdose TAE2x6 N,F im Handel besorgen (jedes Kaufhaus hat so etwas) und sie gegen die alte Anschlussdose austauschen. Die Kabelanschlüsse sind mit denen der neuen Anschlussdose identisch.

Die Anschlussdose TAE2x6 N,F ermöglicht den gleichzeitigen Anschluss eines Modems und eines Telefons an eine Anschlussdose, so dass beiden Geräten die gleiche Rufnummer zugeordnet ist! Bei ankommenden Anrufen können Sie dann jeweils zunächst den Telefonhörer abheben, um das Gespräch anzunehmen, und – sofern es sich nicht um einen normalen Anruf handelt, sondern um eine Nachricht für das Modem (Sie hören dann einen Pfeifton) – die Anrufannahme an das Modem weitergeben.

Falls Sie die gleiche Anschlussdose und damit die gleiche Telefonnummer nicht nur für das Modem und das Telefon, sondern auch noch für andere Geräte (z. B. für einen Anrufbeantworter) verwenden, sollten Sie das Modem immer in die linke Buchse Ihrer TAE6-Anschlussdose einstecken, damit es vom Telefon angenommene Rufe übernehmen kann!

Außerdem sollten Sie weitere Geräte, die die gleiche Rufnummer wie Telefon und Modem haben, jeweils ausschalten, wenn Sie mit dem Modem einen Ruf empfangen möchten – ist z. B. ein Anrufbeantworter aktiv, der mit der gleichen Rufnummer wie das Modem ist, empfängt dieser anstelle des Modems die ankommende Nachricht, da er schneller reagiert als das Modem. Solange Sie lediglich Daten versenden, kann der Anrufbeantworter hingegen eingeschaltet bleiben.

ISDN

Sollten Sie einen ISDN-Anschluss (Integrated Services Digital Network = Digitales Telekommunikationsnetz mit integrierten Diensten) ohne Telefon-Nebenstellenanlage besitzen, benötigen Sie zusätzlich einen *a / b-Adapter*, um ein Modem anschließen zu können. Es kann durchaus Sinn machen, an einem ISDN-Anschluss ein Modem zu betreiben, da Sie mit einer ISDN-Karte keine Verbindung zu einem Modem aufbauen können.

Die gebräuchlichsten Modemtypen

Wie weiter oben schon erwähnt, gibt es interne und externe Modems. Diese beiden Modemarten können gleiche Leistungsmerkmale aufweisen. Ob Sie ein internes oder externes Modem einsetzen, ist letztendlich nicht so ausschlaggebend. Externe Modems finden Sie allerdings häufiger im Einsatz. Die wichtigen Unterscheidungsmerkmale treffen auf interne wie auch auf externe Modems zu:

Die Geschwindigkeit, mit der Daten über das Telefonnetz übertragen werden, ist abhängig vom jeweiligen Modem. Momentan gebräuchliche Modems haben nominale Übertragungsraten von 2400 bis 56000 Baud.

Die Einheit *Baud* gibt an, wie viele Bits pro Sekunde übertragen werden können. Mit einem Modem mit 28800 Baud können theoretisch 28800 Bits pro Sekunde, auch als 28800 bps (bits per second) bezeichnet, übertragen werden. Wenn Sie diesen Wert durch acht dividieren – die Darstellung eines Zeichens benötigt 8 Bit (=1 Byte) – erhalten Sie den Wert 3600. Sie können also theoretisch 3600 Zeichen pro Sekunde, auch als 3600 cps (characters per second) bezeichnet, übertragen. Die real erreichbare Datenübertragungsrate ist aber von weiteren Faktoren abhängig. Diese Faktoren sind:

- ✔ Die Qualität der Telefonverbindung, die sich während einer bestehenden Verbindung verschlechtern oder verbessern kann, wobei die Datenübertragungsrate von den Modems automatisch, der Qualität der Verbindung entsprechend, angepasst wird.
- ✔ Bei der Kommunikation zweier Modems ist die schnellstmögliche Datenübertragung abhängig vom langsamsten Modem. Sind z. B. ein Modem mit 14400 Baud und ein Modem mit 28800 Baud verbunden, ist die theoretisch maximal erreichbare Datenübertragungsrate 14400 bps.

Mit einem 14400-Baud-Modem kann in der Regel lediglich eine reelle Datenübertragungsrate von 1100 bis 1600 cps erreicht werden, da für die einwandfreie Kommunikation eines Modems zusätzlich Steuerungsdaten gesendet werden müssen. Die genannten Werte beziehen sich auf die übermittelten Zeichen ohne Steuercodes.

Zusätzlich finden Sie Angaben zur effektiven Übertragungsrate eines Modems, die sehr viel höher liegt als die nominale Übertragungsrate – bei einem Modem mit 28800 Baud kann die effektive Übertragungsrate bis zu 115200 bps betragen. Diese Werte sind mittels *Datenkomprimierung* zu erreichen.

Ein Beispiel

Rechner 1 will eine Textdatei mit einer Größe von 15 MByte an Rechner 2 versenden. Die Textdatei wird von Rechner 1 (oder dem Modem) auf eine Größe von 1 MByte komprimiert – es muss also nur 1 MByte Daten über die Telefonleitung gesendet werden – und der Rechner 2 dekomprimiert die Textdatei wieder auf ihre ursprüngliche Größe von 15 MByte. Effektiv sind also 15 MByte Daten übermittelt worden, physikalisch jedoch nur 1 MByte. Aus diesem Grunde sind die effektiven Übertragungsraten viel höher. Der genaue Wert ist abhängig vom Komprimierungsfaktor der zu versendenden Daten.

Faxen

Eine weitere Funktion von Modems ist das Faxen. Die meisten momentan erhältlichen Modems sind sogenannte *Fax-Modems*, d. h. Sie können mit diesen Modems Faxe senden und empfangen. Lediglich einige sehr preiswerte Modems sind hierzu nicht in der Lage. Die Datenübertragungsrate von Fax-Modems beträgt – entsprechend den Möglichkeiten des Empfangsgeräts – in der Regel 4800, 9600 oder 14400 bps. Damit Sie Faxe empfangen können, muss der Rechner in Betrieb sein und das entsprechende Programm laufen.

KNOW-HOW

> Falls Sie viele Faxe empfangen, ist es ratsam, ein gesondertes, normales Faxgerät einzusetzen!

Modems mit *Voice*-Funktionen können zusätzlich als Anrufbeantworter fungieren. Inwieweit Sie dies benötigen, müssen Sie selbst entscheiden. Im Prinzip ist es nicht sehr sinnvoll, den Rechner ständig in Betrieb zu lassen, damit er als Anrufbeantworter dienen kann. Ein gesonderter Anrufbeantworter ist erheblich kostengünstiger.

Fast alle Modems besitzen eingebaute Lautsprecher. Dies ermöglicht manchmal die schnellere Entdeckung eines Fehlers. Wenn Sie z. B. versehentlich eine Telefonnummer wählen, die die Verbindung zu einem normalen Telefon herstellt, hören Sie im Lautsprecher die Stimme des Angerufenen und wissen damit sofort, dass Sie eine falsche Nummer gewählt haben. Weiterreichende Möglichkeiten bietet ein Lautsprecher allerdings nicht.

Die Kommunikation zwischen Modems

Bevor die eigentlichen Daten übertragen werden können, muss das Modem programmiert und eine Verbindung zu einem anderen Modem hergestellt werden. Bei der Programmierung – diese muss im Befehlsmodus des Modems stattfinden – wird dem Modem mitgeteilt, wie es sich verhalten soll, z. B. welches Wahlverfahren, welche Telefonnummer, welche Übertragungsrate, welche Datenkompression etc. es einsetzen soll. Im Prinzip findet eine Konfigurierung des Modems statt.

Die Programmierung wird mit AT-Befehlen (AT kommt von Attention = Achtung) durchgeführt. Der Begriff kommt daher, dass jede Befehlszeile für das Modem mit der Zeichenfolge AT beginnen muss, z. B. AT DP &F0 – dieser Befehl schaltet auf Pulswahl und stellt die Werkseinstellungen für ein Creatix-Modem ein. Eine komplette Aufstellung aller für Ihr Modem relevanten Befehle finden Sie im Handbuch des Modems.

Außer in einigen Fällen müssen die Befehle allerdings nicht direkt in der genannten Form eingegeben werden, sondern Windows bzw. die Modem-Software bietet Ihnen entsprechende Auswahlmöglichkeiten an. Gemäß Ihrer Auswahl werden dann die entsprechenden Befehle durch die Software an das Modem gesendet.

An einem externen Modem finden Sie kleine Lämpchen, sogenannte *LED*s, die den Arbeitszustand des Modems signalisieren. Wie viele LEDs Ihr Gerät besitzt und welche Bedeutung sie haben, ist abhängig von Ihrem Modem, die Angaben finden Sie im Handbuch. Einige häufig anzutreffende LEDs und ihre Bedeutung:

POWER	Modem ist betriebsbereit
ONLINE	Modem ist an die Übertragungsleitung geschaltet
DSR	Antwortton liegt vor
DCD	Modem hat den Trägerton des Fernmodems erkannt
CTS	Modem ist sendebereit
RTS	Sendeaufforderung liegt vor
DTR	Rechner ist betriebsbereit

Ein Verbindungsaufbau läuft vereinfacht dargestellt folgendermaßen ab:

Die Software sendet die AT-Befehle mit der zu wählenden Telefonnummer an das Modem, welches daraufhin mit dem Wählvorgang beginnt. Das angerufene Modem meldet sich, indem es einen Trägerton (auch Carrier genannt, er klingt wie ein Pfeifton) sendet. Daraufhin stellen die Modems wechselseitig fest, über welche Fähigkeiten sie verfügen, indem sie festgelegte Tonfolgen austauschen, und einigen sich auf ein gemeinsames Übertragungsverfahren in Bezug auf Geschwindigkeit und Kompression der Daten.

Handshake

Danach teilen sich die Modems ständig gegenseitig mit, ob sie Daten senden oder empfangen wollen. Dies wird durch ein *Handshake* erreicht, bei dem entweder spezielle Steuerzeichen übertragen (Software-Handshake XON / XOFF) oder eigene Signalleitungen mit jeweils verschiedenen Bedeutungen aktiviert werden (Hardware-Handshake RTS / CTS).

Um Daten zuverlässig übertragen zu können, müssen beide Modems ein gemeinsames Protokoll verwenden, das Übertragungsfehler erkennt und korrigiert. Die Korrektur kann im Modem erfolgen (z. B. mit dem MNP5- oder dem V.42bis-Protokoll) oder durch die Kommunikationssoftware (z. B. mit den Protokollen X-Modem, Y-Modem, Z-Modem oder Kermit).

Die Vorgänge beim Handshake oder das verwendete Protokoll müssen Sie nicht im Einzelnen kennen.

Einige Anmerkungen zur seriellen Schnittstelle

Modems werden an eine serielle Schnittstelle des Rechners angeschlossen. Für hohe Übertragungsraten (> 9600 Baud) sollte die Schnittstelle über einen 16550A UART (universal asynchronous receiver / transmitter) verfügen, der einen internen, 16 Byte großen Pufferspeicher (FIFO = first in first out) enthält.

Dieser Pufferspeicher entlastet das Rechnersystem: Ohne Puffer wird jedes gesendete Zeichen sofort an den Rechner übertragen und dort bearbeitet. In einem 16 Byte großen Puffer hingegen können zunächst 16 Zeichen gesammelt und anschließend zugleich an den Rechner übertragen und verarbeitet werden. Somit ist die Gefahr eines Datenüberlaufs (Zeichen werden empfangen, können aber nicht verarbeitet werden) erheblich geringer. Sollte die serielle Schnittstelle Ihres Rechners nicht über einen entsprechenden Pufferspeicher verfügen, sollten Sie in Erwägung ziehen, die serielle Schnittstellenkarte auszutauschen.

Das Modem integrieren

Bevor ein Modem einsatzfähig ist, sind zwei Schritte notwendig. Zunächst muss die Hardware (das Modem) dem Betriebssystem mitgeteilt und anschließend muss das Modem für die Software konfiguriert werden. Die Vorgänge sind in der Praxis nicht so genau zu trennen, da Sie gewöhnlich nach der Hardwareinstallation automatisch in die Konfiguration gelangen. Auf der anderen Seite können Sie die Konfiguration beliebig oft ändern, was teilweise auch nötig ist.

Das Modem hardwaremäßig installieren

Sie können zwar ein Modem installieren, das noch nicht angeschlossen ist, sinnvoller ist es jedoch, das Modem zunächst mit dem Kabel an den Rechner anzuschließen und danach zu installieren. Wenn Sie ein internes Modem besitzen, sollten Sie es in jedem Fall zunächst physisch installieren. Folgen Sie hierbei den Anweisungen des Herstellers. Sie werden eventuell eine weitere serielle Schnittstelle installieren müssen. Häufig sollen Sie auch noch *Jumper* auf der Modemkarte einstellen. Ist Ihr Modem fertig angeschlossen und mit Strom versorgt, können Sie auf zwei Wegen die Installation starten:

`Start / Einstellungen / Systemsteuerung / Hardware`

oder

`Start / Einstellungen / Systemsteuerungen / Modems / Hinzufügen`

Der zweite Weg ist schneller, da Sie direkt in die Installation von Modems gelangen. Beim ersten Weg können Sie beliebige Hardware installieren und müssen erst zur Installation der Modems gelangen. Am vorteilhaftesten wählen Sie also den zweiten Weg. Sollte noch kein Modemeintrag in der Systemsteuerung aufgeführt sein, müssen Sie allerdings den ersten Weg nehmen. Beim zweiten Weg werden Sie aufgefordert eine Wahl zu treffen.

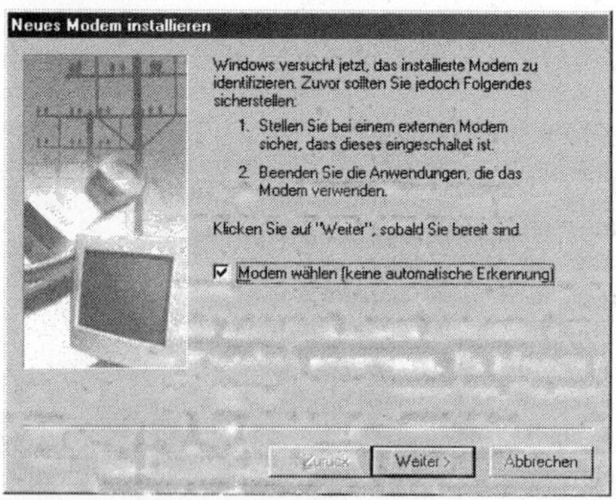

Abbildung 12.5: Auswahl der Erkennung

Sie sollten in jedem Fall die Option *Modem wählen (keine automatische Erkennung)* aktivieren. Erstens wird oft nicht das richtige Modem erkannt und zweitens dauert die Erkennung, sollte sie denn funktionieren, relativ lange. Manuell geht dies sehr viel schneller und genauer. Unter Umständen erhalten Sie die Mitteilung, dass die Windows-Datenbank erstellt wird. Nach kurzer Zeit müsste dann ein Auswahlfenster erscheinen.

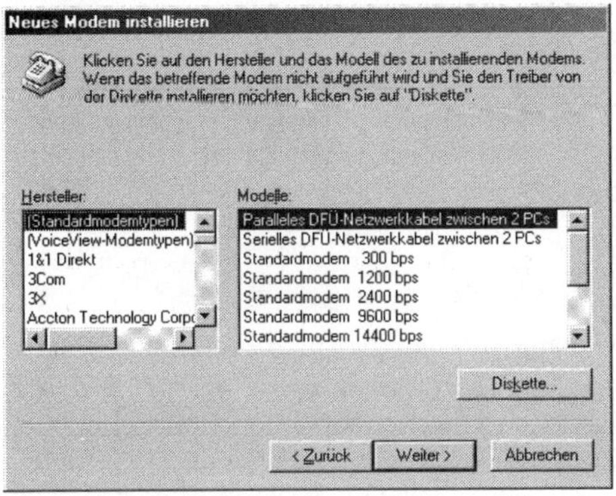

Abbildung 12.6: Auswahl für ein Modem

Suchen Sie im linken Fenster zuerst den *Hersteller* Ihres Modems und anschließend im rechten Fenster Ihren *Modemtyp*. Es sieht zwar so aus, als ob für jedes Modem ein eigener Treiber verfügbar wäre. Dem ist allerdings nicht so.

Der Treiber

Der Treiber für die Modems ist in der Regel immer der gleiche, unterschiedlich sind lediglich die hardwaremäßigen Einstellungen für diesen Treiber und die AT-Befehle für die Initialisierung des Modems. Sie können sich dies in den entsprechenden INF-Dateien anschauen. Die Datei MDMCRTX.INF im Verzeichnis Windows / Inf enthält z. B. die Spezifikationen für die Modems von Creatix.

Sollten Sie Ihr Modem nicht in der Liste finden, können Sie auch ein entsprechendes Standardmodem installieren, in der Regel wird dies auch erfolgreich sein. Um alle Möglichkeiten Ihres Modems einwandfrei nutzen zu können, sollten Sie jedoch Ihren speziellen Modemtyp wählen. Teilweise erhalten Sie bei Ihrem Modemhersteller neue INF-Dateien, die die Einstellungen für Ihr Modem aktualisieren.

Legen Sie im nächsten Fenster den Anschluss für Ihr Modem fest.

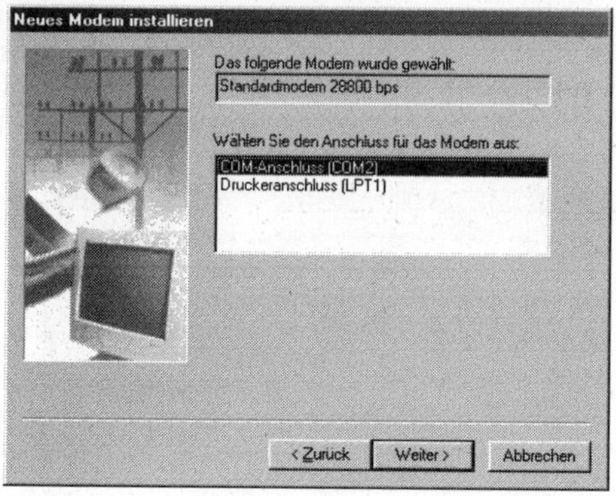

Abbildung 12.7: Anschluss für das Modem festlegen

In der Regel wird Ihr Modem an COM2 angeschlossen sein. Ein internes Modem kann auch an anderen seriellen Anschlüssen, die keinen physischen Anschluss außen am Rechner haben, »angeschlossen« werden. Diese Anschlüsse sind dann in der Liste mit aufgeführt.

Nach kurzer Zeit erhalten Sie die Meldung, dass das Modem konfiguriert ist, allerdings eventuell noch nicht so, wie Sie es benötigen. Klicken Sie auf *Fertigstellen*. Sie gelangen dann automatisch in die Konfigurationseinstellungen des Modems.

Das Modem einstellen

Haben Sie gerade ein neues Modem installiert, sind Sie automatisch in dieses Fenster gelangt. Ansonsten lassen sich die Konfigurationseinstellungen jederzeit über *Start / Einstellungen / Systemsteuerung / Modems* erreichen.

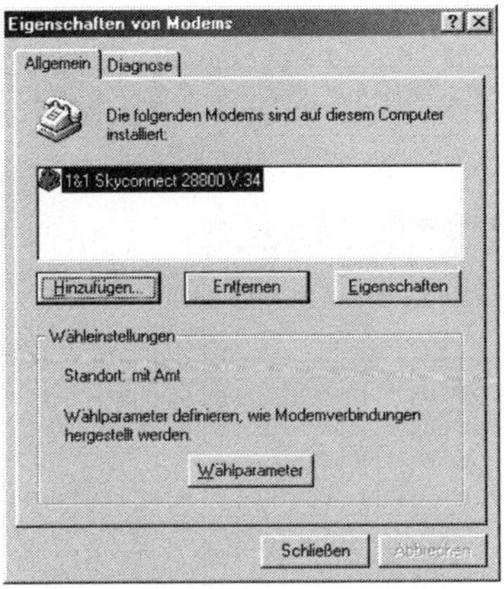

Abbildung 12.8: Konfigurationseinstellungen für Modems

Aus diesem Bereich heraus können Sie die *Eigenschaften* des Modems verändern, das Modem testen und die *Wahlparameter* einstellen.

Überprüfen Sie zunächst, ob das Modem richtig reagiert, indem Sie das Register *Diagnose* wählen.

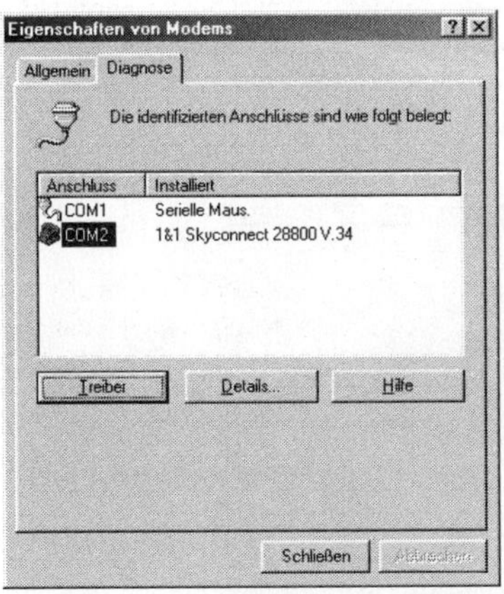

Abbildung 12.9: Diagnose eines Modems

Es sind alle seriellen Anschlüsse aufgeführt. Sie können aber nur wirklich vorhandene Modems überprüfen, indem Sie auf *Details* klicken. Virtuelle

Modems, wie sie ISDN-Karten verwenden oder Mäuse, können nicht überprüft werden.

Es werden Daten zum Modem gesendet und die hardwaremäßigen Kennungen des Modems ausgelesen und angezeigt.

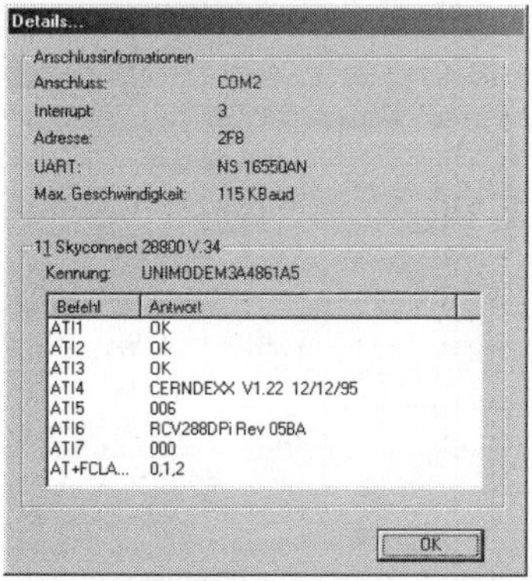

Abbildung 12.10: Kennungen eines Modems

Sie sehen sowohl die *Anschlussinformationen* der seriellen Schnittstelle als auch die Daten des Modems. Wenn Sie vorher nicht genau gewusst haben, was Sie für ein Modem besitzen, geben Ihnen eventuell die ausgelesenen Daten Aufschluss über Ihren Modemtyp.

Gehen Sie zurück und wählen Sie *Eigenschaften*.

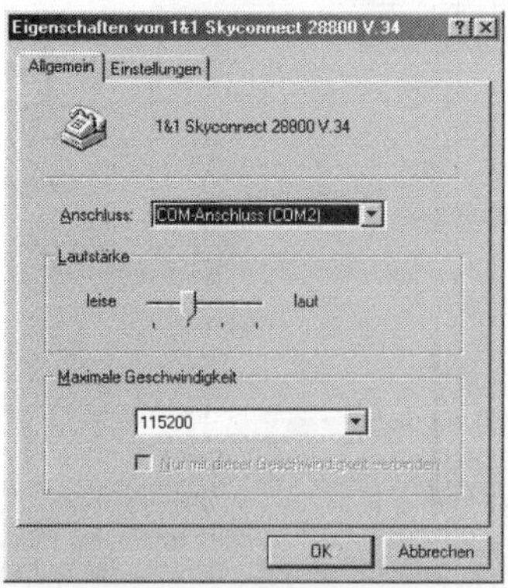

Abbildung 12.11: Eigenschaften des Modems

Sollten Sie das Modem später an einem anderen seriellen Anschluss betreiben, können Sie hier auch eine andere serielle Schnittstelle zuordnen.

Die Lautstärke

Jedes Modem piepst normalerweise zumindest bis zum erfolgten Verbindungsaufbau (dies lässt sich auch ganz abschalten). Die *Lautstärke* des eingebauten Lautsprechers im Modem kann hier verändert werden.

Die *maximale Geschwindigkeit,* die Sie hier einstellen können, ist die Geschwindigkeit zwischen serieller Schnittstelle und Modem. Es ist nicht die von Modem zu Modem. Stellen Sie die Geschwindigkeit höher ein als die maximale Verbindungsgeschwindigkeit Ihres Modems. Bei einem 28.800-Modem können Sie die Geschwindigkeit z. B. auf 115.200-Baud einstellen.

Denken Sie an unsere theoretische Einführung. Durch Datenkompression können mehr Daten übertragen werden, als das Modem nach den technischen Angaben übertragen könnte. Stellen Sie hier z. B. bei einem 28.800-Modem die Geschwindigkeit auf 28.800 ein, kann es passieren, dass die maximal mögliche Datenübertragungsgeschwindigkeit zwischen den Modems nicht erreicht werden kann, da Sie sie an dieser Stelle ausbremsen.

Wählen Sie jetzt das Register *Einstellungen.*

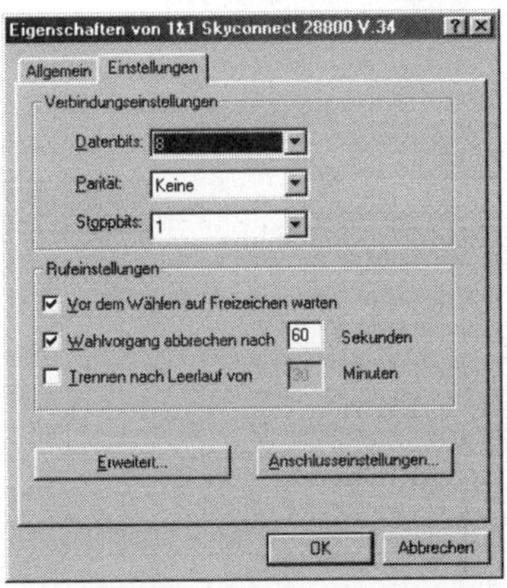

Abbildung 12.12: Einstellungen des Modems

Die *Verbindungseinstellungen*, die Sie in der Abbildung sehen, sind Standardeinstellungen, die fast überall verwendet werden. Sie brauchen sie nur in Ausnahmefällen zu ändern. Die notwendigen Werte müssen Sie sich dann von dem Modem holen, mit dem Sie eine Verbindung aufbauen wollen.

Die Bedeutung der anderen Optionen:

- *Vor dem Wählen auf Freizeichen warten* – wartet auf das Freizeichen des Telefons, bevor das Modem wählt. Diese Funktion müssen Sie eventuell deaktivieren, wenn Sie an einer Nebenstellenanlage angeschlossen sind, die ein Freizeichen verwendet, das nicht erkannt wird.
- *Wahlvorgang abbrechen nach ... Sekunden* – normalerweise lässt das Modem es bei der Gegenseite so lange klingeln, bis das andere Modem »rangeht«. An dieser Stelle legen Sie fest, nach wie viel Sekunden der Wahlvorgang, sofern die Gegenstelle nicht abhebt, abgebrochen werden soll.
- *Trennen nach Leerlauf von ... Minuten* – legt fest, nach wie viel Minuten eine bestehende Verbindung unterbrochen wird, sofern keine Daten ausgetauscht werden. Bei nochmaligem Datenaustausch, beginnt die Zeit erneut zu zählen.

Wenn Sie *Erweitert* wählen, können zusätzliche Funktionen eingestellt werden.

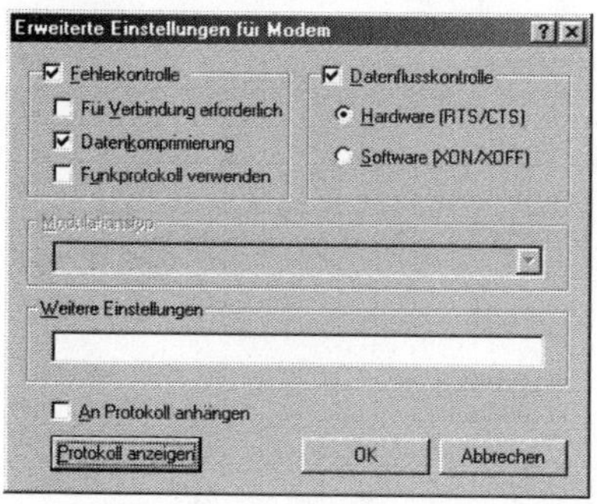

Abbildung 12.13: Erweiterte Einstellungen für das Modem

Die Optionen im oberen Bereich der Abbildung sind Standardeinstellungen, die in der Regel so eingestellt bleiben sollten.

In *Weitere Einstellungen* können Sie AT-Befehle eingeben, die an das Modem gesendet werden, nachdem es initialisiert ist. Sie könnten z. B. einen Befehl senden, der die Wartefunktion des Modems abschaltet (für Creatix-Modems ist dies %TCB) etc.

Protokoll anzeigen zeigt das Protokoll einer Verbindung an.

```
03-26-1998 18:10:29.67 - 57600,N,8,1
03-26-1998 18:10:29.67 - 57600,N,8,1
03-26-1998 18:10:29.67 - Modem wird initialisiert.
03-26-1998 18:10:29.67 - Gesendet: AT<cr>
03-26-1998 18:10:29.68 - Empfangen: AT<cr>
03-26-1998 18:10:29.81 - Empfangen: <cr><lf>OK<cr><lf>
03-26-1998 18:10:29.81 - Interpretierte Anwort: OK
03-26-1998 18:10:29.81 - Gesendet: AT &F<cr>
03-26-1998 18:10:29.81 - Empfangen: AT &F<cr>
03-26-1998 18:10:29.95 - Empfangen: <cr><lf>OK<cr><lf>
03-26-1998 18:10:29.95 - Interpretierte Anwort: OK
03-26-1998 18:10:29.95 - Gesendet: AT W0 S95=249 S25=0 S38=0<cr>
03-26-1998 18:10:29.96 - Empfangen: AT W0 S95=249 S25=0 S38=0<cr>
03-26-1998 18:10:30.10 - Empfangen: <cr><lf>OK<cr><lf>
03-26-1998 18:10:30.10 - Interpretierte Anwort: OK
03-26-1998 18:10:30.10 - Gesendet: ATS7=60S30=0L1M1\N3%C3&K3X4<cr>
03-26-1998 18:10:30.11 - Empfangen: ATS7=60S30=0L1M1\N3%C3&K3X4<cr>
03-26-1998 18:10:30.25 - Empfangen: <cr><lf>OK<cr><lf>
03-26-1998 18:10:30.25 - Interpretierte Anwort: OK
03-26-1998 18:10:30.28 - W■hlvorgang.
03-26-1998 18:10:30.28 - Gesendet: ATDT#,##########<cr>
03-26-1998 18:10:30.28 - Empfangen: ATDT0,0406913666<cr>
03-26-1998 18:10:51.88 - Empfangen: <cr><lf>PROTOCOL: LAP-M<cr><lf>
03-26-1998 18:10:51.88 - Interpretierte Anwort: Aufschlussreich
03-26-1998 18:10:51.88 - Empfangen: <cr><lf>COMPRESSION: V.42BIS<cr><lf
03-26-1998 18:10:51.88 - Interpretierte Anwort: Aufschlussreich
03-26-1998 18:10:51.88 - Empfangen: <cr><lf>CONNECT 28800<cr><lf>
03-26-1998 18:10:51.88 - Interpretierte Anwort: Verbinden
03-26-1998 18:10:51.88 - Verbindung mit 57600bps hergestellt.
03-26-1998 18:10:51.88 - Fehlerkontrolle an.
03-26-1998 18:10:51.88 - Datenkomprimierung an.
03-26-1998 18:11:06.91 - Modem wird aufgelegt.
03-26-1998 18:11:06.91 - Modem hat nach DTR-Signal aufgelegt.
03-26-1998 18:11:07.56 - Empfangen: <cr><lf>OK<cr><lf>
03-26-1998 18:11:07.56 - Interpretierte Anwort: OK
03-26-1998 18:11:07.56 - Gesendet: ATH<cr>
03-26-1998 18:11:07.57 - Empfangen: ATH<cr>
03-26-1998 18:11:07.70 - Empfangen: <cr><lf>OK<cr><lf>
03-26-1998 18:11:07.70 - Interpretierte Anwort: OK
03-26-1998 18:11:07.70 - 57600,N,8,1
03-26-1998 18:11:07.72 - Sitzungsstatistik:
03-26-1998 18:11:07.72 -                    Lesevorgang: 443 Bytes
03-26-1998 18:11:07.72 -                    Schreibvorgang: 164 Bytes
03-26-1998 18:11:07.72 - 1&1 Skyconnect 28800 V.34 geschlossen.
```

Abbildung 12.14: Beispiel eines Verbindungsprotokolls

Anhand dieses *Verbindungsprotokolls* können Sie eventuell herausbekommen, warum eine Verbindung nicht zustande gekommen ist. Sie erkennen auch, welche Befehle und wie viel Bytes gesendet und empfangen wurden, die Geschwindigkeit der Verbindung, die Uhrzeiten, das Datum etc.

Gehen Sie zurück und wählen Sie *Anschlusseinstellungen.*

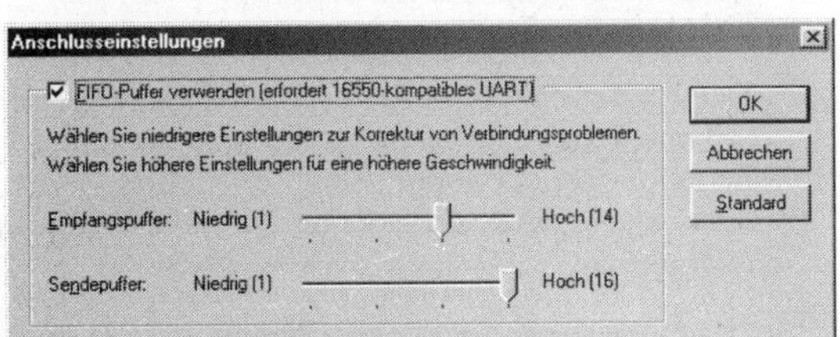

Abbildung 12.15: Anschlusseinstellungen für das Modem

Hier können Sie festlegen, wie groß der Puffer für den 16550 UART sein soll. In der Regel ist die Einstellung wie in der Abbildung optimal.

Das Einzige, was Ihnen jetzt noch fehlt, ist die Einstellung der Wahlparameter. In den Wahlparametern legen Sie Ihren Standort fest und welche Ziffern gewählt werden müssen, um z. B. ein Amt zu erhalten. Gehen Sie zurück und wählen Sie *Wahlparameter*.

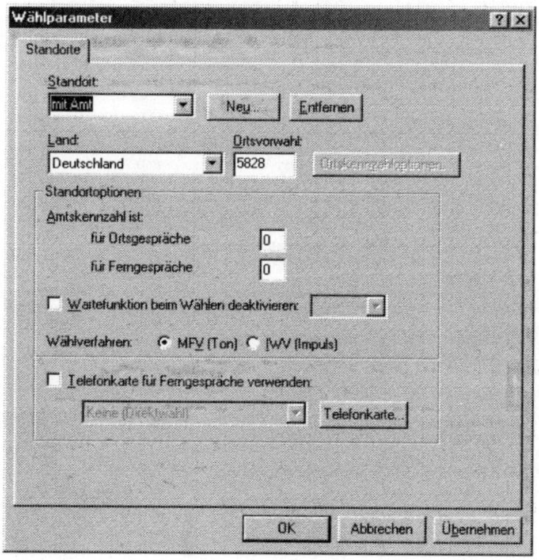

Abbildung 12.16: Wahlparameter

Sie können mehrere *Standorte* konfigurieren, um nicht ständig die Eingaben verändern zu müssen. Haben Sie z. B. einen Anschluss über eine Nebenstellenanlage und einen direkten Anschluss, können Sie sinnvollerweise zwei Standorte installieren. Geben Sie als Standort einen Namen ein, der diesen Standort näher erläutert, z. B. *mit Amt*.

Das Land

Bei der Wahl des *Landes* müssen Sie das entsprechende Land angeben, in dem Sie sich zur Zeit befinden (wichtig bei Reisen im Ausland mit Laptop). Dieses Feld verändert die später zu wählende Nummer, indem es die *Landeskennzahl* voranstellt. Wählen Sie z. B. eine Telefonnummer in Deutschland, wird die +49 vorangestellt. Ist Ihr angegebener Standort aber auch Deutschland, wird die +49 weggelassen.

Die Ortskennzahl

Geben Sie Ihre *Ortskennzahl* ohne führende 0 ein. Die 0 wird innerhalb Deutschlands automatisch vorangestellt, aber bei einem Gespräch aus dem Ausland weggelassen.

Ist Ihr Modem nicht über eine Nebenstellenanlage angeschlossen, lassen Sie die *Amtskennzahlen* weg. Ansonsten tragen Sie in diese Felder die Ziffern ein, mit denen Sie das Amt erhalten.

Wartefunktion beim Wählen deaktivieren bezieht sich auf die Anklopffunktion Ihres Telefons. Sie können hier die Ziffernkombination eingeben, welche die Anklopffunktion abschaltet. Welche Ziffernfolge Sie benötigen, müssen Sie der Anleitung Ihres Telefons entnehmen.

Das Wahlverfahren

In der Regel müsste in ganz Deutschland mittlerweile das *Ton-Wahlverfahren* eingeführt sein. Sollte bei Ihnen noch das *Impulsverfahren* nötig sein, müssen Sie die entsprechende Option wählen. Wenn Sie hier eine falsche Option aussuchen, kann nichts passieren, außer dass Sie keine Verbindung erhalten. Stellen Sie sie dann entsprechend um.

Telefonkarte für Ferngespräche verwenden ermöglicht Ihnen die zu wählende Ziffernfolge bei Einsatz einer Telefonkarte einzugeben. Dies kommt in der Regel aber nur zum Tragen, wenn Sie aus dem Ausland mit einer Telefonkarte telefonieren wollen. Welche Einstellungen Sie vornehmen müssen, erfahren Sie bei Ihrem Anbieter der Telefonkarte.

Ihr Modem ist jetzt in allen Bereichen konfiguriert. Es dürften eigentlich keine Schwierigkeiten mehr auftreten.

Der ISDN-Anschluss

ISDN (Integrated Services Digital Network) ist ein neuerer Dienst, der in Deutschland von der Telekom angeboten wird. Diesen Dienst können Sie nur nutzen, wenn Sie einen ISDN-Anschluss von der Telekom in Ihr Haus bzw. in Ihre Wohnung legen lassen.

Der Hauptvorteil von ISDN ist die schnellere Datenübertragung, die auf digitaler Basis erfolgt. Bei einer Übertragung von Daten werden diese nicht mehr zunächst in analoge Daten und beim Empfänger wieder in digitale Daten umgewandelt. Bei einem ISDN-Anschluss stehen Ihnen zwei 64-Kbit-Datenleitungen mit einer Übertragungsrate von 64000 Baud und ein 16-Kbit-Steuerkanal zur Verfügung. Auf diesem Steuerkanal werden alle nicht direkt zu den Daten gehörenden Informationen übertragen. Sie können auf jeder Datenleitung maximale Übertragungsraten von bis zu 8000 cps erzielen.

Bei der Installation eines ISDN-Anschlusses wird von der Telekom ein Netzanschluss *NT* (Network Termination) mit der international standardisierten *S0-Schnittstelle* in Ihren Räumlichkeiten angelegt.

EuroISDN

Ein von der Telekom installierter ISDN-Anschluss ist in der Regel ein *Euro-ISDN-Anschluss*. Dies bedeutet, dass Verbindungen mit dem *DSS1-Protokoll* (Digital Subscriber Signaling System No.1) aufgebaut werden. Dieses Protokoll ist europaweit einheitlich vorhanden und beinhaltet den *Euro-File-Transfer* als Standard für Datenübertragung, der von den meisten Programmen unterstützt wird. Durch diesen Standard sind auftretende Schwierigkeiten bei der Datenübermittlung verringert worden. Der nationale ISDN-Anschluss (1TR6), der diese einheitlichen Protokolle nicht unterstützt, wird in der Regel nicht mehr von der Telekom installiert.

Der Euro-ISDN-Anschluss (Basisanschluss) umfasst standardmäßig zwei Nutzkanäle (B-Kanäle) zum Telefonieren / zur Datenübertragung und einen Steuerkanal (D-Kanal) für das Übertragungsprotokoll. Dadurch können Sie – vorausgesetzt die notwendigen Telefonapparate sind vorhanden – von zwei Telefonapparaten gleichzeitig Gespräche führen. Bei einer Datenübertragung mittels einer ISDN-Karte können diese beiden Nutzkanäle – vorausgesetzt die Hardware bietet diese Möglichkeit – auch gebündelt werden, so dass statt 64000 Baud 128000 Baud Datentransferrate zur Verfügung stehen.

Machen Sie von der *Kanalbündelung* Gebrauch, fallen allerdings auch doppelte Telefongebühren an.

Drei Rufnummern

Die Telekom teilt Ihnen standardmäßig drei Rufnummern zu, die unterschiedlichen Geräten zugeordnet werden können. Nachdem zwei Nutzkanäle zur Verfügung stehen, können zwei von den drei Geräten zur gleichen Zeit benutzt werden. (Wenn Sie mehr Geräte besitzen, können Sie sich gegen eine Gebühr weitere Rufnummern von der Telekom zuordnen lassen. Büros mit vielen Endgeräten können sich auch einen Anschluss mit mehr als zwei Nutzkanälen einrichten lassen.)

Ältere analoge Geräte (Telefon, Modem) können nicht direkt an die S0-Schnittstelle angeschlossen werden. Sie benötigen spezielle ISDN-fähige Geräte oder Adapter, die den Anschluss analoger Geräte ermöglichen. Um einen Computer an ISDN anschließen zu können, benötigen Sie eine ISDN-Karte, die mit der S0-Schnittstelle verbunden wird.

Für den Zugriff der Software auf ISDN-Karten sind Standards definiert worden, die als *CAPI-Schnittstelle* (Common Application Programming Interface) bezeichnet werden. Spezielle Treiberprogramme für die CAPI-Schnittstelle werden zusammen mit den ISDN-Karten für jedes Betriebssystem geliefert.

Die Konfiguration der ISDN-Karte

In der Regel werden mit der ISDN-Karte die benötigten Treiber mitgeliefert. Diese sollten für den Einsatz unter Windows 95 / 98 vorgesehen sein.

Da die verschiedenen Kartenhersteller auch unterschiedliche Installationsprogramme haben, kann hier die Installation nicht allgemeingültig beschrieben werden. Lesen Sie in den Installationsanweisungen des Kartenherstellers nach.

Nur so viel sei gesagt: In den meisten Fällen erfolgt die Installation über den Hardware-Assistenten. Allerdings sollten Sie den Assistenten nicht automatisch nach neuer Hardware suchen lassen, sondern über die Disketteninstallation den Treiber explizit auswählen. Damit kommen Sie in den meisten Fällen zum Ziel.

Zudem sollten Sie hin und wieder auf der Homepage von Microsoft vorbeischauen. Von dort aus können Sie sich spezielle Informationen über das Thema ISDN herunterladen bzw. diese ansehen.

DFÜ-Netzwerk einrichten und konfigurieren

Das *DFÜ-Netzwerk* ermöglicht die Verbindung von mehreren Rechnern mittels einer Datenfernübertragung. Dies ist im Prinzip ein Netzwerk, in das Ihr Rechner nicht ständig über spezielle Hardware eingebunden ist, sondern bei dem bei Bedarf eine Einbindung über die Telefonleitung vorgenommen wird.

Ein Netzwerk bedeutet nicht einfach nur eine Verbindung zweier oder mehrerer Rechner (wie z. B. bei einem Terminalprogramm), sondern zusätzlich die Nutzungsmöglichkeit von Ressourcen (z. B. Drucker, Programme etc.), die das Netzwerk zur Verfügung stellt. In den meisten Netzwerken stellt ein Rechner, der *Host* oder auch *Server* genannt wird, anderen Rechnern, diese werden als *Clients* bezeichnet, seine *Ressourcen* zur Verfügung, z. B. den Zugriff auf einen Drucker oder auf ein Laufwerk. (Der Host kann nicht umgekehrt auf die Ressourcen eines Clients zugreifen!)

Mit dem DFÜ-Netzwerk können Sie sich als Client bei einem Host anmelden und dessen Ressourcen verwenden. Dies führen Sie z. B. auch aus, wenn Sie sich im Internet anmelden. Weiterhin besteht die Möglichkeit, dass Sie selbst einen Host konfigurieren und dessen Ressourcen einem anderen Rechner zur Verfügung stellen.

Ein kleines Netzwerk

Der Host, den Sie mit der Software, die mit Windows mitgeliefert wird, einrichten können, ermöglicht nur einem Rechner zur Zeit einen Zugriff; sie ist kein Ersatz für umfangreichere Software zur Einrichtung eines Hosts. Mit dieser Software haben Sie allerdings die Möglichkeit, Ihren Rechner zu Hause oder im Büro so zu konfigurieren, dass Sie bei Bedarf von unterwegs aus mit Ihrem Laptop auf Ihre Daten zu Hause zugreifen können. Ihnen ist es sicherlich auch schon passiert, dass Sie genau die Daten, die Sie bei einer Besprechung benötigen, nicht parat haben. Ist Ihr Rechner zu Hause entsprechend vorbereitet, können Sie bei Bedarf auch auf dessen Daten zugreifen.

Sie müssen die Rufnummer des Hosts wissen, auf dessen Ressourcen Sie zugreifen möchten. Weiterhin müssen Sie die Namen kennen, die den Ressourcen gegeben wurden. Ressourcen, die in diesem Fall als Domäne bezeichnet werden, können Verzeichnisse, Dateien, Drucker, andere Rechner etc. sein. Sie sollten auch die geforderten Passwörter kennen, die Ihnen den jeweiligen Zugriff ermöglichen.

Damit Ihr Rechner mit dem Host kommunizieren kann und sie sich gegenseitig »verstehen«, müssen beide Seiten dieselben Protokolle benutzen. Protokolle sind Festlegungen, wie eine Kommunikation ablaufen soll, z. B. wie Daten übermittelt werden etc. Wenn Sie sich als Client in einen Host einwählen möchten, müssen Sie die vom Host geforderten Protokolle auf Ihrem Rechner auswählen.

Alle notwendigen Informationen zur Einwahl in ein Netzwerk erhalten Sie vom Systemadministrator des jeweiligen Netzwerks. Benötigte Informationen dieser Art können bei öffentlichen Netzwerken auch publiziert sein.

Virtuelle Netzwerkkarte

Das DFÜ-Netzwerk ist im Prinzip eine Software, die sich wie eine Netzwerkkarte verhält. Man könnte eher sagen, dass dies eine virtuelle Netzwerkkarte ist. Normale Netzwerkkarten setzen eine feste Verbindung zu anderen Rechnern voraus; das DFÜ-Netzwerk verhält sich Ihrem Rechner gegenüber wie eine normale Netzwerkkarte, erwartet aber keine feste Verbindung sondern baut über installierte oder virtuelle Modems eine Verbindung zu anderen Rechnern auf. Im Folgenden wird auf den Einsatz des DFÜ-Netzwerks in Verbindung mit dem Internet eingegangen. Die Möglichkeit, einen eigenen Host zu installieren, wird nicht behandelt.

Das DFÜ-Netzwerk installieren

Höchstwahrscheinlich wird bei Ihnen das DFÜ-Netzwerk schon installiert sein, sollte dies nicht der Fall sein, wählen Sie *Start / Einstellungen / Systemsteuerung / Software / Windows setup / Verbindungen / Details / DFÜ-Netzwerk*.

HINWEIS

Hier noch eine Anmerkung: Sie finden in diesem Bereich *Virtuelles privates Netzwerk*. Diese Software arbeitet ähnlich dem DFÜ-Netzwerk, allerdings mit dem Unterschied, dass sie nicht auf ein Modem zugreift, sondern über das Internet auf ein privates Netzwerk, das mit dem Internet verbunden ist. Dies ist kein normaler Zugang zum Internet und wird hier nur zu Ihrer Information angeführt.

Wenn das DFÜ-Netzwerk installiert ist, sehen Sie im Explorer den Eintrag *DFÜ-Netzwerk*.

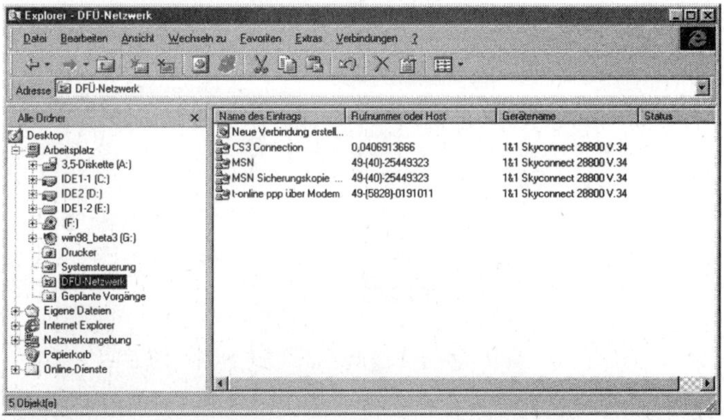

Abbildung 12.17: DFÜ-Netzwerk installiert

In diesem Verzeichnis werden alle Verbindungen, die über das DFÜ-Netzwerk laufen sollen, erstellt bzw. nach ihrer Erstellung aufgeführt.

Das DFÜ-Netzwerk konfigurieren

Beim DFÜ-Netzwerk gibt es zwei Bereiche, die konfiguriert werden müssen. Es gibt einen zentralen Bereich und für jede Verbindung einen eigenen Bereich. Beide müssen konfiguriert werden, wobei die Standardeinstellungen des zentralen Bereichs eigentlich bestehen bleiben können. Lassen Sie uns trotzdem den zentralen Bereich betrachten, da Sie dann wissen, wo welche Einträge erstellt wurden.

Der zentrale Bereich des DFÜ-Netzwerks

Das DFÜ-Netzwerk wird als Netzwerkkarte im Gerätemanager aufgeführt. Sie können dies überprüfen, indem Sie *Start / Einstellungen / Systemsteuerung / System / Geräte-Manager* wählen.

Abbildung 12.18: DFÜ-Netzwerk im *Geräte-Manager*

Sie können allerdings an dieser Stelle keine Konfiguration vornehmen. Um das DFÜ-Netzwerk zu konfigurieren, müssen Sie in den Netzwerkbereich gehen. Wählen Sie hierfür *Start / Einstellungen / Systemsteuerung / Netzwerk* an.

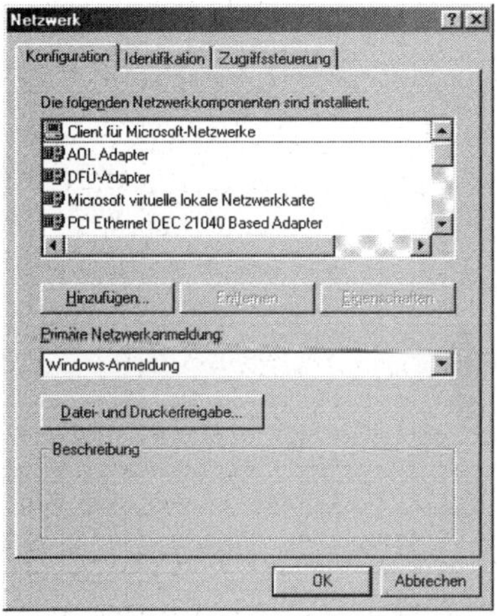

Abbildung 12.19: Konfiguration für Netzwerke

In diesem Bereich sind alle installierten Netzwerke, Clients, Protokolle und Dienste aufgeführt. Lassen Sie uns einen näheren Blick auf diese Dinge werfen. Bei Ihnen sind sicherlich andere Einträge vorhanden. In der folgenden Abbildung sehen Sie einige Beispiele, die vom Prinzip her auf andere Karten etc. übertragbar sind.

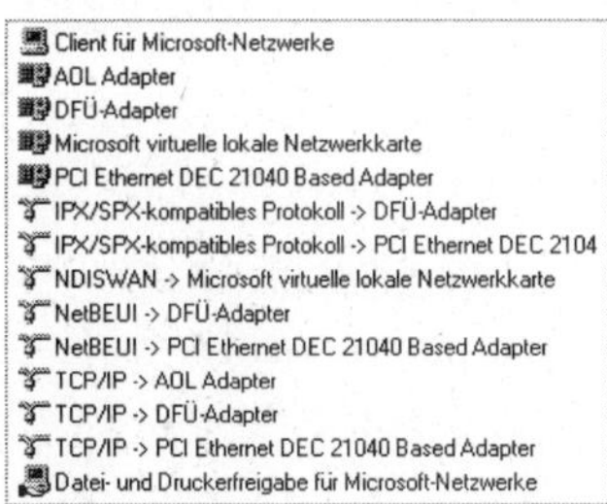

Abbildung 12.20: Beispiele installierter Komponenten

Die Freigabe

Mit dem *Client für Microsoft Netzwerke* können Sie eigene lokale Netzwerke aufbauen; hierfür ist es notwendig, dass zwei oder mehrere Rechner über Netzwerkkarten miteinander verbunden sind. In dem obigen Beispiel ist dies eine *PCI Ethernet DEC 21040 Based Adapter*-Karte. Um innerhalb von diesen Netzwerken auf Dateien oder Drucker zugreifen zu können, muss die *Datei- und Druckerfreigabe für Microsoft Netzwerke* installiert sein.

Damit Netzwerkkarten (auch das DFÜ-Netzwerk) miteinander kommunizieren können, muss jeder Netzwerkkarte mindestens ein Protokoll zugeordnet sein. Sie sehen z. B., dass das TCP / IP-Protokoll in der Abbildung der PCI-Ethernet-Karte, dem DFÜ-Adapter und dem AOL-Adapter zugeordnet ist.

In dem Moment, in dem Sie ein neues Protokoll installieren, wird dieses allen installierten Netzwerkkarten automatisch zugeordnet. Die Datei- und Druckerfreigabe wird bei der Installation auch allen Protokollen zugeteilt. Das bedeutet, dass dies auch dem TCP / IP-Protokoll, das mit dem DFÜ-Adapter verbunden ist, zugeordnet wird. Da Sie aber dieses Protokoll in Verbindung mit dem DFÜ-Adapter zur Einwahl in das Internet nutzen, müssen Sie diese Bindung ändern, damit es für andere im Internet nicht möglich ist, auf Ihre Dateien und Ihren Drucker zuzugreifen.

Ändern der Bindung eines Protokolls

Markieren Sie das TCP / IP-Protokoll, das mit dem DFÜ-Adapter verbunden ist, und klicken Sie auf *Eigenschaften*. Sie erhalten eine Meldung, die eventuell zunächst etwas verwirrend ist.

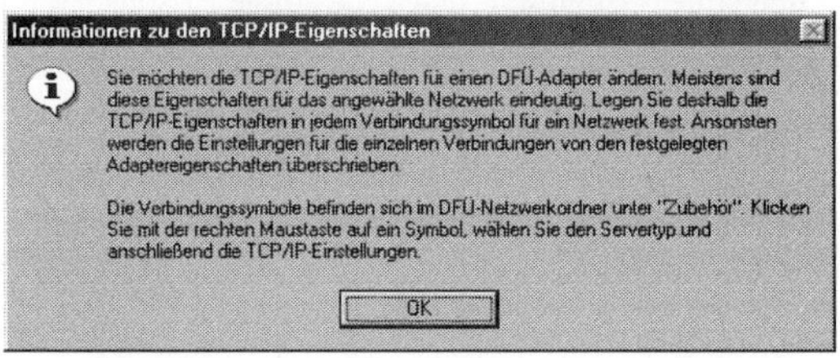

Abbildung 12.21: Meldung zur Änderung der TCP / IP-Eigenschaften beim DFÜ-Adapter

Die Meldung besagt, dass, wenn Sie an dieser Stelle Veränderungen vornehmen, sich diese auf alle erstellten Verbindungen im Verzeichnis DFÜ-Netzwerk auswirken. Dies ist die zentrale Einstellung, die allen später erstellten Verbindungen des DFÜ-Netzwerks zugrunde liegt.

Um eine Verbindung über das DFÜ-Netzwerk zum Internet aufbauen zu können, muss das TCP / IP-Protokoll dem DFÜ-Adapter zugeordnet sein. Bestätigen Sie diese Meldung und wählen Sie *Bindungen*.

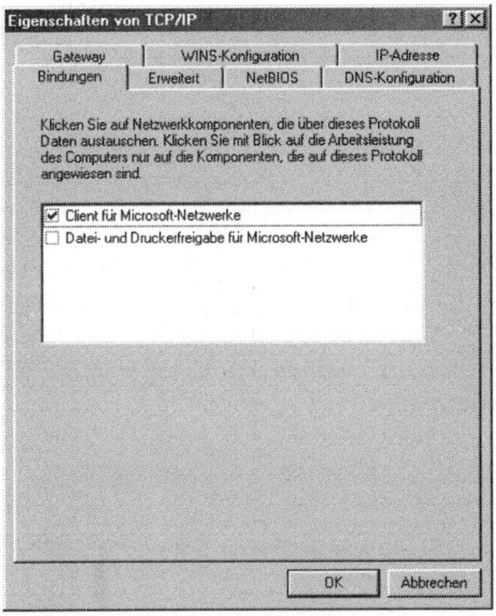

Abbildung 12.22: Eine Komponente von einem Protokoll entbinden

Deaktivieren Sie *Datei- und Druckerfreigabe für Microsoft Netzwerke*, um diese Komponente vom TCP / IP-Protokoll des DFÜ-Adapters zu entfernen.

Diese Entfernung hat keine Auswirkungen auf die TCP / IP-Protokolle, die anderen Netzwerkkarten zugeordnet sind. Die übrigen Registerkarten sollten Sie in der Standardeinstellung belassen. Sie ändern diese Werte erst, sofern überhaupt nötig, bei der Erstellung der einzelnen Verbindungen.

Der *Client für Microsoft Netzwerke* muss aktiviert sein.

Ein Protokoll, eine Netzwerkkarte oder einen Dienst hinzufügen

Wollen Sie später Netzwerkkomponenten neu hinzufügen, können Sie dies an dieser Stelle tun. Wählen Sie dazu *Hinzufügen*.

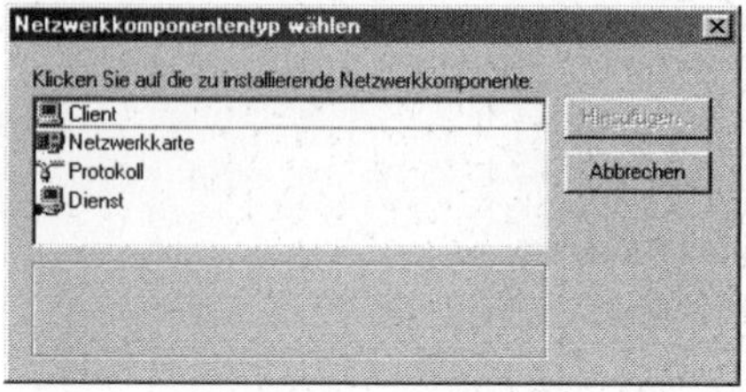

Abbildung 12.23: Netzwerkkomponenten hinzufügen

Wählen Sie jetzt die gewünschte Komponente, z. B. *Protokoll*, anschließend *Hinzufügen*.

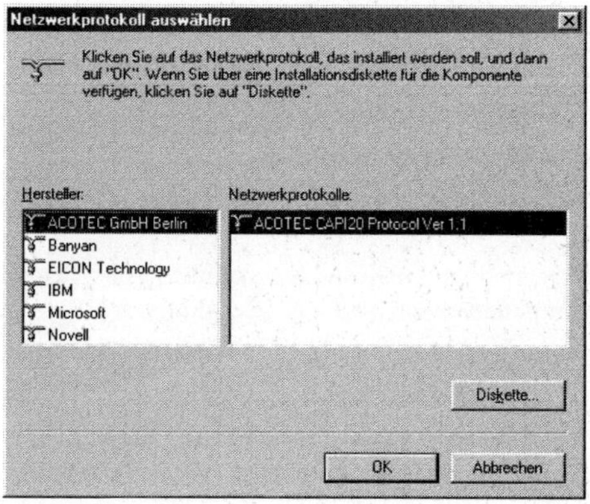

Abbildung 12.24: Auswahl von Protokollen

Jetzt wählen Sie zunächst den *Hersteller* und anschließend das *Protokoll*. Sie kennen diese Vorgehensweise sicherlich von der Installation neuer Hardware. Die Installation von Netzwerkkarten, Diensten und Clients funktioniert analog.

Die Identifikation Ihres Rechners

Im Register *Identifikation* stehen die Daten, die Ihren Rechner identifizieren.

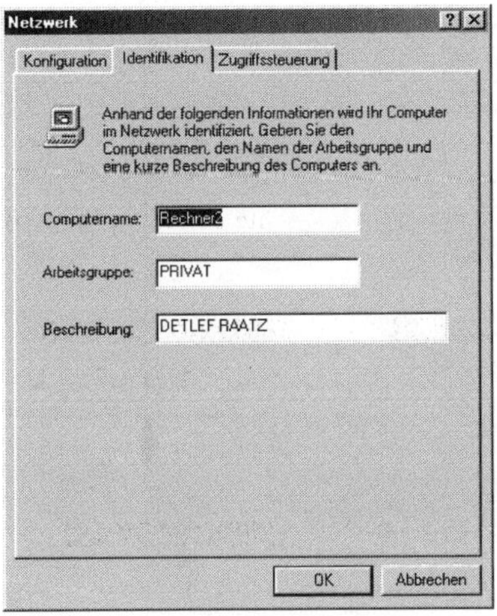

Abbildung 12.25: Identifikationsdaten

Diese *Identifikation* ist nicht Ihre Identifikation für die Einwahl in das Internet über einen Provider, sie gilt vielmehr nur für Netzwerke, in die Sie sich direkt einwählen bzw. auf die Sie Zugriff haben. Diese Daten werden allerdings auch vorgegeben, wenn Sie z. B. neue Software installieren und diese nach Ihrem Namen und Ihrer Firma fragt.

Die Zugriffssteuerung für Ihren Rechner

Lassen Sie uns noch kurz einen Blick auf das Register *Zugriffssteuerung* werfen.

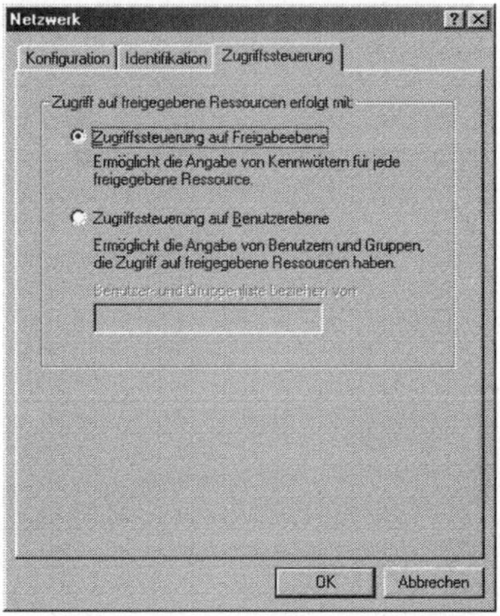

Abbildung 12.26: Zugriffssteuerung des Rechners

Diese Zugriffssteuerung hat nichts mit dem Internet zu tun. Sie ist wiederum nur für die direkte Verbindung zu anderen Rechnern wichtig. In der Regel wird die *Zugriffssteuerung auf Freigabeebene* zutreffen. In größeren lokalen Netzwerken ist dies eventuell anders. Sie müssen in solch einem Fall Ihren Systemadministrator fragen.

Eine Verbindung für das DFÜ-Netzwerk erstellen

Für jede Verbindung über das DFÜ-Netzwerk müssen Sie jeweils eine *eigene* Verbindung erstellen. Dies geschieht im Verzeichnis *DFÜ-Netzwerk* im Explorer. Öffnen Sie zunächst den Explorer.

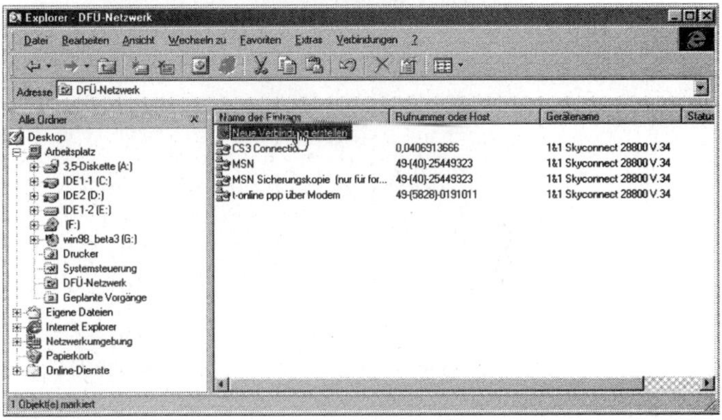

Abbildung 12.27: Eine neue Verbindung erstellen

Wählen Sie anschließend im Verzeichnis *DFÜ-Netzwerk* den Befehl *Neue Verbindung erstellen*.

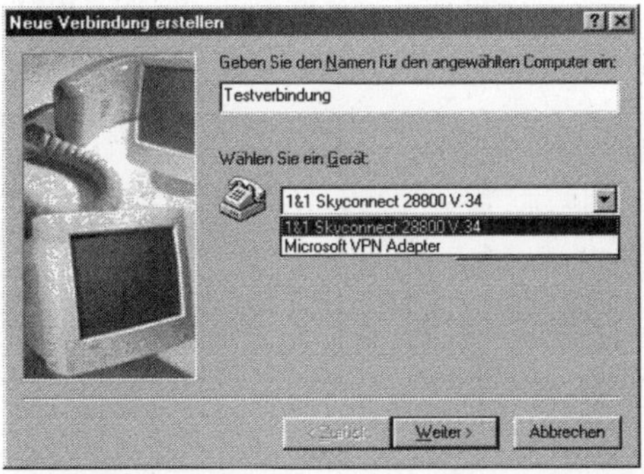

Abbildung 12.28: Daten der neuen Verbindung eingeben

Geben Sie zunächst einen *Namen* für die Verbindung ein. Wählen Sie ihn so, dass er aussagekräftig ist. Dieser Name erscheint im Explorer und kann später dort wie ein normaler Dateiname geändert werden. Anschließend wählen Sie aus der Liste das Gerät, mit dem Sie die Verbindung herstellen wollen. In der Liste sind alle bei Ihnen installierten Modems bzw. virtuellen Modems aufgeführt.

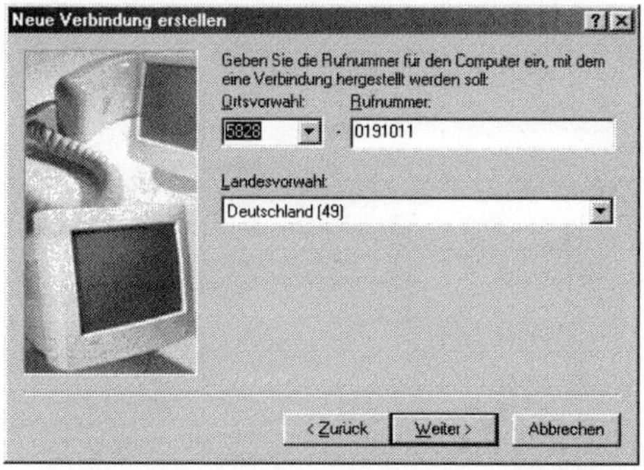

Abbildung 12.29: Eingabe der Telefonnummer

Geben Sie an dieser Stelle die Telefonnummer ein. Denken Sie daran: Die Vorwahl wird ohne führende Null eingegeben. In der Abbildung sehen Sie die Telefonnummer von T-Online, die über das Ortsnetz wählbar ist. In diesem Fall ist die eingetragene Vorwahlnummer die Ihres eigenen Ortsnetzes.

Klicken Sie jetzt auf *Weiter* und anschließend auf *Fertigstellen*. Die neue Verbindung erscheint jetzt im Explorer.

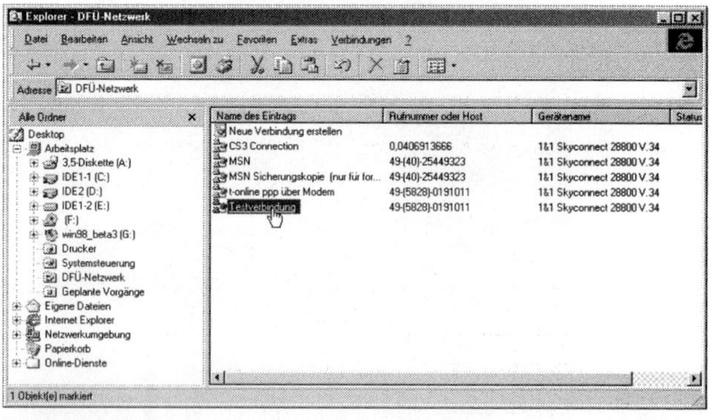

Abbildung 12.30: Der neue Eintrag

Diesen neuen Eintrag müssen Sie jetzt noch konfigurieren. Wählen Sie im Kontextmenü den Eintrag *Einstellungen*.

Abbildung 12.31: Konfigurierung der Verbindung

In diesem Register können Sie die Telefonnummer und / oder das Gerät nachträglich verändern. Wählen Sie das Register *Servertypen*.

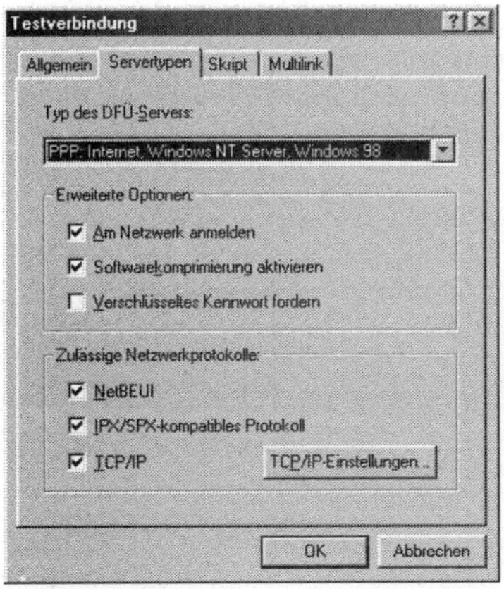

Abbildung 12.32: Einstellung der Servertypen

Die Einstellungen, die Sie hier vornehmen müssen, sind abhängig von den Gegebenheiten der Gegenstelle. Es ist nicht möglich, allgemeingültige Werte anzugeben.

Im Register *Script* können Sie ein Einwahlscript erstellen. Einige Rechner benötigen solch ein Script. Ein Script ist im Prinzip eine Liste von Befehlen, die bei der Einwahl abgearbeitet wird.

Im Register *Multilink* können Sie zusätzliche Geräte für die Verbindung auswählen. Dies kann z. B. die gleichzeitige Nutzung beider Datenkanäle eines ISDN-Anschlusses sein. Für den einfachen Aufbau einer Verbindung benötigen Sie dies nicht. Sie können z. B. eventuell höhere Datenübertragungsraten erzielen. Da dies aber sehr speziell ist, abhängig von Hardware und örtlichen Gegebenheiten, lassen sich keine Allgemeindaten angeben.

Hyper Terminal

DFÜ

Mit dem Programm *Hyper Terminal* hat Microsoft Windows 98 ein recht komfortables Datenfernübertragungsprogramm (DFÜ) mitgegeben. Mit dessen Hilfe können Sie, sofern Sie ein Modem besitzen, in die Welt der Datenfernübertragung einkehren.

In diesem Kapitel soll nicht so sehr in die Tiefen der DFÜ verzweigt werden, sondern mehr auf die Möglichkeiten und Funktionen des Hyper-Terminal-Programms eingegangen werden. Das Programm lässt sich über die Taskleiste durch Drücken der Schaltfläche *Start / Programme / Zubehör / Kommunikation* aufrufen. Im Gegensatz zu anderen Programmen wird es aber nicht direkt gestartet, sondern es wird der Ordner *Hyper Terminal* geöffnet.

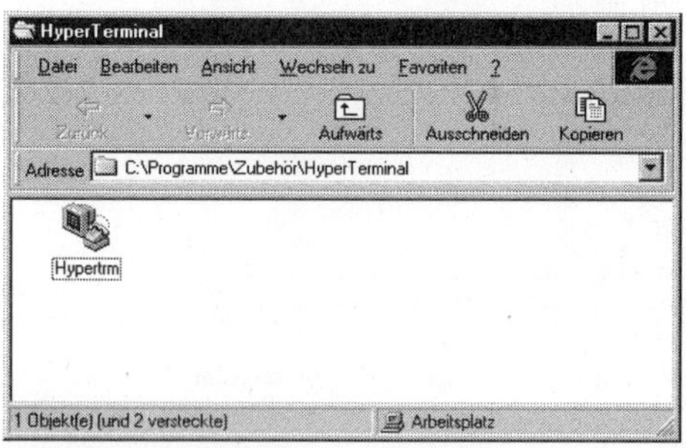

Abbildung 12.33: Der Hyper-Terminal-Ordner

Hier findet sich das Hyper Terminal-Programm. Weiterhin können Sie hier Anwahl-Symbole oder besser Sitzungsdateien ablegen, die nach dem Aufrufen sofort zu der hinterlegten Rufnummer eine Verbindung herstellen.

Die Bedienung

Nach dem Start von Hyper-Terminal durch einen Doppelklick auf das Symbol werden Sie zunächst aufgefordert eine neue Verbindung bzw. eine neue Sitzungsdatei anzulegen. Dazu steht ein Eingabefeld bereit, in dem Sie den Namen der neuen Verbindung angeben müssen. Zusätzlich finden Sie ein *Symbol*-Listenfeld, in dem Sie ein Symbol auswählen können, das im Hyper-Terminal-Ordner für diese Sitzung abgelegt werden soll.

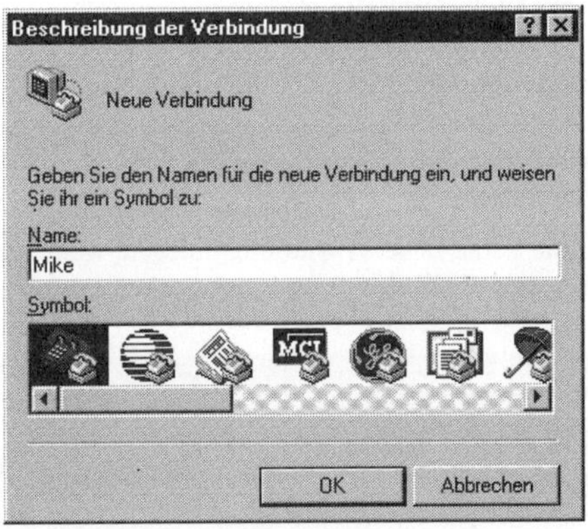

Abbildung 12.34: Das Anlegen eines neuen Verbindungssymbols geht schnell von der Hand

Danach müssen Sie noch das verwendete Modem und die Telefonnummer hinterlegen. Dazu stehen wiederum Eingabefelder zur Verfügung. Wird eine wichtige Angabe vergessen, lässt sich das Programm nicht fortsetzen.

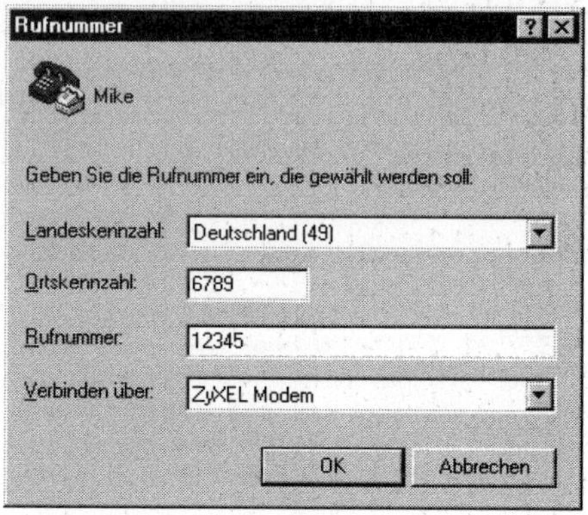

Abbildung 12.35: Die Daten eingeben

Legen Sie ruhig zahlreiche Verbindungssymbole an. Sie sparen viel Zeit dadurch, dass der Anwender eine Verbindung direkt herstellen kann. Normalerweise weiß der Anwender vor der Benutzung, welche Verbindung er herstellen möchte.

Wollen Sie keine neue Verbindung anlegen, wählen Sie die Schaltfläche *Abbrechen* und Sie finden sich augenblicklich im Programm wieder.

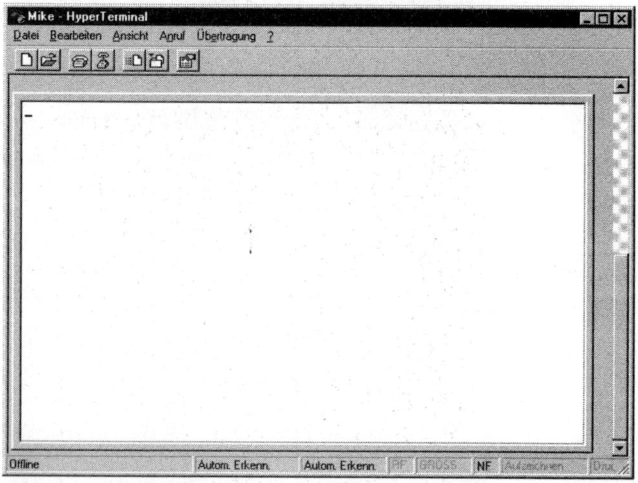

Abbildung 12.36: Das Hauptfenster von HyperTerminal

Unterhalb der Menüleiste sehen Sie eine Symbolleiste, das Ausgabefeld und die Statusleiste. Als Menüs stehen *Datei*, *Bearbeiten*, *Ansicht*, *Anruf*, *Übertragung* und *?* bereit.

Das *Datei*-Menü

Das *Datei*-Menü besitzt den Menübefehl *Neue Verbindung*, der das Anlegen einer neuen Sitzungsdatei erlaubt. Das geschieht genauso wie bereits zuvor beschrieben.

Öffnen startet ein Dateiauswahlfenster, in dem Sie eine Sitzungsdatei wählen können.

Speichern sichert die momentane Sitzungsdatei und *Speichern unter* erlaubt die Sitzung unter einem neuen Namen abzulegen.

Seite einrichten und drucken

Die Menübefehle *Seite einrichten* und *Drucken* hängen miteinander zusammen. Mit *Seite einrichten* lässt sich das Papierformat einstellen, *Drucken* startet den Druckvorgang unter dem in *Papierformat* festgelegten Format. Weiterhin lassen sich noch diverse Druckeinstellungen vornehmen: Druckermodell, Kopienanzahl und Druckbereich.

Die Eigenschaften

Mit *Eigenschaften* können Sie zuvor definierte Sitzungsparameter abändern, beispielsweise wenn sich die Rufnummer einer Mailbox geändert hat, Sie sich ein neues Modem zugelegt haben und dergleichen mehr.

Nach dem Anwählen dieses Menübefehls öffnet sich ein Fenster mit den Registerkarten *Rufnummer* und *Einstellungen*. Die *Rufnummer*-Registerkarte bietet unter anderem die wichtige Schaltfläche *Konfigurieren*. Dahinter verbergen sich die Einstellungen des Modems wie Übertragungsgeschwindigkeit, Stoppbit, Parität, Datenbits und diverse weitere Konfigurationsmöglichkeiten.

Welche Einstellungen Sie hier treffen, hängt hauptsächlich von Ihrem Modem und dem Anschluss, mit dem Sie in Verbindung treten, ab.

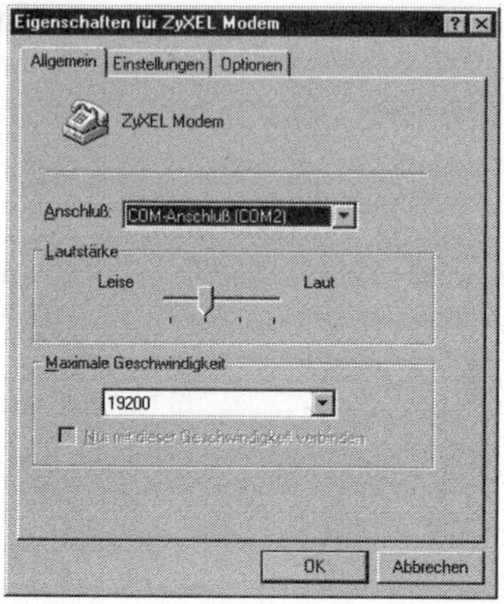

Abbildung 12.37: Die Register zur Modemkonfiguration

Die *Einstellungen*-Karte bietet die Möglichkeit, den Emulations-Modus zu definieren. Zur Auswahl steht eine ganze Reihe, angefangen von ANSI über Minitel bis hin zu VT100. Wenn Sie mit der DFÜ nicht sehr vertraut sind, empfiehlt es sich, eine automatische Emulationserkennung einzustellen. Weiterhin lässt sich hier der ASCII-Versand und -Empfang bestimmen.

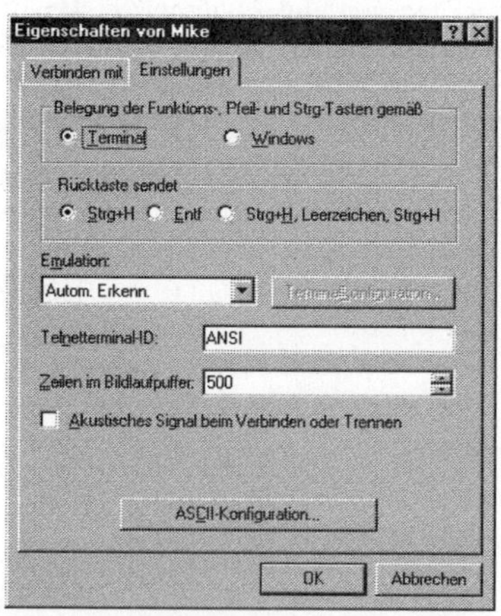

Abbildung 12.38: Das Register *Einstellungen*

Der letzte *Datei*-Menübefehl ist obligatorisch *Beenden*. Damit können Sie das Programm schließen.

Das *Bearbeiten*-Menü

Das *Bearbeiten*-Menü bietet die Menübefehle *Kopieren*, *Einfügen* und *Alles markieren*. Eine Erklärung erübrigt sich.

Das *Ansicht*-Menü

In diesem Menü können Sie die Status- und Symbolleiste ein- bzw. ausblenden. Des Weiteren lässt sich die Schriftart einstellen. Dazu steht ein komfortables Dialogfeld bereit.

Das *Anruf*-Menü

Unter diesem Menü können Sie eine Verbindung aufnehmen und unterbrechen. Wählen Sie den *Anrufen*-Befehl aus, öffnet sich ein Fenster, das alle Daten für eine Verbindung bereithält. Hier lassen sich letzte Änderungen vornehmen.

Von Bedeutung ist der *Aktuelle Standort*. Mit der Schaltfläche *Wählparameter* öffnet sich ein weiteres Fenster, in dem unterschiedliche Standorteinstellungen vorgenommen werden können.

Zur Auswahl stehen beispielsweise Ton- oder Pulswahlverfahren, Amtskennzahl für Orts- bzw. Ferngespräche und einiges mehr.

Das Wählen und die Verbindung

Haben Sie alle Einstellungen vorgenommen, wird der Wahlvorgang durch Drücken der Schaltfläche *Wählen* gestartet. Ob eine Verbindung zustande kommt, können Sie an den ausgegebenen Meldungen und aus der Statusleiste ersehen.

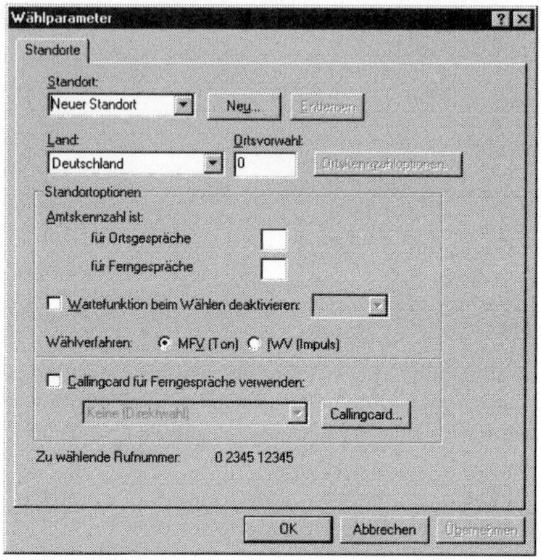

Abbildung 12.39: Die Wählparameter

Das *Übertragung*-Menü

Mit den hier erreichbaren Menübefehlen können Sie Daten up- bzw. downloaden. Dazu stehen die Menübefehle *Datei senden*, *Datei empfangen*, *Text aufzeichnen*, *Text senden* und *Am Drucker aufzeichnen* zur Verfügung.

Mit *Datei senden* können Sie eine beliebige Datei auswählen. Dazu gibt es unter anderem auch ein Dateiauswahlfenster, das Sie durch Drücken der Schaltfläche *Durchsuchen* erreichen.

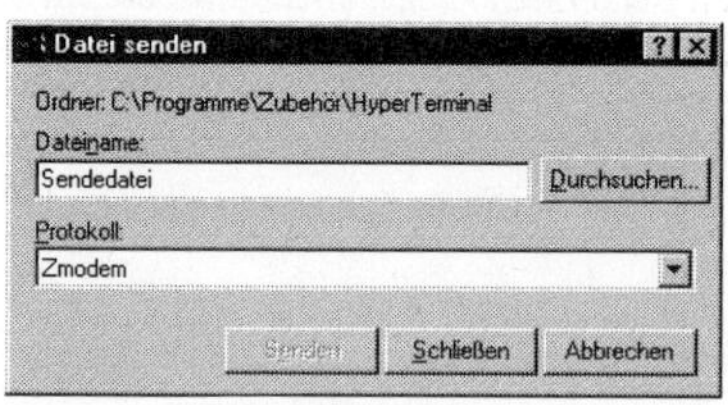

Abbildung 12.40: Datei versenden

Weiterhin können Sie den Protokolltyp festlegen. Er reicht von X-, Y-, Zmodem über Kermit und einige mehr.

Dateien empfangen

Datei empfangen erlaubt es, Daten per Modem zu empfangen. Hier müssen Sie das Zielverzeichnis selektieren, in dem die Daten gespeichert werden sollen, und das Übertragungsprotokoll einstellen. Zur Auswahl stehen die selben wie unter dem Menübefehl *Datei senden*.

Textdateien senden und empfangen

Die Menüpunkte *Text aufzeichnen* und *Text senden* korrespondieren mit den Menübefehlen *Datei senden* und *Datei empfangen*. Der einzige Unterschied besteht darin, dass es sich hier um reine Textdateien handelt, um beispielsweise an Diskussionsrunden oder Foren teilzunehmen.

Die Symbolleiste

Zu erwähnen ist noch die Symbolleiste. Die Funktionen, die sich hinter den einzelnen Symbolen verbergen, sind zum größten Teil identisch mit Menübefehlen. Der Vollständigkeit halber können Sie eine *Neue Verbindung aufbauen*, eine *Sitzungsdatei öffnen*, den *Wählvorgang starten* oder *eine Verbindung trennen*, *Dateien senden* und *empfangen* bzw. die *Eigenschaften* festlegen.

Senden von Daten

Selbstverständlich können Sie während der Verbindung Daten zur Mailbox oder zu einem anderen Teilnehmer senden. In einer Mailbox nennt man diesen Vorgang *Upload*.

Bevor Sie eine Datei an eine Mailbox senden, müssen Sie in der Regel durch Eingabe von *Upload* oder entsprechenden Abkürzungen den Dateinamen und eventuell eine Beschreibung der Datei eingeben. Erst dann können Sie die Datei an die Mailbox senden. Bei einer einfachen Verbindung mit einem anderen Modem dürfen Sie direkt die Datei versenden.

Zum Versenden der Datei rufen Sie aus dem Menü *Übertragung* den Eintrag *Datei senden* auf. Es erscheint der Dialog *Datei senden*.

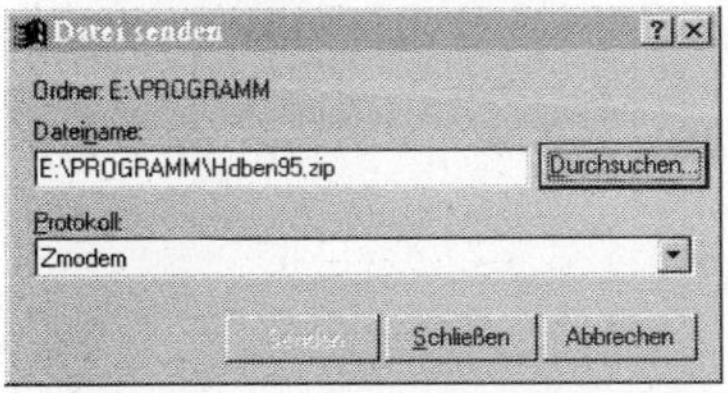

Abbildung 12.41: Der Dialog *Datei senden*

Mit der Schaltfläche *Durchsuchen* können Sie die gewünschte Datei auf Ihrem Laufwerk suchen. Durch Auswahl der gefundenen Datei wird automatisch der Zugriffspfad der Datei mit in den Dialog übernommen.

Mit der Option *Protokoll* stellen Sie das gewünschte Übertragungsprotokoll ein. Dies kann, je nach Software des anderen Teilnehmers oder des Mailboxbetreibers, unterschiedlich sein. Am meisten vertreten ist jedoch das Zmodem.

Durch Bestätigen der Schaltfläche *Senden* wird die Datei an den anderen Teilnehmer, zum Beispiel an einen Remote-Computer, übertragen. Der Status der Übertragung wird in einem Dialog angezeigt.

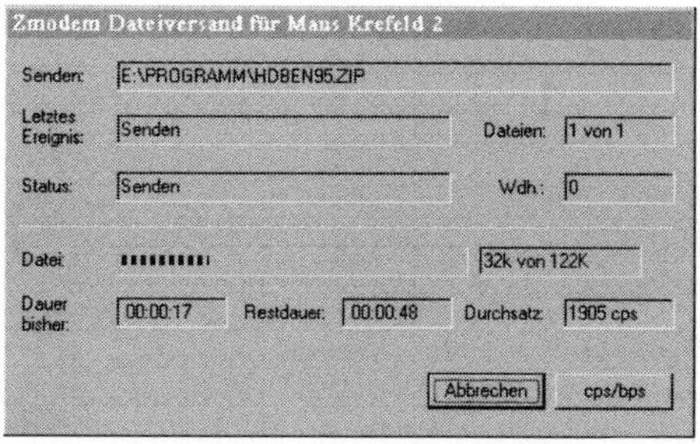

Abbildung 12.42: Der Dialog *Dateiversand*

Empfangen von Daten

Genauso wie Sie Daten versenden, können Sie auch Daten empfangen. Bei einer Verbindung mit einer Mailbox geschieht der Empfang durch die Steuerung der Mailbox, meist durch Auswahl einer Datei und die Eingabe von *Download* oder der entsprechenden Abkürzungen.

HyperTerminal stellt sich dann automatisch auf den Empfang ein und zeigt in einem Dialog den Status des Empfangs an.

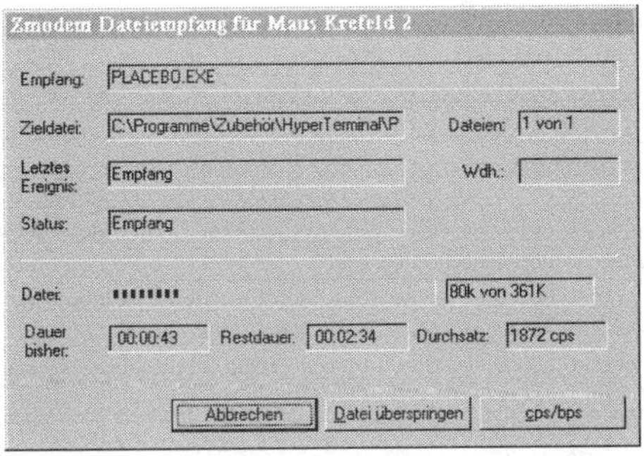

Abbildung 12.43: Der Dialog *Dateiempfang*

Bei der Verbindung mit einem Remote-Computer können Sie einen Dateiempfang durch die Auswahl des Eintrags *Datei empfangen* aus dem Menü *Übertragung* einleiten. Es erscheint folgender Dialog:

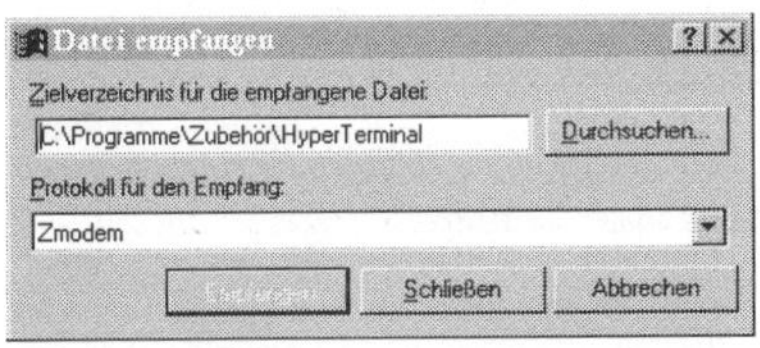

Abbildung 12.44: Der Dialog *Datei empfangen*

Mit der Option *Zielverzeichnis für die empfangene Datei:* können Sie angeben, wo die Datei gespeichert werden soll. Die Option *Protokoll für den Empfang:* stellt das gewünschte Übertragungsprotokoll ein.

PC-Direktverbindung

Ein Mini-Netzwerk

Das Programm *PC-Direktverbindung* erlaubt es, ein kleines Netzwerk zwischen zwei Computern aufzubauen. Dabei benötigt man keine speziellen Netzwerkkarten, sondern lediglich ein geeignetes Kabel. Der Anschluss der beiden Rechner erfolgt über die parallele oder serielle Schnittstelle und die hat jeder Computer von Haus aus.

Ist eine Verbindung zwischen beiden Rechnern hergestellt, kann ein Computer auf die Daten des anderen Computers zugreifen. Allerdings mit einigen Einschränkungen: Die Daten müssen zuvor freigegeben sein, ansonsten besteht kein Zugriff. Zusätzlich kann man einen Kennwortschutz nutzen. Ohne das richtige Passwort verweigert der Computer den Zugriff.

Der einfache Datenaustausch

Die Möglichkeit, über die PC-Direktverbindung Daten auszutauschen, ist für alle Anwender interessant, die auf Daten des anderen Rechners zugreifen möchten und keinen hohen Komfort benötigen. Die Verbindung ist nicht sehr schnell, moderne Netzwerke mit zugehöriger Hardware sind in der Regel wesentlich schneller, jedoch lässt sich durchaus damit arbeiten. Zumindest kann das umständliche Kopieren auf einen transportierbaren Datenträger (beispielsweise Disketten) entfallen.

Damit eine Verbindung zustande kommt, müssen einige Bedingungen erfüllt sein. Allerdings werfen sie keine großen Probleme auf.

Dem Anwender stehen zwei Direktverbindungen zur Auswahl: seriell und parallel.

Der serielle Anschluss

Wird als Rechnerverbindung der *serielle Anschluss* gewählt, muss ein *Nullmodemkabel* verwendet werden.

> HINWEIS: Bei der seriellen Verbindung können Sie kein normales serielles Kabel einsetzen, wie Sie es beispielsweise für den Anschluss eines herkömmlichen Modems benutzen. Sie benötigen vielmehr ein Nullmodemkabel, das Sie im Fachhandel beziehen können.

Bevor Sie eine Verbindung aufbauen, müssen Sie angeben, ob Sie am Host- bzw. Gastrechner arbeiten.

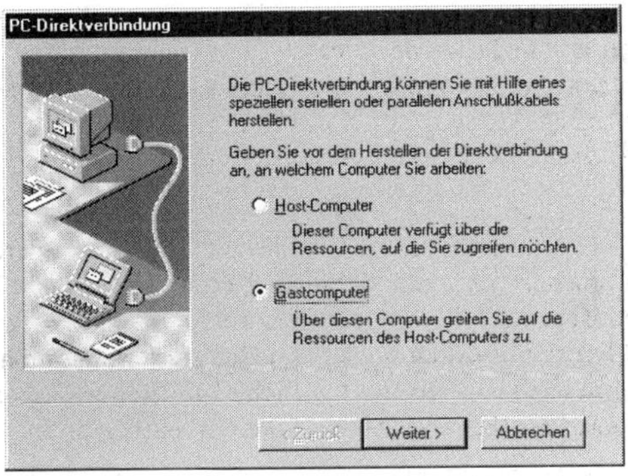

Abbildung 12.45: Host- oder Gastrechner?

Dem *Gastrechner* werden die Daten bereitgestellt. Der Host-Computer stellt die Daten zur Verfügung, auf die man zugreifen möchte.

Der *Gastrechner* kann nur auf Ordner oder Laufwerke zugreifen, die auf dem *Hostrechner* freigegeben sind. Bevor Sie eine Verbindung aufbauen können, müssen die entsprechenden Ordner oder Laufwerke freigeschaltet werden. Das geschieht einfach durch Anwählen des passenden Symbols auf dem Desktop oder dem Explorer.

Die Datenfreigabe

Drücken Sie nach der Auswahl die rechte Maustaste und wählen Sie aus dem Popup-Menü den Befehl *Freigabe*. Es öffnet sich ein Registerkarten-Fenster, in dem Sie die Karte *Freigabe* und die Optionsschaltfläche *Freigeben als* aktivieren. Ist der Ordner bereits freigegeben, beispielsweise durch die Freigabe eines übergeordneten Verzeichnisses, erübrigt sich der Vorgang. Eine diesbezügliche Meldung wird angezeigt.

HINWEIS

> Bei Windows 98 werden die Symbole für freigegebene Ordner mit einer kleinen Hand ausgestattet. Dadurch lässt sich leicht erkennen, auf welche Ordner zugegriffen werden kann.

Bei beiden Rechnern muss der gleiche Anschlusstyp gewählt sein, entweder seriell oder parallel. Ansonsten kommt es zu keiner Verbindung. Die Schnittstelle an sich, beispielsweise COM1: oder COM2:, spielt dann keine Rolle.

Kein Zugriff ohne Kennwort

Haben Sie Ihren Rechner als Host deklariert, können Sie einen *Kennwortschutz* aktivieren. Ohne Kenntnis des Passworts kann der Gastrechner dann nicht auf Ihre Daten zugreifen.

Haben Sie alle Angaben durchgeführt, versucht der Rechner eine Verbindung aufzubauen.

Das Programm *PC-Direktverbindung* öffnet nach dem Aufruf einen Assistenten, der Sie Schritt für Schritt durch die unterschiedlichen Einstellungen führt. Ferner gibt er zahlreiche Tips und Hinweise.

Sind alle Einstellungen vorgenommen, müssen Sie auf dem zweiten Computer die Prozedur wiederholen, allerdings muss er als Hostrechner deklariert werden, wenn der erste als Gast angemeldet wird, und umgekehrt.

Haben Sie auf beiden Rechnern die Verbindung aufgebaut, kann der Gastcomputer auf die freigegebenen Ordner des Hostcomputers zugreifen.

Der parallele Anschluss

Prinzipiell funktioniert der parallele Anschluss genauso wie der serielle. Die Übertragung der Daten erfolgt allerdings parallel und nicht seriell. Folglich muss auch der parallele Anschluss des Computers gewählt werden. Zur Auswahl stehen in der Regel LPT1: oder LPT2:. Bedenken Sie, dass beide Computer den gleichen Anschlusstyp verwenden.

Als Verbindungskabel stehen drei Typen zur Auswahl:

- ✓ Ein *Standardkabel*, das alle LapLink- und InterLink-Kabel beinhaltet. Die Übertragung erfolgt in 4 Bit.
- ✓ Ein *ECP-Kabel* (Extended Capatibilities Port), das allerdings nur arbeitet, wenn beide parallele Ports ECP-fähig sind. Die Einstellung der Ports müssen Sie im BIOS aktivieren. Die Übertragung ist gegenüber dem Standardkabel schneller. Prüfen Sie aber, ob beide Rechner-Ports ECP unterstützen.
- ✓ Ein *UCM-Kabel* (Universal Connection Module) kann verwendet werden, wenn die Ports ECP-fähig sind. Auch hier muss im BIOS ECP aktiviert werden. Die Übertragung ist ebenfalls schneller als bei einem Standardkabel.

Probleme mit der PC-Direktverbindung

Einstellungen prüfen

Wenn Sie keine Verbindung zwischen zwei Rechnern herstellen konnten, kann das viele Ursachen haben. Zuerst sollten Sie überprüfen, ob die Einstellungen auf beiden Rechnern gleich sind. Lediglich Host- und Gastrechner müssen unterschiedlich angegeben sein. Prüfen Sie ferner, dass die Ordner, auf die zugegriffen werden soll, auf dem Hostrechner freigeschaltet sind.

HINWEIS

Soll der Gastrechner über den Hostrechner nur auf ein Netzwerk zugreifen, ist keine Freigabe von Ordnern nötig.

Fehlerquellen, mit denen nicht nur Laien Schwierigkeiten haben, sind Protokolle. Als Protokoll wird eine Sprache bezeichnet, mit der Netzwerkrechner untereinander kommunizieren. Auf jedem Rechner sollte ein gemeinsames Protokoll eingestellt sein. Um zu sehen, welches Protokoll Ihr Rechner verwendet, müssen Sie die Netzwerkeigenschaften aufrufen.

Das Protokoll einstellen

Sinnvoll sind die Protokolle IPX / SPX-kompatible und Microsoft NetBEUI. Stellen Sie sicher, dass beide Rechner die selben Protokolle eingestellt haben. Ein weiterer Protokollfehler kann darin bestehen, dass die Protokolle nicht an das DFÜ-Netzwerk gebunden ist. Normalerweise sollte Windows 98 dies zwar automatisch nach Einstellung eines neuen Protokolls tun. Wählen Sie bei den Netzwerkeigenschaften *DFÜ-Treiber* und dann *Eigenschaften*. Wählen Sie die Registerkarte *Bindungen* aus und aktivieren Sie die *Protokolle*.

Das Kabel als Fehlerquelle

Ein weitere Fehlerquelle können die verwendeten Kabel sein. Sowohl für den seriellen als auch für den parallelen Betrieb sind spezielle Kabel notwendig. Leider sieht man den Kabeln nicht an, um welchen Typ es sich handelt. Wenn Sie es nicht in Erfahrung bringen können, kann ein Kabel auch einfach kaputt sein. Besorgen Sie sich unter Umständen im Fachhandel ein neues. Kaufen Sie aber nur eines der folgenden Kabel:

- ✓ parallel – Standardkabel beidseitig 25-polig (4 Bit), ECP-Kabel beidseitig 25-polig oder UCM-Kabel beidseitig 25-polig
- ✓ seriell – Nullmodemkabel (RS232), in der Regel 9-polig

Der Ratgeber für die Fehlersuche

Windows 98 bietet für die Fehlerbehebung einen Ratgeber an, den Sie über die Hilfe-Option erreichen können. Er führt Sie Schritt für Schritt an das Problem heran, stellt Ihnen dabei Fragen, die Sie beantworten müssen. Dabei wird der mögliche Fehler immer mehr eingekreist und unter Umständen auch beseitigt.

Wahlhilfe

Das Programm *Wahlhilfe* dient Ihnen, um schnell und bequem eine Verbindung per Modem aufzubauen. Erreichen können Sie das Programm durch Drücken der *Start*-Schaltfläche auf der Taskleiste und die Ordner *Programme / Zubehör / Kommunikation*. Nach dem Öffnen zeigt sich ein Fenster, in dem Sie eine neue Nummer eingeben können bzw. Sie können eine Zielwahl direkt auswählen.

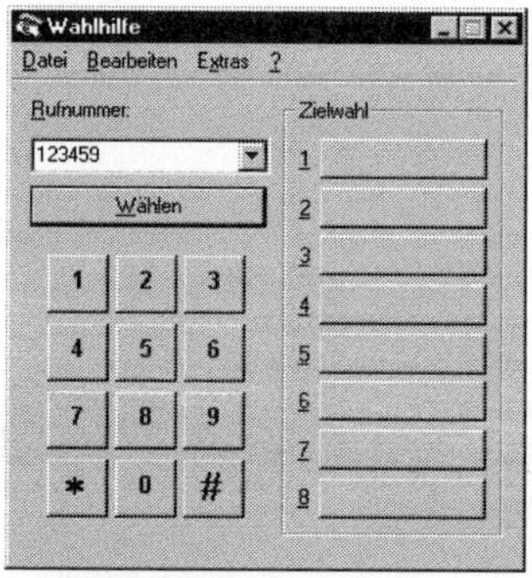

Abbildung 12.46: Das Programm *Wahlhilfe* erlaubt es schnell und bequem, eine Verbindung per Modem aufzubauen

Für die Nummerneingabe steht ein Telefontastenblock bereit, wobei Sie allerdings auch die Tastatur benutzen können. Ferner können Sie acht Zielwahlnummern einspeichern und danach sofort nutzen. Weiterhin bietet *Wahlhilfe* die Menüs *Datei*, *Bearbeiten*, *Extras* und *?*.

Das *Datei*-Menü

Die Wahlhilfe verlassen

Das Datei-Menü bietet nur den Befehl *Beenden*. Dadurch wird die Wahlhilfe verlassen.

Das *Bearbeiten*-Menü

Bearbeiten bietet die Funktionen *Ausschneiden*, *Kopieren*, *Einfügen*, *Löschen* und *Zielwahl*. Die ersten vier Menübefehle sind nicht erklärungsbedürftig. Durch Anwählen des letzten Punkts können Sie eine neue Zielwahl eingeben. Zu diesem Zweck öffnet sich ein zusätzliches Dialogfeld.

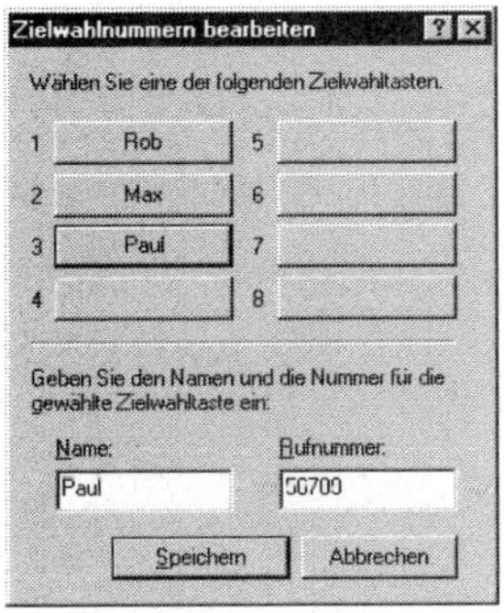

Abbildung 12.47: Nummern speichern

Die Zielwahl-Liste verändern

Hier wird ein Name und die Rufnummer verlangt. Eine neue Zielwahl können Sie einrichten oder eine bestehende verändern, wenn Sie mit der Maus eine *Zielwahl*-Schaltfläche anklicken und dann in den beiden Eingabefeldern links den Namen und rechts die zu wählende Telefonnummer eingeben. Mittels *Speichern* wird das Dialogfeld verlassen und die Eingaben werden in die Zielwahl-Liste aufgenommen.

Das *Extras*-Menü

Das *Extras*-Menü besitzt die Befehle *Verbinden über*, *Wählparameter* und *Protokoll einblenden*. Mit *Verbindung über* lassen sich unterschiedliche Einstellungen bewerkstelligen, beispielsweise der Modemtyp und dessen Anschlussparameter, oder festlegen, ob eine Sprachrufanforderung unterstützt werden soll.

Die Wählparameter

Der Menübefehl *Wählparameter* öffnet ein neues Fenster, in dem der aktuelle Standort und dessen Parameter definiert werden. Hier können Sie beispielsweise einstellen, ob eine Amtskennzahl notwendig ist oder ob im Ton- oder Pulswahlverfahren gewählt werden soll. Ferner werden auch Telekarten unterstützt, z. B. die T-Card der Telekom.

Die Tätigkeiten protokollieren

Protokoll einblenden öffnet ein neues Fenster, in dem das Protokoll angezeigt wird. Hier können Sie ein- und abgehende Telefonate protokollieren.

KAPITEL

13

Die Online-Dienste

Dass Windows 98 eine Reihe von Online-Funktionen enthält, haben Sie in den bisherigen Kapiteln erfahren. Die Online-Funktionen sind allerdings nur dann sinnvoll, wenn sie genutzt werden können. Aus diesem Grund sind innerhalb von Windows 98 einige Online-Dienste berücksichtigt worden. Hier erfahren Sie, um welche es sich handelt, wie sie zugänglich gemacht werden und was sie Ihnen nutzen.

Die Online-Dienste

Möchten Sie mit Windows 98 »online gehen«, dann geschieht dies in den meisten Fällen über die vorhandenen großen Online-Dienste. Das wurde auch in Windows 98 berücksichtigt. Erfahren Sie hier, welche Möglichkeiten sich Ihnen mit diesem Betriebssystem bieten.

Mit Windows 98 erhalten Sie auch die spezielle *Zugangssoftware* der drei Online-Dienste *MSN*, *AOL* und *CompuServe*.

Im Folgenden wird der Zugang zu den drei mitgelieferten Diensteanbietern behandelt. Denken Sie aber daran, dass die Zugänge nicht kostenlos sind. Sie müssen sich bei den Diensteanbietern anmelden und sofern Sie länger als den Probezeitraum angemeldet bleiben, fallen monatliche Kosten für Sie an.

Sollten Sie sich bei einem Anbieter anmelden und wollen Sie den Dienst später nicht mehr nutzen, dann vergessen Sie nicht sich rechtzeitig abzumelden. Für die Anmeldung benötigen Sie in der Regel eine gültige Kreditkarte wie z. B. Mastercard, Visa-Card etc. Welche Karten akzeptiert werden, ist abhängig vom Diensteanbieter.

Denken Sie daran, dass Sie ein angeschlossenes Modem bzw. eine ISDN-Karte haben müssen. In diesem Abschnitt wird die Installation eines Modems oder einer ISDN-Karte nicht behandelt. Sollten Sie sich nicht sicher sein, ob Ihre Hardware korrekt eingerichtet ist, und sollte der Zugang zu einem der Dienste nicht funktionieren, dann korrigieren Sie dies.

Eine korrekte Verbindung über ISDN zu konfigurieren ist erheblich komplizierter als über ein Modem. Sollte etwas nicht funktionieren, verzweifeln Sie nicht. In der Regel klappt es nicht auf Anhieb, trotz der Versprechen in der Werbung.

Falls bei Ihnen die Online-Dienste innerhalb von Windows 98 noch nicht installiert sind, richten Sie diese zunächst über *Start / Einstellungen / Software / Windows Setup / Online-Dienste* ein.

Der Zugang zu MSN

Lassen Sie uns jetzt den Zugang zu *Microsoft Network* (MSN) behandeln. Wählen Sie dazu *Start / Programme / Online-Dienste / The Microsoft Network* an.

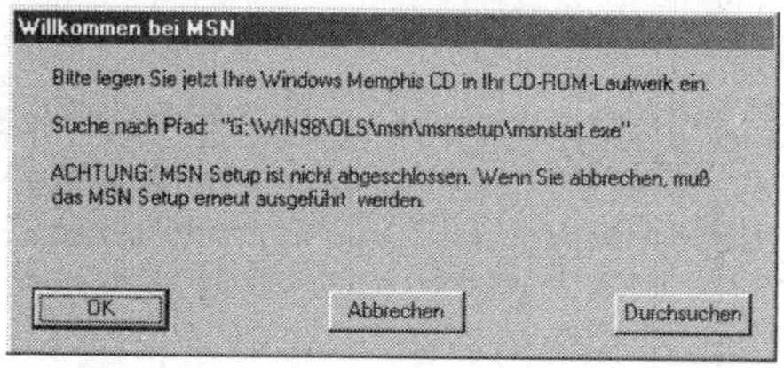

Abbildung 13.1: Beginn der Installation von MSN

Sie sehen, der Zugang ist noch nicht installiert. Sie müssen zunächst die Software für MSN installieren. Legen Sie also Ihre Windows-98-CD in Ihr Installationslaufwerk und bestätigen Sie dies mit einem Klick auf *OK*.

Ist Ihr CD-ROM-Laufwerk auf automatische Benachrichtigung bei Wechsel eingestellt, erscheint zunächst der Begrüßungsbildschirm. Schließen Sie dieses Fenster und fahren Sie dann fort. Sie erhalten den Willkommensgruß beim MSN-Setup-Bildschirm. Bestätigen Sie diesen und folgen Sie zunächst den Anweisungen. Sie bekommen sehr schnell folgendes Fenster angezeigt:

Abbildung 13.2: Der Vertrag mit MSN

Wenn Sie hier zustimmen, haben Sie einen rechtsgültigen Vertrag geschlossen. Denken Sie daran, dass Sie diesen Vertrag rechtzeitig kündigen, wenn Sie den Dienst nicht mehr in Anspruch nehmen wollen. Es entstehen Ihnen sonst Kosten!

Sie gelangen gleich zur ersten Hürde.

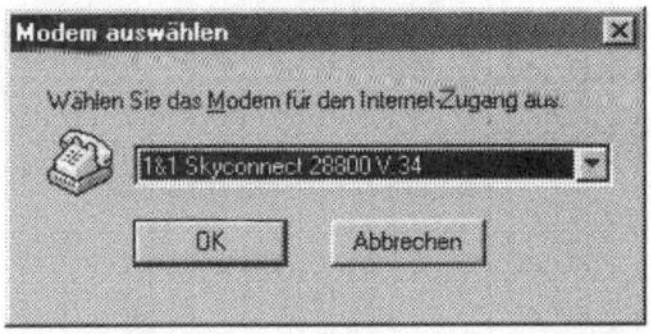

Abbildung 13.3: Angabe des Modems

Erscheint kein Eintrag in der Liste, ist die notwendige Hardware bei Ihnen nicht installiert und Sie müssen den Installationsvorgang abbrechen. Sie dürfen nur ein Modem bzw. ein virtuelles Modem für Ihre ISDN-Karte auswählen. Andere Einträge, die eventuell erscheinen können, wie z. B. *Microsoft VPN Adapter*, dürften nicht zum gewünschten Erfolg führen, da diese meistens für Einrichtungen innerhalb eines Netzwerks gedacht sind.

Ein Neustart

Wenn Sie zu einem Neustart des Rechners aufgefordert werden, befolgen Sie diese Aufforderung. Nach dem Neustart erhalten Sie einen Bildschirm mit mehreren Optionen. Sie müssen zunächst angeben, ob Sie ein neues *MSN-Konto* erhalten wollen oder ob Sie schon ein Konto besitzen, also schon Mitglied bei MSN sind. Wenn Sie noch kein Mitglied sind, wählen Sie ein neues MSN-Konto aus.

Die Frage nach der Verbindungsart sieht zunächst etwas verwirrend aus. *Ich möchte mich über das MSN-Netzwerk einwählen* besagt, dass Sie die Einwahlknoten von MSN benutzen wollen. Die andere Option, *Ich möchte meine Internet-Verbindung verwenden*, ist eine Besonderheit bei MSN.

Sie haben nämlich bei MSN die Möglichkeit, sich über einen anderen Internet-Provider einzuwählen. Im weiteren Verlauf des Buchs wird dies näher behandelt. Es ist übrigens eine interessante Option, um Zugangskosten zu sparen und trotzdem das interne Angebot von MSN nutzen zu können. Sie sollten aber zunächst den direkten Zugang über das MSN-Netzwerk wählen.

Bestätigen Sie das Fenster, so wird versucht eine Verbindung aufzubauen. Kommt eine Verbindung zustande, erhalten Sie folgende Eingabemöglichkeiten:

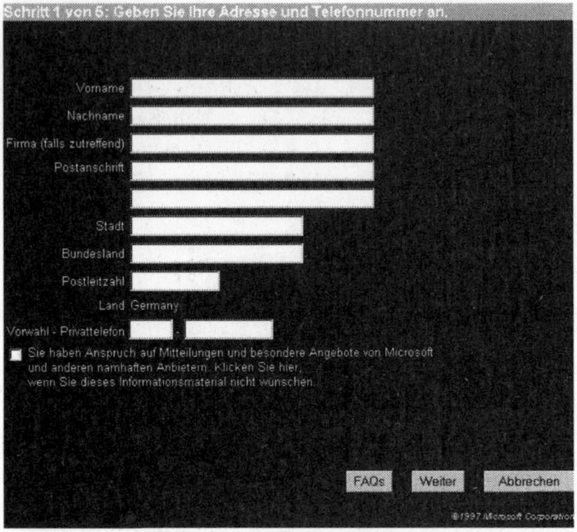

Abbildung 13.4: Anmeldung zu MSN

Wenn Sie alles ausgefüllt haben, brauchen Sie nur noch den Angaben zu folgen. Nach einiger Zeit gelangen Sie dann zur Startseite von MSN.

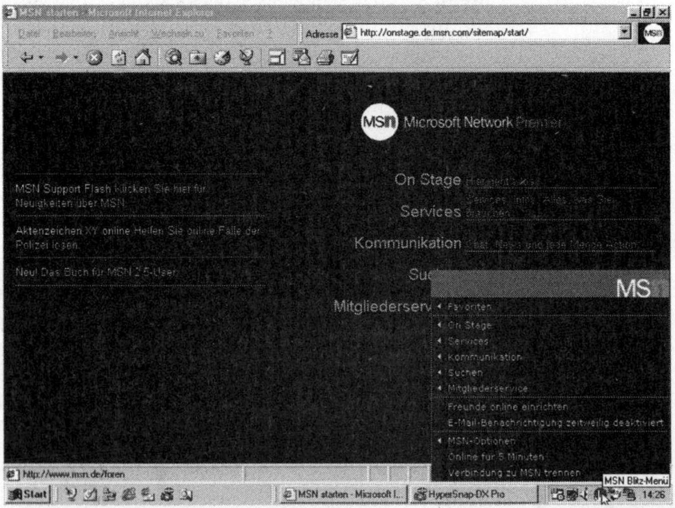

Abbildung 13.5: Der Startbildschirm von MSN

Der Aufruf des *MSN-Blitz*-Menüs befindet sich in der Taskleiste und wird durch Anklicken geöffnet.

Die Verbindung und der Antrag zur Mitgliedschaft in MSN ist gelungen. Sollte es bei Ihnen nicht geklappt haben, war höchstwahrscheinlich Ihre Hardware nicht korrekt eingerichtet. Überprüfen Sie diese noch einmal und beheben Sie das Problem.

Der Zugang zum Internet über MSN

In dem Moment, in dem Sie sich in MSN einwählen, sind Sie direkt mit dem Internet verbunden, da MSN selbst im Internet ist und lediglich nicht alle Angebote öffentlich vorliegen. Die speziellen Angebote erhalten Sie zwar über Internetseiten, haben aber nur eine Zugangsberechtigung, wenn Sie Mitglied bei MSN sind. Die Verbindungseinstellungen für MSN werden auch direkt im Internet Explorer vorgenommen.

Der Zugang zu MSN über andere Provider

Sie werden sicherlich über die Überschrift zu diesem Abschnitt gestutzt haben, denn was soll das, eine Verbindung zu einem Provider über einen anderen Provider herzustellen? Ist das nicht absurd? Nicht unbedingt, da MSN keinen flächendeckenden Zugang zum Ortstarif in Deutschland anbietet.

Wollen Sie also die Angebote von MSN nutzen (nur dann macht es Sinn, denn im Internet müssen Sie ja schon vorher sein) und können die Einwahlknoten von MSN nur über Ferngespräche erreichen, ist es z. B. günstiger, sich über T-Online oder einen anderen Provider an Ihrem Ort zum Ortstarif ins Internet einzuwählen und dann über das Internet auf die Angebote von MSN zuzugreifen.

Ein Beispiel

Eine kleine Beispielrechnung dazu: Eine Stunde im Internet über T-Online kostet ca. 10,- DM inklusive der Telefonkosten. Eine Stunde Ferngesprächsgebühren dagegen ca. 20,- DM, ergibt eine Ersparnis von 10,- DM. Dies würde sich also schon lohnen. Wenn Sie in den Telefontarifen wühlen, finden Sie sicher noch günstigere Beispiele, aber wer kennt sich heute noch im Tarifdschungel aus.

Also lassen Sie uns diese Möglichkeit der Einwahl betrachten. Das ist bei MSN sehr einfach. Haben Sie die Verbindungseinstellung des Internet Explorers über die DFÜ-Netzwerkverbindung, z. B. zu T-Online, konfiguriert, brauchen Sie gar nichts weiter zu tun. Starten Sie MSN, wird der

Internet Explorer, der die Grundlage für MSN ist, aktiviert. Wählen Sie dann eine Internetseite, die nicht auf Ihrem Rechner gespeichert ist, erhalten Sie die Aufforderung, eine Verbindung herzustellen, und anschließend die Eigenschaften der Verbindung, die dem Internet Explorer zugeordnet ist.

Wollen Sie hingegen über die Einwahlknoten von MSN in das Internet gelangen, müssen Sie die DFÜ-Netzwerkverbindung MSN dem Internet Explorer zuordnen.

Der Zugang zu AOL

Auch bei *America Online* (AOL) muss zunächst die Software installiert werden. Sie können sich bei AOL anfangs nur über ein Modem einwählen. Die benötigte Zusatzsoftware für ISDN ist nur bei AOL im Bereich *ISDN* erhältlich, wobei Sie natürlich erst eine Verbindung zu AOL haben müssen. Wählen Sie diesmal *Start / Programme / Online-Dienste / AOL* an und beginnen Sie mit der Installation.

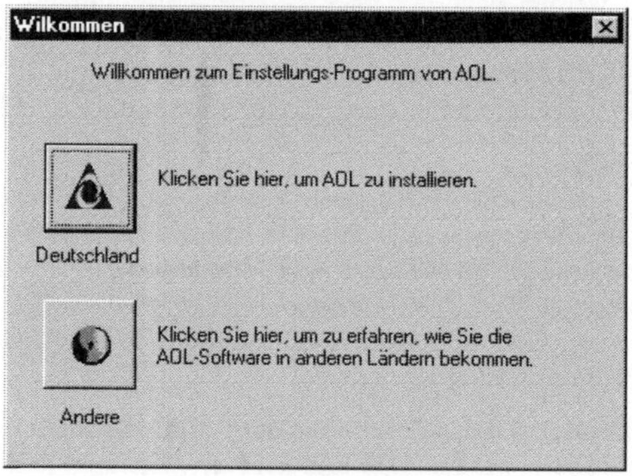

Abbildung 13.6: Die Installation beginnt

Sobald Sie hier auf die Schaltfläche *Deutschland* klicken, wird nach einer älteren, schon installierten Version von AOL gesucht.

Anschließend wird Ihnen ein anderer Willkommensgruß angezeigt.

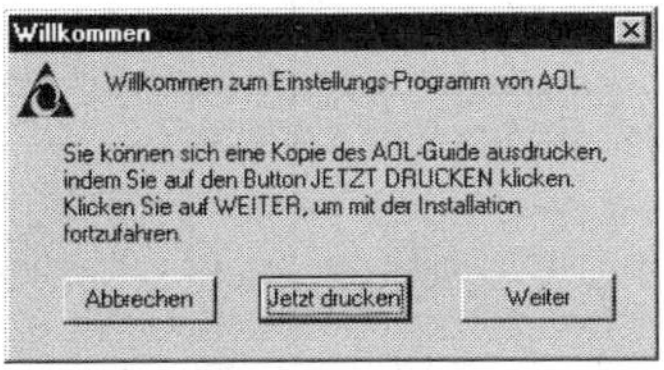

Abbildung 13.7: Der zweite Willkommensgruß

Wenn Sie wollen, können Sie sich den *AOL-Guide* vor der weiteren Installation ausdrucken lassen (tun Sie es, er enthält einige nützliche Informationen), indem Sie im *Willkommen*-Fenster die entsprechende Schaltfläche anwählen.

Anschließend wird Ihr Modem überprüft. Ist das Modem nicht angeschlossen, selbst wenn es konfiguriert ist, erhalten Sie eine entsprechende Meldung und müssen die Installation beenden bzw. ein vorhandenes Modem einschalten und erneut suchen lassen. Wird Ihr Modem entdeckt und für gut befunden, können Sie mit der Installation fortfahren.

Die notwendigen Dateien werden dann eingerichtet, so dass Sie die Anmeldung fortsetzen können.

Die Anmeldung bei AOL

Nach Beendigung der Installation beginnt die eigentliche Anmeldung, der Vorgang ist nicht so vollständig automatisiert wie z. B. bei MSN. Für den Start von AOL finden Sie ein Symbol auf dem Desktop, einen Eintrag in *Start / Programme / AOL* und eventuell noch direkt im Startmenü. Betätigen Sie eine dieser Verknüpfungen, um die Anmeldung zu starten.

Ihnen wird mitgeteilt, was für Informationen Sie für die Anmeldung bereithalten müssen:

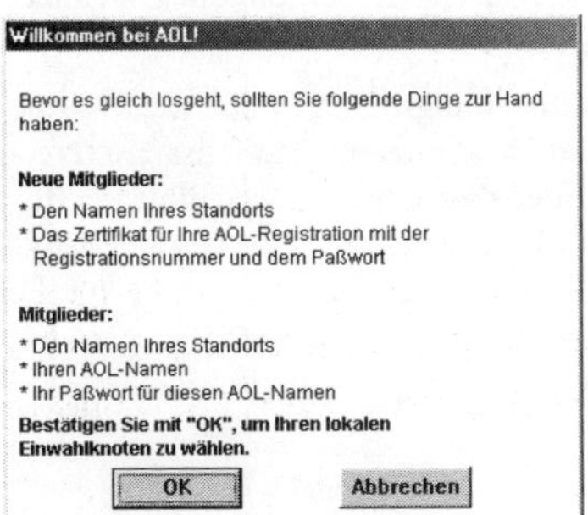

Abbildung 13.8: Informationen, die Sie für die Anmeldung benötigen

Der *Name Ihres Standortes* ist der nächstgelegene *Einwahlknoten* von AOL. Sie müssen diesen aus einer Liste auswählen. Nach der Auswahl wird Ihnen die zugehörige Telefonnummer angezeigt.

Klicken Sie jetzt auf *anmelden*, dann wählt Ihr Modem die Telefonnummer an. Die Software von AOL benutzt nicht die Einstellungen für das Modem in Windows 98, sie benutzt eigene Einstellungen.

Ist Ihr Modem an einer *Nebenstellenanlage* angeschlossen, die eine bestimmte Ziffer für die Wahl des Amts benötigt, ist die Telefonnummer, die das Modem wählt, falsch. Klicken Sie in diesem Fall sofort auf *Abbrechen*, um über die Schaltfläche *Einstellungen* in das *Einstellmenü* für die *Modemparameter* zu gelangen. Wählen Sie hier *Standort ändern* und aktivieren Sie *evtl. Vorwahlnummer einer Telefonanlage*. Sollte Ihre Ziffer für die Amtsholung nicht 0 sein, so ändern Sie auch diese.

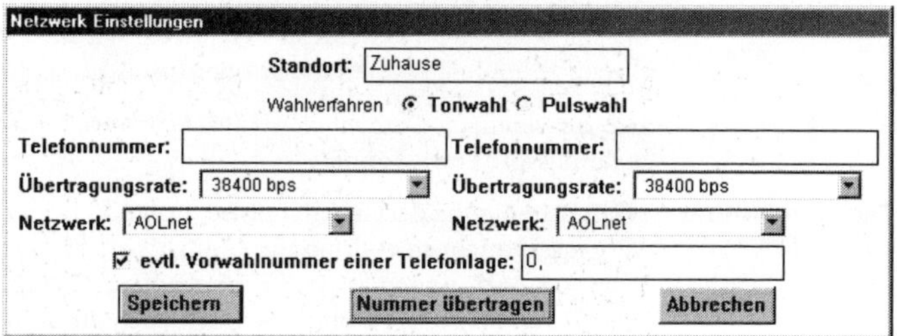

Abbildung 13.9: Netzwerkeinstellungen von AOL

Das Komma hinter der Null bewirkt eine zwei Sekunden lange Pause nach der Wahl der Amtsholziffer. Dies ist bei Tonwahl nicht unbedingt notwendig, schadet aber auch nicht.

Innerhalb des Einstellungsdialogs unter *Modem-Einstellungen* können Sie noch Ihr Modem bestimmen, häufig ist ein *Hayes-kompatibles Modem* (funktioniert in der Regel auch) ausgewählt, da die Liste der zur Verfügung stehenden Modems nicht gerade besonders umfangreich ist.

Melden Sie sich, nachdem alle Einstellungen vorgenommen wurden, als *Neu (User)* an, damit Sie in die Registrierung gelangen.

Abbildung 13.10: Anmeldung als Neu (User)

Klicken Sie dann auf *Anmelden* und die Verbindung wird hergestellt. Wählen Sie dann *Neues Mitglied* und anschließend *Weiter*.

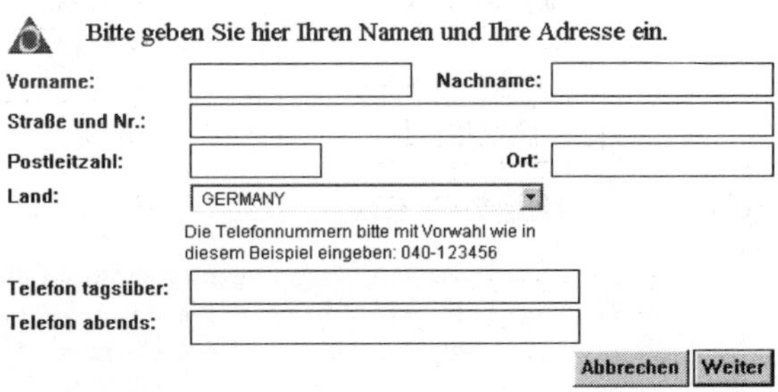

Abbildung 13.11: Registrierung bei AOL

Folgen Sie dann den Anweisungen der Registrierung. Nach einiger Zeit gelangen Sie zum Eingangsbildschirm von AOL.

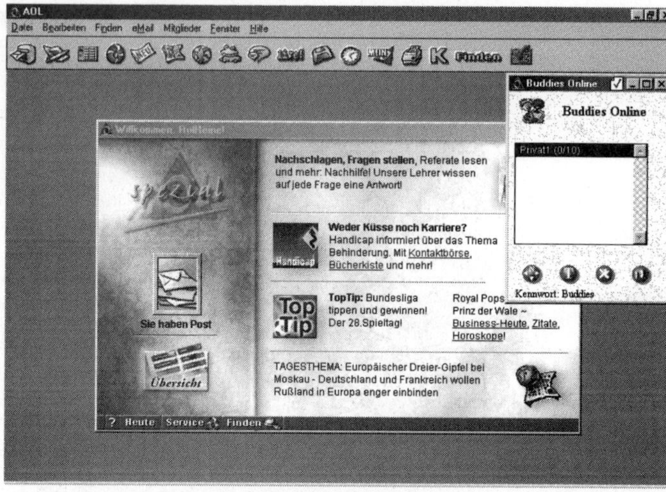

Abbildung 13.12: Eingangsbildschirm von AOL

Sie können schon am Startbildschirm von AOL erkennen, dass dies eine eigene Software ist und dass AOL auch ein eigenes Angebot bereithält. Sie sind an diesem Punkt noch nicht im Internet. Sie können allerdings über AOL ins Internet gelangen.

Der Zugang zum Internet über AOL

Im Gegensatz zu dem direkten Zugang von MSN zum Internet können Sie bei AOL nicht direkt ins Internet gelangen. Sie müssen in jedem Fall über die Software von AOL gehen. In der Übersicht von AOL müssen Sie *Internet* wählen.

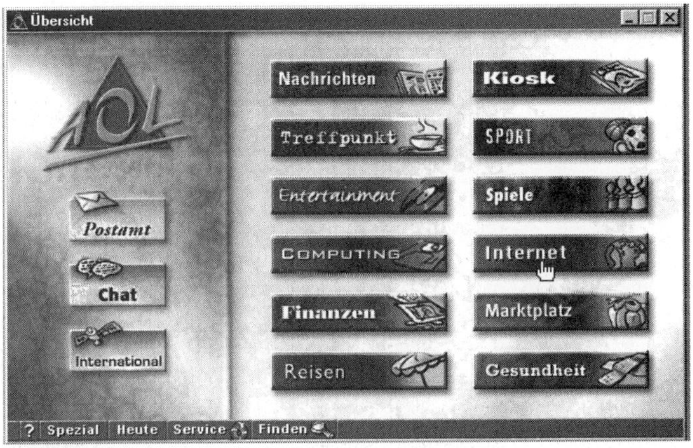

Abbildung 13.13: Übersicht von AOL

Sie erhalten nach der Anwahl von *Internet* ein weiteres Auswahlfenster.

Abbildung 13.14: Ein bisschen näher am Internet

Sie können jetzt im oberen Bereich eine Internetadresse eingeben oder über eine der Schaltflächen eine andere Information über das Internet erhalten. Geben Sie eine Adresse ein, wird eine von AOL angepasste Version des Internet Explorers gestartet.

Abbildung 13.15: Angepasster Internet Explorer von AOL

Dies ist nicht der eigentliche Internet Explorer. In allen anderen Kapiteln des Buches werden nicht die Programme von AOL, sondern die Originalprogramme von Windows 98 behandelt. Sie werden also einen Unterschied zu dem Internet Explorer von AOL vorfinden.

Es gibt bei AOL keine Möglichkeit, wie z. B. bei T-Online, ohne die Software von AOL über diesen Online-Dienst ins Internet zu gelangen. Sie sind an die entsprechende Software gebunden.

Der Zugang zu AOL über einen anderen Provider

Sie können AOL auch über die Einwahlknoten eines anderen Providers erreichen, um das Angebot zu nutzen. Dies geht zwar nicht ganz so komfortabel wie bei MSN, ist aber auch nicht sehr viel schwieriger. Sie müssen in die *Netzwerkeinstellungen* von AOL gehen.

Abbildung 13.16: Netzwerkeinstellungen von AOL

Wählen Sie hier als *Netzwerk TCP/IP* und legen Sie die Datenübertragungsrate Ihres Modems fest. Telefonnummern brauchen Sie nicht einzugeben, da Sie, bevor Sie sich in AOL einwählen können, schon mit dem Internet verbunden sein müssen.

Bevor Sie sich dann bei AOL anmelden, müssen Sie, z. B. über das DFÜ-Netzwerk von T-Online, eine Verbindung zum Internet hergestellt haben. Ist dies nicht der Fall, erhalten Sie bei der Anmeldung zu AOL die Meldung, dass die Domäne nicht gefunden werden kann.

Der Zugang zu CompuServe

Wie gehabt, muss auch hier zunächst die Software installiert werden. Wählen Sie diesmal *Start / Programme / Online-Dienste / CompuServe* an.

Der Installationsvorgang beginnt. Stimmen Sie zunächst dem Lizenzvertrag zu. Als Nächstes werden Sie aufgefordert anzugeben, wo die Software installiert werden soll, in der Regel wird dies ein allein stehender Computer sein. Die Netzwerkinstallation trifft nur dann zu, wenn Sie über einen anderen Rechner in Ihrem Netzwerk auf CompuServe zugreifen wollen. Wählen Sie dann die *Standardinstallation*.

HINWEIS

Wenn Sie aufgefordert werden, den *cFos-Treiber* für CompuServe zu installieren, sollten Sie dies lieber ablehnen. Die cFos-Treiber sind im Prinzip eine Krücke, um ISDN-Karten als Modems ansprechen zu können. Es gibt häufig Ärger mit diesen Treibern. Besser sind virtuelle Modemtreiber für ISDN-Karten. Da CompuServe als Standard das DFÜ-Netzwerk von Microsoft verwendet, können Sie später beliebige Modems (auch virtuelle) der DFÜ-Netzwerkverbindung von CompuServe zuordnen.

Nach Abschluss der Installation müssen Sie den Rechner neu starten.

Um sich in CompuServe anzumelden, wählen Sie *Start / Programme / Online-Dienste / CompuServe / Anmeldung*.

Abbildung 13.17: Anmelden bei CompuServe

Klicken Sie auf *Jetzt anmelden*, um sich bei CompuServe anzumelden. Den Bereich *Einstellungen* können Sie in diesem Moment nur dann nutzen, wenn Sie die Telefonnummer Ihres Einwahlknotens kennen. Es sind noch keine Telefonnummern verfügbar.

Klicken Sie dann auf *Weiter* und wählen Sie Ihr Land, damit die Einwahlnummern ermittelt werden können.

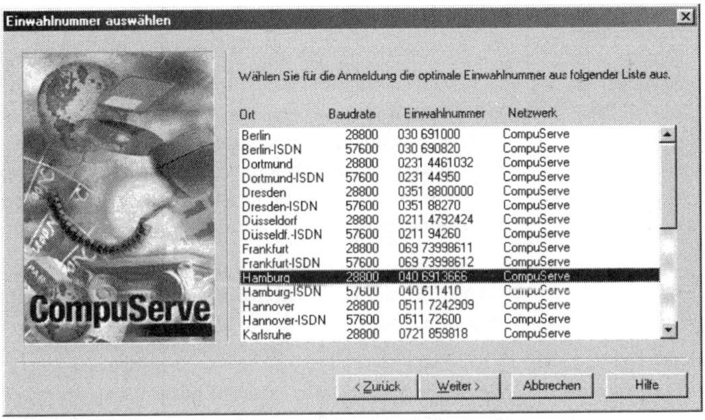

Abbildung 13.18: Einwahlnummern für CompuServe

Wählen Sie jetzt den nächstgelegenen Einwahlknoten aus. Achten Sie darauf, dass Sie entsprechend Ihrer Hardware eine Nummer wählen. Eine ISDN-Telefonnummer arbeitet nicht mit einem Modem zusammen. Klicken Sie, nachdem Sie eine Nummer ausgewählt haben, auf *Weiter*.

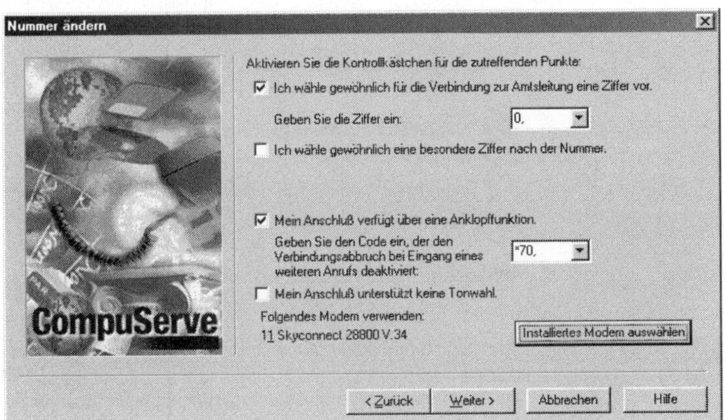

Abbildung 13.19: Einstellung für Ihren Telefonanschluss

Sind Sie an einer *Nebenstellenanlage* angeschlossen, müssen Sie die Option *Ich wähle gewöhnlich für die Verbindung zur Amtsleitung eine Ziffer vor* aktivieren und die zu wählende Nummer eintragen, in der Regel wird dies 0 sein.

Die Anklopffunktion

Mit der Option *Mein Anschluss verfügt über eine Anklopffunktion* können Sie die Anklopffunktion abschalten, da diese bei Datenübertragungen zu Fehlfunktionen führen kann. Die Ziffern bzw. Tastenfolgen, die Sie dort eingeben müssen, finden Sie in der Anleitung zu Ihrem Telefon bzw. Ihrer Nebenstellenanlage.

Sie können von hier aus auch ein anderes Modem für die Verbindung wählen. Das Modem muss allerdings schon installiert sein. Im folgenden Fenster können Sie nochmals die Einwahlnummer ändern. Da diese aber stimmen wird, wählen Sie *Fertig stellen*.

Wenn Ihr Modem korrekt konfiguriert war, müsste eine Verbindung aufgebaut werden. Nachdem die Verbindung steht, werden Sie nochmals aufgefordert Ihren Wohnort bzw. den am nächsten gelegenen Einwahlknoten anzugeben. Wählen Sie dann wiederum Ihre Einwahlnummer aus.

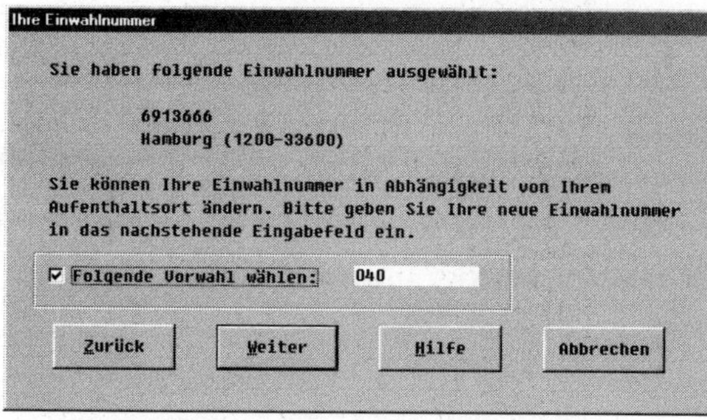

Abbildung 13.20: Nochmalige Angabe der Einwahlnummer

Sollten Sie nicht direkt in dem Ort wohnen, müssen Sie die Option *Folgende Vorwahl wählen* aktivieren. Sie haben jetzt statt der Anmeldenummer die Einwahlnummer erhalten. Die Verbindung zu CompuServe wird getrennt und anschließend sofort neu aufgebaut. Jetzt geht die Prozedur mit der Anmeldung los.

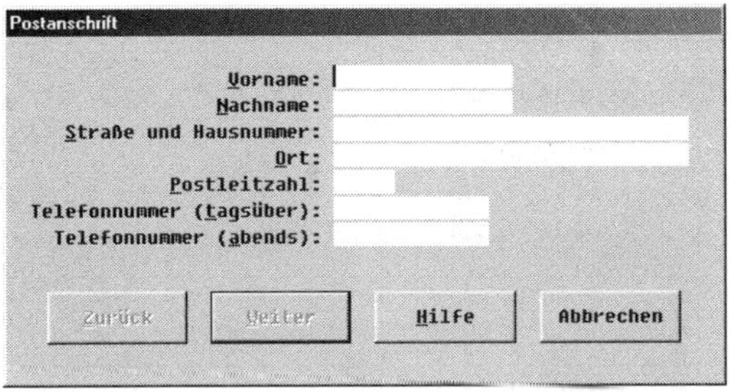

Abbildung 13.21: Anmeldung bei CompuServe

Folgen Sie nun den Anweisungen. Haben Sie Ihre Anmeldeprozedur überstanden, starten Sie CompuServe in der Zukunft über *Start / Programme / Online-Dienste / CompuServe / CompuServe4.0*.

Abbildung 13.22: Startbildschirm von CompuServe

Sie brauchen jetzt nur noch auf eine Schaltfläche zu klicken, um die Verbindung herzustellen.

Der Zugang zum Internet über CompuServe

Bei CompuServe kommen Sie auch nur über die Software von CompuServe ins Internet. Klicken Sie nach dem Starten der CompuServe-Software auf das Symbol für das Internet.

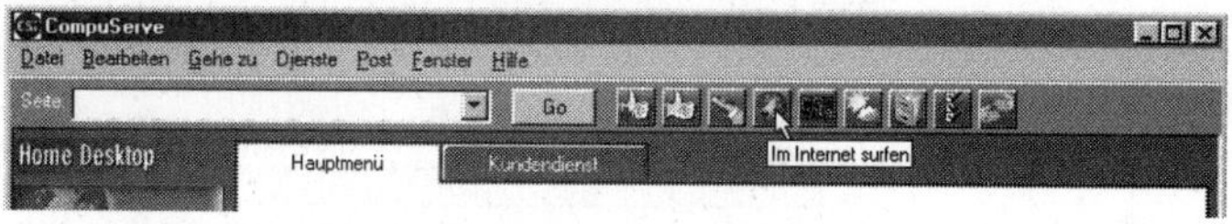

Abbildung 13.23: Zugang zum Internet

Die Verbindung zu CompuServe wird aufgebaut und der Browser gestartet.

Der Zugang zu CompuServe über einen anderen Provider

Auch bei CompuServe haben Sie die Möglichkeit, sich über einen anderen Provider einzuwählen. Wählen Sie in der Software von CompuServe *Gehe Zu / Einstellungen*.

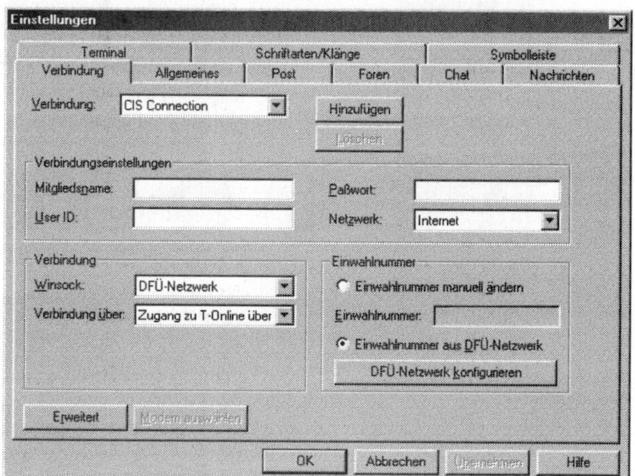

Abbildung 13.24: Einstellungen für Zugang über anderen Provider

Nehmen Sie die Einstellungen sinngemäß der Abbildung vor. In der Abbildung ist der Zugang über das DFÜ-Netzwerk angezeigt, das vorher für T-Online erstellt wurde. Sie müssen natürlich Ihren *Mitgliedsnamen*, *User ID* und *Passwort* eingeben.

Mit diesen Einstellungen wird dann bei der Anwahl von CompuServe zunächst die Verbindung zum Internet über den Provider, in diesem Beispiel T-Online, hergestellt und anschließend die Verbindung über das Internet zu CompuServe aufgebaut.

Der allgemeine Zugang zum Internet

In den vorherigen Unterkapiteln haben Sie die Verbindungen zum Internet über MSN, AOL und CompuServe schon kennen gelernt. Sie sind dabei über die mitgelieferte Software und ein Modem gegangen. Es gibt aber noch weitere Zugangsmöglichkeiten.

In Deutschland ist *T-Online* sicher daher am verbreitetsten, weil dies der erste Online-Provider war, der einen flächendeckenden Zugang zum Ortstarif sowohl über Modem als auch über ISDN ermöglichte. Heute bietet auch AOL dies. Software für T-Online wird nicht mit Windows 98 ausgeliefert, die Zugangsmöglichkeit besteht aber trotzdem.

Unter gewissen Umständen kann es auch interessant sein, einen Provider zu wählen, der kein eigenes Angebot bereitstellt, sondern nur die Zugangsmöglichkeit zum Internet. An diesem Punkt lassen Sie uns ein paar Gedanken über die unterschiedlichen Angebote machen.

Der Provider T-Online

T-Online ist ein Provider, der eine eigene Software ausliefert und auch ein eigenes Angebot, das nicht direkt im Internet zu finden ist. Es ist aus dem früheren *BTX* entstanden und wird heute im *Kit*- oder *Cept*-Standard bereitgestellt. *Homebanking* ist eine weitere Spezialität dieser Standards. Das Internet können Sie durch Anwahl eines Browsers von der Oberfläche der T-Online-Software her erreichen.

Es geht aber auch anders, und dadurch unterscheidet sich T-Online von den meisten Anbietern. Sie können ohne den Einsatz der T-Online-Software über T-Online in das Internet gelangen. Wenn Sie diesen Weg wählen, ist er im Prinzip identisch mit dem eines Providers ohne eigene Software und ohne eigenes Angebot. Sie besuchen also nicht das »Kaufhaus

T-Online«, sondern Sie gehen an dem Angebot vorbei direkt in das Internet. Da es der unmittelbare und allgemeinste Zugang zum Internet ist, werden wir dies in den späteren Arbeiten umsetzen.

Der Provider MSN

Das Angebot von *MSN* befindet sich ausschließlich im Internet, wobei der Zugang zu den meisten Bereichen nur für Mitglieder geöffnet ist. MSN hat eigentlich keine spezielle eigene Software, sondern setzt im Prinzip nur den Internet Explorer ein. Das etwas veränderte Aussehen basiert eher auf der Programmierung der Internetseiten und der Nutzung der Vollbildansicht des Browsers. Wollen Sie das Angebot von MSN nutzen, haben aber keinen Einwahlknoten im Ortsbereich, können Sie sich über einen anderen Provider ins MSN einwählen. Sie haben dies im Abschnitt »Der Zugang zu MSN« dieses Kapitels kennen gelernt.

Die Provider AOL und CompuServe

AOL und *CompuServe* setzen zwar auch den Internet Explorer ein, haben ihn jedoch etwas abgewandelt. Sie können sich zwar bei AOL auch über einen anderen Provider einwählen, müssen jedoch immer über deren Software gehen. Sie können nicht am Angebot von AOL oder CompuServe vorbei in das Internet gelangen. Diese Provider wollen, dass Sie in jedem Fall erst deren Angebot nutzen.

Der Zugang zum Internet über T-Online oder einen beliebigen Provider

Wir werden jetzt den direkten Zugang zum Internet über das DFÜ-Netzwerk und T-Online erstellen und konfigurieren. Die Vorgehensweise ist für andere Provider, die nur den Internetzugang bereitstellen, identisch.

Nochmals, damit Sie nicht verwirrt werden: Sie benutzen hierbei *nicht* die T-Online-Software, diese braucht auch nicht auf Ihrem Rechner installiert zu sein. Sie können in diesem Fall auch nicht auf das interne Angebot von T-Online zugreifen. Diese Zugangsart hat aber den Vorteil, dass sie sehr schnell ist, schneller, als wenn Sie über die T-Online-Software gehen.

Informationen, die Sie für die Konfiguration benötigen

Ohne Informationen können Sie keine Verbindung konfigurieren. Sie benötigen folgende Angaben:

- ✔ Erkundigen Sie sich nach dem Typ des *DFÜ-Servers* Ihres Providers.
- ✔ Fragen Sie Ihren Provider, ob Sie eventuell bestimmte Scripte einsetzen müssen, um sich einzuwählen.
- ✔ Im Internet wird das TCP/IP-Protokoll eingesetzt. Dessen Einstellungen können aber variieren, Sie müssen sich danach erkundigen.
- ✔ Fragen Sie nach Ihrem Kennwort und der Übermittlung des Kennworts. Einige Server benutzen eine spezielle Verschlüsselung.
- ✔ Und Sie müssen natürlich die Telefonnummer kennen.

Den DFÜ-Zugang für T-Online einrichten

Sie haben bereits eine neue Verbindung für das DFÜ-Netzwerk erstellt. Das, was wir jetzt tun wollen, ist identisch, außer dass wir nun die korrekten Daten für den Zugang über T-Online eingeben.

Was ich Ihnen nicht nennen kann, sind Ihre persönlichen Daten. Suchen Sie diese jetzt heraus. Sie benötigen Ihre zwölfstellige *Anschlusskennung*, Ihre *Telefonnummer*, die für T-Online gemeldet ist, und Ihr *Passwort*. Alles andere bekommen Sie von mir. Ach so, fast hätte ich es vergessen, Sie müssen natürlich bei T-Online als Mitglied geführt sein.

Wählen Sie im Explorer im Verzeichnis *DFÜ-Netzwerk Neue Verbindung erstellen*. Geben Sie jetzt den Namen für Ihre Verbindung ein, mein Vorschlag: *Zugang zu T-Online über ppp*. Sie können natürlich jeden beliebigen Namen vergeben.

Wählen Sie Ihr Modem aus, über das die Verbindung aufgebaut werden soll. Geben Sie dann Ihre Vorwahl (ohne führende Null) und als Rufnummer die Telefonnummer von T-Online 0191011 ein.

HINWEIS

Es gibt noch eine zweite T-Online-Zugangsnummer, die Sie aber nicht verwenden dürfen, da Sie dann nicht über PPP gelangen können.

So, die erste Hürde ist genommen. Die Verbindung erscheint im Explorer und muss jetzt konfiguriert werden. Wählen Sie im Kontextmenü des Eintrages für die neue Verbindung den Menübefehl *Eigenschaften*.

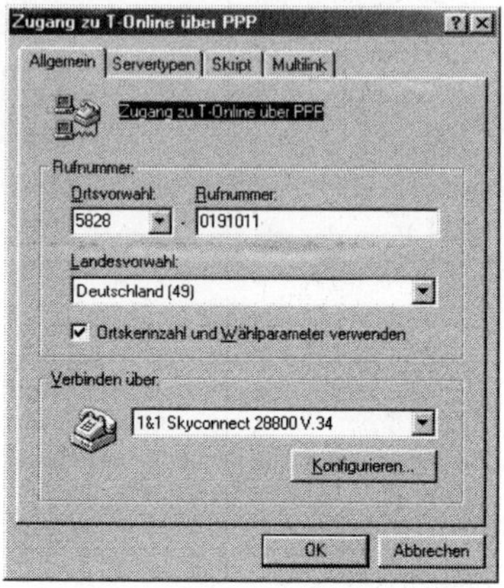

Abbildung 13.25: Eigenschaften der Verbindung

Ihre Einstellungen müssten der obigen Abbildung entsprechen. Natürlich nicht die *Ortsvorwahl* und das *Modem*. Öffnen Sie das Register *Servertypen*.

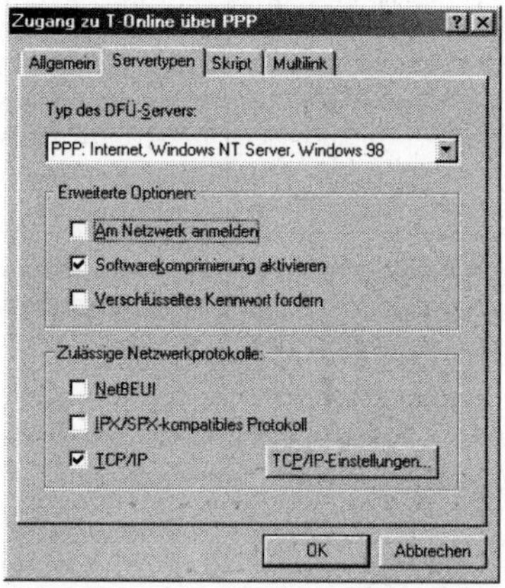

Abbildung 13.26: Servertyp-Einstellung für T-Online

Nehmen Sie die Einstellungen entsprechend der Abbildung vor. *Am Netzwerk anmelden* kann deaktiviert bleiben, es geht dann meistens etwas schneller mit dem Verbindungsaufbau.

Wählen Sie anschließend *TCP/IP-Einstellungen*.

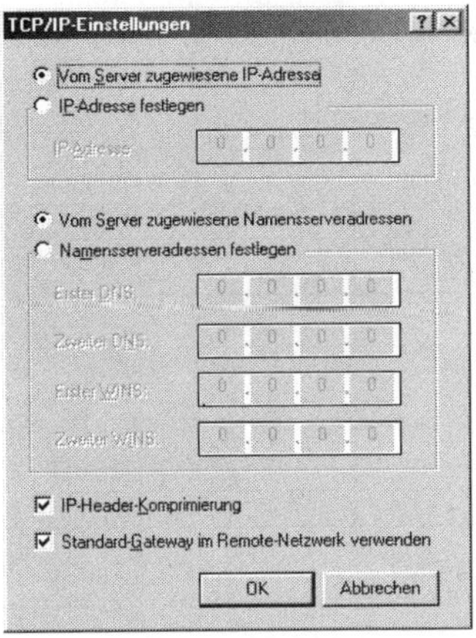

Abbildung 13.27: TCP/IP-Einstellungen für T-Online

Sie müssen wieder die Einstellungen entsprechend der Abbildung vornehmen.

In den Registern *Script* und *Multilink* brauchen Sie keine Eintragungen zu machen. Diese Funktionen werden in unserem Fall nicht verwendet.

Die zweite Hürde ist genommen. Doppelklicken Sie jetzt auf den Eintrag im Explorer, um die Verbindung zu starten.

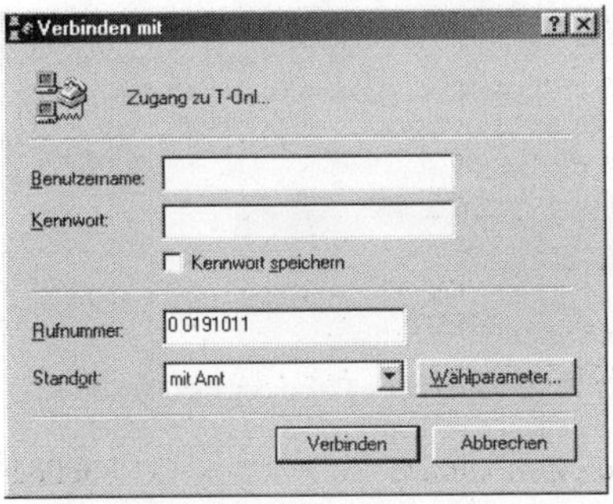

Abbildung 13.28: Verbindung zu T-Online starten

Jetzt fehlen Ihnen noch zwei persönliche Einträge.

Im Feld *Benutzername* müssen Sie Ihre zwölfstellige *Anschlusskennung*, gefolgt von Ihrer Telefonnummer inklusive Vorwahl und führender Null, das #-Zeichen und Ihre *Mitbenutzernummer* eintragen, z. B. 123321123321040456698#0001.

HINWEIS

Denken Sie daran, wenn Sie mehrere Telefonnummern haben, wie z. B. bei einem ISDN-Anschluss: Sie verwenden die Telefonnummer, unter der Ihre Mitgliedschaft bei T-Online geführt wird.

Im Feld *Kennwort* geben Sie Ihr Passwort ein.

Wenn Sie *Kennwort speichern* aktivieren, wird bei späteren Verbindungsherstellungen das Passwort automatisch eingetragen.

Im Feld *Rufnummer* muss die korrekte Nummer erscheinen. In der Abbildung sehen Sie noch eine führende Null, die in diesem Fall das Amt wählt, weil das Modem über eine Nebenstellenanlage angeschlossen ist.

HINWEIS

Noch eine Anmerkung: Die Eintragungen in *Benutzername* und *Kennwort* erscheinen erst dann bei späteren Verbindungsherstellungen, wenn mindestens eine einwandfreie Verbindung aufgebaut wurde. Ansonsten müssen Sie diese Eintragungen erneut vornehmen.

Klicken Sie jetzt auf *Verbinden*.

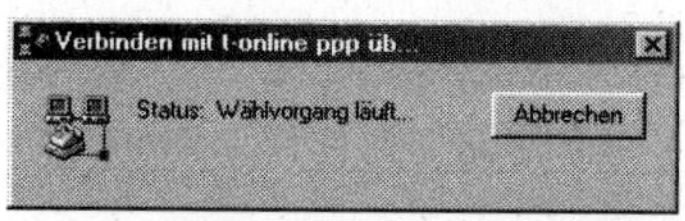

Abbildung 13.29: Erste Meldung beim Verbindungsaufbau

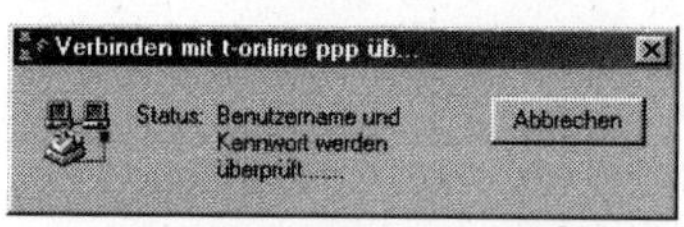

Abbildung 13.30: Zweite Meldung beim Verbindungsaufbau

Der Wahlvorgang wird gestartet und Ihr Benutzername und Ihr Passwort werden überprüft. Ist die Verbindung erfolgreich hergestellt, erscheint folgende Meldung:

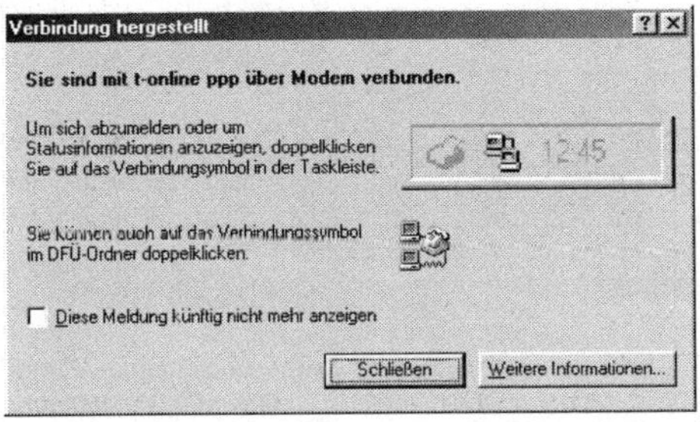

Abbildung 13.31: Meldung über erfolgte Verbindung

Soll diese Meldung später nicht mehr angezeigt werden, aktivieren Sie die zugehörige Option. Klicken Sie auf *Schließen*, erscheint das Symbol für das DFÜ-Netzwerk in der Taskleiste.

Dieses Symbol sollten Sie sich merken, da es eigentlich die einzige Anzeige ist, die Ihnen verdeutlicht, dass Sie online sind und dementsprechend Telefongebühren erzeugen. Wenn Sie mit der Maus auf dieses Symbol gehen, wird Ihnen angezeigt, wie viele Daten bislang übermittelt worden sind.

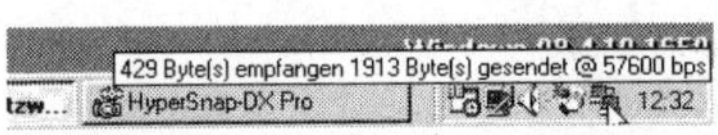

Abbildung 13.32: Symbol in der Taskleiste

Wählen Sie im Kontextmenü des Symbols *Status* an.

Abbildung 13.33: Kontextmenü des Symbols

Folgendes Fenster wird geöffnet:

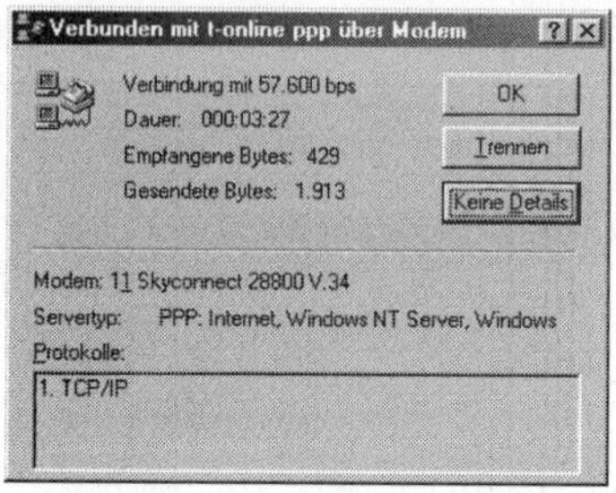

Abbildung 13.34: Information über die Verbindung

Wenn Sie auf *Details* klicken, erhalten Sie Informationen entsprechend der Abbildung. Sie sehen dort das verwendete Protokoll, die übertragenen Daten und die Geschwindigkeit der Verbindung zwischen den Modems. Dies ist nicht gleichbedeutend mit der tatsächlichen Geschwindigkeit der Übertragung von Daten.

Durch Klicken auf den Befehl *Trennen* – dieser Befehl erscheint auch im Kontextmenü des Symbols – wird die Verbindung wieder gelöst.

Sie befinden sich jetzt direkt im Internet. Wenn Sie den Browser starten, können Sie jede Adresse im Internet aufrufen und alle anderen Internet-Dienste nutzen.

Automatische Einwahl in das Internet beim Starten des Internet Explorers

Sie können den Internet Explorer so konfigurieren, dass eine Internet-Verbindung automatisch beim Start des Internet Explorers hergestellt wird. Wählen Sie dazu im Kontextmenü des Internet Explorers das Symbol *Eigenschaften*.

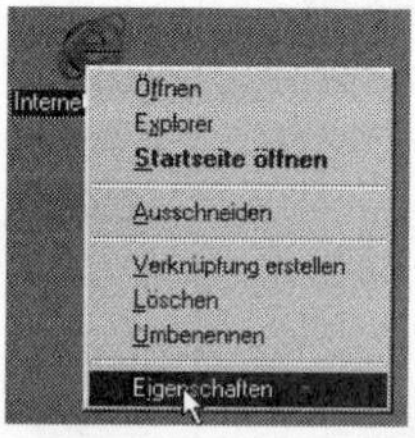

Abbildung 13.35: Kontextmenü des Internet Explorers

Wählen Sie das Register *Verbindung*.

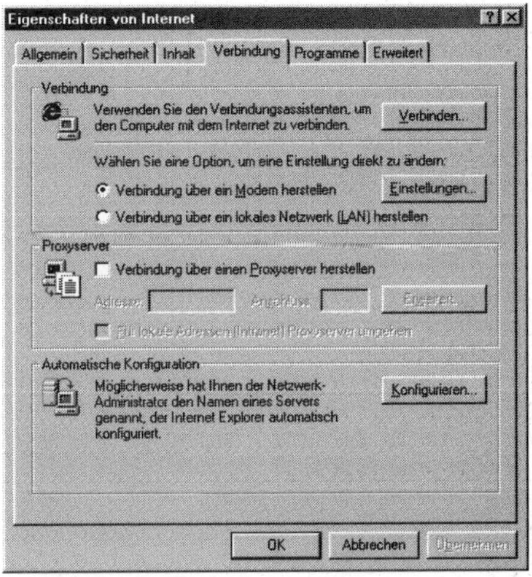

Abbildung 13.36: Verbindungseinstellungen für den Internet Explorer

Aktivieren Sie *Verbindung über ein Modem herstellen* und klicken Sie auf *Einstellungen*.

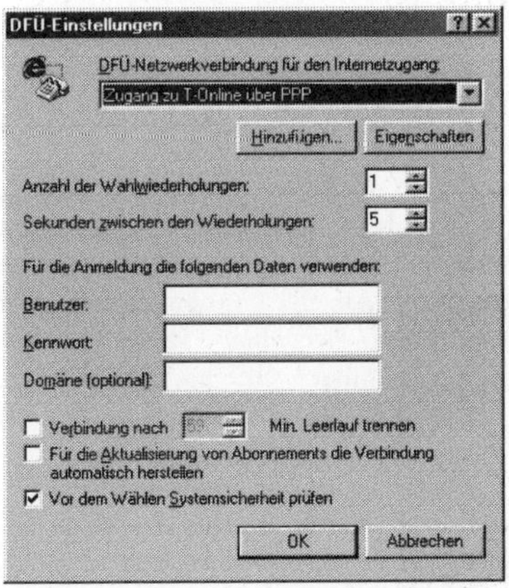

Abbildung 13.37: DFÜ-Netzwerkverbindung für den Internetzugang

Wählen Sie aus der Liste Ihre zuvor erstellte Verbindung zu T-Online. Hatten Sie schon eine Verbindung hierüber aufgebaut, sind *Benutzer* und *Kennwort* ausgefüllt. Zwei Optionen, die eventuell nicht sofort verständlich sind.

Für die Aktualisierung von Abonnements die Verbindung automatisch herstellen bedeutet eben, dass die Verbindung automatisch hergestellt wird. Sie erhalten dann keine zusätzliche Abfrage dazu. In diesem Fall kann es sehr leicht passieren, dass Sie gar nicht mitbekommen, dass Sie online sind. Eine etwas gefährliche Option, sofern man nicht über ein unbegrenztes Budget für Telefonkosten verfügt.

Vor dem Wählen Systemsicherheit prüfen überprüft, ob beim TCP/IP-Protokoll, das dem DFÜ-Adapter zugeordnet ist, die *Datei- und Druckerfreigabe* deaktiviert ist.

Haben Sie diese Einstellungen so vorgenommen, wird in Zukunft beim Öffnen des Internet Explorers bzw. bei der Anforderung einer Internet-Seite, die offline nicht zu erreichen ist, folgende Aufforderung erscheinen:

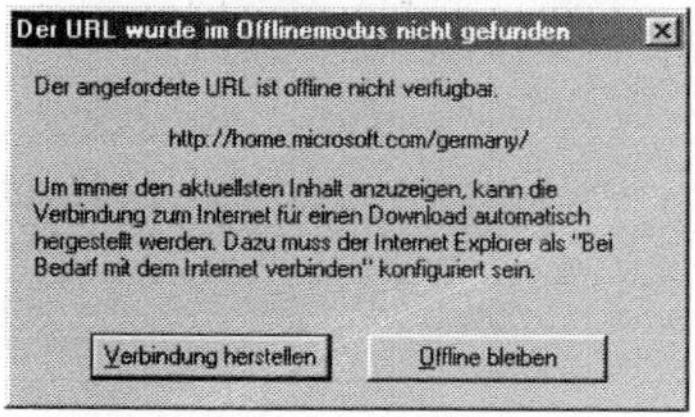

Abbildung 13.38: Aufforderung für Verbindungsaufbau

Wenn Sie anschließend auf *Verbindung herstellen* klicken, erhalten Sie das Fenster mit Ihren Verbindungsdaten.

Bei Ihnen sind Daten in *Benutzername* und *Kennwort* eingetragen. Ich möchte Ihnen meine aber nicht verraten, deshalb sind in der Abbildung keine Daten zu sehen. Dieses Fenster wird Ihnen auch bei jedem Start von Windows angezeigt. Die Anzeige können Sie nur unterbinden, wenn Sie in *Eigenschaften von Internet / Verbindung / Verbindung über ein Modem herstellen* deaktivieren, d. h. Sie müssen eine andere Verbindungsart wählen, was wiederum bedeutet, dass Sie, wenn Sie sich ins Internet einwählen wollen, diese Option zuvor ändern müssen.

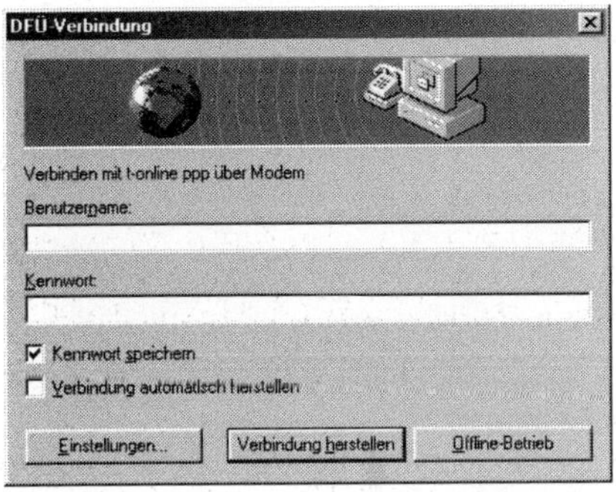

Abbildung 13.39: Verbindungsdaten für das Internet

Wenn Sie über genügend Geldmittel verfügen, können Sie natürlich *Verbindung automatisch herstellen* aktivieren. In diesem Fall sind Sie in der Regel, solange Sie mit Ihrem Rechner arbeiten, mit dem Internet verbunden.

KAPITEL

14

Das Internet

Windows 98 ist von seiner Funktionalität her sehr stark auf die Arbeit im oder mit dem Internet ausgerichtet. Erfahren Sie in diesem Kapitel, was das Internet ist, wie Sie Windows 98 auf das Internet einstellen, welche Möglichkeiten Sie mit Windows 98 und dem Internet haben und wie Sie mit dem Internet arbeiten und sich darin bewegen.

Das Internet

Das Internet bietet jedem Interessierten eine Vielzahl von Möglichkeiten. Dem professionellen Benutzer liefert es Informationen aus allen erdenklichen Bereichen und in einer schier unendlichen Vielfalt. Der private Anwender kann im Internet Unterhaltung, Spaß und allgemeine Kommunikation mit anderen Teilnehmern vorfinden.

Hintergründe zum Internet

Vermutlich haben Sie bereits einiges über das *Internet* gehört. Von der Tagespresse über Fachzeitschriften bis hin zu Kollegen und Bekannten, das Wort Internet ist in aller Munde. Vielleicht möchten Sie auf eigene Faust einen Erkundungsgang durch das Internet machen oder müssen sich beruflich damit beschäftigen. Egal aus welchem Grund Sie sich mit dem Internet befassen, ohne einige Grundlagen geht es nicht. Dieses Unterkapitel verschafft Ihnen einen kleinen Überblick über den bisherigen Werdegang des Internets, dadurch werden Ihnen später einige Details schneller klar.

Wichtige Begriffe

Bevor Sie richtig in die Materie einsteigen, sollten Sie sich vorab mit einigen Begriffen beschäftigen, die immer wieder im Zusammenhang mit dem Internet eingesetzt werden.

Sie als Anwender werden im »Internet-Slang« *User* genannt. Über ein entsprechendes Gerät, die *Hardware*, verbinden Sie sich mit einem Internet-Rechner Ihres *Service Providers* (Diensteanbieters), dem *Host* (Gastgeber). Im Zusammenhang mit verschiedenen Einsatzzwecken wird dieser Rechner auch *Server* (Belieferer von Daten) oder *Domain* genannt.

Die Adresse

Im Internet müssen Sie sich auf irgendeine Art und Weise identifizieren. Die Angabe »Hans Ameise, Bauweg 69, 41352 Glehn« wäre viel zu lang. Deswegen gibt es im Internet *Adressen*, die abgekürzt zur Identifikation dienen.

Die Geschichte des Internets

Das Internet, wie man es noch 1991 kannte, existiert heute nicht mehr. Damals fand man außer Forschern, Studenten und Mitarbeitern großer Firmen kaum jemanden im Netz. Für Privatleute war es nicht bezahlbar, nur große Institutionen und Firmen konnten sich den Zugang leisten. Allerdings bedurfte es auch zum damaligen Zeitpunkt einiger Übung, mit dem Internet umzugehen.

Die Dienste, die damals genutzt wurden, E-Mail, News und FTP, sind vom World Wide Web längst überrundet worden. Viele derjenigen, die jetzt ins Internet eintauchen, setzen WWW (das **W**orld **W**ide **W**eb) mit dem Internet gleich, obwohl das gesamte Internet deutlich mehr ist.

Auf der anderen Seite hat der Internet-Dienst WWW den Erfolg, den das Internet jetzt hat, erst möglich gemacht. Genau wie Windows die Benutzung des PCs – gerade für den Anfänger – deutlich vereinfacht hat, hat erst WWW das Internet dem Neueinsteiger geöffnet. Keine Sorge, die einzelnen Begriffe wie Dienst, WWW und so weiter müssen Sie noch nicht sofort verstehen, die nötigen Details erfahren Sie Schritt für Schritt.

Das ARPANet

Das amerikanische Verteidigungsministerium (Department of Defense, DoD) hat eine besondere Verbindung zum Internet. Es ist der geistige Vater dieses Netzes. Die Militärs hatten schon recht früh entdeckt, dass Computer einen immer stärkeren Einfluss haben und insbesondere zur Rationalisierung verwendet werden könnten. Daher beschloss man zu untersuchen, in welcher Weise ein Computernetzwerk die Arbeit der Militärbasen und Forschungsstationen unterstützen könnte. Aus diesem Grund war der erste Dienst, den dieses Netz zur Verfügung stellte, die E-Mail, also der Austausch von persönlichen Nachrichten zwischen Nutzern auf elektronischer Basis.

Die Idee: Vernetzung von Militäreinrichtungen

Man begann zu untersuchen, wie man die einzelnen Militärbasen und Forschungseinrichtungen miteinander verbinden könnte. Diese Verbindung sollte selbst den Ernstfall, einen Krieg, überstehen. Im Jahre 1969 ging es dann los: Das *ARPANet*, **A**dvanced **R**esearch **P**rojects **A**gency – nach der Agentur benannt, die dieses Netz zu Anfang betrieb – entstand. Obwohl es eigentlich ein militärisches Projekt war, wurden entsprechende Forschungen – wie in den USA durchaus üblich – auch an den Universitäten betrieben. Nur die als geheim eingestuften Projekte verblieben hinter den Mauern militärischer Abschirmung. So wurde beispielsweise einer der größten Computer im Netz bis vor kurzem noch auf einem Rechner der amerikanischen Armee betrieben.

Hauptziel des ARPANets war neben der Entwicklung eines möglichst robusten und funktionalen Systems auch die Einbindung verschiedener Hardwareplattformen. Es ist immer schwierig, verschiedene Computer unterschiedlicher Hersteller so zu verbinden, dass sie sich untereinander verstehen.

Problem: Kompatibilität

Genau wie heute ein IBM-kompatibler Computer keine Macintosh-Software ausführen kann, verstanden sich die früher verwendeten Computer auch nicht. Der kleinste gemeinsame Nenner musste der Austausch von Daten in einem gemeinsamen, allgemein verständlichen Format sein – unabhängig von der benutzten Hardware. Das Ziel war unter anderem, dass ein Benutzer eines IBM-Großrechners auch die auf einem Mini-Computer geschriebenen Nachrichten eines anderen Benutzers lesen konnte und umgekehrt, was bisher nur unter sehr großen Problemen möglich war.

Da ein großer Teil der Entwicklungen dieses Netzes öffentlich zugänglich war und an amerikanischen Universitäten realisiert wurde, übernahmen die Universitäten auch bald die führende Rolle in der Weiterentwicklung des Netzes.

Es bezeichnete sich bald als *Internet* und schritt unter sinkender Berücksichtigung der militärischen Aspekte mit großem Erfolg voran. In den achtziger Jahren setzte es seinen Siegeszug in Europa fort.

TCP/IP

Eines der Hauptziele des Forschungsprojekts ARPANet/Internet war, verschiedene Hardwareplattformen miteinander zu verbinden. Daher musste ein System geschaffen werden, in dem verschiedene Rechner miteinander kommunizieren konnten. Dies hatte unter anderem zur Folge, dass im Internet die Codierung eines Zeichens mit sieben Bit vorgenommen wurde.

Das erzeugt auch heutzutage im Bereich der Nachrichtenübermittlung Probleme mit den Umlauten, die nach diesem alten System nicht so ohne weiteres dargestellt werden können. Wenn Sie also irgendwann einmal eine Nachricht geschickt bekommen, die statt der deutschen Umlaute nur merkwürdige Zeichen enthält, ist Ihr PC nicht defekt!

Ethernet

Doch zurück zu den Grundlagen. Um die Rechner zu verknüpfen, brauchte man zunächst eine physikalische Verbindung zwischen ihnen. Das konnte eine hardwarespezifische Lösung sein oder auch das *Ethernet*, wie man es heute aus vielen kleineren Netzen im PC-Bereich kennt. Darauf musste eine Software laufen, die die Hardware steuert.

Weiterhin musste es eine Software geben, die darauf achtete, wie und wohin die Daten gelangen, die transportiert wurden. Sind mehr als zwei Rechner in einem Netzwerk angeschlossen, muss eine Nachricht einen Empfänger haben, sonst weiß niemand, wo diese Nachricht nach Verlassen des Sendesystems hin soll. Das nennt sich Routing, aber dazu später mehr. Wie diese Aufgaben zu lösen sind war eines der Vorhaben des Projekts ARPANet.

Das Ergebnis sind die technischen Beschreibungen des *TCP/IP*, **T**ransmission **C**ontrol **P**rotocol/**I**nternet **P**rotocol. Nach eben diesem *TCP/IP*-Protokoll hat sich im Internet alles zu richten. Die Namensgebung für das Protokoll ist auch der Grund, warum die Anbindung an das Internet via Stand- oder Wählleitung als Zurverfügungstellung von *IP-Connectivity* bezeichnet wird.

Das Routing

Stellen Sie sich ein Computernetzwerk mit mehreren Computern und mehreren Benutzern vor. Es werden Nachrichten verschickt, Daten bewegt und vieles mehr. All diese Informationen müssen durch verschiedene Computer bewegt werden, dieser Vorgang ist das *Routing*.

Es setzt voraus, dass jede Information, seien es nun persönliche Nachrichten oder eine Datei, einen eindeutigen Namen, einen Sender und einen Empfänger hat. Die einfachste Möglichkeit wäre es nun, dass jeder Rechner alle anderen Rechner kennt, die an ihn angeschlossen sind. Damit kann er die Informationen für sich oder seine Benutzer selbst verarbeiten und dem Benutzer anzeigen. Geht die Nachricht an ein angeschlossenes System, wird sie dorthin befördert und dort verarbeitet. Ein Problem entsteht erst dann, wenn sich eine Nachricht findet, die weder an den Rechner selbst noch an einen angeschlossenen geht.

Eine Hierarchie

Einen Ausweg stellt ein hierarchisch aufgebautes Netz dar. Der Rechner, von dem wir hier gerade ausgehen, muss zusätzlich zu den direkt angeschlossenen Systemen noch den Computer kennen, der in der Hierarchie über ihm steht. Dieser übergeordnete Rechner kennt nun seinerseits alle angeschlossenen Systeme und den ihm wiederum übergeordneten Rechner. Falls nun eine unbekannte Nachricht auftaucht, wird sie an den übergeordneten Rechner geschickt. Dieser kennt wieder alle an ihn angeschlossenen Rechner sowie den ihm übergeordneten usw., bis wir an den oder die Hauptrechner kommen. Dort wird anhand der Hierarchie nach unten weiter verteilt oder festgestellt, dass der Empfänger unbekannt ist.

Stellen Sie sich nun vor, in jedem der fünf Erdteile haben wir einen solchen Über-Computer und wollen eine Nachricht von Glehn (Nordrhein-Westfalen, Deutschland, Europa) nach San Francisco (Kalifornien, USA, Amerika) schicken. Die Nachricht geht von Ihrem Computer zum übergeordneten Computer. Dieser kennt den Empfänger nicht und sendet die Nachricht zu dem ihm übergeordneten Computer und so fort, bis hin zum europäischen Über-Computer, der weiß, dass er eine Verbindung nach Amerika hat. Er erkennt an der Empfängerangabe, dass die Nachricht nach Amerika muss. In Amerika angekommen, erkennt der dortige Computer, dass das Ziel Kalifornien ist, und das Spiel geht weiter, bis die Nachricht beim Empfänger angekommen ist.

So in etwa funktioniert das Internet. Wie aber identifizieren sich die einzelnen Computer untereinander? Die oben erwähnte hierarchische Struktur findet sich in den sogenannten *IP-Nummern* wieder, die jedes Internet-System zugewiesen bekommt. So kann mit einem Nummernvergleich die Hierarchie nachvollzogen werden.

Die Dienste im Überblick

Theoretisch ist das Internet in verschiedene Dienste aufgeteilt. Im Folgenden finden Sie einen kleinen Überblick über die einzelnen Angebote.

E-Mail

E-Mail ist die elektronische Post im Internet. Damit können Sie digitale Briefe versenden und empfangen. Die Abkürzung E-Mail kommt von *Electronic Mail* (elektronische Post). Um E-Mail zu betreiben, müssen Sie sich im Internet identifizieren können; dazu dient Ihre *E-Mail-Adresse*.

Newsgroups

Ähnlich einer elektronischen Zeitung gibt es im Internet die *Newsgroups*. Diese sind thematisch sortiert, die Zuordnung ist meistens schon am Namen zu erkennen. Diese News können Sie – ähnlich wie eine Zeitung – abonnieren. Dabei gibt es zwei Unterschiede zur echten Zeitung: Die News werden nicht unbedingt täglich zugestellt und sind kostenfrei.

Telnet

Das *Telnet* ist eine ältere Einrichtung im Internet. Es funktioniert wie eine Fernsteuerung für Computer. Im Einsatz melden Sie sich bei einem Computer im Telnet an und können dann auf diesem Computer arbeiten, was meistens menügesteuert abläuft. Für den Normalanwender ist das Telnet uninteressant.

FTP

Die drei Buchstaben *FTP* stehen für **F**ile **T**ransfer **P**rotocol. Bei Servern, die im Netz FTP berücksichtigen, handelt es sich um digitale Dateiarchive. Mit Hilfe Ihrer Internet-Software können Sie sich auf einem solchen *FTP-Server* (so der Fachbegriff) dort vorhandene Software auf Ihren PC überspielen – z. B. Shareware oder neue Versionen eines Programms (Update).

Gopher

Auch *Gopher* ist ein eher traditioneller Dienst, der heute kaum noch Bedeutung hat.

WWW

Der modernste und wohl auch am meisten verwendete Dienst ist das *World Wide Web*, kurz *WWW*. Das WWW verbindet die anderen Dienste unter einer grafischen Oberfläche. So geschieht z. B. das Herunterladen von Dateien nicht über kryptische Befehlseingaben, wie sie bei FTP notwendig sind. Sie klicken einfach mit der Maus die gewünschte Datei an, schon wird sie übertragen.

Die Namen im Internet

Computer können sehr gut mit Zahlen umgehen, so dass die Identifikation im Internet über Nummern technisch die beste Lösung ist. Wir Menschen können aber eher etwas mit Namen anfangen. Deswegen ist im Internet das *Domain-Name-System* entstanden.

Dabei wird einer Internet-IP-Adresse ein Name, eine Bezeichnung, die *Domain* zugewiesen. In einer großen Datenbank wird jeder IP-Nummer ein Name zugeordnet. Da das aber durch die Größe des Internets eine sehr umfangreiche Datenbank ergeben würde und so etwas in einem großen und sehr flexiblen System wie dem Internet nur schwer zu handhaben wäre, hat man die Daten dezentralisiert. So ist für jede Zone mindestens ein *Name-Server* vorhanden, der die *IP-Adresse* (IP-Nummer) und den dazugehörigen Namen kennt. Zudem kennt er noch den nächsthöheren und nächsttieferen Name-Server – womit sich der Kreis schließt.

Das Prinzip gleicht dabei dem vorhin beschriebenen: Kennt der Name-Server der Zone den gesuchten Namen nicht, dann fragt er nach oben weiter, bis der Name und die passende Adresse gefunden werden.

Andernfalls gibt es den Namen nicht. Der Aufbau einer kompletten Adresse folgt einem Prinzip. Der grundsätzliche Aufbau ist:

```
host.domain
```

Wie Sie erkennen können, ist das Trennzeichen ein Punkt. Eine typische Internet-Mail-Adresse ist z. B.:

```
Meier@mailpc.provider.de
```

Die Einzelteile der Internet-Adresse

Wenn man sich diese Adresse von rechts nach links ansieht, erkennt man als erstes *de*. Dies ist die *Top-Level-Domain* und bezeichnet in unserem Beispiel das Herkunftsland Deutschland. Am Ende einer solchen Adresse findet man also das Land, entweder in Form des internationalen KFZ-Kennzeichens oder diesem ähnlich, so wie in unserem Beispiel. Es kann auch die Form der Organisation angeben:

- ✓ Insbesondere in den USA findet man Rechner, deren Domain-Name auf *edu* endet. Das sind Schulen oder Universitäten; *edu* steht für **Edu**cation.
- ✓ Daneben gibt es noch *com*. Das sind kommerzielle Organisationen, also Firmen.
- ✓ Größere Organisationen, wie beispielsweise die NASA, enden auf *org*, militärische Institutionen auf *mil*.

Die Low-Level-Domain

Der nächste Abschnitt ist die *Low-Level-Domain*, also der Name des Service-Providers, der dem Dienst den Zugang zum Internet gewährt. Ist der Anbieter z. B. über CompuServe mit dem Internet verbunden, könnte die Low-Level-Domain COMPUSERVE heißen.

Dann folgt der eigentliche Name des Rechners bzw. des Hosts, auf dem z. B. die E-Mail-Dateien des Benutzers verwaltet werden, und anschließend der Name des Benutzers.

Das Zeichen @

Das Zeichen @ steht im amerikanischen Sprachraum für *at* und bedeutet so viel wie *bei* oder *zu*. Im obigen Beispiel für eine Adresse meint es, dass der Benutzer eine Zugangsberechtigung für den Rechner *mailpc* hat.

Ein Beispiel

Ist der Benutzer ein Student, könnte seine Adresse so lauten:

`Hans@cipvax.uni-düsseldorf.de`

Im Detail bedeutet das:

- *.de* steht für Deutschland
- *uni-düsseldorf* ist der Diensteanbieter
- *cipvax* ist der Name des Host-Rechners
- *Hans* ist der Benutzername

Nach diesem Prinzip lässt sich jede Internet-Adresse genau aufschlüsseln. In der täglichen Praxis spielen die einzelnen Teile natürlich keine große Rolle, da Sie vermutlich nicht der Hintergrund interessiert, sondern die Dienstleistung.

Den Internet Explorer konfigurieren

In der Regel wird bei Ihnen beim Online-Betrieb im Internet der Internet Explorer zum Einsatz kommen. Er stellt also ein wichtiges Glied zwischen Ihnen und dem Internet dar. Aus diesem Grund wird in diesem Unterkapitel etwas genauer auf die Möglichkeiten des Internet Explorers eingegangen.

Sie können zwar die Standardeinstellungen der Konfiguration in der Regel nutzen, um Angebote aus dem Internet zu betrachten, sollten jedoch zumindest wissen, welche Einstellungen vorgenommen werden können. Nehmen Sie sich die Zeit und gehen Sie Ihre Konfigurationseinstellungen durch, um sie Ihren Bedürfnissen anzupassen.

Einige Einstellungsmöglichkeiten werden Sie allerdings nur dann benötigen, wenn Ihr Rechner mit einem lokalen Netzwerk verknüpft und über dieses die

Verbindung zum Internet aufgebaut wird. Die Einstellungen für die Konfiguration finden Sie im Kontextmenü des Symbols für den Internet Explorer auf dem Desktop oder bei geöffnetem Internet Explorer im Menü *Ansicht / Internetoptionen*.

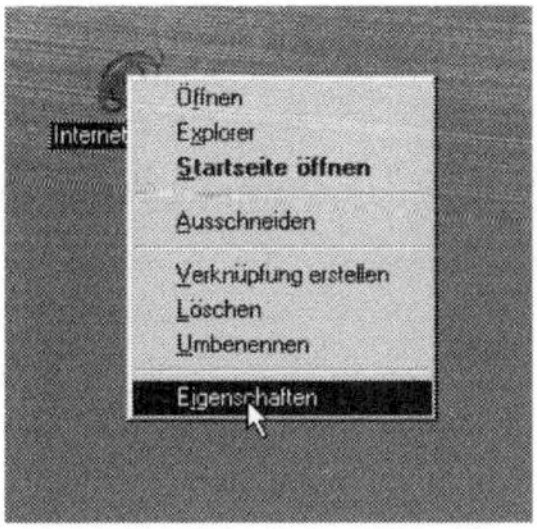

Abbildung 14.1: Kontextmenü des Internet Explorers

Das Register *Allgemein*

Wenn Sie die *Eigenschaften* von Internet öffnen, sehen Sie das Register *Allgemein*.

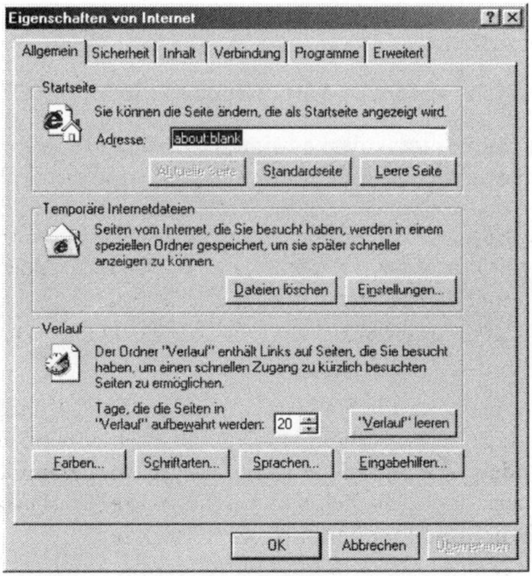

Abbildung 14.2: Register *Allgemein*

Die Startseite festlegen

Zunächst können Sie die *Startseite* festlegen. Dies ist die Seite, die angezeigt wird, wenn Sie den Internet Explorer öffnen. Sie haben drei Möglichkeiten:

✔ *Leere Seite*
Dies ist die Einstellung, die Sie in der Abbildung sehen. Die Anzeige einer leeren Seite ist nach meinem Dafürhalten die beste Wahl, da das Öffnen des Internet Explorers am schnellsten vonstatten geht, wenn keine Verbindung zu irgendeiner Seite im Internet aufgebaut werden muss. Sie sind also in der Lage, ohne Zeitverzögerung die Seite zu wählen, die Sie sich tatsächlich ansehen wollen.

✔ *Standardseite*
Die Seite, die als *Standardseite* eingetragen ist, ist abhängig vom Lieferanten des Internet Explorers. Haben Sie den mit Windows 98 gelieferten Internet Explorer installiert, ist die Standardseite natürlich die Homepage von Microsoft. Haben Sie den Internet Explorer hingegen z. B. von T-Online erhalten, ist die Standardseite die Homepage von T-Online etc.

✔ Aktuelle Seite
Diese Option enthält keinen Eintrag. Die Schaltfläche ist erst verfügbar, wenn eine Seite im Internet Explorer angezeigt wird. Sie können dann durch Aktivieren dieser Option die angezeigte Adresse als Standardseite übernehmen.

Festlegen des Speicherorts für temporäre Internetdateien

Temporäre Internetdateien sind Seiten und »Programme«, die Sie sich im Internet angesehen haben. Diese Seiten werden auf Ihrem Rechner gespeichert und können, sofern Sie die Konfiguration entsprechend vorgenommen haben, später offline betrachten werden.

Im Bereich *Temporäre Internetdateien* können Sie den Speicherort und die Speichergröße festlegen, den Speicherort verschieben und gespeicherte Dateien löschen. Wählen Sie zunächst *Einstellungen*.

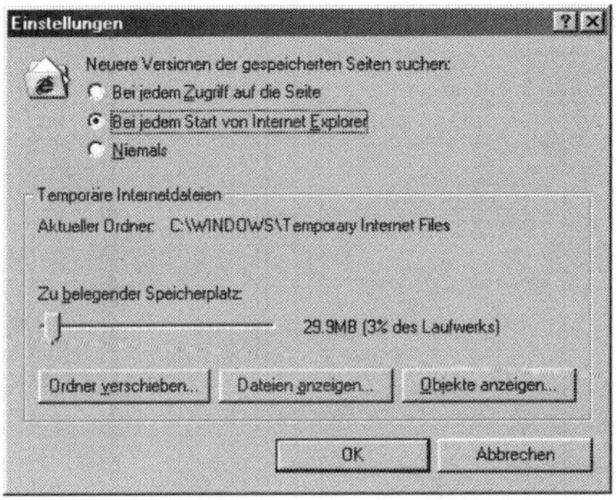

Abbildung 14.3: Einstellungen für temporäre Internetdateien

Im oberen Bereich legen Sie fest, wann neuere Versionen der gespeicherten Seiten gesucht werden sollen. Lassen Sie uns an einem Beispiel anschauen, was dies eigentlich bedeutet.

Nehmen wir an, Sie haben sich zuvor die Seite http://www.microsoft.com angesehen und diese Seite ist noch auf Ihrem Rechner gespeichert. Haben Sie die Option *Bei jedem Zugriff auf die Seite* aktiviert, wird jedesmal, auch während einer Sitzung mit dem Internet Explorer (in diesem Fall schließen Sie den Internet Explorer nicht zwischen dem ersten und dem zweiten Zugriff auf die Seite), die Seite http://www.microsoft.com *neu* aus dem Internet geladen.

Bei Aktivierung von *Bei jedem Start von Internet Explorer* wird die Seite nur dann neu aus dem Internet geladen, wenn Sie zwischen dem ersten und zweiten Zugriff den Internet Explorer zuvor geschlossen und anschließend neu gestartet haben.

Bei *Niemals* wird die Seite nur dann erneut aus dem Internet geladen, wenn sie nicht mehr auf Ihrer Festplatte gespeichert ist. Dies kann unter Umständen bedeuten, dass Sie eine Seite angezeigt bekommen, die nicht mehr aktuell ist, da sie im Internet zwischenzeitlich geändert wurde.

Den Speicherplatz festlegen

Mit dem Schieberegler *Zu belegender Speicherplatz* legen Sie fest, wie viel Speicherplatz dem Internet Explorer für die Speicherung von Seiten zur Verfügung steht. Reicht der Speicherplatz nicht mehr aus, werden alte Seiten überschrieben. Wenn Sie viel Speicherplatz zur Verfügung stellen, können Sie sich entsprechend viele Seiten später offline betrachten.

Wählen Sie *Objekte anzeigen*.

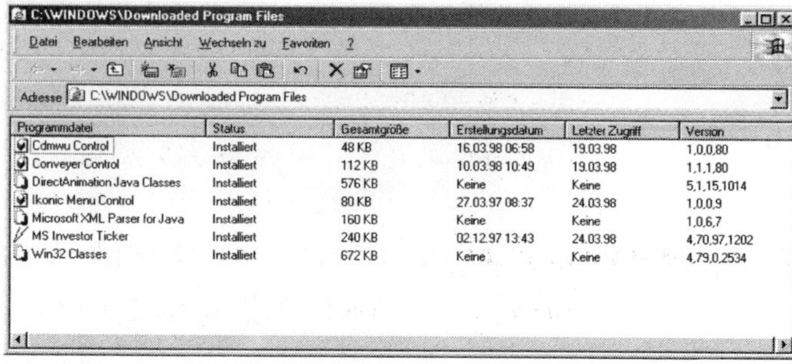

Abbildung 14.4: Heruntergeladene Programme

Hier sehen Sie die Programme, die während Ihrer Internetsitzungen heruntergeladen wurden. Dies sind in der Regel nicht die Programme, die Sie selber bewusst heruntergeladen haben, sondern kleine Hilfs-Programme für den Browser wie *Java-Applets*, *ActiveX Controls* etc., die vom Seitenanbieter im Internet auf Ihren Rechner kopiert wurden und zur Anzeige von bestimmten Seitenelementen nötig waren.

Schließen Sie das Fenster, und aktivieren Sie *Dateien anzeigen*.

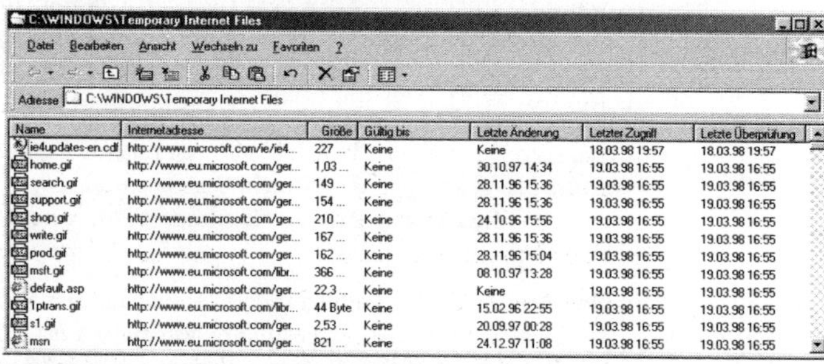

Abbildung 14.5: Gespeicherte Internetseiten

Hier sehen Sie die Seiten, die Sie besucht haben und die auf Ihrem Rechner gespeichert wurden. Sie können sich diese Seiten auch offline betrachten, da auch die mit der Internetseite verbundenen Elemente, wie z. B. Bilder, gespeichert wurden. Wie Sie sich diese Seiten ansehen können, dazu später Näheres.

Diese gespeicherten Dateien können Sie nicht wie normale Dateien auf Ihrem Rechner in andere Verzeichnisse kopieren oder verschieben, da Web-Seiten

Links (Verbindungen) zu anderen Seiten, Bildern und Dateien besitzen, die auf der Seite angezeigt werden. Schließen Sie jetzt das Fenster.

Mit *Ordner verschieben* können Sie einen neuen Speicherort für die temporären Dateien wählen. Dabei gehen einige Informationen verloren, so dass Sie den Rechner neu starten müssen, bevor die Änderungen in Kraft treten.

Der Bereich *Verlauf* und Verändern der Darstellungsweise

In diesem Bereich stellen Sie ein, wie viele Tage in der Anzeige *Verlauf* dargestellt werden sollen, bevor diese automatisch gelöscht werden. Falls Sie nicht wissen, worauf sich dies bezieht, hier eine kleine Hilfe: Wenn Sie den Internet Explorer oder auch den Explorer geöffnet haben (im Moment ist dies sicher nicht der Fall) und *Ansicht / Explorerleiste / Verlauf* wählen, wird Ihnen dieser Verlauf im linken Fensterbereich angezeigt.

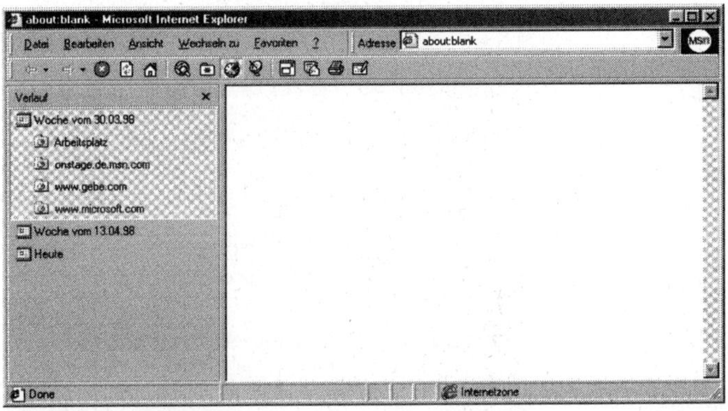

Abbildung 14.6: Ansicht *Verlauf*

Mit *Verlauf leeren* können Sie den Verlauf vor Ablauf der angegebenen Tage löschen.

Die Schaltflächen *Farben*, *Schriftarten*, *Sprachen* und *Eingabehilfen* ermöglichen die Veränderung der Erscheinungsweise der Internetseiten. Die dahinter liegenden Möglichkeiten sind selbsterklärend.

Das Register *Sicherheit*

An dieser Stelle können Sie für unterschiedliche *Zonen* unterschiedliche *Sicherheitseinstellungen* vornehmen.

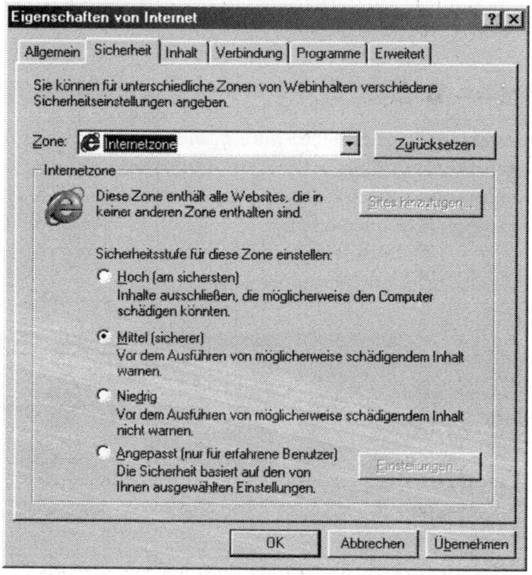

Abbildung 14.7: Sicherheit für Zonen

Gehen Sie für die Einstellung folgendermaßen vor:

Wählen Sie zunächst im Listenfeld eine Zone und aktivieren Sie anschließend die gewünschte Option.

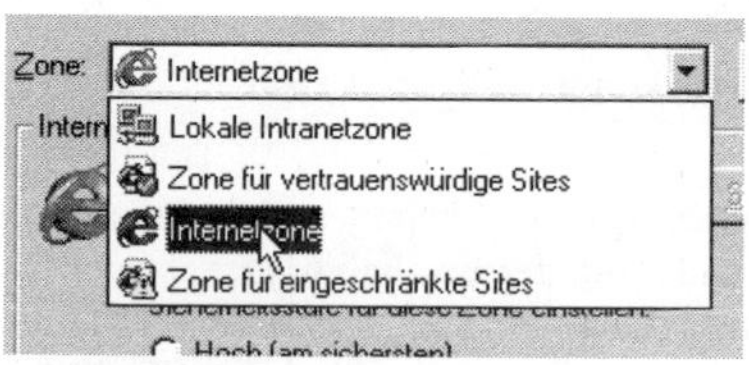

Abbildung 14.8: Auswahl einer Zone

Führen Sie diesen Vorgang für alle vier standardmäßig vorhandenen Zonen durch. Die Sicherheitseinstellungen werden sich natürlich unterscheiden.

Innerhalb einer lokalen Intranetzone können Sie eine niedrige Sicherheit wählen, wenn Sie davon ausgehen, dass innerhalb Ihres internen Bereichs keine für Sie »gefährlichen« Inhalte vorhanden sind.

Mit *Site hinzufügen* können Sie einer Zone eine Internetadresse hinzufügen, für die dann die Sicherheitseinstellungen der gewählten Zone gelten, anstatt die der Internetzone.

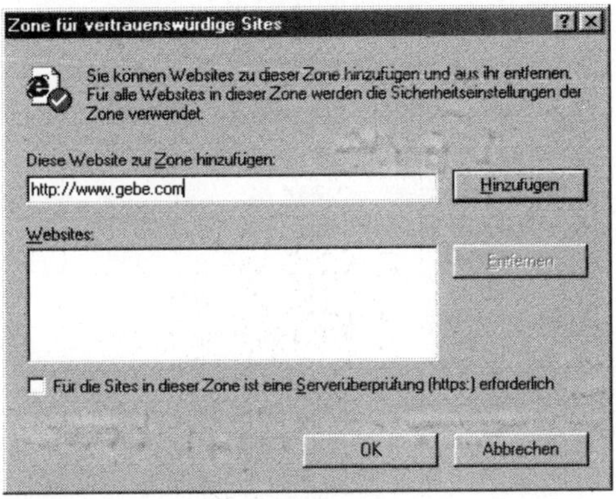

Abbildung 14.9: Hinzufügen von Zonen

Geben Sie dazu eine Internetadresse ein, und klicken Sie anschließend auf *Hinzufügen*. Wenn Sie das nächste Mal diese Seite aufrufen, gelten hier nicht die Sicherheitseinstellungen der Internetzone, sondern die, denen Sie diese Adresse zugeordnet haben.

Mit *Einstellungen* können Sie für jede Zone Ihre individuellen Einstellungen vornehmen.

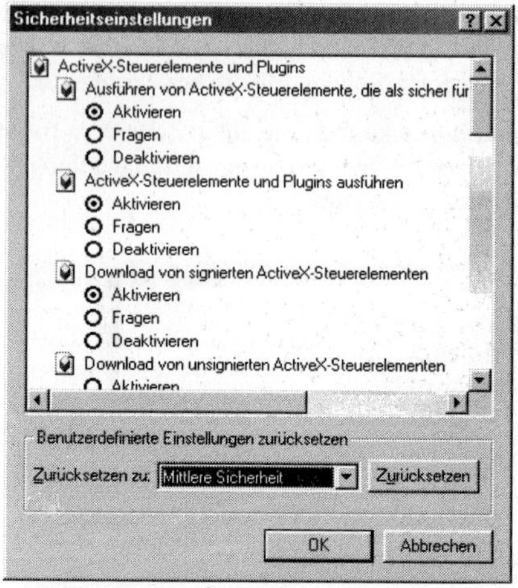

Abbildung 14.10: Individuelle Einstellungen für jede Zone

Die Erläuterung aller Details wollen wir uns sparen, da sie sehr umfangreich wäre und der Großteil der Anwender keine individuellen Einstellungen vornehmen muss.

Wenn Sie sich unter den Optionen nichts vorstellen können, sollten Sie mit den vorgegebenen Standardeinstellungen arbeiten. Sie liegen dann auf der sicheren Seite und sind vor normalen *Hackerangriffe*n geschützt.

Firmen haben oft einen höheren Sicherheitsbedarf und können sich hier intensiver einarbeiten.

Das Register *Inhalt*

Hier können Sie Einstellungen in Bezug auf den Inhalt von Internetseiten vornehmen.

Viele Elternteile fordern einen Schutz vor Zugriff auf Internetseiten mit jugendgefährdenden Inhalten. Im Bereich *Inhaltsratgeber* können Sie diese Beschränkungen angeben.

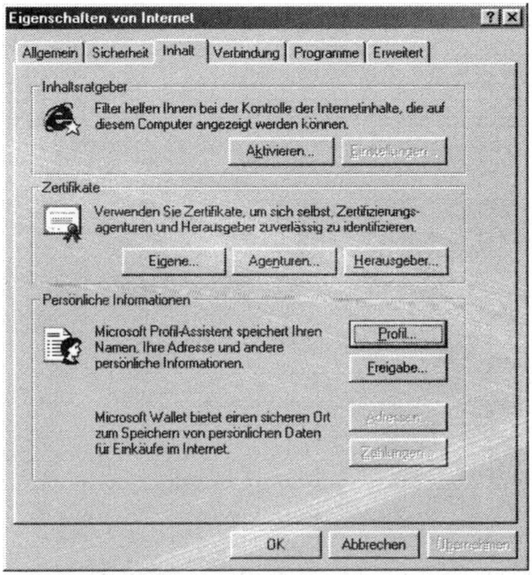

Abbildung 14.11: Register *Inhalt*

Wählen Sie zunächst *Aktivieren* und geben Sie ein Passwort ein. Dies ist das *Supervisor-Kennwort*, mit dem Sie die Einstellungen später verändern können. Nach Eingabe des Passworts öffnet sich der *Inhaltsratgeber*.

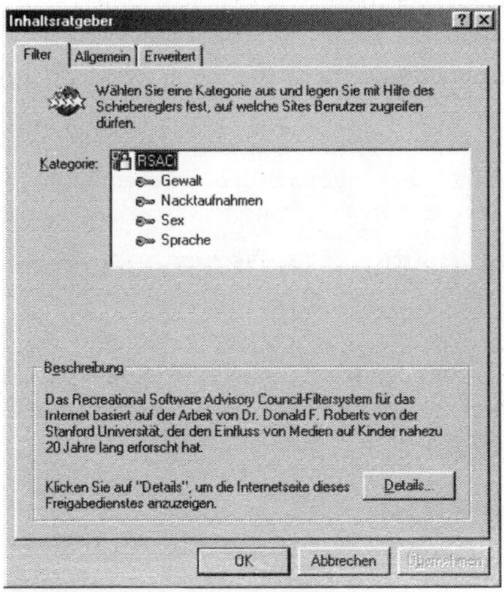

Abbildung 14.12: Inhaltsratgeber

Sie können jetzt jede Kategorie nacheinander markieren und festlegen, welche Inhalte angezeigt werden dürfen. Mit Windows 98 wird das *Filtersystem* von RSACI mitgeliefert. Bei diesem Verein sind Seiten angemeldet, die bestimmten Kriterien entsprechen. Mehr Informationen über diese Organisation finden Sie auf deren Internetseiten *http://www.rsac.org*.

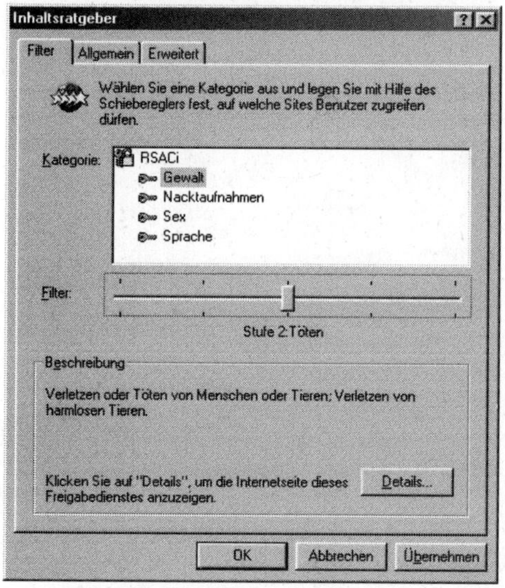

Abbildung 14.13: Verändern der Filter

Zum Verändern der Filter verschieben Sie die Stellung des Schiebereglers. Enthalten Seiten Inhalte, die nicht den Vorgaben entsprechen, werden diese Seiten nur angezeigt, wenn Sie ein Passwort eingeben.

Wechseln Sie in das Register *Allgemein*.

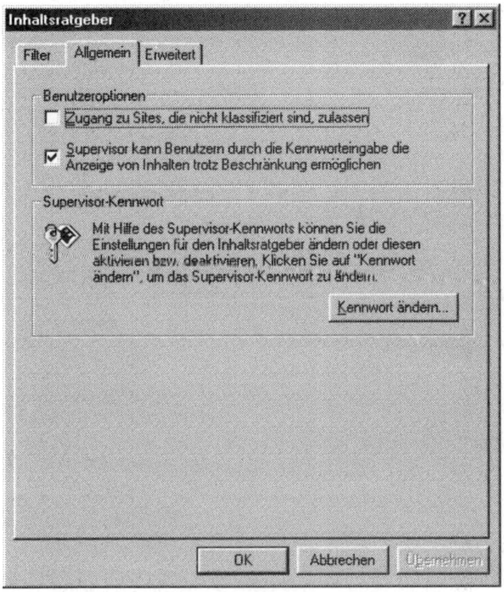

Abbildung 14.14: Register *Allgemein*

- Die Option *Zugang zu Sites, die nicht klassifiziert sind, zulassen* ermöglicht die Anzeige von Seiten, die nicht beim RSACI angemeldet sind. Ist diese Option deaktiviert, werden nur Seiten angezeigt, die bei dieser Organisation gemeldet sind.
- *Supervisor kann Benutzern durch* ermöglicht bei Aktivierung die Anzeige von Seiten, die entsprechend der Einstellung in den Kategorien eigentlich nicht angezeigt werden dürften, nach Eingabe des Passworts.
- *Kennwort ändern* ermöglicht die Änderung des Passworts.

Im Register *Erweitert* können Sie weitere Filtersysteme anderer Organisationen aufnehmen.

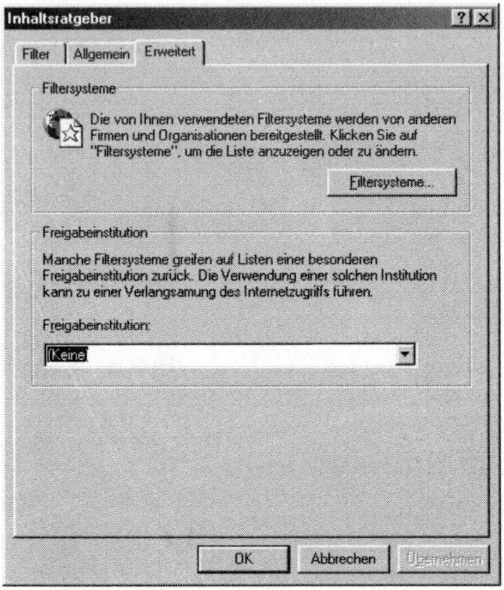

Abbildung 14.15: Neue Filtersysteme

Um die neuen Filtersysteme nutzen zu können, müssen Sie sich zuvor die alternativen Filterdateien besorgen. Diese Filtersysteme sind noch im Aufbau begriffen und werden sicherlich in Zukunft von mehreren Organisationen angeboten werden.

Schließen Sie das Fenster, um zu den *Internetoptionen* zurückzukehren. Im Bereich *Zertifikate* können Sie Zertifikate zur Identifikation angeben. Zertifikate sind mit Urkunden vergleichbar, die bei bestimmten Organisationen beantragt und vergeben werden.

Sie können über diese Zertifikate die Überprüfung von Seiten in Bezug auf Sicherheit unterdrücken. Im Register *Sicherheit* konnten Sie auswählen, dass Seiten mit Zertifikaten als vertrauenswürdig einzustufen sind. In diesem Bereich können Sie solche Zertifikate eintragen.

Der Bereich *Persönliche Informationen* dient der Eingabe von persönlichen Angaben zur Identifizierung anderen gegenüber. Sie können sogar Ihre Kreditkartendaten im unteren Bereich eintragen.

Dieser Bereich ist nur vorhanden, wenn Sie in *Start / Einstellungen / Systemsteuerung / Software / Windows Setup / Internetprogramme / Details / Microsoft Wallet* installiert haben.

Aus Sicherheitsgründen ist es empfehlenswert, keinerlei Eintragungen vorzunehmen. Geben Sie bei Bedarf die benötigten Daten lieber jedes Mal manuell ein. In diesem Fall kann niemand durch Tricks auf Ihre Daten zugreifen, da sie nirgendwo gespeichert sind. Wollen Sie trotzdem Eintragungen vornehmen, sind die entsprechenden Felder eigentlich selbsterklärend.

Das Register *Verbindung*

In diesem Register legen Sie fest, wie eine Internetverbindung hergestellt werden soll.

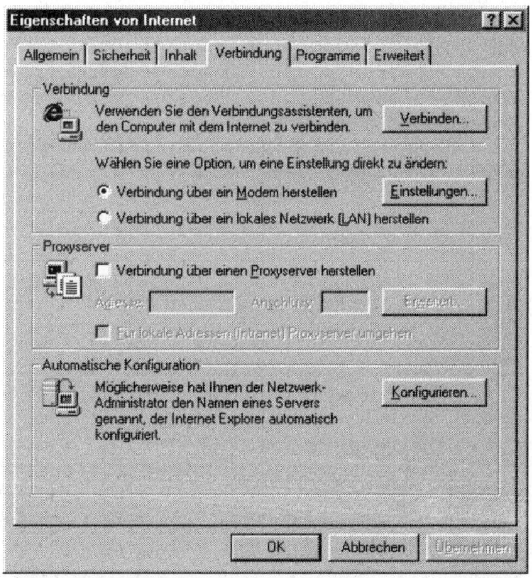

Abbildung 14.16: Verbindungseinstellungen

Verbinden startet den Internet-Verbindungsassistenten, mit dem Sie Angaben zu Ihrer Verbindungsart festlegen können.

Da Sie aber schon zuvor in diesem Buch eine DFÜ-Netzwerkverbindung für das Internet über ein Modem erstellt haben, brauchen Sie lediglich die Option *Verbindung über ein Modem herstellen* zu wählen und über *Einstellungen* die entsprechende Verbindung zuzuordnen.

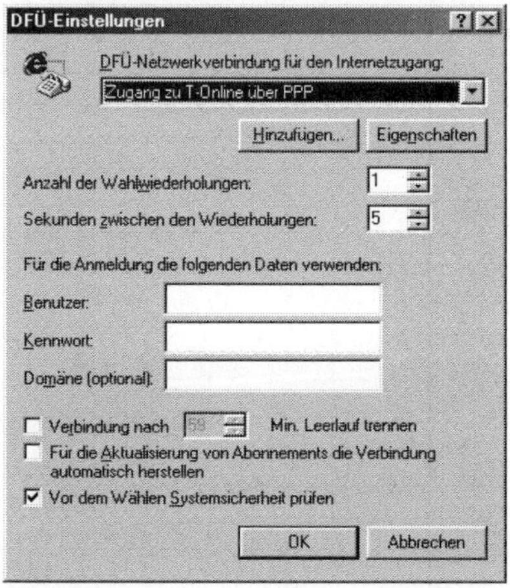

Abbildung 14.17: DFÜ-Netzwerkverbindung zuordnen

Geben Sie die Anzahl der gewünschten *Wahlwiederholungen* und die Zeit zwischen den Wiederholungen ein.

HINWEIS

Wenn Sie Wahlwiederholungen wünschen, denken Sie daran, dass die meisten Modems in Deutschland eine Wahlwiederholsperre von 30 Sekunden besitzen. Der Wert muss in diesem Fall also mindestens 30 Sek. betragen, da Sie ansonsten eine Fehlermeldung erhalten.

Im Feld *Benutzer* und *Kennwort* finden Sie die Einträge, die Sie bei der Einrichtung des DFÜ-Netzwerkzugangs eingegeben haben. Sie greifen auf dieselben Daten zu, nur von einer anderen Stelle aus.

Verbindung nach xx Min. Leerlauf trennen trennt die Verbindung, wenn entsprechend der Angabe keine Daten mehr übermittelt wurden. Dies kann dann nützlich sein, wenn Sie größere Dateien herunterladen, aber nicht bis zum Ende der Datenübertragung vor dem Rechner sitzen wollen.

Stellen Sie in diesem Fall einen Wert ein und verlassen den Rechner, so wird, nachdem die Datei heruntergeladen und anschließend entsprechend der eingestellten Zeit keine Daten mehr übermittelt wurden, die Verbindung zum Internet getrennt.

Für die Aktualisierung von Abonnements die Verbindung automatisch herstellen tut genau das, was dort steht, sie stellt bei Bedarf die Verbindung automatisch im Hintergrund her. Diese Option ist nur dann anzuraten, wenn es Ihnen nicht auf ein paar Mark an Telefon- und Internetkosten ankommt. Müssen Sie auf die Mark achten, sollten Sie diese Option besser nicht aktivieren.

Vor dem Wählen Systemsicherheit prüfen prüft, ob die Datei- und Druckerfreigabe für TCP/IP über das DFÜ-Netzwerk deaktiviert ist.

Die Schaltflächen *Hinzufügen* und *Eigenschaften* öffnen die Bereiche, die Sie schon bei der Erstellung einer DFÜ-Netzwerkverbindung kennen gelernt haben.

Schließen Sie dieses Fenster, um zum Ausgangspunkt zurückzukehren.

Verbindung über ein lokales Netzwerk (LAN) herstellen ermöglicht den Aufbau einer Verbindung über Ihr lokales Netzwerk. Sollten Sie diese Option benötigen, müssen Sie sich mit Ihrem Systemadministrator in Verbindung setzen, da die Einstellungen von diesem festgelegt werden.

HINWEIS

> Vielleicht noch ein kleiner Tip, wie Sie diese Funktion anders verwenden können. Beim Starten von Windows erhalten Sie jedes Mal die Meldung, ob eine Verbindung mit dem Internet hergestellt werden soll, die Sie bestätigen oder abbrechen müssen. Wenn Sie dies umgehen möchten, können Sie diese Option aktivieren; die Abfrage erscheint dann nicht mehr beim Starten von Windows. Wenn Sie dann allerdings doch die Verbindung zum Internet benötigen, müssen Sie vor der Anwahl erneut die Option *Verbindung über ein Modem herstellen* aktivieren.

Verbindung über einen Proxyserver herstellen ermöglicht die Angabe von *Proxyservern*, die entweder in Ihrem lokalen Netzwerk oder bei Ihrem Internetprovider stehen. Ein Proxyserver ist ein Rechner, der Seiten aus dem Internet zwischenspeichert. Das geht folgendermaßen:

Die Funktion eines Proxyservers

Eine Person sieht sich eine Seite aus dem Internet an. Diese Seite wird automatisch auf dem Proxyserver für eine bestimmte Zeit gespeichert. Will jetzt eine andere Person dieselbe Seite ansehen, wird diese nicht aus dem Internet geladen, sondern vom Proxyserver bereitgestellt. Im Prinzip entspricht dies dem temporären Speichern von Internetseiten auf Ihrem Rechner, auf die Sie ja auch offline zugreifen können.

Der Zugang über einen Proxyserver kann langsamer oder schneller sein, außerdem kann es passieren, dass Sie nicht die neueste Version der Internetseite sehen. Sie können dies sogar spaßeshalber ausprobieren. T-Online bietet die Möglichkeit, über Proxyserver ins Internet zu gehen. Greifen Sie z. B. auf Ihre eigene Homepage zu, wird diese Seite im Proxyserver gespeichert; wenn Sie anschließend Ihre Homepage ändern und dann erneut darauf zugreifen, werden Sie in der Regel noch die alte Homepage sehen.

Welche Einstellungen Sie bei den Proxyservern vornehmen müssen, ist abhängig von Ihrem Provider bzw. Ihrem lokalen Netzwerk. Erkundigen Sie sich hierfür bei Ihrem Provider bzw. Ihrem Systemadministrator.

Automatische Konfiguration trifft nur bei lokalen Netzwerken zu. Setzen Sie sich mit Ihrem Systemadministrator wegen der nötigen Angaben in Verbindung.

Das Register *Programme*

In diesem Register legen Sie die Programme für die *Nachrichtenübermittlung* und die *persönlichen Informationen* fest.

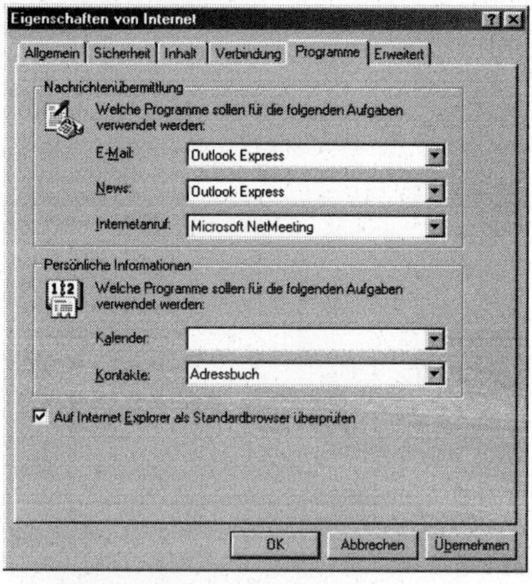

Abbildung 14.18: Programmfestlegung

In den Listenfeldern werden die bei Ihnen installierten Programme aufgeführt. In der Regel werden Sie keine Auswahlmöglichkeiten besitzen, da jeweils nur ein oder eventuell kein entsprechendes Programm installiert ist.

Das Register *Erweitert*

An dieser Stelle können Sie sehr individuelle Einstellungen vornehmen.

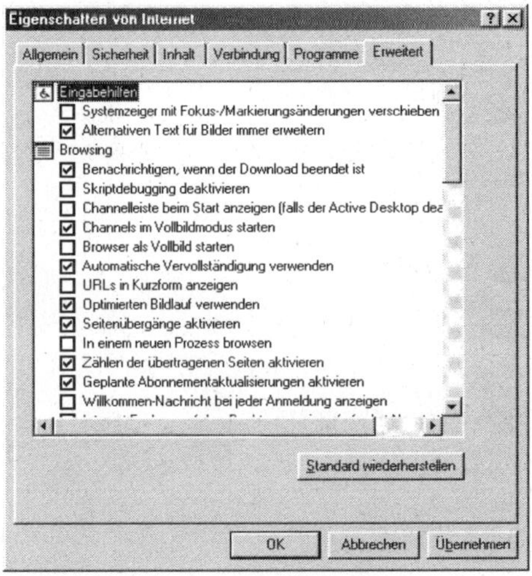

Abbildung 14.19: Erweiterte Einstellungen

Über die *Direkthilfe* erhalten Sie für jede Option eine nähere Erläuterung. Welche Einstellungen Sie auswählen, ist Ihrem persönlichen Geschmack und Ihrem *Sicherheitsempfinden* überlassen. Eine brauchbare Auswahl ist folgende:

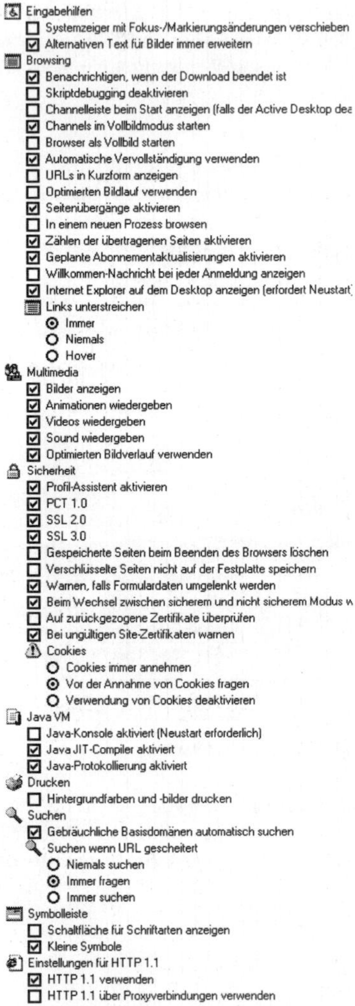

Abbildung 14.20: Eine Einstellungsmöglichkeit

Die Option *Drucken* werden Sie sicherlich von Zeit zu Zeit ändern müssen.

Abbildung 14.21: Option *Drucken*

Wenn Sie *Hintergrundfarben und -bilder drucken* aktivieren, entspricht der Ausdruck einer Seite dem Bildschirm. Dies ist jedoch ungünstig, wenn z. B. der Hintergrund der Seite schwarz oder sehr dunkel ist. Der Ausdruck einer solchen Seite sieht auf Papier nicht besonders eindrucksvoll aus, da das Papier fast vollständig geschwärzt ist, und außerdem ist der Verbrauch des Druckmittels (z. B. Tinte) sehr hoch.

Sie haben jetzt alle Einstellungsmöglichkeiten für die Konfiguration des Internet Explorers kennen gelernt bzw. vorgenommen.

Im Internet surfen

Ich weiß zwar nicht, warum alle vom *Surfen* im Internet sprechen, vielleicht kann mir das jemand erklären, aber der Ausdruck klingt gut, weshalb man ihn ruhig verwenden kann, obwohl dies mit richtigem Windsurfen nicht allzu viel zu tun hat. Vielleicht hängt es ja mit »sich auf den Wellen treiben lassen« zusammen. Wie dem auch sei, man kann sich auch im Internet treiben lassen und sehr schnell die Zeit darüber vergessen. Deshalb mein Rat für alle, die nicht unbeschränkte Geldmittel zur Verfügung haben: Achten Sie auf die Zeit, die Sie online sind. Es soll schon Leute gegeben haben, die dabei »arm« geworden sind.

Im Internet gibt es eigentlich nichts, was es nicht gibt, Nützliches und Unnützes. Im Folgenden werden wir uns also in diesen Dschungel der Informationen begeben. Es ist möglich, dass Sie Adressen im Internet finden, die nach kurzer Zeit wieder verschwunden sind. Es kann also auch durchaus passieren, dass Adressen, die wir benutzen, eventuell in einiger Zeit nicht mehr existieren bzw. »umgezogen« sind. Lassen Sie sich dadurch nicht beeindrucken, es sind sowieso nur Beispiele, die Sie auf andere Bereiche übertragen können.

Die Homepage

In der Regel gibt es bei jeder *Domäne* bzw. *Homepage* (dies ist eine Ansammlung von Dateien, die mit einer Adresse angewählt werden) eine Ausgangsseite, über die alle weiteren Inhalte dieser Homepage besucht werden können. Diese Ausgangsseite oder Startseite wird automatisch geladen, wenn die Internetadresse gewählt wird. Auf dieser Seite finden Sie dann die *Links* (Verknüpfungen) zu weiteren Seiten der Homepage.

HINWEIS

Häufig sehen Sie bei Homepages auch Bereiche, in denen Links auf andere Homepages aufgeführt sind. Dies ist sehr nützlich, um Adressen zu finden, die die gleiche Thematik behandeln; die Suche ist hierüber häufig erfolgreicher und schneller als über Suchmaschinen.

Die Verbindung zum Internet wird im Folgenden über die ppp-Verbindung von T-Online durchgeführt. Benutzen Sie einen anderen Zugang, müssen Sie entsprechend Ihren Gegebenheiten die Verbindung zum Internet herstellen.

Genug der Worte, let's go surfin!

Eine Internetadresse direkt anwählen

Beim Surfen ist es wichtig, dass Sie das Programm, mit dem Sie sich im Internet bewegen, so gut wie möglich an Ihre Bedürfnisse anpassen. In diesem Fall wird es der Internet Explorer sein.

Gute Einstellungen für den Internet Explorer

Starten Sie den Internet Explorer.

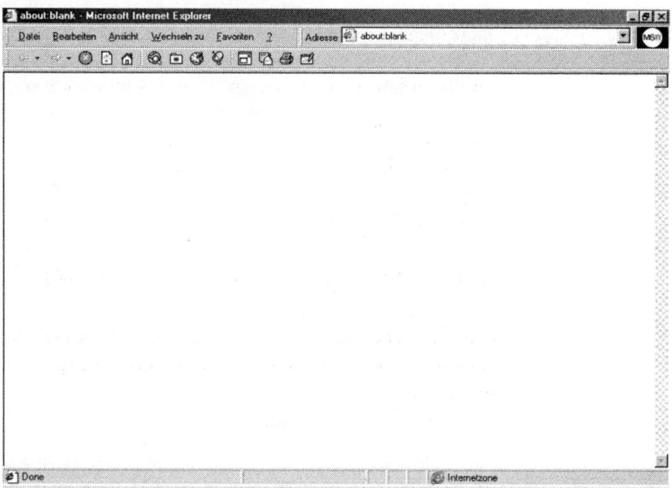

Abbildung 14.22: Eine gute Einstellung für den Internet Explorer

In der Abbildung sehen Sie eine Einstellung, die meines Erachtens günstig für das Surfen im Internet ist. Es ist die Statusleiste aktiviert, in der Sie nützliche Informationen sehen können. In dieser Leiste werden Ihnen die zu ladenden Dateien angezeigt. Sie können sehen, wie viele Dateien noch geladen werden müssen und auch die dazu benötigte Restzeit, allerdings nicht in genauen Zeitangaben, sondern eher als intuitive Schätzung. Dies ist trotzdem sehr hilfreich, da, wenn es zu lange dauert, es häufig günstiger ist, den Vorgang abzubrechen und die Seite zu einem späteren Zeitpunkt, wenn sich der Datenstau abgebaut hat, erneut zu besuchen.

Des Weiteren sind aktiviert:

- ✓ *Ansicht / Symbolleisten / Standard-Schaltflächen*
- ✓ *Ansicht / Symbolleisten / Adressleiste*

Die Adressleiste ist aufgrund des besseren Platzangebots in den oberen Bereich verschoben worden.

Als Startseite ist eine leere Seite ausgewählt worden; dies hat den Vorteil, dass der Internet Explorer sehr schnell startet und die Verbindung zum Internet erst dann aufgebaut wird, wenn Sie eine Adresse eingeben, die nicht auf Ihrem Rechner vorhanden ist.

Eine Adresse eingeben

Geben Sie jetzt eine Adresse in das Adressfeld ein, z. B.:

`http://www.newworld.de`

Bestätigen Sie diese mit der Eingabetaste.

Abbildung 14.23: Eingabe einer Adresse in das Adressfeld

Die eingegebene Adresse wird gesucht, und da sie nicht auf Ihrem Rechner gespeichert ist, erhalten Sie die Aufforderung die Verbindung herzustellen.

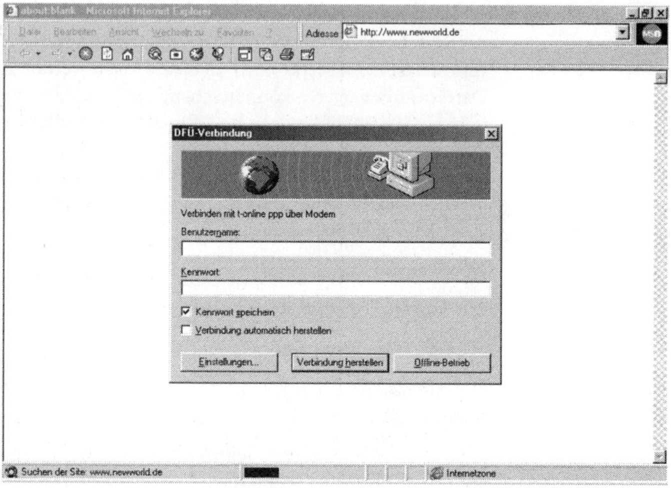

Abbildung 14.24: Verbindungsaufbau

Bei Ihnen ist der Benutzername und das Kennwort sicherlich schon eingetragen. Wenn Sie *Verbindung herstellen* wählen, wird die Verbindung aufgebaut. Wählen Sie hingegen *Offline-Betrieb* oder schließen das Fenster durch Anklicken der Schaltfläche oben rechts, werden Sie folgende Meldung erhalten:

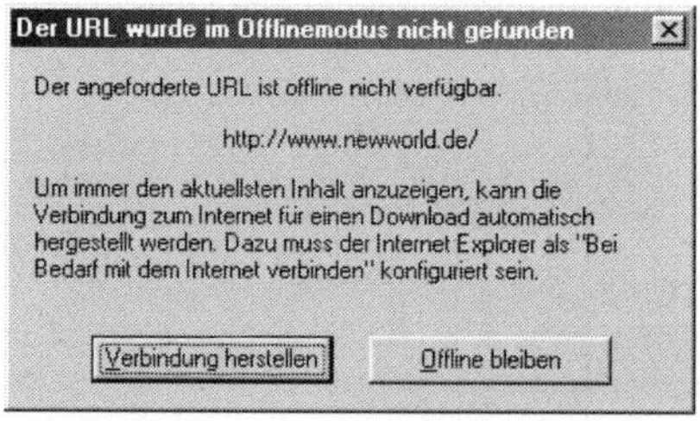

Abbildung 14.25: Meldung über nicht gefundene Seite

Da die Seite sicherlich nicht auf Ihrem Rechner gespeichert ist, stellen Sie bitte die Verbindung zum Internet her, damit die Seite geladen werden kann.

Nach kurzer Zeit, abhängig von der Schnelligkeit Ihres Zugangs und den eventuell vorhandenen Datenstaus im Internet, sehen Sie die Startseite der Homepage von http://www.newworld.de.

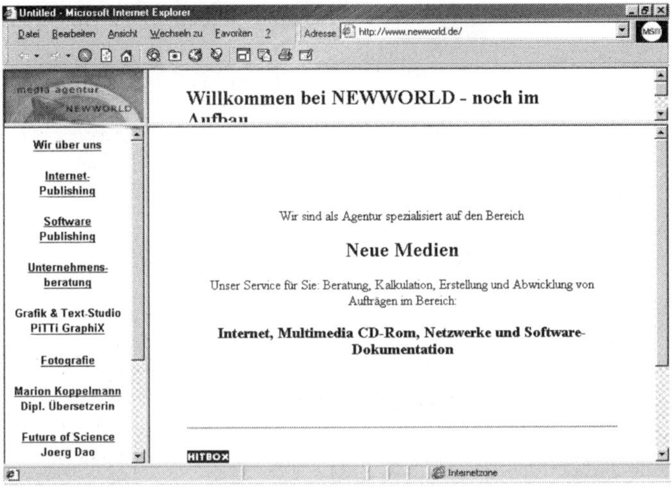

Abbildung 14.26: Startseite von newworld

Sie sehen hier einen gebräuchlichen Aufbau einer Homepage. Die Seite enthält vier *Frames*, wobei der linke untere Frame die Links zu den weiteren Seiten enthält, ähnlich einem Menü in Programmen.

Den Links folgen

Berühren Sie mit dem Mauszeiger einen Link, verändert sich dieser. Die zugehörige neue Adresse wird in der Statusleiste angezeigt.

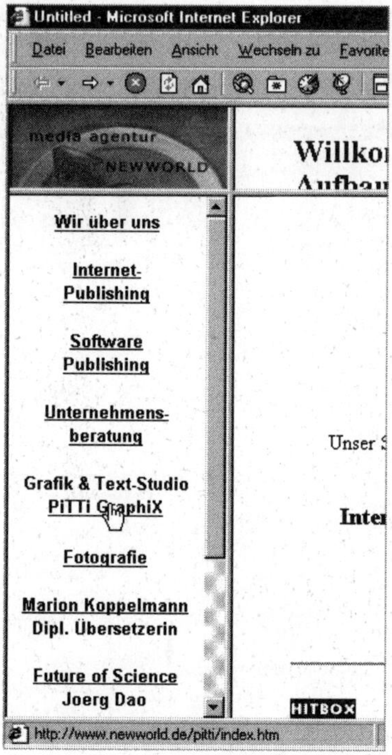

Abbildung 14.27: Einen Link berühren

Klicken Sie auf diesen Link, wird die zugehörige Seite geladen. In diesem Fall verändern sich alle Frameinhalte, es kann aber auch durchaus sein, dass nur der Inhalt eines Frames geändert wird.

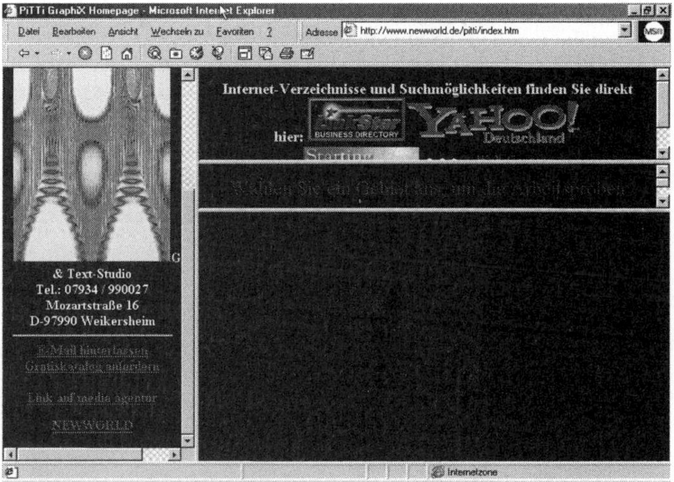

Abbildung 14.28: Eine andere Seite

Sie können mit den Bildlaufleisten der einzelnen Frames deren Inhalt anzeigen lassen.

Sie finden auf dieser Seite einen Link, der eine andere Adresse in einem neuen Fenster des Internet Explorers öffnet. Dies sehen Sie häufiger im Internet. Klicken Sie auf den Link in der folgenden Abbildung:

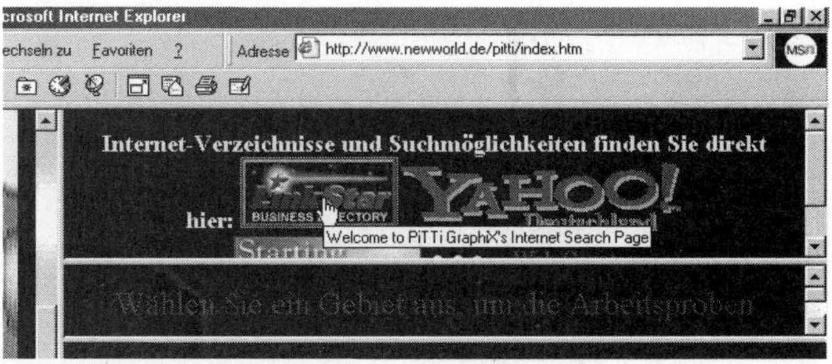

Abbildung 14.29: Ein Link, der ein neues Fenster öffnet

Es wird ein neues Fenster des Internet Explorers geöffnet, in dem die Seite der neuen Adresse angezeigt wird.

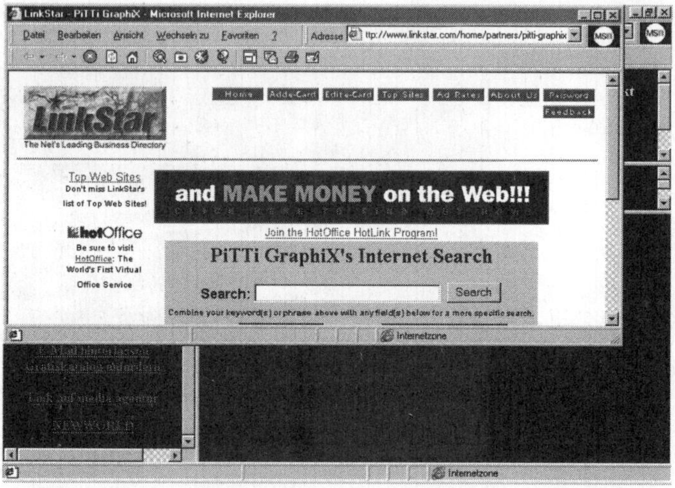

Abbildung 14.30: Anzeige einer Seite in einem neuen Fenster

Das Fenster der neuen Seite überlagert das vorherige Fenster. Im Prinzip ist der Internet Explorer ein zweites Mal geöffnet worden, d. h., dass Sie, um den Internet Explorer zu beenden, diesen auch zweimal schließen müssen. Schließen Sie das oben liegende Fenster, befinden Sie sich wieder an Ihrem vorherigen Ausgangspunkt.

Sich vorwärts bzw. rückwärts bewegen

Achten Sie auf die Symbolpfeile in der Symbolleiste der Internet Explorers.

Abbildung 14.31: Pfeile in der Symbolleiste

Der Pfeil mit der Bedeutung *eine Seite zurück* ist jetzt aktivierbar, da Sie eine weitere Seite gewählt haben, nachdem Sie schon zuvor eine Seite bestimmt hatten. Klicken Sie auf diesen Pfeil, gelangen Sie zurück an Ihren Ausgangspunkt.

Wählen Sie noch einige Links von *newworld* an. Links, die Sie schon besucht haben, werden in einer anderen Farbe dargestellt.

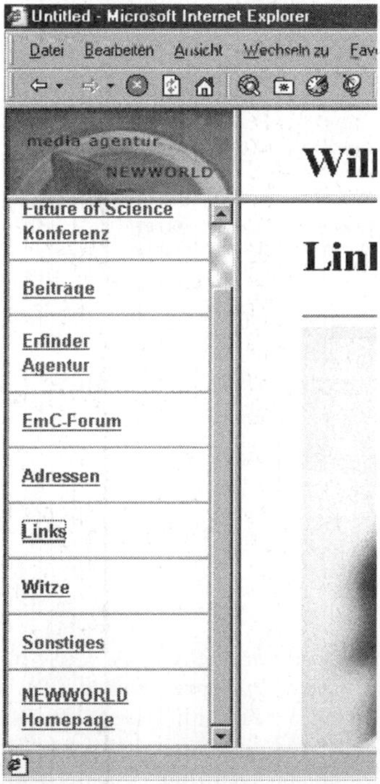

Abbildung 14.32: Besuchte Links

In der Abbildung sind dies z. B. *Adressen*, *Links* und *Witze*.

Achten Sie während Ihrer jetzigen Internetsitzung auf die Pfeile in der Symbolleiste, mit denen Sie sich vorwärts bzw. rückwärts bewegen können.

Abbildung 14.33: Rückwärts bewegen

Abbildung 14.34: Vorwärts bewegen

Sie können sich nicht nur um eine Seite vorwärts bzw. rückwärts bewegen, sondern relativ zu Ihrem »Standort« direkt zu einer zuvor bzw. nachher gewählten Seite gelangen. Hierfür müssen Sie lediglich den kleinen Pfeil und anschließend die gewünschte Seite anklicken. Die zu wählenden Seiten verändern sich entsprechend Ihrem momentanen relativen »Standort«.

Den Aufbau einer Seite abbrechen

Dauert Ihnen der Aufbau einer Seite zu lange, können Sie den Vorgang abbrechen, indem Sie auf das entsprechende Symbol klicken.

Abbildung 14.35: Aufbau einer Seite abbrechen

Aufbau einer Seite aktualisieren

Es kann vorkommen, dass eine Seite nicht vollständig aufgebaut wird, manchmal fehlen noch Bilder etc. In diesem Fall sollten Sie versuchen mit *aktualisieren* die Seite erneut aufbauen zu lassen.

Abbildung 14.36: Eine Seite erneut laden

Den Inhalt einer Seite ausdrucken

Da Seiten im Internet häufig Frames enthalten, sind beim Ausdruck entgegen den normalen Gepflogenheiten bei Textverarbeitungen einige Besonderheiten zu berücksichtigen. Wenn eine Seite mit Frames im Internet Explorer angezeigt wird, klicken Sie in den Frame, den Sie ausdrucken lassen wollen. Wählen Sie anschließend *Datei / Drucken*.

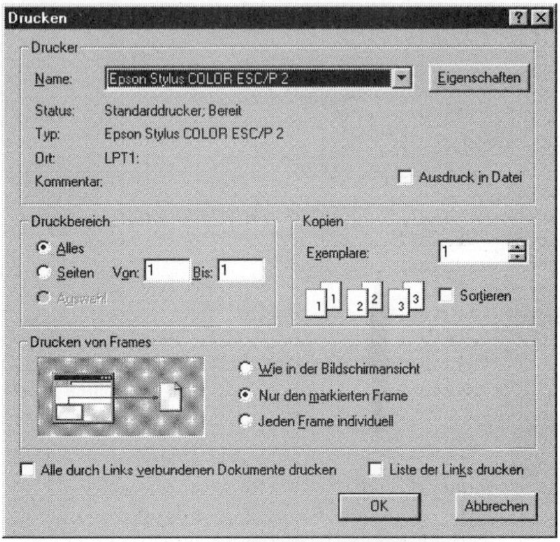

Abbildung 14.37: Einstellungsmöglichkeiten für den Druck

Nur der untere Bereich unterscheidet sich von den sonst gewohnten Einstellungsmöglichkeiten. Entsprechen Ihre Einstellungsmöglichkeiten nicht der Abbildung, haben Sie eventuell vergessen zuvor mit der Maus in einen Frame zu klicken.

- *Wie in der Bildschirmansicht* druckt das aus, was Sie auf dem Bildschirm sehen.
- *Nur den markierten Frame* druckt den Inhalt des Frames aus, in den Sie zuvor mit der Maus geklickt haben.
- *Jeden Frame individuell* druckt jeden Frame auf ein gesondertes Blatt Papier.
- *Alle durch Links verbundenen Dokumente drucken* druckt alle Dokumente, die mit der angezeigten Seite durch Links verbunden sind, d. h. es werden auch Dokumente gedruckt, die nicht auf Ihrem Bildschirm zu sehen sind.
- *Liste der Links drucken* gibt am Ende der ausgedruckten Seite alle auf der Internetseite enthaltenen Links als Liste aus.

Sie können den Ausdruck einer Internetseite auch über das entsprechende Symbol starten.

Abbildung 14.38: Den Ausdruck über das Symbol starten

Diese Vorgehensweise hat aber einen Nachteil, da Sie nicht in die Einstellungsmöglichkeiten gelangen, sondern der Ausdruck direkt gestartet wird. Hierbei wissen Sie nicht genau, welche Einstellungen gegeben sind. Es kann passieren, dass ein Teil der Seite ausgedruckt wird, den Sie gar nicht ausgedruckt haben wollen.

Denken Sie daran: Ob Bilder und Hintergründe mit ausgedruckt werden, haben Sie bei der Konfiguration des Internet Explorers festgelegt. Bei Bedarf müssen Sie dort die Einstellung verändern.

Eine Adresse im Internet suchen

Sie haben bereits eine Adresse direkt angewählt, da Sie die Adresse kannten. Häufig ist es aber so, dass Sie etwas suchen, jedoch nicht wissen, wo Sie die gewünschte Information finden können. Hierzu gibt es im Internet *Suchmaschinen* (Searchengines), das sind Rechner, auf denen Stichworte gespeichert sind und die Adressen, unter denen zu diesem Thema etwas zu finden ist. Diese Suchen funktionieren aber nicht immer. Sie benötigen schon ein bisschen Intuition, um erfolgreich etwas zu finden.

Eine einfache Suche

Lassen Sie uns mit einer einfachen Suche beginnen. Bei dieser Suche benutzen wir keine Suchmaschine. Nehmen wir an, Sie suchen eine Firma. Firmen sind meistens unter ihrem eigenen Namen im Internet zu finden.

Nehmen wir z. B. an, Sie besitzen ein Handy der Firma Nokia und wollen neue Informationen darüber erlangen. Als mögliche Adressen bieten sich z. B. folgende an:

`http://www.nokia.de`

`http://www.nokia.com`

(Eventuell auch ohne vorangesetztes www.) Diese Möglichkeiten auszuprobieren geht schneller, als in Suchmaschinen zu suchen. Lassen Sie uns die Möglichkeiten testen. Welche Sie zuerst probieren, ist eigentlich egal. Beginnen wir einfach mit *http://www.nokia.de*.

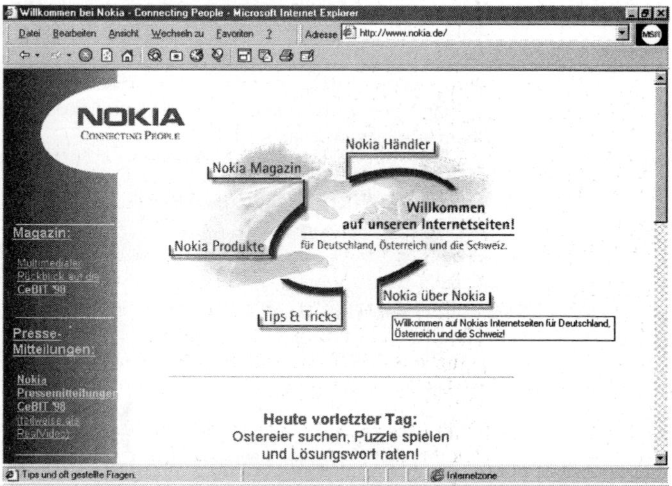

Abbildung 14.39: Nokia.de-Homepage

Bingo! Der erste Versuch war ein Erfolg. Wir haben die deutsche Seite von Nokia erwischt. Versuchen wir es noch einmal spaßeshalber mit *http://www.nokia.com*.

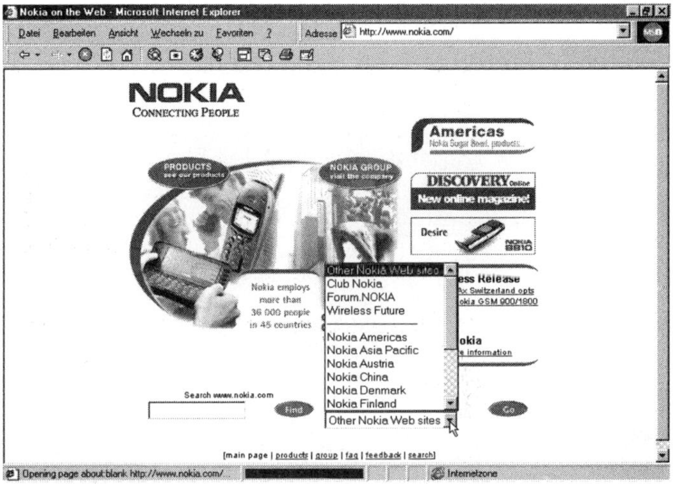

Abbildung 14.40: Nokia.com-Homepage

Erneut ein Erfolg! Große Firmen, die weltweit vertreten sind, sind häufig unter vielen Adressen zu erreichen. Auf dieser Homepage sehen Sie ein Feld, in dem weitere Adressen von Nokia stehen. Firmen, die mehrfach vertreten sind, haben in der Regel solche Verweise in irgendeiner Art aufgeführt. So lassen sich häufig sehr schnell Informationen bzw. Adressen finden.

Betrachten Sie sich nochmals die Abbildung bzw. die Internetseite. Sie finden dort ein Feld *Search www.nokia.com*. Hier können Sie Begriffe eingeben, um Informationen innerhalb der Seiten von Nokia zu finden. Existieren viele Informationen innerhalb einer Homepage bzw. Domäne, sind häufig solche *Suchmechanismen* vorhanden. Sie können darüber aber keine »fremden« Adressen finden, sondern nur Inhalte der Homepage.

Suchen mit einer Suchmaschine über den Befehl *Suchen*

Stellen wir uns als nächstes Beispiel eine Aufgabe. Nehmen wir an, Sie besitzen ein größeres Gebäude und wollen die Verwaltung einer Firma übertragen. Nach welchen Begriffen könnte man suchen? Gebäudemanagement, Hausmeister, Hausverwaltung bieten sich z. B. an.

Lassen Sie uns diese Begriffe zunächst überprüfen, vielleicht führen sie zum Erfolg. Den *Suchbereich* können Sie starten, indem Sie auf das nachfolgend abgebildete Symbol klicken.

Abbildung 14.41: Suche starten

HINWEIS

Damit die Suche beginnen kann, müssen Sie natürlich online sein.

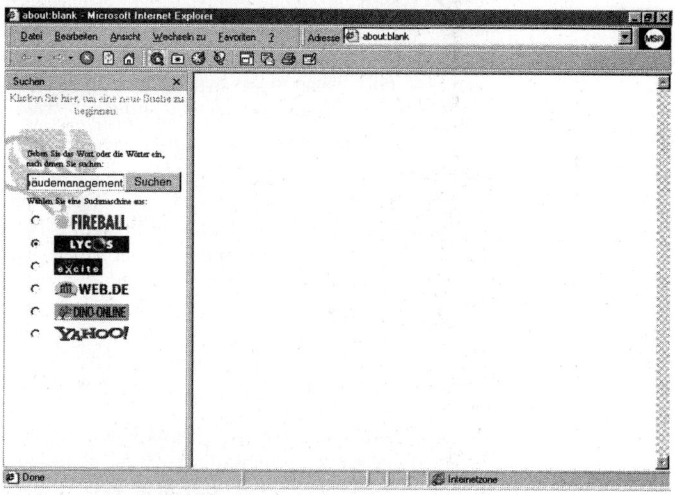

Abbildung 14.42: Die Suchmaschinen

Starten Sie die Suche über das Symbol, wird das Fenster des Internet Explorers geteilt. Im rechten Fenster sehen Sie die zuletzt angezeigte Seite, im linken Fenster erscheint ein Eingabefeld und eine Auswahl von Suchmaschinen.

Geben Sie jetzt den Begriff *Gebäudemanagement* in das Feld ein, wählen Sie eine Suchmaschine, z. B. *Lycos*, und betätigen Sie *Suchen*. Bestätigen Sie den Sicherheitshinweis mit *Ja*. Sie erhalten diese Hinweise immer, wenn Sie Daten an das Internet senden. Sie bekommen noch ein paar Meldungen; da Sie zu einer anderen Adresse, nämlich zu Lycos wechseln, bestätigen Sie alle Meldungen. Im linken Fenster erscheinen die ersten Suchergebnisse.

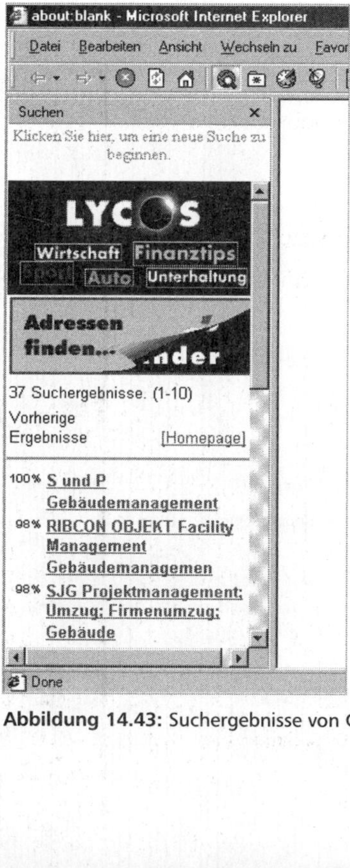

Abbildung 14.43: Suchergebnisse von Gebäudemanagement

Bei dem Begriff haben Sie 37 *Suchergebnisse*, von denen die ersten zehn angezeigt werden. Hinter jedem Eintrag steht eine Adresse der entsprechenden Firma. Blättern Sie im Frame nach unten, können Sie sich die weiteren Suchergebnisse anschauen.

Abbildung 14.44: Weitere Suchergebnisse ansehen

Die Prozentzahlen vor den Einträgen geben die *Treffergenauigkeit* in Bezug auf den Suchbegriff an. Bewegen Sie den Mauszeiger über einen Eintrag, erscheint eine weitere Information.

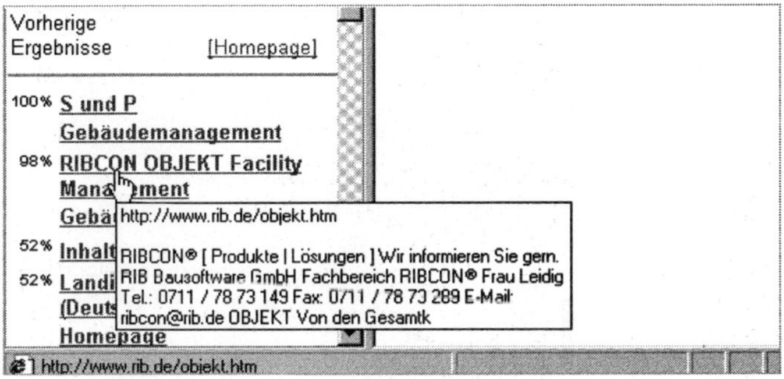

Abbildung 14.45: Zusatzinformation eines Eintrags

Um herauszufinden, ob das, was Sie suchen, vorhanden ist, müssen Sie auf einen Eintrag klicken. Sie gelangen dadurch zu der Homepage des Anbieters. Die Suchergebnisse sagen nichts darüber aus, ob dies alle Firmen sind, die im Internet vertreten sind. Lassen Sie uns dies überprüfen. Schließen Sie den Suchbereich, indem Sie erneut auf das Symbol *Suchen* klicken.

Komplexere Suchmöglichkeiten bei den Suchmaschinen

Gehen Sie jetzt direkt zu *Lycos*, indem Sie als Adresse

`http://www.de.lycos.de`

eingeben, und wählen Sie *Profi-Suche*.

Sie sehen, das Fenster ist nicht mehr so klein, und die Eingabemöglichkeiten sind umfangreicher. Geben Sie jetzt *Gebäudemanagement*, *Hausmeister* und *Hausverwaltung* als Suchbegriffe ein. Wählen Sie *Suchen Sie alle Wörter*, dies entspricht einer AND-Verknüpfung, und lassen Sie im gesamten Internet danach suchen.

Detaillierte Anweisungen zur Suche finden Sie, indem Sie auf die Fragezeichen klicken. Die Suche ergibt kein Resultat, es wird keine Seite mit diesen Angaben gefunden.

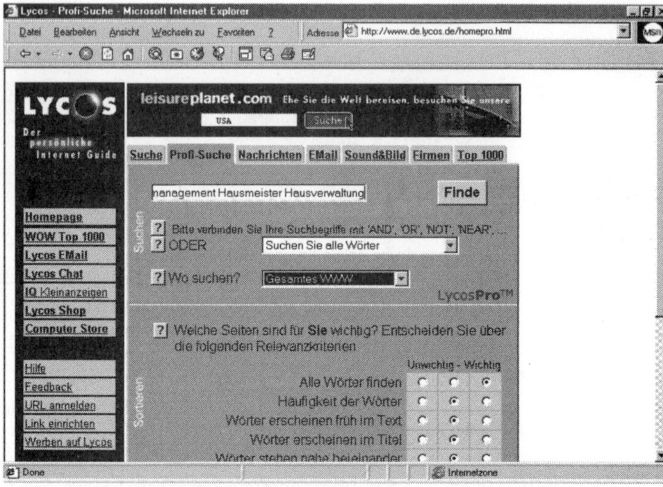

Abbildung 14.46: Profi-Suche von Lycos

Ändern Sie jetzt die Auswahl in *Suchen Sie mindestens ein Wort*, dies entspricht einer OR-Verknüpfung, und lassen Sie erneut danach suchen.

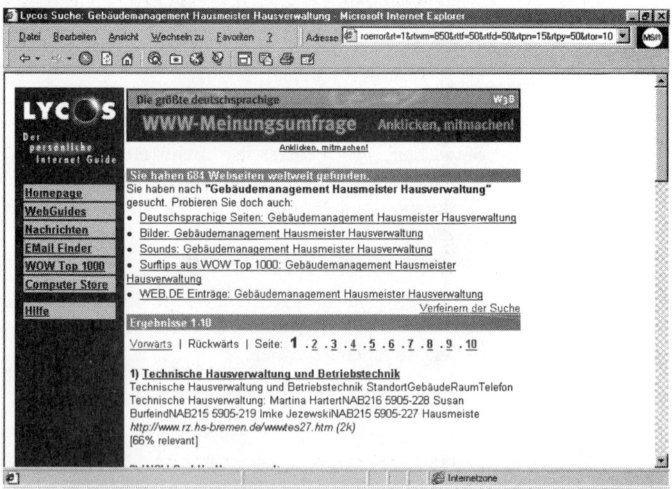

Abbildung 14.47: Suchergebnisse mit OR-Verknüpfung

Jetzt haben wir 684 Webseiten gefunden, die diese Begriffe enthalten. Diese Vielzahl an Treffern ist auch nicht gerade hilfreich, aber was soll es. Etwas im Internet zu finden ist trotz der Suchmaschinen mit viel Zeitaufwand verbunden. Um bei einer Suche erfolgreich zu sein, müssen Sie viel in die Vorüberlegung in Bezug auf Begriffe verwenden und anschließend auch noch Glück haben.

Ein Beispiel, wie verquer man denken muss, um etwas zu finden

Eine nicht ungewöhnliche Aufgabe im Schulunterricht könnte lauten, die Ministerpräsidenten der Bundesländer zu benennen. Wenn Sie jetzt meinen, kein Problem, wozu gibt es das Internet und Suchmaschinen, sind Sie etwas zu optimistisch. Erproben Sie mal Begriffe wie z. B. Minister, Ministerpräsidenten, Bundesländer etc. in den Suchmaschinen.

Erfolg haben Sie erst, wenn Sie wissen, dass die Ministerpräsidenten im Bundesrat vertreten sein müssen. Mit diesem Wissen versuchen Sie wohlgemut in einer Suchmaschine etwas über den Bundesrat zu finden. Dies führt meistens auch nicht zum gewünschten Ergebnis, da Sie zwar alles Mögliche angezeigt bekommen, aber nicht die einfache Adresse des Bundesrats. Sie hätten vielleicht einmal unseren ersten Versuch starten sollen. Probieren Sie einfach die Adresse *http://www.bundesrat.de*.

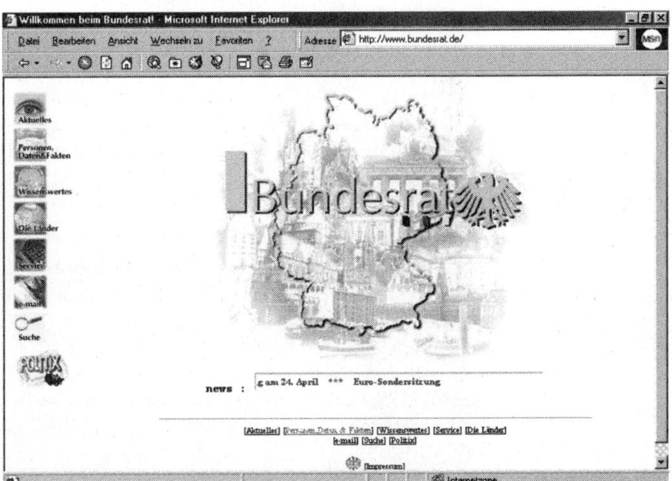

Abbildung 14.48: Die Homepage des Bundesrats

Na bitte, es gibt die Seite doch. Wenn Sie jetzt *Personen, Daten & Fakten* wählen und anschließend *Mitglieder*, kommen Sie zum gewünschten Resultat. Die Suche ist nicht immer ganz einfach, es gibt sicher tausende solcher Beispiele. Manchmal finden Sie mehr Informationen an Orten, wo Sie sie nie vermuten würden. Sie können z. B. Informationen über Deutschland an amerikanischen Universitäten finden, die Sie in Deutschland vergeblich suchen.

Ein Abschlusswort hierzu: Viel Glück beim Suchen!

Dateien aus dem Internet herunterladen

Eine der wohl am häufigsten benutzten Möglichkeiten ist das *Downloaden* oder auf Deutsch das *Herunterladen* von Dateien aus dem Internet. Die neuesten Treiber und auch viele interessante Programme sind heutzutage fast nur über das Internet zu erhalten. Jede Firma, die Hardware oder Software produziert, ist eigentlich im Internet vertreten.

Die Dateien, die zum Herunterladen bereitgestellt werden, sind in der Regel EXE- oder ZIP-Dateien. ZIP-Dateien sind gepackte Archive, die meist mehr als nur eine Datei enthalten. Um die Archive zu entpacken, benötigen Sie spezielle Programme, wie z. B. *Winzip*. Viele EXE-Dateien sind selbstentpackende Archive, die auch mehrere Dateien enthalten, aber im Gegensatz zu ZIP-Dateien für das Entpacken keine speziellen Programme benötigen.

Lassen Sie uns jetzt als Beispiel einen neuen Treiber aus dem Internet herunterladen. Wir wollen gleich zwei Fliegen mit einer Klappe schlagen. Bislang sind wir zu Internetseiten immer über die Startseite einer Homepage gelangt. Sie können aber jede beliebige Seite einer Homepage direkt aufrufen, sofern Sie die exakte Adresse kennen. Wir werden dies in diesem Fall ausprobieren.

HINWEIS

Noch eine Anmerkung zu der Beispieladresse. Sollten Sie eine ISDN-Karte von der Firma Acotec Ihr Eigen nennen, können Sie hier eventuell benötigte Treiber bekommen. Die Firma Acotec ist vor kurzer Zeit in Konkurs gegangen und wird wohl in Zukunft das Low-End-Geschäft aufgeben, was bedeutet, dass Sie bei Acotec keine Treiber mehr für deren ISDN-Karten erhalten können. Die ISDN-Karte, die Acotec vertrieben hat, ist aber eigentlich eine DIAMOND NetCommander ISDN/EC.

Genug der Worte, lassen Sie uns die Adresse ausprobieren. Wenn Sie als Adresse

`http://www.diamondmm.de/diamondde/driver/comm/isdn/netcomm/files.htm`

eingeben, gelangen Sie direkt zu der gewünschten Seite.

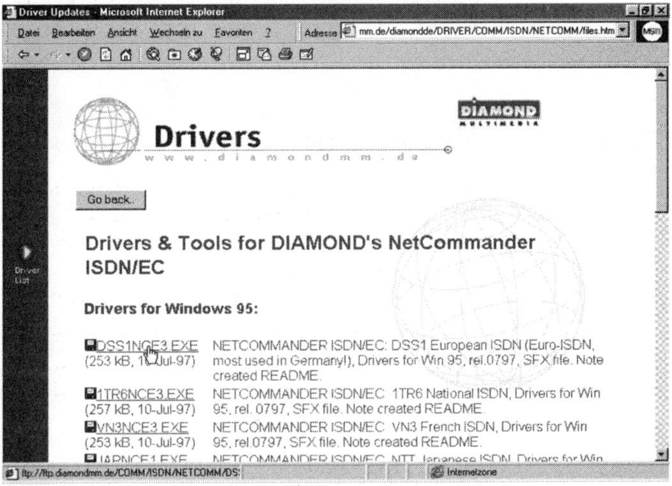

Abbildung 14.49: Seite mit den Treibern von Diamond

Bewegen Sie jetzt den Mauszeiger z. B. auf den ersten Link, erscheint die zugehörige Adresse in der Statusleiste. In diesem Fall, es muss nicht unbedingt so sein, ist es eine Adresse, die Daten mittels des ftp-Protokolls übermittelt. Sie sehen dies daran, dass die Adresse mit *ftp://* beginnt. Dateien werden aber auch häufig mit dem http-Protokoll übertragen. Für Sie macht dies eigentlich keinen Unterschied, da der Browser beide Möglichkeiten beherrscht.

Wenn Sie die Links zu diesen Dateien anklicken, werden Sie, sofern Sie das System entsprechend konfiguriert haben, gefragt, was mit dieser Datei geschehen soll.

Abbildung 14.50: Wahlmöglichkeit beim Download

Sie sollten immer *Das Programm speichern* wählen, da Sie dann die Datei in jedem Fall auf Ihrem Rechner gespeichert haben und es nicht nötig ist, diese eventuell bei einem Fehlschlag einer Installation erneut herunterzuladen.

Abbildung 14.51: Auswahl eines Speicherorts

Wählen Sie anschließend ein Verzeichnis, in dem die Datei gespeichert werden soll. Sie erhalten dann nähere Informationen zum Dateidownload.

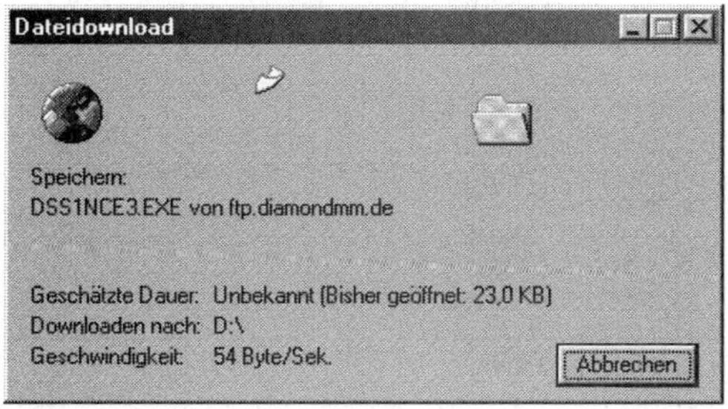

Abbildung 14.52: Statusmeldung der Dateiübertragung

Wenn der Browser die Größe der Datei erkennt, wird die *Downloadzeit* angezeigt, allerdings ist dies nur eine Schätzung. Die Zeitangabe wird sich in der Regel auch ständig etwas verändern, da die Geschwindigkeit der Datenübertragung nicht konstant ist. Die *Geschwindigkeit* wird Ihnen in diesem Fenster angezeigt. Sie können daran ungefähr erkennen, wie schnell Ihre momentane Verbindung ist.

Eine Internetseite auf Ihrem Rechner speichern

Neben der automatischen temporären Speicherung von Internetseiten können Sie natürlich auch bewusst eine Seite auf Ihrem Rechner als Datei speichern. Diese gespeicherte Datei wird allerdings bei einem späteren Öffnen nicht genauso aussehen, wie zuvor bei der Online-Verbindung. Dies hängt damit zusammen, dass Bilder und andere Elemente nicht in der Seite eingebunden sind, sondern nur über einen Link als eigenständige Datei angezeigt werden. Das, was Sie speichern können, ist aber nur der HTML-Code der Seite.

Um die Seite später wie im Original anzeigen zu können, müssten Sie z. B. alle Dateien, deren Bilder innerhalb der Seite angezeigt werden, gesondert speichern und eventuell sogar nachträglich die Links zu den Bildern dem neuen Pfad anpassen. Internetseiten, die Frames enthalten, lassen sich im Prinzip gar nicht vernünftig speichern. Nehmen wir eine beliebige Seite, die Frames beinhaltet, z. B. *http://rechner1/raatz1/ausgang.htm*.

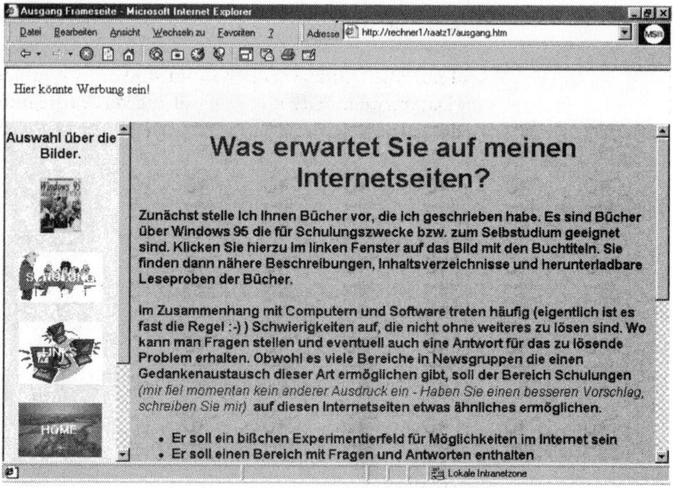

Abbildung 14.53: Beispielseite, die Frames enthält

Wenn Sie eine Seite mit Frames über *Datei / Speichern unter* als HTML-Datei speichern, wird nämlich die Frameseite gespeichert. Die Seite der Abbildung würde z. B. bei einem späteren Öffnen so aussehen:

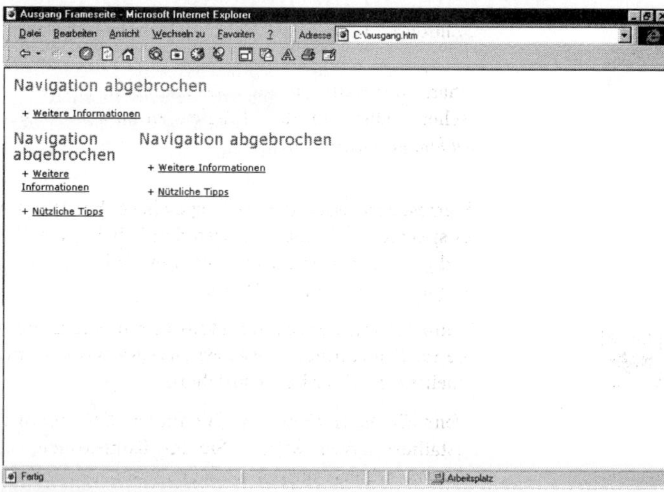

Abbildung 14.54: Eine zuvor gespeicherte Seite, die Frames enthält

Das, was abgespeichert wurde, ist die Seite, die die Definition für die Frames enthält. Die eigentlichen Inhalte, die in den Frames erscheinen, sind nur über Links verknüpft und sind eigenständige Dateien mit anderen Dateinamen. Hier noch einmal zur Verdeutlichung der Inhalt der Seite, der zuvor gespeichert wurde. Es ist der Quelltext der Datei:

```
<html>

<head>
<meta name="GENERATOR" content="Microsoft FrontPage 3.0">
<title>Ausgang Frameseite</title>
</head>

<frameset framespacing="0" border="false" frameborder="0" rows="64,*">
  <frame name="Banner" scrolling="no" noresize target="Inhalt"
src="frame_oben.htm">
  <frameset cols="150,*">
    <frame name="Inhalt" target="Hauptframe" src="menue.htm"
scrolling="auto" marginwidth="0"
    marginheight="10">
    <frame name="Hauptframe" src="vorstellung.htm" scrolling="auto"
marginwidth="10"
    marginheight="10">
  </frameset>
  <noframes>
  <body background="images/paper03m.jpg">
  <p>Diese Seite verwendet Frames. Frames werden von Ihrem Browser aber
nicht unterstützt.</p>
  </body>
  </noframes>
</frameset>
</html>
```

Abbildung 14.55: HTML-Code der gespeicherten Seite

Anhand des Codes können Sie erkennen, dass das, was Sie im Original gesehen haben, in den Dateien *menue.htm*, *vorstellung.htm* und *frame oben.htm* gespeichert ist.

KNOW-HOW

Frameseiten lassen sich nicht speichern. Es gelingt nur, einzelne Seiten zu speichern. Sie müssten also den Inhalt jedes Frames einzeln laden und gesondert abspeichern. Sie haben hierfür zwei einfache Methoden (es gibt noch kompliziertere):

Wenn Sie mit der rechten Maustaste in einen Frame klicken, können Sie im Kontextmenü *Quelltext anzeigen* wählen und anschließend den Quelltext in einer Datei speichern.

Wenn Sie die *IE4Powertoys* (Sie finden diese bei Microsoft im Internet) installiert haben, sollten Sie im Kontextmenü *Open frame in new Window* wählen und anschließend den neuen Fensterinhalt in einer Datei sichern.

Einen Link etwas anders als gewohnt behandeln

Ein Link auf einer Seite wird nach einem festgelegten Schema behandelt. So wird z. B. ein Bild als Bild in der Seite dargestellt, eine pdf-Datei (dies ist eine formatierte Textdatei zum Lesen) wird automatisch im Adobe Acrobat Reader geöffnet, sofern dieser bei Ihnen installiert ist, etc. Das Kontextmenü bietet aber die Möglichkeit, diese vorgegebenen Routinen zu ändern.

Nehmen Sie dazu eine beliebige Internetseite und öffnen Sie das Kontextmenü eines Elements. In der Abbildung ist dies als Beispiel eine pdf-Datei.

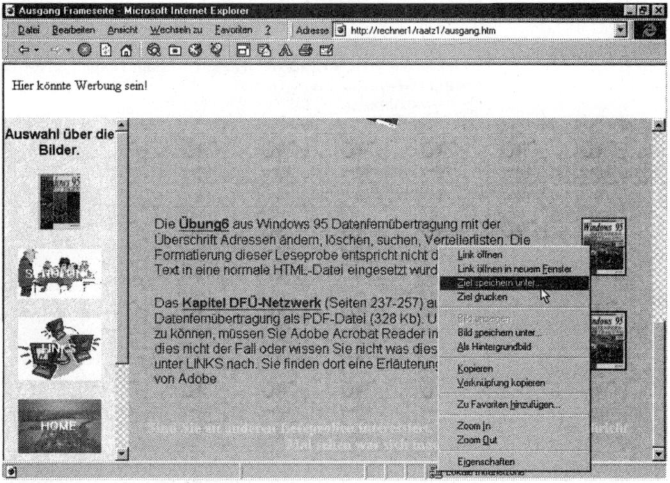

Abbildung 14.56: Beispiel für die Behandlung eines Links

Anstatt durch einen Mausklick mit der linken Maustaste die Datei im Adobe Acrobat Reader zu öffnen, können Sie jetzt die Datei, die über den Link verbunden ist, als eigenständige Datei auf Ihrem Rechner speichern.

An den weiteren Menüpunkten erkennen Sie, dass Sie Bilder speichern oder sogar sofort als Hintergrundbild für Ihren Desktop wählen können.

Offline-Surfen

Eine der interessantesten Möglichkeiten ist sicherlich das *Offline-Surfen*. Sie sind damit in der Lage, sich zuvor besuchte Internetseiten nachträglich, ohne anfallende Kosten, erneut zu betrachten bzw. die Texte in Ruhe durchlesen zu können. Eine Vorbedingung ist natürlich, dass Sie zuvor Internetseiten besucht haben. Um offline surfen zu können, klicken Sie auf *Verlauf*.

Abbildung 14.57: Verlauf öffnen

Das Erscheinungsbild des Internet Explorers verändert sich.

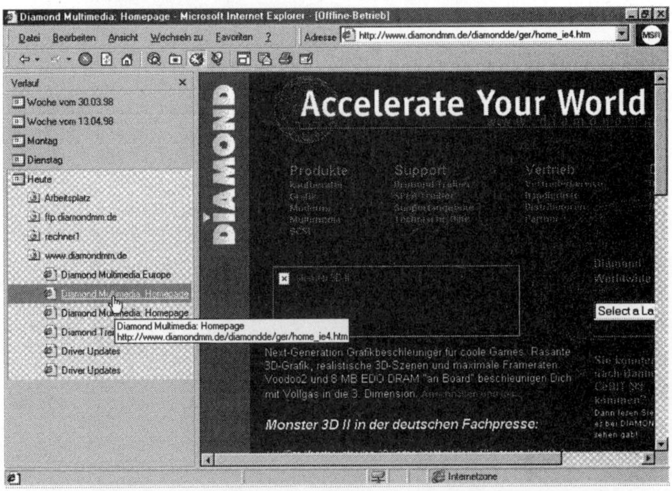

Abbildung 14.58: Das Aussehen des Internet Explorers im Offline-Modus

Es öffnet sich ein linkes Fenster, in dem die von Ihnen zuvor besuchten Adressen aufgeführt sind. Wenn Sie jetzt eine dieser Adressen anklicken, wird die entsprechende Seite im rechten Fenster dargestellt. Sollten bei Ihrem Online-Besuch der Internetseiten Bilder oder andere Elemente, die Bestandteil der Seite sind, nicht geladen worden und somit auch nicht auf Ihrem Rechner verfügbar sein, werden für diese Elemente nur Platzhalter in der Seite angezeigt.

Sie können jetzt genauso fortfahren, als wenn Sie online wären. Wird der Mauszeiger auf einen Link bewegt, dessen Zieldatei auf Ihrem Rechner verfügbar ist, erscheint er wie gewohnt.

Abbildung 14.59: Mauszeiger bei vorhandenem Link

Versuchen Sie hingegen einen Link zu öffnen, dessen Zieldatei nicht auf Ihrem Rechner gespeichert ist, erscheint neben der Hand ein durchgestrichener Kreis.

Abbildung 14.60: Mauszeiger bei einem nicht vorhandenen Link

Abonnieren von Seiten im Internet

Sie haben gesehen, dass Seiten, die Sie besucht haben, temporär gespeichert wurden, so dass Sie sie später offline betrachten konnten. Allerdings mussten Sie diese Seiten direkt besuchen. Wie wäre es, wenn Sie Seiten zum späteren Offline-Betrachten automatisch im Hintergrund herunterladen könnten, ohne sie zu diesem Zeitpunkt direkt besuchen zu müssen? Wäre doch gar nicht übel, oder? Die Möglichkeit gibt es im Internet Explorer. Sie müssen solche Seiten abonnieren. Wie dies geht, werden wir gleich sehen.

Eine Seite abonnieren

Zunächst müssen Sie eine Verbindung zum Internet herstellen und eine beliebige Homepage aufrufen. In der Regel wird es sich anbieten, die Startseite der Homepage zu öffnen, da Sie diese Seite abonnieren möchten und diese als Ausgangspunkt für weitere dient. Rufen Sie also eine Seite Ihrer Wahl auf, z. B. http://www.pconline.de. Wird die Seite bei Ihnen angezeigt, wählen Sie *Favoriten / Zu Favoriten hinzufügen*.

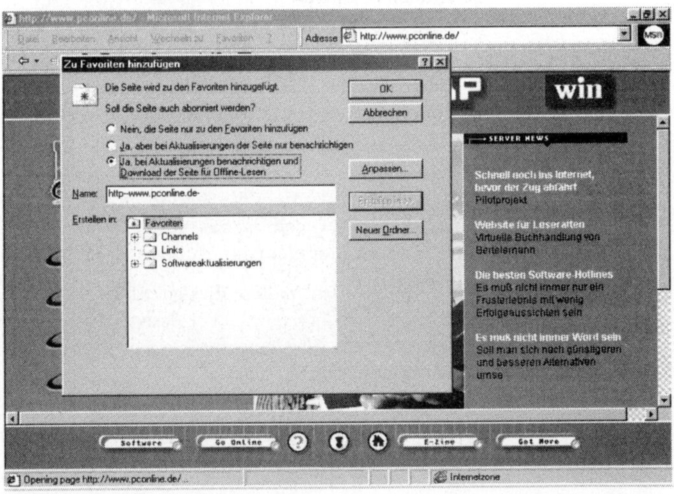

Abbildung 14.61: Zu Favoriten hinzufügen

Den unteren Teil des Fensters sehen Sie nur, wenn Sie zuvor *Erstellen>>* zusätzlich gewählt haben. Sie besitzen jetzt drei Möglichkeiten zur Auswahl:

- *Nein, die Seite nur zu den Favoriten hinzufügen* erstellt nur einen Eintrag, in dem die Adresse der Seite gespeichert wird. Sie können dann später durch Anwahl dieses Eintrags die Eingabe der Adresse automatisch durchführen lassen. Es entspricht eigentlich der manuellen Eingabe einer Adresse.
- *Ja, aber bei Aktualisierungen der Seite nur benachrichtigen* ist eine, sagen wir, abgeschwächte Form des Abonnements. Wenn Sie diese Option aktivieren, wird der Internet Explorer, entsprechend Ihren Einstellungen (folgt gleich), den Inhalt der Seite auf Veränderungen überprüfen. Sind Inhalte aktualisiert worden, erhalten Sie eine Meldung (E-Mail), woraufhin Sie dann die Seite aktualisieren können.
- *Ja, bei Aktualisierungen benachrichtigen und Download der Seite für Offline-Lesen* ist eine echte Abonnierung der Seiten. Sind Aktualisierungen an der Seite erkannt worden, wird die Seite auf Ihren Rechner heruntergeladen, und Sie können sie später offline lesen. Das automatische Herunterladen der Seite bzw. Seiten geht schneller, als wenn Sie sie direkt besuchen; außerdem findet dies im Hintergrund statt, so dass Sie während des automatischen Downloads andere Seiten besuchen können. Vorausgesetzt die Datenübertragungsrate Ihrer Internetverbindung ist schnell genug.

Im Feld *Name* können Sie, statt die Adresse zu übernehmen, einen beliebigen Namen eintragen; dies verändert nicht die eigentliche Adresse. Im unteren Bereich des Fensters wählen Sie einen Speicherort für den Eintrag. Haben Sie allerdings die Seite abonniert, erscheint der Eintrag sowieso nur in dem Verzeichnis, das für die Abonnements vorgesehen ist. Das Verzeichnis ist hier nicht aufgeführt.

Wenn Sie *Anpassen* wählen, dies geht allerdings nur, wenn Sie die dritte Option aktiviert haben, wird ein Assistent für das Abonnement gestartet. Änderungen des Abonnements können Sie aber auch später an anderer Stelle durchführen.

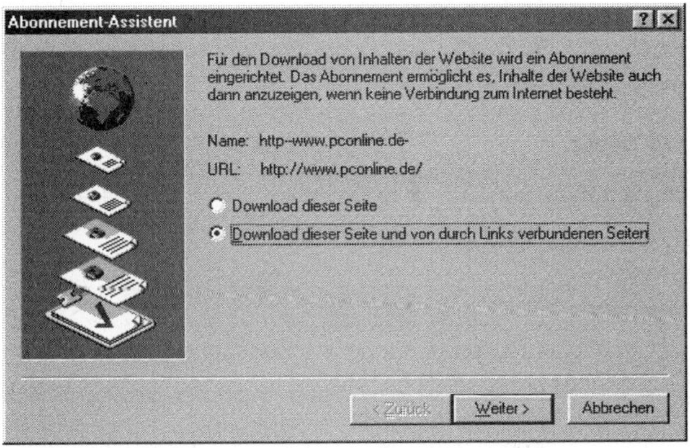

Abbildung 14.62: Auswahl der Downloadtiefe

Sie haben hier die Möglichkeit festzulegen, wie viele Verschachtelungsebenen geladen werden sollen. Sie wissen ja bereits, dass Seiten im Internet in einer hierarchischen Struktur über Links miteinander verknüpft sind, z. B.: Von der Startseite gelangen Sie über einen Link auf die Seite x1, von der Seite x1 gelangen Sie über einen Link auf die Seite x2 usw. Wenn Sie die Option *Download dieser Seite und von durch Links verbundenen Seiten* wählen, können Sie im nächsten Fenster die Verschachtelungstiefe festlegen.

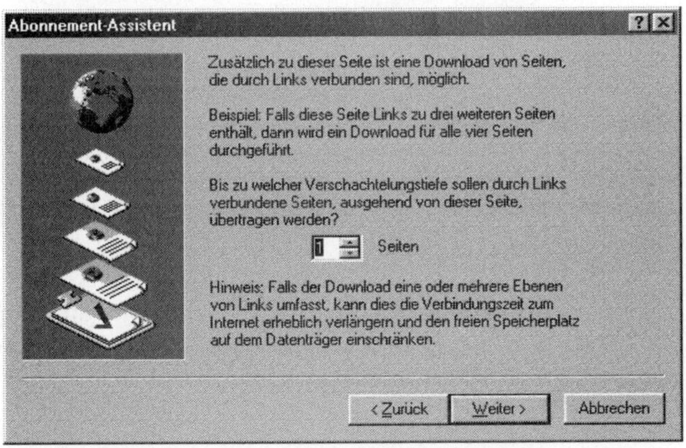

Abbildung 14.63: Festlegen der Verschachtelungstiefe

Seien Sie vorsichtig mit der Anzahl von Seiten (Verschachtelungstiefe). Stellen Sie sich vor, Sie können von der Startseite einer Homepage über Links 10 Seiten einer Ebene tiefer erreichen. Bei einer Wahl von 1 Verschachtelungstiefe würden also die Hauptseite und zehn weitere Seiten inklusive aller enthaltenen Bilder, Klänge etc. geladen. Könnten Sie von diesen zehn Seiten wiederum jeweils zehn Seiten der zweiten Ebene erreichen, würden bei der Wahl einer Verschachtelungstiefe von 2 die Hauptseite, zehn weitere Seiten der Ebene 1 und 10x10=100 Seiten der Ebene 2 geladen. Wenn Sie dieses Gedankenspielchen fortsetzen und eventuell sogar Links mit einbinden, die außerhalb der Homepage liegen (diese Einstellung ist möglich), könnten Sie bei einer Verschachtelungstiefe von z. B. 99 fast das ganze Internet herunterladen.

Haben Sie zuvor die Option gewählt, dass Sie bei einer aktualisierten Seite nur benachrichtigt werden wollen, müssen Sie im folgenden Fenster Ihre E-Mail-Adresse angeben.

Haben Sie eine andere Option zur Aktualisierung der Seite bestimmt, kommt hier nur die Option *Nein* in Frage.

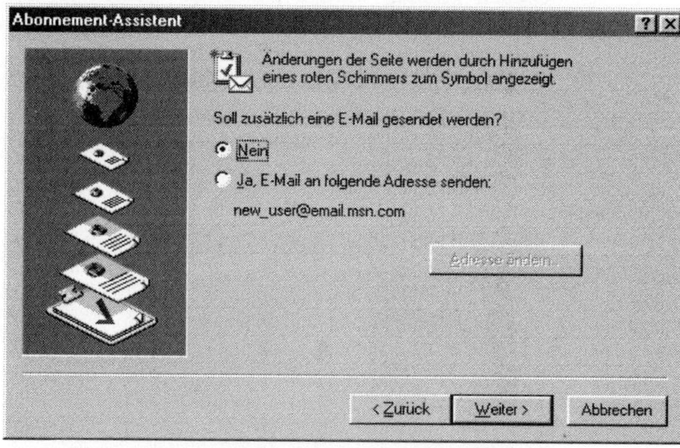

Abbildung 14.64: E-Mail senden?

Wenn Sie die Option gewählt haben, bei der Sie eine E-Mail-Adresse angeben müssen, dann aktivieren Sie jetzt *Ja, E-Mail an folgende Adresse senden* und wählen Sie *Adresse ändern*.

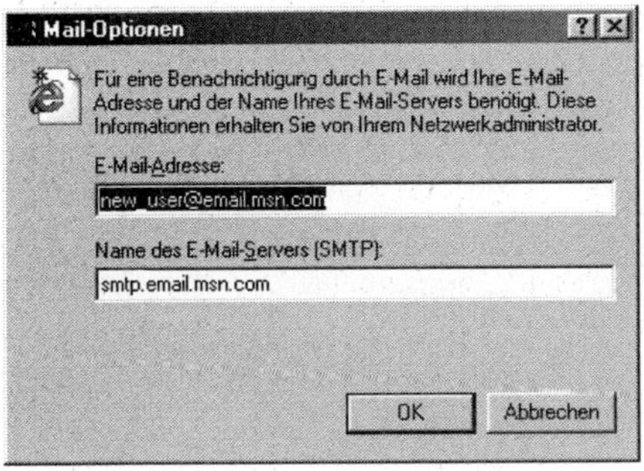

Abbildung 14.65: Eingabe Ihrer E-Mail-Adresse

Geben Sie im oberen Feld Ihre E-Mail-Adresse und im unteren Feld den Namen Ihres SMTP-Servers ein. Den Namen Ihres SMTP-Servers müssen Sie bei Ihrem Internet-Provider erfragen.

Als Nächstes werden Sie gefragt, wie das Abonnement aktualisiert werden soll.

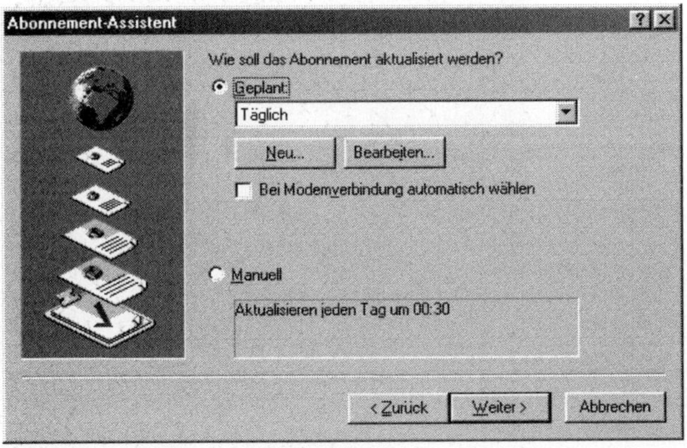

Abbildung 14.66: Art der Aktualisierung

Täglich, *wöchentlich* und *monatlich* sind schon vorkonfiguriert. Sie können aber alle Angaben verändern und sogar neue hinzufügen.

Bei Modemverbindung automatisch wählen stellt eine Verbindung zum Internet her und überprüft zum angegebenen Zeitpunkt die Seite auf Aktualisierungen. Voraussetzung hierfür ist aber eine entsprechende Konfiguration für die Verbindung über das DFÜ-Netzwerk und der Internet Explorer muss gestartet sein.

Die Option *Geplant* mit all ihren Varianten macht eigentlich nur Sinn, wenn Sie ständig oder zumindest über einen langen Zeitraum mit dem Internet oder Ihrem Intranet verbunden sind. Für den normalen Anwender, der nicht über unbegrenzte finanzielle Mittel verfügt, ist eigentlich *manuell* die richtige Wahl. Bei dieser Option geben Sie zu einer beliebigen Zeit direkt den Befehl zur Überprüfung.

Für diejenigen, die genügend Geld besitzen, hier die Einstellungsmöglichkeiten für die Option *Geplant*. Um die Option konfigurieren zu können, müssen Sie *Bearbeiten* bzw. *Neu* wählen.

Abbildung 14.67: Konfiguration von geplanten Aktualisierungen

Die Einstellungen sind im Prinzip selbsterklärend. Sie sehen aber schon an den Möglichkeiten, auf welche Bereiche die Einstellungen abzielen. Wenn Sie sich stündliche Aktualisierungen betrachten, kommt diese kurzfristige Vorgehensweise z. B. für Seiten, die Börsenkurse anzeigen, zum Tragen.

Die Option *Startzeitpunkt der nächsten Aktualisierung für bessere Ergebnisse variieren* gestattet es dem Internet Explorer, den Zeitpunkt der Aktualisierung um geringe Zeitwerte zu variieren, wenn z. B. der Server überlastet ist. Dies kann letztendlich die Aktualisierung beschleunigen.

Wenn es sich bei der abonnierten Seite um eine passwortgeschützte Seite handelt, können Sie im folgenden Fenster den Benutzernamen und das Passwort eingeben.

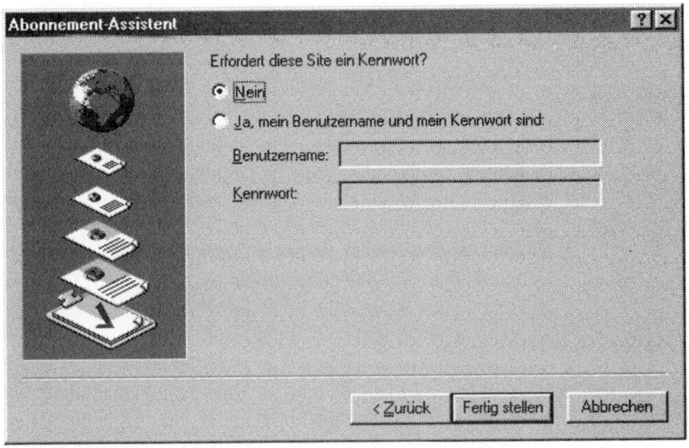

Abbildung 14.68: Eingabe für Benutzername und Passwort

Die Konfiguration für Ihr Abonnement ist jetzt durchgeführt worden.

Abonnements verwalten und aktualisieren

Ihre Abonnements sind im Verzeichnis *\Windows\Subscriptions* aufgelistet. Zur Verwaltung der Abonnements wählen Sie *Favoriten / Abonnements verwalten*.

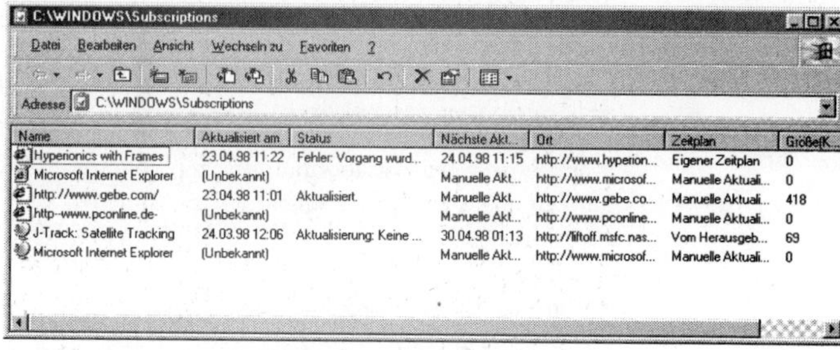

Abbildung 14.69: Verzeichnis für die Abonnements

Sie sehen hier alle relevanten Daten Ihrer Abonnements. Betrachten wir uns das Beispiel, das wir gerade erstellt haben. In der Abbildung ist dies der vierte Eintrag von oben, *http—www.pconline.de-*.

Die letzte Aktualisierung ist unbekannt, da wir dieses Abonnement noch nicht aktualisiert haben. Bei *Status* ist aus demselben Grund auch noch nichts eingetragen. Die restlichen Anzeigen erklären sich von selbst. Die Größe der herunterzuladenden Dateien wird erst nach der ersten Aktualisierung angezeigt, da der Rechner jetzt noch nicht wissen kann, wie große und wie viele Dateien geladen werden müssen.

Wenn Sie im Kontextmenü des Eintrags *Eigenschaften* wählen, können Sie die Konfiguration für das Abonnement verändern.

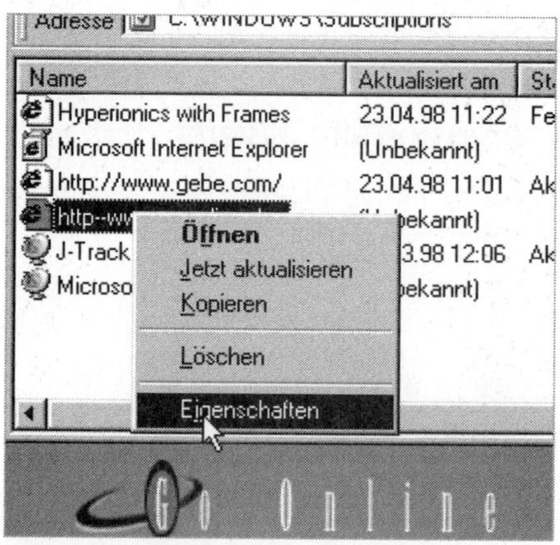

Abbildung 14.70: Kontextmenü des Eintrags

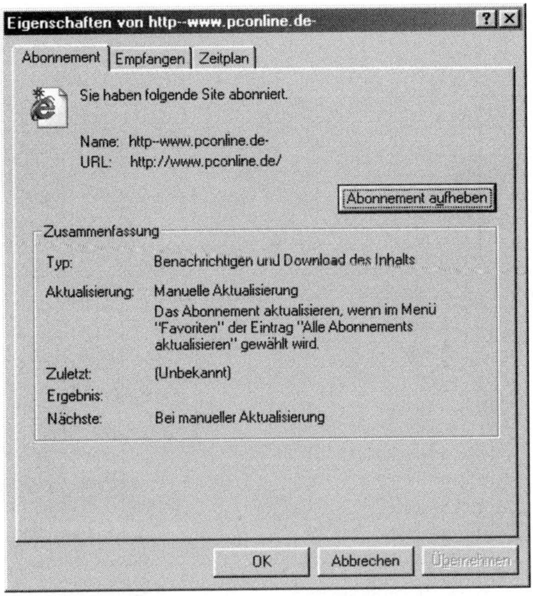

Abbildung 14.71: Eigenschaften eines Abonnements

In diesem Register können Sie nur das *Abonnement aufheben*. Im Register *Empfangen* können Sie die Konfiguration nachträglich verändern. Sie kennen die Fenster schon aus dem vorherigen Kapitel.

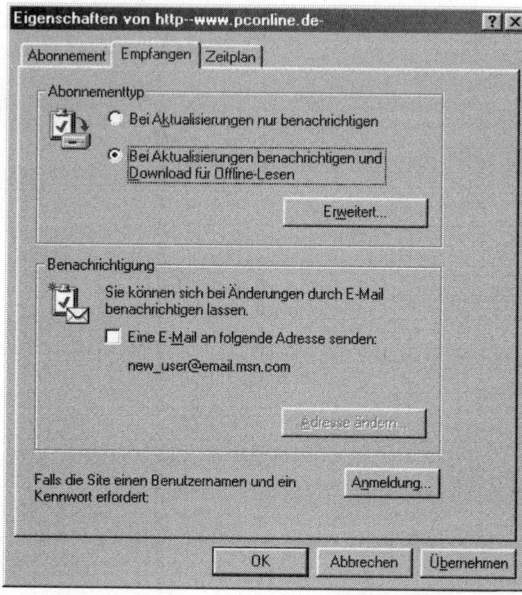

Abbildung 14.72: Konfiguration nachträglich verändern

Es stehen Ihnen hier allerdings noch ein paar erweiterte Optionen zur Verfügung. Wenn Sie auf *Erweitert* klicken, haben Sie die Möglichkeit, bestimmte Elemente einer Seite vom Download aus- bzw. in ihn einzuschließen.

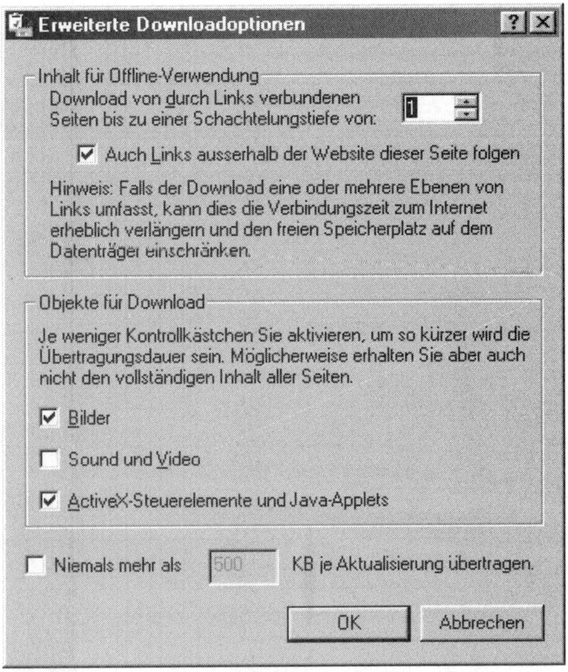

Abbildung 14.73: Erweiterte Optionen

Die Elemente *Bilder*, *Sound und Video* bedürfen sicher keiner weiteren Erklärung. *ActiveX-Steuerelemente und Java-Applets* sind Programme, die zur Ausführung bestimmter Funktionen auf einer Seite eingesetzt werden.

Bei der Option *Niemals mehr als...* können Sie die maximal zu übertragende Datenmenge je Aktualisierung festlegen. Ist der Wert zu klein, kann es passieren, dass Sie viele Platzhalter oder/und fehlende Seiten beim Offline-Lesen angezeigt bekommen.

Die meisten Optionen im Register *Zeitplan* sind Ihnen von der Funktion her bekannt.

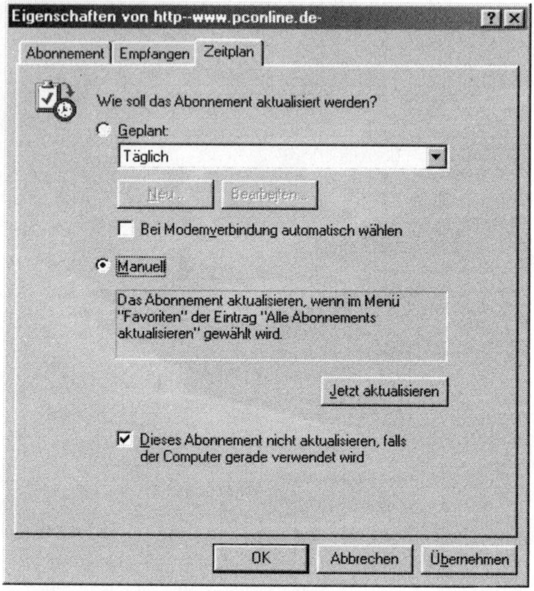

Abbildung 14.74: Konfigurationseinstellungen

Dieses Abonnement nicht aktualisieren, falls der Computer gerade verwendet wird macht eigentlich nur dann Sinn, wenn *automatische Aktualisierungen nach Zeitplan* gewählt wurden. Sie verhindert lediglich bei Auslastung des Rechners eine Überprüfung des Aktualisierungsstands.

Jetzt aktualisieren ermöglicht Ihnen die Aktualisierung aus diesem Fenster heraus. Normalerweise öffnen Sie aber nicht dieses Register für eine Aktualisierung. Diesen Befehl finden Sie auch im Kontextmenü des Abonnementeintrags.

Wenn Sie im Kontextmenü des Eintrags *Jetzt aktualisieren* wählen, öffnet sich das Fenster zum Download.

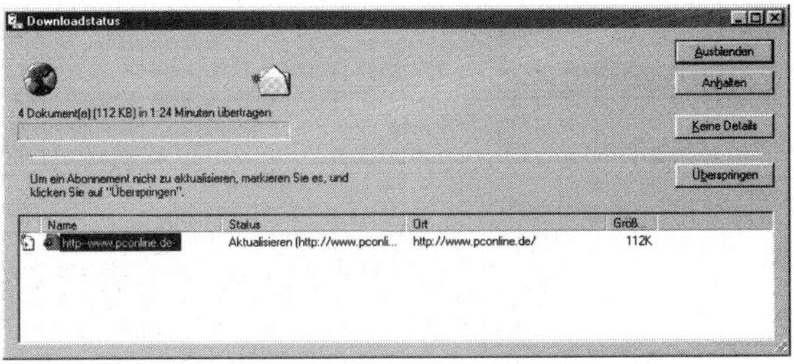

Abbildung 14.75: Download eines Abonnements

Besteht keine aktive Verbindung zum Internet, wird eine neue Verbindung automatisch aufgebaut. Es werden jetzt alle Dateien entsprechend Ihrer gewählten Einstellungen heruntergeladen.

Nachdem alle Dateien heruntergeladen sind, wird die Verbindung zum Internet automatisch getrennt, sofern Sie sie zuvor automatisch erstellt haben. Die zum Abonnementeintrag zugehörigen Daten wurden aktualisiert.

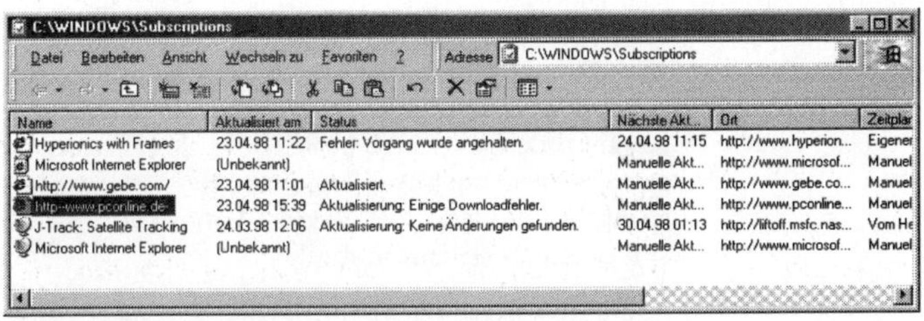

Abbildung 14.76: Einträge nach der Aktualisierung

In der Abbildung hat es einige Downloadfehler gegeben. Welche dies sind, können Sie von hier aus nicht ersehen. Wenn Sie diesen Abonnementeintrag öffnen, können Sie sich die heruntergeladenen Seiten offline im Browser betrachten. Sollte der Browser eine Verbindung zum Internet herstellen wollen, wählen Sie einfach *Offline Betrieb*.

Über den Befehl *Favoriten / Alle Abonnements aktualisieren* können Sie alle Abonnements auf einmal aktualisieren lassen.

Channels

Wenn Sie jetzt denken, ach Gott, schon wieder etwas Neues, keine Angst, soviel anders bzw. neu sind *Channels* nicht. Channels sind keine vom Aufbau her anders gestaltete Seiten. Sie basieren auf den gleichen Befehlen wie alle anderen Seiten im Internet auch.

Was unterscheidet denn dann Channels von anderen Seiten? Ganz einfach, im letzten Unterkapitel, »Abonnieren von Seiten im Internet«, haben Sie Seiten im Internet abonniert, die automatisch heruntergeladen wurden und die Sie sich nachträglich offline ansehen konnten. Bei der Abonnierung mussten Sie festlegen, wie tief die Verschachtelungstiefe der herunterzuladenden Seiten sein sollte.

Dieses Verfahren ist natürlich immer mit etwas Glück verbunden. Es kann ja durchaus sein, dass Sie bei einer Seite drei weitere Ebenen benötigen, um alle Informationen der Homepage zu sehen. Bei einer anderen Seite sind dies eventuell nur zwei Ebenen etc., d. h., dass Sie, wenn Sie eine feste Zahl für die Verschachtelungsebene wählen, manchmal Seiten herunterladen, die Sie nicht benötigen, oder dass Sie nicht alle erforderlichen Seiten herunterladen.

Die Channels schaffen Abhilfe

Abhilfe aus diesem Dilemma schaffen die Channels. Damit eine Homepage zu einem Channel wird, ist eine zusätzliche Datei erforderlich, in der festgelegt wird, welche Seiten bei einer Abonnierung herunterzuladen sind. Dabei ist die Verschachtelungstiefe uninteressant, da jede herunterzuladende Seite in dieser Datei erfasst ist. Außerdem kann auch noch festgelegt werden, wann welche Seiten zu aktualisieren sind. Channels benötigen außerdem noch zwei Logos in einer bestimmten Größe. Dies nur vorab zu Ihrer Information, über die Vorgehensweise muss sich der Anbieter von Channels Gedanken machen.

Neben dieser komfortablen Art der Abonnierung können Sie sogar die Seiten als Bildschirmschoner einsetzen.

Die Channelleiste auf dem Desktop anzeigen

Die Anzeige der *Channelleiste* auf dem Desktop ist keine Voraussetzung für die Abonnierung der Channels. Es ist lediglich die direkte Zugriffsmöglichkeit auf die Channels vom Desktop aus. Wenn Sie ein Channellogo anklicken, wird der Internet Explorer geöffnet und der Inhalt der Seiten angezeigt. Die Anzeige erfolgt zwar standardmäßig im Vollbildmodus, d. h. die meisten Symbole, Statuszeilen etc. sind ausgeblendet. Sie werden dies gleich sehen, der Modus lässt sich aber auch manuell umstellen.

Bei der Installation von Windows 98 sind Sie gefragt worden, ob die Channelleiste für ein bestimmtes Land eingerichtet werden soll. Hatten Sie dies bestätigt, erscheint auf Ihrem Desktop die Channelleiste.

Abbildung 14.77: Channelleiste auf dem Desktop

Damit die Channelleiste sichtbar wird, muss der *Active Desktop* als *Website* angezeigt werden. Die Anzeige der Channellogos sagt noch nichts über eine eventuelle Abonnierung der Channels aus. Damit Sie auch wirklich die Inhalte sehen können, müssen Sie zunächst einen Channel abonnieren.

Einen Channel auf dem Desktop abonnieren

Bewegen Sie den Mauszeiger auf ein Logo in der Leiste, erscheint eine Erläuterung zu diesem Channel.

Abbildung 14.78: Infos zu einem Channel

Wenn Sie jetzt mit der Maus auf das Logo klicken, wird der Internet Explorer in der Vollbildansicht geöffnet.

Abbildung 14.79: Vollbildansicht des Internet Explorers

Eventuell haben Sie zuvor noch eine Begrüßungsmeldung erhalten und aller Wahrscheinlichkeit nach wollte der Internet Explorer die Verbindung zum Internet herstellen, da Sie höchstwahrscheinlich noch keine Daten des Channels auf Ihrem Rechner gespeichert haben.

Lassen Sie uns zunächst kurz die Vollbildansicht betrachten. Sie können diese im Übrigen jederzeit durch Aktivieren bzw. Deaktivieren des Symbols bzw. des entsprechenden Befehls an- bzw. abschalten.

Abbildung 14.80: Symbol für Vollbild

Wollen Sie, dass der linke Bereich des Fensters ständig sichtbar ist, müssen Sie auf diese Schaltfläche klicken.

Abbildung 14.81: Arretierung der linken Fensterhälfte

Sie kennen diese *Pins* sicherlich von Korkbrettern her. Sobald Sie die Schaltfläche anklicken, verändert der Pin sein Aussehen.

Abbildung 14.82: Dearretierung der linken Fensterhälfte

Wenn Sie auf dieses Symbol erneut klicken, verschwindet die linke Fensterhälfte wieder und erscheint nur, wenn Sie mit dem Mauszeiger den linken Rand des Bildschirms berühren.

Spätestens jetzt müssen Sie den Channel öffnen oder abonnieren, da sonst nichts weiter passiert. Wenn Sie im Kontextmenü *Abonnieren* wählen, wird die Verbindung zum Internet hergestellt. Sie erhalten die Meldung, dass der Channel aktualisiert wird und anschließend die Auswahlmöglichkeit, die Sie schon von den Abonnements her kennen.

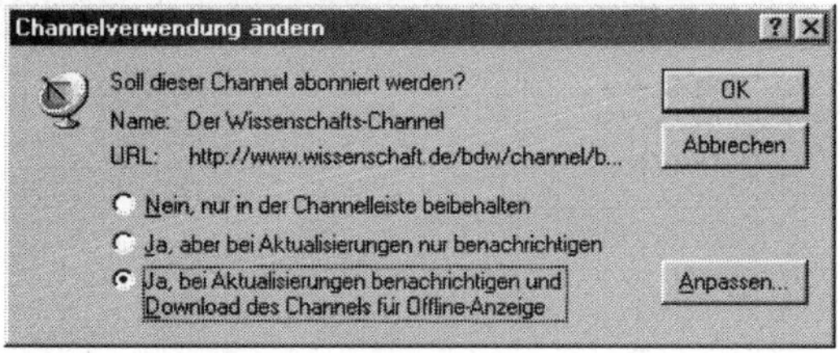

Abbildung 14.83: Auswahl für Channelverwendung

Wenn Sie *Anpassen* wählen, erhalten Sie die Ihnen schon bekannten Einstellungsmöglichkeiten, wobei in diesem Fall keine Verschachtelungstiefe angegeben wird, sondern nur die Auswahl des gesamten Channelinhalts oder alternativ nur die Homepage. Das Prinzip ist mit dem Abonnement aber identisch. Es wird allerdings noch ein weiterer Zeitplan vorgeschlagen, nämlich der, der vom Herausgeber des Channels als optimal angesehen wird.

Damit die Daten tatsächlich übertragen werden, müssen Sie eventuell noch im Kontextmenü des Logos *Jetzt aktualisieren* wählen. Es erscheint dann wieder das Ihnen bekannte Bild der Datenübertragung.

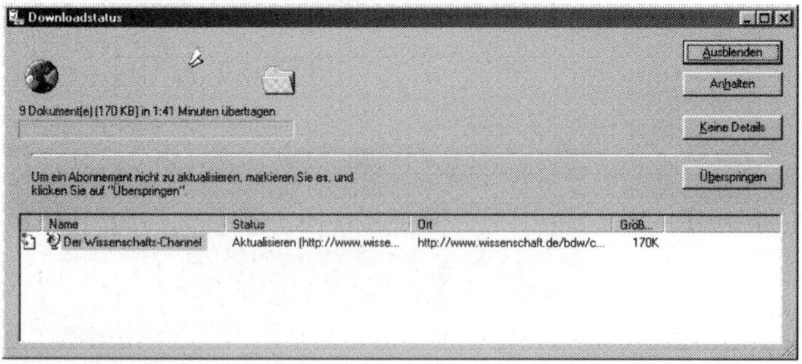

Abbildung 14.84: Downloadstatus

Sie können nach Vollendung des Downloads die Verbindung zum Internet trennen und in den Offline-Modus wechseln. Eventuell müssen Sie nochmals auf das Logo klicken, bevor der Inhalt des Channels angezeigt wird.

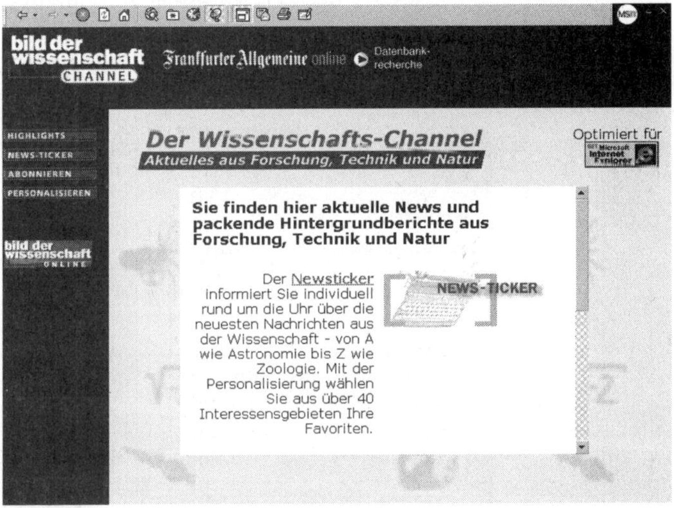

Abbildung 14.85: Startseite eines Channels

Schauen Sie sich jetzt an, was heruntergeladen wurde. Sie können sehr gut erkennen, dass der Herausgeber nur bestimmte Seiten zum Download angeboten hat, und dies entspricht garantiert nicht einer festen Verschachtelungstiefe.

In der Leiste, in der die Channels aufgeführt sind, sind weitere Detaileinträge hinzugekommen.

Abbildung 14.86: Weitere Eintragungen zum Channel

Welche Möglichkeiten Sie in Bezug auf den Channel haben, ist abhängig vom Herausgeber. Sie können bei diesem Channel z. B. über *Personalisieren* festlegen, wie groß der Umfang der herunterzuladenden Seiten sein soll. Dies geht allerdings nur online.

PERSONALISIEREN

Channel personalisieren

Willkommen auf der Auswahlseite des bdw-Newstickers. Mit diesem Service erleichtern wir Ihnen die gezielte Auswahl von Informationen - denn wir möchten Ihnen nur über das berichten, was Sie wirklich interessiert. Entscheiden Sie selbst, welche und wieviele Meldungen Sie von uns erhalten wollen. Klicken Sie Ihre Favoriten aus über 40 Wissensgebeiten an. Wenn Sie Ihr persönliches Interessenprofil erstellt haben, schicken Sie es einfach ab. Der Wissenschafts-Channel wird Ihnen dann nur noch Meldungen aus den angewählten Rubriken liefern.

IHRE INTERESSEN

1. Aids-Forschung	2. Anthropologie
3. Archaologie	4. Astronomie allg.
5. Astrophysik	6. Biowissenschaften allg.
7. Chemie	8. Computer
9. Elektronik	10. Energie
11. Forschungspolitik	12. Geisteswissenschaften
13. Genetik	14. Gentechnik
15. Geophysik und Geologie	43. Geschichte
16. Gesellschaft	17. Gesundheit
45. Intern	18. Internet
19. Klima und Wetter	20. Kommunikationstechnik
21. Kosmologie	22. Krebs-Forschung
23. Materialforschung	24. Mathematik
25. Medizin	26. Molekularbiologie
27. Multimedia	28. Natur
29. Neurophysiologie	31. Paläontologie
32. Pharmazie	33. Physik allg.
34. Psychologie	35. Raumfahrt
36. Sonnensystem	37. Sozialwissenschaft
44. Technik	38. Teilchen-/Atomphysik
39. Umweltmedizin	40. Umwelttechnik
41. Verkehr	42. Wissenschaftsgeschichte
30. Ökologie	

Sie können nun die vorgenommenen Eingaben als Ihre **persönlichen Interessensgebiete** abspeichern oder alle Felder wieder löschen und Korrekturen vornehmen.

Eingabe bestätigen | Zurücksetzen

Hinweis:

Damit Sie nur die Meldungen auf Ihren Computer bekommen, die Sie interessieren, erhalten Sie eine kleine Software-Datei (Cookie). Eine Personalisierung des Newstickers ist ohne diese Datei nicht möglich. Sie dient lediglich dazu, die entsprechenden Nachrichten auszuwählen. Eventuell müssen Sie nach dem Abschicken den entsprechenden Sicherheitshinweis bestätigen. Stellen Sie bitte sicher, daß bei Ihrem Internet Explorer unter dem Menüpunkt View/Internet Options/Advanced/Cookies die Option "Disable all cookie use" **nicht** aktiviert ist.

© 1997 *bild der wissenschaft* | Redaktion | Webmaster

Abbildung 14.87: Personalisieren des Wissenschaftschannels

Kreuzen Sie hier z. B. beliebige Gebiete an, werden Sie bei späteren Aktualisierungen Ihres Channels auch Informationen der von Ihnen ausgewählten Gebiete herunterladen.

Aber wie gesagt, solche Möglichkeiten sind abhängig vom Anbieter.

Eigenschaften eines Channels ändern

Sie kennen die meisten Eigenschaften schon von dem Abonnieren von Seiten her. Es gibt allerdings in diesem Bereich einige weitere Funktionen. Um die Eigenschaften zu ändern, wählen Sie im Kontextmenü des Eintrags *Eigenschaften*.

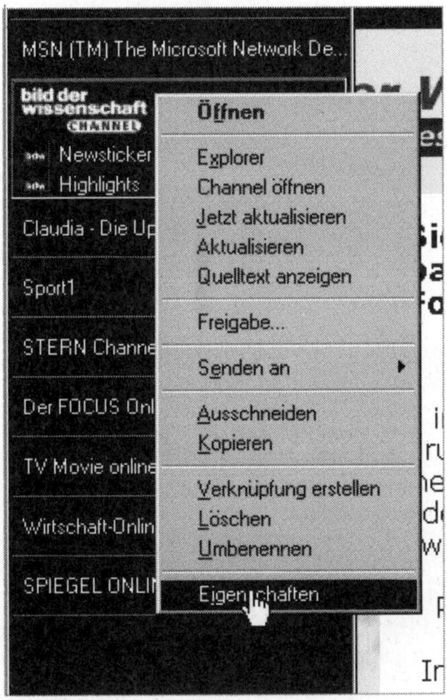

Abbildung 14.88: Eigenschaften von Channel

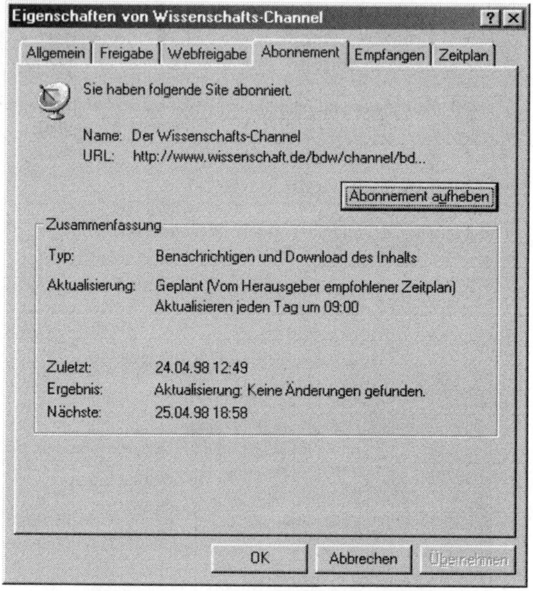

Abbildung 14.89: Eigenschaften eines Channels

Keine Angst, es sollen nicht alle Funktionen im Detail erklärt werden. Die Register *Abonnement*, *Empfangen* und *Zeitplan* entsprechen den Registern, die Sie von den Abonnements her kennen.

Das Register *Webfreigabe* erscheint, wenn Sie den *Personal Webserver* bei sich installiert haben. Sie können in diesem Register den Channel innerhalb Ihres Intranets für andere freigeben.

Die Register *Freigabe* und *Allgemein* kennen Sie vom Explorer für Ihren Rechner her. Die Funktionen entsprechen diesen.

Dies nur zu Ihrer Information, falls Sie ein Intranet aufgebaut haben und Channels gern allen zur Verfügung stellen möchten.

Einen nicht aufgeführten Channel abonnieren

Der einfachste Weg Channels zu abonnieren, die nicht in der Liste geführt werden, geht über den *Microsoft Channel Guide*.

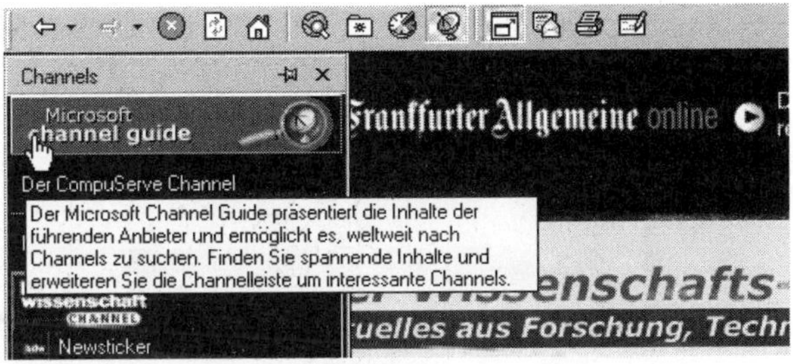

Abbildung 14.90: Channel Guide anwählen

Den *Channel Guide* erreichen Sie nur online, indem Sie auf den entsprechenden Eintrag klicken. Sollte noch keine Online-Verbindung bestehen, wird diese zunächst aufgebaut.

Manchmal funktioniert dies aber nicht so gut. Sollte keine Verbindung automatisch hergestellt werden, schließen Sie den Internet Explorer und öffnen ihn dann erneut. Jetzt müsste es funktionieren.

Erscheint der Channel Guide, wählen Sie eine Kategorie und suchen Sie sich das Passende aus.

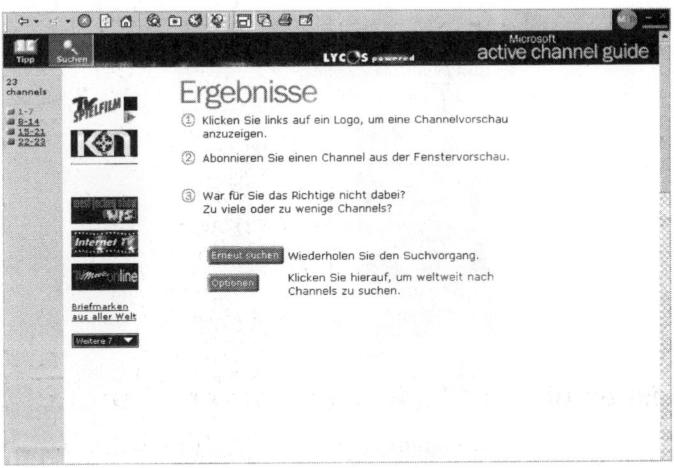

Abbildung 14.91: Channels aus dem Channel Guide

Es werden hier in der Regel zunächst nur deutsche Channels angezeigt. Sie können allerdings auch über die entsprechende Option weltweit nach Channels suchen.

Wenn Sie etwas Passendes gefunden haben, sehen Sie in der Regel eine Schaltfläche, über die Sie den Channel hinzufügen können.

Abbildung 14.92: Channelauswahl

Egal welche der drei Abonnementmöglichkeiten Sie wählen, das Logo des Channels wird anschließend in der Channelleiste dargestellt. In der Abbildung ist dies ZDNet.

Abbildung 14.93: Channelleiste

Die Channels als Bildschirmschoner

Die *Bildschirmschoner* müssen natürlich über die Funktionen von *Anzeige* installiert werden. Um diese zu öffnen, können Sie z. B. mit der rechten Maustaste auf einen freien Platz des Desktops klicken und anschließend im Kontextmenü *Eigenschaften* wählen. Die Bildschirmschoner können Sie im gleichnamigen Register einrichten.

Abbildung 14.94: Bildschirmschoner

Wählen Sie im Listenfeld *Channelbildschirmschoner*. Wenn Sie jetzt auf *Eigenschaften* klicken, wird ein Fenster geöffnet, in dem Ihre abonnierten Channels aufgelistet sind.

Abbildung 14.95: Eigenschaften für Bildschirmschoner

Sollten bei Ihnen keine Channels aufgeführt sein, obwohl Sie zuvor Channels abonniert haben, dann wundern Sie sich nicht. Nicht jeder Channel bietet die Möglichkeit, auch als Bildschirmschoner eingesetzt zu werden. Ob ein Channel diese Funktion beinhaltet, können Sie daran erkennen, dass bei der Abonnierung folgende Abfrage gestartet wird:

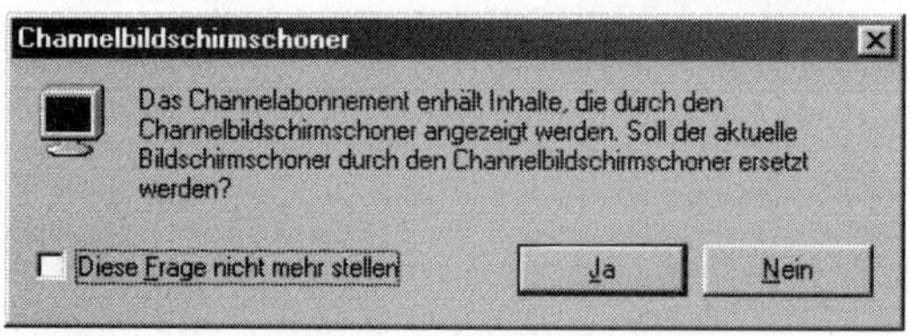

Abbildung 14.96: Erscheint diese Abfrage, kann der Channel als Bildschirmschoner eingesetzt werden

Wenden wir uns wieder den Einstellungen zu. Die Channels, die Sie mit einem Häkchen versehen, werden nacheinander als Bildschirmschoner angezeigt.

Einige Channels bieten auch Sound an; damit dieser auch wiedergegeben wird, müssen Sie die entsprechende Option aktivieren.

Im Gegensatz zu den normalen Bildschirmschonern, die bei einer Mausbewegung abgeschaltet werden, können Sie hier auch die Option wählen, dass der Bildschirmschoner erst bei Schließen desselben abgeschaltet wird.

Um das Symbol für das Beenden bei aktivem Bildschirmschoner zu erreichen, müssen Sie mit der Maus die obere rechte Ecke des Bildschirms berühren, woraufhin eine Schaltfläche in das Bild scrollt.

Ist bei Ihnen noch kein Eintrag für Channels vorhanden, können Sie einen etwas anderen Weg wählen, um an den Channel Guide zu gelangen. Wenn Sie *Testen* wählen, erscheint ein Platzhalter für diesen Bildschirmschoner. Dabei zeigt sich zu einem bestimmten Zeitpunkt am unteren Bildschirmrand ein Schriftzug, in dem sich ein Link befindet: *Microsoft Channel Guide*. Wenn Sie diesen Link anklicken und bei Aufforderung die Verbindung zum Internet herstellen, wird der Ihnen schon vertraute Channel Guide im Internet Explorer angezeigt.

Abbildung 14.97: Channel Guide

Sie können dann wie gewohnt einen Channel auswählen. Denken Sie aber daran, dass nicht jeder Channel auch als Bildschirmschoner eingesetzt werden kann.

FrontPage Express – Die eigene Homepage

Da Sie bei den meisten *Internet-Providern* kostenlos eine bestimmte Menge an Speicherplatz für eine eigene *Homepage* erhalten, lassen Sie uns jetzt den Wunsch eines jeden Anwenders erfüllen, nämlich die eigene Homepage.

Was ist eine Homepage?

Falls Sie noch nicht wissen, was als Homepage bezeichnet wird, hier eine kurze Erläuterung: Eine Homepage ist im Prinzip eine Ansammlung von Dateien, die zum einen im Dateiformat .htm bzw. .html gespeichert sind. Dies sind Dateien, auf die andere direkt zugreifen. Der eigentliche Inhalt dieser Dateien besteht aus Befehlen der Seitenbeschreibungssprache HTML. Sie werden solche Dateien gleich selbst erstellen. Zum anderen haben Sie Dateien, die Bilder, Videos, Musik etc. enthalten, die mit den HTML-Seiten verknüpft werden.

Da Sie bei dem kostenlosen Speicherplatz für eine Homepage häufig keine Verzeichnisstrukturen anlegen können, kopieren Sie alle Dateien, die Sie für die Homepage verwenden wollen, in ein einzelnes Verzeichnis, das Sie zunächst auf Ihrer Festplatte anlegen. Dies sind nicht die HTML-Dateien, sondern die Bild-, Ton- etc. Dateien. Die HTML-Dateien erstellen Sie ja erst später im gleichen Verzeichnis.

Wenn Sie jetzt so weit sind, starten Sie das in Windows enthaltene Programm *FrontPage Express*. Dieses Programm erstellt automatisch den erforderlichen HTML-Code und lässt sich wie eine Textverarbeitung bedienen. Viele Funktionen werden Ihnen geläufig sein, wenn Sie schon zuvor mit Textverarbeitungen gearbeitet haben.

Da FrontPage Express eigentlich einen *Programmcode* erstellt, ist das endgültige Aussehen nur in einem Browser, wie z. B. dem Internet Explorer, sichtbar. Damit Sie das Aussehen überprüfen können, sollten Sie den Internet Explorer parallel zu FrontPage Express öffnen und zwischen den Programmen hin- und herwechseln.

HINWEIS

Denken Sie daran, dass Sie im Internet Explorer jeweils den Aufbau der Seite aktualisieren, da Sie ansonsten die alte Version der Seite angezeigt bekommen.

Beachten Sie weiterhin, dass das Aussehen im Browser auch noch von der Einstellung des Rechners des Betrachters abhängig ist. Hat der Betrachter der Internet-Seiten eine Bildschirmauflösung von 640x480 Pixeln (Bildpunkte) eingestellt, ist das Erscheinungsbild ein anderes als bei einer Bildschirmauflösung von 800x600 Pixeln.

In FrontPage Express finden Sie bei vielen Optionen die Einstellungsmöglichkeit *in %* oder *in Pixel*. Lassen Sie uns den Unterschied an einem Beispiel nachvollziehen. Nehmen wir an, Sie haben ein Bild mit einer Größe von 100x50 Pixeln. Bei dieser Einstellung wird das Bild unabhängig von der gewählten Bildschirmauflösung des Betrachters immer mit einer Größe von 100x50 Pixeln angezeigt. Verändern Sie diese Einstellung z. B. auf 150x100 Pixel, vergrößern Sie das Bild entsprechend.

Absolute Größenveränderung

Die Größenveränderung bzw. Einstellung in Pixeln ist eine *absolute Größenveränderung* und entspricht exakt der Größenveränderung, wie Sie sie von einer Textverarbeitung her kennen. Der Betrachter sieht das Bild immer in dieser Größe. Ist das Bild größer als seine gewählte Bildschirmauflösung, so muss er das Browserfenster nach rechts scrollen, um auch den rechten Teil des Bildes sehen zu können.

Ein Bild von 800x200 Pixeln wird z. B. bei einer Bildschirmauflösung von 800x600 Pixeln im Browserfenster dargestellt, ohne dass das Fenster nach rechts gescrollt werden muss. Bei einer Bildschirmauflösung von z. B. 640x480 Pixeln muss hingegen das Browserfenster nach rechts gescrollt werden, damit der Betrachter den rechten Teil des Bildes (die 160 Pixel, die sonst nicht zu sehen sind) sehen kann.

Relative Größenveränderung

Geben Sie hingegen die Größe eines Bildes in Prozent an, wird das Bild entsprechend der Bildschirmauflösung des Betrachters automatisch vergrößert oder verkleinert. Die Angabe in Prozent ist eine *relative Größenangabe*. Bleiben wir bei unserem Bildbeispiel von 800x200 Pixeln – diese Größe ist die Originalgröße des Bildes und entspricht der Größeneinstellung 100%.

Hat der Betrachter eine Bildschirmauflösung von 800x600 Pixeln, sieht er das Bild in der Originalgröße von 800x200 Pixeln. Hat der Betrachter hingegen eine Bildschirmauflösung von 640x480 Pixeln, so sieht er das Bild in einer Größe von 640x160 Pixeln. Das Bild ist also in diesem Fall verkleinert worden, da 100% der Bildschirmbreite des Betrachters nur noch 640 Pixel sind und die Höhe des Bildes im Verhältnis zur Originalgröße von 800x200 Pixeln automatisch angepasst wird.

Ein paar Worte in eigener Sache: Wir haben bis hierhin oft über den Mauszeiger geredet. Haben Sie jemals eine Maus gesehen? Dieser komische Pfeil, der immer als Mauszeiger betitelt wurde, ist doch keine Maus, oder? Ich kann es mir nicht verkneifen, ich muss in diesem Abschnitt den Mauszeiger verändern. Achten Sie in den Abbildungen auf den Mauszeiger, er wird wirklich wie eine kleine Maus aussehen. Am besten gefällt mir der Mauszeiger für die Aktion *ausgelastetes System*. In diesem Fall erscheint ein Stück Käse, das von der Maus langsam aufgefressen wird. Diese Mauszeiger erhalten Sie übrigens in Verbindung mit der *Intellipoint Mouse* von Microsoft, das ist die mit dem kleinen Rädchen in der Mitte. Vielleicht haben Sie ja genauso viel Spaß daran wie ich.

Eine Laufschrift erstellen

Bevor Sie weitermachen, stellen Sie sicher, dass alle Symbolleisten angezeigt werden. Aktivieren Sie sämtliche unter *Ansicht* aufgeführten Symbolleisten.

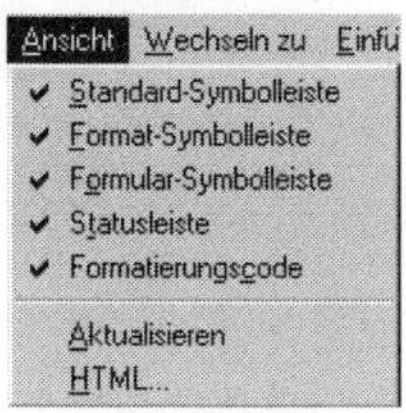

Abbildung 14.98: Aktivieren der Symbolleisten

Laufschriften – Text, der sich bewegt und nicht feststeht – sehen ganz hübsch aus, weshalb wir als Erstes so etwas erstellen sollten.

Wählen Sie *Einfügen / Laufschrift*.

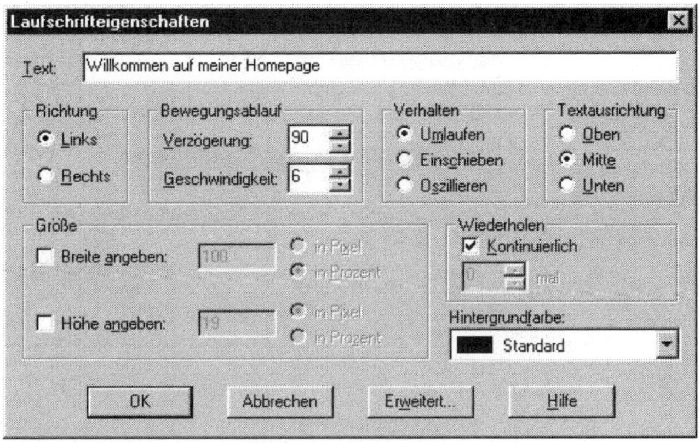

Abbildung 14.99: Laufschrifteigenschaften

Geben Sie den gewünschten Text in dem entsprechenden Feld ein, z. B. *Willkommen auf meiner Homepage*. Die anderen Optionen verändern das Verhalten der Laufschrift. Am besten ist es, wenn Sie mit den unterschiedlichen Einstellungen experimentieren und sich die Veränderungen jeweils anschauen.

HINWEIS

Denken Sie daran, dass Sie die Datei zunächst abspeichern müssen und dass das Ergebnis nur im Internet Explorer zu sehen ist. Bestätigen Sie mit *OK* und die Laufschrift ist eingefügt:

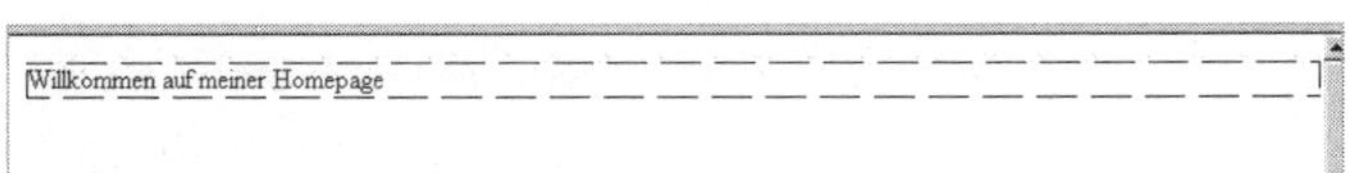

Abbildung 14.100: Eine Laufschrift

Bevor Sie das Resultat im Browser betrachten, lassen Sie uns zunächst die Größe, Farbe und Position verändern. Klicken Sie in den gestrichelten Kasten oder anders ausgedrückt: Markieren Sie das Element, und wählen Sie *Format / Zeichen*.

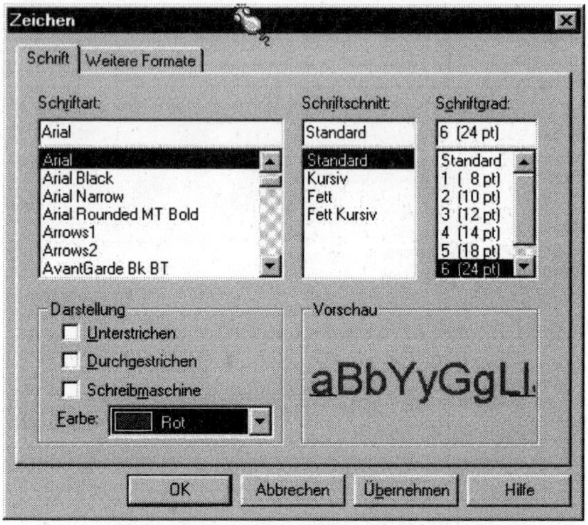

Abbildung 14.101: Zeichenattribute verändern

Verändern Sie die *Schriftart*, *Größe* und *Farbe* entsprechend Ihren Vorstellungen. Wählen Sie keine zu ausgefallene Schriftart, da die Schriftart zur korrekten Darstellung auch auf dem Rechner des Betrachters installiert sein muss. Ist dies nicht der Fall, wird eine Ersatzschriftart gewählt.

Abbildung 14.102: Ansicht der Laufschrift

Das sieht doch schon etwas wirkungsvoller aus. Allerdings ist es eventuell pfiffiger, wenn der Text in einem kleineren Bereich durchläuft und dieser Bereich in der Mitte liegt. Gehen Sie mit der Maus an den rechten Rand des Rahmens und ziehen Sie ihn nach links.

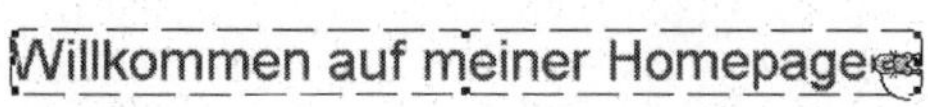

Abbildung 14.103: Laufschrift verändern

Um den Rahmen auf der Seite zu zentrieren, klicken Sie einfach mit der Maus auf das Symbol.

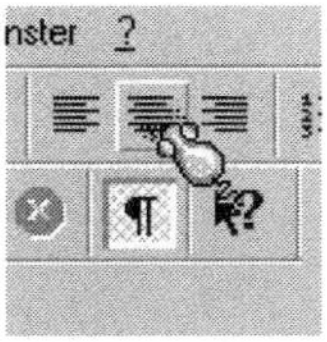

Abbildung 14.104: Symbol für Zentrierung

Das Resultat ist sichtbar.

Abbildung 14.105: Zentrierte Laufschrift

Die Schrift läuft allerdings erst im Browser. Speichern Sie jetzt Ihre Datei und öffnen Sie dieselbe im Browser. Falls Sie Ihre Seite schon vorher im Browser betrachtet haben, denken Sie daran, den Seitenaufbau zu aktualisieren. Ihre Schrift läuft jetzt im Browser von rechts nach links.

Abbildung 14.106: Ansicht aktualisieren

Ein Bild einfügen

Bilder sind ein ansprechender Bestandteil einer Homepage, weshalb wir als Nächstes ein Bild einfügen werden. Kopieren Sie das Bild, sofern noch nicht erledigt, zunächst in das Verzeichnis, in dem auch Ihre Homepage gespeichert wird. Klicken Sie mit der Maus unterhalb der Laufschrift, damit der Einfügepunkt des Bildes festgelegt wird.

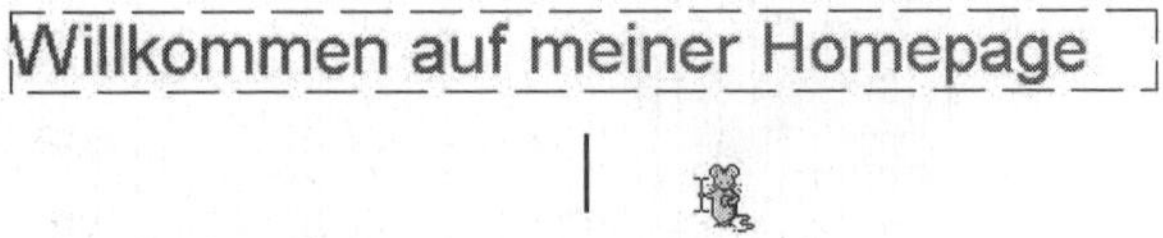

Abbildung 14.107: Einfügepunkt festlegen

Da der letzte Absatz zentriert ist, ist der neue Absatz auch zentriert – Sie kennen dies aus Textverarbeitungen. Klicken Sie auf das Symbol *Bild einfügen*.

Abbildung 14.108: Symbol für Bild einfügen

Wählen Sie Ihr Bild aus.

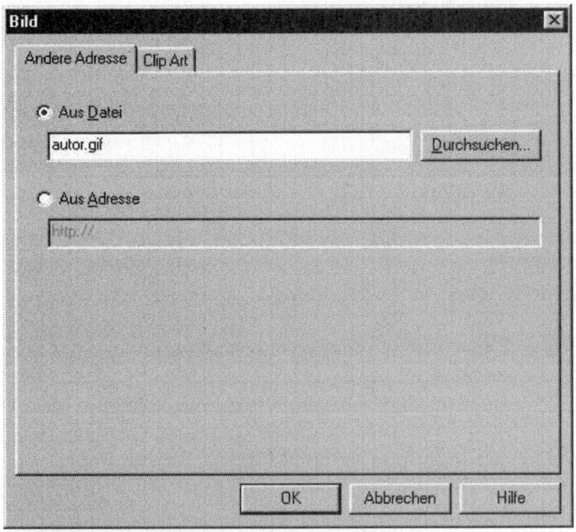

Abbildung 14.109: Auswahl eines Bildes

Und so kann das Ergebnis aussehen:

Abbildung 14.110: Ein eingefügtes Bild

Das Bild erscheint unterhalb der Laufschrift. Lassen Sie uns jetzt noch eine *animierte GIF-Datei* unterhalb des Bildes einfügen. Animierte GIF-Dateien sind bewegte Bilder, im Prinzip wie ein Zeichentrickfilm.

Klicken Sie wieder auf *Bild einfügen* und wählen Sie diesmal das Register *ClipArt*.

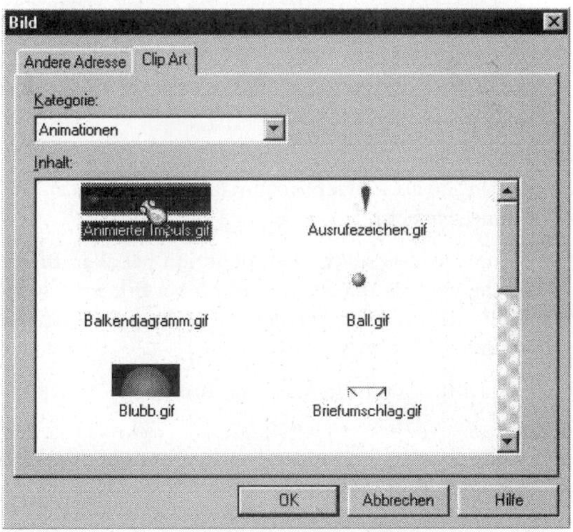

Abbildung 14.111: Ein Bild aus der ClipArt-Bibliothek

Diese ClipArts werden mit FrontPage Express mitgeliefert. Wählen Sie in der Kategorie *Animationen* z. B. den *animierten Impuls*.

Bevor Sie das Resultat im Browser betrachten können, muss Ihre Datei abgespeichert werden.

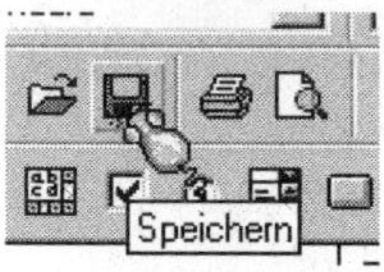

Abbildung 14.112: Speichern der Datei

Da die Bilder nicht wie in einer Textverarbeitung in das Dokument übernommen werden (es wird nur der Verweis auf die Bilddatei eingefügt), müssen die Dateien in das Verzeichnis, in dem auch Ihre Homepage gespeichert ist, kopiert werden. Sie erhalten die entsprechende Aufforderung.

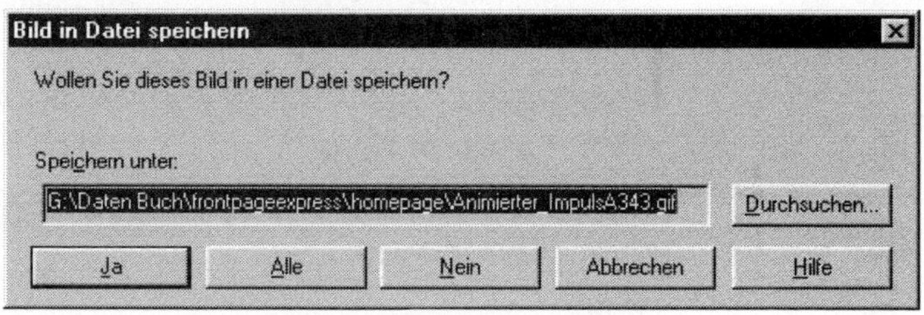

Abbildung 14.113: Eingefügtes Bild speichern

Geben Sie als Zielverzeichnis das Verzeichnis an, in dem sich auch Ihre Homepage befindet.

Normalerweise sollte diese Funktion bei allen Bildern, die Sie einfügen, erscheinen. Häufig ist dies jedoch bei Bildern, die nicht aus der ClipArt-Bibliothek eingefügt werden, nicht der Fall. Scheinbar ein Fehler im Programm.

Betrachten Sie Ihr Ergebnis im Browser.

Einen Hyperlink einfügen

Eine Homepage benötigt natürlich auch Text und *Links* (Verweise) auf andere Internetseiten. Geben Sie Text unterhalb Ihrer Bilder ein und markieren Sie z. B. ein Wort (es können auch mehrere sein) mit der Maus.

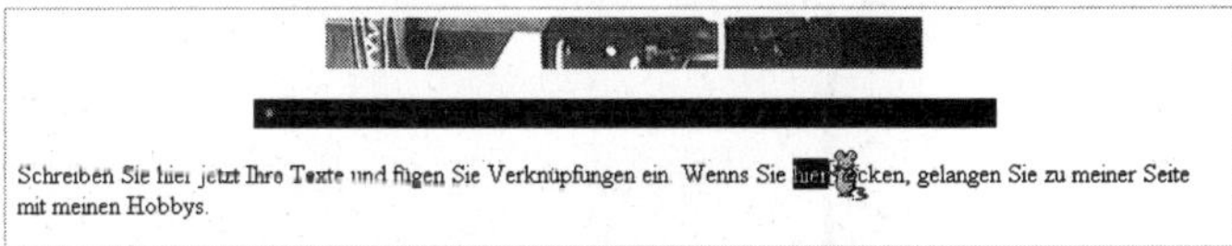

Abbildung 14.114: Einen Hyperlink erstellen

Das markierte Wort soll jetzt einen *Hyperlink* auf eine weitere Seite in Ihrer Homepage erhalten. Ein Hyperlink enthält eine Adresse einer Datei, die beim Anklicken mit der Maus aufgerufen wird. Wählen Sie *Hyperlink erstellen oder bearbeiten*.

Abbildung 14.115: Hyperlink erstellen

Geben Sie dann die Adresse der anderen Datei ein.

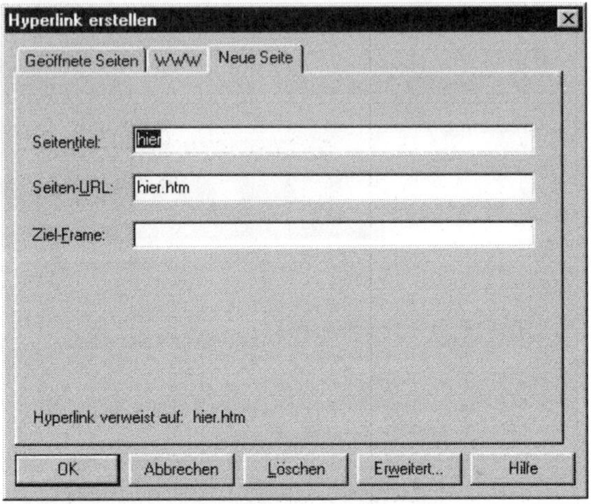

Abbildung 14.116: Adresse für Hyperlink eingeben

Da Sie noch keine Datei erstellt haben, wählen Sie das Register *Neue Seite* und vergeben einen Namen. Als Vorgabe der *Seiten-URL* erscheint hier das Wort, das Sie für den Hyperlink markiert hatten. Sie können es abändern oder übernehmen und werden anschließend gefragt, um was für eine Art von neuer Seite es sich handelt.

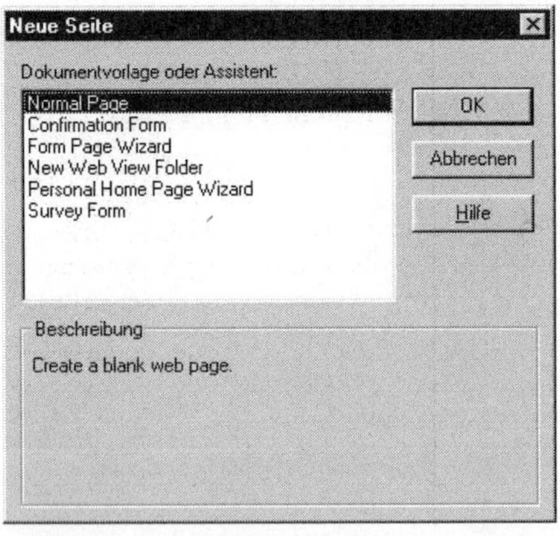

Abbildung 14.117: Eingabe einer Seite

Wählen Sie für dieses Beispiel eine normale Seite, die vollständig leer ist.

Wenn Sie jetzt die Maus auf das Wort bewegen, erscheint in der Statuszeile der Name der Datei, auf die sich der Hyperlink bezieht.

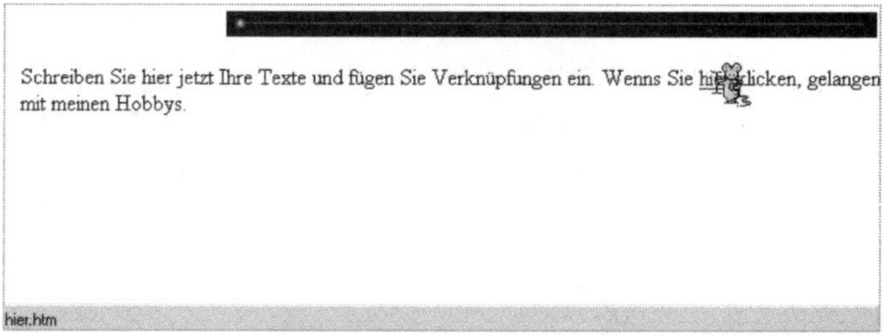

Abbildung 14.118: Der erstellte Hyperlink

Speichern Sie die Datei, und betrachten Sie das Resultat im Browser.

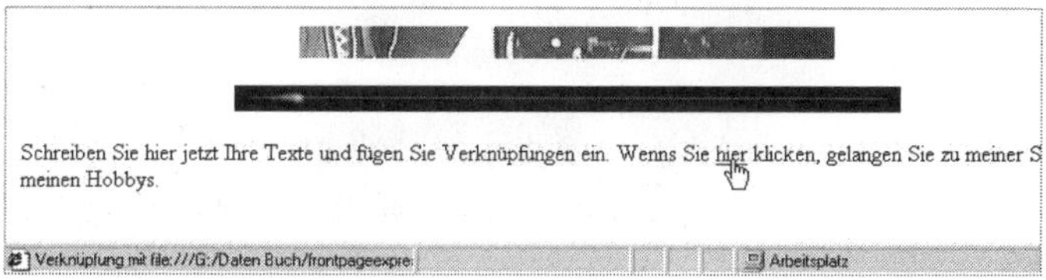

Abbildung 14.119: Funktion eines Hyperlinks im Browser

Auch dort wird die Verknüpfung des Hyperlinks in der Statuszeile angezeigt.

Eine Tabelle einfügen

Häufig möchte man Text neben einem Bild platzieren. Dies ist jedoch nicht so einfach wie in einer Textverarbeitung zu realisieren. Sie müssen hierbei mit einem kleinen Trick arbeiten und eine *Tabelle* erstellen.

Setzen Sie den Cursor unterhalb Ihres Textes, um den *Einfügepunkt* für die Tabelle festzulegen. Klicken Sie auf *Tabelle einfügen* und wählen Sie die Anzahl der Zeilen und Spalten der Tabelle.

Abbildung 14.120: Symbol für Tabelle einfügen

Wählen Sie z. B. 1 Zeile und 2 Spalten.

Abbildung 14.121: Auswahl der Spalten und Zeilen

Da die Größeneinstellung standardmäßig entsprechend der Größe des Zellinhaltes voreingestellt ist, sehen Sie die leere Tabelle auf Ihrer Seite.

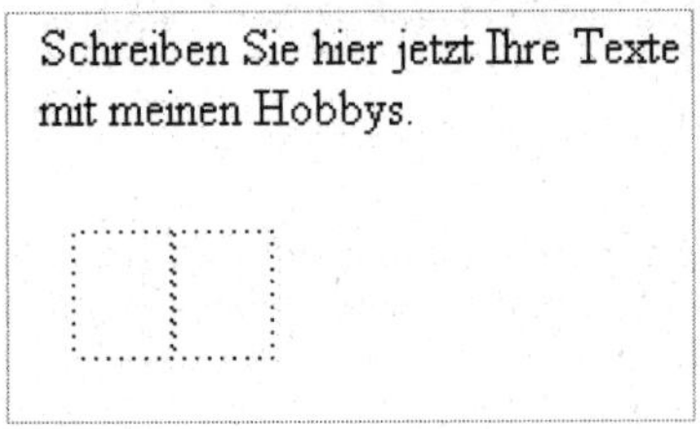

Abbildung 14.122: Darstellung der leeren Tabelle

Klicken Sie mit der Maus in die linke Zelle (dadurch wird diese markiert) und fügen Sie ein Bild ein. Anschließend markieren Sie die rechte Zelle und tippen einen Text ein.

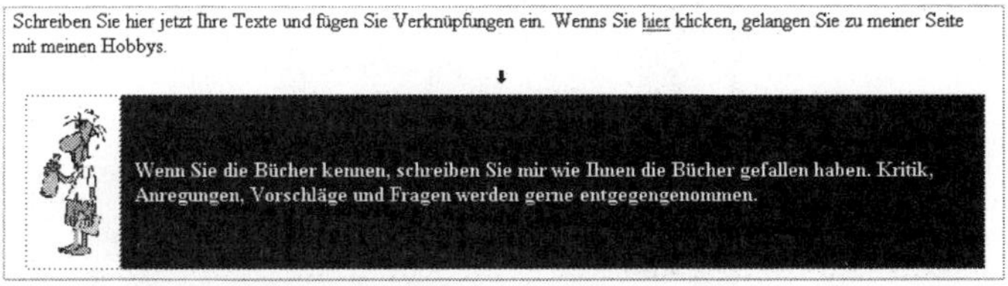

Abbildung 14.123: Tabelle mit Inhalt

Bewegen Sie die Maus an den Rand der Tabelle, verändert sich der Cursor in einen Pfeil, und Sie können komplette Spalten oder Zeilen markieren. Wollen Sie den Text innerhalb einer Zelle verändern, so markieren Sie die Zelle und wählen einen entsprechenden Befehl, z. B. *Zentrieren* oder *Farbe*.

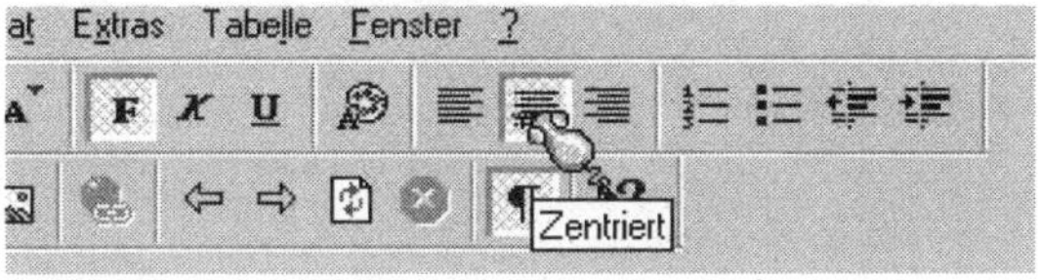

Abbildung 14.124: Ausrichtung einer Tabelle ändern

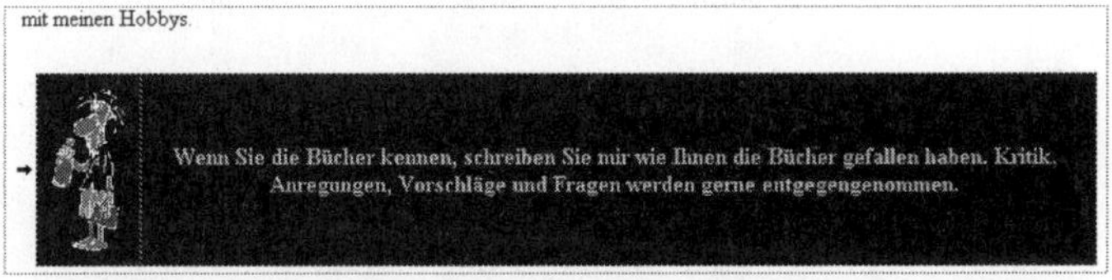

Abbildung 14.125: Resultat der Ausrichtung

Wollen Sie das Aussehen der gesamten Tabelle verändern, klicken Sie mit der rechten Maustaste in die Tabelle und wählen *Tabelleneigenschaften*.

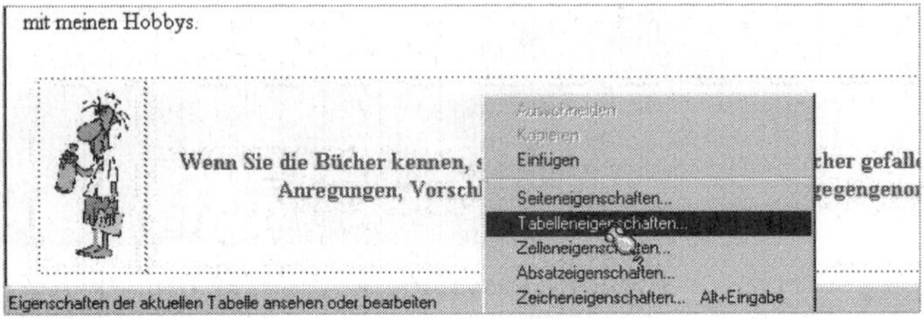

Abbildung 14.126: Tabelleneigenschaften ändern

Verschieben Sie das Fenster am besten so, dass Sie Teile der Tabelle noch sehen können.

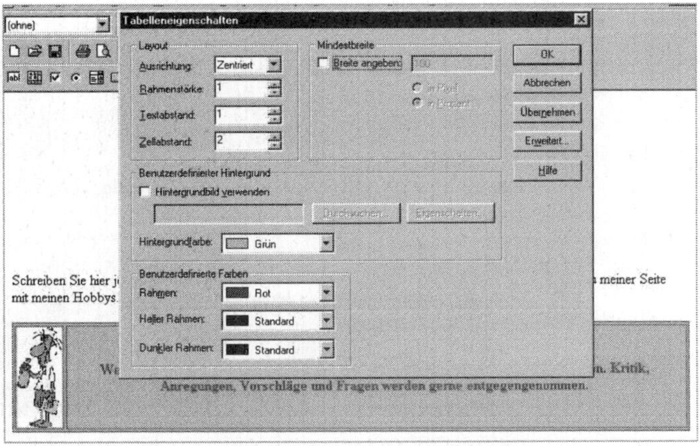

Abbildung 14.127: Verschieben des Fensters

Experimentieren Sie jetzt mit den Einstellungen, um das Erscheinungsbild zu ändern. Verändern Sie jeweils eine Option und wählen Sie *Übernehmen*. In diesem Fall bleibt das Fenster *Tabelleneigenschaften* geöffnet, wobei Sie im Hintergrund die Veränderungen verfolgen können.

Eine E-Mail-Adresse als Hyperlink einbinden

Wenn Sie möchten, dass Ihnen jemand eine E-Mail sendet, müssen Sie Ihre Adresse bekanntgeben. Am komfortabelsten ist es, einem Wort oder einem Bild einen entsprechenden Hyperlink zuzuweisen. Markieren Sie zunächst ein Wort in Ihrem Text.

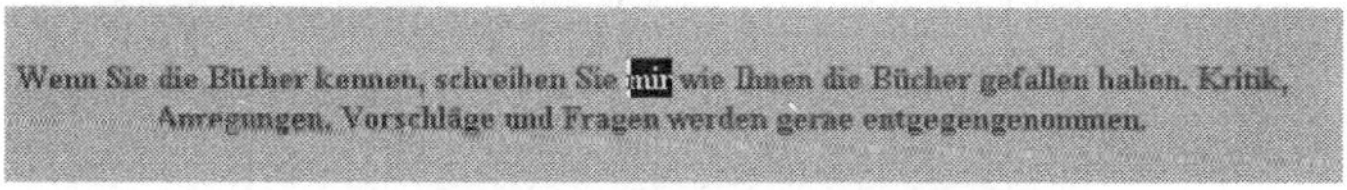

Abbildung 14.128: Einen Hyperlink für die E-Mail-Adresse

Wählen Sie jetzt *Hyperlink erstellen oder bearbeiten* und das Register *WWW*.

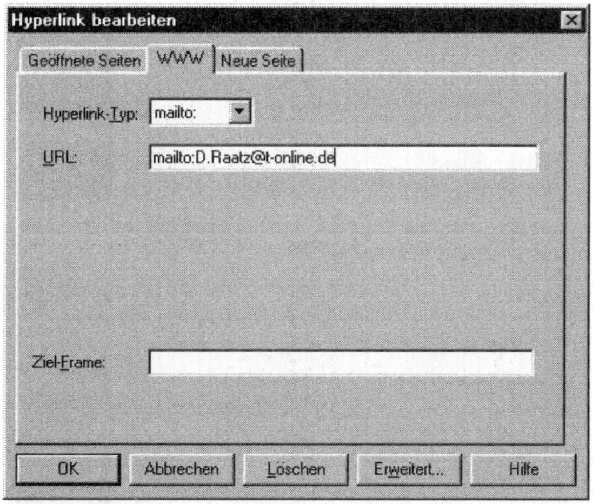

Abbildung 14.129: URL mailto

Wählen Sie den *Hyperlink-Typ mailto* und geben Sie als URL Ihre E-Mail-Adresse ein. Achten Sie dabei darauf, dass im Feld *URL* vor Ihrer eigentlichen Adresse »mailto«: steht.

Wenn Sie anschließend die Maus über den Hyperlink bewegen, erscheint in der Statuszeile die entsprechende Verknüpfung.

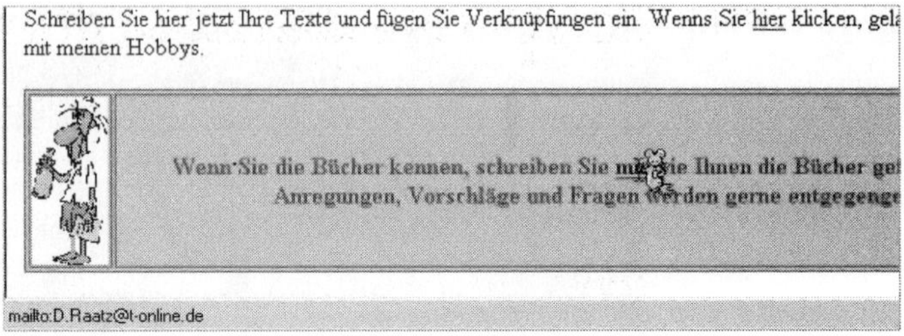

Abbildung 14.130: Adresse von mailto

Speichern Sie Ihre Datei ab und betrachten Sie das Ergebnis im Browser.

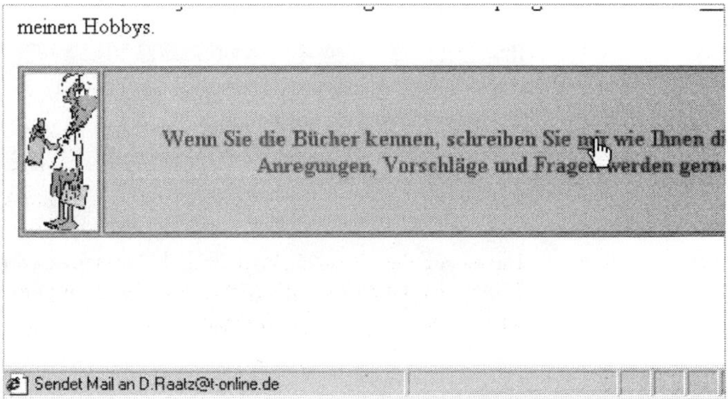

Abbildung 14.131: mailto im Browser

Klicken Sie mit der Maus auf den Hyperlink, wird Ihr als Standard festgelegtes Mailprogramm (z. B. Outlook Express) geöffnet, in dem die Adresse schon eingetragen ist.

Abbildung 14.132: Öffnen des Mailprogramms beim Anklicken von mailto

Fügen Sie den Hyperlink zu Ihrer E-Mail-Adresse noch zusätzlich dem Bild in der Tabelle hinzu. Klicken Sie hierfür mit der rechten Maustaste in das Bild und wählen Sie *Bildeigenschaften*.

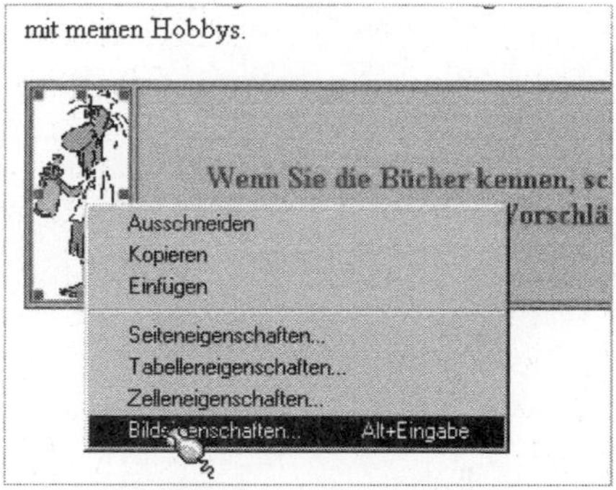

Abbildung 14.133: Bild für mailto link benutzen

Tragen Sie in das Feld *Adresse* Ihre E-Mail-Adresse ein, wobei vor der eigentlichen Adresse »mailto«: stehen muss.

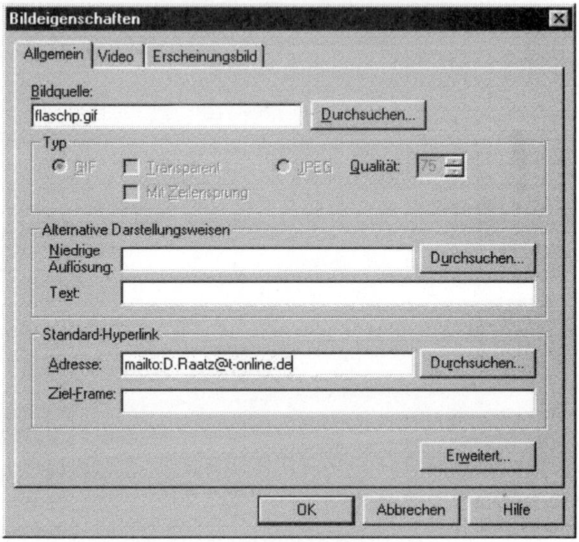

Abbildung 14.134: Hyperlink einem Bild zuordnen

Wenn Sie *Durchsuchen* anwählen, erreichen Sie das Auswahlfenster, das Sie schon kennen.

Speichern Sie die Seite ab und betrachten Sie sie im Browser, wird Ihnen auch bei dem Bild die E-Mail-Adresse als Link angezeigt.

Abbildung 14.135: Hyperlink hinter einem Bild

Einer Seite einen Hintergrund hinzufügen

Ein völlig weißer *Hintergrund* ist etwas langweilig, weshalb Sie einen anderen Hintergrund wählen sollten. Dazu können Sie jede GIF- oder JPG-Datei verwenden. Einige Hintergründe sind bereits mitgeliefert. Wählen Sie *Format / Hintergrund*.

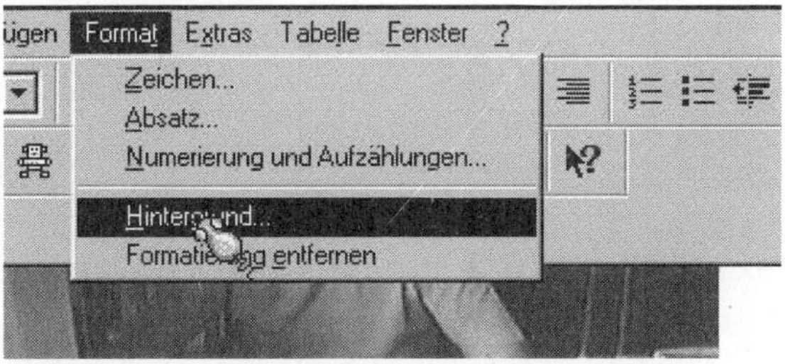

Abbildung 14.136: Der Befehl für den Hintergrund

Aktivieren Sie anschließend *Hintergrundbild*.

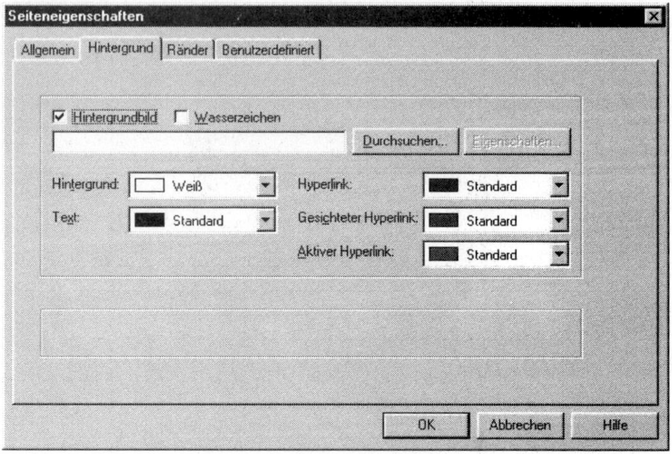

Abbildung 14.137: Hintergrundbild auswählen

Wählen Sie *Durchsuchen* und in der Kategorie *Hintergründe* einen Ihnen genehmen Hintergrund.

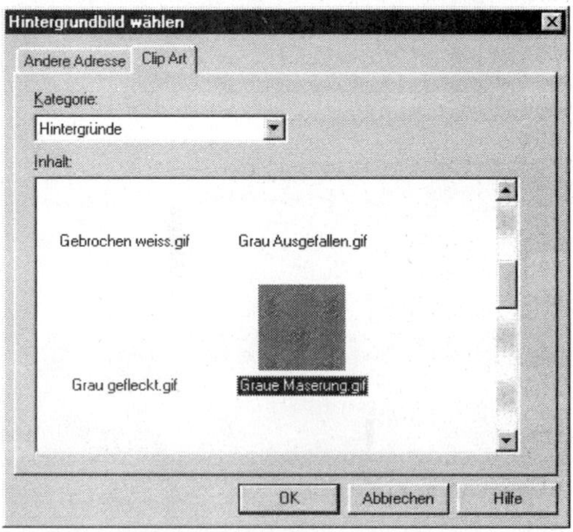

Abbildung 14.138: Hintergründe in der Bibliothek

Das Ganze sieht jetzt doch schon recht ansprechend aus.

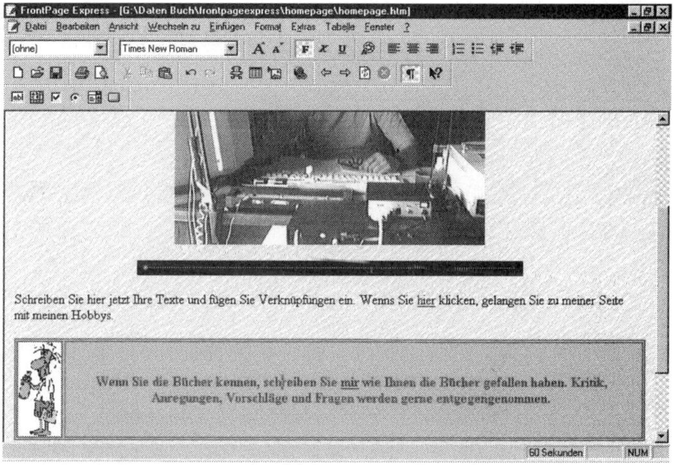

Abbildung 14.139: Ergebnis im Browser

Speichern Sie die Datei, bevor Sie sie im Browser betrachten. Achten Sie dabei darauf, dass bei der Speicherung die Datei mit dem Hintergrundbild in Ihr Verzeichnis kopiert wird.

Schauen Sie sich zum Schluss einmal an, was Sie tatsächlich erstellt haben und was in Ihrer HTML-Datei gespeichert ist, indem Sie *Ansicht / HTML* aktivieren.

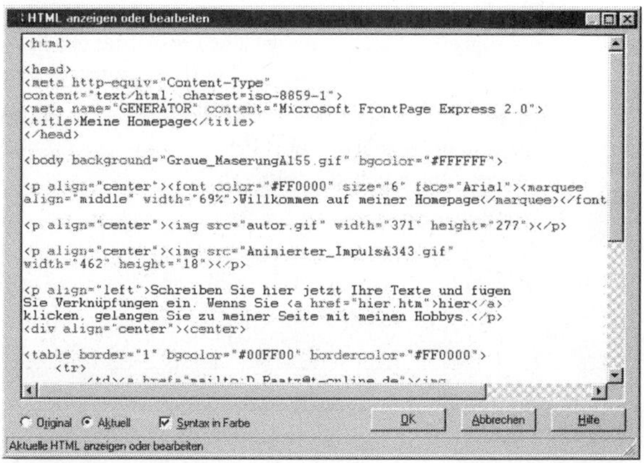

Abbildung 14.140: HTML-Code der Seite

Sie sehen hier den Programmcode mit dem ein Browser die Seite so darstellt, wie Sie sie im Browser sehen. Sie können jetzt sicher auch leichter nachvollziehen, warum nicht jeder Browser alle Möglichkeiten dieser Programmsprache darstellen kann.

Web Publishing-Assistent – Die Homepage veröffentlichen

Bislang existieren Ihre Seiten nur auf Ihrem Rechner, auf den andere Personen normalerweise nicht zugreifen können. Sie müssen diese Seiten auf den Internet-Server, auf dem Sie Speicherplatz zur Verfügung gestellt bekommen haben, kopieren.

Hierzu benötigen Sie spezielle Programme, die mit dem *FTP-Protokoll* arbeiten. Ein sehr komfortables Programm ist z. B. WSFTP95. Mit Windows wird nur der *Web Publishing-Assistent* mitgeliefert. Zum Kopieren von Seiten auf den Internet-Server reicht dieses Programm allerdings aus.

Sollte bei Ihnen der Web Publishing-Assistent noch nicht installiert sein, können Sie ihn über *Start / Einstellungen / Systemsteuerung / Software / Windows Setup / Internet-Programme / Details / Web Publishing Assistent* installieren.

Ist er bei Ihnen installiert, können Sie ihn über *Start / Programme / Internet Explorer / Web Publishing-Assistent* starten.

Sie benötigen Informationen darüber, wo Ihr Webserver liegt, wie Sie auf ihn zugreifen können und welche Passwörter etc. Sie kennen müssen. Diese Informationen erhalten Sie bei Ihrem Internet-Provider.

Im Folgenden werde ich Ihnen die Einstellungen für T-Online angeben. Sind Sie bei einem anderen Provider, müssen Sie sich die entsprechenden Informationen geben lassen.

Im ersten Fenster des Web Publishing-Assistenten erhalten Sie genau dazu einen Hinweis. Im darauffolgenden Fenster müssen Sie Angaben zu den Dateien bzw. Ordnern machen, die veröffentlicht werden sollen.

Abbildung 14.141: Angaben zu Dateien bzw. Ordnern

Das Einfachste ist, wenn Sie über *Ordner suchen* bzw. *Dateien suchen* die entsprechende Datei bzw. den entsprechenden Ordner auswählen. Sie können jeweils nur eine Datei zur gleichen Zeit *hochladen*, so nennt man das Senden einer Datei auf einen Server.

Haben Sie mehrere Dateien erstellt, dies war in den vorangegangenen Abschnitten der Fall, sollten Sie das Verzeichnis wählen, in dem sich die Dateien befinden, damit Sie alle erforderlichen Dateien auf einmal hochladen können. *Unterordner einbeziehen* lädt auch alle Unterverzeichnisse hoch.

HINWEIS

Denken Sie aber bitte daran, dass Sie z. B. bei T-Online keine Unterverzeichnisse anlegen können bzw. dürfen. Alle Ihre Dateien müssen also in einem Verzeichnis liegen.

Geben Sie anschließend einen Namen ein.

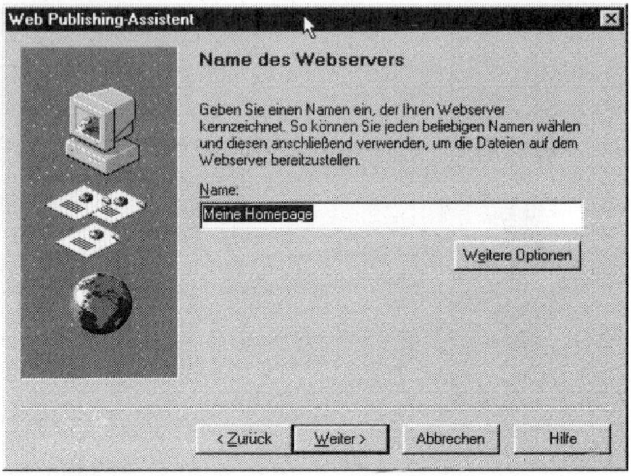

Abbildung 14.142: Eingabe eines Namens

Hier wird nicht wirklich nach dem Namen des Webservers gefragt, Sie können einen beliebigen Namen angeben, unter dem Sie später die an dieser Stelle vorgenommenen Einstellungen erneut aufrufen können. *Meine Homepage* wäre in diesem Fall, wenn es sich um Ihre Homepage handelt, ein aussagekräftiger Name.

Mit *Weitere Optionen* können Sie einen Dienst auswählen.

Abbildung 14.143: Dienst auswählen

Die Option Dienstanbieter automatisch auswählen ist hier voreingestellt und wird in der Regel auch einwandfrei funktionieren. Wenn Sie im vorigen Fenster *Weiter* gewählt hätten, hätten Sie dieses Fenster übersprungen.

Abbildung 14.144: Eingabe der URL

Als URL müssen Sie die Adresse des Webservers eingeben, für T-Online ist dies:

`Home-up.t-online.de`

Sie gelangen mit dieser Adresse direkt zu Ihrem Verzeichnis auf dem Rechner von T-Online. Sie erreichen das richtige Verzeichnis aufgrund Ihrer Identifikation bei der Einwahl zu T-Online.

> HINWEIS: Bei anderen Internet-Providern wird dies in der Regel anders durchgeführt. Wie schon zuvor gesagt, müssen Sie sich deswegen an Ihren Provider wenden.

Als lokales Verzeichnis erhalten Sie als Vorgabe das von Ihnen zuvor gewählte Verzeichnis. Dies ist der Ort, an dem die Dateien gespeichert sind, die Sie hochladen wollen. Wenn Sie jetzt *Weiter* wählen, will der Rechner die Verbindung zum Internet herstellen.

Nachdem die Verbindung aufgebaut ist, werden Informationen über den Aufbau Ihrer Verzeichnisse heruntergeladen.

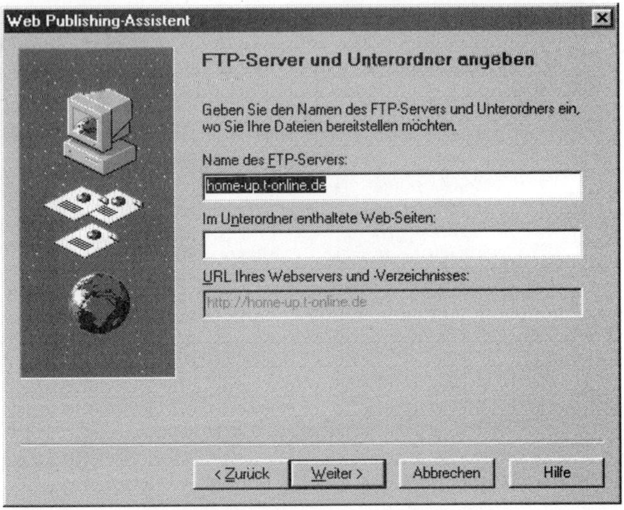

Abbildung 14.145: Informationen über den Aufbau

Sie können jetzt angeben, wo Ihre Dateien gespeichert werden sollen. Da Sie bei T-Online nur ein Verzeichnis (Stammverzeichnis) zur Verfügung haben, können Sie das Feld freilassen.

Im nächsten Fenster erhalten Sie die Meldung, dass der Web Publishing-Assistent bereit ist, Ihre Daten hochzuladen. Anschließend werden Sie aufgefordert, Ihren Benutzernamen und Ihr Passwort einzugeben.

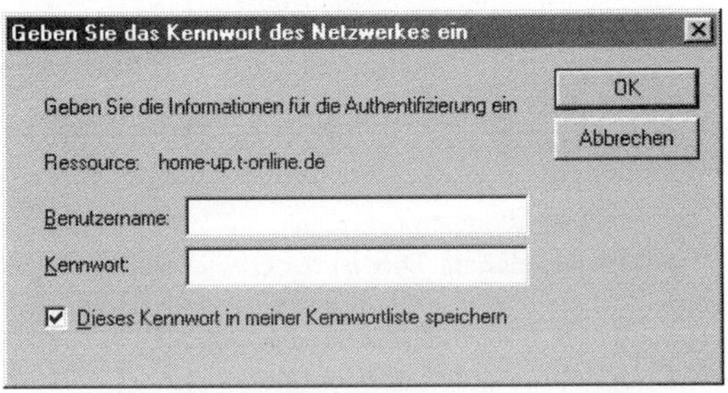

Abbildung 14.146: Eingabe von Benutzername und Passwort

Da Ihre Identifizierung schon bei der Einwahl zu T-Online stattgefunden hat, werden hier keine relevanten Daten abgefragt. Geben Sie also nur Ihren Namen und als Passwort ein beliebiges Zeichen ein, z. B. einen Punkt oder ein Sternchen etc. Anschließend sehen Sie, wie Ihre Dateien hochgeladen werden.

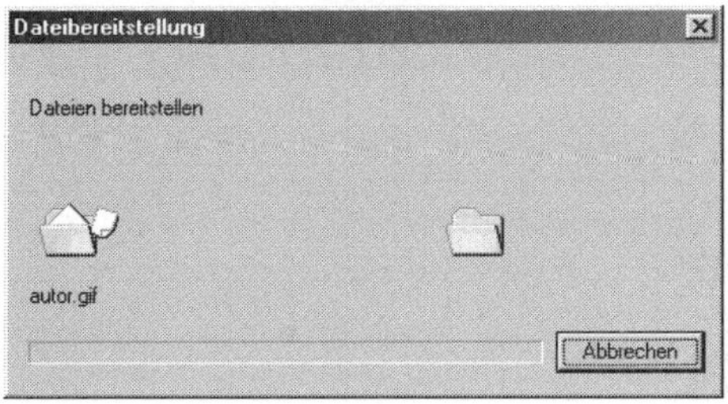

Abbildung 14.147: Hochladen der Daten

Nach erfolgreichem Abschluss erhalten Sie eine entsprechende Meldung.

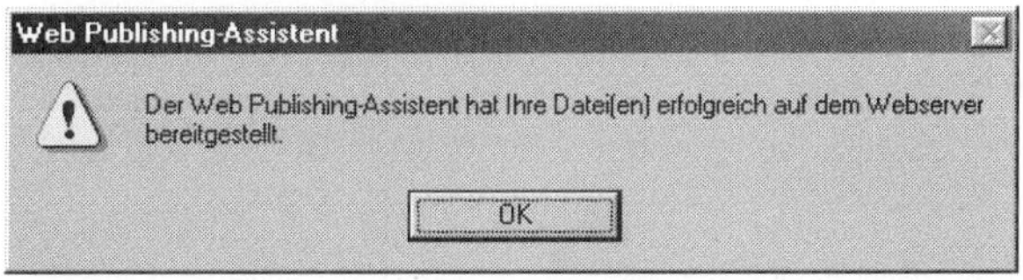

Abbildung 14.148: Meldung über den Erfolg des Datentransfers

Das erfolgte Hochladen der Dateien können Sie nur daran überprüfen, dass Sie Ihre Homepage mit dem Internet Explorer besuchen und sich Ihre Seiten ansehen.

In anderen Programmen wie z. B. WSFTP95 können Sie sich auch das Inhaltsverzeichnis des Servers, also Ihrer Homepage, anzeigen lassen. Dadurch können Sie dort zumindest sehen, ob alle Dateien vorhanden sind.

Homepage prüfen

Eine echte Überprüfung der Funktionsfähigkeit Ihrer Homepage können Sie aber in jedem Fall nur durch Aufrufen der Seiten im Browser feststellen. Denken Sie auch daran, dass auf Unix-Rechnern – viele Server sind Unix-Rechner – die *Groß- und Kleinschreibung* berücksichtigt werden muss.

Haben Sie z. B. einen Link zu einer Datei, deren Name kleingeschrieben ist, und ist diese Datei später großgeschrieben, funktioniert der Link zwar unter Windows, nicht jedoch unter Unix. Dies ist ein häufig auftretender Fehler, wenn Links nicht funktionieren.

Outlook Express einrichten und konfigurieren

Outlook Express ist ein Programm, mit dem Sie *E-Mails* empfangen und senden können und mit dem Sie *News* von einem *News-Server* herunterladen und offline lesen können. Es bietet eine Vielzahl von Möglichkeiten und ist für den normalen Einsatz vollständig ausreichend.

Bevor Sie jedoch mit dem Programm arbeiten können, müssen eine ganze Reihe von Angaben vorgegeben werden. Beim ersten Starten von Outlook Express werden Sie nach den benötigten Eingaben gefragt, wobei Sie in der Regel die Daten gar nicht zur Verfügung haben. Die Einstellungen können natürlich später jederzeit geändert werden. Zunächst einige Anmerkungen zu den benötigten Daten.

E-Mails

E-Mails werden im Internet über spezielle Rechner versendet bzw. empfangen. Sie können in Outlook Express jeden beliebigen Rechner, der für E-Mail eingerichtet ist, verwenden. In der Regel sind zwei Rechner für die E-Mails zuständig. Die Post, die Sie absenden, geht zu einem *SMTP-Rechner*, bei T-Online hat dieser die Adresse

```
mailto.btx.dtag.de
```

Haben Sie Ihren E-Mail-Account bei einem anderen Provider, müssen Sie sich die Adresse des SMTP-Rechners von diesem besorgen.

Die eingehende Post befindet sich in der Regel auf einem zweiten Rechner des Internet Providers, dies ist meistens ein *POP3-Server*. Dessen Adresse benötigen Sie auch, für T-Online ist dies z. B.:

```
Pop.btx.dtag.de
```

Sie müssen natürlich die Rechner Ihres Online-Providers, bei dem Sie einen *E-Mail-Account* besitzen, angeben.

News

Bei News sieht dies etwas anders aus. Sie können jeden beliebigen öffentlichen News-Server benutzen. Sie sind nicht auf den News-Server Ihres Online-Providers angewiesen, obwohl Sie diesen sicherlich auch nutzen werden. So wie alle Rechner im Internet haben auch News-Server zugewiesene Adressen. Der News-Server von T-Online hat z. B. die Adresse

```
News.btx.dtag.de
```

Wenn Sie die oben angegebenen Informationen zusammengesucht haben, können Sie die grundlegende Einrichtung von Outlook Express vornehmen.

Die Konten von Outlook Express einrichten

Beim ersten Starten von Outlook Express müssen Sie die grundlegende Einrichtung vornehmen. Sollte bei Ihnen Outlook Express nicht installiert sein, können Sie dieses über *Start / Einstellungen / Systemsteuerung / Software / Windows Setup / Microsoft Outlook Express* nachholen.

HINWEIS

Diese grundlegenden Einstellungen können natürlich auch später vorgenommen bzw. geändert werden, allerdings benötigen Sie diese, um mit Outlook Express arbeiten zu können.

Outlook Express starten Sie über das Symbol in der Schnellstartleiste oder über *Start / Programme / Internet Explorer / Outlook Express*.

Abbildung 14.149: Symbol für Outlook Express

Nach dem Start bietet sich Ihnen folgendes Bild:

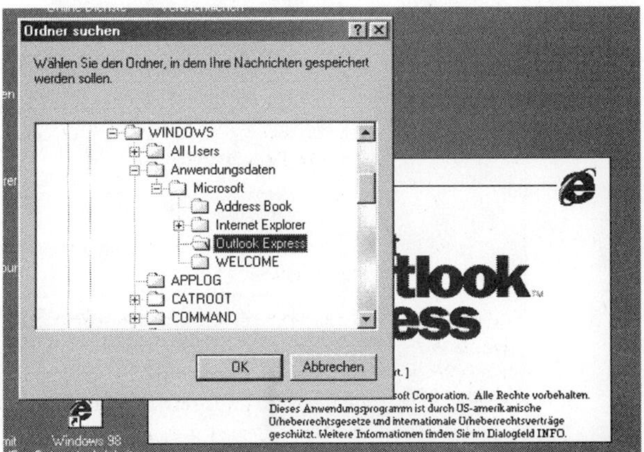

Abbildung 14.150: Abfrage beim ersten Öffnen von Outlook Express

Sie werden beim erstmaligen Öffnen von Outlook Express gefragt, wo Ihre Daten gespeichert werden sollen. Wählen Sie hier das Verzeichnis, in dem Ihre E-Mails und die Daten der Newsbretter gespeichert werden sollen.

Als Nächstes müssen Sie festlegen, wie beim Öffnen verfahren werden soll.

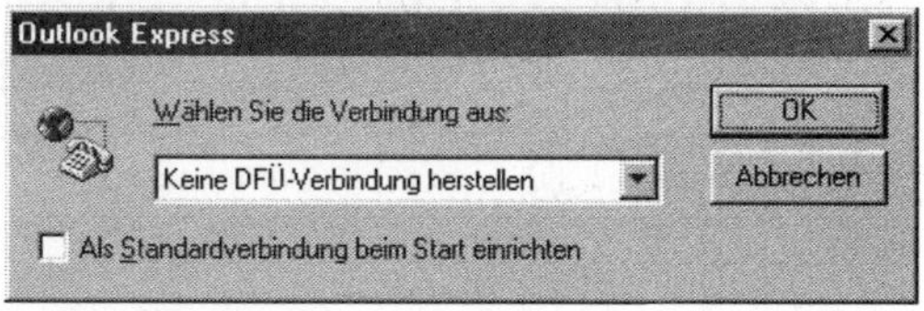

Abbildung 14.151: Auswahl der Verbindung

Wenn Sie E-Mails schreiben wollen, sollten Sie dies offline erledigen und nach der Fertigstellung die Verbindung zum Postserver aufbauen. Am vorteilhaftesten ist es, wenn Sie keine DFÜ-Verbindung beim Öffnen von Outlook Express als *Standardverbindung* beim Start einrichten.

Anschließend wird der *Ausgangsbereich* von Outlook Express geöffnet.

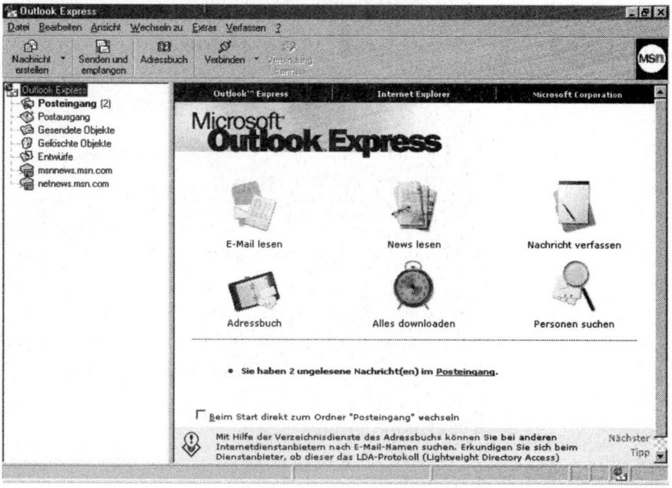

Abbildung 14.152: Ausgangsbereich von Outlook Express

Sie werden höchstwahrscheinlich zwei E-Mails im Posteingang finden. Dies sind Infos von Microsoft, sie sind nicht direkt von einem Postserver heruntergeladen worden. Eventuell finden Sie schon Einträge von News-Servern, dies sind öffentliche News-Server, die für jedermann zugänglich sind. Das, was bislang eingerichtet ist, ist nicht auf Ihren persönlichen Bedarf zugeschnitten, es sind lediglich Eintragungen, die Sie benutzen können, abgesehen von E-Mails, da diese Ihre persönlichen Eintragungen benötigen.

Neues E-Mail-Konto erstellen

Lassen Sie uns zunächst die Daten eintragen, die Sie für den Empfang und das Versenden von E-Mails benötigen. Öffnen Sie hierfür *Extras / Konten*.

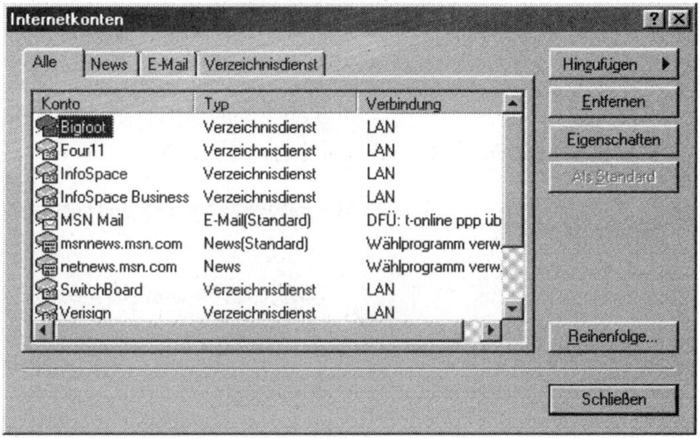

Abbildung 14.153: Bearbeitung der Konten

Missachten Sie erst einmal alle schon eventuell vorhandenen Einträge, und erstellen Sie Ihre E-Mail-Verbindung – als Beispiel nehmen wir die Daten für T-Online. Hierzu öffnen Sie das Register *E-Mail* und wählen *Hinzufügen / E-Mail*.

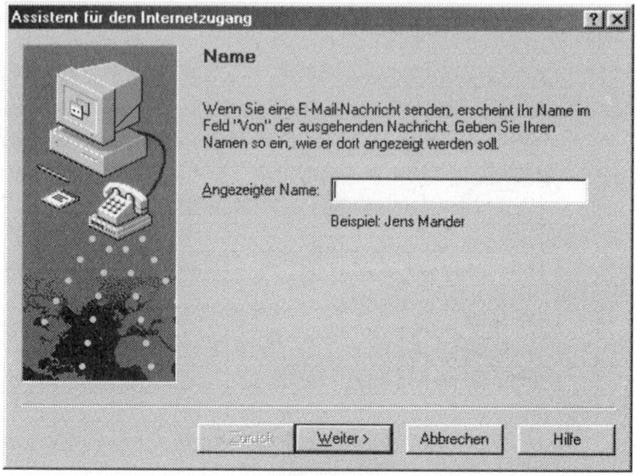

Abbildung 14.154: Eingabe des Namens

Geben Sie zunächst Ihren *Namen* ein, der beim Empfänger Ihrer E-Mail erscheinen soll. Als Nächstes müssen Sie Ihre *E-Mail-Adresse* eingeben.

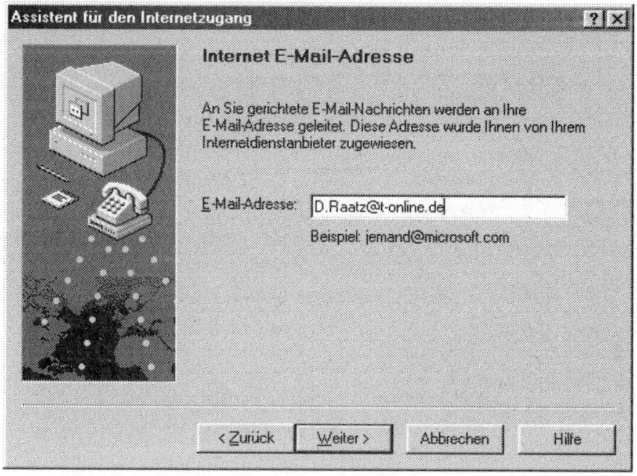

Abbildung 14.155: Eingabe der E-Mail-Adresse

Dies muss Ihre richtige Adresse sein, da auf diese Angabe zurückgegriffen wird, wenn Ihnen jemand auf Ihre E-Mail eine Antwort sendet. Im nächsten Fenster müssen Sie die Namen der *E-Mail-Server* angeben.

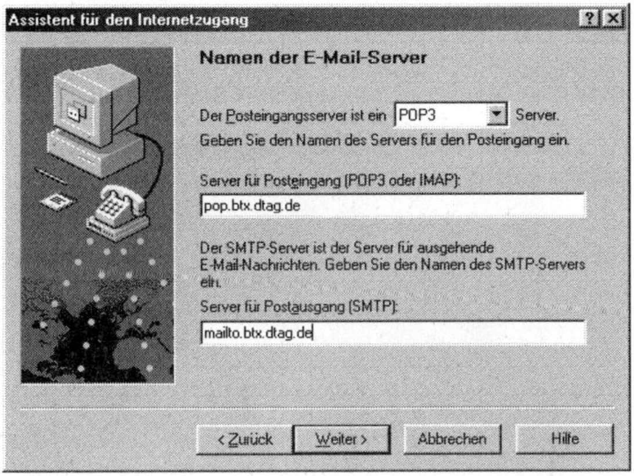

Abbildung 14.156: Angabe der Namen der E-Mail-Server

In der Abbildung sehen Sie die Namen der E-Mail-Server von T-Online. Wenn Sie selbst auch bei T-Online sind, können Sie die Namen direkt übernehmen. Sind Sie hingegen bei einem anderen Provider, müssen Sie sich die entsprechenden Daten besorgen.

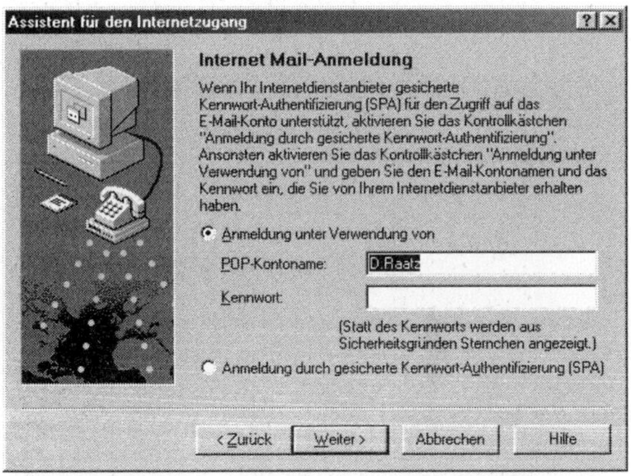

Abbildung 14.157: Internet Mail-Anmeldung

Bei T-Online ist es egal, was Sie hier angeben, da Ihre Identifizierung bei der Einwahl zu T-Online überprüft wird. Bei anderen Providern müssen Sie dagegen den Kontonamen und das Kennwort eingeben. Ob die Anmeldung durch gesicherte Kennwort-Authentifizierung stattfindet, müssen Sie bei Ihrem Provider erfragen, MSN verlangt z. B. diese Art der Anmeldung.

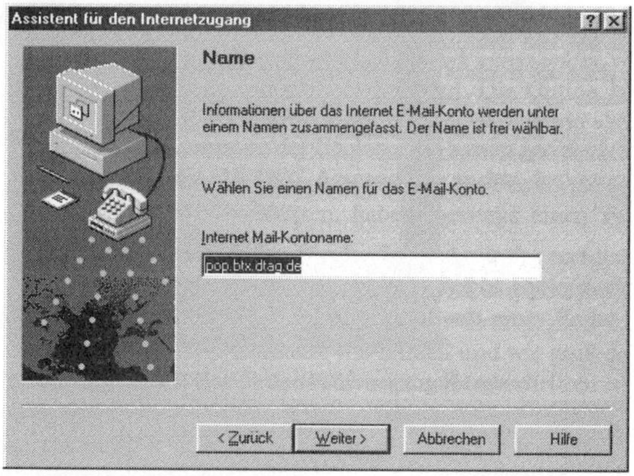

Abbildung 14.158: Kontoname

Geben Sie hier einen Namen für Ihr *Internet-Mail-Konto* ein. Es kann ein beliebiger Name sein. Es handelt sich hierbei lediglich um den Namen, der in Outlook Express eingetragen wird, er hat keine Relevanz in Bezug auf die Verbindung. Geben Sie anschließend die Art der Verbindung ein.

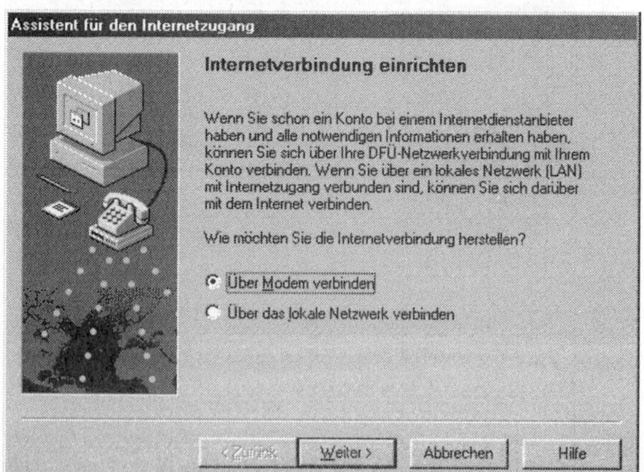

Abbildung 14.159: Eingabe der Art der Verbindung

In der Regel werden Sie eine Verbindung über Ihr Modem herstellen, so dass die oberste Option zutreffend ist. Wenn Sie diese Option auswählen, müssen Sie im nächsten Fenster das Modem festlegen.

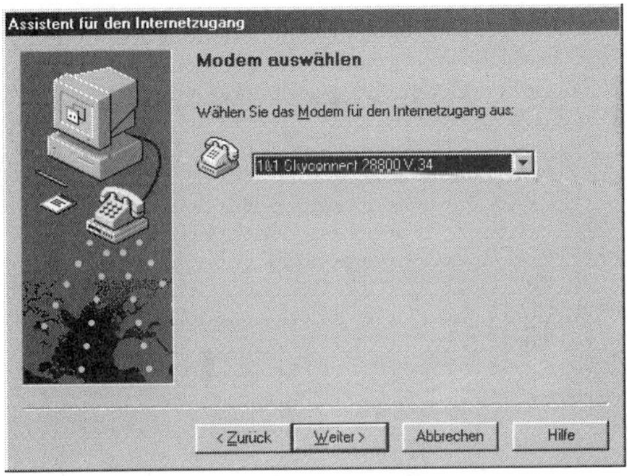

Abbildung 14.160: Festlegung des Modems

Warum Sie hier zunächst ein Modem festlegen müssen und anschließend die Möglichkeit haben, eine schon bestehende DFÜ-Netzwerkverbindung auszuwählen, ist etwas merkwürdig. Aber Microsoft will es so.

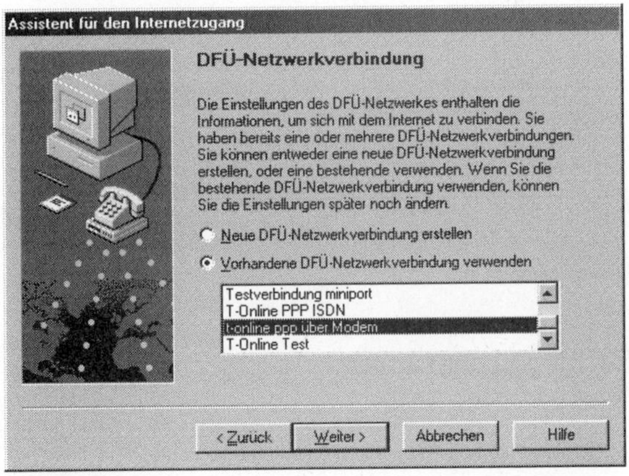

Abbildung 14.161: Auswahl einer DFÜ-Netzwerkverbindung

Wenn Sie jetzt eine schon erstellte *DFÜ-Netzwerkverbindung* auswählen, ist es völlig belanglos, welches Modem Sie zuvor gewählt haben. Es wird in jedem Fall auf das Modem zurückgegriffen, das der DFÜ-Netzwerkverbindung zugeordnet ist.

Sie haben hier außerdem noch die Möglichkeit, eine neue DFÜ-Netzwerkverbindung zu konfigurieren. Da Sie höchstwahrscheinlich schon die passende DFÜ-Netzwerkverbindung zum Internet erstellt haben, wählen Sie diese aus.

Anschließend brauchen Sie nur noch die Konfiguration fertigstellen zu lassen. Das neue Konto erscheint jetzt bei den Einträgen für E-Mail.

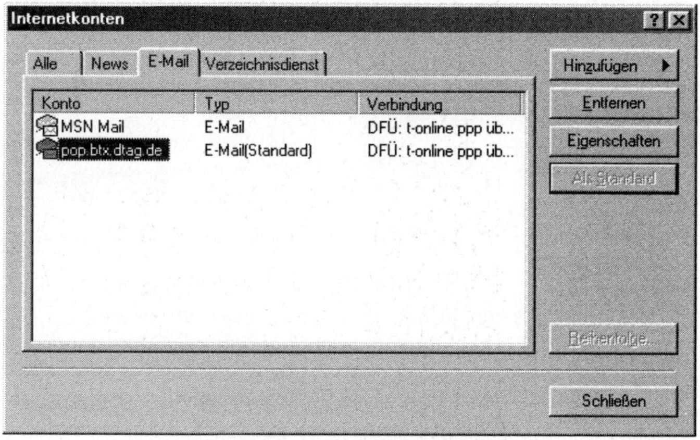

Abbildung 14.162: Erstellter Eintrag für E-Mail-Konto

Da dies Ihr Konto ist, auf dem Ihre E-Mails eingehen, ist es ratsam dieses als Standard zu definieren. Sie können dies durchführen, indem Sie auf *Als Standard* klicken. Diese Funktion ist nur verfügbar, wenn mehr als ein Eintrag vorhanden ist. In diesem Fall wird die Verbindung zu diesem Konto als Erstes hergestellt.

Ein bestehendes Konto ändern

Wenn Sie den Eintrag eines E-Mail-Kontos markieren und anschließend *Eigenschaften* wählen, können Sie die Daten einer Verbindung verändern.

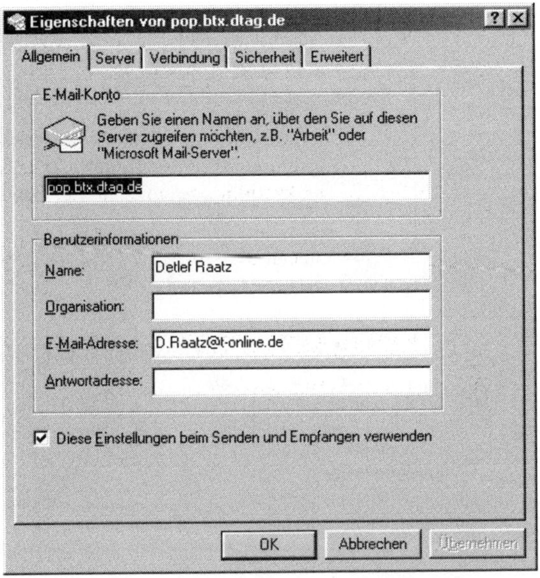

Abbildung 14.163: E-Mail-Kontodaten nachträglich verändern

Noch ein Wort zum Register *Sicherheit*: Sie können dort eine *digitale ID* Ihrem E-Mail-Konto zuordnen. Diese IDs müssen zuvor beantragt werden. Wenn Sie erhöhte Sicherheit benötigen, sollten Sie sich intensiver mit dem Thema beschäftigen.

Vollkommene Sicherheit gibt es nirgends, selbst wenn Sie Post mit der normalen Post versenden, ist heute das Briefgeheimnis unter Umständen auch nicht mehr so geheim wie manchmal angenommen. Das Thema Sicherheit im Internet und bei E-Mails würde den Rahmen dieses Buches sprengen, außerdem glaube ich, dass es für die meisten gar nicht so wichtig ist. Wenn Sie sichergehen wollen, dass keiner an wichtige Daten von Ihnen gelangen kann, sollten Sie solche Daten erst gar nicht versenden.

Im Register *Erweitert* können Sie noch einige zusätzliche Einstellungen vornehmen.

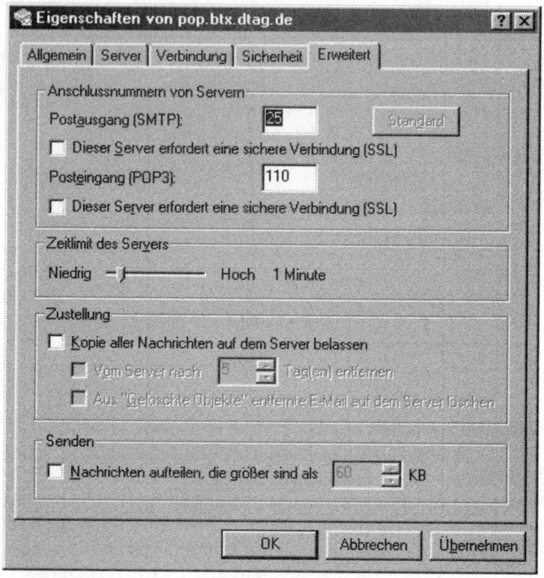

Abbildung 14.164: Erweiterte Einstellungen für Post

Die *Anschlussnummern von Servern* sollten Sie nur dann ändern, wenn Ihnen Ihr Provider andere Nummern genannt hat. In der Regel sind die voreingestellten Werte richtig.

Zeitlimit des Servers legt fest, wie lange auf die Antwort des Servers gewartet werden soll, bevor der Vorgang der Mailübermittlung abgebrochen wird. Bei einer langsamen Verbindung zum Server oder einer starken Auslastung des Servers müssen Sie den Schieberegler eventuell in Richtung *Hoch* verschieben.

Zustellung legt fest, wie empfangene E-Mails auf dem Server behandelt werden sollen. Welche Einstellungen Sie vornehmen, hängt ganz von Ihnen ab.

Bei *Senden* haben Sie die Möglichkeit, große E-Mails in kleine Dateien aufzuteilen. Einige ältere Postserver haben Schwierigkeiten mit großen Dateien. In den meisten Fällen brauchen Sie diese Option nicht zu aktivieren.

Neue News-Server-Verbindung einrichten

News-Server sind eigentlich wie schwarze Bretter. Jeder kann an dieses Brett eine Nachricht »kleben«, die alle anderen lesen können. Wollen Sie zu einer Nachricht einen Kommentar geben, dann heften Sie Ihrerseits eine Nachricht an die Nachricht an.

Lassen Sie uns jetzt den News-Server von T-Online als neues Konto einrichten. Gehen Sie dazu am besten in das Register *News* und wählen Sie *Hinzufügen / News*.

Viele der Eingabefenster unterscheiden sich nicht von denen, die Sie zuvor bei der Einrichtung eines E-Mail-Kontos gesehen haben. Deshalb sehen Sie im Folgenden nur die Abbildungen der Fenster, die sich unterscheiden.

Zunächst müssen Sie wieder einen Namen eingeben, danach Ihre E-Mail-Adresse. Das nächste Fenster unterscheidet sich von der Kontoerstellung für E-Mails.

Abbildung 14.165: Name des News-Servers

Sie müssen hier jetzt den *Namen des News-Servers* eingeben, den für T-Online können Sie der Abbildung entnehmen.

Neben jedermann zugänglichen News-Servern gibt es auch welche, die nur für bestimmte Personen vorgesehen sind. In diesem Fall müssen Sie

Newsserver erfordert Anmeldung aktivieren. Sie werden dann im darauffolgenden Fenster aufgefordert die entsprechenden Daten einzugeben.

Als Nächstes geben Sie wieder einen Namen, der als Eintrag in Outlook Express erscheint, ein. Anschließend nennen Sie wieder die Art der Verbindung und wählen dann das Modem sowie weiterhin eine schon bestehende DFÜ-Netzwerkverbindung. Danach wird das Konto fertiggestellt.

Der Vorgang entspricht eigentlich dem Einrichten eines E-Mail-Kontos. Das neu erstellte News-Konto wird jetzt in der Liste aufgeführt.

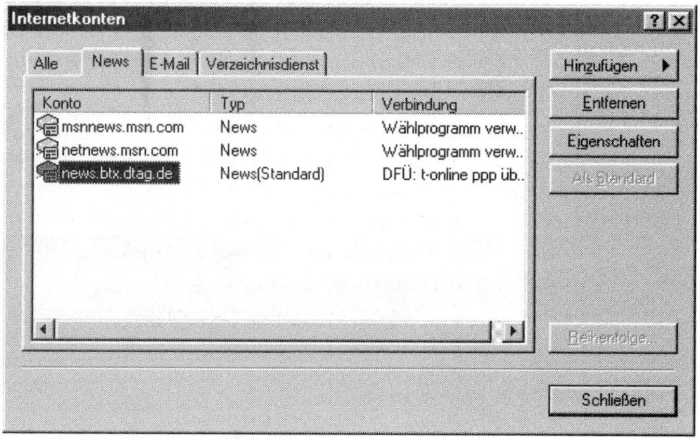

Abbildung 14.166: Neu erstelltes Konto

Wenn Sie wollen, können Sie diesen Eintrag als Standard festlegen, Sie wissen ja, klicken Sie auf *Als Standard*.

Die Eigenschaften eines News-Kontos können Sie über *Eigenschaften* nachträglich verändern. Die Fenster kennen Sie schon, es dürfte also keine Schwierigkeit für Sie darstellen.

Einen Verzeichnisdienst hinzufügen

Verzeichnisdienste sind spezielle Server, auf denen E-Mail-Adressen gespeichert sind. Sie können dort nach E-Mail-Adressen suchen. Einige dieser Server sind schon eingetragen. Wenn Sie einen entsprechenden Server kennen, können Sie diesen als neues Konto hinzufügen. Die Vorgehensweise entspricht der der Einrichtung eines E-Mail- bzw. News-Kontos.

Lokale Optionen von Outlook Express konfigurieren

Die zuvor durchgeführten Einrichtungen bezogen sich auf die Verbindungen zu den entsprechenden Servern. Es müssen aber noch für den lokalen Bereich von Outlook Express Einstellungen vorgenommen werden. Den Bereich erreichen Sie über *Extras / Optionen*.

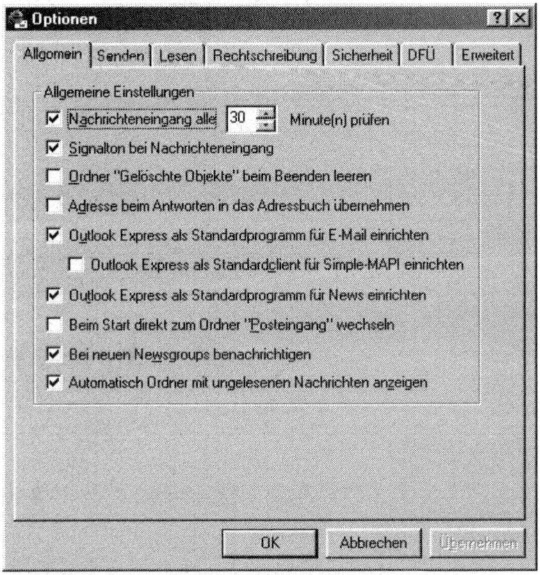

Abbildung 14.167: Optionen für Outlook Express

Hier finden Sie wieder eine Reihe von Optionen. Unter uns gesagt, manchmal weiß man schon nicht mehr, wo man überall Einstellungen vornehmen muss. Nach Aussage der Werbung ist ja alles viel einfacher geworden, ob die das wirklich so meinen? Naja, sei es drum.

- *Nachrichteneingang alle xx Minute(n) prüfen* funktioniert nur, wenn Sie online sind. Die Funktion ist eher für Intranets bzw. lokale Netzwerke gedacht, da Sie sich in diesem Fall ja ständig online befinden. Hierbei ist eventuell anzuraten die Zeitspanne sehr kurz zu wählen.
- *Signalton bei Nachrichteneingang* erzeugt einen Klang, wenn Nachrichten eingegangen sind. Sie hören diesen Ton auch, wenn Sie E-Mails von einem Server heruntergeladen haben.

- *Ordner »Gelöschte Objekte« beim Beenden leeren* leert den Ordner in Outlook Express automatisch, wenn Sie Outlook Express verlassen. Dies kann unter Umständen zu ungewolltem Löschen von Nachrichten führen, wenn Sie unachtsam sind. Ich würde diese Option lieber deaktivieren und manuell ganz bewusst diesen Ordner löschen.
- *Adresse beim Antworten in das Adressbuch übernehmen* trägt, wenn Sie auf eine E-Mail antworten, die Adresse von der empfangenen E-Mail automatisch in das Adressbuch ein.
- *Outlook Express als Standardprogramm für E-Mail einrichten* öffnet Outlook Express, wenn Sie auf einen mailto-Link im Internet klicken.
- *Outlook Express als Standardclient für Simple-MAPI einrichten* verwendet beim Versenden aus anderen Programmen Outlook Express. Diese Option würde die MAPI-Anwendung von Excel und anderen Programmen durch Outlook Express ersetzen.
- *Outlook Express als Standardprogramm für News einrichten* öffnet Outlook Express, sofern Sie im Internet auf einen News-Server gelangen. Wenn Sie dies deaktivieren, sollten Sie einen anderen Newsreader als Standard definieren.

Im Register *Senden* legen Sie *Sendeoptionen* fest.

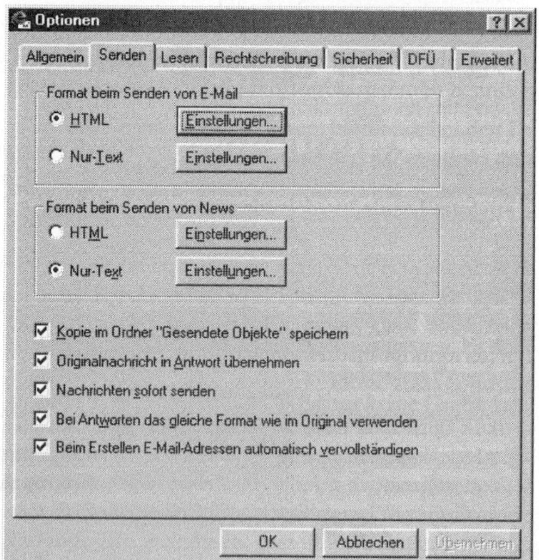

Abbildung 14.168: Sendeoptionen

Outlook Express ist in der Lage E-Mails und News im HTML-Format zu senden bzw. zu empfangen. Sie haben natürlich mit HTML viel mehr Möglichkeiten der Gestaltung. Bedenken Sie allerdings, dass der Empfänger gleichfalls ein E-Mail-Programm benötigt, in dem HTML-Code dargestellt werden kann.

Bei *Einstellungen* können Sie unter anderem das *Codierungsformat* festlegen.

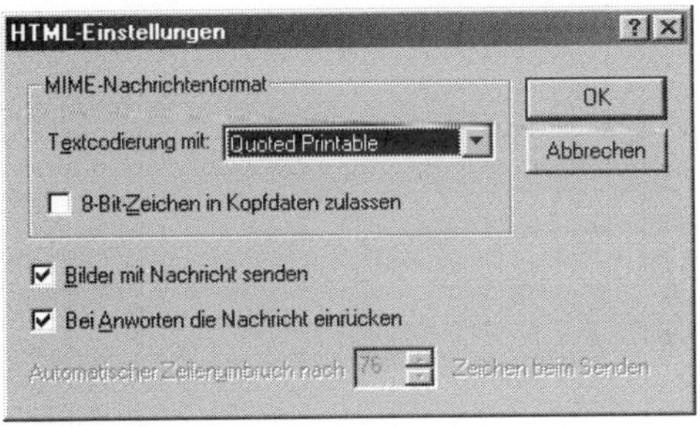

Abbildung 14.169: Einstellungen für HTML

Sie müssen dazu wissen, dass alle Nachrichten im Prinzip codiert werden müssen, sofern sie nicht den Standard-ASCII-Zeichensatz, der nur bis 127 geht, verwenden. Dies kann automatisch oder auch manuell über spezielle Programme geschehen.

Normalerweise arbeiten Sie auf Ihrem Rechner mit einem 8-Bit-Code (erweiterter ASCII-Zeichensatz), das heißt, Sie verwenden Zeichen, z. B. Umlaute, die über dem Wert von 127 liegen. Die SMTP-Server arbeiten aber nur mit 7-Bit-Code.

Verwenden Sie also Zeichen, die nur mit 8 Bit dargestellt werden können, müssen diese zuvor in einen 7-Bit-Code transferiert bzw. codiert werden und anschließend beim Empfänger wieder decodiert werden. Für diese Codierung und Decodierung gibt es bestimmte festgelegte Verfahren.

Schreiben Sie eine E-Mail aus reinem Text ohne Sonderzeichen, Umlaute, Formatierungen etc., kommen Sie mit 7 Bit aus. Eine solche Nachricht braucht nicht codiert zu werden.

In der Regel ist die Vorgabe in diesem Fenster in Ordnung, so dass sie übernommen werden.

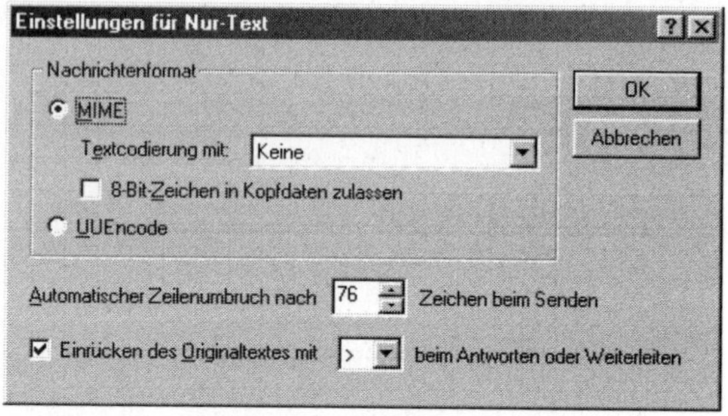

Abbildung 14.170: Eingaben für Text

Entsprechende Einstellungen gibt es auch für das Textformat von Nachrichten. Diese Einstellungen können Sie gesondert für E-Mails und News festlegen.

Die übrigen Optionen sind selbsterklärend. Sie können zu jeder Option eine Direkthilfe erhalten, die eine Erläuterung zu der Option ist.

Im Register *Lesen* gibt es Optionen, die eigentlich mehr für die Newsbretter gedacht sind.

Die Optionen sind selbsterklärend. Hier aber einige zusätzliche Erläuterungen:

Das *Vorschaufenster* ist das untere rechte Fenster von Outlook Express. Der Inhalt der Nachricht, die im oberen Fenster markiert ist, wird dort angezeigt.

Die *Kopfdaten* sind der Inhalt der Betreffzeile. Bei Newsbrettern laden Sie am besten zunächst nur diese Daten herunter und markieren anschließend die Nachrichten, die Sie vollständig herunterladen wollen.

Alle Nachrichten (kompletter Inhalt) sofort herunterzuladen, kostet meistens sehr viel Onlinezeit, und vieles interessiert Sie häufig auch nicht. Es ist nicht ungewöhnlich, wenn 1000 oder mehr Nachrichten in einer Newsgroup vorhanden sind.

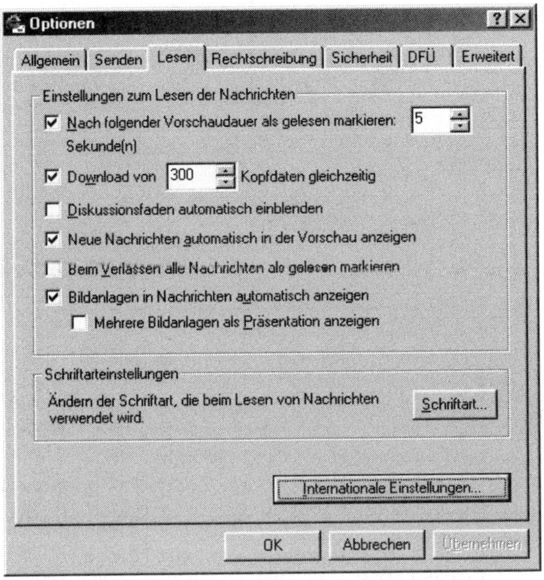

Abbildung 14.171: Einstellungen zum Lesen

Im Register *Rechtschreibung* können Sie Optionen für die *Rechtschreibüberprüfung* Ihrer Nachrichten festlegen. Die Optionen sind selbsterklärend.

Im Register *Sicherheit* können Sie die Sicherheitseinstellungen verändern. Den Bereich *Sicherheitszonen* kennen Sie schon von den Einstellungen für den Internet Explorer her, zu denen Sie auch verzweigen, wenn Sie *Einstellungen* wählen. Eventuelle Änderungen treffen dann auch für den Internet Explorer zu.

HINWEIS

Sichere E-Mails und *Digitale IDs* sind ein Thema für sich und werden hier nicht behandelt.

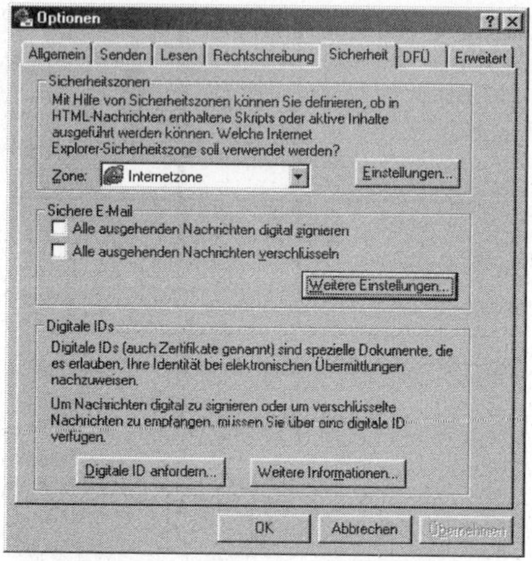

Abbildung 14.172: Sicherheitseinstellungen

Im Register *DFÜ* können Sie Angaben zu den Verbindungen machen bzw. wählen.

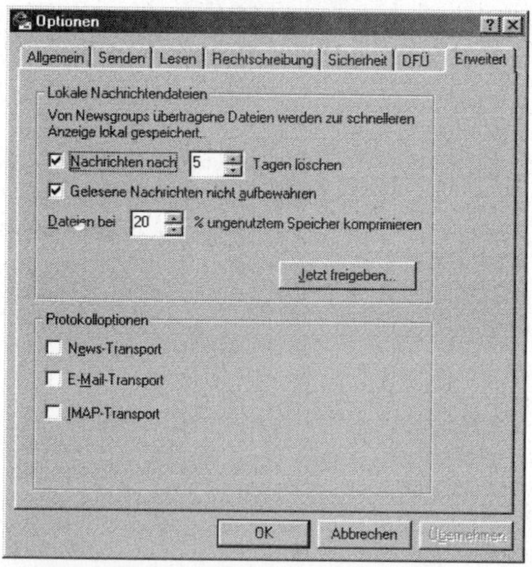

Abbildung 14.173: Erweiterte Einstellungen

Im unteren Bereich des Registers *Erweitert* können Sie angeben, ob Protokolldateien erstellt werden sollen.

Der obere Bereich ist für den Speicherplatzbedarf wichtig und meines Erachtens nicht sofort verständlich. Wenn Sie in Outlook Express Nachrichten löschen, selbst wenn Sie diese endgültig löschen, ist der zuvor verwendete Speicherplatz noch immer belegt. Sie müssen diesen Speicherplatz explizit freigeben. Über *Jetzt freigeben* können Sie den Speicherplatz freimachen.

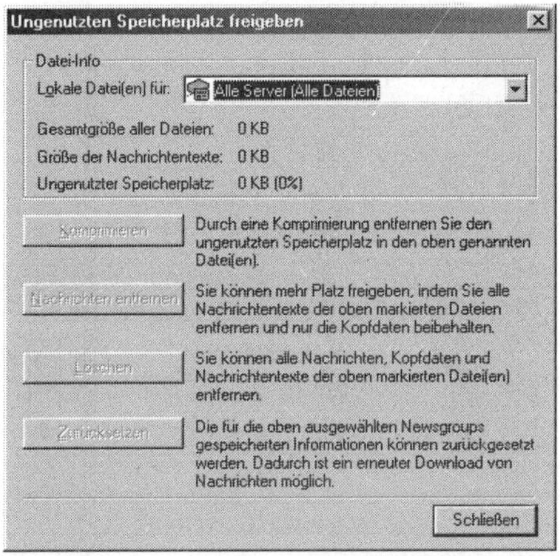

Abbildung 14.174: Freigabe von Speicherplatz

Die Optionen sind natürlich nur anwählbar, wenn Speicherplatz benutzt wird. Sie können hier Ihre eingerichteten News-Server gesondert wählen und deren gespeicherte Nachrichten löschen. Die Funktionen sind wieder selbsterklärend.

Anschließend können Sie Outlook Express einsetzen.

E-Mails über Outlook Express

Als Nächstes sollen die Möglichkeiten von Outlook Express in Verbindung mit *E-Mails* behandelt werden. E-Mails sind derzeit sehr aktuell und anscheinend weiß jeder, was darunter zu verstehen ist. Für diejenigen, die sich nichts darunter vorstellen können, ein paar Sätze zur Erläuterung.

E-Mails sind nichts anderes als Nachrichten, die mittels eines bestimmten Mediums übermittelt werden. Lassen Sie mich dazu einen kleinen Rückblick in die Geschichte geben. Vor etlicher Zeit haben z. B. Indianer ihre Nachrichten mittels Rauchzeichen über größere Entfernungen übermittelt.

Sie haben im Prinzip ihre Nachricht in einen Rauchzeichencode übersetzt und der Empfänger hat die Nachricht entschlüsselt. Sehr einfach und sehr effektiv. Dass man diese Art der Übermittlung heute nicht mehr verwendet, ist sicherlich in der begrenzten Entfernung und den schärferen Umweltbestimmungen begründet. Naja, fassen Sie die letzten Worte bitte spaßhaft auf.

Codierung und Decodierung

In Europa ist meines Wissens diese Art der Übermittlung nicht so verbreitet gewesen. Eine andere Art der Kommunikation über größere Entfernungen, die auf den gleichen Prinzipien der *Codierung* und *Decodierung* beruht, ist z. B. durch das *Morsealphabet* und die Funk- oder Lichtübertragung verwirklicht worden.

Ein Ihnen bekanntes und heute noch übliches Verfahren ist das Fax. Bei einem Fax codieren Sie die Vorlage in elektrische Impulse, die beim Empfänger decodiert werden, indem auf einem Blatt Papier Punkte gedruckt bzw. nicht gedruckt werden.

Bei einer E-Mail brauchen Sie die Zeichen im Prinzip eigentlich nicht mehr zu codieren, da diese in Ihrem Rechner schon codiert sind. Sie liegen in Form von binären Daten vor, die einfach über Datenleitungen übermittelt werden können. Jeder, der E-Mails empfangen kann, muss ein *elektronisches Postfach* mit einer Adresse irgendwo auf der Welt besitzen. Schickt Ihnen jemand eine E-Mail, landet diese in Ihrem Postfach, aus dem Sie Ihre Post abholen müssen.

Im Prinzip ist dies nichts anderes als Ihr Briefkasten an Ihrer Wohnung. E-Mails sind also nichts Besonderes oder Außergewöhnliches und eigentlich auch keine so neue Erfindung. Sie sind nur eine andere Art der Kommunikation über große Entfernungen. Die Zustellung ist äußerst schnell, in der Regel ist eine E-Mail kurze Zeit nach der Absendung auch schon beim Empfänger.

Anpassen der Ansicht von Outlook Express

Das Aussehen der Programmoberfläche von Outlook Express können Sie Ihren Wünschen entsprechend anpassen. Wählen Sie hierzu *Ansicht / Layout*.

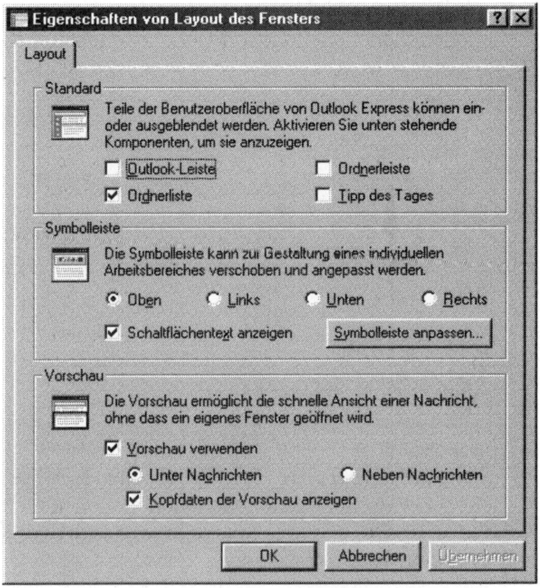

Abbildung 14.175: Fensterlayout verändern

Es sind nicht alle Funktionen in jedem Ordner verfügbar. Sie können hier die Einstellungen für das Aussehen des Fensters von Outlook Express verändern. Am besten ist es, Sie probieren die Optionen aus. Wenn Sie *Übernehmen* statt *OK* wählen, können Sie im Hintergrund die Veränderungen beobachten, ohne jedesmal erneut dieses Fenster öffnen zu müssen. Viel Spaß beim Ausprobieren!

Eine neue Nachricht erstellen

Lassen Sie uns eine neue Nachricht erstellen. Hierzu klicken Sie auf das Symbol oder auf den Pfeil neben dem Symbol.

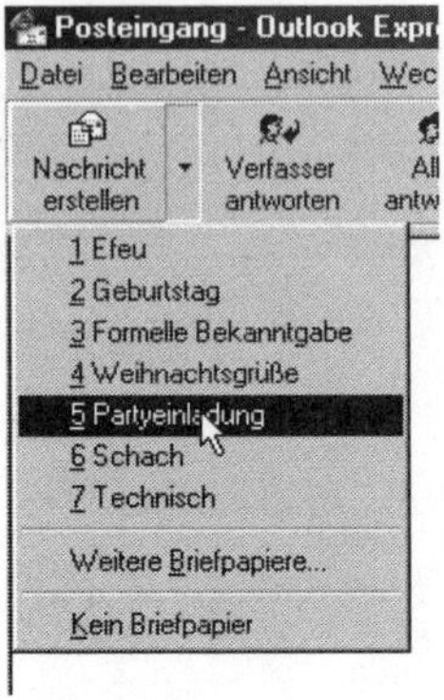

Abbildung 14.176: *Nachricht erstellen* wählen

Der Pfeil öffnet ein Listenfeld, in dem Vorlagen für Nachrichten aufgeführt sind. Wenn Sie eine Vorlage wählen, muss Ihre Nachricht im HTML-Format versendet werden. In einfachen Nachrichten, die nur aus Text bestehen, können keine Formatierungen oder Bilder eingefügt bzw. vorgenommen werden.

Gehen wir einmal davon aus, dass der Empfänger der Nachricht über ein E-Mail-Programm verfügt, das HTML-Dateien darstellen kann. Wählen Sie also der Einfachheit halber eine Vorlage. Sie können auch mit einem leeren Blatt beginnen und jeden HTML-Code verwenden. Lassen Sie uns als Beispiel eine *Partyeinladung* versenden.

Das Ganze sieht so aus, als wenn Sie eine Einladungskarte gekauft hätten und jetzt nur noch Ihre persönlichen Daten eintragen müssen. Der Eindruck trügt auch nicht, es ist genau so – praktisch oder?

Der Cursor steht aber nicht im Text, sondern oben im Feld *An*. Das ist auch nicht ganz unlogisch, Sie müssen ja eine Adresse angeben, an die die Nachricht gesendet werden soll.

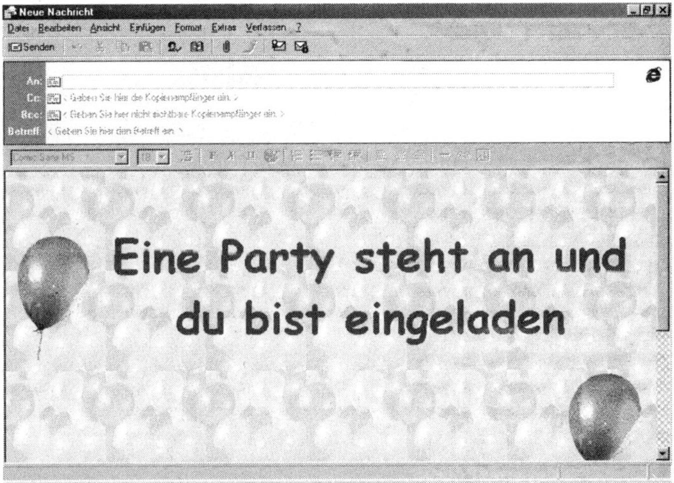

Abbildung 14.177: Vordruck Partyeinladung

Eine Adresse eingeben bzw. aus dem Adressbuch holen

Adressen, die Sie öfter benötigen, sollten Sie der Einfachheit halber in das *Adressbuch* aufnehmen. Sie können das Adressbuch direkt aus dieser Nachricht heraus öffnen. Klicken Sie hierzu auf das entsprechende Symbol.

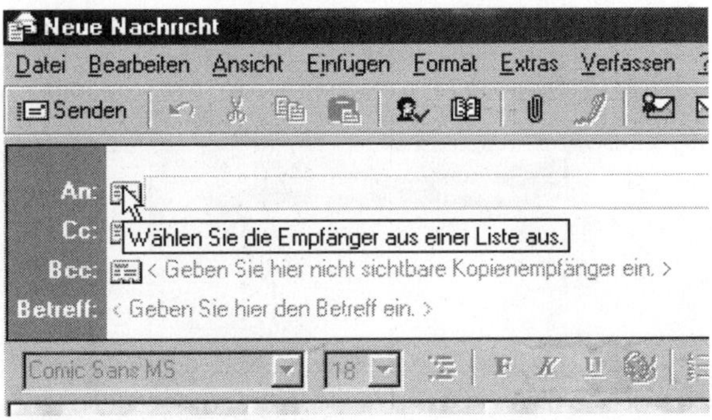

Abbildung 14.178: Adressbuch öffnen

Das Adressbuch wird geöffnet.

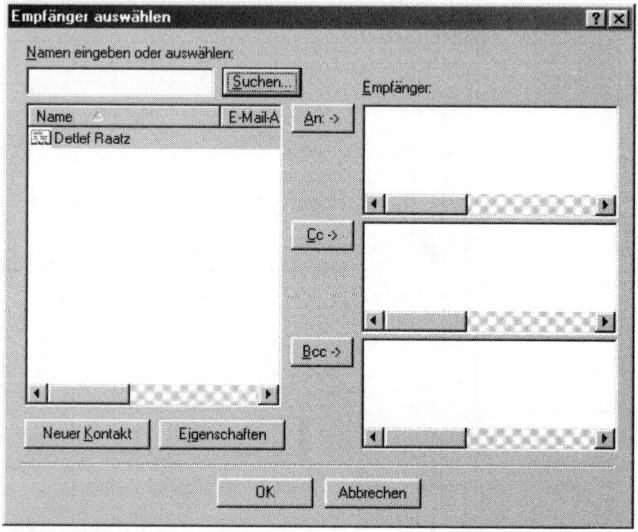

Abbildung 14.179: Adressbuch

Sie können jetzt eine Adresse auswählen, indem Sie auf einen Eintrag doppelklicken, der Eintrag wird dann in der Liste *Empfänger* eingetragen.

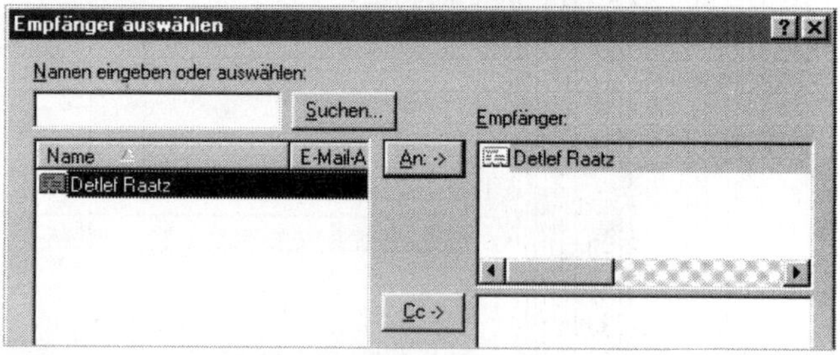

Abbildung 14.180: Einen Empfänger auswähle.

Um eine Adresse in die Felder *Cc* oder *Bcc* aufzunehmen, müssen Sie den Eintrag markieren und auf die Schaltfläche *Cc* bzw. *Bcc* klicken. Falls Sie nicht wissen, was diese Felder bedeuten, hier eine kurze Erläuterung.

Cc heißt *Carbon Copy* – der Begriff bezeichnet eine Kopie, die Sie von früher kennen. Bei einer Schreibmaschine mussten Sie für eine Kopie immer Kohlepapier zwischen die einzelnen Papierblätter legen, genau dies ist es. Allerdings ist noch etwas hinzugekommen. Bei einer *Cc* können alle Empfänger der Nachricht erkennen, wer diese Nachricht außer Ihnen noch erhalten hat. Eine *Bcc* hingegen ist eine *Blind Carbon Copy*. Der Empfänger sieht nicht, wer außer ihm die Nachricht erhalten hat.

Eventuell enthält Ihr Adressbuch aber noch keine Einträge, so dass Sie auch keine Einträge auswählen können. In diesem Fall sollten Sie einen neuen Eintrag in das Adressbuch vornehmen. Klicken Sie hierzu auf *Neuer Kontakt*.

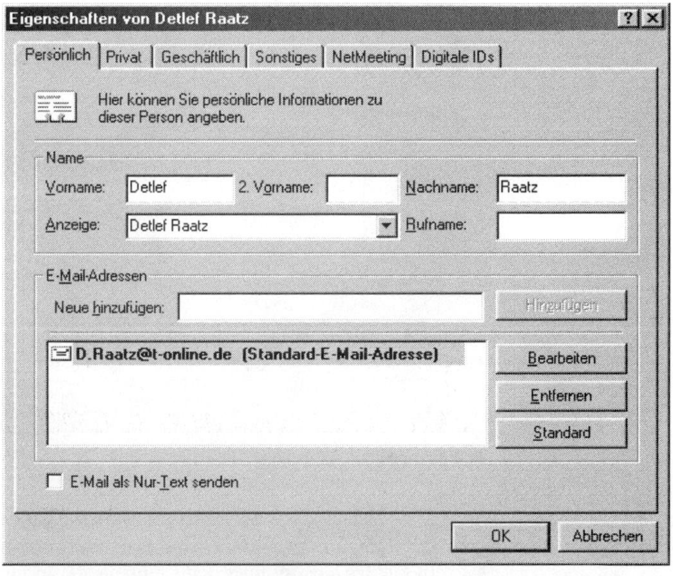

Abbildung 14.181: Neue Adresse eingeben

Geben Sie jetzt die Daten des Empfängers ein. Die E-Mail-Adresse müssen Sie zunächst im Feld *Neue hinzufügen* eintragen und anschließend auf *Hinzufügen* klicken. Sie haben die Möglichkeit, mehrere E-Mail-Adressen einzutragen und eine als Standard zu definieren.

E-Mail als Nur-Text senden verhindert, dass die E-Mail im HTML-Format gesendet wird, d. h. Sie können die Funktionen von HTML nicht benutzen.

Weitere Register stehen Ihnen für Daten zum Empfänger zur Verfügung, wie sollte es auch anders sein. Eine der Philosophien von Windows ist wohl Konfigurieren, Konfigurieren, ...

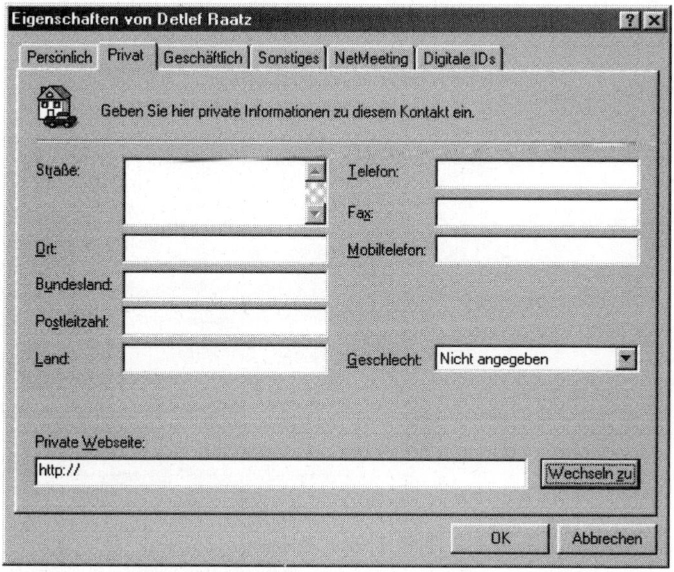

Abbildung 14.182: Private Daten

Tragen Sie also ein, was Sie eintragen wollen. Diese Daten sind nicht für eine Verbindung notwendig, es sind Daten für Sie persönlich. Sie können also ein kleines Dossier über den Empfänger anlegen.

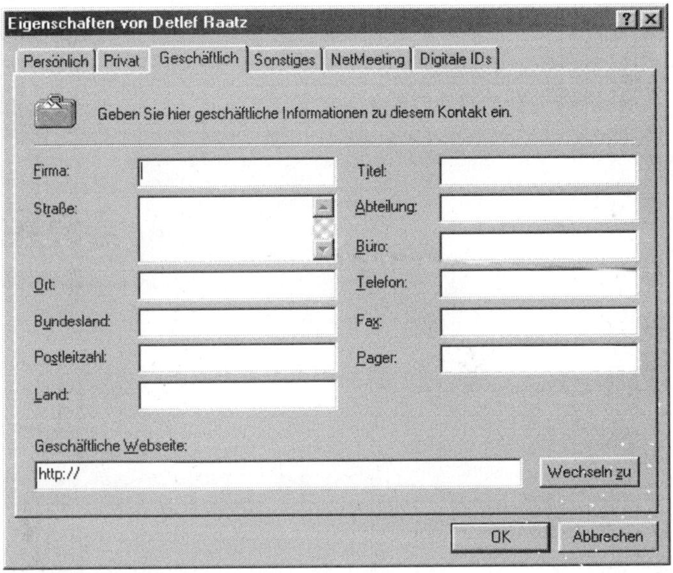

Abbildung 14.183: Geschäftliche Daten

Hier können Sie die *geschäftlichen Daten* des Empfängers eintragen. Wenn Sie Daten eingetragen haben, können Sie den Inhalt der einzelnen Felder über das Kontextmenü derselben in die Zwischenablage kopieren und in andere Programme einfügen. Wenn Sie eine Internet-Adresse als Webseite eintragen, können Sie mit *Wechseln zu* direkt zu der Seite gelangen, in diesem Fall wird der Internet Explorer geöffnet, eine Verbindung zum Internet aufgebaut und die Seite geladen.

Im Register *Sonstiges* können Sie noch mehr Daten eintragen, ich habe ja gesagt, Sie können ein kleines Dossier anfertigen. Platz genug ist vorhanden.

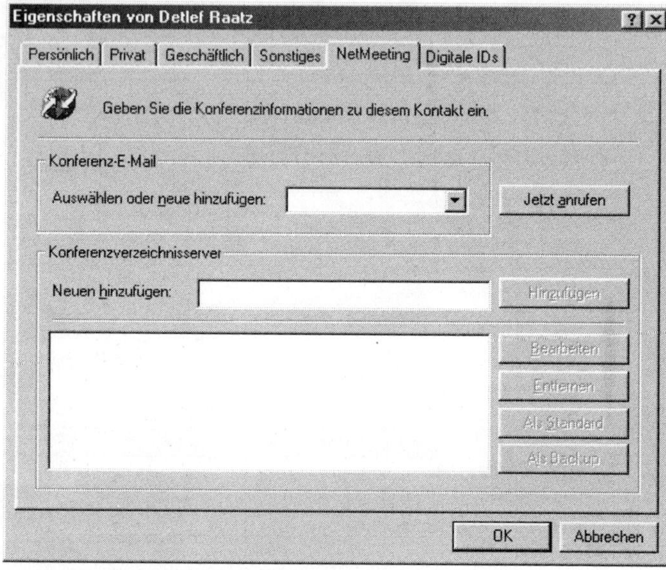

Abbildung 14.184: Einträge für NetMeeting

Im Register *NetMeeting* können Sie Angaben zu Adressen für NetMeeting eintragen. Einträge machen hier aber nur Sinn, wenn die Daten tatsächlich ständig benutzt werden. Im Internet können sich die Daten häufig ändern bzw. der Empfänger ist gar nicht bei einem ILS-Server angemeldet. Das ist ein Server, der die Adressen mit den IP-Adressen kombiniert. Innerhalb eines Intranets, hier sind die Angaben in der Regel immer die gleichen, können Einträge in diesem Bereich des Adressbuches durchaus Sinn machen.

Das Register *Digitale IDs* ist für Angaben zu den IDs vorgesehen.

Eine Nachricht senden

Sie haben jetzt eine Adresse ausgewählt, die im Adressfeld angezeigt wird.

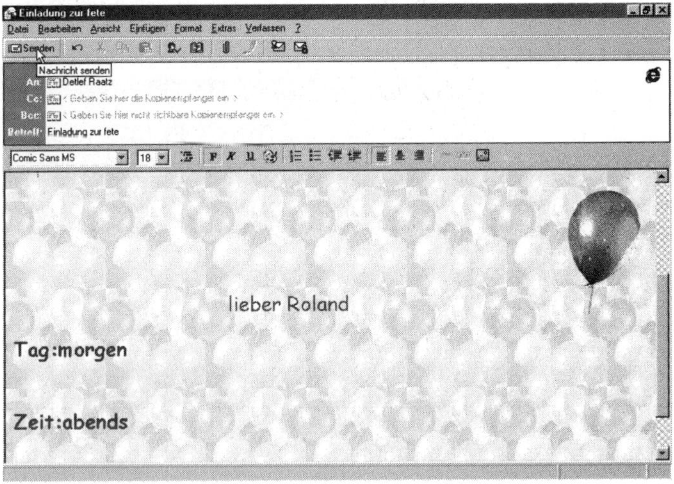

Abbildung 14.185: Erstellte Nachricht

Sie können jetzt noch den *Betreff* und andere Dinge, die Sie schreiben wollen, eingeben. Um die Nachricht zu senden klicken Sie auf das entsprechende Symbol.

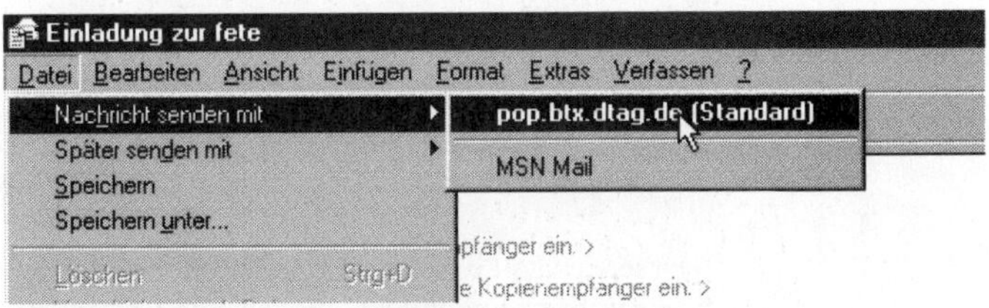

Abbildung 14.186: Übermittlung für Nachricht auswählen

Wenn Sie mehrere Accounts eingerichtet haben, können Sie auch mit *Datei / Nachricht senden mit / ...* einen Dienst auswählen. Wenn Sie nichts angeben, wird der Dienst verwendet, den Sie als Standard definiert haben.

Sie haben auch die Möglichkeit, die Nachricht später zu senden, vorausgesetzt Sie haben bei den Einstellungen die Option *Sofort senden* festgelegt. Dazu müssen Sie den entsprechenden Befehl wählen.

Sollten Sie im Adressbuch Einträge haben, die übereinstimmen, werden Sie aufgefordert, den von Ihnen gewünschten Eintrag auszuwählen.

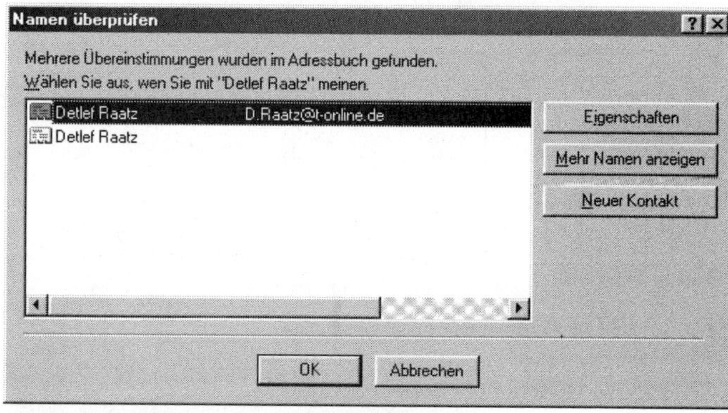

Abbildung 14.187: Auswahl des gewünschten Eintrags

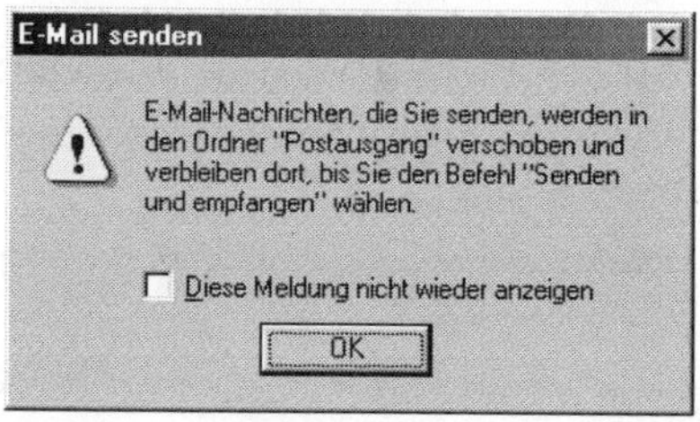

Abbildung 14.188: Meldung

Jetzt sendet das Programm die Nachricht doch nicht, warum nicht? Da Sie höchstwahrscheinlich keine bestehende Internet-Verbindung haben und eventuell die Optionen zuvor so geschlüsselt haben, dass keine DFÜ-Verbindung hergestellt wird, wird die Nachricht zunächst in den Ordner *Postausgang* kopiert.

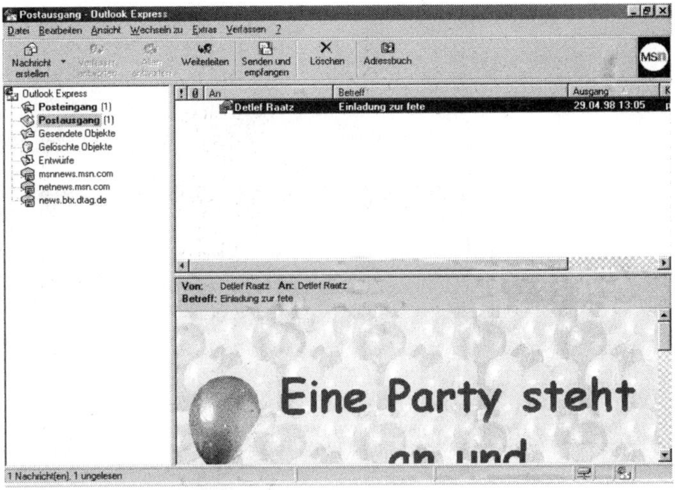

Abbildung 14.189: Nachricht im Ordner Postausgang

Die Einstellungen in dieser Kombination haben durchaus ihren Vorteil. Sie können in diesem Fall nie aus Versehen eine Nachricht absenden, und Sie haben eine exakte Kontrolle darüber, wann Nachrichten gesendet werden. Außerdem ist es möglich zuerst jede Menge Nachrichten zu erstellen und anschließend alle auf einmal zu senden.

Abbildung 14.190: Senden und Empfangen

Wenn Sie jetzt auf *Senden und Empfangen* klicken, wird eine Verbindung zum Internet aufgebaut.

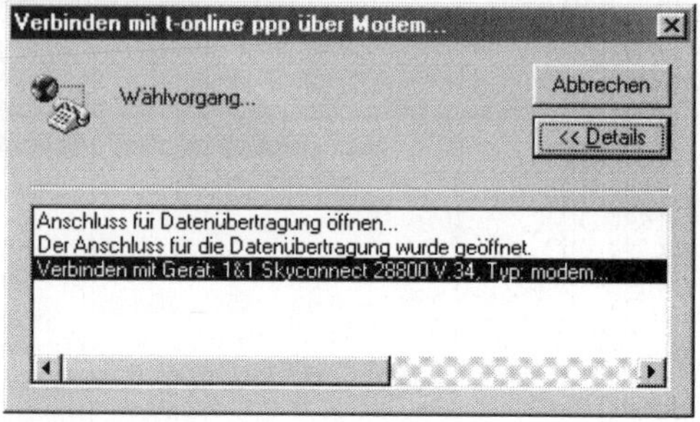

Abbildung 14.191: Verbindungsaufbau

Eventuell erhalten Sie noch zuvor eine Meldung, ob Sie in den Online-Betrieb wechseln möchten. Diese müssen Sie mit *Ja* bestätigen.

Steht die Verbindung zum Internet, werden die Aufgaben abgearbeitet.

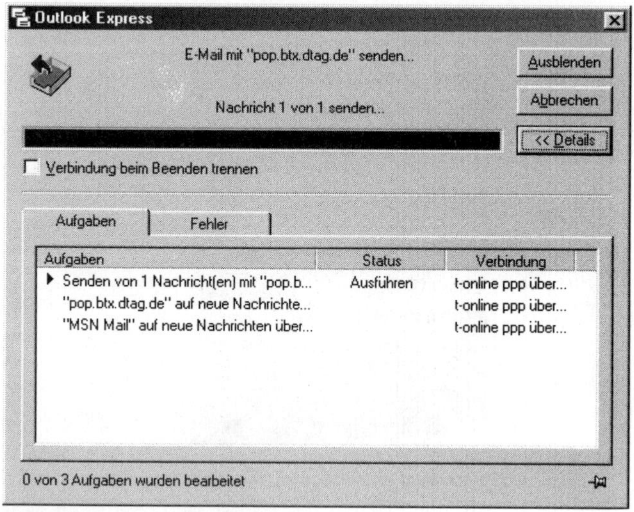

Abbildung 14.192: Abarbeitung der Aufgaben

Brechen Sie irgendwelche Aufgaben ab oder treten irgendwelche Fehler auf, werden Sie darüber informiert.

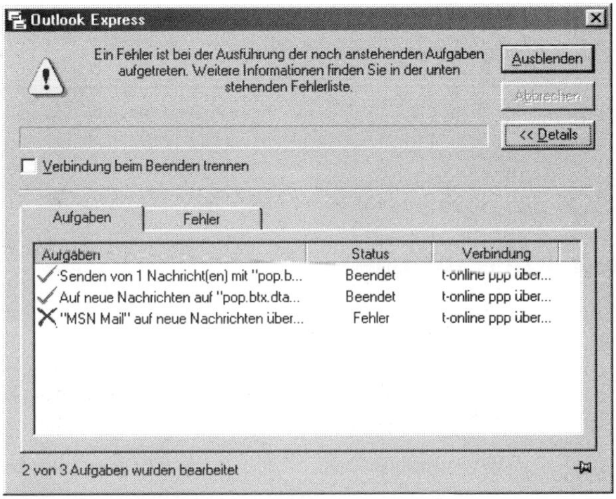

Abbildung 14.193: Information über aufgetretene Fehler

Detaillierte Fehlermeldungen erhalten Sie im entsprechenden Register.

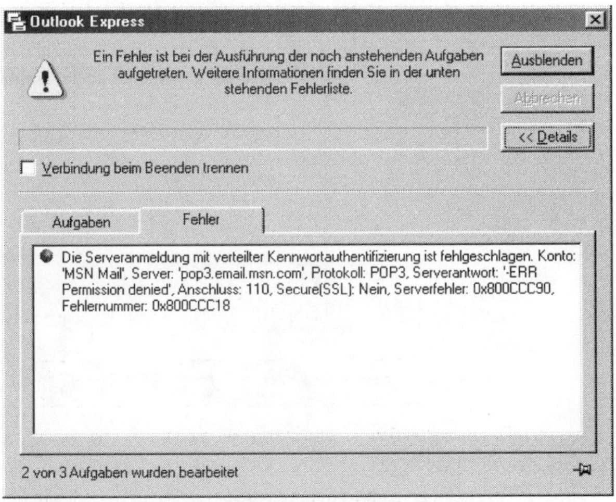

Abbildung 14.194: Detaillierte Fehlerbeschreibung

Sind keine Fehler aufgetreten, ist Ihre Nachricht versandt worden. Sie können also auf Ihre Gäste warten.

> Wenn Sie diese Funktionen ausprobieren wollen, ohne jemanden zu bemühen, können Sie die Nachricht auch an sich selbst versenden. Das funktioniert.

Eine Nachricht empfangen

Wenn Sie die zuvor abgeschickte Nachricht an sich selbst gesandt haben, haben Sie jetzt schon automatisch diese Nachricht zurückerhalten. Normalerweise wissen Sie aber nicht, ob Sie Post erhalten haben. Sie wählen also, genauso wie beim Versenden einer Nachricht, die Funktion *Senden und Empfangen*.

Die Verbindung wird aufgebaut und es wird nach Post in Ihrem Postfach gesucht. Sie haben dies zuvor beim Senden der Nachricht schon durchgeführt. In Ihrem *Posteingang* in Outlook Express erscheint jetzt die neue Nachricht.

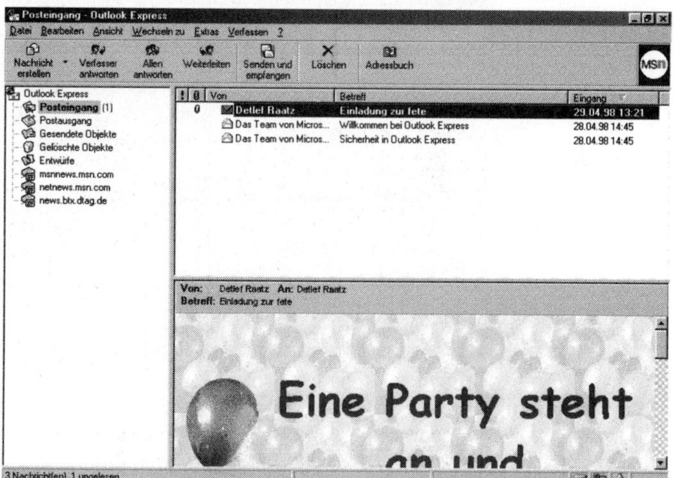

Abbildung 14.195: Empfangene Nachricht

Im Vorschaufenster sehen Sie, von wem und an wen die Nachricht gegangen ist.

Neben dem Eintrag sehen Sie eine kleine Büroklammer

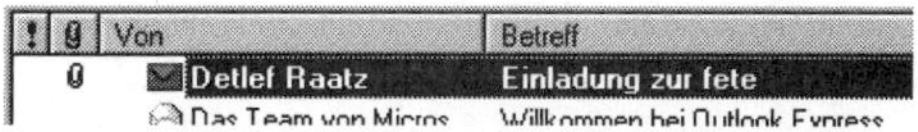

Abbildung 14.196: Symbol für eine angehängte Datei

Dieses Symbol zeigt an, dass an die Nachricht eine Datei angehängt ist. Normalerweise erscheint dieses Symbol nur, wenn Sie eine Datei über *Einfügen / Anlage* beim Erstellen einer Nachricht explizit anhängen. In unserem Beispiel haben wir jedoch keine Datei angehängt.

Dass trotzdem eine Datei angehängt wurde, liegt daran, dass wir eine Nachricht im HTML-Format versendet hatten. Sie wissen, dass HTML-Dateien aus einem Code bestehen und dass Bilder nur als Link mit der Seite verknüpft sind. Unsere Nachricht enthält ein Hintergrundbild, das automatisch als Anlage an die Nachricht angehängt wurde bzw. werden musste. Sie können nämlich keine Bilder in normale Nachrichten einfügen.

Schauen Sie sich jetzt mal an, wie unsere Einladung eigentlich übermittelt wurde. Hierzu müssen Sie im Kontextmenü der Nachricht *Eigenschaften* wählen.

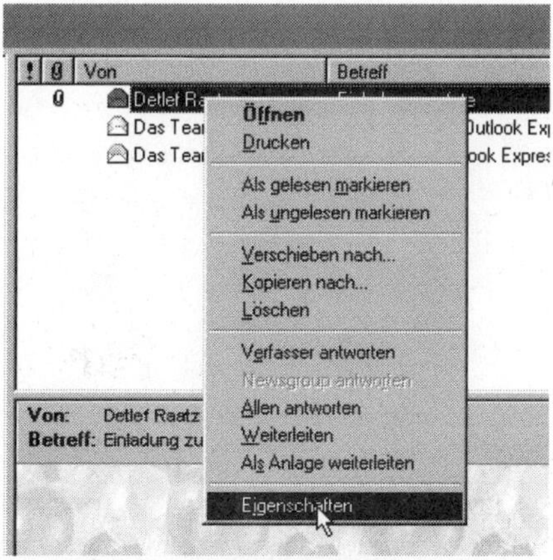

Abbildung 14.197: Eigenschaften einer Nachricht

Sie sehen dann im Register *Details* die Kopfdaten der Nachricht.

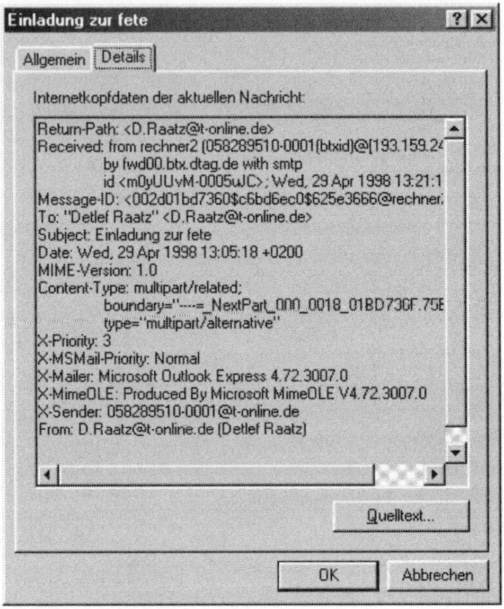

Abbildung 14.198: Kopfdaten einer Nachricht

Es handelt sich hierbei nicht um die Betreffzeile oder Ähnliches, sondern um die Daten, die zur Übermittlung im Internet benötigt werden. Sie können daran erkennen, wie die Nachricht aufgebaut ist und wie sie übermittelt wurde.

Klicken Sie jetzt auf *Quelltext*, können Sie sich anschauen, was eigentlich bei Ihnen als Nachricht eingegangen ist.

```
Return-Path: <D.Raatz@t-online.de>
Received: from rechner2 (058289510-0001(btxid)@[193.159.24.92])
      by fwd00.btx.dtag.de with smtp
      id <m0yUUvM-0005uJC>; Wed, 29 Apr 1998 13:21:16 +0200
Message-ID: <002d01bd7360$c6bd6ec0$625e3666@rechner2>
To: "Detlef Raatz" <D.Raatz@t-online.de>
Subject: Einladung zur fete
Date: Wed, 29 Apr 1998 13:05:18 +0200
MIME-Version: 1.0
Content-Type: multipart/related;
      boundary="----=_NextPart_000_0018_01BD736F.75E2BDC0";
      type="multipart/alternative"
X-Priority: 3
X-MSMail-Priority: Normal
X-Mailer: Microsoft Outlook Express 4.72.3007.0
X-MimeOLE: Produced By Microsoft MimeOLE V4.72.3007.0
X-Sender: 058289510-0001@t-online.de
From: D.Raatz@t-online.de (Detlef Raatz)

This is a multi-part message in MIME format.

------=_NextPart_000_0018_01BD736F.75E2BDC0
Content-Type: multipart/alternative;
      boundary="----=_NextPart_001_0019_01BD736F.75EA5EE0"


------=_NextPart_001_0019_01BD736F.75EA5EE0
Content-Type: text/plain;
      charset="iso-8859-1"
Content-Transfer-Encoding: quoted-printable


=20
Eine Party steht an und
du bist eingeladen
=20



lieber Roland

Tag:morgen


Zeit:abends


Ort:na bei mir

------=_NextPart_001_0019_01BD736F.75EA5EE0
Content-Type: text/html;
      charset="iso-8859-1"
Content-Transfer-Encoding: quoted-printable

<!DOCTYPE HTML PUBLIC "-//W3C//DTD W3 HTML//EN">
<HTML>
<HEAD>

<META content=3Dtext/html;charset=3Diso-8859-1 =
http-equiv=3DContent-Type><BASE=20
href=3Dfile://C:\PROGRA~1\GEMEIN~1\MICROS~1\Stationery\>
<STYLE>
<!--
BODY {=20
margin-top: 30;
margin-left: 10;
}
UL, OL, DIR, MENU, DIV, DT, DD, ADDRESS, BLOCKQUOTE, PRE, BR, P, LI
{
color: 003366;
font-size: 18pt;
font-weight: regular;
font-family: "Comic Sans MS", "Arial";=20
}
h1
{
color:003366;
font-size: 40pt;
font-weight: regular;
font-family: "Comic Sans MS", "Arial";=20
margin-top: -30pt;
}
h2
{
color: 003366;
font-size: 18pt;
font-weight: regular;
font-family: "Comic Sans MS", "Arial";
}
-->
</STYLE>

<META content=3D'"MSHTML 4.72.3007.2"' name=3DGENERATOR>
</HEAD>
<BODY background=3Dcid:000e01bd735e$b1c2dde0$625e3666@rechner2 =
bgColor=3D#ffffff=20
topMargin=3D30>
<DIV> </DIV><IMG align=3Dleft alt=3D"Eine Party steht an" =
border=3D0 height=3D164=20
src=3D"cid:000c01bd735e$b040d1c0$625e3666@rechner2" width=3D92>=20
<CENTER>
<H1>Eine Party steht an und<BR>du bist eingeladen</H1></CENTER>
<DIV align=3Dcenter><IMG align=3Dright alt=3D"Eine Party steht an" =
border=3D0 height=3D164=20
src=3D"cid:000c01bd735e$b040d1c0$625e3666@rechner2" width=3D92>=20
<BR><BR><BR><BR><FONT color=3D#ff0000>lieber Roland</FONT><BR></DIV>
<H2>Tag:morgen</H2><BR>
<H2>Zeit:abends</H2><BR>
<H2>Ort:na bei mir</H2></BODY></HTML>

------=_NextPart_001_0019_01BD736F.75EA5EE0--

------=_NextPart_000_0018_01BD736F.75E2BDC0
Content-Type: image/gif
Content-Transfer-Encoding: base64
Content-ID: <000c01bd735e$b040d1c0$625e3666@rechner2>

R0lGODlhXACkANX/AP///zExMWNjY8DAwM6cnJxjY/+cnGMxMc5jY/9jY84xMWMAAP8A
Mc6cY//OAM7OnJycY2NjMc7OMZzOMc7/nGOcMWPOMZzOnGOcYzFjMQBjAACcMWP/nDGc
MWPOnACcYzHOnM7//5zOzmOcnJz//zFjY2POzmP//wAxMQCcnABjnAAxYzFjnGNjnDEx
zmMxnM6czpxjnGMxY85jzpwAnM4xnGMAMf9jnM4xYwAAACH5BAEAAAMALAAAAABcAKQA
n+t3zOMMEqCTk5E4dhIBzxYlm3sBhqshcUsJ1+YitiZqaGC6akZG6TeLldGXcSIDGzAD
3gNqaPAg5uMiI5Br5DO3efBLscMzAyABd8cmNyAD9KYGMcIiWbu5LLA1CeIiinu2m7Yg
GOQAN1AAviY1/EMj5HMG+/NsN6K+o7tpLUBozWMCEnBsLOdBGpAgUrIG+TtqOfsTwdTm
AYhwA9y2QtGLafnTItwTJTUCQBWcBkIUiSwUAcjLATMgaz+AJBOsbfcbPhvQBQLQfBAn
a7uLbuYjA2NAPy5nbw3EwxE8QQGwARXkABJ4cQrAw/W2AAtwACVHcwVQbOs8QQhgc0JA
IrgRAQhgAF6sBA/wcGmcBFnSxkmAw3AsBAYgx3PsxHN8BFecxwOQAGjMx4CcBHvMxw+Q
yAOAAA/wx4FsxopMAAkcyHWiyAPQAJZsckEAADs=

------=_NextPart_000_0018_01BD736F.75E2BDC0
Content-Type: image/jpeg
Content-Transfer-Encoding: base64
Content-ID: <000e01bd735e$b1c2dde0$625e3666@rechner2>

/9j/4AAQSkZJRgABAgEAZABkAAD/7QEOUGhvdG9zaG9wIDMuMAA4QklNA+0AAAAAABAA
AQBkAAAAAQABOEJJTQPzAAAAAAAIAAAAAAAAAAAA4QklNJxAAAAAAAAoAAQAAAAAAAAAC
AAAAAABIAC9mZgABAGxmZgAGAAAAAAAABAC9mZgABAKGZmgAGAAAAAAAABADIAAAABAFoA
AAABADUAAAABAC0AAAAGAAAAAAAABOEJJTQP4AAAAAABwAAD//////////////////////
A+gAAAAA/////////////////////////////wPoAAAAAP////////////////////////
6AAAAAD/////////////////////////////A+gAADhCSUOEBgAAAAAAAgAC/+4ADkFk
AAAAAf/bAIQADAgICAkIDAkJDBELCgsRFQ8MDA8VGBMTFRMTGBEMDAwMDAwRDAwMDAwM
KYLORbac+YB7GVAu1/KoF4PB+SjKatpLyU5MaBQBT7pSVSzgCRPipsbOihxCmyRwoifUI
BQniERz3OOPCE4oT1OiI7ara/wBym2EPkjy4U21NBpKeWbD8EFxOTkgIbnSnSlaIiljo
Uv8A/9XvnOkym5+KZx10SMt8u6jbLOSCIRAZ4Qmgn4I9bdJ7o2grjjzTqUaeajEJkiV
bmZUJTVM3PJUJ1lKU3Hz4SUyb/qU+6PkkwTq1doQexCVKW1R1JS3JT/vSpS45CSTAJSR
FPydNAvm9JRtkPOvWNPgjNGq+YkkJbhaX6k9MbCUFObV8wpJZNgsjubfpvWJQ3D84cHu
z9KynB7L5pSRU/TTXBo1MJxstaYOoGjeNV8yJJ8aWni6VT9KF2ikyt79QIHiV8OpIem/
hKS+Ykk7OI1f/9k=

------=_NextPart_000_0018_01BD736F.75E2BDC0--
```

Abbildung 14.199: Quelltext einer Nachricht

Sie können an diesem Quelltext erkennen, wie Texte und Bilder über das Internet per E-Mail versendet werden können.

Im oberen Bereich sehen Sie den HTML-Code der Seite. Die HTML-Seite enthielt ein Hintergrundbild und das Bild, das den Luftballon darstellt.

Diese Bilder, generell alle Bilder, die per E-Mail oder von Newsbrettern übermittelt werden, müssen von einem 8-Bit-Code in einen 7-Bit-Code transferiert werden.

Sie sehen im Quelltext zwei Abschnitte, in denen sich anscheinend beliebige Zeichen befinden. Diese Abschnitte beginnen jeweils mit *Content-Type=image/gif* bzw. *image/jpeg*. Diese Angaben bedeuten, dass es sich um Bilder handelt, wobei das eine Bild eine GIF-Datei und das andere eine JPEG-Datei ist. Die darauffolgenden Zeichen können von entsprechenden Programmen wieder zu einem Bild decodiert werden.

Ein eigenständiges Programm zur Codierung bzw. Decodierung ist z. B. *UU-Encode*. Outlook Express hat diese Funktionen aber bereits implementiert. Erhalten Sie irgendwann einmal eine Nachricht, als E-Mail oder von einem News-Server, die entsprechend aussieht, dann handelt es sich um eine *Binärdatei*, dies kann ein Bild, eine Programmdatei etc. sein. Um diese dann richtig nutzen zu können, müssen Sie diese Daten zuvor decodieren.

Sie können die einzelnen Elemente einer HTML-Nachricht in Outlook Express allerdings sehr viel einfacher auf Ihrem Rechner an anderer Stelle speichern. Klicken Sie hierzu mit der rechten Maustaste auf eines dieser Objekte, entweder in der Vorschau oder nachdem Sie die Nachricht geöffnet haben.

Abbildung 14.200: Kontextmenü eines Objektes

Wählen Sie dann z. B. *Bild speichern als*. Sie werden anschließend aufgefordert ein Verzeichnis auszuwählen. Outlook Express konvertiert die Bilddateien allerdings zusätzlich noch in das BMP-Format.

Die Bilder werden nicht im Originalformat, in diesem Fall wäre das GIF bzw. JPEG, gespeichert.

Auf eine Nachricht antworten

Sie kennen sich jetzt schon mit den wichtigsten und grundlegenden Möglichkeiten von Outlook Express in Bezug auf E-Mails aus. Eine Nachricht beantworten ist also, wie man so schön sagt, nun ein Klacks für Sie. Eine Voraussetzung hierzu ist natürlich eine zuvor erhaltene Nachricht, logisch oder? Sie brauchen nichts weiter als eine empfangene Nachricht zu markieren und auf das Symbol zu klicken.

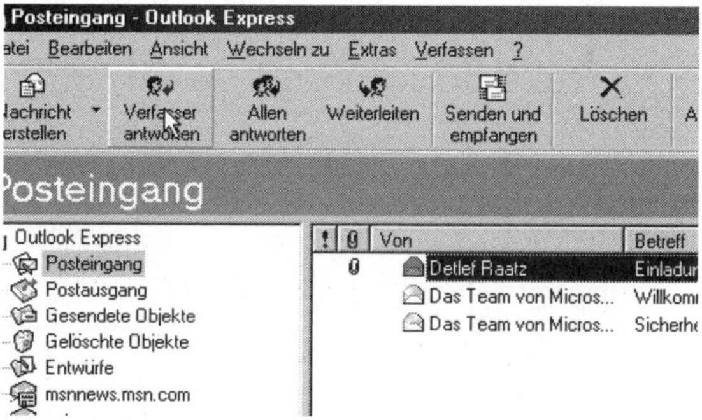

Abbildung 14.201: Symbol für Antworten

Hier noch eine kurze Anmerkung: Die Schaltfläche *Allen Antworten* benötigen Sie dann, wenn die Nachricht an mehrere Personen versandt wurde und Sie allen die gleiche Antwort zusenden wollen. Mit *Weiterleiten* können Sie die Nachricht, so wie sie ist, an eine andere Adresse weiterleiten.

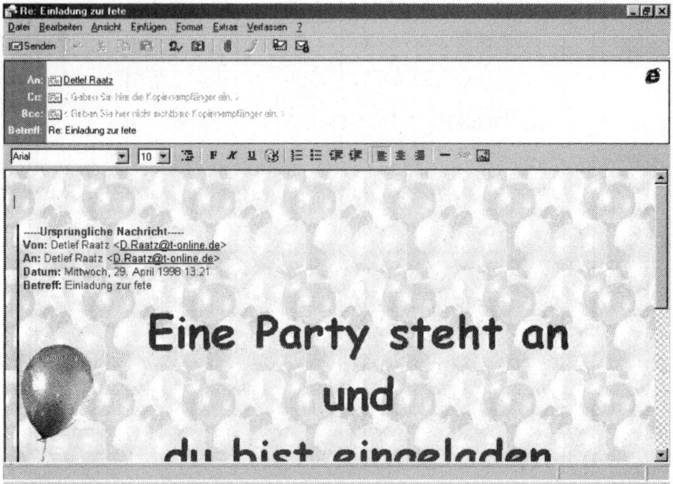

Abbildung 14.202: Auf eine Nachricht antworten

Bei einer Antwort ist die Adresse bereits eingetragen, vor den Betreff ist *Re*: gesetzt worden, was nichts anderes als *referring to* oder auf deutsch *betreffs*, *bezüglich* heißt. Es wird aber normalerweise in diesen Fällen nur bei Antworten direkt eingesetzt.

Im Text sind die Angaben der Nachricht eingetragen worden. Meistens lässt man die alte Nachricht stehen, damit der Empfänger schneller erkennen kann, worum es sich handelt. Sie können allerdings beliebige Änderungen vornehmen. Die Antwort schreiben Sie normalerweise vor die alte Nachricht. Der Eingabecursor steht auch an dieser Position.

Wenn Sie die Antwort erstellt haben, brauchen Sie sie nur noch abzusenden. Wie das geht, wissen Sie ja schon.

Einen Hyperlink in eine Nachricht einfügen

Einen Hyperlink in eine Nachricht einzufügen ist eigentlich eine der leichtesten Übungen.

Wenn Sie jemanden auf eine interessante Seite im Internet aufmerksam machen wollen, ist es komfortabel, dies direkt als Hyperlink durchzuführen. Der Empfänger braucht dann nur noch auf diesen Link in der Nachricht zu klicken und die Seite wird im Internet Explorer geöffnet, natürlich nachdem die Verbindung hergestellt wurde. Die notwendigen Vorgänge werden aber automatisch ausgeführt.

Geben Sie dafür zunächst einen beliebigen Text in Ihre Nachricht ein.

Abbildung 14.203: Text für einen Hyperlink

Der Text muss in keinem Zusammenhang mit der Adresse stehen. Markieren Sie anschließend den Text und klicken Sie auf das Symbol für *Hyperlink*.

Abbildung 14.204: Hyperlink erstellen

Geben Sie anschließend die richtige Internet-Adresse ein.

Abbildung 14.205: Eingabe der Internet-Adresse

Achten Sie auch auf den richtigen Typ. Wenn Sie z. B. eine FTP-Adresse haben, müssen Sie diesen Typ wählen. Anschließend wird Ihr Text wie ein Hyperlink angezeigt.

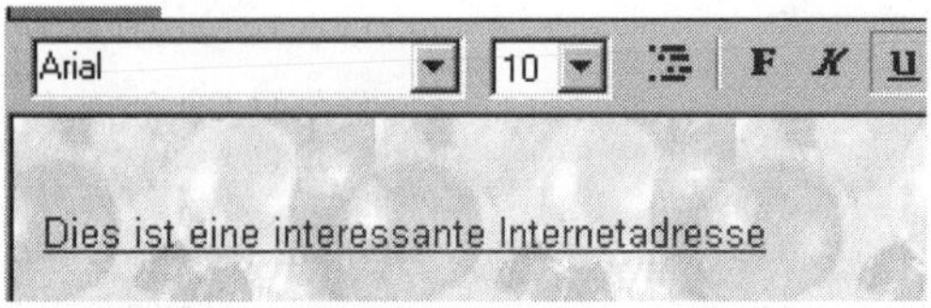

Abbildung 14.206: Darstellung eines Hyperlinks

Wenn Sie als Text die richtige Adresse schon eintippen, wird diese als Auswahl im vorherigen Fenster eingetragen.

Sie können nun E-Mails verschiedener Art mit Outlook Express erstellen, senden und empfangen.

Der NetShow Player und der RealPlayer

Der *NetShow Player* und der *RealPlayer* sind Programme, mit denen Video- und Audiodaten im *Streamingverfahren* wiedergegeben werden können.

Normalerweise müssen Sie eine Video- oder Audio-Datei zunächst komplett vom Internet herunterladen, bevor Sie sich diese ansehen bzw. anhören können. Da diese Dateien häufig sehr groß sind, müssten Sie sehr lange warten, bis die Datei heruntergeladen wäre. Um diese Zeit zu sparen sind Verfahren entwickelt worden, die Dateien dieser Art sofort abspielen können.

Dabei wird nicht gleich die ganze Datei heruntergeladen, sondern zunächst nur ein kleiner Teil. Nachdem ein kleiner Teil heruntergeladen ist, beginnt die Wiedergabe der Datei. Während der Wiedergabe werden die folgenden Daten der Datei heruntergeladen und wiedergegeben.

Wenn Ihr Internetzugang relativ schnell und kein Stau im Internet vorhanden ist, ist es so, als wenn Sie fernsehen bzw. Radio hören würden. Audiodateien können fast in CD-Qualität wiedergegeben werden. Bei Video sieht das natürlich etwas anders aus. Die Bilder sind relativ klein und es können in der Regel nicht mehr als maximal 10 Bilder pro Sekunde wiedergegeben werden. Für ein echtes Fernsehbild reicht die Datenübertragungsgeschwindigkeit des Internets bzw. der Telefonleitungen bei weitem nicht aus.

Der NetShow Player

Der *NetShow Player* ist ein Programm, das im Lieferumfang von Windows 98 enthalten ist. Er befindet sich im Unterordner des *Internet Explorers* innerhalb der *Programm*-Gruppe.

Abbildung 14.207: Der NetShow Player

Sie sehen, dass es sich um ein recht kleines Programm mit nur wenig Möglichkeiten handelt.

Zum *NetShow Player* gibt es noch etwas anzumerken. Microsoft geht bei diesem Produkt einen eigenen Weg, da dieses Programm einen von Microsoft entwickelten Standard zur Darstellung von Video- und Musik-Daten berücksichtigt. Im Internet findet dieser Standard derzeit allerdings kaum Berücksichtigung. Aus diesem Grund erhalten Sie nachfolgend Informationen über den Player, der derzeit sehr häufig im Internet anzutreffen ist, den *RealPlayer*.

Der RealPlayer

Der *RealPlayer* arbeitet sowohl in Verbindung mit dem Browser als auch als eigenständiges Programm. Klicken Sie im Internet auf einen Link, der mit einer Datei für den *RealPlayer* verknüpft ist, wird dieser automatisch geöffnet und die Datei wiedergegeben. Haben Sie Dateien im Format für den *RealPlayer* auf Ihrem Rechner gespeichert, können Sie ihn gesondert öffnen und die Datei laden.

Seiten mit Inhalten für den RealPlayer suchen

Nicht jede Seite beinhaltet Dateien, die für *RealPlayer* gedacht sind. Wenn Sie Stationen finden wollen, die sogar live senden, müssen Sie danach suchen. Sie finden Links zu solchen Seiten z. B. auf der Homepage von Real:

`http://www.real.com.`

Lassen Sie uns direkt eine Seite anwählen, die Links zu Stationen enthält. Wählen Sie z. B.:

`http://www.timecast.com/stations/index.html`

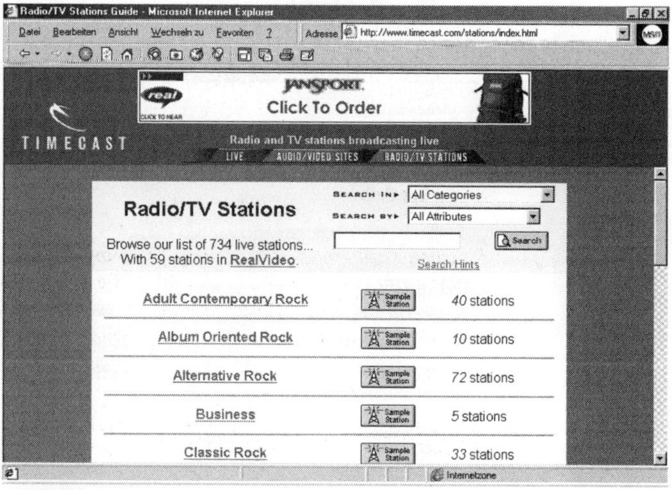

Abbildung 14.208: Eine Seite mit Links

Klicken Sie auf einen Link.

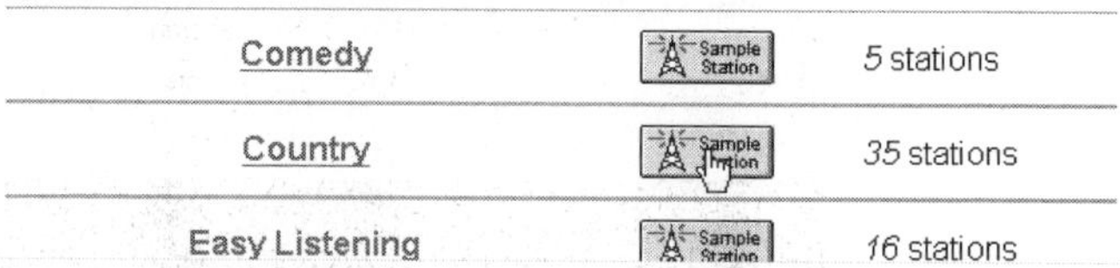

Abbildung 14.209: Einem Link folgen

Wenn dieser Link direkt auf eine Datei verweist, die das Format für den *RealPlayer* besitzt, sehen Sie, dass eine kleine Datei auf Ihren Rechner geladen wird. Diese Datei enthält lediglich den Dateinamen der endgültigen Datei, die die Audio- bzw. Videodaten enthält. Diese Datei ist für die Funktion notwendig.

Ist die Datei mit dem eigentlichen Dateinamen heruntergeladen, wird der *RealPlayer* geöffnet. Sollte ein Fehler auftreten, erhalten Sie eine entsprechende Meldung.

Abbildung 14.210: Fehlermeldung

URL öffnen verzweigt zu der Fehlerbeschreibungsseite von Real. Normalerweise ist es unnötig diesen Fehler zu finden. Sie könnten ihn ja sowieso nicht beheben. Nehmen Sie diesen Fehler in einer solchen Situation einfach als gegeben hin, und wählen Sie eine andere Seite.

Haben Sie eine Station gefunden, wird die Audio- oder Video-Datei abgespielt.

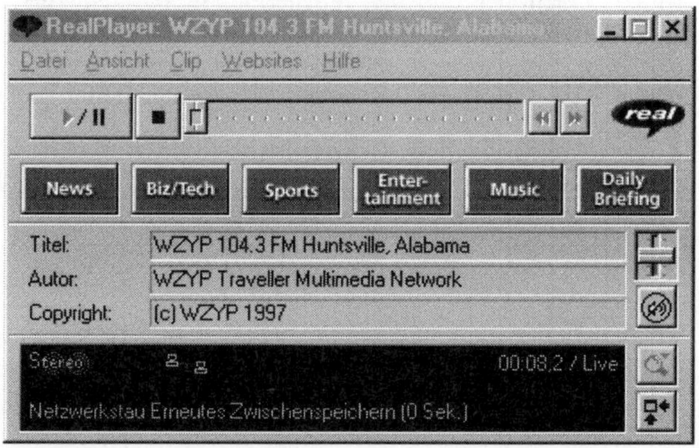

Abbildung 14.211: RealPlayer in Aktion

In diesem Fall ist die Adresse nicht nur eine Datei, sondern eine *Liveübertragung* einer Radiostation über das Internet. Sie hören also Radio über das Internet. Sie sehen unter *Titel*, dass es sich um die Station *WZYP* in *Huntsville Alabama* handelt, die vor Ort über die Frequenz 104,3 MHz auf UKW sendet.

Im unteren Bereich des *RealPlayers* erhalten Sie ständig Meldungen über den Datenübertragungsstand. In der obigen Abbildung war z. B. gerade ein Stau im Internet, so dass Daten erneut zwischengespeichert werden müssen. Ist die Verbindung gut und der Datenstrom kontinuierlich, ist es wirklich so, als ob Sie normal Radio hören. Allerdings ist dies ein etwas teures Vergnügen, da ja ständig Telefon- und Internetzugangsgebühren anfallen.

Die Bedienungstasten des *RealPlayers* entsprechen in der Funktion denen eines Casssettenrecorders, CD-Spielers etc. Sie bedürfen keiner weiteren Erklärung.

Wenn es sich nicht um eine Liveübertragung handelt, können Sie auch zurückspulen und sich die Datei von Anfang an bzw. von jedem beliebigen Punkt aus ansehen bzw. anhören.

Die Musik läuft übrigens auch im Hintergrund weiter. Der *RealPlayer* läuft im minimierten Fenster in der Taskleiste. Sie können also im Internet andere Seiten aufrufen, die keine Dateien für den *RealPlayer* enthalten, und die Musik läuft trotzdem weiter. Allerdings sind die zu übertragenden Datenmengen recht hoch, so dass der Aufbau der Seiten sehr lange dauert. Möglich ist es allerdings.

Um den *RealPlayer* abzustellen, drücken Sie auf die Stopptaste.

Stationen aus dem RealPlayer direkt aufsuchen

Wenn Sie den *RealPlayer* direkt öffnen, also nicht durch Klicken auf einen Link, der eine entsprechende Datei bzw. Livedaten enthält, finden Sie im Menü des *RealPlayers* einige Adressen.

Abbildung 14.212: Adressen im RealPlayer

Die Version des *RealPlayers*, die Sie kostenlos erhalten können, bietet nicht alle Möglichkeiten der Version von *RealPlayer Plus*, die Sie kaufen müssen. In der Plus-Version können Sie die Daten z. B. auch speichern.

Die Schaltflächen anpassen

Hinter den blauen Schaltflächen verbergen sich auch Adressen.

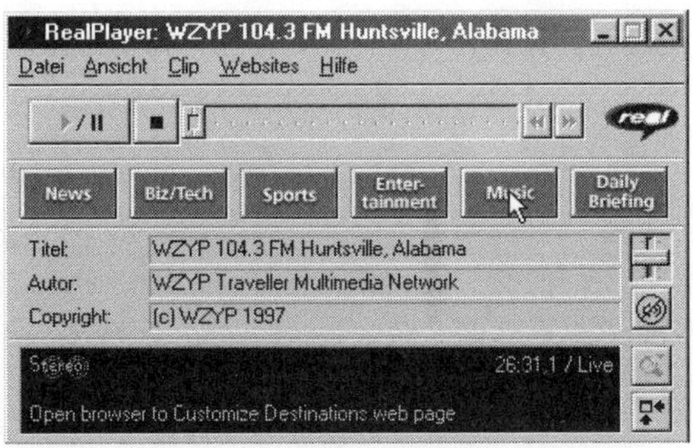

Abbildung 14.213: Schaltflächen im RealPlayer

Klicken Sie z. B. auf eine dieser Schaltflächen, gelangen Sie beim ersten Mal auf die Seite, auf der Sie die Adressen für die Schaltflächen anpassen können.

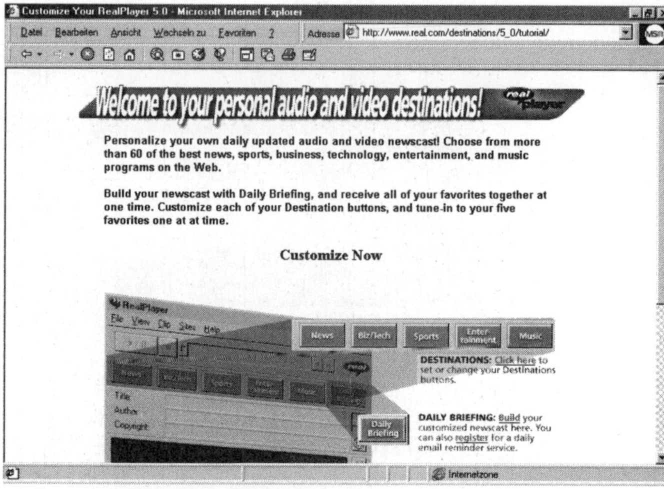

Abbildung 14.214: Seite bei Real

Folgen Sie jetzt dem Link *Destinations*, können Sie Stationen auswählen.

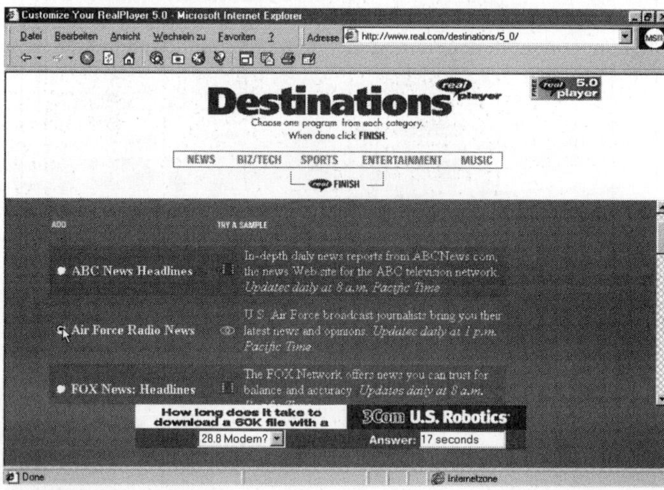

Abbildung 14.215: Auswahl von Stationen

Haben Sie Ihre Programme gewählt, brauchen Sie nur noch auf den Link *real FINISH* zu klicken. Ihre gewählten Stationen werden dann im *RealPlayer* angezeigt. Sie erhalten auch eine entsprechende Meldung (natürlich gesprochen).

Abbildung 14.216: Eine Schaltfläche angepasst

Klicken Sie jetzt auf die Schaltfläche, die nun ein Symbol beinhaltet, wird der Sender gestartet.

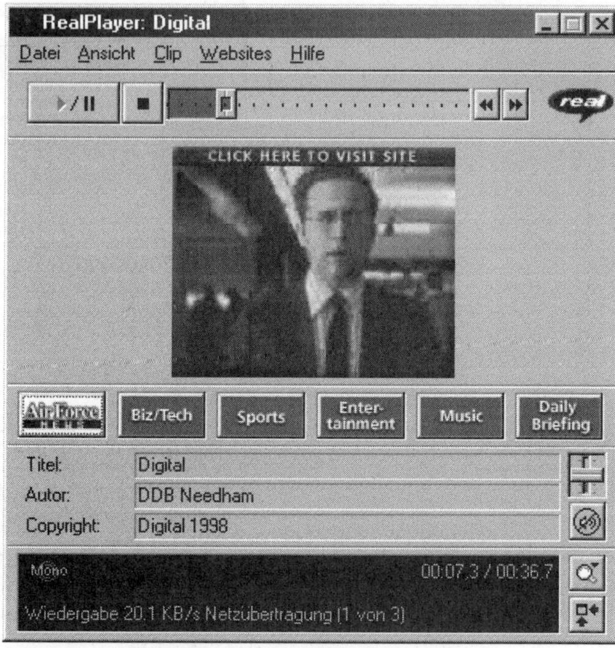

Abbildung 14.217: Der Sender hinter einer Schaltfläche

In diesem Fall ist es keine live-Radiostation, sondern es handelt sich um als Datei gespeicherte Daten. Bei der Begrüßung wird zunächst ein Video abgespielt und anschließend werden die Nachrichten gesendet. Was Sie jeweils erhalten, ist natürlich von der Station abhängig.

Wenn es sich um eine Datei handelt, ist der Verlaufsbalken in *RealPlayer* grün dargestellt. Ist dieser Balken abgeblendet, handelt es sich um eine Live-Station.

HINWEIS

Sie können alle sechs Schaltflächen belegen. In *RealPlayer Plus* gibt es noch weitere Schaltflächen.

Schauen Sie sich im Internet um. Viel Spaß!

KAPITEL

15

Multimedia

Was bislang als Multimedia in den früheren Windows-Versionen vorhanden war, wird bei Windows 98 als Unterhaltungsmedien geführt. Erfahren Sie in diesem Kapitel, was Windows 98 in dieser Hinsicht zu bieten hat und wie Sie das Vorhandene nutzen können.

Multimedia

Wenn Sie entsprechende Multimedia-Hardware wie *Soundkarte*, *Videodigitalisierer* oder einfach nur ein *CD-ROM-Laufwerk* besitzen, richtet Windows bei der Installation bereits die nötigen Treiber und Programme ein. So ist zum Beispiel *Video für Windows* automatisch Bestandteil Ihres Windows-Systems. Sie finden die entsprechenden Programme innerhalb des *Zubehör*-Ordners in einem separaten Ordner namens *Unterhaltungsmedien*. Doch alles der Reihe nach.

Die Systemsteuerung

Einstellungen prüfen

Wie schon erwähnt, richtet Windows 95 beim Installieren automatisch die nötigen Treiber ein, um Ihre Multimedia-Hardware zu unterstützen. Trotzdem kann es nötig sein, Einstellungen zu überprüfen oder einfach nur etwas zu ergänzen.

Zuständig dafür ist im Normalfall die Option *Multimedia* in der *Systemsteuerung*. Sie erreichen sie über *Start / Einstellungen / Systemsteuerung* und dann *Multimedia*.

Das Programm bietet im Normalfall die Register *Audio*, *Video*, *MIDI*, *Musik-CD* und *Geräte*.

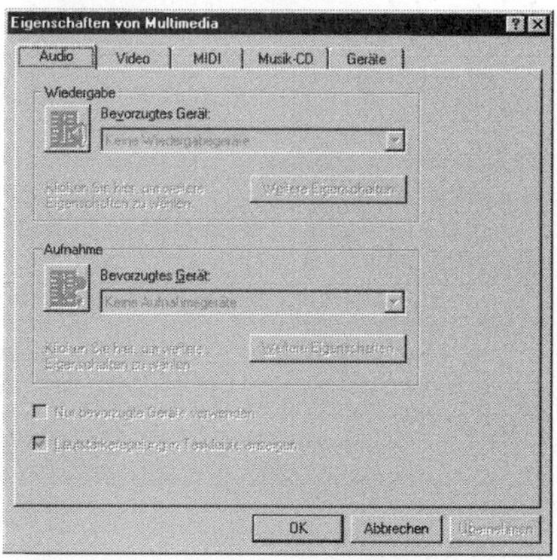

Abbildung 15.1: Multimedia-Einstellungen

Über die einzelnen Register können Sie somit die Einstellungen der entsprechenden Geräte beeinflussen. Interessant ist z. B. *Musik-CD*. Hier können Sie die Lautstärke für die *CD-Ausgabe* bestimmen.

Wichtig ist jedoch das Register *Geräte*. Damit können Sie überprüfen, welche Multimedia-Komponenten verfügbar sind. In einer Baumstruktur können Sie die einzelnen Geräte anklicken und Teilaspekte wie *Video*, *Audio* etc. auswählen.

Abbildung 15.2: Das *Geräte*-Register

Codecs überprüfen

Besonders für Video für Windows ist das *Geräte*-Register nützlich. Für die Darstellung von AVI-Videos sind spezielle *Decoder-Routinen* notwendig.

Diese werden *Codecs* genannt. Wenn Sie Probleme mit dem Abspielen eines Videos haben, können Sie hier nachsehen, ob der entsprechende Codec installiert ist.

Einstellungen für die Soundausgabe

Wenn Sie für die Klangausgabe auf Ihrem PC lediglich Werte wie *Lautstärke* etc. regeln wollen, brauchen Sie nicht über die Systemsteuerung zu gehen. Wenn die Soundkarte in das System integriert ist, erscheint in der Statusleiste ein Symbol dafür – ein kleiner Lautsprecher. Sie haben nun drei Möglichkeiten, die Einstellungen der Soundkarte zu beeinflussen.

- *Ändern der Lautstärke*
  Durch einen einfachen Mausklick auf das Lautsprechersymbol wird ein *Lautstärkeregler* eingeblendet. Mit dem Schieberegler können Sie die Lautstärke ändern, mit *Ton aus* den Bereich an- oder ausstellen.
- *Aufruf der Systemsteuerung zum Thema Audio*
  Dazu klicken Sie den Lautsprecher mit der rechten Maustaste an und wählen aus dem Kontextmenü *Audioeigenschaften wählen*.
- *Mixer starten*
  Moderne Soundkarten haben nicht nur einen Tonkanal, sondern bieten auch MIDI-Kanäle u.v.m. Dafür existiert der *Mixer*. Wenn Sie auf den Lautsprecher doppelklicken, wird der für Ihre Soundkarte passende *Mixer* aufgerufen.

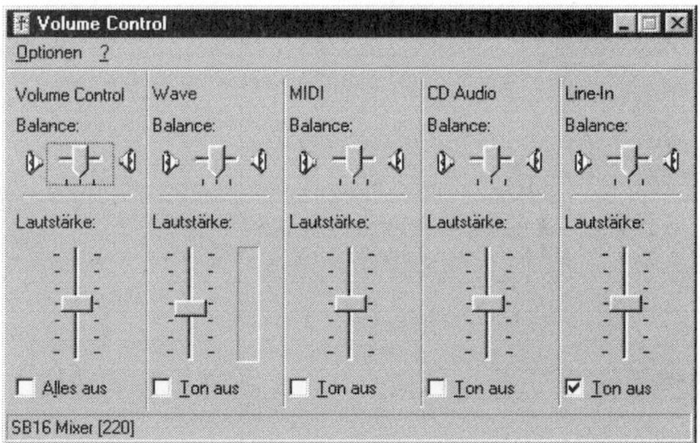

Abbildung 15.3: Der Mixer für die Soundblaster-Karte

Die Darstellung auf dem Bildschirm könnte auf Ihrem PC also abweichen. Mit dem Mixer können Sie die Balance und die Lautstärke jedes einzelnen Tonkanals ändern.

HINWEIS

Der Aufruf von *Start / Programme / Zubehör / Unterhaltungsmedien / Lautstärkeregelung* ruft dieses Programm ebenfalls auf.

Die Medienwiedergabe

Dieses Programm kennen Sie vielleicht schon aus Windows 3.x oder Windows 95. Die *Medienwiedergabe* dient dazu, Videos, Klänge, MIDI-Dateien und auch Musik-CDs wiederzugeben.

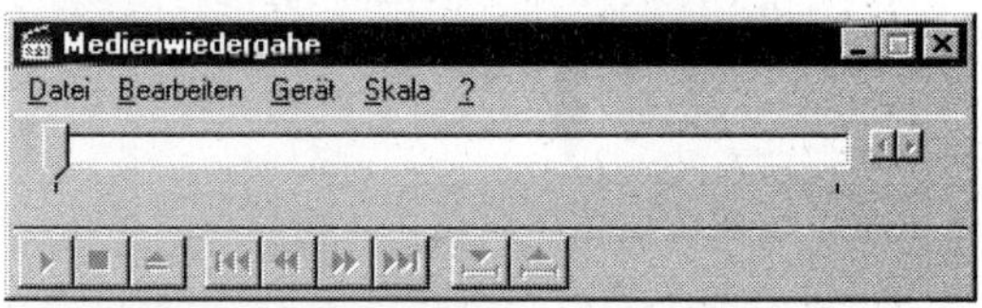

Abbildung 15.4: Die Medienwiedergabe

Falls Sie die Medienwiedergabe noch nicht kennen: Sie bedienen Sie wie einen Kassettenrecorder. Vorher wählen Sie unter *Gerät* die Art der abzuspielenden Datei aus. Dann öffnen Sie sie und spielen sie mit dem *Abspielen*-Knopf ab.

HINWEIS

Im *Geräte*-Menü haben Sie die Möglichkeit, die Eigenschaften des entsprechenden Geräts direkt zu beeinflussen.

Der Audiorecorder

Mit dem *Audiorecorder* nehmen Sie mit einer Soundkarte und einer entsprechenden Klangquelle Töne, Geräusche etc. auf. Diese können Sie z. B. via OLE in eine Word-Datei übernehmen und so ganz einfach ein Multimedia-Dokument erzeugen.

Abbildung 15.5: Der Audiorecorder

Wenn Sie den Audiorecorder noch nicht so gut kennen, hier ein kurzer Überblick, wie man damit arbeitet:

- Um aufzunehmen klicken Sie den roten *Aufnahme*-Knopf an.
- Wenn Sie die Aufnahme beenden wollen, klicken Sie auf den viereckigen *Stop*-Knopf.
- Danach müssen Sie speichern: Wählen Sie *Datei / Speichern unter*.

Die Qualität ändern

Sie haben auch die Möglichkeit die Qualität der Datei zu ändern. Dafür gehen Sie auf *Datei / Speichern unter* und klicken dann *Eigenschaften* an. In dem erscheinenden Fenster klicken Sie auf *Umwandeln*. Wählen Sie die Qualität aus, die Sie möchten, und bestätigen Sie mit *OK*.

Abbildung 15.6: Ändern Sie hier die Qualität

Die CD-Wiedergabe

Mit Ihrem CD-ROM-Laufwerk können Sie auch Musik-CDs abspielen. Das Programm *CD-Wiedergabe* ist so komfortabel, dass es selbst einem klassischen, echten *CD-Player* Konkurrenz machen kann.

Nach dem Start des Programms wird nach einer Musik-CD verlangt – sofern nicht schon eine eingelegt ist. Folgen Sie dieser Aufforderung, wird für die CD ein neuer Datensatz angelegt.

Abbildung 15.7: Neue CD erkannt

De CD-Wiedergabe behandelt nämlich die CDs »intelligent«. Aufgrund der unverwechselbaren Eigenschaften einer CD (Laufzeit, Titeleinträge etc.) können verschiedene CDs unterschieden werden.

Wiedererkennung

Dadurch können Sie die einzelnen Lieder einer CD nicht nur nach Nummern, sondern direkt nach den Namen der einzelnen Stücke abspielen.

Vor das Vergnügen stellt Windows allerdings die Arbeit. Die Titel jeder einzelnen CD müssen eingegeben werden.

Rufen Sie die Funktion *CD / Wiedergabeliste bearbeiten* in der Menüleiste auf. Daraufhin erscheint ein Dialog, in dem Sie alle wichtigen Fakten einer CD eingeben können:

- ✓ *Interpret:* der oder die Interpreten der CD
- ✓ *Bezeichnung:* der Titel der CD

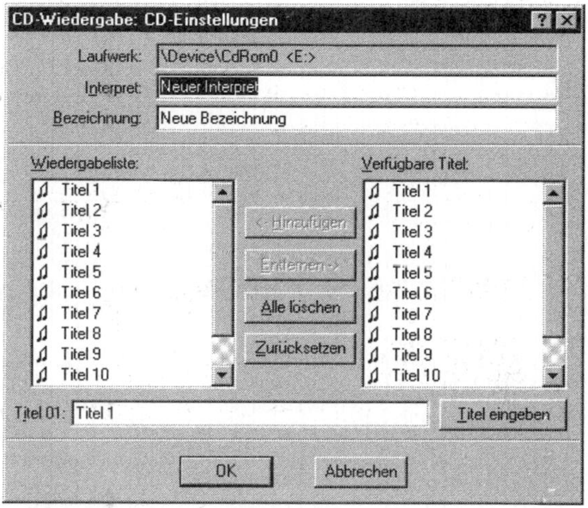

Abbildung 15.8: Die Wiedergabeliste

Die Wiedergabeliste

Zusätzlich zur Verwaltung der Titel können Sie für jede CD auch eine eigene Liedreihenfolge programmieren.

Mit den Schaltflächen zwischen *Wiedergabeliste* und *Verfügbare Titel* aktivieren oder deaktivieren Sie die entsprechenden Titel.

In der Zeile darunter können Sie Schritt für Schritt die einzelnen Titel eingeben. Mit *OK* bestätigen Sie Ihre Eingaben.

Wenn Sie auf diese Art und Weise alle Titel Ihrer CDs eingegeben haben, können Sie hinterher bequem Titel direkt über den Namen anwählen.

Neben diesen Funktionen hat die CD-Wiedergabe noch einige andere zu bieten, die das Programm dem echten CD-Player sehr nahe bringen:

- Über die Schaltflächen im Hauptfenster können Sie einzelne Titel anspringen, vor- und zurückspulen usw. Die nachgeahmte Digitalanzeige gibt dabei Titel und Zeiten an.
- Über die ersten drei Funktionen des *Ansicht*-Menüs können Sie verschiedene Elemente der CD-Wiedergabe ein- und ausschalten.

- Mit den zweiten drei Funktionen von *Ansicht* können Sie in verschiedene Zeitanzeige-Modi umschalten.

Die Optionen

Auch das *Optionen*-Menü enthält noch einige interessante Möglichkeiten:

- Wenn Sie *Optionen / Shuffle* aktivieren, wird die Liedreihenfolge rein zufällig vom Programm ausgewählt.
- Ist *Auto-Repeat* aktiviert, wird die CD nach dem letzten Stück wiederholt.
- Mit *Intro-Scan* werden jeweils nur einige Sekunden des aktuellen Titels abgespielt. Danach wird zum nächsten Titel gesprungen.
- Mit *Einstellungen* wird ein Dialog geöffnet, in dem Parameter wie die Schriftart des Displays eingestellt werden können.

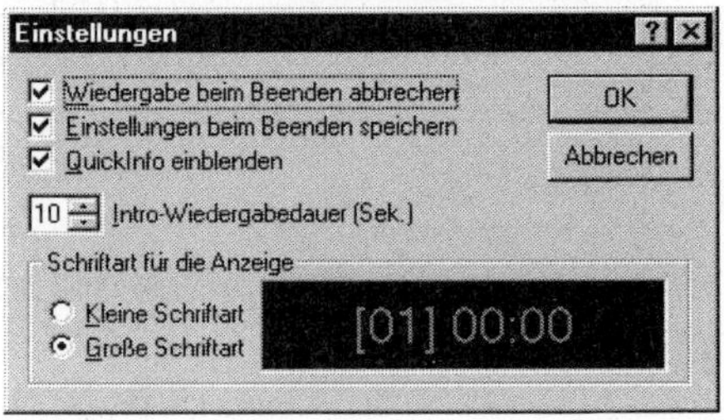

Abbildung 15.9: Einstellungen für Wiedergabe

TEIL IV

Tips, Tricks und Tuning

Wie Sie das System von Windows 98 optimal einstellen und welche Möglichkeiten der Wartung und Pflege Sie haben, erfahren Sie in diesem Teil des Buchs. Dabei wird auch auf Hardware-Komponenten hinsichtlich Windows 98 eingegangen. Erweitern Sie Ihren Computer unter Windows 98 und stellen Sie die einzelnen Elemente richtig auf Windows 98 ein.

KAPITEL

Die Speicherverwaltung

Speicher ist eines der Dinge im Computer, die nicht fehlen dürfen. Prinzipiell kann man nicht genug davon bekommen. Dies gilt für alle Arten von Speicher, die vom Computer benötigt werden – also gleichermaßen für Festplatten- und Arbeitsspeicher. Erfahren Sie hier, wie Windows 98 beide Speicherarten kombinieren kann.

16

Die Speicherverwaltung

Während der Festplattenspeicher hauptsächlich dafür verantwortlich ist, Daten auf der Platte zu speichern (und diese so dem Anwender permanent zur Verfügung zu stellen), beeinflusst der Arbeitsspeicher maßgeblich die Leistungsfähigkeit und Schnelligkeit des Computers.

Flüchtiger Speicher

Beim RAM (**R**andom **A**ccess **M**emory) handelt es sich um einen flüchtigen Speicher, der von einzelnen Komponenten des Computers, z. B. vom Hauptprozessor, zum Zwischenspeichern, Ablegen und Austauschen von Daten benutzt wird. *Flüchtig* bedeutet in diesem Zusammenhang, dass die in diesem Speicher abgelegten Daten beim Ausschalten des Computers verloren gehen.

Der Speicher wird bei Ausführung einer Anwendung in großen Maßen genutzt. Sie kennen vielleicht den Ausdruck *Systemvoraussetzungen* auf Software-Verpackungen. Dort steht oftmals »mindestens 4 MByte RAM« oder Ähnliches. Dies ist dann die Mindestmenge an RAM, die diese Software zur Ausführung benötigt. Setzen Sie unter Windows 98 mehrere Programme gleichzeitig ein, was des Öfteren der Fall sein wird, werden aus den 4 MByte sehr schnell 8 MByte oder mehr.

Aus diesem Grund ist es besser, den Computer mit so viel RAM wie möglich auszustatten, was allerdings eine Preisfrage ist, denn RAM kostet schließlich Geld. Einen Ausweg aus diesem Engpass bildet der *virtuelle Speicher*.

Virtueller Speicher

Festplatte gleich RAM?

Windows 98 ist in der Lage, dem System vorzutäuschen, dass mehr Speicher da ist, als im Computer tatsächlich installiert ist. Dabei wird ein Bereich der Festplatte reserviert und dem System als RAM angeboten. D. h., dass die Daten, die ansonsten in den »richtigen« (Arbeits-) Speicher übertragen würden, auf die Festplatte in den reservierten Bereich *»ausgelagert«* werden.

Vor- und Nachteil

Der reservierte Bereich auf der Festplatte ist eine »normale« Datei, was den Vorteil hat, dass bei genügend freiem Festplattenspeicherplatz auch genügend virtueller Speicher zur Verfügung gestellt werden kann. Der Nachteil ist allerdings, dass eine Festplatte wesentlich langsamer ist als RAM. Ein Faktor von mehr als 150 ist hier realistisch. Das bedeutet wiederum, dass – wenn der virtuelle Speicher vom System genutzt wird – die Schnelligkeit darunter leidet.

Die Auslagerungsdatei

Windows 98 verwendet die *Auslagerungsdatei*, um den Hauptspeicher zu entlasten. Dadurch können mehr Programme und Dateien gleichzeitig in den Speicher geladen werden, als es durch die physikalische Kapazitätsbegrenzung der Speicherbausteine (RAM) möglich wäre.

Windows 98 installiert beim Start eine dynamische Auslagerungsdatei. Das bedeutet, dass bereits während des Bootvorgangs eine solche Datei angelegt wird. Die Größe richtet sich dabei nach den Anforderungen, die während des Arbeitens anfallen. Die Größe der Auslagerungsdatei wird dabei immer wieder aufs Neue angepasst, ohne dass Sie etwas davon merken.

Den virtuellen Speicher festlegen

Dass Windows 98 die Größe der Auslagerungsdatei dynamisch anpasst, ist im Normalfall das Optimum. Sollten dennoch Gründe dafür sprechen, dass Windows 98 diese Verwaltungsaufgabe nicht übernehmen soll, haben Sie die Möglichkeit, dies zu ändern.

Aktivieren Sie zu diesem Zweck die *Systemsteuerung*. Durch einen Doppelklick auf das Symbol *System* wird ein Fenster mit mehreren Registern geöffnet. Das Register *Leistungsmerkmale* ist für das Geplante erforderlich.

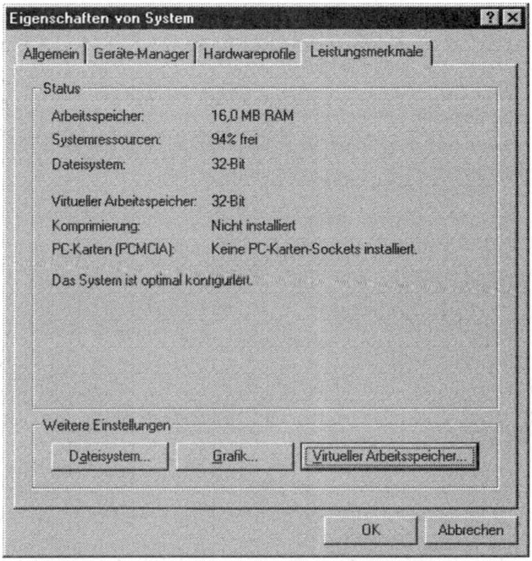

Abbildung 16.1: Hier wird die Leistung beeinflusst

Sie werden feststellen, dass in dem Register an sich nichts zu verändern ist. Deshalb klicken Sie auf die Schaltfläche *Virtueller Arbeitsspeicher*, woraufhin sich ein neuer Dialog aufbaut.

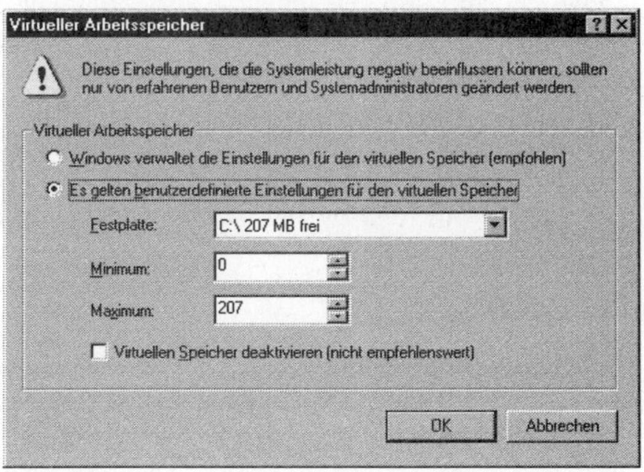

Abbildung 16.2: Der virtuelle Speicher

Klicken Sie die zweite Option an, damit Sie die Einstellungen für die Auslagerungsdatei vornehmen können.

Im Listenfeld *Festplatte* werden alle verfügbaren Laufwerke angezeigt. Ob es sich dabei tatsächlich um separate Festplattenlaufwerke und/oder Partitionen handelt, lässt sich hier nicht feststellen. Wählen Sie die Festplatte aus, auf der Sie die Auslagerungsdatei erstellen lassen wollen.

KNOW-HOW

Bei mehreren Festplatten sollten Sie unbedingt das schnellste Laufwerk verwenden, da sich der permanente Zugriff auf eine Auslagerungsdatei bei einem langsamen Festplattenlaufwerk äußerst störend bemerkbar macht.

Die Größe festlegen

Die Größenangaben werden in die entsprechenden Felder für *minimale* und *maximale Größe* eingetragen. Die minimale Größe legt fest, wie viel Speicherplatz mindestens verwendet werden soll. Der Wert im Feld *Maximum* legt fest, bis zu welcher Größe der virtuelle Speicher ausgedehnt werden kann. Vorgegeben wird hier der derzeit freie Speicherplatz des ausgewählten Laufwerks. Dieser sollte allerdings verkleinert werden.

Größe der Auslagerungsdatei

Ein wichtiges Kriterium für die Festlegung der Werte ist die Größe des Bereichs auf der Festplatte, die Sie für eine Auslagerungsdatei zur Verfügung stellen. Die Entscheidung dafür hängt von mehreren Kriterien ab. Wenn Ihr Computer über wenig Arbeitsspeicher verfügt (z. B. 16 MByte) und Sie mit vielen Anwendungen gleichzeitig arbeiten, sollten Sie eine große Auslagerungsdatei verwenden.

Arbeiten Sie dagegen in der Regel nur mit einer Anwendung, kann die Auslagerungsdatei entsprechend kleiner ausfallen. Das Gleiche gilt bei Vorhandensein eines großen Arbeitsspeichers (z. B. 96 MByte). Auf der anderen Seite müssen Sie natürlich abwägen, wie viel Platz Sie auf der Festplatte zur Verfügung stellen können.

Kein virtueller Speicher

Sollten Sie keinen virtuellen Speicher einsetzen wollen, aktivieren Sie das Kontrollkästchen am unteren Rand des Dialogs. Dies ist allerdings nicht zu empfehlen.

Überhaupt ist das Verändern des virtuellen Speichers ein heikles Thema, was Sie auch beim Verlassen des Dialogs mit *OK* erfahren.

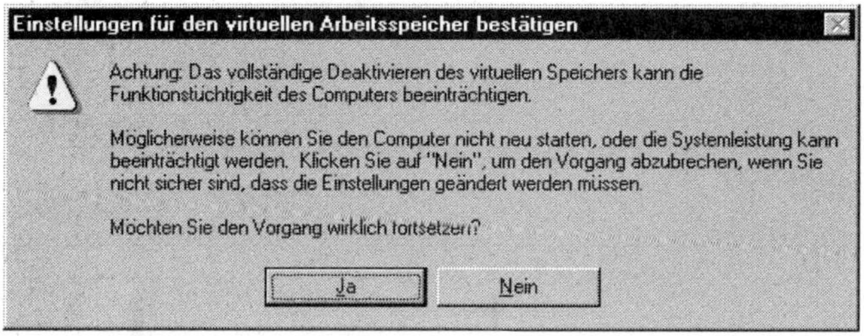

Abbildung 16.3: Sind Sie sicher?

Damit die geänderten Einstellungen verwendet werden können, muss ein Neustart des Systems erfolgen. Diese Option wird Ihnen nach Betätigen der Schaltfläche *Schließen* im Register angeboten.

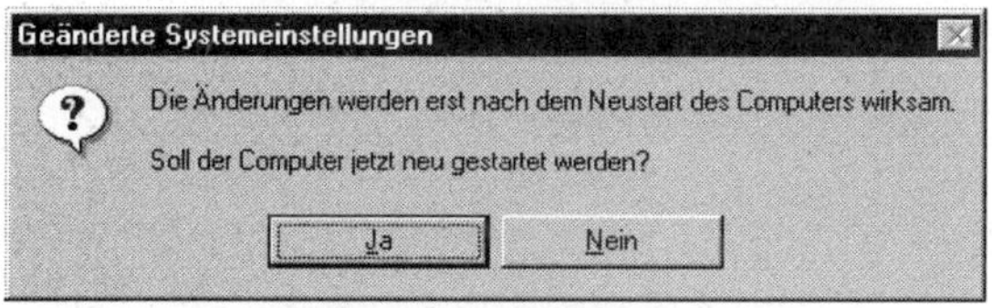

Abbildung 16.4: Neustart durchführen?

Einrichtung von Speicher in der MS-DOS-Box

Sie haben im bisherigen Verlauf erfahren, wie wichtig ein ausreichend dimensionierter Speicher für die Arbeit am Computer ist. Dies ist nicht nur bei Windows-Programmen wichtig, sondern auch bei Programmen, die auf der MS-DOS-Ebene arbeiten. Setzen Sie solche Programme ein, ist es von Vorteil zu wissen, wie dort die Speicherzuteilung aussieht bzw. verändert werden kann.

Jedes Programm einzeln

Bevor die Änderungen vorgenommen werden können, muss das Programm im System lokalisiert werden. Dies ist erforderlich, weil die Speicherzuordnung für jedes MS-DOS-Programm einzeln betrachtet werden kann. Die Einstellungen gelten dann auch nur für dieses eine Programm. Weiteren MS-DOS-Programmen können Sie auch andere Einstellungen zuweisen.

Für die Lokalisierung ist der Explorer am besten geeignet. Starten Sie ihn, und suchen Sie die MS-DOS-Anwendung, so dass das entsprechende Symbol angeklickt werden kann.

Ist dies geschehen, klicken Sie das Symbol mit der rechten Maustaste an. Es erscheint ein Kontextmenü mit dem Befehl *Eigenschaften*. Wählen Sie diesen an und es öffnet sich ein Fenster mit einer Reihe von Registern. Wechseln Sie zum Register *Speicher*.

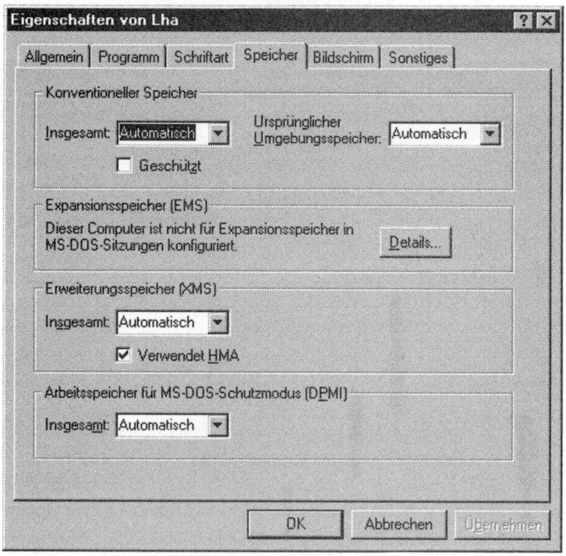

Abbildung 16.5: Die Speicherzuweisung

In diesem Register werden die unterschiedlichsten Speicherarten in Bezug auf das ausgewählte MS-DOS-Programm verwaltet.

Sie sehen, dass alle Listenfelder auf *Automatisch* stehen. Dies ist nicht durch Zufall so. Windows 98 kann die Zuweisung der Speicheranforderungen am besten von sich aus regeln, da dem System die derzeitige Speicherauslastung jederzeit genau vorliegt und es entsprechend reagieren kann.

Zu erwähnen ist das Kontrollkästchen *Geschützt* im Bereich *Konventioneller Speicher*. Durch die Aktivierung dieses Kästchens werden die beiden Speicherbereiche von Windows 98 und der MS-DOS-Anwendung durch weitere Sicherheitsmaßnahmen voneinander abgeschirmt.

Das System schützen

Dadurch ist Ihr System besser davor geschützt, sollte z. B. bei der MS-DOS-Anwendung ein Problem auftreten. Dies hat dann keinen Einfluss mehr auf die Windows-98-Umgebung, allerdings kostet die Sicherheitsmaßnahme ein wenig Rechenleistung.

Bevor Sie in diesem Dialog Einstellungen ändern, sollten Sie bedenken, dass dies dazu führen kann, dass die MS-DOS-Anwendung anschließend unter ungünstigen Umständen nicht mehr startet.

Cache-Speicher für Festplatten und CD-ROM-Laufwerke einrichten

Die Laufwerke eines Computers sind für die Verarbeitung von Daten von großer Bedeutung. Sie speichern Dateien, stellen diese für Anwendungen zur Verfügung usw. Bei allen diesen Funktionsabläufen muss vom Laufwerk gelesen oder darauf geschrieben werden.

Da das Lesen bzw. Schreiben immer mit Zeitaufwand verbunden ist, wird versucht, diese Vorgänge zu beschleunigen. Dadurch wird eine schnellere Arbeitsabwicklung ermöglicht, und der Anwender muss nicht auf den Computer »warten«.

Speicher statt Laufwerk

Um die Beschleunigung zu realisieren, wird der vorhandene RAM-Speicher, der wesentlich schneller als die Laufwerke ist, benutzt, um Daten zwischenzuspeichern. Diese können anschließend direkt von dort aus sehr schnell übertragen und müssen nicht erst vom Laufwerk geholt werden.

Im Einzelnen haben Spezialisten verschiedene Verfahren entwickelt, wie dieser Vorgang, auch unter Berücksichtigung von Zugriffsmechanismen, optimale Verbesserungen hervorbringt.

In Windows 98 ist es nicht möglich, die Werte für diese Verfahren zu verändern. Lediglich die globalen Einstellungen für die Festplattenlaufwerke und das CD-ROM-Laufwerk können verändert werden.

Beide Einstellungen werden über ein Dialogfenster innerhalb unterschiedlicher Register vorgenommen. Das Fenster öffnen Sie durch Starten der *Systemsteuerung*, Aktivierung des Symbols *System* und Wechsel zum Register *Leistungsmerkmale*.

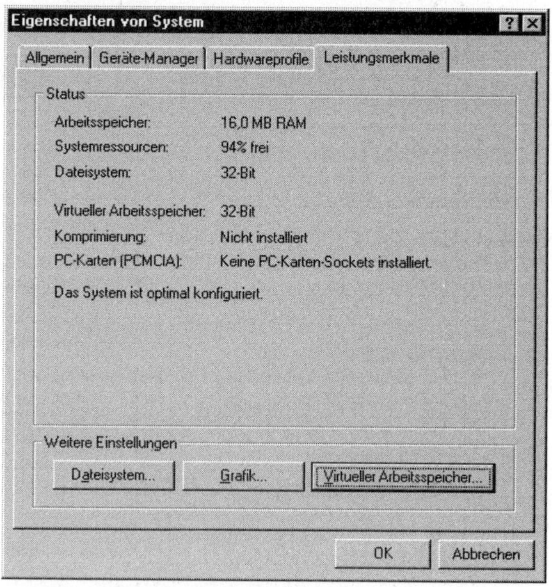

Abbildung 16.6: Die *Leistungsmerkmale*

Innerhalb dieses Fensters klicken Sie auf die Schaltfläche *Dateisystem*. Es wird ein neues Fenster geöffnet, das unter anderem das Register *Festplatte* bereithält.

Die Einstellungen für das Festplattenlaufwerk

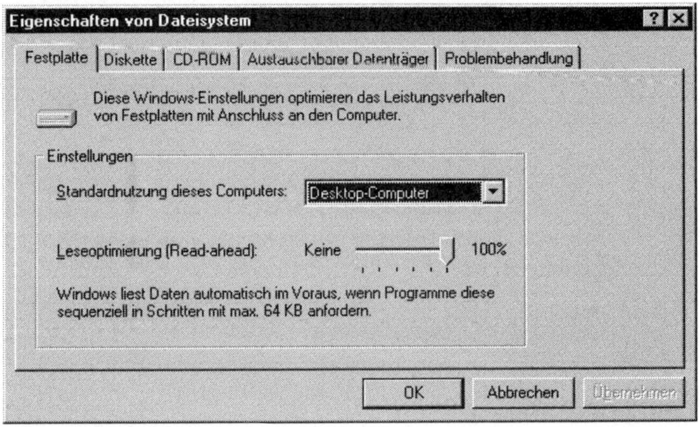

Abbildung 16.7: Das Register *Festplatte*

In diesem Register haben Sie zwei Einstellungsmöglichkeiten. Zum einen können Sie hier festlegen, in welcher Funktion der Rechner hauptsächlich eingesetzt werden soll. Dies geschieht durch das aufklappbare Listenfeld. In den meisten Fällen wird der vorgegebene Eintrag *Desktop-Computer* zum Einsatz kommen.

Die zweite Einstellung betrifft das Lesen von der Festplatte. Die Einstellung der Optimierung wird in Prozent eingegeben und mittels eines Schiebers eingestellt. Sollte er auf 100% stehen, belassen Sie ihn dort. Weitere Einstellungen können hier nicht vorgenommen werden.

Die Einstellungen für das CD-ROM-Laufwerk

Für die CD-ROM-Einstellungen wechseln Sie zum Register *CD-ROM*. Auch hier können zwei Einstellungen verändert werden.

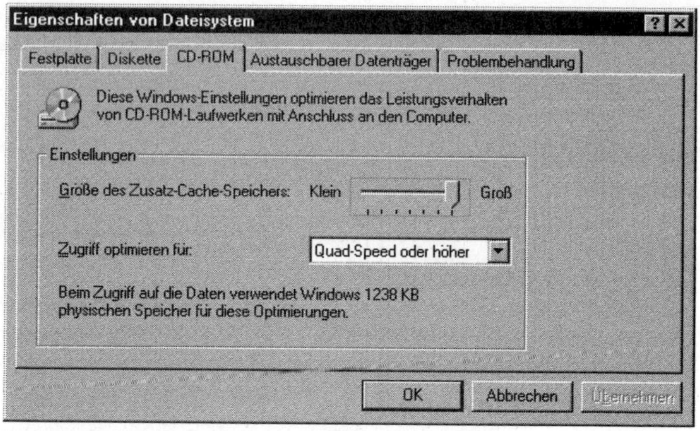

Abbildung 16.8: Das CD-ROM-Laufwerk

In diesem Register befindet sich der Schieber oben und das Listenfeld unten. Diesmal beziehen sich die Angaben auf CD-ROM-Laufwerke.

Die Speichergröße

Sie können bei der Speichergröße jetzt nur zwischen *Klein* und *Groß* variieren. Auch hier ziehen Sie den Schieber mit der Maus auf eine andere Position, um die Einstellung zu verändern.

Das Modell auswählen

Im Listenfeld werden die verschiedenen Modelle in allgemeiner Form angeboten. Wählen Sie hier den Eintrag aus, der auf Ihr CD-ROM-Laufwerk zutrifft.

Damit haben Sie Ihr System optimal an den Speicher angepasst, auch wenn Sie nicht viel »richtigen« Speicher besitzen.

KAPITEL

17

OLE – Object Linking and Embedding

Windows 98 hält noch mehr Überraschungen parat. So ist auch die Arbeitsweise, wie Daten verwaltet und miteinander kombiniert werden, sehr interessant. Hier finden sich Möglichkeiten, die das Zusammenspiel von unterschiedlichen Arten von Daten auf einfache Weise erlauben. Erfahren Sie nachfolgend, wie dies bewerkstelligt werden kann.

OLE – Object Linking and Embedding

OLE ist eines der Schlagworte, die immer wieder in Verbindung mit Windows genannt werden. Wenn der Begriff *Object Linking and Embedding* ins Deutsche übertragen wird, dann ist leicht erkennbar, um was es sich dabei handelt. Mit einem Objekt ist hier ein mittels einer Anwendung erstelltes Dokument gemeint. Dabei kann es sich um eine Grafik, einen Sound, eine Videosequenz oder ähnliche Dinge handeln.

Object Linking bedeutet Verknüpfen mit einem Objekt und *Embedding* bezeichnet das Einbetten eines Objekts. Bezogen auf eine Datendatei heißt dies, dass Objekte einer anderen Anwendung in eine Datendatei eingefügt werden und damit dann verbunden sind.

Mit dem *OLE*-Verfahren stehen zwei Möglichkeiten der Verbindung von einem Objekt zu einem Dokument zur Verfügung. Zum einem das *Einbetten* in eine Datei und zum anderen das *Verknüpfen* von einer Datei.

Embedding bedeutet einbetten

Beim *Embedding*-Verfahren wird ein Objekt aus der Entwicklungsanwendung in das Dokument einer anderen Anwendung eingebettet. Dabei wird das eingebettete Objekt zusammen mit dem gesamten Dokument abgespeichert. Dem eingebetteten Objekt liegen jedoch zusätzliche Informationen bei, die auf die Entwicklungsanwendung verweisen, in der dieses Objekt entstanden ist.

Sind im Dokument Änderungen an dem eingebetteten Objekt nötig, so genügt es, dieses Objekt mit einem Doppelklick zu aktivieren. Die Entwicklungsanwendung, mit der dieses Objekt erstellt worden ist, wird daraufhin automatisch gestartet und das Objekt zum Bearbeiten geladen. Das Objekt muss dabei nicht als eigenständige Datei vorliegen.

Nachdem Sie die erforderlichen Änderungen vorgenommen haben, genügt es die Anwendung zu schließen und das geänderte Objekt erscheint in seinem neuen Zustand im Dokument. Die Verbindung zur Objektdatei wird dabei nicht berücksichtigt, was bedeutet, dass die Objektdatei in vielen Dokumenten eingebettet und dort nach belieben verändert werden kann, ohne die originale Objektdatei zu beeinflussen.

Linking bedeutet verbinden

Neben der Einbettung gibt es auch die Möglichkeit, Objekte zu verknüpfen (Linking). So kann beispielsweise eine Datei aus *Paint* mit einem Dokument von *WordPad* verknüpft werden. Die Informationen, mit welcher Ursprungsanwendung das Objekt erstellt worden ist, sind auch hierbei im

Dokument mit abgespeichert. Der Unterschied besteht darin, dass beim Verknüpfen eine Objektdatei vorhanden sein muss.

Bei einer Änderung des Objekts innerhalb des *WordPad*-Dokuments wird durch einen Doppelklick auf dem Objekt die entsprechende Anwendung gestartet und das Objekt geladen. Nachdem die Änderung vorgenommen worden ist, kann diese Anwendung beendet werden, und das geänderte Objekt wird ins *WordPad*-Dokument übernommen.

Gegenüber dem Einbetten (Embedding) besteht bei der Verknüpfung (Linking) ein Verweis zur Originaldatei des Objekts. Dies bedeutet, dass Änderungen an einem verknüpften Objekt auch in die Originaldatei übernommen werden.

Wird das Objekt von seiner Ursprungsanwendung geändert, ohne dass diese aus der Verknüpfung heraus aufgerufen wurde, so wird in der Zielanwendung das Objekt entweder automatisch oder bei Bedarf »von Hand« aktualisiert.

HINWEIS

Das Verknüpfen ist dann von Vorteil, wenn ein Objekt in mehreren Dokumenten eingefügt wird und dort immer die gleichen Objektdaten vorliegen sollen.

Einbettung eines Objekts

Wird ein Objekt in einem neuen bzw. bestehenden Dokument eingebettet, so kann das Objekt zu jedem späteren Zeitpunkt geändert werden. Es besteht eine Verbindung zwischen dem Objekt und der Ursprungsanwendung, mit welcher das Objekt erzeugt wurde.

Ein Objekt ist z. B. eine Zeichnung aus einem Grafikprogramm wie Paint, eine Balkengrafik aus Excel oder eine CAD-Zeichnung aus AutoCAD. Es kann eine bestehende Datei eingebettet werden. Sie können allerdings auch ein neu zu erstellendes Objekt einbetten. Es dürfen nur solche Objekte sein, die auch von dem zu verwendenden Programm unterstützt werden, so kann z. B. in einem ASCII-Editor keine Grafikdatei eingebettet werden.

Ein Objekt aus Paint in WordPad einbetten

Um ein Objekt, wie z. B. aus dem *Zubehör*-Programm Paint, in ein Dokument der Anwendung WordPad einzubetten, gehen Sie wie folgt vor:

Zunächst starten Sie WordPad, da hier ein Dokument entsteht, in das ein Objekt eingebettet werden soll.

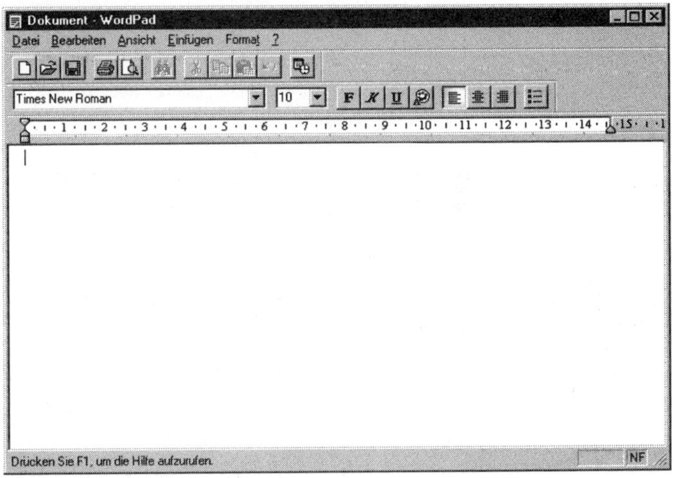

Abbildung 17.1: Das Programm *WordPad*

Nach dem Start wird sofort ein leeres Dokument zur Weiterverarbeitung vorbereitet. So können Sie ohne weitere Aktivitäten direkt mit dem Einbetten beginnen.

Ein neues Objekt erstellen und einbetten

Aus dem Menü *Einfügen* wählen Sie den Eintrag *Objekt* und es erscheint folgender Dialog:

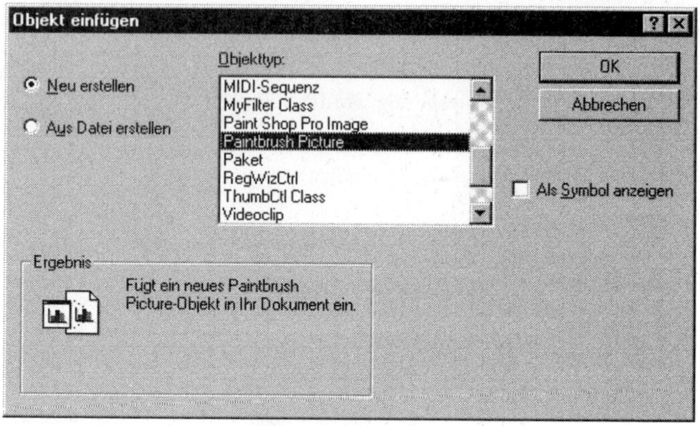

Abbildung 17.2: Der Dialog *Objekt einfügen*

In der Liste werden die Objekttypen, welche zur Verfügung stehen, angezeigt. Dabei handelt es sich um jene Anwendungen, die das OLE-Verfahren unterstützen und ermöglichen. Aus dieser Liste können Sie eine Ursprungsanwendung wählen.

Da in diesem Beispiel eine Paint-Grafik eingebettet werden soll, ist *Paintbrush-Picture* der anzuwählende Listeneintrag. In dem darunter liegenden Informationskasten *Ergebnis* werden bei Anwahl der verschiedenen Listeneinträge Erläuterungen zu den einzelnen Objekttypen angezeigt. Hier können Sie kontrollieren, ob es sich um das gewünschte Objekt handelt, das Sie einbetten möchten.

Sie schließen den Dialog mit *OK* ab und automatisch wird die Funktionalität des Programms *Paint* gestartet. Dies ist mit Absicht so formuliert worden, da hier nicht Paint als eigenständiges Programm gestartet wurde, sondern die Funktionen innerhalb von WordPad aktiviert sind.

Im Arbeitsbereich wird ein markierter Rahmen angezeigt, der die Größe des Objekts darstellt. Sie können innerhalb dieses Rahmens Ihr Bild erzeugen.

Nachdem Sie das gewünschte Bild gemalt haben, klicken Sie mit der linken Maustaste in der weißen Fläche neben oder unter dem Rahmen, und das Bild wird innerhalb des Dokuments von WordPad dargestellt.

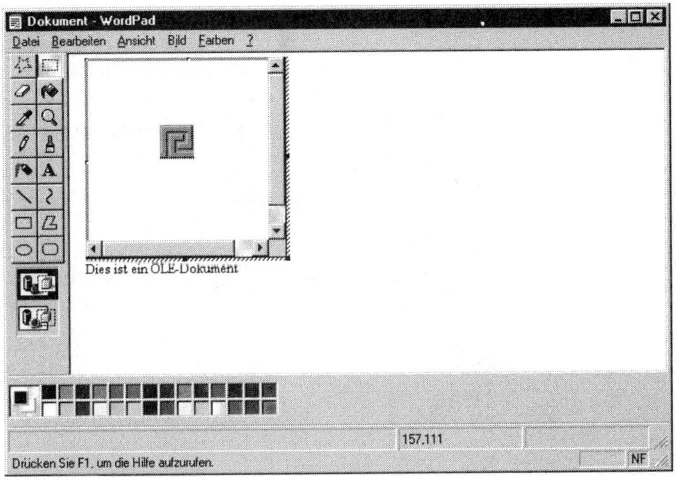

Abbildung 17.3: Das Programm *Paint* in WordPad

Je nachdem ob Sie in dem Dialog *Objekt einfügen* das Kontrollkästchen *Symbol* aktiviert oder deaktiviert haben, wird das Objekt als Symbol oder als Bild dargestellt.

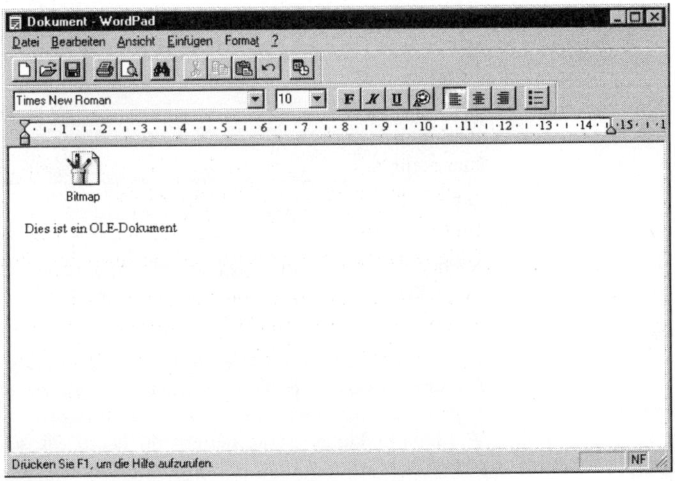

Abbildung 17.4: WordPad mit eingebettetem Objekt als Symbol

Sie können das Dokument von WordPad abspeichern und zu einem späteren Zeitpunkt wieder laden. Möchten Sie dann eine Änderung an dem eingebetteten Objekt vornehmen, genügt es, das Objekt mit einem Doppelklick zu aktivieren. Dadurch wird die Ursprungsanwendung geladen und Sie können das Objekt bearbeiten.

Ein bestehendes Objekt einbetten

Im Dialogfeld *Objekt einfügen* befinden sich links neben der Liste zwei Optionsschaltflächen, mit denen Sie die Möglichkeit haben, ein neues Objekt zu erstellen oder aber eine vorhandene Datei einzubetten.

Wählen Sie die Option *Aus Datei erstellen* an, so ändert sich das Listenfenster in eine Pfadanweisung, zeitgleich erscheint eine Schaltfläche *Durchsuchen* und ein Kontrollkästchen *Verknüpfen*. Mit der Schaltfläche *Durchsuchen* können Sie in einem weiteren Dialog eine gewünschte Datei lokalisieren und auswählen.

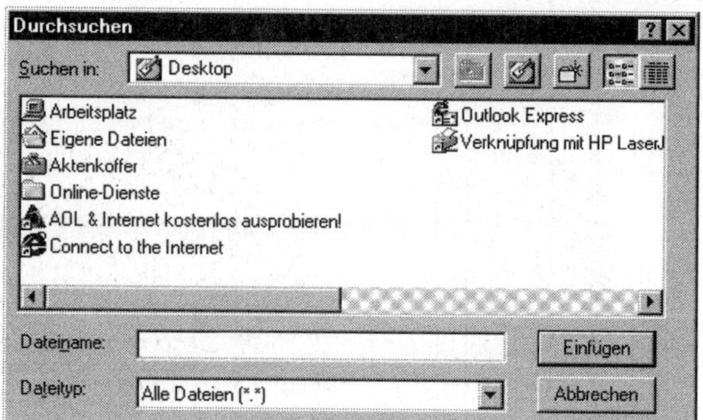

Abbildung 17.5: Das Dialogfeld *Durchsuchen*

Nachdem Sie die gewünschte Datei gewählt und den Dialog mit *Einfügen* bestätigt haben, erscheint in der Pfadanweisung *Datei* die vollständige Pfadangabe der Datei.

Ein Klick auf *OK* beendet das Einbetten eines bestehenden Objekts in das Dokument, wobei Sie darauf achten müssen, dass das Kontrollkästchen *Link* deaktiviert bleibt. Das ausgewählte Objekt ist anschließend im WordPad-Dokument eingebettet und kann, wie schon weiter oben erwähnt, bearbeitet werden.

Das Objekt als Symbol einbetten

Im Dialogfeld *Objekt einfügen* existiert das Kontrollkästchen *Symbol*. Es ermöglicht durch seine Aktivierung das Einbetten des Objekts als Symbol. Dabei wird dann nicht der Inhalt des Objekts z. B. das eigentliche Bild, sondern ein Symbol als Stellvertreter in dem Dokument dargestellt.

HINWEIS

Dies hat einen schnelleren Bildschirmaufbau in WordPad zur Folge, da das Objekt nicht ständig aufgebaut werden muss.

Das Objekt kann anschließend immer noch wie bekannt bearbeitet werden. Nur wird jetzt das Symbol doppelt angeklickt.

Verknüpfen eines Objekts

Als weiteres Verfahren der Einbindung eines Objekts steht das *Verknüpfen* zur Verfügung. Dabei wird dem Objekt das Ursprungsprogramm und die Originaldatei als Information mitgegeben. Gegenüber dem Einbetten hat die Änderung eines Objekts in der Originaldatei auch Auswirkungen auf die Zieldokumente, mit denen es verknüpft ist. Somit kann das Objekt in mehreren Zielanwendungen mit immer gleichem Inhalt eingefügt werden.

Ein Objekt aus Paint mit einem WordPad-Dokument verknüpfen

Wie beim Einbetten eines Objekts soll auch das Verknüpfen anhand der Programme Paint und WordPad angezeigt werden. Laden Sie dazu das Programm WordPad erneut.

Aus dem Menü *Einfügen* wählen Sie auch hier den Eintrag *Objekt* und der Dialog *Objekt einfügen* wird dargestellt. Aktivieren Sie links in der Dialogbox die Option *Aus Datei erstellen* und suchen Sie durch Betätigen der Schaltfläche *Durchsuchen* die gewünschte Datei innerhalb des Dialogfelds *Durchsuchen*. Wählen Sie eine zuvor mit Paint erstellte Datei aus, z. B. ÄGYPTEN aus dem Windows-Verzeichnis, und bestätigen den Dialog mit *Einfügen*.

Aktivieren Sie anschließend das Kontrollkästchen *Link*, um die Datei nicht einzubetten, sondern zu verknüpfen. Beenden Sie den Dialog durch Betätigen von *OK*. Das ausgewählte Objekt wird daraufhin in das WordPad-Dokument an der aktuellen Stelle der Einfügemarke eingefügt.

Je nachdem ob Sie im Dialog *Objekt einfügen* das Kontrollkästchen *Symbol* aktiviert oder deaktiviert haben, erscheint das Objekt als Symbol oder Bild.

Möchten Sie zu einem späteren Zeitpunkt Änderungen an dem Objekt vornehmen, können Sie mit einem Doppelklick auf das Objekt die Ursprungsanwendung laden, das Objekt ändern und durch Beenden der Ursprungsanwendung das geänderte Objekt übernehmen.

Weitere Möglichkeiten der Objektbearbeitung

Haben Sie ein Objekt verknüpft eingefügt, können Sie mit einem Klick der rechten Maustaste auf das Objekt ein Menü aufrufen.

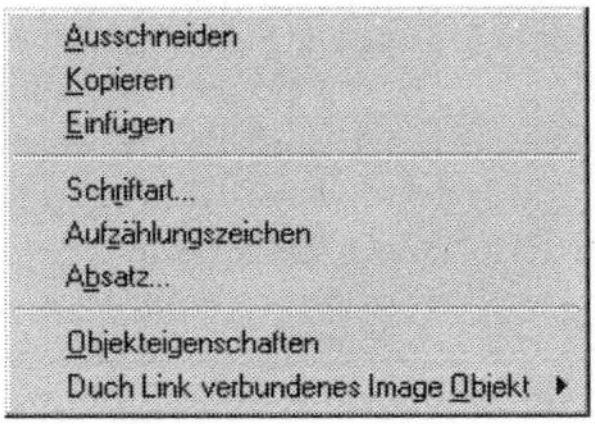

Abbildung 17.6: Das geöffnete *Kontext*-Menü

Die allgemeinen Eigenschaften

Mittels des Eintrags *Objekteigenschaften* rufen Sie den Dialog *Verknüpfe Bitmap-Eigenschaften* auf. In diesem Dialog ersehen Sie im Register *Allgemein*, um welchen Typ von Datei es sich handelt, welche Ursprungsgröße sie besitzt und in welchem Pfad sich die Quelldatei befindet.

Abbildung 17.7: Die allgemeinen Eigenschaften der Verknüpfung

Das Register *Ansicht*

Aktivieren Sie das Register *Ansicht*, dann können Sie wählen, ob das Objekt als *bearbeitbare Information*, das heißt als Bild, oder als *Symbol* dargestellt werden soll.

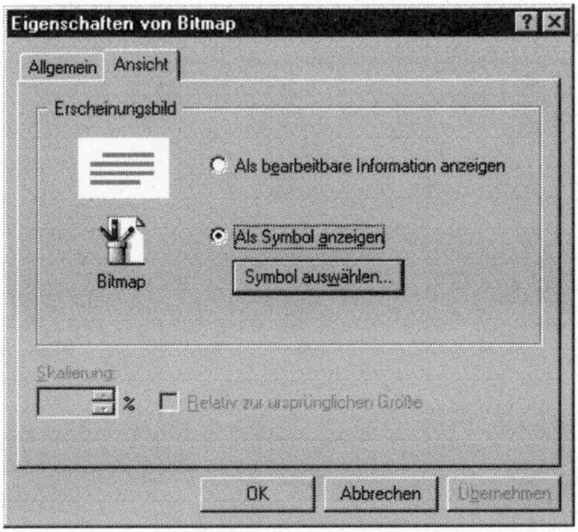

Abbildung 17.8: Die *Ansicht*-Eigenschaften

Das Symbol wechseln

Mittels der Schaltfläche *Symbol auswählen* können Sie im erscheinenden gleichnamigen Dialog ein anderes Symbol bestimmen.

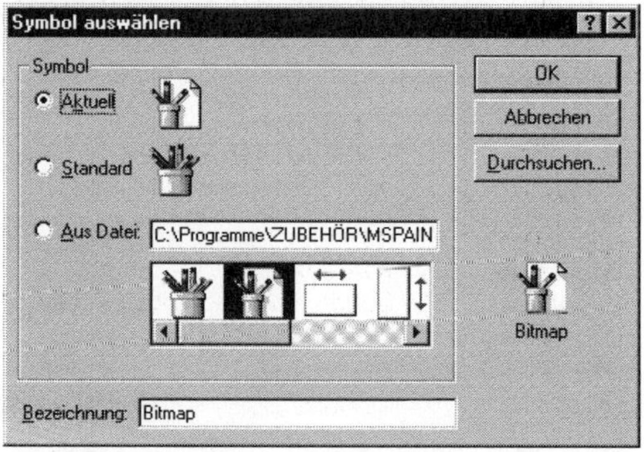

Abbildung 17.9: Das Dialogfeld zur Auswahl eines anderen Symbols

Es stehen im Feld *Symbol* drei Optionen zur Verfügung: *Aktuell*, die das gerade aktuelle Symbol für die Verknüpfung anzeigt, *Standard*, die das standardmäßige Symbol für diese Art der Verknüpfung benutzt, und *Aus Datei*. Hierbei können Sie ein anderes Symbol aus einer beliebigen Datei wählen, die Symbole integriert hat, wie z. B. DLLs oder EXE-Dateien.

Sofern Sie nicht genau wissen, wo sich die gewünschte Datei befindet, aus der Sie das Symbol einlesen möchten, können Sie mit der Schaltfläche *Durchsuchen* die Datei im Dialog lokalisieren. Haben Sie eine Datei ausgewählt, dann werden im Listenfeld die zur Verfügung stehenden Symbole nebeneinander angezeigt. Im Eingabefeld *Bezeichnung* können Sie zusätzlich die Beschriftung für die Verknüpfung ändern.

Die Verknüpfungsquelle ändern

Im Register *Verknüpfen* können Sie die Quelle der Verknüpfung ändern, indem Sie auf den Schalter *Quelle ändern* im Feld *Verknüpft mit* klicken und im darauf folgenden Dialog eine andere Quelldatei wählen.

Im Bereich *Aktualisieren* können Sie wählen, ob bei Änderung des Inhalts der Quelldatei das Dokument bzw. Objekt automatisch oder manuell aktualisiert werden soll. Wann eine letzte Aktualisierung des Objekts stattfand, ersehen Sie im Bereich *Letzte Aktualisierung*.

Mittels der Schaltfläche *Quelle öffnen* können Sie die Ursprungsanwendung mit der Quelldatei laden und Änderungen an dem Objekt vornehmen. Über die Schaltfläche *Jetzt aktualisieren* wird das Objekt innerhalb des Dokuments aktualisiert.

Mit der Schaltfläche *Entfernen* wird die Verknüpfung mit der Quelldatei getrennt. Dies hat zur Folge, dass eine Änderung der Quelldatei nicht mehr im aktuellen Dokument übernommen werden kann. Eine Änderung des Objekts ist somit nur noch aus dem Dokument heraus möglich.

Ist das Objekt eingebettet, stehen über den Aufruf des Menübefehls *Objekteigenschaften* nur zwei Einträge zur Verfügung; *Allgemein* und *Ansicht*. Der Eintrag *Verknüpfen* fällt weg, da hier keine Verknüpfung vorliegt. Die Register *Allgemein* und *Ansicht* entsprechen denen der Verknüpfung.

Pakete erstellen mit dem *Objekt-Manager* (Packager)

Der in Windows 95 enthaltene *Objekt-Manager (Packager)* wird auch unter Windows 98 mitgeliefert. Mit dem Objekt-Manager können Sie Pakete erstellen, die Sie in Ihren Anwendungen kopieren können. Es ist sogar möglich, solche Pakete zu erstellen, die ein weiteres Programm aufrufen oder Befehle ausführen. Die Pakete können bei Bedarf editiert werden.

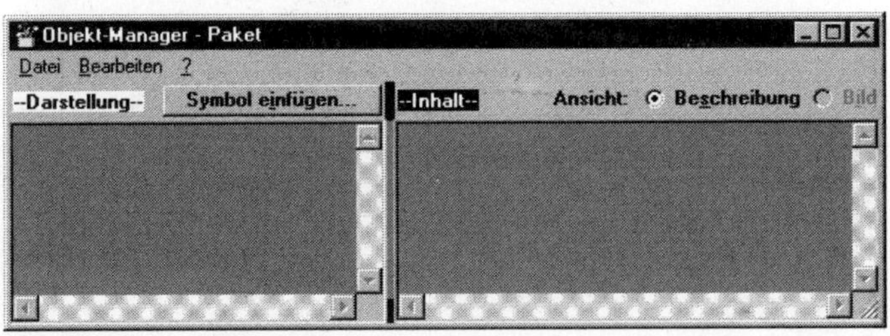

Abbildung 17.10: Der *Objekt-Manager*

Den *Objekt-Manager* ins Menü einbinden

Der Objekt-Manager wird auch unter Windows 98 nicht automatisch in das bestehende Startmenü aufgenommen. Über den Explorer können Sie den Objekt-Manager in das Startmenü einbinden. Rufen Sie dazu den Explorer durch Klick mit der rechten Maustaste auf die *Start*-Schaltfläche und dem erscheinenden Eintrag *Explorer* auf.

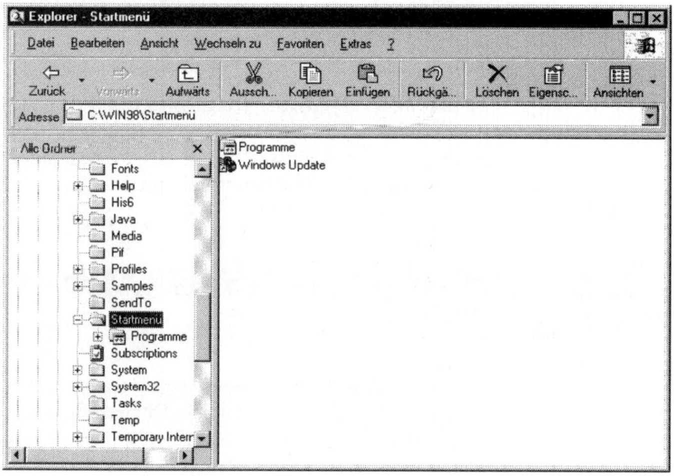

Abbildung 17.11: Der *Explorer*

Im linken Verzeichnisfenster wählen Sie den Eintrag Ihres Windows-98-Ordners an. Dieser kann, je nachdem welche Vorgabe Sie vergeben haben, unterschiedlich bezeichnet sein, z. B. *Windows*. Nachdem Sie den Windows-Ordner angewählt haben, werden im rechten Dateifenster alle Dateien angezeigt, die sich in diesem Ordner befinden.

Suchen Sie die Datei *Packager*, indem Sie das Dateifenster scrollen. Das Auffinden der Datei sollte problemlos möglich sein, da die Datei-Einträge alphabetisch sortiert sind.

Nachdem Sie die Datei gefunden haben, klicken Sie auf das »+« vor dem Ordner *Startmenü* im linken Verzeichnisfenster und wiederum auf das darin enthaltene »+« vor dem Ordner *Programme*. Befinden sich anstelle der »+«-Symbole bereits »-«-Symbole, dann erübrigt sich das Öffnen der Verzeichnisstruktur.

Wenn Sie exakt auf die »+«-Symbole und nicht auf die Ordner-Einträge geklickt haben, dann werden im Dateifenster immer noch die Dateien des Windows-Ordners dargestellt. Ziehen Sie nun die Datei *Packager* bei gehaltener linker Maustaste aus dem rechten Dateifenster über den Ordner *Zubehör* innerhalb des Ordners *Programme* im linken Verzeichnisfenster und lassen dann die Maustaste los. Klicken Sie auf den Ordner *Zubehör* und dessen Inhalt wird im rechten Dateifenster angezeigt. Dort sehen Sie den neuen Eintrag *Verknüpfung mit Packager*.

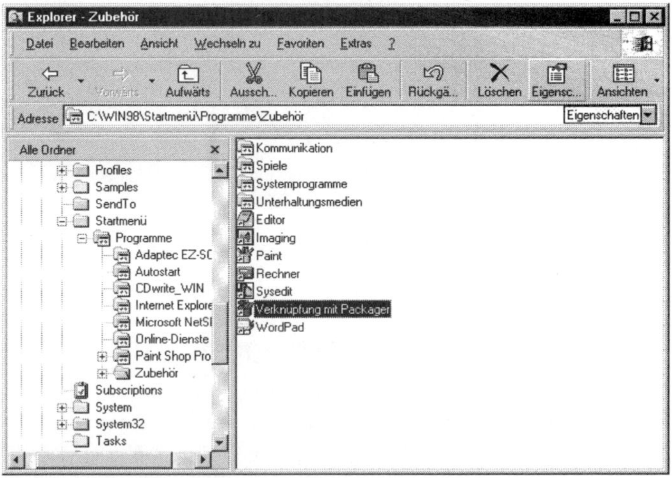

Abbildung 17.12: Der verknüpfte Packager

Den Eintrag umbenennen

Sie können den Eintrag umbenennen, indem Sie mit der rechten Maustaste auf das Symbol klicken und *Umbenennen* wählen. Es erscheint ein Cursor am Ende des markierten Eintrags. Sie können die neue Beschriftung eingeben, z. B. *Objekt-Manager*. Damit haben Sie den Objekt-Manager in das Menü *Zubehör* eingebunden und können ihn jetzt auch über das Menü *Start / Programme / Zubehör* aufrufen.

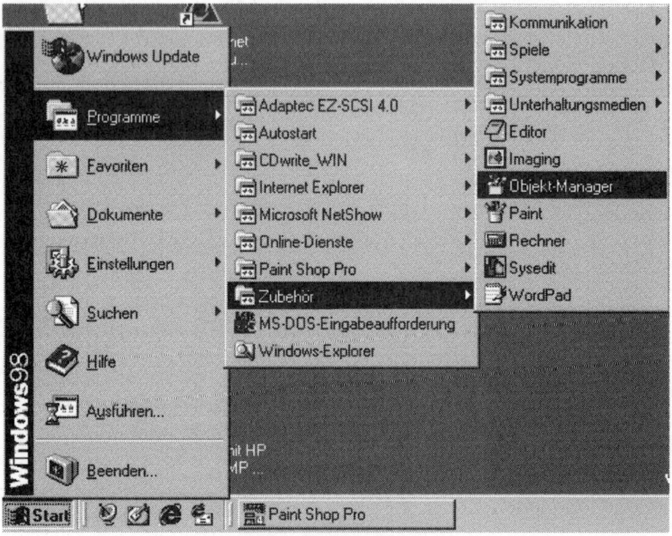

Abbildung 17.13: Das erweiterte Zubehör

Die Menüs des *Objekt-Managers*

Die Funktionalität des Objekt-Managers soll anhand der Menüfunktionen erläutert werden. Aus diesem Grund starten Sie den Objekt-Manager. Wenn Sie die Einbindung des Objekt-Managers im vorherigen Unterkapitel durchgeführt haben, dann können Sie ihn über das Startmenü im *Zubehör* starten.

Das Menü *Datei*

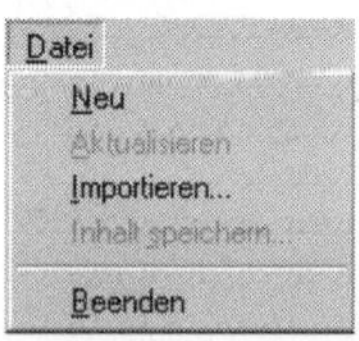

Abbildung 17.14: Das *Datei*-Menü

Im Menü *Datei* befindet sich der Eintrag *Neu*. Mit diesem wird ein neues Paket angelegt.

Mit dem Eintrag *Aktualisieren* können Sie ein Paket aktualisieren, d. h. auf den aktuellen Stand bringen.

Der Eintrag *Importieren* dient zum Einbinden einer ganzen Datei in ein Paket.

HINWEIS

Beachten Sie jedoch, dass nur ganze Dateien als Inhalt in Anwendungen eingebettet werden können, eine Verknüpfung ist als Paket nicht möglich. Werden dagegen markierte Bereiche aus einem Dokument mittels des Eintrags *Einfügen* aus dem Menü *Bearbeiten* als Inhalt eingefügt, so ist eine Verknüpfung möglich.

Mit dem Eintrag *Inhalt speichern* können Sie den Inhalt eines Pakets für die Verwendung zu einem späteren Zeitpunkt speichern.

Mit *Beenden* verlassen Sie den Objekt-Manager.

Das Menü *Bearbeiten*

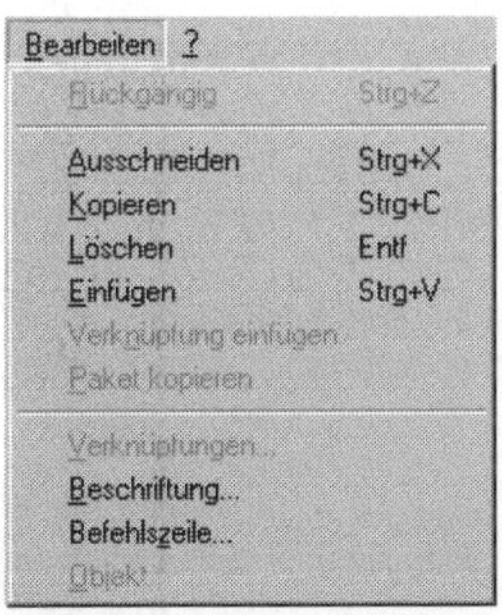

Abbildung 17.15: Das *Bearbeiten*-Menü

Im Menü *Bearbeiten* finden Sie alle Möglichkeiten zur Bearbeitung und Übertragung der Pakete bezüglich einer anderen Anwendung.

Im Wesentlichen stehen dort der Eintrag *Rückgängig* für die Rücknahme der letzten Aktion und die Einträge *Ausschneiden*, *Kopieren*, *Löschen* und *Einfügen* für die Bearbeitung der Pakete zur Verfügung.

Des Weiteren finden Sie den Eintrag *Verknüpfung einfügen*. Dieser ist nur dann aktiv, wenn ein Teilbereich aus einer Datei oder einem Dokument in einem Paket als Inhalt eingefügt wurde, und ermöglicht die automatische Verknüpfung mit dem Teilbereich aus der Originaldatei bzw. dem -dokument. Eine Änderung dieses Teilbereichs innerhalb des Originaldokuments oder der -datei hat die automatische Aktualisierung des Pakets zur Folge.

Paket kopieren ermöglicht das Kopieren eines kompletten Pakets, also inkl. Symbol und Beschriftung, in einer anderen Anwendung, so dass eine spätere Bearbeitung dieses Pakets aus der Anwendung heraus ohne Einschränkungen möglich ist.

Im unteren Bereich des Menüs *Bearbeiten* befindet sich der Eintrag *Verknüpfungen*, mit dem ein verknüpfter Inhalt eines Pakets bearbeitet werden kann.

Beschriftungen dient zur Beschriftung des Symbols im linken Fenster des Objekt-Managers und gleichzeitig zur besseren Erläuterung des Pakets.

Mit dem Eintrag *Befehlszeile* können Sie einem Paket alle Befehle zuordnen, die Sie auch in der MS-DOS-Oberfläche eingeben können, auch der Aufruf einer Windows-Anwendung ist möglich.

Der letzte Eintrag im Menü *Bearbeiten* dient zur Bearbeitung des Objekts in seiner Ursprungsanwendung. Bei Aktivierung dieses Eintrags wird die Ursprungsanwendung mit dem Inhalt des Pakets geladen und steht zur Bearbeitung zur Verfügung. Wird die Ursprungsanwendung wieder beendet, werden die Änderungen in das Paket übernommen.

Das Menü *?*

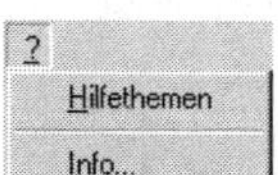

Abbildung 17.16: Das *?*-Menü

Im Menü *?* finden Sie die Hilfedokumentation und die Info-Box zum Objekt-Manager.

Der *Objekt-Manager* in der Praxis

Der Objekt-Manager hat einen bestimmten Fensteraufbau, der kurz erläutert werden soll.

Im linken Fenster des Objekt-Managers wird die Darstellung, wie das Paket in der Anwendung erscheint, angezeigt. Sie besteht aus dem Symbol der Ursprungsanwendung und der Beschriftung. Mittels der Schaltfläche *Symbol einfügen* können Sie ein anderes Symbol für das Paket wählen. Dabei dürfen Sie auch Symbole aus anderen Dateien einlesen.

Im rechten Fenster wird der Inhalt des Pakets entweder als *Beschreibung* oder als *Bild* dargestellt.

Ein Beispieleinsatz des *Objekt-Managers*

Nehmen wir einmal an, Sie müssten einen Umsatzbericht über Ihre Firma erstellen. In diesem Bericht soll ein bestimmter Teil aus Ihrer Statistik, die Sie mit Excel erstellt haben, als Tabelle übernommen werden.

Sie können mit dem Programm WordPad den Bericht erstellen und mit dem Tabulator eine Tabelle erzeugen, dann laden Sie das Programm Excel und die aktuelle Statistik. Sie notieren sich die gewünschten Zahlen auf einem Notizzettel, wechseln dann wieder zu WordPad und tragen in Ihrer notdürftigen Tabelle die Werte ein – ein sehr umständlicher Weg.

Im Zusammenhang mit dem Objekt-Manager gehen Sie folgendermaßen vor:

Sie starten die Anwendung WordPad, schreiben Ihren Bericht bis zu jener Stelle, an der die Tabelle eingefügt werden soll. Dann starten Sie die Anwendung Excel und markieren jenen Bereich aus der Tabelle, den Sie benötigen, und kopieren diesen mit dem Eintrag *Kopieren* aus dem Menü *Bearbeiten* in die Zwischenablage.

Starten Sie das Programm *Objekt-Manager*. Dort klicken Sie auf den Eintrag *Einfügen* im Menü *Bearbeiten*. Im linken Fenster des Objekt-Managers erscheint das Excel-Symbol und im rechten Fenster der Eintrag *Kopie von Microsoft Excel-Tabelle*.

Damit haben Sie bereits ein Paket mit dem Inhalt der benötigten Tabelle erstellt. Um dem Paket eine bessere Übersicht zu geben, aktivieren Sie im linken Fenster den Eintrag *Beschriftung* im Menü *Bearbeiten*. Im darauf folgenden Dialog geben Sie z. B. »Excel – Statistik für Umsatzbericht« ein und bestätigen den Dialog mit *OK*.

Dem Paket ist somit eine eindeutige Bezeichnung gegeben, so dass nach dem Kopieren in das WordPad-Dokument zu einem späteren Zeitpunkt immer noch ersichtlich ist, um welchen Inhalt es sich bei diesem Paket handelt.

Wollen Sie, dass diese Statistik bzw. der Inhalt des Pakets immer automatisch aktualisiert wird, sobald die Werte in der Statistik des Excel-Dokuments geändert werden, so müssen Sie das Paket mit dem Dokument der Excel-Datei verknüpfen. Wählen Sie dazu anstelle des Menübefehls *Einfügen* den Eintrag *Verknüpfung einfügen*. Der Eintrag im rechten Fenster des Objekt-Managers ändert sich und zeigt an, mit welcher Datei die Verknüpfung stattgefunden hat.

Soll die Verknüpfung aufgehoben oder eine andere Quelle der Verknüpfung gewählt werden, so wählen Sie den Eintrag *Verknüpfungen* aus dem Menü *Bearbeiten*. Im erscheinenden Dialog haben Sie die Möglichkeit zu entscheiden, ob die Aktualisierung automatisch, also immer dann, wenn Änderungen in der Quelldatei vorgenommen wurden, oder manuell stattfinden soll.

Bei der manuellen Aktualisierung müssen Sie selbst über das gleiche Menü die Aktualisierung vornehmen, indem Sie den Schalter *Jetzt aktualisieren* betätigen. Des Weiteren können Sie die Verknüpfung löschen oder eine andere Quelle (Datei oder Programm) der Verknüpfung wählen.

Mit der Schaltfläche *Aktivieren* wird automatisch in die Ursprungsanwendung und zu dem markierten Bereich gewechselt und Sie können den Inhalt des Pakets ersehen. Mit dem Schalter *Bearbeiten* wird ebenfalls zur Ursprungsanwendung gewechselt, jedoch können Sie den Inhalt des Pakets bearbeiten oder neu festlegen. Durch Beenden der Anwendung werden Änderungen in das Paket übernommen.

Mit *OK* bestätigen Sie den Dialog *Verknüpfungen*. Jetzt muss nur noch das Paket in das Dokument von WordPad kopiert werden. Aktivieren Sie dazu innerhalb des Objekt-Managers den Eintrag *Paket kopieren* im Menü *Bearbeiten*.

Wechseln Sie anschließend nach WordPad und setzen die Einfügemarke an die Position, an der das Paket eingefügt werden soll. Wählen Sie den Eintrag *Einfügen* aus dem Menü *Bearbeiten* und das Paket wird an der Position eingefügt und als editierbare Information dargestellt.

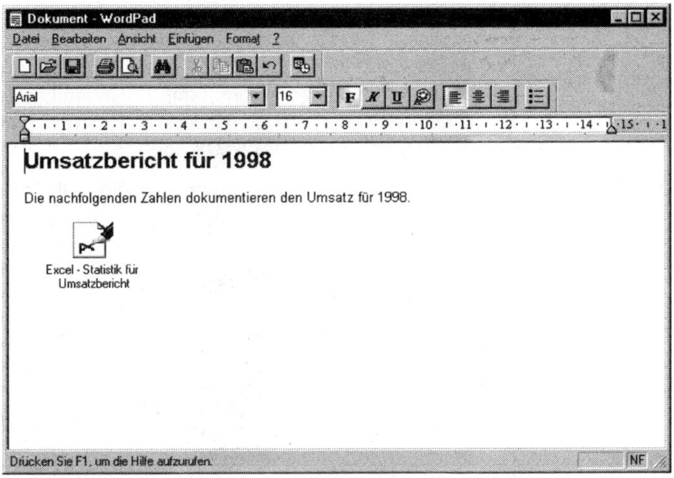

Abbildung 17.17: Das eingefügte Paket in WordPad

Wie auch bei dem gewöhnlichen Einbetten oder Verknüpfen eines Objekts können Sie auch hier mittels Klick der rechten Maustaste auf das Symbol die Objekteigenschaften ersehen und ändern. Ebenso können Sie das Paket bearbeiten.

Objekte und Programme aus dem *Explorer* verknüpfen

Sie können einzelne Dokumente oder markierte Teilbereiche über den Explorer als verknüpfte Dateien ablegen. Beim Öffnen dieser Dokumente wird dann die Ursprungsanwendung geladen und Sie dürfen das Dokument bearbeiten. Genauso lässt sich ein beliebiges Objekt im Explorer markieren und mittels des Befehls *Kopieren* im Menü *Bearbeiten* in einer anderen Anwendung (mittels des Befehls *Einfügen* aus dem Menü *Bearbeiten*) einfügen.

Programme verknüpfen

Das gesamte Startmenü, welches bei Betätigen der Schaltfläche *Start* angezeigt wird, besteht aus verknüpften Programmen. Erkennbar ist die Verknüpfung im Explorer durch den Pfeil, der an den Symbolen der einzelnen ausführbaren Programme angezeigt wird.

Um eine Verknüpfung mit einem Programm zu erzeugen, starten Sie zunächst den Explorer mittels Klick der rechten Maustaste auf der Schaltfläche *Start* und dem Eintrag *Explorer*.

Als Beispiel kann eine Verknüpfung mit dem aus Windows 3.x bekannten *Dateimanager*, der auch bei Windows 98 mitgeliefert wird, aber nicht in das Program-Menü eingebunden ist, erzeugt werden. Dazu wechseln Sie im linken Fenster in den *Windows*-Ordner, indem Sie auf diesen Eintrag klicken.

Im rechten Fenster des Explorers wird der Inhalt der *Windows*-Ordners angezeigt. Scrollen Sie das rechte Fenster so lange, bis Sie die Datei *Winfile* gefunden haben. Dann markieren Sie diese und wählen den Eintrag *Kopieren* aus dem Menü *Bearbeiten*.

Anschließend wechseln Sie im Explorer zum Ordner *Startmenü* und klicken auf das »+« vor diesem Eintrag. Dann klicken Sie auf dem Ordner *Zubehör*. Alle Dateien, die sich in diesem Ordner befinden, werden automatisch im rechten Fenster dargestellt. Sie werden schnell erkennen, dass dies jenes Startmenü ist, welches Sie vom Desktop aus aufrufen können.

Wählen Sie den Eintrag *Verknüpfung einfügen* aus dem Menü *Bearbeiten*, und das Programm bzw. die Verknüpfung mit dem Programm *Winfile* wird erzeugt. An dem Symbol können Sie einen Pfeil erkennen, er symbolisiert die Verknüpfung mit dem eigentlichen Programm.

Klicken Sie mit der rechten Maustaste auf das Symbol, so können Sie im erscheinenden Kontext-Menü mit dem Eintrag *Umbenennen* die Beschriftung des Symbols ändern, z. B. in »Dateimanager«.

Mit dem Menüeintrag *Eigenschaften* können Sie im Register *Allgemein* die spezifischen Daten der Verknüpfung bzw. der Datei ersehen.

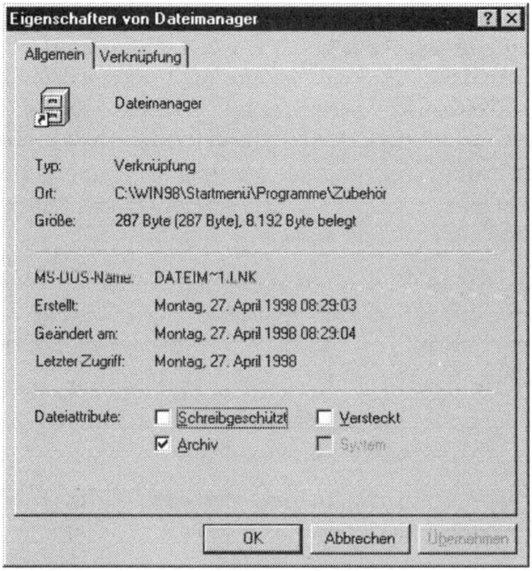

Abbildung 17.18: Das *Allgemein*-Register

Im Register *Verknüpfung* können Sie erkennen, um welchen Datentyp es sich handelt. Zudem wird ersichtlich, wo sich der Zielpfad befindet.

Abbildung 17.19: Das Register *Verknüpfung*

Des Weiteren wird der Pfad des Arbeitsverzeichnisses angezeigt. Im Feld *Tastenkombination* dürfen Sie der Verknüpfung eine Tastenkombination zuordnen, damit können Sie dann das Programm direkt über diese Tastenkombination aktivieren. Dazu positionieren Sie die Einfügemarke in dem Feld *Tastenkombination* und drücken dann jene Kombination auf Ihrer Tastatur, mit der das Programm gestartet werden soll. Ist die Tastenkombination bereits vergeben, so wird diese nicht mehr angenommen. Versuchen Sie es dann mit einer anderen Kombination.

Im Feld *Ausführen* können Sie festlegen, ob das Programm als *Normales Fenster*, also mit der Positionierung, wie Sie es anlegen, oder ob es *Minimiert* als Symbol auf der Taskleiste oder *Maximiert* auf volle Bildschirmgröße gestartet werden soll.

Die Schaltfläche *Ziel suchen* ermöglicht den direkten Zugriff auf die eigentliche Programmdatei, das Ziel der Verknüpfung.

Mit der Schaltfläche *Anderes Symbol* können Sie der Verknüpfung ein anderes Symbol zuordnen.

Mit Abschluss des Dialogs durch *Übernehmen* ist die Verknüpfung fertig gestellt. Mit dem zuvor beschriebenen Vorgang können Sie Ihr Startmenü mit vielen anderen Anwendungen durch Verknüpfungen selbst gestalten.

Dokumentteile verknüpft ablegen

Ähnlich wie bei der Erzeugung einer Verknüpfung mit einem ausführbaren Programm können Sie auch Teilbereiche eines Dokuments auf dem Desktop oder in einem Ordner ablegen.

Den Teil des Dokuments, den Sie ablegen und später in andere Dokumente, auch innerhalb von anderen Anwendungen, eingliedern möchten, markieren Sie als Erstes. Dann ziehen Sie den markierten Bereich aus der Anwendung heraus und legen ihn auf dem Desktop oder in einem Ordner ab.

HINWEIS

Die einfache Arbeitsweise mittels Drag & Drop funktioniert nur bei Anwendungen, die dies unterstützen. Speziell bei älteren Programmen müssen Sie für diese Funktion den Umweg über die Zwischenablage gehen. Kopieren Sie dazu den Bereich in die Zwischenablage und klicken Sie anschließend mit der rechten Maustaste auf den Desktop oder in einen Ordner. Innerhalb des erscheinenden Kontext-Menüs wählen Sie den Befehl *Einfügen* und der Datenauszug erscheint an der gewünschten Stelle als eigenständiges Objekt.

Probieren Sie es einfach einmal aus, indem Sie WordPad starten, einen beliebigen Text schreiben und anschließend einen Teil des Texts markieren. Ziehen Sie diese Markierung auf den Desktop und legen Sie den Text dort ab.

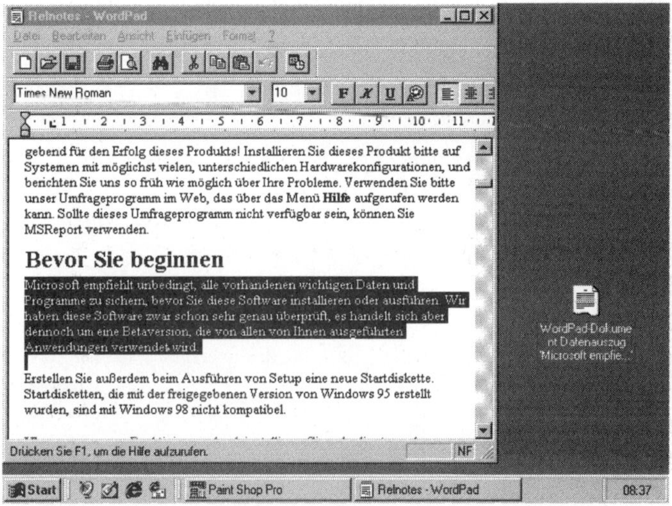

Abbildung 17.20: Der Datenauszug von WordPad

Bei dem Datenauszug handelt es sich um eine Datei mit der Endung .SHS. Diese Datei beinhaltet den markierten Bereich, der so in andere Dokumente auf die gleiche Weise eingefügt werden kann.

Diese Datei beinhaltet zudem noch die Information, aus welchem Dokument heraus sie entstanden ist, so dass durch einen Doppelklick auf das Datenauszug-Symbol sowohl die Ursprungsanwendung gestartet als auch das gesamte Dokument geladen wird. Auf diese Weise können Sie leicht Änderungen an der *Scrap-Datei*, wie der Datenauszug auch bezeichnet wird, vornehmen.

KAPITEL

18

Systemverwaltung

Ein Computer und das darauf installierte Betriebssystem, in diesem Fall Windows 98, sind eine Einheit und müssen für einen einwandfreien Funktionsablauf aufeinander abgestimmt und eingerichtet sein. Es bedarf regelmäßiger Kontrolle und Pflege, damit sie ohne Probleme miteinander arbeiten. Erfahren Sie hier, welche Möglichkeiten Sie in Windows 98 dazu haben.

Systemverwaltung

Es gibt unter Windows 98 zwar keinen Systembetreuer (Administrator), der eine Sonderstellung im System einnimmt, allerdings bietet Windows 98 im Zubehörbereich einen Ordner mit systemverwaltenden Programmen an. Sie sollten regelmäßig auf diese Programme zurückgreifen und sie für die unterschiedlichen Aufgaben einsetzen. Der Bereich Systemprogramme umfasst nützliche Utilities rund um Ihr System.

Backup

Backup-Programme werden viel zu oft vernachlässigt, obwohl sie der Sicherheit dienen. Erst wenn irgendein Schaden aufgetreten ist bzw. wichtige Daten verloren sind, besinnt man sich, dass man besser ein Backup-Programm genutzt hätte.

Windows 98 bietet ein solches Backup-Programm, mit dessen Hilfe *Sicherheitskopien* von Daten Ihrer Festplatte erstellt werden können. Die Sicherheitskopien können auf allen beschreibbaren Medien wie z. B. Streamer-Laufwerken (Bänder) oder Disketten erfolgen. Sicherheitskopien sind sehr sinnvoll, denn bei zerstörten Originaldateien kann man im Bedarfsfall auf die Sicherheitskopie zurückgreifen.

Besser ein Backup haben, als ohne Daten dazustehen

Besonders von wichtigen Dateien sollte man eine Sicherheitskopie dringend haben. Sind die Originaldateien erst einmal verloren, ist der Schaden meistens groß und irreparabel. Die negativen Folgen sind dann nicht abzusehen. Nehmen Sie sich deshalb die Zeit und erstellen Sie eine Sicherheitskopie, wenigstens von allen wichtigen Dateien – auch wenn ein Backup einige Zeit beanspruchen kann, besonders wenn Sie Disketten als Backup-Medium wählen.

HINWEIS

Verwenden Sie unbedingt hochwertige, formatierte Disketten für Ihr Backup. Denn nichts ist ärgerlicher als beschädigte Backup-Disketten, die Ihre Sicherheitskopie wertlos machen.

Backup präsentiert sich nach dem Start in einem neuen Fenster mit der Frage, welche Arbeit Sie durchführen wollen.

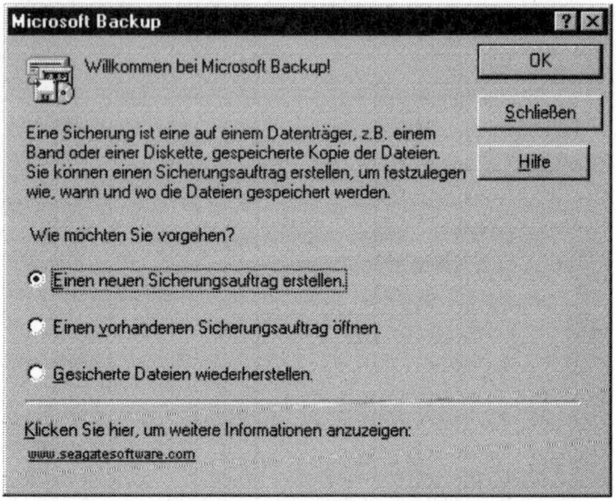

Abbildung 18.1: Der Startbildschirm von *Backup*

- Möchten Sie *einen neuen Sicherungsauftrag erstellen*, dann legen Sie mittels eines Assistenten fest, welche Daten gesichert werden sollen.
- Möchten Sie *einen vorhandenen Sicherungsauftrag öffnen*, dann greifen Sie auf einen schon eingerichteten Sicherungsauftrag zurück und berücksichtigen Sie die darin schon festgelegten Daten.
- Oder möchten Sie *gesicherte Dateien wiederherstellen*, um Daten, die die mittels eines Sicherungsauftrages schon gesichert wurden, wieder auf Ihren Computer zurückzuschreiben?

Wählen Sie die gewünschte Aktion aus und klicken Sie auf *OK*.

Möchten Sie keine der drei Aktionen ausführen, dann klicken Sie auf *Schließen*. Das Fenster wird daraufhin geschlossen und Sie wechseln in das *Backup*-Fenster.

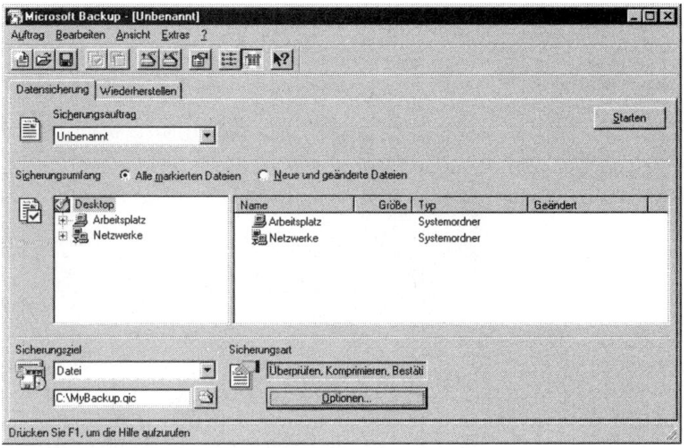

Abbildung 18.2: Das *Backup*-Fenster

Eine Datensicherung durchführen

Zum Durchführen einer Datensicherung ist die Registerkarte *Datensicherung* zuständig. Hier finden Sie alles, was Sie benötigen, um Ihre Daten zu sichern. Sie können die Einstellungen vornehmen, die Sie für das Backup vorgeben wollen, und anschließend das Backup mit der Schaltfläche *Starten* beginnen.

Einfacher geht es allerdings mit dem *Assistent für die Datensicherung*, den Sie über das *Extras*-Menü aufrufen können.

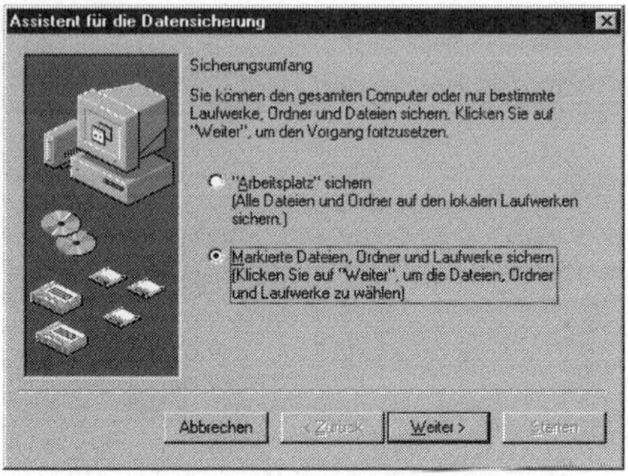

Abbildung 18.3: Der *Assistent für die Datensicherung*

Wählen Sie hier die Option *Arbeitsplatz*, dann wird Ihre gesamte Arbeitsumgebung gesichert.

Eine spezielle Auswahl können Sie über die Option *Markierte Dateien* treffen. Sobald Sie die gewünschte Option ausgewählt und auf *Weiter* geklickt haben, wechseln Sie zum nächsten Schritt des Assistenten.

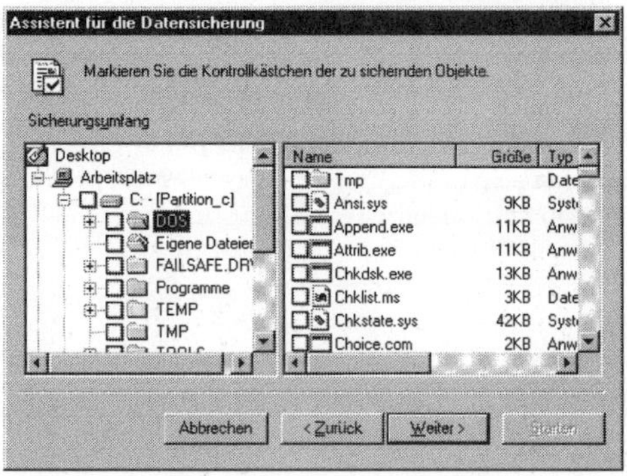

Abbildung 18.4: Die Ordner- und Dateiauswahl

In diesem Dialog müssen Sie die zu sichernden Dateien und/oder Ordner auswählen. Dazu dienen die beiden großen Listenfelder.

Anzeige der Laufwerke, Ordner und Dateien

Das linke Listenfeld zeigt alle verfügbaren Laufwerke und Ordner an, aber keine Dateien. Das rechte Feld zeigt den Inhalt des momentan angewählten Ordners bzw. Laufwerkes inklusive aller Dateien. Oberhalb dieses Listenfeldes finden Sie die vier Schaltflächen *Name*, *Größe*, *Typ* und *Geändert*. Sie bestimmen die Sortierung.

Klickt man beispielsweise auf *Größe*, werden die Dateien nach der Größe sortiert, bei *Typ* nach dem Typ der Datei. Ordner werden dabei in alphabetischer Reihenfolge belassen und finden sich jeweils am Anfang der Liste. Diese Bedienung erfolgt genauso wie beim Windows-Explorer. Wählt man einen Ordner im linken Feld an, wird dessen Inhalt im rechten Feld ausgegeben.

Die Breite der *Name*-, *Größe*-, *Typ*- und *Geändert*-Spalte lässt sich leicht ändert. Fahren Sie einfach mit der Maus zwischen zwei Schaltflächen (z. B. von *Name* und *Größe*), bis sich der Mauszeiger verändert. Nun variieren Sie durch Drücken und Ziehen der Maustaste die Spaltenbreite.

Ansicht als Baumstruktur

Weiterhin werden im linken Feld die Verzeichnisse als Baumstruktur angezeigt. Hierbei klicken Sie mit der Maus auf das »+«-Feld vor dem jeweiligen Ordner. Das »+«-Zeichen wandelt sich in ein »-«-Zeichen und zeigt den Inhalt des Ordners als Baumstruktur an. Im rechten Listenfeld werden daraufhin alle Dateien angezeigt. Das »+« gibt Ihnen Auskunft, ob sich in diesem Ordner noch weitere Unterverzeichnisse befinden. Sehen Sie weder ein umrandetes »+«- noch ein »-«-Symbol vor dem Ordnernamen, sind keine weiteren Unterverzeichnisse vorhanden.

Von immenser Bedeutung sind die Kontrollkästchen vor den Ordner- bzw. Dateinamen. Sie definieren, ob eine Datei gesichert werden soll oder nicht. Ist ein Ordner bzw. eine Datei ausgewählt, findet sich im Kontrollkästchen ein Haken. Ist er (nur bei Ordnern) hellgrau und nicht schwarz dargestellt, sind nicht alle Dateien innerhalb des Ordners zum Sichern angewählt. Dadurch kann man schnell ersehen, in welchem Ordner Dateien vergessen bzw. ausgelassen wurden.

HINWEIS

> Die Größe der beiden Listenfelder können Sie übrigens in der Breite verändern. Klicken Sie einfach mit der Maus auf den Balken, der die beiden Listenfelder trennt, und verschieben Sie ihn nach rechts oder links.

Sind die gewünschten Dateien ausgewählt, drücken Sie die Schaltfläche *Weiter*.

Im nächsten Schritt des Assistenten werden Sie gefragt, welche Dateien gesichert werden sollen.

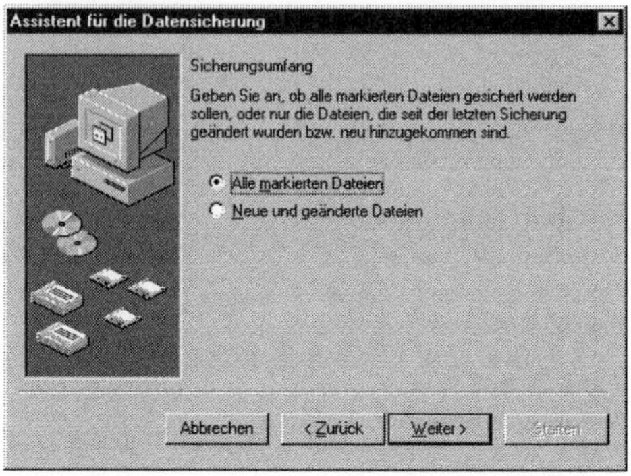

Abbildung 18.5: Welcher Umfang soll gesichert werden?

Entweder werden alle von Ihnen ausgewählten Dateien gesichert oder nur die, die sich seit der letzten Sicherung verändert haben bzw. innerhalb eines Ordners neu hinzugekommen sind.

Wählen Sie im nächsten Schritt das *Sicherungsziel* aus.

Abbildung 18.6: Das Sicherungsziel bestimmen

Legen Sie im Listenfeld fest, wo die Daten gesichert werden sollen. Je nach Auswahl geben Sie im unteren Bereich den Namen der Sicherungsdatei an.

Im nächsten Schritt des Assistenten legen Sie fest, ob ein Vergleich der gesicherten Daten vorgenommen und eine Komprimierung benutzt werden soll.

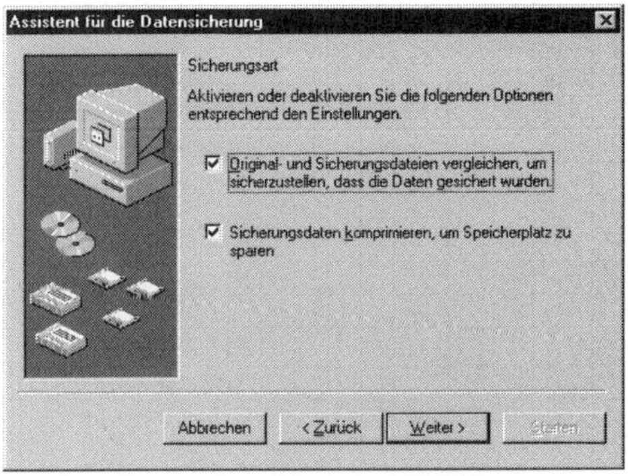

Abbildung 18.7: Die Art der Speicherung

Der Vergleich der gesicherten Daten mit den Originaldaten dient der Sicherheit.

Bei der Komprimierung werden die zu sichernden Daten gepackt und dann gesichert. Sie benötigen dann nicht mehr so viel Speicherplatz für die Datensicherung. Beim Zurückspielen der Daten werden diese dann wieder automatisch entkomprimiert.

Dann folgt der letzte Schritt des Assistenten.

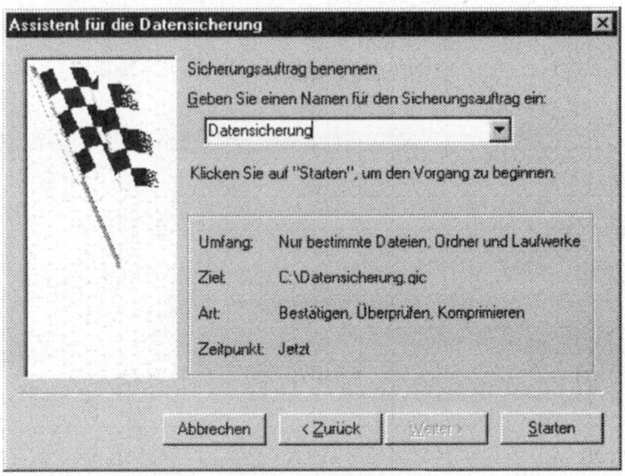

Abbildung 18.8: Die Fertigstellung

Geben Sie in diesem Dialog lediglich den Namen für den Sicherungsauftrag ein. Kontrollieren Sie noch einmal die vorgenommenen Einstellungen und klicken Sie auf *Starten*, wenn alles in Ordnung ist.

Die Datensicherung wird dann durchgeführt.

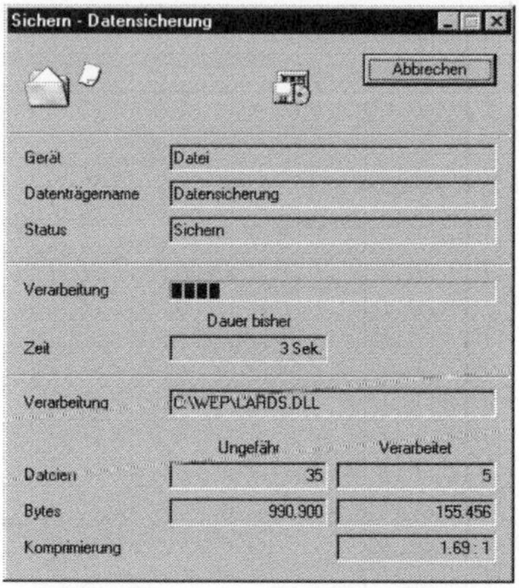

Abbildung 18.9: Die Datensicherung wird durchgeführt

Eine Datensicherung wiederherstellen

Haben Sie eine Datensicherung durchgeführt, dann können Sie bei Bedarf die gespeicherten Daten wieder auf Ihre Festplatte zurückspielen. Dazu ist die Registerkarte *Wiederherstellen* des Backup-Programms zuständig.

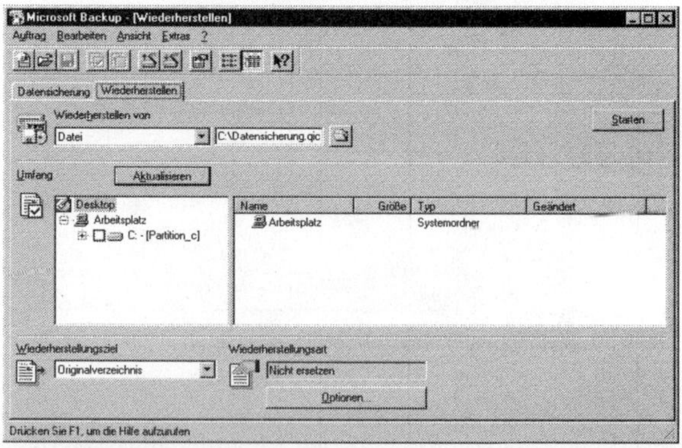

Abbildung 18.10: Das Register *Wiederherstellen*

Ähnlich wie beim *Datensicherung*-Register stehen Ihnen auch alle notwendigen Möglichkeiten offen, um ein Wiederherstellen Ihrer Daten durchzuführen. Doch auch hier können Sie das Wiederherstellen mittels eines Assistenten durchführen.

Aktivieren Sie den *Assistenten für die Wiederherstellung* im *Extras*-Menü.

Abbildung 18.11: Der *Assistent für die Wiederherstellung*

Wählen Sie im ersten Schritt, welche Quelle zur Wiederherstellung herangezogen werden soll.

Anschließend legen Sie fest, welchen *Datensicherungssatz* Sie zurückspielen wollen.

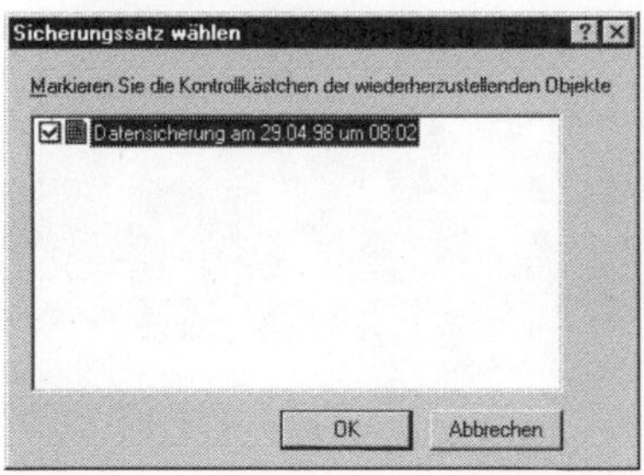

Abbildung 18.12: Die Auswahl des Datensicherungssatzes

Der Inhalt des Datensicherungssatzes wird angezeigt.

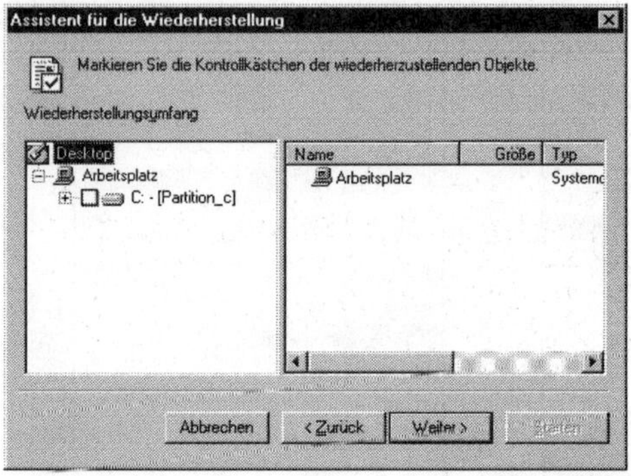

Abbildung 18.13: Der Inhalt des Datensicherungssatzes

Ähnlich wie beim Sichern der Daten, können Sie auch hier die Dateien und Ordner festlegen, die bei der Wiederherstellung berücksichtigt werden sollen.

Im nächsten Schritt geben Sie dem Assistenten vor, wohin er die Daten zurückschreiben soll.

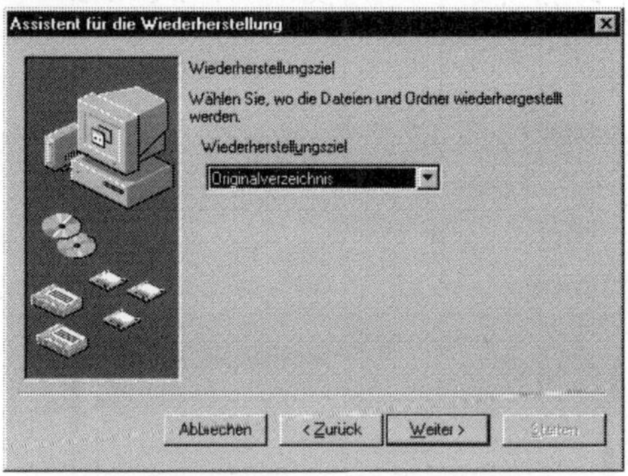

Abbildung 18.14: Das Ziel der Wiederherstellung

In der Regel werden Sie hier das *Originalverzeichnis* vorgeben, da dann Ihre Daten wieder so zurückgespielt werden, wie Sie sie gesichert haben.

Möchten Sie, dass die Daten in ein anderes Verzeichnis oder auf eine andere Festplatte zurückgespeichert werden, dann wählen Sie die Einstellung *Anderes Verzeichnis*. Sie können dann das Ziel vorgeben.

Legen Sie im letzten Schritt die *Wiederherstellungsart* fest.

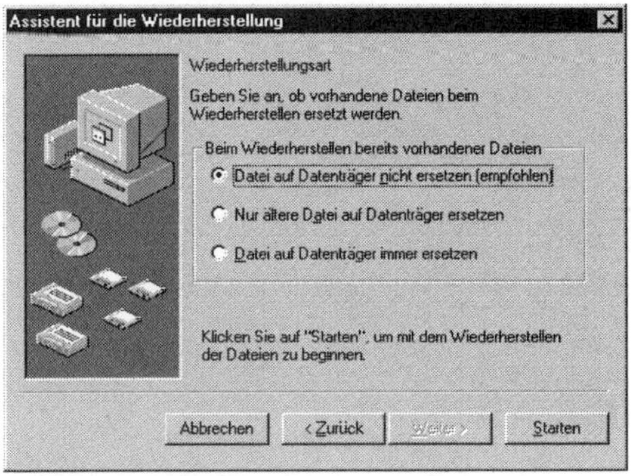

Abbildung 18.15: Die Wiederherstellungsart

Legen Sie hier fest, was geschehen soll, wenn Dateien zurückgeschrieben werden sollen, diese aber am Wiederherstellungsort schon vorhanden sind.

KNOW-HOW

> Beachten Sie bei der letzten Option *Datei auf Datenträger immer ersetzen*, dass hierbei aktuellere Daten von den gesicherten Dateien überschrieben werden können.

Klicken Sie auf *Starten*, damit die Wiederherstellung durchgeführt werden kann.

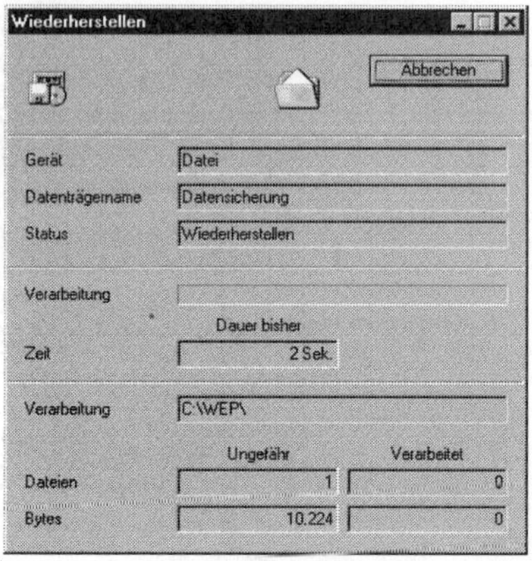

Abbildung 18.16: Das Wiederherstellen wird durchgeführt

Die Backup-Hilfe

Windows-Anwendungen haben als letztes Menü in der Menüleiste immer ein *Hilfe*-Menü, das in der Regel auch immer dieselben Menüpunkte bietet. Nicht anders verhält es sich bei diesem Backup-Programm.

Neben der Option *Hilfethemen*, die unterschiedliche Themen zum Backup in einem Fenster anbietet, existiert eine *Direkthilfe*, die es erlaubt, schnell zu einem Objekt des Backup-Fensters Informationen zu erlangen.

Die Direkthilfe

Die Direkthilfe können Sie aktivieren, indem Sie auf das Symbol mit dem Pfeil und dem Fragezeichen in der Symbolleiste klicken. Durch Drücken auf dieses Symbol erhält der Mauszeiger ein zusätzliches Fragezeichen. Wählt man jetzt eine Schaltfläche, ein Listenfeld oder dergleichen an, wird ein Hilfetext dazu ausgegeben.

Defragmentierung

Unter Windows 98 läuft das Systemprogramm *Defragmentierung* unter einer grafischen Benutzeroberfläche.

Eine Defragmentierung ist mitunter sehr sinnvoll. Sie kann die Leistung eines Datenträgers (in den meisten Fällen eine Festplatte) unter Umständen sehr erhöhen. Besonders wenn Datenträger viel beschrieben und gelöscht werden, sollte man eine Defragmentierung des Öfteren vornehmen.

Die Arbeitsweise der Defragmentierung

Eine Defragmentierung organisiert alle belegten Speicherblöcke einer Festplatte hintereinander, so dass nach einer Defragmentierung belegte und leere Blöcke voneinander getrennt sind. Normalerweise werden zuerst die belegten und dann die freien Blöcke angeordnet. Dazu sollte man vielleicht wissen, dass eine Festplatte, bevor sie beschrieben werden kann, formatiert werden muss.

Eine Formatierung teilt eine Festplatte in gleich große einzelne Blöcke ein. Die Blöcke können dann die Daten aufnehmen. Neben reinen Datenblöcken gibt es noch fest vom Betriebssystem genutzte. Sie sind notwendig, damit das Betriebssystem die geschriebenen Daten später wiederfindet.

Neben der Anordnung der belegten und freien Blöcke ist das *Defragmentierungs*-Programm auch in der Lage, nur Dateien zusammenzufassen. Besonders lange Programme, die zuvor auf der ganzen Festplatte verteilt waren, werden nach einer Defragmentierung wesentlich schneller geladen.

Mit dem Programm *Defragmentierung* können Sie Datenträger neu organisieren, die einen wahlfreien Schreib-/Lesezugriff unterstützen. Dazu gehören Fest- und Wechselplatten, Disketten, Syquest-Data-Cartridges, magnetooptische Medien usw. CD-ROMs, CD-Rs oder Bänder fallen nicht in diese Kategorie. Sie können zum einen nur gelesen (CD-ROM), nur einmal beschrieben (CD-Rs) werden oder der Zugriff erfolgt nur sequentiell (Bänder). Netzwerk-Laufwerke und Festplatten, die mit einem inkompatiblen Windows-98-Komprimierungsprogramm behandelt worden sind, um mehr Speicherkapazität zu erhalten, werden von dem Microsoft-Defragmentierungsprogramm ebenfalls nicht unterstützt.

Wenn Sie eine Defragmentierung durchführen, arbeiten Sie wenn möglich an Ihrem Rechner nicht weiter. Windows 98 lässt das zwar zu, jedoch ist es nicht ratsam, denn nach jedem Speichern beginnt die Defragmentierung von neuem. Dadurch zieht sich der Vorgang nur unnötig in die Länge. Außerdem ist die Gefahr wesentlich größer, dass der Rechner abstürzt (auch unter Windows 98) und das kann unangenehme Folgen haben. Es kann bis zum vollständigen Datenverlust reichen.

Das Defragmentierungs-Programm erreichen Sie über die *Start*-Schaltfläche in der Taskleiste und dort unter *Programme / Zubehör / Systemprogramme*. Nach dem Anwählen werden Sie zunächst aufgefordert, das Laufwerk zu wählen. Dazu steht ein Listenfeld bereit, das alle möglichen Datenträger beinhaltet.

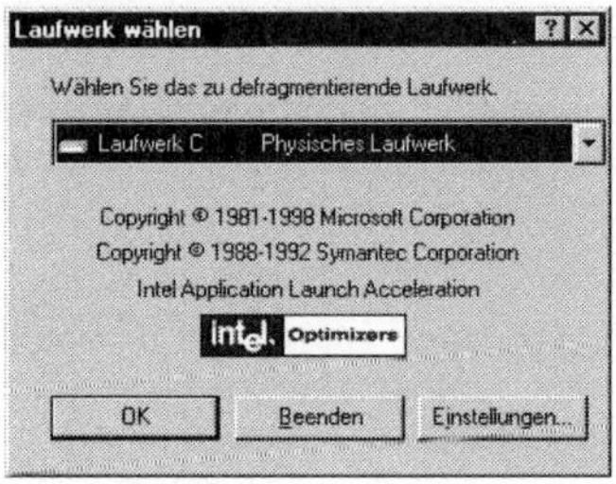

Abbildung 18.17: Als Erstes müssen Sie bei einer Defragmentierung das Laufwerk wählen

Nachdem Sie ein Laufwerk gewählt haben, können Sie mit der Schaltfläche *OK* fortfahren, andernfalls wählen Sie *Beenden*. Mit *Einstellungen* öffnen Sie das Optionsfenster.

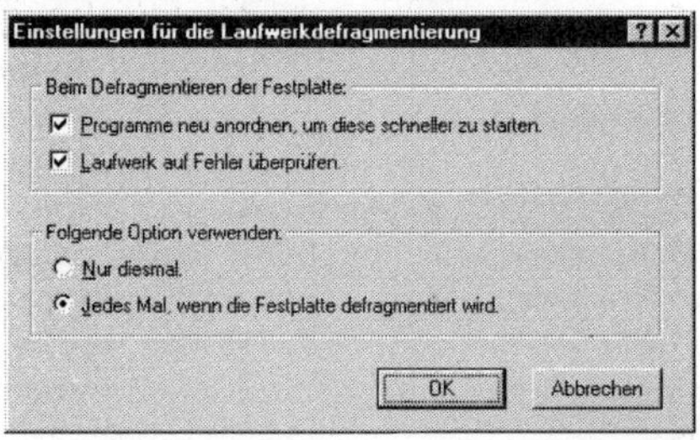

Abbildung 18.18: Defragmentierung erlaubt unterschiedliche Einstellungen

Hier können Sie die unterschiedlichen Defragmentierungsmethoden wählen. Dazu stehen zwei Kontrollkästchen zur Verfügung. Zum einen können Sie *Programme neu anordnen, um diese schneller zu starten*. Dabei werden die Dateien auf der Festplatte neu angeordnet, so dass sie optimal und damit schnell geladen werden können.

Ferner können Sie einstellen, ob das *Laufwerk auf Fehler überprüft* werden soll und ob die gemachten Einstellungen immer oder *nur diesmal* gelten sollen. Dazu stehen zwei weitere Optionsschaltflächen zur Verfügung.

Die Defragmentierung starten

Durch Drücken der Schaltfläche *Starten* beginnt das Programm seine Arbeit. Es öffnet sich ein neues Fenster, das den Status der Defragmentierung grafisch und in Prozent angibt.

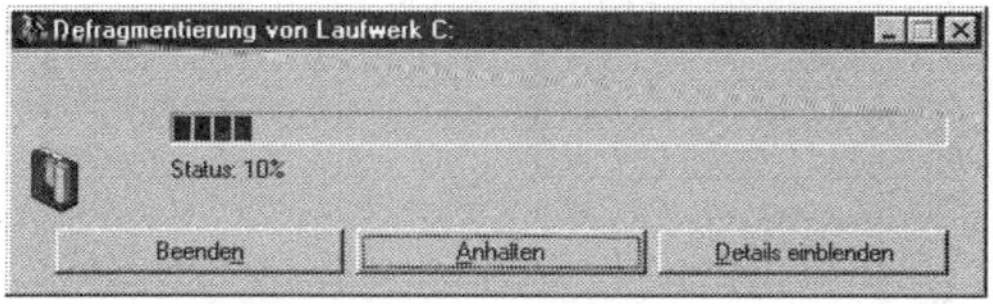

Abbildung 18.19: Defragmentierung bei der Arbeit

Zusätzlich finden Sie die Schaltflächen *Beenden*, *Anhalten* bzw. *Fortsetzen* und *Details einblenden*. Letztere Schaltfläche vergrößert das Fenster.

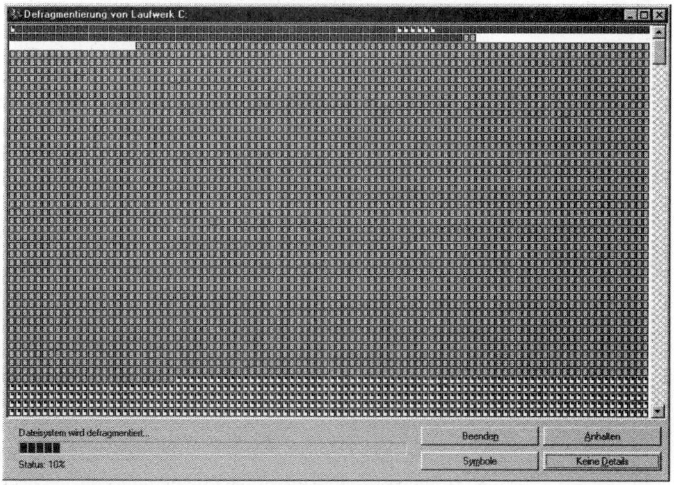

Abbildung 18.20: Die detaillierte Darstellung

Der obere Bereich ist ein Ausgabefeld, in dem die Fragmentierung in kleinen Blöcken angezeigt wird. Die Blöcke haben dabei unterschiedliche Farben. Jede Farbe symbolisiert dabei einen anderen Blocktyp. Welche Farbe welchem Typ entspricht, können Sie durch Drücken der Schaltfläche *Symbole* erfahren.

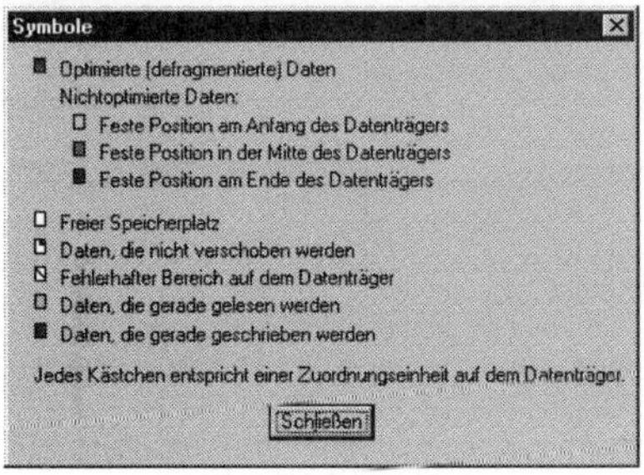

Abbildung 18.21: Die Symbole

Sie können eine Defragmentierung ruhig mittendrin unterbrechen oder beenden, die Daten auf Ihrem Datenträger nehmen dadurch keinen Schaden.

Das Defragmentieren kann je nach Größe und Geschwindigkeit des Datenträgers einige Zeit in Anspruch nehmen. Kalkulieren Sie diese Zeit vor dem Start des Programms mit ein, ansonsten muss der Vorgang unterbrochen und später von neuem begonnen werden.

Der Netzwerkmonitor

Ist Ihr Rechner in einem Computernetzwerk integriert, dann ist es sehr wahrscheinlich, dass Sie die Netzwerk-spezifischen Möglichkeiten nutzen. In einem Windows-98-Netzwerk bedeutet das, dass Sie eventuell Laufwerke und Ordner Ihres Rechners für andere Netzwerk-Benutzer freigeben.

Um Ihnen die Möglichkeit zu geben, sich einen Überblick darüber zu verschaffen, auf welche Ihrer Daten von anderen Netzwerk-Benutzern derzeit zugegriffen wird, ist der *Netzwerkmonitor* in Windows 98 enthalten. Sie können diesen im Ordner *Programme / Zubehör / Systemprogramme* finden und starten.

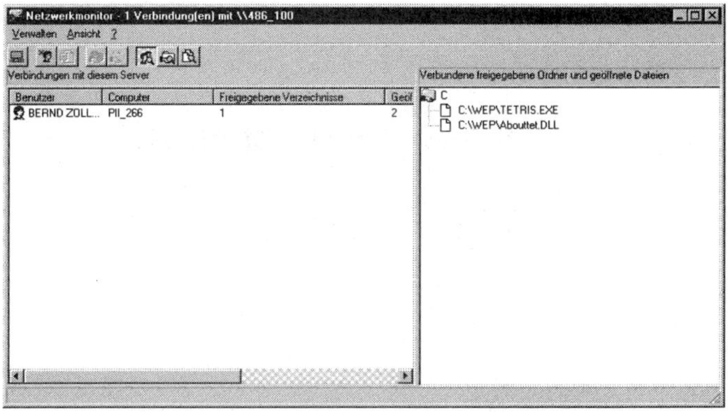

Abbildung 18.22: Der Netzwerkmonitor gibt Ihnen einen Überblick

Nach dem Start erscheint ein Fenster, das Ihnen die Informationen aufzeigt. Welche Informationen in welcher Anordnung dargestellt werden, beeinflussen Sie über die drei rechten Symbole in der Symbolleiste. Durch die Anwahl des linken der drei Symbole erhalten Sie die obige Darstellung, wobei Sie hier sehen können, welche *Benutzer* gerade mit Ihrem Rechner verbunden sind und welche Zugriffe diese Benutzer derzeit ausüben.

Die freigegebenen Daten

Durch das mittlere Symbol erhalten Sie eine Übersicht über die von Ihnen freigegebenen Laufwerke und Ordner.

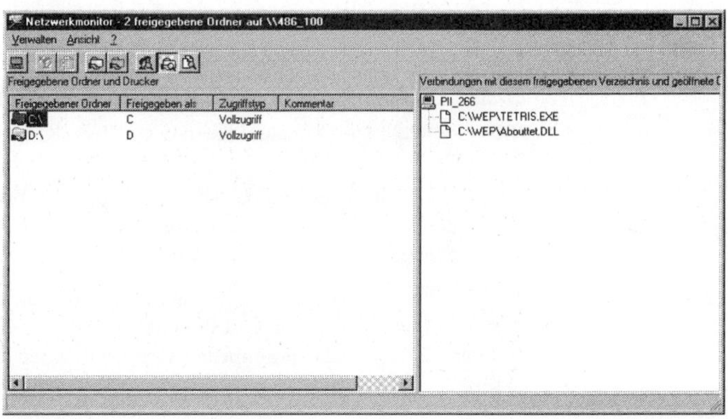

Abbildung 18.23: Die freigegebenen Daten

Von hier aus ist es auch möglich, Freigaben zu beenden. Benutzen Sie dazu das Symbol links neben den drei Ansichts-Symbolen.

Sollten Sie eine Freigabe beenden wollen und ein anderer Benutzer greift gerade auf die freigegebenen Daten zu, dann erhalten Sie eine entsprechende Nachricht. Sie sollten dann die Freigabe erst nach Rücksprache mit dem entsprechenden Benutzer beenden. Es kann ansonsten zu Datenverlusten kommen.

Das rechte Symbol dient zur Darstellung der momentan von anderen Netzwerk-Teilnehmern geöffneten Dateien.

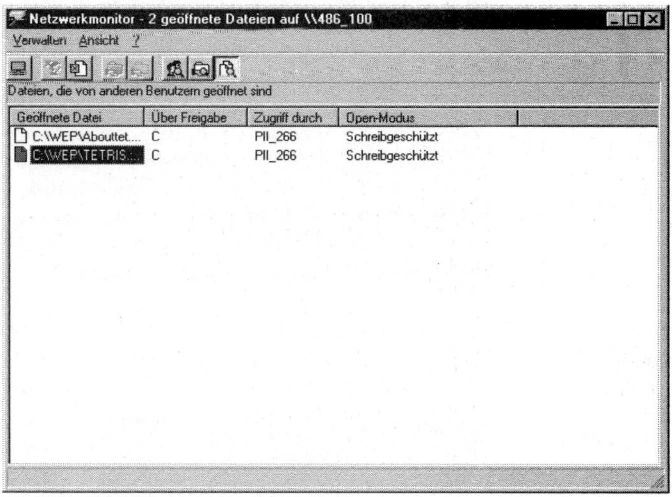

Abbildung 18.24: Die geöffneten Dateien

Auch hier haben Sie die Möglichkeit, den Zugriff abzubrechen, indem Sie den gewünschten Dateieintrag anwählen und anschließend das dritte Symbol von links aktivieren.

Auch hierbei erfolgt eine Sicherheitsabfrage. Halten Sie vor dem Abbruch der Verbindung zu Ihrer Datei Rücksprache mit dem entsprechenden Benutzer. Trennen Sie die Verbindung ohne Vorwarnung, können Datenverluste die Folge sein.

Einen anderen Server berücksichtigen

Neben den obigen Informationen können Sie auch die Übersicht für einen anderen Server herstellen. Dazu wählen Sie mit Hilfe des linken Symbols einen anderen Server aus. Können Sie in dem erscheinenden Dialog keinen Server benennen, weil Sie dessen Bezeichnung nicht kennen, dann können Sie sich einen Überblick verschaffen, indem Sie die Schaltfläche *Durchsuchen* anklicken.

Abbildung 18.25: Die Auswahl eines anderen Servers

HINWEIS

Die Übersicht kann nur für Server dargestellt werden, die für Remote-Administration eingerichtet sind.

DriveSpace

Ein weiteres nützliches Zubehör aus dem *Systemprogramme*-Ordner ist *DriveSpace*. Damit ist es möglich, bestehende Datenträger wie Disketten, Festplatten oder Wechseldatenträger zum komprimieren, d. h. die vorhandene Speicherkapazität zu erhöhen.

Nach dem Start von *DriveSpace* öffnet sich ein Fenster, das die vorhandenen komprimierbaren Laufwerke darstellt.

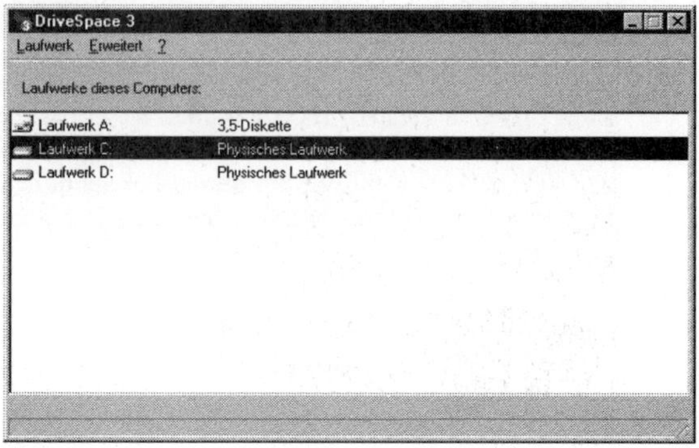

Abbildung 18.26: Das *DriveSpace*-Fenster

Mit *DriveSpace* ist die Verwaltung der komprimierten Datenträger und Laufwerke leicht über Dialogfelder möglich. Zu diesem Zweck stehen die beiden Menüs *Laufwerk* und *Erweitert* zur Verfügung.

Das Menü *Laufwerk*

Möchten Sie nähere Informationen zu einem der im Fenster dargestellten Laufwerke angezeigt bekommen, dann klicken Sie den entsprechenden Eintrag an und wählen anschließend den Menübefehl *Eigenschaften*. In einem Fenster werden Ihnen alle relevanten Daten zu diesem Laufwerk dargestellt.

Hier erfahren Sie unter anderem, ob das Laufwerk schon komprimiert ist oder nicht. Aufgrund der Ihnen angebotenen Informationen können Sie abwägen, ob es sich lohnt, eine Komprimierung durchzuführen bzw. ob genügend freier Speicherplatz vorhanden ist, um ein leeres, komprimiertes Laufwerk zu erstellen. Den Unterschied erfahren Sie im weiteren Verlauf dieses Unterkapitels.

HINWEIS

Das Fenster öffnet sich auch, wenn Sie einen Doppelklick auf dem entsprechenden Listeneintrag ausführen.

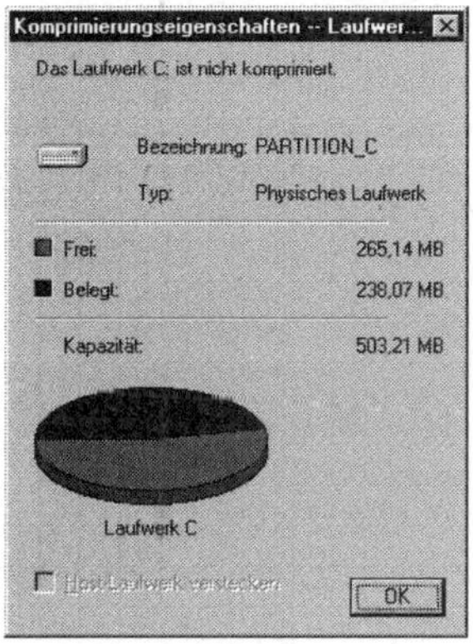

Abbildung 18.27: Das Informationsfenster

Eine Komprimierung durchführen

Haben Sie sich entschlossen, ein Laufwerk zu komprimieren, dann wählen Sie den Eintrag in der Liste an und aktivieren den Menübefehl *Laufwerk / Komprimieren*. Es zeigt sich Ihnen dann ein Fenster, das Ihnen die geschätzten Daten für die Komprimierung darlegt.

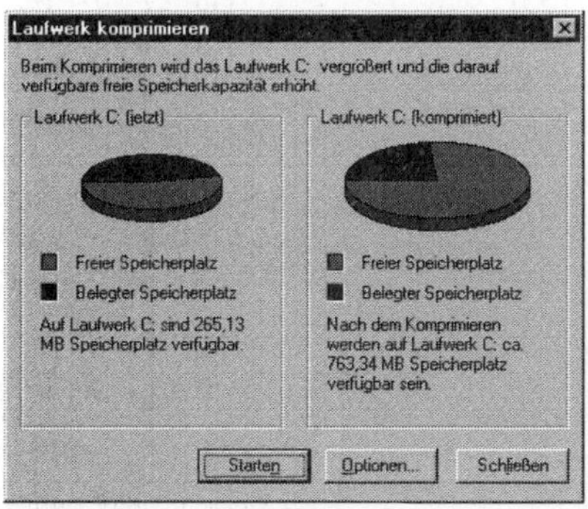

Abbildung 18.28: Die voraussichtliche Komprimierung

Durch diese Methode wird ein Laufwerk vollständig komprimiert. Das bedeutet, dass die vorhandenen und alle zukünftig auf diesem Laufwerk abgelegten Daten komprimiert werden. Dadurch erhöht sich nach der Komprimierung der vorhandene freie Speicherplatz.

Nach einem Klick auf *Starten* wird die Komprimierung durchgeführt. Eine Statusanzeige informiert Sie über den Verlauf.

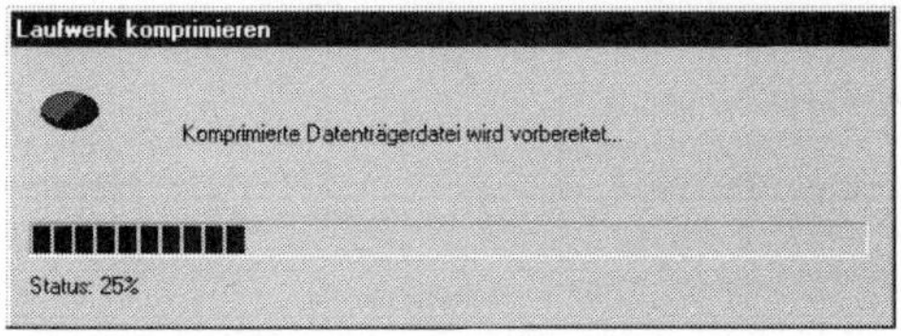

Abbildung 18.29: Der Komprimierungsfortschritt

Bevor Sie ein Laufwerk komprimieren, sollten Sie kontrollieren, ob nicht durch Löschen von nicht benötigten Daten mehr Platz geschaffen werden kann. Dies ist einer Komprimierung vorzuziehen.

Stellen Sie nach einiger Zeit fest, dass die vorhandene Komprimierung nicht mehr vonnöten ist, dann können Sie die Komprimierung mit dem Menübefehl *Laufwerk / Dekomprimieren* wieder rückgängig machen. Die Daten für die Dekomprimierung werden Ihnen zuvor wieder in einem Fenster dargestellt.

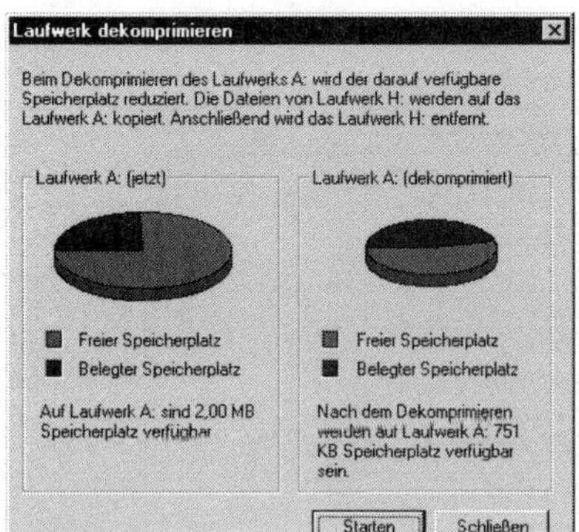

Abbildung 18.30: Die Dekomprimierung

Beachten Sie, dass Sie ein Laufwerk nicht dekomprimieren können, wenn Sie in der Zwischenzeit so viele Daten auf dem komprimierten Laufwerk abgelegt haben, dass diese auf dem nicht komprimierten Laufwerk keinen Platz finden.

Das Menü *Erweitert*

Möchten Sie ein bestehendes Laufwerk nicht ganz komprimieren, sondern, z. B. für die Ablage, einen Teil des freien Speicherplatzes eines Laufwerks zum Erstellen eines neuen komprimierten Laufwerks nutzen, dann verwenden Sie die Befehle aus dem Menü *Erweitert*.

Ein komprimiertes Laufwerk erstellen

Freien Speicherplatz nutzen

Sie können bei dieser Art der Speicherplatzbeschaffung einen zu bestimmenden Teil des freien Speicherplatzes eines Laufwerks dazu nutzen, dass dieser als neues Laufwerk angelegt wird und durch die Komprimierung mehr Platz bietet als zuvor.

Wählen Sie für dieses Vorhaben als Erstes in der Liste des *DriveSpace*-Fensters das Laufwerk aus, dessen freier Speicherplatz benutzt werden soll. Wählen Sie anschließend den Menübefehl *Erweitert / Leeren Datenträger erstellen* an.

In einem Dialogfeld werden dann die Daten für das Erstellen vorgeschlagen.

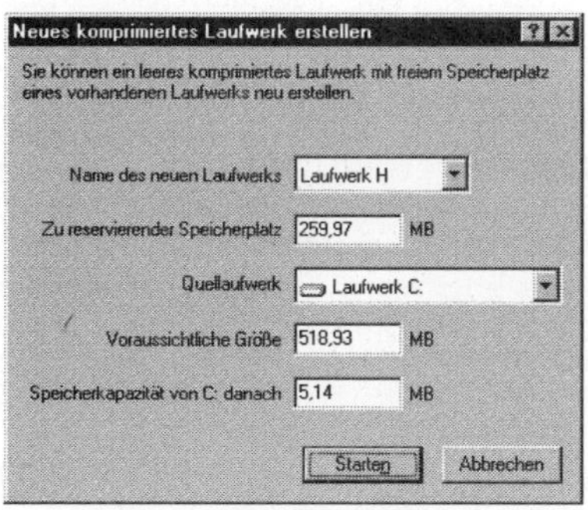

Abbildung 18.31: Die Daten für das neue Laufwerk

Die Daten dieses Dialogs lassen sich unterschiedlich interpretieren. Teilweise sind sie veränderbar, teilweise geschätzt und die beiden Listenfelder enthalten Laufwerksbezeichnungen, die unterschiedliche Dinge aussagen.

Den Laufwerksbuchstaben auswählen

Das obere Listenfeld stellt Ihnen die *Laufwerksbuchstaben* zur Verfügung, die derzeit für das neu zu erstellende Laufwerk nutzbar sind. Sie können aus der Liste frei wählen. Nach der Erstellung wird dem komprimierten Laufwerk dann dieser Buchstabe zugeordnet.

Mit dem zweiten Listenfeld bestimmen Sie das *Quelllaufwerk*, das den freien Speicherplatz zur Verfügung stellt. Haben Sie vor Anwahl des Menübefehls das Laufwerk in der Liste markiert, dann wird hier das richtige Laufwerk schon vorgegeben.

Die verschiedenen Größenangaben

Die interessantesten Eingaben erfolgen in den drei anderen Eingabezeilen. Diese betreffen die Größe des zu *reservierenden Speicherplatzes* auf dem Quelllaufwerk, die *voraussichtliche Größe des neuen Laufwerks* und den *verbleibenden freien Speicherplatz* nach der Erstellung auf dem Quelllaufwerk.

Je nachdem, welchen Wert Sie als wichtigsten erachten, können Sie diesen nach Ihren Bedürfnissen vorgeben. Die anderen beiden Werte werden entsprechend neu berechnet.

HINWEIS

> Den Wert für den voraussichtlichen freien Speicherplatz des neuen Laufwerks sollten Sie mit Vorsicht genießen. Es handelt sich um einen geschätzten Wert.

Da die beiden anderen Werte logisch miteinander verbunden sind, sollten Sie entweder festlegen, wie viel Speicherplatz für die Komprimierung benutzt werden soll bzw. entsprechend festlegen, wie viel freien Speicherplatz Sie auf dem Quelllaufwerk übrig behalten wollen. Erhöhen Sie den einen Wert, verringert sich der andere entsprechend und umgekehrt.

Den Start einleiten

Haben Sie die Werte festgelegt, dann klicken Sie auf *Starten*, um den Vorgang einzuleiten. Als Erstes wird das Quelllaufwerk auf Fehler untersucht. Dies ist sehr wichtig, da ansonsten die Datenintegrität des neuen Laufwerks nicht gewährleistet ist und es zu irreparablen Fehlern kommen kann. Dieser Vorgang kann einige Zeit in Anspruch nehmen.

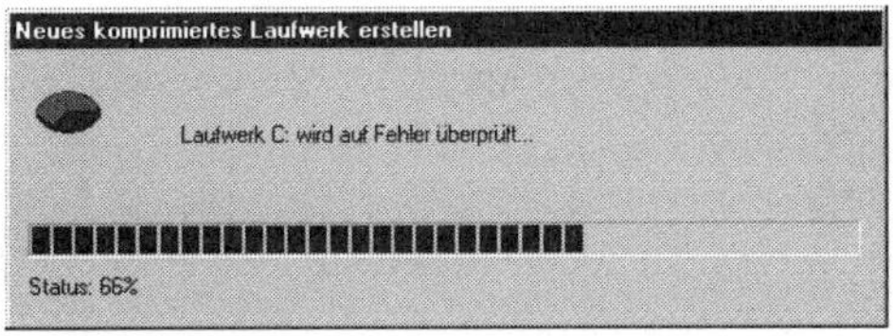

Abbildung 18.32: Die Prüfung des Quelllaufwerks

Ist die Prüfung erfolgreich abgeschlossen worden, wird anschließend automatisch das neue Laufwerk eingerichtet. Nach Abschluss der Einrichtung erhalten Sie eine Übersicht, welche Daten diesem Laufwerk zugrunde liegen. Um dieses gefahrlos einsetzen zu können, sollten Sie den Dialog bestätigen und den Computer anschließend neu booten lassen.

Nach dem Neustart des Rechners existiert ein neues Laufwerk, was Sie z. B. mit dem Explorer kontrollieren können. Dieses Laufwerk können Sie wie ein anderes »normales« Laufwerk behandeln. Um die Daten des Laufwerks in der Übersicht dargestellt zu bekommen, verwenden Sie den bekannten Vorgang: Doppelklick auf den Listeneintrag innerhalb des *DriveSpace*-Fensters.

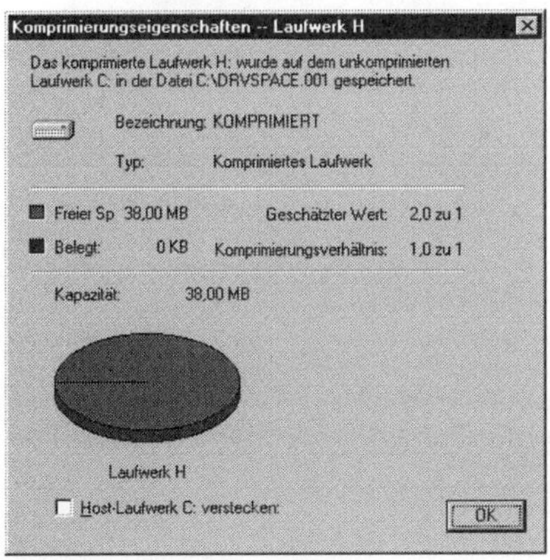

Abbildung 18.33: Die Eigenschaften eines komprimierten Laufwerks

Aus diesem Dialogfeld können Sie neben dem Komprimierungsfaktor auch ersehen, welche Datei für dieses Laufwerk eingerichtet wurde. Die in dem obersten Informationstext angesprochene DBLSPACE.001-Datei ist praktisch das komprimierte Laufwerk. Alle auf dem komprimierten Laufwerk abgelegten Daten werden in diese Datei geschrieben.

Aus dem oben Erläuterten wird klar, dass Sie diese oder eine ähnlich benannte Datei niemals z. B. mittels des Explorers löschen dürfen. Der Datenverlust des gesamten komprimierten Laufwerks wäre die Folge.

Ein komprimiertes Laufwerk löschen

Sollten Sie das komprimierte Laufwerk nicht mehr benutzen wollen, können Sie es mit dem Menübefehl *Erweitert / Löschen* entfernen. Die sich auf dem Laufwerk befindlichen Daten gehen dabei unwiederbringlich verloren.

Um diesen Umstand zu vermeiden, können Sie das Laufwerk auch dekomprimieren. Den entsprechenden Befehl finden Sie im Menü *Laufwerk*. Bei diesem Verfahren wird das Laufwerk auch entfernt, allerdings werden die Daten dabei auf das Quelllaufwerk übernommen bzw. haben Sie die Möglichkeit, über das Backup-Programm eine Datensicherung durchzuführen, was auf jeden Fall vor der Dekomprimierung eines Laufwerks auch durchgeführt werden sollte. Sie erhalten vor der Dekomprimierung eine Übersicht in einem Dialogfeld.

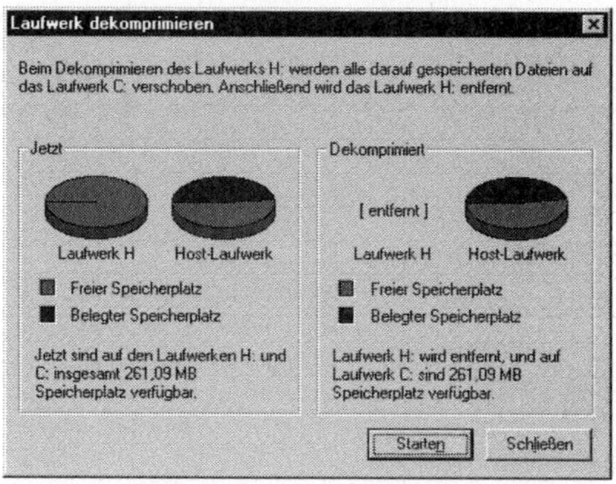

Abbildung 18.34: Die Dekomprimierung

Klicken Sie jetzt auf *Starten*, erfolgt eine längere Prozedur des Dekomprimierens. Windows muss für seine Arbeit mehrmals heruntergefahren und der Computer neu gestartet werden. Dies erfolgt alles automatisch. Sie werden nur hin und wieder aufgefordert, die ein oder andere Bestätigung anzuklicken bzw. bei Konflikten zu entscheiden, was getan werden soll.

Dies ist z. B. der Fall, wenn sich zwei gleiche Dateien auf dem komprimierten Laufwerk und auf dem Quelllaufwerk im gleich benannten Verzeichnis befinden.

Nach der Dekomprimierung ist wieder alles beim Alten und Sie können Windows 98 wieder ohne komprimiertes Laufwerk nutzen.

Die Ressourcen-Anzeige

Mit dem Systemprogramm *Ressourcen-Anzeige* können Sie sich die *Systemressourcen* Ihres Rechners anzeigen lassen. Als Ressourcen bezeichnet man wichtige Quellbereiche, die von einem Programm oder einer Hardware genutzt werden.

Vielleicht kennen Sie die Fehlermeldung *Für diese Anwendung besteht nicht genügend Arbeitsspeicher*, und dass obwohl Sie einen Rechner mit 32 oder mehr MByte besitzen. Zudem ist ausreichend virtueller Arbeitsspeicher eingerichtet.

> Microsoft empfiehlt, unter Windows 98 den virtuellen Arbeitsspeicher komplett vom Betriebssystem verwalten zu lassen. Nur erfahrene Anwender sollten hier selbst Hand anlegen. Eine falsche Einstellung kann sich negativ auf die Leistungsfähigkeit auswirken.

Die Lösung ist recht einfach, das Problem liegt am knappen Ressourcen-Speicher. Die Fehlermeldung tritt besonders häufig auf, wenn Sie viele Programme gleichzeitig geöffnet haben, die alles an Ressourcen-Speicher verbrauchen. Dabei hängt der Verbrauch von Ressourcen-Speicher nicht mit der Größe der Anwendung zusammen, sondern mit der Art des Programms. Anwendungen, die mehrere MByte groß sind, benötigen unter Umständen nur wenig Ressourcen-Speicher, andere hingegen, mit einer Größe von nur wenigen Bytes, können viel Speicher beanspruchen.

Die oben genannte Fehlermeldung birgt noch ein weiteres Risiko: Das System ist bei knappem Ressourcen-Speicher wesentlich absturzgefährdeter. Unter Windows 98 soll laut Microsoft ein Totalabsturz zwar ausgeschlossen sein, die Rechnung wurde aber ohne die zahlreichen Softwarehersteller gemacht, die sich mit ihrem Programmcode nicht ganz an die Microsoft-Richtlinien gehalten haben.

Ressourcen im Auge behalten

Es empfiehlt sich, immer ein wachsames Auge auf den zur Verfügung stehenden Ressourcen-Speicher zu haben. Zur Unterstützung geben fast alle

Anwendungsprogramme unter dem Menüpunkt *Hilfe / Info* den freien Ressourcen-Speicher in Prozent an. Wem das Anwählen zu umständlich ist, der kann auf das *Ressourcen-Anzeige*-Programm zurückgreifen.

Nach dem Aufrufen des Programms über die Taskleiste – *Start / Programme / Zubehör / Systemprogramme* – findet man einen kleinen Balken in der Taskleiste. Sind nur wenige Anwendungen geöffnet, ist der Balken noch gefüllt. Das ändert sich, je mehr Anwendungen geöffnet sind. Dabei wechselt der Balken seine Farbe von Grün nach Gelb bis hin zu Rot, wenn nur noch sehr wenig Speicher bereitsteht.

Abbildung 18.35: Die Ressourcen-Anzeige des Systems

Durch einen doppelten Mausklick auf das Balkensymbol öffnet sich ein Fenster, das die Ressourcen grafisch und in Prozent anzeigt. Dabei werden die Ressourcen in die Kategorien *System*, *User* und *GDI* unterteilt.

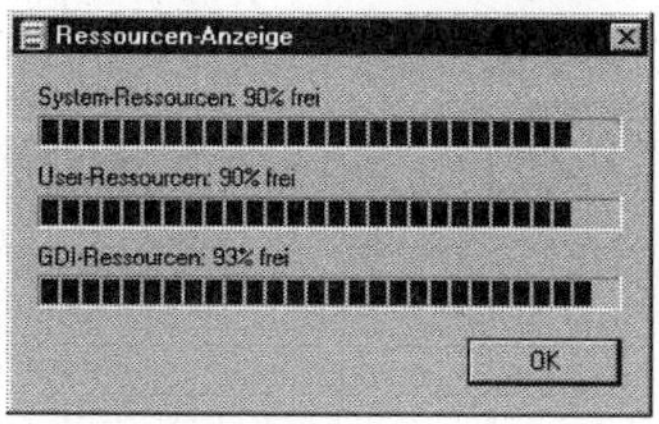

Abbildung 18.36: Die Anzeige im Fenster

HINWEIS

Bedenken Sie, dass das *Ressourcen-Anzeige*-Programm natürlich auch Systemressourcen in Beschlag nimmt. Das kann unter Umständen zu Leistungseinbußen führen.

ScanDisk

Das Systemprogramm *ScanDisk* ist ein mächtiges Utility, mit dessen Hilfe physikalische Fehler eines Datenträgers und Datei- bzw. Ordnerfehler aufgespürt, beseitigt und gegebenenfalls repariert werden können.

Zwei Fehlerarten

Die zwei genannten Fehlerarten unterscheiden sich erheblich voneinander. Bei physikalischen Laufwerksfehlern ist die Oberfläche des Datenträgers beschädigt, beispielsweise durch einen Headcrash (Aufschlagen des Schreib-/Lesekopfes auf die Festplattenoberfläche). Bei Ordner- bzw. Dateifehlern liegt keine physikalische Beschädigung vor, jedoch ist deren Struktur nicht mehr eindeutig zu interpretieren, so dass es zu Fehlern kommt.

Nach dem Start durch Anklicken der *Start*-Schaltfläche in der Taskleiste und der anschließenden Anwahl *Programme / Zubehör / Systemprogramme / ScanDisk* wird das Programm aufgerufen. Neben der Selektion des zu prüfenden Laufwerks lässt sich noch die Prüfart definieren. Es stehen dazu die Optionsschaltflächen *Standard* und *Intensiv* bereit.

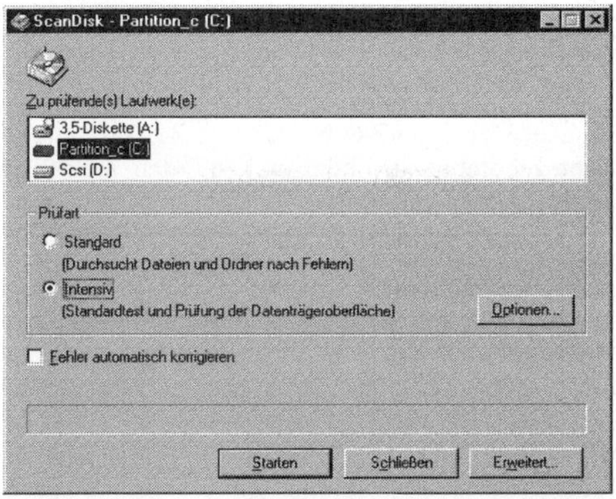

Abbildung 18.37: Das Programm *ScanDisk* erlaubt es, Laufwerke auf Fehler zu überprüfen

Während *Standard* lediglich Dateien und Ordner nach Fehlern überprüft, unternimmt *Intensiv* zusätzlich einen physikalischen Test.

Neben der *Intensiv*-Optionsschaltfläche ist eine weitere *Optionen*-Schaltfläche zu finden. Sie öffnet ein Fenster, in dem zusätzliche Einstellungen getroffen werden können.

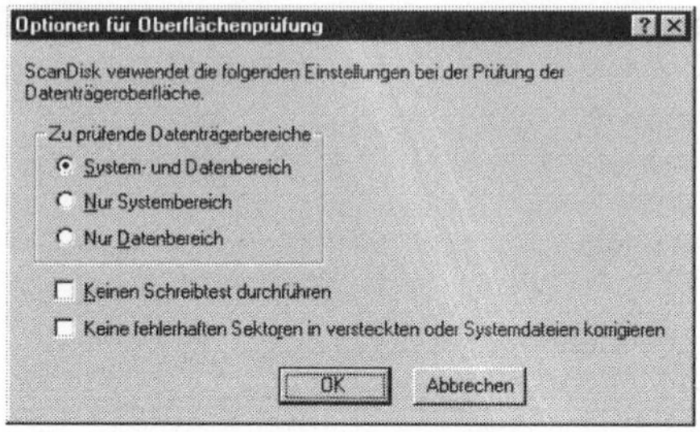

Abbildung 18.38: Optionen für die Prüfung

Sie können den zu prüfenden Datenträgerbereich in *System- und Datenbereich*, *Nur Systembereich* und *Nur Datenbereich* unterteilen. Fehler im Systembereich kann *ScanDisk* meistens nicht reparieren. Der Datenträger muss in der Regel ausgetauscht werden.

Bei Datenbereichen besteht eine große Wahrscheinlichkeit, dass einige Daten gerettet werden können. Die Daten, die noch gelesen werden können, werden an eine andere Datenträgerposition geschrieben. Dabei werden die defekten Bereiche ausgegeliedert, so dass sich in diesem Bereich keine anderen Daten mehr ablegen lassen.

Schreibtest durchführen

Neben den Optionsschaltflächen kann der Anwender noch bestimmen, ob *kein Schreibtest durchgeführt* werden soll und ob keine beschädigten Sektoren von versteckten oder Systemdateien korrigiert werden sollen. Ist das erste Kontrollkästchen gewählt, werden die einzelnen Sektoren nur gelesen, es wird aber kein Schreibtest unternommen. Ist das zweite aktiviert, werden beschädigte Sektoren von versteckten bzw. Systemdateien nicht verschoben.

Das Kästchen ist sinnvoll, weil manche ältere Programme eine feste Position einer Datei verlangen; wird diese verändert, kann es zu Fehlern kommen. Diese Methode ist sehr umstritten und wird glücklicherweise nur noch selten angewendet. Sie diente hauptsächlich dem Zweck die Raubkopiererei einzudämmen.

Von Bedeutung ist noch das Kontrollkästchen *Fehler automatisch korrigieren*. Ist das Kästchen gewählt, werden gefundene Fehler automatisch unter Berücksichtigung der über die Schaltfläche *Erweitert* definierten Angaben behoben. Das Fenster *Erweiterte ScanDisk-Optionen* bietet dabei folgende Einstellungsmöglichkeiten, die per Optionsschaltfläche und Kontrollkästchen vorgenommen werden können:

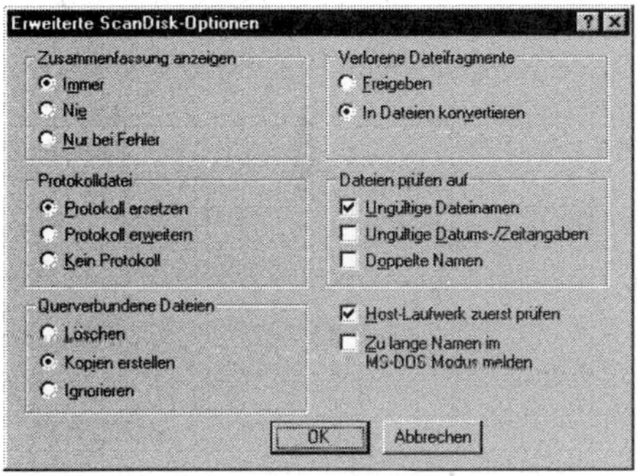

Abbildung 18.39: Die erweiterten Optionen

- *Zusammenfassung anzeigen* (Optionsschaltflächen)
  Immer, *Nie* und *Nur bei Fehlern*. Die Bezeichnungen sprechen für sich.

- *Verlorene Dateifragmente* (Optionsschaltflächen)
  Freigeben und *In Dateien konvertieren*. Ist *Freigeben* gewählt, löscht *ScanDisk* die Dateifragmente, so dass neue Daten in diesem Bereich abgelegt werden können. Andernfalls werden die Dateifragmente im Hauptverzeichnis als Datei abgespeichert (File0000...). Der Anwender kann auf die Dateien nach Beendigung von *ScanDisk* zugreifen und unter Umständen noch wertvolle Daten retten.

- *Protokolldatei* (Optionsschaltflächen)
  Protokoll ersetzen, *Protokoll erweitern* und *Kein Protokoll*. Je nachdem welche Option Sie gewählt haben, erzeugt bzw. erweitert *ScanDisk* die Protokolldatei SCANDISK.LOG im Hauptverzeichnis.

- *Daten prüfen auf* (Kontrollkästchen)
  Ungültige Dateinamen, *Ungültige Datums-/Zeitangabe* und *Doppelte Namen*. Dateien mit ungültigen Namen können unter Umständen nicht geöffnet werden, so dass eine Namensänderung ratsam ist. Dateien mit ungültigen Datums-/Zeitangaben können nicht richtig sortiert werden, ferner können Setup-, Kopier- oder Backup-Programme bei einem ungültigen Datum durcheinander geraten bzw. Sie interpretieren die Dateien falsch, was ihre Aktualität anbetrifft. Doppelte Dateinamen dürfen in einem Ordner nicht vorkommen. Soll dies überprüft werden, dann kann es sehr lange dauern.

- *Querverbundene Dateien* (Optionsschaltflächen)
  Löschen, *Kopien erstellen* und *Ignorieren*. Unter querverbundenen Dateien versteht man mindestens zwei Dateien, die auf denselben Zu-

ordnungsbereich einer Festplatte zeigen. Man kann hier durchaus *Löschen* wählen, da eine Zuordnung auf einen Bereich genügt. *Ignorieren* ist etwas bedenklich. Werden querverbundene Daten gelöscht oder verwendet, können Fehler auftreten bzw. noch schlimmer: Es können weitere Fehler verursacht werden.

Das vorletzte Kontrollkästchen *Hostlaufwerk zuerst prüfen* veranlasst, dass das Hostlaufwerk als erstes überprüft wird. Die Option ist sinnvoll bei Laufwerken, die mit einem Komprimierungsprogramm »behandelt« werden. Auf einem Hostlaufwerk ist das komprimierte Laufwerk abgelegt, wobei das Hostlaufwerk meistens versteckt ist. Fehler, die auf einem komprimierten Laufwerk auftreten, haben meistens einen Fehler auf dem Hostlaufwerk als Ursache.

Den Prüfvorgang starten

Durch Drücken der Schaltfläche *Starten* wird die Überprüfung unter den eingestellten Bedingungen gestartet. Der Prüfvorgang kann mitunter recht lange dauern, je nachdem wie schnell und wie groß der zu prüfende Datenträger ist. Wie weit der Prüfvorgang fortgeschritten ist, sehen Sie an einem Balken. Sie können den Vorgang jederzeit durch Drücken der Schaltfläche *Abbrechen* stoppen.

Der Systemmonitor

Auf den ersten Blick scheint der *Systemmonitor* nur ein weiterer Monitor zu sein, der die Leistung des Systems ausgibt und überwacht. In erster Linie ist er das auch so, allerdings bietet der Systemprogramm-Monitor derart viele Kontrollmöglichkeiten, dass man leicht den Überblick verlieren kann.

Was bietet der Systemmonitor?

Microsoft hat so ziemlich alles in den *Systemmonitor* integriert, was sich an einem Rechnersystem überwachen lässt. Für den normalen Anwender sind viele sogenannte Datenquellen nicht von Bedeutung oder er kann mit den ausgegebenen Informationen wenig anfangen. Erfahrene und technisch interessierte User hingegen werden die vielen Möglichkeiten des Systemmonitors sicher schnell schätzen und den Monitor oft verwenden.

Aufgerufen wird der Monitor durch Drücken der Schaltfläche *Start* in der Taskleiste und dann durch Auswählen von *Programme / Zubehör / Systemprogramme*.

Das Systemmonitor-Fenster ist in vier Bereiche untergliedert: die Menüleiste, die Symbolleiste, dem Ausgabefeld und die Statusleiste. Die einzelnen Leisten lassen sich ein- bzw. ausblenden.

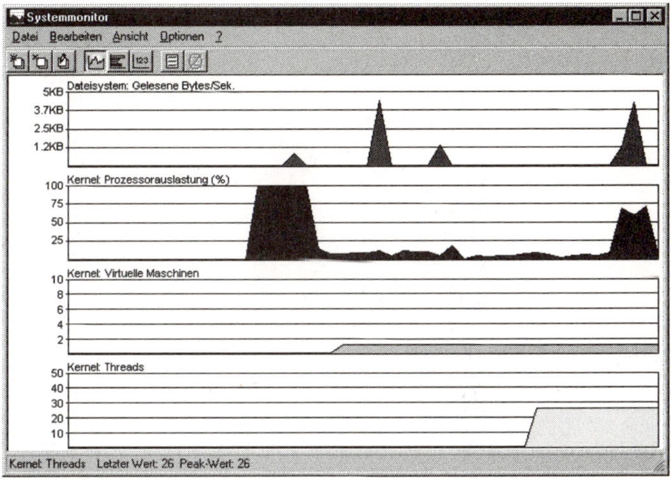

Abbildung 18.40: Der Systemmonitor in Aktion

Die Bedienung des Systemmonitors

Unterhalb der Menüleiste ist die Symbolleiste angebracht. Die einzelnen Funktionen korrespondieren mit Menübefehlen. Die Funktionen der Symbole sind in zwei Kategorien unterteilt: Datensatz *Hinzufügen*, *Entfernen* bzw. *Bearbeiten* und Anzeige als *Liniendiagramme*, *Balkendiagramme* und *Numerische Anzeige*. Durch Drücken der entsprechenden Schaltfläche wird die jeweilige Funktion ausgelöst.

Die Menüs

Die Menüs des Systemmonitors lauten *Datei*, *Bearbeiten*, *Ansicht*, *Optionen* und *?*. Das *Datei*-Menü erlaubt es nur, den Systemmonitor zu beenden, eine Verbindung zu einem anderen Rechner herzustellen, der überwacht werden soll, sowie die Verwaltung der Protokollierung. Das *Bearbeiten*-Menü besitzt vier Menüpunkte: *Datenquelle hinzufügen*, *Datenquelle entfernen*, *Datenquelle bearbeiten* und *Messwerte löschen*.

Durch Auslösen von *Datenquelle hinzufügen* öffnet sich ein Fenster, das in ein *Kategorie*- und ein *Datenquelle*-Feld unterteilt ist.

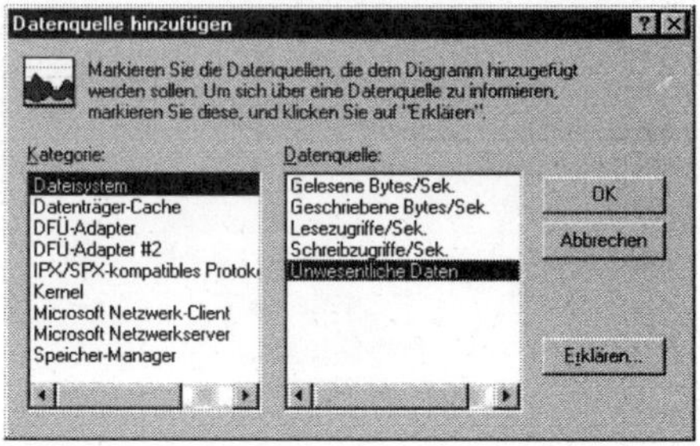

Abbildung 18.41: Die Kategorien

Als Kategorie stehen *Dateisystem*, *Kernel*, *Speicher-Manager* sowie einige andere zur Auswahl, die allerdings nur dann vorhanden sind, wenn sich der Rechner in einem Netzwerk befindet bzw. die Netzwerkfunktionalitäten aufweisst.

Kategorien selektieren

Bevor Sie eine Datenquelle hinzufügen können, müssen Sie eine Kategorie selektieren. Augenblicklich füllt sich das Datenquellenfeld. Mit der Schaltfläche *Erklären* werden detaillierte Informationen über eine markierte Datenquelle ausgegeben. Mit der Schaltfläche *OK* fügen Sie dem Systemmonitor die markierte Quelle hinzu.

Datenquellen löschen

Der Menübefehl *Datenquelle entfernen* öffnet ein Fenster, das alle momentan aktivierten Datenquellen in einem Listenfeld ausgibt. Mit der Maus können Sie eine Datenquelle markieren und durch Drücken der *OK*-Schaltfläche von der Anzeige entfernen.

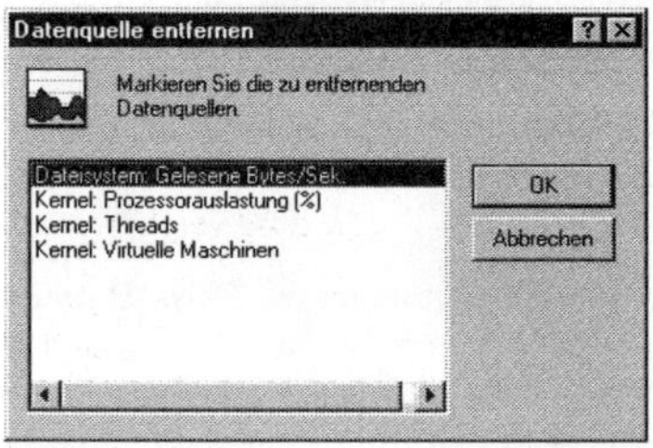

Abbildung 18.42: Die zu löschenden Datenquellen

Datenquelle verändern

Mit Hilfe des Menübefehls *Datenquelle bearbeiten* lassen sich die Eigenschaften der einzelnen Datenquelle ändern. Es öffnet sich zunächst ein Listenfenster, in dem Sie die Datenquelle anwählen können, die Sie ändern möchten.

Nach Betätigen der *OK*-Schaltfläche öffnet sich ein weiteres Fenster. Hier können Sie die Anzeigefarbe und die Skalierung ändern.

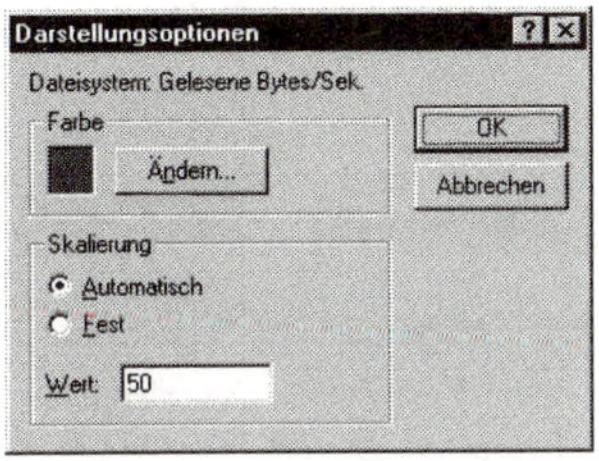

Abbildung 18.43: Das Ändern der Farbe und der Skalierung

Bei letzterem stehen die Optionsschaltflächen *Automatisch* und *Fest* bzw. ein Eingabefeld für die direkte Eingabe eines Skalierungswertes zur Verfügung.

Mit dem letzten Menübefehl im *Bearbeiten*-Menü lassen sich alle bisher angezeigten Messwerte löschen.

Das *Ansicht*-Menü gibt Ihnen die Möglichkeit, die Status-, Symbol- und Titelleise ein- bzw. auszublenden. Ferner existiert ein Menübefehl, mit dem Sie definieren können, dass der Systemmonitor *immer im Vordergrund* angezeigt werden soll.

Der Anzeigemodus

Zu guter Letzt können Sie noch den Anzeigemodus des Systemmonitors bestimmen. Es stehen *Linien-*, *Balkendiagramme* und *numerische Anzeige* zur Auswahl. Allerdings lassen sich die unterschiedlichen Anzeigen nicht mischen, dadurch ist man immer auf eine beschränkt. Denn nicht jede Anzeige eignet sich für jede Datenquelle.

Das *Optionen*-Menü bietet den Menübefehl *Diagramm* an. Damit können Sie festlegen, wie oft eine Aktualisierung der einzelnen Datenquellen vorgenommen werden soll. Die Skalierung reicht von einer Sekunde bis zu einer Stunde.

HINWEIS

> Bedenken Sie, dass der Systemmonitor Rechenleistung beansprucht, besonders wenn Sie eine häufige Datenquellenaktualisierung einstellen, wächst der Bedarf an Rechenleistung an, so dass unter Umständen die Performance Ihres Systems abnimmt.

Das *?-Menü* bietet wie gewohnt den Menüpunkt *Hilfethemen*, der die Systemmonitor-Hilfe und die dort gespeicherten Themen anbietet. *Info* gibt neben den freien Ressourcen globale Informationen über den Monitor aus.

Die Laufwerkskonvertierung (FAT32)

Die *File Allocation Table* (*FAT*) ist eine Art Inhaltsverzeichnis für alle Dateien und Ordner einer Festplatte. Das Programm *FDISK* wird seit jeher benutzt, um eine Festplatte in verschiedene *Partitionen* (Teilbereiche) einzuteilen. Die maximale Größe einer solchen Partition war in früheren MS-DOS-Versionen auf 32 MByte begeschränkt (*FAT12*). Ein für heutige Festplatten unverständlich kleiner Bereich. Damals reichte dies jedoch aus. Die meisten vom BIOS der PCs unterstützten Festplatten waren nicht so groß, so dass zwei oder drei Partitionen zu je 30 MByte ausreichten.

Später wurde dann das *FAT16*-Dateisystem eingesetzt. Seit DOS 5.0 konnten so Partitionen mit bis zu 500 MByte angesprochen werden. Auch die meisten in PCs eingesetzten Festplatten waren nicht größer. Die verbreiteten IDE-Platten waren meist zwischen 300 und 500 MByte groß. Darüber hinaus war es jedoch noch nicht möglich, größere Platten anzusprechen.

SCSI-Platten waren davon ausgenommen. Hier ermöglichte der SCSI-Controller die Ansteuerung von Platten, die größer als 500 MByte waren. Später kamen dann auch EIDE-Platten auf den Markt mit 2, 3, 4 und noch mehr GByte Speicherplatz. Das BIOS der dazu passenden PCs wuchs mit und so gibt es heute kaum eine Grenze.

Das FAT16-Dateisystem ist aber aufgrund seines 16-Bit-breiten Adressraums darauf beschränkt, maximal 2 GByte große Partitionen zu adressieren. So können also z. B. auf einer 4-GByte-Festlatte maximal 2 x 2 GByte-Partitionen angelegt werden.

Die zweite Version von Windows 95 (die Version Windows 95B) und nun auch Windows 98 wollen mit dem FAT32-Dateisystem diese Grenze sprengen. Was vorher Windows NT mit dem *NTFS*-Dateisystem (*New Technology File System*) schon gelungen war, sollte auch das FAT32 schaffen.

Die Partitionsgröße

Der 32-Bit-Adressraum ermöglicht es nun, bis zu 2 Terabyte große Speichermedien anzusprechen, ohne ihn in mehrere Partitionen unterteilen zu müssen. Für einen einfachen PC ist das normalerweise nicht von so großer Bedeutung. Hier werden viele Anwendungen einfach auf mehrere Partitionen verteilt. Bei großen Datenbanken war die Partitionsbeschränkung aber schon immer ein Hindernis.

Die Clustergröße

Ein *Cluster* ist eine Art Block aus mehreren Speicherstellen (Sektoren) auf der Festplatte. Wie viele Sektoren ein solcher Cluster belegt, wird bei der Formatierung einer Festplatte festgelegt. Wenn keine besonderen Werte angegeben werden, bestimmt das Betriebssystem selbst die Anzahl der Sektoren anhand der anzusprechenden Größe der Partition. Dafür gibt es eine einfache Tabelle:

Plattengröße (Partitionsgröße)	FAT-Type	Sektoren pro Cluster	Clustergröße
0 MByte – 15 MByte	FAT 12	8	4 KByte
16 MByte – 127 MByte	FAT 16	4	2 KByte
128 MByte – 255 MByte	FAT 16	8	4 KByte
256 MByte – 511 MByte	FAT 16	16	8 KByte
512 MByte – 1023 MByte	FAT 16	32	16 KByte
1024 MByte – 2048 MByte	FAT 16	64	32 KByte
2048 MByte – 4096 MByte	FAT 16	128	64 KByte (nur Windows NT)
4096 MByte – 8192 MByte	FAT 16	256	128 KByte (nur Windows NT)
8192 MByte – 16384 MByte	FAT 16	512	256 KByte (nur Windows NT)

Jede Datei, und sei sie auch nur wenige Bytes groß, belegt immer einen ganzen Cluster. Die nächste Datei startet erst im nächsten Cluster. Die FAT setzt also den Beginn einer Datei mit dem Beginn eines Clusters gleich.

Um trotz des eingeschränkten Adressraums des 16-Bit-Dateisystems größere Partitionen ansprechen zu können, wurde im Laufe der Zeit die Clustergröße heraufgesetzt. In einem FAT16-Dateisystem unter MS-DOS kann die Clustergröße zwischen 2 KByte und 32 KByte, unter Windows NT mit FAT16 sogar 64 KByte, 128 KByte oder 256 KByte betragen. So sind zumindest unter NT bis zu 16-GByte-Partitionen mit FAT erreichbar.

Die Vergrößerung der Clustergröße hat aber einen Nachteil. Jede Datei, die nicht den ganzen Cluster belegt, verschwendet Plattenplatz. Im Durchschnitt also ungefähr die Hälfte eines Clusters für jede Datei auf der Platte. Es gibt eine Formel, die den mittleren Verlust beschreibt.

```
(Clustergröße / 2) * Anzahl der Dateien
```

Bei z. B. 5000 Dateien und einer vorgegebenen Clustergröße von 32 KByte (der Standardwert bei FAT16 in einer 2-GByte-Partition) gehen ca. 78 MByte verloren. Gerade im Zeitalter der Internet Browser hat dies enorme Bedeutung bekommen. Internet-Dateien sind meist nur wenige KByte groß und so abgespeicherte oder durch einen Cache-Mechanismus zwischengespeicherte Dateien verändern das durchschnittliche Mittel rapide zu einem noch schlechteren Mittelwert. Bei 5000 Dateien und 4 KByte Clustergröße gehen nur ca. 10 MByte verloren.

FAT32 ist nun in der Lage Partitionen bis zu 8 GByte, auch bei Clustergrößen von 4 KByte, anzusprechen. Dies führt erfahrungsgemäß zu 10% bis 15% effektiverer Nutzung. Rein rechnerisch liegt dies viel höher. Kleinere Clustergrößen als 4 KByte werden nicht unterstützt.

DriveSpace

DriveSpace oder *DriveSpace 3* arbeiten nicht mit FAT32-Partitionen. Es ist also nicht möglich mit diesen Programmen den Plattenplatz durch geschicktes Komprimieren der Dateien zu vergrößern. Der Grund ist ganz einfach. Das Programm wurde nicht von Microsoft umprogrammiert. Die FAT16-APIs funktionieren zwar in der Regel noch, aber bestimmte Funktionen erfordern spezielle FAT32-APIs.

So müssen einige Programme also von den Entwicklern erst auf die FAT32-Struktur umprogrammiert werden. Bei *DriveSpace* wird die Überlegung wohl die gewesen sein, dass bei den derzeit immer weiter sinkenden Festplattenpreisen und der geringen Verbreitung von DriveSpace eine Weiterentwicklung nicht mehr lohnt.

Ohnehin haben wenige Anwender Programme wie *DriveSpace* benutzt, aus Angst vor Datenverlust, Inkompatibilität zwischen verschiedenen Betriebssystemen oder Performanceverlust. Ich selbst würde den Einsatz auch nie empfehlen.

Andere Programme wurden jedoch von Microsoft angepasst. Dazu gehören:

- *Fdisk* – Es sorgt für die Einteilung der Festplatte in Partitionen. Sobald es gestartet wird, fragt es Sie, ob Sie die Unterstützung für große Festplatten einschalten möchten, vorausgesetzt, eine Ihrer Festplatten ist größer als 512 MByte. *Fdisk* weist dabei auch darauf hin, dass andere Betriebssysteme wie DOS 6.2 und älter oder Windows NT nicht mehr darauf zugreifen können. Sobald Sie es aktivieren und eine Partition größer als 512 MByte einrichten, wird automatisch eine Fat32-Partition eingerichtet.

- *Format* – Der *Format*-Befehl wurde ebenfalls angepasst. Ohne diese Veränderung würde es zwar eine FAT32-Partition geben, aber kein FAT32-Dateisystem. Der *Format*-Befehl teilt die verschiedenen Sektoren nun den einzelnen Clustern zu.

- *Defrag* – Dies ist ein kleines Windows-basierendes Programm, das zwei Funktionen enthält. Zum einen kann es allen zur Verfügung stehenden freien Speicherplatz zusammenfassen. Durch Löschen und Hinzufügen unterschiedlich großer Dateien entstehen immer kleine Lücken auf der Festplatte. *Defrag* kann alle diese Lücken durch Verschieben der Dateien auf der Festplatte zusammenfassen. Dies geht relativ einfach und auch schnell.

  Viel länger dauert eine komplette Optimierung der Festplatte. Beim Speichern einer Datei wird immer der erste zur Verfügung stehende Block belegt und danach die nächste Lücke ausgenutzt. Eine Datei kann so auf viele kleine Bereiche verteilt über die ganze Festplatte verstreut abgelegt werden. Um auf diese Datei zuzugreifen sind mehrere Positionierungen des Schreib-/Lesekopfes notwendig, der Zugriff wird langsamer.

  Die komplette Optimierung verschiebt nun die einzelnen Cluster so geschickt auf der Platte, bis alle Dateien zusammenhängend abgelegt wurden. Das sollte den Zugriff auf eine Datei beschleunigen.

  Beides wurde auf das FAT32 angepasst. Nicht immer ist jedoch eine solche Optimierung ratsam. Zum einen belastet eine komplette Optimierung die Festplatte sehr stark. Zum anderen kann es sein, dass viele Dateien vor der Optimierung durch eine Cache-Funktion der Festplatte ohne große Kopfbewegungen vonstatten gingen. Nach der Optimierung befinden sich diese Dateien weit voneinander entfernt und verlangsamen so den Ladeprozess.

- *ScanDisk* – Die MS-DOS- wie auch die Windows-Version von *ScanDisk* wurde ebenfalls umprogrammiert. So können nun auch Fehler im Dateisystem auf FAT32-Partitionen gefunden werden. Viel besser wäre es allerdings, wenn es solche Fehler nicht mehr geben würde. Daran hat aber scheinbar niemand bei Microsoft gedacht.

Das Programm zur Konvertierung

Haben Sie Windows 98 über ein bestehendes Windows-95-System installiert, dann werden Sie Ihre Festplatte sehr wahrscheinlich nicht neu eingerichtet, d. h. partitioniert haben. Dementsprechend werden Sie FAT32 noch nicht benutzen.

Sollten Sie allerdings die Vorteile (und Nachteile) von FAT32 nutzen wollen, dann können Sie dies nachträglich einrichten. Wählen Sie aus dem *Zubehör*-Ordner innerhalb des sich darin befindlichen *Systemprogramme*-Ordners das Programm *Laufwerkkonvertierung (FAT32)*. Sobald Sie das Programm gestartet haben, führt Sie ein Assistent durch die einzelnen Schritte der Konvertierung.

> Bedenken Sie, dass Sie anschließend außer von Windows 98 aus oder aus einem Netzwerk heraus nicht mehr auf diese Partition zugreifen können.

Die Datenträgerbereinigung

Im Laufe der Zeit sammeln sich auf einer Festplatte allerlei Daten an, die im Grunde keinerlei weiteren Nutzen bieten, sondern nur wertvollen Festplattenspeicher belegen. Im Handel gibt es aus diesem Grund etliche Programme, die versuchen, Festplattenspeicher freizugeben. Auch Microsoft hat das erkannt und bietet mit dem Systemprogramm *Datenträgerbereinigung* ein recht nützliches Hilfsprogramm an, um unnütze Daten von der Festplatte zu löschen.

Mit dem Programm geht Microsoft allerdings nicht so weit, dass der Anwender in der Bedienung und mit dem Verständnis überfordert wird. Auch weniger versierte Anwender, die das Windows-System nicht in und auswendig kennen, können mit dem Programm sofort arbeiten, ohne Bedenken haben zu müssen, dass unter Umständen Dateien gelöscht werden, die für das eine oder andere Programm von nutzen sind oder gar zum reibungslosen Ablauf benötigt werden.

Dadurch ist der Funktionsumfang des Datenträgerbereinigungsprogramms natürlich eingeschränkt und reicht nicht an die Vielzahl von Möglichkeiten heran, die manch kommerzielles Programm bietet. Allerdings kann der Anwender das Programm bedenkenlos nutzen, ohne befürchten zu müssen, dass das System irgendeinen Schaden nimmt.

Nach dem Programmaufruf durch *Start / Programme / Zubehör / Systemprogramme / Datenträgerbereinigung* öffnet sich zunächst ein kleines Fenster, in dem Sie das zu bereinigende Laufwerk auswählen können.

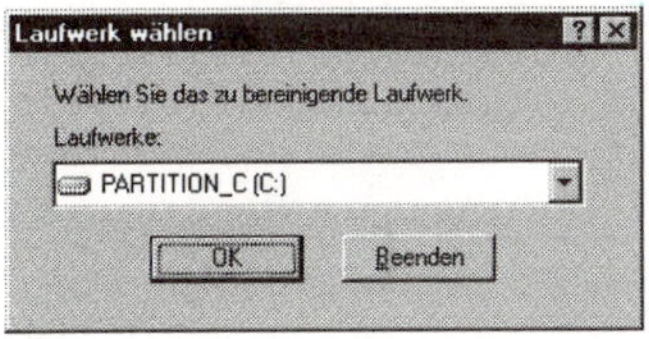

Abbildung 18.44: Die Laufwerksauswahl

HINWEIS

Dieses Fenster erscheint nur, wenn Sie mehr als eine Partition eingerichtet haben.

Im nächsten Fenster wird berechnet, wie viel Speicher freigegeben werden kann. Ein Balken gibt Auskunft über den Fortschritt der Aktion.

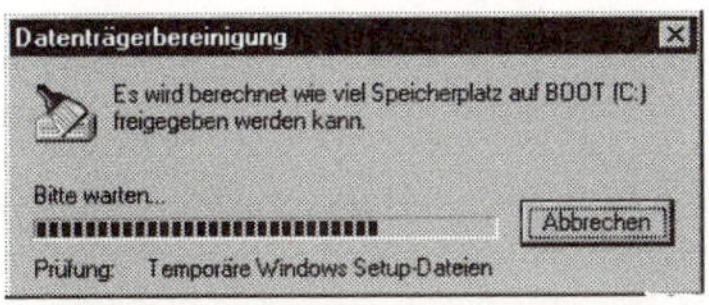

Abbildung 18.45: Zunächst wird festgestellt, wie viel Speicher freigegeben werden kann

Ist die Aktion abgeschlossen, wird dem Anwender mitgeteilt, wie viel Speicher freigegeben werden kann. Ist man mit dem Ergebnis nicht zufrieden, stehen dem Anwender weitere Möglichkeiten offen.

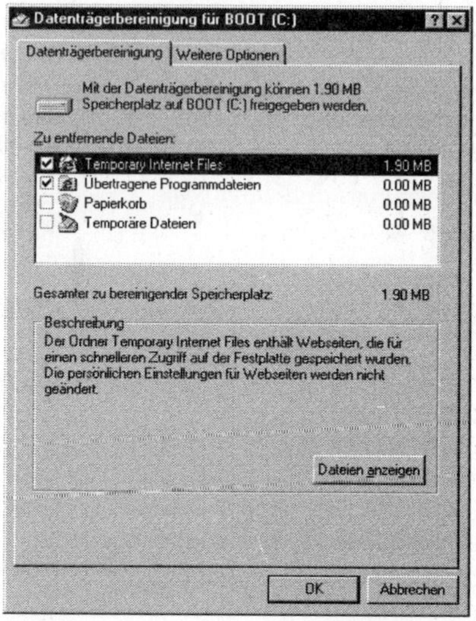

Abbildung 18.46: Das Registerkartenfenster bietet unterschiedliche Möglichkeiten an, was bei der Datenträgerbereinigung beachtet werden soll

Im oberen Fenster sehen Sie, dass lediglich 1,9 MByte gelöscht werden können. Nicht gerade viel. Dem Anwender stehen jedoch weitere Möglichkeiten offen, um eventuell mehr Festplattenspeicher freizuschalten.

Datenträgerbereinigungsoptionen

Auf der Registerkarte *Datenträgerbereinigung* werden in einem Listenfeld insgesamt vier Optionen angeboten: *Temporary Internet Files*, *Übertragene Programmdateien*, *Papierkorb* und *Temporäre Dateien*.

Temporary Internet Files

Wenn Sie dieses Kontrollkästchen wählen, werden alle Dateien gelöscht, die bei Internetzugriffen, zwecks schnelleren Zugriffs, auf Festplatte gespeichert wurden. Mitunter können sich hierbei etliche MByte an Daten ansammeln. Bei diesen Daten handelt es sich um Web-Seiten, die keinen normalen Nutzen bieten, außer bei Internetzugriffen.

Die Daten können Sie bedenkenlos löschen. Nachteile oder gar Programme, die sich plötzlich nicht mehr starten lassen, sind nicht zu befürchten. Bedenken sollten Sie jedoch, dass bei Ihrer nächsten Internet-Sitzung nicht mehr auf die Daten zugegriffen werden kann und die kompletten Web-Seiten erneut geladen werden müssen. Besonders wenn Sie häufig und ausgiebig im Internet surfen und dabei bestimmte Homepages öfters anwählen, ist zu überlegen, ob Sie die auf Festplatte ausgelagerten Web-Seiten wirklich löschen wollen.

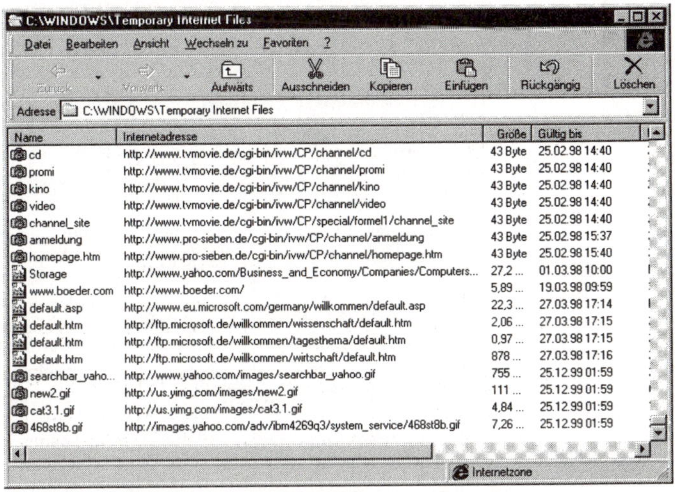

Abbildung 18.47: Durch Anwählen der Schaltfläche *Dateien anzeigen* werden alle zu löschenden Dateien aufgelistet

Wollen Sie nur gezielt einzelne Dateien löschen, müssen Sie zunächst *Temporary Internet Files* und anschließend *Dateien anzeigen* mit der Maus anwählen. Danach öffnet sich der Explorer, der alle zu löschenden Dateien anzeigt. Jetzt lassen sich gezielt einzelne Dateien zum Löschen selektieren.

Sehr hilfreich ist hierbei die Möglichkeit, sich die Dateien nach unterschiedlichen Kriterien sortieren zu lassen. Beispielsweise nach dem letzten Zugriff, der letzten Änderung oder nach der Größe. Dazu müssen Sie lediglich den jeweiligen Spaltenkopf mit der Maus anklicken. Ein erneutes Klicken sortiert die Liste entgegengesetzt.

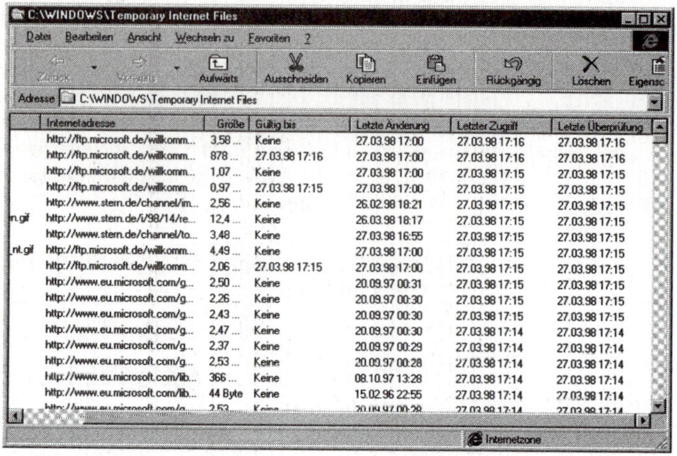

Abbildung 18.48: Die Dateien wurden nach dem Sortierkriterium *Letzter Zugriff* sortiert

Leider findet man in dem Listenfenster keine Angabe über die Häufigkeit eines Zugriffes. Ansonsten bieten sich dem Anwender auch Möglichkeiten an, um gezielt Daten zu löschen. Zum Löschen markieren Sie die Datei(en) und wählen anschließend die *Löschen*-Schaltfläche.

Übertragene Programmdateien

Im Windows-Verzeichnis findet sich ein Ordner, in dem Programmdaten abgelegt werden, die für das Anzeigen von bestimmten Internetseiten notwendig sind, sogenannte Java-Applets oder ActiveX-Steuerelemente. Allerdings werden diese Daten nicht von allen Internetseiten benötigt, sondern nur von einigen wenigen. Die Anzahl wird sich jedoch in der Zukunft sicherlich erhöhen. Wenn der Anwender eine Seite anwählt, die solche Java-Applets oder ActiveX-Steuerelemente besitzt, werden sie heruntergeladen und in dem speziellen Windows-Verzeichnis abgelegt. Bei der nächsten Anwahl müssen sie dann nicht mehr auf die eigene Festplatte gezogen werden.

Die Programme erfüllen keinen weiteren Nutzen und können bedenkenlos gelöscht werden, in diesem Fall werden sie beim nächsten Zugriff erneut heruntergeladen, was die Ladezeit der Seite natürlich erhöht.

Mit der Schaltfläche *Dateien anzeigen* können Sie sich die Daten anschauen und explizit wählen, welche ActiceX-Steuerelemente bzw. Java-Applets gelöscht werden sollen. Hierbei stehen dieselben Möglichkeiten offen, wie bereits im Abschnitt *Temporary Internet Files* beschrieben. Aus diesem Grund möchte ich auf eine weitere Erklärung verzichten.

Papierkorb

Wenn Sie das Kontrollkästchen *Papierkorb* wählen, werden die Daten gelöscht, die sich im Papierkorb befinden. Unter Windows 95 wie auch unter Windows 98 werden gelöschte Daten zunächst in den Papierkorb verschoben (bei diesem Papierkorb handelt es sich schlicht und einfach um einen speziellen Ordner auf der Festplatte). Sie werden demnach nicht wirklich gelöscht, sondern befinden sich im Papierkorb. Von dort können sie jederzeit wieder kopiert bzw. verschoben werden, so dass man auf die Daten wieder zugreifen kann.

Allerdings ist mit dem Papierkorb nicht zu spaßen. Für ihn gelten feste Regeln. Wenn Sie den Papierkorb mit der rechten Maustaste anklicken und anschließend *Einstellungen* aus dem Kontext-Menü wählen, lassen sich die Einstellungen des Papierkorbs ändern.

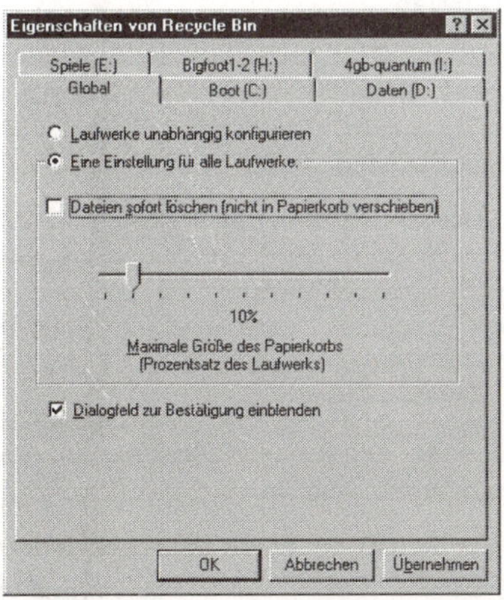

Abbildung 18.49: Die Einstellungen des Papierkorbs

Der Papierkorb lässt sich beispielsweise für jedes Laufwerk explizit einstellen, was ich jedoch nur versierten Anwendern empfehle. Auch die maximale Größe des Papierkorbs sollte man auf ca. 10% eingestellt lassen, es sei denn, Sie haben eine sehr große Festplatte.

Gefährlich ist das Kontrollkästchen *Dateien sofort löschen*. Ist es aktiviert werden Daten sofort gelöscht und nicht erst in den Papierkorb verschoben. Besonders wenn man bisher mit einem aktiven Papierkorb gearbeitet hat, birgt die Option ein gewisses Risiko: Schnell sind Daten gelöscht, die dann nicht mehr wiederhergestellt werden können.

Den Papierkorb bzw. die Daten, die sich innerhalb des Papierkorbs befinden, sollten Sie auf jeden Fall hin und wieder löschen,. Ob der Papierkorb Daten enthält, können Sie dem Symbol auf den Windows-Desktop entnehmen. Zum Löschen des Papierkorbs wählen Sie den Papierkorb mit der rechten Maustaste an und klicken *Papierkorb leeren* an.

Eine weitere Möglichkeit besteht darin, das Datenträgerbereinigungsprogramm zu starten und das Kontrollkästchen zu aktivieren. Mit Hilfe der Schaltfläche *Dateien anzeigen* können Sie, wie bereits zuvor beschrieben, einzelne Dateien zum Löschen selektieren. Aber aufgepasst, die Daten werden jetzt wirklich gelöscht und nicht erst in den Papierkorb verschoben!

4)

Temporäre Dateien

Wenn Sie das Kontrollkästchen *Temporäre Dateien* anwählen, werden die Daten gelöscht, die sich im Windows-*Temp*-Verzeichnis befinden. Sie können allerdings nur gelöscht werden, wenn sie sich länger als 1 Woche in dem Verzeichnis befinden.

Im *Temp*-Verzeichnis werden normalerweise temporäre Programmdaten abgelegt, die nach der Nutzung meistens automatisch gelöscht werden. Ein typischer Programmvertreter ist beispielsweise Word, das ausgiebig von dem *Temp*-Verzeichnis Gebrauch macht. Auch Installationsprogramme und einige Packprogramme nutzen es.

Wie bereits erwähnt, sollten sich die Daten im *Temp*-Verzeichnis automatisch löschen, stürzt der Rechner allerdings ab, funktioniert dies nicht mehr. Man muss selbst Hand anlegen.

Daten im *Temp*-Verzeichnis können Sie bedenkenlos löschen. Wie der Name des Verzeichnisses schon sagt, sind in ihm nur temporäre Daten gespeichert, die normalerweise nur für einen kurzen Zeitraum notwendig sind und nach Verwendung keinen Sinn mehr erfüllen.

Die Registerkarte *Weitere Optionen*

Die zuvor erwähnten Einstellungen und Möglichkeiten können bedenkenlos genutzt werden, um Festplattenspeicher zu erhalten. Oft genügt der freigegebene Festplattenspeicher aber nicht aus und man muss oder will weiteren Speicher freigeben. Dazu wählen Sie die Registerkarte *Weitere Optionen* an.

Abbildung 18.50: Auf der Registerkarte *Weitere Optionen* lassen sich Einstellungen treffen, die weiteren Festplattenspeicher freigeben

Während auf der Registerkarte *Datenträgerbereinigung* die verschiedenen Möglichkeiten für den Anwender noch recht knapp und ungefährlich waren, in dem Sinne dass das System keinen Schaden nehmen konnte, lassen sich hingegen auf der Registerkarte *Weitere Optionen* tiefergehende Systemveränderungen vornehmen, die Sie vielleicht bereuen könnten.

HINWEIS

Aus diesem Grund gilt: Überlegen Sie genau, was Sie machen und ob Sie die Änderung wirklich benötigen.

Das Registerkartenfenster ist in die Bereiche *Windows Setup*, *Installierte Programme* und *Laufwerkskonvertierung (FAT32)* unterteilt. Nach Anwahl der entsprechenden Schaltfläche wird das jeweilige Programm aufgerufen, das auch unabhängig vom Datenträgerbereinigungsprogramm gestartet werden kann.

Windows Setup

Wählen Sie die Schaltfläche unter *Windows Setup* an, wird in der Systemsteuerung das Programm *Software* gestartet.

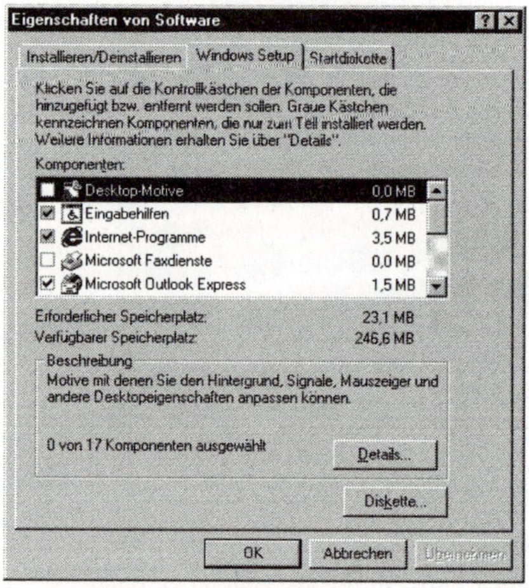

Abbildung 18.51: Es lassen sich sowohl Windows-Komponenten installieren als auch bereits installierte wieder löschen

Bei der Installation von Windows 98 haben Sie vielleicht optionale Komponenten installiert, die Sie bei Ihrer Arbeit am Computer gar nicht benötigen, beispielsweise Bildschirmschoner, Hintergrundgrafiken, Audio-Schemas usw. Mit Hilfe des Programms lassen sich die nicht mehr gewünschten Komponenten entfernen. Dadurch wird natürlich auch wieder Festplattenspeicher frei. Aber überlegen Sie genau, ob Sie die eine oder andere Komponente wirklich löschen möchten.

Allerdings lässt sich eine gelöschte Komponente zu jedem Zeitpunkt erneut installieren, so dass ein versehentliches Löschen nicht so stark ins Gewicht fällt.

Installierte Programme

Wählen Sie die Schaltfläche im Bereich *Installierte Programme* an, wird ebenfalls das Programm *Software* in der Systemsteuerung gestartet. Mit dem Unterschied, dass jetzt die Registerkarte *Installieren / Deinstallieren* aktiv ist.

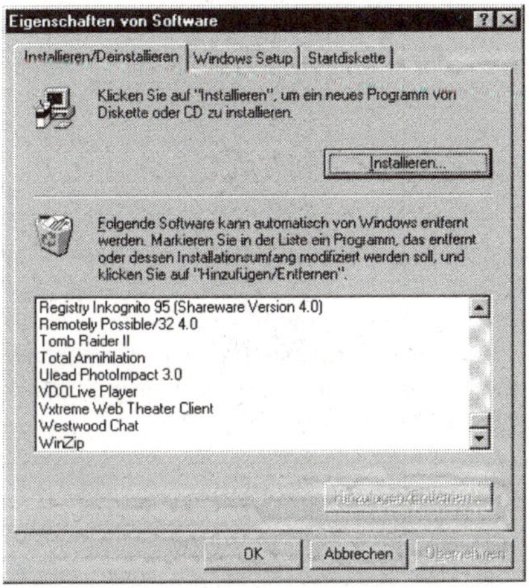

Abbildung 18.52: Programme lassen sich deinstallieren, sofern sie sich Windows-98-konform angemeldet haben

Hier lassen sich Programme deinstallieren, die sich Windows-98-konform installiert haben. Welche Programme entfernt werden können, sehen Sie in einem Listenfeld. Mitunter entfernt der Windows-98-Deinstaller nicht alle Daten eines Programms, und Sie müssen manchmal selbst Hand anlegen.

Leider gibt es noch zahlreiche Programme auf dem Markt, die sich nicht nach den Richtlinien von Windows 95 bzw. 98 bei der Installation richten, so dass manche installierten Programme in der Liste gar nicht auftauchen. Meistens handelt es sich hierbei um reine MS-DOS- oder Windows-3.x-Programme. Aber auch etliche Shareware-Programme, die für Windows 98 geschrieben wurden, missachten die Richtlinien.

In einem solchen Fall hilft nur die manuelle Deinstallation über den Explorer, in dem Sie die Programme per Hand auswählen und löschen.

Laufwerkkonvertierung (FAT32)

Die letzte Möglichkeit, zusätzlichen Festplattenspeicher zu erhalten, besteht darin, das Festplattensystem von FAT16 auf FAT32 zu konvertieren. FAT32 wurde ausführlich in einem eigenen Abschnitt dieses Kapitels behandelt, so dass ich an dieser Stelle auf eine genaue Erklärung verzichten möchte. Lediglich ein paar Grundinformationen möchte ich Ihnen nicht vorenthalten.

Wenn ein Laufwerk von FAT16 auf FAT32 konvertiert wird, steht dem Anwender danach mehr Festplattenspeicher zur Verfügung. Warum, werden sich jetzt sicherlich einige Leser zu Recht fragen. Dazu ein paar Grundinformationen.

Im Gegensatz zu FAT16 ist FAT32 in der Lage Festplattenpartitionen, die größer als 2 GByte sind, zu verwalten. Doch das ist nicht der Grund, warum nach einer Konvertierung mehr freier Festplattenspeicher zur Verfügung steht. Damit FAT16 große Festplattenpartitionen verwalten kann, wird die Festplatte in sogenannte Cluster aufgeteilt. Cluster sind nichts anderes als eine bestimmte Anzahl von Festplattensektoren. Wobei FAT16 nur eine bestimmte Anzahl von Clustern verwalten kann. Ist eine Festplatte sehr groß, ist auch die Anzahl der Sektoren pro Cluster größer. Dazu eine kleine Rechnung, die das verdeutlichen soll.

FAT16 kann beispielsweise 100 Cluster verwalten. Bei einer Festplattengröße von 1 GByte und einer Sektorgröße von 512 Byte entspricht das einer Clustergröße von 2000 Sektoren. Bedenkt man jetzt, dass jede noch so kleine Datei mindestens einen Cluster belegt, kann man sich schnell ausrechnen, wie viel Festplattenspeicher ungenutzt verschwendet wird, besonders wenn eine Festplatte sehr viele kleine Dateien enthält. Je größer eine Festplatte ist, desto mehr Platz wird unter Umständen verschwendet, weil die Clustergröße zunimmt.

Bei FAT32 ist die Clustergröße sehr klein, dadurch belegen auch kleine Dateien wenig Festplattenspeicher.

Eine Konvertierung zu FAT32 birgt allerdings auch Nachteile. Festplatten, die kleiner als 512 MByte sind, lassen sich nicht in das neue Format konvertieren. Des Weiteren sind Festplattenpartitionen in FAT32 nur von Windows 98 oder Windows 95B lesbar. Dieser Nachteil macht sich besonders bei Wechselmedien oder externen Festplatten bemerkbar, die nicht nur an einem Computer genutzt werden.

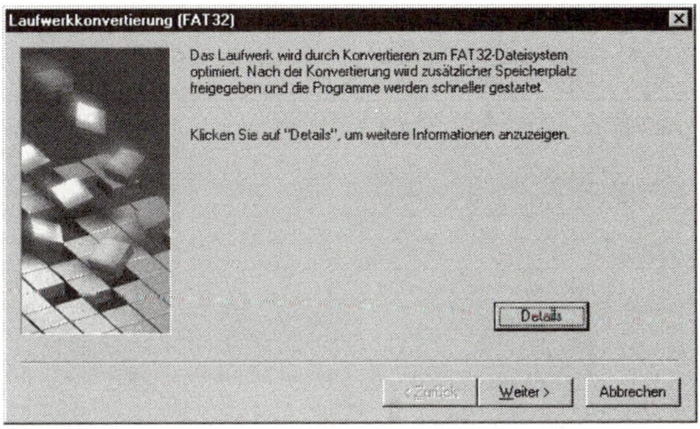

Abbildung 18.53: Bei der Laufwerkskonvertierung steht Ihnen ein Windows-Assistent zur Seite

Prinzipiell sollten Sie eine Laufwerkskonvertierung durchführen, zumindest von den Festplattenpartitionen, die sich fest in Ihrem Rechner befinden. Bei der Konvertierung bleiben Ihre Daten auf Festplatte erhalten, so dass Sie nichts befürchten müssen. Es sei denn, während der Konvertierung schalten Sie den Rechner aus oder der Strom fällt aus irgendeinem Grund aus.

Fassen wir zusammen: Die Registerkarte *Datenträgerbereinigung* gibt Festplattenspeicher frei, der nicht mehr benötigt wird. Der Anwender kann ohne Gefahren eine Bereinigung durchführen. Die Registerkarte *Weitere Optionen* geht hingegen darüber hinaus, hier lassen sich Einstellungen treffen, die eine direkte Auswirkung auf das Arbeiten mit Windows 98 haben. Sie sollten aus diesem Grund nur sorgfältig und gut überlegt genutzt werden.

Geplante Vorgänge

Windows 98 bietet die Möglichkeit, bestimmte Vorgänge automatisch durchführen zu lassen, beispielsweise das Defragmentieren der Festplatte, das Suchen nach Festplattenfehlern oder einen Virusscan.

Wenn Sie sehen möchten, welche Vorgänge in Planung sind, wählen Sie *Start / Programme / Zubehör / Systemprogramme / Geplante Vorgänge* aus. Es öffnet sich ein Fenster im typischen Windows-98-Explorer-Stil, das alle automatischen Vorgänge auflistet.

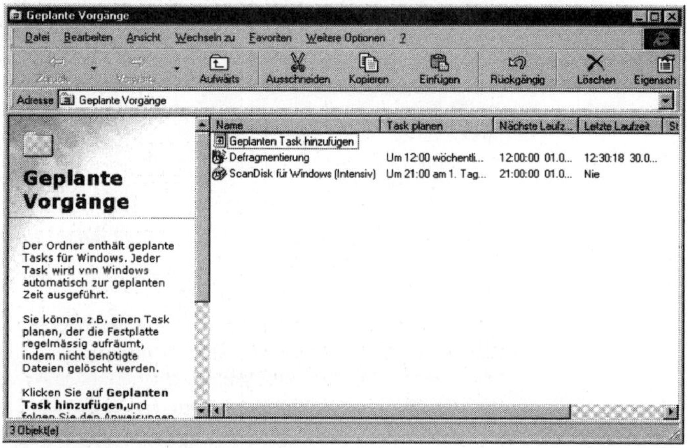

Abbildung 18.54: Die Einstellungen der geplanten Vorgänge lassen sich bequem und schnell ändern

Dem Fenster können Sie den *Tasknamen*, wann und wie oft er stattfinden soll und die nächste bzw. letzte Laufzeit entnehmen. Zusätzlich finden Sie einen Eintrag *Geplanten Task hinzufügen*.

HINWEIS

In der Abbildung habe ich die Explorer-Ansicht als Webseite eingestellt. Dadurch erhält man am linken Fensterrand nähere Informationen und Hilfen angezeigt. Wenn Sie einen Task mit der Maus auswählen, werden sofort anstelle der allgemeinen Informationen detaillierte Hinweise zu dem selektierten Task angezeigt.

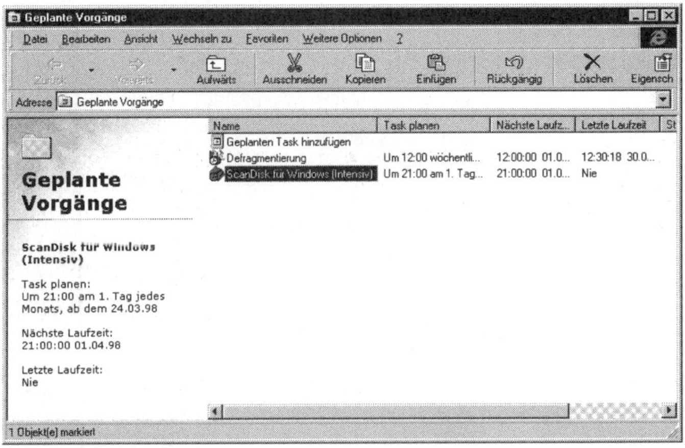

Abbildung 18.55: Wenn Sie im Explorer-Fenster *Geplante Vorgänge* die Option *Ansicht / Als Webseite* eingestellt haben, erhalten Sie im linken Fensterbereich nähere Informationen über den markierten Task angezeigt

Task-Einstellungen

Doch kommen wir zunächst zu den Einstellungen. Durch einen doppelten Mausklick auf den entsprechenden Task können Sie die Einstellungen ändern. Es öffnet sich ein Registerkartenfenster mit den Karten *Task*, *Zeitplan* und *Einstellungen*.

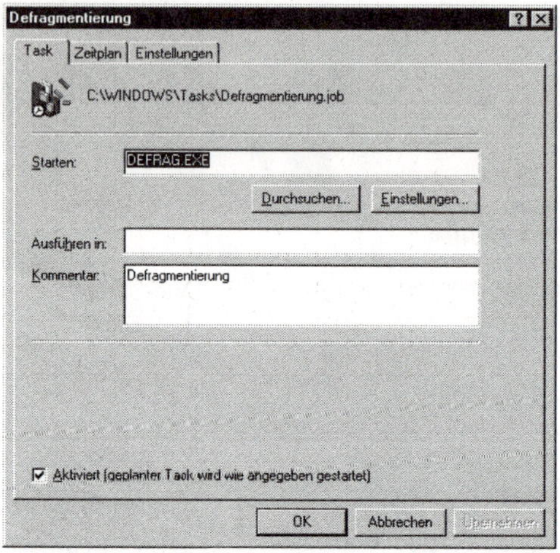

Abbildung 18.56: Die Defragmentierung einer beliebigen Festplatte soll regelmäßig vorgenommen werden

Task

Die Registerkarte *Task* bietet nur allgemeine Informationen wie beispielsweise den Namen des Programms und wo es sich auf der Festplatte befindet. Von Interesse ist hier allerdings die Schaltfläche *Einstellungen*. Nach dem Anwählen können spezielle Einstellungen definiert werden, bei dem Defragmentierungsprogramm beispielsweise, welche Festplatten optimiert werden sollen. Im nachfolgenden Bild sehen Sie, dass alle Festplatten optimiert werden sollen.

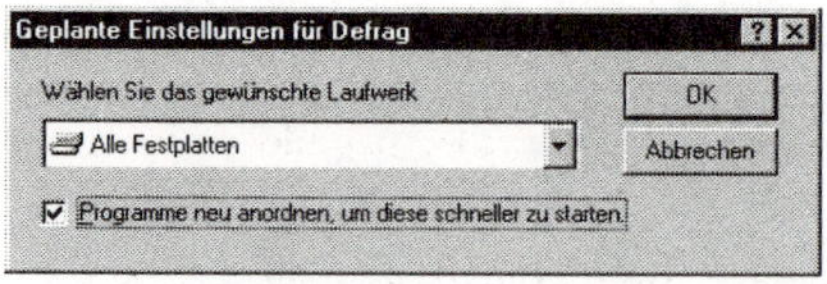

Abbildung 18.57: Wenn Sie die Schaltfläche *Einstellungen* drücken, lassen sich für das Programm Defrag spezielle Defragmentierungsdefinitionen festlegen

Die Schaltfläche *Einstellungen* ist allerdings nicht bei allen geplanten Vorgängen erreichbar, sondern nur bei Programmen, die eine direkte Schnittstelle bereitstellen. Normalerweise sind das Windows-systemeigene Programme wie beispielsweise *Defrag* oder *ScanDisk*. Programme von Fremdfirmen, beispielsweise Virenscanner, bieten diese expliziten Einstellungen nicht an.

Zeitplan

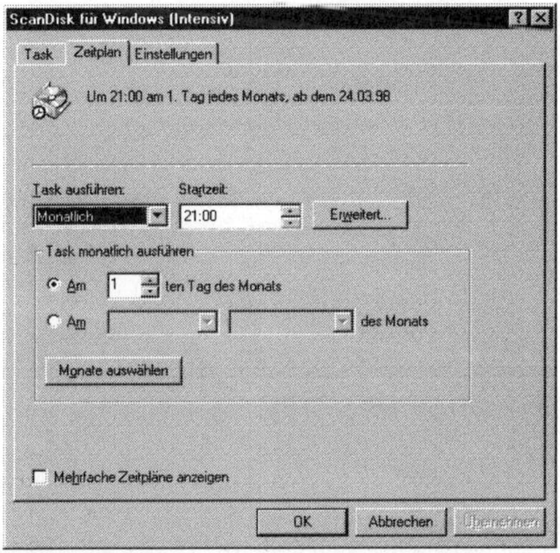

Abbildung 18.58: Auf der Registerkarte *Zeitplan* lässt sich einstellen, wann und wie oft der geplante Vorgang durchgeführt werden soll

Die Registerkarte *Zeitplan* ermöglicht das Einstellen, wann und wie oft ein geplanter Task durchgeführt werden soll. Die hier gebotenen Möglichkeiten sind enorm. Wenn Sie wollen, können Sie einen Vorgang stündlich, täglich, nur nachts, jeden Monat, nur einmal, beim Systemstart oder wenn sich der Computer im Leerlauf befindet ausführen lassen.

Mitunter lassen sich noch weiterführende Einstellungen treffen. Dazu muss die Schaltfläche *Erweitert* anwählbar sein.

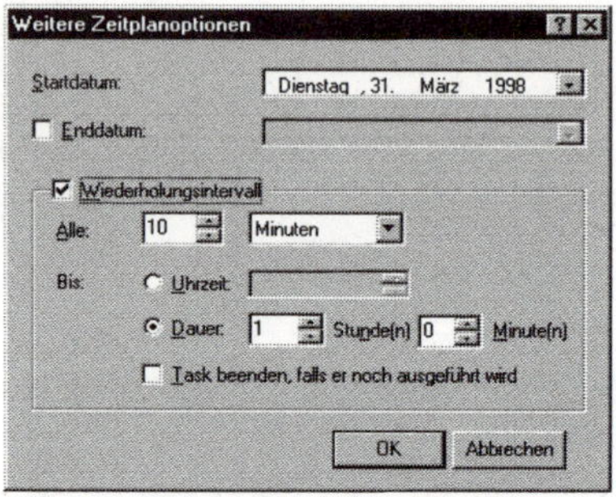

Abbildung 18.59: Erweiterte Zeitplanoptionen

In *Weitere Zeitplanoptionen* lässt sich beispielsweise ein Wiederholungsintervall einstellen. Vielleicht möchten Sie mehrmals täglich Ihre Festplatte nach Viren untersuchen, oder es soll öfters nachgeschaut werden, ob neue E-Mails eingetroffen sind.

Sie sehen, die Einstellmöglichkeiten sind vielfältig. Bedenken Sie jedoch, dass jeder Task das Windows-System belastet. Muss die Festplatte wirklich täglich defragmentiert werden?

Einstellungen

Wer gedacht hatte, mit der Registerkarte *Zeitplan* sind alle Einstellungsmöglichkeiten erschöpft, der irrt. Hinter der Registerkarte *Einstellungen* verbergen sich noch einige Optionen mehr. Hier können Sie beispielsweise festlegen, dass ein geplanter Task nach getaner Arbeit aus der Liste gelöscht werden soll, oder wann ein Task unwiderruflich beendet werden soll, ob er noch einmal gestartet werden soll usw.

Dem Anwender wird wirklich ein mächtiges Werkzeug an die Hand gegeben, um gezielt bestimmte Programme laufen zu lassen. Dabei stehen detaillierte Einstellungen bereit.

Abbildung 18.60: Weitere Einstellungen

Geplanten Task hinzufügen

Möchten Sie einen neuen Task der Liste hinzufügen, wählen Sie mit einem doppelten Mausklick *Geplanten Task hinzufügen* an. Es wird ein Assistent gestartet, der Sie Schritt für Schritt durch die Planung eines neuen Tasks führt.

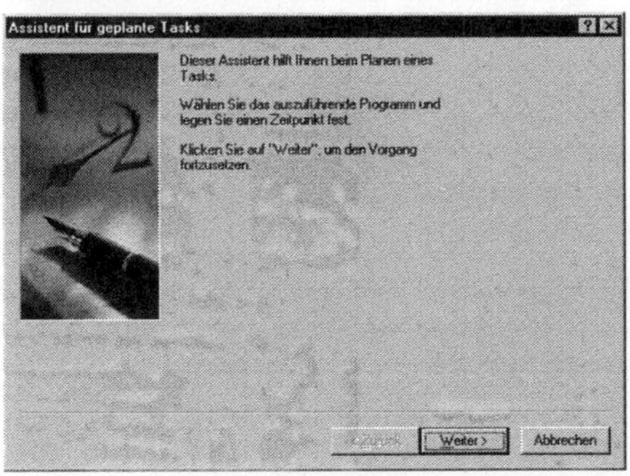

Abbildung 18.61: Der Assistent für geplante Tasks begleitet Sie Schritt für Schritt bei der Einrichtung eines neuen Tasks

Der Assistent gibt Ihnen hierbei detaillierte Informationen, was als Nächstes zu machen ist. Mit Hilfe der Schaltfläche *Weiter* gelangen Sie zum nächsten Schritt. Mit *Zurück* gelangen Sie wieder zum vorherigen. *Abbrechen* beendet den Assistenten.

Der erste Schritt verlangt von Ihnen noch keinerlei Angaben oder Aktionen. Er gibt Ihnen lediglich Auskunft, was als Nächstes verlangt wird.

Im folgende Schritt wird nach ausführbaren Programmen gesucht. Wenn Sie Ihr gewünschtes Programm nicht in der Liste finden, können Sie es mit Hilfe der *Durchsuchen*-Schaltfläche, die ein Dateiauswahlfenster öffnet, direkt anwählen.

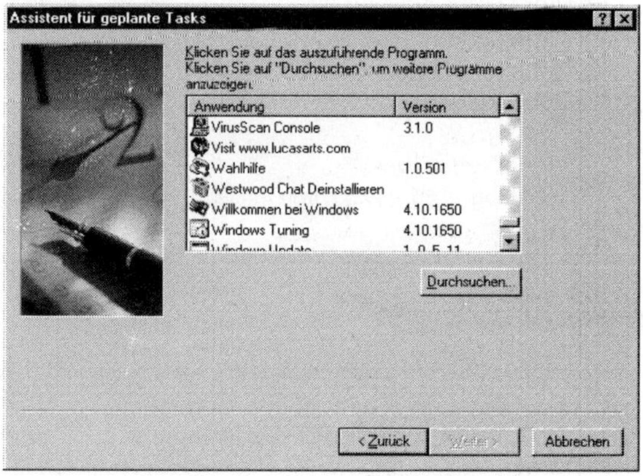

Abbildung 18.62: Aus der Liste müssen Sie ein Programm wählen, das in die Liste der ausführbaren Tasks aufgenommen werden soll

In diesem Beispiel wähle ich das Windows-98-Systemprogramm *Systemdateiprüfung* aus. Das Programm wird in einem eigenen Abschnitt dieses Kapitels ausführlich erklärt. Nur so viel, es prüft die Systemdateien von Windows 98 auf Fehler.

Im nächsten Schritt können Sie dem Task einen neuen Namen geben. Er muss nicht mit dem Programmnamen übereinstimmen. Sie können beispielsweise Folgendes eingeben:

```
Wöchentliche Systemprüfung an jedem Montag
```

Abbildung 18.63: Im diesem Schritt können Sie festlegen, wie oft und wann der Task ausgeführt werden soll

Zusätzlich müssen Sie an dieser Stelle definieren, wann der Task ausgeführt werden soll. Dazu stehen sechs Optionsschaltflächen bereit. Es lässt sich nur eine Auswahl treffen. Wenn Sie sich nicht ganz sicher sind, wann der Task ausgeführt werden soll, wählen Sie irgendeine Option an. Sie können sie jederzeit noch nachträglich in den Taskeinstellungen ändern.

Im nächsten Schritt müssen Sie weitere Angaben dazu machen, wann der Task gestartet werden soll. Je nachdem welche Option Sie zuvor gewählt haben, unterscheiden sich die möglichen Eingaben.

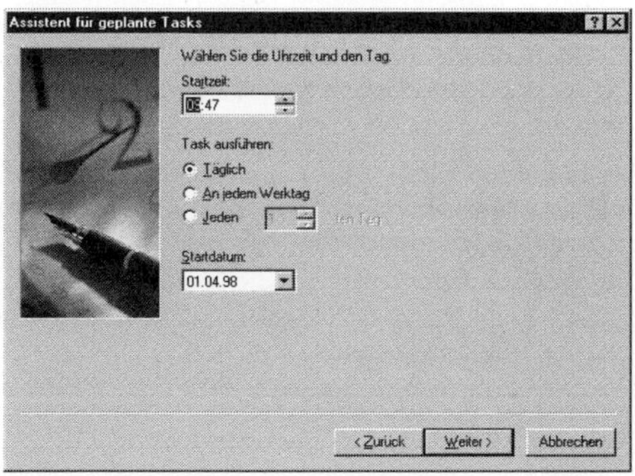

Abbildung 18.64: Wenn der Task täglich ausgeführt werden soll, stehen weitere Einstellungen zur Auswahl

Soll der Task beispielsweise täglich ausgeführt werden, lässt sich die genaue Uhrzeit, das Startdatum oder ob er beispielsweise nur an jedem Werktag gestartet werden soll einstellen. Haben Sie *monatlich* gewählt, können Sie den Monat wählen und den Tag des Monats.

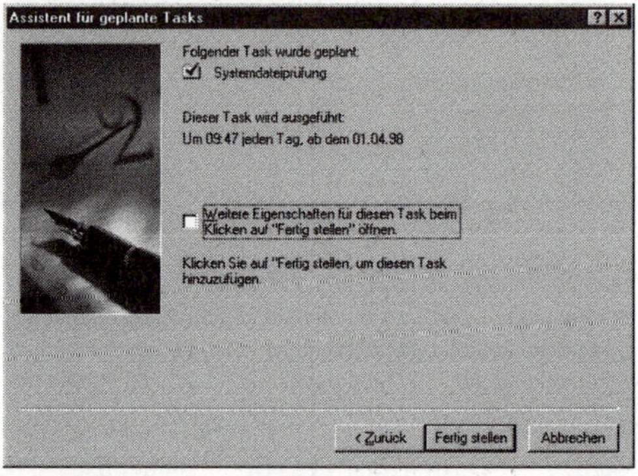

Abbildung 18.65: Im letzten Schritt lassen sich die zuvor getroffenen Einstellungen überprüfen

Ihre Einstellungen können Sie im letzten Schritt noch einmal ablesen. Änderungen erreichen Sie durch Drücken der *<Zurück*-Schaltfläche. Dadurch gelangen Sie zum vorherigen Dialog.

Von Interesse ist noch ein Kontrollkästchen, das im markierten Zustand zusätzliche Einstellungen nach dem Anklicken von *Fertig stellen* anbietet. Die weiterführenden Einstellungen erreichen Sie auch durch Anwählen des Tasks im Listenfenster *Geplante Tasks*. Durch Drücken von *Fertig stellen* wird der neue Task im Listenfenster angezeigt.

Er startet mit seiner Arbeit jetzt automatisch nach Ihren Einstellungen. Bedenken Sie jedoch, dass jeder Task, den Sie hinzufügen, einen erhöhten Verwaltungsaufwand für Windows 98 bzw. das System bedeutet. Glücklicherweise besitzen heutzutage die Computer genügend Leistungsreserven, so dass kaum Einschränkungen in der Leistung zu befürchten sind – außer, ein Task wird gestartet.

Systemdateiprüfung

Unter Windows 95 haben die Systemdateien immer wieder Schwierigkeiten gemacht. Aus diesem Grund hat man bei Windows 98 die Systemdateiprüfung integriert. Sie gelangen zu diesem Programm, indem Sie innerhalb des *Systemprogramme*-Ordners das Programm *Systeminformationen* anwählen. Nachdem dieses gestartet wurde, können Sie über das Menü *Extras* die Systemdateiprüfung aktivieren. Diese überprüft anhand einer Prüfdatendatei Ihr System. Windows 98 nutzt zunächst eine bereits existierende Datei, die zum Lieferumfang von Windows 98 gehört (default.sfc). Sie befindet sich im Windows-Systemverzeichnis. Die Datei können Sie auch aktualisieren, was durchaus sinnvoll ist, denn mit der Zeit haben Sie neue Programme installiert, alte gelöscht oder Windows-Komponenten hinzugefügt.

Die Bedienung und die Auswahl der richtigen Einstellungen der Systemdateiprüfung ist jedoch nicht jedermanns Sache. Dem Anwender werden schon tiefergehende Systemkenntnisse abverlangt. Nicht jeder weiß beispielsweise, was die Dateiendung .386, vxd oder .dll bedeutet.

Microsoft hat sich trotz der recht hohen notwendigen Systemkenntnisse des Anwenders dazu entschlossen, das Programm zu schreiben und in das Windows-98-Paket zu packen. Man hat von Windows 95 gelernt. Unter Windows 95 gab es kaum eine Möglichkeit, beschädigte Dateien aufzuspüren, der Absturz des Rechners war vorprogrammiert. Viele Anwender können davon berichten.

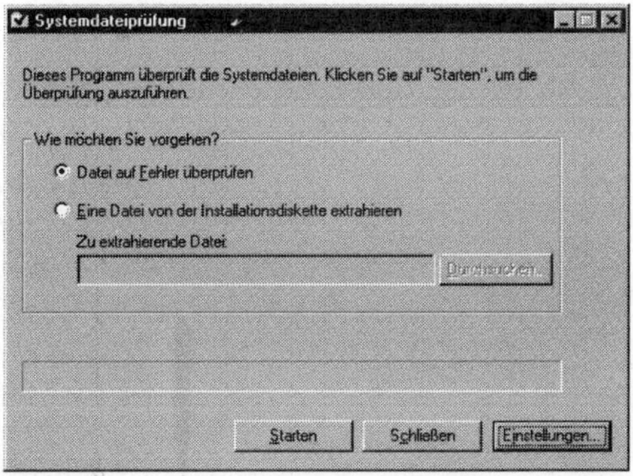

Abbildung 18.66: Die Systemdateiprüfung checkt Ihr System nach Fehlern

Mit der Systemdateiprüfung soll Abhilfe geschaffen werden, allerdings bedarf es einer gewissen Disziplin und eben etwas tieferer Systemkenntnisse. Lassen Sie sich jedoch von meinen Ausführungen nicht abschrecken. Die notwendigen Kenntnisse haben auch Sie sich schnell angeeignet.

Die *Systemdateiprüfung* starten Sie durch *Start / Programme / Zubehör / Systemprogramme*. Im daraufhin sich öffnenden Fenster lässt sich die Prüfung starten. Dem Anwender stehen hierbei zwei Optionen zur Auswahl:

- *Datei auf Fehler überprüfen*
- *Eine Datei von der Installationsdiskette extrahieren*

Die Option *Datei auf Fehler überprüfen*

Wenn Sie die Option *Datei auf Fehler überprüfen* gewählt haben, überprüft das Programm die Dateien nach den Definitionen, die unter *Einstellungen* getroffen wurden. Möchten Sie die Einstellungen ändern, wählen Sie dazu die gleichnamige Schaltfläche aus.

Einstellungen

Das Fenster *Einstellungen* bietet die Registerkarten *Einstellungen*, *Suchkriterien* und *Weitere Optionen* an.

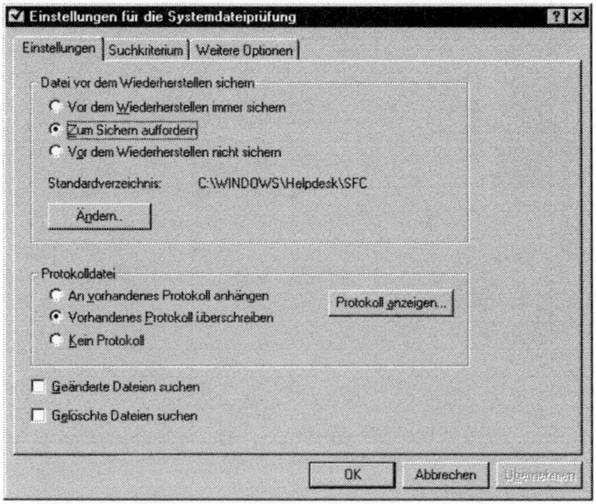

Abbildung 18.67: Die Einstellungen für die Systemdateiprüfung

Die Registerkarte *Einstellungen* bietet eine Vielzahl von Definitionen an. Im oberen Bereich lassen sich die Optionen wählen, die bestimmen, ob Dateien vor dem Wiederherstellen gesichert werden sollen. Das Standard-Backup-Verzeichnis ist, wie im obigen Bild zu sehen, C:\Windows \Helpdesk\SFC.

Natürlich kann es auch geändert werden. Wählen Sie dazu die Schaltfläche *Ändern* aus. Prinzipiell sollten Sie eine Sicherung vornehmen, sollte nämlich etwas schief gehen, können die ursprünglichen Systemdateien wieder restauriert werden.

Im Abschnitt *Protokolldatei* sollten Sie auf jeden Fall eine Protokolldatei erzeugen lassen. Ob Sie sie an eine bestehende anhängen oder die alte überschreiben möchten, steht Ihnen zur Wahl. In der Protokolldatei werden alle Arbeiten des Programms penibel protokolliert. Bei Problemen kann man in ihr schnell nachlesen, welche Änderungen vorgenommen wurden. Eine Information, die Sie spätestens dann sehr zu schätzen wissen, wenn es nach einer Bereinigung zu Schwierigkeiten kommt.

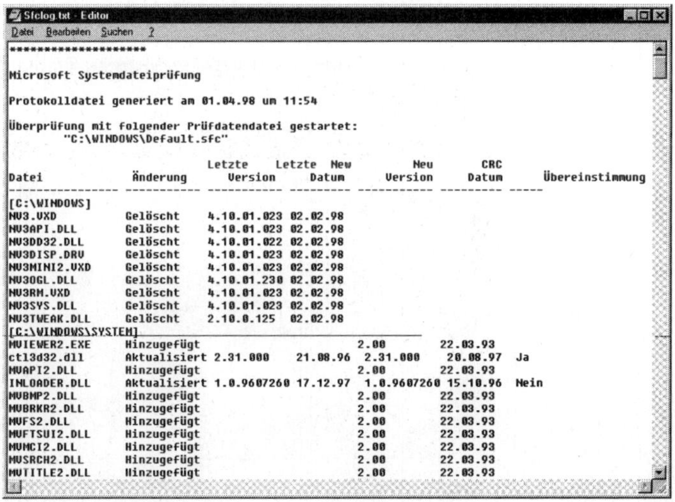


```
*********************

Microsoft Systemdateiprüfung

Protokolldatei generiert am 01.04.98 um 11:54

Überprüfung mit folgender Prüfdatendatei gestartet:
        "C:\WINDOWS\Default.sfc"

                                 Letzte     Letzte  New         Neu       CRC
Datei               Änderung     Version     Datum      Version     Datum       Übereinstimmung
----------------- ----------- ----------- --------- ----------- --------- -----
[C:\WINDOWS]
NV3.VXD          Gelöscht    4.10.01.023 02.02.98
NV3API.DLL       Gelöscht    4.10.01.023 02.02.98
NV3DD32.DLL      Gelöscht    4.10.01.022 02.02.98
NV3DISP.DRV      Gelöscht    4.10.01.023 02.02.98
NV3MINI2.VXD     Gelöscht    4.10.01.023 02.02.98
NV3OGL.DLL       Gelöscht    4.10.01.230 02.02.98
NV3RM.VXD        Gelöscht    4.10.01.023 02.02.98
NV3SYS.DLL       Gelöscht    4.10.01.023 02.02.98
NV3TWEAK.DLL     Gelöscht    2.10.0.125  02.02.98
[C:\WINDOWS\SYSTEM]
MVIEWER2.EXE     Hinzugefügt                        2.00        22.03.93
ctl3d32.dll      Aktualisiert 2.31.000    21.08.96  2.31.000    20.08.97  Ja
MVAPI2.DLL       Hinzugefügt                        2.00        22.03.93
INLOADER.DLL     Aktualisiert 1.0.9607260 17.12.97  1.0.9607260 15.10.96  Nein
MVBMP2.DLL       Hinzugefügt                        2.00        22.03.93
MVBRKR2.DLL      Hinzugefügt                        2.00        22.03.93
MVFS2.DLL        Hinzugefügt                        2.00        22.03.93
MVFTSUI2.DLL     Hinzugefügt                        2.00        22.03.93
MVMCI2.DLL       Hinzugefügt                        2.00        22.03.93
MVSRCH2.DLL      Hinzugefügt                        2.00        22.03.93
MVTITLE2.DLL     Hinzugefügt                        2.00        22.03.93
```

Abbildung 18.68: Die Protokolldatei gibt Auskunft darüber, welche Änderungen das Programm vorgenommen hat

Zusätzlich finden Sie in der Registerkarte noch die zwei Kontrollkästchen *Geänderte Dateien suchen* und *Gelöschte Dateien suchen*. Dazu ein wenig Hintergrundinformation.

Mitunter existieren von dem einen oder anderen Programm, von einem Treiber oder einer Dynamic Link Library (DLL) verschiedene Versionen, die aber den gleichen Namen haben. Besonders bei Systemdateien kann das eine Gefahr bedeuten. Viele Programme kopieren bei ihrer Installation einige Dateien in das Windows-Verzeichnis. Wenn jetzt eine Datei überschrieben wird, die eigentlich von einem anderen Programm zum reibungslosen Ablauf benötigt wird, führt das unwiderruflich zu Problemen. Normalerweise ist das nicht oft der Fall, zumindest warnen viele Installationsprogramme den Anwender bzw. Fragen nach, ob die bestehende Datei überschrieben werden soll.

Ist das der Fall, sollten Sie die Frage zunächst verneinen. Wenn das Programm nach der Installation nicht funktioniert, können Sie die Datei bei einem erneuten Installationsversuch überschreiben. Halten Sie sich aber immer vor Augen, dass ein Überschreiben Gefahren birgt.

Das Kontrollkästchen *Gelöschte Dateien suchen* veranlasst die Systemdateiprüfung nach gelöschten Dateien zu suchen. Wenn Sie versehentlich Systemdateien gelöscht haben, meldet Ihnen die Systemdateiprüfung das Fehlen und installiert sie neu.

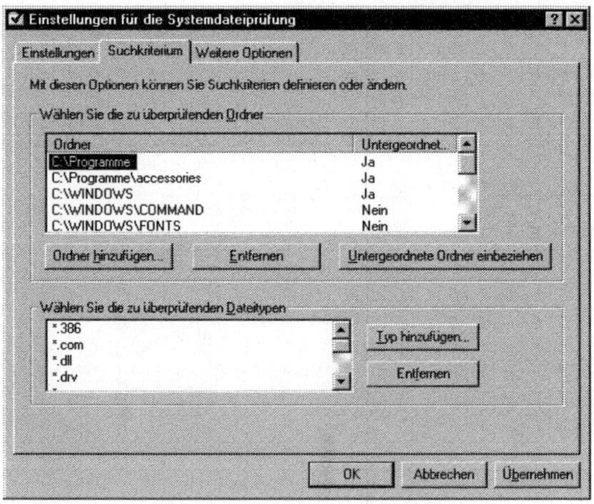

Abbildung 18.69: Verschiedene Suchkriterien lassen sich auf dieser Registerkarte einstellen

Die Registerkarte *Suchkriterien* dient dazu die Suchkriterien zu bestimmen. Im oberen Bereich können Sie die Ordner sehen, die bisher für eine Suche herangezogen wurden. Beachten Sie bitte die Spalte *Untergeordnet*.

Steht dort *Nein*, werden untergeordnete Verzeichnisse nicht in die Suche mit einbezogen. Möchten Sie untergeordnete mit einbeziehen, markieren Sie den Ordner und wählen anschließend die Schaltfläche *Untergeordnete Ordner einbeziehen* an. Den Erfolg der Aktion erkennen Sie augenblicklich an einem *Ja* in der Spalte *Untergeordnet*. Beachten sollten Sie hier, dass keine Ordner doppelt abgesucht werden.

Möchten Sie weitere Ordner der Suche hinzufügen, die bisher noch nicht in der Liste zu finden sind oder zuvor gelöscht wurden, können Sie die Schaltfläche *Ordner hinzufügen* wählen. Sie öffnet ein Fenster, in dem Sie einen zusätzlichen Ordner wählen können.

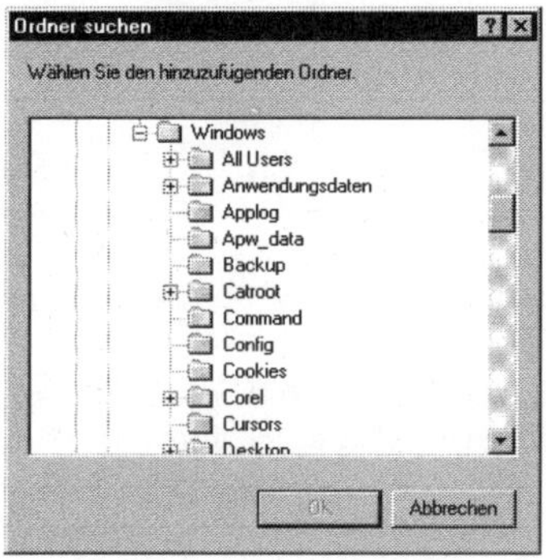

Abbildung 18.70: Mit Hilfe dieses Dialogs lassen sich weitere Ordner auswählen

Im unteren Registerkartenbereich sind die Dateitypen aufgelistet, die in die Suche mit einbezogen sind. Ich empfehle Ihnen, aus der Liste keine Dateitypen zu entfernen, besonders wenn Sie sich nicht zu den Experten zählen. Ansonsten kann die Funktionalität bzw. der Nutzen der Systemdateiprüfung stark begrenzt werden. Gegen das Hinzufügen von Dateitypen spricht allerdings wenig. Jedoch sollten Sie überlegen, ob das Hinzufügen Sinn macht.

Die dritte Registerkarte, *Weitere Optionen*, gibt Ihnen dic Möglichkeit, eine eigene Prüfdatendatei zu erzeugen oder einzustellen. Zusätzlich steht Ihnen die Möglichkeit offen, die Standard-Prüfdatendatei (default.sfc) auf die anfänglichen Windows-Einstellungen zu setzen. Wenn Sie die Einstellungen zurücksetzen, gibt das Programm jedoch aufs Neue Meldungen über Systemdateien aus, die nach der Installation dieser Windowsversion geändert wurden.

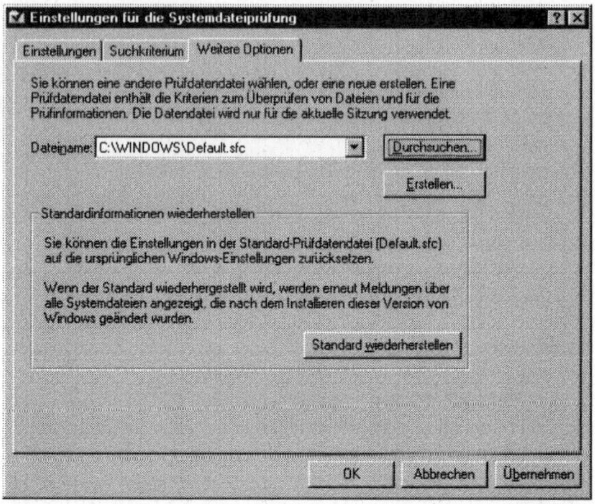

Abbildung 18.71: Die Systemdateiprüfung nutzt für die Überprüfung eine Prüfdatendatei, in der die Kriterien zum Überprüfen der Dateien abgespeichert sind

Haben Sie Ihre Einstellungen getroffen, kann die eigentliche Systemdateiprüfung mit der *Starten*-Schaltfläche durchgeführt werden. Der Vorgang kann einige Minuten in Anspruch nehmen, je nachdem wie schnell Ihr System ist. Ein Balken gibt Ihnen nähere Auskunft über den Fortgang der Aktion.

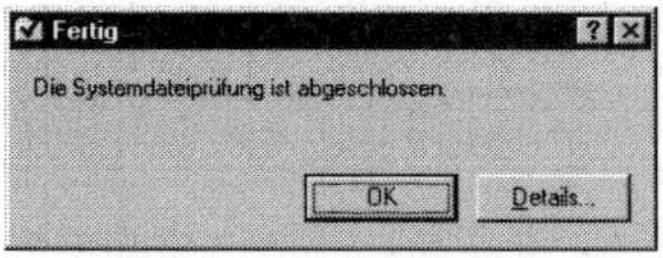

Abbildung 18.72: Die Systemdateiprüfung ist abgeschlossen

Ist die Prüfung abgeschlossen, wird ein Fenster geöffnet, in dem die Schaltfläche *Details* von größerem Interesse ist. Sie gibt Auskunft über die Aktivitäten, die das Programm gerade durchführt.

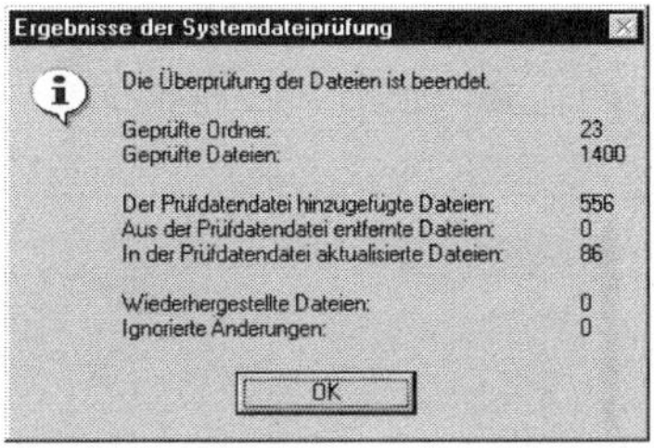

Abbildung 18.73: Das Ergebnis der letzten Überprüfung: 556 Dateien wurden der Prüfdatendatei hinzugefügt und 86 Dateien in der Prüfdatendatei aktualisiert

In meinem Durchlauf wurden keine Änderungen vollzogen, bis auf die Aktualisierung der Prüfdatendatei.

Die Option *Eine Datei von der Installationsdiskette extrahieren*

Die zweite Option der Systemdateiprüfung ermöglicht es, eine Datei von einer Installationsdiskette oder CD-ROM zu extrahieren. Dazu müssen Sie allerdings den Dateinamen wissen, den Sie in das Eingabefeld eintragen müssen. Mit Hilfe der *Durchsuchen*-Schaltfläche können Sie die Datei auch direkt über ein Dateiauswahlfenster wählen.

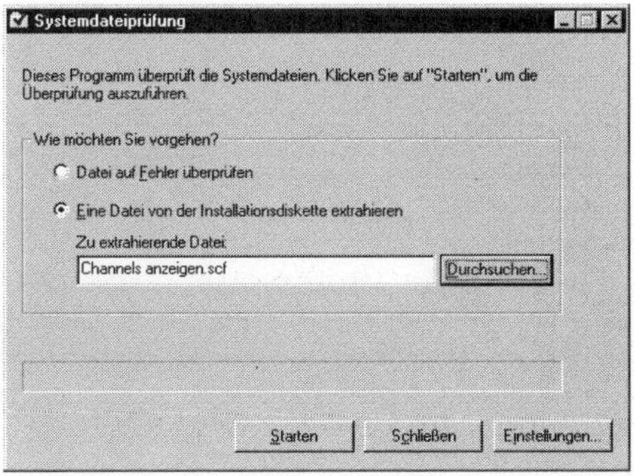

Abbildung 18.74: Die Datei Channels anzeigen.scf soll extrahiert werden

Nach dem Drücken der *Starten*-Schaltfläche werden Sie aufgefordert das Quell- und Zielverzeichnis anzugeben. Sie können die Eingabe direkt in das Eingabefeld eintragen, oder die *Durchsuchen*-Schaltfläche nutzen.

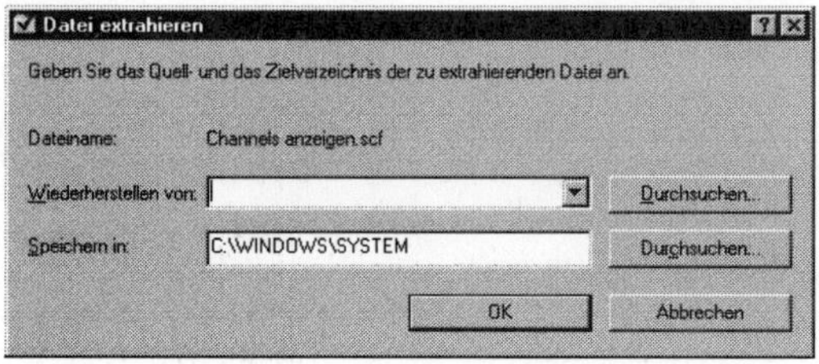

Abbildung 18.75: Sie müssen das Quell- und Zielverzeichnis der zu extrahierenden Datei angeben

Sie sollten als *Zielverzeichnis* dasselbe Verzeichnis wählen, in dem die Datei zuvor gespeichert war. Als *Quellverzeichnis* müssen Sie eingeben, von wo die Datei stammt bzw. von welchem Datenträger sie installiert wurde. Mitunter wissen Sie gar nicht, von welchem Datenträger die zu extrahierende Datei stammt. War sie eine Windows-98-Datei oder wurde sie bei der Installation Ihrer Grafikkarte mit installiert? Die Frage können leider nur Sie beantworten. Wenn Sie es nicht mehr wissen, hilft nur Probieren. Das Programm teilt Ihnen mit, ob die Datei gefunden bzw. neu kopiert werden konnte.

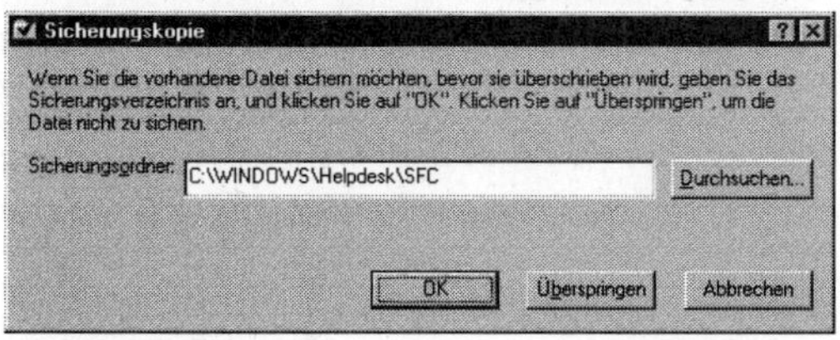

Abbildung 18.76: Aus Sicherheitsgründen sollten Sie die zu überschreibende Datei zuvor sichern

Haben Sie Ihre Angaben gemacht, werden Sie anschließend gefragt, ob Sie eine Sicherheitskopie der zu überschreibenden Datei anlegen möchten. Sicherheitshalber sollten Sie eine Kopie anlegen lassen. Anschließend wird die Datei gesucht und bei Erfolg neu kopiert.

Abbildung 18.77: Die Datei wurde erfolgreich extrahiert

Führen Sie eine Systemdateiprüfung regelmäßig durch, besonders wenn Sie viele Programme neu installieren oder löschen. Dadurch erhalten Sie immer einen Überblick, inwieweit sich Ihr System verändert hat. Eventuell auftretende Probleme können unter Umständen leichter behoben werden.

Der Wartungs-Assistent

Wenn Sie Anwender von Windows 98 waren, kennen Sie vielleicht das Problem, dass das System mit der Zeit immer langsamer wurde. Scheinbar endlose Wartezeiten mussten in Kauf genommen werden um eine Anwendung zu starten, während des Bootvorgangs konnte man ruhig noch eine Tasse Kaffee trinken gehen und die allgemeine Leistung ließ ebenfalls zu wünschen übrig. Das Problem war auch Microsoft bekannt und so hat man Windows 98 einen Assistenten mitgegeben, der das System optimiert.

Wunder sollte man nicht erwarten, eine spürbare Leistungssteigerung ist bei einer regelmäßigen Nutzung des Wartungs-Assistenten allerdings festzustellen. Aufrufen können Sie den Wartungs-Assistenten mit *Start / Programme / Zubehör / Systemprogramme / Wartungs-Assistent.*

Der Wartungs-Assistent empfiehlt Ihnen, Ihre Festplatten in das FAT32-Festplattenformat zu konvertieren, mehr Festplattenspeicher und eine kürzere Ladezeit der Programme sollen die Folge sein. Prinzipiell kann man diese Aussage befürworten. Die Nachteile sollten aber nicht vernachlässigt werden.

Neben Windows 98 und Windows 95B gibt es zur Zeit kein Betriebssystem, das FAT32 unterstützt. Haben Sie beispielsweise mehrere Betriebssysteme auf Ihrem Rechner installiert, kann es fatale Folgen haben, wenn Sie Ihre Festplatten konvertieren. Das andere Betriebssystem kennt nach einer Konvertierung die Festplatten nicht mehr und kann demzufolge auf dessen Daten nicht mehr zugreifen.

Dem neuen FAT32-Festplattenformat ist in diesem Kapitel ein eigener Abschnitt gewidmet. Näheres über das Format können Sie dort nachlesen.

Der Wartungs-Assistent bietet nach dem Start im ersten Dialog zwei Optionen an:

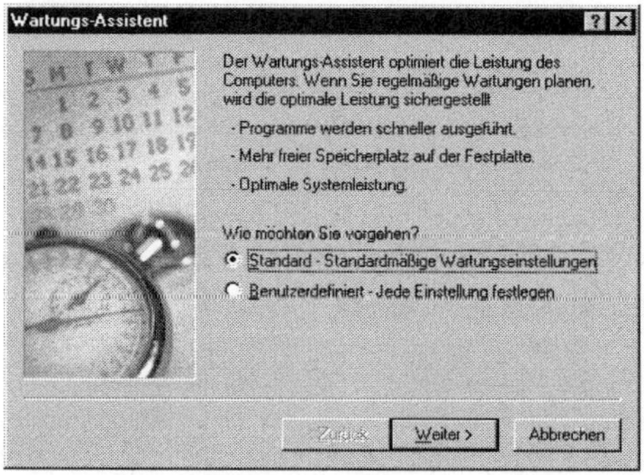

Abbildung 18.78: Der Wartungs-Assistent verbessert bei regelmäßiger Anwendung die Leistung Ihres Computers

- Standard - Standardmäßige Wartungseinstellungen
- Benutzerdefiniert - Jede Einstellung festlegen

Die erste Möglichkeit wendet sich an Anwender, die sich um keine Einstellung selbst kümmern möchten oder mangels Kenntnissen lieber auf die Standardeinstellungen setzen. Welche Möglichkeit Sie nutzen möchten, hängt von Ihnen ab. Ich empfehle Ihnen, zunächst die Standardoption zu wählen. Zählen Sie sich zu den Experten, können Sie auch gleich die zweite Option wählen.

Der Assistent arbeitet bei der Optimierung insgesamt bis zu drei Programme ab, die nacheinander gestartet werden: *Datenträgerbereinigung*, *ScanDisk* und *Defragmentierung*.

Standardmäßige Wartungseinstellungen

Bei den standardmäßigen Wartungseinstellungen können Sie keine Veränderungen an der Optimierungsmethode bzw. deren Einstellungen treffen, sondern nur Einfluss darauf nehmen, wann eine Optimierung und welche ausgeführt werden soll.

Die allgemeine Bedienung des Assistenten ist identisch mit der, die Sie von anderen Assistenten kennen. Mit der Schaltfläche *Weiter* gelangen Sie zum nächsten Schritt, *Zurück* kehrt zum vorherigen zurück, *Abbrechen* beendet den Assistenten.

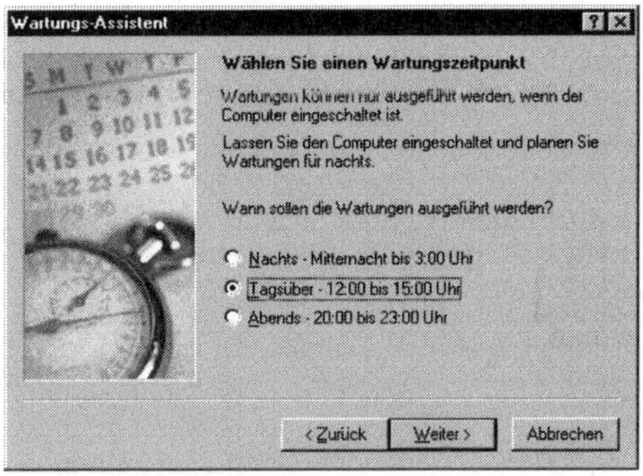

Abbildung 18.79: Im ersten Assistentenschritt lässt sich der Wartungszeitpunkt bestimmen

Im ersten Schritt können Sie den *Wartungszeitpunkt* wählen. Ein genauer Zeitpunkt lässt sich jedoch nicht einstellen, lediglich drei Zeitspannen stehen zur Auswahl. Der Computer muss natürlich zu dem jeweiligen Zeitpunkt angeschaltet sein.

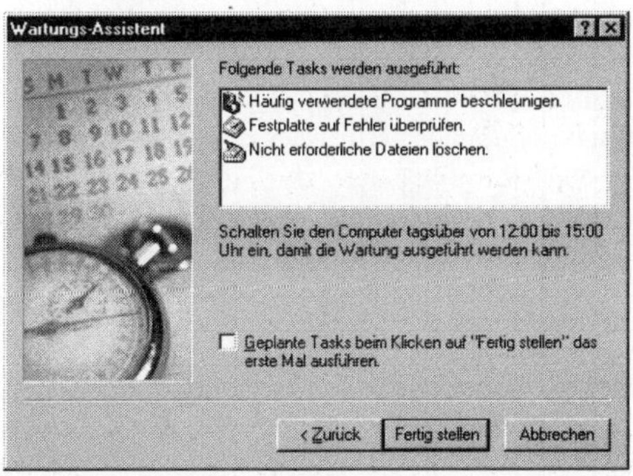

Abbildung 18.80: Wählen Sie, welche Optimierung ausgeführt werden soll

Im zweiten Schritt können Sie wählen, welche Wartung ausgeführt werden soll. Zur Auswahl stehen die Systemprogramme *Defragmentierung*, *ScanDisk* und *Datenträgerbereinigung*. Alle Programme lassen sich natürlich auch direkt starten, ohne dass der Wartungs-Assistent herangezogen werden muss. Auf eine ausführliche Beschreibung der Programme möchte ich an dieser Stelle verzichten. Näheres können Sie in den jeweiligen Abschnitten nachlesen.

In dem Fenster steht zusätzlich ein Kontrollkästchen zur Verfügung, das im aktivierten Zustand eine Optimierung sofort veranlasst. Ansonsten wird sie erst zum zuvor eingestellten Zeitpunkt gestartet.

Durch Drücken der *Fertig stellen*-Schaltfläche wird die Optimierung sofort gestartet, wenn das zuvor erwähnte Kontrollkästchen aktiviert ist, ansonsten erst zum gewählten Zeitpunkt.

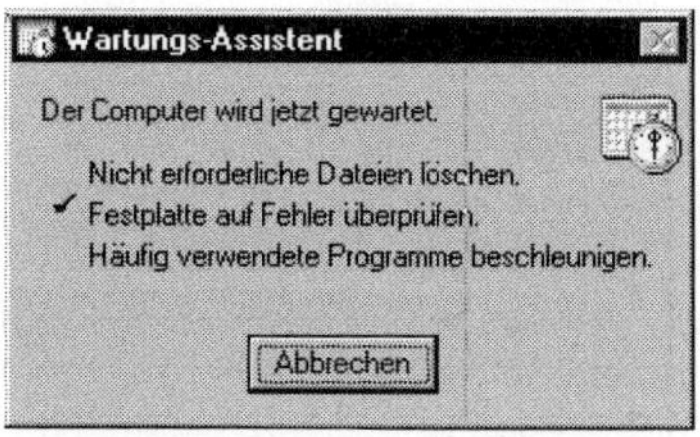

Abbildung 18.81: Der Wartungs-Assistent bei der Arbeit

Ein kleines Wartungs-Assistent-Fenster zeigt neben dem jeweiligen gerade laufenden Systemprogramm (*Defragmentierung*, *ScanDisk* oder *Datenträgerbereinigung*) den Fortgang der Optimierung an. Sie können die Arbeit des Assistenten jederzeit unterbrechen, ohne dass Ihr System schaden nimmt. Allerdings wird dann auch keine Optimierung erzielt. Wenn Sie die Schaltfläche *Abbrechen* anwählen, wird das momentan arbeitende Optimierungsprogramm noch abgearbeitet.

Benutzerdefiniert – Jede Einstellung festlegen

Windows gibt die Einstellungen bei der Standard-Wartung vor. Sie können aber auch eigene Einstellungen wählen. Dazu müssen Sie die entsprechende Optionsschaltfläche aktivieren.

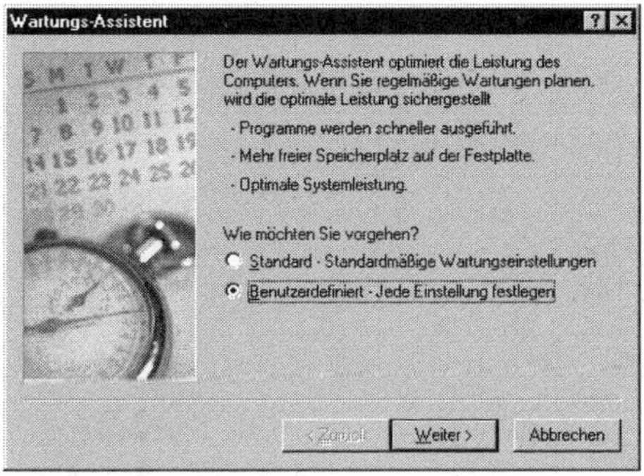

Abbildung 18.82: Möchten Sie die Wartungseinstellungen selbst wählen, müssen Sie die Optionsschaltfläche *Benutzerdefiniert* aktivieren

Im ersten Schritt können Sie den Wartungszeitpunkt angeben. Neben drei festen Zeiträumen, die nicht verändert werden können, steht die Option *Benutzerdefiniert - Aktuelle Einstellungen verwenden* zur Verfügung.

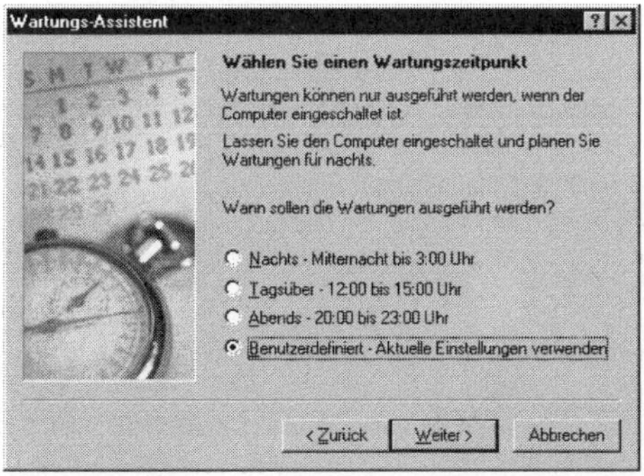

Abbildung 18.83: Eine zusätzliche Optionsschaltfläche *Benutzerdefiniert* steht bereit

Wenn Sie die Option *Benutzerdefiniert* wählen, schaut der Assistent im Windows-Ordner *Geplante Vorgänge* nach und überträgt von dort die Einstellungen des jeweiligen Systemprogramms, sofern sie vorhanden sind. Ansonsten müssen Sie alle Definitionen selbst bestimmen.

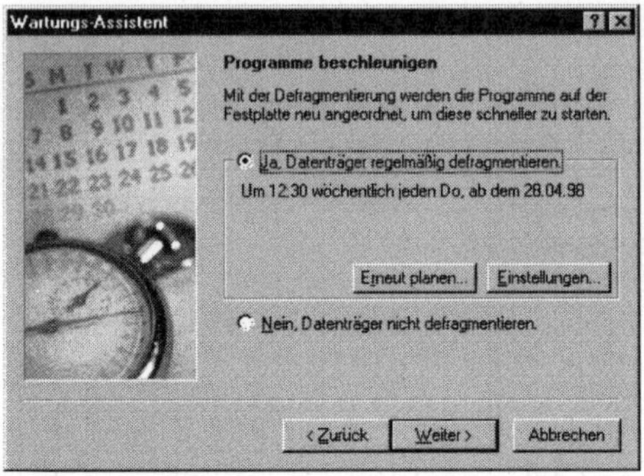

Abbildung 18.84: Die Einstellungen für die Defragmentierung können gewählt werden

Im dritten Schritt lassen sich zunächst die Einstellungen für die Defragmentierung wählen. Neben dem Zeitpunkt (Schaltfläche *Erneut planen*) können auch spezielle Defragmentierungseinstellungen (Schaltfläche *Einstellungen*) definiert werden. Die Einstellungsmöglichkeiten lesen Sie bitte in den jeweiligen Kapiteln nach.

Möchten Sie keine Defragmentierung vornehmen, müssen Sie die Optionsschaltfläche *Nein, Datenträger nicht defragmentieren* aktivieren.

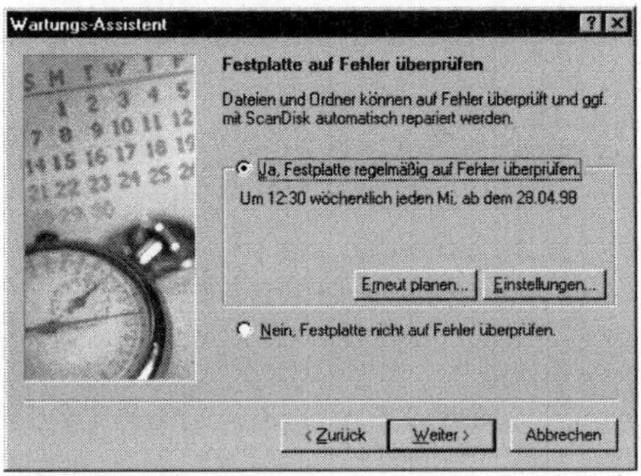

Abbildung 18.85: Die Einstellungen für das Programm ScanDisk

Der nächste Schritt ähnelt dem vorherigen, nur mit dem Unterschied, dass jetzt das Systemprogramm *ScanDisk* betroffen ist. Es überprüft Dateien und Ordner einer beliebigen Festplatte auf Fehler, die automatisch repariert werden können.

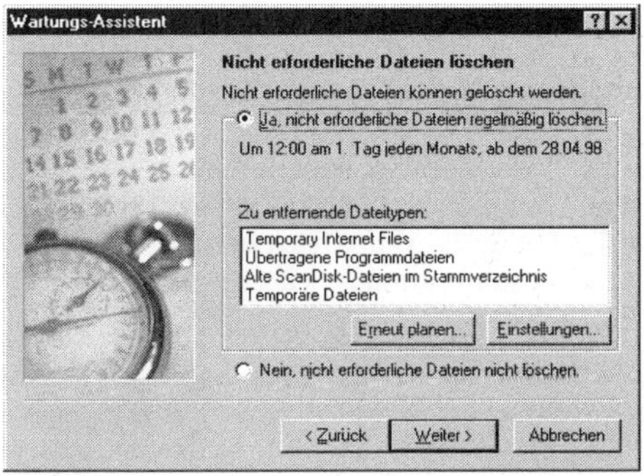

Abbildung 18.86: Das Programm Datenträgerbereinigung ist das letzte im Bunde der Wartung

Das dritte und gleichzeitig letzte Programm ist die *Datenträgerbereinigung*. Auch hier können Sie Ihre Einstellungen treffen. Das Programm löscht nicht mehr benötigte Dateien von Ihrer Festplatte.

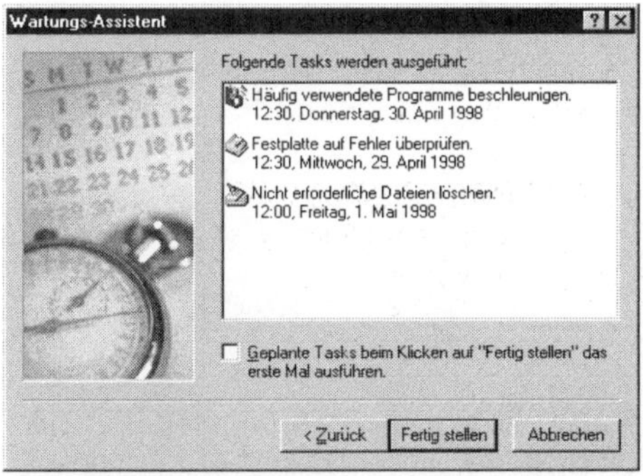

Abbildung 18.87: Zu guter Letzt werden Ihnen die verschiedenen Optimierungen noch einmal aufgelistet

Der letzte Wartungs-Schritt zeigt Ihnen, welche Optimierungen wann ausgeführt werden. Möchten Sie hingegen die Wartung sofort starten, müssen Sie das Kontrollkästchen *Geplante Tasks beim Klicken auf »Fertig stellen« das erste Mal ausführen* aktivieren.

Etwas merkwürdig finde ich die Tatsache, dass die Defragmentierung der Festplatte als Erstes und die Datenträgerbereinigung als Letztes ausgeführt wird. Sinnvoller ist die umgekehrte Reihenfolge, zuerst die Bereinigung und dann die Defragmentierung. Bei der Datenträgerbereinigung wird Festplattenspeicher freigegeben, weil Dateien gelöscht werden. Deren Position kann jedoch überall auf der Festplatte gewesen sein. Löscher sind die Folge, die vom Defragmentierungsprogramm gestopft werden könnten. Das Programm ist jedoch bereits abgearbeitet!

Der Wartungs-Assistent bewirkt keine Wunder, er bietet auch nichts Neues. Jedes von ihm gestartete Programm kann auch separat gestartet werden, ohne dass der Assistent genutzt werden muss. Er stellt jedoch ein recht nützliches »Programmmakro« dar, das automatisch eine Optimierung vornimmt.

Ich kann nur empfehlen, den Assistenten regelmäßig zu starten.

KAPITEL

19

Installation von Peripheriegeräten

Die Entwicklung im Computerbereich geht sehr schnell voran. So werden auch Sie nicht umhinkommen das ein oder andere Ihres Computers durch neuere Komponenten zu ersetzen oder Ihr System mit weiteren Komponenten auszustatten. Erfahren Sie in diesem Kapitel, wie die wichtigsten Komponenten in das System von Windows 98 eingebunden werden.

Installation von Peripheriegeräten

Wenn Sie bisher nach der Installation Ihrer Programme Änderungen an der Konfiguration des Rechners vorgenommen haben, so mussten Sie häufig alle Programme neu installieren oder zumindest neu konfigurieren.

Unterstützende Assistenten

Dieser Vorgang ist unter Windows 98 wesentlich vereinfacht worden. So stehen Ihnen bei der Einbindung neuer Gerätetreiber Assistenten zur Verfügung, die fast alle Geräte automatisch erkennen und richtig konfigurieren. Nur im Einzelfall müssen Sie selbst bestimmte Informationen zur Einstellung angeben.

In den folgenden Kapiteln werden die notwendigen Schritte zum Einbinden verschiedener Geräte beschrieben.

Plug & Play

Obwohl PC-Systeme über eine *offene Architektur* verfügen und daher zum Erweitern vorgesehen sind, führt das Einbauen neuer Komponenten immer wieder zu Problemen.

So müssen oft Einstellungen von *Interrupts*, *IO-Bereichen* und *DMA-Kanälen* per *Jumper* oder *DIP-Switches* durchgeführt werden. Dazu sind genaue Kenntnisse über die bereits installierten Komponenten notwendig.

Häufig kommt es selbst bei richtig gewählten Einstellungen zu dem Problem, dass sich zwei Karten verschiedener Hersteller einfach nicht vertragen. Ein normaler Anwender ist daher schnell überfordert. Diese Art des Konfigurierens prägte den Begriff »Plug & Pray« zu Deutsch etwa »Einbauen und Beten«.

Andere Computersysteme

HINWEIS

Ganz anders sieht dies bei einigen anderen Computersystemen aus. Der NuBus von Apple oder der ZORRO-Bus von Commodore (Amiga) fragen beim Einschalten des Rechners die einzelnen Karten ab und konfigurieren diese dann automatisch so, dass keine Adresskonflikte auftreten können. Der Anwender kann daher bei Bedarf Karten dazustecken, ohne mit Problemen rechnen zu müssen. Lediglich die notwendigen Treiber müssen noch installiert werden.

Plug & Play in der Theorie

Auch beim PC wurde eine Lösung für das Problem entwickelt. Dieses nennt sich *Plug & Play*, auf Deutsch etwa »Einstecken und läuft«. Dabei geht die Idee noch bedeutend weiter, als dies bei den anderen Systemen bereits realisiert ist.

So soll der Rechner beim Einschalten alle Komponenten im System zuverlässig finden, ihnen die Konfiguration vorgeben, die zu keinen Konflikten führt, und anschließend der Software das Vorhandensein der Komponenten mitteilen, damit diese automatisch die benötigten Treiber installiert.

Soweit technisch möglich soll das Ganze auch noch bei eingeschaltetem Computer funktionieren. So erkennt der Computer selbständig, dass z. B. der Nadeldrucker ab- und der Laserdrucker angesteckt wurde. Automatisch wird der richtige Druckertreiber geladen.

Anforderungen an Hard- und Software

Um ein solches Konzept realisieren zu können, müssen Änderungen sowohl an der Hardware als auch an der Software durchgeführt werden. Als Erstes müssen die Karten auf bestimmte Befehle reagieren und mitteilen, welche Aufgaben sie haben und welche Konfigurationen möglich sind. Weiterhin müssen alle Einstellungen rein softwaremäßig durchführbar sein und nicht über Jumper. Das BIOS der Hauptplatine des Computers muss beim Einschalten alle Komponenten ermitteln und konfigurieren.

Die Einstellungen werden dann in einem erweiterten CMOS- Speicherbaustein abgespeichert, um Änderungen in der Konfiguration feststellen zu können und diese an die Systemsoftware zu übermitteln. Die Systemsoftware muss bei Änderungen die benötigten Treiber installieren.

Leider ist diese ideale Lösung heute noch nicht vollständig möglich. So wird zur Zeit sicher kaum jemand eine Hauptplatine im Einsatz haben, die Plug & Play unterstützt und gleichzeitig nur Plug-&-Play-konforme Karten verwendet. Vielmehr wird es in der Übergangsphase Mischkonfigurationen geben.

Mögliche Übergangslösungen bei Mischkonfigurationen

Am einfachsten ist es, wenn die Hauptplatine bereits Plug & Play beherrscht. Dann wird das System neue Karten automatisch erkennen und konfigurieren. Für alte, nicht Plug-&-Play-fähige Karten wird der Anwender mit einer Software die vergebenen Ressourcen eingeben, so dass das BIOS diese ebenfalls kennt und so Doppelbelegungen verhindern kann.

Wenn die Platine kein Plug & Play beherrscht, muss mit einigen Tricks gearbeitet werden. Neue Karten, die nicht unbedingt zum Booten des Rechners benötigt werden, stellen sich einfach so lange »tot«, bis sie von einem entsprechenden Treiber aktiviert werden. Dieser sorgt dann auch dafür, dass die Karten konfliktfrei konfiguriert werden. Bei elementar notwendigen Karten, wie Festplattenkontrollern oder Grafikkarten, ist dies jedoch nicht möglich. Diese verwenden dann eine festzulegende Standardkonfiguration, mit der sie booten. Nach dem Booten kann sie eventuell von den entsprechenden Gerätetreibern geändert werden.

Der Hardwareassistent

Windows 98 ist eins der ersten Betriebssysteme, die Plug-&-Play-Funktionalitäten implementiert haben. Ganz wichtig für das Vergeben von *Ressourcen* ist die genaue Kenntnis der installierten Hardware. Da einige Anwender keine Plug-&-Play-fähige Hauptplatine besitzen, muss Windows 98 die Hardwareerkennung vollständig selbst übernehmen. Dazu ist ein Hardwareassistent implementiert, der weitgehend auch in Windows NT verwendet wurde.

Dieser enthält eine Unmenge von Erkennungsmethoden für fast alle bekannten Karten, Modems, Drucker usw. Diese Methoden werden beim Einsatz des Assistenten der Reihe nach ausprobiert. Windows 98 erkennt die Geräte daran, dass die erwarteten Antworten zurückgemeldet werden. Bei den meisten Geräten kann Windows 98 sogar die Einstellungen ermitteln. Die Informationen der Hardwareerkennung legt Windows 98 in der *Registry*-Datenbank ab und hat damit jederzeit Überblick über die installierte Konfiguration.

Wird die Konfiguration des Rechners geändert, so sollte bei einem optimalen Zusammenspiel der Hardwareassistent bei Plug-&-Play-Geräten automatisch gestartet werden. Ansonsten lässt sich der Hardwareassistent auch über das Symbol *Hardware* im Ordner *Systemsteuerung* starten.

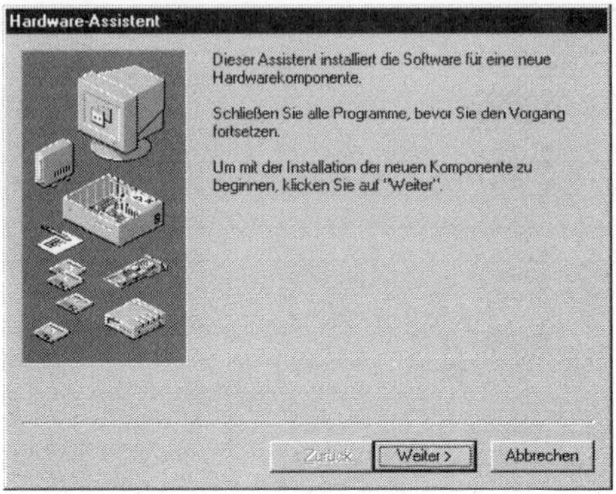

Abbildung 19.1: Der Hardwareassistent zur Installation neuer Komponenten

Nach Betätigung der Schaltfläche *Weiter* werden als Erstes die vorhandenen Plug-&-Play-Geräte vom Assistenten gesucht.

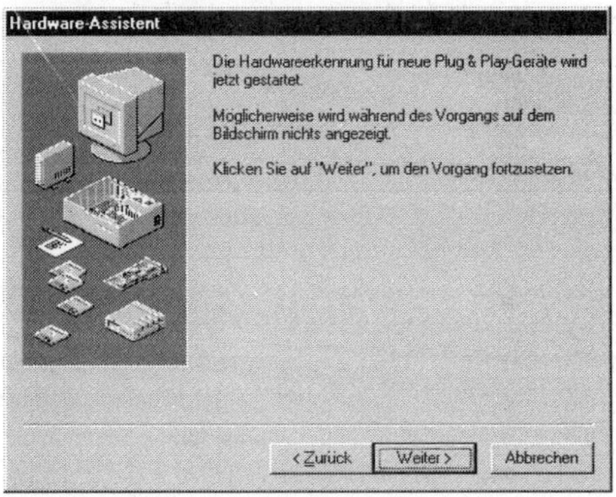

Abbildung 19.2: Die Plug-&-Play-Geräte werden gesucht

Die Suche nimmt etwas Zeit in Anspruch.

Als Nächstes besteht die Möglichkeit, dass Windows 98 mit seinen Erkennungsmethoden alle weiteren, also die nicht Plug-&-Play-fähigen Komponenten des Rechners sucht. Dies ist auch die empfohlene Methode.

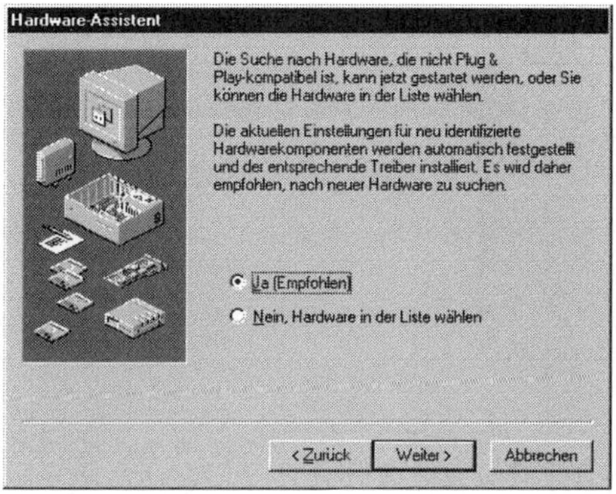

Abbildung 19.3: Wählen Sie zwischen automatischer und manueller Suche

Wenn die Hardware bekannt ist

Falls Sie den genauen Typ der neuen Hardware kennen, können Sie auf die automatische Suche verzichten, da diese einige Minuten dauern kann.

Bei manchen Konfigurationen besteht die Gefahr, dass die Erkennungsmethoden unvorhersehbare Probleme hervorrufen. Das kann dazu führen, dass der Rechner »hängt« und nur noch durch Aus- und Einschalten weiterarbeitet. Auch in diesem Fall müssen Sie auf die automatische Suche verzichten.

Die automatische Erkennung

Während der Suche wird durch eine Statusanzeige der Fortschritt der Suche angezeigt. Nach einiger Zeit erscheint ein Fenster, in dem nach Anklicken der Schaltfläche *Details* die gefundenen Hardwarekomponenten angezeigt werden.

Hat der Hardwareassistent keine neuen Hardwarekomponenten gefunden, teilt er Ihnen auch dies mit.

Durch Anklicken von *Weiter* können die gefundenen Komponenten nun installiert werden. Windows 98 sucht sich automatisch die benötigten Treiber von der CD. Danach werden noch Verknüpfungen z. B. für Multimedia, erstellt und die Installation ist abgeschlossen.

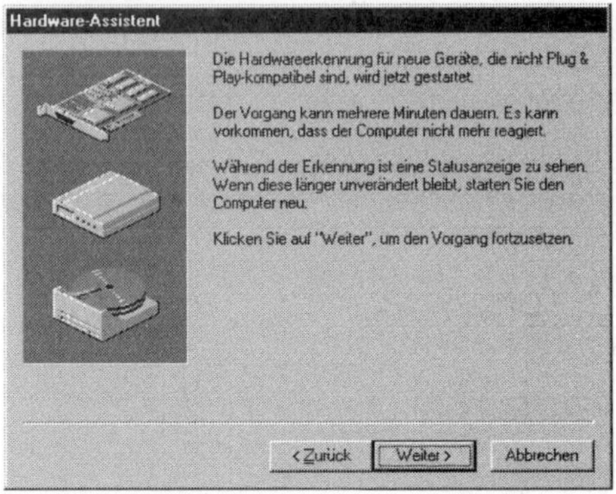

Abbildung 19.4: Hinweis zur automatischen Hardwareerkennung

Keine automatische Erkennung

Wenn Sie die automatische Erkennung nicht verwenden, erscheint ein Auswahlfenster, in dem Sie zunächst die Art der neuen Hardware festlegen müssen.

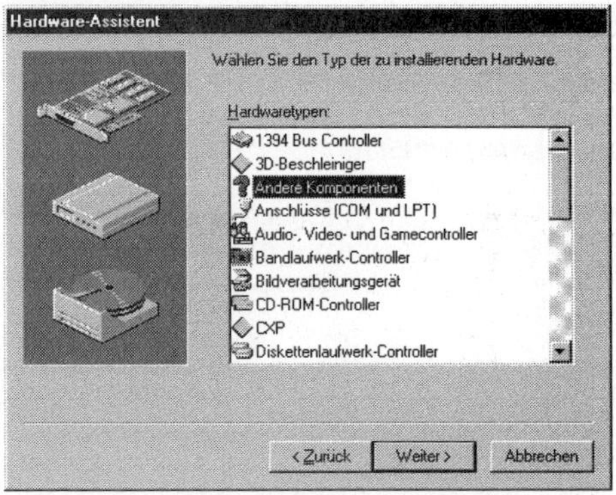

Abbildung 19.5: Auswahl der Hardwaretypen

Falls Sie Ihre neue Hardware nicht zuordnen können, verwenden Sie die Auswahl *Andere Komponenten*. Während Sie unter den speziellen Kategorien nur die Hersteller und Modelle finden, die zur Kategorie passen, werden Ihnen hierbei alle Hersteller und Modelle angezeigt, die Windows 98 überhaupt kennt. Hier tauchen also z. B. neben allen Grafikkarten und Festplatten-Controllern auch alle Modems und Drucker auf.

Die Auswahllisten

In dem linken Auswahlfenster wählen Sie den Hersteller der Hardware aus. Automatisch erscheint auf der rechten Seite eine Liste der bekannten Modelle des Herstellers. Als Nächstes wählen Sie das passende Modell aus.

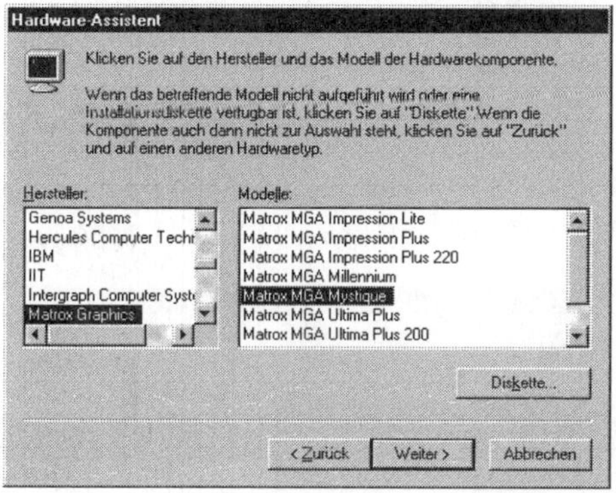

Abbildung 19.6: Auswahl des Modells eines Herstellers

Falls Sie eine Hardware eingebaut haben, für die Windows 98 keinen Eintrag hat oder der Hersteller einen neueren Treiber mitliefert, so wählen Sie die Schaltfläche *Diskette* an. Sie werden daraufhin aufgefordert, die Diskette des Herstellers einzulegen.

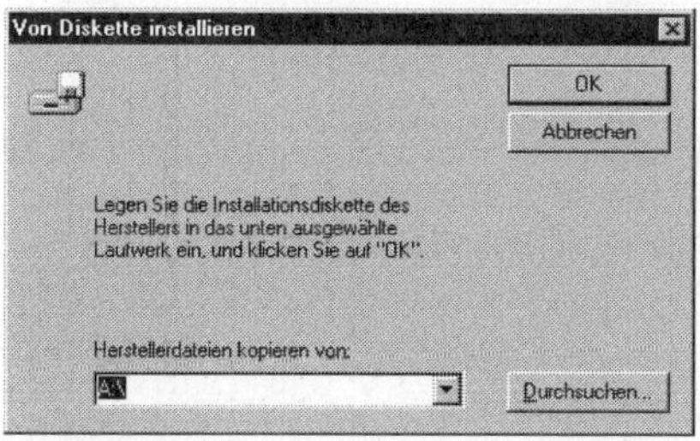

Abbildung 19.7: Das Laden des Treibers von Diskette

Wenn sich die Dateien bereits auf der Festplatte befinden, können Sie diese mit der Schaltfläche *Durchsuchen* festlegen.

HINWEIS

Wichtig ist, dass neben den eigentlichen Treibern auch eine Datei mit der Endung .INF zur Verfügung steht. In dieser *Informationsdatei* findet Windows 98 die möglichen Einstellungen der Karte und die benötigten Treiber.

Windows 98 vergleicht nun die Einstellungen der neuen Karte mit den bereits installierten. Wenn es zu einem Konflikt kommt, werden Sie darauf hingewiesen.

Sie können dann den Installationsvorgang abbrechen. Falls Sie den Treiber dennoch installieren, wird Windows 98 das Gerät deaktivieren. Sie können es dann trotz installiertem Treiber nicht ansprechen.

Zum Abschluss beenden Sie den Assistenten mit einem Klick auf die Schaltfläche *Fertig stellen*.

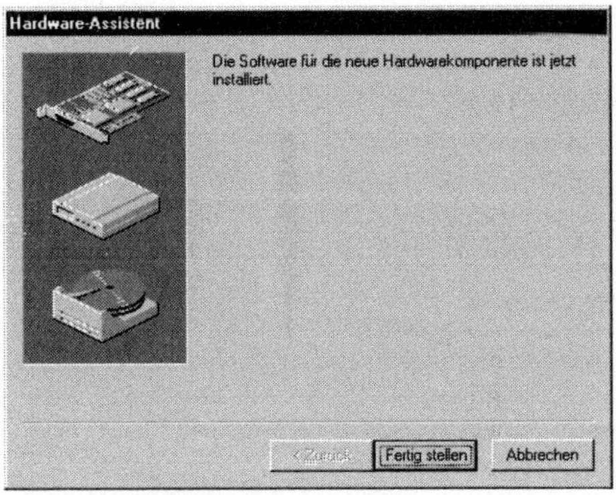

Abbildung 19.8: Der Assistent ist fertig

Wenn keine Konflikte vorliegen, wird das Gerät nach dem nächsten Start von Windows 98 zur Verfügung stehen. Damit ist die Installation und Konfiguration von Geräten mit Hilfe des Hardwareassistenten beendet.

Einen Drucker einrichten

Im Ordner *Systemsteuerung* steht das Symbol *Drucker* zur Verfügung, mit dem alle Funktionen rund um einen Drucker verwaltet werden können. Nach dem

Aktivieren erscheint ein Fenster, in dem alle bereits eingerichteten Drucker angezeigt werden. Ein weiteres Symbol ermöglicht das Installieren neuer Drucker.

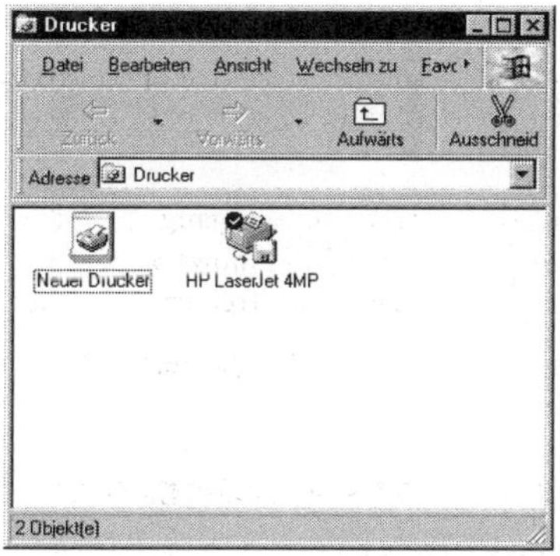

Abbildung 19.9: Eingerichtete Drucker

Wenn nicht direkt zum Drucker, sondern in eine Datei gedruckt wird, ist dies daran zu erkennen, dass vom Drucker ein Pfeil auf eine Diskette zeigt.

Die weitere Beschreibung der Installation erübrigt sich an dieser Stelle. Eine nachträgliche Installation gleicht der, die Sie im Kapitel »Drucken unter Windows 98« erläutert bekommen haben. Lesen Sie dort nach, wenn Sie einen weiteren Drucker installieren möchten.

Das Modem

Den Assistenten starten

Auch zum Installieren eines Modems stellt Windows 98 einen Assistenten zur Verfügung. Sie können ihn über das *Modem*-Symbol aus der *Systemsteuerung* aktivieren. Sollten Sie schon ein Modem installiert haben, dann aktivieren Sie den Assistenten, indem Sie sich die Eigenschaften des installierten Modems durch einen Doppelklick auf das *Modems*-Symbol anzeigen lassen. Starten Sie den Assistenten dann durch einen Klick auf die Schaltfläche *Hinzufügen*.

Im Gegensatz zum Druckerassistenten kann dieser Assistent die meisten Modems erkennen und richtig konfigurieren. Damit dies möglich ist, müssen Sie das Modem anschließen und während der Konfigurierung eingeschaltet haben. Weiterhin darf noch keine Applikation auf das Modem zugreifen.

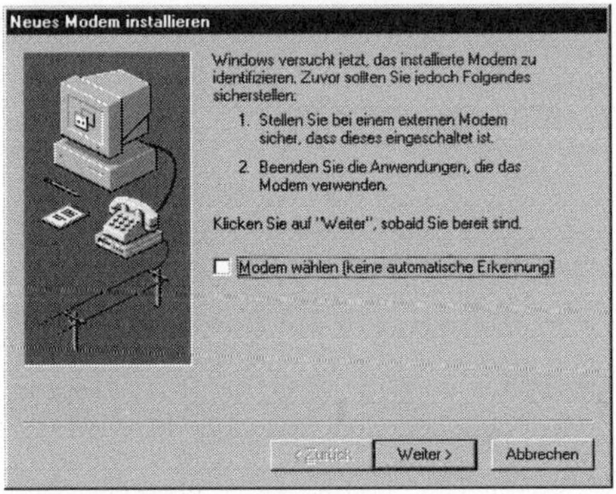

Abbildung 19.10: Assistent zum Einrichten neuer Modems

Wenn Sie den genauen Typ des Modems kennen oder sicher sind, dass Windows 98 Ihren Modemtypen nicht erkennt, können Sie durch Anklicken des Punktes *Modem wählen (keine automatische Erkennung)* auf die automatische Ermittlung des Modemtyps verzichten. Sie müssen dann von Hand den Typ angeben.

Bei der automatischen Erkennung sollte Windows 98 Ihr Modem nach einiger Zeit erkannt haben. Falls dies nicht der Fall ist, überprüfen Sie noch einmal, ob das Kabel richtig eingesteckt und das Modem an ist. Während des Testes sollten an Ihrem Modem einige Lämpchen flackern.

Wenn der erkannte Typ nicht mit Ihrem Modem übereinstimmt, müssen Sie das Modem selbst auswählen. Dazu dient die Schaltfläche *Ändern*. Es erscheint ein Fenster, in dem alle bekannten Modemhersteller mit vielen verschiedenen Modemtypen aufgelistet werden. Suchen Sie nun im linken Fenster den *Hersteller* Ihres Modems heraus und rechts das richtige *Modell*.

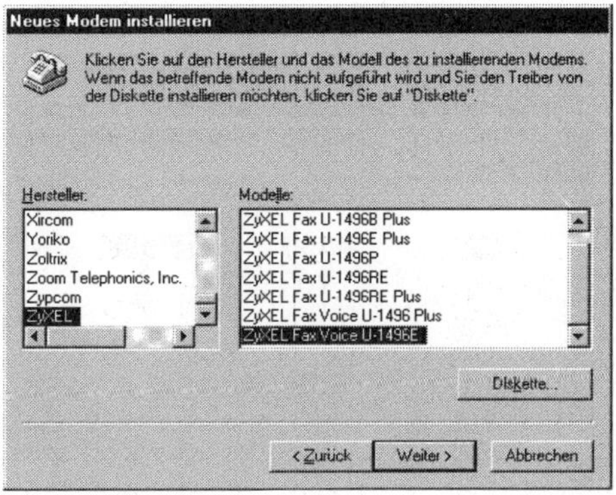

Abbildung 19.11: Modemhersteller mit verschiedenen Modemtypen

Ist Ihr Modem nicht in der Liste vorhanden, so gibt es mehrere Möglichkeiten, dieses Problem zu lösen. Falls der Hersteller Treiber für Windows 98 mitgeliefert hat, so können Sie diese durch Anwählen der Schaltfläche *Diskette* installieren. Ansonsten bleibt Ihnen nur die Möglichkeit, einen Standardtreiber zu verwenden.

Die meisten Modems sind Hayes-kompatibel. Unter dem Hersteller (Standardmodemtypen) finden Sie für fast jede Geschwindigkeit ein Standardgerät. In den meisten Fällen werden Sie damit arbeiten können.

Wenn das Modem ausgewählt ist, erscheint ein Dialogfenster, in dem Sie Angaben zum Modemanschluss machen müssen.

Damit ist das Modem bereits fertig konfiguriert. Nach Anklicken der Schaltfläche *Weiter* erscheinen noch einige Informationsfenster und zum Schluss eine Übersicht über die Konfiguration aller angeschlossenen Modems.

Dieses Bild erhalten Sie auch, wenn Sie das Symbol *Modems* aus der *Systemsteuerung* ein weiteres Mal aufrufen. In dem Fenster erscheinen alle bisher eingerichteten Modems. Nach Anklicken der Schaltfläche *Hinzufügen* erscheint wieder der Assistent zum Einrichten neuer Modems.

Mit *Entfernen* kann das selektierte Modem inklusive der Treiber entfernt werden. Dies geschieht ohne Sicherheitsabfrage!

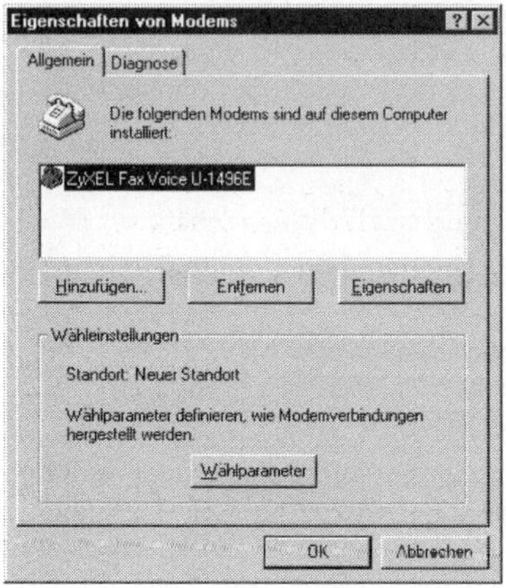

Abbildung 19.12: Eigenschaften für Modems

Mit *Eigenschaften* können für das gerade selektierte Modem Parameter angesehen und verändert werden.

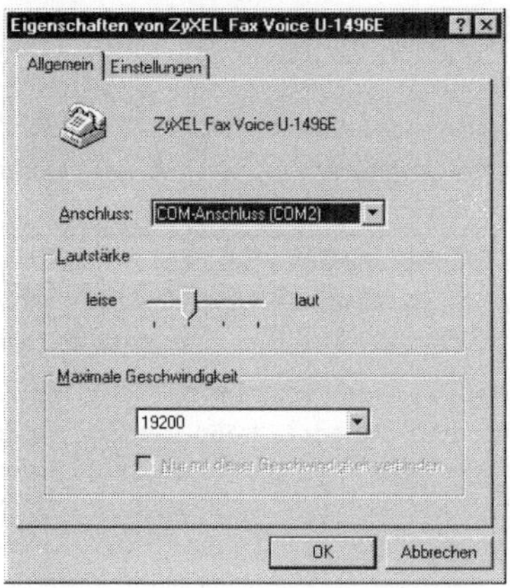

Abbildung 19.13: Eigenschaften für das eingestellte Modem

In der obersten Zeile des Registers *Allgemein* wird der Modemtyp angezeigt um Verwechslungen zu vermeiden.

Darunter kann der *Anschluss* gewählt werden, an dem das Modem angeschlossen ist. Danach lässt sich die *Lautstärke* des Modemlautsprechers einstellen. Dieser wird bis zum Verbindungsaufbau eingeschaltet, so dass Sie das Freizeichen usw. hören können.

Mit der *Maximalen Geschwindigkeit* legen Sie fest, mit welcher Baudrate der Computer sich mit dem Modem unterhält.

Wenn Sie zusätzlich das darunterliegende Kästchen aktivieren, werden nur Verbindungen mit der hohen Geschwindigkeit zugelassen. Falls bei schlechten Leitungsverbindungen nur geringere Geschwindigkeiten möglich sind, wird Windows 98 einfach auflegen. Diese Option wird jedoch nicht von jedem Modem unterstützt.

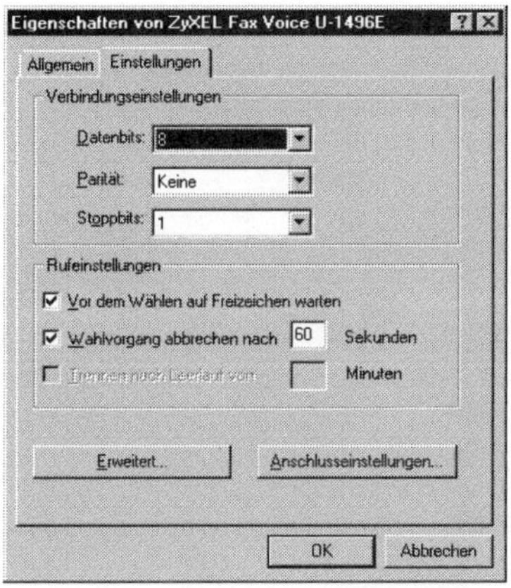

Abbildung 19.14: Das Register *Einstellungen*

Das Register *Einstellungen* bietet im oberen Bereich die Möglichkeit, die Parameter für die serielle Schnittstelle festzulegen. Hier werden die Anzahl der *Datenbits*, die *Parität* und die Anzahl der *Stoppbits* eingestellt. Üblicherweise arbeiten die meisten Mailboxen mit acht Datenbits, keiner Parität und einem Stoppbit.

Darunter werden die Parameter für den Wahlvorgang eingestellt. Hierbei können Sie festlegen, ob das Modem auf ein *Freizeichen* warten soll. Dies kann bei manchen Telefonanlagen ausgeschaltet werden, da der Ton des Freizeichens vom Modem nicht als solcher erkannt wird.

Abbruch nach welcher Zeit?

Als Nächstes wird die Zeit festgelegt, nach der ein Anwahlversuch erfolglos abgebrochen werden soll. Bei schnellen Modems mit Komprimierungsmöglichkeiten nach MNP sollte dieser Wert nicht zu klein gesetzt werden, da selbst nach Aufnahme der Verbindung noch eine ganze Zeit vergeht, bis sich die beiden Modems über die zu verwendende Geschwindigkeit und Komprimierung geeinigt haben.

Der letzte Punkt ermöglicht ein automatisches Trennen der Verbindung, falls eine gewisse Zeit keine Zeichen mehr übertragen worden sind. Die Zeit sollte nicht zu kurz gewählt werden, da ansonsten die Verbindung beendet wird, obwohl noch eine Übertragung ansteht.

Über die Schaltfläche *Erweitert* können noch zusätzliche Optionen ausgewählt werden.

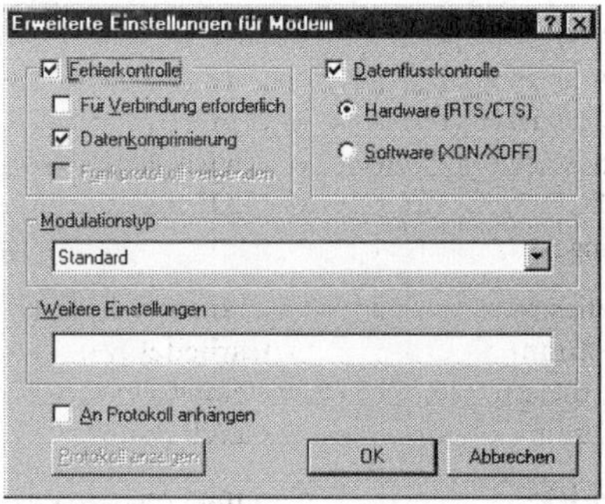

Abbildung 19.15: Erweiterte Optionen für das eingestellte Modem

Auf der linken Seite kann die *Fehlerkontrolle* des Modems ein- bzw. ausgeschaltet werden. So stellt das Modem im Normalfall selbst fest, dass ein Block ungültig ist, und fordert ihn von der Gegenstelle erneut an. Das Ausschalten macht nur wenig Sinn, da die Datenübertragung des Modems durch das Ausschalten nicht schneller wird.

Mit dem Punkt *Für Verbindung erforderlich* wird Windows 98 angewiesen, eine »sichere« Verbindung aufzubauen. Falls die Leitung zu schlecht ist, wird die Verbindung automatisch unterbrochen.

Datenkomprimierung

Durch Einschalten der *Datenkomprimierung* ist es möglich, höhere Übertragungsraten zu erreichen. Dies gilt besonders für Textdateien oder Bilder. Sind die zu übertragenden Daten jedoch bereits vorkomprimiert (z. B. mit LHA oder Winzip), ergibt sich im ungünstigsten Fall sogar eine geringe Verschlechterung der Übertragungsrate. Sinnvollerweise bleibt dieser Punkt stets aktiviert.

Mittlerweile sind auch in Deutschland sogenannte Funkmodems erlaubt. Diese werden nicht direkt an das Telefonnetz angeschlossen, sondern können ähnlich wie Mobiltelefone über Funk arbeiten. Dafür müssen diese ein genormtes Funkprotokoll verwenden, das entsprechend eingeschaltet werden muss.

Protokolleinstellungen

Auf der rechten Seite befinden sich die Einstellungen für das zu verwendende Protokoll. Prinzipiell sollte immer mit einem Protokoll, auch Handshaking genannt, gearbeitet werden, da hierdurch Überläufe verhindert werden. Sobald ein Gerät die Daten nicht mehr schnell genug verarbeiten kann, kann es die Gegenstelle davon in Kenntnis setzen und diese wartet dann, bis wieder Daten entgegengenommen werden können.

Windows 98 unterstützt zum einen das *Hardware-Handshaking* mit *RTS/CTS* und zum anderen das reine *Software-Handshaking* über *XON/XOFF*. Für das Hardware-Handshaking benötigen Sie ein vollständiges Modemkabel. Beim Software-Handshaking wird die Steuerung über das Senden von zwei ASCII-Zeichen XON und XOFF gesteuert. Dazu sind keine weiteren Leitungen notwendig.

Unterhalb dieses Blocks kann bei manchen Modems eingestellt werden, dass mit bestimmten Frequenzen gearbeitet werden soll. Dies ist in Ländern nötig, die nur über eine sehr eingeschränkte Bandbreite verfügen. Die Einstellung ist nur bei 300 und 1200 Baud möglich.

In dem Feld *Weitere Einstellungen* können Sie spezielle Modembefehle eintragen, die nach der Initialisierung durch Windows 98 an das Modem geschickt werden. Damit können Sie z. B. nachträglich den Lautsprecher für die ganze Verbindungsdauer einschalten.

Protokolldatei

Interessant für die Fehlersuche ist der Punkt *An Protokoll anhängen*. Hierbei wird eine Protokolldatei mit dem Namen MODEMLOG.TXT im Windows-98-Verzeichnis angelegt. Diese kann dann im Problemfall analysiert werden.

Durch Anklicken der Schaltfläche *OK* werden die Änderungen übernommen. Nachdem das Fenster über die Eigenschaften des selektierten Modems ebenfalls mit *OK* beendet wurde, befindet Sie sich wieder in der Übersicht *Allgemein* aller installierten Modems.

Wahleinstellungen

In der unteren Hälfte des Fensters sehen Sie die Wahleinstellungen. Mit Hilfe der Schaltfläche *Wählparameter* können weitere Informationen angezeigt und Werte verändert werden.

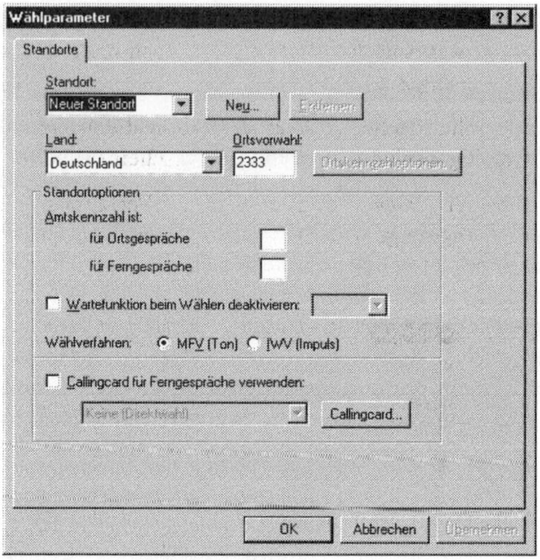

Abbildung 19.16: Wählparameter

Die obere Hälfte zeigt den aktuellen *Standort* an. Dies kann z. B. für Laptop-Besitzer interessant sein, die sowohl auf der Arbeit als auch zu Hause über eine Dockingstation mit angeschlossenen Modems verfügen. Dabei würde es sich anbieten, zwei Standorte zu generieren, z. B. »Büro« und »Privat«.

Dies wird über die Schaltfläche *Neu* erreicht. Für die einzelnen Standorte kann dann jeweils die Vorwahl des Ortes (Ortskennzahl) ohne die führende Null und das Land angegeben werden.

Darunter befinden sich die Parameter für den Wählvorgang. Als Erstes legen Sie fest, mit welcher Nummer ein Amt für *Ortsgespräche* und *Ferngespräche* angewählt wird. Diese Einstellung ist für Telefonanlagen vorgesehen, bei denen das Modem an eine Nebenstelle angeschlossen ist.

Das Wählverfahren festlegen

In der letzten Zeile des Dialogfeldes legen Sie das Wählverfahren fest. Wenn Sie an eine digitale Vermittlungsstelle angeschlossen sind, können Sie die schnelle *Tonwahl* (*MFV*) nutzen, ansonsten ist die *Pulswahl* (*IWV*) immer möglich.

Sie sollten das Ganze in jedem Fall zunächst mit dem Tonwahlverfahren testen. Falls nach dem Wählen des Modems immer noch nur ein Dauerton aus dem Lautsprecher kommt, müssen Sie das alte Pulswahlverfahren (IWV) verwenden, da Sie dann doch noch nicht an eine digitale Vermittlungsstelle angeschlossen sind.

Mit der Schaltfläche *OK* übernehmen Sie die Änderungen und das Fenster mit den Eigenschaften für Modems erscheint wieder.

Im Register *Diagnose* werden alle zur Verfügung stehenden Modemanschlüsse angezeigt. Dort erkennt man auch die bereits angeschlossenen Geräte.

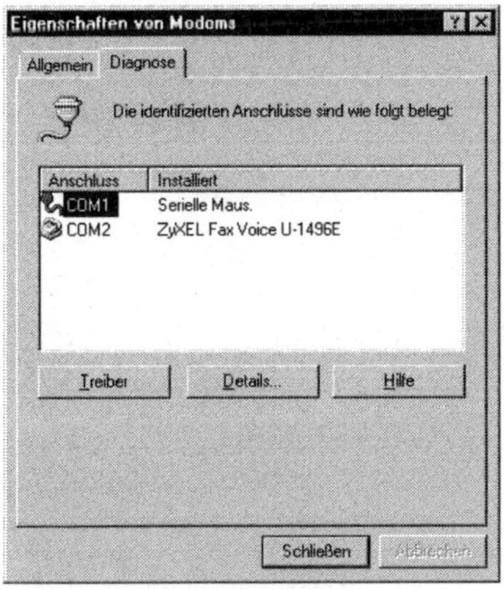

Abbildung 19.17: Modem-Diagnose

Mit der Schaltfläche *Treiber* wird der Treiber für die selektierte Schnittstelle angezeigt. Interessanter ist die Schaltfläche *Details*. Selektieren Sie dazu ein Modem in der oberen Liste und wählen Sie die Schaltfläche aus. Es erscheint ein Detailfenster, das zum einen Anschlussinformationen, wie verwendeter Anschluss, Interruptnummer und maximale Geschwindigkeit, und zum anderen Informationen über die augenblicklichen Einstellungen des Modems liefert. Teilweise sind die Informationen als Zahlen dargestellt, die Sie im Handbuch des Modems nachsehen müssen. Auf der linken Seite steht der Befehl, der zu der rechts angegebenen Antwort führte.

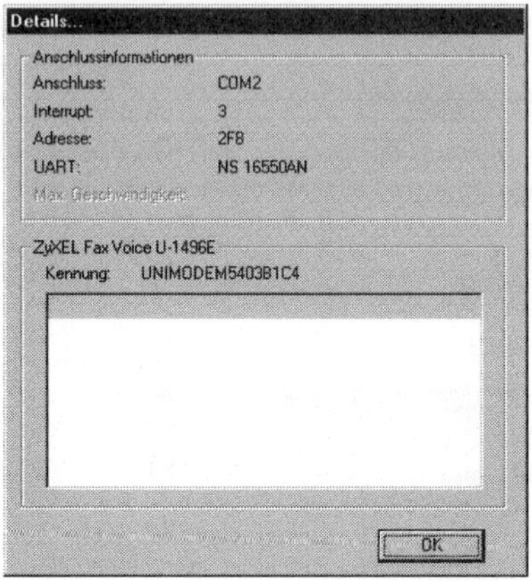

Abbildung 19.18: Detailinformationen zum Modem

Unter *Hilfe* finden Sie Hinweise, wie Sie eventuelle Probleme lösen können.

Die Grafikkarte

Die Tastatur ist das klassische Eingabemedium, der Monitor das Ausgabemedium Nummer eins. Um aber die für einen Monitor benötigten Videosignale überhaupt erst zu erhalten, ist eine *Grafikkarte* notwendig. Von den Fähigkeiten dieser Steckkarte hängt es ab, wie bunt die Grafik auf dem Monitor ist, wie viele Bildpunkte dargestellt werden können und wie schnell das Ganze geschieht.

Die Auflösung und die Farbtiefe

Eine der wichtigsten »Fähigkeiten« einer Grafikkarte ist die sogenannte *Auflösung*. Dieser Wert, der immer in *x mal y* Bildpunkten, auch Pixel genannt, angegeben wird, besagt, wie viele Bildpunkte in einer Bildschirmzeile und wie viele Zeilen auf dem Schirm dargestellt werden können.

Man teilt dazu das Bild des Monitors in eine Art Koordinatensystem ein. Von der Höhe dieser Auflösung hängt es ab, wie detailliert ein Bild auf dem Monitor dargestellt wird. Eine niedrige Bildschirmauflösung bringt größere Bildpunkte mit sich. Die Bilder sehen dann wie eine Sammlung von kleinen Vierecken aus.

Die Farbtiefe

Der zweite wichtige Faktor einer Grafikkarte ist die *Farbtiefe*. Sie beschreibt, wie viele Farben in einem Bild gleichzeitig verwendet werden können. So kann man mit einer Grafikkarte, die nur 16 Farben anzeigen kann, kaum ein Bild realitätsgetreu abbilden. Kann eine Karte mehr oder weniger alle Naturfarben abbilden, spricht man von einer *TrueColor*-Karte (Echtfarbgrafikkarte).

Zusammenhang Farben & Bits

Technisch gesehen hängt die Anzahl der gleichzeitig einsetzbaren Farben davon ab, wie viele Bits der Grafikkarte zum Speichern eines Bildpunktes zur Verfügung stehen. Steht nur ein Bit zur Verfügung, lässt sich nur schwarzweiß darstellen. Mit 4 Bits pro Punkt lassen sich 16 Farben darstellen, mit 8 Bits 256 Farben etc.

Die Bezeichnung *HiColor* sagt aus, dass eine Grafikkarte bis zu 32.768 Farben darstellen kann.

Von TrueColor redet man heute meist, wenn eine Grafikkarte 24 Bits pro Bildpunkt speichern kann. Damit lassen sich dann theoretisch 16,7 Millionen Farben darstellen.

Bei einer Grafikkarte ist der Faktor Farbe wesentlich wichtiger als die Auflösung. Ein Bild lebt eher von seinen Farben als von der Auflösung.

Die Geschwindigkeit

Der nächste wichtige Faktor ist die *Geschwindigkeit*, mit der die Grafikkarte ein Bild aufbaut. In der heutigen Zeit sind visuelle Informationen extrem wichtig. Damit ist ein hoher Aufwand an bewegter Grafik (sogenannte Animation) verbunden.

Der Grafikstandard

In den letzten Jahren ging die Entwicklung der Grafikkarten mindestens so schnell voran wie die Entwicklung der PCs selbst. Über die Standards Hercules, CGA, EGA ging es über VGA bis hin zu SVGA und XGA.

Sogenannte *VGA*-Karten (Video Graphics Array) stellen heute mit einer Auflösung von 640 x 480 Bildpunkten das Minimum dar.

Windows-Empfehlung

Um die Benutzeroberfläche Windows einzusetzen, empfiehlt sich jedoch mindestens eine Auflösung von 800 x 600 Bildpunkten bei 256 Farben.

Mehr und mehr setzt sich in der Grafikkartenentwicklung die SVGA-Grafikkarte durch. Bei den modernen Versionen wird zudem noch ein Grafikprozessor eingesetzt. Beispiele sind die sogenannten S3-Grafikkarten.

Intelligente Grafikkarten

Die moderne Software, speziell unter Windows, macht intensiven Gebrauch von den Darstellungsfähigkeiten einer Grafikkarte. Je schneller also ein Bild aufgebaut wird, desto besser ist es für den Anwender. Anfänglich waren Grafikkarten »dumm«. Sie setzten lediglich die digitalen Daten des PCs in Videosignale um. Inzwischen hat sich diese Technologie verändert. Auf den momentan schnellsten Grafikkarten befinden sich eigene kleine Computer, sogenannte Grafikprozessoren. Diese Prozessorsysteme werden auch als Acceleratorkarten (Beschleunigerkarten) bezeichnet.

Die Bildwiederholfrequenz

Ab 72 Hz schonen Sie Ihre Augen

Im Zusammenspiel mit dem Monitor ist die *Bildwiederholfrequenz* wichtig. Je höher diese Frequenz liegt, desto flimmerfreier und ruhiger wird das Bild. Eine hohe Bildwiederholfrequenz ist somit ein wichtiger Faktor dafür, wie lange Sie ermüdungsfrei am PC arbeiten können und wie sehr Sie Ihre Augen belasten und auf lange Sicht gesehen schädigen. Eine Bildwiederholfrequenz von mindestens 72 Hz sollten Sie nicht unterschreiten, mehr (z. B. 75 Hz) ist noch besser.

Die Videobeschleunigung

Seit der Einführung von Windows 3.1 etablierte sich der AVI-Standard zum Abspielen von digitalen Videos unter Windows ohne zusätzliche Hardware.

Optimal ist diese Lösung allerdings nicht. Immer dann, wenn das Bild größer als eine Postkarte dargestellt wird, werden aus den einzelnen Bildpunkten richtiggehende Bildklötze – das Bild wirkt grobkörnig.

So sehen AVI-Videos wesentlich besser aus

Moderne Grafikkarten schaffen hier Abhilfe: mit sogenannten AVI-Beschleunigern. Ist ein solches Feature auf der Karte vorhanden, wird die Darstellung von AVI-Dateien deutlich beschleunigt. Zusätzlich dazu sorgt die Hardware dafür, dass die Darstellungsqualität bei einem vergrößerten Bild erträglich bleibt. Wenn Sie also verstärkt Multimediasoftware einsetzen, kann es sinnvoll sein, eine Grafikkarte mit AVI-Beschleuniger zu besitzen.

Die Installation einer Grafikkarte

Bevor Sie eine neue Grafikkarte einbauen, sollten Sie mit Hilfe des Hardwareassistenten eine Standard-VGA-Auflösung wählen. Diese kann von fast allen Grafikkarten dargestellt werden. Doch bevor dies möglich ist, müssen Sie den alten Bildschirmtreiber deaktivieren, da Windows 98 ansonsten einen Ressourcenkonflikt feststellt und den Treiber nicht aktivieren wird.

Dazu starten Sie das Symbol *System* der *Systemsteuerung* und wählen das Register *Geräte-Manager*. Durch Anklicken des Pluszeichens vor dem Eintrag *Grafikkarten* wird die installierte Grafikkarte angezeigt.

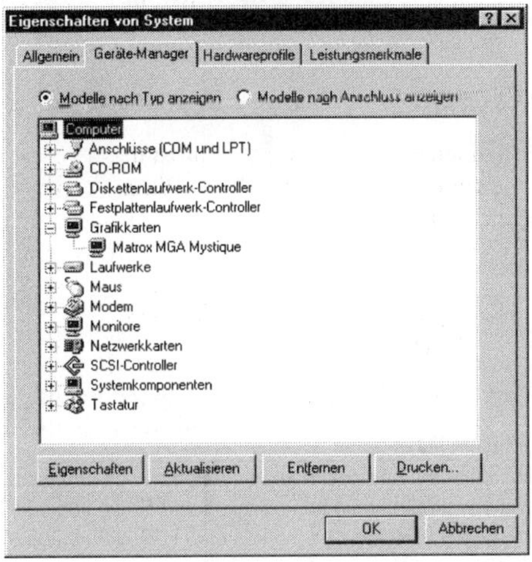

Abbildung 19.19: Installierte Grafikkarte

Löschen Sie den Treiber, indem Sie die Grafikkarte selektieren und die Schaltfläche *Entfernen* anklicken. Windows 98 weist Sie durch eine Sicherheitsabfrage darauf hin, dass Sie gerade dabei sind, ein Gerät aus der Systemkonfiguration zu löschen.

Nachdem dies geschehen ist, erfahren Sie, dass der Computer neu gestartet werden muss, damit der Treiber endgültig entfernt werden kann. Gleichzeitig wird ein Neustart angeboten. Sie beantworten die Frage mit *Nein*, da zunächst die Standard-VGA-Grafikkarte eingestellt werden sollte.

Verlassen Sie dazu das Fenster der Systemeigenschaften und starten Sie das Symbol *Hardware* aus der Systemsteuerung. Verzichten Sie an dieser Stelle auf die automatische Hardwareerkennung. In der nun erscheinenden Hardwareliste wählen Sie *Grafikkarten* aus.

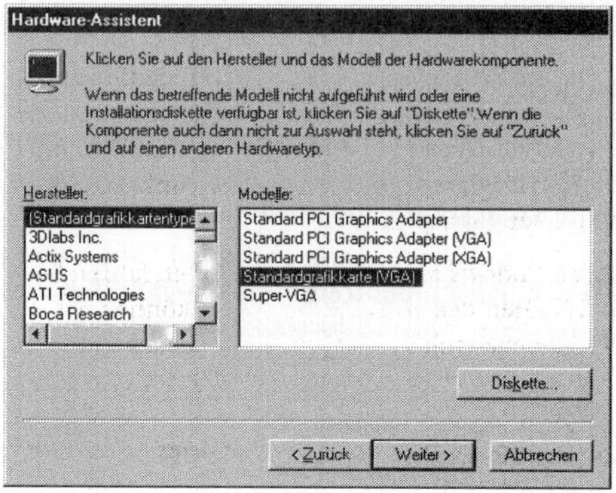

Abbildung 19.20: Standardgrafikkarte mit VGA-Auflösung

Hierin stellen Sie dann *Standardgrafikkartentypen* mit dem Modell *Standardgrafikkarte (VGA)* ein. Leider stellt Windows 98 an dieser Stelle fest, dass die benötigten Ressourcen von dem aktuellen Treiber verwendet werden, der ja noch bis zum Neustart aktiviert bleibt. Ignorieren Sie die folgenden Warnungen und lassen Sie den Treiber installieren.

Da sich bereits eine Grafikkarte im System befindet, wird die VGA-Einstellung nicht aktiviert. Dies müssen Sie im Geräte-Manager nachholen. Dazu starten Sie das Symbol *System* der *Systemsteuerung* und wählen das Register *Geräte-Manager* aus.

Grafikkarte aktivieren

Das Anklicken des Pluszeichens vor Grafikkarten zeigt die installierten Karten an. Ein rotes Kreuz bedeutet, dass die Karte zwar installiert, aber nicht aktiviert ist. Klicken Sie auf der Zeile *Standardgrafikkarte (VGA)* doppelt. Es erscheinen die Eigenschaften der Grafikkarte. Aktivieren Sie die Karte durch Anklicken des Kästchens im unteren Teil des Fensters, so dass vor der Ausgangskonfiguration ein Häckchen erscheint. Nachdem Sie die Änderung mit *OK* übernommen haben, bietet Windows 98 einen automatischen Neustart an. Diesen sollten Sie jetzt durchführen.

Abgesichert starten

Nun sollte Windows 98 in der Standardauflösung starten. Falls dies nicht der Fall ist, booten Sie bitte den Rechner neu und betätigen Sie zu Beginn des Ladevorgangs die Taste [F8]. Hiermit können Sie die letzte lauffähige Version aktivieren, indem Sie den Punkt *3. Abgesichert* mit den Cursortasten oder [F5] auswählen.

Wenn Windows ordnungsgemäß startet, fahren Sie es sofort wieder runter und schalten den Rechner aus. Nun können Sie die alte Grafikkarte aus- und die neue einbauen. Starten Sie danach den Rechner wieder.

Die neue Grafikkarte einbinden lassen

Nachdem der Rechner nun mit der neuen Grafikkarte gestartet wurde, sollte diese mit Hilfe des Hardware-Assistenten richtig in Windows 98 eingebunden werden. Dazu löschen Sie im Geräte-Manager zunächst den VGA-Treiber wieder (Symbol *System* der *Systemsteuerung*). Danach starten Sie das Symbol *Hardware* und lassen den Assistenten automatisch die Hardware bestimmen. Windows 98 wird die neue Karte finden und die notwendigen Treiber installieren. Nach einem Neustart von Windows können die möglichen Auflösungen und Farben der Grafikkarte genutzt werden.

Dafür steht das Symbol *Anzeige* in der *Systemsteuerung* zur Verfügung. Neben den Einstellungen zum Desktop und des Bildschirmschoners können hier Bildschirm und Grafikkarte konfiguriert werden.

Der Monitor

Der Monitor ist ein wichtiger Bestandteil des Personal Computers. Abgesehen davon, dass Sie die ganze Zeit auf der Tastatur schreiben oder die Maus bewegen, sehen Sie meistens auf den Monitor. Entsprechend viel Gewicht sollten Sie auch auf die Auswahl des Monitors legen. Die erste Frage ist: Farbe oder schwarzweiß?

Farb- oder Schwarzweiß-Monitor?

Wenn Sic fast immer Texte bearbeiten, die nicht farblich gestaltet werden müssen, kann ein Monochrom-Monitor (so nennt man Schwarzweiß-Monitore) recht nützlich sein.

Eine einfarbige Darstellung ist für das Auge wesentlich angenehmer. Zusätzlich dazu kann ein Schwarzweiß-Monitor ein ruhigeres Bild darstellen. Leider sind solche Monitore inzwischen nicht mehr sehr verbreitet, da sie seltener gekauft werden als Farbmonitore.

Die Größe des Monitors

Die zweite Frage ist: Wie groß soll der Monitor sein? Wenn Sie den PC privat benötigen oder nur Briefe schreiben, ist ein 15-Zoll-Monitor völlig ausreichend. 15 Zoll entspricht den gängigen 36-cm-Bildschirmen portabler Fernseher.

Wenn Sie mit dem PC technische Zeichnungen erstellen oder Seiten gestalten möchten, sollten Sie einen größeren Monitor wählen. 17-, 20- oder gar 21-Zoll-Monitore sind hier die richtige Wahl. Der Nachteil: Je größer der Monitor, desto teurer.

Auch lässt sich nicht auf jedem Monitor jede beliebige Bildschirmauflösung darstellen:

Monitorgrößen und Auflösung

Nachfolgend finden Sie eine Übersicht darüber, welche Auflösungen Sie bei welchen Monitorgrößen verwenden können.

Größe	Auflösung
14"	640 x 480, 800 x 600 (eingeschränkt)
15"	640 x 480, 800 x 600
17"	640 x 480, 800 x 600, 1024 x 768
20"	640 x 480 (wenig sinnvoll), 800 x 600, 1024 x 768, 1280 x 1024

Ausschlaggebend ist dabei nicht nur das technisch Machbare, sondern auch die Frage, ob das Machbare sinnvoll ist.

Es ist z. B. unsinnig, einen 20-Zoll-Monitor zu erwerben und ihn dann mit einer Auflösung von 640 x 480 Bildpunkten zu betreiben. Auflösungen oberhalb der in der Tabelle angegebenen Werte sind meist noch erreichbar, aber ebenfalls wenig sinnvoll. Die Schrift wird einfach zu klein und wirkt unscharf, da die Grenzen des Bildschirms erreicht werden.

Vorsicht: Strahlung!

Das dritte Auswahlkriterium ist das Thema Strahlung. Wissenschaftliche Untersuchungen haben ergeben, dass die Strahlung eines Monitors nicht ungefährlich ist. Wer ständig dieser Strahlung ausgesetzt ist, muss mit gesundheitlichen Risiken rechnen.

Die MPR-II-Norm

Schweden, schon immer ein Vorreiter auf dem Gebiet der Arbeitssicherheit, hat deshalb die sogenannte MPR-Prüfnorm für Monitore entwickelt. Die aktuelle Fassung ist die *MPR-II-Norm*, welche festlegt, wie viel Strahlung ein Monitor maximal abgeben darf. Heutzutage halten sich praktisch alle Hersteller an die MPR-II-Norm. Trotzdem ist es nützlich, sich vor dem Kauf zu informieren, ob der fragliche Monitor diese Norm erfüllt.

Es gibt jedoch noch andere Faktoren, die bei der Auswahl des Monitors wichtig sind:

Die Bildwiederholfrequenz

Die *Bildwiederholfrequenz* gibt an, wie oft pro Sekunde das Bild auf dem Monitor aufgebaut wird. Je öfter das geschieht, desto besser. 72 Hz (Hertz ist hier die Einheit) sollte das Minimum sein.

Die hier geltende Faustregel ist einfach: Je höher der Wert ist, desto weniger flimmert das Bild.

Die Zeilenfrequenz

Die *Zeilenfrequenz*, ein weiterer wichtiger Faktor beim Monitor, besagt, wie viele Bildschirmzeilen pro Sekunde aufgebaut werden können. Dieser Wert errechnet sich aus folgender Formel:

```
Zeilenfrequenz = Bildwiederholfrequenz * Anzahl der Bildzeilen in
einem Bild
```

Um die Verwirrung komplett zu machen, gibt es noch einen weiteren wichtigen Wert: die Videobandbreite.

Die Videobandbreite

Die *Videobandbreite* beschreibt, mit welcher Geschwindigkeit der Monitor die einzelnen Bildpunkte aufbaut. Sie können die Bandbreite folgendermaßen berechnen:

```
Videofrequenz = Zeilenfrequenz * Bildpunkte pro Zeile
```

In beiden Berechnungen müssen Sie zu den Bildzeilen bzw. -punkten noch gut zehn Prozent dazurechnen, nämlich den nicht sichtbaren Bereich, die sogenannte *Austastlücke*.

Die Lochmaske

Ein letzter wichtiger Wert für einen guten Monitor ist die *Lochmaske*. Die einzelnen Pixel eines Bildes werden durch eine Lochmaske abgebildet. Hier gilt: Je feiner die Maschen einer Lochmaske sind, desto klarer ist das Bild.

Ein Lochmaskenabstand von 0,25 mm gilt bereits als gut!

Wichtig ist bei allen Werten, dass die Grafikkarte mit dem Monitor harmoniert. Praktisch sind sogenannte Mehrfrequenzmonitore, die sich auf die verschiedenen Gegebenheiten einstellen können.

HINWEIS

Bei verschiedenen Herstellern wird diese Technologie unterschiedlich bezeichnet. NEC beispielsweise hat sich den Begriff *Multisync* schützen lassen.

Die Installation des Monitors

Haben Sie den richtigen Monitor gekauft und angeschlossen, dann sollten Sie den entsprechenden Treiber unter Windows 98 benutzen. Zu diesem Zweck können Sie den Hardwareassistenten bemühen. Es geht allerdings auch anders.

Klicken Sie dazu mit der rechten Maustaste auf eine freie Stelle des Desktops. In dem erscheinenden Kontextmenü wählen Sie *Eigenschaften*. Wechseln Sie zur Registerkarte *Einstellungen*. Dort klicken Sie die Schaltfläche *Weitere Optionen* an. In dem sich öffnenden neuen Fenster wechseln Sie wiederum zum Register *Bildschirm*.

Mit der Schaltfläche *Ändern* können Sie dann Ihr Monitormodell auswählen.

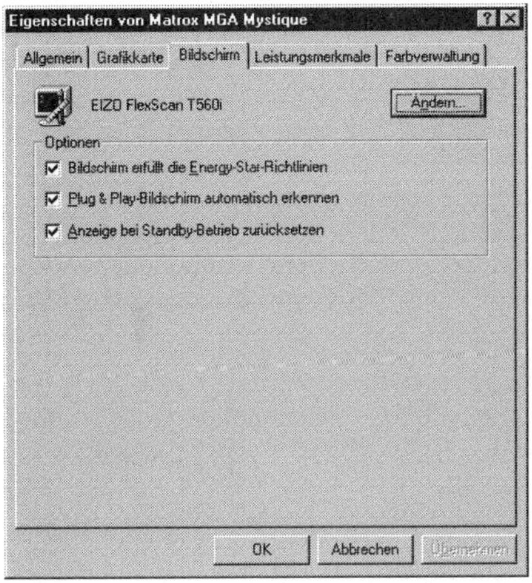

Abbildung 19.21: Hier ändern Sie den Monitortyp

Festplattensysteme

Bei der Erweiterung von Festplattensystemen müssen zwei Fälle unterschieden werden. Zum einen können Sie ein vorhandenes System um eine oder mehrere Festplatten erweitern, zum anderen können Sie ein weiteres Festplattensystem mit Controller zusätzlich einbauen.

Der Einbau

Beim Einbau sind einige Dinge zu beachten. In den meisten Computern findet man heute *AT-Bus-Controller*, auch *IDE* oder *Enhanced IDE* genannt. Dies ist die kostengünstigste Anschlussart von Festplatten.

Bei normalen AT-Bus-Controllern können bis zu zwei, bei neueren Enhanced-IDE-Controllern bis zu vier Festplatten angeschlossen werden. Dabei ist zu beachten, dass die erste Festplatte eines Busses als *Master* und eine zweite als *Slave* konfiguriert wird. Dies wird üblicherweise über Jumper durchgeführt. Die genaue Beschreibung finden Sie bei der Erläuterung der Festplatten.

Gerade bei älteren Festplatten kann es vorkommen, dass diese in bestimmten Konstellationen nicht funktionieren wollen. Dies liegt daran, dass die ersten Platten nicht hundertprozentig alle Forderungen des Standards eingehalten haben. So gibt es teilweise Probleme mit dem Timing. Manchmal hilft es schon, wenn man die Einstellung von Master und Slave tauscht.

Enhanced-IDE-Controller

Bei den Enhanced-IDE-Controllern ist zu beachten, dass diese durch neue Modi (PIO-Modes, z. B. 3 oder 4) höhere Übertragungsraten realisieren können. Diese können jedoch nur dann genutzt werden, wenn alle (!) Geräte an einem Bus diese Modi unterstützen. Eine alte Festplatte wird so auch neue Typen ausbremsen. Daher sollte beim Einsatz von langsamen Geräten, wie alten Festplatten oder eventuell CD-ROMs, die schnelle Festplatte am ersten und die anderen Geräte am zweiten Bus angeschlossen werden.

SCSI-Controller

Neben dem AT-Bus-Interface ist heute auch das *SCSI-Interface* (Small Computer Standard Interface) häufig anzutreffen. In der Vergangenheit war dieses System teurer. Es wurde ein Hostadapter benötigt, der meist bereits über dreihundert Mark kostete. Bei den neuen PCI-Boards findet man nun aber immer häufiger einen SCSI-Chip von NCR. Damit können Sie direkt alle SCSI-Geräte anschließen.

Der Vorteil von SCSI gegenüber AT-Bus liegt darin, dass an einen Bus bis zu sieben Geräte angeschlossen werden können. Dabei ist es möglich, Festplatten, CD-ROMs, Scanner und Streamer anzuschließen. Durch die genaue Normung sind keine Probleme mit den Geräten zu erwarten.

Bei SCSI gibt es drei Problemmöglichkeiten. Der Bus muss am ersten und am letzten Gerät terminiert sein, d. h. auf dem Bus müssen sich genau zwei *Terminatoren* befinden. Meist wird der Hostadapter mit montierten Terminatoren geliefert.

Wenn Sie sowohl interne als auch externe Geräte anschließen wollen, so müssen Sie diese Terminierung entfernen. Auch die meisten Geräte werden mit gesteckter Terminierung geliefert. Entfernen Sie diese bis auf das letzte interne Gerät. Bei den externen Geräten wird über einen Stecker die Terminierung durchgeführt. Übrigens wird bei neueren Geräten immer öfter eine aktive Terminierung verwendet. Hierbei finden Sie keine Widerstandsleisten vor, sondern können die Terminierung durch Setzen von Jumpern ein- bzw. ausschalten. Die Beschreibung finden Sie im Handbuch des Gerätes.

Das zweite Problem kann die Stromversorgung für die Terminierung werden (Termination Power). Normalerweise wird diese vom Hostadapter geliefert. Manchmal liefern aber auch SCSI-Geräte diese Spannung. Im Normalfall sollten Sie die Termination Power auf allen Geräten ausschalten und diese nur vom Hostadapter liefern lassen.

Die SCSI-ID einstellen

Als Letztes müssen Sie darauf achten, dass die Geräte eine eindeutige Adresse haben. Diese wird meist über Jumper oder DIP-Switches eingestellt. Der Hostadapter hat meist die Adresse 6 oder 7. Verwenden Sie dann für Ihre Geräte die freien Werte von 0 bis 5. Je höher die SCSI-ID, desto höher ist die Priorität des Gerätes. Meist müssen jedoch die ersten beiden Festplatten die Werte 0 und 1 haben, damit diese richtig im System eingebunden werden können.

Wenn Sie diese Hinweise beachten, sollten die SCSI-Geräte ohne Probleme funktionieren. Entgegen sonstigen Festplattensystemen ist es notwendig, dass ein spezielles BIOS die SCSI-Geräte in das System einbindet. Bei SCSI handelt es sich nicht um ein System, das mit dem ersten Festplattensystem von PCs, dem Western Digital WD1003 kompatibel ist. Daher kann das Standard-BIOS mit diesen Platten nicht umgehen. Was sich zunächst wie ein Nachteil anhört, kann häufig ein Vorteil sein. So lässt sich SCSI zu jedem anderen Festplattensystem parallel installieren. Sie können z. B. ein ausgebautes AT-Bus-System ohne Probleme durch zusätzliche SCSI-Platten erweitern.

Die Treiber

Zum Betrieb der Geräte unter SCSI sind weiterhin Treiber des Controller-Herstellers notwendig. Da SCSI-Geräte weitgehend über einen genormten Befehlssatz verfügen, können mit diesem Treiber fast alle Geräte beliebiger Hardwarehersteller angesprochen werden. Bei der Suche nach neuen Treibern müssen Sie sich daher immer nur an einen Hersteller wenden.

Nach dem Einbau eines neuen Festplattensystems

Nachdem Sie die Festplattenerweiterung in den Rechner eingebaut haben, müssen Sie die neue Festplatte einrichten. Bei AT-Bus-Platten müssen Sie dazu zunächst im BIOS die Werte für die Festplatten eintragen. Bei SCSI-Geräten ist dies nicht notwendig bzw. oft auch nicht erlaubt.

Windows 98 booten

Als Nächstes booten Sie Windows 98. Wenn Sie einen neuen Controller eingebaut haben, müssen Sie diesen im System bekannt machen. Am einfachsten wird dies mit der automatischen Erkennung neuer Hardware des Hardwareassistenten möglich. Dazu starten Sie das Symbol *Hardware* aus der *Systemsteuerung*. Windows 98 wird nun den Controller finden und die notwendigen Treiber installieren. Danach müssen Sie Windows 98 neu booten.

Die Festplatte einrichten und formatieren

Wenn Windows 98 wieder geladen ist, öffnen Sie ein MS-DOS-Fenster und rufen das Programm *Fdisk* auf. Mit diesem können Sie Partitionen auf den Festplatten ansehen und bearbeiten. Wechseln Sie die Festplatte mit Punkt 5 und legen Sie eine neue Partition mit Punkt 1 an. Danach wird Ihr

System neu booten. Nachdem Windows 98 erneut geladen ist, können Sie im MS-DOS-Fenster mit dem *Format*-Befehl die neue Festplatte formatieren.

Diese Vorgehensweise funktioniert jedoch nur, wenn Sie zu einer bisher vorhandenen Festplatte eine zweite hinzufügen. Wenn Ihr System über mehrere Festplatten verfügt, so müssen Sie die Dienstprogramme des Controller-Herstellers verwenden. Die Vorgehensweise ist dann im Handbuch beschrieben.

Nachdem die Festplatte formatiert ist, kann diese auch unter Windows 98 genutzt werden.

CD-ROM-Laufwerke

Bei den *CD-ROM-Laufwerken* gibt es mittlerweile mehrere verschiedene Anschlussformen. Die älteste ist die herstellerproperitäre Anschlussform. Hierbei wird das CD-ROM über ein vierzigpoliges Kabel an einen eigenen Controller oder eine Soundkarte angeschlossen.

Größter Nachteil ist die Abhängigkeit vom Hersteller und die Inkompatibilitäten zu anderen Geräten. So sind Updates von Treibern nur schwer zu bekommen. Bekannte Vertreter dieser Gattung sind Mitsumi, Sony und Panasonic.

SCSI-CD-ROM

Später wurden dann CD-ROM mit SCSI-Schnittstelle gebaut. Diese waren jedoch lange Zeit wesentlich teurer, jedoch meist auch qualitativ hochwertiger. Sie konnten an jedem SCSI-Controller angeschlossen werden. Die Treiber wurden dann vom Hersteller des Controllers mitgeliefert. Da die SCSI-Kommandos genormt sind, funktioniert dies ohne große Probleme.

Enhanced IDE-CD-ROM

Mittlerweile werden die meisten CD-ROMs nach dem neuen Standard AT-Bus (Enhanced IDE, manchmal auch als ATA bezeichnet) gebaut. Hier kann das CD-ROM direkt am Festplatten-Controller wie eine zweite Festplatte angeschlossen werden.

Die Installation des CD-ROM-Laufwerks teilt sich auf in den reinen Einbau und die Installation der Treiber unter Windows 98. Nachdem Sie das CD-ROM-Laufwerk in Ihren Rechner eingebaut haben, starten Sie Windows 98. Am einfachsten ist die Installation mit der Unterstützung des Hardwareassistenten.

Starten Sie diesen über das Symbol *Hardware* in der *Systemsteuerung*. Lassen Sie den Assistenten automatisch nach neuer Hardware suchen, es sei denn, Ihr Computer bleibt während der Benutzung stehen. Dieser Vorgang kann einige Minuten dauern. Danach können Sie über die Schaltfläche eine Übersicht über die neu gefundenen Komponenten anzeigen. Mit der Schaltfläche *Weiter* werden die benötigten Treiber installiert und die Verknüpfungen für Multimedia hergestellt. Danach ist ein Neustart des Rechners notwendig. Damit ist die Installation bereits beendet.

Soundkarten

Soundkarten sind im Zeitalter von Multimedia fast ständig im Gespräch. Kaum eine Zeitschrift oder ein Artikel, in dem nicht das Thema Multimedia und damit auch das Thema Soundkarten angesprochen wird. Die Zeitungen sind voll mit Werbung für viele verschiedene Produkte, die nur eines wollen: Ihren PC in ein tönendes Musikinstrument verwandeln.

Einigen gelingt das auch sehr gut, anderen eher weniger. Die Qualität und Leistungsfähigkeit der Soundkarten und Multimedia-Kits differieren ebenso stark wie die Preise. Und dank der großen Nachfrage entwickeln die Hersteller immer neue Produkte und noch bessere Prozessoren, die einen noch brillanteren Klang versprechen. Das führt dazu, dass sich der normale Computeranwender bald nicht mehr mit der angebotenen Technik auskennt.

Was ist eine Soundkarte?

Bis zur Erfindung der Soundkarte konnten einem PC nicht mehr als ein paar piepsige Geräusche aus seinem kleinen, eingebauten Lautsprecher entlockt werden. Das reichte lange Zeit auch aus, um an diesem PC zu arbeiten. Die Anwendungen, die auf dem PC eingesetzt wurden, benötigten den Lautsprecher höchstens, um Warntöne von sich zu geben, wenn z. B. in einem Textverarbeitungsprogramm der Rand erreicht wurde.

Die Entwicklung ging jedoch weiter. Die Grafikausgabe wurde verbessert. Auf den immer schneller werdenden PCs konnten schon bald erste Spiele gespielt werden, die es im Bereich der Homecomputer und Spielekonsolen schon lange gab. Das Klangvolumen z. B. eines Commodore Amigas konnte der PC mit seinem minimalen Lautsprecher jedoch nicht erreichen. Also entschlossen sich einige Firmen, spezielle Zusatzkarten anzubieten, die dieselbe Klangfülle aufwiesen.

Spiele leben von der Unterhaltung durch Begleitmusik, Geräusche und Effekte wie Hall, Echo und Stereoklang. Wer einmal versucht hat, ein Computerspiel ganz ohne Sound zu spielen, weiß, wie schnell es langweilig werden kann. Die Entwickler griffen die Möglichkeiten der neuen Karten sehr bald auf, und so gab es bald kein Spiel mehr, das nicht irgendeine Soundkarte unterstützte. Den Spielen und deren Programmierern verdanken wir also die Entwicklung von Soundkarten für die PC-Welt.

Wofür soll die Soundkarte genutzt werden?

Wenn Sie die verschiedenen Entwicklungen betrachten, erkennen Sie sehr schnell, dass die Wahl der Soundkarte in erster Linie von den Anwendungsgebieten abhängt. Soll die Karte nur eine Aufgabe erfüllen, ein paar verschiedene Möglichkeiten bieten oder soll sie ein absolutes Allround-Talent sein? Ist für Sie die Qualität des Klangs besonders wichtig, oder soll dieser nur gelegentlich die Arbeit am PC auflockern?

Nicht zuletzt spielt der Preis eine entscheidende Rolle beim Kauf der Karte. Nicht immer ist die teuerste Karte auch die beste. Nachbauten einer weitverbreiteten Karte sind oft günstiger und verrichten denselben Dienst. Mit Ausnahme einiger weniger Spiele, die eventuell diese Karte nicht erkennen, können sie eine echte Alternative sein.

8- und 16-Bit-Karten

Die erste Soundblaster-Karte war eine 8-Bit-Karte. Sie konnte mit Hilfe des ersten DSP jeden Ton durch eine Kombination von 8 Bits darstellen. Bei 22.000 Werten pro Sekunde (das entspricht einer Abtastfrequenz von 22 kHz) in Mono entsprach das in etwa Telefonqualität.

Eine aktuelle 16-Bit-Karte kann mit einer Abtastfrequenz von 48 kHz in Stereo und 65.536 Kombinationsmöglichkeiten pro Wert (16 Bit) die Musikqualität einer CD erreichen. Dabei wird also weit außerhalb des hörbaren Bereichs von 20 bis 20 kHz gearbeitet. Neuere Signalprozessoren machen dies möglich.

Sampeln

Wenn ein Ton gesampelt, also digital aufgenommen werden soll, müssen Sie entscheiden, in welcher Qualität das Signal gespeichert werden soll. Ein Klang in CD-Qualität mit 44.100 Werten pro Sekunde in 16 Bit (entspricht zwei Byte) Tiefe und das Ganze mal zwei aufgrund des Stereoklangs entspricht 172 KByte Musikdaten pro Sekunde.

```
44.100 * 16 Bit * 2 = 1.411.200 Bit
1 Byte = 8 Bit
1.411.200 Bit / 8 Bit = 176.400 Byte
1 KByte = 1024 Byte
176.400 Byte / 1024 Byte = 172,3 KByte
```

Da kommen schnell einige Megabyte Musikdaten zusammen.

Um eine Minute in CD-Qualität aufnehmen zu können, brauchen Sie schon über 10 MByte freien Arbeitsspeicher. Die meisten Programme sind nämlich nicht in der Lage, die Daten direkt auf die Festplatte zu schreiben. Sie müssen die Daten zunächst im Arbeitsspeicher halten und können erst schreiben, wenn die Aufnahme gestoppt ist. Ist der Arbeitsspeicher aber voll, bricht die Aufnahme ab.

Multiplizieren Sie die oben ausgerechneten Werte mit 3.600 Sekunden (entspricht einer Stunde), dann kommen Sie auf 605 MByte Musikdaten pro Stunde. Das entspricht etwa dem Fassungsvermögen einer CD.

Um den großen Datenmengen bei Aufnahmen mit dem Mikrofon oder direkt von dem angeschlossenen CD-ROM-Laufwerk entgegenzuwirken, können Sie auch auf geringere Qualität, z. B. 22 kHz in 8-Bit Mono ausweichen. Das spart Platz und ist immer noch recht akzeptabel. Im Vergleich zur CD werden hier nur 22 KByte pro Sekunde an Daten generiert.

DMA & IRQs für die Soundkarte

Da Soundkarten auf einen möglichst schnellen Datentransfer angewiesen sind und der Prozessor damit entlastet werden kann, nutzen sie ein oder zwei Kanäle. Dabei ist der DMA-Kanal 2 schon fest dem Diskettenlaufwerk zugeordnet und der Kanal 3 der ersten Festplatte. Die Kanäle 0, 1, 5, 6 und 7 sind in der Regel frei.

IRQ

Soundkarten benutzen oft den IRQ 5, der eigentlich für eine zweite parallele Schnittstelle reserviert ist. Solange keine Schnittstelle LPT2 im System vorhanden ist oder die Schnittstelle deaktiviert wurde, gibt es keine Probleme. Der Interrupt 5 kann dann von der Soundkarte genutzt werden.

Ist der IRQ 5 nicht frei, weil z. B. eine Netzwerkkarte diesen Interrupt nutzt, so müssen Sie auf einen anderen IRQ ausweichen. Doch längst nicht alle Soundkarten sind in der Lage, alle Interrupts für sich zu nutzen. Einige Hersteller beschränken sich darauf, zwei oder drei verschiedene IRQs zur Auswahl anzubieten.

Kaufentscheidungskriterien

Um sich beim Kauf einer Soundkarte eine eigene Meinung bilden zu können, haben Sie bislang einige wichtige Informationen erhalten. Welche Verwendung die Karte bei Ihnen erfährt, unter welchen Bedingungen sie arbeiten muss bzw. hauptsächlich eingesetzt wird, müssen Sie im Vorfeld selbst entscheiden.

Die Unterschiede im Preis festzuhalten macht wenig Sinn, da beim anhaltenden Konkurrenzdruck und der enormen Weiterentwicklung die Preise weiter fallen werden.

Sollten Sie sich eine Soundkarte zulegen wollen, dann berücksichtigen Sie am besten nachfolgend angesprochene Punkte.

Verwendungszweck

Überlegen Sie sich zunächst, wozu die Karte am häufigsten genutzt wird und wozu mit großer Wahrscheinlichkeit nicht.

DOS-Spiele, Multimedia, Windows

Wollen Sie in erster Linie Spielen zu neuen Effekten verhelfen, aber nie einen externen Synthesizer anschließen, so reicht eventuell schon der Kauf einer günstigen Noname-Karte, die den Soundblaster-Pro-Standard emulieren kann. Für Spiele und guten Klang unter Windows reicht sie sicherlich voll und ganz aus. Solche Karten werden zur Zeit zwischen 49,- und 99,- DM angeboten.

Hobbymusiker

Bei gelegentlich ambitionierten Hobbymusikern lohnt sich auf jeden Fall der Aufsatz eines Waveblaster-Moduls mit etwas mehr Speicher. Die Soundkarte muss dann eine MPU-401-Schnittstelle für General-MIDI haben. Um die Karte auch bei Spielen einzusetzen, wird in Zukunft sicher die MIDI-Schnittstelle reichen. Für die Effekte ist aber weiterhin der DSP–Prozessor zuständig.

Die höchstmögliche Samplingrate gibt hier Aufschluss über die Qualität der Karte. Wenn Sie Musikstücke aufnehmen und neu abmischen wollen, sollte die Karte mit 44.100 Hz bei 16-Bit-Klangtiefe in Stereo aufnehmen können.

Professionelles Musik-Studio

Profimusiker werden ohne Kompromisse auf die Soundkarten der Firma Roland zurückgreifen. Die Klangergebnisse sind unangefochten die besten und die Kompatibilität sowohl zu den firmeneigenen Musikinstrumenten als auch zu denen anderer Hersteller ist tadellos.

Schnittstellen

Die Karten im mittleren Preissegment variieren im Preis sehr stark. Das liegt meistens an den zusätzlichen Möglichkeiten dieser Alleskönner. Die meisten CD-ROM-Laufwerke, die heute verkauft werden sind vom Typ eines E-DIE-Laufwerkes.

Ohne einen entsprechenden Controller wird heute kaum ein PC mehr verkauft, so dass sich ein Anschluss über die Soundkarte kaum noch lohnt. Haben Sie also ein E-DIE-CD-ROM, so sollten Sie auf die Schnittstelle an der Soundkarte verzichten, denn auch sie kostet Geld.

Es gibt jedoch kaum noch eine Soundkarte, auf der nicht wenigstens eine CD-ROM-Schnittstelle eingebaut ist.

Haben Sie die Absicht, mehrere SCSI-Geräte anzuschließen, ist der Kauf einer Soundkarte mit SCSI-2-Schnittstelle eine einfache und kostengünstige Möglichkeit, auf dieses Datenübertragungsverfahren umzusteigen. Ein einfacherer SCSI-Controller kostet im Vergleich dazu meistens mehr als 300,- DM. Ist ein solcher Anschluss auf der Soundkarte integriert, dann darf sie auch ein wenig teurer werden.

Freie Ressourcen einstellen

Für die Funktion der Soundkarte sind *Speicheradressen* notwendig, über die Daten übertragen werden können. Oft werden Speicherbereiche von Scannern, Netzwerkkarten oder SCSI-Controllern verbraucht. Die Belegung dieser Hardwarekomponenten sollten Sie kennen und entsprechend nicht benutzen.

Sollten Sie die Adressen nicht kennen, dann achten Sie beim Starten des PCs auf die Anzeigen, die evtutell geladene Treiber zu Tage bringen. Nicht selten geben die Treiber die Konfigurationsdaten Ihrer Hardware beim Starten preis.

Die Standardbelegung gängiger Soundkarten sieht wie folgt aus:

- ✔ Joystick-Port
  200 – 207
- ✔ Basis-Adressbereich
  220 – 233
  alternative Startadressen
  220, 240, 260, 280

- MIDI-Schnittstelle
  330 – 331
  alternative Startadressen
  300, 330, (370, 3B0, 3F0)
- FM-Synthesizer
  388 – 38B
- Windows Sound System
  530 – 537
  alternative Startadressen
  530, 604, E80, F40

Vergleichen Sie nun die Standardbelegung mit den bereits vergebenen Bereichen. Wenn keine Überschneidungen vorhanden sind, kann wenig passieren. Wenn Sie Überschneidungen feststellen, wird es schwieriger.

Ist z. B. der IRQ 5 belegt, weil eine Netzwerkkarte eingebaut ist, so prüfen Sie als Nächstes, welche anderen IRQs Sie auf der Soundkarte auswählen können und wie der IRQ verstellt wird. Suchen Sie aus den alternativen IRQs einen aus, der noch nicht belegt ist, und stellen Sie ihn ein. Bei den anderen Parametern verfahren Sie genauso. Schreiben Sie sich die eingestellten Werte auf.

Jetzt kann man auch erkennen, welchen Vorteil eine hardwareseitige Einstellung mittels Jumper haben kann. Wenn die Karte z. B. nur mit einem Setup-Programm verstellt werden kann, der Rechner aber nicht mehr startet, weil Sound- und Netzwerkkarte den Interrupt 5 belegen, dann muss eine Karte ausgebaut werden. In diesem Beispiel die Netzwerkkarte.

Bei den meisten Karten wird das heute gemischt. So sind die Werte für die Soundkarte oft mit einem Programm zu verstellen, aber gleichzeitig werden die Adressen für die eingebaute Schnittstelle des CD-ROMs mit Jumpern festgelegt. Ist alles vorbereitet, können Sie die Karte einbauen.

Plug & Play

Viele Karten werden inzwischen bereits als *Plug-&-Play*-Variante ausgeliefert. Dabei entfällt theoretisch das Problem der Adress- und Interruptzuweisung. Theoretisch deshalb, weil das Plug-&-Play-System besonders bei Billig-Karten oft nur mangelhaft umgesetzt ist.

Sollte eine Plug-&-Play-Soundkarte auch nach mehreren Versuchen nicht zum Laufen zu bringen sein, sollten Sie einen Blick auf eine hoffentlich vorhandene Installationsanweisung für die manuelle Konfiguration werfen.

Manuelle Installation unter Windows

Eine relativ unkomfortable Art ist die manuelle Installation unter Windows. Unter Windows existieren dazu die OEMSETUP.INF-Dateien auf den Soundkarten-Disketten. Im entsprechenden *Treiber installieren*-Dialog von Windows können dadurch Soundkarten integriert werden. Auch unter Windows 98 gibt es durchaus noch Soundkarten, die sich »bitten lassen«. Diese werden dann von Windows 98 nicht automatisch erkannt.

Hier gibt es dann wieder zwei Untervarianten: die ganz »faulen« Hersteller liefern auf der Installationsdiskette lediglich die eigentlichen Treiber mit. Um diese Karte dann in Gang zu bekommen, müssen Sie als Anwender unter Windows 98 *Start / Einstellungen / Systemsteuerung / Hardware* wählen, um dann manuell nach der Soundkarte zu suchen. Andere Hersteller liefern wenigstens ein kleines Setup-Programm, das die Treiber installiert.

Automatische Installation unter Windows

Die automatische Installation ist – zumindest unter Windows 98 – der Idealfall. Nach dem Einbau der Karte starten Sie den Rechner, Windows meldet dann, dass die Treiber für eine neu identifizierte Komponente eingerichtet werden. Auch hier gibt es wieder zwei Varianten:

- ✓ Wenn es sich um eine »reine« Soundblaster- oder 100% kompatible Karte handelt, ordnet Windows 98 diese als Soundblaster ein und installiert die entsprechenden Treiber ohne Ihr Zutun.
- ✓ Andere, nicht 100% Soundblaster-kompatible Plug-&-Play-Karten werden gemeldet, und Sie erhalten die Chance, die (hoffentlich) mitgelieferte spezielle Windows-98-Treiberdisk einzulegen. Den Rest erledigt Windows im Zusammenspiel mit Ihrer Hardware.

Funktioniert alles, so können Sie erst einmal davon ausgehen, dass die Karte richtig eingebaut und installiert ist. Starten Sie dann mit neuen Programmen in die Multimedia-Welt.

PCMCIA

Bei *PCMCIA* handelt es sich um eine genormte Schnittstelle zum Einstecken kleiner Karten, die etwa die Größe einer Scheckkarte haben. Zu nennen sind hier die Typen I, II und III, die sich in der Dicke der Karten unterscheiden.

Als Karten stehen mittlerweile unter anderem Speichererweiterungen, Festplatten, Festplatten-Controller, Netzwerkkarten und Modems zur Verfügung. Bisher wurde PCMCIA ausschließlich im Bereich der Portables und Notebooks eingesetzt. Doch mittlerweile gibt es auch für Desktop und Tower entsprechende Adapter.

PCMCIA kommt der Idee von Plug & Play am nächsten. Hierbei ist es explizit erlaubt, die Karten bei eingeschaltetem Computer einzuschieben oder herauszuziehen. Die Treiber erkennen automatisch den Wechsel, erkennen die Karte und laden den benötigten Treiber, sofern er bereits installiert wurde.

Hardware-Einstellungen des Systems

Um festzustellen, welche Geräte und Treiber installiert sind, können Sie das Symbol *System* in der Programmgruppe *Systemsteuerung* aufrufen. Hier werden die Konfiguration und die geladenen Treiber angezeigt, diese können auch verändert werden. Innerhalb des Registers *Geräte-Manager* erscheinen alle installierten Geräte und Steckkarten.

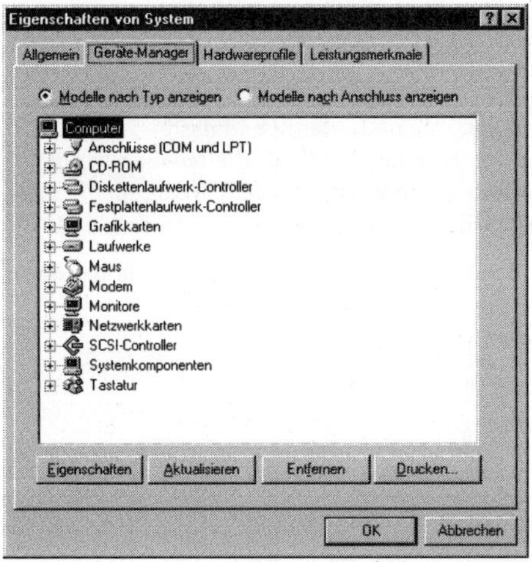

Abbildung 19.22: Geräte-Manager

Dieses Fenster ähnelt dem, das erscheint, wenn Sie beim Einrichten der Hardware auf die automatische Erkennung verzichten.

Nach Anklicken der Schaltfläche *Eigenschaften* oder nach einem Doppelklick auf das Gerät erscheint ein neues Fenster, das alle Informationen zu dem ausgewählten Gerät enthält. Die Anzahl der unterschiedlichen Kategorien hängt vom Gerät ab. Bei einem SCSI-Controller z. B. ergibt sich folgendes Bild:

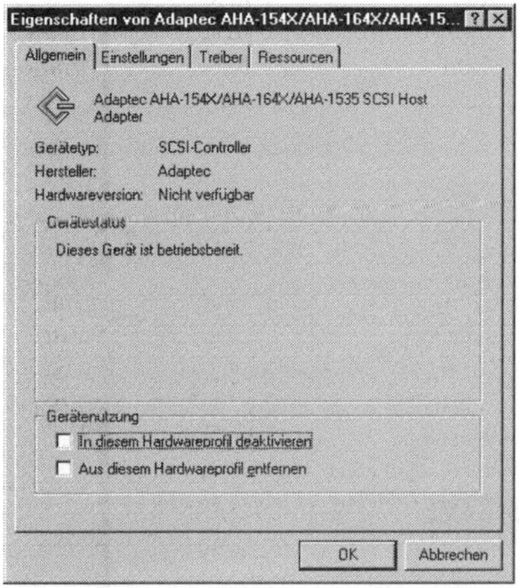

Abbildung 19.23: Eigenschaften für SCSI-Controller

Neben dem *Gerätetyp* und der *Herstellerangabe* finden Sie hier den *Status* des Gerätes. Im Normalfall sollte hier *betriebsbereit* angezeigt werden. Wenn Windows 98 ein Problem mit dem Gerät hat, werden hier der Fehler und Tips zur Behebung des Fehlers ausgegeben. Dies kann z. B. bei doppelt vergebenen Interrupts passieren.

TEIL V

Anhang

Der Anhang bietet Ihnen zusätzliche Informationen zum Thema Windows 98. Dabei handelt es sich um die CD-ROM, die diesem Buch beigelegt ist, sowie Herstelleradressen, die Ihnen den Kontakt zu den Computerfirmen ermöglichen sollen. Darüber hinaus finden Sie unter anderem ein Glossar, das Ihnen wichtige Begriffe aus der Computerwelt erläutert.

ANHANG

Die CD-ROM im Buch

A

Die CD-ROM im Buch

Neben den Informationen, die dieses Buch für Sie bereithält, finden Sie hier auch noch eine CD-ROM. Da die meisten Computer heutzutage mit einem CD-ROM-Laufwerk ausgestattet sind, sollten auch Sie diese CD-ROM nutzen können.

Sie enthält interessante Programme für Windows, die Sie für Ihre Zwecke einsetzen können. Beachten Sie jedoch die Hinweise zu den einzelnen Programmen, ob es sich um eingeschränkte Versionen oder vielleicht um Shareware handelt. In den meisten Fällen wird Ihnen dies während der Installation bzw. beim Programmstart mitgeteilt.

An dieser Stelle mache ich Sie noch auf die Datei LIESMICH.TXT aufmerksam, die sich auf der Root-Ebene der CD-ROM befindet.

Dort sind alle aktuellen Informationen zu der CD-ROM enthalten, die sich noch nach der Drucklegung des Buches ergeben haben. Lesen Sie sich diese Datei vor der Benutzung der CD-ROM aufmerksam durch.

Sie können die Datei ansehen, indem Sie sie im Explorer doppelt anklicken. In der Regel ist eine Verknüpfung zum *Editor* enthalten, der den Inhalt der Datei automatisch darstellt.

Sollte dies nicht der Fall sein, starten Sie den *Editor* aus dem *Zubehör* von Windows 98 und laden die Datei über *Datei/Öffnen*.

ANHANG B

Die Shareware-Produkte

Die Shareware-Produkte

Die CD-ROM enthält einen Ordner namens *SHARE*. Darin befinden sich weitere Unterordner, die interessante Shareware-Produkte zu Windows enthalten. Damit Sie sich einen Überblick über die dort vorhandenen Programme verschaffen können, finden Sie auf den nachfolgenden Seiten eine Aufstellung, um welche Produkte es sich im Einzelnen handelt. Außerdem erhalten Sie noch einige Zusatzinformationen zu den verschiedenen Produkten.

HINWEIS

Beachten Sie bitte, dass es sich bei den Programmen um Fremdprodukte handelt, auf deren Programmierung weder der Autor noch der bhv Verlag Einfluss nehmen konnten. Bei auftretenden Problemen oder Fehlern wenden Sie sich bitte an die Hersteller dieser Produkte.

Die meisten der hier vorgestellten Programme finden Sie auch im Internet. Teilweise haben die Software-Hersteller entsprechende Homepages, auf denen Sie neueste Informationen zum Programm oder aktuellere Versionen vorfinden. Diese Seiten können Sie leicht über die Suchmaschinen im Internet finden.

Nachfolgend sind die Adressen einiger Seiten aufgeführt, auf denen Sie eine Reihe der auf der CD enthaltenen Programme finden. Suchen Sie dort nach aktuellen Programm-Versionen.

Die Adressen lauten:

http://www.softseek.com

Abbildung B.1: Die Softseek-Seite

http://www.mediabuilder.com/

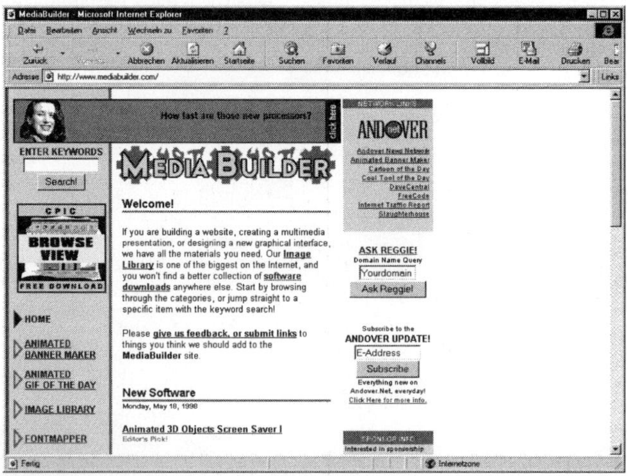

Abbildung B.2: Die Seite Media Builder

`http://www.wi-inf.uni-essen.de/~schwarze/soft/windows95.html`

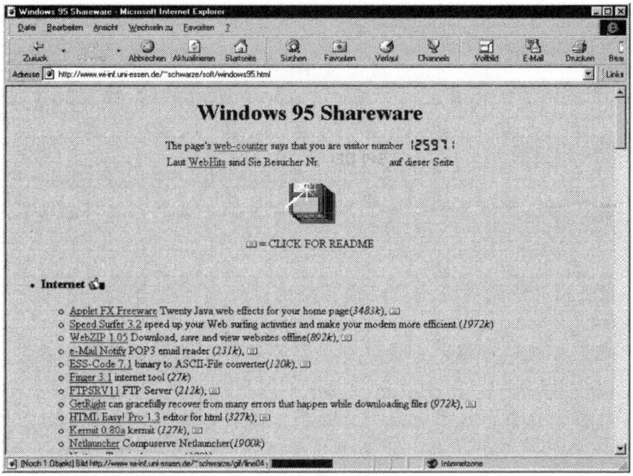

Abbildung B.3: Weitere Software für Windows 95/98 finden Sie hier

Nachfolgend finden Sie nun die einzelnen Programme, die sich im Shareware-Bereich der CD befinden.

Astronomy Clock 2

Programmbeschreibung:

Das Programm *Astronomy Clock 2* stellt die aktuelle Uhrzeit auf Ihrem Rechner dar. Sie können verschiedene Ansichten einstellen sowie unterschiedliche Zeitzonen berücksichtigen lassen.

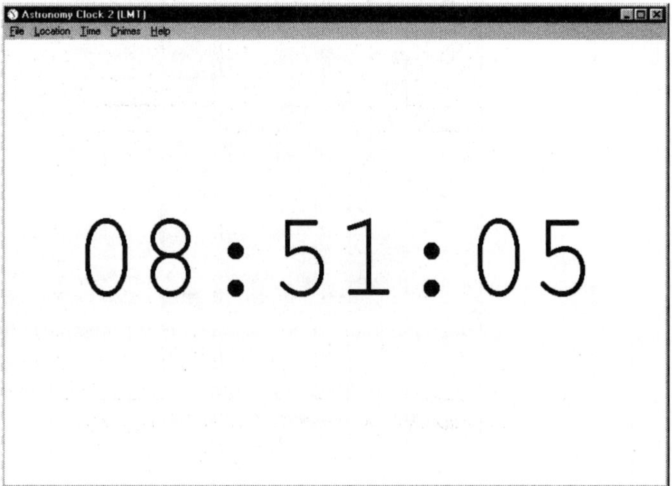

Abbildung B.4: Das Programm Astronomy Clock 2

Verzeichnis:

\SHARE\ACLK2

Somar ACTS

Programmbeschreibung:

Mit diesem Programm können Sie die Uhr Ihres Computers auf die Sekunde genau stellen lassen.

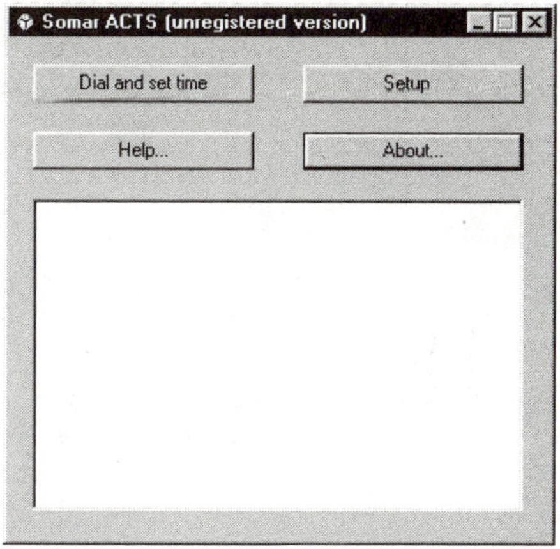

Abbildung B.5: Hierüber wird die Uhr Ihres Computers gestellt

Verzeichnis:

`\SHARE\ACTSNT`

All Media Library

Programmbeschreibung:

Bei dem Programm *All Media Library* handelt es sich um eine universelle Datenbank zur Verwaltung von CDs, Videocassetten, Büchern usw.

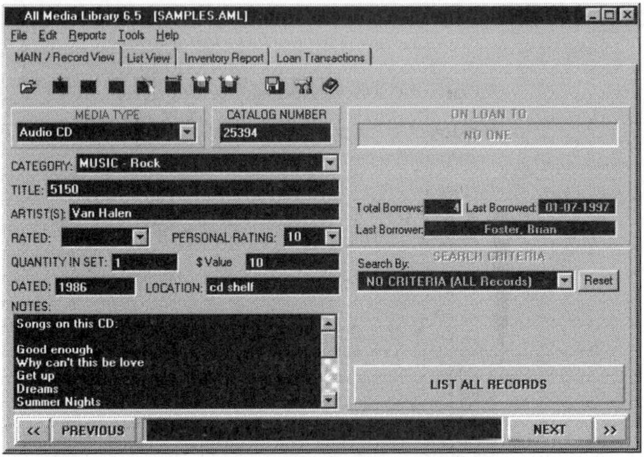

Abbildung B.6: All Media Library in Aktion

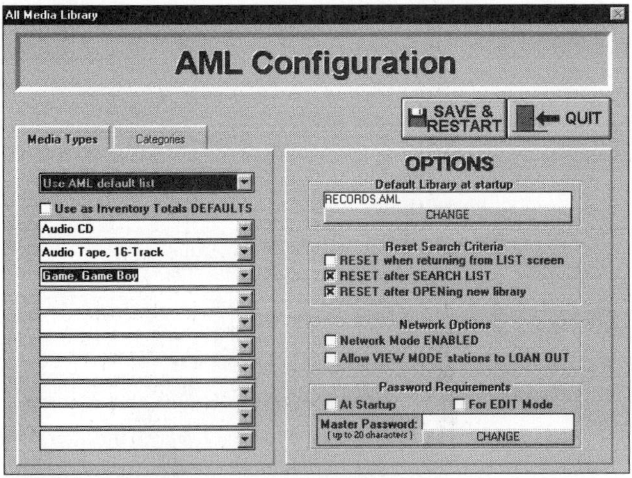

Abbildung B.7: Hier stellen Sie das Programm ein

Verzeichnis:

`\SHARE\AML65`

Background Noise

Programmbeschreibung:

Bei dem Programm *Background Noise* handelt es sich um einen Multimedia-Player, der in der Lage ist, verschiedene Multimedia-Dateiformate abzuspielen.

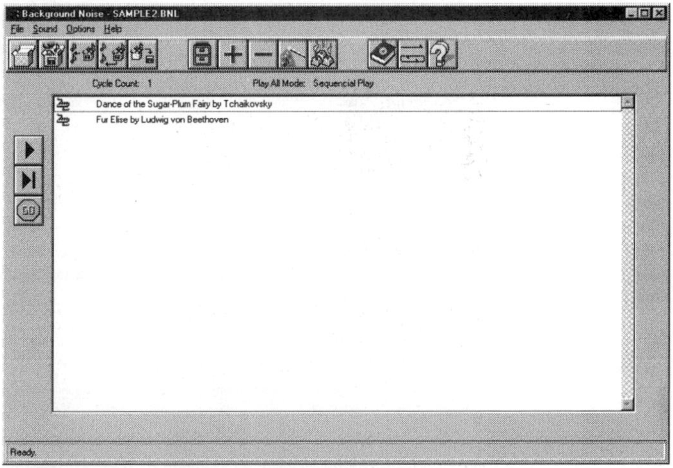

Abbildung B.8: Das Programm Background Noise

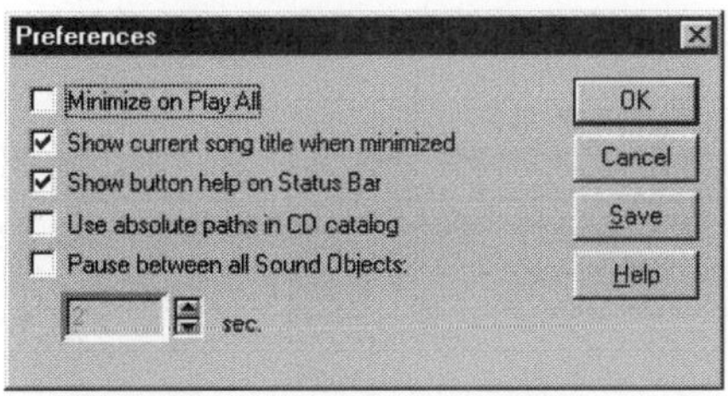

Abbildung B.9: Die Einstellungsmöglichkeiten

Verzeichnis:

`\SHARE\BACKNOISE`

BmpView

Programmbeschreibung:

Mit *BmpView* können Sie sich sehr schnell Bilddateien im BMP-Format anzeigen lassen. Zudem können Sie von hier aus den Editor aktivieren, der dem BMP-Format zugeordnet ist.

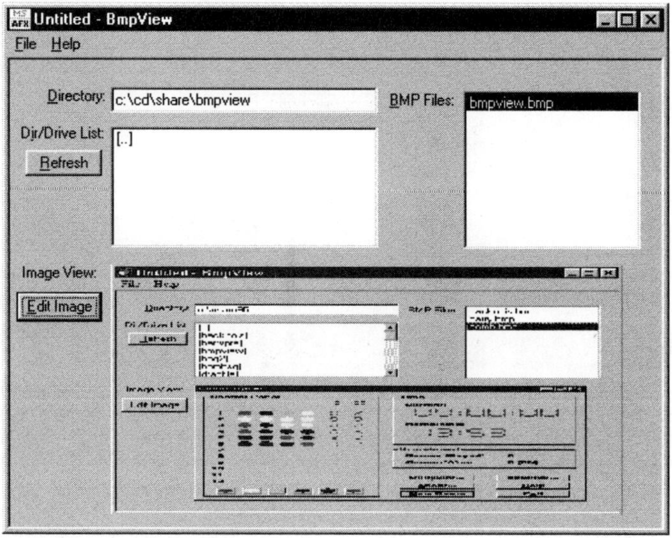

Abbildung B.10: Der Viewer

Verzeichnis:

`\SHARE\BMPVIEW`

BMP Wizard

Programmbeschreibung:

Mit dem Programm *BMP Wizard* können Sie bestehende BMP-Dateien verändern. Dazu setzen Sie vorhandene Befehle bzw. Befehlsfolgen ein, die das vorhandene Bild verändern.

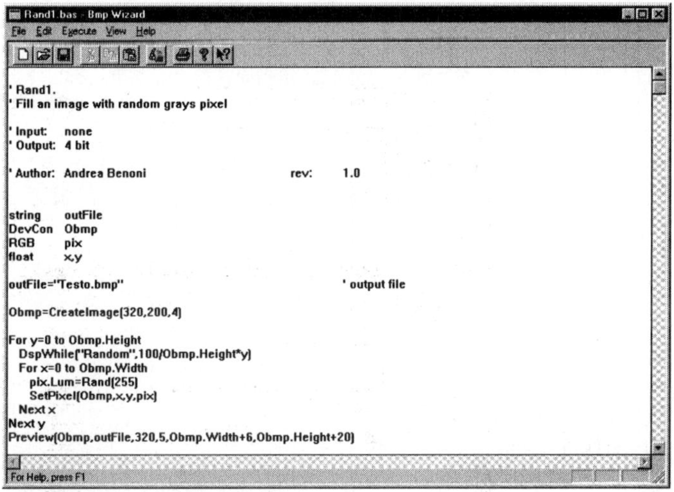

Abbildung B.11: Der BMP Wizard

Verzeichnis:

`\SHARE\BMPWIZ`

BOG

Programmbeschreibung:

Bei *BOG* handelt es sich um ein Spiel, bei dem Sie Wörter ausfindig machen müssen.

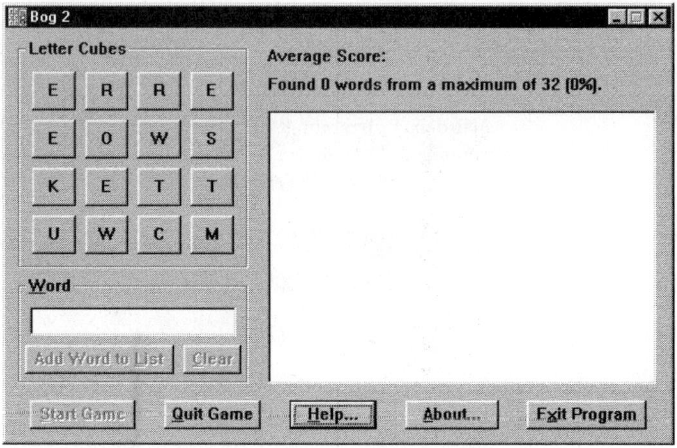

Abbildung B.12: Das Spiel BOG

Verzeichnis:

\SHARE\BOG

Bomb Squad

Programmbeschreibung:

Bomb Squad ist ein Geschicklichkeitsspiel, bei dem Sie durch logisches Denken eine Farbkombination von vier Elementen innerhalb einer vorgegebenen Zeit ausfindig machen müssen.

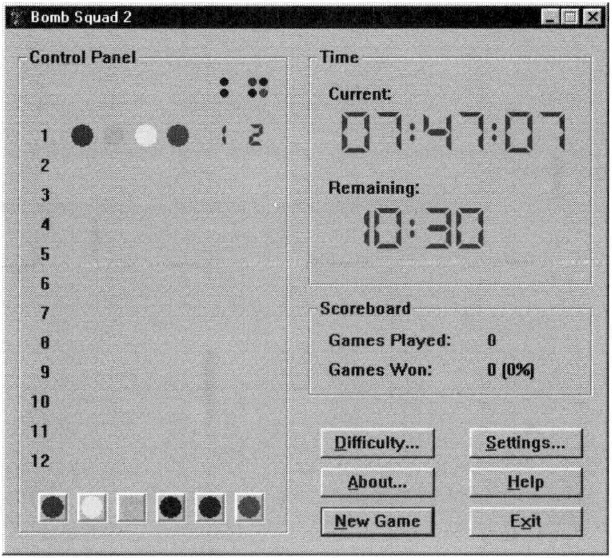

Abbildung B.13: Bomb Squad

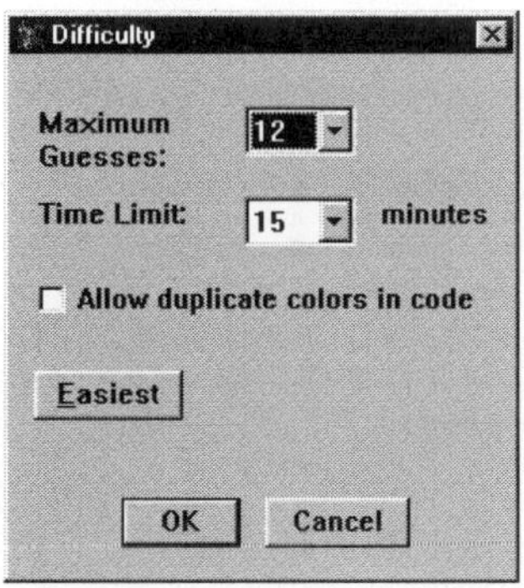

Abbildung B.14: Stellen Sie das Programm hier ein

Verzeichnis:

\SHARE\BOMBS

Barry Press Utilities

Programmbeschreibung:

Bei den *Barry Press Utilities* handelt es sich um einige kleine Programme, die Ihnen bei der Arbeit mit Windows behilflich sein können.

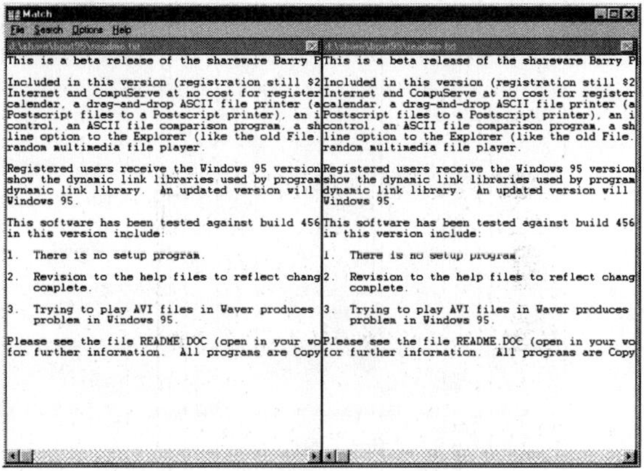

Abbildung B.15: Ein Programm der Barry Press Utilities

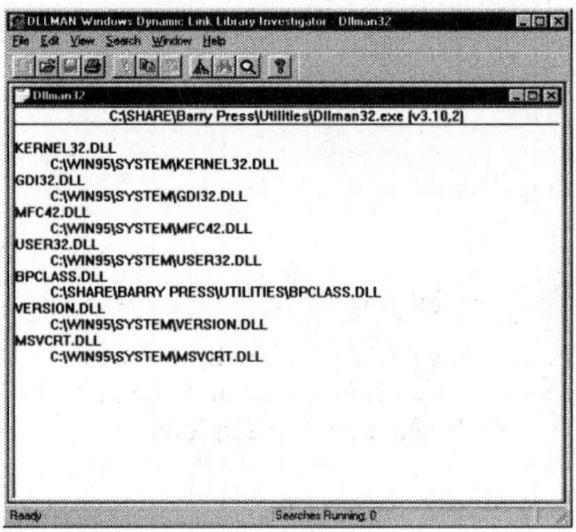

Abbildung B.16: Der DLL-Investigator

Verzeichnis:

\SHARE\BPUT

CreateAVI

Programmbeschreibung:

Mit dem Programm *CreateAVI* können Sie sich aus einzelnen BMP-Dateien eine AVI-Sequenz erstellen lassen. Außerdem können Sie hiermit AVI-Dateien abspielen.

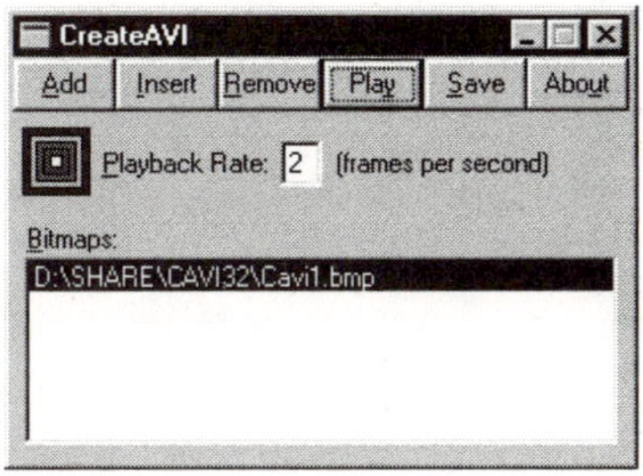

Abbildung B.17: CreateAVI

Verzeichnis:

\SHARE\CAVI

Drag And File

Programmbeschreibung:

Das Programm *Drag And File* stellt Ihnen die Möglichkeit zur Verfügung, mittels Drag and Drop Ihre Daten und Dateien zu verwalten. Es ist eine sehr interessante Ergänzung zum Explorer.

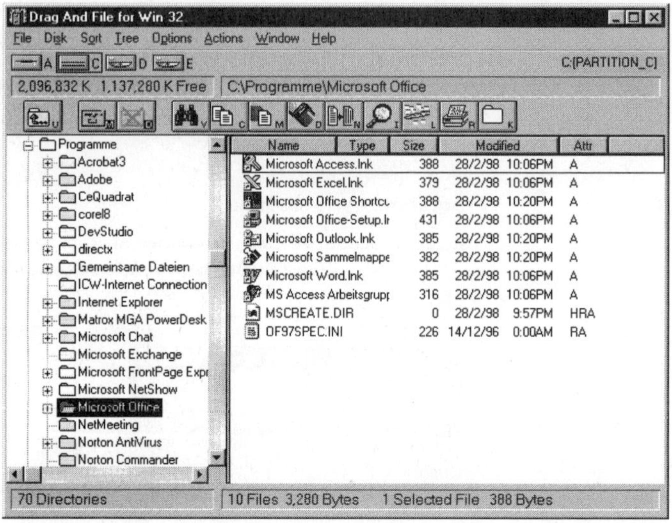

Abbildung B.18: Die Oberfläche von Drag And File

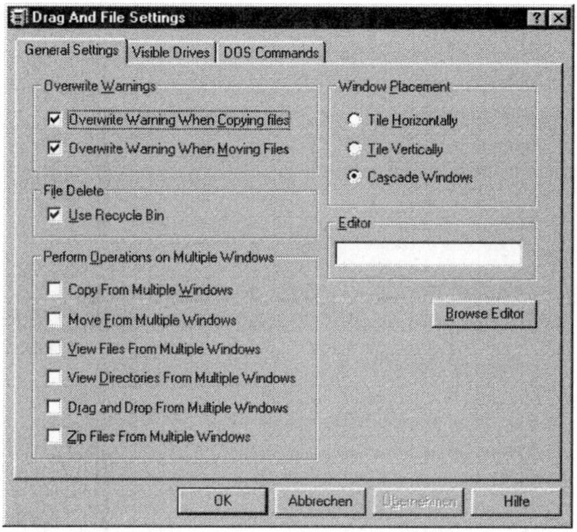

Abbildung B.19: Die Einstellungsmöglichkeiten sind vielfältig

Abbildung B.20: Dieses Laufwerksfenster können Sie permanent anzeigen lassen

Verzeichnis:

\SHARE\DF

WindowWare DLL

Programmbeschreibung:

Hier werden Ihnen einige ergänzende DLLs zur Verfügung gestellt. Die Aufgaben dieser DLLs werden in zusätzlichen Hilfe-Dateien erläutert.

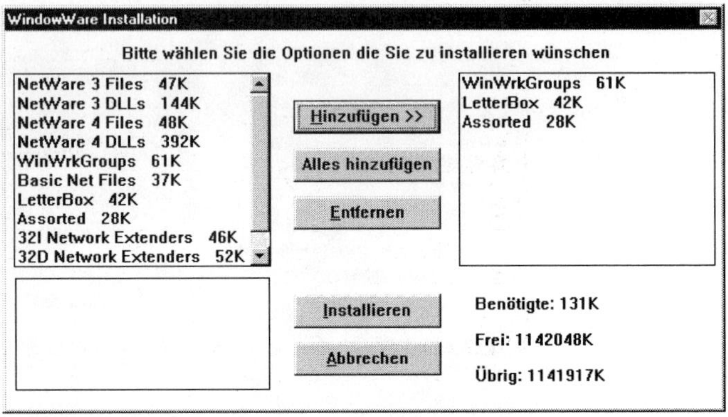

Abbildung B.21: Dies sind die Installationsoptionen

Verzeichnis:

`\SHARE\DLL10L`

CAB-Extractor

Programmbeschreibung:

Mit dem CAB-Extractor können Sie die Inhalte von CAB-Dateien anschauen. Bei den CAB-Dateien handelt es sich um gepackte Dateien von Microsoft-Produkten.

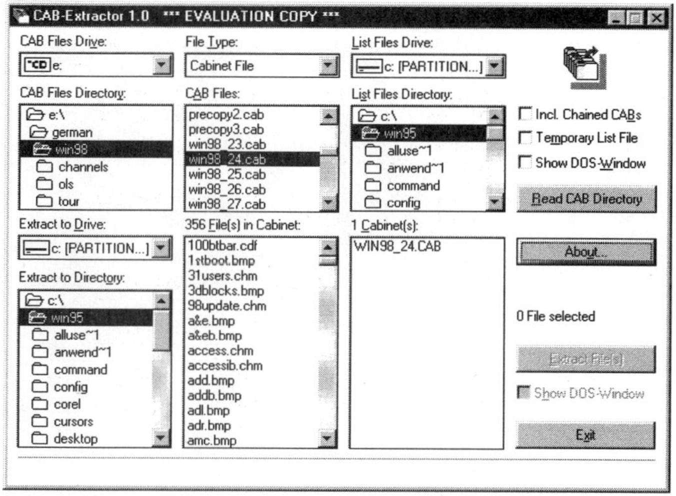

Abbildung B.22: Der CAB-Extractor im Einsatz

Verzeichnis:

\SHARE\EXCBE

FracView

Programmbeschreibung:

Das Programm *FracView* zeigt Ihnen das bekannte Mandelbrot-Bild. Sie können sich daraus die gewünschten Bereiche vergrößern lassen.

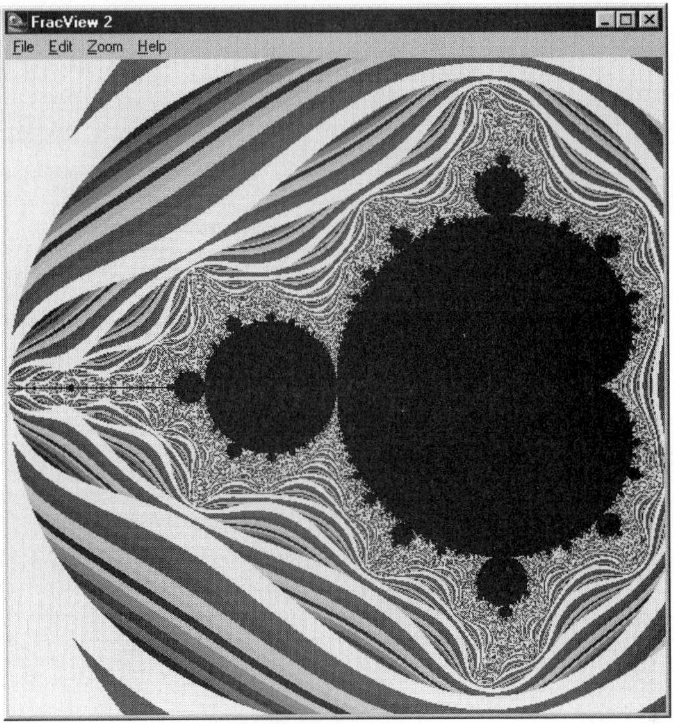

Abbildung B.23: Das Mandelbrot-Bild

Verzeichnis:

\SHARE\FRACVIEW

Gravity Well

Programmbeschreibung:

Bei dem Windows-Spiel *Gravity Well* müssen Sie in einem simulierten Weltraum mit Raumschiffen Schlachten schlagen.

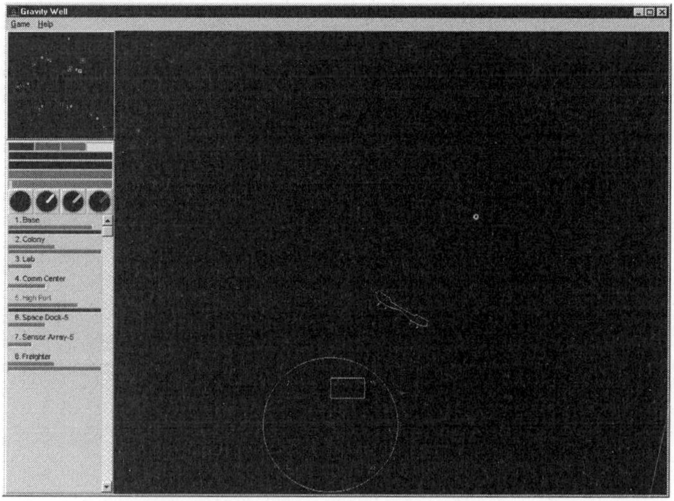

Abbildung B.24: Gravity Well spielt im Weltraum

Verzeichnis:

`\SHARE\GWELL`

Hangman

Programmbeschreibung:

Es handelt sich hier um ein Wortspiel, bei dem Sie verschiedene Buchstaben kombinieren müssen.

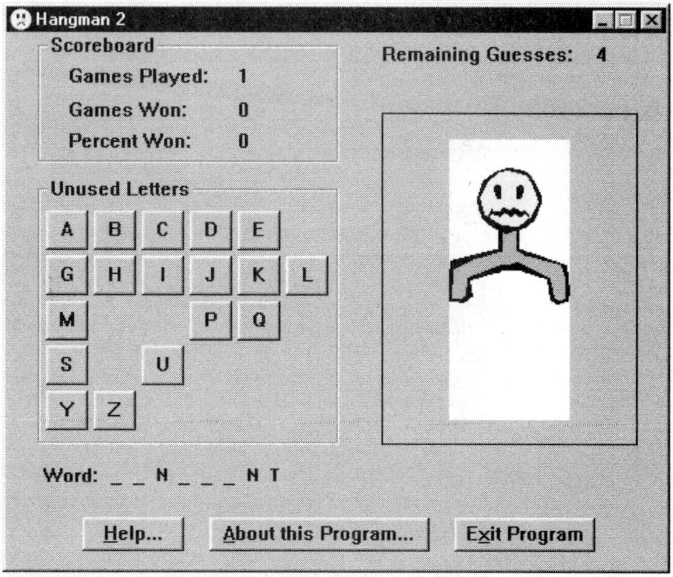

Abbildung B.25: Hangman ist ein kleines Spiel zum Zeitvertreib

Verzeichnis:

\SHARE\HANGMAN

Insecta

Programmbeschreibung:

Mit Insecta können Sie sich die Anatomie einiger Insekten spielerisch verdeutlichen. Ordnen Sie hier den Bildern Begrifflichkeiten und den Insekten Teilbereiche zu.

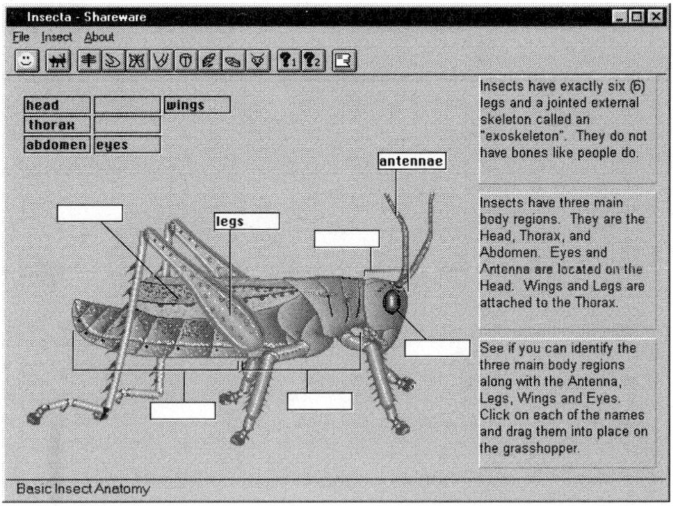

Abbildung B.26: Insecta

Verzeichnis:

`\SHARE\INSECTA`

InSync

Programmbeschreibung:

Mit dem Programm *InSync* können Sie Ihre INI-Dateien verwalten.

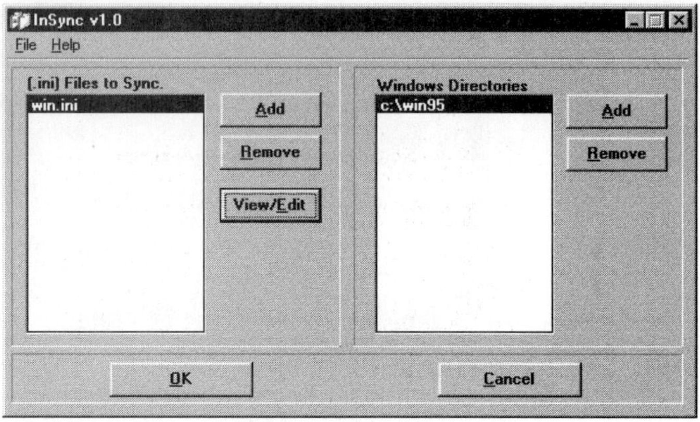

Abbildung B.27: Das Fenster von InSync

Verzeichnis:

\SHARE\INSYNC

Michael's Disk Benchmark

Programmbeschreibung:

Mit diesem Programm können Sie die Leistungsfähigkeit Ihrer Laufwerke testen. Die Ergebnisse können Sie mit denen anderer Computer vergleichen, so dass Sie ersehen können, wie leistungsfähig Ihre Hardware ist.

Abbildung B.28: Das Benchmark-Programm

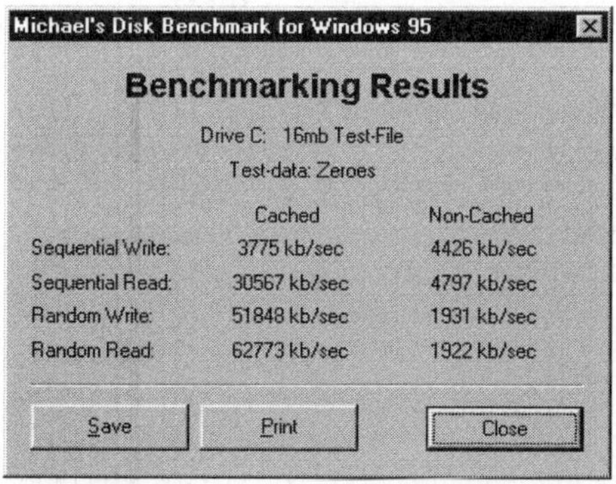

Abbildung B.29: Die Ergebnisse

Verzeichnis:

\SHARE\MDB

MIDI JukeBox

Programmbeschreibung:

Mit *MIDI JukeBox* können Sie MIDI- und WAVE-Dateien wiedergeben. Sie können diese auch als Endlosschleife pausenlos abspielen lassen ...

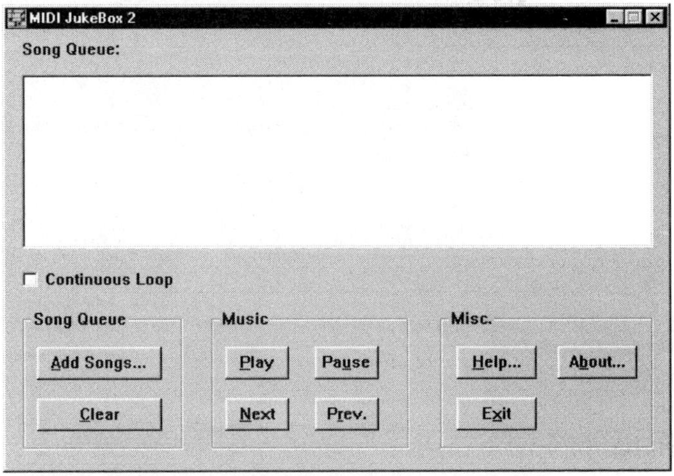

Abbildung B.30: Die JukeBox im Einsatz

Verzeichnis:

`\SHARE\MIDIJ`

Dialog Box Wizard

Programmbeschreibung:

Mit dem *Dialog Box Wizard* können Sie sich Dialoge anfertigen, deren Sourcecode im *Visual-Basic*-Format in die Zwischenablage und von dort aus in *Visual Basic* übernommen werden kann. Sie können sich das Ergebnis auch vorab anzeigen lassen.

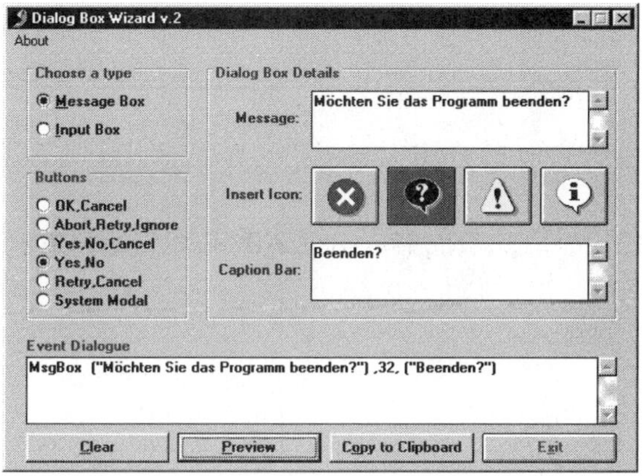

Abbildung B.31: Der Dialog Box Wizard im Einsatz

Verzeichnis:

\SHARE\MSGWIZ

Memory Status

Programmbeschreibung:

Wie der Name schon sagt, zeigen Sie mit *Memory Status* den Zustand Ihres Speichers an.

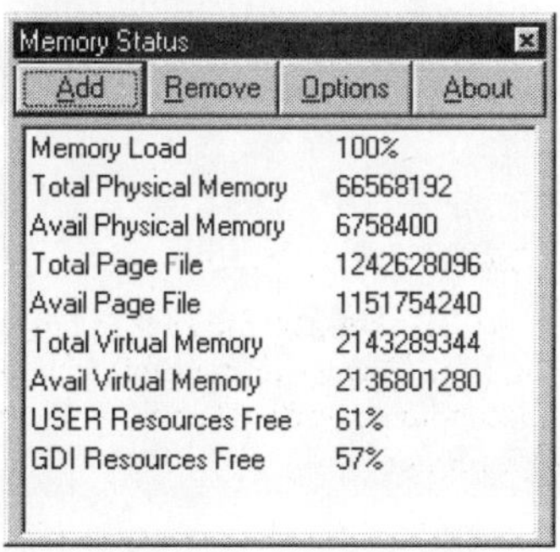

Abbildung B.32: Die Memory-Anzeige

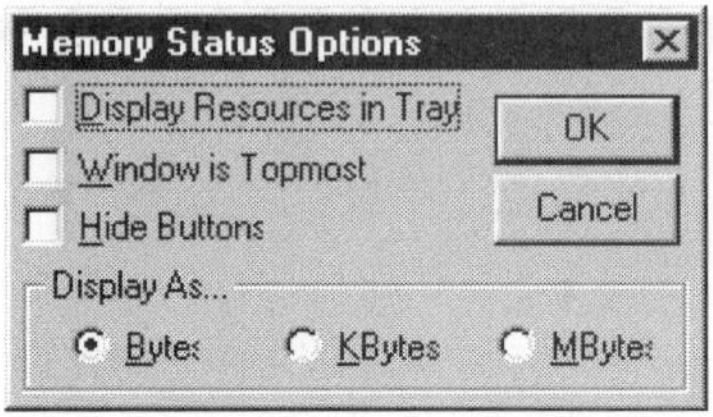

Abbildung B.33: Die Optionen

Verzeichnis:

\SHARE\MSTATS

PolyView

Programmbeschreibung:

Mit *PolyView* können Sie sich Bilder verschiedener Formate anzeigen lassen. Zusätzlich steht Ihnen die Möglichkeit zur Verfügung, eine *Slideshow* zu aktivieren.

Abbildung B.34: Die Programmoberfläche von PolyView

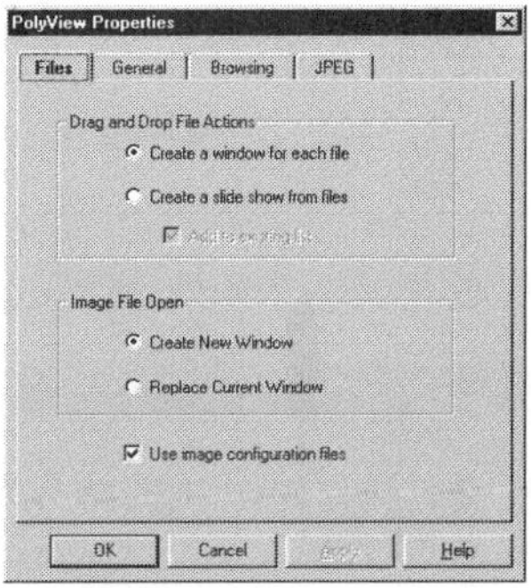

Abbildung B.35: Die Optionen des Programms

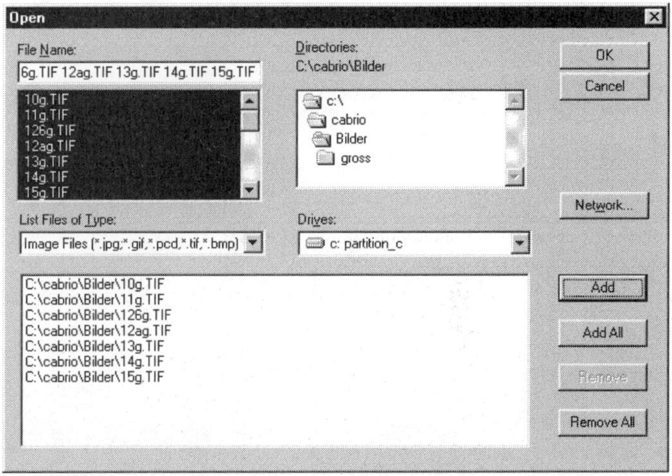

Abbildung B.36: Die Slideshow von PolyView

Verzeichnis:

`\SHARE\POLYVIEW`

PSA Cards

Programmbeschreibung:

Bei dem Programm *PSA Cards* handelt es sich um einen elektronischen Karteikasten, mit dem Sie Ihre Adressen und Kontakte verwalten können.

Abbildung B.37: Hier verwalten Sie die Adressen

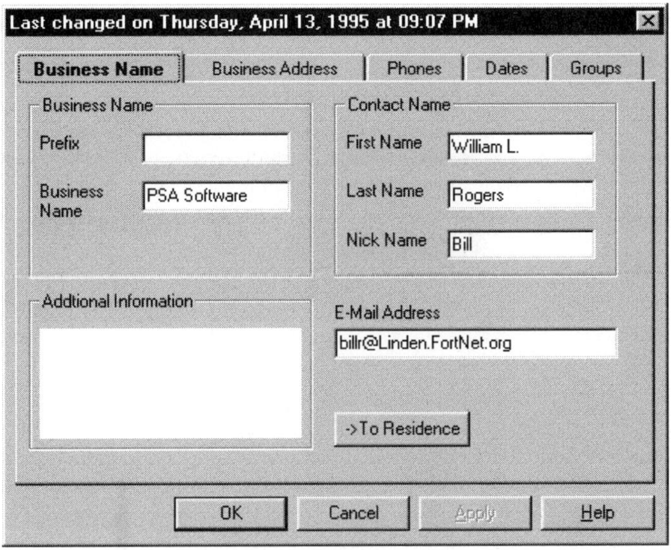

Abbildung B.38: Geben Sie hier Ihre Informationen ein

Verzeichnis:

`\SHARE\PSACARD`

Puzzle-8 2

Programmbeschreibung:

Bei dem Spiel *Puzzle-8 2* handelt es sich um ein Geschicklichkeitsspiel, bei dem Sie durch geschicktes Verschieben der Zahlen eine bestimmte Reihenfolge erzielen müssen.

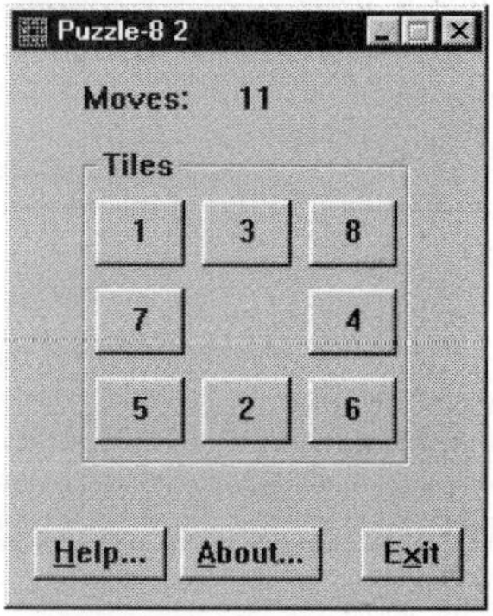

Abbildung B.39: Das Spiel Puzzle-8 2

Verzeichnis:

\SHARE\PZL82

RCALC

Programmbeschreibung:

Bei *RCALC* handelt es sich um einen Taschenrechner, der die Reverse Polish Notation (RPN) unterstützt.

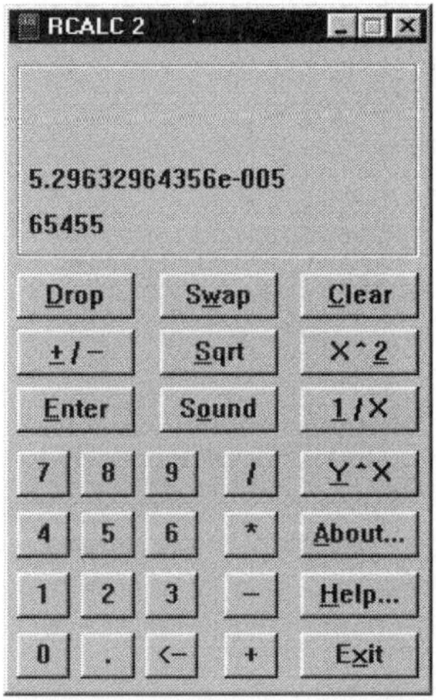

Abbildung B.40: Die Oberfläche des Taschenrechners

Verzeichnis:

\SHARE\RCALC

Stereograms

Programmbeschreibung:

Mit dem Programm *Stereograms* können Sie eine beliebige BMP-Datei in ein Stereogramm-Bild konvertieren.

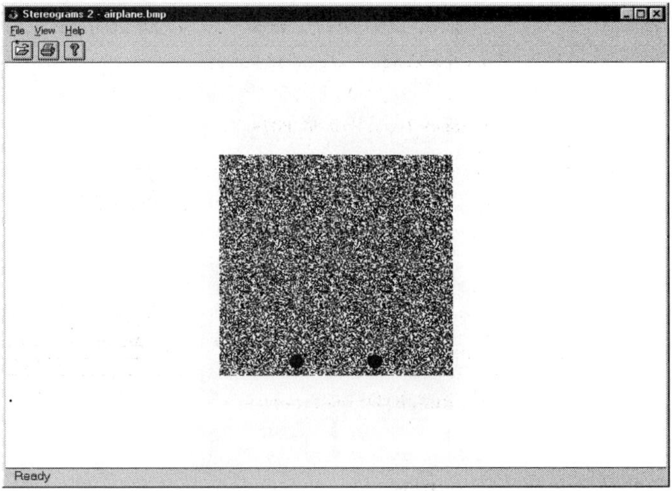

Abbildung B.41: Ein Stereogramm

Verzeichnis:

\SHARE\ST_GRA

Stopwatch

Programmbeschreibung:

Stopwatch ist eine Stoppuhr, mit der Sie genaue Zeitdifferenzen messen können.

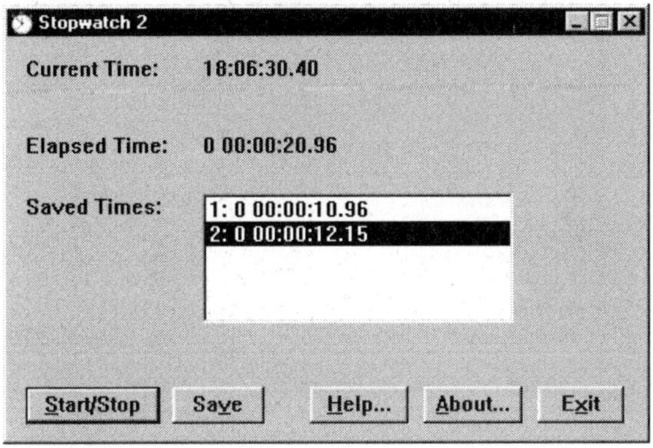

Abbildung B.42: Die Stoppuhr in Aktion

Verzeichnis:

`\SHARE\SW`

TextPad

Programmbeschreibung:

Bei *TextPad* handelt es sich um einen kleinen Editor, mit dem Sie zusätzlich einige interessante Dinge durchführen können, wie z. B. das Vergleichen zweier Dateien.

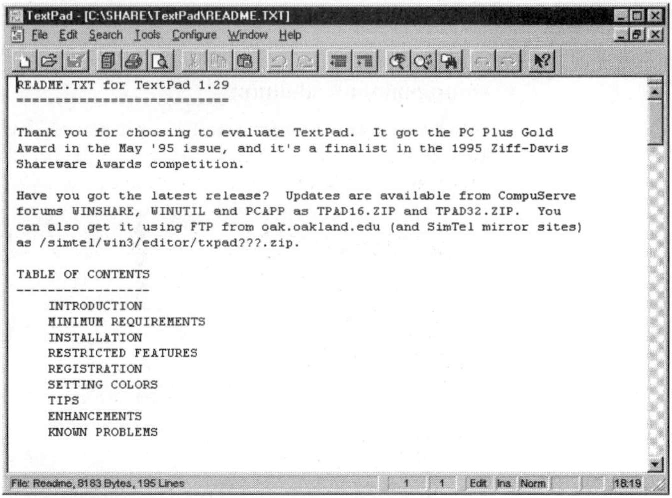

Abbildung B.43: Die Oberfläche von TextPad

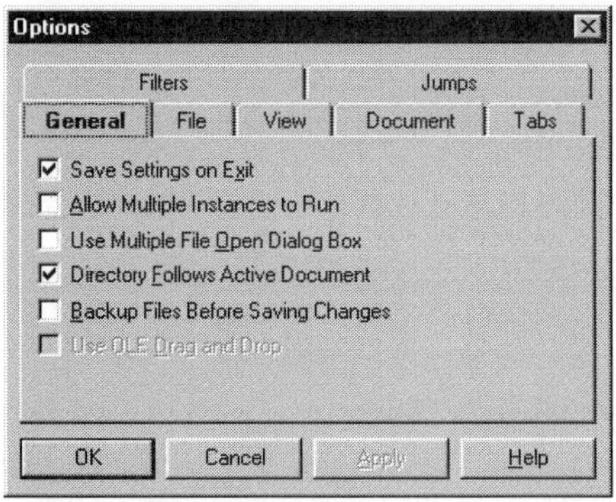

Abbildung B.44: Die Optionen

Verzeichnis:

\SHARE\TPAD32

VidRes

Programmbeschreibung:

VidRes zeigt Ihnen, welche Auflösung Ihre Grafikkarte bzw. der eingestellte Grafiktreiber zur Verfügung stellt. Außerdem können Sie mit diesem Programm direkt die gewünschte Auflösung einstellen lassen.

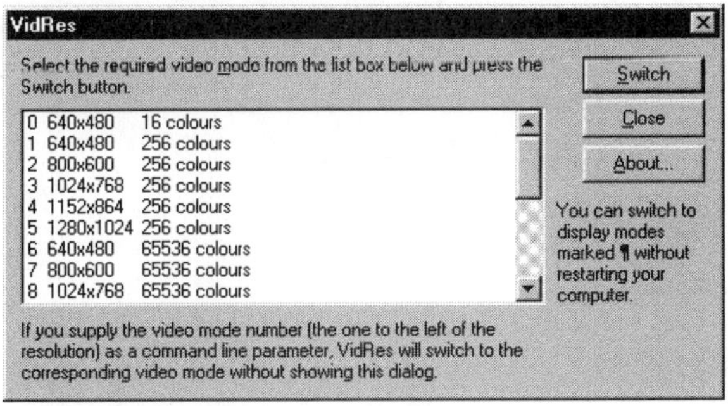

Abbildung B.45: Das Fenster von VidRes

Verzeichnis:

`\SHARE\VIDRES`

Vault

Programmbeschreibung:

Bei *Vault* handelt es sich um ein Informationsverwaltungs-Programm. Durch die flexible Handhabung können Sie viele verschiedene Arten von Informationen mit diesem Programm verwalten.

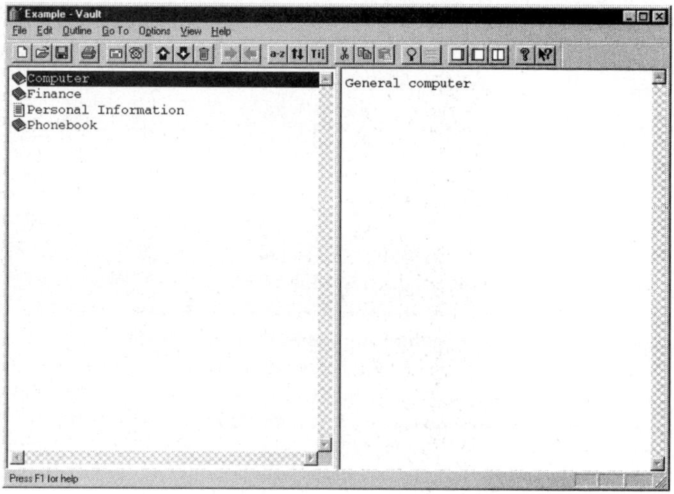

Abbildung B.46: Die Oberfläche von Vault

Verzeichnis:

\SHARE\VLT32

WCanasta

Programmbeschreibung:

Bei *WCanasta* handelt es sich um das Kartenspiel Canasta, das hier für Windows umgesetzt wurde.

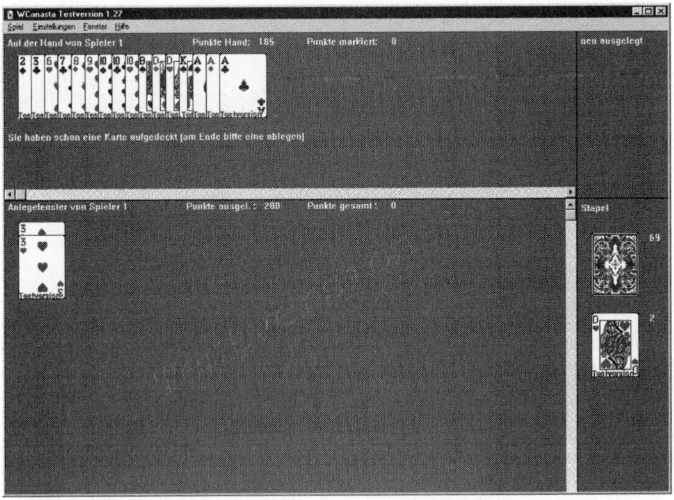

Abbildung B.47: Die Spielfläche von WCanasta

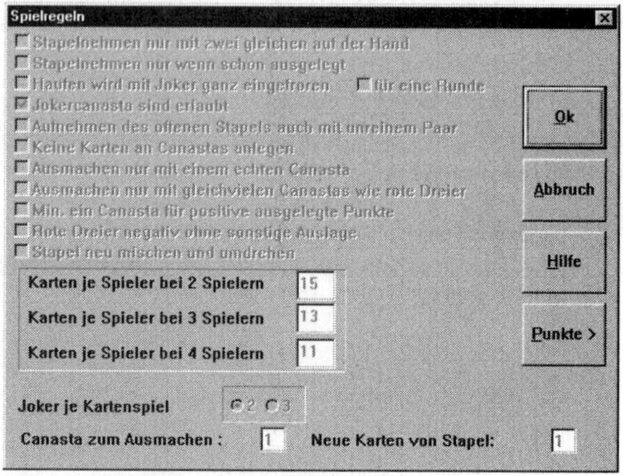

Abbildung B.48: Die Spielregeln

Verzeichnis:

\SHARE\WCANASTA

ANHANG C

Herstelleradressen

Herstelleradressen

Nachfolgend erhalten Sie noch einen kurzen Überblick über die Kontaktadressen einiger Hard- und Software-Hersteller. Hierbei sind auch die Internet-Adressen der Firmen berücksichtigt worden.

3Com GmbH

Gustav-Heinemann-Ring 123
81379 München
Tel.: 089/62732-0
Fax: 089/62732-233
Internet: http://www.3com.com

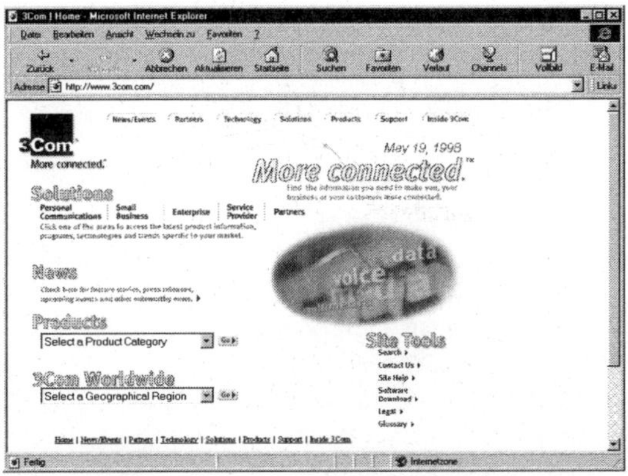

Adaptec GmbH

Münchener Str. 17
85540 Haar
Tel.: 089/456406-0
Fax: 089/456406-15
Internet: http://www.adaptec.com

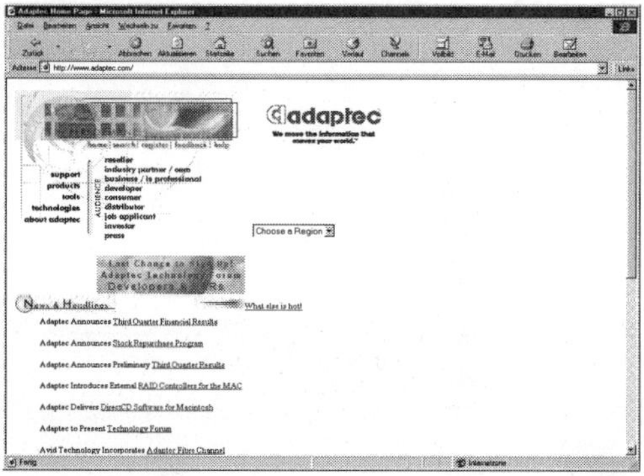

Adobe Systems GmbH

Ohmstraße 1
85716 Unterschleißheim
Tel.: 089/31705-0
Fax: 089/31705-705
Internet: http://www.adobe.de/

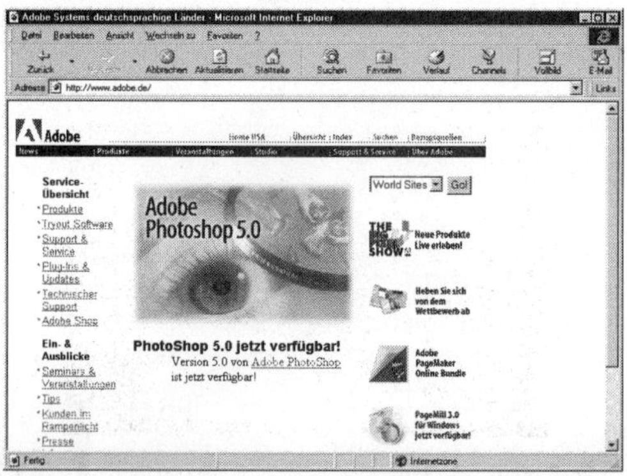

ATI Technologies GmbH

Am Hochacker 2
85630 Grasbrunn
Tel.: 089/460907-0
Fax: 089/460907-99
Internet: http://www.atitech.ca/

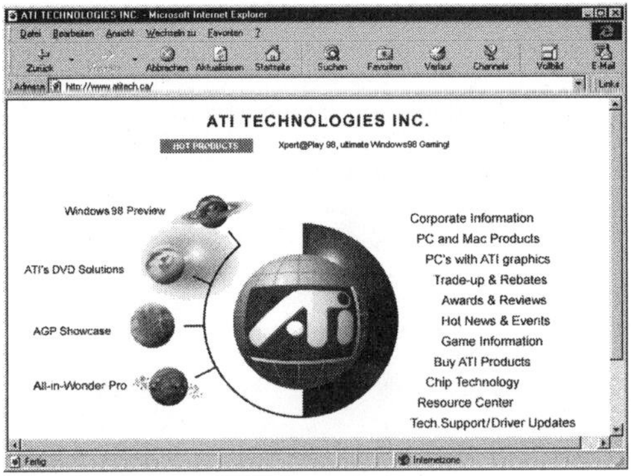

Autodesk

Hansastraße 28
80686 München
Tel.: 089/54769-0
Fax: 089/54769-423
Internet: http://www.autodesk.de/

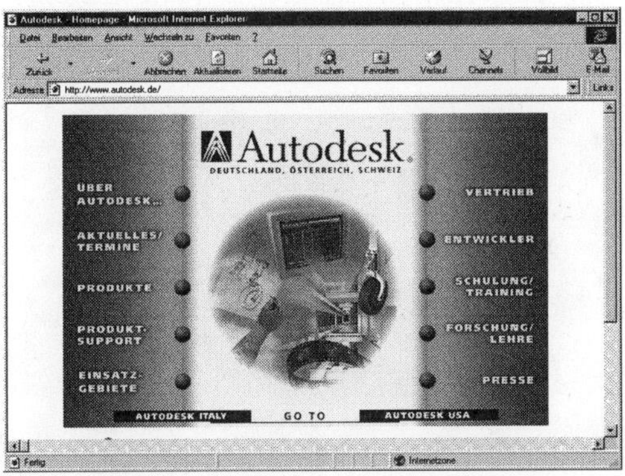

Belinea (MAXDATA Computer GmbH)

Elbestraße 16
45768 Marl
Tel.: 02365/952-0
Fax.: 02365/952-112
Internet: http://www.belinea.com/

bhv Verlags GmbH

Novesiastr. 60
41564 Kaarst
Tel.: 02131/765-01
Fax: 02131/765-101
Internet: http://www.bhv.net

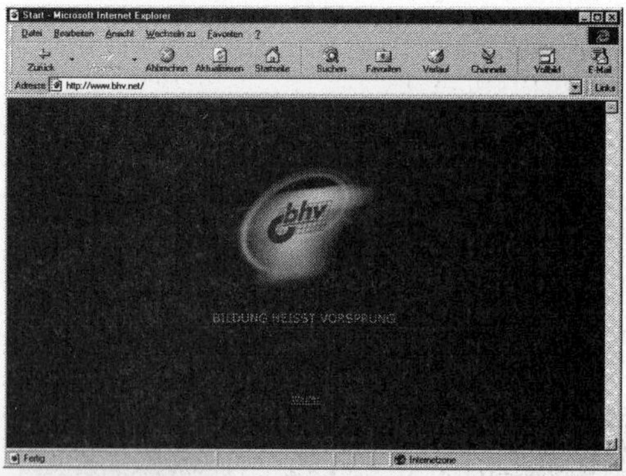

Canon Deutschland GmbH

Europapark
Fichtenhain A10
47807 Krefeld
Tel.: 02151/345-0
Fax: 02151/345-102
Internet: http://www.canon.de

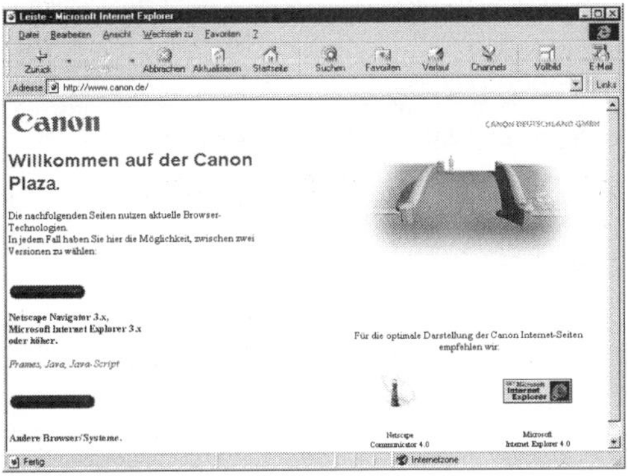

CeQuadrat GmbH

Dennewartstr. 27
52068 Aachen
Tel.: 0241/9631100
Fax: 0241/9631101
Internet: http://www.cequadrat.com

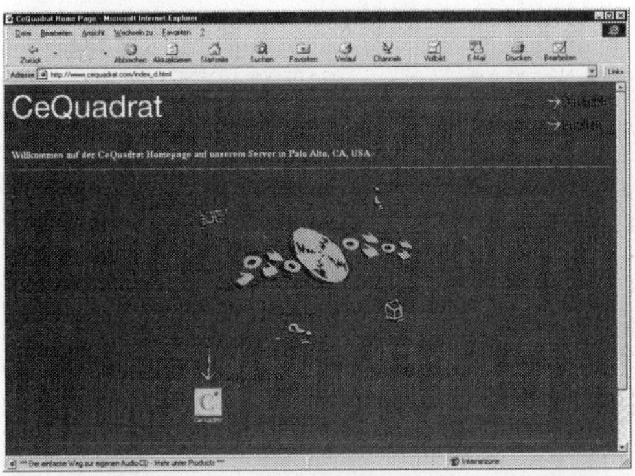

Compaq Computer GmbH

Stefan-George-Ring 19
81929 München
Tel.: 089/9933-0
Fax: 089/9302897
Internet: http://www.compaq.com

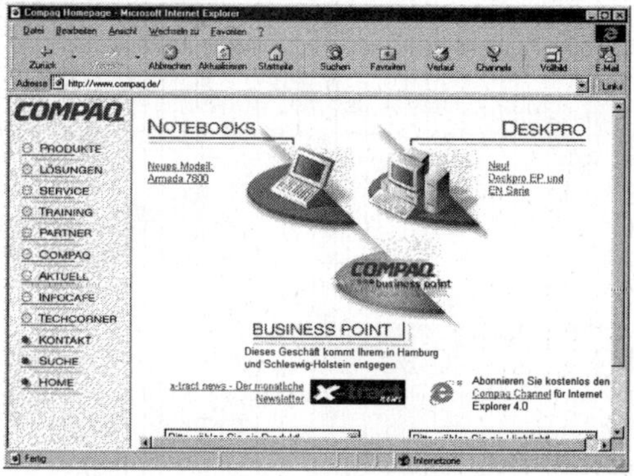

Corel

The Corel Building
1600 Carling Avenue
Ottawa, Ontario
K1Z8R7 Canada
Tel.: 001-613-728-0826
Internet: http://www.corel.com

Delrina

Tölzer Str. 1a
82031 Grünwald
Tel.: 089/641922-0
Fax: 089/92860140
Internet: http://www.delrina.com

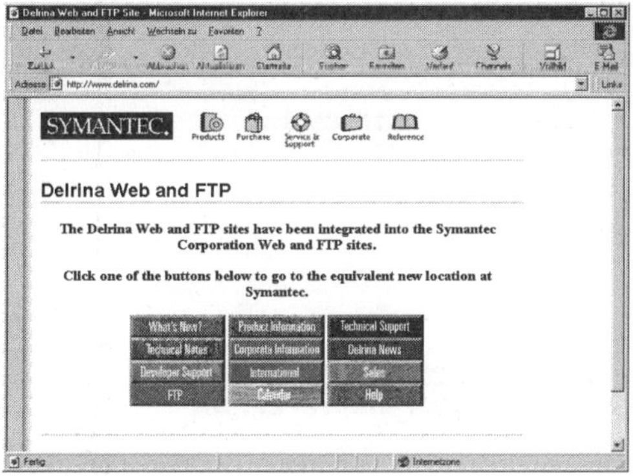

Elsa GmbH

Sonnenweg 11
52070 Aachen
Tel.: 0241/9177-0
Fax: 0241/9177-600
Internet: http://www.elsa.de

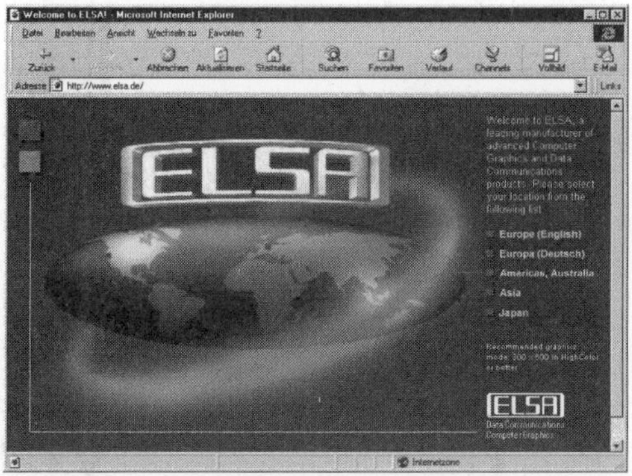

Epson Deutschland GmbH

Zülpicher Str. 6
40549 Düsseldorf
Tel.: 0211/5603-0
Fax: 0211/5047787
Internet: http://www.epson.com

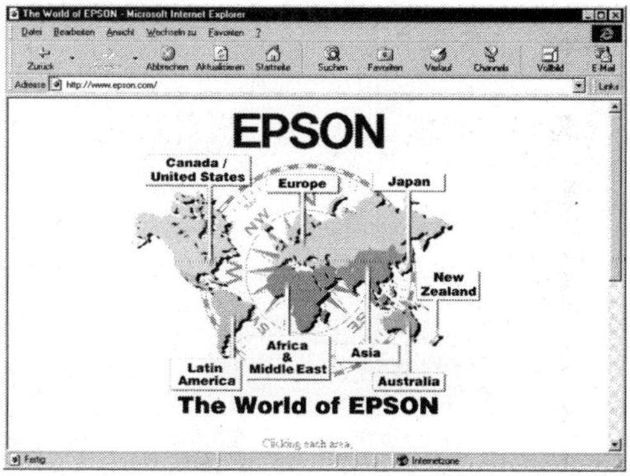

Hewlett-Packard

Hewlett-Packard-Str.
61352 Bad Homburg
Tel.: 06172/16-0
Fax: 06172/16-1309
Internet: http://www.hp.com

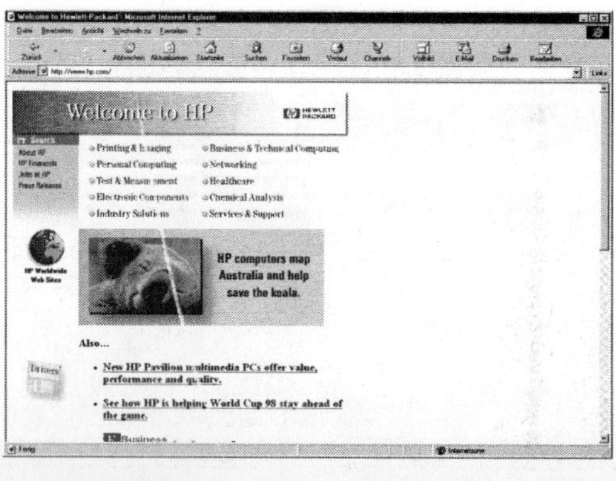

IBM Deutschland GmbH

Pascalstr. 100
70569 Stuttgart
Tel.: 0711/785-0
Fax: 0711/785-3700
Internet: http://www.ibm.de

Intel GmbH

Dornacher Str. 1
85622 Feldkirchen
Tel.: 089/909920
Fax: 089/9043948
Internet: http://www.intel.com

JVC Nichimen Europe

Niederlassung Düsseldorf
Am Wehrhahn 33
40211 Düsseldorf
Tel.: 0211/3551-209
Fax: 0211/3551-274
Internet: http://www.jvc.com

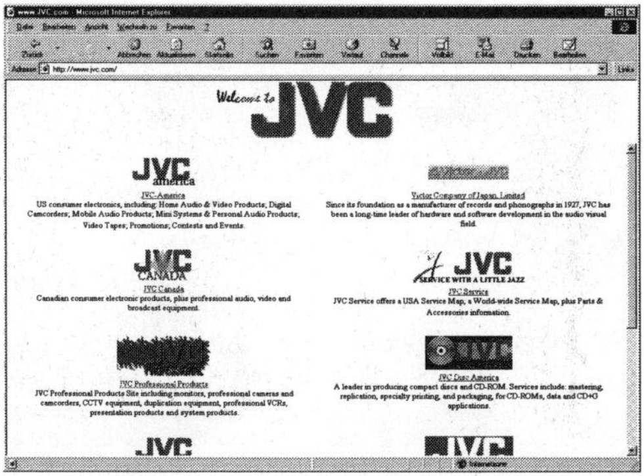

Lotus Development GmbH

Baierbrunner Str. 35
81379 München
Tel.: 089/785090
Internet: http://www.lotus.de

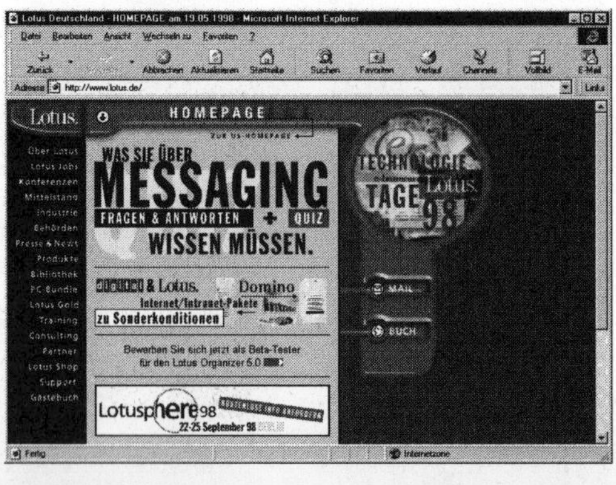

Matrox Electronic Systems GmbH

Inselkammerstr. 8
82008 Unterhaching
Tel.: 089/9614016
Fax: 089/968572
Internet: http://www.matrox.com

Micrographx Deutschland GmbH

Josephspitalstr. 6
80331 München
Tel.: 089/23172-0
Internet: http://www.micrographx.com

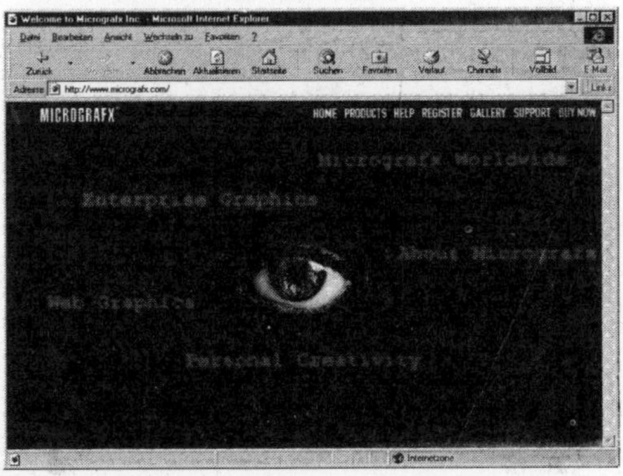

Mircrosoft GmbH

Edisonstr. 1
85716 Unterschleißheim
Tel.: 089/3176-0
Fax: 089/3176-1000
Internet: http://microsoft.com/germany

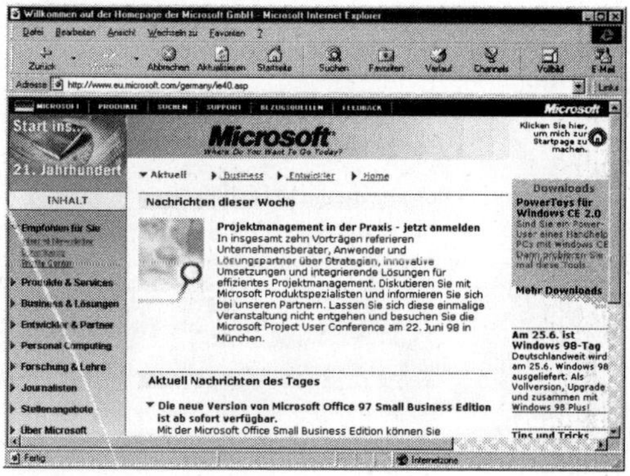

Mitsumi Electronics Europe

Hammer Landstr. 89
41460 Neuss
Tel.: 02131/9255-0
Fax: 02131/278669
Internet: http://www.mitsumi.com

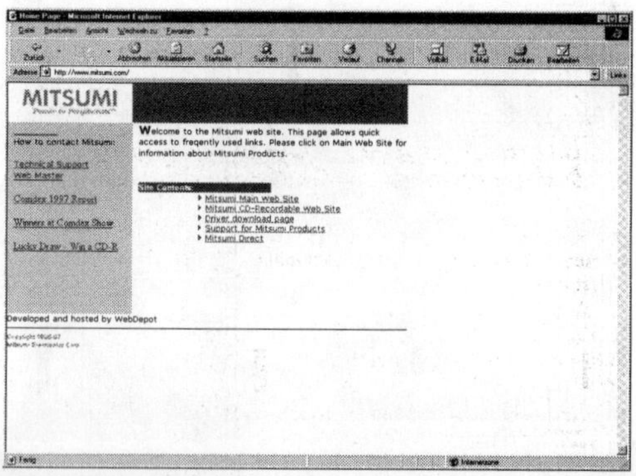

NEC Deutschland GmbH

Klausenburger Str. 4
81677 München
Tel.: 089/930060
Fax: 089/937776
Internet: http://www.nec.com

Netscape Communications GmbH

Airport Office Park
München-Hallbergmoos
Am Söldnermoos 6
85339 Hallbergmoos
Tel.: 0811/5537-0
Internet: http://home.netscape.com/de/

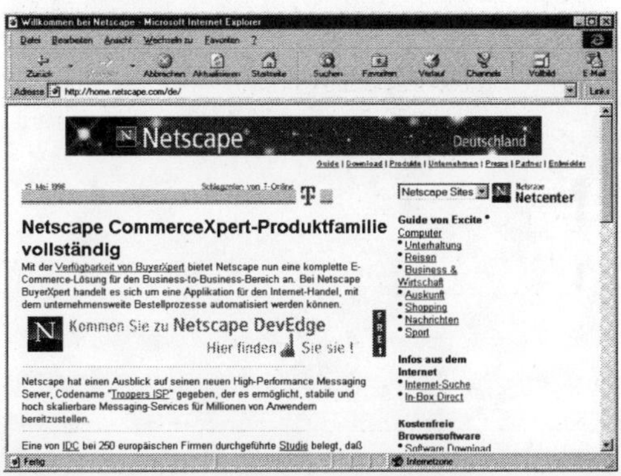

Novell GmbH

Monschauer Str. 12
40549 Düsseldorf
Tel.: 0211/5631-0
Fax: 0211/5631-250
Internet: http://www.novell.de

Philips GmbH

Alexanderstr. 1
20099 Hamburg
Tel.: 040/2852-0
Fax: 040/2852-1082
Internet: http://www-eu.philips.com

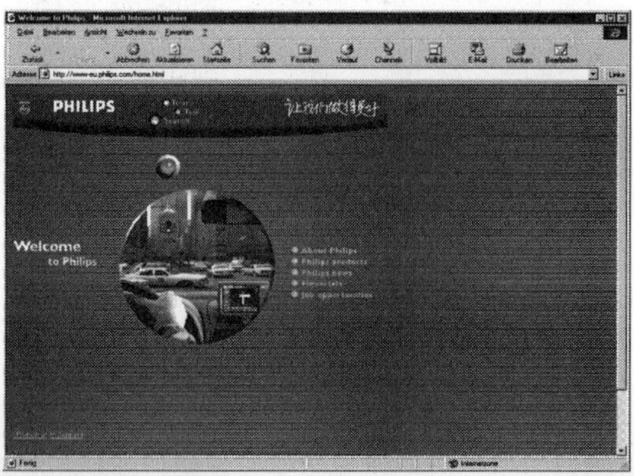

Seagate Technology GmbH

Messerschmittstr. 4
80992 München
Tel.: 089/1498910
Fax: 089/1407617
Internet: http://www.seagate.com

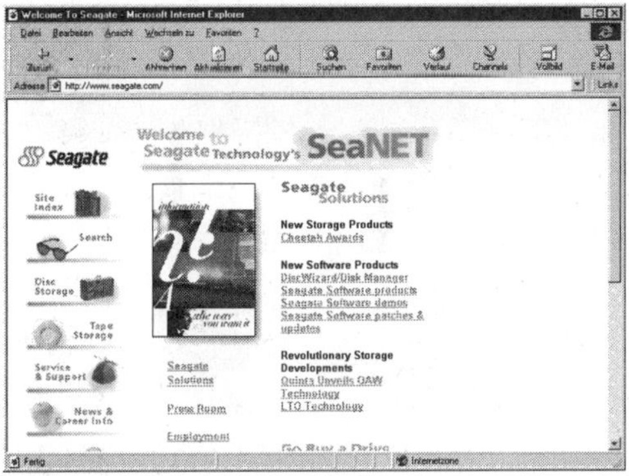

SHARP Europe GmbH

Sonninstr. 3
20097 Hamburg
Tel.: 040/2376-0
Internet: http://www.sharp.de

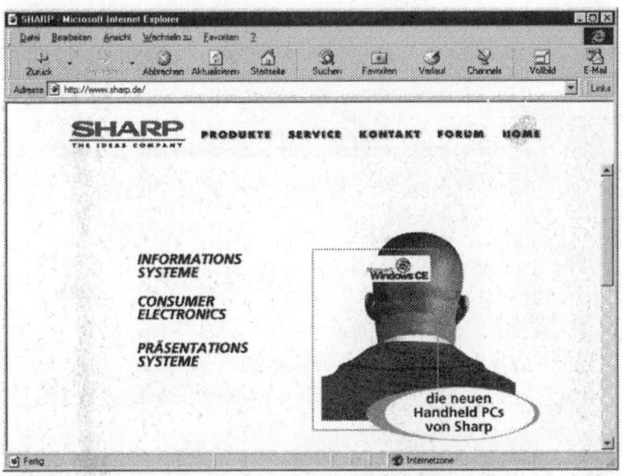

Sony GmbH

Landsberger Str. 428
81241 München
Tel.: 089/82916-0
Fax: 089/82916-426
Internet: http://www.sony-cp.com

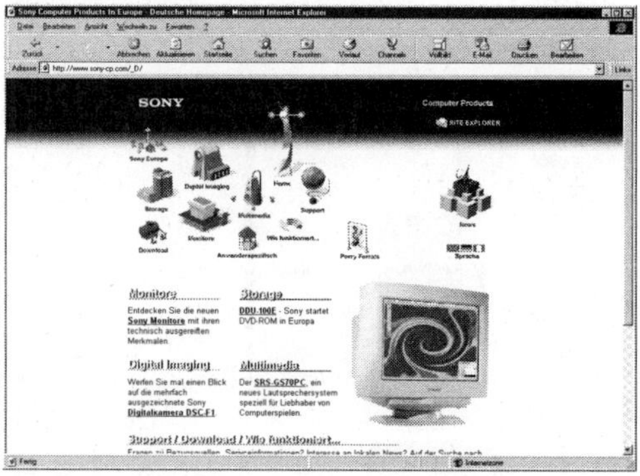

Star Division

Sachsenfeld 4
20097 Hamburg
Tel.: 040/2364650-0
Internet: http://www.stardiv.de

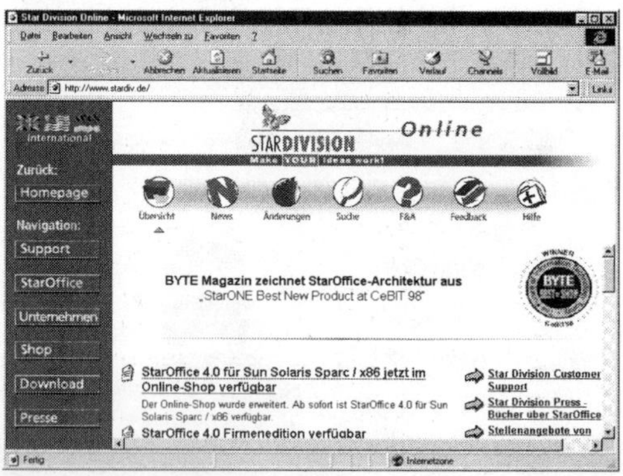

Symantec GmbH

Grafenberger Allee 136
40237 Düsseldorf
Tel.: 0211/991711-0
Internet: http://www.symantec.com

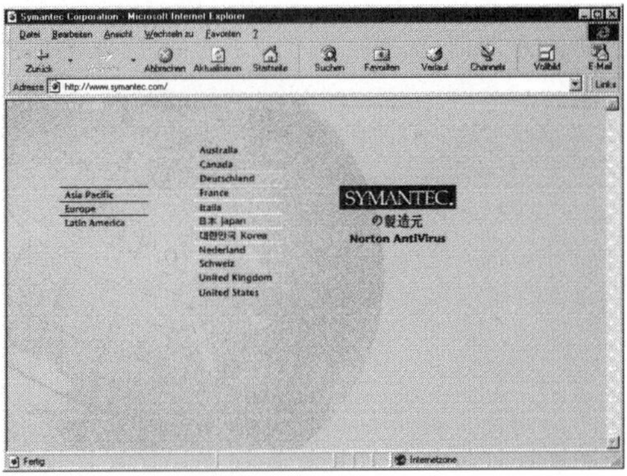

Yamaha Europa GmbH

Siemensstr. 33-34
25462 Rellingen
Tel.: 04101/303249
Fax: 04101/303277
Internet: http://www.yamaha.com

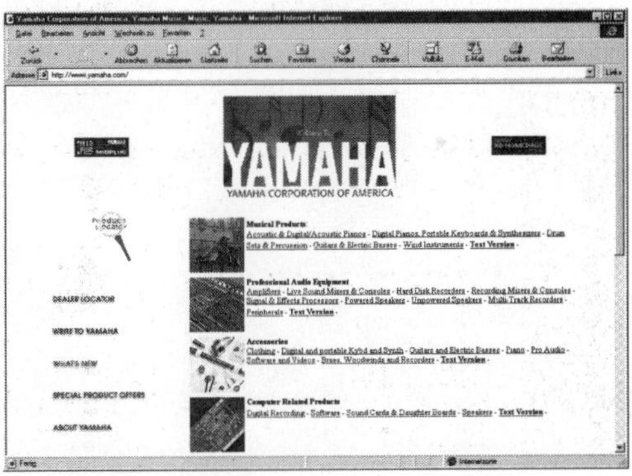

ANHANG D

CD Master

CD MASTER

Auf der CD-ROM im Buch finden Sie die Testversion einer interessanten Software mit dem Namen CD MASTER. Bei dieser Software handelt es sich um ein Produkt, das vom bhv Verlag vertrieben wird. Mit CD MASTER können Sie in Verbindung mit einem CD-ROM-Brenner eigene CDs zusammenstellen und brennen. Da dies derzeit im Computerbereich ein aktuelles Thema ist, erhalten Sie hier nähere Informationen zu dieser Software.

> **HINWEIS**
> Wenn Sie die Funktionsweise dieses Produkts ausprobieren möchten, dann können Sie die Testversion dazu benutzen. Bis auf eine Funktion ist die Version nicht eingeschränkt. Lediglich die Funktion des Brennens ist deaktiviert. Sie können somit das Produkt voll einsetzen, allerdings ohne die Möglichkeit, Ihre Daten auf eine CD-R zu schreiben.

CD MASTER ist ein interessantes Werkzeug für das Herstellen und Kopieren von CD-ROMs. Die einfache Handhabung garantiert, dass Sie das Programm nach kurzer Zeit sicher bedienen und optimale Resultate erzielen können. Um Ihnen die Software möglichst nahe zu bringen, soll Ihnen dieses Unterkapitel Einblicke in die dem CD MASTER zugrunde liegenden Konzepte und Mechanismen geben.

Die Installation

Bevor Sie CD MASTER installieren, sollten Sie sich vergewissern, ob Ihr Computersystem die nachfolgenden Systemvoraussetzungen erfüllt. Nur dann ist gewährleistet, dass die Software ordnungsgemäß funktionieren kann.

Systemvoraussetzungen

- ✓ PC mit 486 DX Prozessor oder höher
- ✓ 8 MByte RAM (16 MByte empfohlen)
- ✓ installierter CD-Brenner
- ✓ Windows 95 oder Windows NT 4.0
- ✓ ca. 3 MByte freier Speicherplatz für das Programm

Durchführung der Installation

Gehen Sie für die Installation des CD MASTERs wie nachfolgend beschrieben vor:

- ✓ Schalten Sie Ihren Computer ein und starten Sie Windows.
- ✓ Beenden Sie alle aktiven Programme.
- ✓ Wählen Sie *Ausführen* aus dem *Startmenü* und geben Sie den Buchstaben Ihres CD-ROM-Laufwerkes gefolgt von *\setup* ein (z. B. *D:\SETUP*).
- ✓ Anschließend drücken Sie [↵]. Die daraufhin erscheinende Seite weist auf die Lizenzbedingungen hin.
- ✓ Durch Drücken der *Weiter*-Schaltfläche akzeptieren Sie diese Lizenzbestimmungen.

> Der vom CD MASTER vorgeschlagene Pfad zur Installation der Software lautet: *C:\Programme\bhv\CD Master*.

Sie können jedoch Ihr individuelles Verzeichnis bestimmen oder ein anderes Ziellaufwerk angeben. Hierzu klicken Sie auf die *Durchsuchen*-Schaltfläche und wählen das gewünschte Verzeichnis aus. Geben Sie ein neues Verzeichnis ein, so erstellt es das Installationsprogramm nach einer Sicherheitsabfrage.

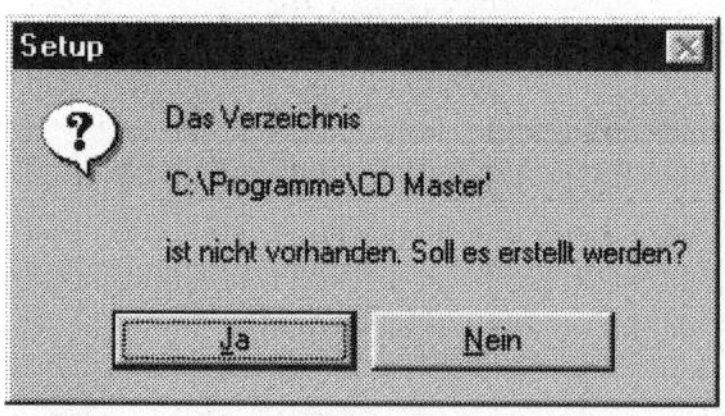

Abbildung D.1: Die Sicherheitsabfrage bei der Installation in einem neuen Verzeichnis

Im Normalfall können Sie allerdings die voreingestellten Werte ohne Änderung übernehmen.

- ✓ Die Installation wird nun fortgesetzt, wobei alle Einrichtungen automatisch vorgenommen werden. Es werden eine Programmgruppe *CD Master* sowie Startsymbole für CD MASTER und CD-COPY angelegt.

- Nach Beenden der Installation und vor der ersten Nutzung des CD MASTERs starten Sie den Computer neu. Erst jetzt werden die notwendigen DLLs (Dynamic Link Library – Windows-Funktion) in das System eingebunden.
- Die Installation ist nun abgeschlossen.

Einführung in CD MASTER und CD-COPY

Dieser Abschnitt soll Ihnen einen grundlegenden Einblick in die Funktionsweisen und Konzepte von CD MASTER und CD-COPY gewähren. Anschließend sind Sie in der Lage, den CD MASTER umfassend zu nutzen.

CD MASTER

Starten Sie die CD MASTER-Software wie von allen anderen Programmen gewohnt über die Explorer-Oberfläche, die Arbeitsplatzoberfläche oder über *Start / Programme / CD MASTER / CD MASTER*.

Abhängig von Ihrer aktuellen Computerkonfiguration kann nach dem Start des CD MASTERs zunächst folgendes Warnfenster erscheinen:

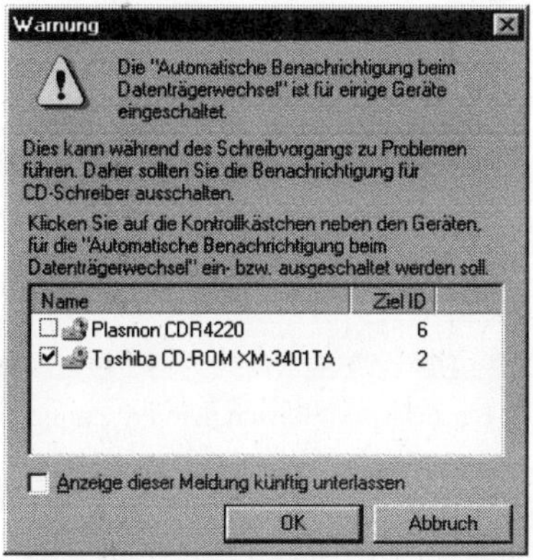

Abbildung D.2: Die automatische Benachrichtigung beim Datenträgerwechsel ist aktiviert

Beim Schreibvorgang auf das CD-R-Medium kommt es in hohem Maße auf eine konstante *Datenübertragungsrate* an. Diese Datenübertragung zum

CD-Recorder kann unterbrochen werden, wenn der Computer gleichzeitig andere zeitintensive Aufgaben übernehmen muss. Solche zeitintensiven Aufgaben sind z. B. das Erkennen und Überprüfen von Wechseldatenträgern (z. B. CD-ROM-Laufwerke, CD-Recorder, MO-Laufwerke usw.).

Um diese Tätigkeiten zu vermeiden, kann für bestimmte Medien die automatische Wechselbenachrichtigung deaktiviert werden. Klicken Sie dazu innerhalb des Dialogs die Kästchen so an, dass anschließend keine Haken mehr darin vorhanden sind. Dadurch wird die Software angewiesen, diese Funktion für die entsprechenden Laufwerke zu deaktivieren. Klicken Sie anschließend auf *OK*, führt der Computer einen Neustart durch und wird im Folgenden nicht mehr »abgelenkt«.

Nach dem Neustart des Rechners starten Sie den CD MASTER wieder wie oben beschrieben. Es erscheint das folgende Fenster:

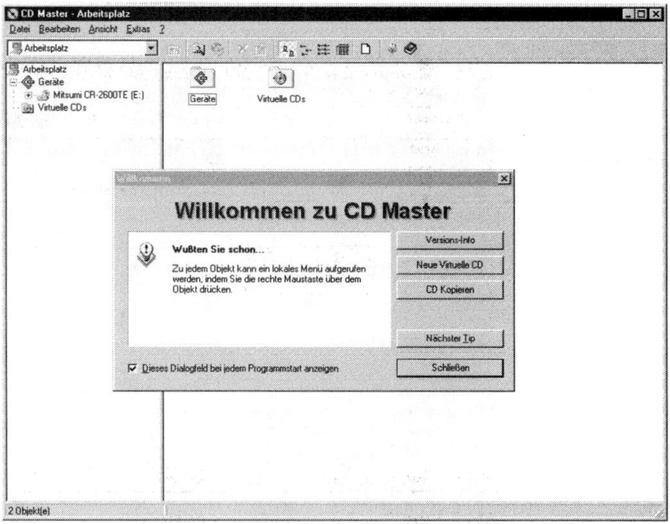

Abbildung D.3: Der CD MASTER nach dem Programmstart

Innerhalb des *Willkommen*-Dialogs haben Sie folgende Möglichkeiten:

- Online-Handbuch aktivieren
- Eine neue virtuelle CD erstellen
- CD-COPY starten
- Den nächsten Tip einblenden

Soll dieses Fenster beim nächsten Programmstart nicht mehr erscheinen, muss das Häkchen vor *Dieses Dialogfeld bei jedem Programmstart anzeigen* weggeklickt werden.

Haben Sie *Schließen* ausgewählt, gelangen Sie in das Hauptfenster.

Das Willkommen-Fenster ist der erste Kontakt mit dem leistungsfähigen Assistenten. Folgen Sie einfach den Anweisungen und Sie erzielen beim ersten Mal perfekte Resultate.

CD MASTER ist ähnlich der bekannten Windows-Explorer-Oberfläche aufgebaut. Auf der linken Seite befindet sich die Baumansicht des CD MASTER-Arbeitsplatzes, während sich die rechte Seite immer auf Objekte der linken Seite bezieht. Das können zum Beispiel Dateien, aber auch Funktionen für bestimmte, ausgewählte Objekte sein.

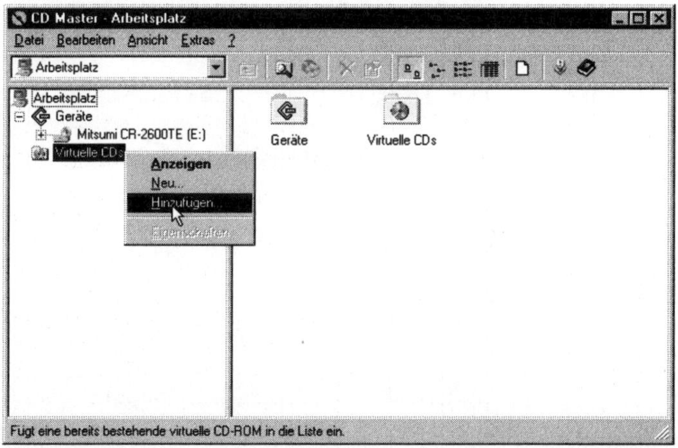

Abbildung D.4: Die Programmoberfläche

Bei der Entwicklung des CD MASTERs wurde größtmöglicher Wert auf eine optimale Einbindung in Windows 95/98 gelegt. Daher war es möglich, viele Funktionen in die objektbezogenen Menüs (rechte Maustaste) zu legen. Nach einer kurzen Einarbeitungszeit kann so wesentlich effektiver als mit der herkömmlichen Menüzeile gearbeitet werden.

Virtuelle CDs

Das grundlegende Element für die effektive Arbeit mit dem CD MASTER ist eine sogenannte *Virtuelle CD*. Die virtuelle CD enthält mit einer Ausnahme alle Informationen für die zu erzeugende CD-ROM. Diese Ausnahme ist, dass anstelle der eigentlichen Dateien nur Verweise auf diese gespeichert werden. Die virtuelle CD benötigt daher nur einen Bruchteil des ansonsten benötigten Speicherplatzes. Während des Schreibens oder der Image-Erstellung werden die Dateien dann zu einem gültigen CD-ROM-Format kombiniert.

Beim Start des CD MASTERs sehen Sie auf der linken Seite den Ordner *Virtuelle CDs*. Unter diesem Ordner können Sie nun beliebig viele, völlig unterschiedliche virtuelle CDs anlegen bzw. laden. Klicken Sie dazu mit der rechten Maustaste auf *Virtuelle CDs*.

Abbildung D.5: Hier können virtuelle CDs angelegt werden

Sie können nun mit *Hinzufügen* eine bereits vorhandene, eventuell auf einem anderen Computer erstellte, *Virtuelle CD* hinzufügen oder mit *Neu* eine neue *Virtuelle CD* erzeugen. Diese wird dann mit den jeweiligen Tracks in der Baumansicht angezeigt.

Virtuelle CDs herstellen

Um eine CD zu erzeugen, klicken Sie im *Willkommen*-Fenster auf *Neue Virtuelle CD*:

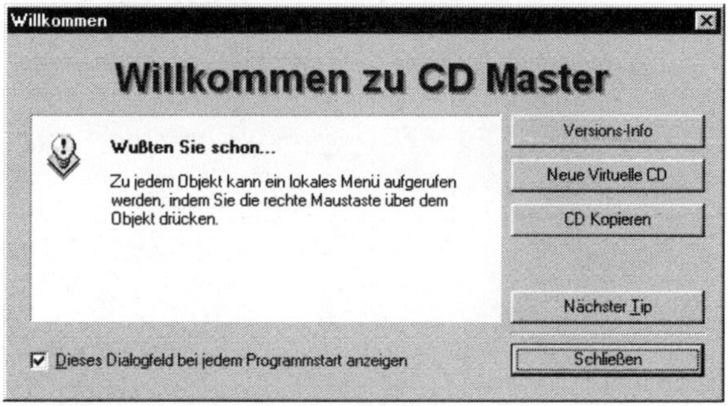

Abbildung D.6: Das Willkommen-Fenster ist der Ausgangspunkt

Jetzt erscheint eine Abfragemaske, in der Sie den Namen der virtuellen CD eingeben. Der Name der virtuellen CD ist nicht zwingend identisch mit der Bezeichnung der späteren CD-ROM oder Audio-CD.

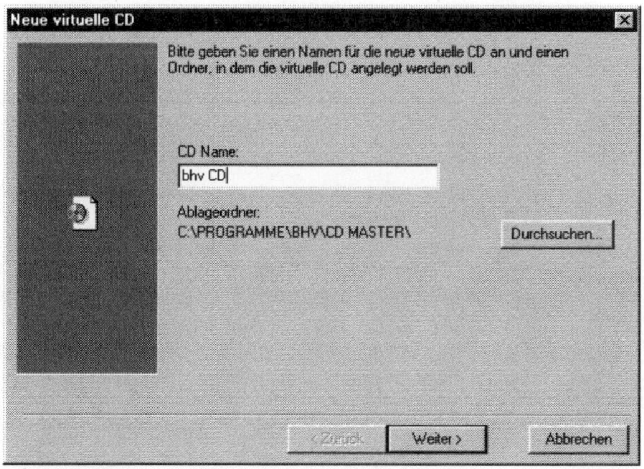

Abbildung D.7: Geben Sie hier den Namen der virtuellen CD ein

Nachdem Sie den Namen eingegeben und auf *Weiter* geklickt haben, erscheint das nächste Fenster des Assistenten.

Wählen Sie hier die Art des neuen Tracks aus:

Abbildung D.8: Verschiedene Arten von Tracks stehen zur Auswahl

Neben Daten- und Audio-Tracks kann hier auch *Track aus einem Physikalischem-Image* ausgewählt werden. Dabei ist es egal, welche Daten dem Image zugewiesen werden.

Bei einem Audio-Track muss ein Stereo WAV-File mit einer Sampling-Rate von 44,1 kHz angegeben werden. Dieser Vorgang muss mit Ausnahme von Audio-Tracks für jeden Track wiederholt werden. Bei Audio-Tracks ist es möglich, die entsprechenden WAV-Dateien direkt per Drag & Drop auf die *Virtuelle CD* zu »droppen« und so neue Tracks zu erzeugen. Dabei ist darauf zu achten, dass alle Dateien die Konventionen Stereo/44,1 kHz erfüllen müssen.

Nach der Definition der neuen Track-Art werden Sie aufgefordert, die Datenträgerbezeichnung und Datenträgerformatierung auszuwählen:

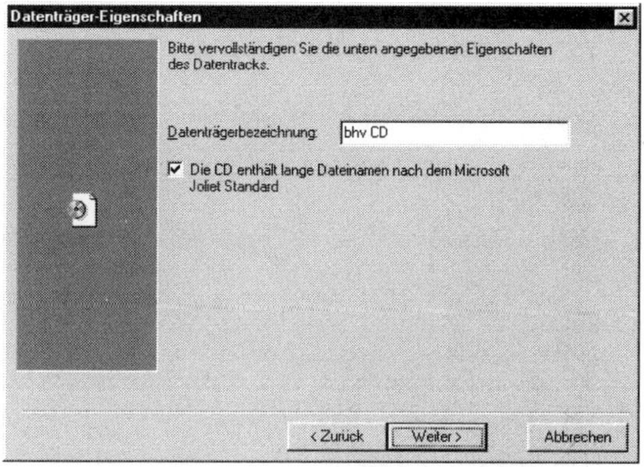

Abbildung D.9: Legen Sie hier Angaben zur CD fest

Bei Daten-Tracks müssen Sie den Namen eingeben, unter dem der Track später angesprochen werden soll. Weiterhin muss eingestellt werden, ob die CD *lange Dateinamen* nach dem Microsoft *Joliet*-Format enthalten soll und ob alle Dateien ein einheitliches Datum besitzen sollen.

Wird das *Joliet*-Format nicht genutzt, so können nur normale 8+3-Zeichen-MS-DOS-Dateinamen verwendet werden.

In den nächsten Schritten fügen Sie der virtuellen CD Ordner und Dateien hinzu:

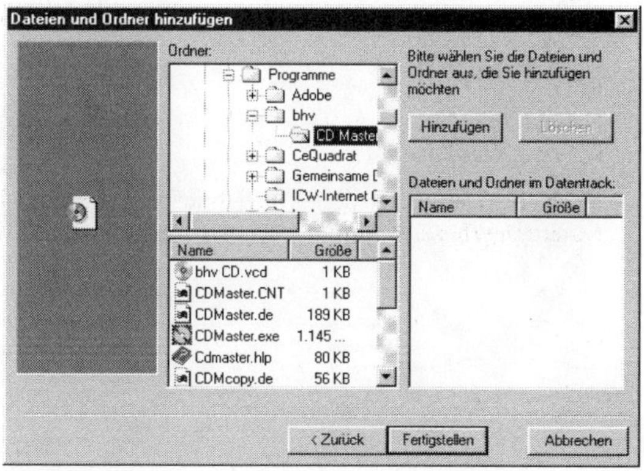

Abbildung D.10: Die Ordner- und Dateiauswahl

Sie wählen hier im ersten Schritt Ordner und Dateien aus, die der virtuellen CD zugeordnet werden sollen.

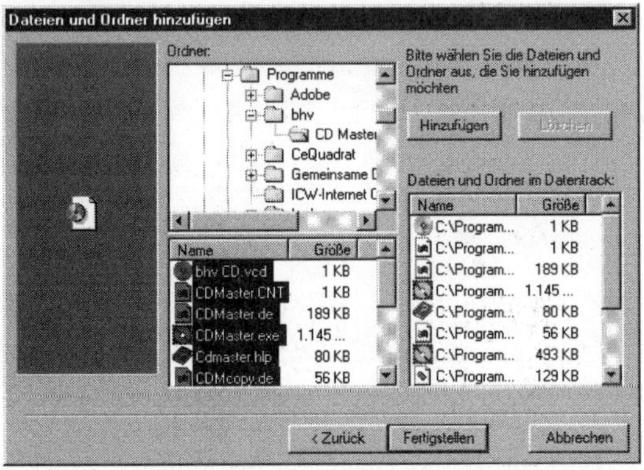

Abbildung D.11: Die Auswahl wurde vorgenommen

Anschließend ziehen Sie die gewünschten, d. h. markierten Dateien und Ordner in das Daten-Track-Fenster. Alternativ können Sie natürlich auch die Schaltfläche *Hinzufügen* für diesen Vorgang berücksichtigen.

Nachdem alle Dateien für einen Daten-Track ausgewählt sind, fragt CD MASTER, ob ein Audio-Track angefügt werden soll.

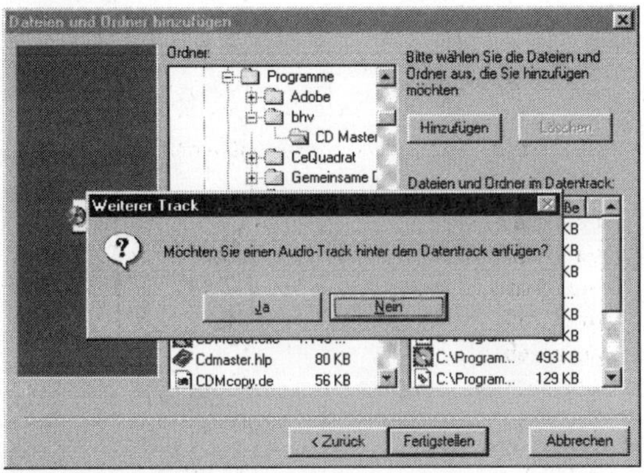

Abbildung D.12: Soll ein Audio-Track angefügt werden?

Im Normalfall klicken Sie hier auf *Nein*, es sei denn, Sie möchten einen Audio-Track anfügen und eine sogenannte *Mixed-Mode-CD* erstellen. Anschließend wird die virtuelle CD angelegt. Sie ist dann im linken Teil des CD MASTER-Fensters zu sehen.

Eigenschaften von virtuellen CDs

Zur Anzeige und Änderung der Eigenschaften einer virtuellen CD wählen Sie mit der rechten Maustaste die entsprechende virtuelle CD aus und in dem erscheinenden Menü den Befehl *Eigenschaften*.

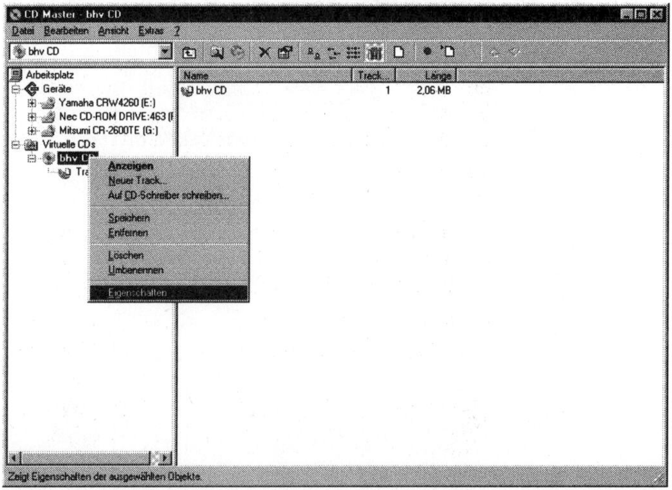

Abbildung D.13: Das Kontextmenü einer virtuellen CD

Es erscheint daraufhin ein Informationsfenster. In dem zunächst angezeigten Register *Allgemein* können Sie die aktuelle Größe der virtuellen CD im Verhältnis zu einer gewählten CD-Größe sehen. Sofern die virtuelle CD die Größe des ausgewählten CD-Rohlings übersteigt, wird eine Warnung ausgegeben.

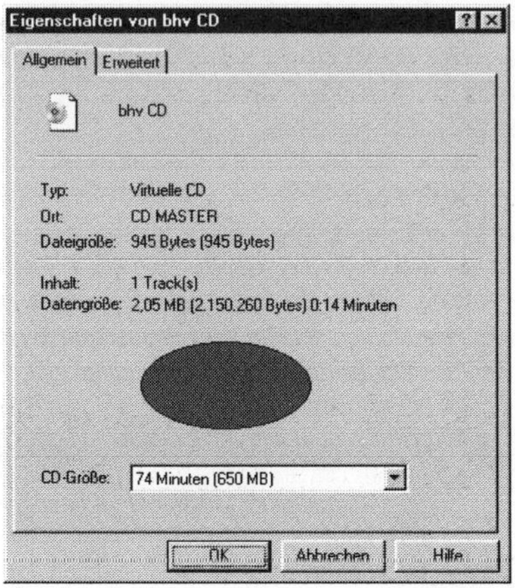

Abbildung D.14: Die allgemeinen Informationen

Im Register *Erweitert* geben Sie den Titel der CD sowie den Interpreten ein.

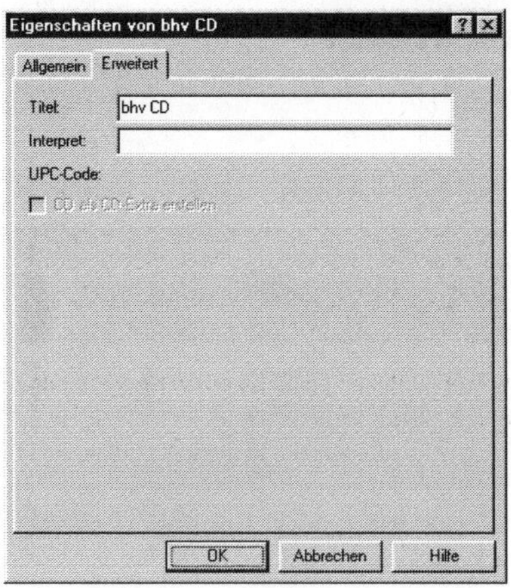

Abbildung D.15: Die erweiterten Informationen

Die Funktion *IPC-Code*, eine Art von EAN-Code, kann in dieser Programmversion nicht aktiviert werden. Diese Funktion ist nur für Massenhersteller zwecks Codierungen von Nutzen.

Eigenschaften von Daten-Tracks

Die Eigenschaften eines Daten-Tracks erreichen Sie über das Kontextmenü des Daten-Tracks in der zugehörigen virtuellen CD (rechter Mausklick in der linken Explorer-Spalte auf den jeweiligen Track).

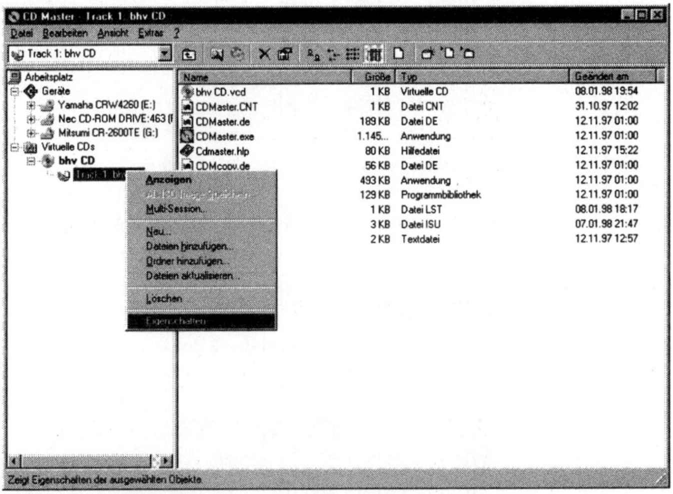

Abbildung D.16: Das Kontextmenü eines Daten-Tracks

Wählen Sie auch hier den Befehl *Eigenschaften* aus, um Informationen zum jeweiligen Track zu erhalten.

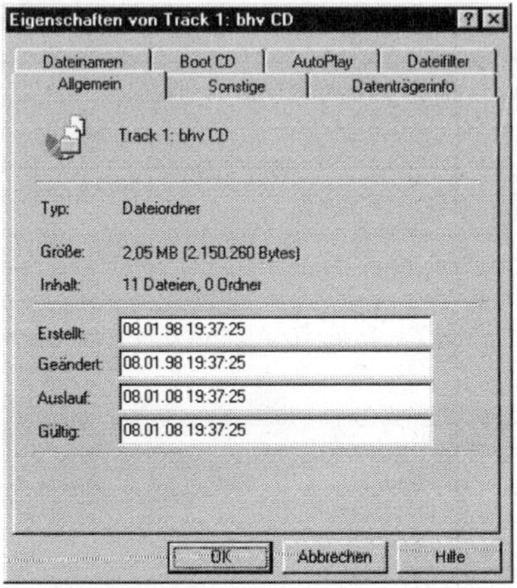

Abbildung D.17: Das Register *Allgemein*

Im Register *Allgemein* legen Sie das Erstellungs-, das Änderungs-, das Gültigkeits- und das Auslaufdatum sowie die Kopiererlaubnis fest. Bis auf das automatisch eingegebene Track-Format müssen diese Angaben nicht genutzt werden, sind jedoch im ISO-Standard vorgesehen.

Im Register *Sonstige* wird der Titel festgelegt. Er lässt sich jedoch vor dem Brennvorgang noch einmal ändern.

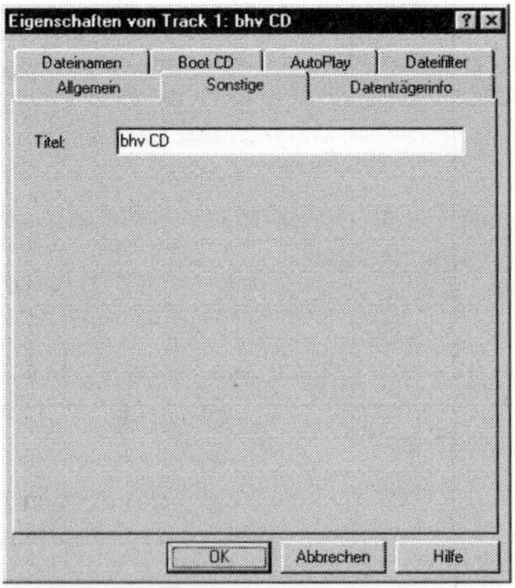

Abbildung D.18: Hier kann der Name geändert werden

Die Registerkarte *Datenträgerinfo* beinhaltet optionale Informationen über den Titel, den Datenträger und den Herausgeber. Diese Informationen werden in den Header der CD geschrieben.

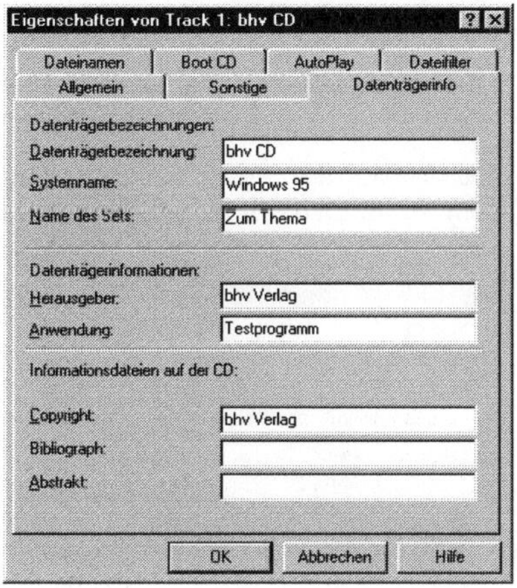

Abbildung D.19: Hier können viele Informationen zur CD eingetragen werden

Die Einstellungen im Register *Datenträgerinfo* bilden zusammen den sogenannten *Primary Volume Descriptor*, der die CD beschreibt.

Die einzelnen Einträge haben dabei folgende Bedeutung:

- *Datenträgerbezeichnung* – Unter dieser Bezeichnung wird die CD in das System eingebunden. Tragen Sie hier z. B. *TEST* ein, erscheint die CD später im Arbeitsplatz mit der Bezeichnung *TEST*.
- *Systemname* – Der Name des Systems, für den diese CD speziell hergestellt wurde.
- *Name des Sets* – Gehört Ihre CD zu einem Satz von CDs, so wird hier der Name des kompletten Satzes abgelegt.
- *Herausgeber* – Wie der Name schon sagt, gehört hierher der *Herausgeber* der CD, der nicht identisch mit dem eigentlichen Hersteller, Ersteller usw. sein muss.
- *Anwendung* – Hier können Angaben über den Aufbau des Inhalts der auf der CD vorhandenen Files gemacht werden.

- *Copyright* – Hier kann der Name einer *Copyright*-Datei angegeben werden. Diese Datei muss sich im Hauptverzeichnis der CD befinden.
- *Bibliograph* – Hier kann der Name einer Datei im Hauptverzeichnis angegeben werden, die bibliographische Informationen über den CD-Inhalt enthält.
- *Abstrakt* – Hier kann der Name einer Datei im Hauptverzeichnis angegeben werden, die Informationen über den Inhalt der CD enthält.

Im Register *Dateinamen* des *Eigenschaften*-Fensters sind die Formatoptionen, die sich auf die Dateinamen beziehen, zu finden.

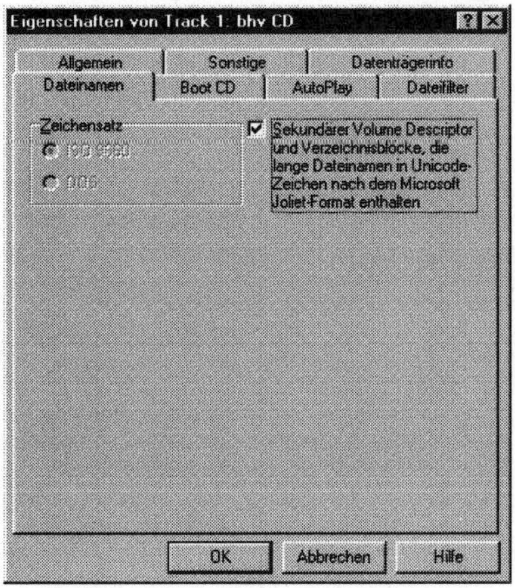

Abbildung D.20: Das Register *Dateinamen*

Es kann hier eingestellt werden, ob das *Joliet*-Format genutzt werden soll. Mit dem *Joliet*-Format ist es möglich, Datei- und Verzeichnisnamen mit mehr als 8+3 Zeichen zu erzeugen. Dies ist bei langen Dateinamen wichtig. Sollen CDs für ein Microsoft Betriebssystem ab Windows 95, NT 4 oder höher erzeugt werden, wird diese Einstellung empfohlen.

Eigenschaften von Audio-Tracks

Die *Eigenschaften* eines Audio-Tracks erreichen Sie ebenfalls über das Kontextmenü (rechte Maustaste) des Audio-Tracks in der zugehörigen virtuellen CD.

Im Register *Allgemein* sehen Sie den Typ sowie Namen und Größe der verwendeten Audiodatei.

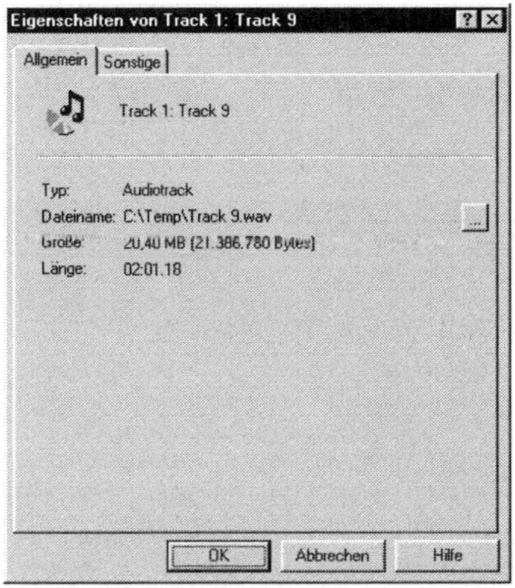

Abbildung D.21: Die Daten eines Audio-Tracks

Daten hinzufügen

Um einem Track Dateien hinzuzufügen bzw. zuzuweisen und diese zu ändern, gehen Sie exakt so vor wie im normalen Windows Explorer. Die Bedienung von CD MASTER wurde so konzipiert, dass Sie keiner neuen Einarbeitungszeit bedürfen und sofort loslegen können.

Ziehen Sie die Dateien und Verzeichnisse, die Sie auf die CD brennen möchten, einfach auf die entsprechenden Verzeichnisse in Ihrem Track. Weiterhin verfügen Sie natürlich über die ebenfalls vom Windows Explorer bekannten Möglichkeiten, über das *Datei*-Menü Ordner zu erzeugen, umzubenennen, hinzuzufügen oder auch zu löschen. Alle diese Funktionen können Sie natürlich auch über das Kontextmenü mit der rechten Maustaste erreichen.

HINWEIS

Bedenken Sie dabei immer, dass es sich bei den hinzugefügten Dateien lediglich um Verweise auf die Originaldatei handelt. Diese werden ungültig, wenn die Originaldatei gelöscht oder verschoben wird.

Multisession-CDs

Soll eine *Multisession-CD* erstellt werden, so muss zunächst ein Daten-Track von einer CD eingelesen werden, dessen Inhaltsverzeichnis als Grundlage für die neue Verzeichnisstruktur dient.

Hierzu wird aus dem Kontextmenü eines Tracks (rechte Maustaste) *Multisession* ausgewählt. Es erscheint folgendes Fenster:

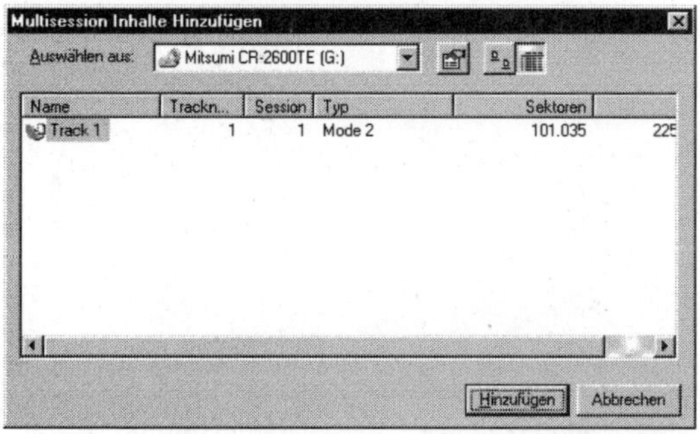

Abbildung D.22: Der Track einer schon bestehenden CD

Im oberen Auswahlfeld können Sie den CD-Recorder wählen, von dem Sie den Track mit den Multisession-Informationen lesen möchten. Wird Ihr CD-Recorder nicht angezeigt, lesen Sie bitte den entsprechenden Absatz im Abschnitt »Problembehebung«.

Haben Sie den CD-Recorder eingestellt und eine Daten-CD eingelegt, erscheint eine Liste mit den vorhandenen Tracks. Klicken Sie den Track an, dessen Inhaltsverzeichnis Sie verwenden möchten, und aktivieren Sie anschließend *Hinzufügen*. Die Dateien dieses Tracks erscheinen daraufhin entsprechend als Verweis gekennzeichnet in dem normalen Verzeichnisbaum.

Sie können diese Dateien genauso bearbeiten wie die neu hinzugefügten oder erzeugten Dateien und Verzeichnisse. Wenn Sie einen solchen Verweis löschen, gewinnen Sie zwar den Speicherplatz zurück, können aber aus der aktuellen Session nicht mehr darauf zugreifen.

CD-Rs beschreiben

Möchten Sie eine von Ihnen erzeugte virtuelle CD auf eine CD-R schreiben, wählen Sie aus dem Kontextmenü der entsprechenden CD den Eintrag *Auf CD-Schreiber schreiben*.

HINWEIS

Beachten Sie, dass diese Aktion in der Testversion auf der beiliegenden CD nicht unterstützt wird. Lediglich in der Originalversion wird das Programm diese Aktion durchführen.

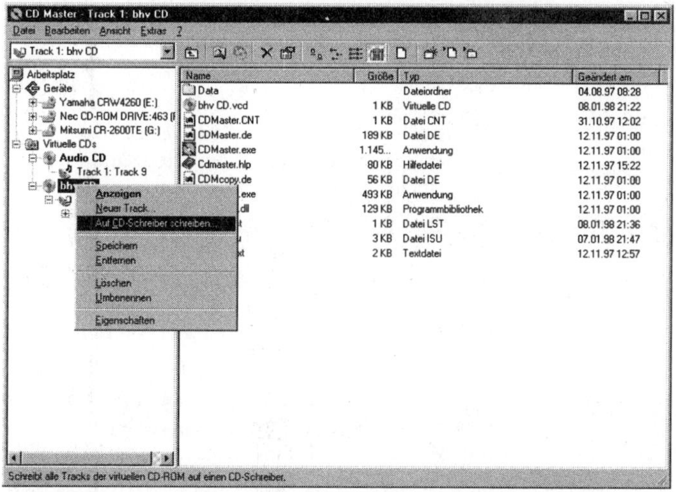

Abbildung D.23: In diesem Menü wählen Sie den Befehl zum Brennen aus

Sobald Sie den Menübefehl aktiviert haben, erscheint dieses Fenster:

Abbildung D.24: Das Schreiben-Fenster

Wählen Sic zunächst aus der Liste den *CD-Schreiber* aus, den Sie für diesen Schreibvorgang nutzen möchten. Besitzen Sie nur einen CD-Recorder, so ist dieser bereits voreingestellt.

Wird Ihr CD-Recorder nicht angezeigt, lesen Sie bitte den entsprechenden Absatz im Abschnitt »Problembehebung«. Ist der CD-Recorder eingestellt, können Sie die gewünschte *Schreibgeschwindigkeit* wählen. Diese hängt von Ihrem System ab und wird vom CD MASTER auf einen sinnvollen Wert voreingestellt, kann aber von Ihnen verändert werden.

Als Nächstes muss gewählt werden, ob der aktuelle Schreibvorgang, die *Session*, abgeschlossen werden soll, und wenn ja, als welcher Typ sie abgeschlossen werden soll. Zur Auswahl stehen hier *CD-ROM* (normale Daten und Mixed-Mode-CDs), *CDDA* (Audio-CDs) und *CD-I* (Philips CD-I). Wird die CD nicht abgeschlossen, kann weiterhin in diese Session geschrieben werden. Allerdings sind die Daten bis zum Abschließen der CD nicht von anderen CD-ROM-Laufwerken lesbar. Wird eine Session abgeschlossen, belegt dieser Vorgang einige MByte Speicherplatz auf der CD. Bei Audio-CDs ist außerdem zu beachten, dass CD-Player in aller Regel nur die erste Session lesen können.

Das *Session schließen als...* darf keinesfalls mit *CD schließen* verwechselt werden. Wird die CD geschlossen, ist es nicht möglich, weitere Daten auf die CD – auch nicht in eine andere Session – zu schreiben. *CD schließen* wird daher oft als Schutz gegen nachträgliche Veränderungen eingesetzt.

Die nächste wichtige Einstellung ist das *Simulieren*. Bei der Simulation wird der komplette Schreibvorgang mit abgeschaltetem Schreiblaser durchgeführt. Treten bei diesem Test Fehler auf, ist der verwendete Rohling schadensfrei und kann nach Beseitigung der Fehlerquelle weiterhin genutzt werden.

HINWEIS

Solange Sie sich der Eigenschaften und Leistungsfähigkeit Ihres CD-Recorders noch nicht vollständig sicher sind, sollten Sie vor wirklichen Schreibvorgängen unbedingt Simulationen durchführen.

Damit Sie nicht immer da sein müssen, um nach einer erfolgreichen Simulation den wirklichen Schreibvorgang zu starten, bietet Ihnen der CD MASTER mehrere Optionen an, die nach der Simulation automatisch durchgeführt werden können. Wie die entsprechenden Bezeichnungen schon andeuten, können Sie nach der Simulation:

- ✔ *Nicht schreiben*
- ✔ *Direkt schreiben*
- ✔ *Nach Bestätigung schreiben*

Letztere Möglichkeit ist bei Recordern sinnvoll, bei denen die CD nach erfolgter Simulation ausgeworfen wird oder ausgeworfen werden muss.

Sollte die Simulation nicht erfolgreich durchgeführt werden, weil Ihr System nicht schnell genug ist, kann zum einen die Schreibgeschwindigkeit herabgesetzt und zum anderen die Option *Auf Festplatte zwischenspeichern* aktiviert werden.

Bei dieser Option wird auf der Festplatte zunächst ein Image vorbereitet, das dann anschließend auf die CD-R geschrieben wird. So ist es auch bei leistungsschwachen Systemen möglich, CDs ohne aufwendige Image-Files zu erstellen.

Audio-CDs auslesen

Oftmals ist es sinnvoll, Audio-Daten direkt von CD auszulesen. Der CD MASTER bietet diese Möglichkeit in Verbindung mit einem Schnittsystem, das es ermöglicht, sowohl das ganze als auch nur Teile eines Liedes auszulesen und als WAV-Datei abzuspeichern.

Legen Sie dazu die CD in ein geeignetes Laufwerk ein und klicken Sie das Laufwerk im linken Bereich des Fensters an. Daraufhin werden die Audio-Tracks im rechten Fensterbereich dargestellt. Klicken Sie den gewünschten Audio-Track mit der rechten Maustaste an und wählen Sie aus dem Kontextmenü den Eintrag *Speichern unter* aus.

HINWEIS

Beachten Sie dabei, dass zwar viele SCSI-CD-ROM-Laufwerke, alle CD-Recorder, aber fast keine AT/IDE/ATAPI-CD-ROM-Laufwerke über die Möglichkeit verfügen, Audiodaten digital auszulesen. Dies hat nichts mit deren Fähigkeit, Audio-CDs abzuspielen, zu tun.

Nach der Auswahl von *Speichern unter* erscheint folgendes Fenster:

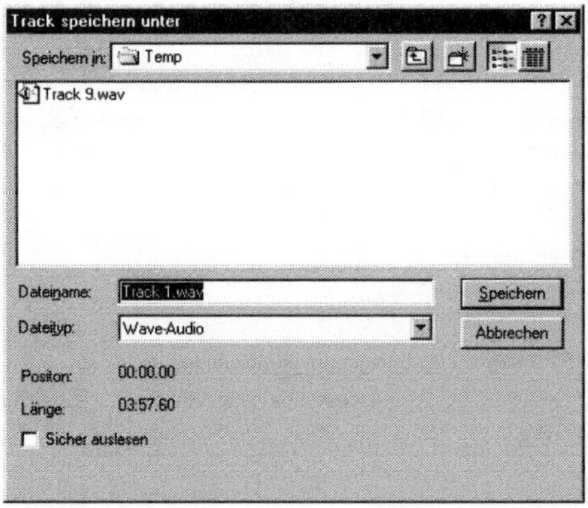

Abbildung D.25: Hier wird der Audio-Track gespeichert

Im oberen Fensterbereich können Sie auswählen, wo die auszulesende Datei abgespeichert werden soll. Einige Informationen sind im unteren Bereich angegeben.

Da auf Audio-CDs im Gegensatz zur Daten-CD Positionierungsinformationen auf der CD gespeichert sind, haben einige CD-Laufwerke bei Audio-CDs Positionierungsschwierigkeiten. Um dieses zu umgehen, kann der CD MASTER die Daten bei Auswahl von *Sicher auslesen* nach einem speziellen Verfahren einlesen. Dieses Verfahren ist zwar recht langsam, bietet jedoch bei vielen CD-Recordern eine verbesserte Qualität.

Das Modul CD-COPY

Viele Besitzer von CD-Recordern wollen nicht nur eigene CD-Rs herstellen, sondern oft einfach nur CDs direkt kopieren. Mit CD-COPY wird dem CD-MASTER ein leistungsfähiges und vor allem leicht zu nutzendes 1:1-Kopierprogramm zur Seite gestellt.

CD-COPY wurde ähnlich dem CD MASTER in das System integriert. Sie können es entweder durch das Kontextmenü eines CD-ROM-Laufwerks oder unter dem Menü *Extras* mit dem Befehl *CD-Kopierer* aus dem CD MASTER heraus starten. Danach erscheint folgendes Fenster:

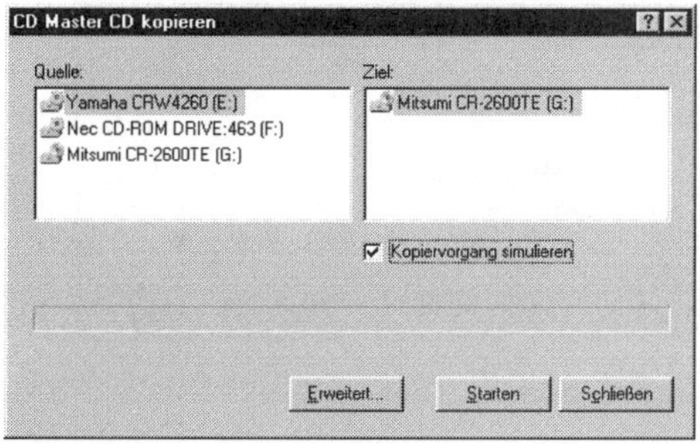

Abbildung D.26: Der CD-Kopierer

Wie Sie sehen, orientiert sich CD-COPY weitgehend an dem bekannten Windows-95-Diskettenkopier-Dialog, so dass auch hier keinerlei Umgewöhnungszeit nötig ist. Wie beim Kopieren von Disketten sehen Sie im oberen Fensterbereich die vorhandenen Quell- und Ziellaufwerke. Bei den Quelllaufwerken werden alle CD-ROM-Laufwerke und CD-Recorder aufgelistet, während bei den Ziellaufwerken nur die CD-Recorder angezeigt werden.

Wird Ihr CD-Recorder nur bei Quell- und nicht bei Ziellaufwerken angezeigt, lesen Sie bitte den entsprechenden Absatz im Abschnitt »Problembehebung«. Beachten Sie dabei auch, dass es vom Controller abhängt, ob AT/IDE/ATAPI-CD-ROM-Laufwerke ebenfalls als Quelllaufwerke angezeigt werden. CD-COPY hat hierauf keinen Einfluss.

Eine weitere äußerst wichtige Einschränkung in Bezug auf AT/IDE/ATAPI-CD-ROM-Laufwerke ist bei fast allen bekannten CD-ROM-Laufwerken deren Unvermögen, Audio-Daten digital auszulesen. Dies hat nichts mit deren Fähigkeit, Audio-CDs abspielen zu können, zu tun.

Soll nun eine CD(-R) kopiert werden, wird diese in das Quelllaufwerk eingelegt. Quell- und Ziellaufwerk werden nun selektiert. Anschließend kann der Kopiervorgang durch Anklicken der *Start*-Schaltfläche gestartet werden. Haben Sie die Option *Kopiervorgang simulieren* ausgewählt, wird vor dem eigentlichen Kopiervorgang zunächst eine Simulation durchgeführt.

Je nach den Einstellungen in *Erweitert...* wird bei erfolgreicher Simulation der Kopiervorgang anschließend automatisch gestartet. Außerdem können noch andere Einstellungen in *Erweitert...* vorgenommen werden.

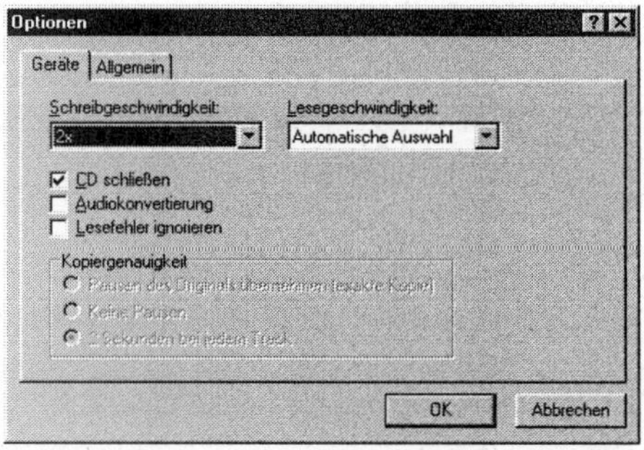

Abbildung D.27: Das *Geräte*-Register

Im Register *Geräte* wird die Schreibgeschwindigkeit eingestellt. Wird die Voreinstellung *Automatische Auswahl* beibehalten, wählt CD-COPY eine an die Art der zu kopierenden CD und an das System angepasste Geschwindigkeit aus.

Weiter können Sie angeben, ob die CD nach dem Brennvorgang geschlossen werden soll. Das bedeutet, dass keine weiteren Schreibvorgänge auf dieser CD-R mehr möglich sind.

Im Register *Allgemein* wird eingestellt, ob der Bildschirmschoner während des Schreibvorgangs abgeschaltet bleibt und ferner ob der reale Kopiervorgang automatisch nach erfolgreicher Simulation gestartet werden soll beziehungsweise ob die zu kopierenden Daten auf der Festplatte zwischengespeichert werden sollen.

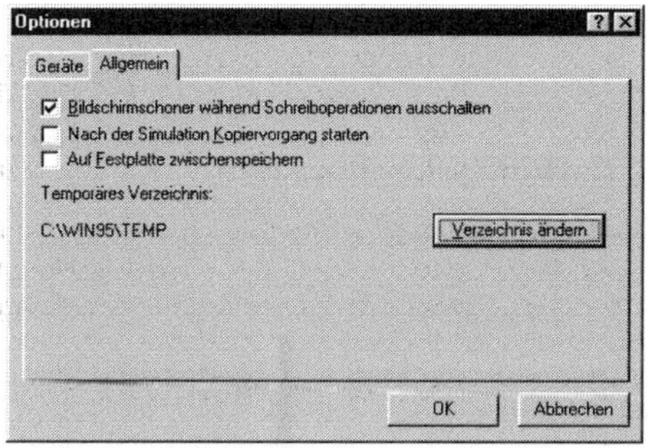

Abbildung D.28: Das Register *Allgemein*

Das Abschalten des Bildschirmschoners ist die voreingestellte Option und sollte unbedingt, von wenigen Ausnahmen abgesehen, beibehalten werden. Während des Schreibvorgangs muss eine konstante Datenübertragungsrate gewährleistet sein. Jegliche anderen Programme, also auch Bildschirmschoner, wirken sich störend aus und können den befürchteten Fehler *Buffer underrun* bewirken.

CD-COPY bietet die Option an, nach der erfolgreichen Simulation den Brennvorgang automatisch zu starten.

Eine weitere Option umfasst die Zwischenspeicherung der zu kopierenden Daten. Ohne Auswahl dieser Option werden die Daten direkt vom Quell- zum Ziellaufwerk übertragen, sofern diese nicht identisch sind.

Wird diese Option ausgewählt, so werden zunächst so viele Daten von dem Quelllaufwerk gelesen, wie auf die Festplatte mit dem eingestellten Pfad passen. Diese Daten werden anschließend auf das Ziellaufwerk geschrieben. Die Option kann eingesetzt werden, um von langsamen Quelllaufwerken hochwertige Kopien zu erzeugen, ohne die Gefahr eines Datenstromabbruchs einzugehen.

CD mit »Lesefehlern« kopieren

Eine Reihe von CDs wird heute mit einem Kopierschutz versehen, der sich in Form von *Lesefehlern* bei gewöhnlicher Brennersoftware bemerkbar macht. Diese Fehler können von CD MASTER ignoriert werden. Jetzt haben Sie auch hier die Möglichkeit, von Ihren teuren Original-CDs Sicherheitskopien zu ziehen.

Sollen CDs mit Lesefehlern kopiert werden, so ist einfach die Option *Lesefehler ignorieren* anzuklicken.

PSX Playstation CD-ROMs kopieren

CD-COPY kopiert auch PSX Playstation Software. Legen Sie dazu die PSX-CD einfach in das Quelllaufwerk. CD-COPY erkennt automatisch das PSX-Format und erzeugt eine Kopie auf gewöhnlicher CD-R.

Diese CD-R kann von Ihrer PSX Playstation gelesen werden, wenn diese Playstation-*multinormfähig* ist. Die Multinorm wird z. B. vorausgesetzt, wenn Sie Spiele aus dem US- oder japanischen Markt spielen wollen. Die meisten Playstations können, wenn diese Multinorm nicht unterstützt wird, von Ihrem Fachhändler nachgerüstet werden.

Problembehebung

Bei der Erstellung des CD MASTER wurde höchste Sorgfalt darauf verwendet, die Software fehlerfrei zu gestalten. Weiterhin wurden CD MASTER sowie CD-COPY von vielen unabhängigen Testern eingehenden Prüfungen unterzogen.

Trotzdem kann die exakte Funktion, vor allem aufgrund der großen unterschiedlichen Hardware-Gegebenheiten nicht garantiert werden. Sollten Sie Probleme beim Betrieb des CD MASTERs haben, können Ihnen die folgenden Beispielfälle bei der Problemlösung behilflich sein.

Der CD-Recorder wird nicht als CD-Recorder erkannt

CD MASTER und CD-COPY ermitteln bekannte CD-Recorder anhand deren Namen. Ist der Name eines CD-Recorders nicht bekannt, kann er nicht als CD-Recorder erkannt werden. Da er aber natürlich trotzdem ein CD-Recorder ist, muss dem Programm mitgeteilt werden, wie es den CD-Recorder ansprechen soll.

Sofern der *unerkannte* CD-Recorder kompatibel mit einem dem CD MASTER bekannten CD-Recorder ist, kann dies durch einen einfachen Mechanismus geschehen. Wählen Sie aus dem Kontextmenü des CD-Recorders den Eintrag *Als CD-Schreiber eintragen* und in dem anschließenden Fenster den kompatiblen CD-Recorder. Wenn Sie nicht wissen, mit welchem CD-Recorder Ihr CD-Recorder kompatibel ist, wenden Sie sich an Ihren Händler oder direkt an den Hersteller.

Eine Fehlermeldung tritt auf

Unter bestimmten Umständen kann beim Start des Brennvorgangs folgende Meldung auftreten:

Der Wert muss zwischen 0 und 65536 liegen.

Hierbei handelt es sich um ein DLL-Problem, das unter Umständen bei Windows-95-Versionen der ersten Generation auftreten kann.

Microsoft hat das Problem erkannt und in neueren Versionen die DLL geändert und verbessert. Diese DLL findet sich unter anderem in allen Mircosoft Internet Explorer-Versionen und wird automatisch bei einer Setup-Routine aktualisiert.

Das Hilfesystem

CD MASTER unterstützt Sie durch ein digitales Handbuch, einen Assistenten und ein leistungsfähiges Hilfesystem.

Sie erreichen die Hilfethemen, indem Sie nach der Installation und dem Start des CD MASTERs unter dem *?*-Menü die *Hilfethemen* auswählen.

Häufig vorkommende Fragestellungen sind in *Inhalt* und weitere Informationen in *Index* aufgeführt. Sie können aber auch mit Hilfe der Funktion *Suchen* nach einem bestimmten Wort oder längeren Ausdruck suchen.

So suchen Sie mit *Inhalt*

Klicken Sie auf *Inhalt*, um in Sachgebieten zusammengefasste Themen zu suchen. Folgen Sie dann den Anweisungen auf dem Bildschirm.

Abbildung D.29: Der Inhalt der Hilfe

HINWEIS

Wenn ein Hilfethema grün unterstrichenen Text enthält, können Sie mit Mausklick auf diesen eine Definition dieses Begriffs einblenden.

So suchen Sie im *Index*

Klicken Sie auf *Index*, um bestimmte alphabetisch aufgelistete Themen zu suchen. Folgen Sie anschließend den Anweisungen auf dem Bildschirm.

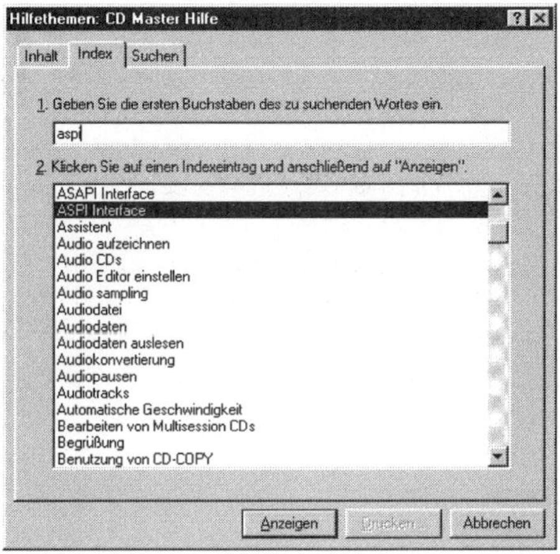

Abbildung D.30: Der Index der Hilfe

So suchen Sie ein Hilfethema

Ein Wort oder einen längeren Ausdruck suchen Sie im Register *Suchen*. Geben Sie hier Ihren Suchbegriff ein. Alle Themen, die den Suchbegriff enthalten, werden aufgelistet. Folgen Sie anschließend den Anweisungen auf dem Bildschirm.

Die Elementhilfe

Sofern sich neben der *Schließen*-Schaltfläche eines Fensters in der rechten oberen Ecke noch eine Schaltfläche mit einem Fragezeichen »?« befindet, klicken Sie zunächst auf das Fragezeichen und dann auf das Element, für das die Hilfe benötigt wird. Anschließend wird eine Erklärung eingeblendet.

Die Hilfe-Schaltflächen

Wenn Sie Hilfe zu einem bestimmten Dialogfenster benötigen, können Sie in einigen Fällen eine *Hilfe*-Schaltfläche anklicken. Die *Hilfe*-Schaltfläche stellt dabei einen Querverweis zu dem normalen Hilfetext dar.

ANHANG

E

Die Tastenbenutzung unter Windows 98

Die Tastenbenutzung unter Windows 98

Dieses Unterkapitel gibt Ihnen eine Übersicht darüber, mit welchen Tasten bzw. Tastenkombinationen Sie Windows 98 schnell und einfach bedienen können. Dabei werden die Tasten und Tastenkombinationen entsprechend der Situation zugeordnet, da diese bei verschiedenen Einstellungen und Ansichten unterschiedliche Funktionen erfüllen.

Tasten in Fenstern, Dialogen und Textfeldern

Tastenkombination	Auswirkung in Fenstern
[Alt]+[⇥]	Es wird zum nächsten Programm gewechselt
[⇧]+[Alt]+[⇥]	Es wird zum vorherigen Programm gewechselt
[Strg]+[Esc]	Das Start*menü* wird eingeblendet
[Strg]+[F7]	Der Befehl *Verschieben* wird ausgeführt
[Strg]+[F8]	Der Befehl *Größe* wird ausgeführt
[Strg]+[F9]	Das Fenster wird minimiert
[Strg]+[F10]	Das Fenster wird maximiert

Tastenkombination	Auswirkung in Dialogen
[Strg]+[⇥]	Wechselt zur nächsten Registerkarte
[Strg]+[⇧]+[⇥]	Wechselt zur vorherigen Registerkarte
[⇥]	Wechselt zur nächsten Option oder Optionsgruppe
[⇧]+[⇥]	Wechselt zur vorherigen Option oder Optionsgruppe
[Leer]	Aktivieren bzw. Deaktivieren eines Kontrollkästchens

Tastenkombination	Auswirkung in Dialogen
Alt + ↓	Öffnet ein ausgewähltes Dropdown-Listenfeld
Esc	Schließt ein ausgewähltes Dropdown-Listenfeld
↵	Aktiviert die Standardschaltfläche in einem Dialogfeld
Esc	Bricht einen Befehl ab und schließt ein Dialogfeld

Tastenkombination	Auswirkung in Textfeldern
Pos1	Wechsel an den Beginn des Eintrags
Ende	Wechsel an das Ende des Eintrags
←	Wechselt zum links liegenden Zeichen
→	Wechselt zum rechts liegenden Zeichen
Strg + ←	Wechselt zum links liegenden Wort
Strg + →	Wechselt zum rechts liegenden Wort
⇧ + Pos1	Markiert von der Einfügemarke bis zum Beginn des Eintrags
⇧ + Ende	Markiert von der Einfügemarke bis zum Ende des Eintrags
⇧ + ←	Markieren bzw. Aufheben der Markierung des Zeichens links von der aktuellen Position
⇧ + →	Markieren bzw. Aufheben der Markierung des Zeichens rechts von der aktuellen Position
Strg + ⇧ + ←	Markieren bzw. Aufheben der Markierung eines Wortes links von der aktuellen Position
Strg + ⇧ + →	Markieren bzw. Aufheben der Markierung eines Wortes rechts von der aktuellen Position

Tasten in Menüs

Tastenkombination	Auswirkung
[⇧] + [F10]	Blendet ein Kontextmenü ein, in dem eine Liste mit den für das markierte Objekt relevanten Befehlen angezeigt wird
[Alt] + [Leer]	Das Systemmenü der Anwendung wird eingeblendet
[↓]	Wählt den vorangehenden Menübefehl aus
[↑]	Wählt den darunterliegenden Menübefehl aus
[←]	Wählt das links daneben liegende Menü aus
[→]	Wählt das rechts daneben liegende Menü aus
[←]	Wechselt von einem Untermenü zum entsprechenden Hauptmenü
[→]	Wechselt von einem Menüeintrag zum entsprechenden Untermenü

Tasten in Symbolleisten

Tastenkombination	Auswirkung
[F10]	Aktiviert die Menüleiste einer Anwendung
[Strg] + [⇆]	Auswahl der nächsten Symbolleiste
[Strg] + [⇧] + [⇆]	Auswahl der vorherigen Symbolleiste
[↵]	Öffnet das ausgewählte Menü

Text oder Objekte kopieren bzw. löschen

Tastenkombination	Auswirkung
⇦	Löscht ein Zeichen links neben der Einfügemarke
Strg + ⇦	Löscht ein Wort links neben der Einfügemarke
Entf	Löscht ein Zeichen rechts neben der Einfügemarke
Strg + Entf	Löscht ein Wort rechts neben der Einfügemarke
Strg + X	Schneidet das markierte Objekt aus
Strg + C	Kopiert das markierte Objekt
Strg + V	Fügt das ausgeschnittene oder kopierte Objekt wieder ein
Strg + Z	Die letzte Aktion wird rückgängig gemacht

Text und Objekte markieren

Tastenkombination	Auswirkung
⇧ + →	Das Zeichen rechts neben der Einfügemarke wird markiert
⇧ + ←	Das Zeichen links neben der Einfügemarke wird markiert
Strg + ⇧ + →	Von der Einfügemarke bis zum Ende des Wortes wird markiert
Strg + ⇧ + ←	Von der Einfügemarke bis zum Anfang des Wortes wird markiert
⇧ + ↑	Es wird eine Zeile nach oben markiert
⇧ + ↓	Es wird eine Zeile nach unten markiert
⇥	Ein Objekt wird markiert
⇧ + ⇥	Das Objekt wird gewechselt, bis das gewünschte markiert ist

Cursorbewegungen innerhalb von Text

Tastenkombination	Auswirkung
[←]	Ein Zeichen nach links
[→]	Ein Zeichen nach rechts
[↑]	Eine Zeile nach oben
[↓]	Eine Zeile nach unten
[Strg]+[←]	Ein Wort nach links
[Strg]+[→]	Ein Wort nach rechts
[Ende]	An das Ende einer Zeile
[Pos1]	An den Anfang einer Zeile
[Strg]+[↑]	Einen Absatz nach oben
[Strg]+[↓]	Einen Absatz nach unten
[Strg]+[Ende]	An das Ende eines Textfeldes
[Strg]+[Pos1]	An den Anfang eines Textfeldes
[⇧]+[⇆]	Es wird zum vorherigen Objekt gewechselt
[⇆]	Es wird zum nächsten Objekt gewechselt
[⇧]+[F4]	Es wird zum nächsten Vorkommen des für eine Suchaktion festgelegten Textes gewechselt

ANHANG

Windows 98
Zweite Ausgabe

F

Windows 98 Zweite Ausgabe

Nachdem sich Windows 98 in den letzten Monaten zu dem Standardbetriebssystem der PCs etabliert hat, ist Mitte des Jahres 1999 eine überarbeitete Version dieser Software von Microsoft auf dem Markt erschienen. Die Bezeichnung für diese Version lautet *Windows 98 Zweite Ausgabe*.

Seit dem Erscheinen dieser Version werden immer mehr Computer mit diesem System ausgestattet. Gerade neue Computer sind oftmals mit der zweiten Ausgabe ausgerüstet. Ob Sie diese Version des Betriebssystems auf Ihren Computer installiert haben, können Sie leicht feststellen.

Die Versionsnummer einsehen

Um die entsprechende Information einsehen zu können, müssen Sie lediglich die *Systemsteuerung* aktivieren, indem Sie den gleichnamigen Eintrag im Ordner *Einstellungen* innerhalb des Startmenüs aufrufen.

Innerhalb der Systemsteuerung klicken Sie doppelt auf das *System*-Symbol. Daraufhin erscheint ein Fenster, in dem die Version der Windows-Software eingetragen ist, so wie Sie es in der nachfolgenden Abbildung sehen können.

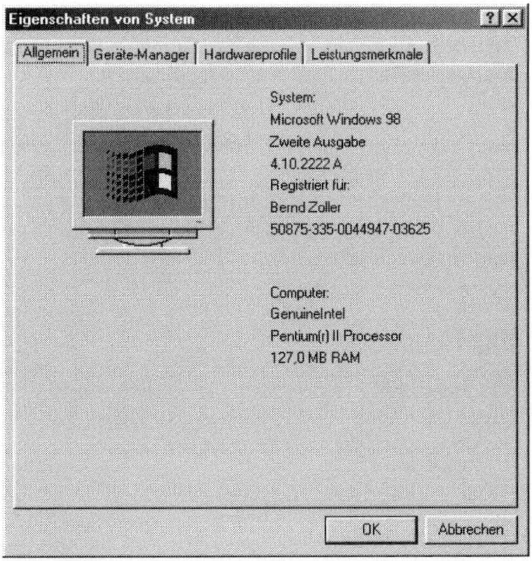

Abbildung F.1: Die zweite Ausgabe von Windows 98

Die Überarbeitung von Windows 98 erfolgte nicht ohne Grund. Es sind in der neuen Version einige Veränderungen vorgenommen worden, die innerhalb dieses Kapitel kurz aufgegriffen werden sollen.

Da nicht nur Fehler der »alten« Version behoben wurden sondern auch interessante Neuerung in der zweiten Ausgabe vorhanden sind, wird an einigen Stellen auch etwas genauer auf diese Dinge eingegangen. Doch der Reihe nach.

Die Neuerungen

Welche Überarbeitungen die neue Version von Windows 98 erfahren hat, erfahren Sie nachfolgend.

Windows 98 Service Pack

Jeder Anwender, der Windows 98 auf seinem Computer installiert hat, kann von Microsoft kostenlos ein sogenanntes *Service Pack*, z.B. über das Internet, beziehen und installieren.

Das Service Pack enthält Korrekturen von Fehlern, die im Laufe der Zeit innerhalb der ersten Version von Windows 98 entdeckt und erkannt wurden. Dieses Service Pack wurde bei der zweiten Version berücksichtigt und implementiert. D.h. die Fehler der ersten Version sind hier ausgemerzt.

Die Fehlerbehebung führt dazu, dass die neue Version stabiler läuft und weniger Probleme verursacht. Zudem sind hier neue Hardwarekomponenten und überarbeitete Treiber implementiert worden, so dass die neue Version aktueller an den auf dem Markt erhältlichen Hardwarekomponenten angelehnt ist. Doch es gibt noch mehr.

Der Internet Explorer 5.0

Eine wesentliche Neuerung in der zweiten Ausgabe ist die Integration des Internet Explorers in der Version 5.0. Dieser löst die alte 4.0-Version ab, was dazu führt, dass die Internet-Integration noch mehr in den Vordergrund rückt.

Der Internet Explorer 5.0 bzw. seine Funktionalität und Bedienung ist so vielfältig in Windows 98 integriert, dass Sie ihn immer wieder bei der täglichen Arbeit mit Windows vorfinden. Egal ob Sie die Systemsteuerung öffnen oder mit dem Windows Explorer arbeiten, immer werden Sie die neue Version des Internet Explorers vorfinden.

Auf diese Weise ist die Arbeit mit dem Internet für Sie als Anwender kein Problem mehr. Ist die Verbindung zum Internet erst einmal hergestellt, können Sie dort agieren, wie Sie es von Ihrer »normalen« Arbeit her gewohnt sind.

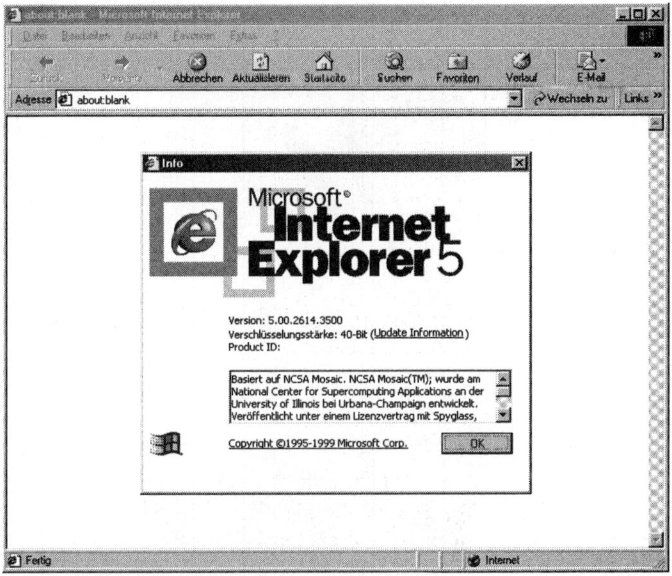

Abbildung F.2: Der Internet Explorer 5.0

DFÜ-Netzwerk 3.1

Außer der neuen Version des Internet Explorers sind noch einige anderer Programme in einer neuen Version innerhalb der zweiten Ausgabe vorhanden. Dies betrifft auch das DFÜ-Netzwerk.

Das DFÜ-Netzwerk ist in der neuen Version 1.3 in das neue Paket integriert worden. Es wurden in dieser Version die Sicherheitseinrichtungen beim Senden und Empfangen von Daten überarbeitet. Dies betrifft sowohl die Verwaltung der Kennwörter als auch die Datenverschlüsselung.

Windows Media Player 6.1

Der bislang vorhandene Windows Media Player liegt nun in der neuen Version 6.1 vor.

Abbildung F.3: Der neue Windows Media Player

Die neue Version unterstützt nun mehrere Formate und bietet mehr Funktionen. So kann hier nun z.B. die Fenstergröße bei der Wiedergabe frei gewählt werden.

Verbesserte Funktionen im Zusammenspiel mit der Hardware

In der neuen Version von Windows 98 erhielt der zukunftsweisende Universal Serial Bus eine noch verbesserte Unterstützung. So können USB-Geräte während des Betriebs ein- oder ausgeschaltet werden, wobei Windows dies erkennt und entsprechend reagiert.

IEEE 1394

Zudem unterstützt Windows 98 zweite Ausgabe die IEEE 1394-Schnittstelle. Diese wird insbesondere in Verbindung mit digitalen Zusatzkomponenten notwendig, die große Anforderung hinsichtlich der Übertragungsbandbreite erfordern.

Device Bay

Durch die Unterstützung von Device-Bay-Hardwarekomponenten ist es ab der neuen Version auch möglich, entsprechende Festplatten, DVD-Laufwerke usw. während des Betriebs von Windows auszuwechseln, was insbesondere bei großen Systemen von Vorteil ist.

Wake on LAN

Zudem bietet Windows 98 zweite Ausgabe nun die Wake-on-LAN-Unterstützung. Hierbei kann ein Rechner innerhalb eines Netzwerkes so lange in den »Schlafmodus« verweilen, bis dieser durch eine Anforderung über die Netzwerkkarte wieder aktiviert wird. So kann durch die Energiesparfunktion Energie und damit Geld gespart werden.

ACPI

Dies ist auch durch die erweiterte Systemschnittstelle ACPI (Advanced Configuration and Power Interface) möglich, die insbesondere in Verbindung mit entsprechend steuerbaren Komponenten eingesetzt werden kann.

DirectX 6.1

Neben diesen Neuerungen wird auch die Schnittstelle DirectX 6.1 unterstützt, die die Integration von Multimediageräten verbessert.

Internetverbindungsfreigabe

Auf die beiden letzten in diesem Kapitel angesprochenen Neuerungen soll etwas genauer eingegangen werden, da diese sehr interessante Möglichkeiten bieten.

Da wäre zunächst einmal die *Internetverbindungsfreigabe*, die im englischen mit *Internet Connection Sharing* bezeichnet wird. Dabei handelt es sich um die Möglichkeit, eine Internet-Verbindung eines Rechners für ein gesamtes Netzwerk zur Verfügung zu stellen.

So ist es nach der Einrichtung dieser Funktion anschließend möglich innerhalb eines Netzwerks mit mehreren Computern gleichzeitig auf eine Internet-Verbindung zugreifen und damit nutzen zu können.

Wie Sie diese Funktion einrichten und aktivieren soll nachfolgend kurz erläutert werden.

Die Vorbereitungen

Als erstes richten Sie den Computer, der die Verbindung zum Internet herstellen soll, so ein, als ob Sie ihn ganz »normal« benutzen wollen. Die Möglichkeit der Internetverbindungsfreigabe soll zuerst einmal unberücksichtigt bleiben.

Die Installtion

Richten Sie den Computer so ein, dass die Internetverbindung funktioniert und der Rechner mit den üblichen Möglichkeiten im Netzwerk integriert ist. Erst wenn das der Fall ist, erfolgt die Einrichtung der Internetverbindungsfreigabe.

Um diese neue Funktion aktivieren zu können, öffnen Sie die Systemsteuerung über das Startmenü. Innerhalb der Systemsteuerung doppelklicken Sie das Symbol *Software*.

Abbildung F.4: Die *Software* in der Systemsteuerung

Sobald Sie das Symbol doppelt angeklickt haben, öffnet sich ein Fenster mit mehreren Registerkarten. Wechseln Sie hier zur Registerkarte *Windows-Setup* (siehe Abbildung F.5).

Innerhalb dieser Registerkarte sind die bislang installierten und die ansonsten noch vorhandenen Windows-Komponenten aufgelistet.

Sie werden dort den Eintrag *Internet-Programme* vorfinden. Wählen Sie diesen Eintrag mit einem Klick an. Anschließend klicken Sie auf die Schaltfläche *Details*. Dadurch gelangen Sie in eine weitere Auswahl (siehe Abbildung F.6).

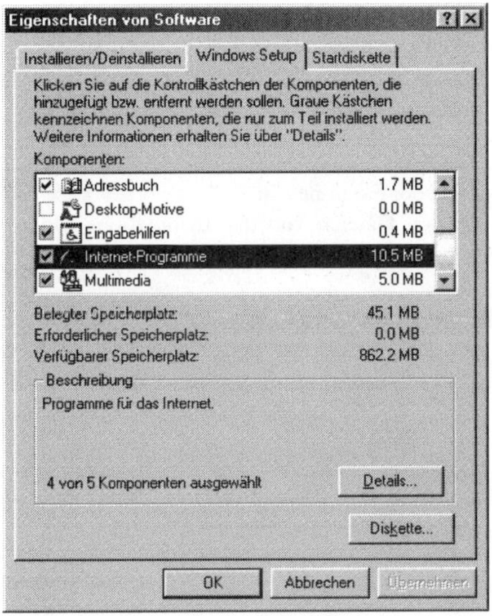

Abbildung F.5: Das Windows-Setup

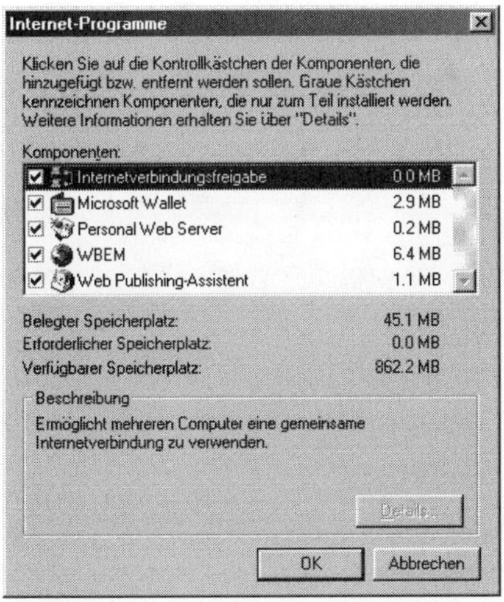

Abbildung F.6: Die Internet-Programme

Internetverbindungsfreigabe aktivieren

Innerhalb der Auswahl aktivieren Sie den Eintrag *Internetverbindungsfreigabe*. Dadurch geben Sie Windows zu erkennen, dass Sie diese Komponente nun installieren möchten.

Klicken Sie nun auf *OK*, damit die Installation erfolgen kann.

Sobald Sie den Dialog verlassen, überprüft die Windows-Setup-Routine, welche Komponenten neu installiert werden sollen und beginnt dann die erforderlichen Dateien von der Installations-CD auf Ihren Rechner zu kopieren.

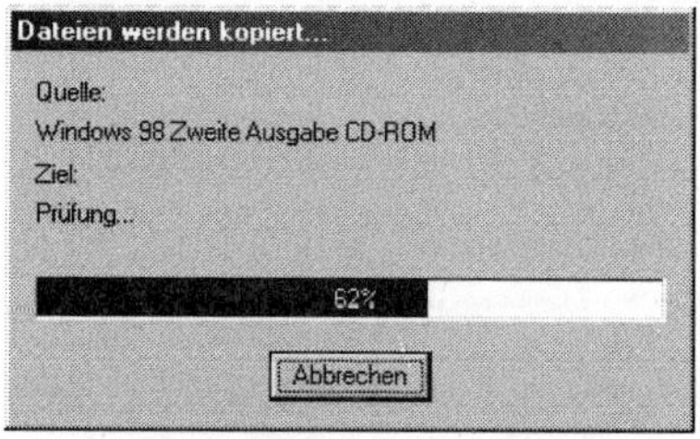

Abbildung F.7: Die Dateien werden kopiert

Sind die notwendigen Dateien auf Ihren Computer übertragen worden, dann wird automatisch der *Assistent für die Internetverbindungsfreigabe* gestartet. Hierüber werden die notwendigen Einstellungen vorgenommen.

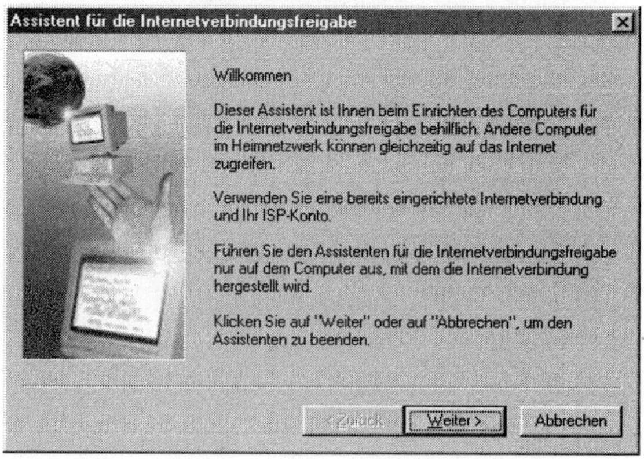

Abbildung F.8: Der Assistent für die Internetverbindungsfreigabe

Im ersten Dialog werden Sie lediglich begrüßt. Einstellungen müssen Sie hier nicht vornehmen.

Erst im nächsten Dialog müssen Sie eine Auswahl treffen.

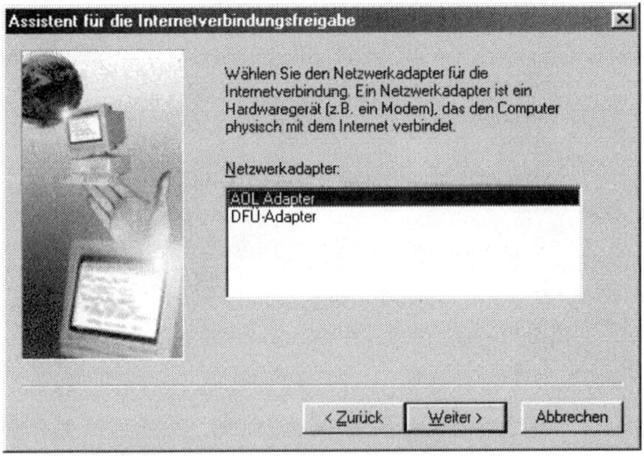

Abbildung F.9: Der Netzwerkadapter

Sie müssen hier auswählen, mittels welchen Adapters Sie die Internetverbindung aufbauen. In diesem Beispiel werden wir die Internetverbindung über eine installierte AOL-Verbindung herstellen. Deshalb wurde hier der *AOL-Adapter* ausgewählt.

Bei Ihnen müssen Sie sich für den entsprechenden Adapter entscheiden, sollten mehrere eingerichtet sein.

Haben Sie den richtigen Adapter angewählt, klicken Sie auf *Weiter*, um die weiteren Schritte in Angriff zu nehmen (siehe Abbildung F.10).

Eine Diskette ist notwendig

Der Assistent teilt Ihnen nun mit, dass anschließend eine Diskette für die anderen Computer des Netzwerks erstellt werden soll. Legen Sie deshalb eine leere formatierte Diskette in das Diskettenlaufwerk des Computers ein.

Anschließend klicken Sie auf *Weiter*, damit der Assistent die notwendigen Informationen für die anderen Computer auf diese Diskette kopieren kann (siehe Abbildung F.11).

Klicken Sie auf *OK*, um den Schreibvorgang zu starten (siehe Abbildung F.12).

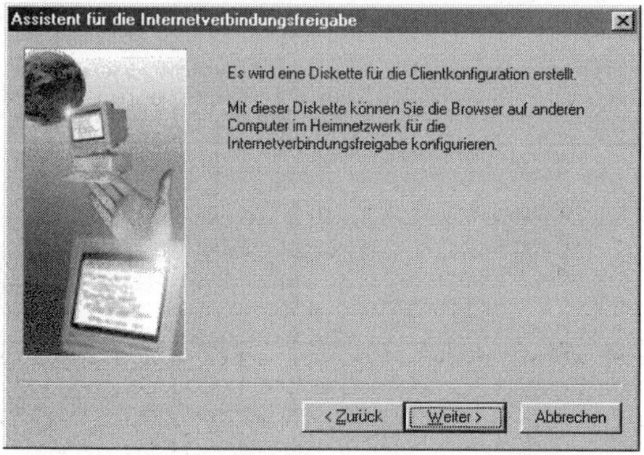

Abbildung F.10: Die Diskettenerstellung

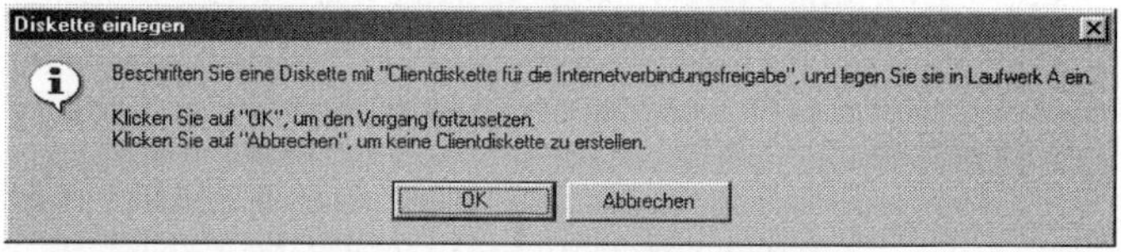

Abbildung F.11: Beschriften Sie die Diskette

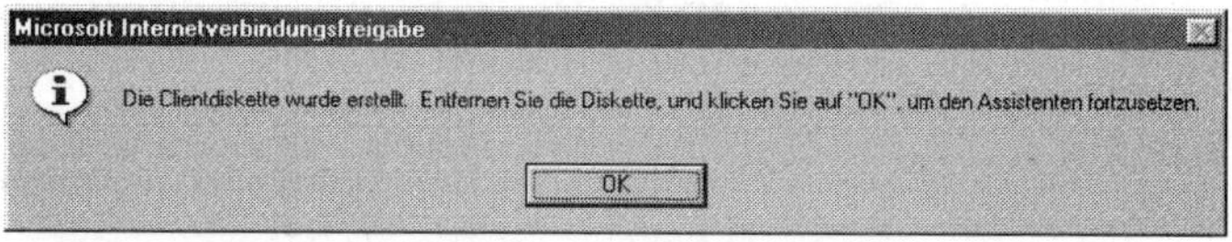

Abbildung F.12: Die Daten sind auf der Diskette

Ist der Schreibvorgang beendet, dann teilt Ihnen dies der Assistent mit. Sie können dann die Diskette aus dem Laufwerk nehmen. Klicken Sie dann auf *OK*, um zum letzten Schritt des Assistenten zu gelangen (siehe Abbildung F.13).

Im letzen Schritt des Assistenten klicken Sie auf *Fertig stellen*, damit die Einrichtung der Internetverbindungsfreigabe abgeschlossen werden kann.

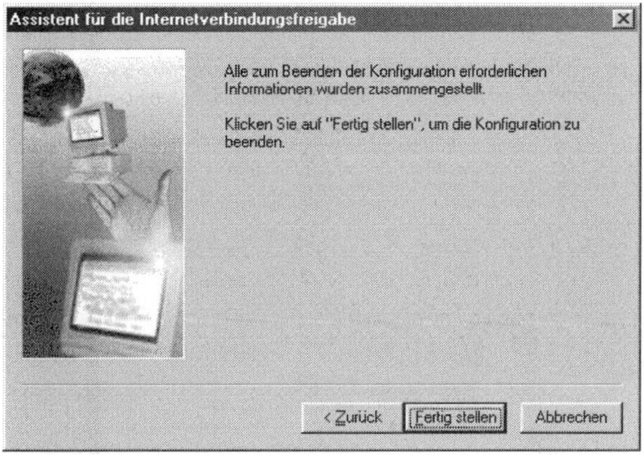

Abbildung F.13: Die Fertigstellung

Damit sind alle erforderlichen Einrichtungen an dem Rechner, der den anderen Netzwerkrechnern die Internetverbindung zur Verfügung stellt, abgeschlossen.

Es ist nun lediglich noch erforderlich, den Computer neu zu starten, damit die Einstellungen wirksam werden. Die kann der Assistent für Sie erledigen. Klicken Sie dazu auf *Ja*, in dem entsprechenden Dialog.

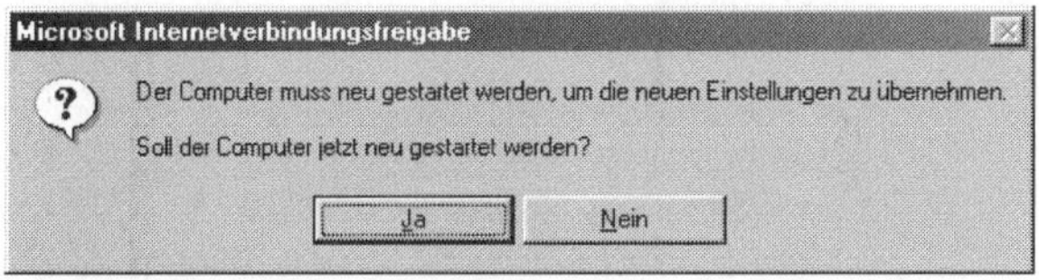

Abbildung F.14: Der Neustart des Rechners

Ist der Rechner anschließend neu hochgefahren, dann kontrollieren Sie, ob die Einrichtung erfolgreich war.

Öffnen Sie die Systemsteuerung und aktivieren Sie das Symbol *System* mit einem Doppelklick. Wechseln Sie in dem erscheinenden Fenster zur Registerkarte *Geräte-Manager* und öffnen Sie den Eintrag *Netzwerkkarten*, damit Sie die dort eingerichteten Einträge einsehen können.

Es sollte dort nun der Eintrag *Internetverbindungsfreigabe* enthalten sein.

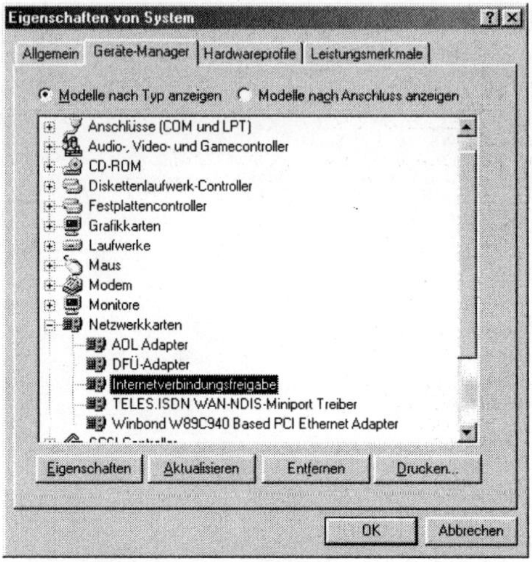

Abbildung F.15: Der neue Eintrag

Der Host-Rechner, der die Internetverbindungsfreigabe zur Verfügung stellt ist damit eingerichtet.

Die Client-Installation

Wenden wir uns nun dem Computer zu, der von der Internetverbindungsfreigabe profitieren soll, dem Client-Computer. Dieser muss natürlich ebenfalls eingerichtet und ins Netzwerk integriert sein.

Was hier allerdings nicht notwendig ist, ist die Aktivierung der Internetverbindungsfreigabe innerhalb des Windows-Setups. Dies ist darum nicht erforderlich, da alle notwendigen Angaben und Einstellungen auf der Diskette vorhanden sind, die der Assistent zuvor eingerichtet hat.

Um den Inhalt der Diskette einsehen zu können, legen Sie diese in das Laufwerk des Client-Computers und öffnen Sie den *Arbeitsplatz*.

Wechseln Sie dann zum Diskettenlaufwerk A: (siehe Abbildung F.16).

Wie Sie sehen, ist auf der Diskette gar nicht so viel vorhanden. Lediglich zwei Dateien sind dort abgelegt worden.

Klicken Sie nun das Weltkugelsymbol mit der Bezeichnung *icsclset.exe* doppelt an. Es wird daraufhin der *Assistent zum Einrichten der Browserverbindung* gestartet. Dieser Assistent übernimmt nun die Einrichtung des Client-Computers, so dass die Internetverbindungsfreigabe funktioniert (siehe Abbildung F.17).

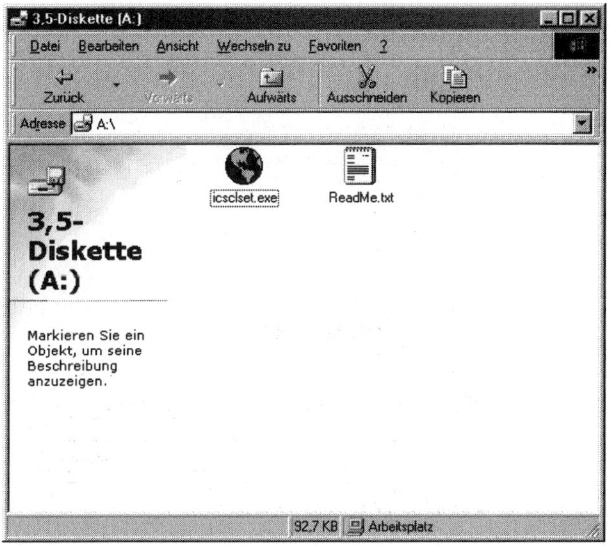

Abbildung F.16: Der Inhalt der Diskette

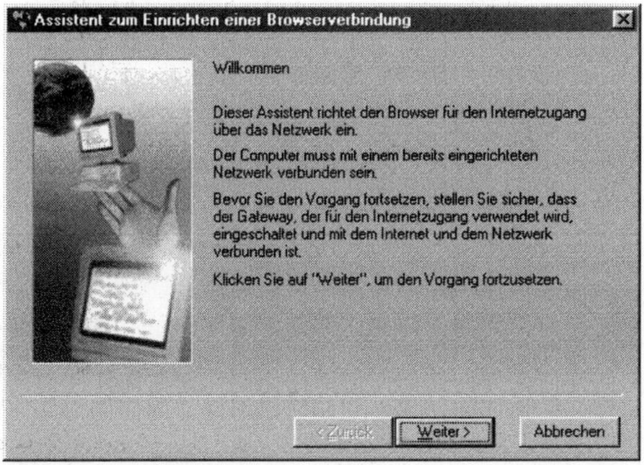

Abbildung F.17: Ein weiterer Assistent

Verlassen Sie den Begrüßungsdialog mit einem Klick auf *Weiter*.

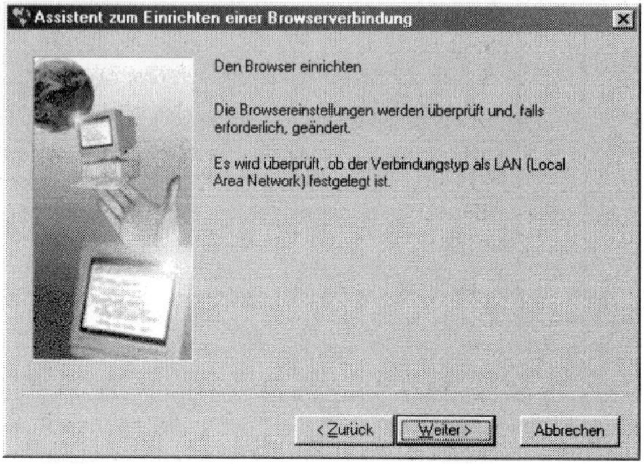

Abbildung F.18: Der Assistent nimmt seine Arbeit auf

Sie stellen fest, dass Ihre Hilfe hier eigentlich nicht erforderlich ist. Der Assistent übernimmt alle erforderlichen Maßnahmen.

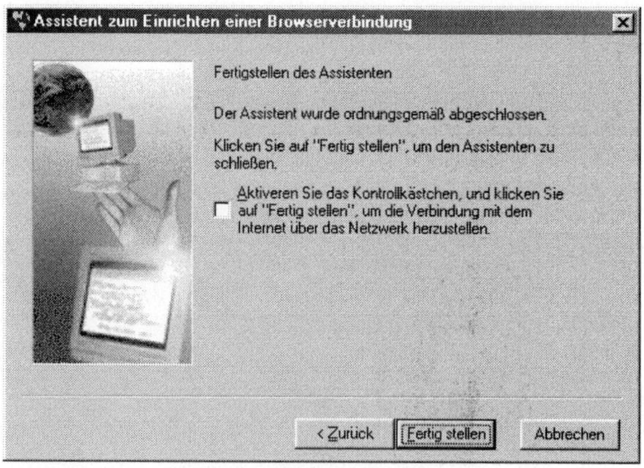

Abbildung F.19: Die Fertigstellung

Klicken Sie zum Abschluss auf die Schaltfläche *Fertig stellen* und die Internetverbindungsfreigabe ist einsatzbereit.

Das Ergebnis

Nun können Sie eine Internetverbindung von zwei Computern aus nutzen. Stellen Sie die Verbindung zum Internet auf dem Host-Rechner her. Dort können Sie wie gewohnt im Internet agieren.

Zusätzlich können Sie allerdings vom Client-Rechner auf die gleiche Internetverbindung zugreifen und sich ebenfalls im Internet bewegen. Dabei können bei Rechner unabhängig voneinander auf die Internetdaten zugreifen. D.h. es müssen nicht die gleichen Seiten betrachtet werden. Jeder Computer kann für sich die Möglichkeiten des Internets nutzen.

Lediglich eins bleibt zu beachten. Der Datendurchsatz, mit der die Daten vom Internet zum Host-Computer gelangen, muss sich auf die Computer aufteilen, denn diese wird nicht höher.

Sollten also z.B. mehrere Computer gleichzeitig diese eine Internetverbindung nutzen, dann kann sich der Seitenaufbau auf jedem einzelnen Computer sehr lang hinziehen, da alle Computer die gleiche Datenleitung benutzen.

Diese neue Funktion von Windows 98 zweite Ausgabe ist speziell für kleine Netzwerke gut geeignet, um kostengünstig einen Internetzugang flexibel zur Verfügung zu stellen.

NetMeeting 3.0

Eine weitere Neuigkeit in Windows 98 zweite Ausgabe ist die Version 3.0 von NetMeeting. Die neue Version bietet das gleiche, was auch in der alten Version zur Verfügung stand, allerdings noch einiges mehr.

Abbildung F.20: NetMeeting 3.0

Eine der interessantesten neuen Funktionen ist die Möglichkeit, einen Computer mittels NetMeeting über ein Netzwerk oder eine Telefonleitung fernzusteuern.

Dabei wird die *Remotedesktop-Freigabe* über den gleichnamigen Menübefehl im Menü *Extras* des Programms mittels eines Assistenten eingerichtet.

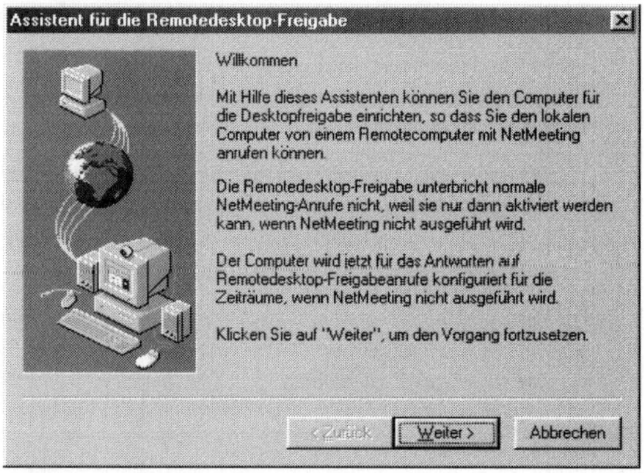

Abbildung F.21: Der Assistent

Ist die Einrichtung, die sehr leicht durchzuführen ist, erst einmal abgeschlossen, dann können Sie über die *Freigabe*-Funktion den Desktop Ihres Computers zur Fernsteuerung freigeben.

Zudem ist im Menü *Anrufen* dann der Menübefehl *Beenden und Remotedesktop-Freigabe aktivieren* vorhanden. Darüber können Sie NetMeeting beenden. Allerdings ist Ihr Computer dann so eingerichtet, dass ein Benutzer eines anderen Computers, der die entsprechende Berechtigung über ein Password erhalten hat, die Kontrolle über Ihren Computer übernehmen kann.

Dieser bekommt nach der Übernahme der Kontrolle praktisch Ihre Arbeitsoberfläche auf seinen Bildschirm angezeigt und kann dann von dort aus so arbeiten und agieren, als wenn er an Ihrem Computer sitzen würde.

Zwar ist die Ausführungsgeschwindigkeit dabei etwas langsamer, allerdings ist so z.B. die Möglichkeit einer Fernwartung oder einer Problembeseitigung gegeben. Speziell, wenn die beiden Rechner weit von einander entfernt stehen, kann hier schnell mal ein Problem behoben werden.

Die interessanten Funktionen von NetMeeting sind dadurch noch um eine weitere Möglichkeit erweitert worden. Probieren Sie es einmal aus, wenn Sie die Möglichkeit dazu haben. Sie werden erstaunt sein, wie einfach diese Funktion genutzt werden kann, und wie effektiv das Ergebnis ist.

Fazit

Als Abschlussbemerkung zur neuen Version von Windows 98 bleibt festzustellen, dass die Überarbeitung und Erweiterung der Windows-Funktionen als hervorragend zu bezeichnen sind.

Zwar wird im ersten Moment fast alles so aussehen wie bei der ersten Ausgabe, dennoch sind die kleinen aber feinen Änderungen sehr effektiv.

Windows 98 zweite Ausgabe läuft stabiler als sein Vorgänger und ist aktueller an die Bedürfnisse der Anwender und die Hardwareentwicklung im Computerbereich angepasst worden. Aus diesem Grund halte ich eine Aktualisierung eines bestehenden Windows 98-Systems auf die neue Version durchaus für sinnvoll.

ANHANG

Glossar

G

Glossar

16-Bit/32-Bit

In Zusammenhang mit der Bezeichnung 16-Bit-Software kennzeichnet dieser Wert die Anzahl der Datenelemente, die bei jedem Arbeitsschritt vom Betriebssystem in Verbindung mit der Hardware verarbeitet werden können. MS-DOS ist als 16-Bit-Betriebssystem ausgelegt. Windows 98 ist dagegen ein 32-Bit-Betriebssystem, wobei 16-Bit-Komponenten für eine Abwärtskompatibilität zu älteren Anwendungen sorgen.

Abgesicherter Modus

Betriebsart von Windows, die über das Bootmenü aktiviert werden kann. Wenn Probleme beim Start von Windows auftreten, können Sie über den abgesicherten Modus Windows starten, wobei minimale Dienste zur möglichen Fehlerbehebung genutzt werden können.

Ablagemappe

Die *Ablagemappe* stellt einen Speicherbereich dar, in dem Daten abgelegt und wieder entnommen werden können. Dieser Speicherbereich ist flüchtig, d. h., sobald Windows beendet wird, gehen die in der Zwischenablage enthaltenen Daten verloren.

Abwärtskompatibel

Abwärtskompatibel bedeutet, dass eine neuere Version eines Programms oder einer Hardware auch noch Dateien bzw. Speichermedien der Vorgängerversionen lesen kann.

Am Beispiel von Windows würde abwärtskompatibel zum Beispiel bedeuten, dass auch noch die für die erste MS-DOS-Version erstellten Programme unter Windows 98 unter bestimmten Bedingungen lauffähig sind.

Bei einem Grafikprogramm würde abwärtskompatibel heißen, dass eine mit einer früheren Version des Programms erstellte Datei auch noch unter der neuesten Version aufzurufen ist.

Am Beispiel eines Syquest-Laufwerkes würde abwärtskompatibel bedeuten, dass auch noch ältere Cartridges mit geringerem maximalen Speichervolumen gelesen werden können.

Additive Farbmischung

Bei der *additiven Farbmischung* werden mittels Farbreizmischung durch die Grundfarben Rot, Grün und Blau alle anderen Farben im Auge erzeugt. Durch die Verwendung von Rot und Grün entsteht Gelb, aus Grün und Blau entsteht Zyan, und aus Rot und Blau wird Magenta. Damit diese Farbwirkungen erzielt werden können, ist Schwarz als Hintergrundfarbe Bedingung.

Das additive Farbmischverfahren kommt immer dann zum Tragen, wenn die Farbreize ohne Reflexion auf das Auge einwirken, wie es z. B. bei Fernsehern oder Computer-Bildschirmen der Fall ist.

Die Farbempfindung im Auge beruht auf der Farbempfindlichkeit der Zäpfchen. Es gibt drei verschiedene Zäpfchenarten, die jeweils für eine der Grundfarben Rot, Grün und Blau die höchste Farbempfindung entwickeln.

Adressbus

Über den *Adressbus* werden auf dem Mainboard des PCs Datenübertragungen zwischen Prozessor, RAM und anderen Komponenten durchgeführt.

Aktenkoffer

Spezieller Ordner zum Datenabgleich vornehmlich zwischen einem Desktop und einem Laptop-Computer. Stellt auf beiden Seiten identische Datenversionen her.

APM

Abkürzung für *Advanced Power Management*. Gemeint sind PCs bzw. Hauptplatinen, die im Stromsparmodus einsetzbar sind.

Arbeitsplatz

Spezieller Ordner, über den auf alle Laufwerke und die darin enthaltenen Verzeichnisse zugegriffen werden kann. Neben dem Explorer stellt der Arbeitsplatz eine weitere Möglichkeit für den Einblick in die Daten dar.

Arbeitsspeicher

Damit ein Computer Daten verarbeiten kann, muss er mit einem *Arbeitsspeicher* ausgestattet sein. Dort werden die Daten in den digitalen Zuständen 0 und 1 zwischengespeichert und weiterverarbeitet. Der Arbeitsspeicher ist flüchtig, d. h., mit dem Ausschalten des Computers verliert er seinen Inhalt. Die in ihm enthaltenen Daten gehen verloren.

ASCII, American Standard Code for Information Interchange

Beim ASCII-Code handelt es sich um eine Tabelle, die einem bestimmten Zeichen eine bestimmte Byte-Kombination zuordnet. Damit ist gewährleistet, dass jedes Programm auch wirklich die Zeichen der Zahlen und Tasten produziert, die Sie auf Ihrer Tastatur betätigt haben. Allen Buchstaben und Zahlen auf der Tastatur ist eine bestimmte Zahlenkombination zugewiesen. Darüber hinaus gibt es auch noch Zahlenkombinationen für sogenannte Sonderzeichen.

Die Byte-Kombinationen sind für den Enduser über eine Zahlenkombination darstellbar. So können Sie z. B. auch ein *Z* als ASCII-Code-Zeichen über eine Tastenkombination eingeben, indem Sie die [Alt]-Taste drücken und dann die Ziffern 9 und 0 eingeben; ein Ausrufezeichen kann über die Tastenkombination [Alt]+[3]+[3] und eine sich öffnende geschweifte Klammer über die Kombination [Alt]+[1]+[2]+[3] eingegeben werden.

ASPI

(Advanced SCSI Programming Interface) ASPI ist der Standard für eine Softwareschnittstelle zur Steuerung von SCSI-Geräten.

Assistent

Programmbestandteil von Windows, mit dessen Hilfe eine Reihe von Abläufen, wie z. B. die Installation eines Druckers, vereinfacht wird, indem die notwendigsten Benutzereingaben abgefragt und die Installation dann selbstständig durchgeführt wird (Eintrag in Registrierungs-Datenbank usw.).

Atapi

(AT-Attachment-Packet-Interface) – Atapi ist eine Schnittstellendefinition, die es erlaubt, Atapi-CD-ROM-Laufwerke an einem (E-)IDE-Festplattencontroller zu betreiben.

AT-Bus

AT- oder *IDE-Bus* nennt man bei CD-ROM-Laufwerken eine nicht genormte Schnittstelle. Drei Definitionen sind im Umlauf: Sony, Mitsumi und Panasonic. AT-Bus- oder IDE-Bus-CD-ROM-Laufwerke können nicht an einem IDE-Festplattencontroller betrieben werden.

Auflösung

Der Begriff *Auflösung* wird bei Druckern, Monitoren oder Scannern verwendet. Die Einheit dabei ist meist DPI (Dots per Inch) – Punkte pro Inch. Mit der Auflösung in DPI wird beschrieben, wie viele Punkte pro Inch auf dem entsprechenden Medium darstellbar sind. Ein Laserdrucker hat z. B. mindestens 300 DPI Auflösung, Scanner arbeiten meistens mit mindestens 600 DPI.

AUTOEXEC.BAT

Die Autoexec-Datei ist eine wichtige Systemdatei von MS-DOS, die sich im Stammverzeichnis befindet. Die AUTOEXEC.BAT wird beim Systemstart des PCs gestartet. Sie enthält eine Liste von MS-DOS-Befehlen, die ausgeführt werden sollen, bevor der Benutzer Kontrolle über den PC erhält. In der AUTOEXEC.BAT können Befehle zur Anzeige des Tagesdatums, aber auch Aufrufe von speicherresidenten Programmen gespeichert werden.

Die AUTOEXEC.BAT dürfen Sie nicht löschen oder in ein Unterverzeichnis kopieren. Unter Windows 98 hat diese Datei jedoch nur noch wenig Bedeutung.

Backup

Backup ist der englische Ausdruck für Sicherungskopie. Ein Backup können Sie sowohl von einem Programm, einem Verzeichnis oder einer bestimmten Datei als auch von der gesamten Festplatte machen.

Benchmark

Den Begriff *Benchmark* werden Sie in der Regel im Zusammenhang mit Benchmark-Programmen finden. Ursprünglich handelte es sich um Testprogramme, die Herstellerfirmen von Hardware eingesetzt haben, um ihre Produkte zu testen. Mittlerweile gelten Benchmark-Tests in Zeitschriften als Tests zur Gegenüberstellung der Leistung verschiedener Hardware-Anbieter. Im privaten Rahmen können Sie mit Benchmark-Programmen feststellen, ob die Performance Ihres Systems die höchstmögliche Leistung erbringt oder ob Sie noch etwas optimieren können.

Benutzeroberfläche

Schnittstelle zwischen dem Computer und der Hardware, die durch Software bereitgestellt wird. Als Benutzeroberfläche wird im eigentlichen Sinn die optische Darstellung eines Programms bezeichnet, wie es auf dem Bildschirm erscheint. Je nach Art ergibt sich eine mehr oder weniger komfortable Bedienung. Während MS-DOS eine zeichenorientierte Benutzeroberfläche bot, stellt Windows mit seinen grafischen Elementen und der vollständigen Mausunterstützung eine vielfach komfortablere Benutzeroberfläche zur Verfügung.

Betriebssystem

Sammlung von Programmteilen und Routinen, die die grundsätzlichen Arbeiten im PC realisieren. Dazu gehören Datei-, Ein- und Ausgabe- sowie Grafikfunktionen.

Bidirektionale Druckerschnittstelle

Im Normalfall können auf der Druckerschnittstelle Daten nur in eine Richtung ausgegeben werden – vom PC an den Drucker. Eine bidirektionale Druckerschnittstelle ermöglicht es, Rückmeldungen vom Drucker zu empfangen. Diese können dann z. B. von einem entsprechenden Programm in eine akustische Warnung (»Kein Papier mehr«) umgewandelt werden.

Bildschirmtreiber

Treiberprogramm, das die Anpassung der Bildschirmausgaben an die vorhandene Bilddarstellungstechnologie vornimmt.

Bildwiederholfrequenz

Die *Bildwiederholfrequenz* ist ein maßgebender Faktor für die Darstellungsqualität eines Bildes auf einem PC-Monitor. Mit diesem Faktor wird angegeben, wie oft das Bild auf dem Monitor pro Sekunde neu aufgebaut wird. Die Bildwiederholfrequenz wird in Hertz (Hz) angegeben.

BIOS

Das *BIOS (Basic Input / Output System)* ist für die grundsätzlichen Ein- und Ausgabefunktionen des Personal Computers zuständig und steuert auch Massenspeicher wie Festplatten etc.

Im BIOS sind alle Informationen untergebracht, die zum Starten Ihres Systems notwendig sind, bevor überhaupt MS-DOS oder ein anderes Betriebssystem hochgefahren werden kann.

Bit

Ein *Bit* ist die kleinste von einem Computer zu verarbeitende Informationseinheit.

Mit einem Bit sind nur die Zustände *An (1)* oder *Aus (0)* darstellbar.

Bitmap

Bitmap ist ein Speicherformat für Grafikdateien, die dort Punkt für Punkt, Bit für Bit gespeichert werden. Es entsteht eine genaue Abbildung. Die Bildschirmhintergründe von Windows sind z. B. Bitmaps. Die Extension für Bitmapdateien ist .BMP.

Board, Mainboard, Hauptplatine

Zentrale Platine des PCs, auf der der Prozessor, der Hauptspeicher, die I / O-Chips etc. sitzen.

Booklet

Englisch für Heftchen, bezeichnet vor allem die in CD-ROM-Verpackungen oder Audio-CDs eingeschobenen Heftchen, deren Titelseite die Verpackungsvorderseite bildet.

Boot-Device

Das *Boot-Device* ist das Laufwerk, von dem gebootet wird, d. h. von dem der Rechner startet. Üblicherweise ist das Boot-Device die Festplatte. Optional können Sie aber auch im BIOS einstellen, dass Ihr Rechner von Diskette oder auch von CD-ROM gebootet wird.

Booten

Das Starten einen Computers und das Laden des Betriebssystems wird als *Booten* bezeichnet.

Bootmenü

Erweitertes Auswahlmenü, um nach dem Einschalten des Computers statt Windows den MS-DOS-Modus oder den abgesicherten Windows-Modus zu starten. Das Bootmenü wird über die Funktionstaste [F8] während des Hochfahrens des Computers aktiviert.

Bootsektor

Der *Bootsektor* eines PC-Laufwerks enthält eine Art Miniprogramm, mit dem der Computer beim Start gebootet wird.

Byte

Informationseinheit für Computer. Acht Bit werden zu einem Byte zusammengefasst. Mit einem *Byte* lassen sich 256 verschiedene Zeichen darstellen.

Cartridge

Ein Datenträger, dessen eigentliches Speichermedium von einer Schutzhülle umgeben wird. Streng genommen sind auch Disketten Cartridges. Überlicherweise werden aber alle Speichermedien, bei denen es sich nicht um eine Diskette oder eine Festplatte handelt, als *Cartridges* bezeichnet.

CCD-Chip

CCD steht für *Charge-Coupled Device*, was »mit Ladung gekoppeltes Element« bedeutet. Bei *CCD-Chips* handelt es sich um sogenannte Fotosensoren, die dafür verantwortlich sind, z. B. in digitalen Kameras und Scannern, die Bildinformationen in digitale, also computerlesbare Werte zu verwandeln.

CD-I

(Compact Disc-Interactive) – Dieses CD-Format wurde von Philips im so genannten Green Book definiert. Wenn Ihr CD-ROM-Laufwerk das CD-I-Format unterstützt, kann es aber noch keine CD-I-Videos abspielen. Dazu benötigen Sie eine MPEG-Karte. Den interaktiven Teil einer CD-I-CD-ROM können Sie dann allerdings immer noch nicht lesen. Philips plant derzeit eine PC-Karte, die das Lesen ermöglichen soll.

CD-ROM

Moderner Datenträger (*Compact Disk Read Only Memory*). Auf Basis optischer Technologien sind Daten nur lesbar gespeichert. Die *CD-ROM* ist technologisch identisch mit der Audio-CD. Bei der CD-ROM-Produktion werden jedoch höhere Qualitätsmaßstäbe angesetzt, damit auch wirklich kein Bit verloren geht.

Chef-Taste

Eine bei Computer-Spielen speziell belegte Taste, bei deren Betätigung das Spiel stoppt, der Spielstand gespeichert und ein dahinterliegendes Anwendungsprogramm angezeigt wird, damit Ihr Chef nicht sieht, dass Sie eigentlich gerade nicht gearbeitet haben. Meist ist eine der Funktionstasten oder die Pausetaste als *Chef-Taste* belegt.

Chip

Elektronischer Baustein, der auf minimalem Raum eine extrem hohe Anzahl logischer Bausteine enthält.

ClipArt

Eine vorgefertigte Grafik, die von Windows-Applikationen eingesetzt werden kann. ClipArts sind z. B. im Lieferumfang des Office-Pakets enthalten, können allerdings auch als eigenständiges Produkt käuflich erworben werden.

Clone

Ein funktionsidentisches Gerät oder eine funktionsidentische Software, die sich im Äußeren und in den Bauteilen vom Originalgerät oder der Original-Software unterscheiden kann. In der Regel bezeichnet man mit Clonen autorisierte und in Lizenz hergestellte Nachbauten eines Rechnertyps.

CMYK

Abkürzung für Cyan, Magenta, Yellow, BlacK. Diese Farben spielen die Hauptrolle bei der subtraktiven Farbmischung.

CONFIG.SYS

Die CONFIG.SYS ist eine der beiden wichtigsten Systemdateien von MS-DOS. Sie liegt im Hauptverzeichnis und enthält Informationen zur Systemkonfiguration sowie Einträge für die zum Systemablauf benötigten Treiber (.SYS). Diese Datei dürfen Sie auf keinen Fall in ein Unterverzeichnis verschieben.

Connect

Der englische Begriff für Verbindung wird meist im Zusammenhang mit Modems verwendet, wenn zwei Modems Kontakt aufgenommen haben.

Cpi

Abkürzung für *characters per inch*, also Zeichen pro Zoll. In Kombination mit der cps-Angabe bezeichnet es die Geschwindigkeit von Nadeldruckern.

Cps

Abkürzung für *characters per second*, also Zeichen pro Sekunde. In Kombination mit der cpi-Angabe bezeichnet es die Geschwindigkeit von Nadeldruckern.

Cursor

Englischer Ausdruck für Schreibmarke.

Defragmentierung

Beim *Defragmentieren* werden die beim Arbeiten mit Dateien entstandenen Lücken im Magnetpartikelgefüge der Festplatte geschlossen.

Desktop

Die Arbeitsfläche im Hintergrund von Windows wird als *Desktop* bezeichnet. Auf ihm werden die einzelnen Elemente von Windows wie Symbole, Fenster usw. abgelegt.

DMA

(Direct Memory Access) – Ein CD-ROM-Laufwerk, das im DMA-Betrieb arbeitet, gestattet es, die Daten direkt in den Arbeitsspeicher zu schreiben.

Der Umweg über den Prozessor kann entfallen. Bei Geräten, die im IRQ- bzw. DMA-Betrieb laufen, ist darauf zu achten, dass keine anderen Geräte den gleichen IRQ bzw. die gleiche DMA-Adresse verwenden. Ansonsten treten Probleme auf.

Das DMA-Prinzip ermöglicht den direkten Zugriff auf einen gemeinsamen Adressbereich, z. B. zwischen dem Mainboard und einer Steckkarte. Dadurch ist eine sehr schnelle Kommunikation mit der Peripherie möglich.

Doppelklick

Ein *Doppelklick* ist das zweimalige Klicken mit der linken Maustaste kurz hintereinander. Dabei darf die Maus ihre Position nicht verändern.

Dot Pitch

Abstand der einzeln ansteuerbaren Punkte in der Abbildungsmaske eines Monitors. Wird meistens in mm gemessen. Standard sind ca. 0,28 mm Maskenabstand. Je kleiner der Wert, desto besser ist der Monitor.

Double Sided RAM

Inzwischen gibt es auch SIMM-Module, die beidseitig mit RAM-Chips bestückt sind. Dabei liegt jedoch auch eine leicht veränderte Struktur des RAMs zugrunde.

Drag & Drop

Verfahren, mit dem dateibezogene Ereignisse durch Verschieben von Objekten per Maus aktiviert werden können. Durch Ziehen einer Datei auf einen Programmeintrag wird die Datei zusammen mit dem Programm gestartet. Eine auf das Druckersymbol gezogene Datei wird ausgedruckt.

Drive

Anderes Wort für Laufwerk.

Druckmanager

Druckmanager sind Verwaltungsprogramme, die von Windows eingesetzt werden. Sie verwalten alle Aktionen, die mit dem Drucken zu tun haben.

EDO-RAM

Für PCs, deren interner Cache-Speicher sich nur unzulänglich aufrüsten lässt, ist *EDO-RAM* eine gute Alternative. Ein EDO-RAM puffert den zuletzt vom Prozessor angeforderten Wert. Bei der Anforderung des nächsten Speicherinhalts kann der Prozessor dann diesen gepufferten Wert abholen. Ein Zugriff vom Prozessor entfällt, wodurch EDO-RAM theoretisch bis zu einem Drittel schneller ist als normaler RAM.

EIDE

(*Enhanced Integrated Device Equipment*) Erweiterung des IDE-Standards. Die Begrenzungen von IDE entfallen. Es können bis zu vier Geräte angeschlossen werden.

EMS

(*Expanded Memory Specification*) Speicherbereich nach dem Prinzip des Expanded Memory. Wird zur Erweiterung des Speichers oberhalb von 640 KByte verwendet.

EPROM

(*Erasable Programmable Read Only Memory*) Löschbarer Nur-Lese-Speicherbaustein. Durch ultraviolettes Licht löschbar. Wird heutzutage z. B. für das BIOS im PC verwendet, dadurch ist es veränderbar.

Ergonomie

Etwas wird als *ergonomisch* bezeichnet, wenn es den natürlichen Bewegungen oder der Physiognomie des Menschen entspricht. Der Begriff des ergonomischen Arbeitsplatzes besagt, dass ein Mensch an einem solchermaßen eingerichteten Arbeitsplatz entspannt und ohne langfristig auftauchende gesundheitliche Störungen arbeiten kann. In die Arbeitsplatzergonomie sind auch Möbel einbezogen.

Ethernet

Technischer Verbindungsstandard für Netzwerke. Spezifiziert bestimmte Kabel und Steckerkomponenten. Wurde von den Firmen DEC, Xerox und Intel entwickelt.

Expanded Memory

So wird der Speicher oberhalb der 1-MByte-Grenze genannt, der stückweise in den Bereich von 640 KByte bis 1 MByte (Upper Memory) eingeblendet wird. Dies geschieht, um auch unter MS-DOS mehr als 640 KByte Hauptspeicher verwenden zu können. Der Expanded Memory Manager sorgt dafür, dass immer die gerade benötigten Speicherbereiche aus dem Expanded Memory in den Upper Memory geholt werden. Für gewöhnlich läuft die Verwaltung des Expanded Memory nach dem LIM-EMS-Standard ab, wobei LIM für die Firmen Lotus, Intel und Microsoft steht.

Explorer

Der *Explorer* ist ein Verwaltungsprogramm innerhalb von Windows. Er dient der Verwaltung von Laufwerken, Verzeichnissen und Dateien.

Extended Memory

Dieser zweite Standard für Speicher oberhalb von 640 KB stellt den technisch aktuelleren dar. *Extended Memory* wird linear adressiert. Tricks wie Einblendung von Speicherbänken etc. sind überflüssig.

Feature Connector

Den *Feature Connector* findet man (manchmal) auf VGA-Grafikkarten. Dieser Anschluss macht die Verbindung zu Karten möglich, die die digitalen Videosignale verarbeiten und z. B. Videoeinblendungen vornehmen.

Files

Anderes Wort für Dateien.

First Level Cache

Mit *First Level Cache* wird der Cache-Speicher bezeichnet, der sich im Prozessor befindet. Auf diesen kann mit hoher Geschwindigkeit zugegriffen werden. First Level Cache ist meistens 8 oder 16 KByte groß und kann nicht erweitert werden.

Game-Card

Erweiterungskarte mit Joystick-Schnittstelle.

Game-Port

Joystick-Schnittstelle.

Grafikkarte

Eine *Grafikkarte* ist das Fenster des PCs zur Außenwelt. Zusammen mit dem Bildschirmtreiber bereitet sie die Grafikausgaben vor und die Signale so auf, dass sie vom Monitor darstellbar sind.

Green Book

Im *Green Book* ist die Definition für das von Philips entwickelte CD-I-Format abgelegt.

Grundfarben

Je nach Farbmodell entweder RGB (Rot, Grün, Blau) oder CMYK (Cyan, Magenta, Gelb und Schwarz).

Gruppieren

Unter Gruppieren versteht man das Zusammenfassen mehrerer Objekte zu einer Gruppe. Diese kann dann wie ein Objekt behandelt werden. Eine Verschachtelung mehrerer Gruppen ist möglich.

Handling

Anderes Wort für Handhabung.

Handshake

Erster Austausch zwischen zwei Modems. Der *Handshake* findet vor dem Connect statt.

Hardcopy

Jegliche Ausgabe von Computerdaten auf Papier oder Folie. Ein Ausdruck ist genauso eine *Hardcopy* wie die Ausgabe einer PowerPoint-Folie für den Overhead-Projektor.

Headcrash

Von einem *Headcrash* spricht man, wenn die Schreib- / Leseköpfe magnetischer Laufwerke die Magnetschicht berühren. Normalerweise schweben sie auf einem Luftpolster ganz dicht darüber.

IDE

(Integrated Device Equipment) Standardschnittstelle für Festplatten in PCs. Zwei Einschränkungen gelten für *IDE*: Angeschlossene Massenspeicher können nicht größer als 500 MByte sein. Es können maximal zwei Geräte angeschlossen werden. Nachfolger von IDE ist EIDE.

Interface

Ein *Interface* ist die Schnittstelle zwischen verschiedenen Hardwarekomponenten wie Drucker, Maus etc.

Interlace

Das *Interlace* oder auch Zeilensprung genannte Verfahren wird eingesetzt, wenn die Leistung der Darstellungselektronik eines Monitors nicht reicht, um in einem Durchgang das komplette Bild darzustellen. Deshalb wird das Bild in zwei Teile zerlegt. In einem Durchgang werden dann die ungeraden, im anderen die geraden Zeilen auf dem Monitor abgebildet. Interlace hat meist den unangenehmen Nachteil, dass das Bild sichtbar flimmert. Für gesundes Arbeiten am Monitor ist dieses Verfahren daher nicht geeignet.

Interpolation

Durch hochgerechnete Schätzwerte vergrößerte Dateiinformation.

Interrupt

Als Kennzeichen, welche Komponente innerhalb eines Computersystems eine Information sendet bzw. empfängt, werden diesen Komponenten *Interrupts* zugeordnet. Dadurch sind sie eindeutig identifizierbar. Es handelt sich dabei um eine Art Kennung.

Interrupts unterbrechen den Prozessor bei der Abarbeitung des laufenden Programms und signalisieren das Eintreten bestimmter Zustände – z. B. den Eingang neuer Daten an einer Schnittstelle. Nach Abarbeitung des Interrupt-Grundes wird das ursprüngliche Programm an der alten Stelle wieder fortgesetzt.

I/O-Adresse

Eine Netzwerk-Karte benötigt zum Datenaustausch einen bestimmten Speicherbereich. Der Beginn dieses Speicherbereichs wird als *I/O-Adresse* oder im Deutschen als *E/A-Adresse* bezeichnet. Die Abkürzung stammt von den Begriffen Input/Output bzw. Eingabe/Ausgabe.

ISDN

Der Breitbandkommunikationsstandard *ISDN* (*Integrated Services Digital Network*) integriert die klassischen Bestandteile der Kommunikation, also Text, Bild und Ton, in ein Netzwerk. ISDN wird in Deutschland von der Telekom betrieben.

Da ISDN ein digitales Kommunikationsnetzwerk ist, sind die Übertragungsgeschwindigkeiten besonders hoch.

ISO-9660-Format

In diesem Format sind fast alle heutigen CD-ROMs erstellt. Die maximale Datenkapazität liegt bei 650 MByte.

JPEG

Grafikdatei-Format, das durch Verzicht auf bestimmte grafische Informationen weniger Speicherplatz benötigt.

Kennbuchstaben

Menüs, Menübefehle und Schaltflächen können unterstrichene *Kennbuchstaben* enthalten. Durch diese Buchstaben sind die einzelnen Funktionen, teilweise in Kombination mit [Alt], schnell durch Tastaturbefehle anwählbar.

Keylock

Anschluss auf der Hauptplatine. Manche PC-Gehäuse bieten die Möglichkeit, die Tastatur mit Hilfe eines Schlüsselschalters abzuschalten. Dadurch soll unberechtigter Zugriff auf den PC unmöglich gemacht werden. *Keylock*-Schalter werden jedoch immer seltener, da das Einsatzgebiet gering und die Sicherheit niedrig ist.

Klicken

Siehe Mausklick.

Kombi-Controller

Eine Erweiterungskarte, die die Steuerung der Diskettenlaufwerke regelt und von der die Schnittstellen abgehen. Heutzutage ist der *Kombi-Controller* üblicherweise auf dem Motherboard integriert.

Kompatibilität

Unter dem Begriff *Kompatibilität* versteht man die Verträglichkeit von Hardware- oder Softwarekomponenten untereinander.

Konfiguration

Zusammenstellung von Computerhardware zu einem optimal auf die Bedürfnisse des Anwenders zugeschnittenen Personal Computer.

Konfigurationsdateien

Die unter MS-DOS bis Version 6.22 notwendigen Konfigurationsdateien AUTOEXEC.BAT und CONFIG.SYS können unter Windows 98 aus Kompatibilitätsgründen weiter genutzt werden. Diese werden beim Start von Windows ausgelesen und mit den Einträgen der Registrierungsdatenbank abgestimmt.

Kontextmenü

Antwort auf das Schattendasein der rechten Maustaste unter Windows. Durch Betätigung der rechten Maustaste über einem Objekt wird ein Kontextmenü geöffnet, das die am häufigsten benutzten Befehle in Zusammenhang mit dem Objekt zur Schnellauswahl enthält.

LAN

Mit der Abkürzung *LAN* ist ein *Local Area Network*, eine Vernetzung relativ nahe beieinanderstehender PCs gemeint. Das Gegenteil ist ein WAN (Wide Area Network), das teilweise Kontinente umspannt.

LED

(*Light Emitting Diode*) Abkürzung für *Leuchtdiode*. Eine *LED* funktioniert wie das aus der Elektronik bekannte Bauteil (Diode). Genau wie eine Diode lässt eine LED den Strom nur in eine Richtung passieren, verbraucht aber auch fast keine Leistung, ist also sehr sparsam. Inzwischen existieren auch mehrfarbige LEDs, die ihre Farbe je nach Stromrichtung ändern.

Die Lebensdauer einer LED ist wesentlich größer als die einer normalen Glühbirne, da sich in ihr kein Draht befindet, der vom Verschleiß betroffen ist.

LUN

Die *LUN*-Nummer ist eine Art Multiplikator für SCSI-Adressen. In einem normalen SCSI-System wird nur die LUN 0 verwendet. Müssen aber mehr als sieben Geräte an den Controller angeschlossen werden, können durch Vergabe mehrerer LUN-Nummern weitere Geräte angeschlossen werden.

Master-Betrieb

Ein Atapi-CD-ROM-Laufwerk kann im *Master-* bzw. *Slave-Betrieb* arbeiten. Das ist jedoch davon abhängig, wie es angeschlossen wird. Atapi-Laufwerke werden in der Regel an den internen (E)-IDE-Festplattencontroller angeschlossen. Ist das CD-ROM-Laufwerk als erstes Gerät angeschlossen, muss es als Master deklariert sein, ansonsten als Slave. Die Einstellung erfolgt über Steckbrücken (Jumper).

Mausklick

Ein *Mausklick* ist das Positionieren des Mauszeigers auf einem bestimmten Punkt und das anschließende einmalige Drücken der linken bzw. rechten Maustaste.

MCA

Die Abkürzung *MCA* steht für *Microchannel Architecture* = Mikrokanal-Architektur. MCA ist eine von IBM eingeführte Technologie, die ein im Gegensatz zu ISA verbessertes Bussystem bietet.

Menü

Ein *Menü* ist eine Ansammlung von Befehlen, die in einer Liste dargestellt werden. Diese Liste wird erst aufgrund bestimmter Aktionen angezeigt.

Minimieren (Schaltfläche)

Die Schaltfläche *Minimieren* innerhalb eines Fensters bewirkt, dass sich das Fenster anschließend als Symbol darstellt.

MIPS

(*Million Instructions per Second*) Begriff aus der Prozessortechnologie. Er sagt aus, wie viele Millionen Instruktionen ein Prozessor pro Sekunde durchführen kann.

Mittlere Zugriffszeit

Als *mittlere Zugriffszeit* wird die Zeit bezeichnet, die ein Laufwerk benötigt, um auf eine Datei zuzugreifen. Je schneller ein Laufwerk ist, desto niedriger ist die mittlere Zugriffszeit.

Mixed-Mode

Eine *Mixed-Mode*-CD-ROM beinhaltet sowohl einen Audio- als auch einen Datenbereich. Solche CD-ROMs können Sie auch mit einem handelsüblichen CD-Spieler abspielen, allerdings ist es nur möglich, auf den Audioteil zuzugreifen.

Motherboard

Ein anderes Wort für Hauptplatine oder Mainboard. Die zentrale Leiterplatte in einem Rechner, auf der der Prozessor und die Chipsätze aufgebracht sind. Auf ein *Motherboard* werden die Erweiterungskarten und das Tastaturkabel gesteckt. Außerdem gehen von einem Motherboard auch noch sämtliche Schnittstellen eines Computers aus, wie z. B. die COM-Ports.

MPC

(*Multimedia Personal Computer*) Standard für multimedial ausgerüstete PCs. Ein Gremium, das sogenannte *MPC* Council, legt in gewissen Zeitabständen den aktuellen Standard fest. Aktuell ist der MPC-Standard III, der folgende Hardware voraussetzt: Pentium-Prozessor mit 76 MHz Taktfrequenz, MPEG-Unterstützung für digitale Videos, CD-ROM-Laufwerk mit vierfacher Geschwindigkeit, Wavetable-Soundkarte.

MPEG

Dabei handelt es sich um einen Hardwarekompressionsalgorithmus für Video-CDs. Um *MPEG*-Video-CDs abspielen zu können, benötigt man eine MPEG-Dekomprimierungskarte. Es existieren auch Software-MPEG-Programme, sie setzen allerdings eine sehr hohe Leistung des Prozessors voraus.

MPR-II

Norm für strahlungsarme Monitore. Die MPR-Norm wurde von einem schwedischen Gremium für Arbeitssicherheit verabschiedet und soll garantieren, dass weder die Augen noch Organe oder genetische Informationen des Benutzers durch Strahlung des Monitors in Mitleidenschaft gezogen werden. Inzwischen erfüllt praktisch jeder Monitor die *MPR-II*-Norm.

MSCDEX

Dieser Treiber ist eine Erweiterung des MS-DOS-Betriebssystems, der es ermöglicht, CD-ROM-Laufwerke anzusprechen. Der MSCDEX-Treiber setzt auf dem Gerätetreiber (.SYS) auf.

MS-DOS

Microsoft Disk Operating System. Das am weitesten verbreitete Betriebssystem für Personal Computer. Die erste DOS-Version wurde im Jahr 1981 mit dem ersten IBM-PC ausgeliefert. DOS erfuhr im Laufe der Jahre zahlreiche Verbesserungen. Während Windows in den ersten Jahren seines Bestehens als Betriebssystemerweiterung für DOS propagiert wurde, stellt Windows 98 ein eigenständiges Betriebssystem dar, ohne auf DOS als Basis aufzubauen.

MS-DOS-Modus

Betriebsart, in der sich Windows wie eine reine MS-DOS-Version verhält. In diesem Modus zieht sich Windows komplett aus dem Arbeitsspeicher zurück (ein kleines Lademodul verhilft zum Rücksprung nach Windows). Dieser Modus ist vor allem für DOS-Spiele gedacht, die nicht unter Windows 98 laufen.

Multisession

Als *Multisession* wird ein CD-ROM-Laufwerk bezeichnet, das CD-Rs (Compact Disc Recordable) lesen kann, die in mehreren Sessions beschrieben worden sind. Eine typische Multisession-CD-ROM ist beispielsweise die Photo-CD. Das Format von Multisession-CDs ist im Orange Book definiert.

Multitasking

Das gleichzeitige Abarbeiten mehrerer Prozesse wird als *Multitasking* bezeichnet.

NE2000

De-facto-Standard für preiswerte Netzwerkkarten. Der Standard wurde von der Firma NOVELL geschaffen und ist für Netzwerke nach dem Ethernet-Prinzip angelegt. Praktisch jede Netzwerksoftware unterstützt *NE2000*-kompatible Netzwerkkarten.

Netzwerk-Karte

Eine *Netzwerk-Karte* realisiert das Senden und Empfangen von Daten vom Computer an das Netzwerk und umgekehrt.

OEM

(*Original Equipment Manufacturer*) *OEM*-Produkte werden von einem Hersteller produziert und unter mehreren Markennamen von verschiedenen anderen Firmen verkauft. Werden PC-Bestandteile explizit als OEM-Ware bezeichnet, handelt es sich meist um Komponenten, die sozusagen als No-Name, ohne großen Verpackungs- und Werbeaufwand, angeboten werden.

OLE 2.0

Object Linking and Embedding. Verfahren für den dynamischen Datenaustausch und objektorientierten Zugriff auf Informationen. Durch die OLE-Technik besteht nach dem Einfügen einer Information weiterhin eine Verbindung zur Ursprungsanwendung. Durch Aktivierung des Informationsobjekts wird die Ursprungsanwendung zur Bearbeitung der Information geöffnet. OLE 2.0 stellt die Programmfunktionalität mehrerer Programme in einem Fenster dar. Bei Aktivierung z. B. eines Excel-Objekts innerhalb einer PowerPoint-Präsentation erscheint die komplette Excel-Funktionalität im PowerPoint-Fenster.

Orange Book

Im *Orange Book* ist die Definition für CD-Rs und MOs abgelegt.

Ordner

Ein Konzept zur Darstellung von Verzeichnissen. Dieses von Apple bereits seit Jahren verwendete System dient der Inhaltsanzeige von Laufwerken und Verzeichnissen innerhalb eines Fensters. Spezielle Ordner bestehen z. B. für die Druckereinrichtung, die Systemeinrichtung und den Papierkorb.

Overdrive

Anstatt bei jeder neuen PC-Generation seine alte Hauptplatine gegen eine neue einzutauschen, besteht die Möglichkeit, den Prozessor auszutauschen. Dabei kommen sogenannte *Overdrive*-Prozessoren zum Einsatz, die kompatibel zu den zu ersetzenden sind, aber wesentlich mehr Leistung bieten. Marktführer Intel bietet für seine Prozessoren inzwischen vielfältige Overdrive-Ersatzprozessoren.

Packer

Programme, die dazu dienen, durch sinnvolle Komprimierung einer Dateiinformation, den für eine Datei benötigten Speicherplatz zu verringern.

Papierkorb

Spezieller Ordner, in dem per Drag & Drop Dateien auf einfache Weise gelöscht werden können. Solange sich die Löscheinträge noch im Ordner befinden, kann der Löschvorgang rückgängig gemacht werden.

PCI

Der *PCI*-Bus ist das aktuelle High-End-Bussystem für PCs. Dabei arbeiten die Steckkarten mit einem eigenen Systemtakt – unabhängig vom PC. Über eine sogenannte Hostbridge sind die beiden Bussysteme verbunden und tauschen ihre Daten aus. PCI ist ein sehr effektives System, das auch die leidigen Interrupt-Probleme behebt, da die Karten über ein intelligentes Busprotokoll konfiguriert werden.

Peer-to-Peer-Netzwerk

Bei einem *Peer-to-Peer-Netzwerk* können alle Arbeitsstationen als Server fungieren.

Peripherie

Im weiteren Sinne alle Geräte, die mittels Kabel an ein Rechnergehäuse angeschlossen werden; im engeren Sinne alle Hardware-Komponenten, die an eine Hauptplatine angeschlossen werden, also auch Erweiterungskarten.

Photo-CD

Als *Photo-CD* wird ein von Kodak entwickeltes Format bezeichnet. Auf ihr können Sie Ihre Fotos in unterschiedlichen Auflösungen speichern lassen. Um Photo-CDs lesen zu können, muss das Laufwerk multisession- und XA(Extended Architecture)-fähig sein. Der XA-Standard ist eine Weiterentwicklung des Yellow- und des Green Book.

Pipelined-Burst Cache

Bei diesem *Cache*-Speicher, der nach dem *Pipelined-Burst*-Prinzip arbeitet, wird ein besonderer Trick angewendet. Die ersten Datenzugriffe sind recht langsam, da sie auf mehrere Takte verteilt werden. Danach wird aber pro Prozessor-Taktzyklus ein weiteres Datenwort an den Prozessor übergeben. Burst bedeutet in diesem Sinnzusammenhang, dass mehrere Daten zusammengefasst und dann in einem Rutsch übergeben werden.

Pits

Mikroskopisch kleine, längliche Vertiefungen in der Polycarbonatschicht einer CD, deren Kombination die Dateninformation einer CD bildet.

Plot

Durch einen Plotter entstandener Ausdruck.

Plug & Play

Technologie zur automatischen Hardwareerkennung und -einrichtung unter Windows. Zu verwenden mit Komponenten, die diese Technologie unterstützen. So wird z. B. eine neu installierte Netzwerkkarte von Windows automatisch erkannt und entsprechend im System eingerichtet.

Polycarbonat

Der Grundstoff zur CD-ROM-Produktion. In der *Polycarbonat*-Scheibe sind sämtliche Informationen in Form von Pits eingegraben. Polycarbonat wird als Granulat angeliefert und dann während des Produktionsvorgangs verflüssigt, so dass ein Abdruck von der Rohmatrize genommen werden kann.

Popup-Menü

Bei einem *Popup-Menü* wird das Menü an einer beliebigen Position auf dem Bildschirm aufgeklappt, wobei diese Art Menü im Allgemeinen keinen Menü-Oberbegriff aufweist.

Presswerk

Produktionsstätte zur Herstellung von CDs der verschiedensten Formate.

PS / 2-RAM

Neuere Bauform der SIMM-Module. *PS / 2-RAM* wird auf allen neueren Hauptplatinen (486, Pentium) anstatt der bekannten SIMM-Module eingesetzt. PS / 2-RAM bietet meist auch kürzere Zugriffszeiten als 80 ns – was höhere Prozessorgeschwindigkeiten möglich macht.

Pulldown-Menü

Bei einem *Pulldown-Menü* wird die Liste der Befehle direkt unterhalb des Menü-Oberbegriffs dargestellt. Der Menü-Oberbegriff wird in der Regel immer sichtbar innerhalb einer Menüleiste dargestellt.

RAM

Der interne Speicher eines Computers, in dem die Daten zwischengespeichert und verarbeitet werden, wird als *RAM* (*Random Access Memory*) bezeichnet. Dieser Speicher ist flüchtig, d. h., sobald die Stromzufuhr abgeschaltet wird, gehen die in dem Speicher enthaltenen Daten verloren.

Red Book

Dies ist ein CD-Standard für Audio-CDs. Jedes CD-ROM-Laufwerk unterstützt diesen Standard.

REt

REt steht für *Resolution Enhancement Technology*, Technologie zur Verbesserung der Auflösung.

Root-Verzeichnis

Oberstes Verzeichnis einer Verzeichnis-Hierarchie, bei einer Festplatte zum Beispiel das Verzeichnis C:.

Screenshot

Abbildung des Bildschirms in einem bestimmten Programmbereich, meist zur Darstellung eines speziellen Sachverhalts, zum Beispiel in einem Computer-Buch, abgebildet. *Screenshots* können Sie auch selbst erstellen, indem Sie durch Drücken von [Alt]+[Druck] die gerade zu sehende Bildschirmanzeige als Kopie in die Zwischenablage befördern. Wenn Sie den Inhalt dann in ein Grafikprogramm einfügen, können Sie das Abbild des Bildschirms als Grafikdatei abspeichern.

SCSI

(Small Computer System Interface) – Eine weit verbreitete Schnittstellendefinition mit einem eigenen Schnittstellencontroller. Er ist keine Standardkomponente eines PCs, sondern muss nachträglich installiert werden. SCSI ermöglicht den Anschluss von bis zu sieben Geräten unterschiedlichster Art (Scanner, Drucker, CD-ROM-Laufwerk, Festplatte ...). SCSI-Controller bieten einen recht hohen Datendurchsatz.

SCSI-ID

Jedes SCSI-Gerät erhält eine Nummer zwischen 0 und 7. Diese Nummern werden auch als SCSI-ID bezeichnet. Es ist darauf zu achten, dass keine ID doppelt vergeben wird.

Second Level Cache

Mit *Second Level Cache* wird zusätzlicher Cache-Speicher bezeichnet, der auf der Hauptplatine eingesetzt wird. Im Normalfall sollte dieser Second Level Cache 256 KByte groß sein. Ein Second Level Cache ist einer Ausrüstung mit EDO-RAM vorzuziehen, da Second Level Cache größere Geschwindigkeitsvorteile bringt.

Senden an

Spezielle Funktion, die Verknüpfungen zu bestimmten Geräten bzw. Programmen enthält. Über den Befehl *Senden an* können durch einen einfachen Mausklick Dateien oder Daten auf diesen Geräten ausgegeben bzw. an diese Programme gesendet werden.

Shortcut

Ein Tastenkürzel – oft bestehend aus einer Tastenkombination –, mit dem eine bestimmte Aktion ausgeführt oder angewählt werden kann, wird als *Shortcut* bezeichnet.

Sicherungskopie

Kopie von wichtigen Dateien oder Programmen zum Schutz gegen einen unerwarteten Datenverlust.

SIMM

(*Single Inline Memory Module*) Standardspeichermodul.

Singlesession

Singlesession-CD-ROM-Laufwerke können nur eine Session auf einer CD-ROM lesen. Weitere Sessions können nicht erkannt werden. Die Weiterentwicklung ist der Multisession-Standard.

Single-Sided-RAM

Bei SIMM-Modulen ist die Bestückung als *Single-Sided-RAM* normal. Dabei sind die eigentlichen Speicherbausteine nur auf einer Seite des Speichermoduls angebracht.

Slave-Betrieb

Siehe Master-Betrieb.

SMD

SMD steht für *Surface Mounted Device* und bedeutet, dass ein Chip fest mit der Leiterplatte verlötet ist – im Gegensatz zu neueren Prozessortypen, die man einfach durch Öffnen eines Hebels wieder lösen kann. SMDs können, wenn überhaupt, nur von Fachwerkstätten von der Leiterplatte gelöst werden.

Software-Polling

Als *Software-Polling* wird eine Übertragungsmethode bezeichnet, die angewendet wird, wenn kein freier Interrupt bzw. keine freie DMA-Adresse zur Verfügung steht. Diese Übertragungsmethode ist allerdings sehr langsam.

Startmenü

Über das Startmenü erhalten Sie Zugriff auf die Programmgruppenstrukturen von Windows 98. Die Programmgruppen finden sich unter dem Menüeintrag *Programme*. Das Startmenü kann individuell konfiguriert werden.

Statusleiste

Einige Applikationen enthalten innerhalb der Fenster, in denen sie ablaufen, am unteren Rand eine *Statusleiste*. Diese stellt dem Anwender bestimmte Informationen zur Verfügung.

Subtraktive Farbmischung

Modell zur Erklärung von Farbwirkung. Das Modell der *Subtraktiven Farbmischung* leitet sich von der physikalischen Gegebenheit ab, dass bei der Reflexion von Licht durch einen angeleuchteten Gegenstand genau die Farbwerte aus dem Lichtspektrum ausgefiltert werden, die vom Körper aufgenommen werden. Diese Farbwerte werden subtrahiert. Die Farbreizung im Auge wird also nur durch die vom Spektrum verbliebenen Farbwerte erzeugt.

Symbolleiste

Viele Applikationen enthalten direkt unter der Menüleiste eine *Symbolleiste*. Dort werden anwählbare Symbole dargestellt, die durch Anklicken ein schnelles und einfaches Ausführen von bestimmten Aktionen ermöglichen sollen.

Systemmenü

Die *Systemmenüs* enthalten bestimmte Befehle zur Steuerung systemnaher Funktionen wie z. B. das Verändern der Fenstergröße. Fast jedes Fenster und jedes Symbol enthält ein mehr oder weniger umfangreiches Systemmenü.

Task

Ein *Task* ist die Bezeichnung für einen einzelnen im Computer ablaufenden Prozess.

Taskleiste

Leiste am unteren Bildschirmrand.

Task-Liste

Die *Task-Liste* stellt die innerhalb von Windows ablaufenden Prozesse in einem Fenster dar. Sie bietet darüber hinaus über die Taskleiste bestimmte Verwaltungsmöglichkeiten der Prozesse an.

Tastenkombination

Unter einer *Tastenkombination* versteht man das Drücken von mehr als einer Taste gleichzeitig oder nacheinander, um damit bestimmte Aktionen auszuführen.

Terminator

Zu Deutsch so viel wie Abschließer, Beender. Mit einem *Terminator* wird bei SCSI-Geräten das jeweilige Ende des Anschlussstranges markiert. Die Terminatoren sind nichts anderes als Widerstände. Terminatoren werden auch bei Netzwerkkarten eingesetzt, um hier das Ende der Netzwerkkette zu markieren.

Terminierung

An einen SCSI-Controller können bis zu sieben Geräte angeschlossen werden. Damit jedes Gerät einwandfrei funktioniert, muss das letzte Gerät einer SCSI-Kette abgeschlossen, d. h. mit einem Abschlusswiderstand versehen sein. Dies bezeichnet man als *Terminierung*.

Titelleiste

In den meisten Fällen enthält jedes Fenster als oberste Zeile eine *Titelleiste*. Darin steht oft der Name der Applikation oder der Aktion, die ausgeführt wird.

Tools

Englisch für Werkzeug. Im Software-Bereich bezeichnet ein *Tool* ein Programm, das den Leistungsumfang eines bestehenden Programms verbessert oder ergänzt.

Tuning

Verbesserung einer Konfiguration durch Ändern der Systemdateien, der Treiber oder der Software oder durch Austausch von Hardware.

UART

(*Universal Asynchronous Receiver and Transmitter*) Baustein zur Steuerung der seriellen Schnittstelle. Dieser Baustein wird bei sehr hohen Übertragungsraten eingesetzt. Bekanntester Vertreter ist der UART 16550.

Utility

Eigenständiges Programm, das bestimmte Aufgaben erfüllt, die ein Betriebssystem nicht, nicht so gut oder noch nicht leisten kann. Ein *Utility* wäre zum Beispiel der Norton Commander für MS-DOS.

Vergrößern (Schaltfläche)

Die Schaltfläche *Vergrößern* innerhalb eines Fensters bewirkt, dass sich das Fenster anschließend in seinen größtmöglichen Ausmaßen darstellt.

Verknüpfung

Verweis auf ein Programm, eine Datei oder ein spezielles Objekt. Über eine Verknüpfung einer Programmdatei auf dem Desktop kann das Programm direkt vom Desktop aus gestartet werden, ohne dass sich die Programmdateien auf dieser Verwaltungsebene befinden müssen.

Verzeichnisbaum

Der *Verzeichnisbaum* stellt die Verzeichnisstruktur eines Laufwerks grafisch dar.

VGA

(*Video Graphic Adapter*) Standard bei Grafikkarten. In der Minimaldefinition kann eine VGA-Grafikkarte 640 x 480 Bildpunkte bei maximal 256 abgebildeten Farben darstellen.

Videobandbreite

Die *Videobandbreite* eines Monitors informiert darüber, wie viele Bildpunkte pro Sekunde der Monitor abbilden kann. Je höher die Bildwiederholfrequenz und Bildauflösung, desto höher muss auch die erreichbare Videobandbreite sein.

Virtueller Speicher

Festplattenspeicher, den Windows zur Vergrößerung des Arbeitsspeichers verwalten kann. Virtueller Arbeitsspeicher wird benötigt, wenn bei nicht ausreichendem Arbeitsspeicher mit großen Datenmengen oder einer Vielzahl von Programmen gleichzeitig gearbeitet werden muss.

VLB

(*VESA Local Bus*) Bussystem. Das *VLB*-System ist ein moderner PC-Bus, der einige Nachteile des bisher genutzten ISA-Busses wettmacht und höhere Leistungen ermöglicht. Durch die Vereinigung VESA genormt, wird der VL-Bus hauptsächlich in schnellen 486-PCs eingesetzt. Auf Pentium-Boards wird VLB jedoch durch den noch effektiveren PCI-Bus abgelöst.

VRAM

(*Video Random Access Memory*) Sehr schneller Speicher für Videodarstellung. Auf *VRAM* kann parallel zugegriffen werden. Dadurch ist es z. B. möglich, in einen Teil des Grafikspeichers zu schreiben, während ein Bereich im selben Speicherchip ausgelesen wird.

Waitstate

Prozessor-Wartezyklus. Wenn in einem schnellen PC langsamer PC-Speicher eingesetzt wird, muss für den Speicher eine kurze Wartepause eingelegt werden.

Warteschlange

In einem Druck-Manager erhält der installierte Drucker eine *Warteschlange*. Dort werden die ankommenden Druckaufträge der einzelnen Applikationen als eigenständige Einträge aufgelistet und verwaltet.

Wavetable-Soundkarte

Königsklasse der Soundkarten. Bei der *Wavetable*-Technologie werden Originalklänge digitalisiert in einem ROM auf der Soundkarte eingesetzt. Statt Klänge zu synthetisieren, greift die Wavetable-Karte auf diese Originalklänge zurück und spielt sie in der gewünschten Tonhöhe ab. Für einige normale Soundkarten gibt es Zusatzmodule in Wavetable-Technologie.

White Book

Der *White Book*-Standard ist für Video-CDs im MPEG-Format zuständig. Eine Video-CD-ROM kann maximal 74 Minuten Video aufnehmen.

Wiederherstellen (Schaltfläche)

Die Schaltfläche *Wiederherstellen* innerhalb eines Fensters bewirkt, dass sich das Fenster anschließend in der Größe und Art darstellt, wie es vor dem Minimieren oder Vergrößern der Fall war.

XMS

(*Extended Memory Specification*) Speicher nach dem Extended-Memory-Prinzip. Wird zur Erweiterung des Hauptspeichers oberhalb der 640-KByte-Grenze verwendet. *XMS* ist technologisch gesehen der Vorgänger des Speichers nach dem EMS-Prinzip.

Yellow Book

Fast alle CD-ROMs sind in diesem Format angelegt. Mit diesem Format ist es möglich, auf einzelne Sektoren einer CD-ROM zuzugreifen. Zur Fehlerkorrektur der Daten wird Platz auf der CD-ROM reserviert.

Zeilenfrequenz

Die *Zeilenfrequenz* gibt Auskunft darüber, wie viele Zeilen pro Sekunde ein Monitor darstellt. Zusammen mit der restlichen Monitorauflösung ist sie ein wichtiger Faktor für die Ermittlung der benötigten Videofrequenz.

Ziehen

Beim *Ziehen* findet als Erstes ein Mausklick statt, wobei anschließend mit gedrückt gehaltener Maustaste durch das Bewegen der Maus eine neue Position des Mauszeigers eingenommen wird.

Zoomen

Darunter versteht man das Vergrößern bzw. das Verkleinern der Darstellung eines Arbeitsbereichs auf dem Bildschirm.

Index

DAS bhv TASCHENBUCH: DIE PREISWERTE ALTERNATIVE!

Office 2000

Saskia Gießen
Hiroshi Nakanishi

Das Office-Paket von Microsoft steht trotz der großen Konkurrenz immer noch unangefochten an der Spitze. Die wichtigsten Inhalte von Office 2000 werden in diesem Taschenbuch behandelt. Sie erhalten eine verständliche Einführung in Word, Excel, PowerPoint, Access sowie in Outlook und die anderen Zusatzprogramme. Auf mehr als 1000 Seiten bietet das Buch eine Fülle von Informationen und jede Menge Insider-Tipps. Ein umfassendes und praxisorientiertes Nachschlagewerk für die optimale Arbeit mit Office 2000.

Auf der CD: Microsoft-Produkterweiterungen zum Office-Paket, das Internet-Explorer-5-Programmpaket u.a.

TEIL I: INSTALLATION & ERSTE SCHRITTE
Konzept, Installation, Windows und Internet, Gemeinsame Programmoptionen

TEIL II: TECHNIKEN UND PRAXIS
Word 2000, Texte erfassen, die Arbeit mit Word-2000-Dateien, Texte bearbeiten, Gestalten eines Dokuments, Vorlagenkonzept, Arbeitshilfen, Tabellen in Word 2000, Excel 2000, Dateieingabe, Arbeit mit Excel-Dateien, Tabellen bearbeiten, Berechnungen erstellen, Diagramme, Präsentationen mit PowerPoint 2000, Präsentationen anlegen, erstellen und bearbeiten, Multimedia-Präsentation, Access 2000, Datenbanken erstellen, Abfragen, Formulare, Berichte, Outlook 2000, E-Mail-Grundlagen, Kalender, Aufgaben und Kontakte etc.

TEIL III: KNOW-HOW FÜR FORTGESCHRITTENE
Datenaustausch, Serienbriefe, Zusatzprogramme, PhotoDraw, Publisher und FrontPage 2000, Office 2000 und das Web

TEIL IV: TIPPS, TRICKS UND TUNING
Office 2000 anpassen, Makros, VBA und VBScript

TEIL V: ANHANG
Tastenkombinationen, Glossar, Index

1024 Seiten
ISBN 3-8287-5021-4

inkl. CD-ROM

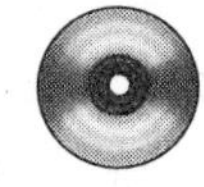

DM	29,90
öS	218,00
sFr	27,50

bhv Verlags GmbH • Novesiastraße 60 • 41564 Kaarst • Fax: 0 21 31 / 765-101 • http://www.bhv.net